Jesus: A história de um vivente

Coleção **Teologia Sistemática**

- *Curso fundamental da fé*, Karl Rahner
- *De esperança em esperança: escatologia*, VV.AA.
- *Deus e sua criação: doutrina de Deus, doutrina da criação*, Renold Blank
- *Em busca de Jesus de Nazaré*, Eduardo Hoornaert
- *Escatologia da pessoa: vida, morte e ressurreição (Escatologia I)*, Renold Blank
- *Escatologia do mundo: o projeto cósmico de Deus (Escatologia II)*, Renold Blank
- *Face mais íntima de Deus (A): elementos-chave da Revelação*, Renold Blank
- *História humana: revelação de Deus*, Edward Schillebeeckx
- *História perdida e recuperada de Jesus de Nazaré (A)*, Juan Luis Segundo
- *Igreja e seus ministros (A): uma teologia do ministério ordenado*, Francisco Taborda
- *Jesus: a história de um vivente*, Edward Schillebeeckx
- *Maria corredentora?*, Hendro Munsterman
- *Mariologia social: o significado da Virgem para a sociedade*, Clodovis Boff
- *Missão para todos: introdução à missiologia*, João Panazzolo
- *Teologia da história*, Bruno Forte
- *Teologia da ternura: um "evangelho" a descobrir*, Carlo Rocchetta
- *Teologia do sacramento da penitência*, José Ramos-Regidor
- *Unidade na pluralidade*, Alfonso García Rubio

EDWARD SCHILLEBEECKX

Jesus: a história de um vivente

PAULUS

Dados Internacionais de Catalogação na Publicação (CIP)
(Câmara Brasileira do Livro, SP, Brasil)

Schillebeeckx, Edward
Jesus, a história de um vivente / Edward Schillebeeckx; [tradução de Frederico Stein].
— São Paulo: Paulus, 2008. — Coleção Teologia sistemática.

Título original: *Jezus, het verhaal van een levende*.
Bibliografia.
ISBN 978-85-349-2933-2

1. Jesus Cristo 2. Jesus Cristo - Biografia 3. Jesus Cristo – Pessoa e missão
I. Título. II. Série.

08-01491 CDD-232

Índice para catálogo sistemático:
1. Jesus Cristo: Teologia dogmática cristã 232

Título original
Jezus het verhaal van een levende

ISBN 90-244-1522-5

Tradução
Frederico Stein

Editoração, impressão e acabamento
PAULUS

1ª edição, 2008
4ª reimpressão, 2018

Rua Francisco Cruz, 229 · 04117-091 – São Paulo (Brasil)
Tel.: (11) 5087-3700
paulus.com.br · editorial@paulus.com.br

ISBN 978-85-349-2933-2

"Para que não vos entristeçais como os outros
que não têm esperança."

(1Ts 4,13)

Proêmio

Um ensaio cristológico

Considero o presente livro como uma interpretação cristã de Jesus, uma cristologia, por mais inconvencional que talvez seja. Todavia, não foi escrito para solucionar problemas sutis de teologia acadêmica. Não porque sejam irrelevantes, mas porque os fiéis colocam, a respeito de Cristo, perguntas diferentes daquelas com que os acadêmicos muitas vezes se ocupam. Tentei construir uma ponte sobre a ruptura entre a teologia acadêmica e a necessidade concreta dos fiéis. Ou, em termos mais modestos: com esta pesquisa tentei esclarecer a problemática que precede aquela ruptura; é aí que as perguntas dos fiéis são mais urgentes. Isso, sem dúvida, exigiu considerável trabalho científico e uma reflexão teológica, na qual foram levadas muito a sério as exigências tanto da fé como do pensamento crítico.

O livro foi escrito em estilo que se pode considerar acessível para qualquer pessoa interessada pelo tema. * *O leitor talvez precise de algum esforço para acompanhar (na Parte III) a evolução, às vezes complicada, da maneira como, depois da morte de Jesus e até o Novo Testamento, os cristãos (inicialmente judeus-cristãos) interpretaram Jesus. Porém, quem deste livro quiser ler apenas um ou outro capítulo que lhe interesse particularmente, não perceberá sua verdadeira finalidade. Pois o conjunto foi composto de tal maneira que o leitor possa, por assim dizer, participar do nascimento da fé cristã responsável, inclusive de sua própria fé. Uma seleção de capítulos ou uma mudança na sua ordem privaria o livro de sua dinâmica interna.*

Enquanto isso, é o leitor quem julgará se essa abordagem convence ou não. É exatamente por isso que toda crítica motivada me será muito bem-vinda.

Edward Schillebeeckx o.p.

7 de outubro de 1973.

* À medida do possível, procurei evitar termos do jargão teológico, o que às vezes pareceu impossível. No aparato crítico, no final deste livro, alguns termos técnicos são explicados.

Para a terceira edição

Na IV Parte foi inserido um pequeno capítulo novo: "O sentido salvífico intrínseco da ressurreição de Jesus". E em alguns lugares foram feitas pequenas correções na formulação.

Apresentando a décima edição

Que boa surpresa ficar sabendo que a minha obra *Jesus, a história de um vivente*, publicada pela primeira vez em 1974, ainda está sendo vendida! Agora que a nona edição se esgotou, e o livro continua sendo procurado, decidiu-se lançar uma nova edição.

Na evolução da visão cristã teológica sobre o profeta Jesus de Nazaré, confessado como "O Ungido: Cristo, Filho de Deus, nosso Senhor, Amigo e Irmão", o livro foi sem dúvida um momento significativo.

Ora, depois de 25 anos de novos estudos e reflexões, de minha parte e da parte de outros, não teria sentido reelaborar tal livro, como se fosse um *upgrade*. Aí naturalmente nasceria um livro totalmente novo.

Mas então esta "história de um vivente", como fase explícita na busca cristã de muitas Igrejas ecumenicamente cristãs, a respeito do que realmente aconteceu na vida, morte e ressurreição de Jesus de Nazaré, perderia sua posição histórica dentro dessa progressiva evolução.

Pois essa fé cristã, procurando o entendimento, é uma busca que sempre de novo deve ser retomada. Tanto por uma continuidade homogênea, como por rompimentos com idéias historicamente condicionadas, essa busca do sentido da fé, dentro do horizonte novo do nosso tempo, quer continuar fiel à dinâmica da fé do TENAK e da Boa Nova cristã, o Evangelho.

Edward Schillebeeckx

Por que foi escrito este livro

I. A narrativa sobre um coxo

Quem de nós não o conhece? Todo dia aí está ele, sentado no mesmo lugar; os transeuntes, apressados, mal o percebem; alguns estranham ou se irritam; outros, ao passarem, cumprimentam gentilmente, entregando uma moeda; aí está ele, sozinho, no seu cantinho, o paralítico do bairro. Antigamente já era assim: "Havia ali um homem, paralítico desde o nascimento; todos os dias o carregavam até a porta do Templo chamada Bela Porta, para ele, aí sentado, pedir esmola a quem entrava no Templo" (At 3,2). Um belo dia Pedro, seguidor do Nazareno, o viu sentado no lugar de sempre. Começaram uma conversa. Mais tarde o povo viu esse paralítico do bairro, são e curado, andando. "Reconheceram-no: era o mesmo que ficava sentado, mendigando, na Bela Porta do Templo. E todo o mundo ficou cheio de pasmo diante do que lhe havia acontecido" (At 3,10). E Lucas narra que Pedro, depois de ter falado ao povo, respondeu às autoridades judaicas, que se intrometeram no caso: "Sabei, vós todos, e todo o povo de Israel: é pelo nome de Jesus Cristo, o Nazareno, por vós crucificado, mas ressuscitado por Deus, que esse homem se acha aí, diante de vós, curado... *Não há salvação, a não ser por Jesus*, e nao há sob o céu nenhum outro nome oferecido aos humanos pelo qual, conforme Deus decretou, possamos ser salvos" (At 4,10.12).[1]

Nesse texto – que, sendo dos Atos, não é dos mais antigos do cristianismo – escutamos, em todo caso, um eco do cristianismo primitivo. Depois de uma análise crítica dos Atos dos Apóstolos, podemos entender esse fato bíblico, pelo menos como eco da primeira pregação cristã, que Pedro – depois da execução de Jesus, e somente depois de muitas dúvidas – julgou poder e dever dirigir aos seus correligionários judaicos: a nós, judeus, e – como mais tarde se tornaria claro – a todos os seres humanos, a salvação de Deus é dada única e exclusivamente em Jesus, "o Nazareno", isto é, na linguagem do Novo Testamento, o

[1] O texto diz literalmente: "*devemos* ser salvos". Na linguagem do Novo Testamento esse "dever" significa: assim o Deus vivo o providenciou; assim é seu plano divino, para a salvação dos humanos. Daí a tradução: "Conforme Deus decretou".

Crucificado e Ressuscitado. Foi de *importância histórica* essa profissão de fé petrina, confirmada depois solidariamente pelos "Doze", na base de suas próprias experiências – embora tampouco sem dúvidas iniciais (a Escritura insiste nisso). Testemunhas de Jesus de Nazaré, e de tudo o que esse homem iniciou, vivem entre nós: são as Igrejas cristãs, e mesmo os que fora dessas Igrejas (mas não sem sua mediação milenar) até hoje têm uma experiência de salvação neste Jesus, inclusive os atuais *Jesus People,* "Povo de Jesus". Sem essa mediação histórica, eclesial, hoje nós não saberíamos nada sobre um tal de Jesus de Nazaré (exceto alguns historiadores especializados). Nem de Espártaco, o escravo que com muita razão se revoltou, nem de João Batista, o severo crítico da cultura religiosa de seu tempo, não existem hoje testemunhas vivas, a não ser alguns especialistas privilegiados de historiografia. Essa curiosa diferença, sem ser decisiva por si só, é de excepcional importância histórica. Chama a atenção. Faz pensar: O que está acontecendo por aí? Por que determinadas figuras históricas são tão diferentes quanto à sua influência?

O que particularmente me chama a atenção, no vago eco da catequese da primeira fé cristã, não é o fato de que foi executado um homem, Jesus de Nazaré, que segundo a convicção de seus seguidores era inocente. Naqueles dias rudes – tempos que parecem caracterizar toda a história da humanidade – *uma* execução problemática, entre tantas outras, nem surpreenderia. Tal acontecimento não parece ter despertado especialmente a atenção, e era um "caso diferente" no noticiário daqueles dias, que apesar de At 26,26[2] se passou realmente em algum canto sem importância da *oekuméne,* do "grande mundo dos humanos". Casos como esse eram freqüentes. O que deixou Simão Pedro pensativo, e com ele todos os seus, foi o fato de que logo *este* homem, Jesus de Nazaré, foi executado por todos os que de fato tinham autoridade. A impressão que Pedro e os seus tiveram de Jesus, e a imagem que neles deixara, não combinavam absolutamente com o fim que as autoridades lhe tinham destinado, sendo ele entregue pelos seus próprios correligionários aos dominadores romanos, que o mandaram crucificar como malfeitor. *Isso* não condizia com a evidente impressão que muitos deles, sendo judeus, tinham de Jesus. Nisso consiste o problema que a tradição cristã, a partir daí, tem chamado de "o problema cristológico".

II. Esboço da situação

1. Por mais que seja determinada também por situações muito concretas, a história realmente provocada por uma pessoa nos forne-

[2] "Pois isso não aconteceu em algum recanto escondido" (At 26,26).

ce uma chave hermenêutica para a interpretação de sua identidade. É pelo movimento para o qual Jesus deu o impulso, que nós, ainda hoje, somos confrontados com Jesus de Nazaré. O movimento que ele iniciou é a mediação permanente para qualquer estudo que se empreenda para saber historicamente quem foi Jesus. Para mim, como pessoa que crê e pensa, esse *fato* é um dado que obriga a pensar; e também o é para qualquer um que reflita sem preconceitos sobre o que aconteceu realmente na sua própria história.

A história que nasceu de Jesus vai fascinar tanto mais o nosso pensamento, ao se evidenciar que, uns três anos depois da morte desse Jesus na cruz, já estavam se consolidando as profissões fundamentais de fé, depois chamadas de profissões *cristológicas*; e sobretudo ao se tornar claro, historicamente, que um fariseu, chamado Saulo, durante uma viagem empreendida para perseguir os que professavam a fé em Jesus, se converteu, tornou-se cristão, apenas uns três anos depois da morte de Jesus. Foi perto de Damasco, o que supõe que na época já existia na Síria uma comunidade de cristãos.[3] A história mostra que dentro do prazo de cinco anos estavam prontos os fundamentos para uma nova religião mundial, fenômeno sem dúvida excepcional.

Esse acontecimento, porém, não deixa de nos confrontar com um processo extremamente complicado, o de uma história de pessoas que encontraram a salvação que "provém de Deus" em Jesus de Nazaré. Elas, na base de suas expectativas de salvação confrontadas com o aparecer concretamente histórico do mesmo Jesus, o denominavam "Cristo, Filho de Deus, nosso Senhor".

Idéias e expectativas de salvação e felicidade humana sempre são projetadas a partir de uma realidade concretamente experimentada e refletida de desgraça, sofrimento, miséria e alienação, a partir de experiências negativas, acumuladas numa história secular de sofrimentos, permeada de lampejos de experiências cheias de promessas de felicidade, experiências parciais de salvação numa história, através de muitas gerações de expectativas não realizadas, de culpa e de maldade: é o problema de Jó, através da nossa história humana. Disso nasce então, com o tempo, um projeto antropológico, uma visão do que seria o ideal de uma humanidade verdadeira, feliz e boa. Os desejos ardentes de felicidade e salvação, sempre de novo sujeitos a críticas, porém sempre sobrevivendo a qualquer crítica, vão inevitavelmente assumindo, em diversas formas, o profundo matiz de "ser salvo de..." ou "ser libertado de...". e ao mesmo tempo de entrar num "mundo inteiramente novo". As experiências negativas e contrastantes da humanidade esboçam assim as idéias e expectativas positivas

[3] M. Hengel, *Christologie und Neutestamentliche Chronologie,* em: *Neues Testament und Geschichte* (O. Cullmann zum 70. Geburtstag), Zurique-Tubinga 1972, 43-67.

sobre a salvação de um povo. Das suas idéias a respeito de salvação podemos, por assim dizer, deduzir a história dos sofrimentos de um povo, mesmo quando não podemos mais seguir, por outras fontes, o trajeto exato desse sofrimento.

Nesse processo humano de experiências desastrosas e parcialmente salutares, é digno de nota que as próprias idéias de um povo a respeito de sua salvação tentam interpretar, não apenas a profundeza e o ilimitado tamanho da infelicidade já sofrida ou permanente, mas também suas causas, origem e conseqüências. É exatamente na referida expectativa de salvação que, ao mesmo tempo, o mal e o sofrimento são desmascarados; de ambos, então, obtém-se uma compreensão perspicaz. Na antiguidade, mas também na *espontânea* experiência de todos os povos, a experiência da desgraça recebe sempre uma dimensão *religiosa* por causa da profundidade humana da história de seu próprio sofrimento, que é teoricamente insondável e praticamente inelutável. É uma evidência espontânea: a desgraça não é humanamente aceitável, nem na teoria, nem na prática. Em conseqüência, as expectativas de salvação receberam um nome *religioso*. A humanidade começou a esperar, acima de si mesma, uma salvação "da parte de Deus". Ela espera clemência e misericórdia no cerne mais profundo da realidade, apesar de todas as experiências em contrário.

Sobretudo do ponto de vista histórico, a época de Jesus, tanto entre os judeus como entre os gentios, foi um período repleto de expectativas de salvação, assumindo diversas formas, no leque de idéias sobre salvação, durante uma história secular acrescidas de alguma salvação ligeiramente experimentada, e sobretudo de muitas expectativas não realizadas. Sobretudo o tempo da apocalíptica judaica, desde a luta dos macabeus (167 a.C.) e a guerra judaica (66-70 d.C.), até Bar Kohba (135 d.C.), foi "uma história de sangue e lágrimas",[4] de onde surgiu o desejo: "Agora chega! O mundo tem de ser transformado definitiva e radicalmente!" Essas expectativas de salvação foram grandiosamente elaboradas em visões apocalípticas, em imagens com as quais nós dificilmente nos familiarizamos. Expectativas bem divergentes, provenientes de múltiplas tradições, convergiram pelo contato "internacional" de muitas tendências contemporâneas. Disso resultou uma mistura de toda espécie de expectativas de salvação, originariamente independentes. Foi um processo historicamente tão complicado, que para nós se torna hoje extremamente difícil destrinchar com exatidão a forma original de cada tradição.

Dentro desse horizonte geral de expectativas, dado que no tempo de Jesus o processo de aglomeração de diversas idéias ainda estava em pleno andamento, a viva confrontação com Jesus de Nazaré levou

---

[4] M. Hengel, *Judentum und Hellenismus*, Tubinga 1973, 354.

alguns à convicção: "Em nenhum outro nos é dada a salvação". A sua *experiência* de uma salvação em Jesus, vinda de Deus, foi verbalizada por aqueles primeiros cristãos em idéias já existentes sobre salvação, idéias das mesmas diferentes origens, mas que eles mesmos partilhavam vivamente. Essas expectativas, eles as viam agora *cumpridas* em Jesus de Nazaré, pois sentiam-se como seres humanos renovados. No Novo Testamento, depois de algumas gerações de vida cristã e de reflexão a respeito, eles deram o testemunho de terem reconhecido em Jesus a sua salvação, manifestando ao mesmo tempo quais tinham sido as suas idéias e expectativas a respeito de salvação. Por isso, a própria expectativa deles sobre salvação e o alegre reconhecimento de que ela se cumpriu em Jesus, não se encontram separadamente nos evangelhos. As duas linhas se acham entrelaçadas, quase inextrincavelmente. A pergunta pela verdadeira essência do ser humano, e a resposta encontrada no homem histórico Jesus, são correlativas, no sentido de que não são as anteriores expectativas de salvação que *determinam* quem é Jesus; ao contrário, a partir da história própria e muito pessoal de Jesus, as expectativas existentes de salvação foram reassumidas, sim, mas ao mesmo tempo transformadas, recunhadas e corrigidas. O fato mostra que ao mesmo tempo existe continuidade e descontinuidade entre a busca humana de salvação e a resposta concreta, histórica, que é Jesus.

É por isso que uma primeira leitura do Novo Testamento nos coloca grandes problemas. Nós não vivemos dentro de uma tradição que esteja esperando um messias ou um misterioso Filho do Homem celestial; nem tampouco vivemos na expectativa de um fim iminente deste mundo. Nos evangelhos somos confrontados, não apenas com Jesus de Nazaré, mas também com pedaços de uma cultura religiosa antiga. Nessas narrativas, de fato, Jesus está encoberto por idéias religiosas da época, ideias aliás não estranhas a ele mesmo. Além disso, nos evangelhos, a experiência original de salvação por Jesus ainda está misturada também com problemas doutrinários e práticos das comunidades cristãs posteriores. Tendo sido inicialmente comunidades dentro do judaísmo (ao lado de muitas outras), foram depois se separando dele, paulatinamente, em oposição polêmica contra as sinagogas dirigidas pelos fariseus; por outro lado, o judaísmo, por sua vez, se distanciou oficialmente do fenômeno cristão, excomungando-o, "excluindo-o da sinagoga", por já não ser mais algo autenticamente judaico.[5] Nos evangelhos, Jesus de Nazaré, por assim dizer, sumiu no fundo da polêmica entre "Israel" e "Igreja", problema esse que

---

[5] Ver o enxerto no décimo segundo pedido da Oração dos Dezoito Pedidos: "Que pereçam logo os nazarenos e os hereges. Que seu nome seja apagado do livro da vida, e que não sejam inscritos entre os justos" (ver K. G. Kuhn, *Achtzehngebet und Vaterunser und der Reim* [WUNT, 1], Tubinga, 1950, 18-21).

Jesus, nessa forma, não conheceu, e provavelmente não desejou. O "fenômeno Jesus", de fato, quebrou as expectativas de salvação comuns aos judeus em geral, como também aos judeus depois chamados de cristãos. Essas expectativas, pela livre atuação de Jesus, ganharam sentido alterado, não tradicional. Além disso, os judeus-cristãos de língua aramaica interpretavam Jesus de maneira diferente da assumida pelos judeus helenistas da diáspora, com seu humanismo grego, universal, e sua sensibilidade para a "filantropia", ou seja: o amor por toda a humanidade, aberto para os pagãos. Os gregos, os sírios e os romanos que, não sendo judeus, não tinham participado em nada das esperanças messiânicas de Israel, naturalmente verbalizaram a salvação, que eles encontraram em Jesus, em categorias de salvação totalmente diferentes. No entanto, apesar das diferenças fundamentais, de um lado entre as comunidades primitivas de cristãos judeus de língua aramaica, e de outro lado as comunidades primitivas de língua grega (tanto de judeus que se tornaram cristãos como de gentios que se tornaram cristãos), todos tinham pelo menos uma coisa em comum: participavam, embora de formas diferenciadas, da mesma *cultura antiga*; sim, da cultura helenista, sobretudo na Galiléia (e mesmo na Judéia, em ambientes importantes de Jerusalém, com as suas muitas sinagogas gregas). A Judéia, no sul, considerava a Galiléia (praticamente bilíngüe, e circundada de cidades gregas da Decápolis) quase como país pagão, de onde nada de bom podia sair.

Para nós essa cultura antiga realmente é estranha, em todos os seus modelos de expectativa, tanto judaicos como helenistas. *Nossas* expectativas de salvação têm outra cor e outra direção; diferentes também são as nossas idéias a respeito do que seria salvação. A priori, pode-se afirmar, talvez, que as nossas idéias devem ser criticadas a partir das expectativas antigas; ou então, que as idéias antigas devem ser criticadas do ponto de vista moderno. Pois são culturalmente condicionadas as idéias a respeito de salvação e as expectativas sobre o que seria verdadeiramente humano. Para um cristão, o critério decisivo é naturalmente Jesus, experimentado como salvação decisiva, e não as idéias culturais-religiosas sobre salvação, de judeus e gregos falando aramaico ou grego que se tornaram cristãos. Em todo caso, a salvação que os primeiros cristãos encontraram em Jesus foi descrita nos termos das esperanças messiânicas da época, por mais que esses termos tenham sido modificados, recunhados e corrigidos sob o peso histórico de Jesus. E é inegável o fato de que são *estranhas* para nós as idéias do Novo Testamento sobre salvação. Não estamos esperando um Filho do Homem celestial, que virá em breve para um julgamento, fundando uma república messiânica, enquanto nós, como os cristãos de outrora, perguntaríamos ansiosamente se os cristãos já falecidos também participariam dela (1Ts 4,13-17). Ou será que chegamos depressa demais a uma conclusão? Quando o trem que estamos esperando atrasa, podemos aguardar um tempo razoável. Mas quem, hoje em dia, já esperou, não durante horas mas durante dias e meses que parecem séculos, por um trem claramente programado, acaba não agüentando mais, *psicologicamente*, a demora do trem esperado, e não acredita mais nele. Então, não demora chegar à conclusão de que por esta linha não passa mais trem nenhum. A imagem de Cristo que o Novo Testamento nos transmite é realmente estranha, à primeira vista, no sentido da chocante estranheza que sempre há de caracterizar aquilo que o próprio Deus dispõe sobre a humanidade, transcendendo a sabedoria humana; não só, mas é estranha também no sentido humano, cultural e religioso. A objeção de que Jesus realmente submete a uma crítica as nossas idéias humanas, por demais humanas, é verdadeira, mas não é disso que agora se trata. No Novo Testamento, a figura de Jesus ficou historicamente irreconhecível pelas idéias antigas sobre salvação; por outro lado, foi nessas idéias que ele, paradoxalmente, foi reconhecido, na convicção da fé, como Salvador. Nós, então, não merecemos nenhuma crítica, a não ser na medida em que aquelas idéias colocam o critério de que *Jesus* é a salvação definitiva. Quem não vê essa distinção, não coloca Jesus Cristo como norma da fé cristã, mas determinado pedaço de cultura religiosa, que no caso já não é um crer em Jesus de Nazaré. No entanto, a profissão fundamental do credo cristão é o que professamos *a respeito de Jesus*, isto é, de "Jesus de Nazaré": que ele é "o Cristo, o Filho Unigênito, nosso Senhor". Nisso, esta é norma que decide tudo: "Credo in *Jesum*": *eu creio* na aparição deste homem muito concreto, "Jesus", que apareceu na nossa história com este nome histórico: "Jesus de Nazaré". É nele que encontramos a salvação decisiva. Esse é o Credo fundamental do cristianismo primitivo.

Nosso padrão de expectativas com relação à salvação da humanidade é totalmente diferente das expectativas antigas sobre um Messias descendente de Davi, ou de um Messias Filho do Homem. Igualmente, é para nós estranha a combinação dessas duas tradições de expectativas, originariamente independentes.

Esse foi para mim o primeiro motivo para começar a escrever este livro: O que significa para nós, agora, a salvação de Deus em Jesus? Pois, "salvação" é um conceito que lingüisticamente, ou seja, a partir de experiências humanas da realidade, com implicações sociais, só chega a ser compreendido e vivido, se se parte de experiências negativas, contrastantes, juntamente com experiências, pelo menos esporádicas, com sentido oposto; experiências que, pela esperança, geram uma *antecipação* do sentido de totalidade, de um ser são e salvo, um *salvar-se*. Uma experiência puramente positiva, quem a chamaria de experiência de *salvação*, se não fosse contra um já vivido fundo contrastante, de experiências muito negativas? Também da nossa própria história ocidental de desgraças está brotando entre nós uma utopia, conforme sempre aconteceu. Essa experiência concreta repercutiu em muitas formas de movimentos libertadores de emancipação, movimentos que querem libertar a humanidade de suas alienações sociais, enquanto diversas técnicas científicas (libertação psicoterapêutica, gestalt-terapia, androgenesia, serviço social, *counseling* etc.) querem libertar as pessoas de uma perda de identidade. Que fora de Jesus Cristo haja em nossa vida numerosos fatores, que historicamente trazem de fato alguma salvação e efetivamente curam ou completam o ser humano, é uma convicção que em nosso tempo, mais do que nunca, se impôs como evidência. Esse fato coloca em contexto difícil e pouco transparente, pelo menos estranho e inacreditável, a expressão: "Toda verdadeira salvação vem somente de Jesus Cristo". Expressão que até pouco tempo era candidamente usada em certos ambientes cristãos.

Enquanto isso, a crítica atual da cultura mostrou que tal expectativa moderna de salvação – sobretudo a partir do século XIX, colocando toda a esperança de salvação na ciência e na técnica – leva ela mesma a desvios e alienações, pelo fato de se basear em conceito muito estreito do ser humano. Esse estreitamento em que a ciência e a tecnologia começaram a ser estimadas como valores culturais, embora não exclusivos, mas certamente representativos, causou nova desgraça, sobretudo numa sociedade que na realidade acabou atribuindo prioridade a valores exclusivamente econômicos. Assim, a própria noção moderna de salvação fica sujeita a críticas. Portanto, ficou bem claro que a falta de sintonia com o Novo Testamento não deriva apenas do próprio Novo Testamento, mas também, e não menos essencialmente, por uma falha na maneira como hoje entendemos a realidade e a nós mesmos. Para a vida humana existem também fontes de libertação e salvação, que não são científicas nem técnicas; é essa a nova compreensão científica de hoje. Tanto assim que, paradoxalmente, toda espécie de vivências gratuitas, inclusive as vivências religiosas, são reabilitadas como fatores de salvação.

Não devemos esquecer, no entanto, que essa visão antitecnológica – no sentido de uma relativização da tecnologia – não deixa de ser resultado de uma análise científica. É uma visão científica. Mas essa *visão*, como tal, ainda não restabelece, por si só, a capacidade de outra aproximação, não científica, da realidade. Além disso, exatamente nos ambientes em que se desenvolveu essa visão científica dos fatores extracientíficos de salvação, em geral também se coloca explicitamente que salvação é "auto-atualização", no sentido de que o aspecto religioso, na sua vivência de gratuidade e de orientação para os outros, é sem dúvida um aspecto de salvação humana; mas de uma salvação cuja força e fonte estão no próprio ser humano, sem nenhuma referência a alguma transcendência absoluta. Nessa concepção, não há lugar para a teologia, que nessa perspectiva deveria desaparecer, e seria melhor que dedicasse seus esforços exclusivamente às ciências humanas.

Daí resulta (fazendo-se abstração da última asserção, que é ideológica): em nosso tempo a noção religiosa de salvação, em comparação com o Novo Testamento, ficou realmente empobrecida; foi obrigada a ceder muito terreno a outras instâncias de salvação, real e visivelmente efetivas. Tal situação traz para o centro da problemática atual esta pergunta: "O que é que serve realmente para o bem do ser humano?"

Pois constatamos que realmente deixa de estar presente a possibilidade de acabarmos com toda espécie de alienação humana através de ciências e técnicas, mas que ao mesmo tempo essa possibilidade efetiva só se refere a alienações que essencialmente são conseqüências de condicionamentos corporais, psicossomáticos, psíquicos e sociais, devidos à ausência de condicionamentos libertadores e à presença de condicionamentos agravantes da liberdade humana; estes últimos em boa parte poderiam ser efetivamente sanados por um engajamento competente e ativo. Surge daí a questão se não existe no ser humano uma alienação mais profunda, conectada à sua finitude e à sua ligação com a natureza (que, apesar de toda humanização dessa natureza pelo ser humano, lhe continua profundamente alheia e ameaçadora); e se não existe, além disso, uma alienação em conseqüência de culpa e pecado. De fato, a auto-redenção do ser humano continua sempre limitada. E aí surge o problema novo: Não será exatamente essa a problemática mais profunda que Jesus de Nazaré coloca em questão, de maneira específica, quando fala de uma libertação que realmente liberta o ser humano, para chegar a uma "liberdade" perfeita, a uma autonomia somente possível no estar alegremente ligado a um Deus transcendente, que exatamente como tal é vivente e libertador? (Gl 5,1).

Que toda salvação deva ser esperada somente de Jesus Cristo, como muitas vezes tem sido afirmado por uma tradição cristã representativa, isso em todo caso é contestado por muitos fatos da experiência atual e tem confundido muitos cristãos. Em diversos pontos, eles têm de fazer uma revisão dos anteriores critérios históricos de sua fé. Foi também esse dado da experiência que me estimulou a escrever este livro, sobretudo na maneira como foi escrito.

2. E mais. Em nossa época, a sociedade ocidental já não se sente como sendo o mundo inteiro, mas como pequena parte, muitas vezes por demais pretensiosa, de um mundo humano bem maior. Além disso, este tem sofrido dolorosamente as pretensões e práticas ocidentais, como também a declaração do cristianismo: "Em nenhum outro há salvação". Idéia esta que encontra resistência claramente perceptível: "Imperialismo cristão"! é a censura sempre ouvida, até mesmo e expressamente dos próprios ocidentais, que muitas vezes

julgam só poderem encontrar uma identidade pessoal distanciando-se do seu próprio passado ocidental. Para alguns, a pretensão cristã evoca a suspeita de uma discriminação de outras religiões e culturas, não cristãs, ou mesmo de um colonialismo espiritual pedante, e de uma exploração egoísta, subjetivamente amenizada pela consciência de ter recebido uma missão de expansão mundial! Também essa conscientização fez sentir algum remorso, enfraquecendo a confissão, anteriormente considerada evidente, de que Cristo é o "Salvador do mundo". Uma reflexão cristã atual não pode deixar de refletir criticamente sobre o problema da universalidade de Jesus, se não quiser, de antemão, tornar-se suspeita de ser ideologia. Por outro lado, essa reflexão não pode desviar-se da questão da verdade, nem fugir em adaptações à exigência moderna de pluralismo, se é que isso nos levaria a não termos mais a coragem de sermos *nós mesmos*, e de sermos *diferentes* dos que de fato são outros.

E se isso fosse a conseqüência do evangelho?...

3. Com relação a "Jesus de Nazaré", apareceu em nosso tempo também algo mais, bem diferente, embora historicamente não seja uma novidade: não são apenas pessoas pertencentes a uma Igreja que se interessam por Jesus de Nazaré.

Os evangelhos narram sobre o que Jesus começou a significar para um grupo de pessoas que posteriormente se denominaram *ekklesia* de Cristo.[6] Os escritos antigos desse agrupamento, acrescentados ao Novo Testamento lido, meditado e estudado como seu livro próprio, continuam sendo, até hoje, para os que se declaram incorporados nesse movimento de Cristo, uma fonte de reflexão crítica sobre o cristianismo e a praxe de sua vida.

Ao mesmo tempo, porém, Jesus tornou-se figura conhecida por uma literatura; no Novo Testamento ele foi, por assim dizer, objetivado. Fato este que o coloca de maneira muito especial na publicidade. Graças a esses escritos transmitidos, Jesus pertence à literatura mundial; ficou acessível para todo o mundo. Tornou-se um "bem comum". O Novo Testamento não é livro exclusivo da cristandade. Esse documento de literatura é propriedade pública e pode ser estudado historicamente. O conhecimento que dele resulta, e que pode ser controlado por não-cristãos, fornece uma imagem de Jesus que pode também servir de controle para as imagens que os fiéis fizeram a respeito dele no decurso do tempo. De fato, um cristão não pode, soberanamente, ignorar tais pontos de partida universalmente acessíveis para o conhecimento sobre Jesus. Com tais pontos, o cristão pode enriquecer suas próprias idéias sobre o Cristo, comparando-as e

---

[6] Rm 16,16, ou: "ekklesia de Deus" (1Cor 1,2; 10,32; 11,16.22; 15,9 etc.).

reformulando-as, se for preciso. Assim, o fato de que o conhecimento sobre Jesus de Nazaré é acessível a todos presta um serviço à fé dos cristãos, não como apologia, mas como confrontação crítica.

Essa interpretação extra-eclesial de Jesus tem muitos aspectos. O filósofo marxista Roger Garaudy afirmou certa vez: "Entregai-o a nós!" Devolvam Jesus de Nazaré também a nós (que somos não-cristãos, ou mesmo ateus). Vocês, em suas Igrejas, não podem guardá-lo somente para vocês". Gandhi disse: "Sem precisar ser cristão, eu posso testemunhar o que este Jesus significa na minha vida". Também muitos humanistas encontram orientação e inspiração em Jesus de Nazaré, ao lado de outras fontes de inspiração. Em nosso tempo, sobretudo os jovens, p.ex., o "Movimento de Jesus", fora de todas as Igrejas, encontram em Jesus felicidade, inspiração e orientação. É evidente que Jesus não é monopólio das Igrejas cristãs. Podemos dizer: Jesus está sendo "desconfessionalizado" em grande escala. Na Índia se pergunta: "O que significa Jesus para mim como hindu?" Em outros lugares: "O que significa ele para mim, como maometano?" No mundo todo, jovens são atraídos por "Jesus de Nazaré".

Quem hoje procura avaliar esse fenômeno do ponto de vista da interpretação eclesiástica de Jesus, corre o perigo de continuar cego, exatamente diante dos elementos em Jesus que são para muitos significativa inspiração; enquanto pessoas da Igreja, durante séculos, não os mencionaram ou simplesmente não os enxergaram. A interpretação sobre Jesus fora das Igrejas chama a nossa atenção para o fato de que Jesus realmente tem algo a dizer muito *importante para todo ser humano*, pois é significativo também para os não-cristãos. Isso coloca a questão da estreita ligação entre o evangelho e tudo o que é religioso e humano. Além disso, a interpretação eclesiástica sobre Jesus – "nele a misericórdia universal de Deus nos apareceu pessoalmente" – assim recebe talvez uma atualização altamente moderna. Pois muita gente "não sabe mais o que pensar", nem sobre Deus nem sobre as Igrejas cristãs. Os freqüentadores das Igrejas também têm culpa nisso. No entanto, aquelas mesmas pessoas encontram felicidade e inspiração no homem Jesus. Por um caminho indireto (será que é isso mesmo?) isto é, por Jesus, ligando-se a Jesus, aqueles deixam aberta a pergunta sobre Deus e o problema eclesiológico – provisoriamente, ou definitivamente?[7] Ao que tudo indica, é por uma pedagogia misericordiosa de Deus que a "ausência de Deus" é "compensada" pela inspiração que Jesus dá a muitos que vivem sem Igreja (é assim que o cristão não-rígido interpreta a situação). A imagem que o ser humano não deixa de fazer de Deus – mesmo sem reconhecer nenhuma realidade divina –,

---

[7] Ver H. Bourgeois, *Visages de Jésus et manifestation de Dieu*, em LVie, n. 112 (1973) (71-84) 82.

para muitos é substituída pelo "símbolo" e pelo "mito" de Jesus de Nazaré. De fato, parece-me fundamental e surpreendente o caráter simbólico e mítico de "Jesus", em todas as interpretações de Jesus, sobretudo não-eclesiásticas, com ou sem fé. Aí Jesus se torna, "fora do tempo", um modelo de verdadeira humanidade. Essa visão não-eclesiástica de Jesus tem tido inegavelmente efeito historicamente eficaz. Isso significa boa chance, mas também possibilidade de fuga: "Jesus" se torna a resposta, isto é, a solução para todos os nossos problemas *não resolvidos*! Muitas vezes o "povo de Jesus" me deixa com essa impressão. Agostinho já o disse: "Christus solutio omnium dificultatum" – Jesus é a solução de todas as dificuldades. É um slogan feliz, mas também perigoso! Enquanto isso, para muitas pessoas sem religião, "Jesus de Nazaré" não deixa de ser símbolo de *alguma* transcendência.

Em todo caso, pelas experiências com Jesus fora das Igrejas ficou claro que a humanidade quer deixar aberta a questão a respeito de uma transcendência autêntica e, pelo menos, não quer se despedir do "sagrado" com um não categórico. É inegável que isso pode ser uma fuga dos sérios problemas que tanto a realidade de *Deus* como a realidade histórico-social da *Igreja* colocam para todos nós. Se é realmente uma fuga[8] (como diz o jargão moderno neodogmático), ainda precisa ser examinado. A humanidade não consegue afastar-se de "Deus", pelo simples motivo (que a fé garante) de que Deus não quer abandonar o ser humano, e continua a "visitá-lo" por caminhos que não podemos traçar de antemão. Acontece que precisamente numa época dita "secularizada", na qual Deus desaparece, o mundo se apaixona por Jesus Cristo, seja numa perspectiva política, seja na dimensão do *homo ludens*, do jogo da gratuidade sem objetivo, da festa cômica dos "festivais". Ora, não se trata de um *fatum*, uma fatalidade ou necessidade, mas de uma chance vital de liberdade, qualquer que seja a opção tomada. Pode ser uma chance, aceita ou recusada, oferecida pela benigna misericórdia divina, que em Jesus Cristo quer o nosso bem, ainda que percamos o rumo. Aí, leis automáticas não têm sentido. Quem crê em Deus, não poderá negar que nessa situação contemporânea há chances de alguém se salvar – eu não diria *apesar de*, mas até exatamente *por causa de* toda a crítica contra a religião e de todo enjôo provocado pelas Igrejas e pelo Deus delas.

Exatamente essa "interpretação sobre Jesus" fora das Igrejas é um desafio para o teólogo cristão. O que é que as "igrejas de Cristo" ainda têm para dizer aos que se acham fora de qualquer Igreja? O que é que têm para dizer, *depois* de terem escutado o que os de fora das Igrejas lhes têm para contar a elas sobre Jesus de Nazaré? Também isso foi para mim motivo para escrever este livro.

---

[8] H. van Zoelen, *Jezus van Nazareth: persoonsverheerlijking als symptoom*, em: Dwang, dwaling en bedrog, Baarn 1971, 52-67.

4. Também dentro da Igreja do nosso tempo, acabou se dividindo a cristologia tradicional (que era uniforme, apesar das diferenças entre diversas *escolas*). Existe uma problemática cristológica também intra-eclesial, embora ela não esteja desligada de tudo o que acima se disse. Do ponto de vista *teológico*, o problema é este: Pode-se, ou não, atribuir significado *dogmático* aos dias da vida de Jesus nesta terra, à sua mensagem, ao seu modo de agir, a suas "palavras e ações"? Em termos populares quer dizer: A salvação cristã está encerrada neste Jesus que viveu nesta terra, ou somente no crucificado-ressuscitado? Muitas vezes esse problema é colocado claramente em forma de dilema.[9] Paralelamente a esse dilema assim posto, podemos constatar outras oposições entre cristãos dentro da Igreja: a) De um lado, uma teologia sobre Jesus de Nazaré, sentido como a realidade salvífica, e interpretado como orientação e inspiração para a vida cristã no nosso tempo; de outro lado, uma cristologia que parte do querigma pascal e que celebra e tematiza o Cristo como presente no culto eclesiástico. b) De um lado, um cristianismo voltado para o mundo, de acordo com os interesses do povo, orientando-se diretamente pela mensagem e pela praxe da vida de Jesus de Nazaré, tendo não raramente a característica de ser "a parte externa da Igreja", ou mesmo de estar "fora da Igreja"; de outro lado, um cristianismo bem intra-eclesial, com interesses hierárquicos, vivendo do querigma do crucificado-ressuscitado, "cabeça da Igreja", e nela agora já efetivamente presente; essa Igreja hesita diante de um engajamento sociopolítico "em nome" de Cristo. c) De um lado, muita insistência no homem Jesus, com inspiração e orientação para um trabalho crítico, porém engajado, em prol de um mundo melhor, aqui nesta terra, sem verbalizar expressamente, às vezes até rejeitando explicitamente, a perspectiva de uma vida eterna ou de um encontro escatológico com Cristo; de outro lado, muita insistência na divindade de Jesus Cristo, o Senhor glorificado junto ao Pai, que agora já vive e opera entre nós, sendo cantado no culto litúrgico, e dando-nos o *Espírito* como penhor de uma vida futura, eterna; é uma posição quase vertical em cima da nossa vida no mundo, cuja figura, como sabemos, é transitória.

Dois tipos de cristianismo, baseados em dois tipos de cristologia. No primeiro, uma alergia não explicitada pela palavra "Cristo" (em vários cânones eucarísticos essa palavra tem desaparecido); no outro, uma aversão clara, às vezes rancorosa e não-cristã, à palavra "Jesus" (de Nazaré), como se não se estivesse crendo numa pessoa concreta, e sim num mistério de culto gnóstico. Não tem sentido camuflar a

[9] Exemplo típico desse dilema encontra-se no contraste entre dois artigos: de um lado o de G. Fohrer, *Das Alte Testament und das Thema "Christologie"*, em EvTh 30 (1970) 281-298; de outro lado, o de G. Klein, *"Reich Gottes", als biblischer Zentralbegriff*, ib., 642-670.

existência desses dois tipos; vivem entre nós, e de fato são praticados; mas não correspondem totalmente à oposição entre "conservadores" e "progressistas". Constata-se, portanto, a presença dos "seguidores de Jesus", que correm o perigo de esquecer os momentos decisivos na vida de Jesus e a sua relação fundamental com o Pai celeste; de outro lado, os "seguidores de Cristo", que correm o perigo de fazer do Cristo um mito sem ligação essencial com Jesus de Nazaré; e essa situação tem, como todos sabem, conseqüências bastante consideráveis para a interpretação da Escritura, para a teologia e a historiografia, sobretudo e concretamente, para a pastoral. Contrastes cristológicos formam não raramente a base, explicitada ou não, de uma polarização atual entre cristãos.

Todavia, antes que se chegue a uma discussão, seria bom que todos reconheçam uns aos outros como cristãos. Ora, cristão é quem tem a convicção de que a salvação definitiva provém de Deus e nos é oferecida na *pessoa* de Jesus, e que essa convicção fundamental cria comunhão, na graça de Deus, embora os que admitem isso ainda possam assumir diferentes posições quanto ao conteúdo da plenitude de Jesus Cristo, isto é, quanto ao sentido pleno desta profissão de fé: "Eu creio em Jesus (de Nazaré), o Cristo, o Filho unigênito, nosso Senhor". Profissão que de fato significa: "Eu creio em Jesus como realidade definitiva de salvação, que determina o sentido da minha vida". Supondo-se que o parceiro do diálogo o aceite, trata-se de um diálogo entre cristãos, e também, como esperamos, de um diálogo cristão.

5. Para o teólogo, coloca-se ainda a questão (do "ponto de vista moderno" não simpática): *O que é verdadeiro*? Honrando a intenção de quem crê, bem como a exigência crítica-racional da nossa natureza humana (quaisquer que sejam a intensidade de experiências concretas de fé e as identificações históricas de salvação e libertação humana), o teólogo sente que tais experiências intensas continuam problemáticas (nunca podendo significar para os outros um convite que possa obrigar ou constranger pessoas livres). Tudo isso enquanto não for demonstrado razoavelmente (dentro e por meio dessas experiências e identificações de salvação de uma determinada comunidade) que a gente entra realmente em contato com aquela realidade que nós, seres humanos, na nossa história, denominamos de *Deus*, o criador de tudo o que é e de tudo o que será.[10] Reconheço o valor, a excepcional importância da vivência existencial e do entusiasmo religioso, mas nem por isso deixo de estar convencido do seguinte: um Deus experimentado somente como "*meu* Deus", e adorado como tal, será um

[10] Ver também W. Pannenberg, *Das Glaubensbekenntnis ausgelegt und verantwortet vor den Fragen der Gegenwart*, Hamburgo 1972, 44.

não-deus, enquanto não for demonstrado significativamente (mas não matematicamente ou por raciocínio lógico) que neste homem Jesus de Nazaré nos encontramos realmente com o "Criador do céu e da terra", o qual nos liberta e ao mesmo tempo nos dá um sentido definitivo a tudo, por mais incompreensível que seja. Um piedoso auto-engano é plenamente possível, sobretudo em assuntos de religião. Por isso, uma fé religiosa em Jesus de Nazaré, neste ser humano que apareceu na nossa história humana, será para mim problemática, enquanto não ficar clara para nós a relação pessoal deste homem historicamente localizável com o "Criador do céu e da terra", o Deus vivo, o fator universalmente unificador de tudo o que vive e se move. Dou valor ao entusiasmo por Jesus de Nazaré, como homem que inspira; – humanamente falando, já é muita coisa! Mas não contém um convite obrigatório, de caráter universalmente humano, se não ficar claro que "o Criador", o Deus do monoteísmo judaico, islâmico, cristão e de tantos outros, está pessoalmente envolvido no que aconteceu em Jesus.

Por isso, o que neste livro parecer de caráter apologético ou crítico, foi de fato inspirado no interesse pela *verdade*, onde quer que ela se encontre, dentro ou fora das Igrejas. Já que esta pesquisa trata da fé em Jesus de Nazaré, o Cristo, tornou-se cada vez mais clara em mim a certeza (antiga como o próprio cristianismo) de que a fé, como o mito, possui a sua justificativa e a sua certeza dentro de si mesma: o *porquê* da minha fé em Jesus como salvação decisiva só pode ser justificado *em fé* (e neste sentido existe um espaço inacessível para ataques da crítica). Contudo, a partir do momento que começo a falar da minha fé (e o faço tão logo começo a crer), já abandonei esse espaço livre, e tornei-me vulnerável diante das exigências da racionalidade crítica (nesse sentido não existe espaço livre). Por isso é que foi escrito este livro: em respeito pelo caráter original, próprio e irredutível do crer, e também em respeito pelas exigências da racionalidade crítica. São duas coisas que se podem proteger mutuamente contra o perigo de se tornarem totalitárias, tolhendo a liberdade.

6. Enfim, existe a questão dolorosa, e ainda não resolvida: a relação entre cristãos e judeus. Além de outros, também cristãos têm culpa no anti-semitismo ocidental que tornou possível a assim chamada *Endlösung* (solução final) do nazismo. Nós, teólogos, não podemos fingir que não sabemos nada a respeito das relações históricas entre judeus e cristãos. Não podemos ignorar um fato: o que alguns judeus fizeram com Jesus já foi há muito tempo, e já é ultrapassado diante do que todos nós fizemos historicamente com os judeus. A recente literatura judaica sobre Jesus[11] mostra que, depois de séculos longe

[11] Entre outros, ver Schalom Asch, *Der Nazarener*, Amsterdam 1950; M. Brod, *Der Meister*, Gütersloh 1951; M. Buber, *Zwei Glaubensweisen*, Zurique 1950; e: *Der Jude*

deste Jesus, o próprio "holocausto" (imolação) deles em Auschwitz e alhures, os tornou conscientes de sua solidariedade com o "holocausto" de Jesus de Nazaré. O judaísmo não tem nenhum panteão, mas tem, isto sim, um martirológio inesquecivelmente grandioso. Muitos judeus agora reconhecem que nesta fila Jesus tem o seu lugar. Martin Buber o formulou da seguinte maneira: "Desde a minha juventude tenho sentido Jesus como meu grande irmão. Que o cristianismo o tem considerado como Deus e redentor, isso eu vi sempre como assunto da maior seriedade, que devo e tento compreender, por causa dele e por causa de mim mesmo".[12]

Um teólogo não pode fazer muita coisa para consertar essas relações dolorosas e dramáticas; todavia, alguma contribuição pode dar. Não se pode negar que uma das chaves hermenêuticas para compreender o Novo Testamento é a polêmica entre "Israel" e "a Igreja".[13] Mas o historiador e o teólogo podem mostrar, com bons argumentos, que o cristianismo em boa parte herdou apenas uma crítica *intra-judaica* contra Israel, e que a interpretação sobre Jesus no cristianismo primitivo é na verdade uma interpretação *judaica* sobre Jesus. As tendências fundamentais do cristianismo foram iniciadas por judeus, e já estavam consolidadas muito antes que influências não-judaicas de gentios-cristãos começassem a valer. Por isso, qualquer sentimento anti-semita é totalmente estranho às tendências originais do cristianismo. Por esse motivo, sempre hei de insistir em que certas interpretações dentro do cristianismo primitivo não são outra coisa senão um reassumir padrões de pensamento e ação judaicos pré-cristãos.

III. Um desafio

Considerando todos esses problemas – que durante o estudo ainda se avolumaram – escrevi este livro: como reflexão sobre Jesus de Nazaré, professado pelas Igrejas de Cristo, às quais pertenço, como a *salvação definitiva*. Em termos judaicos: o Cristo, o Filho de Deus e Filho do Homem. Em termos helenistas: o Filho de Deus em sentido absolutamente ontológico.

und sein Judentum, Colônia 1963; Joel Carmichael, *Leben und Tod des Jesus von Nazareth*, Munique 1966; Schalom ben Chorin, *Bruder Jesus*, Munique 1967; Haim Cohen, *Trial and death of Jesus*, Tel Aviv 1968; W. P. Eckert, *Judenhasz. Schuld der Christen?* Essen 1966; David Flusser, *Jesus*, Hamburgo-Reinbeck 1968; J. Isaac, *Jésus et Israel*, Paris 1970; Ascher Finkel, *The teacher of Nazareth*, Leiden 1964; Aharon Kabak, *The narrow path*, Jerusalém 1968; J. Klausner, *Jesus von Nazareth*, Jerusalém 1952; Pinehas E. Lapide, *Jesus in Israel*, Gladbeck 1970; S. Schwartz, *La réhabilitation juive de Jésus*, Martizay 1969; ver também: Moris Goldstein, *Jesus in the Jewish tradition*, Nova York 1950, e Frank Andermann, Das grosze Gesicht, Munique 1971.

[12] M. Buber, *Zwei Glaubensweisen,* Vorwort.

[13] Kl. Berger, *Die Gesetzesauslegung Jesu* (tese deste livro).

O projeto não é apologético, embora eu não tenha medo de uma apologética sincera. Isso quer dizer: não se tentará legitimar o dogma eclesiástico, nem apresentá-lo como racionalmente a única interpretação de Jesus que possa ter sentido. Constato o fato de que existem outras interpretações, as quais recusam Jesus; outras, também, que inspiram e orientam seres humanos fora de qualquer confissão cristológica; também essas interpretações serão cuidadosamente ouvidas, embora não se diga expressa e explicitamente a toda hora. Mas também essa escuta orientou a pesquisa.

Sendo cristão, quero examinar criticamente a *compreensibilidade* da fé cristológica em Jesus, sobretudo na sua origem. Encarando mesmo os numerosos problemas reais, para mim trata-se juntamente tanto de uma "fides quaerens intellectum", como de um "*intellectus* quaerens fidem". Ou seja: dentro de um respeito, que deve ser igual diante da fé e diante da razão humana, quero procurar, para as pessoas de hoje, o sentido compreensível da fé cristã em Jesus de Nazaré.

"Compreensibilidade", dizia eu. Com isso não quero negar, absolutamente, que a salvação de Deus em Jesus, é um mistério. O que com isso quero explicitar é a atitude crítica do teólogo crente que se recusa a identificar o mistério de Deus com os "mistérios" fabricados pelos próprios seres humanos, no sentido de incompreensibilidades, que não têm nada a ver com o mistério da ação salvífica de Deus na história, e mesmo assim, tornando a fé ridícula, muitas vezes são propagadas como "mistério da fé cristã" e como intangível ortodoxia.

Que o homem Jesus, no sentido humano da palavra (uma pessoa humana) é o *ponto de partida* de toda esta reflexão, para mim é uma verdade tão grande, que não precisa ser provada. Pois na nossa história humana não podemos encontrar-nos com fantasmas nem com deuses disfarçados; apenas com seres humanos. Quero descobrir o que é *próprio* a este homem Jesus, algo que talvez leve a uma profundeza insondável; pois o certo é que este homem, Jesus de Nazaré, deu impulso a um movimento religioso que se tornou uma religião mundial; esta declara que Jesus é a figura que, pessoalmente, revela Deus. É por isso que a pergunta acerca de sua verdadeira *identidade* orienta toda esta pesquisa. Quero buscar *eventuais sinais*, na imagem de Jesus, reconstruída numa história crítica, sinais que possam orientar a busca humana de salvação para a oferta cristã de uma resposta que aponta para uma ação especial, salvífica, de Deus neste Jesus; e o faço na mesma reação como aquela que caracteriza o Novo Testamento: contra as cristologias pré-canônicas sobre um "theiós anér" (homem divino), contra uma cristologia sobre um deus terreno, disfarçado em figura humana (segundo um modelo grego), contra a qual sobretudo Paulo e Marcos reagiram com veemência, porque tais idéias desconhecem o sentido autêntico do verdadeiro Filho de Deus.

Por isso, a fé e a crítica histórica andam de mãos dadas, em quase todas as páginas deste livro. Também não podia ser de outra maneira, se afirmamos que encontramos salvação em Jesus, um homem histórico, que apareceu num período bem determinado do passado. Pois então, tanto a ciência histórica como a fé têm, cada uma, sua própria competência legítima e seu próprio ponto de vista, enquanto se referem a uma só e mesma realidade: Jesus de Nazaré, como fenômeno histórico.

Embora tendo fé, eu me identifiquei com as dúvidas a respeito do "Cristo eclesiástico", dúvidas essas que eu via nitidamente formuladas ao meu redor, tanto na Holanda como em qualquer lugar por onde passava; formuladas às vezes de modo agressivo, outras vezes com tristeza. Assim cheguei a procurar e seguir vestígios, sem saber aonde isso me levaria; até sem saber se essa abordagem não acabaria como um fracasso, conforme alguns dos meus estudantes sugeriam. Eu o fazia de maneira "metadogmática", isto é, passando por cima do dogma eclesiástico, embora na consciência de que esse mesmo dogma me levava a procurar. Sabia que também, e talvez sobretudo, fracassos podem levar-nos a maior sabedoria. Tal risco existia. Durante a pesquisa inquietava-me cada vez mais uma convicção: por mais acuradamente que uma reconstrução histórica do chamado "verdadeiro" Jesus seja executada, o resultado científico só pode fornecer uma *imagem* de Jesus, nunca o verdadeiro Jesus de Nazaré. Um estudo histórico-científico de Jesus é algo bem diferente de uma aproximação simplesmente humana, espontânea, ou da lembrança de uma pessoa do passado. E por mais historicamente bem fundada que seja tal imagem científica, não foi com *essa* imagem que os primeiros seguidores de Jesus foram confrontados, embora tal imagem científica tenha tudo a ver com o Jesus que vivia então, e que as Igrejas hoje confessam como o Cristo. A questão da continuidade viva, entre Jesus de Nazaré e a fé da Igreja primitiva, é bem diferente da questão da continuidade entre aquela fé e uma imagem de Jesus cientificamente reconstruída. No entanto, certamente uma também não é estranha à outra.

Tal pesquisa não passa e não pode passar, nas Igrejas, por cima da mediação de vinte séculos de história cristã de confissão e praxe de fé. Tal fato, numa época de hermenêutica, nem se precisaria dizer. Ao escrever este livro, eu me lembrava nitidamente dos resultados dos meus estudos anteriores (aulas) sobre a cristologia patrística, carolíngia, medieval e pós-tridentina, embora não sejam citados neste livro. Limito-me agora a uma reflexão sobre a "história do dogma" a partir do início do cristianismo primitivo até a formação dos evangelhos e demais livros do Novo Testamento, período este que nos leva o mais perto possível de Jesus, e que ainda é muito reservado na sua identificação de Jesus de Nazaré, em quem os seus discípulos, após ele ter morrido, encontraram uma salvação decisiva e definitiva. Inicialmente, a sua morte, ou não foi problema ou, com relação à salvação, foi qualificada de maneira "neutra".

Essa história abafada do "Novo Testamento" canônico pode ter efeito libertador e ao mesmo tempo orientador diante da cristologia tradicional da nossa sistemática ocidental, que muitos sentem como tendo entrado num beco sem saída. Por isso, o subtítulo *Um ensaio cristológico* é ainda pretensioso demais, e precipitado. Este livro é um prolegômeno. Digo assim, não por causa do que realmente está dito neste livro, mas por causa do que eu inicialmente tinha planejado: dar uma visão sintética do problema atual de "redenção" e "emancipação" ou autolibertação humana, inclusive pensando na "Teologia da Libertação".

Além de reflexão continuada, este livro quer dar também uma informação constante, inclusive porque nem todo cristão pode permitir a si o luxo de que dispõe alguém liberado pela sociedade para se ocupar com essas coisas da vida, e também porque tive de constatar, continuamente, que a fé cristã, quando falta formação fundamentada, se torna "mandona", até não-cristã, com pretensões absolutistas que são alheias a Jesus e ao seu evangelho. Muitas vezes, chama-se de "cristão" algo que aparece como essencialmente não-cristão para alguém que, estudando e orando, convive com o Novo Testamento. Considero, pois, este livro como obrigação que devo à sociedade, em primeiro lugar à comunidade cristã, mas ao mesmo tempo a todos os que se interessam pelo destino da vida humana.

IV. Nota sobre exegese e teologia

Durante os mais de três anos de estudos exegéticos, em preparação para este livro, esbarrei-me repetidamente, às vezes de maneira desesperadora, com um problema sério que parecia transformar todo o meu projeto num empreendimento impossível: não existe talvez nenhuma perícope bíblica sobre cuja interpretação os exegetas profissionais não discordem entre si, embora se deva dizer que nos últimos dez anos vem crescendo cada vez mais certo consenso sobre problemas exegéticos fundamentais, entre biblistas peritos, tanto católicos como reformados. O Novo Testamento firmou o primeiro impulso constitutivo do movimento em torno de Jesus num imponente testemunho de fé, na certeza de que era orientado e conduzido pelo que a ação salvífica de Deus havia operado em Jesus de Nazaré. Portanto, toda reflexão teológica depende irresistivelmente da compreensão desse Novo Testamento; nele, em linguagem humana, em palavras e imagens usadas na linguagem sociocultural e religiosa da época, cristãos expressaram sua fé na decisiva salvação-por-Jesus, da parte de Deus, por eles experienciada. Nessa situação, não cuidar de uma apresentação científica da Bíblia, com todos os métodos da ciência moderna das literaturas, seria um desprezo do que costuma ser chamado "a Palavra de Deus", a qual só chega até nós através das palavras de pessoas religiosas. Para descobrir com precisão qual era na época o sentido dos testemunhos humanos de fé, uma comunidade crente (que com razão usa o livro sagrado também para outras finalidades, p.ex. no culto litúrgico) não pode se dispensar de estudar esse Novo Testamento também do ponto de vista da ciência literária; quer dizer, no conjunto da literatura do Antigo Testamento e da assim chamada literatura intertestamentária, como também da seguida pelo Novo Testamento. Do contrário, seria desconsiderar um dado fundamental da fé, a saber: que a própria Igreja, nas suas comunidades e na sua hierarquia, está submissa à soberania de Deus e à norma da pessoa e da atuação de Jesus de Nazaré, a quem ela proclama "o Cristo, o Filho unigênito, nosso Senhor".

Um teólogo temático ou reflexivo, como tal, não é um exegeta profissional. Tenho consciência disso. Todavia, sem a Escritura, o teólogo não está em lugar nenhum. Então, será que ele depende dos exegetas profissionais? Não! Porém, da exegese profissional, sim! Pois entre os exegetas encontramos naturalmente, como em todas as ciências, bom número de opiniões diferentes. Por isso, o teólogo não pode fazer uma escolha arbitrária entre as opiniões exegéticas que existem, p. ex. aquela que se enquadraria melhor na sua própria síntese dogmática! Seria desconhecer a função fundamental da Escritura na teologia. O que fazer, então? Embora não sendo exegeta, o teólogo deve saber *avaliar* o valor dos argumentos exegéticos que lhe são apresentados, e sobretudo saber examinar os *pressupostos*, pelos quais os exegetas divergem entre si na interpretação de uma perícope bíblica. Muitas vezes pressupostos não-exegéticos são a causa das diferenças entre as opiniões. Por isso, um teólogo também não pode entregar-se a seus "exegetas preferidos", embora uma preferência, depois de certa experiência com as obras de muitos deles, possa aparecer espontaneamente. Se houver uma *opinio communis* entre exegetas de diversas escolas (e isso, para mim, também significa expressamente: "de diversos países"), o teólogo, pode nesse ponto confiar facilmente, com toda a razão, a não ser que durante algum tempo surjam perguntas, aqui e acolá: primeiro, por algo que inicialmente é aceito como opinião pessoal, mais tarde por outras dificuldades que surgem dentro do mesmo contexto; até que de repente, contra toda a *opinio communis*, um exegeta propõe uma visão inteiramente nova, porém coerente. Sou da opinião de que, em certos casos, o teólogo, tendo ponderado os argumentos, pode, contra a *opinio communis* dos exegetas, utilizar tal nova visão (que às vezes é a retomada de uma visão muito antiga) dentro de seu raciocínio dogmático. (Aliás, depois de algum tempo, tal visão "nova" pode aparecer conquistando a unanimidade exegética.) Algum consenso entre os exegetas, *abstraindo-se* de seus *pressupostos*, não me parece um bom princípio para orientar o teólogo. Aliás, os próprios exegetas muitas vezes trabalham com preferências teológicas, isto é, não exegéticas, sobre as quais o teólogo pode julgar.

Naturalmente o teólogo deve ter também cuidado com "*slogans* exegéticos" (*slogans* toda ciência conhece, também a teologia!) como, p. ex., a frase, sempre repetida na literatura exegética, desde M. Kähler: "O Evangelho de Marcos é uma narrativa da paixão, com uma longa introdução". *Slogans* costumam ser pouco matizados, embora contenham um núcleo de verdade.

A principal objeção do teólogo vai contra convicções (que a prática de alguns exegetas demonstra) de que um determinado *método* é o único válido; p. ex., o método exclusivo da história das formas literárias (*Formgeschichte*), ou um método apenas estruturalista etc. O teólogo, como tal, não pode entregar-se ao resultado de um só método de exegese (ainda mais que com ele se pode chegar a opiniões diferentes, talvez exatamente por causa do exclusivismo do método, que tem naturalmente seus próprios pressupostos). Ernst Troeltsch, no seu tempo, já dizia: "No método histórico-crítico esconde-se toda uma ideologia".[14] A literatura nos ensina que sobretudo diferenças exegéticas, entre um país e outro, muitas vezes dependem de problemas acerca de "método e verdade"; assim, como um conhecimento dessas perspectivas nacionais dá "independência" teológica maior, sem que se negue a dependência da exegese profissional.

Por outro lado, não menos funesta é a escolha dogmática de uma espécie de "denominador comum", destilado da exegese existente. Tal procedimento nada tem a ver com conhecimento da Bíblia; portanto, não pode fundamentar nenhuma teologia cristã. Por isso, o teólogo precisa entrar em exegese *detalhada*, não podendo, em primeira instância, confiar em estudos exegéticos *globais* (ou no que às vezes se denomina "teologia bíblica"). Esses estudos globais só têm sentido quando baseados em estudos detalhados; além disso, mostram com freqüência mais a visão *teológica* do compilador do que a interpretação sobre Jesus no Novo Testamento; interpretação ao mesmo tempo pluralista, basicamente una. Semelhante visão teológica pessoal não é base para uma teologia que procure pelo menos ser universalmente reconhecível.

Em resumo: fazer teologia a partir de uma base verdadeiramente bíblica é de fato tarefa laboriosa, esgotante. As próprias "sínteses" do teólogo, já estabelecidas, continuamente são desfeitas e novamente reconstruídas; algumas expectativas se desfazem, outras crescem

[14] Ver E. Troeltsch, *Üeber historische und dogmatische Methode in der Theologie*, em: *Gesammelte Schriften*, vol. 2, Tubinga 1922 (Aalen 1962) 729-753.

etc. A própria síntese está sempre em movimento. No entanto, cresce com isso a capacidade para avaliar a nova literatura exegética e a capacidade de sintetizar. O teólogo que assim pratica teologia, isto é, na opinião de alguns, que se arrisca "demais" no terreno da exegese, pode às vezes ser criticado por cometer uma gafe. Claro! Sua única defesa será esta: sem exegese, todo o teologizar fica sem base. Antes cometer uma gafe no caminho *certo* do que enveredar negligentemente (embora talvez sem manchas e sem falhas) por um caminho errado, que somente leva a uma ideologia.

Existe, sim, uma distinção entre exegese e teologia sistemática. No entanto, além da exegese puramente literária, há também a exegese *teológica*; nesta procuramos a definitiva atuação salvífica de Deus, em Jesus e nos primeiros testemunhos da fé cristã, isto é, no cristianismo primitivo. *Isso* é que determina o caráter teológico da exegese, a qual não se torna teologia só por uma "atualização" em vista do presente (é o que chamo de "teologia sistemática"). Aliás, a separação entre exegese bíblica e teologia sistemática é na teologia um fenômeno relativamente recente, e somente se consumou completamente no século XVII. A exegese *teológica* tenta descobrir a dimensão teológica *dentro do* próprio fenômeno histórico do cristianismo primitivo; *aí* já se colocou a pergunta a respeito da verdade, e não somente na relação dita atualizante da Bíblia com a nossa atualidade. Perguntar pela relevância do Novo Testamento para nós, hoje, é "teologia sistemática"; esta supõe a exegese *teológica*, que estuda o Novo Testamento sob o aspecto da definitiva atuação salvífica de Deus na origem histórica da religião judaica-cristã.

Finalmente, a maior objeção (que tomo muito a sério) é a seguinte: Existe a tradição cristã dentro da Igreja; existe a vida das Igrejas e, para um católico, até o múnus eclesiástico do magistério, uma autoridade a serviço da comunidade eclesial. De fato: sem esta Igreja, eu nem teria começado a minha pesquisa. Mas, esse carisma do múnus, no qual, dentro das Igrejas de Deus, o Espírito dele opera ativamente, não funciona milagrosamente, e menos ainda com revelações particulares ou por uma ligação direta, e sim de modo muito *histórico*. Portanto, esse múnus precisa também entender a Escritura; e para isso a exegese oferece sua ajuda. Se esse múnus precisa *exatamente dessa ajuda* de exegetas e teólogos, por causa da estrutura eclesiástica de sua própria essência, então essa ajuda, como tal, não pode ser substituída por nada. A mesma coisa vale para a comunidade eclesial, cuja vida consiste em estar unida a Cristo. Realmente, para o teólogo a comunidade viva, a Igreja, é um "lugar teológico"; sem ela, o teólogo não teria base para sua pesquisa bíblica e sua reflexão teológica. Teologia não é hermenêutica livresca. Mas, quando alguém afirma que se une a Jesus Cristo pela fé, e que é nele que encontra inspiração e orientação dentro da comunidade viva, então, como teólogo, quero saber de quem é que tal pessoa está falando: de um Jesus que essa pessoa escolheu para si, conforme certa moda atual e necessidades reais, ou de *Jesus de Nazaré*: é deste que as grandes tradições cristãs – embora de muitas maneiras e em muitas línguas – puderam escutar uma mensagem muito especial, intencional, e é esta que nós agora, em nossas necessidades, temos de transmitir, criativa porém fielmente, em primeiro lugar nós mesmos vivendo dela. Não é o exegeta ou o teólogo que, pela sua ciência pode garantir essa fidelidade e criatividade. Porém, são muitos os fatores eclesiásticos e seculares que servem, cada um à sua maneira, como intermediários da direção divina, pelos quais a Igreja se mantém fiel, no seu percurso, como esperança fidedigna para o mundo; entre esses fatores há também um lugar insubstituível para a exegese e a teologia.

Por isso, termino esta introdução com uma palavra do padre Yves Congar: "Respeito e interrogo sem cessar a ciência dos exegetas, mas recuso seu magistério".[15]

Por fim, sei que é apenas uma das muitas possibilidades a abordagem científica-crítica (o meu ponto de vista neste livro, que escrevo com fé). Isso *relativiza* o livro todo. Mas também *esse* ponto de vista, embora relativo, tem seu direito de existir; finalmente, tem valor pastoral próprio e insubstituível. Na base dessa intenção pastoral – que outros, espero, saberão "traduzir" – é que este livro foi escrito, como uma entre as muitas contribuições para o mistério vital, nunca dignamente formulável, daquele que confesso como Jesus de Nazaré, em quem podemos encontrar salvação definitiva e decisiva. Com isso se explica o fato de não serem citados teólogos e sim muitos exegetas, o que não implica nenhuma falta de solidariedade colegial.

[15] Y. Congar, *Vraie et fausse réforme dans l'Église*, Paris 1950, 498-499.

Parte I

Perguntas a respeito de método, hermenêutica e critérios

Seção I

JESUS DE NAZARÉ, NORMA E CRITÉRIO DE TODA INTERPRETAÇÃO SOBRE JESUS

Capítulo I

Acesso histórico do cristão a Jesus de Nazaré

§ 1. Estrutura da "oferta de salvação e resposta cristã"

Bibliografia sobre a "época de Jesus": A. Alt, *Kleine Schriften zur Geschichte des Volkes Israel,* 3 vols. (Munique 1953-1959); J. Bonsirven, *Le Judaisme palestinien au temps de Jésus-Christ,* 2 vols. (Paris 1934-1935); W. Foerster, *Neutestamentliche Zeitgeschichte* I. *Das Judentum Palestinas zur Zeit Jesu und der Apostel* (Güterlsloh [4]1964); Ch. Guignebert, *Le monde juif vers le temps de Jésus* (Paris 1950); A. H. Gunneweg, *Geschichte Israels bis Bar Kochba* (Theol. Wissenschaft 2; Stuttgart 1972); M. Hengel, *Judentum und Hellenismus* (WUNT, 10; Tubinga [2]1973; J. Jeremias, *Jerusalém no tempos de Jesus* (Paulus, São Paulo, 1983); M. Lagrange, *Le Judaisme avant Jésus-Christ* (Paris 1931); E. Lohmeyer, *Galiläa und Jerusalem* (FRLANT 34; Gotinga 1936); E. Lohse, *Umwelt des Neuen Testaments* (Gotinga 1971); A. D. Nock, *Essays on Religion and the Ancient World,* 2 vols. (Cambridge 1972); B. Reicke, *Neutestamentliche Zeitsgeschichte* (Berlim 1965); M. Rostovtzeff, *The Social and Economic History of the Hellenistic World* (Nova York 1941); E. Schürer, *Geschichte des Jüdischen Volkes im Zeitalter Jesu Christi,* 3 vols. (Leipzig [4]1909-1911).

A. A pessoa humana, centro de múltiplas relações

Uma pessoa constitui o foco de um espaço amplo. Por isso a pergunta: "Quem é Jesus de Nazaré?" Pergunta que não pode ser colocada sem ligação com o que aconteceu antes e depois dele. Ninguém pode ser entendido: *a)* como independente da história passada em que ele se encontrou, que o carregou e o desafiou, e diante da qual ele reagiu criticamente; *b)* como independente de suas relações para com as pessoas com as quais conviveu, contemporâneos que dele receberam alguma coisa e que por sua vez o influenciaram e nele provocaram certas reações; *c)* como independente da influência que ele exerceu sobre a história depois dele, nem como independente daquilo que ele mesmo, eventualmente, quis pôr em movimento. Em outras palavras: uma pessoa humana é o centro de uma série de relações interativas com o passado, o futuro e o seu presente.

Tudo isso vale também para Jesus. Conclusão: o ponto de partida para qualquer cristologia ou interpretação cristã de Jesus não é, simplesmente, Jesus de Nazaré; menos ainda, o querigma ou o credo da Igreja. É o *movimento* que o próprio Jesus despertou no primeiro século da nossa era, sobretudo também porque é só através desse movimento que temos algum conhecimento histórico sobre Jesus. O mais lógico ponto de partida é, portanto, um determinado fato histórico, a saber: os evangelhos nos contam *o que um tal de Jesus significou para a vida de alguns grupos de pessoas*. Em outras palavras, o ponto de partida é a primeira comunidade cristã; sim, mas como *reflexo*, isto é, espelhando o que o próprio Jesus foi, falou e fez. À oferta de salvação, da parte de Jesus, alguns judeus reagem com um sim incondicional. O que foi essa oferta de Jesus, isso podemos deduzir das reações e dos testemunhos do Novo Testamento, através do prisma das respostas *cristológicas* das primeiras comunidades cristãs. Elas falam sobre Jesus de Nazaré "na linguagem da fé"*;* mas, ao falarem assim, referem-se ao Jesus de Nazaré real, uma realidade concretamente histórica, que fazia apelo a elas.

Tudo isso torna-se claro pelo teor de sua linguagem. Essas comunidades cristãs não frisam que "ele morreu", e sim: "que morreu *pelos nossos pecados*"; e mais ainda: "morreu pelos nossos pecados... *segundo as Escrituras*" (1Cor 15,3); – ou também: "morto, porém ressuscitado" (Rm 8,34; 1Cor 15,3-4). Falar sobre Jesus na linguagem da fé é explicitar o que este Jesus realmente histórico significou para os seus seguidores, e como tudo isso está ancorado no próprio Jesus. Aí a história e o conhecimento empírico, portanto informação, estão presentes, mas já interpretados na linguagem da fé.

O único conhecimento que temos sobre o que aconteceu com o Cristo chegou até nós através do que foi concretamente vivido nas primeiras comunidades cristãs. Elas experimentaram dentro de si uma vida nova que atribuíram ao *Pneuma:* foi um dom do Espírito; foi a experiência de uma vida nova, dominada pelo Espírito, mas lembrando Jesus. Por isso, dizia eu que o movimento cristão primitivo é o indiscutível ponto de partida historicamente certo. Não podemos fazer esta pergunta isolada: "Quem foi Jesusde Nazaré?" Qualquer historiador que faça tal pergunta não pode fazer abstração da influência-de-fato desse homem Jesus (que fazia parte, ele mesmo, de uma história de tradições, no contexto de uma situação cultural religiosa). Por um lado, ele influenciou um grupo de contemporâneos que se tornaram seus seguidores; por outro lado, influenciou aqueles que o entenderam de modo totalmente diferente, mas chegaram a uma reação não menos excepcional que custaria a ele a vida (consta historicamente que Jesus, entregue pela autoridade judaica, foi executado por ordem da autoridade romana local). Por isso, o historiador não pode deixar de perguntar: "Quem foi, afinal, esse homem que pôde provocar essas reações extremas: de um lado, fé incondicional; de outro lado, incredulidade agressiva?" É significativo para a nossa história humana, cheia de injustiças, que os romanos, ante a possibilidade de uma agitação política numa região subjugada, mandaram crucificá-lo. Que a autoridade judaica o entregou, só se explica (fazendo-se abstração de paixões humanas) se este Jesus, do ponto de vista convencional judaico, teve comportamento fundamentalmente não-judaico (uma pretensão de ser "Messias" não bastava; houve naqueles tempos outros pretendentes a serem messias, os quais, nem por isso, foram executados). Por outro lado, houve os seguidores que creram em Jesus, que lhe deram resposta positiva, tão incondicionalmente que, depois de sua execução, foram capazes de expressar a experiência fundamental de sua resposta lançando mão dos mais variados, sugestivos e elevados conceitos e títulos religiosos, disponíveis no mundo judaico e no mundo pagão: Filho do Homem, profeta escatológico, Messias ou Cristo, "Filho de Deus" (com conteúdo tanto judaico como helenista), "Senhor" (*mar* judaico e *kyrios* helenístico). Eram títulos sugestivos, alguns com sentido para cristãos judeus, mas incompreensíveis para cristãos do paganismo (p. ex. Filho do Homem; Messias), pelo que desapareceram das Igrejas de língua grega (p. ex. Filho do Homem) ou perderam seu vigor.

O referido aponta para o caráter muito relativo dos títulos aí empregados. Importante é que os fiéis, na base de suas experiências comunitárias, tinham de lançar mão dos títulos mais elevados, disponíveis na cultura religiosa de seu ambiente, para poderem verbalizar o que tinham experimentado e ainda experimentavam a respeito de Jesus. É primária a experiência cristã, como resposta da comunidade à realidade oferecida por Jesus. Os títulos, embora tenham sua importância, são secundários. Além disso, na própria Bíblia já puderam ser trocados entre si ou substituídos por outros, e puderam até deixar de ser usados. A experiência de salvação continuou, pedindo sempre expressões e articulações mais adequadas, na base de novas situações sócio-históricas. Tal vivência pode ser denominada experiência de *abertura,* ou descobrimento, uma revelação, um sentir-se na fonte (tanto para quem tinha conhecido Jesus diretamente, como para quem ouvia falar dele apenas através da "memoria Jesu", e pela vida da comunidade). Enfim, descobriram algo em Jesus que não pôde ser demonstrado direta e empiricamente, mas que não deixava de lampejar como "evidência" *recebida*, para quem dentro de uma comunidade viva era confrontado, sem preconceitos, com Jesus.

É interessante prestar atenção à estrutura dessa experiência comunitária: a "nova vida" da comunidade, presente em virtude do *Pneuma,* é posta em relação com Jesus de Nazaré. *Pneuma* e *anamnese*, o Espírito e o lembrar-se de Jesus, são experienciados como unidade. É algo que no próprio Novo Testamento se expressa teologicamente de muitas maneiras:

a) Se compararmos Atos 2 com o evangelho joanino e com a cristologia judaica-cristã original (aramaica), (que ainda pode ser destilada, até certo ponto, dos sinóticos), vemos que em Atos 2 o acontecimento pentecostal, 50 dias depois da páscoa, é uma narrativa etiológica das experiências pneumáticas das comunidades cristãs, desde muitos anos. No evangelho joanino a efusão do Espírito, etiologicamente interpretada, acontece no próprio "dia da Páscoa", isto é, relaciona-se diretamente com a ressurreição, estando Jesus e o Pneuma, a lembrança e o hoje, intimamente de novo ligados entre si.

b) O evangelho joanino tematiza de maneira ainda mais precisa a ligação entre o *Pneuma* e a *anamnese* (lembrança), quando faz o Senhor dizer que o Espírito vindouro lhes há de relembrar tudo (Jo 14,26; 15,26; 16,13-14). As experiências pneumáticas da comunidade ficam intimamente ligadas à "memória de Jesus". Há uma ligação orgânica entre o hoje, a atualidade das experiências comunitárias (Pneuma) e o "passado" de Jesus (lembrança).

No evangelho joanino, uma estrutura que se encontra nos evangelhos sinóticos, e também fora deles, é formulada apenas de modo mais explícito e convincente. De fato, ocorre freqüentemente também fora do evangelho joanino a fórmula: "Não vos lembrais?" (Cf. Mc 8,18-19 par.; Mt 16,9; Mc 14,9 par.; Mt 26,13; Lc 24,6-8; At 20,35; 2Pd 1,12-15 e 3,1-2). Enfim, também na fórmula eucarística a própria Igreja declara que a celebração litúrgica é feita "em memória de Jesus" (Lc 22,19; 1Cor 11,24-25). Em outras palavras: O *querigma* eclesiástico é ao mesmo tempo a *memória* do Jesus terreno, do que ele falou e fez. Espero que todo este livro o demonstre.

Quando as comunidades cristãs refletem assim sobre suas próprias experiências, declaram que tais experiências se relacionam com o Espírito e com Jesus de Nazaré; de tal maneira que essas duas relações inicialmente pareciam, por assim dizer, uma só: "O Senhor é o Pneuma", disse Paulo, ainda numa fase precoce (2Cor 3,17). Além disso, a comunidade articulou essa relação: a) em narrativas sobre Jesus (*logia*, narrativas e parábolas, em forma de "memoria Jesu"); b) em querigmas, hinos e profissões de fé, nos quais de modo variado (nas diversas comunidades cristãs) o sentido do que Jesus significa para essas comunidades é verbalizado na linguagem da fé, a fim de ser proclamado como toque de trombeta.

Portanto, a matriz do Novo Testamento como texto escrito é a experiência das primeiras comunidades cristãs, inseparavelmente ligada à convivência imediata com Jesus, e mais tarde, pela "memoria Jesu", ao contato com o Senhor. E é por isso que as primeiras comunidades cristãs, com sua experiência, são historicamente acessíveis para nós; historicamente, são elas o caminho mais responsável para chegarmos a Jesus de Nazaré. O que o Jesus histórico nos deixou não é em primeira instância uma espécie de resumo, ou trechos de pregação sobre a vinda do Reino de Deus, nem tampouco um querigma ou série de "verba et facta ipsissima", isto é, um relatório fiel do que ele fez exatamente, historicamente; nem é certo número de diretrizes e palavras sábias que pudessem com alguma certeza ficar isoladas dos evangelhos. O que ele deixou, somente pelo que ele era, fez e falou, puramente pela sua atuação como este homem determinado, foi um *movimento*, uma comunidade viva de fiéis, conscientes de serem o novo Povo de Deus, a "assembléia" escatológica de Deus, – não um "resto sagrado", mas as primícias da assembléia de todo o Israel e finalmente de toda a humanidade: um movimento libertador escatológico, para reunir todos os seres humanos, unindo-os. Um *Shalóm* universal.[1]

B. Revelação e "le croyable disponible" (o que está disponível para ser objeto de fé)

Aproximadamente entre 1910 e 1960, mais ou menos paralelamente à teologia da Reforma de K. Barth e sobretudo de Rudolf Bultmann sobre o querigma (ambos se distanciaram, no século XIX, da busca liberal de uma definição histórica de Jesus), também a teologia católica foi dominada (como reação contra o modernismo) por "le donné révélé" (o dado revelado), título da conhecida obra de A. Gardeil. Hoje, muitos põem isso em dúvida, na medida em que esse termo parece referir-se a um *dado*, um assunto previamente determinado, que por assim dizer possa ser interpretado por métodos positivistas. A sociologia do conhecimento e ciências afins, sobretudo lingüísticas, nos forneceram compreensão mais exata da estrutura de qualquer conhecimento (quanto a isso, o conhecimento da fé, por mais irredutível que seja, não é exceção). Assim ficamos sabendo que a realidade, à medida que nós a experimentamos e verbalizamos, ou seja, a realidade da *experiência*, é internamente colorida e parcialmente determinada pelo equipamento social (espiritual e cultural), que trazemos do passado para o presente: o padrão cultural que preenche também a nossa vida interior.[2] Por isso, também a realidade dessa experiência especial que forma a fé cristã depende não somente da realidade *oferecida* (Jesus de Nazaré), mas – enquanto experimentada e verbalizada, p.ex. em formulações e confissões de fé, em liturgia e teologia – ela é intrinsecamente colorida e co-determinada pela bagagem do espírito humano, aqui e agora, por aquilo que, com termo técnico, se denomina "contexto cultural da situação". Isso implica que a realidade da fé se encontra no meio da história, participando intrinsecamente da história humana, e é, ela mesma, história e cultura. A reve-

---

[1] Esse breve resumo será justificado em todo o resto deste livro.

[2] Ver P. Berger e Th. Luckmann, *The social construction of reality*, New York 1966; B. Lee Whorf, *Sprache, Denken, Wirklichkeit*, Hamburgo 1968.

lação e a sua expressão na história da cultura não são duas realidades separáveis. A revelação se encontra sempre no meio daquilo que P. Ricoeur chama "le croyable disponible" de um período, isto é, o conjunto de suposições, expectativas e ideologias universalmente aceitas, as quais no entanto se modificam interiormente – esta é a visão cristã – quando e pelo fato de que se tornam uma onda de revelação. Por isso, um cristão do mundo helenista parece em tudo mais com gregos e romanos de seu tempo do que com os seus irmãos cristãos de hoje. Todavia, um cristão de hoje, do ponto de vista expressamente cristão, está mais perto do cristão helenista do que de muitos contemporâneos seus. A compreensão dessa característica (determinada pela história da cultura) de cada religião, inclusive da cristã, relativiza o conteúdo do absolutismo da vivência de valores atuais, como também alivia o peso do passado. De outro lado, o evangelho faz uma *restrição* diante de qualquer uma de suas expressões culturais em querigma, dogma, credo ou teologia. No cristianismo primitivo, pelo uso de títulos honoríficos como Filho do Homem, Messias-Cristo, Filho de Deus, fica claro que a fé cristã, no próprio uso que faz dessa herança da cultura religiosa, em que a revelação é verbalizada, ao mesmo tempo se distancia dessa herança. Por isso, a resposta do cristão à pergunta acerca da identidade cristã nunca pode ser uma identificação total com a cultura que o circunda, nem sequer com a cultura religiosa da qual ele internamente participa. Por isso também, não existe uma identidade completa entre a fé cristã e as suas próprias formulações da fé, nem com as mais oficiais, embora aí o mistério da fé, mesmo assim, seja verbalizado de maneira válida e fiel. Por causa dessa tensão entre o mistério da fé e a articulação da fé, determinada pela cultura religiosa, precisamos não apenas de uma aproximação do cristianismo primitivo e de sua evolução posterior na base de uma história e de uma hermenêutica do dogma, mas também de um exame sociológico, abordando criticamente as ideologias. É por isso que numa nova linguagem de fé, em que Jesus de Nazaré seja identificado em termos de fé, será preciso aparecer claramente tanto a ressalva crítica como a não-identificação com relação às categorias, expectativas e ideologias dominantes de hoje, exatamente quando a elas se recorre. A ressalva da fé (antropologicamente inevitável), mesmo *quando* citada, é essencialmente cultural e formadora de cultura, e por isso é também formadora de Igreja. Todo movimento religioso, pois, está inextrincavelmente assumido dentro de um processo cultural histórico. Nisso a questão é sempre uma: Será que esse movimento religioso mantém uma tensão crítica, criativa, em relação com e dentro deste mundo que é o seu próprio mundo, tanto social como culturalmente? É o que podemos ficar sabendo ao verificarmos se existe uma *variante especificamente cristã* na sua participação nos movimentos de toda a cultura, ou se falta tal variante.

Constatamos essa tensão na mais antiga estrutura da fé e do credo no Novo Testamento. Por todos os conjuntos de tradições que aí confluíram, quaisquer que sejam as suas origens divergentes, torna-se claro que os primeiros cristãos encontravam salvação em Jesus Cristo, uma salvação decisiva provinda de Deus. À luz dessa experiência de salvação eles deram a essa realidade salvífica nomes como: Cristo, Filho do Homem, Senhor etc. Assim aplicaram a Jesus noções-chave existentes de caráter cultural-religioso; eram noções por assim dizer "disponíveis", que ganharam o seu sentido propriamente cristão por serem aplicadas a Jesus. Portanto, o primeiro significado dessas expressões é que assim verbalizaram aquilo que sobre eles irradiava da pessoa, da mensagem e da atuação de Jesus. Suas experiências reais de antes e após a morte de Jesus se amalgamaram, formando uma só imagem. No entanto, o que chama a atenção é que esses primeiros cristãos lançaram mão de conceitos já existentes, como Messias, Filho do Homem etc., conceitos de conteúdo próprio, historicamente desenvolvido, não aplicável a Jesus em todos os aspectos; e que eles, na base de seu entendimento, na fé, sobre Jesus como realidade salvífica definitiva, ao mesmo tempo modificaram criticamente esses conceitos, quando os aplicaram a Jesus, preenchendo-os com lembranças da vida e morte de Jesus nesta terra. Por isso, é preciso dizer que o critério para a denominação ou identificação de Jesus no Novo Testamento não foi o conteúdo preexistente desses "títulos de alteza", mas o *próprio Jesus*. Dessa maneira, os discípulos expressaram a convicção de sua vida: encontraram definitivamente sua salvação em Jesus, e o fizeram em conceitos um tanto estranhos, para verbalizar o que lhes era próprio.

Dentro dessa estrutura de fé, existe pesada tensão. De sua parte, também Jesus, como ser humano, se encontrava em meio a acontecimentos inconstantes de seu tempo, e no meio de uma história com tradições bem definidas, principalmente as de seu povo judeu, que interpretava a si mesmo como "povo de Deus", servo e testemunha de Deus perante o mundo inteiro. No meio dessa história (assim interpretada), Jesus se sentiu responsável por um lugar próprio e uma tarefa especial dentro dela. Nisso, porém, ele se viu confrontado com diversas interpretações já existentes no seu ambiente a respeito do sentido desse povo de Deus e do Reino de Deus: uma interpretação apocalíptica, uma escatológica, uma ética, uma política-zelótica, uma farisaica (para citar as mais importantes). Dentro dessa diversidade, Jesus tomou posição muito pessoal, embora sua mensagem e opção vital tenham ficado historicamente ambíguas pela sua ignominiosa execução. Mesmo fazendo-se abstração de qualquer querigma ou credo eclesiástico, tudo isso pode ser considerado como resultado de minuciosos estudos históricos das fontes. Por isso, não se pode perder de vista o quadro historicamente contingente da atuação de Jesus, quando, em *linguagem de fé*, se fala sobre Jesus como o Messias ou Cristo, o Filho do Homem, o Senhor, o Filho de Deus etc.

Menos ainda se pode dar sentido absoluto, não histórico, ao que a Bíblia cita como palavras e atos de Jesus, naquelas circunstâncias concretas; em tudo isso não se pode fazer abstração das categorias lingüísticas historicamente condicionadas, com as quais naquele tempo a história de Jesus foi verbalizada; esse acontecimento lingüístico não pode ser promovido a categorias "intemporais". Isso, aliás, já nos é desaconselhado – no próprio Novo Testamento – pela quantidade de dogmas cristológicos e formulações divergentes sobre o Reino de Deus, a redenção e a salvação em Cristo. Porque também as primeiras comunidades primitivas que aceitaram a Jesus se encontravam em contexto cultural-religioso bem determinado. Por isso, não apenas a linguagem dos credos e "querigmas" (ou profissões de fé) participa da mesma ambigüidade histórica, mas a própria diversidade desses credos (embora controlada pela realidade histórica de Jesus) é também condicionada em primeira instância pela ambigüidade histórica, exatamente do "fenômeno Jesus", que para a compreensão humana é ambíguo, multifacetado e por isso racionalmente não transparente, e ainda por cima é condicionado pelos conceitos culturais-religiosos usados pelos primeiros cristãos, já bem mais desenvolvidos (inclusive pela atuação concreta de Jesus).

Isso deve deixar claro que desde o começo o problema hermenêutico – ou seja, o problema de como entender a fé cristológica em Jesus de Nazaré – tem a ver com um *conflito*. O problema, em primeiríssimo lugar, é que existe uma tensão crítica: por um lado entre *o* "fenômeno Jesus", sua pessoa, sua mensagem, sua atuação e morte (uma biografia multifacetada, diferente, excepcional, que historicamente pode ser interpretada em diversas direções); e por outro lado as expectativas religiosas e culturais, as aspirações e ideologias, presentes na cultura de seu ambiente, com os seus próprios conceitos-chave já existentes, que outros usaram para verbalizar concreta e historicamente aquilo que se tornava público a respeito de Jesus, e para finalmente guardar isso por escrito no Novo Testamento e na história posterior da Igreja. Como entender isso, somente em segunda instância, é a questão de como traduzir para a cultura do nosso próprio tempo (criticamente examinada) aquilo que no meio dessa tensão pode brilhar como real oferta de salvação em Jesus Cristo. A tensão inerente a qualquer profissão de fé e a qualquer teologia explica a diversidade das muitas respostas cristológicas, no próprio Novo Testamento e na história posterior da Igreja. Esse pluralismo, que no seu núcleo é mantido "uniforme" por Jesus, como ele viveu na terra e como foi compreendido pelos outros, tem portanto dupla origem: a) de um lado, as diversas circunstâncias e tradições, religiosas e culturais, dos que se tornaram cristãos; b) e de outro lado, a estupenda fascinação que da pessoa, da vida, da mensagem e da morte de Jesus saiu, em todas as direções, para os seus discípulos. Especialmente este último fato já resultou durante os dias da vida de Jesus em muitas imagens dele, que começaram a circular, imagens em que se manifestavam, de maneira peculiar, certas impressões do ambiente em que Jesus atuou, ou determinados aspectos de sua pessoa que fascinavam os contemporâneos. No decurso da história da Igreja, a tensão interna dessa situação teve quase inevitavelmente a conseqüência de que respostas mais antigas de fé, a saber, daquelas do Novo Testamento e das decisões dos Concílios (as quais, portanto, carregam substancialmente dentro de si a tensão entre a oferta da salvação e sua concreta verbalização) se tornaram, por assim dizer, elas mesmas, objeto *direto* de fé cristológica. Dessa maneira, essas respostas podem até obscurecer a realidade de Jesus, que precisa da fé para que seja descoberta e lhe seja atribuído o seu sentido. Assim nasce uma cristologia querigmática, concentrada em si mesma e formalizada, que parece esquecer o fato de que não é de qualquer um dos muitos crucificados daquele tempo, mas somente de Jesus, que se prega a ressurreição depois da morte. Alguns defensores da teologia querigmática poderiam colocar, como fundo do querigma pascal formal, um Barrabás ou o chamado bom ladrão, ou pelo menos João Batista! Mas é somente sobre Jesus que se anuncia o querigma, o que inclui essencialmente que deve estar intrinsecamente em relação com Jesus, como ele viveu nesta terra: com sua personalidade, sua mensagem, seu modo de viver, sua morte. Quem perde isso de vista, faz do querigma um mito. Em outras palavras: quando se pergunta o que quer dizer a "salvação escatológica" dada pelo Crucificado ressuscitado, será preciso apontar, como conteúdo e preenchimento disso, para o próprio Jesus de Nazaré, sua pessoa e toda a sua atuação, inclusive a sua morte.

C. Fator constante de unidade

Essa tensão essencial torna compreensível que dentro do Novo Testamento, como é agora, pode ser encontrado um conjunto multiforme de interpretações diversificadas, que remontam às primeiras comunidades cristãs: de determinada maneira em Marcos, de maneira diferente em Mateus e Lucas, e com mais outras variantes em Paulo e no evangelho joanino. Através dos evangelhos e de Paulo, então, toda espécie de variações mais antigas ainda podem ser reconstruídas, com certeza maior ou menor: uma cristologia hebraica e greco-judaica em Jerusalém; uma cristologia pré-paulina; uma pré-marcana; uma pré-joanina e, afinal, a cristologia da comunidade Q, na qual a confissão cristológica muitas vezes é menos desenvolvida, embora nunca totalmente ausente; uma imagem não-dogmática não se verifica em lugar nenhum. Procurar no material sinótico ou pré-sinótico um núcleo não-dogmático, por assim dizer, secamente histórico (aliás, o que seria isso?), é procurar uma miragem. Aí, Jesus somente pode ser encontrado como *confessado* por cristãos. Sempre nos deparamos, pois, com o movimento cristão. Surge então a pergunta: qual é o fator constante que cria unidade nesse conjunto multicor?

Soluções de toda espécie já foram tentadas. Por isso, vou indicar primeiro onde é que a solução *não* pode estar.

a) Não nos evangelhos ou no Novo Testamento inteiro como tal. Os escritos canônicos nos apresentam diversas cristologias. Prestando atenção unicamente às suas respectivas articulações, não vejo lugar nenhum onde, neste plano, se poderia encontrar algum fator constante de unidade. Será que todas essas cristologias podem ser normativas ao mesmo tempo? "A Bíblia inteira é normativa" significa para um cristão, formalmente, uma asserção certa, mas como tal é também uma afirmação vazia. O que fazer, p. ex. com a cristologia igualmente bíblica do Filho do Homem, se este termo apocalíptico, inicialmente tão importante (aplicado primeiramente ao Jesus ressuscitado que voltaria como "Filho do Homem"), desapareceu em outras partes do Novo Testamento, e nem foi colocado, como tal, no credo cristão, ao passo que outrora constituía a cristologia inteira de determinadas comunidades palestinas helenistas, judeu-cristãs, até na Transjordânia e na Síria? Ortodoxia baseada na Bíblia não significa atribuir a Jesus ao mesmo tempo todas as imagens e títulos. A afirmação formal da autoridade da Bíblia se limita praticamente, no caso de certos exegetas (católicos e reformados), a deixar que prevaleça determinada parte ou temática da Bíblia, muitas vezes conforme a própria tendência confessional ou a preferência pessoal, religiosa e teológica. Isso nos leva a uma segunda solução não-satisfatória.

b) O constante fator de unidade também não é "o evangelho *dentro* do evangelho", o melhor do melhor do Novo Testamento. Esse critério é muito subjetivo, pela sua própria essência; costuma levar a uma seleção confessionalmente determinada, e por si mesmo já desperta novamente um pluralismo entre os exegetas cristãos. Além disso, para muitos dentre os que praticam o "estudo das formas literárias tal critério se baseia no postulado de um só "querigma original", do qual paulatinamente diversas interpretações teriam sido deduzidas; mas há motivos suficientes para a tese de que diversos querigmas de "comunidades locais" se agruparam mais tarde, formando a profissão de fé (ecumênica) da "grande Igreja" que se estava formando (ver mais adiante).

c) Pelos mesmos motivos, também a mais antiga imagem de Jesus que possa ser reconstruída não pode funcionar como norma ou como fator constante de unidade. Por mais importante que seja a tradição mais antiga (se é que desde o início já não circulavam diversas "imagens mais antigas de Jesus"), a primeira articulação de uma experiência de constatar e reconhecer não é por si só a mais rica e mais matizada, embora ela possa, exigindo sobriedade, ter sido importante também para o processo posterior de evolução, em que se tentou verbalizar cada vez mais claramente a riqueza do que realmente foi experimentado. Por muitas vezes a primeira articulação se mostra, mais tarde, ter sido imperfeita e inacabada, em comparação com a impressão que realmente tivemos de uma pessoa, e da qual somente depois nos damos conta mais plenamente. As verbalizações mais antigas e as mais recentes de uma experiência muitas vezes se criticam mutuamente. Em Marcos, p. ex., podemos observar com alguma clareza (fazendo uma análise sobretudo estrutural) que ele crê, sim, em Jesus como o Cristo, e sobretudo como o Filho de Deus, então sob a condição de que o contexto desses conceitos seja o de "Filho do Homem *sofredor*". Aí, ao que tudo indica, já se faz uma crítica teológica sobre imagens unilaterais de Jesus.

d) A própria autoconsciência de Jesus também não pode ser fator ou critério de unidade. Por autoconsciência – distinguindo-a de autocompreensão – entendo a vida psíquica de Jesus, sua vida interior e seu caráter. Sobre isso pouco sabemos. Ficamos sabendo muita coisa, isto sim, sobre sua *autocompreensão*, embora só indiretamente, a saber, pela sua pregação do Reino de Deus, sua exigência de ser seguido por discípulos, sua atitude diante dos "excluídos" social e religiosamente, suas parábolas que colocam os judeus diante de uma decisão etc. A autocompreensão de Jesus, na sua relação com Deus e com os outros, de fato é de importância capital. De outro lado, p. ex., o conceito de plenos poderes, ou "exousia", pelo menos enquanto aplicado ao Jesus *terreno*, é evidentemente um elemento redacional de Marcos. Somente a experiência de uma "descoberta", atribuída aos discípulos, deixa claro o que foi que levou a esse conceito de "exousia". Há sempre uma mediação cristã ou "eclesial", historicamente situada.

e) Também as assim chamadas palavras e ações próprias de Jesus "ipsissima verba et facta" não podem ser consideradas como critério e fator de unidade. Se é que podemos destilar da Escritura palavras e ações de Jesus autenticamente históricas, elas remontam a uma seleção feita por comunidades cristãs, que deixaram de comemorar outros ditos e atos. Também aqui, é somente através da seleção interpretativa das comunidades que chegamos até Jesus. Além disso, mesmo aquelas poucas palavras e ações de Jesus chamadas de diretamente históricas ficaram nos evangelhos em contexto eclesial, enquanto o próprio contexto em que Jesus falou ou agiu geralmente não pode ser reconstruído (e nunca plenamente). Sem o contexto situacional de um dito (a não ser, até certo ponto, ao se tratar de parábolas), as interpretações não têm limite, e seu sentido não pode ser definido. Pelo mesmo motivo, também o *radicalismo de Jesus*, ou o caráter não-judaizante de tradições sinóticas e anteriores, não podem ser um critério. Propriedades assim denominadas podem ser o resultado de postulados científicos. Quem admite a priori a existência de diversas tradições no cristianismo primitivo, já pode ver uma "radicalização" na insistência unilateral em determinada tradição, ainda não criticada ou corrigida por outra tradição sobre Jesus. Em outras palavras: tais critérios continuam puramente hipotéticos e provavelmente não confiáveis. A radicalização pode muito bem ter vindo de certas comunidades, e não de Jesus.

f) Finalmente, também as confissões de fé e as fórmulas bíblicas não constituem fator constante de unidade. Com que rapidez desapareceu a expressão "Filho do Homem!" Não chegou nunca a constar numa profissão de fé. E qual é a relevância do messianismo davídico para cristãos helenistas não-judeus? Além disso, há nessas profissões bíblicas de fé um pluralismo e uma evolução: em alguns textos parece que somente pela ressurreição Jesus é constituído Cristo, Messias e Senhor; em outros, a idéia de uma "assunção" tem algum papel: Jesus, morto, está sendo mantido "pronto", junto a Deus, para voltar em breve como Filho do Homem, juiz com autoridade e poder: "O *céu teve que acolhê-lo* até o tempo da *restauração de todas as coisas*", diz Atos 3,21;[3] em outros textos encontramos uma cristologia da encarnação e um Cristo preexistente. Nessas confissões e hinos litúrgicos, nem tudo pode ter um só e mesmo valor normativo, e certamente não *ao mesmo tempo*; senão, seria preciso condenar uma parte da Bíblia como herética, ou chegar a uma compilação artificial, uma espécie de soma que como tal não teria nada a ver com a Escritura propriamente dita. É verdade, isto sim, que com o tempo o conteúdo de um título passa para outros títulos, de sorte que todos acabam conservando conteúdo vago, sendo que todos querem expressar tudo a respeito de Jesus. A questão então é a seguinte: neste caso, o que significa "tudo", exatamente? Articulação é ao mesmo tempo limitação, pela

---

[3] Este texto dos *Atos* foi influenciado também pelo modelo do "arrebatamento" usado por Lucas; e no Novo Testamento isso é recente (ver também em capítulo mais adiante); mas a própria idéia (do modelo da "assunção") é mais antiga. Exceto a conclusão posteriormente acrescentada (Mc 16,9-20), o evangelho de Marcos defende a tese do Jesus ressuscitado, destinado a ser o "Filho do Homem", mas ainda não inaugurado, sendo que somente no fim dos tempos aparecerá como tal (ver Th. J. Weeden, *Mark-traditions in conflict*, Philadelphia 1971) (ver mais adiante). O próprio Lucas cristianiza aqui uma especulação sobre Elias, que era conhecida também em círculos batistas (ver Parte III, Seção II, Nota 41).

sua determinação. Mas, se todos esses títulos dizem tudo, correm o perigo de se tornarem mera formalidade que não diz nada. Por isso, as tradições pré-sinóticas contêm, ao lado das confissões litúrgicas, também transmissões sobre a "memoria Jesu", sobretudo no que diz respeito a seus atos milagrosos, sua mensagem sobre a vinda do Reino de Deus, bem como seu modo de viver. Será que tudo isso foi menos decisivo e contribuiu para a formação das comunidades menos do que as confissões formais?

Esse resultado negativo deixa claro que uma interpretação cristológica (moderna) não pode partir do querigma (dogma) sobre Jesus; nem tampouco de um "Jesus de Nazaré" *puramente histórico*, enquanto uma abordagem criticamente histórica, dentro de uma intenção de fé, continua sendo o único ponto de partida certo. Se as tentativas acima mencionadas se mostram insatisfatórias, o que é então que sobra como possível fator constante de unidade? Eu diria (e não é pouca coisa): o próprio movimento cristão! Em outras palavras: *uma unidade cristã de experiência*, que de fato deve a sua unidade ao fato *de se referir a um só e mesmo Jesus*, mas é pluriforme na sua verbalização ou articulação. "Vós mesmos", escreveu Paulo para a comunidade cristã de Corinto, "sois... *uma carta aberta de Cristo*, não em tábuas de pedra, mas em corações de pessoas vivas" (2Cor 3,2-3). Unidade de experiência para mim não significa experiência pessoal ou individualisticamente religiosa, uma espécie de "renascimento", mas uma experiência comunitária. E isso no sentido de uma experiência eclesial ou coletiva, que leva as pessoas a determinar o sentido último de sua vida em referência a Jesus de Nazaré; ou, em palavras tradicionais, e não menos certas: experiência que leva as pessoas a interpretar a vida de Jesus como o agir definitivo ou escatológico de Deus na história, para a salvação ou libertação dos seres humanos. O fator constante é este grupo: grupos de pessoas encontram a decisiva salvação de Deus em Jesus de Nazaré. Em outras palavras: na base dessa experiência, e dentro dela, as pessoas vêem então dois aspectos na vida de Jesus: a) essa vida opera algo na situação histórica atual das comunidades cristãs; b) tem importância decisiva para a opção fundamental da vida nesta terra e, por isso, para a comunhão escatológica com Deus. Além disso, vemos que essa determinação do sentido decisivo e definitivo da nossa própria vida, na referência a Jesus de Nazaré, não se dá nem se torna disponível uma vez para sempre. É uma decisão que o ser humano, sujeito às circunstâncias, deve tomar e articular sempre de novo. Isto é: não se pode formalizar um querigma, p.ex. "Jesus é o Senhor". De acordo com as modificações na situação cultural-social e eclesial, o ser humano deverá deixar que sua vida seja determinada por Jesus, e *nesse contexto* ele ou ela chegará a viver e a verbalizar o que significa realmente aqui e agora esse "deixar-se determinar por Jesus". Para os judeus-cristãos essa verbalização era, p. ex.: "Senhor" (Mc), "Filho do Homem" e "Messias", e isso tinha conseqüências profundas para a sua vida-na-fé. Ou, em termos mais exatos: era assim que chamavam Jesus, porque experimentaram tais conseqüências como tendo sentido para a sua vida diária. Para os cristãos gregos, esses títulos não diziam nada; pelo culto ao imperador eles conheciam o título "Kyrios"; mas para eles o "Kyrios" não era o imperador, e sim Jesus. O que significava muita coisa.

Portanto, o que aconteceu com Jesus, e por Jesus, está na origem da experiência comunitária, à qual temos acesso histórico, e domina essa experiência de comunidade. Em outras palavras: o fator constante é a vida-em-movimento da "comunidade de *Deus*" ou "comunidade de *Cristo*": a experiência, constituindo comunidade, era evocada pela impressão causada por Jesus, e que este, no Espírito, continua exercendo nos seus seguidores: seres humanos que experimentaram a salvação definitiva em Jesus de Nazaré. A prioridade é da oferta real: Jesus; essa oferta porém está presente dentro da aceitação, pela fé, da comunidade cristã, da qual temos experiência entre nós, em nossa história. Podemos dizer: o que define Jesus é o fato de que ele evocou exatamente essa reação típica, a da fé, que se confirmou pelas experiências comunitárias.

D. Tensão entre Jesus e o Novo Testamento

Quais são as conseqüências de tudo isso? Em primeiro lugar, a meu ver, é que a revelação de Deus em Jesus não pode ser procurada diretamente na Bíblia, como palavra normativa de Deus, inspirada e infalível, principalmente porque o seu sentido literal, depois de uma análise exegética, muitas vezes se mostra muito diferente do que antes se pensava. Revelação é uma ação salvífica de Deus como experienciada e verbalizada. Nessa verbalização, o Antigo Testamento desempenha papel essencial, pois no Novo Testamento se fala de Jesus exatamente como o profeta, o Filho do Homem, o exaltado, o Senhor, idéias todas que têm sua base no Antigo Testamento. O Novo Testamento é a interpretação cristã do que se havia experimentado e ainda se vinha experimentando com Jesus nas comunidades cristãs, sem dúvida à luz do Antigo Testamento. Essa exegese cristã do Antigo Testamento é um dos fatores que explicam a multiplicidade das interpretações a respeito de Jesus no Novo Testamento, multiplicidade essa que levou a diversas cristologias. Na patrística, esse procedimento será continuado apenas em parte.

Surge a pergunta: Então, onde é que está exatamente a autoridade da Bíblia? Tentarei dar uma resposta em duas partes.

Por um lado, como texto escrito, o Novo Testamento está dentro da vida de um *movimento*, do qual dá uma imagem durante o período bem determinado, porém demorado, da sua cristalização inicial (do primeiro escrito, cronologicamente, até o último: um período de 50 a 60 anos). Isso por si já mostra que o Novo Testamento não tem autoridade isolada, independente. É o remanescente de um "movimento" que, embora dentro da tradição dos escritos do Antigo Testamento, já existia antes dos escritos do Novo Testamento, e depois simplesmente continuou. A comunidade viva é o documento normativo que Jesus nos deu (cf. 2Cor 3,2-3). Além disso, o movimento ao redor de Jesus pode ser visto – como acontecia nas antigas comunidades de Jerusalém e da Palestina – como fenômeno dentro do próprio judaísmo, embora os gentios, escatologicamente (segundo uma tradição do Antigo Testamento, p. ex. Is 2,2-5), também estivessem sendo chamados por Deus (Mt 8,10-11). Mas depois o movimento cristão se desenvolveu dentro de circunstâncias contingentes, históricas. O testemunho do Novo Testamento, portanto, é evidentemente apenas o reflexo de determinadas experiências comunitárias, exatamente naquele tempo. Sua autoridade, pois, tem valor apenas relativo.

Por outro lado: algo único, insubstituível, estava em andamento no Novo Testamento. Pois nos dá o mais direto, o único possível e historicamente mais fundado acesso ao acontecimento original: o movimento cristão que recebeu o seu impulso diretamente de Jesus de Nazaré. A experiência inicial de "abertura" (descoberta, revelação) dos primeiros cristãos, que em parte já tinham morrido, apresenta-se no Novo Testamento como ainda recente e através de tradições fidedignas; são mencionados até acontecimentos que eram incômodos para as comunidades cristãs e seus dirigentes, e por isso não devem ter sido inventados por eles mesmos. As primeiras gerações cristãs crêem que este *Jesus* (uma realidade histórica) é o *Cristo* ("abertura" que se exprime em termo judaico, sugestivo para elas). Elas vêem as suas mais sublimes expectativas e utopias realizadas concretamente em Jesus. Não é Jesus, nem são as primeiras "comunidades eclesiais" que constituem a origem do cristianismo, mas Jesus com as comunidades juntamente, como oferta e resposta. Não existe cristianismo sem Jesus, nem tampouco sem cristãos. Esse acontecimento de origem, a formação da comunidade cristã, tem realmente valor normativo: a Igreja antiga *re-flete* ou espelha no seu Novo Testamento o acontecimento Jesus, no seu efeito sobre um grupo de pessoas. Por isso, o sempre retomado contato com a primeira reação à oferta historicamente original continua normativo para a resposta pessoal de cada um. Nesse sentido, como documento da origem da Igreja, a autoridade do Novo Testamento é insubstituível. A interpretação católica de que a Igreja é a única herança viva de Jesus de Nazaré, e por isso a norma para a nossa compreensão da fé pode ser considerada como grandiosa intuição da fé (indiretamente confirmada pela crítica histórica); o princípio protestante do insubstituível valor normativo dos testemunhos bíblicos encontra igualmente confirmação crítica. Os dois pontos de vista acabam se unindo: cristãos da Reforma reconhecem o Novo Testamento como "livro da *Igreja*",[4] e a constituição dogmática *Dei Verbum,* do Vaticano II, reconhece que o magistério eclesiástico não é "senhor" da Escritura, mas está "submisso" à revelação de Deus, tal como está verbalizada pelos cristãos na Bíblia.[5] As experiências comunitárias (que deixaram sua marca na Escritura) são o fator constante que mantém unido todo o Novo Testamento, *em* suas diversas cristologias. Por isso, o Novo Testamento, como texto escrito, e na sua totalidade, acabou em certo sentido fazendo parte desse fator de unidade. É por isso que a norma de interpretação da Escritura só pode ser definida através do método da *coerência sistemática*; assim, o texto bíblico é norma de interpretação à medida que reflete a vida de diversas comunidades cristãs. A isso é preciso acrescentar mais uma coisa. O Novo Testamento, apesar de tensões internas, apresenta uma imagem relativamente coerente, fato que pode ser entendido: de um lado, como conseqüência da influência histórica do único Jesus que está na origem das tradições até certo ponto dissonantes; de outro lado, como manifestação de um desejo "ecumênico" de levar a uma unidade as tradições cristãs originariamente diversas. É por isso que esse desejo ecumênico de unidade, perceptível nos sinóticos, e provavelmente nas tradições pré-sinóticas, também para nós é elemento indispensável da norma de interpretação.[6]

Tudo isso implica também que a história da resposta cristã a Jesus não se encerrou quando se concluiu a elaboração do Novo Testamento canônico. Assim, evita-se atribuir à Bíblia uma autoridade um tanto quanto excessiva. A partir do Novo Testamento, uma comunidade cristã, pelas palavras de seu evangelista, critica a articulação de outras comunidades. Constatamos, p. ex., com quanta liberdade Mateus e Lucas usam o material de Marcos, – agora também chamado de "Novo Testamento"! Não há nenhum vestígio de "biblicismo" na própria Bíblia; muito pelo contrário. Então, por que será que ainda existe quem apele para a Bíblia de maneira biblicista? Biblicismo não é bíblico.

No seu valor normativo, baseado na experiência das comunidades de Cristo", o Novo Testamento mostra não ser de forma alguma um depósito de verdades eternas, imutáveis no seu sentido literal, que apenas precisaria ser traduzido hermeneuticamente para o nosso

---

[4] Por exemplo W. Marxsen, *Das Neue Testament als Buch der Kirche,* Gütersloh 1966, e *Der Streit um die Bibel*, Gladbeck 1965.

[5] Constituição dogmática *Dei Verbum*, n. 10.

[6] Vejo isso expresso no fato de que fórmulas breves, provenientes de tradições de várias comunidades, foram aglutinadas no Novo Testamento em fórmulas de confissão mais complexas; deve ter sido resultado de uma crítica sintética, com tendência de chegar a uma única imagem eclesial universal sobre Jesus.

tempo (quanto à sua linguagem e suas imagens). É antes um conjunto diferenciado de diversas respostas cristológicas à oferta de Jesus, uma variedade internamente limitada pela própria oferta histórica, e portanto pela "memoria Jesu", e, por outro lado, responde a novas situações históricas. A passagem do cristianismo judaico para o cristianismo "dos gentios" levou, p. ex., a uma outra imagem de Jesus, na própria Bíblia, e mesmo assim *dentro* da limitação da "memoria Jesu". A dádiva do cristianismo é levada aos gentios, mas com isso o próprio cristianismo é enriquecido e ganha figura nova, uma resposta própria e ainda não-editada (com novos problemas!). Assim, já se torna clara, dentro da própria Bíblia, a seguinte conclusão: a relação crítica perante a *atualidade concreta* faz parte da resposta cristológica a Jesus; relação essa que participa da elaboração da cristologia: as "lembranças de Jesus" continuam sendo o princípio condutor, porém fertilizadas pelas questões do momento presente. Foi assim que mais tarde, apoiado em situação concreta e na base de sua filosofia, o platonismo (espalhado universalmente também nos círculos cristãos ortodoxos), Ário obrigou o mundo cristão a usar um termo originariamente até semi-gnóstico ("homoousía", da mesma essência), a fim de continuar fiel à "memoria Jesu", diante da problemática colocada. A Igreja foi menos conseqüente para com o platonismo filosófico (filosoficamente falando, Ário foi mais conseqüente). No entanto, ela foi fiel à experiência comunitária, ligada à *anamnese* de Jesus. Portanto, a fidelidade cristã a Jesus (também para os cristãos ortodoxos) rompeu a evidência universal da referida filosofia.[7] Não raramente os "hereges" foram mais conseqüentes quanto ao horizonte do entendimento filosófico, concretamente inerente a determinado sistema, do qual também todos os cristãos partiram. Mas, para os "ortodoxos" a conseqüente coerência de um sistema filosófico pesa menos do que a "memoria Jesu Christi", conforme esta aparece, p. ex., nos evangelhos, na oração litúrgica (assim, para a terceira pessoa da Trindade), ou na piedade popular (para a "homoousía" de Cristo com Deus) e na praxe concretamente vivida nas comunidades cristãs. Assim, os "ortodoxos" salvaram o cristianismo naquele momento histórico tão crítico, e ao mesmo tempo desmascararam assim o equívoco filosófico do modelo manejado. Mais tarde, dentro de um horizonte filosófico ou de um contexto experiencial diferentes, "hereges" que historicamente tinham optado pela alternativa errada, podem "ficar com a razão", quando a sua intenção fundamentalmente cristã se desliga da constrangedora filosofia antiga. Sua heresia muitas vezes não era *diretamente* cristológica; antes, deixava de dar a última palavra à fé, para dá-la à filosofia.

[7] Ver sobretudo Fr. Ricken, *Das Homoousios von Nikaia als Krisis des alt-christlichen Platonismus*, em: *Zur Frühgeschichte der Christologie* (*Quaest. Disp.*, 51), Friburgo 1970, 74-99.

Tudo isso significa que o presente, com os seus modelos atuais de experiência, é apenas um momento numa história que continua, e por isso deverá ser o lugar onde nós, como cristãos, devemos dar a nossa resposta cristológica. A pregação e a teologia precisam sempre de um índice contemporâneo. Anelando por paz e justiça, por *shalôm*, por libertação dos que não estão livres, o nosso tempo dará à imagem que temos de Jesus, com razão, e essencialmente, uma articulação *própria*, porém dentro dos limites das "memórias de Jesus". Proclamá-lo como grande revolucionário político é opor-se à "memoria Jesu" (e também ao resultado de estudos críticos); é simplesmente projetar nele os nossos desejos (possivelmente justos). Por outro lado, o fator constante no cristianismo é que os cristãos determinem o sentido decisivo e *último* de sua história concreta em relação a Jesus de Nazaré, o novo "exegeta" de Deus e o defensor do ser humano; por isso, também o sentido *imediato* desta vida, as grandiosas esperanças do nosso século – a exigência de um mundo mais justo – tudo isso será com toda a razão um fator que determina a *nossa* imagem sobre Jesus. Os primeiros cristãos, sendo judeus, também não assumiram todas as suas expectativas religiosas e humanas (messiânicas) dentro da imagem que *eles* fizeram de Jesus? Tem que ser assim, e só pode ser assim, pois a confissão cristológica fundamental reza: "A definitiva ação salvífica de Deus em nossa história, por Jesus e em Jesus". Ou então: "Jesus como o sentido definitivo da existência humana neste mundo". Se não fizermos isso, então acreditamos num querigma puramente ideológico, abstrato ou mágico: "Jesus é o Senhor". A solidariedade e unidade escatológica de todos os seres humanos, de todos os povos, tem *de* se tornar, nas comunidades cristãs de hoje, uma realidade exemplar, expansivamente ativa, a serviço do mundo: "Igreja como sacramento, isto é, como sinal e instrumento da íntima união com Deus e da *união entre todos os seres humanos*".[8]

Portanto, também as experiências e expectativas da humanidade são elemento constitutivo da nossa resposta à pergunta: "E vós, quem dizeis que eu sou?" Da mesma forma, na pregação do cristianismo judaico aos gentios, a situação helenista exerceu função diretamente hermenêutica para esta pergunta: O que significava o evangelho para os gentios-cristãos? Por outro lado, quatro séculos depois de se terminar o Novo Testamento, como é que poderia ter-se constituído (em Calcedônia) um dogma, uma verdade revelada, além disso nos termos de uma filosofia pós-bíblica? Revelação, como revelação real, só se completa, a bem dizer, na resposta da fé, surgindo de uma situação bem concreta, com um horizonte próprio de perguntas. E as nossas perguntas são diferentes das do passado.

[8] Constituição Dogmática *Lumen Gentium*, n. 1.

Conclusão: Jesus, vivendo na comunidade que se lembra dele como Jesus de Nazaré, nos oferece uma nova realidade. Mas também a interpretação da própria situação atual é um elemento constitutivo do que denominamos "revelação divina da salvação-de-Deus em Jesus Cristo". Considerando-se a maneira como os cristãos no Novo Testamento deram nomes a Jesus, e os ficaram trocando à luz das contínuas mudanças na sua experiência da salvação-em-Jesus, está evidentemente de acordo com o Evangelho quando damos nomes novos a Jesus na base da mesma experiência de salvação. As categorias fundamentais da cultura religiosa do nosso tempo servem tão bem quanto as de tempos idos. Contudo, sob a mesma condição, a saber, que sejam adaptadas ao critério da realidade histórica do próprio Jesus, para quem "a causa de Deus" é essencialmente "a causa do ser humano", e que por isso está totalmente do lado de Deus e do lado do ser humano. Essa realidade salvífica pode ser encarada de diversos pontos de vista, o que fez surgir, desde o cristianismo primitivo, imagens de Jesus muito diferentes entre si, que para nós às vezes parecem contraditórias. Mas, sobretudo nas antigas idéias orientais e da Ásia Menor, vigoravam outras normas a respeito de "contradição" e "não-contradição", normas diferentes daquelas que nós, ocidentais modernos, temos hoje em dia.[9]

§ 2. Jesus de Nazaré, confessado como o Cristo, "objeto" de pesquisa histórico-crítica

Bibliografia – A partir da discussão entre R. Bultmann e E. Käsemann (em *the new Quest,* ou pesquisa pós-liberal histórica sobre Jesus), tornou-se imensa a respectiva literatura. Por isso, apenas alguns dos estudos mais densos são mencionados aqui.

R. Baumann, *2000 Jahre danach. Ein Bestandsaufnahme zur Sache Jesu* (Stuttgart 1971); Th. Boman, *Die Jesus Überlieferung im Lichte der neueren Volkskunde* (Gotinga 1967); R. Bultmann, *Das Verhältnis der urchristlichen Christusbotschaft zum historischen Jesus,* en H. Ristow-K. Matthiae (eds.), *Der historische Jesus und der kerygmatische Christus* (Berlin 1960) 233-235, e todo o livro; N. A. Dahl, *Der historische Jesus als geschichtswissenschaf-*

[9] Ver W. S. Haas, *The destiny of mind, East and West,* Londres 1956 (= *Oestliches und westliches Denken*, Hamburgo 1957), e H. Frankfort, *Kingship and the Gods*, Chicago 1948, VII-VIII. A base da "tolerância oriental" está na sua visão segundo a qual "sistemas" totalmente divergentes podem, mesmo assim, verbalizar a mesma intuição fundamental. Afinal, a chamada "idéia de participação" veio do Oriente para a filosofia ocidental, mas em sentido não-oriental. Para os orientais, é mais fácil do que para ocidentais reconhecer uma unidade mais profunda em sistemas divergentes. O fato de que na história da Igreja os escritos do Novo Testamento foram "canonizados" expressa essa intuição de unidade, sem lhe dar nome concreto. Era claro, porém, o seguinte: em todas essas interpretações plurais, o que é verbalizado é o único Jesus de Nazaré.

tliches und theologisches Problem: KuD 1 (1956) 109-137; H. Diem, *Der irdische Jesus und der Christus des Glaubens* (Tubinga 1957); G. Ebeling, *Die Frage nach dem historischen Jesus und das Problem der Christologie:* ZThk56 (1959) 14-30; E. Fuchs, *Die Frage nach dem historischen Jesus,* em *Gesammelte Aufsätze* II (Tubinga 1960) 143-167; H. Grass, *Historische-kritische Forschung und Dogmatik,* em *Theologie und Kritik* (Gotinga 1969) 9-27; F. Hahn-W. Lohff-G. Bornkamm, *Die Frage nach dem historischen Jesus und die Eigenart der uns zur Verfügung stehenden Quellen* (Evang. Fórum 2; Gotinga 1962); E. Heitsch, *Die Aporie des historischen Jesus als Problem theologischer Hermeneutik:* ZThK 53 (1956) 192-210; E. Käsemann, *Das Problem des historischen Jesus,* em *Besinnungen* I, 187-213; *Die Anfänge christlicher Theologie,* ibid. II, 82-104; *Sackgassen im Streit um den historischen Jesus,* ibid. II, 31-68; L. E. Keck, *A Future for the Historical Jesus* (Nashville-New York 1971); W. G. Kümmel, *Jesusforschung seit 1950:* ThR 31 (1965-1966) 15-46, 289-315; *Das Neue Testament im 20. Jahrhundert. Eine Forschungsbericht* (Stuttgart 1970); G. Lindeskog, *Christuskerygma und Jesustradition:* NovT 5 (1962) 144-156; W. Marxsen, *Zur Frage nach dem historischen Jesus:* TLZ 87 (1962) 575-588; *Jesus, oder das Neue Testament,* em *Der Exeget als Theologe* (Gütersloh 1968) 246-264; H. Meyer, *Die theologische Relevanz der historisch-kritischen Methode,* em *Kransbacher Gespräch der lutherischen Bischofskonferenz zur Auseinandersetzung um die Bibel* (Berlim-Hamburgo [2]1967); F. Mussner, *Der historische Jesus und der Christus des Glaubens:* BZ 1 (1957) 224-252; H. Ott, *Die Frage nach dem historischen Jesus und die Ontologie der Geschichte* (Zürich 1960); James Robinson, *The New Quest of the Historical Jesus* (Naperville 1959); J. Roloff, *Das Kerygma,* 9-50; S. Schulz, *Die neue Frage nach dem historischen Jesus,* em *Neues Testament und Geschichte.* Hom. O. Cullmann (Tubinga 1972) 33-42; H. Schürmann, *Zur aktuellen Situation der Leben-Jesu-Forschung:* GuL 46 (1973) 300-310; G. Strecker, *Die historische und theologische Problematik der Jesusfrage:* EvTh 29 (1969) 453-476; P. Stuhlmacher, *Kritische Marginalien zum gegenwärtigen Stand der Frage nach Jesus,* em *Fides et Communicatio.* Hom. M. Doerne (Gotinga 1970) 341-361; A. Vögtle, *Die historische und theologische Tragweite der heutigen Evangelienforschung:* ZKTh 86 (1964) 385-417; *Jésus où le Christ* (Foi vivante 130; Paris 1970).

A. Diversas imagens de Jesus e a pergunta sobre "Jesus histórico"

O que acima se disse ajuda-nos a compreender o fato de cada época ter sua própria imagem de Jesus. Assim aconteceu nas diversas fases do cristianismo primitivo. Mas a evolução continuou. Na Carta aos Hebreus, Jesus é o "sumo sacerdote celeste". Na patrística, é "Deus feito homem para divinizar o ser humano" e para lhe dar vida imperecível. Em Bizâncio, Jesus é o "Christus victor", *Pantocrator* e Deus-sol, "Luz da Luz". Na Idade Média Inicial e Alta, ele se tornou "Aquele que trouxe propiciação e nos redimiu; o "Jesus da Via-Sacra" e do presépio de Natal. Mais tarde, para Lutero, Jesus é aquele que trouxe a reconciliação com Deus, num ato soberano que encobre a nossa culpa e nos convoca para confiarmos incondicionalmente em Jesus, que é igual a Deus. Segue-se, na espiritualidade francesa do século XVII, a mística do Cristo como a Palavra encarnada; depois, a veneração do "Menino Jesus" e do "Sagrado Coração". O Iluminismo viu nele a imagem por excelência da moralidade humana, base da verdadeira união entre os seres humanos. O romantismo sentiu Jesus como modelo da personalidade verdadeiramente humana. E o século XX, no meio da "razão de Estado" emancipada, acabou celebrando Jesus como "Cristo Rei". Depois desse triunfalismo e da experiência de uma Primeira e Segunda Guerra Mundial, Jesus tornou-se "nosso irmão", nosso semelhante que nos dá o exemplo de como devemos agir, vivendo para os outros. Hoje ele é o Jesus da "libertação humana" (em alguns ambientes até "Jesus o contestador e revolucionário"). Na história da humanidade, sempre foram dados nomes novos a Deus, como somente um amor engenhoso sabe fazer. Por outro lado, seu nome era conspurcado de muitas maneiras. Da mesma forma, cada época, na base de seu amor cristão, sabe encontrar também um nome especial para o seu Jesus querido, embora ao mesmo tempo e continuamente seu nome é ofendido de maneira horrorosa: em seu nome cometeram-se fatricídios, e navios com o nome de "Jesus" na bandeira carregaram escravos negros, como gado, para os territórios dos brancos. "Imagens de Jesus" realmente precisam de crítica, embora sejam indispensáveis na nossa opção decisiva por Jesus. Aliás, o mesmo vale também para quem não crê nele: não apenas a fé, também a descrença tem a sua própria imagem dogmática de Jesus. A autoridade judaica e Pilatos condenaram Jesus porque formaram dele, para si, uma *determinada imagem*. Desde antes da Páscoa, existiram "imagens de Jesus", em sentido positivo ou negativo. Somente enquanto interpretado é que alguém pertence à história.

Mas, ao fazermos essa rápida revisão das imagens de Jesus, a questão é se todos esses projetos cristológicos são meras projeções da maneira como nós entendemos a realidade – entendimento esse que teria apenas valor momentâneo, sempre em mutação. A partir do momento em que alguém encontrou salvação decisiva em Jesus, é natural (e também legítimo) que ele projete sobre Jesus as suas próprias esperanças de salvação e visões a respeito do que é verdadeiramente humano. De outro lado, porém, significa que pelo menos algum aspecto real na vida de Jesus deve apontar nessa determinada direção, caso não se queira fazer de Jesus um "sinal" qualquer, manipulado por nós, ou um formulário a ser preenchido de acordo com os nossos próprios desejos; em tal caso, o próprio Jesus não faria falta nenhuma. Só se torna indispensável, se o sentido e o destino realmente decisivos da nossa existência humana são de fato *determinados* pela aparição histórica do verdadeiro Jesus de Nazaré, e se as nossas próprias projeções humanas do verdadeiro "ser humano" são por ele corrigidas. *Dentro disso*, então, o nosso jogo humano de projeções ganha seu espaço válido, sempre debaixo do critério corretivo e controlador do que e de quem foi Jesus realmente, historicamente. Assim, torna-se extremamente importante a questão histórica: "Quem foi, na verdade, Jesus de Nazaré?"

B. Abordagem crítica, antiga e moderna

Um fato é que no passado os fiéis – a comunidade cristã, os teólogos e o magistério – consideravam todas as tradições do Novo Testamento como relatos diretos de acontecimentos históricos. A teologia e as respostas da fé baseavam-se também numa interpretação pré-crítica, puramente biblicista, da história de Jesus, uma vez que que não se discernia, p. ex., a diferença entre os gêneros literários. Cada época é inevitavelmente sujeita às limitações do seu próprio contexto histórico, o qual, no entanto, absolutamente não torna impossível uma fé autêntica. Isso prova apenas que a fé cristã passou por uma história *real,* e por isso não pode ser definida uma vez para sempre, de maneira, por assim dizer, supra-histórica.

Nesse modo pré-crítico ou biblicista de entender a fé, a consciência histórica do nosso tempo moderno, com os seus próprios métodos históricos, aplicou um golpe contundente. Foi somente então que apareceu também a possibilidade do que poderia ser denominado "interpretação bíblica tenaz e conservadora". Antigamente não. Pois constatamos o seguinte: apesar de uma consciência histórica pré-crítica, p. ex., os santos Padres e também a Idade Média não praticavam a interpretação bíblica agora considerada conservadora: pela sua interpretação alegórica do que na Bíblia parecem ser narrativas históricas, eles se permitiam liberdades que hoje nem o exegeta mais progressista assumiria. Uma interpretação bíblica "conservadora" é, por isso, apenas uma possibilidade *moderna*, ou seja, um "não" diante do desafio da consciência histórico-crítica que recentemente surgiu; nesse sentido, é um "modernismo", um fenômeno novo na história da interpretação da Bíblia.

De outro lado, também a abordagem crítica e histórica da Bíblia é uma possibilidade moderna, nova. O que os fiéis imaginavam, a respeito da pessoa concreta de Jesus de Nazaré, não condiz, até certo ponto, com o que uma abordagem histórica já forneceu em dados cientificamente certos. Por isso, muitos sentem-se obrigados, por causa de sua fé cristã, a se opor contra o resultado crítico de estudos científicos. Mas isso é sempre um esforço desesperado e sem resultado, porque é impossível viver com uma "verdade dupla". Ninguém pode, como historiador, negar alguma coisa que ele, como crente, seria obrigado a afirmar. Evidências científicas não podem ser detidas pela fé; de sua parte, podem contradizer certas *imaginações* em torno da fé. Sem dúvida, ao lado de muitos dados sólidos com os quais todos os historiadores concordam, ainda há muitas incertezas quanto a detalhes. Mas, desprezar a ciência histórica por motivos de fé, ou alegar o que nas ciências é duvidoso, e por isso descuidar delas, seria desleal e indigno de um cristão, manifestaria uma interpretação errada do que seja fé. É um fato, sim, que agora *sabemos* historicamente muito menos sobre Jesus de Nazaré do que os nossos antepassados julgavam saber; mas o que sabemos tem garantia científica. Aliás, continua sendo mais que suficiente para situarmos a base histórica do cristianismo, e para entendermos melhor a interpretação cristã a respeito do próprio Jesus.

Ninguém, no entanto, negará que sobretudo no século XIX o estudo histórico-crítico muitas vezes era determinado por uma intenção antidogmática ou antieclesiástica, e que agora, embora em grande parte motivada por uma intenção de fé, na hora da vulgarização dessas novas convicções, há muitas vezes pouca compreensão para as dificuldades dos fiéis em se acostumarem com essas idéias e assimilá-las. De outro lado, o resultado crítico não pode ser silenciado, e isso exatamente para o bem da fé cristã. A fé cristã nada perderá por causa de uma verdade nova, empírica; e pode ganhar muito.

C. A historiografia moderna e Jesus de Nazaré

A partir de 1774-1778 efetuou-se, pela pesquisa de Reimarus, uma reviravolta sensível nas "imagens de Jesus" tradicionais entre os fiéis. A idéia era tão nova que Reimarus não publicou sua obra. Mais tarde, Lessing publicaria, ainda com certa hesitação, e por isso anônimos, sete fragmentos dos manuscritos de Reimarus, que tinham por conteúdo: "O Jesus histórico, como ele realmente foi, nos mostra uma imagem bem diferente daquela da Bíblia e da tradição cristã". L. Ranke (1795-1886) formulou a nova concepção histórica que neste meio tempo se desenvolvera, a saber, a imagem que todos tinham formado para si, p. ex. de Luís IX, ou de outras pessoas conhecidas do passado, não combina com a imagem que resulta de um estudo crítico de fontes históricas. Assim, chegou-se a uma distinção, p. ex. entre a imagem convencional de Alexandre Magno e o Alexandre Magno histórico, entre a de Napoleão e o Napoleão histórico, entre a imagem cristã de Jesus e o "Jesus de Nazaré" histórico. Inevitável tinha ficado a pergunta: "Como é que foi mesmo?" (Ranke). Era uma força crítica na historiografia que, em certo sentido, tinha sido anteriormente desconhecida. Infelizmente, porém, esse ponto de partida foi entendido em sentido positivista, inclusive de acordo com o modelo das chamadas ciências naturais exatas: pensava-se que seria possível destacar completamente um fato de sua interpretação contemporânea, da história das tradições posteriores e do seu próprio horizonte de entendimento. Assim, fazendo abstração de seus próprios pressupostos, a fim de poder analisar criticamente os dados históricos no estilo das ciências exatas, julgava-se possível encontrar um Jesus não-dogmático, puramente histórico. Olhando-se melhor, porém, averiguou-se que esse Jesus dos historiadores era uma projeção dos ideais humanitários do século XIX: Jesus tornara-se uma espécie de mascote, um X ou uma cifra simbólica, na qual o homem do século XIX projetava o seu otimismo evolucionista e utópico. Ou então, olhava-se para Jesus apenas como representante da apocalíptica palestinense do século I.

Todavia, tinha-se descoberto um problema real: em muitos aspectos o "Jesus histórico" deve ter sido diferente do Cristo dos fiéis. O "Jesus histórico" seria então o que histórica e criticamente pode ser verificado a respeito de Jesus de Nazaré: o "Jesus terreno". O positivismo liberal do século XIX, porém, tinha a tendência de identificar o "ser" com a "consciência". A realidade histórica coincide assim com o que pode ser conhecido histórica e cientificamente. "História" tornou-se sinônimo de "historiografia", e "histórico" seria o que foi constatado pela pesquisa científica. O que significa um estreitamento da visão. Pois há uma diferença real entre o "Jesus histórico" e o "Jesus terreno"; aquele que pode ser reconstruído historicamente ("Jesus histórico") naturalmente não coincide com a plena realidade do homem Jesus que viveu quando o início do século I ainda era chamado de "hoje".

Sem dúvida, com razão se pode dizer que essa distinção, por mais real que seja, para nós de fato é irrelevante, pois o que caiu fora das malhas da rede histórica, de fato desapareceu para nós. (Com malhas mais finas, ou métodos históricos mais refinados, pode-se pegar sempre mais na rede histórica, mas o resultado nunca há de coincidir com a realidade viva de outrora, com o que estava acontecendo.) Na historiografia, trata-se apenas de fatos históricos que *podem ser conhecidos*; não coincide com o que realmente estava acontecendo, e não é possível esperar que se encontre alguma coisa "atrás" do que se pode verificar historicamente, ou pensar que a partir da fé outros aspectos *históricos* podem ser alcançados. Por si só, a fé não fornece fatos reais novos; pode, isto sim, dar aos fatos o *sentido* real que escapa a um enfoque puramente histórico. Mesmo assim, a opinião de que apenas o método histórico atinge os fatos muitas vezes supõe implicitamente a pretensão de ser ontologicamente exclusiva. Mas, muitos fatos historicamente acessíveis ainda não foram examinados; além disso, a ciência histórica nunca poderá verificar tudo o que realmente aconteceu. Ao termo histórico devemos, pois, dar um sentido mais modesto: trata-se de acontecimentos que por meio do método histórico podem ser constatados. Isso significa que toda historiografia é realmente "abstrata", ou seja: destaca uma parte de um passado real; formaliza e fornece apenas *imagens*. Assim, o chamado Jesus histórico não é menos uma imagem de Jesus do que p. ex. o Cristo dos fiéis. Tal fato por si torna apenas relativa a nítida oposição que alguns julgam existir entre o "Jesus da história" e o "Jesus da fé". São duas imagens; ambas remontam ao Jesus terreno.

Como categoria do conhecimento, isto é, como método, a abstração histórica se justifica plenamente, sob a condição de que não se faça dela uma categoria *ontológica*. Neste último caso se excluiria de antemão tudo o que também do ponto de vista não-científico se pode dizer sobre o que foi historicamente constatado. Em outras palavras: não se pode *a priori* negar *realidade* ao "não-histórico" (no sentido de historicamente inalcançável na história do passado). Assim, uma *interpretação* de fatos passados pode conter algo realmente "histórico", que no entanto historicamente, ou pela sua própria natureza, não pode ser verificado; p. ex., não é verificável historicamente, pela sua própria essência, se é na "história" que age o Deus salvador, mas isso pode ser uma *realidade* dentro da dimensão do que realmente acontece, sendo para a fé uma realidade verdadeira. Portanto, realidade que acontece "história", é mais abrangente do que a história (historiologia) pode dela verificar; e isso não significa que a "interpretação" seja algo puramente subjetivo, um *inventar sentido* para o que aconteceu.

Com relação a Jesus de Nazaré, tudo isso quer dizer o seguinte: no homem real Jesus houve "historicamente" (isto é, na realidade que aconteceu na sua existência nesta terra) algo que em princípio é inalcançável para métodos puramente histórico-críticos: ele é aquele homem concretamente individual que, como qualquer ser humano, escapa a uma abordagem puramente científica. No caso de Jesus, este "algo" que os outros experimentavam na sua convivência com Jesus, foi verbalizado por cristãos em imagens como Filho do Homem, Filho de Davi messiânico etc. Portanto, a única pergunta é esta: se tal articulação concreta foi realmente *determinada* pela oferta concreta de realidade que os atingia a partir de Jesus; ou se tal articulação se devia exclusivamente ao contexto sociocultural na qual os cristãos se encontravam. O que é preciso indagar, portanto, é se com fé a sua imagem de Jesus é ao mesmo tempo fruto da *oferta* real, histórica, que partia de Jesus, embora sendo (naturalmente) também o resultado das tradições deles, dentro das quais eles aceitaram tal oferta, interpretando-a e assimilando-a conscientemente.

Na assim chamada "New Quest" pós-liberal (a renovada questão histórica a respeito de Jesus de Nazaré), trata-se realmente desta última questão, que é nova. Se perguntamos pelo Jesus histórico, é naturalmente *porque* não podemos ignorar dois mil anos de vida cristã: o contexto da questão é o cristianismo das Igrejas atuais. Perguntamos, no fundo, pela base histórica, pela origem do que chamávamos "movimento cristão", que até hoje forma propriamente a realidade das Igrejas. E o fazemos porque, no decurso dos tempos, houve alguma *ruptura* na relação entre as Igrejas cristãs e sua própria origem. Por causa desse rompimento, uma interpretação histórico-crítica sobre Jesus há de causar inicialmente estranheza, até inquietação. O que está em jogo é a nossa identidade cristã, historicamente formada, mas também deformada. No entanto, essa inquietante estranheza é a primeira e necessária fase do processo hermenêutico que, partindo da resposta bíblica, nos há de conduzir à nossa resposta à pergunta: "Quem é Jesus?" Na própria Bíblia já vemos tal experiência de estranheza diante de tradições comunitárias pré-canônicas. Nunca poderemos determinar como foi em si o dom autêntico de Jesus; sua oferta a pessoas de dois mil anos atrás não é concretamente idêntica à sua oferta de salvação, aliás permanente, a pessoas do século XXI, pois a "nossa" necessidade de libertação e salvação recebe preenchimento histórico a partir das nossas circunstâncias concretas. Como dizíamos: se Jesus *para nós hoje* é a definitiva ação salvífica de Deus, como o foi para o povo de outrora, então significa que a relação para com o hoje-sempre-novo é co-constitutiva para a forma concreta dessa oferta. Penso, no entanto, que certas tentativas de quem defende a chamada "New Quest" ainda contêm uns restos liberais, de sorte que eles estão de fato procurando um "fantasma", certa espécie de "Jesus de Nazaré essencial". E isso me parece realmente não apenas tentativa inútil, mas também sem perspectiva nenhuma para a teologia, para a crítica social, e sobretudo para a religião.

Todavia, fazer ou não uso do método crítico-histórico continua sendo questão de vida ou morte para o cristianismo. Porém, se Jesus não tivesse existido (como já foi afirmado mais de uma vez), ou se tivesse sido uma pessoa muito diferente do que afirma a fé sobre ele (p. ex. um sicário, um zelote, um guerrilheiro judaico nacionalista), naturalmente não mereceria crédito a fé cristã, o querigma. Seria indefensável uma ruptura radical entre o conhecimento da fé e o conhecimento histórico do mesmo fenômeno, a saber: "Jesus e a fé nele dos seus primeiros seguidores". Semelhante dualismo leva inevitavelmente à rejeição de um dos pólos (ou pelo menos de sua relevância teológica). Aí não faz diferença se alguém segue Kierkegaard e Bultmann, que negam qualquer significado *teológico* ao conhecimento histórico de Jesus; ou D. Fr. Strauss, que renuncia ao conhecimento querigmático da fé; ou então H. Braun, que localiza na antropologia o que é constante bíblica, e na cristologia assuntos variáveis (como os diversos querigmas: Filho do Homem, Filho de Deus, Messias etc.); tal cristologia seria então supérflua.

Se a fé cristã é uma fé em Jesus de Nazaré, de sorte que a nossa atitude para com ele é definitivamente decisiva para a nossa opção em favor ou contra Deus, quer dizer, em termos bíblicos, se é uma fé em Jesus de Nazaré, confessado como "Cristo, Filho Único, nosso Senhor", então o conhecimento e a confissão da fé estão limitados pelo nosso conhecimento do Jesus histórico, e o conhecimento histórico de Jesus está limitado – quer dizer, *colocado em seu lugar*, mantido dentro de seus próprios limites – pela interpretação através da fé.

D. O alcance teológico da questão histórica a respeito de Jesus

Rudolf Bultmann não era cético quanto à possibilidade de uma reconstrução científica-histórica de "Jesus de Nazaré", mas negava a relevância *teológica* de tal empreendimento. A exegese pós-bultmanniana, por sua vez, sobretudo a partir de E. Käsemann, com razão relativizou a distinção entre "Jesus de Nazaré" e "Cristo da Igreja". Essa tendência tornou-se bastante comum. O estudo das formas literárias mais antigo procurou exclusivamente na comunidade cristã, após a morte de Jesus, o terreno onde a tradição sobre Jesus se teria alimentado; em conseqüência, insistiu muito na descontinuidade entre Jesus como figura histórica e o Cristo anunciado pela Igreja. De alguns anos para cá, a exegese reconhece cada vez mais o papel da convivência que os discípulos tiveram com Jesus durante sua vida terrena. Na imagem total do Jesus Cristo bíblico, começa a aparecer agora, mais do que no passado, e como conseqüência, a continuidade entre o Jesus histórico e o Cristo anunciado; no entanto, ainda existe muita divergência a respeito da forma concreta de tal continuidade. Por essa nova orientação ficou claro, isto sim, que o Novo Testamento foi realmente escrito em base à profissão da fé eclesial de que Jesus é o crucificado que ressuscitou; mas também que existiu uma clara consciência da tensão histórica entre a experiência cristã da presença do Cristo glorificado na comunidade da fé e a lembrança dos dias de Jesus neste mundo. A respeito dessa consciência encontra-se toda sorte de sinais lingüísticos no texto bíblico.[10] Nessa base é possível até certo ponto, mas de modo suficiente, distinguir entre as lembranças dos dias da vida de Jesus e os retoques que resultaram da situação da Igreja primitiva. E mesmo onde isso não parece possível, quanto ao conteúdo, não deixa de ser certo que, exatamente por causa do querigma cristão, também um interesse *histórico* por Jesus está na origem da tradição que acabou se firmando nos evangelhos sinóticos, e até antes deles. É até presumível que o Jesus que os evangelhos apresentam corresponde, não literalmente, porém substancialmente, à realidade histórica, apesar de todas as atualizações feitas pela Igreja. Portanto, na exegese atual, abandonou-se a tese básica de Bultmann

---

[10] Ver dentre a literatura recente sobretudo: J. Roloff, *Das Kerygma;* Th. Boman, *Die Jesusüberlieferung im Lichte der neueren Volkskunde*, Göttingen 1967; J. Robinson-H. Koester, *Trajectories*; D. Lührmann, *Erwägungen zur Geschichte des Urchristentums*, em EvTh 32 (1972) 452-567; U. Wilckens, *Jesusüberlieferung und Christuskerygma*, em Theologia Viatorum 10 (1966) 311-339; N. A. Dahl, *Der historische Jesus als geschichtswissenschaftliches und theologisches Problem*, em: KuD 1 (1955) 104-132; Schulz, *Q-Quelle;* A. Vögtle, *Das Evangelium und die Evangelien*, Düsseldorf 1971, e *Jesus von Nazareth*, em: *Oekumenische Kirchengeschichte* (ed. E. Kottje e B. Möhler), Mainz-Munique 1970, 3-24; Leander E. Keck, *A future for the historical Jesus*, Nashville-New York 1971; também: E. Güttgemanns, *Offene Fragen zur Formgeschichte des Evangeliums*, Munique 1971. (Ver mais adiante na análise dos detalhes.)

de que "a pregação de Jesus pertence aos *pressupostos* da teologia do Novo Testamento, mas *não faz parte* dessa mesma teologia".[11] Atualmente está bem relativizada a descontinuidade bastante abrupta que, segundo a tese de teólogos do querigma, houve entre o Jesus anunciador e o Cristo anunciado. Não se nega que os quatro evangelhos foram fortemente influenciados pela profissão de fé, pela pregação, a catequese, a parenese e a liturgia das mais antigas comunidades cristãs: foram portanto retocados de acordo com a teologia própria de seus autores. No entanto, julga-se que esses mesmos evangelhos contêm suficiente informação fundamental sobre Jesus, com lembranças dele, referentes à sua mensagem, à sua atitude diante da vida e a toda a sua atuação.

Podemos, pois, afirmar que os impulsos para a tradição a respeito de Jesus foram dados pela convivência que Jesus, durante sua vida, teve com seus discípulos, isto é, com os que se sentiram cativados pela sua pessoa, mensagem e atuação. As lembranças de tudo, juntamente com as experiências reais após a morte de Jesus, formam de fato a matriz da qual, por iniciativa da intervenção salvífica de Deus, tanto antes como depois dessa morte nasceu a fé cristã no Jesus ressuscitado, isto é, pessoal e definitivamente vivente. Essa confissão, esse reconhecimento do Crucificado que ressuscitou, inclui claramente a lembrança do conteúdo de sua vida terrena. O próprio querigma, consciente de seu significado, quis ao mesmo tempo alegar ao que havia acontecido com Jesus.

A exegese atual não aceita a interpretação extrema da escola escandinava, que usa uma noção de tradição que merece ser chamada de "pedante" e quase tecnicamente rabínica,[12] mas reconhece, e cada vez mais, que a lembrança das "palavras e ações" de Jesus, ou seja, de tudo o que Jesus falou, fez e sofreu, é de importância fundamental para a(s) cristologia(s) no Novo Testamento, embora a narrativa evangélica a respeito esteja sempre no horizonte de um determinado querigma cristológico. Em outras palavras, há continuamente uma relação recíproca entre lembrança e experiência posterior: lembranças de pormenores modificam a imagem total de Jesus que vive na comunidade, e lembranças de detalhes são esclarecidas à luz da vida de Jesus já concluída. Em tudo, os discípulos interpretam as suas próprias experiências como *ação salvífica de Deus*. Por aí se vê também que há uma correlação entre a maneira como os discípulos se entendem a si mesmos e a sua interpretação a respeito de Jesus, tanto antes como

[11] "Die Verkündigung Jesu gehört zu den Voraussetzungen der Theologie des Neuen Testaments und ist nicht ein Teil dieser selbst" (*Theologie,* 1). (= A pregação de Jesus pertence aos pressupostos da teologia do Novo Testamento, e não é parte dela).

[12] Entre outros: B. Gerhardson, *Memory and Manuscript,* Uppsala 1961; *Tradition and Transmission in Early Christianity* (Coniectanea Neotestamentica, 20), Lund 1964.

depois da morte dele. No entanto, aí é preciso notar que foi só após a morte de Jesus, em base a novas experiências que projetaram nova luz sobre suas lembranças, que eles, na própria vida, penetraram até o cerne da atuação de Jesus, reconhecendo-o, então, como a realidade definitiva de salvação, à qual eles só então souberam dar nome: o Cristo, o Filho do Homem, o Filho. Se Jesus de Nazaré, na sua efetiva oferta de salvação, é norma e critério daquilo que, dentro de seu próprio ambiente de cultura religiosa, dele dizem os que crêem nele; em outras palavras: se ele é o Outro, em sentido absoluto, das Igrejas que o confessam, como também de todos os que nele encontram inspiração e orientação, aí sim, a abordagem histórico-crítica sobre Jesus tem realmente significado *teológico*.

Que o próprio Jesus, através das experiências de seus discípulos antes e depois da morte dele, é o critério normativo da pregação eclesial, ainda é contestado em nosso tempo, e às vezes com veemência, por certos teólogos, tanto da tradição católica como da Reforma. Como motivo dessa recusa, alega-se que a Páscoa assim já não é colocada como "único ponto de partida".[13] Em resposta, poderíamos perguntar: Então, como é que se pôde chegar, originariamente, a esse querigma pascal, se é que não se quer chamar a isso de pura ideologia? Além disso, pode-se perguntar: Por que o querigma no Novo Testamento só é querigma quando sustentado por lembranças de acontecimentos a respeito e em torno da vida e morte de Jesus? Aquela proibição de, através do querigma e do evangelho, indagar sobre Jesus de Nazaré parece apoiar-se na convicção anterior de que a salvação-em-Jesus está ligada exclusivamente à sua ressurreição. Mas, a questão é se tal ligação exclusiva e unilateral está de acordo com os evangelhos. Para que precisaríamos ainda de evangelhos e de uma tradição sobre Jesus, se o querigma pascal fosse a única e total base abrangente da salvação?

De outro lado, parece-me saudável a tendência atual para relativizar a distinção entre "Jesus de Nazaré" e o "Cristo da Igreja" (em reação contra a pesada insistência de ruptura proposta por Bultmann e seus seguidores); mas não deixa de correr o perigo de cair no extremo contrário. É bom mostrar amplamente a continuidade entre o modo como Jesus se entendeu a si mesmo e o modo como a Igreja entendeu Jesus. Porém, julgar que por causa disso a fé cristã é válida, é algo totalmente diferente. Um estudo histórico de Jesus é extremamente importante; dá também um conteúdo concreto à fé;

---

[13] Assim, p. ex., N. Schmithals, *Kein Streit um des Kaisers Bart,* em: *Evangelische Kommentare* 3 (1970) 78-82 e 416-418; G. Strecker, *Die historische und theologische Problematik der Jesusfrage*, em EvTh 29 (1969) 453-476, principalmente 469.

mas nunca poderá ser uma *prova da verdade* da fé. Uma imagem historicamente reconstruída de Jesus nunca poderá fazer mais do que *permitir* a interpretação cristã, ou deixá-la aberta; mas não pode, em virtude de seu próprio ponto de vista, exigi-la compulsoriamente. De fato, é racionalmente possível interpretar Jesus em sentido judaico, ou não-cristão, ou universalmente religioso. Um historiador, como tal, também não poderá demonstrar que em Jesus se realizou uma ação verdadeiramente salvífica da parte de Deus. Um fato salvífico não pode ser constatado com objetividade histórica. Tanto antes como depois da morte de Jesus, isso supõe uma decisão de fé, que se apóia em acontecimentos ao redor de Jesus. Estes podem ser identificados, sim, mas continuam historicamente ambíguos, e não podem ser avaliados racionalmente como argumento. Quando, por estudos históricos, chegamos à descoberta de que a cristologia após a morte de Jesus se baseia, com toda a razão, na sua vida, sua mensagem e praxe, então isso indica uma continuidade real, mas é somente uma constatação importante quando na fé se parte da suposição de que Deus realmente está operando nesse Jesus. Trata-se de um ato de fé.

Contudo, é possível fazer pesquisa histórica sem esse pressuposto. Pesquisadores, que também são cristãos de fé, costumam afirmar *demais* a respeito do Jesus histórico, e de fato o fazem com base na sua fé, não na sua ciência. Até mesmo um historiador seguro como G. Bornkamm não soube evitar isso, na sua obra agora já um pouco antiga: "Jesus de Nazaré". Assim, a pesquisa histórica, afinal de contas, parece tornar-se uma espécie de justificativa ou duplicação da interpretação cristológica. Mesmo quando se pode demonstrar que o querigma cristão fica na mesma linha, prolongando-a, da autocompreensão de Jesus, mostrada em toda a sua atuação pública e na sua atitude diante da morte, que ele com o tempo reconheceu como inevitável, tudo isso ainda não prova a validade da fé cristã. As palavras e a atuação de Jesus, por si só, não provam uma validade absoluta, a não ser para quem já crê. A tarefa do crente, portanto, consiste em tornar claro, *pela sua pesquisa histórica*, que a vida de Jesus é uma *pergunta intencional*, colocada historicamente de tal maneira que convida a uma rejeição, isto é, a se escandalizar, ou então, a tomar a decisão de se arriscar, acreditando neste Jesus. Naturalmente que a simples pergunta já *afirma* alguma coisa, pois tem um sentido e uma intenção. Mas, quando alguém reconhece e aceita esse sentido, isso então já é um ato de fé, ou uma preparação para a fé.

Quando nós, seres humanos, diante de um acontecimento histórico, perguntamos pelo seu significado, tal acontecimento se mostra complexo, ambíguo, sujeito a mais de uma interpretação, ao passo que, como fenômeno acontecido, teve internamente uma figura bem determinada: foi aquilo que foi, e só aquilo, um dado com um sentido só (isso, entretanto, de modo definitivo apenas após a morte da pessoa, neste caso a de Jesus). A fé cristã (uma *determinada* interpretação de Jesus) se decide diante da ambivalência que para a pesquisa histórico-crítica continua aberta. Pela fé rejeita-se de fato a legitimidade de uma interpretação não-cristã (p. ex. judaica, secular ou atéia). O crente o faz na base de uma opção de confiança, e coloca assim uma determinada interpretação, a saber, a da fé cristã, como a única resposta verdadeira, isto é, aquela que corresponde fielmente, embora expressando-se em muitas formas, à complexa realidade histórica de Jesus. Essa resposta interpretativa *transcende* o material das provas puramente históricas sobre Jesus, as quais, no entanto, não ficam fora da opção da fé.

O enfoque histórico-crítico sobre Jesus não pode realmente colocar a base para a fé. Mas sua tarefa também não é puramente negativa, isto é, não consiste apenas em impedir que fiquemos sem base debaixo dos pés, o que aconteceria se ficasse demonstrado que Jesus nunca existiu, ou que ele foi uma pessoa totalmente diferente do que diz a fé. Mas, a realidade é mais do que pode ser verificado mediante "observação objetiva" e por análise científica. É bom lembrar isso numa época positivista, porque sem isso não haveria abertura para a fé; de outro lado, porém (supondo-se o nosso horizonte moderno, histórico, de entendimento), a pesquisa moderna é *essencial* para o acesso da fé ao verdadeiro evangelho. O resultado do exame histórico é um material objetivamente observado, em que o crente vê algo mais, experimenta uma *abertura*. Um crente *vê* a ação salvífica de Deus realizada de fato na vida de Jesus, o que não seria possível sem o material historicamente verificado a respeito de Jesus. Aí está a importância do estudo histórico sobre Jesus para o conteúdo concreto da fé. A abordagem histórica mostra também que a questão vital, que Jesus nos coloca, somente chega à sua plena validade – como acontece em cada vida humana – no fim do decurso da vida, ou seja, após a morte; é somente aí que um julgamento definitivo é possível. Antes da morte de Jesus, também os discípulos o reconheceram somente como profeta. Os títulos sobre-humanos surgiram depois de sua morte.

Por isso, uma teologia ou cristologia moderna não pode deixar de lado os dados histórico-críticos. Quem o negasse não estaria levando a sério a base histórica do cristianismo e estaria considerando um querigma puramente formal como a força que dá sentido à vida. Tal querigma-sem-Jesus ainda poderia abrir novas possibilidades existenciais, e continuar a ter força provocadora; não quero negá-lo. Mas, nesse caso o cristianismo perderia sua base histórica e se tornaria fenômeno puramente fortuito na vida da humanidade religiosa, de onde poderia desaparecer com a mesma facilidade com que entrou. Não é possível crer permanentemente apenas em idéias, seja numa idéia abstrata (como a do "Deus encarnado", sem Jesus, de D. F. Strauss), seja numa idéia existencialmente preenchida (como o querigma de

R. Bultmann). Assim o cristianismo perde o seu sentido universal e não tem mais direito de falar de uma ação salvífica definitiva de Deus na história: o mundo ficaria entregue ao domínio de uma história de idéias. As idéias já enganaram muitas vezes o ser humano; ou acabam funcionando como ideologias. Só posso acreditar em *pessoas* e pôr a minha confiança nelas (embora elas também às vezes me enganem). Por isso, a fé cristã implica para mim a presença pessoal, viva, de Jesus glorificado, mas também uma ligação com sua vida terrena; pois foi exatamente essa vida terrena que foi reconhecida e legitimada com força por Deus mediante a ressurreição. Por isso, um cristianismo ou querigma sem o Jesus de Nazaré histórico, em última análise, é para mim algo sem conteúdo; nem sequer seria cristianismo. Se o núcleo da fé cristã consiste numa afirmação, com fé, da atuação salvífica de Deus na história, tendo sido decisiva na história da vida de Jesus de Nazaré, para a libertação dos humanos (em outras palavras: se para falarmos do Jesus histórico precisamos da linguagem da fé), então a própria história de Jesus não pode desaparecer na neblina; do contrário, o nosso falar sobre ele em linguagem de fé se transforma em ideologia.

Jesus de Nazaré é assim, *teologicamente*, aquele que está sempre diante das Igrejas que confessam o Cristo, ainda que esse confronto (critério e norma) nunca possa ser definido abstratamente; só pode ser descoberto *no* esforço das comunidades cristãs em deixar-se determinar por Jesus. Por isso, a dificuldade para chegar a uma interpretação consciencioSa de Jesus é o círculo em que essa interpretação deve realizar-se. Quero dizer o seguinte: deveremos expressar a realidade de Jesus em categorias contemporâneas de compreensão (o que não exclui crítica), e que sejam acessíveis a todos; ao mesmo tempo, porém, é só mediante essas categorias que podemos reconhecer o que a realidade de Jesus, afinal, significa *para nós*. Em outras palavras: a tensão crítica que existe entre a oferta real de salvação que é Jesus e a resposta interpretativa da comunidade que crê, é um problema que caracteriza não apenas as formulações do Novo Testamento, mas também *as nossas*.

PARA QUE UMA HISTÓRIA NARRATIVA PÓS-CRÍTICA?

O conhecimento histórico-científico sobre Jesus é *teologicamente* importante, dizíamos, porque o sentido de seus temas pretende ajudar a esclarecer o que Jesus de Nazaré significa como norma e critério permanente para as Igrejas e para todos os que julgam possível achar salvação em Jesus. Todavia, essa abordagem científica encontra também dificuldades. Em primeiro lugar, ela está completamente fora da "perspectiva histórica" própria da Bíblia. Numa cultura pré-crítica, as idéias a respeito de *história* são totalmente diferentes. Aí, história é transmitir, atualizando, as *narrativas* que vivem dentro da humanidade. Nisso, a facticidade histórica, a questão se isso ou aquilo aconteceu exatamente assim, não tem tanta importância. Quando Jesus conta: "Era uma vez um homem que tinha dois filhos..."; ou: "um dia, alguém perdeu uma ovelha... uma moeda", ninguém se lembraria de perguntar se isso "realmente aconteceu". O que importa é a verdade da própria narrativa, quer dizer: se a narrativa nos interessa, nos comove e faz de nós sujeitos ativos de uma nova narrativa.[14] História narrativa, como se usava na antiguidade, tem a ver com ação, com *desafio,* para se tomar determinada atitude, e com isso (segundo o modo moderno de ver) narrativas *reais* e *fictícias* têm a mesma função e a mesma densidade realista. Isso teve seus efeitos até na antiga historiografia como tal, e em toda abordagem da literatura na antiguidade.[15]

---

[14] Ver: R. Koselleck e W. Stempel (eds.), *Geschichten und Geschichte,* Munique 1972; H. Weinrich, *Literatur für Leser*, Stuttgart 1971, e: *Narratieve Theologie*, em: Conc 9 (1973), n. 5, 48-57; K. Stierle, *L'histoire comme exemple*, *l'exemple comme histoire,* em *Poétique* 10 (1972) 176-198; Alb. B. Lord, Der Sänger erzählt, Göttingen 1965; ver também: *Leven met verhalen*, em *Schrift*, n. 26 (1973) 41-76.

[15] Ver H. Marrou, *Histoire de l'education dans l'Antiquité*, Paris 1948, e mais recente, insistindo na confiabilidade histórica: A. W. Mosely, *Historical reporting in the ancient world*, em: NTS 12 (1965-66) 10-26. Aproveitaram essas conclusões para a exegese, entre outros: Th. J. Weeden, *Mark-traditions;* J. A. Baird, *Audience criticism and the historical Jesus*, Philadelphia 1969, e J. L. Martyn, *History and theology in the fourth Gospel*, New York 1969.

Em todo o mundo greco-romano daquele tempo, desde cedo a educação era feita dentro dessa mentalidade. Todos sabiam que se escrevia história não tanto para dar informações, mas principalmente para levar o leitor a uma determinada visão ética ou religiosa da realidade. O historiador romano Tito Lívio (59 a.C. - 17 d.C.) já tinha nitidamente formulado essa visão como ideal da historiografia em vigor. Pode-se definir assim: a *interpretação* que o autor quer dar de determinados acontecimentos históricos, ele a dá *indiretamente*: pintando o caráter dos personagens de acordo com a maneira como o autor os quer interpretar. Por isso, o historiador os apresenta com aquela que hoje denominamos "liberdade histórica", a sua visão sobre determinados caracteres, sem acrescentar posteriormente um comentário interpretativo; a visão do autor é "objetivada" desde o começo nos personagens: heróis são idealizados, e aos covardes se atribuem ações más "fictícias". Por exemplo, o Evangelho de Marcos descreve os discípulos de Jesus como pessoas que nada entendem da mensagem de Jesus, como covardes que, conforme o caso, adormecem desinteressados, ou fogem, ou renegam totalmente a Jesus. É Marcos fazendo a mesma coisa que naquele tempo faziam os historiadores profanos. Sua visão a respeito dos apóstolos antes da Páscoa ficou objetivada nas reações e atos que Marcos, na sua narrativa, atribui a esses discípulos. No Evangelho de Lucas, o autor avaliava de outra maneira a conduta desses discípulos, que de fato se comportam de modo diferente do que se diz em Marcos. Com isso, os leitores da época não eram levados por nenhum engano: sabiam que o autor, descrevendo dessa maneira os caracteres, queria mostrar ao leitor a sua própria *visão, interpretando* os personagens, e os leitores estavam interessados exatamente nessa visão a respeito de Jesus e dos demais personagens da narrativa bíblica. A maneira como os personagens se comportam, os atos concretos que o autor lhes atribui, são o comentário indireto do autor sobre esses personagens que aparecem na sua narrativa. Do ponto de vista da historiografia moderna, os atos descritos podem ser "historicamente autênticos" ou "fictícios" (com ou sem núcleo histórico): isso não importa; porém mostram *exatamente* como o autor, a serviço de seus leitores, vê aquelas pessoas, e como se apresentam a ele, que tem sempre a intenção de levar os leitores a praticar o bem e afastar-se do mal. Alguém que é realmente venerado como herói deve, por isso, ter vivido de acordo com os sublimes princípios que o próprio autor quer inculcar aos leitores. Na educação daquele tempo, os discípulos eram treinados, com segurança, no que diz respeito à literatura, para entenderem *assim* os textos. Mesmo para quem tivesse passado apenas por uma fase primária ou secundária de educação, os evangelistas, como qualquer literato daqueles tempos, não fizeram outra coisa, e seus leitores também o entenderam assim. Daí as diferenças no caráter de Jesus, dos judeus e dos discípulos de Jesus, as diferenças também no que teriam feito ou deixado de fazer, conforme é Marcos, Mateus, Lucas ou João quem narra. Quer dizer, essas diferenças indicam em primeira instância uma diferença na maneira como eles *viram* e *interpretaram* a realidade a respeito do Jesus que eles anunciam. É exatamente por uma comparação entre eles que muitas vezes vai ficar claro o que é "historicamente autêntico" (no modo de ver da historiografia moderna). Contudo, a denominada "autenticidade histórica" é simples abstração, tirada de um conjunto concretamente vivo. Esse padrão de pensamento, que vale também para os quatro evangelhos, já nos fornece importante chave hermenêutica para a comparação entre os evangelhos. Quem, ao ler os evangelhos, prestar atenção à maneira como se descreve o caráter das pessoas aí mencionadas, já sabe como o autor quer que sejam interpretadas, e sabe também qual é a mensagem ética-religiosa que o autor quer transmitir. O leitor, então, não se perturbará por causa de diferenças entre os evangelhos. Do ponto de vista religioso, são até importantes e, além disso, *a posteriori*, dentro da nossa preocupação moderna com a historicidade científica, são mesmo relevantes para uma "reconstrução histórica" mais precisa, de acordo com a nossa mentalidade.

Já não nos pertence essa "inocência narrativa", que penetrou até dentro da historiografia antiga propriamente dita. Desde que surgiram as ciências históricas, o homem moderno está interessado sobretudo em "acontecimentos verdadeiros"; a ciência quer conhecer o passado "fazendo abstração de valores", como se diz. Deseja encontrar respostas historicamente garantidas para essa busca da verdade histórica. As ciências hermenêuticas, porém, e as teorias críticas mostraram que o assim chamado *estar livre de valor* disfarça, por sua vez, outras avaliações de valores que não são menos reais. Os lingüistas que pleitearam uma restauração da inocência narrativa, a meu ver, cometem o erro de desconhecer o fato de que é impossível o ser humano, numa época pós-crítica, voltar a um primitivismo inicial (Kierkegaard). Será como uma "segunda inocência", isto é, uma narratividade que "passou pela" neutralização das ciências que abstraem de valores, e pela interiorização da consciência (reflexão), por um lado, chegando à intuição de que é possível contar *antes de mais nada* narrativas (podendo assim encobrir muita injustiça, desamor e problemas reais); por outro lado, que a razão, depois de todas as suas análises e interpretações, já não é capaz de verbalizar o que de fato ainda precisa ser dito, e por isso será obrigada a verbalizar em narrativas e parábolas aquilo que é o "débito real" que ela ainda não conseguiu cumprir. Assim, também a cristologia argumentativa deverá levar finalmente *a* uma narrativa sobre Jesus, a uma cristologia narrativa, e não à exposição de um "sistema cristológico" teórico que abrange tudo. Portanto, dentro da intenção própria da literatura evangélica, p. ex. com relação aos milagres de Jesus, a pergunta primária não poderá ser: "Jesus fez *realmente* esses milagres?" E sim: "Qual é o *sentido* disso? O que é que se quer dizer, quando se conta que Jesus fez milagres? E só depois que isso estiver claro é que vem a pergunta sobre o que na vida de Jesus corresponde historicamente a essas narrativas de milagres. E só em terceira instância é que se torna relevante a pergunta referente a quais milagres ou sinais Jesus realmente fez. Aí sim ficará evidente que alguns milagres são historicamente indubitáveis, ao passo que outras narrativas de milagres são "secundárias", e muitas vezes construídas depois da ressurreição, na base de modelos do Antigo Testamento. De acordo, pois, com o modelo antigo de historiografia, a interpretação *teológica* de Jesus de Nazaré coloca-se *dentro* da atuação de Jesus durante os seus dias nesta terra. Mas, isso *pressupõe* que Jesus de fato impressionou a esses fiéis como alguém que "andou por toda parte fazendo o bem"; em outras palavras: que sua realidade histórica era de tal natureza que correspondia verdadeiramente a essa interpretação cristológica. A pergunta pelo Jesus histórico, portanto, continua fundamental para a construção responsável de uma cristologia, mas não se torna uma *obsessão positivista*. A abordagem histórico-crítica continua necessária, porque o cristianismo tem a enorme pretensão de (poder) afirmar que o destino do ser humano depende da história muito especial que se realizou em Jesus de Nazaré. Que isso é verdade não pode ser demonstrado contando-se narrativas, cujo único significado estivesse na sua própria eficiência prática. Mas pode ser demonstrado, isto sim, pela narrativa da vida do homem Jesus como narrativa sobre Deus.

SEÇÃO II

CRITÉRIOS PARA O RECONHECIMENTO CRÍTICO DO JESUS HISTÓRICO

§ 1. O FUNDO CONTRA O QUAL OS CRITÉRIOS HISTÓRICOS DEVEM SER VISTOS; MATRIZ DOS DIVERSOS CRITÉRIOS

Consta histórica e exegeticamente que em todas as tradições do cristianismo primitivo, tanto nas pré-canônicas como nas do Novo Testamento, é pressuposto fundamental a absoluta identificação do Jesus terreno com o Cristo anunciado pelas comunidades.[16] Tal identidade pode até ser chamada de chave hermenêutica para entender bem a fé dos evangelhos. Para o teólogo, essa intenção do Novo Testamento é de importância direta. Para o historiador, nem tanto; pois este vê que a memória do Novo Testamento está orientada por diversos querigmas, e aplica-se na pregação e na parenese, na catequese, na liturgia etc., sendo assim também "atualizada". Acima dizíamos que no texto do Novo Testamento se encontram muitas vezes sinais de que os autores tinham consciência da distância histórica entre os dias da vida de Jesus nesta terra e a situação da Igreja. Em outras palavras, uma intenção querigmática, confessando a salvação em Jesus, não precisa, de forma alguma, ser uma negação do interesse histórico; o valor histórico, porém, deverá ser testado criticamente. E tem mais: um determinado querigma é o motivo pelo qual se forma determinada tradição a respeito de Jesus. Em cada caso, portanto, e em primeiro lugar, deverá examinar-se qual foi a intenção da tradição, isto é, o porquê do fato de determinada comunidade guardar na memória e transmitir fielmente uma determinada palavra ou determinados atos de Jesus.[17] Pois cada determinado querigma mostra um *determinado* interesse histórico por Jesus de Nazaré. Isso vale até para a confissão

---

[16] Assim, entre outros, N. Perrin, *Rediscovering the teaching of Jesus*, Londres 1967, 245; H. Bartsch. *Jesus. Prophet und Messias*, Frankfurt 1970, 11.17-20 e 39-40; P. Stuhlmacher, *Kritische Marginalien zum gegenwärtigen Stand der Frage nach Jesus*, em: *Fides et Communicatio* (Hom. M. Doerne), Göttingen 1970, 341-361; J. Blank, *Jesus von Nazaret*, Friburgo 1972, 78; W. Kümmel, *Die Theologie des Neuen Testaments nach seinen Hauptzeugen*, Göttingen 1969, 23; Roloff, *Das Kerygma* (o livro todo); A. Vögtle, *Das Evangelium, l.c.*, 16-30; H. Schlier, *Die Anfänge des christologischen Credo*, em: *Zur Frühgeschichte der Christologie*, Friburgo 1970, 13-58.

[17] Ver: Roloff, *Das Kerygma*, 70.

cristológica paulina, concentrada no querigma pascal, que vê exatamente no *dado histórico* da morte de Jesus o núcleo da verdadeira humanidade de Jesus, em reação ao erro de uma divinização do Jesus terreno. Paulo talvez saiba pouco sobre os dias da vida de Jesus nesta terra, sobre sua mensagem e sua conduta, mas o certo é que ele quer ver seu querigma fundado em algo que historicamente aconteceu com Jesus, talvez o mais profundamente humano nos dias da vida terrena de Jesus: sua real execução. Isso pode ser unilateral, mas nem por isso deixa de ser claro esse fundamento histórico do querigma paulino. O objeto dos testemunhos de fé no Novo Testamento não é um "ser celestial" etéreo, que disfarçado em ser humano passou por este mundo, mas o homem concreto Jesus de Nazaré. Esse, portanto, é o único fundamento de uma verdadeira cristologia.

A historiografia mostrou também que aos diversos projetos cristológicos de tradições pré-canônicas e neotestamentárias sobre Jesus correspondem diversos grupos cultural e socialmente diferenciados de portadores de tradições, nomeadamente diversas comunidades cristãs.[18] Em conseqüência, surge a pergunta: em base a qual interpretação querigmática concreta a respeito de Jesus determinadas pessoas se agruparam numa comunidade que tornasse possível uma "tradição sobre Jesus?" A comunidade é portadora de uma tradição. É o que faz surgir a correspondente pergunta: Como é que essas comunidades, graças a um intercâmbio histórico e a contatos entre elas, avaliaram, assumiram ou criticaram concepções cristológicas divergentes, e as transmitiram juntamente com sua própria herança, ou então não as assimilaram?

De fato, balizar com precisão uma determinada confissão cristológica sobre Jesus equivale a balizar a fé tradicional de uma determinada comunidade primitiva, isto é, tanto seu querigma quanto o caráter especial de seu interesse "histórico". Considerar a tradição em forma de evangelho ou de catequese como algo secundário (em contraste com a "tradição querigmática"), como acontecia freqüentemente em ambientes da "história das formas", é uma tese que não pode mais ser sustentada com relação à Igreja primitiva como um todo. O querigma e o interesse por Jesus de Nazaré caminharam juntos, desde o começo, pois é uma evidência histórica que a cada uma das muitas tendências do Credo, que podemos encontrar nos quatro Evangelhos, ou através deles, corresponde o interesse histórico por determinado

---

[18] D. Lührmann, *Erwägungen zur Geschichte des Urchristentums, l.c.* 452-467, e *Liebet eure Feinde*, em: ZThK 69 (1972) (412-438) 435-436; J. M. Robinson e H. Koester, Trajectories (uma das teses deste livro); também G. Schille, *Anfänge der Kirche*, Munique 1966; *Prolegomena zur Jesusfrage*, em ThLZ 93 (1968) 481-488; *Was ist ein Logion?*, em ZNW 61(1970) 172-182, e *Das vorsynoptische Judenchristentum*, Stuttgart 1970.

aspecto do Jesus terreno (embora num estreitamento óptico em cada projeto, querigmático ou cristológico, separadamente considerado), seja nos milagres de Jesus, seja na sua mensagem central, seja na sua execução.[19] É por isso que, ao procurarmos (na Parte III) as diversas direções divergentes do Credo, encontraremos ao mesmo tempo vestígios daquele aspecto da vida de Jesus que mais fascinava uma determinada comunidade.

Quando determinados grupos de pessoas contam alguma "narrativa sobre Jesus" (o que é um fato histórico, compreensível também para a psicologia social), o fazem porque de alguma forma Jesus de Nazaré lhes trouxe salvação, quer dizer, porque têm um "querigma" para proclamar, na base do qual anunciam Jesus como o messias ou como o ressuscitado, ou taumaturgo, ou sofredor que Deus exaltou etc. Torna-se a *sua* narrativa sobre Jesus. Lembranças de determinadas palavras e ações de Jesus foram transmitidas, *porque* essas comunidades primitivas, de alguma forma, tinham encontrado *salvação* em Jesus. O reconhecimento da salvação-em-Jesus foi, portanto, a fonte de todas as tradições sobre Jesus. É nesse sentido que uma determinada "cristologia" originou e impulsionou cada tradição concreta a respeito de Jesus de Nazaré. Esse fato (além do que diremos adiante) já faz presumir (em contraste com o que muitos adeptos da *história das formas* supõem como evidente) que as mais antigas tradições cristãs tinham interesse também "histórico" por Jesus, embora cada tradição tivesse a sua própria seletividade e seus próprios conceitos culturais-religiosos para verbalizar a sua experiência histórica de salvação-em-Jesus. Por isso, para começar, eu diria: Quem precisa provar alguma coisa não são aqueles que aceitam serem provenientes de Jesus determinadas palavras e ações de Jesus narradas no Novo Testamento, mas principalmente os que defendem uma inserção secundária ou uma criação posterior da comunidade.[20] Mas, com isso, também não quero dizer que uma narrativa sobre palavras e ações de Jesus se refira sempre a acontecimentos pontualmente históricos, e sim que descrevem Jesus como ele realmente foi. Assim, até lendas podem caracterizar uma pessoa de maneira mais forte e completa.

De fato, no cristianismo primitivo, houve múltiplas maneiras cristológicas de interpretar Jesus, que não surgiram tardiamente, mas existiram desde o começo. Por isso, termos técnicos como "tradição secundária" ou "tradição terciária", usados pelos defensores da *história das formas*, devem ser cuidadosamente definidos (o que alguns deles também não deixam de fazer). Por exemplo, o que é secundário,

---

[19] Fez interessante análise dos diversos aspectos: E. Trocmé, *Jésus de Nazareth vu par les témoins de sa vie*, Neuchâtel 1971, embora algumas de suas conclusões sejam problemáticas.

[20] D. Lührmann, *Liebet eure Feinde, l.c.* 434-435.

ou seja, o que aparece mais tarde na tradição de determinada comunidade, ou o que é evidentemente redacional (como o reconhecimento do significado *dogmático* das palavras e ações de Jesus, que na tradição Q surge apenas na sua segunda fase, a judeu-cristã helenística[21]), pode numa outra comunidade, p. ex. a pré-marcana, ser primário e antigo.[22] Assim, esse interesse dogmático, que na tradição Q muito provavelmente surgiu mais tarde, foi historicamente influenciado por um contato com algum material (neste ponto mais antigo) da tradição comunitária pré-marcana.[23] Também o fato de que, depois do evangelho de Marcos, surge de repente em Lucas e Mateus grande quantidade de material "novo" (o "sermão da montanha" e do "campo"), como tal não diz nada sobre o caráter secundário dessa tradição a qual, além disso (embora não conhecida por Marcos), nas suas três bem-aventuranças poderia muito bem apresentar traços pré-pascais. Aliás, certas lembranças surgem apenas "quando precisamos delas"; nem por isso são menos autênticas! Em muitos casos, porém, a lembrança determinada terá vindo de outras comunidades, que tinham interesse mais diferenciado pelo mesmo Jesus de Nazaré.

Disso podemos concluir: algo que *é* "primário", "secundário" ou mesmo "terciário" para *determinada* tradição comunitária cristã, não deve absolutamente, só por causa disso, denominar-se como "formado pela comunidade", ou "não autenticamente de Jesus". Por análises da forma literária e por seleções (feitas pela crítica das formas) entre tradição e redação, de forma alguma se pode chegar a uma cronologia, gênese ou evolução, no conjunto da visão da fé em Jesus, no cristianismo primitivo. Além de alguma clara evolução dentro de determinado projeto cristológico ou do credo de determinada comunidade do cristianismo primitivo, de acordo com alguma situação nova e necessidades concretas, houve também uma evolução, pelo fato de que o projeto cristológico de uma comunidade entrava em contato com os de outras comunidades. Os quatro evangelhos, como se encontram concretamente diante de nós, não são apenas uma interpretação cristológica de Jesus, isto é, uma visão que parte da experiência da salvação-de-Deus-em-Jesus, mas são ao mesmo tempo uma aceitação crítica, com reações próprias, de interpretações anteriores sobre Jesus da parte de outras comunidades cristãs. Pois não podemos mais partir (como se fazia antigamente) do único querigma da fé, de uma assim chamada Igreja-Mãe de Jerusalém, que apenas mais tarde se teria diferenciado.[24] Os fatos o contradizem. Os evangelhos, portanto,

---

[21] Schulz, *Q-Quelle*, 55-176, comparado com 177-480; ver também 481-489.
[22] Ver G. Schille, *Prolegomena zur Jesusfrage*, em ThLZ, *l.c.* 485-486; H. Grasz, *Theologie und Kritik*, Göttingen 1969, 9-27.
[23] Schulz, *Q-Quelle*, 241.
[24] Contra isso reagem as obras acima citadas de E. Güttgemanns, *Offene Fragen;* D. Lührmann, *Erwägungen*, *l.c.*, e *Liebet eure Feinde*, *l.c.*, e G. Schille.

já supõem uma interferência muito complicada, difícil de reconstruir, entre cristologias divergentes (desenvolvendo-se, cada uma, dentro do círculo de uma tradição própria) de diversas comunidades do cristianismo primitivo. Historicamente falando, podemos admitir como sumamente provável a existência de uma tradição pré-marcana, de outra pré-paulina, de outra pré-joanina, e de uma hierosolimitana de língua aramaica e outra de língua grega, e por último da comunidade Q palestinense e transjordânica. Cada uma dessas tradições comunitárias se mostra agarrada a determinados aspectos da vida de Jesus, sobre os quais seu querigma se construiu. Os evangelhos sinóticos, escritos mais tarde, já são uma tentativa para sintetizar um material tradicional multiforme; e eles o fazem de uma forma que apresenta a cristãos de hoje realmente novas possibilidades, e liberdade cristã, mas que também traça limites.

Do que foi dito acima segue-se que não podemos fazer distinção entre uma "tradição querigmática" e uma "tradição sobre Jesus",[25] ou entre uma tradição sobre Jesus e uma tradição sobre o Cristo. Todas as tradições do cristianismo primitivo são "querigmáticas", e são *também* lembranças sobre Jesus de Nazaré; isto é, estão orientadas por uma bem determinada (pluriforme) profissão de fé a respeito de Jesus de Nazaré, e por nenhuma outra; também por nenhum mito (ainda que possam falar sobre Jesus em linguagem "mítica"). Ao mesmo tempo todas são, exatamente assim, "*tradições sobre Jesus*", isto é, à luz de determinada interpretação sobre este Jesus pela fé; são elas, em sua própria convicção, lembranças fiéis daquilo que Jesus historicamente, realmente, foi, falou e fez, embora muitas vezes apenas um aspecto (real) da vida e do destino de Jesus tenha sido ligado ao querigma anunciado por essa determinada comunidade, levando em conta que interesse "histórico" naquele tempo não tinha o mesmo sentido crítico que tem na historiologia moderna.

Do que precede, segue-se mais uma conclusão. As dissonâncias e tensões dentro do material evangélico, muitas vezes interpretadas como *ruptura* entre o "Jesus histórico" e o "Cristo querigmático", só podem ser, na realidade, tensões dentro da interpretação cristã pós-pascal a respeito de Jesus.[26] Historicamente, é preciso contar em primeiro lugar com diversas cristologias eclesiásticas do cristianismo pri

[25] Contra a distinção corrente entre "Leben Jesu-Tradition" e "Kerygma-Tradition" (assim ainda Schulz, *Q-Quelle,* 31, com muitos outros). Th. Boman, em *Die Jesusüberlieferung, l.c.*, 29-61, sobretudo 42-44, tenta resolver o problema, chamando de "tradição sobre Jesus" tanto a "tradição querigmática" como a "tradição sobre Jesus", duas formas de tradições sobre Jesus. O certo porém é que não existe nem tradição puramente querigmática sem referência a Jesus de Nazaré, nem referência a Jesus sem querigma! Também a distinção de James Robinson (Robinson-Koester, *Trajectories*, 20-70) entre querigma e história não existe no próprio Novo Testamento.

[26] G. Schille, *Was ist ein Logion?, l.c.* 172-182.

mitivo, e não necessariamente com uma ruptura entre Jesus de Nazaré e o "Cristo da Igreja" daquela época. Mas, é preciso reconhecer, isto sim, que além da própria situação cultural e religiosa de cada comunidade do cristianismo primitivo, a figura única de Jesus de Nazaré, com sua multiforme riqueza, "aberta" para diversas interpretações possíveis, e a complexidade de sua aparição histórica num período muito limitado da nossa história humana, ocasionaram evidentemente essas cristologias na época tão diversas.

§ 2. Para que procurar critérios de distinção?

Diante de tudo o que acima foi exposto, será que ainda tem sentido procurar critérios decisivos para podermos concluir o que é autêntico, o que vem diretamente de Jesus (*verba ipsissima, facta ipsissima* e *intentio ipsissima*)? O que dizíamos acima pode-se resumir numa tese de N. A. Dahl: A tradição sobre Jesus, diz esse estudioso encanecido na exegese, é na sua totalidade "formação da comunidade", mas *ao mesmo tempo*, também na totalidade, um reflexo, nas comunidades pós-pascais, da atuação real de Jesus, "um acervo que contém tudo o que é importante para o nosso conhecimento histórico sobre Jesus".[27] Pois o interesse religioso por uma pessoa não funciona apenas "criativamente", até criando lendas, mas também "guardando" coisas na memória. Nesse sentido, o mestre pode ser reconhecido através de seus discípulos. Essa visão dá de antemão um voto de confiança ao texto do Novo Testamento.

Por mais fundamentada que essa opinião se possa dizer, do ponto de vista puramente histórico ela esbarra em objeções. A afirmação fundamental do Novo Testamento de que há identidade absoluta entre Jesus de Nazaré e o Crucificado ressuscitado, é um dado que o historiador sem dúvida anotará; mas a própria afirmação ainda não garante ao *historiador* a continuidade *real* entre Jesus e a pregação da Igreja sobre o Cristo. Tal pregação deverá ser testada detalhadamente. Portanto, o historiador não pode partir sem mais nem menos da afirmação da fidedignidade global (histórica) dos evangelhos. Reconduzir todos os *logia* (palavras atribuídas a Jesus) e toda a verdade cristã ao próprio Jesus terreno, é programa não histórico mas *teológico* do Novo Testamento, assim como o Antigo Testamento atribui a Lei, na sua totalidade e nos seus pormenores, a Moisés, o inspirador de toda a legislação judaica. Além disso, nenhum dos quatro evangelhos foi escrito por testemunhas oculares. Como evangelhos, são textos da segunda e terceira gerações de cristãos. Inclusive para chegarmos a uma

---

[27] N. A. Dahl, *Der historische Jesus als geschichtswissenschaftliches und theologisches Problem*, em KuD 1 (1955) 104-132.

boa compreensão, tanto dos limites como da liberdade de uma cristologia dogmática, julgo adequado o estudo desses critérios históricos dentro de um ensaio de cristologia temática. Sobretudo pelo fato de que muitas cristologias da Europa Ocidental partem da Páscoa como *ponto de ruptura* entre Jesus de Nazaré e a cristologia da Igreja, é preciso alegar também critérios históricos que nos possibilitem colocar a tematização também numa base historicamente firme, e não em opiniões pessoais de teólogos. O questionamento histórico é necessário para nos dar certeza crítica a respeito da nossa própria fé cristã; do contrário, a teologia fica cega e autoritária.

Com H. Braun, J. Robinson e outros, é preciso fazer, com razão, uma distinção entre "autenticidade real" e "o que é realmente de Jesus" ("ipsissima Jesu").[28] O que as comunidades cristãs ou seus profetas carismáticos, em nome do Cristo glorioso, dizem a suas comunidades, pode de fato refletir uma atitude básica do Jesus terreno e, portanto, ser "autêntico quanto ao conteúdo". Mas, pode ser que o Jesus terreno nunca tenha falado literalmente assim e nesse sentido. Tal palavra, então, não é historicamente autêntica. Mesmo se fosse comprovado que Jesus nunca falou algo parecido com o "amai os vossos inimigos", esse *lógion* eclesiástico, neotestamentário, pode caracterizar muito fielmente a própria pregação de Jesus. Mas, para quem colocar a questão *histórica* a respeito de Jesus, tal *lógion* será realmente "não-autêntico". Essa terminologia da "história das formas" já levou muitas vezes a equívocos. De fato, pelo menos muitos dos adeptos da história das formas não querem negar que o historicamente *não-autêntico* pode, no entanto, refletir a mais profunda e real intenção de Jesus; mas isso não pode ser provado de maneira puramente histórica. E essa atitude crítica não deixa de ser honrosa. É uma atitude que, mesmo quando adotada em favor da fé cristã, não pode partir do princípio que diz: "in dubio pro tradito" (na dúvida, a tradição prevalece); seria trair o princípio crítico. Por exemplo, quando no material sinótico se encontram de um lado idéias não-apocalípticas sobre o fim do mundo, e de outro lado idéias apocalípticas não menos explícitas (o que é difícil negar), vem inevitável a pergunta: "Como é que, historicamente, o próprio Jesus encarava essas coisas?" Muitas vezes toma-se posição, arbitrariamente, seja em favor da primeira, seja em favor da segunda possibilidade, e tudo o que com isso não condiz é chamado de "secundário". Além disso, costuma-se esquecer que tanto a primeira como a segunda hipótese podem ser dissonâncias entre tradições diferentes do cristianismo primitivo, não mostrando necessariamente uma diferença de idéias entre Jesus de Nazaré e a

---

[28] H. Braun, *Jesus. Der Mann aus Nazareth und seine Zeit,* Berlim 1969, 33-34; J. Robinson, *The New Quest of the historical Jesus,* Naperville 1959, 99.

"Igreja primitiva". Só depois de resolver a possibilidade de dissonâncias dentro da Igreja do cristianismo primitivo, é que se pode perguntar sobre como o próprio Jesus pensou a respeito do assunto, o que se torna então realmente necessário.

Mesmo somando tudo o que se possa constatar sobre uma pessoa pela ciência histórica, é indubitável que isso não significa que possamos *compreender* tal pessoa no que lhe é irredutivelmente próprio. Diante da soma de todos os resultados críticos, o que sempre fica faltando é uma explicação do sentido. Somente em confiança pessoal será possível aproximar-se de uma pessoa; mas continuar a desconfiar, também é uma decisão pessoal. Por isso, tanto a resistência dos que se sentiram escandalizados por este Jesus, como a confiança dos que encontraram salvação nele, são sinais de uma compreensão sobre Jesus de Nazaré, melhor do que tudo o que uma historiologia científica, de maneira responsável, de forma "seca" e neutra, sabe contar sobre ele. O outro, afinal, só pode ser reconhecido e aceito numa experiência de abertura, experiência que se fecha para um e se abre para outro, com ou sem motivos reais e comprovados.

Ao mencionarmos esses "motivos reais", indicamos não apenas a importância da pesquisa histórica sobre Jesus, mas ao mesmo tempo a justa exigência de *critérios*, pelos quais o que real e historicamente é "de Jesus" possa diferenciar-se dos retoques querigmáticos pós-pascais.

Infelizmente, essa busca de critérios foi empreendida quase exclusivamente pelos adeptos da *história das formas*, método esse que, a meu ver, é válido como estudo das formas literárias, mas que não percebeu suficientemente o seu caráter relativo e provavelmente "subalterno" a outros métodos. Nestes últimos anos, porém, houve nisso uma perceptível mudança, pelo menos porque esse método (que inegavelmente obteve resultado enorme) agora, ao que parece, entrou num beco sem saída, do qual a "análise estrutural da Bíblia" está tentando salvá-lo (talvez sem querer). Todavia, nem a "história das formas" nem tampouco o estruturalismo podem (talvez nem queiram) levar-nos a "Jesus de Nazaré". O estruturalismo como tal continua exclusivamente literário, e de fato deixa de considerar qualquer referência extraliterária, sobretudo quanto ao Jesus de Nazaré historicamente autêntico.

Como teólogo, interessei-me exatamente pelas narrativas dos evangelhos enquanto "referindo-se a uma realidade". Por isso investiguei os critérios que os exegetas de fato usam para constatar a "autenticidade do que é atribuído a Jesus", e refleti tanto teológica como historicamente sobre as polêmicas entre os exegetas com relação aos critérios usados por eles para distinguirem entre interpretação comunitária pós-pascal e lembranças de palavras, ações e intenções do próprio Jesus terreno, lembranças essas que ainda viviam dentro das comunidades. Nisso fiquei muito atento para escutar, tanto a voz da exegese alemã como da exegese anglo-saxônica, da escandinava e daquela de orientação francesa. Pois, quem mergulha nessa literatura perceberá notáveis diferenças; e há de sentir as características sociais e culturais, bem como as "regionais", da "exegese bíblica", como fator, se não "inquietante", pelo menos relativizante.

§ 3. Catalogação de critérios positivos válidos

Bibliografia: P. Biehl, *Zur Frage nach dem historischen Jesus:* ThR (1957-1958) 54-76; M. Black, *An Aramaic Approach to the Gospels and Acts* (Oxford [3]1967); H. Braun, *Jesus* (Stuttgart-Berlim[2] 1969); R. Bultmann, *Tradition;* G. Bornkamm, *Jesus von Nazareth* (Stuttgatt[2] 1963); F. C. Burkitt, *The Gospel History and its Transmission* (Londres 1906); D. G. Calvert, *An Examination of the Criteria for Distinguishing the Authentic Words of Jesus:* NTS 18 (1971-1972) 209-219; C. E. Carlston, *A Positive Criterion of Authenticity:* BRes 7 (1962) 33-39; H. Conzelmann, *Jesus, em* RGG[3] III, 619-653; O. Cullmann, *Heil als Geschichte* (Tubinga 1965); N. A. Dahl, *Der historische Jesus als geschichtswissenschaftliches und theologisches Problem:* KuD l (1955) 104-132; C. H. Dodd, *History and the Gospels* (Londres 1938) 91-101; *La predicación apostólica y sus desarrollos* (Madrid 1974); *Las parábolas del reino* (Madrid, Ed. Cristiandad, 1974); E. Fuchs, *Zur Frage nach dem historischen Jesus,* em *Gesammelte Aufsätze,* 2 vols. (Tubinga 1960); R. Fuller, *Critical Introduction to the New Testament* (Londres 1966) 94-103; *Fundamentos de la cristología neotestamentaria* (Madrid, Ed. Cristiandad, 1979); F. C. Grant, *The Authenticity of Jesus' Sayings,* em *Neuetestatmentliche Studien* (Hom. R. Bultmann) (BZNW 21; Berlim 1957) 137-143; W. Grundmann, *Die Geschichte Jesu Christi* (Berlim 1956); F. Hahn, *Hoheitstitel; Methodenprobleme einer Christologie des Neuen Testaments* (Beih. EvTh 15) (Tubinga 1970) 3-41; B. van Iersel, *La teologia y la exégesis de detalle:* "Concilium" 70 (1971) 519-528; J. Jeremias, *La última cena. Palabras de Jesus* (Madrid, Ed. Cristiandad, 1980); *Die Verkündigung Jesu* (Gütersloh 1971); E. Käsemann, *Besinnungen* (passim); L. E. Keck, *A Future for the Historical Jesus* (Nashville-New York 1971); W. Kümmel, *Jesusforschung seit 1950:* ThR 31 (1965-1966) 15-46; M. Lehmann, *Synoptische Quellenanalyse und die Frage nach dem historischen Jesus* (Berlim 1970) 163-205; D. Lührmann, *Liebet eure Feinde:* ZThK 69 (1972) 412-438; H. K. McArthur, *Basic Issucs. A Survey of Recent Gospel Research:* "Interpretation" 18 (1964) 39-55; T. W. Manson, *The Sayings of Jesus as Recorded in the Gospels of St Matthew and St. Luke* (Londres 1949; [2]1964); N. Perrin, *Rediscovering the Teaching of Jesus* (Londres 1967); R. Pesch, *Jesu ureigene Taten?* (Friburgo 1970); W. Richter, *Exegese als Lileraturwissenschaft. Entwurf einer alttestamentlichen Literaturtheorie und Methodologie* (Gotinga 1971); J. Robinson, *The New Quest of the Historical Jesus* (Naperville-Londres 1959); G. Schille, *Was ist ein Logion?:* ZNT 61 (1970) 172-182; *Der Mangel eines kritischen Geschichtsbildes in der neutestamentlichen Formgeschichte:* ThLZ 88 (1963) 491-502; H. Schürmann, *Traditionsgeschichtliche Untersuchungen zu den synoptischen Evangelien* (Düsseldorf 1968) 83-110 e 111-158; *Zur aktuellen Situation der LebenJesu-Forschung:* GuL 46 (1973) 300-310; G. Strecker,

Der Weg der Gerechtigkeit (Gotinga ²1966); P. Stuhlmacher, *Kritische Marginalien zum gegenwärtigen Stand der Frage nach Jesus*, em *Fides et Communicatio*. Hom. M. Doerne (Gotinga 1970) 341-361; W. Trilling, *Fragen zur Geschichtlichkeit Jesu* (Düsseldorf 1966); H. Harschund G. Voss (eds.), *Versuchemehrdimensionaler Schriftauslegung* (Stuttgart-Munich 1972).

Somente dentro do que foi acima colocado (sob §1 e §2), sobretudo quanto à correlação entre determinados elementos do Credo e determinado interesse por alguns aspectos da vida de Jesus de Nazaré, é que vou agora buscar critérios concretos, em base aos quais tal correlação real pode ser testada detalhada e historicamente. Inclusive na base desses critérios históricos, se estiver validamente demonstrada a tese da fé (a saber, que o Novo Testamento, no seu conjunto, é um reflexo do Jesus terreno *na* resposta de fé dos cristãos), conclui-se: ao lado dos métodos exegéticos da *história das formas*, da *redação* e da *tradição* (que são recursos necessários), o método mais adequado será a "close reading", a análise estrutural; em outras palavras, será a abordagem imanente e sincrônica do próprio texto, segundo a atual ciência literária. Uma análise imanente de um só reflexo (p. ex., o evangelho de Marcos em seu conjunto) apresenta uma compreensão histórica de Jesus de Nazaré, e ao mesmo tempo uma teologia! Mas, para abrirmos o caminho justamente *até aí*, e para fortalecermos a confiança de que uma análise imanente do Novo Testamento é a melhor (não porém única) abordagem sobre Jesus de Nazaré, deveremos primeiro, na base de critérios históricos, provar que os evangelhos, ao confessar a salvação de Deus em Jesus, querem ser globalmente um reflexo verdadeiro do que foi Jesus de Nazaré.

Neste resumo, serão recusados todos os "critérios negativos",[29] em base aos quais se negue a "autenticidade". Tais critérios negativos, que provariam a não-autenticidade, são totalmente incertos; e trabalham além disso com toda espécie de suposições que de antemão isolam Jesus da tradição veterotestamentária e judaica, bem como de qualquer continuidade com as idéias da fé eclesiástica posterior; nós ao contrário queremos exatamente seguir os vestígios tanto da continuidade como da descontinuidade. Com razão H. Braun (evidentemente para refutar E. Käsemann) afirma que a certeza precisa ser maior para se concluir pela não-autenticidade (textos secundários) do que para se concluir pela autenticidade).[30] Limito-me, portanto,

---

[29] Como, entre outros, não são autenticamente de Jesus os *logía* que refletem a doutrina da Igreja primitiva; ou que se acham de acordo com a doutrina contemporânea do judaísmo, ou com a do Antigo Testamento; ou que supõem uma situação não possível no tempo de Jesus; ou que contradizem outros *logía*; ou que, comparando-se os evangelhos entre si, devem refletir uma evolução posterior.

[30] H. Braun, *Jesus*, *l.c.* 35-37.

aos chamados "critérios positivos", em base aos quais, pelo menos numa aplicação sempre combinada dos diversos critérios, podemos com boa razão (e certeza variável) considerar um *lógion* ou narrativa neotestamentária como remontando ao Jesus terreno.

A. Um critério da "história da redação": as tradições "discrepantes"

Dos muitos critérios usados pelos exegetas, o da história da redação me parece o mais valioso, porque trabalha menos com hipóteses científicas (embora também aqui histórias continuem valendo, já que o "problema sinótico" ainda não recebeu solução satisfatória).

Cada um dos evangelhos tem sua própria visão teológica, que se descobre tanto pela sua estrutura como pela distinção entre redação e tradição. Por suas idéias próprias sobre escatologia, cristologia ou eclesiologia, eles mostram seu ponto de vista teológico através da seleção de narrativas sobre palavras e atos de Jesus, e também pela maneira como ordenam e apresentam o material. Conseqüência: quando transmitem também algum material que não combina bem com sua própria concepção teológica, pode ser considerado como "inclinar-se" diante de uma tradição muito venerável. Resulta então a razoável presunção de termos aí uma tradição que eles consideram intocável, e que julgam remontar a Jesus, seja por motivos históricos, seja por motivos teológicos (o peso da fidelidade eclesial à tradição).[31] Quando, p. ex., um evangelho reage contra uma cristologia de "theiós anér" (Jesus como o *homem divino,* milagreiro),[32] e mesmo assim conta "milagres" de Jesus (p. ex. a tradição Q dá apenas dois milagres), então temos bom motivo para considerar esses milagres como "autênticos", e em combinação com outros critérios isso pode levar a uma certeza garantida. Portanto, para encontrar os vestígios de uma continuidade autêntica, histórica, entre Jesus e a Igreja, é preciso levar em consideração também os aspectos que apresentam dificuldades para o conceito cristológico de determinada tendência no credo de comunidades e evangelistas do cristianismo primitivo, ou que eram desafio, tanto para a praxe cristã de determinada comunidade, como para a pressão de sua assimilação cultural.[33] O fato de que algum material de tradição, "discrepante" de seu próprio projeto, se faz valer tão fortemente, mesmo não combinando lá muito bem com as intenções do evangelista, e o fato de que o evangelista, embora participando da tradição, a "adapta" um pouco, enquanto ele (p. ex. Mateus e Lucas

---

[31] D. G. Calvert, *An examination,* 219; também Helmut Koester pensa na mesma direção em: J. Robinson-H. Koester, *Trajectories*, 209.
[32] Ver Parte III.
[33] Koester, em Robinson-Koester, *Trajectories,* 209.

com relação a Marcos) deixa fora, sem escrúpulo, outros dados tradicionais, é um critério que aponta na direção de uma tradição autêntica a respeito de Jesus. Para Marcos, os discípulos de Jesus são, antes da Páscoa, homens ignaros, medrosos e incompreensivos. Quando, então, encontramos em Marcos algum detalhe simpático na conduta desses discípulos, é bem possível que a própria história obrigou o autor a mencionar esse fato. Em Lucas, porém, que simpatiza com os discípulos, alguma palavra que os critica apontaria na mesma direção da historicidade.

Esse princípio, no entanto (como todos os demais), exige muita prudência. Conforme Marcos, todos os discípulos estão ausentes na hora da crucificação (Mc 14,50). Lucas, porém, sugere que estão presentes (Lc 23,49). Mas este precisa disso por causa do que ele entende por *ser apóstolo*: ter sido testemunha de Jesus *desde* o começo de sua vida pública *até* a ressurreição inclusive (At 1,21-22); portanto, também na hora de sua morte. Muitas vezes esse critério, por si só, não decide a questão da historicidade. Deverá ser usado em combinação com outros critérios (como todos os demais).

B. Um critério da "história das formas": o princípio da dupla irredutibilidade

Sobretudo a Bultmann devemos este método (quase sempre usado nos círculos das "história das formas"[34]). Consiste em distinguir o que teria sido próprio de Jesus e o que pertence a seus contemporâneos judeus e às comunidades cristãs posteriores. Porém, as formulações de Bultmann já decidiam as coisas de antemão. Uma frase como "a esfera especificamente escatológica que caracteriza a pregação de Jesus" já presume o que ainda devia ser procurado como historicamente próprio de Jesus.[35] Aos poucos, o critério foi sendo formulado com mais precisão, sendo finalmente cunhado assim por Hans Conzelmann: "Como autêntico, deve ser reconhecido o que não se enquadra no pensamento judaico nem nas idéias da comunidade posterior".[36]

---

[34] "Criterion of distinctiveness", "criterion of dissimilarity", "Ausgrenzungskriterium", "Kriterium der doppelten Abgrenzung", "critère du distinctif spécifique". Assim sobretudo R. Fuller, *Critical introduction*, 96-97, e *The clue of Jesus' selfunderstanding* (Studia Evang., III-2), Berlim 1964, 58-66; E. Käsemann, *Besinnungen*, I, 205; H. Conzelmann, em RGG III, 623; N. Perrin, *Rediscovering*, 39; M. Lehmann, *Quellenanalyse*, 163-205, para esse critério especialmente 178-186; O. Cullmann, *Heil als Geschichte*, 169; W. Kümmel, em ThR, 15-46.

[35] R. Bultmann: "Onde se expressa um contraste entre a moral e a piedade judaicas e o clima especificamente escatológico que caracteriza a pregação de Jesus, e onde de outro lado não se encontram traços especificamente cristãos, podemos julgar, com muita probabilidade, que se trata realmente de uma parábola de Jesus" (*Tradition*, 222). Sobre o "clima escatológico", ver: Bultmann, *Theologie*, 110-113.

[36] RGG III, 623.

Ou, com O. Cullmann: "...se o *lógion* não se enquadra no judaísmo contemporâneo nem no querigma pós-pascal".[37] Esse princípio foi radicalizado rigorosamente por E. Käsemann: "Somente em alguns casos temos uma base até certo ponto segura, a saber, quando a tradição não pode, por motivo nenhum, ser deduzida do judaísmo nem atribuída ao cristianismo primitivo".[38]

Ninguém tem absolutamente a intenção de negar, com base nesse princípio, que Jesus recebeu e transmitiu muito material veterotestamentário e judaico, e que ele esteve também em continuidade com o pensamento cristão pós-pascal. Só é preciso dizer que, nesses casos de continuidade, não se sabe com certeza histórico-crítica se esse material remonta ao próprio Jesus ou à Igreja judeu-cristã. Em outras palavras, não se trata de critério negativo. Usado positivamente, é um critério que tem algum valor, mas bem limitado. "A Lei e os profetas valeram até João (o Batista)" (Lc 16,16): é uma frase que se distingue clara e especificamente do pensamento judaico da época. Para judeus, é impensável;[39] no entanto, é possível que a mentalidade cristã pós-pascal, refletindo depois sobre a relação entre o Batista e Jesus, a tenha formulado, e não Jesus, de sorte que o critério não se pode aplicar aqui para confirmar a autenticidade histórica desse *lógion* como sendo de Jesus. Além disso, tal princípio supõe que saberíamos exatamente o que era possível, seja para judeus seja para cristãos. Numa opinião a respeito, entra toda espécie de elementos subjetivos, inclusive, às vezes, um desconhecimento a respeito da situação exata.

Esse critério de faltarem elementos análogos para a mensagem e a praxe de Jesus, tanto no judaísmo de seu tempo como na jovem Igreja, é em certo sentido reforçado quando o cristianismo primitivo sente certas tradições como incômodas, e apesar dessa vergonha não silencia o fato; no entanto, embora com toda espécie de interpretações, mesmo assim o transmite;[40] p. ex., Jesus como discípulo de João e batizado por ele; a execução deste; declarações como: "Por que me chamas de bom?" (Mc 10,18); o fato de que o Batista é apresentado como o instaurador de uma nova era (Mt 11,12-13) etc. – são elementos dos quais alguns afirmam que a Igreja não poderia ter inventado. Mas também esse argumento depende de toda uma série de apreciações pessoais. P. ex.: "Nem o Filho conhece este dia" (Mc 13,32) seria autêntico na base desse critério, porque a comunidade (assim se afirma) não poderia ter

[37] Cullmann, *Heil als Geschichte*, 169.
[38] E. Käsemann, *Besinnungen*, I, 206ss.
[39] Ver W. Trilling, *Fragen zur Geschichtlichkeit Jesu*, 46-50.
[40] Käsemann, *Besinnungen*, I, 205. P. W. Schmiedel chamava sobretudo isso de "argumento básico" – "alicerce para uma vida de Jesus realmente científico" (!) – em: *Biblical Encyclopaedia* 1901, vol. 2 (1761-1898) 1847, citado por M. Lehmann, *Quellenanalyse*, 174-175.

inventado tal desconhecimento de Jesus sobre o assunto. Porém, semelhante raciocínio, altamente cristológico, com base na onisciência de Jesus, é estranho à Bíblia em muitas de suas tradições. Portanto, será igualmente possível que o fato da demora da parusia é que inspirou à Igreja esse *lógion*, com o qual ela queria esclarecer aos cristãos que Jesus não se enganou quanto à proximidade do fim? A mesma coisa vale para as tentações de Jesus, sua agonia no Getsêmani, seu "sentir-se abandonado" na cruz; aí o "argumento básico" não funciona.

Além disso, mesmo onde o critério da irredutibilidade tem alguma validade, sua força é limitada. Por isso poderíamos, com o exegeta americano N. Perrin, definir ainda melhor esse critério, formulando-o da seguinte maneira: um *lógion*, palavras ou atos de Jesus, como narrados por comunidades cristãs primitivas, têm mais chance de ser realmente de Jesus quando, na *camada mais antiga* que possamos alcançar, se tornam visíveis essa unicidade e essa distinção com relação tanto ao judaísmo da época quanto à Igreja primitiva.[41] Mas também isso não é totalmente conclusivo. Também as mais antigas comunidades podem, pelo seu cristianismo, possuir elementos próprios, irredutíveis, que se destacam tanto do judaísmo como de fases *posteriores* das comunidades do cristianismo antigo.[42]

Além disso, muitas vezes esse critério parece ser usado com base na suposição de uma antítese entre Jesus e o judaísmo de seu tempo. Mas outros critérios mostram exatamente que a polêmica geral antijudaica que encontramos no Novo Testamento não é "autenticamente de Jesus", antes, apresenta uma posição posterior de comunidades cristãs que, como Igreja, se separaram da sinagoga,[43] a qual ainda por cima as perseguia.

Embora tenha algum valor (limitado), esse critério tem como conseqüência detectar apenas os aspectos em que Jesus é único, irredutível ao judaísmo e ao cristianismo; assim, tal critério naturalmente não pode contribuir para compreendermos como Jesus tinha suas raízes no Antigo Testamento e no judaísmo, e como há continuidade entre Jesus e a Igreja. Na base desse critério, o resultado é um Jesus solitário, suspenso no vazio, sem ligação interna, nem com o judaís-

---

[41] N. Perrin, *Rediscovering, l.c.* 38-39.

[42] M. Lehmann, *Quellenanalyse*, 185; O. Cullmann, *Heil als Geschichte*, 154; W. Marxsen, Anfangsprobleme der Christologie, Gütersloh 1964, 15.

[43] Berger, *Gesetzesauslegung*, 2 e 11-31 (tese de todo o livro); Schulz, *Q-Quelle*, 485-486. Além disso, certa atitude antifarisaica já parece ser uma conseqüência da origem galiléia de Jesus. Ver W. Bauer, *Jesus der Galiläer*, em: *Aufsätze und kleine Schriften* (ed. G. Strecker), Tubinga 1967 (91-108) 100. Ver também L. E. Elliott-Binns, *Galilean Christianity*, Londres 1956. A região do Lago de Genesaré era de intensa comunicação entre pessoas das línguas judaica e grega (M. Hengel, *Judentum und Hellenismus*, 191-198). Aí, a atitude diante da Lei era diferente da atitude de Jerusalém, onde a Galiléia era considerada como região "semipagã".

mo nem com o cristianismo. Não permite mostrar como Jesus, sem dúvida, assumiu as mais profundas aspirações do Antigo Testamento; como a fé no Deus Criador é o cerne de sua vida; e como ele, mesmo elevando-se acima de seus contemporâneos, foi um homem do seu tempo e do seu povo; e afinal, como as comunidades primitivas compreenderam as mais profundas intenções de Jesus. De fato, chegou-se a formular esse princípio como resultado das idéias da Europa ocidental a respeito de uma descontinuidade radical entre Jesus e o Cristo da Igreja.

Mas seria ingênuo supor que os exegetas, ao manipular esse critério, não soubessem que de tal critério resultaria, naturalmente, um Jesus isoladamente "único". Mas a intenção deles é procurar uma conclusão a respeito de um mínimo criticamente garantido[44] da superioridade de Jesus sobre o seu tempo. E aí, qualquer mínimo é de fato um ganho de compreensão. Além disso, através de cada ganho novo, criticamente seguro, cresce a suposição da confiabilidade própria, histórica, dos evangelhos, por mais que tenham retocado palavras e atos autênticos de Jesus, a partir de situações da Igreja, talvez até criando novos. Vale então a incumbência de "aproximar, à medida do possível, o máximo da tradição com o mínimo criticamente garantido, a fim de ficarmos assim mais perto, passo a passo, do Jesus histórico".[45] Assim, é verdade que, quando cresce um mínimo cientificamente garantido, este por sua vez se torna também critério para avaliarmos outros elementos da tradição.

C. Um critério da "história das tradições": o princípio do "múltiplo atestado"[46]

Nos evangelhos existem narrativas sobre palavras e ações de Jesus que ocorrem em tradições diferentes, literariamente independentes. Mais ainda: os mesmos *logía* encontram-se em formas literárias diferentes (na mesma tradição ou em tradições diferentes): ora em parábolas, ora numa catequese ou em textos litúrgicos ou até em narrações sobre um milagre. O contato de Jesus com publicanos e pecadores, os "excluídos" da época, é mencionado em não menos de quatro tradições literariamente independentes.[47] Burkitt encontrou até 31 *lo*-

---

[44] Dahl, *Der historische Jesus, l.c.* 119.

[45] Dahl, *l.c.* 120; ver também M. Lehmann, *Quellenanalyse*, *l.c.*, 185.

[46] Chama-se também de: "criterion of multiple attestation". Ver sobretudo F. C. Burkitt, *The Gospel history,* 147-168; também C. H. Dodd, *History and the Gospels*, 91-101, aplicado por ele sobretudo às parábolas: *Parables of the Kingdom*, 24; H. K. McArthur, *Basic issues*, 39-55; N. Perrin, *Rediscovering the teaching of Jesus, l.c.*, 45.

[47] Tradição de Marcos: Mc 2,17 par.; tradição Q: Lc 15,4-10 par.; SL (tradição própria ou fonte própria de Lucas): Lc 7,36-47; 15,11-32; 19,1-10; SM (= fonte própria de Mateus ou, talvez, tradição Q evoluída): Mt 10,6.

gía que devem ter circulado tanto na comunidade de Marcos como na comunidade Q.[48] E ele conclui que essa tradição remonta, no mínimo, a uma época de uns 15 ou 10 anos depois da morte de Jesus. S. Schulz, porém, provou neste meio tempo que há relações entre a fase posterior, helenista-judaica, da comunidade Q e o material marcano, de sorte que aí não se trata de "atestado múltiplo" em sentido estrito.[49]

À medida que se baseia unicamente na existência de diversas tradições, esse princípio não é seguro, pela simples razão de que não está resolvido quais foram as relações entre os evangelhos sinóticos. Quanto a isso, cientificamente falando, só existem hipóteses. O critério tem mais peso quando um e o mesmo conteúdo tradicional se encontra em diversas formas (qualquer que seja sua relação dentro da tradição); tal concordância reforça claramente a autenticidade de um *lógion*.[50] Mas aí é igualmente válido que o uso negativo desse critério é funesto; um dado que se encontra numa só tradição pode, mesmo assim, ser autenticamente de Jesus, mesmo quando, p. ex., se encontra apenas em João (p. ex. a *possibilidade* histórica de Jesus, como discípulo de João, inicialmente ter batizado também; Jo 3,22). O critério do atestado múltiplo sugere em todo caso a antiguidade de uma determinada tradição, e quando achamos o mesmo material em mais de uma tradição, mostra pelo menos uma consistência fundamental na primitiva tradição cristã. Isoladamente, porém, esse critério continua problemático, por causa do nosso ainda grande desconhecimento quanto às relações entre as tradições literárias do cristianismo primitivo.

D. O critério da consistência do conteúdo[51]

A visão global da imagem de Jesus, que resulta da historiografia científica, e a exegese detalhada dos textos controlam-se mutuamente.[52] É a forma básica do velho círculo lingüístico do contínuo balançar entre as partes e o todo, processo aliás sensível e extremamente delicado, que no entanto faz parte de uma condição fundamental das nossas possibilidades humanas em todos os setores da vida: as partes esclarecem o conjunto, que por sua vez dá transparência às partes.

Esse princípio não se refere (como Dahl parece pensar) à relação entre um mínimo cientificamente garantido e *o* "conjunto da tradição neotestamentária".[53] Em estudo *histórico* sobre Jesus de Nazaré, a

---

[48] Burkitt,*The Gospel history*, 147-148.

[49] S. Schulz, *Q-Quelle*, 241 e 371.

[50] D. Calvert, *An examination*, 217.

[51] R. Fuller, *Critical introduction*, 95 e 98; C. E. Carlston, em: BRes, 33-34. (Na realidade, Carlston argumenta somente com relação às parábolas, que são consideradas autênticas quando se relacionam com a exigência escatológica de Jesus quanto à metanóia.) Ver B. van Iersel, em Conc. 7 (1971) n. 10, 75-84.

[52] B. van Iersel, *l.c.*, 75.

[53] N. A. Dahl, *Der historische Jesus*, 120; ver Lehmann, *Quellenanalyse*, 185.

imagem de Jesus que existia nas primeiras comunidades não pode ser adotada como critério, já que essas interpretações querigmáticas sobre Jesus puseram em movimento também uma tradição criativa.[54] Trata-se antes da imagem total que como resultado histórico paulatinamente se impõe, partindo de análises de detalhes, e que por isso pode levar, por sua vez, a novas análises de detalhes; aí tem função inegável a questão se um detalhe se encaixa, ou não, no quadro total da imagem historicamente já realizada de Jesus e das suas intenções fundamentais. Detalhes criticamente reconstruídos, que aos poucos sugerem uma imagem completa do Jesus terreno, são um ponto de partida mais seguro para ulterior pesquisa do que uma aceitação *a priori* da fidedignidade histórica global, nem que seja (como faz M. Dibelius)[55] da camada mais antiga da tradição. Foi também na base do princípio de consistência que S. Schulz conseguiu, na teologia da comunidade Q, separar uma fase cristã aramaica de uma fase mais recente, judeu-cristã helenística, descobrindo assim as linhas mestras de uma cristologia palestinense muito antiga (apesar de muitos pontos, a meu ver, discutíveis).[56]

Além do mais, quando uma imagem historicamente completa de Jesus começa a se delinear, o princípio da consistência pode, com o tempo, levar a toda espécie de subcritérios, entre outros uma consistência ou correlação entre a mensagem de Jesus e sua praxe;[57] são critérios entre si recíprocos. P. ex., "quem achar sua vida, há de perdê-la, e quem perder sua vida... há de encontrá-la" (Mt 10,39 = Lc 17,33). Se for provado que esse *lógion* é historicamente autêntico de Jesus (sem dúvida será difícil prová-lo com esses critérios, já que era um ditado da experiência sapiencial, espalhado no judaísmo), então tudo o que em Jesus contradissesse a tal princípio se tornaria não-autêntico. Então teríamos também um critério, p. ex., para concluirmos como Jesus avaliou sua morte quando, afinal, a entendeu como inevitável. Mas, com isso, iniciou-se uma interpretação *teológica*, que naturalmente não aceitaria facilmente inconseqüências psicológicas entre a doutrina e a praxe de Jesus, enquanto o historiador sempre deixa aberta essa possibilidade. Por isso, também os plenos poderes de Jesus não são critério histórico, mas teológico, que já interpreta teologicamente por que Jesus impressionou tão profundamente o seu ambiente.

---

[54] M. Lehmann, *Quellenanalyse*, 196-197.

[55] "A discussão sobre a *autenticidade* de determinado *lógion* muitas vezes não tem utilidade, porque os argumentos a favor ou contra não são decisivos. De modo geral, é melhor o historiador olhar o conjunto da tradição, e não basear-se muito em determinado *lógion* que seja diferente das demais tradições" (M. Dibelius, *Jesus*, Berlim 1966, 21.

[56] S. Schulz, *Q-Quelle*, 55-176.

[57] E. Jüngel, *Paulus und Jesus*, Tubinga 1964, 4.

E. O critério da rejeição da mensagem e da praxe de Jesus

Aqui, pode-se falar no "critério da execução", que parte da certeza de que a real execução de Jesus tem sentido hermenêutico com relação àquilo que ele realmente ensinou e fez.[58] Sua mensagem e seu modo de agir devem ter sido tais que chocaram profundamente (pelo menos) a fé judaica (convencional) e a praxe da vida naqueles dias. Tal é realmente um critério histórico, mas como tal pede apenas atenção para uma busca de elementos nas palavras e ações de Jesus que podem ter levado a isso; e pede indiretamente uma pesquisa em torno do interesse que as autoridades judaica e romana podem ter tido nessa morte. Só é possível uma compreensão histórica da vida, mensagem e morte de Jesus, se for demonstrado por que tudo levou a uma execução. Isso, porém, ainda não significa que tudo o que Jesus falou e fez possa ou deva ser visto desde o começo nessa perspectiva. Os evangelhos o fazem teologicamente, porque também eles procuraram o porquê dessa execução; por isso pintaram o caminho da vida de Jesus, como um todo, como sendo um "caminho para a cruz". Portanto, em si e por si, esse critério não tem nenhum valor inventivo; mas convida a uma pesquisa atenta.

Conclusão. Na base desses critérios, *positivamente* aplicados, e quanto à recordação da Igreja primitiva sobre a vida terrena Jesus, podemos fazer uma distinção responsável: a) entre palavras e ações de Jesus, que nos evangelhos ainda aparecem com bastante certeza e clareza; b) entre os elementos da vida de Jesus, já tão misturados com uma atualização eclesial que apenas em termos gerais se pode dizer que seu núcleo central procede de Jesus, e que reminiscências autenticamente históricas desempenham com evidência algum papel nos evangelhos; c) entre palavras e ações que não foram ditas ou praticadas pelo Jesus terreno, mas com elas a comunidade, atribuindo-as a ele, exprime o que o Senhor, que vive no seu meio, significa concretamente para ela, na lembrança dos dias de sua vida aqui nesta terra; em outros termos: tais palavras e ações também demonstram que o Jesus terreno, de fato, é norma e critério para ela. Portanto, um *lógion* pode não ser uma palavra de Jesus, mas uma pregação do cristianismo primitivo. No entanto, este se baseia, em sua totalidade, na inspiração e orientação de Jesus. Com razão diz G. Schille: "Não a forma, e sim o conteúdo é que liga o *lógion* à sua origem".[59] O valor relativo, mas não desprezível, dos critérios acima formulados, ainda

---

[58] Sobretudo K. Niederwimmer, *Jesus*, Göttingen 1968, 26 e 31: "De fato, a execução de Jesus deve servir de chave para um entendimento geral" (31). Também N. A. Dahl, *Der historische Jesus*, 121.

[59] G. Schille, *Was ist ein Logion?*, 172-182.

consiste sobretudo no seguinte: que os poucos dados historicamente garantidos que esses critérios fornecem, confirmam a visão *teológica* da fé neste ponto, a saber, que os evangelhos, dentro de um projeto querigmático, são realmente animados pela fidelidade ao Jesus de Nazaré histórico; mas não significa que transmitam literalmente a pregação e a vida de Jesus. No entanto, isto sim, Jesus tornou-se para eles "a própria vida", e é por isso, *dentro* da narrativa sobre Jesus, que a história da própria vida deles entrou nos evangelhos: "Quem dizeis vós que eu sou?" (Mc 8,29; Mt 16,15; Lc 9,20). Com essa pergunta já eclesial, as comunidades do cristianismo primitivo deram a sua resposta consciente.

§ 4. Critérios freqüentemente aplicados; porém, inválidos

Já refutamos certos critérios negativos, acima mencionados. Agora trata-se de critérios que alguns exegetas utilizaram como positivos.

a) O critério do contexto lingüístico e do contexto cultural e geográfico.

Este critério (realmente inválido) foi aplicado, com argumentos exegéticos, sobretudo por T. W. Manson,[60] J. Jeremias[61] e de forma bem matizada por M. Black.[62] J. Jeremias, p. ex., encontrou no texto grego uns vinte aramaísmos, entre as palavras da instituição da eucaristia segundo Marcos; disso, então, ele tira a conclusão de que esse texto está "muito perto de Jesus". O mesmo J. Jeremias, porém, encara com muito ceticismo o critério da irredutibilidade, que muitas vezes se usa em sentido negativo: "não o direito da crítica, mas os seus limites têm que ser provados".[63] J. Jeremias conseguiu realmente provar que "Abbá" (Pai) é realmente uma palavra usada por Jesus. O princípio lingüístico foi para isso um pressuposto, mas não o fator decisivo. Em todos os casos, porém, esse princípio, por si só, é completamente falho. Apesar de algumas opiniões até bem recentes que atribuem a Jesus o uso de duas línguas, o grego e o judaico, é historicamente certo que Jesus pregou a sua mensagem em aramaico. Mas toda espécie de aramaísmos (hebraísmos) no grego do Novo Testamento não provam que tais palavras remontem mesmo a Jesus, nem tampouco que se trate de uma tradição muito antiga sobre Jesus. Nem nos co-

---

[60] *Sayings of Jesus*, 18ss.

[61] É o teor de todas as obras de J. Jeremias; ver sobretudo: *Die Abendmahlsworte Jesu*, Göttingen (1949) 1967; *pascha*, em ThWNT V, 895-903, e *paschô*, V, 903-923; *Abba, Studien zur neutestamentlichen Theologie und Zeitgeschichte*, Göttingen 1966.

[62] *An Aramaic Approach* (tendência do livro inteiro).

[63] Käsemann, em: *Besinnungen*, I, 203.

loca necessariamente em contato com uma comunidade primitiva de língua aramaica; pode ser uma de cristãos bilíngües, judeu-helenistas, que no seu grego usavam muitos aramaísmos (como a tradução do Antigo Testamento na *Setenta*). Por força desse critério, o princípio de J. Jeremias não nos leva até o próprio Jesus, e sim a uma comunidade de cristãos de língua aramaica ou helenista. E os cristãos judeus de língua grega foram até os que mais ativamente tomaram iniciativas na Igreja mais antiga: a eles devemos palavras como "christianoi", "ekklesia" e "euangelion", e foram eles que familiarizaram o Novo Testamento com expressões apocalípticas como estas: "Eu, porém, vos digo" e "Em verdade, em verdade, eu vos digo" (ver mais adiante).

Pelo mesmo motivo também a "cor local" palestinense não é argumento decisivo. Uma parábola autêntica de Jesus pode mais tarde ter sido adaptada a condições de outro país, sugerindo ambiente não palestinense, embora remonte substancialmente a Jesus. Por outro lado, o ambiente palestinense pode ser sinal de cristãos palestinenses de língua aramaica ou grega.

Esse critério nos conduz, isto sim, a ambientes de cristãos judeus, sendo portanto de valor para distinguirmos entre o que vem de comunidades judeu-cristãs (bilíngües ou não) e o que teve a sua origem em comunidades gentio-cristãs. E assim foi provado que a contribuição das Igrejas gentio-cristãs foi menor do que no passado muitas vezes se pensou, e que sobretudo a contribuição dos cristãos judeus de língua grega foi excepcionalmente grande.

b) Também a própria natureza das parábolas não foi reconhecida aqui como critério, embora um autor como H. Conzelmann considere as parábolas como o critério mais valioso e até como ponto de partida de uma reconstrução histórica, pelo fato de revelarem o núcleo da mensagem de Jesus.[64] O fato de que na comunidade Q as parábolas somente aparecem na segunda fase, a helenista-judaica, naturalmente não prova nada; por diversos motivos é preciso provar, na base de outros critérios, a autenticidade das parábolas, uma por uma, como sendo realmente de Jesus. Só então as parábolas comprovadamente autênticas podem por sua vez ser um critério ulterior. O mesmo vale para a mensagem central de Jesus sobre o amor. E por isso não posso contar as parábolas entre os critérios iniciais fundamentais.

c) "Eu porém vos digo". "Em verdade, em verdade eu vos digo". Fórmulas como estas não são, como tais, nenhuma garantia de autenticidade, sobretudo porque se mostram secundárias. São comumente usadas em escritos apocalípticos judeu-helenistas, e seu uso cresce

[64] RGG III, 643. Muitos exegetas o seguem nisso. M. Lehmann fala até em "communis opinio" (*Quellenanalyse*, 186).

paulatinamente no Novo Testamento sob a pressão de judeus-cristãos de língua grega, a cujo círculo ficou essencialmente limitado.[65] O sentido do "amém, amém" (em verdade, em verdade) na literatura apocalíptica é o seguinte: que as palavras que seguem não são proferidas por autoridade de quem fala, e não são tampouco uma verdade descoberta por experiência própria (ditado sapiencial), mas uma asserção que possui (e requer) o penhor de uma visão apocalíptica e de uma "revelação divina"; são palavras de videntes apocalípticos (têm o mesmo sentido que "pistos ho logos" = "é verdadeira esta palavra", do Apocalipse 21,5; 22,6; 3,14; Jo 4,37, e muito repetidas em cartas pastorais. Se o próprio Jesus é esse "vidente", tem que ser provado, caso por caso.

d) Finalmente, embora a palavra *Abba* (Pai) tenha sido usada por Jesus, não significa que cada *lógion* em que essa palavra ocorre, só por causa disso, deva ser chamado de autêntico (ver mais adiante).

§ 5. Nota sobre a hipótese Q

Bibliografia: P. Hoffmann, *Studien zur Theologie der Logienquelle* (Münstet 1972); id., *Die Anfänge der Theologie in Logienquelle*, em *Gestalt und Anspruch des Neuen Testaments* (Würzburgo 1969) 134-152; D. Lürtimann, *Die Redaktion der Logienquelle* (Neukirchen-Vluyn 1969); S. Schulz, *Q. Die Spruchquelle der Evangelisten* (Zurich 1972), com *Griechisch-deutsche Synopse der Q-Überlieferungen* (Zurich 1972); H. E. Tödt, *Der Menschensohn*, sobretudo 212-245, 265-267.

Uma crítica severa contra a maneira como a hipótese Q é manejada, como se fosse evidência, é a de G. Schille, *Das vorsynoptiscbe Judenchristentum* (Stuttgatt 1970); id., *Was ist ein Logion?:* ZNW 61 (1970) 172-182; id., *Der Mangel eines kritischen Geschichtsbildes in der neutestamentlicher Formgeschichte:* ThLZ 88 (1963) 491 502. Uma crítica sobretudo contra os pressupostos da hipótese Q vindos da história das formas foi dada por E. Güttgemanns, *Offene Fragen zur Formgeschichte des Evangeliums* (Munique (1971).

Ver também E. Bammel, *Das Ende von Q*, em *Verborum Veritas.* Hom. G. Stahlin (Wuppertal 1970) 39-50.

Outra hipótese, bem complicada, foi proposta por P. Benoit e M.-E. Boismard, *Synopse des quatre évangiles en français*, 2 vols. (Paris 1972) 15-60.

A tradição Q e a fonte Q têm sido nestes últimos anos objeto de estudos renovados, sobretudo sintetizantes. Umas idéias básicas estão agora se delineando claramente e alcançando consenso cada vez mais

---

[65] Ver sobretudo o estudo de Berger, *Amen-Worte*, e a sua crítica (152-163) sobre V. Hasler, *Amen. Redaktionsgeschichtliche Untersuchung zur Einleitungsformel der Herrenworte:* "Wahrlich ich sage euch", Zurique 1969.

abrangente. Já que também este livro, quando parece necessário, lança mão do resultado dessa pesquisa crítica exegética, parece oportuna uma breve explicação do exato conteúdo da hipótese Q.

A hipótese Q é consequência do problema sinótico. Já foi conjeturada em 1794. É conseqüência da "teoria das duas fontes". Ao lado de uma primeira fonte evidente (que é o evangelho de Marcos), Mateus e Lucas teriam tido uma segunda "fonte" (em alemão, fonte = *Quelle*; daí: "hipótese Q"). Essa hipótese (agora já quase um "fato científico", apesar de incertezas, sobretudo quanto ao volume do conteúdo de Q) baseia-se em fatos empiricamente analisáveis. Em breve resumo:

a) Mateus contém a substância de 600 dos 661 versículos de Marcos; e Lucas contém a substância de 350 versículos extraída desses mesmos versículos de Marcos.

b) Embora Mateus e Lucas, em detalhes, sejam muitas vezes diferentes de Marcos, tais diferenças raramente são iguais entre Mateus e Lucas. Se fossem iguais, seria legítimo supor uma dependência entre Mateus e Lucas; tal dependência, pois, parece excluída.

c) Onde Mateus e Lucas são diferentes de Marcos, cada um dá ao material não-marcano outro lugar e outra seqüência no seu próprio evangelho. Disso se conclui que Marcos é anterior a Mateus e Lucas, pelo menos *globalmente* (Mc 16,9-20, p. ex., é acréscimo muito posterior, e não é de Marcos).

d) Mas continua havendo dificuldades. Em alguns detalhes, Mateus parece ter prioridade. A prioridade de Marcos continua sendo apenas hipótese científica, de sorte que o exegeta nunca pode *a priori* partir de tal prioridade, que deverá ser demonstrada caso por caso.

e) Porém, há outro problema: cerca de 200 versículos que não se encontram em Marcos ocorrem em Mateus e Lucas, muitas vezes com semelhança curiosa, até verbal, embora em Mateus e Lucas este material não esteja inserido no mesmo lugar dentro do material que adotam de Marcos. Portanto, Lucas e Mateus, além de se terem baseado em Marcos, devem ter-se baseado em mais uma tradição comum: é a chamada *tradição* Q. Além disso, as semelhanças, muitas vezes igualdades literais, nesse material de Mateus e Lucas, que não veio de Marcos, são tão claras que a forma em que Mateus e Lucas conheceram essa tradição Q deve ter sido um *texto escrito*, ou seja, a *fonte* Q. Daí a teoria das duas fontes (a saber: Marcos e Q, como fontes para Mateus e Lucas).

f) Entretanto, continua havendo dificuldades. Pois existe mais uma hipótese, que não fornece tanta certeza, mas muitos exegetas com ela trabalham concreta e eficientemente. É o seguinte: Mateus e Lucas contêm também material que em parte é próprio de Mateus e em parte é próprio de Lucas, e que não se encontra em nenhum outro lugar nos sinóticos. Por isso, supõe-se um SM (= "Sondergut" [material próprio] de Mateus) e um SL (= "Sondergut" [material próprio] de Lucas). Não está claro se se trata de tradições orais ou de fontes escritas. No que se disse acima, nada é postulado, propriamente falando; as conclusões resultam da comparação literária de três escritos existentes: Marcos, Mateus e Lucas (veja, porém, mais adiante).

g) Além disso, as análises de S. Schulz mostraram que, em determinada fase, surgiu recíproca influência entre material Q e material Marcos, de sorte que neste ponto a "teoria das duas fontes" terá de ser nuançada. Além disso, do ponto de vista da história das religiões e das tradições, a tradição Q não é um conjunto único e uniforme; diversas tradições confluíram nela, que conheceu uma fase mais antiga, aramaica; em seguida, uma fase de portadores-de-tradições judeus-cristãos, de língua grega; e finalmente uma fase redacional (possivelmente gentio-cristã), embora esse conjunto pluriforme tenha sido assumido dentro de um só determinado projeto cristológico, que permaneceu contínuo.

Dizíamos: na hipótese Q nada é postulado; as conclusões seguem-se da comparação literária dos três evangelhos sinóticos existentes. Todavia, pode-se perguntar: esses fenômenos literários não poderiam ser explicados com alguma outra hipótese totalmente diferente? Já que existem "fenômenos restantes", que a hipótese Q não integra, os especialistas continuam buscando outras soluções (p. ex., o Instituto Sinótico da Faculdade Teológica de Nimega). Também P. Benoit e M. E. Boismard têm procurado em direção diferente: no lugar da teoria das "duas fontes", eles postulam "quatro documentos básicos": um evangelho judeu-cristão da Palestina (A); uma reelaboração gentio-cristã de A (chamado B); um terceiro documento, difícil de determinar (C), e finalmente a fonte Q. Além disso, os evangelistas teriam utilizado essas fontes, não diretamente, mas através de outros evangelhos, intermediários, relacionados entre si de muitas maneiras diferentes. Uma explicação muito complicada, que dificilmente poderá ser utilizada para o trabalho exegético.

Seção III

EXPLICAÇÃO DA ESTRUTURA DESTE LIVRO, DE ACORDO COM O MÉTODO, A HERMENÊUTICA E A CRITERIOLOGIA COMENTADOS ACIMA

Estamos, pois, terminando a Parte I deste livro, na qual tratamos do método, da hermenêutica e da criteriologia. Isso nos ajuda agora para justificarmos, daqui para frente, a divisão deste livro em três partes. Pois no Novo Testamento encontramos o testemunho de pessoas que encontraram em Jesus de Nazaré a salvação ou graça, explicitamente "provinda de Deus". É esse o motivo pelo qual, na base de suas esperanças de salvação, confrontadas criticamente com a aparição concretamente histórica de Jesus, essas pessoas denominaram "Cristo, o Filho de Deus, nosso Senhor". A oferta de salvação e também a resposta cristã, dentro de determinado horizonte conjuntural de experiências e entendimentos, se encontram juntas na narrativa do Novo Testamento. Por isso, uma cristologia moderna, isto é, uma reflexão sobre a maneira como o Novo Testamento interpreta Jesus, implica não apenas um estudo histórico-crítico do que em Jesus realmente se tornou objeto de linguagem humana (Parte II), mas também estudo do horizonte conjuntural de experiências, dentro do qual determinados judeus, e depois também gentios, reagiram positivamente ao "fenômeno histórico" de Jesus de Nazaré, seja pela sua própria convivência com Jesus nos dias de sua vida terrena, e pelas suas experiências ulteriores depois da morte de Jesus, seja pelo que outros lhes transmitiram sobre ele (Parte III). Isso torna claro que a relação com o hoje sempre renovado é também constitutiva para o bom entendimento sobre Jesus Cristo na fé; partindo daí, também a necessidade da Parte IV se tornará compreensível.

Não será possível analisar toda a sutileza da relação entre a "oferta real da graça divina" (em Jesus) e a "resposta de aceitação pela fé" (por parte do cristão); é o que se mostrará na seção III da Parte II: "O Reino de Deus toma o rosto de Jesus Cristo". É precisamente nessa parte deste livro que ficará claro o seguinte: por mais que seja necessário procurar uma "imagem de Jesus" que resista a qualquer crítica histórica, nenhum ser humano, no que lhe é mais profundamente próprio e realmente verdadeiro, pode ser penetrado por uma abordagem exclusivamente científica, no caso, histórico-crítica. Serão claramente reconhecidos e conscientemente levados em conta, nas Partes II e III, estes dois aspectos: a exigência da crítica histórica (e criticando-se a crítica, porque a atitude crítica tem também seus pressupostos ideológicos) e a certeza de que todo ser humano, em tudo o que lhe é irredutivelmente próprio, escapa à abordagem *científica* (por mais que essa, no seu terreno, seja necessária e valiosa).

Portanto, nas duas partes do livro que agora seguem, procurarei verificar conscientemente (como crente e como crítico), *se há sinais* no Jesus histórico que *possam orientar* a busca humana de salvação para a oferta de uma resposta convincente, que aponte para uma ação salvífica especial de Deus neste Jesus de Nazaré. Por isso, a nossa atenção deverá dirigir-se em primeiríssimo lugar para a aparição histórica de Jesus (Parte II), não de modo abstrato, mas dentro daquela história cheia de tradições em que ele e seus contemporâneos se encontravam: horizonte de experiências que nós agora (a partir de Jesus, e como cristãos) chamamos de "Antigo Testamento", naturalmente no contexto daquela época, ou seja, do judaísmo tardio (Parte III). Tendo conseguido alguma clareza sobre isso, poderemos nos perguntar: O que Jesus de Nazaré pode significar para nós, pessoas humanas do século XXI? (Parte IV).

Parte II

"Evangelho de Jesus Cristo"

Introdução

"EU-ANGÉLION", ISTO É, "BOA NOVA"

Bibliografia: Kl. Berger, *Zum traditionsgeschichtlichen Hintergrund christologischer Hoheitstitel:* NTS 17 (1970-1971) 391-425; G. Friedrich, *Euangelion,* em ThWNT II, 718-734; B. van Iersel, *Een begin* (Bilthoven 1973) 22-28; L. E. Keck, *The Introduction to Mark's gospel:* NTS 12 (1966) 352-370; W. Marxsen, *Der Evangelist Markus* (Gotinga 1956) 77-101; F. Muszner, *"Evangelium" und "Mitte des Evangeliums",* em *Gott in Welt.* Hom. Karl Rahner (Friburgo de Br. 1964) 492-514; R. Pesch, *Anfang des Evangeliums Jesu Christi,* em *Die Zeit Jesu* (Friburgo 1970) 108-144; J. Roloff, *Das Kerygma,* 215-220; H. Schlier, *"Euangelion" im Römerbrief,* em *Wort Gottes in der Zeit.* Hom. K. H. Schelke (Düsseldorf 1973) 127-142; R. Schnackenburg, *Das Evangelium im Verständnis des ältesten Evangelisten,* em *Orientierung an Jesus.* Hom. J. Schmid (Friburgo 1973) 309-324; G. Strecker, *Literarische Überlegungen zum Euangelion-Begriff im Markusevangelium,* em *Neues Testament und Geschichte* (Zurich-Tubinga 1972) 91-104; P. Stuhlmacher, *Das paulinische Evangelium* I (Gotinga 1968); Th J. Weeden, *Mark-Traditions,* 82-85; U. Wilckens, *Die Missionsreden der Apostelgeschichte* (Neukirchen 1961).

Antigamente insistia-se especialmente sobre "a igreja". Hoje em dia, a linguagem costumeira eclesiástica e ecumênica costuma insistir de modo especial sobre "o evangelho". Isso denota certa mudança na mentalidade cristã. Nos quatro evangelhos a palavra "igreja" quase não se encontra (além disso, apenas em textos secundários), ao passo que "eu-angélion" (evangelho ou "boa nova", novidade que alegra, e também o verbo "levar o evangelho") é uma noção central; é até a primeiríssima palavra do evangelho mais antigo, cujo título diz: "Início do evangelho de Jesus Cristo" (Mc 1,1). Por isso, a volta atual para "o evangelho" merece o nosso aplauso. Por outro lado, esse apelo para a inspiração evangélica não pode tornar-se um *slogan* vago, criticando com razão, isto sim, a forma em que as igrejas empiricamente se apresentam; ao invés de insistir sobre a igreja, agora insiste sobre orientações vagamente evangélicas e já muito selecionadas. Antes de analisarmos, pois, o teor do "evangelho de Jesus Cristo", será bom precisarmos mais exatamente a própria noção de evangelho no Novo Testamento.

1) O título de Marcos "Início do evangelho de Jesus Cristo" (1,1) já nos confronta com um problema gramatical. Trata-se de um genitivo

objetivo ou subjetivo? É a notícia alegre *sobre* Jesus de Nazaré, confessado como o Cristo, ou é a boa nova *dele*, que o próprio Jesus Cristo trouxe? Esse probleminha filológico pode teologicamente ter conseqüências importantes, e conforme determinada solução pode alterar profundamente a interpretação de quem é Jesus, ou seja, a cristologia.

Fora de Mc 1,14 ("o evangelho de Deus") e a expressão "o evangelho" em Mc 1,15 que a isso se refere, bem como o título (1,1: "o evangelho de Jesus Cristo"), Marcos usa sempre "o evangelho" em sentido absoluto, sem nenhum acréscimo.[1] Mateus, de sua parte (com uma só exceção), quando fala sobre "o evangelho", é sempre com algum acréscimo que o determina, sobretudo "o evangelho da Realeza (do Reino de Deus)".[2] Lucas, porém, parece evitar o substantivo "evangelho"; não se encontra no seu evangelho, e no livro dos Atos apenas duas vezes (15,7; 20,24); mas Lucas usa o verbo *evangelidzesthai*: levar a boa nova a...): umas dez vezes no terceiro evangelho e quinze vezes nos Atos. Essa constatação, que se limita à estatística da palavra, não deixa de ser sugestiva. Fora dos lugares nos sinóticos que apelam para Marcos, a palavra "o evangelho" não aparece em lugar nenhum dos evangelhos, enquanto Marcos o usa até como título da sua obra; em outras palavras, todo uso da palavra "o evangelho" remonta à tradição (ou redação) marcana. Independentemente disso, Paulo usa o termo sem parar (quarenta e oito vezes nas cartas paulinas autênticas, sendo vinte e duas vezes em sentido absoluto, sem nenhum acréscimo.[3] Além disso a "história das tradições" mostra que pelo menos o verbo "levar a boa nova" (sem o substantivo) constitui uma tradição à parte na comunidade Q, onde porém se encontra apenas na segunda fase, a judeu-cristã helenista.[4] Esse uso do verbo, tanto em Lucas como na comunidade Q, nos remete exatamente ao conteúdo da tradição em que esta palavra teve o seu lugar de origem, a saber, em contexto que no início foi puramente judaico, e em que os conceitos de "profeta escatológico" e de "levar a boa nova aos pobres" estiveram interligados. Esse conjunto de tradições, nós o estudaremos mais adiante. Trata-se de textos (com relação ao profeta escatológico) como Is 61,1-3; 42,1-4; 49,1-2; 51,16; 52,7 e 59,21, que no judaísmo já tinham sido relacionados uns com os outros, e que evocam um grupo de termos onde aparecem p. ex. "ungir" (tradições sobre um "Cristo" = ungido), "enviar", "Espírito Santo", "vocação e eleição", "Deus reina", "luz do mundo", tudo se concentrando no "levar a

---

[1] Mc 8,35; 10,29; 13,10; e 14,9 (Mc 16,15 é acréscimo posterior, embora seguindo exatamente a linha de Marcos, quanto ao uso do termo). – Ver também o contexto da perícope sobre a unção em Betânia: J. Roloff, *Das Kerygma*, 210-215; discordando um pouco: R. Pesch, *Die Salbung Jesu in Bethanien*, em: *Orientierung an Jesus*, 267-285.

[2] Mt 4,23; 9,35; 24,14.

[3] Ver Schlier, *Euaggelion, l.c.*, 127; e P. Stuhlmacher, *Das paulinische Evangelium*, 56-108.

[4] Schulz, *Q-Quelle*, 199.

boa nova". Esse uso do verbo em Lucas e na comunidade Q se apóia exatamente na versão que a *Setenta* dá sobre a tradição do mensageiro no Dêutero e no Trito-Isaías: ou seja, a alegre notícia que o Cristo ou Ungido profético leva aos pobres em nome de Deus. "Evangelho" sugere aqui o serviço profético do mensageiro que prega a *conversão para Deus*.[5] Com base nesse contexto judaico, revelado pela história das tradições, parece-me surpreendente que o termo "evangelho" se tornou palavra especificamente cristã, a palavra-chave do movimento em torno de Jesus, a partir da época em que esse movimento começou sua missão palestinense (entre todos os judeus, também da diáspora), e mais tarde também na sua missão aos gentios. Aí, no entanto, a palavra "evangelho" ganhou nova nuança (ver mais adiante). Por isso, a posterior evolução cristã desse termo profético do Antigo Testamento pede estudo mais detido.

Com exceção de Mc 1,1 e 1,14-15, Marcos coloca a palavra "evangelho" sempre na boca de Jesus, constatação que não é sem importância. Para Marcos, portanto, evangelho é a alegre mensagem *de* Jesus Cristo, a boa nova que o próprio Jesus nos traz da parte de Deus. Marcos fala também de "kéryssein to euangélion" (Mc 1,14; 13,10; 14,9), isto é, o *kerigma*, a pregação da Igreja; segundo Marcos é o evangelho que o próprio Jesus de Nazaré trouxe. Desde muito tempo ao analisarem com precisão Mc 13,10 e 14,9; Mc 8,35; 10,29 e 13,9-10, e finalmente Mc 1,14 e 1,1, os exegetas têm admitido que o termo "evangelho" faz parte de um contexto da missão apostólica.[6] Em Marcos, bem como em Paulo, falar sobre o evangelho implica essencialmente que a mensagem de Jesus se destina a todos, judeus e gentios; o evangelho tem sentido mundial, universal. Isso baseia-se no fato seguinte: a paixão, morte e ressurreição de Jesus, que para Paulo constituem o núcleo do evangelho, estão em Marcos intrinsecamente ligadas ao evangelho, que o próprio Jesus trouxe: em sua pessoa, atuação, pregação e praxe. Evangelho, portanto, abrange não somente a boa mensagem que o próprio Jesus anunciou, mas ao mesmo tempo, e não menos essencialmente, a mensagem *cristã a respeito* da paixão e morte de Jesus abrange a convicção cristã de que Jesus está vivo, porque ressuscitou. O significado da morte de Jesus pertence intrinsecamente à boa nova, como se vê claro especialmente em Mc 14,9: a lembrança da mulher que em Betânia ungiu os pés de Jesus, gesto que

[5] Ver, no mesmo contexto da história das tradições: Gl 1,7 com 1,6-8; Rm 4,24; 1Pd 1,19-21.

[6] U. Wilckens, *Die Missionsreden der Apostelgeschichte*, Neukirchen 1963, 69-70; Schnackenburg, *Das Evangelium*, *l.c.*, 311 (contra Marxsen), traduz, com razão, não "o evangelho sobre Jesus", mas "o evangelho de Jesus"; também Roloff, *Das Kerygma*, 215-220. Em contraste, porém, com o que Schnackenburg afirma, "evangelho" não tinha desde o início o sentido de missão entre judeus e gentios (ver mais adiante).

Marcos interpreta como unção antecipada de um morto; o seu ato será narrado em toda parte onde o evangelho for anunciado. Por tê-lo feito a Jesus, seu ato será *evangelicamente* inesquecível. Com isso, afirma-se que evangelho consiste em transmitir a narrativa sobre a atividade de Jesus na sua vida terrena,[7] e ao mesmo tempo, e não menos, sobre o que tem a ver com a morte de Jesus. O querigma pascal de Paulo é para Marcos parte essencial do evangelho, que abrange também toda a atuação terrena de Jesus, sobretudo sua mensagem. Para Marcos, o evangelho é *de* Jesus *sobre* Jesus como Cristo crucificado e ressuscitado. Essa noção de evangelho, efetiva em todos os sinóticos, é portanto mais abrangente e mais pura do que a noção paulina de evangelho, que é unilateralmente concentrada (aliás, determinada também pelas polêmicas de Paulo com os seus opositores).

Assim, evangelho acaba sendo a mensagem dirigida ao mundo inteiro, e cujo conteúdo é Jesus: suas palavras, ações, sofrimento e morte, e também a identificação eclesial dessa pessoa; o que se exprime sobretudo na confissão da glorificação de Jesus junto a Deus.[8] (Na Parte III, essa visão será confirmada a partir do tema do servo sofredor, como foi elaborado na tradição profética salomônica, messianicamente davídica.) De fato, no evangelho se trata da pregação *eclesial* (pós-pascal) *da própria mensagem de Jesus*; no entanto, não se pode separar dela a pessoa de Jesus, nem sua morte e ressurreição. Em Marcos, então, o que se acentua é que Jesus seguiu o caminho da cruz, como chamamento para uma imitação cristã atualizada. Interpretar a rejeição e morte de Jesus pertence ao cerne do evangelho. Pois a pergunta é esta: o que Deus pretendeu com essa rejeição e morte? É também por causa disso que Marcos chama o evangelho de Jesus como "o evangelho *de Deus*" (1,14), em primeiríssimo lugar porque o conteúdo da mensagem de Jesus foi o reinado de Deus que estava chegando para a salvação do gênero humano; e também porque Deus, inclusive na morte e pela morte deste seu mensageiro, deve ter algo a dizer; e isso pertence essencialmente ao Evangelho como evangelho de Deus. É com razão que Mateus, diferente de Marcos, prefere falar em "evangelho do *Reino de Deus*". Trata-se das intenções de Deus em Jesus. A questão da relação entre a morte de Jesus e a vinda do Reino de Deus deverá, pois, ser cuidadosamente examinada durante o andamento posterior desta pesquisa. Evangelho sem anúncio da morte e ressurreição de Jesus não é nenhum "Novo Testamento", e o anúncio unilateral ou exclusivo do Crucificado glorificado não pode chamar-se "evangelho". Só o conjunto forma o evangelho de Deus, que nos foi transmitido por Jesus de Nazaré como o Cristo. "O início" (Mc

---

[7] Roloff, *Das Kerygma*, 210-215.

[8] Schnackenburg, *Das Evangelium, l.c.*, 317; Roloff, *Das Kerygma*, 217-218.

1,1),[9] ou título do evangelho de Marcos, abrange de fato todo o livro. Do contrário, não teria sentido como título. O início, portanto, não se refere unicamente, nem principalmente à atuação de João Batista! O começo deste evangelho foi a atuação do mensageiro enviado na frente, o Batista, seguida pela atuação de Jesus de Nazaré, sua mensagem sobre a proximidade do Reino de Deus, suas andanças por toda parte, fazendo o bem (sinais da chegada do Reino), seus contatos com publicanos e pecadores, suas parábolas. Contra tudo isso surge a oposição, que acaba causando sofrimento e morte. Mas depois vem a mensagem divina: este homem ressuscitou. Aí termina o evangelho de Marcos; tudo isso é "o *início* da alegre notícia de Jesus Cristo" (Mc 1,1), notícia que só agora pode ser ouvida inteiramente, sendo anunciada doravante pela Igreja como boa notícia, como evangelho.[10] O que o próprio Jesus falou e fez na sua atividade terrena é o começo do que a comunidade eclesial agora promulga sobre ele. Por isso, a pergunta fundamental para nós é dupla: "O que Jesus nos diz sobre Deus?", e ao mesmo tempo: "O que o próprio Deus diz sobre Jesus?" Esta segunda pergunta cristológica só pode ter resposta depois que se responder à primeira, e não vice-versa.

Assim, o termo "evangelho" nos mostra claramente o que repetidamente foi realçado na Parte I: a ligação intrínseca entre o querigma pascal e a lembrança do que tinha acontecido com Jesus nos dias da sua vida na terra. Além disso, o que me chama a atenção é que a palavra "eu-angélion", como conceito técnico (bem como os termos *christianoi*, At 11,26, e *ekklesia* no seu sentido cristão original de "comunidade de Cristo, composta de judeus e gentios",[11] originou-se nos primeiros círculos de missionários da Palestina, compostos de judeus de língua grega que se tornaram cristãos, vindos muito provavelmente dos círculos denominados "helenistas", judeus-cristãos de Jerusalém que depois do martírio de Estêvão fugiram para o Egito (Alexandria) e talvez sobretudo para a Síria ocidental (Antioquia e Damasco). Muito significativo, em todo caso, é que o evangelista Felipe, um dos sete helenistas (At 21,8; cf. 6,5), foi quem iniciou a missão entre os samaritanos (At 8,5.26-40) e trabalhou em outros lugares na costa do Mar Mediterrâneo como missionário entre os judeus da diáspora de língua grega, tendo Cesaréia como centro. A noção de "evangelho" cresceu não nos círculos da "missão para os gentios", e sim mais cedo nos círculos da missão limitada à Palestina, e aí dentro sobretudo aos judeus da diáspora. Foi nesses círculos também que nasceu, através de Paulo,

---

[9] B. van Iersel, *Een begin, l.c.*, 28.
[10] Schnackenburg, *Das Evangelium, l.c.*, 32.
[11] Ver W. Schrage, *"Ekklesia" und "Synagoge"*, em ZThK 60 (1963) 178-202.

a missão mais ampla, para os gentios, pelo que o evangelho se tornou uma Boa Nova realmente dirigida a todos os seres humanos.

Essa introdução um tanto longa (mas ainda curta demais para esclarecer todas as matizes da noção bíblica de "evangelho") pareceu-me necessária, porque assim se coloca o problema central: qual é o ponto central no Novo Testamento, e portanto no fato de Jesus ter aparecido entre nós? Trata-se de sua mensagem, de sua vida pública, da praxe de sua vida e da sua fidelidade até a morte? Ou se trata de sua ressurreição? Ou devemos talvez concluir que isso é um falso dilema? E se for, em que sentido? A questão, de fato, é esta: a fé na ressurreição de Jesus implica um elemento próprio, que não se pode omitir sem deformar a atividade terrena de Jesus em sua mensagem mais profunda, de sorte que sobraria apenas uma "aparência"; esta poderia, isto sim, orientar e inspirar a vida de uma pessoa, mas omitiria a metade da verdadeira vida e da verdadeira mensagem de Jesus. Certamente se deveria perguntar: Sem a fé em Jesus Cristo ressuscitado, o glorificado e vivo para sempre, a atuação de Jesus e seu caminho pela vida não dariam motivo para uma resignação sem consolo, ou para o desespero, mais do que uma base para esperança, já que sua mensagem foi rejeitada e ele mesmo executado? Se não se aplicar a Jesus, como faz o Novo Testamento, a noção apocalíptica da "ressurreição dentre os mortos", aceitando a realidade que tal expressão indica (a tradição cristã modifica fundamentalmente o conteúdo apocalíptico), então, será que ele é realmente mais do que um dos muitos mensageiros de salvação, felicidade e libertação que já foram assassinados, ou será apenas motivo para dizer que tudo é absurdo, mais do que base para se esperar um futuro melhor? Sem dúvida, pode-se afirmar, então, que a longa fila de profetas e mensageiros de uma felicidade vinda de Deus, embora sempre de novo assassinados e sempre provocando resistência e rejeição, pelo menos eles confirmam a esperança de que a humanidade não aceita nada disso, e não se conforma com o acúmulo de injustiça e sofrimento; além disso, que a humanidade tem consciência de que o bem, e não o mal, deve ter a última palavra. Mas, se em tudo isso falta a fé na ressurreição, não será essa esperança exatamente o que se chama de "utopia"? Não seria viver na base da esperança de uma salvação, da qual não se sabe se é realmente salvação, já que não sabemos se a salvação é realmente possível? O que nos resta então? Será que é algo mais do que um círculo vicioso? A "grande recusa" de Marcuse, acompanhada de desejos utópicos, seria a única coisa que até certo ponto faria a existência humana valer a pena como um sonho de desejos. E aí será preciso dizer que nós, os que vivemos, talvez tenhamos ainda possibilidades nesta vida, e que poderíamos talvez viver de semelhante utopia. Mas, como é que ainda existe futuro para os que nesta nossa história fracassaram? Quem dará um futuro a quem não tem mais futuro? Quem dará um futuro aos nossos *falecidos*? Ou contamos apenas ainda com os que, estando vivos, talvez um dia venham ter melhor chance em nosso mundo, e nos esquecemos de todos os demais? Quem irá realmente chamar tudo isso de *salvação*?

Essas perguntas nos levam ao problema fundamental: De que e para que Jesus nos libertou? Qual é a salvação que ele tem para oferecer, de sorte que também nós, ainda hoje, possamos encontrar salvação-em-Jesus? Em outras palavras: qual é exatamente "a boa nova, o evangelho de Jesus Cristo"?

2) Pela Parte I, tornou-se claro que não é possível definir a salvação que Jesus nos traz, sem avaliarmos a relação que isso tem com a nossa vida de hoje. O conteúdo material do que concretamente é "boa nova, salvação e evangelho para nós, muda de acordo com a infelicidade concretamente experimentada em que nos encontramos. Tanto o cristianismo primitivo como a história das Igrejas nos mostram como se tem modificado a descrição da salvação experimentada em Jesus, sempre de acordo com seu conteúdo material. E essa história continua assim, também para nós.

Tanto os desejos de salvação, próprios de cada época, como o que foi verbalizado em torno de Jesus, tudo isso deverá contribuir essencialmente para a formulação de uma temática cristã de salvação, que seja fiel a Jesus, mas que de outro lado fale a nossa linguagem. Nisso a salvação realmente oferecida por Deus em Jesus há de submeter a uma crítica as nossas expectativas de salvação. A grande questão é esta: se no modo como o cristianismo interpreta Jesus – o evangelho – não aparecem exatamente aquelas alienações que nenhuma intervenção humana, científica ou técnica saberá eliminar. Os cristãos não trazem nenhuma boa nova para "pagãos modernos", quando lhes contam o que e como Jesus cumpriu e completou todas as promessas antigas feitas a Israel! Precisa-se naturalmente de um estudo desse cumprir-se, da maneira como foi experimentado por judeus, porque Jesus foi uma pessoa concretamente histórica: um judeu que, como tal, cresceu na base da espiritualidade judaica. Mas, o resultado de tal estudo não é para nós "o evangelho de Jesus Cristo". Isso, exatamente, não é nenhuma mensagem para pessoas de hoje – como tampouco seria uma mensagem apresentar Jesus como modelo visível de alguma exigência da vida moderna, em sentido existencialista ou de crítica social. Em todos esses casos, o próprio Jesus e seu anúncio sobre Deus não são para nós uma boa nova. Qual seria a *novidade*, se o nosso pensamento já é existencialista ou crítico da sociedade, devido ao próprio cerne da nossa natureza humana? Mas, aí o resultado seria este: nós apelamos para Jesus simplesmente para que confirme, garanta e abençoe o melhor de tudo o que vive e se move dentro de nós; graças a Deus. Seria como outrora, quando a Igreja abençoava os cruzados e suas armas! Nesse caso, o evangelho não encerraria promessas e críticas de Jesus sobre o que empiricamente *já somos* (e hoje seria sobretudo uma "crítica"). O evangelho não seria então nem *novidade* nem *bom* (dando alegria); serviria somente para *me dar razão* numa perspectiva conservadora, e progressista.

Nós, os cristãos, estamos evidentemente ficando incapazes de transmitir com fidelidade *criativa* o evangelho às pessoas de hoje, como boa nova, juntamente com seus aspectos que criticam o ser humano (a não ser verbalmente, falando autoritariamente sobre um evangelho e uma boa nova que devem ser aceitos, em respeito pela *autoridade* do Novo Testamento). Isso, então, parece ser a causa por que nossas Igrejas estão ficando vazias. Quem é que agüenta ficar escutando algo que não se apresenta mais como novidade encorajadora, sobretudo quando confirmado em tom autoritário, alegando ser o evangelho?

Por isso será examinado primeiro, nesta Parte II, como se deram historicamente a mensagem de Jesus e a praxe de sua vida, acontecimentos esses que levaram à sua prisão e execução. Em seguida, perguntaremos como é que esses acontecimentos puderam ser experimentados, naquela época, como salvação. E somente em parte ulterior estará na hora de perguntarmos como é que nós, ainda hoje, podemos experimentar salvação naquilo que aconteceu com Jesus em passado tão longínquo.

SEÇÃO I

MENSAGEM E PRÁXIS DE JESUS

CAPÍTULO I

MENSAGEM DE JESUS: A SALVAÇÃO DE DEUS SE APROXIMA

Um conhecimento global da época em que uma pessoa notável atuou é sempre importante para podermos situar e identificar essa pessoa em suas características realmente humanas, porém originalmente próprias. Mas, embora dentro de tal quadro geral, o que, pelo menos em primeira instância, descreve e torna compreensível a atuação característica e a figura pública de tal pessoa, são sobretudo as circunstâncias concretas, os encontros fortuitos ou intencionais, e os acontecimentos muito precisos ou até localizados.

Todavia, o passado de Jesus, antes de seu aparecimento historicamente verificável, nos é quase completamente desconhecido. Seu nascimento em Belém é um teologúmeno judaico, isto é, uma opinião interpretativa, não uma afirmação histórica. Que tenha morado em Nazaré, embora não seja totalmente certo, é historicamente muito provável. O primeiro dado sobre Jesus, que consta historicamente, é que ele se deixou batizar por João, chamado o Batista, filho de Zacarias. Não sabemos nada sobre a maneira como Jesus entrou em contato com João, ou sobre o que o levou a *procurar* o Batista no vale do Jordão. Diferentemente do que Jesus faria depois, João não perambulava pelo país; os outros é que o *procuravam* (Mt 3,5; Lc 3,7; Mc 1,5). Em todo caso, o fato de Jesus ter sido batizado por João é o primeiro ponto importante, historicamente certo, que pode servir de base para o nosso conhecimento sobre ele como Jesus de Nazaré.

Dado que Jesus se engajou seguindo o apelo de João, a mensagem religiosa de João Batista deve tê-lo impressionado bastante, tanto que se deixou batizar. E isso nao pode ter sido fingimento, atitude de alguém que "sabe melhor das coisas". A mensagem de João sobre a conversão, ou seja, o batismo da *metánoia*, deve ter sido para Jesus uma experiência de "abertura", um acontecimento revelador e iniciador, uma orientação para sua própria vida. Para compreendermos o alcance desse ato, como início da atuação profética do próprio Jesus, precisamos primeiramente de algum esboço pelo menos rudimentar, mas realista, do fundo espiritual e histórico do movimento de João como Batista, e de sua atuação.

Bibliografia: a) Movimentos de conversão e de batismo. – O. Betz, *Die Proselytentaufe der Qumransekte und die Taufe im Neuen Testament:* RQumran 1 (1958) 213-234; H. Braun, *Die Täufertaufe und die Qumranischen Waschungen:* "Theologia Viatorum" 9 (1964) 1-18: *"Umkehr" in spätjüdisch-häretischer und in frühchristlicher Sicht,* em *Gesammelte Studien zum Neuen Testament und seiner Umwelt* (Tubinga ²1967) 70-85; J. Delorme, *La pratique du baptême dans le judaism contemporain des origines chrétiennes:* LVie 26 (1956) 21-59; J. Gnilka, *Die essenischen Tauchbäder und die Johannestaufe:* RQumran 3 (1961) 185-207; J. Thomas, *Le mouvement baptiste en Palestine et Syrie* (Gembloux 1935). b) Contexto profético: F. Hahn, *Hoheitstitel,* Apêndice, 351-403; M. Hengel, *Judentum und Hellenismus* (Tubinga ²1973); id., *Charisma und Nachfolge* (Berlim 1968; O. H. Steck, *Gewaltsames Geschick;* H. W. Wolff, *Das Kerigma des deuteronomischen Geschichtswerks:* ZAW 73 (1961) 171-186. c) Contexto apocalíptico: J. Bonsirven, *Le judaisme palestinien au temps de Jésus-Christ* (Paris 1934); S. Frost, *Old Testament Apocalyptic, its Origins and Growth* (Londres 1952); Kl. Koch, *Ratlos vor der Apokalyptik* (Gütersloh 1970); E. Lohse, *Umwelt des Neuen Testaments* (Gotinga 1971) 37-50; id., *Apokalyptik und Christologie:* ZNW 62 (1971) 48-67; U. B. Müller, *Messias und Menschensohn in jüdischen Apokalypsen und in der Offenbarung des Johannes* (Gütersloh 1972); O. Plöger, *Theokratie und Eschatologie* (Neukirchen 1959] ² 1962); J. Schmidt, *Die jüdische Apokalyptik. Die Geschichte ihrer Erforschung von den Anfängen bis zu den Textfunden von Qumran* (Neukirchen 1969); J. Schreiner, *Alttestamentlich-jüdische Apokalyptik* (Munich 1969); G. von Rad, *Teología del Antiguo Testamento, 2* vols. (Salamanca 1972-1973); D. Rössler, *Gesetz und Geschichte. Untersuchung zur Theologie der jüdischen Apokalyptik und der pharisäischen Ortodoxie* (WMANT 3) (Neukirchen 1960); H. H. Rowley, *The Relevance of Apocalyptic* (Londres² 1952); Ph. Vielhauer, *Die Apokalyptik,* em E. Hennecke-W. Schneemelcher, *Neutestamentliche Apokryphen* II (Tubinga ³1964) 405-427 e 428-454; W. Zimmerli, *Manual de teología del AT* (Madrid, Ed. Cristiandad, 1980) 263-272.

Historicamente é inegável que tanto a comunidade cristã Q, quanto Mateus e Lucas entenderam a atuação de João Batista e de Jesus (e também da sua própria comunidade cristã) à luz dos movimentos judaicos mais antigos, os hassideus, que tinham orientação escatológica sobre a metanóia, isto é, da penitência e conversão (Lc 13,34-35; 6,22; Mt 11,16-19; ver também Lc 9,58; 11,31-32). Pelas próprias fontes judaicas, e também por fontes profanas, sabemos que desde o tempo dos Macabeus operaram no vale do Jordão diversos movimentos de batistas.[12] João ajuntou-se a movimentos de animação religiosa já tradicionais, que haviam surgido sobretudo após a destruição do primeiro templo (587 a.C.), em formas sempre reno-

[12] Ver acima bibliografia sobre "movimentos de conversão".

vadas de iniciativas de metanóia.[13] A inspiração básica de todo esse movimento é a tese deuteronomista de que Israel matou seus profetas e de que todo o Israel não odedecia a Deus. Diante dessa apostasia, os profetas pregam a necessidade de uma volta para Deus. O ponto de partida dessa evolução foi 2Rs 17,7-20 (num trecho da tradição deuteronômica); aí se reflete sobre a ruína do reino do norte e do reino do sul de Israel, interpretada como punição pela desobediência do povo de Deus. Essa interpretação deuteronômica da história teve o seu primeiro efeito (literário) em Ne 9,26.30 (depois em Esd 9,11), textos em que a apostasia total de Israel, e o fato de Israel ser objeto da ira de Deus, se relacionam pela primeira vez com o tema do *assassinato* de profetas, mensageiros da metanóia ou conversão para Deus. Em todos os textos mais tardios da tradição deuteronomista, encontramos tal pensamento.[14] Nisso o ponto essencial é que o profeta é visto como pregador de penitência e conversão, e de obediência à lei de Deus. Quando essa convocação profética não é atendida, ameaça-se com o arrasador julgamento de Deus. Tal visão generalizou-se nas obras posteriores do Antigo Testamento, como também na assim chamada literatura "intertestamentária" do judaísmo; antes e durante o tempo de Jesus, inspirou toda espécie de movimentos de animação religiosa.

Sobretudo no período a partir da revolta dos Macabeus (167 a.C.), a guerra judaica com a destruição de Jerusalém (70 d.C.) e até a segunda revolta, com Bar Kohba (135 d.C.), é que este movimento de conversão se misturou com elementos fortemente apocalípticos: antes do fim do mundo, Israel é posto mais uma vez diante da oferta divina da graça que leva à conversão; depois, será tarde demais, pois o fim chegará.[15] Dentro dessa perspectiva, esperava-se também "o profeta do fim dos tempos", alguém que convocaria todos para a última chance de *metánoia*. É por ele que Israel, tendo já renegado totalmente seu Deus e sua lei, seria chamado de volta para a "verdadeira lei" de Deus, que leis humanas nunca podem violar.

Foi nessa linha de uma bem determinada espiritualidade dentro do judaísmo que João Batista começou a atuar. Devido à idéia já tradicional da apostasia de todo o Israel, e do problema assim colocado a respeito da Lei de Deus, a época de Jesus, sob o ponto de vista da religião judaica, propunha três questões fundamentais, as quais ninguém que tivesse uma mensagem para Israel poderia contornar.[16]

a) Houve em primeiríssimo lugar a viva confrontação com o domínio estrangeiro, pagão, antijavista, sucessivamente de persas, gregos e romanos. Ao modo de ver javista (somente Israel era propriedade

---

[13] Bibliografia sobre "contexto profético".

[14] Jr 25,4a.5-6; 26,5; 29,19; 35,15; 44,4; Zc 1,4-6; 7,7.12; 2Cr 36,14-16.

[15] Steck, *Gewaltsames Geschick*, 184-189 e 196-225; Berger, *Gesetzesauslegung*, 15.

[16] J. Blank, *Jesus von Nazareth*, 95ss.

e herança de Javé), sobretudo do ponto de vista *religioso*, tal ocupação estrangeira constituía uma situação insuportável. Para os judeus, então, não teria sentido fazer distinção entre motivos religiosos e motivos políticos. Quem julgasse que era preciso levar uma mensagem a Israel nessa situação espiritual e concreta, social e política, de alguma forma não deixaria de tomar atitude também nessa questão.

b) A piedade legalista era o cerne dos movimentos de penitência acima mencionados. Exatamente a partir da resistência contra a helenização de Israel sob Antíoco IV é que os "piedosos de Israel" intensificaram o apelo à fidelidade para com a Lei. Segundo as velhas tradições judaicas o zelo pela Lei, contra toda espécie de modernismos pagãos e não judaicos era o primeiro requisito para os que pretendiam ser fiéis a Javé (fariseus, essênios e diversos outros movimentos). A idéia do "Sagrado Resto" estava em voga.[17] Muitos tinham mentalidade pouco religiosa ("nós, o Resto Sagrado"), e o movimento todo, na constelação da época, era "conservador", mas também impulsionado por motivos autênticos da religião judaica, nomeadamente pelo zelo a serviço de Javé, o Deus único, e de Jerusalém com seu templo. Todavia, esses "piedosos de Javé" não estavam unidos, nem nas suas visões nem nos seus programas de ação. Os judeus da diáspora, de língua grega, tinham outras idéias sobre "a Lei", diferente das que tinham os judeus de Jerusalém, de língua aramaica.[18] Para os judeus de língua grega, que gostavam da *filantropia*, o amor universal pelo humano, muito do que oficialmente se chamava "a Lei" era, de fato, uma infidelidade à verdadeira "Lei", isto é, ao decálogo divino, os dez mandamentos. Na Galiléia, em contraste com Jerusalém, essa visão judeu-helenista era até comum por essa razão; a Judéia não podia esperar da Galiléia-Nazaré nada de bom. Não era propriamente "jesuânico", mas simplesmente "galileu" (em contraste com a ortodoxia de Jerusalém), o fato de os discípulos não levarem muito a sério toda espécie de "lavação das mãos" antes da refeição.

c) Finalmente, havia a "Apocalíptica": toda espécie de visões a respeito de uma "reviravolta dos tempos", e nesse sentido a respeito do "fim deste mundo".[19] Todos os agrupamentos judaicos de fariseus, saduceus, essênios e zelotes estavam até certo ponto familiarizados com idéias apocalípticas, mas nem por isso podiam ser chamados de apocalípticos. (Até a queda de Jerusalém, em 70 d.C., os fariseus até se opuseram nitidamente contra a apocalíptica; só depois disso é que também eles começaram a aceitá-la, mas desde cedo em sentido ortodoxo.)

---

[17] A. Vögtle, *Das öffentliche Wirken Jesu auf den Hintergrund der Qumranbewegung* (Freiburger Universitätsreden, 27), Friburgo 1958, 5-19; M. Hengel, *Judentum und Hellenismus*, 563.

[18] Berger, *Gesetzesauslegung* (tese do livro inteiro).

[19] Ver acima bibliografia (c) sobre "contexto apocalíptico".

Historicamente falando, a apocalíptica era uma corrente espiritual generalizada no Oriente antigo; a judaica era apenas uma variante, sem dúvida a mais expressiva. Essa corrente é o que devemos estudar agora um pouco mais detidamente, porque a partir do ano 70 a literatura apocalíptica tornou-se uma leitura muito procurada, especialmente porque muitos cristãos julgavam que sua fé no Cristo podia ser confirmada por essa literatura judaica. Precisamente em reação contra esse uso cristão dos livros apocalípticos judaicos é que os rabinos posteriores, no século II, se opuseram a tal literatura, razão pela qual sumiram praticamente todas as versões hebraicas e aramaicas, enquanto foram guardadas apenas versões gregas, etíopes e eslavas (lidas por cristãos). O "Henoc etíope" (tradução etíope de um Livro de Henoc originariamente aramaico) até hoje é considerado, pela Igreja etíope, como pertencendo à Sagrada Escritura canônica do Antigo Testamento. Também os escritos do Novo Testamento, sobretudo os surgidos após o ano 70, mostram claramente influência apocalíptica.

O que é a apocalíptica? Quem é o apocalíptico? Ele não se considera profeta, mas *intérprete* dos profetas antigos. Também não deseja ser um profeta, e por isso, para legitimar sua mensagem, lança mão de um pseudônimo; isso implica que só pode propagar suas idéias por escrito; portanto, ele não é pregador ou anunciador. Por isso, a apocalíptica é essencialmente um "gênero literário", expressão de determinada visão da história.

Quanto ao *conteúdo*, o que caracteriza a apocalíptica é uma longa história de experiência humana, experiência que não consegue mais esperar um melhoramento da história humana. O sofrimento e todos os fracassos de indivíduos e povos são irremediáveis, a tal ponto que levam a pensar que houve na origem da história humana uma queda no pecado, este rolando qual bola de neve através da história (4Esd 4,30; Baruc siríaco 23,4). Assim, Satanás e seus asseclas ganharam *poder* sobre o mundo. Tais poderes do mal lutam contra os piedosos, os fiéis à lei; toda essa guerra visa a conquistar finalmente a Jerusalém sagrada. Para nossa história humana, e partindo dela, não se pode mais esperar salvação. Toda a esperança, pois, dirige-se para a "reviravolta dos tempos", aquela repentina intervenção de Deus aniquilando simples e radicalmente "esta história" ou "esta era" (assim como Shiwa, um deus da Índia, destrói o mundo corrompido, dançando sobre ele, a fim de construir por cima "um novo céu e uma nova terra", uma "segunda era", novinha, semelhante ao paraíso terrestre anterior do pecado.) "O Altíssimo não criou uma era só; criou duas" (4Esd 7,50).

Todavia, assim como o pecado de Israel causou a situação de desgraça, assim a conversão, a *metánoia,* e o zelo pela fé podem *acelerar a era da salvação* (já em Zc 1,3; cf. Jubileus 23,26-29; Henoc 90,35.38). Apocalipticamente falando, a expectativa do fim e a exortação à metanóia vêm juntas. Na pré-apocalíptica, porém, a exortação à *metánoia* vem junto com a profecia (por isso, nem toda exortação que insiste sobre a metanóia pode ser interpretada como apocalíptica).

Os apocalípticos *interpretam* a história humana; pode-se falar, com razão, de uma "teologia da história". Quanto ao que acontece no mundo, eles distinguem períodos delimitados, em séries claramente delineadas; estas, porém, constituem veladamente uma *unidade* histórica. É típico o texto de Dn 2,31-35. Aí um profeta apocalíptico descreve a história do passado como estátua de aspecto assustador. A cabeça de ouro puro; o peito e os braços de prata; a barriga e as coxas de bronze; as pernas, de ferro; os pés parcialmente de ferro, e o resto de barro: são os grandes impérios desde o neobabilônico até Alexandre Magno no tempo do helenismo, tudo numa só imagem, isto é, como única história de impérios que surgem e somem. Mas então, observando tudo melhor, esse visionário ou intérprete da história vê "uma pedra que de repente se desprende sem intervenção humana e atinge a estátua nos seus pés de ferro e barro, reduzindo-os a pó. E num só golpe se esmigalham o ferro, o barro, o bronze, a prata e o ouro, tornando-se como palha miúda das eiras no verão" (Dn 2,34-35). O próprio texto que possuímos explica em seguida essa visão (2,36-45): O próprio Deus põe fim a esses impérios, e ele mesmo vai governar: "O Deus do céu estabelecerá um reino que nunca será destruído, e este reino não passará a outro povo" (2,44). E prossegue, daí, em estilo tipicamente apocalíptico: "Este sonho foi assim mesmo, e sua interpretação merece fé" (2,45). (Mais tarde os cristãos judeus-helenistas e outros usarão a expressão: "Em verdade, em verdade eu vos digo..."; era a fórmula tipicamente apocalíptica de legitimação.) Quando a parusia, isto é, a poderosa manifestação do Reinado de Deus demorar em aparecer, a expectativa do fim não ficará decepcionada; ao contrário, crescerá de modo ainda mais febril, com nuanças sempre novas, pretendendo ao mesmo tempo explicar a demora da parusia. Típico disso é 1QpHab 7,7-14 (um comentário *pesher* sobre Habacuc, encontrado na primeira gruta de Qumrã): "O ultimíssimo fim será mais demorado do que os profetas predisseram, pois maravilhosos são os mistérios de Deus... Os últimos tempos virão no ritmo preestabelecido por Deus". Recebe por sua vez explicação apocalíptica o fato de que a opressão será cada vez maior, ao invés de chegar efetivamente esse reino definitivo. Pois, segundo os apocalipses mais tardios, a fundação do Reino de Deus será precedida por um tempo de horrores crescentes (4Esd 5,4-5); são os "ais escatológicos" –: pais se levantam contra seus filhos, irmãos contra irmãos, mulheres não dão mais à luz; a velha história do mundo perece. Os que ainda estão vivos fazem guerras entre si. Finalmente, o cosmo todo, crepitando, começa a desconjuntar-se. Os piedosos, porém, já sabem: "Agora está chegando o Reino de Deus; será o novo mundo de Deus, para os piedosos de Israel". Uma série de números, inicialmente astrológicos, deixam claro, para os piedosos, quando o fim chegará: 12 (meses), 7 (dias), 4 (estações), com misteriosas chaves para certos cálculos (três anos e meio é a metade de sete; 12 x 7 = 84 etc.). Os últimos *ais* durarão, para Daniel, apenas três anos e meio (Dn 7,15; 12,7), isto é, um tempo breve. Somente Deus conhece "a medida dos tempos", sua mão é que dirige o curso da história. A *assunção de Moisés* (10,1-10) descreve o fim: "Quando o Reinado universal de Deus se revelar, toda tristeza será tirada, o diabo será vencido, o celestial se levantará de seu trono; o mundo há de tremer, montanhas desabarão, o sol não dará mais luz, a lua será partida ao meio, ficando vermelha como sangue; toda a constelação do céu se perturba, toda a água desaparece, pois o Altíssimo levantou-se e vai punir os pagãos. Então, serás feliz, ó Israel... e serás exaltado até o céu das estrelas. E lá de cima olharás, e verás os teus inimigos, e rirás, e agradecerás a Deus, teu Criador" (Dn 7,11). Nesse cenário final, às vezes aparece a figura de um Juiz messiânico: Dn 7,13-14 fala de "alguém como um ser humano". Em contraste com os *animais* (Dn 7,4-8) que representam os quatro grandes impérios pagãos, esse soberano do fim dos tempos (Dn 7,14) tem figura *humana*: o próprio Israel, o povo dos santos do Altíssimo (Dn 7,27), como aquele seu representante celestial, em nome de Deus governará o mundo: Israel é o povo do tempo de salvação que está chegando (ver na Parte III: "O Filho do Homem"). Porém, na seção das parábolas do Henoc etíope (cap. 37-71), o *filho do homem* é colocado perante *o* povo de Deus, e descrito como pessoa: é o Juiz escatológico. O vidente do livro de Henoc vê ao lado do muito idoso um outro, "cujo rosto era como de um ser humano, parecendo gracioso como anjo santo" (46,1). Então o vidente ouve: "Este é o Filho do Homem que possui a justiça... e que revela todos os tesouros escondidos, pois o Senhor dos espíritos o escolheu... Este Filho de homem que tu viste tirará os reis e os poderosos de sua posição e os fortes de seu trono" (46,3-4). Mas, embora sendo juiz, ele é o salvador dos piedosos; ele conduzirá sua comunidade para a libertação e celebrará com ela o banquete messiânico da alegria (62,13-16); reinará como o novo rei do paraíso (69,26-29) (Ver também 2Baruc 73,1; 4Esd 7,33; Ap 20,11).

Depois da destruição do templo de Jerusalém (70 d.C.), a esperança do fim não ficou decepcionada; pelo contrário, ganhou novo impulso e ardor. Só então foram escritos 4Esd e o Baruc sírio, como também o Apocalipse cristão do Novo Testamento. Até mesmo os fariseus, que antes se tinham oposto, entusiasmaram-se pela apocalíptica. Provavelmente a apocalíptica foi que causou no movimento mais antigo dos hassideus uma divisão entre o movimento fariseu e o movimento propriamente apocalíptico. Quando os cristãos, que já acreditavam em Jesus, liam todas essas coisas, devem ter sentido mais coragem, porque para eles tudo se realizava em Jesus, o Cristo. Que o liam de fato, é testemunhado por uma citação desse apocalipse de Henoc no próprio Novo Testamento (Jd 14-15 refere-se ao Apocalipse de Henoc 1,9).

Muitos modernos vêem dualismo na apocalíptica das duas eras. Sem dúvida, trata-se de um dualismo *ético*, uma luta entre o bem e o mal; é o que nunca falta em toda a história humana. Mas, em contraste com apocalipses não-judaicos, a presente era, como o próprio satanás, é criatura de Deus; ela, no entanto, se revoltou contra Deus. Além disso, conforme a visão apocalíptica, a história terrestre está veladamente ligada a uma história supraterrestre, na qual exércitos de anjos bons e maus influenciam a nossa história terrestre. Sobretudo o "anjo dos povos" (arconte ou anjo da guarda das nações) é que influi de forma decisiva nos mais importantes momentos críticos da história dos povos (ver Dn 10,20-21; Henoc 89,59ss; Ap 16,14). Quando, porém, começar o tempo do fim, isto é, o tempo radicalmente novo, começarão a dissipar-se os limites entre a história terrestre e a história celeste. Os seres humanos bons viverão na companhia dos anjos; brilharão como estrelas no firmamento (Dn 12,3; Henoc 50,1; 51,4). Depois da catástrofe final, portanto, tudo será diferente; tudo há de virar o contrário daquilo que era: quem chora no presente, então há de rir; os pobres se tornarão ricos; os poderosos serão rebaixados. A situação do paraíso é restaurada escatologicamente; desse tempo final hão de participar também os piedosos de povos não-israelitas, porque o eleito já não é o povo (de Israel) como tal, mas somente o piedoso "resto sagrado" (Dn 3,100 = 33 e também 4Esd 4,26ss deixam claro que o Reino de Deus *desde já* está operando, embora às escondidas). Na parusia do fim dos tempos, a vinda pública de Deus, ou de seu eleito ao trono, manifestará o reinado de Deus na terra (Dn 7,14; Henoc 4,1; cf. Ap 11,15); e todos os reinados terrestres serão abolidos. Esse reinado de Deus no fim dos tempos é sua "glória", e todas as estruturas sociais estarão modificadas. Uma crítica social de judeus contra dominadores não-judeus tem aí evidentemente seu papel, embora a intenção principal dessa literatura seja sobretudo consolar e encorajar, mediante a idéia de que, apesar de todas as experiências dolorosas, só Deus é o Senhor da história, só tem ele a última palavra. Em alguns apocalipses, esse reino do fim ainda é um reino terrestre, uma espécie de história de salvação messiânica deste mundo; em outros apocalipses, falta esse reino messiânico, e a nova era do futuro é puramente celestial, supramundana; outros ainda vêem o reino messiânico acontecer "em novo céu e nova terra"; é uma vida terrestre sim, mas da qual todos os traços "terrestres" sumiram.

"Apocalipse", portanto, tira desde já, antes do fim do mundo, o véu do fundo real de toda a história terrestre; é uma revelação que o vidente apocalíptico, desde já, comunica nos seus escritos; ele já pôde contemplar esse fundo, para o bem dos eleitos, e o drama escatológico é revelado apocalipticamente para o bem de sua fé, para encorajamento que torna possível a salvação na hora da vinda de Deus. Por isso, a parênese, o encorajamento moral, a orientação ética, é essencial na apocalíptica; como encorajamento, sempre significa: "Bem-aventurado quem perseverar até o fim" (Dn 12,12). A apocalíptica, portanto, é uma filosofia religiosa da vida (reassumindo "apocalipticamente" muitas idéias das profecias antigas): é porém uma *entre* as muitas correntes da época, embora algumas idéias tenham sido popularizadas e incorporadas na mentalidade comum.

Qualquer que seja a nossa opinião sobre a apocalíptica, sua experiência básica é existencial e realista, inclusive "moderna" se Deus é a fonte de toda a vida, por que existe tanta crueldade, desigualdade, dor e sofrimento, desgraça e infelicidade? por que tanta falta de paz em nossa natureza e em nossa história humana? Com esse problema lutava a apocalíptica; e por isso procurava uma solução na sua visão sobre "esta era" e a "do futuro": deverá ser um mundo radicalmente novo. A expectativa apocalíptica da proximidade do "fim deste mundo", na interpretação moderna, é o desejo utópico de um fim na história do sofrimento humano, o fim de toda necessidade, opressão, guerra e miséria; em termos positivos: é o desejo de que venha um reino de paz, uma comunidade que dê felicidade a todos, e que pode ser esperada, *somente* de Deus, considerando-se a longa e sobretudo tenaz história do sofrimento.

Semelhantes esperanças messiânicas, apocalípticas, não são um fenômeno excepcional em nossa história humana. Sociólogos da religião voltaram sua atenção para um fenômeno que periodicamente apareceu em todos os povos, e que eles chamam de "padrão messiânico".[20] Tais estudos sociológicos mostraram que em situações extremas de mal-estar social e político o surgimento de movimentos radicais com características messiânicas é muito comum em determinados momentos críticos na história da maioria dos povos. Nesses movimentos messiânicos radicais tem-se descoberto um padrão básico quase invariável, apesar dos diversos matizes, sobretudo de natureza político-social ou mística-interna, e das diferenças no alcance, que pode ser universal ou com limitação nacionalista. Simplificado e esquematizado, o padrão básico do messianismo tem o seguinte aspecto: situações sociopolíticas de impotência e perda de identidade, de ordem econômica e sobretudo cultural e espiritual, são sempre períodos em que nascem movimentos radicais com características messiânicas, movimentos esses que sonham com algum mundo próximo futuro radicalmente novo, porque o "velho mundo" tornou-se extremamente insu-

[20] Sobretudo H. Desroche, *Sociologies religieuses,* Paris 1968; *Dictionnaire des messies, messianismes*, et millenarismes de l'ère chrétienne, Paris 1968, 1-40; *Sociologie de l'espérance*, Paris 1973.

portável. Surge então um desejo ardente: a vida libertada e remida já está chegando. Em semelhante situação de mal-estar cresce também a fantasia: surgem imagens utópicas de um mundo totalmente novo, imagens de um reino nunca visto de paz, justiça, felicidade e amor. Além disso, semelhante movimento muitas vezes tem a figura de um só mediador como ponto de cristalização, que entra em cena como salvador, de quem se espera uma transformação total para o bem.

Historiadores e sociólogos das religiões mostram que de fato todos os movimentos messiânicos radicais fracassaram, tanto os de libertação interna como os de libertação sociopolítica. Sua atuação não apenas deixou de trazer um paraíso terrestre ou um reino de paz e justiça; foi sempre de pouca duração esse sonho, causado por sua atuação, da repentina experiência de um mundo totalmente novo; além disso, a chama messiânica de natureza mística ou sociopolítica, depois de um primeiro veemente ardor, tornava a baixar ou era esmagada com violência. Será que tudo isso vale também para Jesus de Nazaré?

Seria a-histórico, seria desconhecer o caráter verdadeiramente humano de Jesus, se não notássemos que o movimento de João Batista e o de Jesus nasceram *nesse* clima. Sob o ponto de vista da história das religiões, estamos diante de um fenômeno peculiar dentro das expectativas apocalípticas escatológicas do judaísmo daquela época. Unicidade e originalidade pessoais, e até transcendência, não excluem condicionamento e enraizamento históricos; pelo contrário, o fato de serem "filhos de seu tempo", judeus dentro de um mundo judaico-apocalíptico, revela a novidade da mensagem de João e de Jesus, no que lhes é próprio.

Uma dificuldade se apresenta ao querermos aproximar-nos de Jesus por intermédio de João Batista; consiste no seguinte: com relação a João, estamos certamente ainda mais desinformados do que a respeito de Jesus. A causa é óbvia. Primeiramente, há o fato de que, além de algumas influências que perduraram até o século III, João não despertou um movimento joanino definitivo, de sorte que não existem mais continuadores fiéis da atuação carismática do Batista, em contraste com o movimento de Jesus. Mas estamos também diante de outro fato: os dados que possuímos a respeito de João (que são confiáveis, mas devem ser interpretados com cautela) são quase todos conhecidos através da interpretação *cristã* do Novo Testamento, menos interessada na história da atuação de João pessoalmente, do que na sua qualidade de precursor de Jesus, e naturalmente como sendo-lhe inferior. Aos poucos, sobretudo no evangelho de João, houve provavelmente entre discípulos de João Batista e discípulos de Jesus (depois da morte de Jesus) uma certa rivalidade, que desempenhou algum papel. Apesar disso, uma distinção crítica, baseada nos evangelhos, permitirá uma imagem essencialmente fiel da mensagem e dos atos de João, fazendo-se abstração de alguns pontos muito discutidos entre exegetas.[21]

§ 2. Mensagem e praxe de João Batista

Bibliografia: J. Becker, *Johannes der Täufer und Jesus von Nazareth* (Neukirchen 1972); H. Braun, *Entscheidende Motive in den Berichten über die Taufe Jesu von Markus bis Justin,* em *Gesammelte Studien zum Neuen Testament und seiner Umwelt* (Tubinga ²1967) 168-172; W. Brownlee, *John the Baptist in the Neta Light of Ancient Scrolls,* em K. Stendahl, *The Scrolls and the New Testament* (New York 1957) 33-53; I. Buse, *The Marcan Account of the Baptism of Jesus and Isaiah LXIII:* JTS (1956) 74-75; C. Cranfield, *The baptism of our Lord:* ScotJTh 8 (1955) 55-63; J. Daniélou, *Jean-Baptiste* (Paris 1964); G. C. Darton, *St. John the Baptist and the Kingdom of Heaven* (Londres 1961); M. Dibelius, *Die urchristliche Überlieferung von Johannes der Täufer* (Gotinga 1911); A. Feuillet, *Le baptême de Jésus:* RB 71 (1964) 321-352; J. Jeremias, *Der Ursprung der Johannestaufe:* ZNW 28 (1929) 312-320; E. Käsemann, *Zum Thema der urchristlichen Apokalyptik,* em *Besinnungen* II, 105-131; Fr. Lentzen-Deis, *Die Taufe nach den Synoptikern* (Frankfurt 1970); E. Lohmeyer, *Das Urchristentum* I. *Johannes der Täufer* (Gotinga 1932); C. McCown, *The Scene of John's Ministry:* JBL 59 (1940) 113-131; C. Scobie, *John the Baptist* (Londres 1964); J. Sint, *Die Eschatologie des Täufers, die Täufergruppen und die Polemik der Evangelien,* em K. Schubert, *Vom Messias zum Christum* (Viena 1964) 55-163; J. Steinmann, *S. Jean Baptiste et la spiritualité du désert* (Paris 1955); W. Trilling, *Die Täufer-Tradition bei Matthäus:* BZ 3 (1959) 271-289; Ph. Vielhauer, *Johannes, der Täufer,* em *RGG,* III, 804-808; A. Vögtle, *Das öffentliche Wirken Jesu auf dem Hintergrund der Qumranbewegung* (Freiburger Universitätsreden, N. F. H. 27; Friburgo 1958); W. Wink, *John the Baptist in the Gospel Tradition* (Cambridge 1968).

No caso de João Batista, a sua mensagem e a praxe da sua vida estão intimamente ligadas entre si.[22] O Novo Testamento guarda lembranças do seu batizar, do seu modo de se vestir e de comer, do fato de ele não possuir nada e do lugar onde atuava. Ao interpretarmos a sua mensagem, deverá ser também uma chave hermenêutica o seu modo de viver, como os contemporâneos o viam e interpretavam.

A atividade de João situa-se "no deserto" (Mt 11,7 e par.), isto é, o que ele publicamente faz está na linha da tradição do Êxodo.[23] O

[21] Remeto novamente a H. Marrou, e a A. W. Mosely, que analisam a confiabilidade das antigas obras historiográficas (Parte I, Seção 1, nota 15).
[22] Na literatura exegética, este aspecto foi analisado sobretudo por J. Becker, *Johannes der Täufer, l.c.*, 16-26.
[23] Is 40,3-5; 41,18-19; 43,19-20; 48,20-21; 49,10-11; 51,10-11; 52,7-10; Os 2,14; 12,10. Ver: ThWNT II, 655-656.

deserto é o lugar do futuro esperado, do escatológico novo início e da conversão. Isso por si já mostra uma opção de espiritualidade: não é a espiritualidade do templo e de Jerusalém, de Sião (no judaísmo também um lugar de esperanças escatológicas do futuro), mas é a espiritualidade do deserto que domina a atuação de João. A isso corresponde a sua atitude ascética diante da vida: ele não tem propriedade, não trabalha para seu sustento, despreza bens culturais como o pão e o vinho (cf. Lc 7,33 e par.), vive do que o deserto lhe fornece, de caramujos ou gafanhotos e mel (Mc 1,6). Anda vestido com pêlos de camelo, com uma tira de couro rude (natural) na cintura. Assim se vestiam os profetas.[24] Tudo isso é uma "demonstração escatológica" de alguém consciente de que é *profeta*. E é assim que também os cristãos posteriores o conheceram.[25] O local e a maneira de se apresentar já caracterizam João escatologicamente: este homem vive exclusivamente na base de uma expectativa do futuro; deixa o passado e o presente do jeito que são, largando tudo para trás, para viver somente em função do futuro. O *hoje*, então, só serve para ser preenchido de "metanóia", de conversão, de êxodo, de deixar tudo o que existe, para sair rumo a esse futuro.

Que futuro seria? João não deve ter anunciado o Reino de Deus.[26] O núcleo de sua mensagem parece bem indicado num texto Q: "João dizia às multidões que vinham para serem batizadas por ele: Raça de víboras, quem vos enganou, dizendo que podeis fugir da ira vindoura? Produzi, pois, frutos que testemunhem vossa conversão, e não andeis dizendo a vós mesmos: 'Temos Abraão por pai'. Pois eu vos digo: 'Deus tem poder para tirar dessas pedras filhos de Abraão'. O machado já está pronto para cortar a raiz das árvores. Toda árvore que não der bom fruto, será cortada e lançada ao fogo" (Lc 3,7-12; Mt 3,7-10.15-18). João prega a penitência, anuncia profeticamente o juízo divino que a todos ameaça. O futuro, pois, é a ira de Deus, seu inexorável julgamento.[27] O fato de ser filho de Abraão, de pertencer ao povo de Deus, não é garantia de salvação ou de fuga ao julgamento. Acima dizíamos que essas idéias não eram novidade em Israel. É uma visão tradicionalmente judaica, pelo menos no conjunto tradicional da interpretação deuteronomista da história;[28] não é uma

---

[24] Ver 2Rs 1,7-8 (o característico cinto de couro de Elias); Zc 13,4 (manto de pele como distintivo de um profeta).

[25] Mt 11,9 par.; Mc 6,15 par.; 11,32 par.; Lc 1,76; Jo 1,21-25.

[26] Uma vez, em Mt 3,2 fala-se que João anunciava o Reino de Deus; evidentemente uma redação de Mateus, para harmonizar a mensagem de João com a de Jesus.

[27] Mc 1,1-8 oferece (como muitas outras vezes; ver Hoffmann, *Q-Studien*, 14; Schulz, *Q-Quelle*, 370, n. 317) uma abreviação de material Q. Por causa de um interesse cristão no batismo, Marcos acentua mais a atividade de João como batista do que a sua pregação do juízo. Sobre "crias de víboras", ver Foerster, em ThWNT II, 815.

[28] Eclo 36; Salmos de Salomão 8,17; também O. Steck, *Gewaltsames Geschick*, 188-189 e 286, n. 1.

interpretação cristã da pregação do Batista. Naquela tradição, profeta é alguém que chama todos à penitência. O texto Q sem dúvida transmite fielmente o núcleo da mensagem do Batista.

Todavia, esse tema tipicamente profético, derivado de tradições mais antigas,[29] não estava muito vivo no tempo de Jesus.[30] Por isso, a atitude de João Batista teve algo de provocativo. Sobretudo a expressão "raça de víboras" foi extraordinariamente dura; os judeus comparavam os pagãos a animais ("cachorros" cf. Mc 7,27; Mt 15,26). Israel, pois, é chamado aí de "pagão". O julgamento divino arrasador, que segundo as idéias sobretudo apocalípticas da época cairia sobre os pagãos, João o anuncia para o povo dos judeus, que não poderá fugir para o álibi da promessa de Deus a Abraão. Só o "produzir frutos" (expressão semítica para "boas obras" que poderiam afastar os castigos divinos, cf. Gn 1,11-12) e o arrepender-se (e depois deixar se batizar) poderá evitar a desgraça. João não era o arauto de um "evangelho" (boa nova) de salvação; ele é o profeta da calamidade, que ameaça com o juízo divino já se aproximando. Tanto sua mensagem como seu modo de viver exprimem isso. Também a sua crítica contra o álibi de ser membro do povo de Deus não era novidade em Israel; era até "tradicional" nos piedosos círculos hassideus, desde o tempo dos macabeus. Também Qumrã e até os fariseus conheciam essa crítica, que atingia Israel todo.[31] Com isso não se ataca o princípio tradicional da eleição de Israel, provinda de Deus; nem João Batista, com sua mensagem, se dirigiu somente a Israel; mas ataca-se o caráter de garantia automática de tal eleição, aliás na linha dos profetas antigos. O ataque é duro, mas continua tipicamente judaico.

Característica dessa retomada de velhas tradições proféticas pelo Batista é a palavra "já": é agora que vai acontecer (isso vem do profetismo antigo; veja com relação a Mt 3,10, sobretudo Is 43,19 e 55,6). O machado já está encostado na árvore a ser cortada. "Cortar a árvore" é uma expressão típica de Isaías, ao falar do julgamento divino (Is 10,33-34; também Dn 4,11.15-20).

O que chama a atenção é que em lugar nenhum do Novo Testamento, avaliando o Batista, aparecem temas especificamente apocalípticos; aparecem apenas temas do antigo profetismo. O "machado", a "peneira",[32] o "fogo" são três palavras-chaves do Novo Testamento

---

[29] Ver Ez 33,24; Am 4,1; Is 1,10-23; 54,3-4; 57,3; cf. Mt 12,34 e o texto secundário Mt 23,22.

[30] Lohmeyer, *Johannes der Täufer,* 58-59 e 129-141.

[31] Ver Strack-Billerbeck, I, 392-396; Steck, *Gewaltsames Geschick,* 286, n. 1; 188-189; C. Westermann, *Grundformen prophetischer Rede* (Beih. EvTh, 31), Tubinga 1964. Israel se acusa a si mesmo de matar profetas (1Rs 19,10; Ne 9,26); o Novo Testamento continua, portanto, uma crítica judaica (Mt 5,12; 23,31-32.34.37; At 7,52; Tg 5,10; Hb 11,36-37; 1Ts 2,15-16).

[32] Ver Is 30,24; 41,15-16; Jr 15,7; 51,33; Mq 4,12-14; Jl 3,13.

para indicar a pregação de João sobre o juízo; não são palavras-chaves da apocalíptica, mas do profetismo antigo. No Antigo Testamento, a ira e o fogo são as imagens apropriadas para o juízo divino que há de vir. Esse juízo aconteceria em breve.[33] Quem não se deixa batizar com água, assim prega João, será entregue ao batismo de fogo do julgamento escatológico. Os profetas antigos relacionavam o juízo divino do fim dos tempos a um batismo de fogo, com três imagens diferentes: a queima do joio depois da colheita;[34] uma queimada da vegetação em que o fogo consome todas as árvores secas, que não dão frutos,[35] e em terceiro lugar: a imagem do forno em que algum metal é derretido.[36] Duas dessas imagens do Antigo Testamento para o juízo divino, que ameaça e se aproxima, são retomadas pelo Batista, juntamente com a *metanóia* ou chamamento para a conversão.[37] É curioso que ele não reassumiu a idéia do "fogo de purificação" (ao se derreter um metal). João conhece apenas o fogo que tudo destrói. Considerações cósmicas sobre um "incêndio mundial" lhe são estranhas: trata-se do juízo divino sobre o "ser humano"; também isso é não-apocalíptico. A doutrina apocalíptica das "duas eras", na linguagem do Novo Testamento, nunca se encontra na pregação de João. Somente os justos, os batizados por João, sobreviverão a essa queimada e a esse corte das árvores. A bem dizer, nem isso o feroz Batista garante; sua mensagem só se refere explicitamente às árvores que serão cortadas! Na linha da maioria dos profetas do Antigo Testamento, ele é um "profeta de calamidade", anunciando a desgraça que se aproxima para todos os "não-justos". E essa desgraça que se aproxima nem sequer é anunciada em sinais pré-escatológicos e acontecimentos que avisam. Quem fala assim não é um apocalíptico; é um profeta; um profeta do tipo antigo.

Mesmo assim, João traz algo de novo, em comparação com a velha tradição profética: é a necessidade do batismo, o "batismo de João". Mergulhar na água por motivos de metanóia já era coisa conhecida entre os judeus. Agora, porém, quem batiza é *João* (pessoalmente ou com ajuda de seus discípulos). Era uma novidade. Daí seu apelido "o Batista" (mencionado também por Flávio Josefo); pois era costume a própria pessoa submergir. Trata-se agora do "batismo *de João*" que ele mesmo "anuncia" (Mc 1,4; Lc 3,3; At 10,37; 13,24). O batismo é algo essencial de sua exortação à conversão. A apocalíptica sem dúvida era radical. João porém é mais radical ainda. Somente o batismo *dele* dava a possibilidade (nem sequer a certeza) de escapar do julgamento aniquilador do fogo divino. Aí se revela uma autocom-

---

33 Am 8,2; Is 40,3-5.
34 Is 5,24; 10,17; 47,14; Na 1,10; Ab 18; Ml 3,19.
35 Is 10,18-19; Jr 21,14; 22,7; Ez 21,2-3; Zc 11,1-2.
36 Is 1,24-25.
37 Mc 1,4 par.; Mt 3,2.8 par.; At 13,24; 19,4.

preensão profética muito explícita. É legítimo perguntar se tal mensagem, na situação concreta da época, não continha uma crítica contra as expectativas dos fariseus, zelotes e toda espécie de outras tendências da época! Fora de Mt 3,2, o "fazer penitência" está sempre relacionado com o batismo de João, que "batiza com água *para* a conversão" (Mt 3,11); em outras palavras, a conversão é que dá sentido à ação de batizar. Deixar-se batizar por João, o enviado de Deus, significa deixar-se transformar pelo próprio Deus; pois o ser humano não sabe fazê-lo por si. A penitência, pois, é interpretada aí como livre dádiva de Deus. Também na tradição posterior, em torno de Jesus, afirma-se que o batismo de João veio "do céu" (Mt 21,25 par.; ver mais adiante). A "única coisa necessária", para este profeta e batista, é a metanóia, o "converter-se" e deixar-se batizar; é um batismo de arrependimento. Tudo o mais, em vista do julgamento que vem aí, é perder tempo, até a circuncisão judaica, que no entanto era um sinal de eleição divina!

João se parece um tanto com o Dêutero-Isaías: Povo de Deus, não penses na tua "história de salvação" do passado, nos grandes feitos de outrora; pensa apenas no teu futuro: no machado que está encostado na árvore (Is 43,18-19).

Este povo já perdeu sua última chance, da qual fala Isaías. Agora vem o juízo sobre o seu comportamento no passado. A orientação continua sendo tipicamente judaica: trata-se dos filhos de Abraão, que Deus pode gerar das pedras, se for preciso.[38] Sem o batismo da metanóia, os filhos de Abraão são como pagãos.[39] Apesar de sua originalidade, João continua sendo um profeta antigo. O tempo em que vive é outro, é novo, é apocalíptico; João porém "atualiza" aí o que foi o mais autêntico dos profetas de calamidade do Israel antigo, visando à salvação.

Mas é exatamente com relação a esta última nuança, "visando à salvação", que surge uma dúvida quanto a este Batista. A perspectiva de salvação que os grandes profetas de Israel tinham deixado "aberta", João não a nega, mas também não a "tematiza" em lugar nenhum, segundo as lembranças do Novo Testamento (influenciadas talvez, quanto a isso, pela diferença de impressão, em comparação com Jesus, causada por João nos discípulos de Jesus).

João não falou, de forma alguma,[40] como apocalíptico moderno para seu tempo, e sim como pregador de conversão, motivado pelos antigos profetas de Israel. João pensa a partir do futuro, mas escato-

[38] Provavelmente um trocadilho hebraico entre "filho" (*ben*) e "pedra" (*'eben*). O mesmo jogo de palavras encontra-se na imagem da "pedra (angular) rejeitada" (Mc 12,10 com Sl 118,22; Lc 20,18 com Is 8,14).

[39] Já em Am 9,7-10; Jr 7,1-15.

[40] E. Käsemann chama João, sem mais nem menos, de "apocalíptico": *Besinnungen*, II, 99.108-110.

logicamente e não apocalipticamente. Não se vêem nele, nem aquela previsão tipicamente apocalíptica do futuro, nem milagres para a sua atualidade; apenas a predição rudemente profética de um julgamento. Nem dá atenção à possibilidade de salvação para quem escapar do inexorável julgamento de Deus. Ele se fixa no juízo: qual é o ser humano que agüentará ser julgado com essa precisão objetiva? Sem dúvida, João admite uma chance de salvação; do contrário, seu batismo não teria sentido. No fundo, fica sem dúvida a confissão vétero-testamentária: "Procurai-me, e vivereis" (Am 5,4-5). Mas, como o Batista, assim também o velho profeta de calamidades já dizia: "Até o resto de Israel perecerá" (Am 5,18.20; 6,1-14). Nessa pregação sobre o julgamento, a perspectiva de salvação fica "velada"; não se explicita nos termos do texto, ao passo que nas profecias antigas de Israel essa perspectiva nunca era totalmente silenciada.[41] Nas palavras de João, essa falta de uma promessa final de salvação (Mc 1,3, citando Is 40,3) pode ser histórica, mas pode também ser um retoque cristão (concentrando-se em Jesus). Lc 3,5-6 cita todo o contexto de Isaías, com o qual o Batista anuncia também um "evangelho", uma Boa Nova. O único elemento que poderia indicar uma perspectiva de salvação é a menção do "pneuma escatológico" (ver Lc 3,16 par.); isso porém é provavelmente uma interpretação cristã do que foi João Batista.[42]

Essa questão nos leva a outro aspecto da pregação de João, de acordo com o Novo Testamento: sua pregação fala também sobre "aquele que vem", e que será mais forte do que ele. A comunidade Q, segundo Mateus e Lucas (Lc 3,16 = Mt 3,11), e também Mc 1,7 falam sobre isso: igualmente At 13,25. Aí surge realmente a pergunta se a pregação sobre "aquele que vem" é uma inserção cristã, interpretando João Batista como profeta escatológico precursor de Jesus, o Messias. Havia nisso naturalmente um problema para os seguidores de Jesus, que tinham a respeito de seu mestre, Jesus de Nazaré, uma apreciação mais alta, transcendente. Como deviam explicar que seu mestre foi batizado por João? Quanto a isso, as lembranças do Novo Testamento têm cor cristã, mas a interpretação cristã não pretendeu eliminar ou ocultar lembranças históricas. Se alguém, como apologeta

---

[41] J. Behm e E. Würthwein, *metánoia*, em ThWNT IV, 972-994; H. Wolff, *Das Thema "Umkehr" in der alttestamentlichen Prophetie*, em: *Gesammelte Studien zum Alten Testament* (Th.B. 22), Munique 1964; H. Braun, *"Umkehr" in spätjüdisch-häretischer und in frühchristlicher Sicht*, em: *Gesammelte Studien zum NT und seiner Umwelt*, Tubinga 1967, 70-85.

[42] J. Becker, *Johannes der Täufer*, 22-26; Schulz, *Q-Quelle*, 370. Mas disso não tenho certeza. Os profetas antigos falam não apenas sobre a purificação de uma culpa pela *água*, no tempo do fim (Is 4,4; Ez 36,25-26; 47,1-12; Zc 13,1), mas também sobre a *efusão* (como água) do Espírito (Zc 12,10-12; 13,1-6; Jl 3,1-2). Ver P. Reymond, *L'eau, sa vie et sa signification dans l'ancien testament*, em VTS 6 (1958) 233-238; ver também J. Gnilka, *l.c.*, em RQum 3 (1961) 196-197.

cristão, tivesse tido essa intenção, teria sido melhor não dizer nada sobre o batismo que João deu a Jesus. Mas, nenhuma das comunidades cristãs quis silenciar esse fato, que no entanto, ao que parece, as "incomodou"; por isso quiseram interpretá-lo do ponto de vista cristão.

Portanto, é um pouco duvidoso também se João anunciou "aquele que devia vir". Em todo caso, existe esta interpretação cristã: João foi o precursor do Jesus terreno, daquele que devia vir. Mas o anúncio do juiz escatológico, que julgaria pelo fogo, se enquadra perfeitamente na pregação de João sobre o juízo. Historicamente parece certo que nos círculos dos batizantes, discípulos de João, vivia-se uma expectativa sobre a vinda de Elias; provavelmente estamos aqui diante de uma "tradição (pré-cristã) sobre João".[43] Aliás, a idéia de um precursor do mediador do fim do mundo (geralmente considerado como figura *salvífica*) não é especificamente cristã, mas judaica. A interpretação, portanto, é cristã, mas o modelo de interpretação é pré-cristão. Indicar "aquele que vem" como "o mais forte" já pode ser conseqüência da interpretação cristã a respeito do Batista. Por isso, raciocino com base na probabilidade de o próprio João também ter falado sobre "aquele que vem".

Mas, quem seria este que vem, na perspectiva do próprio João? Não pode ser o próprio Deus vindouro, mas pode-se tratar da vinda de um enviado de Deus, o mediador escatológico; pode ser a vinda daquele que em círculos apocalípticos era chamado o Filho de homem (= ser humano).[44] *Ho erchómenos*, aquele que vem, já era para os judeus termo técnico popular para indicar uma figura escatológica que viria.[45] Nesse contexto, porém, não seria um salvador, e sim um juiz, alguém que vem com peneira e foice na mão, já estando pronto para atear o fogo preparado que vai acabar com todo o joio, imagens proféticas para o juízo final. "Aquele que vem", portanto, é evidentemente uma figura de juiz. No Antigo Testamento e no judaísmo, só poderia ser considerado como tal: *ou* o próprio Deus (mas isso está excluído pelo contexto antropomórfico: "Não sou digno de desatar

[43] Bultmann, *Tradition*, 123, considera isso como tradição pré-cristã proveniente de João Batista, também M. Dibeleus, *Johannes der Täufer*, 53-57. Seria tradição cristã segundo: Hoffmann, *Q-Studien*, 20; Lührmann, *Q-Reduktion*, 31; Schulz, *Q-Quelle*, 371-372; V. Hasler, *Amen*, 55. Ver logo sob nota 44.

[44] J. Becker, *Johannes der Täufer*, 34-37; U. Müller, *Messias und Menschensohn in jüdischen Apokalypsen und in der Offenbarung des Johannes*, Gütersloh 1972, 36-60; J. Schneider, em ThWNT II, 664-672. É claro que o Novo Testamento identifica Jesus com aquele "que vem", sobre o qual João fala. No estrato mais antigo da fonte Q, porém, não é identificado com o Jesus terreno, mas com o Jesus "Filho do Homem", que vive com Deus, e mais tarde virá; Schulz, *Q-Quelle*, 377. Curioso é que especulações sobre o Elias que devia vir circulavam entre seguidores de João Batista (na base de Ml 3,23-24) (U. Wilckens, *Die Missionsreden der Apostelgeschichte*, Neukirchen 1963, 153-156), o que confirma a suposição de que o próprio João falou sobre "aquele que deve vir".

[45] Ver Mt 3,11; 11,2-6; Lc 7,18-23; cf. Mc 1,7; Lc 3,16; Jo 1,15.21.

suas sandálias": Mt 3,11; Lc 3,16; At 13,25; no Novo Testamento o antropomorfismo naturalmente já pode ter sido sugerido pela identificação do "vindouro" com o próprio Jesus!); *ou então* o mensageiro escatológico que virá da parte de Deus (sobre o qual podia-se e costumava-se falar antropomorficamente). Ora, tal figura de juiz escatológico só podia ser o Filho do homem. O próprio João, portanto, teria reassumido a idéia, já madurecida no judaísmo, sobre o Filho do homem, embora com este termo vago: "Aquele que vem". João teria dado então o primeiro incentivo para os cristãos o interpretarem como precursor, e a Jesus como o Filho do homem. Exatamente em Dn 7,11, dentro do contexto de Dn 7,13-14, onde se fala de um Filho de homem (= ser humano), é mencionada uma corrente de fogo, como meio pelo qual será executado o julgamento sobre o quarto animal.[46] Dizendo que o Filho do homem julga pelo fogo, o Batista, embora não sendo apocalíptico, e sim profeta, teria assumido aqui uma idéia apocalíptica, pela qual a antiga idéia profética do juízo é combinada com o Filho do homem, que vem. Não seria inovação cristã, mas algo que já existia no judaísmo. Cristã é somente a identificação do vindouro com o próprio Jesus, e juntamente a interpretação do Batista como precursor de Jesus Cristo.

Portanto, através da interpretação cristã, mas de maneira satisfatória, vemos assim as grandes linhas da pregação de João sobre o batismo da metanóia, para escapar do batismo de fogo que será o juízo. João não visa aos pagãos, mas somente a Israel. O "*juízo* futuro", muitas vezes manipulado para consolar Israel com a aniquilação vindoura dos pagãos, é transformado por João Batista numa arma dirigida contra o povo de Deus, ou melhor, contra israelitas individuais, em vista da tendência, naqueles dias, para a individualização: ser membro de Israel, o povo de Deus, não é garantia de salvação. Nessa pregação, manifesta-se a transcendência incondicional e soberana de Deus, que não se deixa amarrar a idéias humanas a respeito de salvação, nem mesmo quando elas, com alguma razão, poderiam alegar as ações salvíficas de Javé para com o seu povo no passado. Só poderemos aproximar-nos de Deus com frutos de conversão: tal é a mensagem de João.

Depois de tanto tempo de sentida ausência de profetas, o que se manifesta em João, por palavras e obras, não é a apocalíptica, mas a antiga profecia de Israel. Amós, severo como o Batista, já o tinha predito: "O dia de Javé será de trevas, e não de luz" (Am 5,18-20). Nessa tradição profética, criticam-se as esperanças escatológicas sem *ortopráxis*. Demonstra-se a nulidade da fé triunfalista de ser o "povo

[46] J. Becker, *Johannes der Täufer*, 36. Além disso, também na tradição sobre o "Filho do homem" se fala numa pregação de penitência (Eth. Henoch 50).

eleito". Toda pretensão religiosa da "piedade de Israel", de ter salvação e poder garantidos, é criticada, por esse seríssimo profeta de calamidades. O que vale é somente a metanóia, a conversão, o dar à própria vida outra direção totalmente diferente da que se costumava dar! Autocrítica, metanóia, olhando para o futuro, para o juízo que vem. Em João, o Deus vivo assume realmente um jeito de profeta, despojado de magia e, em termo moderno, de *establishment*. As idéias aceitas na época sobre um aniquilamento infligido por Deus aos "inimigos de Deus" – inimigos de Israel – e sobre o triunfo final de Israel sobre todos os inimigos, sobre o domínio mundial messiânico: tudo são idéias reprimidas por este severo profeta João Batista. Todo o Israel tem que ser movido novamente para encarar o Deus vivo.

Embora vivendo numa época apocalíptica, João é essencialmente um não-apocalíptico. Faltam nele todas as características do apocalíptico acima esboçadas; ele é um pregador (de penitência), fala por autoridade própria, não sente falta de legitimação. Além da noção de *aquele que vem*, não se encontram nele idéias tipicamente apocalípticas. A idéia da proximidade do fim que se esperava é um dado profético (cf. o "já" de Mt 3,10 com o "já" de Is 43,19, e com Is 55,6). Conceitos e imagens de João: conversão, situação de total desgraça para Israel, o julgamento ameaçador de Deus, ao qual injustos ou rebeldes não podem escapar, o fogo destruidor do juízo: tudo são elementos proféticos na linha do Dêutero-Isaías, que foram assumidos na apocalíptica, mas que essencialmente, de per si, não são apocalípticos. O que foi para João a sua imediata fonte histórica de inspiração, não nos é acessível; não conhecemos a pré-história do Batista, e não sabemos se ele nasceu realmente numa família sacerdotal (como sugere Lc 1,5). Temos de constatar, no entanto, a notável semelhança entre João e idéias do Dêutero-Isaías. Na base de todos esses dados, somos obrigados a caracterizar a autocompreensão de João como de um *profeta carismático* na linha do movimento hassídico já um pouco mais antigo.[47]

A mensagem sobre o juízo e a oferta do batismo caracterizam a atuação de João: ele é profeta *e* batista. O aspecto excepcional em tudo isso é que o próprio João batiza. A possibilidade de escapar da ira de Deus se dissolve no contexto da promessa feita a Abraão e que vale para o povo todo; é também individualizada por uma nova ligação, que é o batismo de João, engajamento para a conversão. Esse batismo é a última opção oferecida por Deus para alguém escapar da desgraça que vem (ver Mc 1,4 par.; Lc 3,8 par.). Implícita em todo o movimento joanino está, portanto, a inédita desaprovação do culto no templo de Jerusalém e dos sacrifícios de expiação. Novidade na

[47] J. Becker, *ibid.*, 56-61.

pregação joanina da metanóia, em comparação com a tradição deuteronomista e hassídica na qual se encontra, é sem dúvida o excepcional papel de mediador que este profeta atribui a si mesmo: o batismo de *João* é "necessário para a salvação"; deixar-se batizar por João estabelece uma relação difícil de definir, mas mesmo assim real, com a própria sorte de João, por ocasião do juízo que está chegando. Isso tudo João faz e fala *pela* "sua própria autoridade". Aí, é importante a narrativa sobre a pergunta acerca da autoridade de Jesus (Lc 20,1-8). Segundo essa tradição, a resposta de Jesus consiste em outra pergunta: "O batismo de João veio do céu ou dos homens?" (Lc 20,4). Os escribas evitam dar uma resposta. Jesus então diz: "Pois bem, eu também não vos digo com que autoridade faço estas coisas" (20,8). O estudo das formas literárias mostra, sobretudo pela mesma narrativa em Mc 11,27-33, que Mc 11,27-30 (trecho original) esteve primeiro em relação com 11,15-16 (a purificação do templo). Também no evangelho joanino, a purificação do templo e a pergunta pela competência de Jesus estão intimamente ligadas entre si.[48] Mc 11,28 está em harmonia com Mc 11,18a. Assim, a purificação do templo recebe a função de introduzir a discussão sobre a autoridade de Jesus para agir assim. Portanto, segundo essa perícope, Jesus supõe a autoridade profética, tanto de João como dele mesmo (cf. também Mt 11,13; 16,14). Além disso, este texto não é uma tentativa dos cristãos para qualificar João apenas como precursor de Jesus. É um argumento em favor da autenticidade da cena. Jesus vê uma semelhança real entre o batismo de João e sua própria atuação. Ambos têm plenos poderes proféticos. Mais ainda: aí temos implicitamente uma referência ao fato histórico de que Jesus em certo sentido é o sucessor de João. O reconhecimento dos poderes de João deve implicar no reconhecimento dos poderes de Jesus; os escribas bem que o entendem, e por isso prudentemente não dão resposta à pergunta de Jesus. Deve ter sido esse o teor da discussão. Assim como o batismo de João foi um sinal profético, querendo levar à penitência e à conversão de Israel nos últimos dias do mundo, assim também Jesus vê a sua atuação (aqui a purificação do templo) como sinal profético semelhante, e uma exortação à conversão.

João Batista, portanto, é uma figura não-messiânica; também não é um zelote; sua mensagem direta não é política; encontra-se fora do movimento dos zelotes, fora do messianismo, fora da apocalíptica. Sua mensagem foi um ataque frontal contra três expectativas essenciais no judaísmo da época: a esperança escatológica do aniquilamento dos inimigos de Javé e, por conseguinte, dos inimigos de Israel; a vitória final e o domínio mundial do próprio Israel; e a garantia de

---

[48] J. Roloff, *Das Kerygma*, 90-93. A mais antiga forma do relato marcano é portanto Mc 11,15-16.18a.28-33

salvação pela promessa feita a Abraão! Todo esse passado e presente, João lhe nega valor; ele pensa e vive exclusivamente em função do futuro: para ele, é o juízo próximo futuro, do qual ninguém escapará, em todo o Israel. O futuro é para João uma possibilidade exclusiva de Deus. O hoje e o passado estão pois debaixo da crítica do *futuro* de Deus, indicado aqui por uma palavra apocalíptica, a saber: aquele que vem (que sem dúvida é o *Filho do homem*, por causa da perspectiva do julgamento). Desde antes de João, o *Filho do homem* era o indicador lingüístico para o juízo final de Deus. Por isso, fala-se em termos vagos dessa "pessoa que vem" (João não dá nenhuma descrição apocalíptica de tal pessoa.) Mas essa orientação exclusiva para o futuro qualifica o hoje: conversão, aqui e agora! Portanto, pode-se dizer, com razão, que João ligou a idéia da expectativa do fim com a exigência da *ortopráxis*. Em João, a escatologia se torna apelo moral e religioso. O futuro de Deus fica ligado à ética.[49] O traço mágico, apocalíptico, de uma repentina intervenção do poder divino está totalmente ausente da pregação do Batista. Poderíamos dizer também que nele a apocalíptica se reduz a seu cerne puramente religioso, despojado até de toda "apocalíptica". Deus está radicalmente crítico diante do ser humano, ao qual falta uma crítica de si mesmo.[50] João é o profeta que liga intrinsecamente entre si a esperança do futuro e o engajamento ético-religioso, mas isso exclusivamente na perspectiva do juízo, não na perspectiva religiosa da misericórdia e do amor divinos. Jesus nisso não há de seguir o Batista.

Finalmente, sabemos também como o Batista foi executado, por ordem do rei Herodes (que tinha o *ius gladii*, o direito da espada, para a decapitação). Além dos evangelistas, também fontes profanas mencionam o assunto.[51] Há diferentes interpretações a respeito da prisão e execução de João. Conforme o Novo Testamento, João foi preso porque tinha censurado Herodes que vivia com a mulher do próprio irmão (Mc 6,17); teria sido decapitado porque Herodes concordou com a armadilha de uma dançarina. O historiador judaico Josefo diz que João, batizando, atraiu tanta gente que Herodes ficou com medo de a influência do Batista levar o povo a uma rebelião, porque "todos estavam dispostos a fazer o que ele pedisse"; "por esse motivo mandou prendê-lo na fortaleza de Maqueronte".[52] Esse motivo parece historicamente mais provável. Mas não está totalmente desligado daquilo que os evangelhos dizem. Por um lado, Mc 6,20 diz que Herodes tinha medo de João (talvez o medo supersticioso diante de um santo); (Mt 14,5, porém, diz que Herodes tinha medo do povo,

[49] J. Blank, *Jesus von Nazareth*, 102.
[50] *Ibid.*, 102
[51] Josefo, *Antiquitates*, 18,5.2.
[52] *Ibid.*

e por isso não queria matar João); por outro lado, o historiador Josefo, sem depender dos evangelhos, menciona também (ao falar sobre o Batista) a paixão de Herodes por Herodíades, a mulher de seu irmão; e como Herodes, por causa dela, se separou da própria mulher, filha do rei Aretas. Vingando-se, este rei infligiu a Herodes pesada derrota militar.[53] E Josefo acrescenta: "Muitos judeus viram nisso um castigo merecido pelo assassinato de João Batista".[54] Essa opinião popular talvez seja a base da tradição em que Marcos se baseia. O núcleo histórico é este: o tetrarca Herodes Antipas mandou executar o Batista. Também a morte violenta de João ia ser importante, mais tarde, para a maneira como Jesus entendeu a missão do mesmo João.

§ 3. Primeiro ato profético de Jesus: ser batizado por João

O que precedeu era necessário para se compreender melhor este fato especial: Jesus se deixa batizar por João. Na vida de Jesus, esse batismo não aconteceu por simples acaso. Por si só, o batismo de João não significava que a pessoa batizada se tornava *discípulo(a)* de João; mas parece historicamente provável que João tinha um círculo de discípulos que possivelmente o ajudavam a batizar (Mc 2,18; Mt 11,1-2; Jo 1,35; 3,25). Além disso, é provavelmente exato que os primeiros discípulos de Jesus vinham em parte dos círculos de João Batista (Jo 1,35-51). Se Jesus foi "discípulo de João", e como tal também batizou, como assistente, ou pelo menos ao lado de João exerceu alguma atividade no batizar (como diz o quarto evangelho: Jo 3,22-36; cf. 4,1-2), nada disso pode ser verificado historicamente. No quarto evangelho temos, isto sim, uma tradição pré-joanina, em que Jesus é visto inicialmente como um discípulo do Batista.

Mas, é certo o próprio fato do batismo de Jesus no Jordão; aí está a primeira chave hermenêutica para entendermos Jesus: apenas a primeira, pois Jesus não pode ser interpretado exclusivamente com base no movimento de João Batista; mas, sem esse movimento, também não. A pregação de João atingiu pessoalmente a Jesus, que pessoalmente concordou com o apelo para a conversão. Isso precisamos levar a sério. Se não o fizermos, esse ato, ou parece ter sido um fingimento de alguém que sabia tudo melhor (quando muito, um ato de humildade pública, mas que não teria sido autêntico), ou então (não haveria outra alternativa) um "engano de juventude", ou pelo menos

---

[53] Ver J. Gnilka, *Das Martyrium Johannes' des Täufers (Mc 6,17-29)*, em *Orientierung an Jesus* (78-92) 84-85 e sobretudo 90-91. Inseriu-se mais tarde a narrativa sobre o banquete, durante o qual uma dançarina manipulada pediu a cabeça de João. A história das tradições conhece mais lendas populares assim.

[54] Josefo, *Antiquitates*, 18,5.2.

um primeiro impulso religioso, que mais tarde se mostraria não ter sido o melhor e o mais acertado, de sorte que Jesus, mais tarde, optou por outro caminho de vida.

Quem considerar esse passo de Jesus como decisão séria e importante, deverá reconhecer que esse batismo foi para ele uma experiência de "abertura", isto é, uma experiência reveladora. Quanto à vida de Jesus antes de seu batismo, um historiador nada pode afirmar (nem negar). Naturalmente, o que Jesus experienciou no seu batismo, não foi sua primeira experiência religiosa na vida. Mas, como ele se entendia antes, disso não sabemos nada, a não ser indiretamente pelo que sabemos sobre a educação de um menino judeu naquele tempo.[55] A primeira coisa, pois, que o historiador pode dizer, é que Jesus foi impressionado pelo acerto da pregação de João, e por isso se deixou batizar. Ele se entregou, portanto, a um anúncio que, como vimos, não era essencialmente nem apocalíptico nem messiânico, e apenas visava a boa relação das pessoas com o Deus vivo e entre si, fazendo a vontade de Deus. Que os evangelhos citam a mensagem de João, e sobretudo que eles não omitem o fato de que Jesus aceitou o batismo de João, apesar das dificuldades que esse fato lhes causaria depois da Páscoa (por ser difícil enquadrá-lo na sua visão sobre Jesus como o Cristo), só se explica por uma razão soberana: a lembrança histórica de um acontecimento importante para Jesus, na sua vida, a saber, a consciência de que a pregação escatológica de João sobre a metanóia teve de fato importância decisiva para a atuação histórica e pública do próprio Jesus, pois no Novo Testamento os dois fatos (batismo e atuação pública) estão evidentemente ligados entre si. Sem condições para penetrarmos na própria psicologia de Jesus (por falta de fontes), devemos, pois, investigar o sentido dessa relação; esta, sim, é historicamente reconhecível. Nada nos permite discernir (nem negar), neste passo de Jesus, o primeiro irromper de sua autocompreensão como profeta. Sobre o "começo" da consciência de Jesus a respeito de sua vocação, nada se pode dizer historicamente. Mas, que o fato de sua atuação pública como profeta tem alguma relação com seu batismo no Jordão, isso podemos afirmar. Pois, à luz do decurso ulterior desta vida inegavelmente e plenamente profética de Jesus, é legítimo perguntar se o seu batismo no Jordão já não é sua primeira ação pública como profeta, não simplesmente adotando a seriedade, concretamente aceita, da pregação de João (isto sim é pressuposto) mas exatamente *dentro disso* sendo já ação independentemente profética. Ao invés de ver nesse batismo o primeiro irromper (explícito) da própria vocação muito especial de Jesus (como julgam muitos pesquisadores liberais da vida de Jesus), vou aventurar outra solução.

---

[55] Sobre o assunto existe um esboço, não muito bom, mas sugestivo, de R. Aron, *Les années obscures de Jésus,* Paris 1960.

Profetas costumam combinar a própria pregação com espetaculares atos simbólicos. Como profecia em ação, Jeremias carregou um jugo nos ombros, para que todos soubessem que Israel ia "ficar preso". Esse jugo *é* o cativeiro de Israel (Jr 28,10; 27,2). Oséias casa-se com Gomer, uma prostituta – isto é, uma moça israelita que se deixou iniciar nos ritos de fecundidade do culto cananeu de Baal – para dar a entender, publicamente, que Javé, apesar de tudo, continua a amar Israel (ou então, para dar a entender que Israel tanto apostatou de Javé, que se encontram ainda apenas moças iniciadas em ritos pagãos (Os 1,1-9). Jeremias continua solteiro, recusa-se a criar uma família, a fim de que Israel veja, com toda a clareza, como está espiritualmente pobre, solitário e estéril.[56] De Jesus conta-se também que ele, pouco tempo antes de ser rejeitado definitivamente, amaldiçoou uma figueira, que no dia seguinte, em sua miséria seca e deplorável, se tornou imagem eloqüente de Israel ou de Jerusalém, que não quis reconhecer a própria chance de salvação.

Nessa luz, o batismo de Jesus no Jordão, no seu caráter para nós revelador, ganha, como fato histórico, uma densidade *teológica*. É a primeira atuação profética de Jesus, ação com simbolismo profético, ou seja, uma profecia-em-ação, pela qual ele dá a entender que de fato o Israel "todo" precisa de conversão, necessita voltar para Deus, conforme o Batista exige. Como ato profético, em que Jesus se submete ao batismo de João, seu batismo *é* uma confirmação da apostasia de Israel, e *ao mesmo tempo* da sua conversão e, portanto, de sua salvação. Isso vai essencialmente bem mais longe do que o próprio João quis dizer com seu batismo. Foi com razão que os evangelhos, embora apenas numa interpretação pós-pascal, circundaram o batismo-de-Jesus-por-João com visões interpretativas, colocando-as dentro de uma esfera de glória pascal (Mc 1,9-11; Mt 3,13-17; Lc 3,21-22; Jo 1,29-34). Somente dentro de uma interpretação do caráter *profético* desse acontecimento é que isso pode ser colocado, bem coerentemente, no conjunto de toda a atuação profética de Jesus. Não implica absolutamente que a mensagem de Jesus seja a mesma que a de João, nem tampouco que depois tenha havido uma "ruptura pessoal" entre Jesus e João; implica, isto sim, que Jesus concordou com o cerne da mensagem de João no seu batismo de metanóia, e que Jesus considerou esse batismo de João como "vindo do céu" (Lc 20,4). O movimento do batismo de João é assim o "lugar" da primeira revelação de salvação divina para nós em Jesus. Por isso, Marcos vê essa atuação do Batista como pertencendo ao "começo da boa nova de Jesus Cristo" (1,1); não pode ser vista como isolada da primeira atuação profética de Jesus.

---

[56] Ver G. Fohrer, *Die symbolische Handlungen der Propheten,* Basiléia-Zurique 1953.

As diferenças entre João e Jesus logo surpreenderam também o povo. Isso é lembrado numa perícope do Novo Testamento: ao passo que João impressionou seus contemporâneos como asceta austero, Jesus dava a impressão de ser alguém que "comia e bebia", e sobretudo que comia e bebia com publicanos e pecadores (Mc 2,16). Para alguns, essas diferenças entre os dois profetas era pretexto para não escutarem nem a João nem a Jesus. Mt 11,16-19 e Lc 7,31-35 (da fonte Q), na sua parábola sobre os meninos que brincam no mercado,[57] exprimem de maneira sugestiva a considerável diferença: "Esta geração se parece com crianças sentadas na praça, gritando umas para as outras: 'Tocamos para vós a flauta, e não dançastes; cantamos lamentações, e não batestes no peito'. Pois veio João, que não comia nem bebia, e dizem: 'está possuído do demônio'; veio o Filho do homem, que come e bebe, e dizem: 'é um comilão e um beberrão de vinho, amigo de publicanos e pecadores' ". João, pois, era visto pelo povo como asceta severo, perfeitamente em harmonia com sua mensagem sobre o iminente e inexorável juízo de Deus; ele era por isso como uma lamentação. Jesus, porém, foi para o povo como uma canção! Essa parábola, provavelmente do próprio Jesus, quanto ao cerne esboça a diferença fundamental entre João, o profeta da calamidade, e Jesus, o profeta da salvação. Pois também aqui a praxe da vida de Jesus, de orientação tão diferente, deve estar relacionada com a própria orientação de sua mensagem.

§ 4. O impulso fundamental da mensagem e pregação de Jesus

O que inspirava tanto a Jesus quanto a João era o futuro de Deus, criticando profeticamente tanto o passado como o presente. Para Jesus, como para João, o futuro era exclusiva possibilidade de Deus. São criticados por Jesus todos os demais projetos e orientações de vida que não partam da prioridade do futuro de Deus para o ser humano. Também o juízo vindouro pertence ao conjunto da mensagem de Jesus, mas tem função bem diferente da mensagem de João. Com isso estamos diante da pergunta sobre o cerne da mensagem de Jesus.

Em contraste com João, a mensagem de Jesus se concentra num *evangelho*, isto é, numa notícia alegre que vem de Deus: "O reino de Deus está perto". Em não menos de cinco complexos de tradição, esse anúncio sempre volta literalmente assim: na tradição da comunidade Q,[58] na tradição de Marcos,[59] na fonte própria de

[57] Segundo Lührmann, *Q-Redaktion,* 29, o cerne desta parábola é do próprio Jesus; ver Roloff, *Das Kerygma*, 228-229; Schulz, *Q-Quelle*, 379-386.
[58] Lc 6,20 e Mt 5,3; Lc 7,28 e Mt 11,11; Lc 10,9 e Mt 10,7; Lc 11,20 e Mt 12,28; Lc 13,18.20 e Mt 13,31.33; Lc 13,28 e Mt 8,11; Lc 16,16 e Mt 11,12.
[59] Mc 1,15; 4,11; 4,26; 9,1.47; 10,14; 12,34; 14,25; 15,43; etc.

Mateus,[60] na de Lucas[61] e na tradição joanina;[62] além disso, na literatura das cartas do Novo Testamento. O "Reino de Deus" é a mensagem central de Jesus, acentuando sempre a *vinda* e a *proximidade*. Em outras palavras: a "expectativa do fim" é a expectativa do reino de Deus que já está perto. E para Jesus significa a proximidade da incondicional vontade divina de salvar, da misericórdia que vai ao encontro, da clemência que procura encontrar, o que implica também resistência contra todas as formas de mal: o sofrimento e o pecado. Tudo isso pede análise mais detalhada.

A. Soberania de Deus, para o bem dos humanos; Reino de Deus

Bibliografia: J. Becker, *Das Heil Gottes* (Gotinga 1964); J. Blank, *Jesús de Nazaret. Historia y mensaje* (Madrid, Ed. Cristiandad, 1973); Th. Blatter, *Macht und Herrschaft Gottes* (Friburgo 1962); P. Brunner, *Elemente einer dogmatischen Lehre von Gottes Reich,* em G. Bornkamm-K. Rahner (eds.), *Die Zeit Jesu* (Friburgo en Br. 1970) 228-256; R. Bultmann, *Theologie,* 2-10; H. Conzelmann, *Grundriss;* C. H. Dodd, *Las parábolas del reino* (Madrid, Cristiandad, 1974); H. Flender, *Die Botschaft Jesu von der Herrschaft Gottes* (Munich 1968); M. Hengel, *Die Zeloten* (Leiden-Colonia 1961); J. Héring, *Le royaume de Dieu et sa venue* (Neuchâtel [2] 1959); E. Käsemann, *Eine Apologie der urchristlichen Eschatologie,* em *Besinnungen* I, 135-157; *Die Anfänge christlicher Theologie,* ibid. II, 82-104; *Zum Thema der urchristlichen Apokalyptik,* ibid., II, 105-130; G. Klein, *"Reich Gottes" ais biblischer Zentralbegriff:* EvTh 30 (1970) 642-670; W. Knörzer, *Reich Gottes, Traum, Hoffnung, Wirklichkeit* (Stuttgart 1970); J. E. Ladd, *Jesus and the Kingdom* (Londres 1966); E. Lohse, *Die Gottesherrschaft in den Gleichnissen Jesu:* EvTh 18 (1958) 145-157; W. Pannenberg, *Teología y reino de Dios* (Salamanca 1974); N. Perrin, *The Kingdom of God in the Teaching of Jesus* (Londres 1963); K. Schmidt, *"basileia",* en ThWNT I, 579-593; R. Schnackenburg, *Reino y reinado de Dios* (Madrid 1970); Ph. Vielhauer, *Gottesreich und Menschensohn in der Verkündigung Jesu,* em *Aufsätze,* 55-91; A. Vögtle, *Das Neue Testament und die Zukunft des Kosmos* (Düsseldorf 1972); E. Wolff, *Reich Gottes,* em RGG[3] V, 918-924.

A realeza de Deus, e o reino (o reinar, o reinado) de Deus são dois aspectos do que o Novo Testamento exprime no único conceito de "Basileia tou Theou".[63] Marcos e Lucas falam da basiléia, da soberania de Deus como rei; Mateus usa a expressão "o reino dos céus", onde "céus" é o nome abstrato, no judaísmo posterior, para "Deus". "Basileia tou Theou" é o reinado de Deus, a realeza de Deus, o reino de Deus. O termo não indica um território acima

[60] Mt 3,2; 4,17; 5,19.20; 19,24; 21,31; 21,43.

[61] Lc 4,43; 9,2.11.60.62; 14,15; 16,16; 17,20; 19,11; 22,16.18.

[62] Jo 3,3 e 5.

[63] Entre outros, ver A. Vögtle, *Das neue Testament, l.c.,* 144-166.

ou fora deste mundo, onde Deus morasse e reinasse. Para Jesus, o termo significa um *acontecimento*, pelo qual Deus começa a reinar e agir como rei ou Senhor; é uma ação, portanto, pela qual Deus manifesta seu ser-Deus no mundo dos humanos. O reinado de Deus, pois, é o próprio poder divino agindo para o nosso bem na nossa história, mas significa *também* o estado final escatológico, pondo fim ao mundo mau, dominado por poderes nefastos, e iniciando o novo mundo onde Deus dominará plenamente: "Venha teu reino" (Mt 6,10). Soberania de Deus e reino de Deus são, pois, dois aspectos da mesma realidade. Soberania de Deus lembra o caráter dinâmico, referente ao hoje, do reinar divino. Reino de Deus indica mais o estado definitivo de felicidade, visado pela ação salvífica de Deus. O hoje e o futuro estão assim essencialmente ligados entre si (de uma forma que ainda teremos de definir com precisão): Deus é o Senhor da história, e ele, com plenos poderes, outorgou salvação aos humanos: é esse o teor do conceito bíblico (que nos é estranho) de "Reino de Deus".

Deus reina significa, portanto, que ele executa a sua função divina como Criador soberano, como "Rei". Ele dá salvação, felicidade, aos seres que ele criou para a vida. Que esse reino vem, significa que Deus olha os seres humanos, a fim de tornar operacional o seu "reinar" em nosso mundo.

Na antiguidade, "soberania" era conceito central, bem como "poder". Para nós, esses conceitos não são nada simpáticos. Têm som autoritário para pessoas que só se aproveitam da liberdade conquistada na revolução francesa: "Queremos uma humanidade sem (Deus e sem) rei" (J. Ferry). Por isso, podemos até procurar outras palavras, mas com a condição de que não se elimine a idéia dos direitos soberanos de Deus como Criador, pois esse respeito pela sublimidade de Deus é essencial na mensagem e atuação de Jesus. Verdade é, no entanto, que Jesus interpreta essa majestade de Deus como benevolência incondicional para com os humanos, como supremo amor pelo ser humano. Mas, essa majestade e sublimidade incluem para Jesus também que o ser humano faça a vontade de Deus. A soberania não está em função da felicidade humana, no sentido de que Deus seja útil para a felicidade humana. Jesus visa ao que é de Deus: o que é bom para o ser humano, é procurar Deus "por causa de Deus". Em outras palavras, o domínio de Deus tem sentido em si e por si; o restante é dado por acréscimo. Jesus é o homem que coloca sua alegria no próprio Deus. O reinado de Deus é o divino ser Deus, e o nosso *reconhecimento* disso produz a humanidade e a felicidade do ser humano. É com base nisso que Deus é rei como Jesus o entende; exprime a relação entre Deus e o ser humano, no sentido de que "somos a felicidade um do outro". É, afinal, a antiga aliança no amor, a comunhão com Deus, na qual porém Deus continua sendo o parceiro soberano. Quem, pois, se encontra com Jesus e sua mensagem, é confrontado com o Deus de Jesus. É este o objetivo de Jesus: mostrar que Deus é "Deus dos humanos". A carta de Tito o exprime com belo resumo: "Apareceu a bondade de Deus e seu amor pelo ser humano" (Tt 3,4). Jesus fala sobre Deus como a felicidade do ser humano. Seu Deus é um Deus que olha os humanos. Por isso, o Reino de Deus, que inspira a vida de Jesus e que ele anuncia, diz alguma coisa sobre Deus na sua relação com a humanidade, e ao mesmo tempo fala sobre a nossa relação com Deus. É uma realidade experienciada, tanto teológica quanto antropologicamente. De fato, uma *realidade*, porque para o próprio Jesus o Reino de Deus não é apenas um conceito ou doutrina, mas em primeiríssimo lugar uma realidade da experiência. Sua própria vida está decisivamente formada pela sua expectativa do reino de Deus, entregando-se à soberania de Deus. Jesus está entregue ao poder do reino de Deus, fascinado por ele, de sorte que toda a sua vida foi de um lado uma celebração desse reinado, e do outro lado um exemplo de como se deve viver neste reino de Deus. Para isso ele viveu; para isso ele morreu: pela causa de Deus como causa do ser humano.

À primeira vista, Jesus parece repetir uma velha história. De fato, é o que ele faz, mas dando a tal história um novo e surpreendente sentido. Aí, é preciso fazer abstração do sentido historicamente determinado de "rei" e "reinar"; o sentido da "realeza" de Deus, como é pregada por Jesus, se torna visível na praxe de sua própria vida, significa a *confiabilidade radical* e a *dedicação de Deus* (sim, de Deus mesmo) ao ser humano, ou seja, a fidelidade de Deus a si mesmo e à humanidade, para a qual ele quer um futuro pleno de sentido. Um poder salvífico confiável, e de nossa parte a certeza de um futuro cheio de sentido (apesar de todas as experiências contrárias), eis o cerne da mensagem de Jesus sobre o reino de Deus que se aproxima; é, afinal, a palavra usada por Jesus para o que nós acabamos chamando de "a graça de Deus", a soberana clemência divina.

Todavia, o matiz dos velhos conceitos de reino e de reinar que ainda devemos continuar lembrando, é exatamente a força crítica que nessas palavras antigas se esconde. O reinar de Deus é para Jesus ao mesmo tempo um *julgamento* sobre a nossa história. O conceito de "basiléia" de Deus sugere também a força da realidade divina enquanto critica o ser humano, sua cultura, a sociedade. Em contraste com a pregação de João, a mensagem de Jesus é realmente um "evangelho", onde se comunica uma novidade alegre, mostra-se um rosto de Deus, rosto que afinal difere radicalmente da pregação unilateral de João sobre o juízo ameaçador de Deus. Mas também o Deus de Jesus, com toda a sua bondade e misericórdia, não é um vovô bonzinho que não sabe ser exigente. O zelo de Jesus pela lei de Deus como revelação divina é autenticamente judaico, e transcende o judaísmo da época apenas no seu zelo radical pela inviolável lei de Deus, mas enquanto lei *de Deus*.

Ao mesmo tempo, o leitor deve ter percebido que nesse contexto não aparece nenhuma citação; o "aparato crítico" baixou praticamente a zero, e logo agora que se trata do cerne da mensagem de Jesus e se tornou mais urgente a pergunta crítica: se com isso tudo estamos falando mesmo do Jesus histórico. Mas, a explicação está no fato de que o próprio Jesus não esclarece em lugar nenhum o conceito de "Reino de Deus"; ele o supõe nos seus contemporâneos como noção conhecida; o conteúdo concreto se esclarece por toda a atuação dele, suas parábolas e sua praxe de vida, que serão analisadas mais adiante, e das quais se pode destilar o que acabamos de dizer sobre o reino de Deus. Toda a Parte II servirá para justificar o que acabamos de dizer em breve resumo. Mas isso vai exigir ainda outras explicações exegéticas.

Pelo que acabamos de sintetizar, a ruptura entre Jesus e o núcleo da mensagem de João parece tão profunda que é lícito perguntar o que Jesus, então, procurou inicialmente na companhia de João, e com certeza encontrou, conforme mostra o seu batismo. Por isso, devemos investigar se no contexto da tradição sinótica há elementos mostrando que Jesus, embora de forma pessoal e modificada, teria continuado a pregação de João sobre o julgamento. Só a partir daí pode ficar claro qual é o sentido da mensagem de Jesus sobre o reino de Deus, e sobretudo se Jesus é um apocalíptico, pregando uma escatologia esperada para o futuro, ou se para ele a escatologia se refere a uma decisão no presente – eis uma questão atual, controvertida na cristologia e na escatologia de hoje. Sobre isso há total divergência entre os exegetas.

Aqui não é relevante perguntar se a pregação de Jesus sobre o reino de Deus tinha tendência conscientemente antizelótica ou antiapocalíptica. O Novo Testamento mostra que a praxe e atuação de Jesus nunca foram "anti", mas somente "pró": partindo de uma experiência pessoal (a ser analisada), a mensagem de Jesus tem orientação positiva; exatamente dentro dessa orientação positiva, diante do amor universal do Deus salvador, Jesus só é "anti" tudo o que contradiz a essa mensagem central. Ora, no judaísmo do tempo de Jesus havia em todos os grupos uma tendência oposta ao verdadeiro teor dessa mensagem central de Jesus. E é evidente que Jesus combate frontalmente tal tendência. Tudo isso deixa claro o que ele quer dizer com seu lema predileto: "Que Deus reine".

A tendência geral do judaísmo da época, na maior parte de seus centros mais vivos e grupos mais conscientes, era um esforço pela "formação de seitas", na linha do "resto sagrado", inspirada sobretudo em Daniel. Consiste em dividir a humanidade toda em duas classes, quaisquer que fossem seus nomes, em termos apocalípticos: "nós, os filhos da luz" contra "os outros, os filhos das trevas". A esse último grupo pertenciam não apenas os pagãos, mas também todos os israelitas que não pertenciam ao "próprio grupo piedoso".[64] Essa tendência separatista da formação de seitas levava a novos grupos, que se subdividiam cada vez mais, cada um querendo ser ainda mais puro, e considerando-se como os únicos legítimos herdeiros do verdadeiro povo de Deus. Daí os nomes: "fariseus" (*perushim*; em aramaico *perishaya*), isto é, os separados do povo comum (os *hamme ha'ares*); os "essênios" (provavelmente do aramaico *hassaya*), isto é, os piedosos, uma tendência geral a partir dos movimentos hassideus (que cientistas às vezes chamam de "pietistas"). Dentro disso, aparece inegavelmente a tendência de leigos para assumirem também as obrigações leviticas-sacerdotais, ou seja, uma certa clericalização da espiritualidade leiga (povo *sacerdotal* de Deus). Adotavam muitas vezes como norma amar a quem é amado (o eleito) de Deus; e odiar a quem Deus rejeitou: "odiar todos os filhos das trevas, cada um à medida de sua pecaminosidade, na vingança de Deus".[65] Sobretudo os "publicanos e pecadores" eram evitados como peste; manter contato com eles seria tornar-se pecador também. Lemos em Mt 5,43: "*Ouvistes* que foi dito: Amarás teu próximo e odiarás teu inimigo" (texto que não se encontra em lugar nenhum do Antigo Testamento). É evidente que a frase se refere a tendências contemporâneas. Além disso, o texto damasceno de Qumrã diz que aleijados, coxos, cegos e mudos não podem tornar-se membros do grupo dos essênios; são excluídos da comunidade escatológica de salvação. Jesus, porém, nas parábolas do banquete, deixa exatamente os coxos, os aleijados e todos os discriminados participarem do banquete festivo (Lc 14,1). Todos os centros mais animados do judaísmo da época caracterizavam-se pela ambição de ser o resto "sagrado", a comunidade pura de Deus. Quando Jesus, então, chama Israel de "rebanho sem pastores" (Mt 9,36; Mc 6,34), está declarando o fracasso de todos os que, por segregação e seleção, pretendiam ajuntar uma comunidade pura de Deus, entregando a multidão à sua própria sorte. Jesus, ao invés de se isolar, anda pelo país inteiro, para levar a todos sem exceção uma boa nova; procura a única ovelha perdida; não está aí para pessoas de boa saúde (os que se julgam "piedosos"), mas para os doentes (Mc 2,17), isto é, para todos. Por isso, come e bebe com publicanos e pecadores, a fim de levar também a eles a prova do amor de Deus.

O que aí está acontecendo, não pode ser outra coisa senão uma mensagem e uma praxe que anunciam o amor universal de Deus, o

---

[64] A tendência para a formação de restos sectários em todo o judaísmo da época foi analisada sobretudo por A. Vögtle, *Das öffentliche Wirken Jesu auf den Hintergrund der Qumranbewegung, l.c.*, 5-19; J. Jeremias, *Der Gedanke des "Heiligen Restes" im Spätjudentum und in der Verkündigung Jesu*, em Abba, Göttingen 1966, 121-131; ver sobre a natureza própria desses grupos: E. Lohse, *Umwelt des Neuen Testaments*, Göttingen 1971, 51-85.

[65] Assim em Qumrã: 1QS 1,4 e 1,10.

verdadeiro reinar de Deus, sem formação de um resto. Jesus também não conhece a reviravolta apocalíptica das relações de poder, isto é, que os pobres ficariam poderosos e os ricos de agora se tornariam oprimidos. No reino, Jesus conhece apenas a *abolição* de todas as relações de poder que ofendem, de todo domínio repressivo de um ser humano sobre outro; é o novo reino de serviço mútuo (Mc 10,42-45). Jesus põe de sobreaviso contra o "domínio sobre propriedades", isto é, a riqueza (Mc 10,23). Uma coisa chama a atenção e é significativa para a vida de Jesus, olhando para o futuro como possibilidade de Deus, e que por isso define bem o que ele entende por "reinar de Deus": é que ele não se interessa pelo passado pecaminoso de ninguém. Quando se toca nisso (a adúltera), manifesta-se apenas a extrema reserva da parte de Jesus. Ele não condena ninguém. O que para ele importa é a possibilidade do futuro, dentro do hoje da *metanóia*. Tal atitude acaba com todo o agarrar-se à pretensão de ser *o tal*. Principalmente na parábola do irmão mais novo e do mais velho (Lc 15,11-32) se apresenta com todas as cores a atitude de Jesus, a sua mensagem sobre como Deus se relaciona com pessoas embaraçadas; e é ao mesmo tempo uma acusação contra os que se julgam "bonzinhos" e exigem sua "justa" recompensa. Significativo é também que todos os textos do Novo Testamento sobre uma *ekklesia* são secundários, quer dizer, não remontam a Jesus; pelo menos naquela época, *qahal*, sinagoga, e *ekklesia* eram nomes reivindicados por movimentos separatistas, afastando-se do "povo pecador". Jesus quer a salvação das Doze Tribos de Israel, isto é, de todo o povo de Israel, ao qual ele se limita na sua missão (Mt 15,24; 10,5-6). Mas, *dentro* dessa limitação se exprime a universalidade que virtualmente faz desaparecer qualquer limite. Aí deve encontrar-se a causa deste fato: se houve realmente uma ruptura entre Jesus e João Batista. Por outro lado, porém, é claro que João não quis fundar uma comunidade separada, como um *resto sagrado*. Além disso, nao apresenta, em lugar nenhum, como uma garantia de salvaçao, o "selo" do batismo contra o dia severo do julgamento vindouro. Havia nisso o *perigo* de se formar um "resto sagrado", o que não era demonstrável; o batizado voltava para casa (o que este tinha ainda para fazer e suas implicações como indivíduo batizado, que tinha de aguardar o dia do julgamento vindouro com seu fogo, tudo isso João parece não ter enxergado). A possibilidade de alguém se sentir um "resto sagrado" não era inverossímil. Pior foi o seguinte: João desconheceu a misericórdia universal de Deus, e foi essa que Jesus, depois de batizado por João, reconheceu, ao que tudo indica, como o único verdadeiro rosto de Deus. Por isso, é difícil negar que houve uma ruptura com o Batista, *quanto ao conteúdo* da mensagem.

Um *lógion* Q, encontrado em Lc 16,16 e Mt 11,12-13, talvez possa nos sugerir uma solução, embora aí tal *lógion* venha assumido dentro de outro contexto: "A Lei e os Profetas valeram até

João. *Desde então* (*apó tóte*) se anuncia o reino de Deus, e cada um se esforça para entrar nele" (Lc). "Desde os dias de João Batista até agora, o reino dos céus sofre violência, e os violentos são os que o conquistam. Pois todos os Profetas e a Lei *até* João apenas o profetizaram" (Mt). Provavelmente isso não é palavra do próprio Jesus, mas uma reflexão da comunidade. O Batista, pois, é visto como "fronteira" decisiva: o primeiro período das disposições divinas vai até João; aí, com Jesus, começa um tempo novo. Em outras palavras: até João inclusive, a Basiléia de Deus não estava presente. O *apó tóte* (Lc 16,16b) exclui João[66] (o sentido inclusivo indicaria a teologia de Mateus; foi somente com a atuação de Jesus que a basiléia se tornou historicamente presente.[67] Conforme a comunidade Q, o Batista está fora da basiléia; ele encerra a história antiga. É somente a partir da atuação de Jesus que o reino de Deus é violentamente *combatido*,[68] mas aí se mostra também o seu supremo poder; pois o poder da basiléia fica perceptível nas expulsões de demônios realizadas por Jesus, pelas suas curas e sobretudo pela sua pregação do evangelho (Lc 7,18-23 = Mt 11,2-6; igualmente no contexto sobre a relação entre João e Jesus). Com isso, o antigo regime está encerrado. Em outras palavras, ao contrário de João, a comunidade não vê o futuro como ligado ao batismo de João mas à atuação de Jesus de Nazaré. Futuro esse que está sob o poder de Deus. A comunidade cristã viu aí provavelmente uma ruptura maior do que o próprio Jesus pessoalmente sentiu. A diferença entre Mateus, que inclui João no reino de Deus, e Lucas com que o excluem, mostra as incertezas a esse respeito dentro das comunidades cristãs. Digno de nota é também que a comunidade Q qualifica o Batista como precursor, mas não do Jesus terreno, e sim do Jesus como "Filho do homem", que há de vir escatologicamente.[69] Na tradição do cristianismo primitivo, aparece uma subordinação cada vez mais pronunciada de João a Jesus. Além disso, conforme foi dito acima, a tradição de Marcos apresenta, com relação à pergunta sobre a competência de Jesus, uma tradição pré-marcana sobre Jesus, a qual deixa Jesus responder, com referência à

---

[66] Assim E. Käsemann, *Besinnungen*, II, 210, que em toda parte dá uma interpretação inclusiva. Pergunta sem resposta: Como é possível isso, se o próprio João desconhece uma pregação sobre o reino de Deus?

[67] J. Becker, *Johannes der Täufer, l.c.*, 87-88.

[68] Foi provado que não têm fundamento as tentativas para se interpretar isso como idéias de zelotes sobre o reino. Ver *biadzesthai* no ThWNT I, 608-613; objeto desse verbo são sempre os inimigos do reino de Deus. Assim também Schulz, *Q-Quelle*, 265, n. 622. É primário aqui, não Lucas e sim o texto de Mateus: "O reino... sofre violência". A luta contra a basiléia de Deus e, portanto, contra os mensageiros cristãos, começou com a atuação de Jesus de Nazaré, com o qual esse reino chegou. As parábolas sobre o crescimento do reino mostram que nada pode impedir esse crescimento.

[69] P. Hoffmann, *Die Anfänge der Theologie in Logienquelle*, em: Gestalt und Anspruch des Neuen Testaments, 142; Schulz, Q-Quelle, 196.

autoridade profética de João, que Jesus mesmo vê o batismo de João como obra de Deus, e ele mesmo como continuador da obra de João. Assim, Jesus vê também sua própria atuação, embora diferente da de João, como obra de Deus. Jesus sabe que é o enviado de Deus, com plenos poderes. Jesus retoma a exortação de João à metanóia (Mc 1,14-15 par.), e sua atuação visa igualmente a renovação do povo de Deus, mas há uma diferença característica e essencial entre o que cada um imaginava a respeito desse futuro. O próprio Jesus, porém, desconhece a problemática da comunidade sobre quem é o "maior": Jesus ou João. Para quem está exclusivamente fascinado pela causa de Deus, tal discussão é simplesmente irrelevante, e esse é o caso do próprio Jesus: ele procura primeiro o Reino de Deus; todo o resto então se resolverá. O anúncio de Jesus sobre o reinado de Deus só pensa no bem da humanidade, e não se refere a si mesmo como segundo assunto de sua própria mensagem; em outras palavras: Jesus não se anunciava a si mesmo, embora se possa e se deva dizer, naturalmente, que cada ser humano, naquilo a que se dedica, também se faz conhecer em sua própria identidade. João também não pregava a si mesmo, mas como caminho para se escapar ao juízo aniquilador de Deus, João ligou a metanóia ao batismo de Jesus; sem anunciar sua própria pessoa, mostra claramente como ele mesmo entende sua missão como profeta.

Juntamente com a pregação de João sobre o juízo, Jesus adotou também, ao que tudo indica, a sua expectativa sobre a vinda, em breve, do Filho do homem (para o julgamento). Mas no caso, para compreendermos o que é próprio de Jesus, é óbvio que deveremos estudar separadamente: por um lado, as palavras de Jesus sobre o juízo e o que ele diz (em termos muito provavelmente dele mesmo) sobre o "Filho do homem" que vem como juiz; por outro lado, a mensagem sobre a vinda do reino de Deus relacionando e distinguindo entre ambos.[70] Tal necessidade se vê claramente pelo fato de que o julgamento do qual Jesus fala é sempre visto como puramente *futuro*, como juízo final escatológico. Na tradição sinótica (diferente do Batista e, mais tarde, do evangelho joanino), esse anúncio do julgamento jamais ganha o sentido de algo *presente* ou próximo futuro. Por outro lado, a relação do "hoje" e do "futuro" com o *Reino de Deus* é algo totalmente diverso, e não pode resolver-se no simples "agora ainda não, e sim mais tarde", nem no "desde já". Aí se trata de uma relação muito mais matizada, porém muito diferente das palavras de João sobre a "vinda em breve" do juízo divino, situando-o no tempo. Aí aparece claramente toda a diferença entre Jesus e João. Embora fiel à mensagem

[70] Entre os muitos estudos sobre João, o mais convincente é a narrativa de J. Becker, *Johannes der Täufer*, 76.

de João sobre o julgamento, Jesus, em sua mensagem central sobre o reino de Deus, despiu a mensagem de João da perspectiva apocalíptica, que anunciava o fim dos tempos como iminente. Em tal contexto, as palavras autênticas de Jesus sobre a *proximidade* do reino de Deus ganham não apenas o sentido de substituir a noção de "juízo" pela noção do "Reino de Deus" (embora, não seja bem uma substituição, porque Jesus também fala sobre um juízo), mas ganham também o sentido de uma mensagem totalmente nova sobre o *evangelho*, palavra esta que João desconhece. Esse resumo é importante porque leva a esta pergunta: João foi realmente um apocalíptico, ou não o foi de jeito nenhum? E também: sua mensagem essencialmente apocalítica refletia, apesar de tudo, a convicção comum na época sobre a proximidade do "fim do mundo", que realmente não aconteceu? Segundo J. Blank, João combinou a expectativa da proximidade do fim com a idéia do julgamento, e por conseguinte com a exigência da conversão, vivida no batismo de penitência, ao passo que Jesus ligou a mesma expectativa de proximidade com a idéia do reinar de Deus, interpretando-o claramente como salvação universal, incluindo vida, felicidade e alegria para a humanidade.[71] Aí convém perguntar se isso é suficientemente matizado; sobretudo, se não é possível reconstruir historicamente a expectativa do "*fim* próximo" como autenticamente de Jesus.

De fato, o conceito da "soberania de Deus" e do "Reino de Deus" não era no judaísmo um conceito tão central como muitas vezes se pensa.[72] O que chama a atenção é que na apocalíptica se fala raramente sobre o "futuro esperado", dentro do tema do reino de Deus.[73] Também na literatura de Qumrã tal conceito nunca está no centro. A apocalíptica se interessa mais pela reviravolta, no fim dos tempos, "da era antiga para a nova era", do que pela determinação do que virá depois. Nos escritos rabínicos (posteriores), que guardam por escrito tradições mais antigas, o conceito se encontra repetidas vezes, mas como teologúmeno abstrato, em duas expressões fixas: "Assumir o jugo do reino de Deus", isto é, confessar o único Deus verdadeiro; e: "O reino de Deus se revela", isto é, no fim dos tempos. Os rabinos (e fariseus) dirigem sua atual expectativa do fim, não tanto para a vinda do reino de Deus, quanto para a vinda do Messias.[74] Também falam mais sobre a *olam ha-ba*,[75] a era vindoura, do que sobre o reino de Deus.

---

[71] *Jesus von Nazareth*, 104.

[72] Ver G. Klein, "*Reich Gottes" als biblischer Zentralbegriff*, em EvTh 30 (1970) 642-670; A. Vögtle, *Das Neue Testament*, 144.

[73] Dn 2,44 (4,31 e 6,27 não são escatológicos); *Oracula Sibyllina* 3, 767; *Assumptio Moysis* 10,1ss.

[74] Vögtle, *Das Neue Testament*,144.

[75] Strack-Billerbeck, I, 252, 477; 829.

Ora, não conhecemos textos onde se provem que Jesus um dia falou sobre a "nova era".[76] É totalmente alheia a Jesus a idéia de um novo tempo, de um mundo renovado, transformado, ou de uma criação inteiramente nova depois da destruição do mundo atual. Jesus fala sobre o reino *de Deus* que vem; Deus é o Senhor, e como tal há de se revelar, o que ele já está fazendo. Parece-me irrelevante, além de errado, afirmar que com isso se rompeu completamente o esquema cronológico da apocalíptica.[77] O esquema apocalíptico das duas eras interessa-se exclusivamente pelo cativante acontecimento da mudança visível do mundo velho para o mundo novo, mas isso não significa, nem para a própria apocalíptica, uma ruptura dualística. Também para a apocalíptica, a nova era ou reino de Deus já está operando agora, ainda que de maneira velada.[78] Na apocalíptica, não se trata do *hoje* em oposição ao *além* do tempo: trata-se do mundo antigo, onde a divina história celestial opera apenas invisivelmente, e do novo tempo do mundo, quando essa história celeste se torna visível e pública *na terra mesma*. Esse tornar-se visível será uma inovação inaudita e radical de todo ser, mas não se reflete sobre o momento da continuidade. Sobretudo em Qumrã, *escatón* e "tempo do fim" não têm o sentido que modernos dão ao termo "escatologia". O "reino de Deus" definitivo não é a mesma coisa que o "tempo do fim". O que em muitos ambientes apocalípticos é chamado de "tempo do fim", nós o chamaríamos melhor de "pré-escatológico". O tempo da felicidade dos últimos dias significa um tempo de paz e felicidade sem fim, isto é, do qual não se espera que possa terminar. Embora em quadro escatológico, entram aí, com seu próprio papel, idéias que são comumente judaicas, corriqueiras em círculos tanto apocalípticos como não-apocalípticos.[79] Embora Jesus não seja um apocalíptico, também não se deve procurar nele nenhum anti-apocalíptico, alguém que se opusesse *conscientemente* à apocalíptica. Jesus se opõe somente a tudo o que vai contra a causa de Deus; todo

---

[76] Mt 12,32; "nem na era vindoura" significa aqui simplesmente "nunca" (cf. Mc 3,29). "Filhos deste mundo" (Lc 16,8; 20,34) parece até uma expressão apocalíptica e qumrânica, mas o sentido é simplesmente judaico: "nós, seres terrenos". Em Mc 10,29-30 lemos: "no tempo (kairós) presente... no mundo (eón) futuro"; mas, além de (pelo menos) duvidoso que seja palavra autêntica de Jesus, aí não se dá uma doutrina sobre o futuro, mas uma parênese, uma exortação para abandonar tudo: o que está em jogo é a relevância escatológica do hoje. A "compensação" cêntupla é helenístico-judaica. Ver Berger, *Gesetzesauslegung*, 407-417.

[77] Assim entre outros: R. Schnackenburg, *Gottes Herrschaft*, 249-262; A. Vögtle, *Das Neue Testament*, 145-148; J. Becker, *Das Heil Gottes. Heils-und Sündenbegriff in den Qumrantexten und im Neuen Testament* (SUNT, 3), Göttingen 1964, 206.

[78] Dn 3,33; 4Esd 4,26ss; Ap 1,9.

[79] Ver entre outros Fr. Mussner, *"In den letzten Tagen"* (At 2,17a), em: BZ 5 (1961) 263-265; isso já se encontra em Gn 49,1; Nm 24,14; Mq 4,1; Is 2,2; Jr 23,20; Dn 10,14.

o resto ele o deixa ser o que é, até o pagar imposto à autoridade romana que ocupa o país. Nada disso lhe interessa diretamente; ele tem outro projeto de vida.

Somente a fé é capaz de reconhecer até que ponto o reino de Deus já está operando.[80] Jesus está voltado para o futuro, mas não ensina uma *doutrina sobre* o futuro; apenas sugere que o futuro será muito diferente do hoje, sem explicar detalhes. De um lado, o reino de Deus é escatológico; deverá acontecer no futuro (Mc 14,25; Lc 22,15-18): a refeição escatológica acontecerá no futuro; dela Jesus participará juntamente com os discípulos. Isso, por outro lado, sugere que a comensalidade entre Jesus e os discípulos é uma realidade presente, que chegará à sua plenitude no reino de Deus. Mas, sobre a natureza e maneira desse reencontro escatológico não se diz nada mais; será antes da morte dos discípulos? mais tarde? como? Sobre isso Jesus não fala. É com razão que A. Vögtle diz: "Sobre a pergunta se e como o vindouro reino de Deus tem algum efeito no mundo existente no cosmo, nada se diz com base na tradição sobre Jesus".[81] Para Jesus, trata-se exclusivamente dos seres humanos em sua relação com Deus, e de Deus enquanto olha os seres humanos. A pregação de Jesus sobre o reino de Deus que vem refere-se à ação salvífica de Deus para com o ser humano, orientada para o futuro.

Por isso, o tema do reino de Deus não estava muito vivo na apocalíptica, ou entre os fariseus e rabinos. O único movimento em que esse tema estava extremamente vivo era o dos revolucionários judaicos, tanto sicários como zelotes. Por causa do Reino de Deus, eles exigem liberdade política e a derrubada da ocupação romana: somente Deus é rei de Israel. É exatamente pela sua resistência militante que eles querem acelerar o reino de Deus. Aí vivia realmente a idéia de uma chegada, em breve, do reino de Deus. Por outro lado, porém, é curioso que esse tema do reino de Deus que se aproxima estava presente com muita força exatamente na comunidade Q, a qual (opondo-se expressamente ou não ao zelotismo nacionalista-político) tinha uma concepção pronunciadamente não-violenta do reino de Deus que se

---

[80] H. Riesenfeld, s.v. *paratèrèsis,* em ThWNT VIII, 150.

[81] A. Vögtle, *Das Neue Testament, l.c.*, 150. Somente Mt 19,28 conhece a "paligenesia", que evidentemente se refere ao futuro escatológico, bem como a "synteleia tou aiônos" Mt 13,39-40.49; 24,3; 28,20), o fim (ou nova criação, no fim) desse eón; isso, no Novo Testamento, é tipicamente de Mateus; deve ser termo apocalíptico da tradução de Daniel na LXX (12,13b; 9,27; ver também Hb 9,26). Vögtle, *ibid.*, 151-166. Sobretudo Mc 9,1 é certamente secundário (alguns contemporâneos de Jesus ainda estarão vivos, quando o reino de Deus vier com poder). Ver: C. Colpe, s.v. *hyiós tou anthrôpou*, em ThWNT VIII, 459; Berger, *Amen-Worte*, 62-70.

[82] K. Schubert, *Die Entwicklung der eschatologischen Naherwartung im Frühjudentum,* em: *Vom Messias zu Christus* (ed. K. Schubert), Viena-Friburgo 1964, 1-54; P. Hoffmann, *Die Anfänge, l.c.*, 134-152; M. Hengel, *Die Zeloten*, 385-386.

aproxima.[82] A ligação entre o "Reino que se aproxima" e a "ortopráxis" (concretamente: fidelidade à Lei) é típica para a comunidade Q; é por assim dizer o programa dessa comunidade (Lc 6,20-45 par.; também Lc 6,46-49 par.).[83] A atividade do Jesus terreno já é interpretada por essa comunidade (na sua fase judeu-helenista) como acontecimento escatológico que *precede* o fim. Em Mt 11,10 (uma interpretação Q da palavra mais antiga de 10,7-9), João Batista é o enviado prometido em Ml 3,1, que prepara o caminho para "aquele que vem". No entanto, o curioso é que, na narrativa sobre a missão, o que Jesus terreno confia aos discípulos, estes, conforme a comunidade Q, recebem como conteúdo de sua mensagem: "O reino de Deus chegou até vós" (Lc 10,9 = Mt 10,7), ou seja, exatamente o que já tinha sido formulado como conteúdo da mensagem do próprio Jesus. Apesar de um tanto retocada pela comunidade Q depois da Páscoa, essa mensagem parece ter transmitido substancialmente a própria mensagem de Jesus sobre o reino de Deus que estava chegando. A natureza especial dessa comunidade, sobretudo a sua própria intenção de transmitir uma tradição,[84] é garantia para a autenticidade da mensagem do "reino de Deus que está perto", como sendo de Jesus. Mas, não está claro se a expectativa (apocalíptica) do julgamento, que caracteriza a comunidade Q,[85] foi igualmente essencial na pregação de Jesus.[86] A continuidade entre a pregação de Jesus e a da comunidade Q não está principalmente no *querigma*, mas na *escatologia*: ambos anunciam a proximidade da vinda do reino de Deus e do Filho do homem. A camada mais antiga da comunidade Q, porém, já identificou o Filho do homem (que ainda devia vir) com o Jesus celeste, que entraria em cena no tempo do fim, para a salvação

[83] H. Schürmann, *Die Warnung des Lk. vor der Falschlehre in der "Predigt am Berge"*, em BZ 10 (1966), 59-81.
[84] Ver Todt, *Menschensohn*, 212ss.; também Lührmann, *Q-Redaktion*, 96.
[85] Tese fundamental de *Q-Redaktion*, de Lührmann; ver sobretudo 94.
[86] A respeito, as opiniões dos exegetas são totalmente divergentes entre si. Veja a situação da discussão (até 1964) em W. G. Kümmel, *Die Naherwartung in der Verkündigung Jesu* (Hom. R. Bultmann), Tubinga 1964, 31-46. Desde 1964, ver ainda sobretudo R. Pesch, *Naherwartungen. Tradition und Redaktion in Mk.* 13, Düsseldorf 1968 (com rica bibliografia); J. Bornkamm, Die Verzögerung der Parusie, em *Geschichte und Glaube* (Gesammelte Aufsatze III-1), Munique, 1968, 46-55; E. Grasser, *Die Naherwartung Jesu*, Stuttgart 1973. Aqui, porém, a questão é esta: se o cristianismo primitivo apresenta, com relação a Jesus, tendências "re-apocaliptizantes", o que p. ex. Lührmann, *Q-Redaktion*, 94, denomina simplesmente "um fato". Supõe-se, então, que é "essencialmente apocalíptica" a pregação do juízo final ou da vinda da salvação. Em toda essa problemática tudo depende de como se define a essência do "apocalíptico". Além disso, exegetas contam pouco com a "sociologia da expectativa do fim". Parece-me também que existe certa expectativa profética do fim, que é apresentada em termos temporais de "proximidade", até intencionalmente, mas sem que essa expectativa do "está para acontecer" possa ser interpretada com precisão cronológica. Aí está em jogo uma antropologia e impulso religioso por demais complicados.

de sua comunidade, e como juiz do mundo.[87] É por isso que, na fase mais antiga da tradição Q, Jesus não era o Anunciado; o conteúdo dessa pregação é o reino vindouro de Deus e o juízo vindouro, no qual Jesus, como *Filho do homem*, salvará sua comunidade;[88] aliás, também Paulo, em sua primeira carta, deixa transparecer: "Do céu esperamos seu Filho, que ele ressuscitou dos mortos, Jesus, *que nos livra da ira futura*" (1Ts 1,10).

Que Jesus anunciou a vinda, *em breve*, do reinado de Deus, é indiscutível. Terá sido um engano de Jesus? Pensava ele que o fim do mundo estava próximo, conforme pensavam os círculos apocalípticos? Como o próprio Jesus encarava o futuro, é difícil deduzir das idéias do Novo Testamento, já coloridas pelas expectativas do cristianismo primitivo. Pois o certo é que a fé na sua ressurreição, ou pelo menos no seu "estar com Deus" (ver mais adiante), foi "vivida" inicialmente como primeiro sinal da parusia e do "fim do mundo". Pois a entusiástica expectativa da vinda gloriosa de Jesus baseava-se exatamente no seu estar vivo com Deus; por isso, a experiência posterior da "demora" de Jesus não mudou nada essencialmente, embora tenha gerado inicialmente alguns problemas para muitos cristãos, conforme mostra o Novo Testamento. Mas, não podemos remontar diretamente à pregação de Jesus essas expectativas cristãs sobre o fim. Como já foi dito, a pregação de Jesus baseava-se na sua convicção sobre a certeza da salvação pela vinda, em breve, do reinado de Deus; e essa "proximidade" ele a via *na* sua própria atuação (cf. mais adiante). Mas, em lugar nenhum os textos dizem que ele tenha identificado essa vinda com o fim do mundo. Jesus proclamou com convicção a vinda, em breve, da salvação divina, e agiu de acordo; mas, quanto às suas imaginações sobre "como" viria a salvação, nada ficamos sabendo. É atraente fazer suposições em torno disso, digamos fazer fantasias sobre um fim do mundo que estivesse perto; ou, mais exatamente, sobre a vinda, em breve, do Filho do homem; e isso também não é absurdo, creio eu, dentro do espírito do nosso tempo. Mas, não há nenhum dado histórico que nos permita garantir alguma coisa a respeito. A convicção de Jesus sobre a salvação tinha base *puramente religiosa*, como ainda veremos. Além disso, é preciso dizer que, com o tempo, a perspectiva de sua morte fatal que se aproximava tornou-se também elemento essencial influenciando as idéias de Jesus (ou a ausência delas) sobre como seria a salvação futura: ele se entrega a Deus, na certeza de que haverá salvação. Mais adiante há de ficar claro também o seguinte: mesmo diante do que o próprio Jesus pensava sobre a vinda do reino de Deus, Deus continuava soberanamente livre.

---

[87] Lührmann, *Q-Redaktion*, 97; Schulz, *Q-Quelle*, 165-175; U. Wilckens, *Jesusüberlieferung*, 336-337.
[88] Ver Lührmann, *Q-Redaktion*, 97.

A vida de Jesus torna claro, isto sim, que o "hoje" e o "futuro", embora distintos, estão essencialmente interligados. Jesus anuncia a salvação *vindoura*, e pela sua praxe ele a torna *presente*, sugerindo assim, desde já, uma ligação entre sua pessoa e o futuro reinado de Deus. Uma compreensão da natureza dessa ligação deverá resultar das análises que seguem. No entanto, já está ficando claro o seguinte: Jesus relaciona a vinda do reino de Deus com a metanóia, isto é, a praxe atual do reino de Deus. O Pai-nosso sugere uma ligação essencial entre o "venha o vosso reino" e o "seja feita a vossa vontade na terra": realizar a vontade de Deus na nossa história terrena tem a ver com a vinda do reino de Deus, sempre na dialética característica de Jesus entre o "hoje" e o "futuro"; este último é sempre maior do que o hoje, mas *o hoje* estimula uma praxe ética-religiosa de acordo com o reino de Deus. Essa ligação entre o reinado de Deus e a "ortopráxis" remonta claramente a Jesus: no seu andar por toda a parte "fazendo o bem", na sua defesa dos párias e dos excluídos, o que se exprime sobretudo nas suas parábolas e no seu contato com pecadores (ver mais adiante). No seu modo de viver, Jesus dá ao reino de Deus um rosto concreto: dedica-se ao bem-estar, à integridade do ser humano, também fisicamente com curas e exorcismos. Onde Jesus aparece, o medo some, o medo de viver e o medo de morrer, e ele liberta a pessoa humana e a devolve a si mesma. Sobretudo o agarrar-se a riquezas e propriedades, tanto pequenas como grandes e supérfluas, ele o vê em flagrante contradição com a confiança no reinado de Deus. Pois assim o cerne da soberania divina corre perigo; a confiança incondicional em Deus (mesmo quando ele segue caminhos que não escolheríamos) é confiança que se manifesta no estar aberto para receber a felicidade que Deus quer dar. A "ortopráxis", o agir corretamente, é a manifestação humana e a tradução conseqüente do amor salvífico universal de Deus nos registros da vida humana. Aparece onde existe amor sem limites, sem formação de grupinhos e seitas, abrangendo até inimigos, "publicanos e pecadores", isto é, todos os que na sociedade judaica da época estavam excluídos da convivência com fariseus ou essênios. Em tal praxe, o próprio Jesus vê os sinais da chegada do reino de Deus, e no seu próprio modo de viver ele pode até ver sobretudo o sinal dessa chegada. Portanto, a chegada do reino de Deus tem em Jesus um fator humano de mediação. Os cuidados de um pelo outro são a forma visível onde a vinda do reino de Deus se manifesta; é o caminho que a soberania de Deus segue. No agir de Jesus aparece uma realização proléptica, não na teoria mas na prática, do "novo mundo", da procurada nova praxe da vida boa e verdadeira, digna de seres humanos,[89] naturalmente porém numa contingência histórica

[89] R. Pesch, *Von der "Praxis des Himmels". Kritische Elemente im Neuen Testament,* Grasz 1971.

muito concreta, que como tal não pode ser por nós repetida. Por isso, o mundo procurado, o mundo melhor, totalmente diverso – o reino de Deus como soberania divina pela força do amor, visando ao bem da humanidade – não é algo vago e indeterminado: foi historicamente concretizado na praxe da vida de Jesus, que por isso, para os que nele confiam, não é apenas *inspiração* e *incentivo*, mas dá também pelo seu próprio conteúdo, além de puro pragmatismo, uma *orientação* bem determinada a seu agir no mundo. Por tudo isso, o elo apocalíptico entre a esperança escatológica e um reino de paz, em futuro próximo, já é transposto para uma ligação intrínseca entre a *esperança* escatológica e uma nova praxe neste mundo, sem no entanto abandonar a idéia de uma salvação que virá em breve.

Em Jesus, a abençoada mudança, como sinal historicamente visível da vinda da soberania de Deus, não teve, em todo caso, o sentido apocalíptico (messiânico) de uma "reviravolta do tempo" por uma repentina intervenção de Deus. Teve o sentido de uma nova mentalidade e uma ação com base na fé no reino de Deus que estava chegando. A mensagem de Jesus sobre a soberania de Deus e sobre o reino de Deus, é portanto, na sua plenitude, o amor universal de Deus pela humanidade, como se manifestou na conseqüente praxe da vida de Jesus, chamando-nos para a fé e a esperança na vinda dessa salvação, desse reino de paz que vem de Deus; e também para, confiantes, manifestarmos a sua vinda, através de conseqüente praxe de vida, a praxe do reino de Deus. Isso ficará claro pelas análises que ainda seguem.

B. A praxe do reino de Deus. As parábolas de Jesus

Bibliografia: E. Auerbach, *Mimèsis. Dargestellte Wirklichkeit in der abendländischen Literatur* (Berna [2]1959); J. Blank, *Marginalien zur Gleichnisaulegung*, em *Schriftauslegung in Theorie und Praxis* (Munich 1969) 89-103; E. Biser, *Die Gleichnisse Jesu* (Munich 1965); C. H. Dodd, *Las parábolas del reino* (Madrid, Ed. Cristiandad, 1974); E. Eichholz, *Einführung in die Gleichnisse* (Neukirchen 1963); F. Fiebig, *Altjüdische Gleichnisse und die Gleichnisse Jesu* (Tubinga-Leipzig 1904); id., *Die Gleichnisse Jesu im Lichte der rabbinischen Gleichnisse des neutestamentlichen Zeitalters* (Tubinga 1912); E. Güttgemanns, *Die linguistisch-didaktische Methodik der Gleichnisse Jesu* (Studia Linguistica Neotestamentica; Munich 1971) 99-103; R. W. Funk, *Language, Hermeneutic and Word of God* (Nova York-Londres 1966) 124-223; J. Jeremias, *As parábolas de Jesus* (Paulus, 1976); A. Jülicher, *Die Gleichnisreden Jesu* (Darmstadt [2]1963); W. G. Kümmel, *Noch einmal: Das Gleichnis von der selbstioachsenden Saat*, em *Orientierung an Jesus* (Friburgo 1973) 220-237; E. Linnemann, *Gleichnisse Jesu* (Gotinga 1969); E. Lohse, *Die Gottesherrschaft in den Gleichnissen Jesu:* EvTh 18 (1958) 145-157; N. Perrin, *The modem interpretation of the parables of Jesus and the problem of hermeneutics:* "Interpretation" 25 (1971) 131-148; E. Trocmé, *Jésus de Nazareth vu par les témoins de sa vie* (Neuchâtel 1971), capítulo 6. *Le Jésus des paraboles*, 94-110; D. O. Via, *The*

Parables (Filadélfia 1967); A. Weiser, *Die Knechtsgleichnisse der synoptischen Evangelien* (Munich 1971); número monográfico: *Gleichnisse:* EvTh 32 (1972) 413-451.

a) *Contar parábolas*

Para nós modernos, acostumados com as exigências das ciências históricas, costuma ser difícil entender uma "cultura narrativa", onde os mistérios mais profundos da vida são interpretados em contos e fábulas. O que ilustra bem a nossa falta de compreensão para uma cultura narrativa é a reação de muita gente à narração sobre Jonas, que ficou "três dias na barriga de uma baleia". Até para Padres da Igreja era um problema. Mas, em nosso tempo, a falta de compreensão chega às vezes a proporções ridículas. Depois de muita pesquisa científica, certo douto chegou um dia à conclusão de que Jonas, fugindo, realmente se escondeu três dias num abrigo, um albergue, chamado "Baleia". Parece mesmo que perdemos a inocência "narrativa"! Pois em muitas culturas narra-se a história de um homem que foi engolido por um peixe enorme. Toda espécie de profundas verdades vitais podem ser elaboradas em semelhante estória. A oração de Jonas (Jn 2,2-10) revela por que esse conto popular, conhecido em muitas culturas, foi assumido no Antigo Testamento: Deus não abandona os seus, por mais desesperada que seja a situação. É o que diz a oração de Jonas na barriga da baleia, no meio das águas do abismo que tudo devoram, situação louca de extremo abandono, sem solução! Semelhante narrativa pode ser repetida inúmeras vezes. Contém toda espécie de sabedoria, historicamente condensada, de povos que reconhecem a força indômita das águas. Porém, quando o Antigo Testamento assume essa narrativa, conhecida há longos anos, uma situação extremamente desesperada é trazida para dentro do contexto da *oração* bem concreta de Jonas. Assim nasce uma estória nova, a estória de uma confiança incondicional na proximidade de Javé, que ajuda quando o ser humano não vê mais solução. Mais tarde o caso seria contado mais vezes. Mas cada repetição é inteiramente nova; os cristãos retomam a narrativa do Antigo Testamento sobre Jonas em contexto inteiramente novo: o da morte e ressurreição de Jesus. Semelhante estória não acaba nunca. É contada sempre de novo: o núcleo fica, e é sempre explicado novamente.

Também o Novo Testamento, que narra sobre Jesus, se encontra dentro de uma "cultura narrativa", não numa cultura igual à nossa, que substituiu a inocência narrativa pelas ciências históricas. Entretanto, nós não podemos desprezar nem esta nem aquela. Nós modernos só conseguiremos entender bem as narrativas, também sobre Jesus, se chegarmos a uma *segunda* inocência narrativa; quer dizer, se depois de termos passado pela ciência histórica e pela crítica, voltarmos para uma "inocência narrativa", que ganhará então força crítica diante da ciência e da crítica histórica.

Conscientes da cultura narrativa da Antiguidade, deveremos abordar o texto dos evangelhos com esta pergunta: "Afinal, o que esses evangelhos querem narrar quando contam os milagres de Jesus?" Só depois disso é que se pode indagar qual é o cerne historicamente firme dessas narrativas. A questão *histórica* certamente não é sem importância, mas faz parte de um conjunto mais amplo.

Jesus *é* uma parábola, e *conta* parábolas. Somente parábolas podem explicar uma parábola. Por quê?

O fato de alguém contar uma parábola, a própria parábola como acontecimento, já é um fenômeno maravilhoso. Na maioria das vezes, a parábola é paradoxal, dá um choque. Em algum caso, pode ser conseqüência da nossa ignorância ocidental a respeito de coisas que, nessas parábolas, eram comuns no Oriente. A parábola do semeador encena um camponês que parece jogar as sementes de qualquer jeito: ele as espalha não somente no campo, mas também em cima da rocha, em lugares onde nascem espinhos e até no caminho. Mas, para os orientais era coisa muito compreensível, nada chocante. Quero referir-me a coisas propositadamente chocantes. Os trabalhadores da última hora recebem o mesmo pagamento que aqueles que pelejaram o dia inteiro; isso é chocante, não apenas para o nosso entendimento social, mas também para as pessoas que estavam na hora escutando a parábola. As cinco moças tolas da parábola do casamento nos parecem mais simpáticas, ao passo que as cinco outras, as prudentes, que se recusam a ajudar as tolas, são logo chamadas de "chatas" pela juventude de hoje, quando se ouve a história, mas assim deve ter sido também naquele tempo. Pois uma parábola se move em torno de um núcleo de *escândalo*, pelo menos algo de paradoxal e inusitado. A parábola muitas vezes põe as coisas de cabeça para baixo; quer atravessar a nossa maneira convencional de ser e entender. A parábola quer levar o ouvinte a refletir, incluindo algum elemento "estranho" e de "surpresa" dentro de um acontecimento corriqueiro. Não é toda noite que alguém te acorda, tocando a campainha, para ajudares um desconhecido que necessita em situação extremamente difícil. E não é a qualquer hora que se perde uma ovelha ou moeda. A muitos de nós tal coisa nunca acontece. Na parábola, porém, *eu* sou confrontado com tal coisa, aqui e agora. Isso obriga a refletir mais sobre o assunto. Parábolas nos forçam a pensar mais um pouco. Acontecimentos costumeiros são colocados em contexto não costumeiro, e assim o lugar comum torna-se provocação estimulante. Sacode e inquieta.

A intenção é a seguinte: obrigar-te a considerar sob outro ponto de vista tua própria vida, o que costumas fazer ou deixas de fazer; teu próprio mundo. Parábolas destrancam possibilidades diferentes, novas, muitas vezes contrastantes com o nosso modo de agir convencional; oferecem chances para uma nova experiência da realidade. Parábolas têm força crítica, prática, que incentiva para uma renovação da vida e da sociedade. Embora derivadas de coisas e acontecimentos do dia-a-dia, elas atravessam as nossas avaliações e reações espontâneas, acrescentando algum elemento que irrita, estranha ou surpreende. O bom samaritano não apenas ajuda; ele faz coisas evidentemente extravagantes: vai a pé, o homem ferido vai no lombo do jumento; leva-o a um albergue, volta no dia seguinte, paga as despesas da hospedagem e assume qualquer outro gasto adicional (Lc 10,33-35). Propositadamente mais incisivo é o *próximo*: alem de ajudar, é apresentado como um samaritano, enquanto dois clérigos (um levita e um sacerdote) negligentemente passam. Há um elemento de seriedade existencial na banalidade da parábola: esconde dentro da vida humana cotidiana neste mundo um apelo mais profundo. Parábolas não apontam para outro mundo acima deste, mas para outra possibilidade *dentro* deste nosso mundo, para uma possibilidade real de vermos e vivermos a vida e o mundo de maneira bem diferente do que se costuma fazer. Segundo uma opinião convencional, o bom samaritano até exagerou um pouco! Mas é exatamente isso que o narrador da parábola quer mostrar: o surpreendente excesso de misericórdia do "bom pastor".[90] O novo mundo que a parábola nos abre é apontado como possibilidade concreta desta vida, também para quem agora escuta a parábola. No mundo das parábolas de Jesus, vive-se e julga-se de modo diferente do que se faz no mundo da rotina comum, cotidiana. Com exceção de três parábolas (o rico avarento; o rico e Lázaro; o publicano e o fariseu), todas as parábolas são terrenas. Deus não é mencionado diretamente. Mesmo assim, qualquer um que as escute sabe que nessas narrativas está sendo confrontado com a ação salvífica de Deus *em* Jesus: é assim que Deus age, e isso pode-se ver no modo como age o próprio Jesus. Pelo menos quando se olha com o coração disposto para a conversão.

A parábola, pois, fica "suspensa", enquanto o ouvinte não *decide* em favor ou contra a nova possibilidade de vida que nela se lhe abre, decidindo assim, em última análise, em favor ou contra Jesus de Nazaré. O ouvinte é posto diante de uma escolha entre dois modelos de vida. Será que vai aceitar a nova "lógica da graça e da misericórdia" que as parábolas revelam, e participar, na sua própria vida, dessa reviravolta radical? Ou vai rejeitar esse desafio e voltar para a vida anterior? Afinal de contas, nas parábolas trata-se de Jesus e de seu mundo, pois elas abrem um mundo novo, um mundo onde moram apenas

[90] No hebraico, *re'* (o próximo) soa quase igual a *ro'* (pastor), de sorte que esta parábola talvez seja uma narrativa sobre o bom pastor, como exemplo humilhante para o que em outro lugar se chama de "rebanho sem pastores".

a graça e o amor, mundo que submete à crítica e quer mudar a nossa história humana sofrida, em conseqüência de um agir obcecado. O que chama a atenção, de fato, é que na parábola o tempo não tem nenhum sentido cronológico. Não quer dizer que a parábola esteja *fora* ou *acima* do tempo. Pelo contrário, sugere que aquilo que está sendo contado inclui uma *relação* constitutiva *com o meu hoje*, aqui e agora: esse apelo a mim, agora, é essencial quando se conta e escuta uma parábola. Aí não existem problemas de tradução ou reinterpretação: eu mesmo devo aqui e agora chegar a um acordo com a parábola, respondendo a esta pergunta: reconheço como minha essa nova possibilidade de vida? Por isso, uma parábola não precisa de nenhum comentário *arrazoador*, nenhuma explicação a mais, nenhuma interpretação. Ela interpreta a si mesma, interpretando a nossa vida, a nossa existência e o nosso agir. Não uma argumentação, quando muito a narração de uma segunda ou terceira parábola é que pode esclarecer o sentido da primeira, repetindo o efeito dos choques paradoxais e do afastamento do nosso comportamento comum e conformista do dia-a-dia.

b) *As parábolas de Jesus*

O próprio Jesus – sua pessoa, suas narrativas e suas ações – é uma parábola. De fato, o efeito de "choque" teve em sua vida uma presença contínua. O evangelho de Marcos viu isso com nitidez. Mc 2,1-3,5 ajuntou cinco narrativas chocantes; diversas ações de Jesus pelas quais as pessoas presentes foram obrigadas a tomar atitude diante dele: a cura de um paralítico (cujos pecados ele perdoa) (2,1-12); uma refeição na casa de um publicano (que arrecadava impostos para os romanos) (2,13-17); Jesus defende seus discípulos, que não jejuam quando estão com ele (2,18-22); e defende a conduta de seus discípulos que colhem espigas durante o descanso sabático (2,23-28); finalmente, como clímax, o próprio Jesus cura em sábado a mão ressecada de um homem desesperado (3,1-5). A reação dos chefes segue-se imediatamente: "Os fariseus, saindo daí, imediatamente se puseram a conspirar com os herodianos *para acabar com Jesus*" (Mc 3,6; cf. também o contexto de Mt 12,14 e Jo 5,18). A narrativa é o próprio Jesus, e como tal é entendida por todos os que estão dispostos a receber, na praxe da vida de Jesus, a proximidade salvadora de Deus (Mt 13,11); por outros não é entendida. Mas a parábola é tão provocadora que uma atitude neutra diante dela se torna impossível. Pois, sem abertura para a possível mensagem dentro da narrativa, vê-se apenas a conduta incompreensível de Jesus (Mc 4,11-12), que é escandalosa e contrária à Lei (Mc 6,2-3; ver Mt 11,6; 15,9). É preciso tomar posição, porque a narrativa, que é Jesus, não apenas abre outra possibilidade de vida, mas exatamente assim coloca debaixo de crítica arrasadora a nossa própria atitude diante da vida, guardada realmente como algo sagrado. Foi por isso que alguns, para não se arriscarem, rejeitaram a parábola que era Jesus; para eles, Jesus era uma parábola apócrifa e heterodoxa, perigosa para os próprios costumes estabelecidos. A execução de Jesus na cruz será finalmente uma conseqüência intrínseca dessa incompreensão diante da parábola viva de Deus.

Na sua preocupação com o ser humano e com a história de seu sofrimento, com publicanos e pecadores, com pobres, paralíticos e cegos, com excluídos e pessoas alienadas de si mesmas por "espíritos maus", Jesus é uma parábola viva de Deus: é assim que Deus se preocupa com o ser humano. Em cada narrativa sobre Jesus narra-se o que Deus é. Sim, é o próprio Deus quem, mediante a narrativa da vida de Jesus, abre para nós um mundo novo, uma outra experiência da realidade, outra praxe de vida: assim reza a narrativa do Novo Testamento *sobre* Jesus, como resposta dos primeiros cristãos à narrativa *do* próprio Jesus. Por isso, todas as narrativas da vida de Jesus vão reviver na vida ou na narrativa da comunidade de fé. Assim, a Igreja torna-se uma comunidade, de história e de mesa, de pessoas que se abriram para o poder crítico da parábola da vida de Jesus. Assim, também nós podemos, ainda hoje, escutar a narrativa de Jesus. É a nós que se dirige agora a pergunta: temos a coragem de arriscar nisso a nossa vida?

Se os quatro evangelhos contam mais parábolas do que podem ser atribuídas a Jesus, esse fato não é o problema mais importante. Mais do que a metade das parábolas que encontramos em Lucas, encontram-se somente nele, que deve tê-las encontrado em determinada tradição. As parábolas do Novo Testamento passaram também por processo de tradição pelo qual receberam novas atualizações, sobretudo quando a demora da parusia começou a ser problema. Também mais ou menos a metade das parábolas do evangelho de Mateus não se encontram em outros lugares do Novo Testamento. Marcos, porém, que é uma tradição evangélica mais antiga, tem poucas parábolas. Parece, no entanto, que esse fato não deve ser explicado pela suposição de Marcos não ter conhecido uma tradição mais rica de parábolas, mas sim por ter-se interessado menos por esse gênero; aliás, Marcos se interessa mais pela atuação de Jesus, pelos seus ensinamentos aos discípulos e pela praxe de sua vida, do que pelas suas parábolas. Segundo ele, as parábolas não pareciam destinadas aos membros da comunidade cristã. Não falta probabilidade à explicação de Et. Trocmé. Segundo ele, as parábolas não pertencem tanto à pregação geral de Jesus, mas antes às "conversas na mesa", que ele teve com toda espécie de cidadãos. Tal interpretação explicaria tanto a integração um pouco tardia das parábolas na tradição *evangélica* sobre Jesus,[91] como também a

---

[91] Ver p. ex. Lc 10,38-42; Jo 12,1-8; Lc 7,36-50; 11,37-52; 14,1-6; Mc 2,16 par; Lc 19,1-10; ver E. Trocmé, *Jésus*, 103-104.

forma não muito segura em que as parábolas foram transmitidas. Então, o núcleo de muitas parábolas dos evangelhos, à medida que são autênticas do próprio Jesus, seria algo como "as conversas de sobremesa"; isso também explicaria porque nessas parábolas se fala tantas vezes em refeições (de todo tipo), e em "donos" e "servos". As parábolas não são (como se diz em certo gênero literário popular bem intencionado) o resultado da própria pregação de Jesus às multidões; pelo contrário, são a forma mais refinada (talvez mais "solta") de falar, no seu contato um tanto irônico com a burguesia, esta geralmente mais bem situada, que, sem seguir Jesus, mostrava por ele algum interesse, religioso ou não, muitas vezes até duvidoso: com base nessa atitude, tal burguesia o convidava para uma refeição. Muita coisa sugere que a lembrança das parábolas autênticas de Jesus se guardou exatamente nesses ambientes, ao passo que a tradição mais antiga sobre Jesus parece saber pouca coisa sobre suas parábolas. Com o tempo, porém, a "tradição sobre Jesus" foi confrontada também com essa tradição "vinda de fora" sobre as parábolas de Jesus; tradição essa que depois começou a interessar-se também por elas, com certa hesitação. Isso poderia explicar a curiosa "teoria do evangelho de Marcos sobre as parábolas" (ver Mc 4,10-12): "Aos que *estão de fora*, tudo se lhes propõe em parábolas" (Mc 4,11b). Tem-se de fato a impressão de que, na opinião de Marcos, os discípulos de Jesus sabem mais e melhor o sentido dessas parábolas, e que elas se destinam aos que "estão de fora". Há motivos para supor que Marcos tentou antes frear do que estimular a integração da tradição das parábolas na tradição dos evangelhos. Marcos afirma: "Jesus não lhes falava senão em parábolas; a sós, porém, explicava tudo aos discípulos" (Mc 4,34). Isso contradiz todo o evangelho de Marcos, que dá apenas algumas poucas parábolas, e está essencialmente interessado em outras coisas, exatamente nessa explicação (o que para Marcos significa: *sem* essas "parábolas").

No entanto, vê-se nessas parábolas a solidariedade de Jesus com o melhor da sabedoria do judaísmo tardio, em assuntos éticos e religiosos, como igualmente com o dinamismo fundamental da única coisa que o fascinava: a causa de Deus como a causa do ser humano, o reino de Deus. Em termos de religiosidade em geral, o "Deus das parábolas" aparece como o todo-poderoso (Lc 12,20; 17,7-10), que como realístico homem de negócios exige "rendimento" de seus súditos (Mt 25,14-30); mas ele é também e sobretudo misericordioso e clemente (Lc 18,10-14; Lc 18,7), consolador (Lc 16,19-31) e até incrivelmente magnânimo (Mt 18,23ss; 20,1-16; Lc 15,20-32); dá generosas recompensas (Mt 25,21.23), não de acordo com os resultados, mas segundo a sua própria bondade (Mt 20,15) e é insuperável em longanimidade (Lc 13,6-9; Mt 13,24-30). Nisso reencontramos o Deus de Jesus, do reinado de Deus, que só pensa no que é bom para a humanidade.

Sobretudo as parábolas que refletem o núcleo da mensagem de Jesus sobre a chegada do reino de Deus foram fortemente retocadas pela morte de Jesus, pela fé na ressurreição e pela espera cristã da parusia de Jesus. Mas, o teor original muitas vezes ainda pode ser reencontrado atrás dessa perspectiva eclesial.

Quanto à vinda do reino de Deus, será "como um homem que, ao partir para o exterior, deixa a casa e delega autoridade aos empregados, indicando o trabalho de cada um e dando ordens ao porteiro para vigiar... Vigiai, pois não sabeis quando o senhor da casa voltará..." (Mc 13,34-37).[92] Como vimos acima, o que Jesus aguarda do futuro é essencialmente a vinda do reino de Deus.[93] O que vale, pois, é a vigilância. Nas parábolas escatológicas realmente de Jesus, trata-se sempre do reinado de Deus, da soberania de Deus no reino que em Jesus está perto (Mc 1,15) e já opera em Jesus (Lc 11,20). Mesmo assim, "ainda está a caminho" (Mt 6,10; Lc 11,3); ninguém sabe quando virá (Mc 13,32; Lc 17,20-21). A exigência de vigilância indica que a vinda do reino de Deus significa *salvação* para os acordados, embora saibam que são pecadores (Lc 18,9-14) e indignos (Mt 8,8-9; par. Lc), mas será *julgamento* para quem não estiver acordado; para quem agora não "sabe agir" (Mt 7,24-27; par. Lc). É sobretudo nas parábolas que se esclarece como o reino de Deus está ligado à "ortopráxis". A parábola dos talentos é um exemplo típico (Mt 25,14-30; par. Lc 19,12-27). O talento confiado ao ser humano é o reino de Deus, sem dúvida uma graça que nos sobrevém, como quando se encontra um tesouro (Mt 13,44) ou uma pérola preciosa (Mt 13,45s); mesmo assim, é um acontecimento que exige de todos uma reviravolta total (metanóia), para a qual é preciso vender tudo (Mt 13,44). O trabalhar agora, com aplicação, visando à vinda do reino de Deus, retorna também na parábola

---

[92] Ver: J. Dupont, *La parabole du maître qui rentre dans la nuit (Mc 13,34-36*, em *Mélanges Bibliques* (Hom. R. P. B. Rigaux), Gembloux 1970, 89-116.

[93] Nos evangelhos sinóticos, o que Jesus prevê como "aquilo que vai acontecer" pode ser: a) o Reino vindouro de Deus (Mt 6,10 par. Lc 11,3; Mt 10,7 par. Lc 9,2; 10,9.11; Mc 9,1 par. Mt 16,28; Lc 9,27; Mc 1,15 par. Mt 4,17; Lc 17,20; 21,31; 22,18); b) o "Filho do homem" (Mt 10,32-33 par. Lc 12,8-9; Lc 17,24.26.30; Mt 24,44 par. Lc 12,40; Mc 8,38 par. Mt 16,27; Lc 9,26; Mc 13,26 par. Mt 24,30; Lc 21,27; Mc 14,62 par. Mt 26,64, Mt 10,23; 16,28; 25,31; Lc 18,8); c) Aquele que vem, Mt 23,39 par. Lc 13,35; ver também Mt 11,3 par. Lc 7,19; Mc 11,9-10 par. Mt 21,9. Lc 19,38); d) finalmente, "o dia", ou "os dias do "Filho do homem" (Lc 17,24.26.30; Mt 10,15 par. Lc 10,12; Mc 13,32 par. Mt 24,36; Mt 25,13; Lc 17,22; 21,34-35; 23,29; e) o juízo (Mt 11,24 par. Lc 10,14). Na pregação de Jesus, o que predomina em tudo é o reino vindouro de Deus; o juízo é por assim dizer o lado negativo, a catástrofe para quem não aceita a oferta escatológica da salvação. Aspecto secundário é o "Filho do homem" que vem como juiz escatológico do mundo, sendo que o "juízo" se tematiza em separado. O "vigiar" por causa do que está para acontecer, eu o interpreto sempre (no contexto dos próprios dias da vida de Jesus) da seguinte maneira: é preciso vigiar, porque o reinado de Deus, que pode tornar-se juízo, virá para quem recusa a metanóia. O cristianismo primitivo já explicitou muitas parábolas pensando na parusia de Jesus, o "Filho do homem".

das cinco moças tolas e das cinco prudentes (Mt 25,1-13; cf. 12,35-40 par.), relacionada com a do ladrão (Lc 12,39-40) e o acerto de contas (Lc 16,1-2; 12,42-48; Mt 18,23; Lc 7,41-43). Em boa parte podem ter sido parábolas antigas, contadas em Israel com relação ao julgamento que se aproximava. Mas, ao serem contadas por Jesus, que por toda a sua atuação já provoca toda espécie de perguntas, e dentro da sua mensagem sobre a vinda do reino de Deus, começa a clarear dentro delas uma nova profundidade, que pede uma resposta de abertura. Sobretudo porque a praxe do reino-que-vem já pode ser aplicada: *desde já*, a vida dos seres humanos, quanto ao que se costuma fazer, deve ser totalmente invertida (metanóia). Principalmente as parábolas dos talentos insiste em que o reino de Deus *foi confiado a nós*. O terceiro servo é condenado, não por perder a coragem de assumir riscos, mas porque não lançou mão da única possibilidade que lhe era totalmente sem risco; foi muito negligente diante do que lhe foi confiado. Seria melhor chamar essa narrativa de "parábola do terceiro servo". O reino de Deus exige ação correspondente. Também a parábola do servo acordado (transformada em parábola-da-parusia), bem como a do servo fiel (Mt 24,45-51; par.; Lc 12,42-46.47-48) chamam a atenção para a necessidade da vigilância, com relação ao reino de Deus que vem, já que pode significar salvação *ou* condenação. O teor original das parábolas mostra que a pregação de Jesus sobre o juízo é o reverso de sua pregação sobre a vinda do reino de Deus, reino que exige vigilância ativa e esforço para multiplicar o que nos foi confiado. Vigilância *agora*, visando à vinda do reino de Deus *depois*, e "ortopráxis".

Sobretudo a parábola do "servo inútil" talvez seja a mais chocante no contexto da espiritualidade judaica nos dias de Jesus. Além disso, visto o seu estilo nada grego, ela pertence à tradição mais antiga de parábolas, embora se encontre apenas numa fonte própria de Lucas (Lc 17,7-10). A espiritualidade judaica da época baseava-se na obediência a Deus, segundo a norma da Lei. Essa era, por assim dizer, uma realidade objetiva, pela qual se podia medir concretamente o alcance da salvação ou da condenação que se podia esperar. Porque Deus é justo, e sua recompensa pode ser medida exatamente de acordo com a fidelidade à Lei. O exato conhecimento da Lei era naturalmente condição e base para uma responsável esperança de salvação. O *hamme ha'ares*, o povo comum, que não possuía tal conhecimento da Lei, só por causa disso estava mal situado diante da salvação. Quem, no entanto, conhecia a Lei e além disso a cumpria com exatidão, possuía certeza de salvação, pois Deus, por ser justo, era obrigado a dar felicidade ao fiel cumpridor da Lei.[94]

[94] Ver W. Pesch, *Der Lohngedanke in der Lehre Jesu verglichen mit der religiösen Lohnlehre des Spätjudentums*, Munique 1955.

Essa idéia a respeito da Lei erguia, entre o Deus vivo e a pessoa humana, a Lei impessoal (embora "hipostasiada", o que ainda intensificava a pesada supremacia de seu caráter impessoal). Tal idéia, como medida objetiva, permitindo cálculos exatos, foi a base de toda a noção judaica de recompensa, mérito e certeza de salvação. Pode ser verdade que alguns rabinos, aliás excepcionalmente, insistiam muito em que tal cálculo da salvação era nefasto, mas não passava de uma reação "imanente ao sistema", no seguinte sentido: considerar-se insignificante e obedecer à Lei *não visando* recompensa, em alguns círculos era a sutilíssima condição para garantir a si mesmo a recompensa pela real fidelidade à Lei. A parábola de Jesus sobre o servo insignificante é um ataque frontal (em benefício do povo simples) contra essa espiritualidade. O fato de escolher um escravo como exemplo das relações entre Deus e o homem não é chocante; era natural naqueles dias, inclusive por causa da situação extremamente benigna dos escravos em Israel. Mas, trata-se do status concreto de um escravo, totalmente submisso à vontade de seu dono, o pai de família, mas também totalmente disposto para qualquer serviço solicitado; por toda essa dedicação, porém, o escravo não tem direito nenhum a remuneração. Assim somos nós diante de Deus (Lc 17,10).

Que o piedoso e dedicado israelita, fiel à Lei, não pode reivindicar nenhuma remuneração, é em toda essa parábola o efeito chocante que subverte as idéias judaicas vigentes na época. O estar totalmente a serviço de Deus é coisa natural, e não pode ser motivo para exigir gratidão ou remuneração. Isso pode até doer à nossa sensibilidade moderna; no entanto, segundo o teor da parábola, é essa a mais alta personalização do ser humano. A Lei é assim destronada, perde seu caráter de "hipóstase", como critério objetivo, colocada entre Deus e o ser humano. E o ser humano é posto novamente num relacionamento pessoal direto com Deus; tendo obrigação diante da autoridade pessoal de Deus, o homem se deixará orientar pelo *conteúdo* da Lei como vontade de Deus, e não por uma instância que cria apenas uma *obrigação formal*.[95] Dentro de um relacionamento pessoal, ninguém vai fazer cálculos ou pensar em salário e agradecimento. Aí não se trata de remuneração de acordo com serviços prestados; trata-se de uma graça que, dentro de sua própria lógica, também não deixa de incluir abundante recompensa, de emocionante gratuidade. Assim, a obediência a Deus, na fé, é radicalizada, na base de seu sentido personalizante, mas acaba-se com a observância *formalmente jurídica* da Lei, como base da possibilidade de se calcular o grau da salvação; a Lei é colocada dentro de um relacionamento pessoal não-jurídico, sendo assim fundamentada pessoal e

[95] A. Weiser, *Die Knechtsgleichnisse*, 116.

concretamente. Isso explica também por que Jesus às vezes transgride concretamente alguma *exigência formal* da Lei (até mesmo a santificação do sábado), por um motivo de boa convivência humana; e o faz, apesar de manter com toda seriedade a Lei como revelação da vontade de Deus (ver mais adiante); mas ele assim age por causa de exigências e circunstâncias de conteúdo concreto.

Essa parábola é própria de Lucas (Lc 17,7-10). Outras parábolas trazem a mesma melodia em outras tonalidades. Para mim, a parábola que eu chamaria do "irmão mais velho do filho pródigo" (Lc 15,11-32) é o mais belo exemplo. O pai aguarda ansiosamente a volta e o arrependimento de seu filho mais novo, que está gastando a herança numa vida desregrada. A necessidade finalmente o leva a arrepender-se. O pai o está esperando. Não se toca, com uma palavra sequer, no que aconteceu, e a volta é comemorada com grande festa. Isso por si é uma parábola completa sobre a misericórdia divina, que precede todo arrependimento, como outras parábolas também o mostram (ver mais adiante): "Este meu filho estava morto, e voltou à vida" (Lc 15,24). É motivo para generosa festa. Porém, a parte mais fina da parábola é a outra parábola que ficou por assim dizer entrelaçada. O filho mais velho, fiel à Lei, sente inveja e até uma santa indignação. A ele nunca foi oferecida uma festa assim, embora tivesse servido fielmente a seu pai, atendendo-lhe a todos os pedidos. Aí aparece a convicção judaica da época a respeito da remuneração pela fidelidade à Lei (Lc 15,29-30), e no fundo a gente percebe também certo desprezo pelo pecador: não chama o filho pródigo de "meu irmão", mas distancia-se: "agora que *esse teu filho* voltou". A parábola passa por cima da recompensa do mérito, e reduz a fidelidade legal a um relacionamento pessoal de justiça: "Filho, tu sempre estás comigo, e tudo o que é meu é teu" (15,31). E acrescenta sutilmente, invertendo o distanciamento do irmão mais velho com relação ao irmão libertino: "É preciso fazer festa e alegrar-se, porque *este teu irmão* estava morto e voltou à vida" (15,32).

O mesmo rompimento com a idéia legalista do "pagamento conforme o resultado" aparece na parábola socialmente chocante sobre os "trabalhadores da última hora" (Mt 20,1-16). Aí o choque social é realmente intencional. Não no sentido de desculpar pagamentos socialmente injustos: isso está fora do teor da parábola. Simplesmente nega-se que a salvação seja recompensa de acordo com o esforço de cada um. Aqui vale também o que foi dito na outra parábola: "Filho, tu estás sempre comigo, e tudo o que é meu é teu". O que se reprova é ter inveja porque alguém é bondoso: "Tens inveja por eu ser bom?" (Mt 20,15). Censura-se nesta parábola, como atitude frontalmente contrária à praxe do Reino de Deus, o seguinte: não se alegrar em servir "por causa do Reino de Deus" e, em termos modernos, exigir um salário melhor (por exemplo, por viver no celibato por causa do Reino de Deus), e ficar com raiva (porque o irmão mais novo, que também dedicou a vida ao reino de Deus, se casa). Qualquer que seja a avaliação de conteúdo no caso, tanto a exigência de uma remuneração maior por causa do celibato, quanto o rancor contra o irmão mais novo, são atitudes estranhas à "ortopráxis" do reino de Deus.

Outra parábola, que esclarece mais um aspecto fundamental dessa espiritualidade de Jesus, é a do servo cruel (Mt 18,23-35). O chefe lhe tinha perdoado uma quantidade fantástica de dinheiro: 10.000 talentos, isto é, uns cinqüenta milhões de reais.[96] Por isso Mateus diz: "Era uma vez um homem, um rei..." A quantia mencionada seria mais ou menos o total da renda fiscal anual de uma província romana, que mensageiros tinham de ajuntar e levar para o rei. Pouco depois, o mesmo servo, a quem um colega deve uma pequena quantidade de dinheiro, exige tudo de volta, com muita dureza; não podendo o outro pagar logo, aquele manda prendê-lo.

No teor atual, a parábola foi adaptada pela Igreja, ou pelo próprio Mateus; mas, analisando-a, encontramos ainda o teor original com bastante pureza. Trata-se novamente do reino de Deus e da metanóia, isto é, o ser invadido pela alegre notícia da vinda do Reino de Deus, que desde já misericordiosamente opera. A parábola fica na linha de outras lembranças (atualizadas) dos "ensinamentos" de Jesus, sobretudo de Mt 6,12.14-15 par.; Lc 11,4 e Mc 11,25; ver Mt 18,24-34 (fazendo-se abstração da redação de Mateus em Mt 16,14-15 e 18,35). O perdão que Deus nos oferece precede e deve ser a base e a fonte do nosso perdão aos outros. A parábola formula de modo negativo o que o *Pai-nosso* exprime positivamente. O que na parábola se acentua é a misericórdia do rei: "Perdoei-te toda aquela dívida... Não devias também tu compadecer-te do companheiro, *como* tive compaixão de ti?" (Mt 18,32-33). A misericórdia de Deus – concretamente demonstrada na própria bondade de Jesus para com o povo – deverá servir de exemplo para quem quiser entrar no reino de Deus (ver Mt 5,43-48 par Lc). A relação entre o reino de Deus e a "ortopráxis" (*ortos* aqui significa agir de acordo com o reino de Deus) concretiza-se, no seu último elemento, como dedicação misericordiosa ao próximo, pois, se o reinado de Deus é a dedicação universal da misericórdia divina ao ser humano, então a metanóia exigida pelo reinado de Deus é concretizada na compaixão e dedicação ao próximo, conforme se diz noutro lugar: "Sede misericordiosos, como vosso Pai celeste é misericordioso" (Lc 6,36 par. Mt 5,48). Daí também: "Bem-aventurados os misericordiosos" (Mt 5,7).

A já mencionada parábola do bom samaritano é apenas uma variante da praxe de misericórdia, própria do reino onde Deus man-

[96] Weiser, *l.c.*, 78.

da. Isso esclarece também várias outras conseqüências dessa praxe do reino de Deus, que provavelmente já são conseqüências tiradas pelo cristianismo primitivo pós-pascal. P. ex.: antes de alguém levar uma oferta para o altar, a Igreja exige que essa pessoa se reconcilie primeiro com seu irmão (Mt 5,23-24). O perdão escatológico, dádiva do reino de Deus que está chegando, deve ser praticado para com os outros pelos fiéis que vivem dessa inspiração: é essa a praxe de vida no reino de Deus. Amor a Deus, demonstrado em amor ao próximo e em "serviço" (Mc 10,44 par. Mt; Lc 22,27; Mt 25,31-46; 7,12 par. Lc; Mt 23,11; Mc 9,35 par.): eis o sinal que manifesta o irromper do reino de Deus neste mundo e em nossa história. Essa parábola é contada por Jesus, que convive misericordiosamente com pecadores (Mt 11,19; Lc), come com eles, oferece salvação e comunhão a publicanos e pecadores (Mc 2,15-16; Lc 15,1-10), e promete a pecadores o reino de Deus (Lc 15,2-32; Mt 21,31) (ver num parágrafo mais adiante). Por tudo isso fica bem claro que essa parábola também nos convida a perguntar: "Quem é esse Jesus que na sua pessoa e na sua conduta dá exemplo tão fascinante da praxe do reino de Deus?" De fato, pronunciada por Jesus, essa narrativa sugere que o próprio Jesus é esta parábola de Deus. A parábola é uma pergunta deixada em aberto.

A parábola dos convidados ingratos (Mt 22,1-10.11-14 par. Lc 14,16-24) realça o aspecto de uma rejeição da salvação oferecida pelo reino de Deus. Esse reino escatológico é apresentado como banquete para muitos convidados, ou como festa de casamento, assunto já tradicional. Menos por Lucas, mas sobretudo por Mateus, a parábola é retocada pela situação da Igreja após a morte de Jesus. O núcleo da parábola original parece ser este: alguém manda seu servo para chamar os convidados, porque o almoço já está pronto; mas eles se recusam a ir e alegam toda espécie de desculpas. O dono da festa sente-se profundamente ofendido e manda seu servo convidar as primeiras pessoas que encontrar na rua, para o almoço que já está pronto. Acontecimento simples, profano, corriqueiro (alguns que já tinham aceitado o convite para o almoço inventam desculpas de última hora, e são apressadamente substituídos por uns convidados de segunda categoria); é fato de efeito chocante por um exagero paradoxal (próprio de parábolas) e quase irreal, que faz pensar. Pessoas que andavam na rua vêm para uma festa de luxo, sem roupa adequada. Os ouvintes da parábola contada por Jesus devem ter entendido que se tratava do convite para o reino de Deus que estava chegando e que exige *metanóia radical*: nenhuma desculpa vale; tudo terá de ceder diante desse convite. Primeiro, procurar o reino de Deus; todo o resto se resolve depois. Mas ainda há outro aspecto importante nesta parábola: os chefes de Israel recusam-se em aceitar a vinda do reino de Deus como é apresentado por Jesus; o povo comum, o *hamme ha'ares*, não vestido com os trajes de gala dos méritos da fidelidade à Lei, aceita o convite e é admitido no reino de Deus. Aí se destacam dois aspectos da pregação de Jesus sobre o reino de Deus: de um lado, o caráter incondicional da entrega à boa nova de Deus; de outro lado, a esperança aí formulada para "publicanos e pecadores"; a todos, sem exceção, é dirigido o convite para a salvação divina. (Que o homem mal vestido é expulso, encontra-se somente em Mateus; é um elemento estranho, alheio à forma original da narrativa; corresponde, isto sim, a outras parábolas, onde se exige que o talento do reino de Deus seja bem aproveitado. O que era *salvação,* torna-se de fato *condenação* para quem a rejeita.) São sempre os mesmos elementos fundamentais da pregação de Jesus, que nas parábolas, refletindo acontecimentos da vida profana do dia-a-dia, esclarecem a mesma mensagem da vinda do reino de Deus. Ainda que provavelmente nem todas sejam autenticamente de Jesus, de acordo com uma aplicação dos critérios da Parte I, estas parábolas apresentam claramente a mensagem central de Jesus sobre o reino de Deus e sua metanóia. Nesse sentido são autênticas, remontando a Jesus. Essa *autenticidade* aparece sobretudo na coincidência de três elementos fundamentais: o reino de Deus é dom gratuito; exige, porém correspondente praxe de vida; "sem direito a remuneração".[97]

Aliás, as idéias dessas parábolas voltam em muitos outros textos, cada vez com efeito próprio, chamando a atenção (embora retomando também parábolas já tradicionais da rica herança de Israel): alguém que deixa 99 ovelhas para procurar a ovelha perdida, porque ele, o bom pastor, conhece cada ovelha pelo nome (Lc 15,4-7 par.); a parábola da moeda perdida (numa sociedade em que a ovelha, como "unidade de troca", já foi substituída pela moeda) (Lc 15,8-10);[98] parábolas do tesouro escondido e as bem conhecidas em todo o Oriente antigo sobre a pérola (Mt 13,45-46).

Pelo fim da vida de Jesus, porém, a perspectiva de rejeição da mensagem de Jesus sobre a vinda do reino ameaça cada vez mais (ver o capítulo seguinte). A mesma coisa se torna clara também na parábola dos maus vinhateiros (Mc 12,1-9; par. Mt 21,33-41; Lc 20,9-16). Como a maior parte delas, assim também, e sobretudo, esta parábola foi fundamentalmente atualizada na lembrança da execução (já realizada) de Jesus. Se é que se trata de parábola do próprio Jesus, é difícil chegar a uma reconstrução da (suposta) parábola originária. "Era uma vez um homem"... É o exemplo tirado da vinicultura palestinense, com o que pertence ao ramo. É uma

---

[97] Dan. O. Via, *The parables*, 192.

[98] H. Weinrich, *Narratieve Theologie*, em *Conc* 9 (1973), n. 5 (48-57) 49.

realidade cotidiana, que desde Is 5,1-7 tornou-se imagem dos bons cuidados de Deus por sua vinha, Israel. De vez em quando, o proprietário do vinhedo manda um servo buscar a parte da renda que compete ao dono. Mas, cada vez tal servo é maltratado ou morto. Finalmente o patrão manda seu filho bem amado, pensando que vão respeitá-lo. Mas também este é assassinado. O teor fundamental, com certeza, é que Deus confiou a sua vinha a Israel (como povo eleito); então Israel lhe deve "rendimento": terá de agir segundo as exigências do que lhe foi confiado. Quem se recusa é capaz de tudo, num clímax de maldade. E tem mais. A idéia dos diversos mensageiros, e finalmente do último mensageiro, o próprio filho do dono, está presente em todas as tradições dessa parábola. Só pode fazer os ouvintes pensar nos profetas, que o Deus longânime manda sempre de novo a Israel (a idéia tradicional deuteronomista sobre Israel que rejeita e até sacrifica os enviados de Deus). Lembra finalmente o profeta dos últimos dias, o "filho bem amado". É difícil de verificar se esta parábola é do próprio Jesus, mesmo quanto aos elementos acima mencionados (que pertencem essencialmente à unidade do conjunto, apesar de possíveis modificações de detalhes entre Marcos, Mateus e Lucas). Então a parábola mostra Jesus consciente de ser o profeta dos últimos dias, que prevê sua própria morte. Em todo caso, a parábola exprime a consciência de que Israel, na sua rejeição diante da salvação oferecida por Deus, pode ir até o extremo, pensamento esse que também não é estranho aos profetas antigos, e como tal é judaico e pré-cristão.

Olhando de novo essas parábolas, que escolhemos dentre as mais representativas do Novo Testamento, constatamos que o seu conteúdo como narrativas reflete situações profanas como de fato existentes, sem criticar, p. ex., as relações sociais, mas também sem aprová-las. Tais relações são utilizadas por serem conhecidas de todos, mas com a finalidade de, através de coisas conhecidas, sugerir o desconhecido, uma nova possibilidade vivencial, própria do reino de Deus. Jesus não explica o significado; o próprio ouvinte terá de explicitar o sentido, ou melhor, deve *deixar-se* interpretar e explicitar na parábola. Exemplos de interpretações: "Assim os últimos serão primeiros, e os primeiros serão os últimos" (Mt 20,16). "O patrão elogiou o administrador por ter procedido com esperteza" (Lc 16,8). "Eu vos digo: este voltou justificado para casa" (Lc 18,14) etc. Já são conclusões redacionais tiradas depois, que não pertencem à primeira e espontânea narração da parábola. Originariamente, tirar a conclusão ficava por conta do ouvinte. A parábola apenas abre uma nova possibilidade diferente na vida.

Jesus, porém, não conta simplesmente parábolas como se fosse um sábio anônimo no meio do povo. São ou se tornam parábolas da sabedoria popular, que Jesus assume. São elementos da atuação de

Jesus, caracterizada pela mensagem sobre a vinda do reino de Deus. Dentro desse conjunto, é preciso procurar qual é o âmago de cada parábola. Aliás, situações bem concretas na vida de Jesus podem tê-lo levado a contar esta ou aquela parábola, ou contá-la dessa maneira (geralmente porém nos escapam as circunstâncias concretas, diante das quais Jesus reage, contando determinada parábola). A análise puramente estruturalista das parábolas (que sem dúvida tem prioridade) costuma esquecer isso. "Costumavam aproximar-se de Jesus publicanos e pecadores de toda espécie, para ouvi-lo. Os fariseus e escribas murmuravam a respeito" (Lc 15,1-2; ver também Lc 7,31-35, par. Mt 11,16-19; 20,1-15). Jesus então conta a parábola da ovelha desgarrada e da moeda perdida (Lc 15,1-10). São excelentes ocasiões, a que certas parábolas são a resposta adequada. Lucas o sugere ainda em outro contexto: "Simão, vês esta mulher? Entrei em tua casa, e não me deste água para lavar os pés, enquanto ela... Não me saudaste com o beijo, mas ela... Não me ungiste a cabeça com óleo, mas ela..." (Lc 7,44-50). Existem aí sem dúvida muitos elementos secundários, mas se percebe claramente um contexto histórico. Torna-se ainda mais evidente, sendo verdade que Jesus contou parábolas sobretudo por ocasião de festas a ele oferecidas por cidadãos bem situados, que se interessavam por ele, mas que se abstinham de cumprir para o convidado as costumeiras formalidades no começo de um almoço ou jantar. Porém, fazendo-se abstração da ocasião concreta para cada parábola em separado, o que não conhecemos, sabemos, isto sim, qual é o contexto da vida de Jesus em que as parábolas foram contadas. No seu teor original, ainda não explicitamente, cristologicamente elaborado, o conteúdo das parábolas ainda é indeterminado, muitas vezes até profano em seu sentido literal; não falam diretamente sobre Deus, nem sobre o próprio Jesus. Mas, no conjunto da mensagem de Jesus e da praxe de sua vida, fica evidente que se trata da salvação que Deus oferece: do reino de Deus e da metanóia interior que ele exige; além disso, considerando-se a própria praxe concreta da vida de Jesus (que é o exemplo vivo do que ele conta em suas parábolas), torna-se claro também que elas levam a esta pergunta: "Quem é esse Jesus?" A verdade é que Jesus vive fascinado pela vinda do reino de Deus, e sobre este também fala nas parábolas, e ao mesmo tempo sua própria vida é uma eloqüente parábola do reino. Diante desse fato, não se pode fugir da pergunta: "Quem é ele?" Quem é esse homem que conta tais parábolas? Nesse sentido, é acertada a opinião de Wilder sobre as parábolas: "Elas devem ser entendidas em relação ao locutor e à ocasião".[99] Embora não conheçamos quase nunca o

[99] Amos Wilder, *The language of the Gospel,* New York-Evanston 1964, 94.

motivo concreto para a narração de uma determinada parábola de Jesus, o conjunto de sua atuação começa a fornecer-nos a imagem de quem aí está falando, e qual é a dimensão e profundidade que as parábolas podem assumir. A parábola da vida, que é o próprio Jesus, e o conteúdo do seu narrar-em-parábolas nos confrontam com esta pergunta: Nós, sim ou não, queremos, podemos e ousamos ver no agir de Jesus a manifestação da maneira como *Deus* olha o ser humano? Em seu conteúdo profano e superficial, essas parábolas têm inegavelmente sentido *teo-lógico*, no contexto da vida de Jesus. Não são diretamente *cristológicos*. Mas, visto o contexto de toda a atuação e praxe de Jesus, da qual são parte integrante, elas participam da expressão da autocompreensão de Jesus, colocando assim a nós uma pergunta *cristológica*: Se nós, sim ou não, queremos receber bondade, amor, misericórdia e graça deste Jesus; se nós, recebendo essa graça, queremos atender também à sua incondicional exigência de uma reviravolta (*metanóia*) em nosso próprio modo de viver. Se a resposta for positiva, deveremos perguntar também: O que é que a experiência dessa nossa relação salutar com Jesus nos diz implicitamente sobre a própria pessoa de Jesus? Em sua situação original, essas parábolas sem dúvida eram mais vagas e mais "abertas" do que na forma em que nós agora as encontramos no Novo Testamento, tendo elas passado por algumas gerações de tradição cristã que nessas parábolas abertas já consignaram a própria resposta. De fato, a interpretação *cristológica* foi inserida *dentro* da narrativa dessas parábolas no Novo Testamento.[100] Esse era o costume da antiga historiografia instrutiva, que na narrativa dos fatos já inseria sua própria visão e sua própria resposta ao desafio dos fatos históricos.

Por terem recebido no Novo Testamento um sentido mais preciso, essas parábolas abertas se tornaram por assim dizer *fechadas*, isto é, já interpretadas em determinado sentido. Daí as parábolas conservarem para nós do século XXI o seu caráter aberto, interrogador, mas de maneira própria, completamente nova. Isso acontece exatamente por causa da crise em que se encontram tanto a cristologia como também essas parábolas já *interpretadas*. Assim, elas evocam novamente para nós outra pergunta: "E vós, que ouvis estas parábolas, quem dizeis que eu sou?" (Mc 8,29; Mt 16,15; Lc 9,20). Será que a misericórdia de Deus apareceu realmente, de maneira definitiva e decisiva, em Jesus de Nazaré e por ele? Essa pergunta não pode ser respondida por ninguém, a não ser por quem escuta essas parábolas no conjunto de tudo o que foi a parábola viva de

[100] Ver p. ex. com muita clareza em Mt 22,1-14 par Lc 14,16-24; Mt 25,14-30; Lc 19,11-27; Mt 13,36-43; sobretudo Mc 12,1-2 par. Mt 21,33-46; Lc 20,9-19.

Jesus de Nazaré. "E vós, quem dizeis que eu sou?" A esta pergunta muitos fiéis e teólogos sabem dizer o que responderam Marcos e Lucas, Agostinho, Tomás e Belarmino, Lutero e Calvino, Barth ou Bultmann, Pannenberg ou Rahner. A sua própria resposta, não a ouvimos. Outros, em outra época, não podem responder em nosso lugar, nem podem fornecer idéias, noções e expressões adequadas; não seria a nossa resposta à parábola que foi a vida de Jesus. Orientados pelas "lembranças de Jesus", e também pelas muitas respostas que ele fez surgir através dos séculos, nós, ouvintes, estamos sendo confrontados agora com a parábola da vida de Jesus. Como a interpretamos nós? Ninguém, nem as ciências históricas, nem a teologia, nem mesmo os primeiros cristãos ou o magistério eclesiástico, ninguém pode responder a essa pergunta *em nosso lugar*. Ao ouvirmos a parábola, pergunta-se a *nós* se arriscamos a nossa vida em resposta a essa parábola. Nas narrativas dos evangelhos há um número mais do que suficiente de indícios que demonstram a consciência dos cristãos a respeito da distância entre a experiência cristã pela fé, quanto à força do crucificado ressuscitado presente na comunidade, e as suas lembranças do contato com o Jesus histórico durante os dias de sua vida terrena. Isso é extremamente importante. Pois é assim que, na narrativa evangélica e eclesial sobre a parábola da vida de Jesus, ainda nos alcança de modo suficiente o núcleo da narrativa autêntica "do próprio" Jesus, a narrativa que foi "Jesus de Nazaré". "Quem dizeis vós que eu sou?" É por si uma pergunta eclesial, que nós podemos, ainda agora, ouvir como pergunta viva dirigida a nós mesmos.

C. Revolução escatológica: as bem-aventuranças de Jesus

O núcleo das bem-aventuranças, como estão citadas no Sermão da Montanha (Mt) ou no Sermão da Planície (Lc), leva-nos historicamente a Jesus, segundo a opinião da maioria dos exegetas.[101] A tradição Q, da qual (afora alguma palavra) Lucas apresenta um relato fiel (Lc 6,20b-21 par. Mt 5,3-4.6), pertence sem dúvida ao conteúdo original dessa tradição sobre Jesus. O próprio gênero das "bem aventuranças" existiu no Antigo Testamento, no judaísmo posterior, e de modo geral no Oriente e na Antiguidade.

[101] *Bibliografia*. – J. Dupont, *Les béatitudes*, Lovaina 1969 (1954), e: *Béatitudes égyptiennes*, em: Bibl 47 (1966) 185-222; S. Légasse, *Les pauvres en Esprit et les "volontaires" de Qumran*, em NTS 8 (1967-68) 336-345; W. Nauck, *Freude im Leiden*, em: ZNW 46 (1955) 68-80; E. Schweizer, Formgeschichtliches zu den Seligpreisungen Jesu, em NTS 19 (1972-73) 121-126; A. Gelin, *Heureux les pauvres*, em: *Grands thèmes bibliques*, Paris 1966, 79-83; P. Hoffmann, *Selig sind die Armen*, em: BuL 10 (1969) 111-122.

O núcleo das bem-aventuranças apresenta a perspectiva da vinda soberania e do reino de Deus. É um anúncio profético escatológico, segundo o modelo das bem-aventuranças apocalípticas-dialéticas. O que chama a atenção é que o núcleo original não denomina de bem-aventurados os "virtuosos", e sim: "Bem-aventurados os pobres, pois deles é o reino de Deus. Bem-aventurados os famintos, pois serão saciados. Bem-aventurados os que choram, pois hão de rir" (Lc 6,20b-21, omitindo o "agora", duas vezes repetido). Esse pode ser qualificado, com razão, como texto mais antigo transmitido pela tradição (sobretudo em Mateus já aparece uma tendência espiritualizante). A bem-aventurança escatológica se refere a pobres, famintos e tristes. Traço característico é que as últimas duas dessas três bem-aventuranças estão formuladas no futuro, a primeira no presente: o reino de Deus já está aí, mas o estar saciado e rindo ainda está no futuro. Aí nos encontramos diante da tensão típica própria de toda a pregação de Jesus: o reino de Deus se verifica desde já, mas o reino de Deus acabado ainda vai acontecer; no entanto, o futuro já começou.

Na primeira bem-aventurança fala-se em socialmente pobres, o que é confirmado pela menção de "famintos" e "tristes". Portanto, trata-se apenas da felicidade dos agora marginalizados. Daí também, na tradição Q, a exortação para não ajuntar propriedades terrenas (Mt 6,19.21; par. Lc 12,33-34), para não se entregar a preocupações terrenas (Mt 6,25-33; par. Lc 12,22-31), e a exortação contra o "servir ao deus das riquezas (mammón)" (Mt 6,24; par. Lc 16,13). Nisso opera o princípio apocalíptico da inversão de todos os valores: quem agora é pobre, então ficará rico. Mas é o próprio Deus quem inverte essas relações. Não se prevê uma reviravolta diretamente social, mas "escatológica", de todas as relações existentes. Além disso, não se diz que essa revolução já se verifica em nossa história terrena, pelo menos não na dimensão superficial da nossa história, pois também apocalipticamente falando a vida terrena já participa, de maneira oculta, do sentido final da história, que se manifestará escatologicamente. Dentro em breve, Deus será o rei, e entre os seres humanos reinarão as relações certas. Por isso, a mensagem do reino de Deus é uma bem-aventurança dos pobres que agora estão sendo injustiçados. As bem-aventuranças dos injustiçados participam da certeza da salutar proximidade do reino de Deus. De tudo isso não se segue que o "Sermão da Montanha" seria, quanto ao resto, uma criação cristã. Mesmo se muitas partes deste sermão somente depois da morte de Jesus se desenvolveram no seio das comunidades cristãs, elas podem verbalizar o que o próprio Jesus quis dizer, sobretudo porque fica cada vez mais claro que para a comunidade cristã o próprio Jesus de Nazaré foi verdadeiramente o critério e a norma para a tradição sobre Jesus; (tradição formulada, isto sim, com base no fundo, sempre se deslocando e se modificando, da cultura religiosa da época e das necessidades da Igreja).

São secundárias as antíteses que seguem: "Ai de vós, os ricos..." (cf. Mt 23,13-16.23.25.27.29 par. Lc 11,42-44.46-47.52). Apocalipticamente falando, são conseqüência da inversão escatológica de todos os valores; é maldição apocalíptica (sétupla). Mas, quase em toda parte onde no Novo Testamento a pregação positivamente formulada de Jesus se exprime também negativamente em antíteses, parece tratar-se de textos secundários.

Para quem não se lembrar do contexto judaico e do judaísmo tardio, esses textos são realmente desconcertantes; para a sensibilidade moderna parecem até reacionários: os pobres agora estão passando mal; um pouco de paciência, no além eles serão os privilegiados! Nos ambientes apocalípticos acrescentava-se até: "e eles vão rir dos ricos, que estarão destronados e empobrecidos".[102] Jesus de Nazaré é assim?

Não! De forma alguma! Em primeiro lugar, aqui não se trata do "além". Fala-se do reinado de Deus, que veio para estes pobres aqui e agora. Pois a mesma fonte Q (Mt 11,2-6; Lc 7,18-23) remete a Is 61,1-2 (como Lc 4,17-21), onde uma tradição judaica tardia fala do profeta escatológico, ungido por Deus para levar a "boa nova aos pobres". Jesus, o profeta escatológico, está aqui e agora presente entre os pobres, trazendo-lhes a alegre mensagem. Não se trata do "além", mas do reino de Deus que começa a realizar-se com a atuação de Jesus: a reviravolta escatológica está começando agora. Mas quem está aqui não é o "ungido" davídico; é o ungido profético que traz felicidade para os pobres, e por isso pode, desde já, chamá-los de felizes e parabenizá-los.

Mt 5,3-12 entendeu bem o sentido da bem-aventurança encontrada na sua fonte, pois colocou-se dentro do grande sermão na montanha de Deus. É claro o paralelismo com Moisés que, seguido pelos colaboradores mais próximos, e atrás deles uma grande multidão, sobe a montanha de Deus, onde recebe as duas tábuas de pedra e promulga o decálogo para Israel (Ex 24,1-2.9-17). Como novo Moisés, Jesus, "vendo a multidão", sobe a montanha e, assim como Moisés, levou consigo os colaboradores mais próximos: "os discípulos de Jesus se aproximaram dele" (Mt 5,1). Jesus tomou então a palavra e os instruiu assim: "Bem-aventurados os pobres..." (Mt 5,2-3). Nas bem-aventuranças, Mateus vê Jesus agir como líder do novo povo de Deus, dando-lhe uma nova Constituição; não uma Lei, mas uma bem-aventurança, uma promessa de felicidade. E essa promessa de felicidade se

---

[102] Schulz, *Q-Quelle*, 76-84.

dirige aos pobres, aos tristes, aos famintos. O fim da situação anterior é constitucionalmente anunciado.

Que significa isso? O fato de Lucas falar simplesmente em "pobres", enquanto Mateus diz "pobres em espírito", não é uma socialização do conceito, da parte de Lucas (embora este, em todo o seu evangelho e nos Atos, mostre predileção pelos socialmente pobres); é simplesmente uma prova de fidelidade à sua fonte. Ele também conhece uma tendência espiritualizante, e teria adotado tal expressão se essa fonte tivesse encontrado "pobres em espírito". Mateus, porém, espiritualiza, como se vê claro nas bem-aventuranças que faltam em Lucas e foram acrescentadas por Mateus: bem-aventurados os mansos, os compadecidos, os limpos de coração, os pacificadores. Na tradição mais antiga havia simplesmente "felizes de vós, os pobres" (segundo a convicção quase unânime dos exegetas).

Esse conceito, porém, tem longuíssima pré-história. Antes da entrada na "Terra Santa", não havia pobres em "Israel", e o êxodo levava todos para uma "terra de leite e mel", país de fartura. Numa terra assim não há lugar para pobres. Porém, depois que Israel se tornou sedentário no "país de Deus", formou-se aos poucos entre os agricultores toda espécie de diferenças de posses, em conseqüência da tendência para o aumento de propriedades. Contra isso, "leis sociais" foram promulgadas, e a mais radical foi a introdução do ano sabático: de sete em sete anos todas as dívidas eram perdoadas, e os escravos, libertados. Assim, a situação original de igualdade de direitos para todos os israelitas, sob a aliança de Deus, podia ser até certo ponto restabelecida (Ex 21,2-6; 23,10-11; Lv 25,1-7.18-22; Dt 15). Sob a realeza, porém, e devido ao desenvolvimento urbano, o aumento dos contrastes sociais tornou-se irrefreável: assim formou-se em Israel o *hamme ha'ares*, o povo pobre, ao lado do rei, na frente, depois o exército de soldados profissionais, os funcionários, a nobreza urbana, os sacerdotes no templo e os notáveis na porta de cada cidade. Muitos elementos da tradição haviam desaparecido, e tinha-se adotado muita coisa da cultura cananéia: era pragmaticamente uma fase inevitável. Mas era exatamente nesse pragmatismo que se escondia o perigo. A espiritualidade própria foi se diluindo. Contra isso protestaram os profetas. Essa crítica social dos profetas chamava Israel de volta, não para o tempo anterior à urbanização (embora assim pareça, o que poderia levar a uma exploração "reacionária" da crítica), mas para a antiga convivência com Javé, para os bons tempos pré-urbanos. De fato, Amós, Isaías e Miquéias, apesar de toda a sua crítica social,

---

[103] Ver O. H. Steck, *Prophetische Kritik der Gesellschaft*, em: *Christentum und Gesellschaft*, Göttingen 1969, 46-62; F. L. Hoszfeld, *Prophet und Politik in Israel*, em: BuK 1971, 39-43; J. Schreiner, *Prophetische Kritik um Israels Institutionen*, em: *Die*

nunca dizem como deveria ser a estrutura social; apenas exortam que se volte ao verdadeiro javismo,[103] do qual o povo se afastara. Javé não desempenha mais nenhum papel nas decisões políticas (Is 31,1-2); a nobreza e o funcionalismo se enriquecem à custa do povo simples. Por isso, a classe social mais alta é alvo da crítica dos profetas: é uma classe corrupta que cobra propinas; a justiça é classista, a população é submetida à escravidão e a dívidas e juros. Em tudo isso, ninguém se lembra de Javé, o protetor do povo. Neste país, cada israelita, como membro do povo de Deus, tem plenos direitos (Is 3,14-15); por isso é que os profetas protestam; sua crítica é religiosa. Em Israel se age realmente de acordo com o direito dos mais fortes, e isso é uma afronta para a aliança, que de fato possui relevância política e social. Partindo da idéia da realeza de Deus, critica-se a situação concreta. Essa crítica dos profetas tem sua raiz no zelo pela causa de Deus, que deve ser a causa de Israel. Por isso, eles anunciam o juízo divino: o fim e a destruição do que está acontecendo agora (Is 5,9-10; Mq 2,1-5.6-10; 3,12). Nada de projetos para ações revolucionárias ou reformistas; apenas o anúncio do julgamento aniquilador de Deus. *Deus vai reagir*, é essa a convicção dos profetas. Deus não se deixa relegar para segundo plano. E finalmente aparece uma vaga perspectiva de salvação vinda de Deus (Mq 4,1-8): uma nova e justa redistribuição de todas as posses, mas feita pelo próprio Deus. Aí só se fala do futuro de Deus. Profeta nenhum submete à crítica as instituições de Israel; o que eles criticam é a concentração e o abuso do poder; falta a "ortopráxis". Mas, na sua visão, o futuro é exclusivamente obra de Javé. No Deuteronômio, a crítica dos profetas se concretizou na espiritualidade do "êxodo": pregam a volta para situações de antes da entrada na terra santa (Is 11,4; Sl 37,11; 72,2).

Qual era a situação do "povo simples" naquelas estruturas? Trata-se de "pobres" mesmo, isto é, realmente, socialmente pobres. Mas, dentro desse conceito, vai desenvolver-se um sentido religioso (Is 29,19-21; Sf 3; Pr 16,19; Sb 2,10-20). Depois do cativeiro, o "resto pobre" será repatriado, mas o que o sustenta e incentiva é a antiga espiritualidade javista. O "povo renovado" torna-se sinônimo de "os pobres" (Is 51,17; 54,13; sobretudo: 49,13) e é alimentado pela espiritualidade do Terceiro Isaías (Is 61,1-3; cf. 57,15). Aí o pobre (o que geralmente significa também pobreza social) é o piedoso, que na sua pobreza confia humildemente em Deus (ver também Sl 25; 34; 37,9-11). "Pobre" é quem sofreu alguma desgraça de qualquer natureza, e, ao se entregar a Deus, ainda encontra apoio e ajuda (Is 52-53; Sl 22; Zc 9,9-10).

Kirche im Wandel der Gesellschaft, Würzburg 1970, 15-29; H. Donner, *Israel unter den Völkern*, Leiden 1964; H. W. Wolf, *Die Stunde des Amos*, Munique 1969.

Com base nessa tradição multissecular, havia no povo esta convicção: pobres, famintos e tristes são os que não têm nada para esperar desta nossa história humana, e só podem aguardar alguma coisa de Deus, que é justo. No tempo de Jesus, portanto, os "pobres" de Israel são pessoas que não têm condições para reivindicar os próprios direitos, e por isso só podem confiar no direito divino.

Havia, isto sim, algumas correntes (e até de natureza religiosa) que julgavam ser relativa essa "impossibilidade de fazer valer seus direitos", e que pretendiam ajudar o Deus de Israel: eram os sicários e os zelotes. Quanto a isso, o tempo de Jesus foi até mais tranqüilo, entre os acontecimentos de uns trinta anos antes (Judas o Galileu) e de uns trinta anos depois (que levaram à revolta contra Roma). Em todo caso, o certo é que Jesus de Nazaré não optou por esse caminho.

Quando Jesus dizia "bem-aventurados os pobres, os famintos, os tristes", o povo compreendia o que ele queria dizer. Jesus, porém, não repete o que o povo já sabe, ou seja: considerando a situação concreta em que eles não podem esperar ajuda de nenhuma instância terrestre, a salvação e a felicidade só podem vir de Deus. Era essa exatamente a noção de "ser pobre" no judaísmo da época, e Jesus não prega uma tautologia. Mas, o que ele prega então?

O profeta escatológico chegaria com uma notícia alegre para os pobres. É o que vivia nas expectativas populares, entre muitos pobres e oprimidos, com base em tradições já antigas. A bem-aventurança formulada por Jesus quer dizer: é agora que isso que vai acontecer. Agora vai se cumprir esse desejo dos que estão esperando o auxílio de Deus; agora está próxima a realização de promessas e expectativas. É por Jesus que o reino de Deus chega para eles. É Jesus quem tem compaixão desses pobres. É incompreensível a história do sofrimento humano, que pelo próprio ser humano não pode ser remediado; mas agora o próprio Deus vai agir. Em primeiro lugar, é assim que Jesus traz "da parte de Deus" a mensagem do *não radical* de Deus contra a história do sofrimento humano. O verdadeiro sentido da história, embora apareça apenas escatologicamente, é paz, alegria, satisfação; é salvação e felicidade. Muito antes se tentara verbalizar "protologicamente" o sentido da vida e da história, isto é, com referência à história dos primórdios. No tempo de Jesus, porém, fala-se disso "escatologicamente", apontando para o fim do mundo. Apesar de tudo, *compaixão* é o sentido mais profundo que Deus quer realizar na história; ele quer a *vida* dos seres humanos, sua salvação; não sua morte e miséria. É inegável que Jesus exprime tudo isso dentro dos padrões do pensamento de sua época, e portanto nas limitações e no condicionamento do seu tempo. Difícil de negar também, apesar de toda espécie de distinções a se fazerem, é que para Jesus o fim de tudo estava bem próximo. A tarefa mais importante, pois, era estar pronto para o reinado de Deus, que inesperadamente viria. Jesus não pregou uma revolução social, mas a sua mensagem escatológica coloca toda a história do sofrimento humano debaixo da crítica de Deus, e assim convoca para uma metanóia, uma reviravolta. Isso tem conseqüências essenciais para uma história que continua depois de Jesus; tem implicações, sem dúvida, que deverão ser explicitadas. No entanto, não consiste nisso o teor mais profundo das bem-aventuranças. Inegavelmente existe nelas uma espiritualidade que reconhece o poder definitivo da insuficiência humana: há uma convicção: por mais que o melhoramento do mundo pelas próprias forças humanas seja extremamente necessário (e aí se explicita o não de Deus contra a nossa história sofrida), existe lá bem no fundo um sofrimento, uma insuficiência que humano nenhum pode tirar, e cuja libertação só se deve ao fato de que "Deus vai reinar" para o bem de todos os seres humanos. *Existe* uma insuficiência humana que somente Deus pode tirar. O próprio Jesus também o supõe. Deus quer uma salvação universal, segundo Jesus anuncia, transmitindo a mensagem do reino de Deus. Portanto, Deus é amor, amor criador pelo ser humano; por isso desde já o pobre, o faminto, o triste podem erguer-se "apesar disso". Rir, não chorar, é o sentido mais profundo do que Deus quer para a humanidade. Isso quer dizer também: Deus *não quer* de maneira alguma o sofrimento. Jesus não quer, de maneira nenhuma, atribuir a Deus o sofrimento e o mal. A essência de Deus é contra o mal; é querer o bem. As distinções teológicas posteriores entre a vontade "positiva" e a vontade "permissiva" de Deus são distinções feitas por teólogos que procuram explicar teoricamente o mal. Assim também são as tentativas gregas de chamar todas as formas do mal de um "não-ser", para assim não precisar compreendê-lo. São tentativas de fuga, da parte de pessoas que de fato não sabem localizar o mal teoricamente. A mensagem escatológica de Jesus nos faz apenas ouvir o *não radical* de Deus contra todas as formas de mal, entre todas as formas de pobreza e fome que fazem chorar. É essa a mensagem de Jesus, que tem conseqüências enormes. Deus assim se recusa a reconhecer a prepotência do mal e coloca o seu ser Deus como penhor da vitória contra todas as formas do mal. Esse princípio não pode ser manipulado, de forma alguma, em sentido reacionário ou conservador. Jesus nos comunica apenas, da parte de Deus, que o próprio Deus é a nossa garantia. E por isso os pobres, os que sofrem, os injustiçados têm realmente a base para uma esperança positiva. Como? Com certeza, o restante da vida de Jesus, bem como o fracasso *histórico* de sua mensagem e de sua praxe, poderão dizer-nos mais sobre o assunto. É sobretudo a praxe de sua vida que deverá mostrar também o seguinte: se a visão global acima apresentada sobre a mensagem e a pregação de Jesus está de acordo com a realidade histórica; precisamente, se Jesus foi de fato o profeta da chegada já próxima do reino de Deus; e como ele combinou essa mensagem com a praxe que queria mudar radicalmente a situação existente (com todos os perigos inerentes); e se ele sabia ser, e como queria ser, o instrumento salvífico do reino vindouro de Deus, simplesmente pela bondosa missão dada por Deus. Aliás, esse reino de Deus se tornava presente, evidentemente pela atuação de Jesus, enquanto o povo, com confiança, dele se aproximava.

A PRAXE DA VIDA DE JESUS

§ 1. A PRESENÇA BENFAZEJA DE JESUS NO MEIO DO POVO, EXPERIMENTADA COMO SALVAÇÃO DE DEUS

Introdução

Nos evangelhos sinóticos se encontram apenas dois textos onde Jesus declara explicitamente a alguém que os pecados lhe são perdoados (Mc 2,1-12 par. Mt 9,2-8; e Lc 5,17-26; Lc 7,36-50). Tudo indica, porém, que esses *logía*, de forma tão explícita, não são "autenticamente de Jesus"; isto é, são afirmações eclesiais do cristianismo primitivo *sobre* Jesus, que já estava sendo confessado como o Cristo. Mas, o *fundamento* desse poder para perdoar os pecados, dessa oferta da salvação ou da comunhão-com-Deus, que a comunidade cristã atribui a Jesus depois de sua morte, encontra-se sem dúvida na atuação concreta de Jesus durante os dias de sua vida terrena. A presença de Jesus junto às pessoas, ajudando-as com seus atos de poder, oferecendo ou aceitando convites para refeições, convivendo não apenas com seus seguidores, mas com a massa do povo, especialmente com os excluídos, com os publicanos e pecadores, é claramente um convite para entrar, pela fé, na comunhão com Deus. A convivência de Jesus de Nazaré com todo o mundo é uma oferta da salvação que vem de Deus; é a conseqüência da sua pregação sobre a vinda do reino de Deus. É o que vai ser analisado agora sob diversos aspectos.

A. A realidade "benfajeza" do reinado de Deus oferecida nos prodígios de Jesus (Mc 7,37)

Bibliografia: J. Blank, *Zur Christologie auserwählter Wunderberichte*, em *Schriftauslegung in Theorie und Praxis* (Munich 1969) 104-128; G. Delling, *Botschaft und Wunder im Wirken Jesu*, em *Der historische Jesus und der kerygmatische Christus* (Berlim ^{2}1961) 389-402; R. Formesyn, *Le semeion johannique et le semeion hellénistique:* ETL 38 (1962) 856-894; R. Fuller, *Interpreting the Miracles* (Londres 1966); E. Käsemann, *Wunder*, em

RGG³ VI, 1835-1837; K. Kertelge, *Die Wunder Jesu im Markusevangelium* (Munich 1970); Fr. Lentzen-Deis, *Die Wunder Jesu:* ThPh 43 (1968) 392-402; J. B. Metz, *Wunder*, em LThK² X, 1263-1265; Fr. Mussner, *Die Wunder Jesu* (Munich 1967); K. Niederwimmer, *Jesus* (Gotinga 1968) 32-36; W. A. de Pater, *Wonder en wetenschap: een taalanalytische benadering:* TvT 9 (1969) 11-54; R. Pesch, *Jesu ureigene Taten?* (Quaest. Disp. 52; Friburgo 1970); J. Roloff, *Das Kerygma,* 111-207; G. Schille, *Die urchristliche Wundertradition* (Stuttgart 1967); A. Suhl, *Die Wunder Jesu* (Gütersloh 1968); A. Vögtle, *Wunder*, em LThK² X, 1255-1261; *Beweisen oder Zeichen?:* "Herder-Korrespondenz" 26 (1972) 509-514; X. Léon-Dufour (ed.), *Los milagros de Jesús en el Nuevo Testamento* (Ed. Cristiandad, Madrid, 1980).

a) *Horizonte da compreensão dos prodígios de Jesus*

Nas assim chamadas "pregações missionárias" (redigidas por Lucas, mas baseando-se em tradições mais antigas do cristianismo primitivo), ouvimos que os primeiros cristãos testemunhavam: "Jesus andou pela terra dos judeus, fazendo o bem" (At 10,38). Esse "fazer o bem" é depois explicado com a cura de doentes e a expulsão de demônios. Isso combina com o que os evangelhos narram sobre a compaixão ativa de Jesus para com os doentes e todos os que, no modo de pensar da época, estavam "possuídos pelo demônio" ou "por demônios": são os "presos" que o profeta escatológico libertaria (Is 61,1-2). Antigamente, se formulava essa lembrança de Jesus ou em termos como "Jesus o taumaturgo" ou "milagreiro"; em termos mais modernos, com as palavras de Lucas no livro dos Atos: "Jesus andava por toda a parte, fazendo o bem" (lembrando como Jesus se empenhava ativamente por todos os necessitados); e segundo Marcos (7,37b), o povo reagiu assim: "Jesus faz bem todas as coisas: faz os surdos ouvirem e os mudos falarem". Marcos, portanto, cita tradições pré-evangélicas, do cristianismo primitivo, sobre "prodígios de Jesus", usando o conceito de "Boa nova de Jesus Cristo" (Mc 1,1). Com esses prodígios, diz Marcos, Jesus causou alegria para muita gente.

Toda a problemática em torno dos "milagres de Jesus" esteve durante muito tempo dominada por intenções apologéticas, que pretendiam provar a missão divina de Jesus na base de portentos que excediam as leis da natureza, e também por um conceito positivista a priori que riscava simplesmente do Novo Testamento tudo o que era chamado de "milagres evangélicos"; ou então lhes davam uma interpretação espiritualizante. Felizmente essa polêmica já pertence ao passado, pelo menos em círculos exegéticos, graças à consciência de que é preciso antes de mais nada perguntar o que afinal os evangelistas querem dizer quando narram atos milagrosos de Jesus. Somente depois de ter respondido a isso é que se pode, em segunda ou terceira instância, colocar esta questão: se Jesus, historicamente falando, fez milagres, e quais; em outras palavras, se realmente um motivo *histó-*

rico levou à fiel transmissão de milagres na tradição sobre Jesus, na qual esses milagres estão real e profundamente arraigados.

Todavia, a maneira antiga de apresentar o problema ainda não foi totalmente superada, embora apareça agora uma posição extremamente oposta. Da mesma forma apodítica como se afirmava antigamente que Jesus fez coisas que transcendem todas as leis da natureza, alguns afirmam agora que Jesus não fez nenhum desses milagres narrados nos evangelhos, mas que a sua própria pessoa é "o milagre", o milagre de amor e perdão não merecidos; é isso, então, que esses "milagres legendários" querem deixar claro. Daí resulta, apesar de um núcleo de verdade, uma imagem totalmente diferente do que antigamente se considerava como imagem histórica de Jesus. Imagem esta que tinha claramente o seguinte aspecto: um Jesus que cura cegos e surdos, devolve a saúde a paralíticos e leprosos e ressuscita mortos; um Jesus que expulsa demônios, tranqüiliza a tempestade com uma só palavra ou anda por cima da água como se fosse terra firme, multiplica pão sem ninguém o perceber (mas todos se aproveitam), muda água em vinho para maior alegria numa festa de casamento etc. etc. A "história das tradições" nos mostra que tal série de milagres, a bem dizer, foi composta de diversos gêneros literários dos evangelhos, arrancados de seu contexto e afastados do sentido que os próprios evangelistas quiseram dar-lhes. Assim se fez de Jesus um "milagreiro", no qual nós agora já não podemos encontrar salvação. Pois, mesmo que Jesus tivesse, historicamente, literalmente feito tudo isso, que significaria para nós agora? Nós não assistimos mais a multiplicações de pães no nosso meio; água continua sendo simplesmente água, por mais que acreditemos nele, e os mortos já não ressuscitam. Jesus curou e ajudou *algumas* pessoas no seu tempo; que significa isso para a *humanidade*? Lembro-me de ter lido em algum lugar: "Qual a vantagem dos milagres de Jesus, naquele tempo, para um desenvolvimentista de hoje?" Que seja verdade, historicamente, que Jesus um dia alimentou milagrosamente umas 5.000 pessoas. Mas, o que significa isso para os dois terços da humanidade que hoje estão passando fome? Podemos de fato concluir daí que para os contemporâneos de Jesus "milagre" deve ter significado algo diferente do que para nós. Também trovão e relâmpago eram naquele tempo "milagres" da natureza criada por Deus, enquanto nós, com base científica, julgamos saber melhor.[104] Quem conta histórias sobre milagres já vive num curioso "mundo de transição": já não é um primitivo, para o qual *tudo* é "miraculoso", e histórias sobre milagres isolados não têm sentido, embora tal pessoa conheça também graduações no mundo dos milagres; por outro lado, ele ainda não participa de um mundo

[104] Assim, com razão, Niederwimmer, *Jesus*, 32.

técnico secularizado de bem-estar, em que não há mais lugar nenhum para "milagres". No entanto, dentro de uma determinada narrativa bem refletida, para quem conta intencionalmente também sobre milagres, para esse o mundo ao redor é em parte racionalmente compreensível, e em parte misterioso e fora de alcance. Contar milagres supõe o gênero de vida de alguém que talvez conheça leis modernas da natureza, mas sabe que elas representam apenas uma visão parcial da realidade total, e sob determinado ponto de vista. Esses narradores não pretendem argumentar que, apesar de tudo, milagres são possíveis na vida humana; isso era evidente naquele tempo, para judeus, gregos e romanos. Mas, que exatamente este Jesus faz milagres suscita em toda parte admiração em torno da identidade desse homem, de quem todos sabiam de onde era. Para eles, "o milagre" não era problema; mas, ser confrontado com "os milagres de Jesus", isso foi um desafio concreto. É nesse espírito que os evangelhos devem ser lidos. Em Jesus apareceu historicamente algo de excepcional, que os seus opositores atribuíram a "origens demoníacas". Seus seguidores, porém, atribuíram a uma infindável proximidade do âmago mais profundo de toda a realidade: Deus. É isso que teremos de interpretar: a realidade histórica de Jesus, que realmente pelos seus atos excepcionais pôde suscitar estas duas interpretações extremamente opostas: "de Deus", ou "do demônio". Pois avaliações tão extremadas não são feitas a respeito de um "homem comum" qualquer. Isso supõe, de alguma forma, um "fenômeno excepcional", observado e reconhecido como tal por todos os partidos. Essa convicção deve preceder *historicamente* a qualquer teoria e polêmica, para que o intérprete das Escrituras, e finalmente o crente, não perca o essencial dessas narrativas. Afirmar que a "ciência moderna", afinal, acabou com a "questão do milagre", pode ser verdade (sob determinado ponto de vista); mas não chega a afetar o núcleo da problemática neotestamentária; além disso, parte da suposição errada de já não haver lugar para uma abordagem extracientífica da realidade. E se omite perguntar sobre as intenções das narrativas sobre milagres no Novo Testamento; contar milagres era costume na antiguidade, mas há diferenças essenciais, em comparação com o Novo Testamento. Somente dentro de uma compreensão das intenções próprias do Novo Testamento ao narrar milagres é que a questão histórica ganha o seu sentido igualmente próprio, devidamente localizado, porém real.

b) *A maravilhosa liberdade de Jesus "para fazer o bem"* (Mc 3,4)

Merece atenção o fato de que a palavra do grego profano para "milagre" (*thauma*) não se encontra nos evangelhos. Estes dizem apenas que certas palavras e ações de Jesus provocaram no povo um *thaumadzein*: um admirar-se, um assombrar-se. Nos evangelhos fala-se sobre certas ações de Jesus como "sinais" (*sémeia*) e "atos de poder" (*dynameis*), ou simplesmente "obras do Cristo" (*ta erga tou Christou*).[105] Significa portanto: assim como Deus outrora, de maneira admirável, pôde ajudar pessoas que nele acreditavam, assim ele faz a mesma coisa agora em Jesus de Nazaré. O que assombrava o povo – tanto os que acreditavam em Jesus, como os opositores – ao ver o que Jesus fazia, era interpretado por quem nele confiava como ação *de Deus* em Jesus. Jesus garantia a ajuda de Deus aos necessitados.

A ação de Jesus era suscetível de duas interpretações, exatamente por causa do seu caráter único, excepcional – era então "de Deus" ou "do demônio". Esse fato é o pressuposto histórico para se poder compreender a execução de Jesus e a sua "canonização" cristã, pois as duas coisas são dados históricos. Portanto, supõem sem dúvida uma precedente manifestação "miraculosa" e ao mesmo tempo provocativa, isto é, humanamente discutível. Em outras palavras, tanto a interpretação favorável a Jesus como a hostil testemunham a "automanifestação assombrosa" de Jesus. Em toda a assim chamada "questão dos milagres", a meu ver, aí está o primeiro dado importante que precisa ser avaliado cuidadosamente, mesmo antes de analisar a questão, considerada essencial, a respeito do sentido dos milagres na vida de Jesus.

Além disso, o Novo Testamento torna plenamente claro que "milagres" não são vistos dentro da interpretação ou do questionamento modernos a respeito de um "romper ou não romper as leis da natureza" (essa visão é simplesmente alheia ao Antigo e ao Novo Testamento, porque aí as coisas são o que são pela atuação de Deus, que cria algo novo, ou "endurece os corações"). Os milagres devem ser vistos dentro do contexto (ou do questionamento) do "poder do maligno" diante do "poder de Deus". É por isso que as "expulsões de demônios" e a cura de doentes (a doença, no sentido mais amplo da palavra, era para os judeus um "estar no poder do maligno") desempenham papel tão importante nas narrativas sobre as ações milagrosas de Jesus (segundo a história das tradições, formam a parte mais antiga da tradição pré-canônica sobre milagres). A própria atuação e manifestações de Jesus já são consideradas, pelos poderes do mal, como agressão (Mc 1,23-24 par.; 5,7ss par; 9,20.25). Diante dos frutos maus e dolorosos, desses poderes, Jesus coloca somente atos bons, *benefícios*; é exatamente isso que chama a atenção numa história de seres humanos, que para muitos

[105] O conjunto de conceitos: "sèméia kai terata" remonta à visão profética deuteronomista: Dt 6,22; 7,19; 13,2-3; 26,8; Ex 7,3; Jr 32,20-21; Is 8,18; 20,3; Sl 78,43; Ne 9,10. Ver: Rengstorf em: ThWNT VII, 209. 219. No NT: At 4,30; 5,12; 14,3; 15,12; Rm 15,19; 2Cor 12,12; 2Ts 2,9; At 2,19.22.43; 6,8; 7,36. Alhures: "sèmeia kai dynameis" (At 8,13; Rm 15,19). "Sémeion" sozinho: At 4,16-22; 8,6; Ap 13,13-14. Em termos muito gerais: "teras" indica o caráter estupendo de um acontecimento incompreensível; "sèmeion" lembra a atuação de Deus dentro do acontecimento; "dynameis" (Gl 3,5; At 2,22) são "portentos". Os três conceitos se encontram juntos em Hb 2,4 e At 2,22.

é história de sofrimentos: sofrem debaixo do poder do mal. Na luta entre o poder benigno de Deus e os poderes demoníacos que maltratam, torturam e seduzem os humanos, Jesus atribui a si mesmo uma função pronunciada. Isso os cristãos, mais tarde, enxergaram muito bem: como Deus no início, criando o mundo, viu que tudo estava bem criado, assim se afirma agora sobre o profeta escatológico: "Fez bem todas as coisas" (Mc 7,37). Ao contrário, satanás, o poder do mal, é quem torna surdos, cegos, leprosos e mudos os seres humanos. O poder da bondade, como se manifestou em Jesus, livra o ser humano de todos os maus-tratos satânicos. É esse o contexto antigo do Novo Testamento, sobre o que se chamar de "sinais e prodígios" de Jesus. Quando acontecem, ninguém pensa em leis da natureza, rompidas ou respeitadas, nem Jesus, nem seus ouvintes que, aplaudindo ou rejeitando, participam do evento. Ninguém duvidava do fato espantoso que se manifestava em Jesus: nem os opositores, nem os que admiravam Jesus; o que se discutia era a *interpretação* daquilo que os dois partidos igualmente presenciavam. É interessante observar que o "material" das narrativas sobre milagres vem historicamente sem dúvida da Galiléia (o nordeste da Galiléia e a região em redor do lago), terra onde Jesus começou sua atividade, e onde ficou mais tempo.[106] Os portadores dessas tradições sobre milagres de Jesus são originariamente os ambientes em que Jesus tinha atuado durante sua vida pública na Galiléia; partindo daí, essa tradição entrou em contato com outras tradições de amplos círculos do cristianismo primitivo, dentro dos quais foram integrados, embora não sem correções teológicas. (Ver Parte III, "aretalogia".)

Na tradição sobre os milagres somos confrontados com uma lembrança de Jesus de Nazaré, tal como foi transmitida sobretudo entre o povo simples do interior da Galiléia, povo esquecido por todos os movimentos e grupos religiosos. O que chama a atenção é que tanto João Batista como Jesus se dirigiram exatamente também ao povo simples, que por isso os recebeu com entusiasmo. Em semelhante ambiente, a veneração de um benfeitor leva naturalmente também a uma formação de lendas: nelas, quando o poder está a serviço da bondade e das boas ações, como no caso de Jesus, é sobretudo o poder que influi na fantasia do povo. De fato, entre as tradições sobre os milagres, Marcos guarda também elementos em que Jesus praticamente é apresentado como "curandeiro milagroso da aldeia" (Mc 7,31-37; 8,22-26) e como "mago" (Mc 5,1-20; 11,12-14.20-22). Nos evangelhos, ainda há um eco da reserva de Jesus diante de algum mal-entendido unilateral; assim mesmo, ele aceita também esse risco.

---

[106] R. Pesch, *Jesu Ureigene Taten?*, 19-20; E. Trocmé, *Jésus de Nazareth*, 117-118, seguido por seu aluno K. Tagawa, *Miracles et évangile*, Paris 1966, 48 ("récits provinciaux et folkloriques").

A comunidade Q (ainda por cima somente na sua fase posterior) menciona, em estilo extremamente sóbrio, apenas dois milagres de Jesus (um exorcismo e a cura de um doente). Nessa comunidade, o que chama a atenção é que se tematiza a *origem* dessa atuação admirável de Jesus, não o próprio milagre (Lc 11,14-23 par. Mt 12,22-30; e Lc 7,1-10 par. Mt 8,5-13). Nessa tradição, o próprio Jesus diz: "Se eu expulso demônios *pelo poder de Deus* (Lc 11,20), deve estar claro que o reino de Deus chegou até vós". No fundo está a demonologia do judaísmo posterior: a doença (aqui um cego e mudo) deve-se a um demônio, do qual por isso se diz que é "mudo" (Lc 11,14). Pela expulsão do demônio mudo, o doente pode novamente falar e ver, e a comunicação fica restabelecida. Tais atos de exorcismo aconteciam também entre os contemporâneos de Jesus (Mt 12,27; Lc 11,19). Mas a essência do raciocínio é esta: Por que podem esses atribuir tal cura a Deus, e Jesus não? O "milagre", portanto, não é visto, na comunidade Q, como ato inigualável de Jesus, com o qual ele se distinguiria de todo o seu ambiente cultural-religioso. Mas, esse ato salutar recebe interpretação mais profunda: aqui o Reino de Deus já está presente. No caso de Jesus, a expulsão de demônios e a cura de enfermos mostra a chegada da salvação, esperada para o fim do mundo: o próprio Deus age em Jesus ("o poder de Deus", no sentido semítico é "intervenção de Deus"; Ex 8,19; Dn 9,10). É por si uma escatologia do presente (porém, dentro da expectativa eclesial da iminente parusia de Jesus). Essa ligação entre exorcismo e presença do reino de Deus, é inegavelmente cristã, e não existia no judaísmo. Supõe que Jesus é o profeta escatológico.

É significativa também a segunda narrativa de uma cura na fonte Q (Lc 7,1-10; Mt 8,5-13), onde é curado o servo ou o filho de um centurião pagão. Que se trata de uma "cura a distância" não aumenta aqui o caráter essencial do milagre. Pois em todas as "curas a distância" do Novo Testamento trata-se de "gentios"; é conseqüência do fato de que judeus não entravam na casa de gentios, conforme o centurião pagão, amigo dos judeus, dá a entender gentilmente: "Não sou digno de que entres em minha casa" (Mt 8,8). O cerne da questão está na *exousia* de Jesus: ele tem "poder" e autoridade, como o centurião tem poder sobre seus soldados (Mt 8,9). Para um homem assim, basta falar uma só palavra e todo o mundo obedece. O centurião, portanto, parte da convicção de que basta Jesus ordenar, e a doença vai desaparecer; em outras palavras, ele parte da fé no poder da palavra de Jesus. Q menciona a história dessa cura evidentemente como paradigma. Trata-se não tanto de uma cristologia da comunidade Q, mas de uma soteriologia, da salvação-em-Jesus vinda de Deus.[107]

---

[107] A. P. Polag, *Zu den Stufen der Christologie in Q* (Studia Evangelica, IV – 1), Berlim 1968, 72-74; Schulz, *Q-Quelle*, 203-213; 236-246; G. Delling, *Botschaft und Wun-*

Depois de mencionar esses dois milagres, a mesma comunidade recente (Q) mostra com clareza, na resposta de Jesus à pergunta dos discípulos de João, como é que este entende os "milagres de Jesus": "Ide anunciar a João o que ouvis e vedes: cegos vêem e coxos andam, leprosos ficam limpos e surdos ouvem, mortos ressuscitam, e aos pobres se anuncia uma alegre mensagem" (Mt 11,4-5; par. Lc 7,18-23). (As três perícopes formam um só complexo de tradições, com mesma tendência; por isso, provavelmente com uma só e a mesma intenção, ao transmiti-las.)[108] Durante muito tempo, o texto citado foi, na exegese moderna, considerado como "autêntico de Jesus". P. Stuhlmacher, porém,[109] mostrou, com argumentos bastante convincentes, que se trata de uma criação de "profetas cristãos" do cristianismo primitivo. Nesse contexto, Mateus fala de *ta erga tou Christou*, das atividades *messiânicas* de Jesus. Todavia, as "obras" mencionadas são características, não do Messias da dinastia davídica, mas do messiânico "profeta escatológico" como o judaísmo o entendia, no complexo de tradições de Is 26,19 (mortos ressuscitam), 29,9-10.18-19 (cegos vêem), 35,5-6.8 (igualmente, cegos vêem), 42,18 (surdos ouvem), 43,8 (cegos vêem, surdos ouvem), 61,1-3 (enlutados são ajudados, aos pobres anuncia-se uma notícia alegre; ver também 52,7). O *lógion* Q é uma fusão de diversos textos de Isaías: é o catálogo de milagres da tradição cristológica a respeito do profeta do fim dos tempos. Aí não se encontram expulsões de demônios ou exorcismos, nem curas de leprosos, ou ressuscitações de mortos; estas últimas pertencem à tradição do profetismo em geral (1Rs 17,17-24; 2Rs 4,18-37; 2Rs 5). Além disso, vê-se que ressuscitações de mortos nos sinóticos seguem o modelo de textos do Antigo Testamento (ver Mc 5,22-43; Lc 7,11-17). De tudo isso, segue-se que a natureza dos milagres narrados nos evangelhos sobre Jesus supõe a *identificação* de Jesus com o profeta escatológico "messiânico". Quanto ao reconhecimento de Jesus como o profeta escatológico, é difícil dizer até que ponto isso aconteceu antes ou depois da morte de Jesus (ver Parte III). Em todo caso, os elementos secundários (cura de leprosos e ressuscitação de mortos), na narrativa sobre a resposta de Jesus, refletem muito bem a primeiríssima intenção deste *lógion* Q. Jesus é o profeta escatológico, que faz os milagres que neste complexo de tradições se esperavam dele. A forma original desse texto parece pois ser esta: "Cegos vêem, coxos andam, e a pobres anuncia-se a boa nova. Bem-aventurado quem não se escandalizar em

der, l.c., 393; cf. Blank, *Schriftauslegung*, 121ss; R. Pesch, *Jesu Ureigene Taten?*, 36-44.

108 J. Blank, *Schriftauslegung*, 124-128; R. Pesch, *Jesus Ureigene Taten?*, 36-44; Schulz, *Q-Quelle*, 190-203.

109 *Das paulinische Evangelium*, I, *Vorgeschichte*, Tubinga 1968, 223-224.

110 J. Blank, *Schriftauslegung*, 125.

mim".[110] O "poder de Deus" fica reconhecível.[111] O fato de Jesus ser interpretado como "profeta escatológico", a quem nesse conjunto de tradições (já interpretado no judaísmo) são atribuídos determinados atos maravilhosos, significa pois o seguinte: na narrativa evangélica dos prodígios de Jesus não se deve ver em todos os casos uma lembrança de determinados milagres históricos de Jesus, e sim ações e milagres bem determinados que, de maneira responsável, levaram a identificar Jesus com o profeta escatológico. Somente depois dessa bem fundada identificação podia-se também, sem ansiosa problemática, contar muito concretamente os prodígios tradicionalmente atribuídos ao profeta escatológico, como feitos por Jesus. O elemento histórico e o elemento "querigmático" nos evangelhos compõem por isso muitas vezes um tecido difícil de destrinchar. O *lógion* Q e o *lógion* sinótico da resposta de Jesus à pergunta dos discípulos do Batista são assim, embora secundários, um testemunho da identificação precoce (pré-pascal?) de Jesus como profeta escatológico (uma das teses fundamentais deste "ensaio cristológica") e também testemunho de uma tradição muito antiga sobre milagres de Jesus, que inclusive torna possível reconhecê-lo como o profeta escatológico. Além disso, as narrativas sobre a tentação de Jesus na fonte Q (Mt 4,1-11; Lc 4,1-13) mostram que Jesus, segundo essa tradição, se recusa a fazer milagres de "legitimação", sem utilidade e salvação para os outros, somente em proveito próprio; rejeita-os como tentações de satanás. Jesus faz os milagres do profeta carismático, escatológico, e nenhum outro. Pelos seus milagres, ele traz uma boa notícia para os pobres, não apenas verbalmente, mas de fato. Ele é o profeta escatológico que traz a alegre mensagem: "Deus vai reinar" (Is 52,7; cf. 61,1). Que surdos ouvem e que cegos vêem, tem sempre nesses textos de Isaías também um sentido profundamente metafórico: ser cego é sinal de estar longe de Deus; ver é ter acesso à salvação, e o "profeta escatológico" é a "luz do mundo" (Is 42,6-7). Jesus é *luminoso* e *libertador* para quem dele se aproxima. A tradição do cristianismo primitivo a respeito dos "milagres de Jesus" deve portanto ser vista em primeiro lugar (fazendo abstração ainda da questão também importante a respeito da realidade histórica dos "milagres de Jesus") como prova de uma tradição muito antiga. Esta identifica Jesus de Nazaré com o profeta escatológico, da maneira como então esse conceito, proveniente da "tradição isaiana" (Dêutero Isaías e Trito-Isaías) existia no judaísmo (cf. Parte III). Tradição que ganhou sentido ainda mais profundo na tradição sapiencial "salomônica" do judaísmo tardio. Em certo sentido, estamos aqui diante de um "círculo hermenêutico", no qual a atuação historicamente muito marcante de

[111] R. Pesch, *Jesu Ureigene Taten?*, 152, n. 138; Mussner, *Auferstehung*, 51; Polag, *Stufen der Christologie*, 72-74; Schulz, *Q-Quelle*, 203-213.

Jesus obrigou a reconhecê-lo, a ele, como o "profeta escatológico". Dado esse reconhecimento identificador, começou-se a atribuir sem receio, e como realidade, a esse Jesus de Nazaré (assim identificado) os milagres "tradicionalmente reconhecidos" do profeta escatológico, e isso até com as cores bem locais da Galiléia. Cruamente falando, uma vez que por motivos *históricos* Jesus foi reconhecido como o "profeta escatológico", pôde-se também – *não historicamente* – atribuir-lhe certo número de milagres que ele de fato (historicamente) nunca fez. Nas ciências da literatura, esse fenômeno é conhecido sob o nome de "concentração épica" (também a Carlos Magno, por exemplo, foram atribuídos atos heróicos de outros). Para quem não perde de vista esse círculo hermenêutico (e para isso fatos históricos são o único incentivo), tal ampliação do horizonte (na base de conjuntos de tradições mais antigas) não causa nenhum problema; causaria somente para quem vê a religião como pequeno cálculo de computador. Nesse sentido, é bem acertada a distinção de R. Pesch entre "os prodígios históricos de Jesus" e "seu sentido querigmático".[112] Creio, porém, com J. Roloff,[113] que teremos de reconhecer, mais do que R. Pesch o faz, as reminiscências de fatos históricos acontecidos nos dias da vida terrena de Jesus. De fato, uma interpretação querigmática sem base em dados históricos seria golpe no ar, e abriria a porta para uma construção puramente ideológica, sem relação com a realidade histórica de Jesus. Mas, dentro do espaço deste círculo entre fatos e interpretações, até as narrativas evangélicas sem imediata base histórica na vida de Jesus de Nazaré ganham sentido eminentemente teológico. Aliás, sem isso, a narrativa sobre a ressurreição ficaria suspensa no ar. A condição para toda interpretação posterior mais profunda era, e é, a identificação de Jesus, historicamente fundada, embora sem necessidade apodítica, com o profeta escatológico. Em outras palavras, também assim o Jesus de Nazaré real histórico, continua sendo o último critério.

Há, portanto, narrativas de milagres puramente querigmáticas, ao lado dos prodígios, talvez ambivalentes, que Jesus fez real e historicamente. Por isso, está crescendo, até entre os exegetas mais críticos, a convicção geral de que Jesus, historicamente, curou enfermos e expulsou demônios. Há, pois, uma base historicamente certa para a afirmação neotestamentária de que Jesus andou curando enfermos e expulsando demônios. Os evangelhos deixam claro que uma "salvação" que não se manifestasse aqui e agora, em seres humanos muito concretos, não teria nada de "Boa Nova". O início do reino de Deus torna-se visível aqui nesta terra, em nossa história, pela vitória contra os "poderes do mal". Os milagres de Jesus ilustram isso. Na luta contra o mal, Jesus está inteiramente do lado de Deus. Ele é uma potência

---

[112] R. Pesch, *Jesu Ureigene Taten?*, 143.
[113] Roloff, *Das Kerygma*, 111-207.

de bondade, que derrota satanás (Mc 3,27 par.). Nessa real oferta de salvação, presente de fato nos dias da vida terrena de Jesus, um problema *cristológico* torna-se perceptível.

Com dois casos extremos podemos deixar claro que experiências pós-pascais influenciaram as narrativas sobre milagres nos evangelhos, e que tais experiências às vezes foram simplesmente "montadas" para ilustrar o querigma cristão; e que de outro lado são narrados milagres com base em lembranças puramente históricas.[114]

Uma fonte própria de Mateus contava a conversa sobre o imposto do templo (Mt 17,24-27); o evangelho aí acrescenta um milagre: "...para não os escandalizarmos, vai ao mar, lança o anzol, pega o primeiro peixe que morder a isca, abre-lhe a boca e nela acharás uma moeda. Retira e dá por mim e por ti" (17,27). Esse tema de antigas fábulas era comumente conhecido (sobretudo na forma de pérola preciosa na boca de um peixe). É claro que aí se usa um tema de fábula, simplesmente para dizer que tudo está à disposição de Jesus, porque o Pai cuida dele. Nenhum dos leitores da época interpretou esse texto em sentido literal. Entenderam-no antes como *parábola* que devia esclarecer o querigma. Por isso, é tão difícil reduzir todas as coisas maravilhosas que acontecem nos evangelhos ao conceito de "narrativas de milagres". Isso abrange uma gama de diversos gêneros, e nem todos provêm da "tradição sobre milagres".

Mt 17,27 não é "um milagre"; é uma parábola, uma ilustração da fé: quem procura primeiro o reino de Deus, todo o resto lhe é dado de acréscimo. Bem diferente é a narrativa da cura da sogra de Pedro, que estava com febre (Mc 1,29-31 par.). Nessa narrativa, toda espécie de sinais lingüísticos mostram que o próprio texto quer ser considerado como substancialmente a narrativa de um acontecimento histórico. Acontece no local chamado de "casa de Pedro e André"; quem está doente é a sogra de Pedro. A cura acontece quando Jesus, por acaso, lhes faz uma visita, e então fica sabendo da doença. Um milagre muito simples, por amizade. Trata-se evidentemente de lembranças biográficas, guardadas na tradição, por estarem relacionadas com o próprio Pedro. O acontecimento ficou guardado em toda a sua simplicidade, sem linguagem alegórica ou edificante, e sem os retoques que foram dados em outros casos. E a sogra de Pedro, curada e esperta, arruma logo alguma coisa para o pessoal comer (1,31b). Aqui o caso é contado pura e simplesmente porque aconteceu, e porque tinha a ver com Pedro. Caracteriza sobretudo a atitude de Jesus. Em Lc 4,38-39, a doença é mais grave e a febre recebe uma ordem, como o demônio nos casos de exorcismo. Mt 8,14-15, porém, esquematiza a cena toda, limitando os personagens a Jesus e à sogra de Pedro. Jesus vê que ela

---

[114] Roloff, *Das Kerygma*, 115-119.

está doente, e ele mesmo toma a iniciativa, sem ninguém pedir ou sugerir nada. Mateus termina tudo (e juntamente o sumário), com uma referência a Is 53,4: "Ele levou nossas enfermidades e carregou nossas doenças" (Mt 8,17). Por isso que a lembrança histórica fica ligada a uma interpretação pós-pascal, esclarecendo o seu sentido teológico.

Assim foi sobretudo a tradição Q. Ela nos forneceu uma visão inicial, global, dos prodígios de Jesus. Agora, deveremos observar mais acuradamente como a tradição evangélica do Novo Testamento, ao guardar as tradições sobre os milagres de Jesus, conservou as tendências mais antigas, ou as corrigiu, ou lhes mudou o sentido, de acordo com determinada visão teológica.

No conjunto dos sinóticos, o evangelho de Marcos tem seu ponto de vista próprio bem específico. Encaixou o material tradicional que lhe foi apresentado, ou partes apenas, no que ele chama de o "evangelho". O material aí elaborado foi adotado substancialmente, tanto por Mateus como por Lucas. Além dessa fonte, Mateus e Lucas têm apenas uma narrativa sobre um milagre, que é da fonte Q (Mt 8,5-13; Lc 7,1-10), e Lucas ainda alguns milagres de uma fonte ou tradição própria (Lc 5,1-11; 7,11-17; 13,10-17; 14,1-6; 17,11-19). O material no evangelho de Marcos, portanto, é a fonte principal da tradição sinótica sobre os milagres. As outras fontes reais, e outra tradição que é relatada no evangelho de João, são provas suficientes de que no cristianismo primitivo havia tradições muito amplas a respeito dos milagres de Jesus de Nazaré.

É isso que nos chama a atenção, se nos lembrarmos que Mc 8,11-13 mostra claramente que Jesus não atende a nenhuma exigência de *mostrar um sinal*, ou de fazer milagres (ver também Mt 15,32-39). O que é original nesse texto, a saber, Mc 8,12, coincide com o *lógion* Q (Mt 12,39 e 16,4; Lc 11,29): "Será dado um sinal a esta gente? Não! Não será dado". Aí o milagre recusado é visto no sentido do *oth* do Antigo Testamento, a saber, como *sinal que legitima*,[115] diferente dos milagres como "portentos" ou ações poderosas (ver Mc 6,2.5). É exatamente de profetas que se esperam milagres como sinais de legitimação. Pedir a Jesus um sinal significa, portanto, que são pedidas as credenciais dele como profeta, e profeta escatológico. Segundo Marcos, Jesus se recusa a fazer esse tipo de milagres. Portanto, os milagres que Jesus de fato realiza são prodígios de bondade na visão de Marcos, correspondendo à necessidade do momento, pois a exigência de um sinal milagroso e a recusa de Jesus seguem logo depois da história de três milagres que ele fez (Mc 7,24-8,10). Daí faz-se mais evidente a distinção radical entre prodígios e sinais milagrosos de legitimação. Segundo Mc 8,11, os fariseus pedem a Jesus

[115] K. Rengstorf em: ThWNT VII, 217-218.

um sinal "do céu", isto é, um milagre muito especial, pelo qual a atividade profética de Jesus seria *confirmada por Deus*. Então, sim, todo o mundo saberia que Jesus foi enviado por Deus; então acreditariam nele! Na visão de Marcos, é exatamente isso que Jesus rejeita: o Jesus *terreno* é e continua sendo ambíguo nos dias de sua vida terrena; é preciso confiar nele. Jesus continua sendo ele mesmo, e não faz milagres "por encomenda", ou como *prova* canônica de coisa alguma; ele os faz simplesmente para ajudar pessoas necessitadas (Mc 1,41; 5,19; 6,34; 8,2; 9,22; 10,47-48). E é assim que ele mostra, da melhor maneira possível, quem ele é: simplesmente ele mesmo, andando por aí "fazendo o bem". Com isso, ninguém se declara em favor de milagres ou contra milagres; para Marcos trata-se de uma questão *cristológica*, da *verdadeira* personalidade e essência de Jesus. É também segundo Marcos que em outra ocasião Jesus manda que se calem todas as cristologias "heréticas". Jesus não legitima sua própria missão e atuação; no que ele faz e deixa de fazer, também nos seus milagres, ele é simplesmente ele mesmo.

Também segundo Mc 13,21-23, Jesus avisa contra falsos profetas que nos últimos tempos se levantarão fazendo "sinais e prodígios". Aí os milagres são relacionados sobretudo com a falsa profecia, como em Dt 13,2-4. A expressão *sémeia kai térata* aí usada pertence, segundo a "história das tradições", ao complexo de legitimações de um enviado de Deus. Jesus, porém, é simplesmente *bom* para os outros, e por isso faz às vezes coisas surpreendentes, que para alguns são ambíguas (ver Mc 3,22-30). Por isso, Marcos nunca falará dos atos benéficos de Jesus como *sémeia kai térata*.[116] Jesus não se legitima. Ele mesmo não se preocupa com a própria identidade; ele *é* ele mesmo em tudo o que faz; a sua identidade consiste em identificar-se com pessoas necessitadas e angustiadas, a fim de libertá-las dessa auto-alienação, devolvendo-as a si mesmas, para assim serem novamente livres para os outros e para Deus.

Segundo a história das redações, podemos distinguir no evangelho de Marcos três grandes grupos de narrativas sobre milagres:[117] *a)* Curas e expulsões de demônios (Mc 1-3, incluindo os resumos de 1,32-34; 3,7-12; 3,22-27). *b)* Os grandes prodígios em 4,35 até 5,43, dos quais 6,1-6ª dá uma interpretação conclusiva. *c)* Diversos milagres na Galiléia e redondezas, em Mc 6-8; depois de Mc 8,27-30 (a confissão messiânica de Pedro e a perspectiva da paixão), são narrados apenas dois milagres, de realização demorada: a cura de um rapaz possesso (9,14-29) e de um cego (10,46-52).

---

[116] É somente em At 2,22 que os termos "sèmeia kai terata" são aplicados aos atos milagrosos da bondade de Jesus, em contexto sobre "missão", onde os milagres realmente começam a funcionar como provas que legitimam sua missão divina. Ver K. Kertelge, *Die Wunder Jesu*, 29.

[117] Kertelge, *Die Wunder Jesu*, 49.

Mc 1,32-34 resume, por assim dizer, "um dia de trabalho de Jesus de Nazaré", da seguinte maneira: ensina nas sinagogas (1,21-28), e "à tarde, depois do pôr-do-sol, levam a ele todos os enfermos e possessos. A cidade inteira estava reunida diante da porta. Ele curou muitos doentes de enfermidades diversas, e expulsou muitos demônios" (1,32-34). Jesus traz a mensagem do reino de Deus em palavras e ações. Nesse texto, podemos ver lembrada a impressão que a poderosa bondade de Jesus causava no povo; mas já tinha chegado a era pós-pascal, em que, desde havia muito tempo, Jesus era venerado como o Crucificado vivente. Percebe-se muito bem, no entanto, que o autor desse texto estava consciente de já estar longe dos fatos acontecidos. Por enquanto, Marcos não quer dizer mais do que isto: esse homem, Jesus, durante os dias de sua vida nesta terra, era de excepcional bondade e compaixão para com seus semelhantes. Não se diz por enquanto o que se escondia atrás disso, qual era a fonte dessa maravilhosa bondade; em todo caso, experimentava-se em Jesus a salvação, até corporalmente. Que se esconde aí um mistério divino, por enquanto não se fala: "Eu sei quem tu és, o Santo de Deus" (1,24), gritam os espíritos maus; Jesus porém manda os possessos se calar. Pois antes da paixão e morte de Jesus, esse mistério podia ser interpretado unilateralmente e de maneira completamente errada. A mesma proibição de falar vale em Mc 3,7-12, mas em ambos os casos as pessoas curadas falam, apesar dessa proibição. O que sempre chama a atenção é a multidão reunida em redor de Jesus: no início é o povo das redondezas limitadas de Cafarnaum na Galiléia (1,21.31); mais tarde, de vastas regiões, tanto da Judéia como das terras dos pagãos (Iduméia e Transjordânia, Tiro e Sidônia, 3,7-8); e afinal, por onde ele aparece, a multidão acorre para vê-lo (6,53-56); e ele cura todos os enfermos, simplesmente por misericórdia. Característico é que o próprio Jesus nunca toma a iniciativa para operar milagres. Não quer decepcionar as pessoas que o procuram para serem curadas; não quer atribuir a si mesmo o papel de alguém que sabe curar; no entanto, é sensível para com qualquer pessoa que tenha confiança nele (Mc 5,25-34; Mt 8,5-13 par.). Torna-se reservado quando percebe alguma dúvida a respeito (Mc 9,14-30 par.). A proximidade de Jesus já é sentida como salvação. É nesses *atos* que se manifesta, segundo Marcos, "uma nova *doutrina* com plenos poderes" (1,27). Aí não se faz distinção entre palavras (*logía*) e atos. Os próprios atos de Jesus são um "evangelho": a alegre notícia aos pobres que se encontra na cura, graças à presença de Jesus; nem se diz expressamente que esse povo "acredita nele". Simplesmente chegam com sua miséria para perto dele. Aí se dá felicidade a pessoas que, *na sua consciência de serem infelizes*, realizam a única verdadeira condição para poderem afinal receber o evangelho como mensagem *alegre*. O povo se aglomera em torno de Jesus: é como o grito impotente da história humana tão infeliz! Caracteriza ao mesmo tempo a *esperança* que entrou nessa história graças a Jesus: alguém que anda por aí somente para fazer o bem; um homem em quem não há maldade nenhuma. Por enquanto, tudo continua bastante ambíguo, na visão de Marcos, mas reflete inicialmente a impressão que Jesus deixou em muita gente nos dias de sua vida terrena. Foi isso que Marcos sentiu no material que lhe foi transmitido, e do qual respeitou a tendência implícita: a história dos acumulados sofrimentos humanos, que faziam aguardar um Jesus que de tudo pudesse salvar. Mas, ao mesmo tempo, Marcos coloca uma "ressalva escatológica" diante desse povo que acorre para ser salvo. Desde o início, ele o faz, mas a sua intenção só vai manifestar-se depois do corte no seu evangelho: Mc 8,27, a confissão messiânica de Pedro, um "triunfalismo" que é logo contradito por Jesus, ao abrir a perspectiva da paixão. A partir daí, diminui e até emudece a narrativa sobre o povo que acorre para ver Jesus. O povo, cidades inteiras, o rejeitam. Ao que tudo indica, daí para frente Jesus foi se retirando da massa do povo, e aplicando-se a uma formação especial dos seus discípulos. A cura que ainda segue na cidade de Betsaida (que o renega, Mc 8,22-26; ver também em 7,31-36) procede penosamente, como se a descrença travasse todo esse acontecimento; também é de propósito que acontece sem ser vista por pessoas presentes (também em Mc 7,33). Jesus se afasta da multidão, e vai formar um núcleo de discípulos.

Além desses resumos gerais da atividade miraculosa de Jesus (Mc 1,32-34; 1,39; 3,7-12; 6,53-56), Marcos tem ainda umas dezesseis narrativas separadas de milagres. Essa extensão do "repertório de milagres" de Jesus indica, para Marcos, que os atos milagrosos de Jesus têm importância especial no evangelho de Jesus Cristo, importância que os milagres não têm, de forma alguma, nas demais tradições do cristianismo primitivo (a comunidade Q só fala de dois milagres, e visando sobretudo uma discussão que deles se originou; o evangelho de Paulo não fala sobre os milagres de Jesus). Esse fato indica que para Marcos (cf. supra) "o evangelho" também inclui essencialmente uma lembrança histórica daquilo que Jesus falou, e sobretudo fez. Marcos quer descrever Jesus como alguém que deixou as pessoas alegres, trazendo-lhes de fato um *evangelho*. Os atos milagrosos de Jesus têm portanto na sua narrativa sentido *evangélico*. Jesus traz *felicidade*, porque ele é o Filho, repleto do Espírito (Mc 1,9-11). Por isso, é que satanás recua onde ele aparece (1,23-28), pois onde Jesus age, aproxima-se também o reino de Deus por ele anunciado (1,14-15). O fato ainda não é percebido pelas pessoas que na sua infelicidade a ele acorrem para serem curadas e libertadas (o que aliás nunca é criticado por Marcos): em Jesus, trata-se da realidade *benfazeja* (cf. Mc 7,37) *do reino de Deus*, o que só se tornará perfeitamente claro depois da morte de Jesus, na experiência da comunidade à qual o reinado de Deus foi revelado.

c) *O apelo de Jesus à fé em Deus e à volta para Deus.*
Fé e prodígios

Em muitos lugares, encontra-se no contexto da narrativa sobre algum milagre a expressão: "Tua fé te salvou", ou: "grande é tua fé; que se faça conforme desejas". Inegavelmente no Novo Testamento é fórmula fixa, dirigida ao doente (Mc 5,34; Lc 8,48; Mt 9,22; Mc 10,52; Lc 18,42; Mt 20,31; Mt 9,29; Lc 7,50; 17,19; At 3,16), ou a quem o acompanha (Mt 8,13); às vezes na forma de exortação à fé (Mc 5,36; Lc 8,50; Mc 9,23; Mt 9,28), às vezes na forma de constatação da fé que já existe (Mc 2,5; Mt 8,10; Lc 7,9; At 14,9). Está claro, pois, que é uma fórmula fixa que pertence ao gênero das "narrativas de curas". Ao lado disso (além do uso comum do verbo "crer"), fala-se também do poder da fé em contraste com uma fé fraca, e isso exclusivamente no contexto da própria atitude dos discípulos que seguiram Jesus (Mc 11,23 par.; Mt 21,21; Lc 17,6; Mt 17,20; finalmente em três textos independentes). Ora, os milagres em que se fala, primária ou secundariamente, de uma fé que salva, são feitos por Jesus geralmente a "estranhos" ou a "discípulos" em sentido mais amplo, a qualquer um que lhe pede ajuda. Para entender melhor essa problemática, parece-me bom partir da narrativa dos dez leprosos, dos quais um volta para Jesus (segundo uma tradição exclusivamente lucana: Lc 17,11-19). O que mais surpreende nessa história é que somente um deles volta para Jesus, por "iniciativa pessoal" (numa adaptação secundária, isso é mais acentuado ainda, afirmando-se que foi um samaritano, um semipagão (Lc 17,16.18). Curioso é que os outros nove também foram curados, mas Jesus diz só para esse que volta: "Tua fé te salvou" (Lc 17,19). Somente um dos dez entendeu o *sentido* do que Jesus fez: voltando para Jesus, ele reconhece que foi *Jesus* quem lhe ofereceu a ajuda *de Deus*. Os outros *também* foram salvos; aí, portanto, funcionou uma outra forma de confiança. Tal fato deixa claro que a intenção dos prodígios de Jesus é oferecer aos outros a *salvadora comunhão com Deus*.

Em Mc 5,25-34 já se torna mais claro: "Filha, a tua fé te salvou; vai em paz, e fica curada desse sofrimento" (5,34). A mulher, há tantos anos doente, estava desesperada; tentara de tudo, mas ficara cada vez pior. Aí ouviu falar de Jesus. "Aproximou-se por detrás dele na multidão e tocou-lhe a veste" (5,27). Ato de desespero de uma mulher do povo cheia de confiança! "Ela foi curada". Aí a fé é mais do que imaginar uma espécie de transferência mágica de poder, embora o fato seja descrito como se uma *força real* saísse de Jesus para essa mulher (5,30). Porém, o que a salvou foi sua fé; o decisivo foi que ela procurou pessoalmente a Jesus. Dentro do padrão mágico de seu comportamento, porém, o que ela procurou em Jesus foi a ajuda *de Deus*.[118]

[118] Roloff, *Das Kerygma*, 154.

Essa narrativa está entrelaçada com a de outro milagre, a cura da filhinha de Jairo, chefe de sinagoga (Mc 5,21-24.35-43). Durante a "interrupção" havida com o fato descrito na narrativa acima (Mc 5,25-34), a menina morreu. Jesus porém diz: "Não tenhas medo. Continua crendo" (Mc 5,36b). Depois desse desfecho fatal, tinha-se tentado levar o chefe da sinagoga a não insistir junto a Jesus. Finalmente a resposta: "Persevera na fé com a qual vieste a mim". O essencial é contra toda esperança continuar agarrado a Jesus, e esperar dele a ajuda *de Deus*. O "continua a crer" não significa uma confiança direta em Deus, em sentido generalizado, mas é aqui e agora um voltar-se para a pessoa de Jesus, que *garante o auxílio de Deus*.

Em Mc 9,23 (9,14-29) se diz expressamente: "Tudo é possível para quem crê". Primeiro, os discípulos haviam tentado expulsar o mau espírito do menino doente (9,14-18), "mas não tiveram força para isso". Jesus então diz: "Oh, gente incrédula!" (9,18-19). Mas o pai do menino doente diz: "Eu creio! Ajuda minha falta de fé" (9,24). Também na cura do filho ou servo do centurião (Mt 8,10b = Lc 7,9b) se realiza a fé do centurião em Jesus como alguém que, autorizado por Deus, tem poder também sobre doenças. E o cego Bartimeu (Mc 10,46-52), vencendo todos os obstáculos para se comunicar com Jesus, consegue entrar em contato pessoal com ele, e é salvo exatamente por sua própria fé (10,52). Em Nazaré, Jesus não pode fazer prodígios de bondade, por causa da incredulidade dos habitantes (Mc 6,5-6; embora Mt 13,58 diminua o caráter generalizado da incredulidade de Nazaré). Parece narrativa secundária, que no entanto continua a falar sobre a relação entre o milagre e a fé. Absolutamente não se diz que a fé é o *pressuposto* do milagre. A questão não é se os nazarenos estavam convencidos ou não de que Jesus tinha o poder de fazer milagres; o povo se afasta de Jesus porque o poder dele é atribuído ao demônio (cf. 6,2b-6). Em Nazaré se acredita, sim, que Jesus tem o poder de fazer milagres. Mas pedem-se milagres que não seriam apelo à metanóia, nem convocação para a comunhão com Deus (Mt 4,5-6; Jo 6,14-15). Aí se vê mais nitidamente qual é, nas intenções de Jesus, a relação entre "fé" e "milagre": essas obras fazem parte da missão de Jesus em Israel: é levar seres humanos a terem *fé em Deus*. O sentido de toda a atuação de Jesus é ser aquele que traz a ajuda de Deus e transmite salvação; onde *isso* não é reconhecido, toda a sua missão é ignorada, e o reino de Deus não é entendido, nem as obras deste reino; é somente na fé que o reinado de Deus se comunica aos seres humanos. A missão de Jesus a Israel é um *apelo à fé*.

É o que sublinha a fé firme de uma não-judia (Mt 15,21-28 par. Mc 7,24-30). Essa pagã espera, através de Jesus, a ajuda do Deus de *Israel*. Mateus, porém, deixa bem claro que a missão *terrena* de Jesus se limita aos judeus (Mt 15,23.24.26) e não se destina aos "cachorros", isto é, aos pagãos; a mulher pagã, porém, desarma a oposição, testemunhando sua fé no Deus de Israel: "Mas os cachorros também comem as migalhas que caem da mesa dos seus donos" (15,27). Aí se exprime (num texto secundário) a fé em Deus, que é salvação, primeiro para Israel, mas em seguida também para os gentios. Jesus, então, lhe diz: "Ó mulher, grande é a tua fé". Com essa fé ela reconhece Jesus como aquele que foi enviado a Israel. Essa mulher siro-fenícia já possui o que devia ser encontrado em Israel: *fé em Jesus como o enviado de Deus a Israel.* Isso é "fé" em Jesus antes da Páscoa. Também não precisa ser mais do que isso. Em capítulo mais adiante, veremos que a missão terrena de Jesus é a do "filho de Davi" a *Israel*; e é somente pela ressurreição que Deus o revela como o "Cristo universal". De acordo com o antigo credo sobre o Jesus terreno, o salomônico "filho de Davi" enviado somente a *Israel*, o fato é de que em muitas narrativas de milagres, onde se fala em "fé" e "milagre", Jesus é chamado expressamente de "Filho de Davi" (Mt 15,21-28; Mt 12,23-24; 9,27.33-34; 20,30; Mc 10,47-48). São naturalmente textos pós-pascais, mas que testemunham o aspecto *histórico*, isto é, aí se fala sobre os dias da vida terrena de Jesus, sem dar à sua imagem retoques que falem essencialmente de sua glorificação. Como filho de Davi, Jesus está aí para Israel, cumprindo as expectativas de Israel (Mt 15,22; 21,9.15).[119] Afinal, a fé que Jesus, nos dias de sua vida terrena, espera de Israel, é que creia nele como o enviado de Deus (para o fim dos tempos); seria a confiança na pessoa que quer levar Israel a voltar-se para Deus. É nessa perspectiva, e somente assim, que os atos de Jesus, de poderosa bondade, ganham seu verdadeiro sentido. É o que aparece mais claramente em textos secundários, que servem apenas para explicitar melhor a confiança na pessoa de Jesus (que nos textos primários é formulada em termos mais gerais). Aí não faz diferença se a fé é mencionada antes do milagre (Mc 2,5; 5,36; 7,29; 9,23; Mt 8,13; 9,29; 15,28) ou apenas depois (Mc 5,34; Lc 7,50; 17,19). De fato, ainda não se trata da fé que têm os "discípulos" de Jesus, mas de um (primeiro) "encontro" *real* com ele. A finalidade é oferecer a salvação que vem de Deus; é provocar a fé.

Em todo esse grupo de textos se distingue, portanto, outro grupo em que se fala de "ter fé" e de "ter pouca fé" (*oligopistia*); a segunda expressão é usada freqüentemente, sobretudo por Mateus (Mt 6,30; 8,26; 14,31; 16,8). Esses textos supõem uma convivência *habitual* com Jesus pela fé; no entanto, antes da morte de Jesus, é uma fé repetidamente falha e fraca (Mc 11,23; Mt 21,21; Mt 17,20 e Lc 17,6; Mc 4,35-41). *Crer* não tem aí sentido diferente, mas encontra-se "em contexto diferente".[120] Os milagres eventualmente narrados em tal contexto (sobretudo onde Jesus acalma a tempestade [Mc 4,35-41])

---

[119] G. Strecker, *Der Weg der Gerechtigkeit. Untersuchung zur Theologie des Matthäus* (FRLANT, 82), Göttingen 1966, 118-119; Roloff, *Das Kerygma*, 113-134.
[120] Roloff, *l.c.*, 164.

têm (segundo sinais lingüísticos do próprio contexto) sentido diferente daqueles narrados também na base de um interesse histórico por Jesus de Nazaré. Em tal contexto, a intenção fundamental da narrativa é esta: "Por que tendes tanto medo? Como é possível que ainda não tendes fé?" (Mc 4,40). A fé dos discípulos já existia, mas ainda corria perigo; antes da Páscoa, várias vezes até fraquejou. Há muito tempo estão com Jesus, e ainda não tomaram consciência de que não há nada a temer, mesmo quando seu amado mestre dorme durante a tempestade! Nesse caso, nem precisavam de milagre; pela sua convivência com Jesus, já podiam saber melhor. Pois não era o primeiro contato deles com Jesus, como foi o caso em quase todas as narrativas de milagres propriamente ditos; trata-se de homens que já vivem com Jesus numa comunidade de fé. "Mestre, não te importa que pereçamos?" A pergunta supõe que já estão ligados a Jesus pela fé. Mas os discípulos são míopes; daí a expressão (judaica): "de pouca fé",[121] isto é, não são coerentes na sua comunhão de fé com o mestre. A atitude de Jesus dormindo não lhes inspira, nesse momento, confiança nenhuma (é o contrário da "fé" provocada por um "milagre"). Agora se narra o milagre para declarar que esses homens, que vivem em comunidade de fé com Jesus, não precisam duvidar. A fé verdadeira torna desnecessário qualquer milagre. Deve ser esse o sentido da narrativa (qualquer que tenha sido o fundo histórico que ocasionou essa instrução sobre a fé). Em todo caso, também aqui, desde antes da Páscoa, a fé significa confiança na pessoa de Jesus de Nazaré, como garantia da presença salvadora *de Deus*. Crer significa aceitar que se oferece em Jesus uma *nova comunhão com Deus*, desde os dias da vida de Jesus nesta terra, como fica claro também em Mc 11,23; Mt 17,20; Lc 17,6. Se for realmente autêntica a fé dos discípulos, mesmo "do tamanho de uma sementinha de mostarda" (Mt 17,20), poderá tirar do lugar uma montanha. Não se trata aqui do poder milagroso para amaldiçoar uma figueira, ou de uma fé forte que fará "milagres". Agora se trata de um milagre muito mais profundo, o milagre da graça de Deus, na qual se pode ter confiança permanente. A figueira que seca é uma profecia-em-ação: imagem do juízo de Deus que virá sobre Israel ou sobre Jerusalém. Mas: "Tende fé *em Deus*" (Mc 11,22). Diante desse juízo que se aproxima, os discípulos devem continuar confiando na ajuda de Deus. Esse é sem dúvida o sentido original desse texto tradicional, que Marcos colocou dentro de um contexto sobre a oração.[122] Também a narrativa sobre Pedro que, andando por cima da água, afunda porque sua fé é pequena, não está na perspectiva dos atos milagrosos, mas do apelo de Jesus (e da comunidade cristã) contra a pouca fé dos *seguidores de Jesus*,

[121] Strack-Billerbeck, I, 438-439.
[122] Roloff, *Das Kerygma*, 168.

que já o deviam conhecer melhor (Mt 14,18-33, de uma fonte própria de Mateus). Semelhantes casos, como sobretudo a figueira que seca e a tempestade acalmada, não pretendem despertar a fé (como no verdadeiro milagre), mas denunciar a inconseqüência da pouca fé, onde já havia uma comunhão-de-fé com Jesus. Interessante é também que, na narrativa sobre a multiplicação dos pães, apesar de todas as repetições (trechos dobrados), são sempre discípulos de pouca fé que não entendem como Jesus irá alimentar tamanha multidão (Mc 6,37; 8,4).

Antes da Páscoa, a habitual comunhão-na-fé com Jesus de Nazaré fazia o impossível parecer possível. Jesus, ao ser preso, seus discípulos o abandonaram em pânico, por terem pouca fé. Em seguida, porém, as lembranças pré-pascais desempenharam papel importante na volta deles para Jesus, o Cristo, como metanóia. Extremamente significativo é que a fé pré-pascal (*pístis* e *pisteuein*), por mais que em todos os textos sinóticos se refira a um encontro com a própria pessoa de Jesus (menos um texto com retoques pós-pascais: Mt 18,6), nunca se chama "fé em Jesus" no sentido do *pisteuein eis*; isso, no Novo Testamento, é uma realidade pós-pascal.[123] A tarefa do Jesus terreno foi suscitar uma fé *incondicional em Deus*; tratava-se de pessoas que estiveram com Jesus em contato passageiro ou permanente. Depois da Páscoa, a Igreja, consciente da distância entre *aqueles dias* e sua fé atual no Senhor exaltado, continuou respeitando essa diferença em sua narrativa evangélica, apesar de todos os retoques. Isso mostra uma reflexão da Igreja sobre *o sentido especial* dos dias *terrenos* de Jesus antes da Páscoa. Em contraste com os milagres da Igreja depois da Páscoa, sinais consoladores do Senhor glorioso operando para o bem dos que já têm a fé, os prodígios miraculosos do Jesus terreno são *ofertas de fé*. Apesar de sua situação pós-pascal, os sinóticos continuam conscientes dessa distinção. Isso mostra seu interesse também histórico pelo significado próprio do Jesus terreno, quer dizer, ele oferece a todos o auxílio de Deus e a comunhão com Deus. É precisamente esse tema histórico que tem também importância cristológica: Quem é esse Jesus, que sabe oferecer aos humanos a ajuda de Deus? Quem é esse Jesus, que sabe suscitar nos humanos a fé? Na sua vida terrena, Jesus se mostra como quem evoca, por sua própria atuação, a *fé em Deus*. É esse o sentido dos prodígios de Jesus.

B. A convivência libertadora e alegre com Jesus. A comunhão com Jesus

Bibliografia: G. Braumann, *Die Schuldner una die Sünderin, Lk 7,36-50:* NTS 10 (1963-64) 487-493; J. Delobel, *L'onction par la pécheresse:* ETL

[123] *L.c.*, 172.

42 (1966) 415-475; H. Drexler, *Die grosse Sünderin Lk 7,36-50:* ZNW 59 (1968) 159-173; R. Feneberg, *Christliche Passafeier und Abendmahl* (Munich 1971); A. Heising, *Die Botschaft der Brotvermehrung* (Stuttgart 1966); O. Hofius, *Jesu Tischgemeinschaft mit den Sündern* (Stuttgart 1967); B. van Iersel, *La vocation de Lévi (Mk 2,13-17; Mt 9,9-13; Lc 5,27-32),* em *De Jésus aux Evangiles* II (Gembloux 1967) 212-232; id., *Die wunderbare Speisung und das Abendmahl:* NovT 7 (1964-1965) 167-194; J. Jeremias, *Zöllner und Sünder:* ZNW 30 (1931) 293-300; K. Kertelge, *Die Vollmacht des Menschensohnes zur Søondenvergebung (Mk 2,10),* em *Orientierung an Jesus* (Friburgo 1973) 205-213; R. Pesch, *Das Zöllnergastmahl (Mk 2,15-17),* em *Mélanges Bibliques,* offertes au P. B. Rigaux (Gembloux 1970) 63-87; id., *Levi-Matthäus (Mk 2,14; Mt 9,9; 10,3):* ZNW 59 (1968) 40-56; J. Roloff, *Das Kerygma,* 223-269; L. Schrottroff, *Das Gleichnis vom verlorenen Sohn:* ZThK 68 (1971) 27-52; H. Thyen, *Studien zur Sündenvergebung im Neuen Testament und seinen alttestamentlichen und jüdischen Voraussetzungen* (Gotinga 1970); A. Vögtle, *Die Einladung zum grossen Gastmahl und zum königlichen Hochzeitsmahl,* em *Das Evangelium und die Evangelien* (Düsseldorf 1971) 171-218; U. Wilckens, *Vergebung für die Sünderin (Lc 7,36-50),* em *Orientierung an Jesus,* 394-422.

Os maravilhosos prodígios de Jesus já mostraram como sua aparência concreta, sua presença e seu modo de lidar com os outros significava salvação e libertação para eles, seguindo-o ou ficando "de fora". Também a atitude de Jesus diante da interpretação judaica, sobretudo aramaica, da Lei mostra que ele, libertando as pessoas, as devolvia a si mesmas, em alegre ligação com o Deus vivo. Porém, dado que Jesus continuava a sentir "a Lei" como revelação da vontade de Deus para com o ser humano, esse aspecto de sua libertadora convivência com os outros deve ser tratado numa exposição cujo assunto é seu relacionamento com o Pai, exatamente como atitude vital que liberta o ser humano. Em seguida, deveremos examinar também como Jesus geralmente se relacionava com os demais, na vida cotidiana de comer e beber em conjunto, especialmente na sua busca "do que estava perdido" e na sua oferta de estar à mesa com excluídos, publicanos e pecadores.

A melhor maneira para entrarmos em contato com os dias da vida de Jesus nesta terra parece-me ser determinada *lembrança* dos discípulos, que desde cedo se fixou na tradição do cristianismo primitivo, sob o tema do não jejuar dos discípulos na presença viva de Jesus (Mc 2,18-22; com variações em Mt 9,14-17; Lc 5,33-39).[124] De fato,

---

[124] Esta perícope tem sido interpretada pelos exegetas em duas linhas diferentes. Uns acham que todo o Novo Testamento foi determinado por situações pós-pascais da Igreja; outros admitem que nas tradições do cristianismo primitivo houve também interesse histórico (embora dentro de uma situação querigmática). Ver H. J. Ebeling, *Die Fastenfrage* (*Mk 2,18-22*), em ThStKr 108 (1937-1938) 387ss; R. Bultmann, *Tradition*, 13-14; E. Lohmeyer, *Das Evangelium des Markus*, Göttingen 1967, i.h.1; A. Kee, *The*

indiretamente já se revela aqui o segredo daquilo que os discípulos, seguidores de Jesus, nos dias de sua vida terrena, experimentaram no seu convívio comensal com Jesus de Nazaré.

a) *A tristeza incompatível com a presença de Jesus: o "não-jejuar" dos discípulos*

Sobretudo em Mc 2,18-22, a narrativa compõe-se de tal maneira que o leitor, pela própria história da origem desse texto, ainda sente a lembrança da presença viva de Jesus, alegrando e libertando os seus discípulos. O texto reza assim: (18-19a):"Um dia os discípulos de João e dos fariseus estavam de jejum. Alguém perguntou a Jesus: Por que os discípulos de João e dos fariseus jejuam e os teus não jejuam? Jesus respondeu: Por acaso podem jejuar os amigos do noivo, enquanto o noivo está com eles? 19b: Enquanto tiverem consigo o noivo, não lhes é possível jejuar. 20: Dias virão em que o noivo lhes será retirado; então eles jejuarão. 21-22: Ninguém costura retalho de pano novo em roupa velha; do contrário, o remendo novo repuxa o tecido velho, e o rasgão se torna maior. E ninguém põe vinho novo em odres velhos, pois do contrário o vinho arrebentaria os odres, levando a perder tanto o vinho como os odres. Vinho novo se põe em odres novos!"

Depois da Páscoa, os cristãos se lembraram das reações de Jesus à impressão de severo asceta que João Batista tinha deixado em seus contemporâneos, ao passo que Jesus dava a impressão de ser alguém que "comia e bebia" (Mt 11,19). Além disso, Jesus escandalizava por comer e beber com publicanos e pecadores (Mc 2,16). O povo se aproveitava do contraste entre os dois profetas, para não ter que escutar nem a João nem a Jesus. O evangelho de Mateus viu com agudeza a situação. Mateus diz: "Parecem crianças sentadas na praça, gritando umas para as outras: Tocamos para vós a flauta, e não dançastes; cantamos lamentações, e não batestes no peito. Pois veio João, que não comia nem bebia, e dizem: está possuído do demônio. Veio o Filho do homem, que come e bebe, e dizem: é um comilão e beberrão de vinho, amigo de publicanos e pecadores". Assim Mt 11,16-18 descreve com exatidão o que de fato estava em jogo. Questiona-se aqui a liberdade da atitude de Jesus e dos seus seguidores diante da vida, e não o fato de jejuar ou não jejuar, como probleminha casuístico da estrutura eclesiástica, conforme se diz em muitos comentários. O problema é bem mais profundo.

question about fasting, em NovT 11 (1969) 161-173; G. Braumann, *An jenem Tag*, *Mc* 2,20, em NovT 6 (1963) 264-267. Pessoalmente, acho plena de sentido e convincente (enquanto possível, nesta questão) a argumentação de J. Roloff, em: *Das Kerygma*, 223-237. De modo bem diferente pensa p. ex. G. Schille, *Das vorsynoptische Judenchristentum*, Berlim 1970, 43-46, e *Was ist ein Logion?*, em ZNT 61 (1970) 177-182.

A resposta de Jesus a essa denúncia é breve e firme: "Amigos (ou convidados) do noivo não jejuam enquanto o noivo está com eles" (19a). Em linguagem ocidental se diria: "Em dia de casamento não se jejua; aí o pessoal está reunido para fazer festa". Claro! No entanto, a resposta de Jesus não é assim tão simples ou evidente, pela simples razão de que, propriamente falando, aqui não se trata de um casamento. Sem dúvida, a resposta de Jesus parte de uma experiência corriqueira, evidente para todo mundo: em festa de casamento não se jejua. O que está em jogo, porém, é mais do que isso.

Essa perícope do evangelho também não pretende anunciar uma ruptura fundamental de Jesus com as práticas judaicas de jejum, obrigatórias ou livres. Em lugar nenhum, Jesus condena o jejum dos discípulos de João, e consta também que ele respeitava o sentido do templo, do descanso sabático, da sinagoga, e também dos dias de jejum do judaísmo (ver mais adiante). Jesus vê realmente na Lei um sinal da vontade benfazeja e da misericórdia de Deus para com os judeus: para o bem, e não para a perdição deles. Aqui já temos um primeiro indício bem claro. Jesus constata como é freqüente alguém se esconder atrás da letra da Lei para desvirtuar o seu objetivo mais profundo: a misericórdia de Deus para com o ser humano. Pela maneira como praticamente são usados, a Lei e o sábado são afastados de sua mais profunda intenção, tornando-se um peso insuportável e esmagador para pessoas comuns. Jesus vê as obrigações legais à luz de um Deus que somente quer ser humano. Toda e qualquer lei tem de ser uma manifestação da misericórdia de Deus.

Diante desse fundo aparece agora de repente, luminosa, a boa nova de Jesus: à luz da Lei, a pessoa concreta de Jesus é a manifestação da bondade de Deus para quem está disposto a receber, através da praxe da vida de Jesus, a proximidade auxiliadora de Deus (Mt 13,11). Quem não está disposto a isso, o observador neutro, ou quem jura somente pela Lei, não enxerga essa presença salvadora; pelo contrário, só vê o comportamento de Jesus e dos seus como desviando-se da Lei, como comportamento incompreensível (Mc 4,11-12) e até escandaloso (Mc 6,2-3; cf. Mt 11,6; 15,12).

A pergunta que aí se coloca é esta: confias ou não confias? Trata-se de uma decisão: em favor de Jesus, ou contra. Quem deposita confiança nele, parte da convicção de que em Jesus foi revelada a maneira como Deus cuida do ser humano. Se esse Jesus, então, está pessoalmente com os seus discípulos, há somente motivo de alegria para quem se confia a ele. Então ninguém pensa em jejuar. A essência desse episódio é, portanto: esse Jesus, aparição palpável da misericórdia divina para com os seres humanos, está aí presente em carne e osso. Que os discípulos de João Batista jejuam, está certo, eles têm razão; não há nada para criticar. Mas, se os discípulos de Jesus jejuassem agora, seria ignorar a situação concreta, a saber, a presença salutar da própria pessoa de Jesus de Nazaré. A convivência dos discípulos com esse Jesus é essencialmente uma comensalidade festiva, preparada pelo próprio Jesus; é comunhão salutar. O tempo que Jesus ficou no meio da turma que o seguia, ainda com mal-entendidos, sim, mas incondicionalmente e com entusiasmo, foi um tempo sumamente especial. A presença viva de Jesus, então, vale uma dispensa concreta do jejum ou tristeza.

Isso deixa claro: Jesus nunca vive na base de abstrações ou normas gerais; ele sempre vê o ser humano em sua situação totalmente concreta. Por isso, sabia ser tão profundamente e tão surpreendentemente humano para os seus semelhantes. Embora os discípulos nem sempre compreendessem exatamente as intenções dele, o certo é que estavam enlevados por seu mestre, e por isso o carregavam nos ombros, porque sabiam: é nele que experimentamos a dádiva, o presente de Deus para nós. Se estás tão entusiasmado com alguém, não vais jejuar tristonho, bancando o asceta na sua presença viva! O que chama a atenção é que, nesta perícope sobre o jejum, não se diz que o próprio Jesus não jejuava; trata-se de uma crítica contra os discípulos de Jesus (v. 18), que defende o comportamento deles, e até o justifica, dizendo: "O que vocês querem? Eles se sentem bem; estão felizes!" É uma provocação, um convite bem claro para recebê-lo como dádiva de Deus, ou então, para rejeitá-lo; em todo caso, tal provocação obriga a tomar posição. Nessa, como em todas as narrativas dos evangelhos, tratava-se desta pergunta: "E vós, quem dizeis que eu sou?" Enquanto o apelo de João à conversão estava essencialmente ligado a uma prática ascética de penitência, o apelo de Jesus à conversão se mostra essencialmente ligado à "comensalidade", ao comer e beber junto com Jesus, acontecimento em que os discípulos de Jesus de fato puderam experienciar, como já presente, a chegada escatológica, decisiva e definitiva, da misericórdia de Deus. Crer em Jesus é confiar alegremente em Deus; já não é hora de jejuar. Nessa narrativa, as lembranças de tudo isso receberam muita luz das experiências pascais, porém continuam sendo lembranças historicamente fiéis do convívio festivo com Jesus.

Depois da morte de Jesus, os discípulos começam a pensar: Como é que ficamos nós, agora que ele nos foi tirado? É o que Marcos procura esclarecer em 2,19b-20. Aí aparece a visão de Marcos, que é diferente de outras interpretações do cristianismo primitivo. A comunidade de Marcos, lembrando-se mais tarde das palavras de Jesus e transmitindo-as fielmente, viu-se realmente diante de sério problema. Medita sobre o fato de que, tendo morrido Jesus, essa alegre convivência com ele vivo já não é possível. E agora? Daí a inserção posterior dos versículos 19b e 20; são uma espécie de devaneio posterior da comunidade de Marcos. A comunidade cristã relacionou essas antigas palavras de Jesus com a nova situação na ausência de Jesus.

A comunidade completa espontaneamente as palavras de Jesus, e diz: "Enquanto tiverem consigo o noivo, não lhes é possível jejuar. Porém, dias virão em que o noivo lhes será retirado; então jejuarão". Essas palavras já não são do próprio Jesus, mas uma reflexão posterior dos cristãos na ausência de Jesus. É emocionante a maneira como aí se fala sobre as lembranças antigas da convivência dos discípulos com Jesus nos dias de sua vida terrena. Esses cristãos sentem nitidamente a diferença entre agora e outrora. O texto é comovente: quando Jesus ainda estava aí – diz o texto – eles não podiam jejuar; não eram capazes, por causa da presença viva de Jesus. O não jejuar dos discípulos naquele tempo não era uma espécie de dispensa jurídica do jejum, mas uma questão de não conseguirem jejuar existencialmente. Nessas palavras, revela-se algo do encanto e força que Jesus de Nazaré irradiava sobre eles quando vivo. A tradição cristã guardou com muito carinho essa lembrança. Aliás, sem esse encanto, o cristianismo nunca se tornaria fato histórico.

Contudo, mostra-se também a primeira reação, o reverso da medalha. E daí a ingênua reflexão: agora, em nossa situação, Jesus foi tirado do nosso meio. Jesus morreu. Agora sim jejuamos; agora estamos tristes (pois, na linguagem bíblica, jejum é sinônimo de tristeza).

Nesses versículos, a situação está claramente definida pela oposição entre alegria e tristeza, presença e ausência. Nesse texto somos confrontados com uma comunidade que, embora acreditando na ressurreição de Jesus, vive na ausência dele, na expectativa de sua parusia. Comunidade que não conhece a alegria como as comunidades paulinas, que crêem na ativa presença do Jesus Cristo já exaltado (cf. também At 2,46); trata-se de uma comunidade que, embora assistida pelo Espírito Santo, jejua, lamenta e sofre, enquanto aguarda para dentro em breve a alegre vinda de Jesus.[125] O fato de que Jesus foi tirado do seu meio não podia ser ignorado. Desejavam ardentemente a sua volta, isso sim; mas, ao mesmo tempo, sentiam-se como órfãos e abandonados, tristemente jejuando.

O v. 20, porém, não se refere a uma espécie de regulamentação eclesiástica do jejum. É algo mais profundo: assim como os discípulos não conseguiam jejuar enquanto Jesus ainda estava com eles – como é que podiam? – assim eles agora têm de jejuar mesmo, por tristeza; em outras palavras, a tristeza não os deixa comer bem. É esse evidentemente o teor dos versículos 19b e 20.

E no entanto, esse devaneio um tanto triste clareia um elemento de nova e alegre esperança. Pois a lembrança da comunhão com Jesus nos dias de sua vida terrena abre a perspectiva da vindoura e tão

---

[125] Ver Weeden, *Mark-traditions* (tese do livro). Cf. Roloff, *Das Kerygma*, 233, n. 107. Ver também At 1,11; Fl 1,23; Jo 16,16-24.

aguardada comunhão com o Cristo na sua volta. Pois algo chama a atenção: nas antigas lembranças anteriores, as expressões "o noivo" e "as núpcias" eram apenas imagem e comparação; agora, porém, na segunda versão, já não se trata de comparações; Jesus, cristologicamente, já é "o esposo" da Igreja. Ele é e continua sendo também agora (cf. Mt 25,1-13; Ap 22,17; 2Cor 11,2; Ef 5,21-33), embora arrebatado da nossa história. Ele voltará.

O restante da perícope de Marcos sobre o jejum[126] agora não é diretamente importante para a nossa argumentação. Importante, sim, é observar que a presença real de Jesus significa alegria e libertação para quem pode usufruir essa presença (nos dias de sua vida terrena, para os seus contemporâneos; para os cristãos, como esperança do iminente encontro, com Jesus, o Filho do homem que vem). É *disso* que a comunidade de Marcos se lembra, pensando nos dias de Jesus nesta terra. Jesus mostrou-se, então, como *ser humano com liberdade*, homem livre, cuja soberana liberdade nunca agia para seu próprio proveito, mas sempre em benefício dos outros, como manifestação da livre e amorosa dedicação de Deus ao ser humano. Por respeitar o sentido da Lei e do sábado, dos quais na realidade se abusava, contra as intenções salutares de Deus, e por isso contra o ser humano, ao invés de lhe servir e de o libertar, essa surpreendente liberdade diante da Lei e do sábado era um espinho na carne para quem não estava disposto a ver na praxe da vida de Jesus uma parábola do auxílio de Deus, oferecendo-se a nós que tanto carecemos de liberdade, devido a causas pessoais e sociais. Tal liberdade humana a serviço dos outros, para a libertação do ser humano não-livre (sob qualquer aspecto), é inconciliável com o que o evangelho de Marcos chama de "antigo"; poderíamos dizer que é inconciliável com a história sofrida, oficialmente considerada normal, da "massa", história que os chefes do povo não enxergavam e não assumiam. De fato, citando um pequeno caso periférico da vida de Jesus, a saber, que os discípulos não jejuavam, Marcos soube caracterizar de maneira muito pessoal e magistral, porém fiel a Jesus, a novidade que em Jesus apareceu. A mensagem de Marcos é esta: com Jesus, a nossa história passou por uma reviravolta radicalmente nova, irritando quem nele se escandaliza, mas dando felicidade a quem se confia ao mistério deste homem Jesus.

Esse não jejuar dos seguidores de Jesus, durante a sua presença, aponta indiretamente para o significado positivo da *comensalidade* com o Jesus terreno, a qual é importante na vida de Jesus de Nazaré,

---

[126] Toda a composição de Marcos (2,18-22): *a)* usa o estereótipo de deixar que se apresentem também discípulos dos fariseus (juntamente com os de João); *b)* acrescenta (baseado na tradição, ou na redação de Marcos) duas imagens novas (2,21-22); *c)* coloca todo o conjunto de 2,18-22 no quadro de um grupo mais amplo de "atitudes chocantes" de Jesus (2,1 até 3,5), com o final: "eles... deliberaram... fazê-lo perecer" (3,6).

a tal ponto que ocasionou a "formação de lendas". Exatamente esta "lenda" é a melhor garantia da lembrança do convívio cotidiano dos discípulos com Jesus.

b) Libertação e salvação pela comensalidade de Jesus com os seus e com os "excluídos" publicanos e pecadores

1. *A mensagem escatológica da abertura de Deus para os pecadores.* Em não menos de quatro tradições fala-se da convivência e até da comensalidade de Jesus com os pecadores.[127] Além disso, há muitas parábolas que falam sobre "a procura do que está perdido"; e finalmente a promessa do reino de Deus a "publicanos e prostitutas" (Mt 21,31b). São textos, evidentemente, em que a comunidade cristã formulou realisticamente o que para os fiéis significou o fato do contato de Jesus com os pecadores. A lembrança dessa impressão aparece de maneira evidente na narrativa (embora com retoques eclesiais, até litúrgicos) de Lc 7,36-50 (de SL) sobre a "grande pecadora"! É possivelmente um caso onde, juntamente com uma parábola contada por Jesus, foram transmitidas também as circunstâncias concretas que levaram Jesus a contar tal parábola.[128] Um fariseu tinha convidado Jesus para uma refeição (ao que parece, por causa de sua fama como profeta). Mas, vejam só! Uma mulher, oficialmente conhecida como pecadora (por bons motivos pensa-se numa prostituta), ouviu dizer que Jesus estava aí. Então se aproxima; chorando, lava os pés de Jesus, enxuga-os com os próprios cabelos e beija-lhe os pés (e unge-os com óleo). O fariseu observa, consternado, como Jesus tem a coragem de permitir que uma pecadora toque nele. Esse Jesus não pode ser um profeta! O fariseu pensa: Jesus não sabe que ela é uma pecadora; senão, repeliria esta mulher; portanto, ele não tem dons proféticos. O interessante da narrativa de Lucas é que o fariseu pensou isso consigo mesmo; não o disse em voz alta. Jesus porém continua a conversa respondendo exatamente ao tal pensamento *secreto*, deixando assim perceber, indiretamente, que ele sabe muito bem que está lidando com uma pecadora e que aceita bem a ablução que ela faz. Aí está o essencial. Jesus conta então esta parábola: "Um credor tinha dois devedores..." (Lc 7,41-43). A ambos o credor perdoa a dívida, respectivamente uma grande e uma pequena. "Qual dos dois gosta-

---

[127] Tradição de Marcos: Mc 2,15-17 par. Lc 15,2; Tradição Q: Lc 15,4-10 par. Mt; SL (fonte ou tradição própria de Lucas): Lc 7,36-50; 15,11-32; 19,1-10; SM (fonte ou tradição própria de Mateus): Mt 20,1-15. Além disso, a tradição de João: Jo 4,7-42).

[128] Assim J. Jeremias, *Die Gleichnisse Jesu*, Göttingen 1965, 126-127. Sobre a atualização eclesial-litúrgica fala, de sua parte, U. Wilckens, *Vergebung für die Sünderin*, em: *Orientierung an Jesus*, Friburgo 1973, 394-424, o qual admite também um fundamento histórico, 404. Um resumo das posições exegéticas até 1966 encontra-se em J. Delobel, *L'onction par la pécheresse*, em: ETL 42 (1966) 415-475.

rá mais dele?" (7,42). "Por isso, muitos pecados foram perdoados a ela, já que mostrou muito amor" (7,47). Só depois disso é que se vê, no relato de Lucas, que a mulher cumpriu as obrigações do anfitrião (incrivelmente) omisso. Ela o faz até generosamente e se compara assim ao devedor a quem foi perdoada a dívida maior. Quer dizer: ela ama bem mais. Com isso, o próprio anfitrião, que não cumpriu suas obrigações, fica como o devedor a quem foi perdoada uma quantia menor. Portanto, a atitude do fariseu fiel à Lei, apesar de se distanciar dos pecadores, aparece como inferior, em comparação ao que fez a pecadora (cf. a parábola do publicano e do fariseu, Lc 18,9-14). "Tua fé te salvou" (7,50). Aí a fé se relaciona de repente com o "perdão dos pecados". Mais uma vez se confirma que a fé significa uma atitude de metanóia diante da comunhão (salvífica) oferecida por Jesus (ver acima: "fé e milagres"). O amor mostrado pela mulher e a garantia de Jesus para o perdão dos pecados ficam compreensíveis pela comunhão salvífica que nesse evento se realiza. A presença de Jesus *é* oferta de comunhão salutar, que a pecadora aceita através da fé. Jesus deixou essa mulher agir, não por ignorar que ela era pecadora, mas exatamente porque sabia disso: a fim de abrir para ela a comunhão que perdoa. É exatamente isso que leva a mulher a essa generosidade no servir. Há entre exegetas uma forte discussão (também confessional) sobre esta questão: se a fé e o amor dessa pecadora foram *conseqüência* ou *condição* do perdão concedido por Jesus. A narrativa de Lucas de fato se complica quando misturada com outra tradição sobre outra mulher que unge a Jesus (Mc 14,3-9). Unção esta que falta na tradição em que Lc 7,35-50 se baseia (aliás, as duas não se combinam). E Lc 7,44-46 parece secundário,[129] supondo-se o entrelaçamento com a cena da unção em Mc 14. Mas, o próprio *Lucas* quer realçar o contraste entre o fariseu e a pecadora. Segundo o próprio teor da parábola de Lucas, a diferença na grandeza do perdão e da dívida (uma grande e outra pequena) *leva ao* amor maior da pessoa a quem foi perdoada a dívida maior. Quanto maior o perdão, tanto maior o amor que lhe corresponde, e não vice-versa. A ambos tudo é perdoado, sem limitações; por isso, quem mais pecou tem mais amor. É aí que está o caráter surpreendente da parábola (ver também a parábola da última hora, Mt 20,14). É isso que se diz diante da atitude do fariseu, orgulhoso de sua fidelidade à Lei. A pecadora reconhece o Reino de Deus *em Jesus*, e isso o fariseu não o faz. Por isso, o amor que ela tem é maior. De fato, o menor no reino de Deus é maior até do que João Batista. Deixar-se converter *por Jesus para Deus* é que faz

---

[129] Assim Wilckens, *l.c.*, 399; também Roloff, *Das Kerygma*, 162, n. 204, que além disso acha improvável que um fariseu, fiel à Lei, tivesse descuidado de suas obrigações como anfitrião.

essa mulher ser maior do que o fariseu, o qual é realmente fiel à Lei, e não está devendo muito a Deus (ver a parábola do irmão mais velho do filho pródigo, Lc 15,12-32, e a do publicano e do fariseu em Lc 18,9-14; compare também a parábola dos dois filhos, Mt 21,28-31). Com razão (por causa de paralelos judaicos), pode-se dizer que esta narrativa faz parte da tradição cristã de "narrativas de conversão" (e recebeu seu contexto na liturgia do batismo cristão), mas o seu conteúdo foi realmente inspirado originariamente na atitude acolhedora e salvífica de Jesus para com pecadores.

O segundo texto onde, após a Páscoa, se atribui expressamente a Jesus o poder de perdoar pecados é Mc 2,10: "O Filho do homem tem poder na terra para perdoar pecados" (com textos paralelos em Mt 9,6.8 e Lc 5,20-26). Nem na tradição sobre o Filho do homem, baseada em Daniel (onde se fala apenas dos "plenos poderes", *exousia*, do Filho do homem), nem na tradição judaica apocalíptica posterior sobre o Filho do homem, jamais o perdão dos pecados é atribuído ao Filho do homem. Segundo o judaísmo, só Deus pode perdoar pecados. Segundo a liturgia judaica de entrada, o sumo sacerdote podia apenas "declarar" que alguém estava "livre de pecados", isto é, podia julgá-lo digno para ocupar no templo um lugar na frente. O perdão dos pecados era prerrogativa exclusiva de Deus. Mesmo na tradição judaica de esperanças messiânicas, o Messias escatológico poderá interceder junto a Deus em favor do pecador, mas não perdoar pecados.[130] Atribuir tal poder a um ser humano seria blasfêmia (Mc 2,7; Lc 5,21; Mt 9,3). O fato de que judeus – e os primeiros cristãos eram judeus – tiveram após a Páscoa a coragem de atribuir a Jesus o poder de perdoar pecados, não pode ser entendido, pois, na base de modelos judaicos anteriores (que não houve), mas apenas (para não ser ideologia pós-pascal) na base de dados reais, na vida do próprio Jesus histórico: na sua libertadora convivência com pecadores.

Tanto para os judeus como para os judeus-cristãos, o perdão dos pecados é obra *escatológica* de Deus. Na mais antiga interpretação, puramente escatológica, de Jesus como Filho do homem *que virá*, vê-se que ainda para alguns cristãos a redenção e o perdão dos pecados continuam sendo acontecimento puramente escatológico. Também o batismo de João (segundo Mc 1,4) não era um perdão dos pecados, mas estabelecia uma ligação entre esse ato de metanóia e a proteção escatológica ante a ira de Deus, ou seja, a redenção escatológica.[131] Além disso, no "pai-nosso", que é da camada Q mais antiga (Lc 11,1-4; Mt 6,9-13), o perdão dos pecados é pedido como acontecimento futuro, escatológico.[132] Disso podemos concluir que existem apenas dois

---

[130] Strack-Billerbeck, I, 495.
[131] R. Schnackenburg, *Gottes Herrschaft und Reich*, 59.
[132] Schulz, *Q-Quelle*, 91-92.

trechos da primitiva tradição cristã onde se fala explicitamente do perdão de pecados concedido pelo Jesus *terreno* (Mc 2,10 e Lc 7,36-50). Por mais antigo que seja o reconhecimento *explícito* do poder de Jesus nos dias de sua vida terrena para perdoar pecados, já supõe o reconhecimento explícito do Jesus *ressuscitado* como o Filho do homem escatológico que há de vir (primeira fase), e além disso (numa segunda fase, judeu-cristã grega) a identificação do Jesus terreno com o Filho do homem que virá. Portanto, em Mc 2,10 aparece a consciência explícita de que o escatológico perdão dos pecados da parte de Deus já operava no próprio Jesus terreno como o Filho do homem escatológico. Aí se explicita, depois da Páscoa, o sentido mais profundo do contato histórico de Jesus com os pecadores, embora ainda com certa ressalva: quem tem poder para perdoar pecados é o Filho do homem. Trata-se de uma tradição pré-marcana, onde o "Filho do homem" já se tornou título cristológico,[133] com sentido exclusivamente escatológico na camada mais antiga, porém aplicado depois também ao Jesus terreno. A mesma coisa é testemunhada por Mc 2,10 (cf. 2,28). Que Jesus "não veio para os justos mas para os pecadores" (Mc 2,17) tem sua base, portanto, em lembranças históricas do contato libertador de Jesus com os pecadores, e o seu caráter *escatológico* foi explicitamente reconhecido mais tarde.

Mc 2,10 e 2,28 diz: "O Filho do homem tem o poder para perdoar pecados... o Filho do homem é senhor do sábado". Excetuando essas expressões, aqui chama a atenção o fato de que Marcos usa o título Filho do homem de modo independente, apenas a partir de 8,31, momento em que Jesus se afasta do povo para se dedicar especialmente à formação dos discípulos. Isso mostra que Marcos já encontrou o título "Filho do Homem" numa tradição anterior; e também que "Filho do homem" é para Marcos um título (cristológico) entendido pelos discípulos, mas não pelos opositores de Jesus (a saber, na medida em que esse título é aplicado ao Jesus terreno). Nesse sentido, a palavra de Jesus sobre o poder do Filho do homem para perdoar pecados continua escondida para os opositores de Jesus, quanto ao significado da narrativa de Marcos. Escondido para os adversários de Jesus, o poder escatológico de perdoar pecados já atua visivelmente diante dos olhos dos fiéis no Jesus terreno; é o que Mc 2,10 quer deixar claro.

Esse reconhecimento explicitamente eclesial do poder de Jesus para perdoar pecados, que se encontra em apenas duas perícopes dos evangelhos sinóticos, transpõe apenas para a linguagem eclesial da fé o que aconteceu historicamente no contato de Jesus com pecadores.

[133] Tödt, *Menschensohn*, 265-267; Hahn, *Hoheitstitel*, 46; Kertelge, em: *Orientierung an Jesus*, *l.c.*, 211.

A mais clara demonstração disso é a narrativa de Marcos sobre uma refeição com publicanos, na qual Jesus esteve presente na casa do publicano Levi, filho de Alfeu (Mc 2,15-17; cf. Mt 9,10-13; Lc 5, 29-32). Eis a história da origem de Mc 2,15-17: começa com a lembrança histórica desse acontecimento bem concreto, nos dias da vida terrena de Jesus. Através de uma primeira fase de evolução, chegou-se a um *lógion* de Jesus, oralmente transmitido; depois, a uma primeira colocação desse *lógion* dentro de uma coleção das exegeticamente chamadas "discussões de Jesus" com seus opositores. Através de uma atualização dessa tradição, a perícope foi depois parar na chamada tradição pré-marcana, e finalmente, por ocasião da redação de Marcos, foi colocada nesse evangelho, com intenções teológicas bem específicas.[134] Não precisamos justificar aqui essa complicada, e mesmo assim plausível e transparente história desse texto; o que nos interessa aqui é o seu resultado.

A fase mais antiga dessa tradição remonta a um acontecimento histórico. Alguns publicanos[135] organizaram um banquete, convidando também Jesus (portanto, não foi ele o anfitrião), na casa de Levi, filho de Alfeu (um dos sinais lingüísticos, pelo menos no caso de uma "discussão", sugerem tratar-se de uma lembrança histórica). Os "escribas entre os fariseus" ficaram sabendo disso; na Galiléia eles eram as pessoas mais indicadas para velarem pela observância das prescrições de pureza legal, também ao se tratar do contato com pecadores.[136] Esses escribas têm, pois, as suas objeções contra esse comportamento de Jesus. Por isso, a fase mais antiga dessa tradição rezava mais ou menos assim: "E aconteceu que Jesus estava, como convidado, na casa de Levi, filho de Alfeu; e com *ele* (*Levi*) também grande número de *publicanos* estava à mesa" (v. 15). Vendo que Jesus comia com os publicanos, os escribas-fariseus disseram: "ele come com pecadores!" (v. 16). Jesus ficou sabendo, e respondeu a eles: "Não vim para chamar os justos, e sim os pecadores" (v. 17a e c).[137] Da boca dos discípulos ouvimos a ressonância do acontecimento con creto e histórico na tradição que transmite a lembrança do fato. Tanto para B. van Iersel como para R. Pesch, Mc 2,17c é uma autêntica

[134] Esta perícope foi analisada com especial empenho por dois estudos: B. van Iersel, *La vocation de Lévi*, *l.c.*, (1967), e R. Pesch, *Das Zöllnergastmahl* (1970), *l.c.* A diferença (com conseqüências) entre os dois estudos está sobretudo nisto: Van Iersel vê Mc 2,15 como redação de Marcos (225-226), enquanto Pesch vê nisso uma tradição pré-marcana.

[135] Nesse tempo, os publicanos, ao cobrar impostos, trabalhavam em grupos; por isso uma refeição em comum é historicamente bem plausível.

[136] Expressão única (em Marcos), que também sugere circunstâncias concretamente históricas. Deve ter havido "escribas fariseus" sobretudo na Galiléia, onde, entre outras coisas, supervisionavam as sinagogas e as prescrições de pureza, inclusive no que diz respeito a "pecadores".

[137] R. Pesch, *l.c.*, 73.

palavra de Jesus:[138] "vim para *chamar*..." "Chamar" aqui significa a tarefa do servo-mensageiro que *transmite* o convite do anfitrião aos convidados (ver acima: a parábola dos convidados que não aceitam o convite). Embora convidado na casa de Levi, Jesus vê o seu estar à mesa com um grupo de publicanos à luz de sua atuação como "mensageiro escatológico" de Deus, anunciando a proximidade do reino de Deus que vem, e transmitindo aos publicanos (= pecadores) da parte de Deus o convite para a grande festa escatológica com Deus (cf. Mt 22,1-14; Lc 14,16-24). A oposição em Mc 2,17c refere-se a "justos" (*sadikim*) e "pecadores"; uma oposição *judaica* (já que em fase posterior da tradição do cristianismo primitivo os próprios cristãos se consideravam como "justos";[139] assim, esse *lógion* dificilmente terá sido criado na fase posterior do cristianismo primitivo). Aliás, essa combinação de noções, "justos e pecadores", também se encontra em outras camadas das tradições sobre Jesus (Lc 18,9-13; Lc 15,7). Os *sadikim*, os justos, não são excluídos absolutamente do convite que o mensageiro escatológico transmite; a intenção de Jesus é *incluir* os que são *excluídos* pelos fariseus com prescrições de pureza (nada de contato com pecadores). Aos olhos da piedade oficial judaica, Jesus "se desclassificou" ao comer com publicanos. A autodefesa de Jesus é que o convite para a comunicação deve ser transmitido exatamente aos pecadores, os excluídos; os pecadores devem ser convidados para a mesa de Deus e a convivência com os outros, a fim de serem tirados assim do seu isolamento. A ovelha que se perdeu, e está longe do rebanho, deve ser *procurada* (Lc 15,1-7; 19,10; Mt 9,36; 10,6; 15,24). A vocação de Jesus na sua vida terrena tem a ver com Israel, a fim de unir todo o Israel sob o bom pastor, o Deus de Israel. Por isso, Jesus sabe que foi enviado de maneira especial para os pecadores, os excluídos, e exatamente por causa disso.

O núcleo mais antigo de Mc 2,15-17, que procede de Jesus, é sua firme preocupação especial com os pecadores, sua firme convicção de ter sido enviado para levar também, e *especialmente* aos excluídos, a mensagem da renovada comunicação com Deus e com os outros. Assim agindo, Jesus traz a mensagem do reino de Deus que está chegando. Exatamente rompendo o isolamento dos pecadores, pelo fato de Jesus ir ao encontro deles e lhes oferecer a comunhão-com-Deus, é que o pecador recebe a chance da "conversão", a possibilidade de

---

[138] A fórmula *elthon* (na primeira pessoa: "eu vim para", diferente de *elthen* ("ele veio para") não precisa significar um olhar retrospectivo sobre toda a vida de Jesus, após a sua morte, mas traduz uma palavra hebraica que significa: "intencionar, querer, ter a incumbência de"; ou "eu devo", "eu tenho de"...; o semitismo é reforçado pela "negação dialética": "não vim para os justos, mas para pecadores" (R. Pesch, *l.c.*, 79; B. van Iersel, *l.c.*, 223-224), Ver também M. Black, em: *The Expository Times* 81 (1970) 115-118; ver, em sentido oposto: Käsemann, em: *Besinnungen*, II, 82-104.

[139] Mt 10,41; 13,43.49; Lc 14,14; Rm 2,13; Tg 5,16; 1Jo 3,7.

perceber o convite do reino de Deus, sobretudo pela ação mesmo de Jesus.[140] A comunidade cristã, portanto, não desfigurou em nada a lembrança dos dias de Jesus nesta terra, ao atribuir expressamente ao Jesus terreno o "poder de perdoar pecados".

No meio desse conjunto de discussões (Mc 2,1-3,6), Marcos coloca a cena da vocação de Levi para ser discípulo de Jesus (2,13-14). Assim Mc 2,1-3,6 encontra-se, dentro do evangelho de Marcos, na grandiosa perspectiva da *liberdade* de Jesus *para fazer o bem* (Mc 3,4). O contato de Jesus com o pecador Levi tem como conseqüência a *metanóia*: Levi se converte e se torna discípulo de Jesus. Portanto, a solidariedade com os pecadores pertence também à incumbência dos seguidores de Jesus. Solidariedade de Jesus com pecadores, esse contato seu com pessoas pecadoras para lhes dar acesso à comunicação com Deus e com os outros, é de fato um "entregar-se nas mãos de pecadores". Tal solidariedade, vivendo no meio de pecadores, acontece para salvá-los. Jesus assim quer dar-lhes acesso à "comunicação"; seu "estar entregue nas mãos de pecadores" (cf. Mc 9,31 com 14,41) indica para Marcos também o sentido da morte de Jesus: é o dom da salvação aos pecadores. O que acaba com ele é esse "ficar de tal maneira no meio dos pecadores". É essa, de fato, a perspectiva que Marcos abre a partir de 3,6. Assim, a morte de Jesus se torna o selo de uma vida consciente ser chamada a convidar os pecadores para a comunhão: a comunhão escatológica com Deus, que já pode ser vivida antecipadamente ao darmos perdão ao próximo (Mc 11,25; Mt 6,14-15; 18,21-35).

A narrativa (retocada no evangelho) do encontro de Jesus com a *grande pecadora,* e também aquela da refeição de Jesus com um grupo de notórios publicanos, ambas se baseiam em fatos históricos da vida terrena de Jesus, de sorte que aí se torna visível uma fase muito importante da vida do Jesus terreno. Além disso, esse aspecto da vida

---

[140] Em tradição posterior, mas ainda pré-marcana, foi "atualizada". Para os cristãos, publicanos não eram pecadores; mas dentro da Igreja surgiu o problema da comensalidade entre judeus-cristãos e gentios cristãos não circuncidados (R. Pesch, *l.c.*, 82 e B. van Iersel, *l.c.*, 218-219). Por isso, para os cristãos, "pecadores" significava sobretudo "pagãos" (Mt 5,47, comparado com Mc 14,41 par. Lc 6,32ss; sobretudo Gl 2,15). Comensalidade entre judeus-cristãos e gentios-cristãos tornou-se um problema (At 11,1-3). Por isso, a fórmula mudou de sentido: "publicanos (= pecadores) e pecadores (= pagãos)"; seguindo Jesus, que comia com pecadores (publicanos), podia-se alegar o seu exemplo para ter comensalidade com "pagãos" (pecadores) (Van Iersel, *l.c.*, 219, n.16; R. Pesch, *l.c.*, 82-84. Além disso, por ocasião da redação da coleção pré-marcana de discussões (2,1-3,6), inseriu-se também a palavra sobre "o médico" (Mc 2,17b): "não são os fortes que precisam de médico, mas os que estão passando mal (*kakós echontes*). A imagem do médico é evocada naturalmente pelo fato de que dentro desse conjunto de pessoas Jesus atua como quem salva doentes e pecadores (Mc 2,1-12).

de Jesus é coerente com as intenções mais profundas de muitas de suas parábolas, como também dos seus prodígios, de sorte que devemos concluir: no agir do Jesus terreno, vemos claramente concretizada a *praxe do reino de Deus* como foi pregada e promovida por Jesus. Na sua vida terrena, *histórica*, a praxe escatológica do reino vindouro de Deus já se tornou visível dentro das dimensões da nossa história humana, terrena. Cada vez mais impõe-se a conclusão: a pregação, a praxe e a pessoa da figura concreta de Jesus não podem separar-se. Jesus se identifica com a causa de Deus, enquanto causa do ser humano.

2) *Jesus anfitrião: dádiva abundante de Deus.* Outro aspecto nos permite penetrar mais profundamente na comunhão de Jesus com os seres humanos pecadores. Até aqui, tratava-se de casos em que Jesus era hóspede, convidado, e não anfitrião. Aliás, onde é que ele, o pregador ambulante, poderia ser anfitrião, a não ser a céu aberto? No entanto, acontece um caso especial, excepcional: a ceia de despedida. Aí "ele quebrou o pão e o distribuiu", isto é, ele mesmo agiu como dono da casa, como aquele que convidou. Nesse caso, o "comer com os pecadores" não está em primeiro plano: a abundância do que Jesus dá é que se realça nas primitivas tradições cristãs. Embora "não tivesse onde recostar a cabeça" (Mt 8,20; Lc 9,58), nunca faltou nada a Jesus, nem a seus discípulos, nem aos ouvintes. Isso incentiva a imaginação e leva de fato à formação de lendas. Mas a própria lenda revela um núcleo histórico, sem o qual é impossível formar-se a lenda.

Também deve ter causado impressão inesquecível a narrativa da "multiplicação dos pães", pois é narrada pelos quatro evangelistas (Mc 6,34-44; Mt 14,14-21; Lc 9,11b-17; Mc 8,1-9 par. Mt 15,32-38 com 16,5-12; Jo 6,1-15); além disso, dois evangelistas a relatam duas vezes (Marcos e Mateus). Já mencionamos que, segundo a tradição Q, Jesus se recusa a fazer "milagres de maná"; aqui, no entanto, narra-se algo semelhante a um "milagre de maná" (somente o evangelho joanino alude a isso). Tudo sugere, porém, que a narrativa sobre a "alimentação milagrosa" não pertence historicamente à tradição sobre milagres, mas a outro conjunto de tradições, com intenções diferentes. Assim, o próprio texto evangélico já indica como essa narrativa deve ser interpretada: no fundo, a intenção não é contar um milagre. A própria natureza desse complexo de tradições o exige, e não algum preconceito (moderno ou não) com relação ao milagre.

A primeira coisa que chama a atenção nessa narrativa sobre "comensalidade" (ao ar livre) é que o próprio Jesus age como anfitrião, pois ele benze e parte o pão, o entrega e manda distribuir.[141] A

[141] Benzer e partir o pão e entregá-lo aos comensais era, segundo os costumes judaicos, o privilégio do anfitrião, o dono da casa. Ver: Strack-Billerbeck, IV, 614.

narrativa condensa como traço essencial a oferta de comunhão, que o próprio Jesus faz durante os dias de sua vida terrena; aí a comensalidade é o ponto central. A lembrança histórica, porém, dessa comensalidade de Jesus com os seus é quase legendariamente retocada, a partir da situação pós-pascal, de sorte que a narrativa tem a aparência de quem conta algum "milagre da natureza". Aí, porém, temos que examinar se esse "retoque" se deve a celebrações eucarísticas pós-pascais e outras situações eclesiais, ou então à profunda impressão que a comensalidade terrena com Jesus deixou em seus discípulos, quase criando uma lenda.[142] Além disso, H. Lietzmann e E. Lohmeyer elaboraram uma tese, segundo a qual a eucaristia da Igreja primitiva teve dupla origem. Por um lado, estaria fundada na lembrança, deixada nas primeiras comunidades palestinenses sobre a comensalidade diária dos discípulos com Jesus; o milagre da multiplicação dos pães seria, então, a tematização da lembrança dessas refeições, e ao mesmo tempo seguiria o modelo das refeições festivas dos cristãos depois da Páscoa, quando ainda não se celebrava a memória da morte de Jesus. Por outro lado, a eucaristia propriamente dita deveria a sua origem às comunidades helenistas (Lietzmann), ou (segundo Lohmeyer) às comunidades palestinenses (Jerusalém), com base precisamente nas narrativas sobre as aparições, nas quais se fala de refeições dos discípulos juntamente com o Senhor ressuscitado.[143] Tais teses foram repetidamente combatidas e em grande parte refutadas. No entanto, existe nelas uma intuição acertada, a saber: que na Igreja primitiva houve, além da eucaristia, também vivas lembranças da comensalidade com o Jesus terreno; foram exatamente essas lembranças que se condensaram nas narrativas sobre multiplicações milagrosas de pães.[144] Que isso está certo, mostra-o sobretudo a análise das repetições (duplicando ou variando o mesmo trecho tradicional, sobretudo Mc 6,34-44 e Mc 8,1-9). Nos dois casos se encontra uma estrutura constante: *a)* conversa com os discípulos (6,35-38 e 8,1-5); *b)* preparação que Jesus faz para a refeição (6,34-41 e 8,6-7); *c)* refeição e coleta dos restos (6,42-44 e 8,8-9). Há uma diferença fundamental entre as duas narrativas: em 8,1-9, o povo se encontra em *grande necessidade*: seguiu a Jesus no deserto, e não tem o que comer (8,1-9). Em 6,34-38, porém, não há necessidade urgente; podia-se facilmente buscar a comida na aldeia (6,36). Aí a intenção de Jesus é deixar claro que ele mesmo quer agir como anfitrião, oferecendo "comensalidade" ao povo. O

---

[142] Um resumo das diversas interpretações exegéticas encontra-se em A. Heising, *Brotvermehrung*, *l.c.*, 56-59, n. 71 (bibliografia, *l.c.*, 6-7).

[143] H. Lietzmann, *Messe und Herrenmahl. Eine Studie zur Geschichte der Liturgie*, Bonn 1926; E. Lohmeyer, *Vom urchristlichen Abendmahl*, em: ThR 9 (1937) 168-227, 273-311; 10 (1938) 81-99. Ver: R. Feneberg, *Christliche Passafeier*, *l.c.*, 45-59.

[144] Sobretudo Roloff, *Das Kerygma*, *l.c.*, 241.

versículo pré-marcano (Mc 6,34) coloca a perícope inteira debaixo do tema veterotestamentário do bom pastor (Nm 27,17; Ez 34,5-8) (porém apenas implicitamente, pois não há nenhuma alusão ao Antigo Testamento). Jesus tem compaixão do povo sem líderes, e por isso vai ele mesmo agir como o pastor do fim dos tempos, enviado por Deus (Ez 34,23; Jr 23,4). O ensinamento de Jesus (6,34b) já é o início do banquete que ele vai oferecer ao povo de modo festivo. A narrativa de Mc 6,30-44 tematiza evidentemente a comensalidade oferecida pelo próprio Jesus, ao passo que Mc 8,1-9 narra o *mesmo* fato tradicional, porém na forma de "narrativa de milagre": Jesus ajudando o povo numa pesada necessidade física.[145]

A oração inicial de Jesus se encontra nas duas narrativas; não vai além da terminologia da oração judaica à mesa, e não tem nenhum "significado eucarístico". Em Mc 6,41 "falta", em contraste com Mc 8,7, a bênção dos peixes; por isso, esta narrativa é mais antiga e está mais perto da realidade histórica (os judeus realmente não benziam os alimentos separadamente).[146] (Mc 8,7 mostra o mal-entendido helenístico sobre os costumes judaicos, significando provavelmente neste ambiente helenístico uma bênção que efetua a "multiplicação" dos peixes. Por isso, o evangelho judeu-cristão de Mateus riscou logicamente essa bênção dos peixes, incompreensível para os judeus.) O núcleo histórico da narrativa toda já não pode ser reconstruído, a não ser em linhas gerais: uma refeição ao ar livre com Jesus e grande número de admiradores, durante a qual ele agiu expressamente como "anfitrião". Essa convivência tem evidente sentido escatológico: é o início da jubilosa era da abundância, graças à presença de Jesus. Essa narrativa não nasceu substancialmente do interesse pós-pascal eclesial, mas é a conseqüência de uma fascinante lembrança histórica. É o que se confirma com a explicação, em Mc 8,14-21, dessa "milagrosa multiplicação de pães". Em todo caso, Marcos não entendeu essa narrativa em sentido eucarístico, mas a interpretou como instrução aos discípulos. Aqui vale a mesma pergunta feita depois que Jesus acalmou a tempestade: "Ainda não entendeis?"; denuncia-se a pouca fé dos discípulos. Depois do segundo milagre dos alimentos, os discípulos tinham começado a discutir sobre os pães esquecidos! Por isso, Marcos compara-os com os fariseus e os herodianos, que também não entendiam Jesus. Em seguida, os discípulos "se lembram" (Mc 8,18) de alguns detalhes do surpreendente acontecimento, mas não lhe compreendem o sentido: a oferta que Jesus faz da salvação divina.[147] O foco da narrativa, portan-

---

[145] Roloff, *l.c.*, 243.

[146] Strack-Billerbeck, IV, 614.

[147] Uma análise específica de Mateus, Lucas e João não é necessária para as intenções deste capítulo. Basta dizer que Mateus não traz mudanças substanciais, mas relaciona a "alimentação milagrosa" sobretudo e exclusivamente com os discípulos; o povo fica

to, não é tanto "o milagre", mas a maravilhosa abundância que ocorre quando Jesus oferece comensalidade. A idéia da "abundância escatológica" (Am 9,13) evidentemente desempenha aí o seu papel.

Ao lado dessas narrativas, também nos evangelhos de Lucas e João se fala de uma comensalidade do Senhor *ressuscitado* com seus discípulos (Lc 24,28-31; Jo 21,12-13; cf. At 10,41). Mas, trata-se de uma tradição pré-lucana. Em At 10,41, Lucas fala que o Ressuscitado comeu e bebeu com os Doze". Disso, nada ficamos sabendo no próprio evangelho de Lucas; porque em Lc 24,13-35 não se fala de alguns dentre os Doze, mas dos discípulos de Emaús, e em Lc 24,36-43 se diz que Jesus comeu, mas foi "diante dos olhos" de seus discípulos (não foi um "comer juntos").

Nesse contexto, a refeição em Emaús é extremamente instrutiva. Os discípulos de Emaús reconhecem Jesus ao partir o pão. Jesus foi convidado como *hóspede* (Lc 24,29), mas é ele mesmo quem benze e parte o pão, isto é, ele age como *anfitrião* na casa de dois estranhos! E por isso é reconhecido. Em outras palavras, depois de sua morte, Jesus *renova* a comensalidade com os seus. Os contatos comunicativos são novamente assumidos, apesar da morte de Jesus; por iniciativa dele. (A respeito, não se encontra em Lucas nenhuma lembrança de uma tradição sobre a última ceia.) O episódio lembra, em Lc 9,16 e 9,12, a comensalidade terrena de Jesus com os seus. Na base de lembranças históricas sobre o sentido da comunidade pré-pascal, o núcleo da narrativa de Emaús torna-se compreensível.

Em Jo 21,1-14, também lembranças históricas da vida terrena de Jesus desempenham claramente algum papel. Aí, uma tradição sobre uma refeição com o Ressuscitado está entrelaçada com uma tradição sobre uma pesca.[148] Isolando-se da segunda tradição, a entrelaçada, 21,12-13 segue depois de 21,4-9, isto é, a narrativa originalmente transmitida fica assim: depois de uma pesca malsucedida, os discípulos estão voltando; ainda no barco, vêem que alguém os está esperando na praia; não reconhecem Jesus. Tendo chegado à margem, vêem umas brasas com alimentos preparados. Jesus convida-os para comer; agora então o reconhecem! Em outras palavras, também aqui Jesus é reconhecido pelo fato de estar agindo como *anfitrião*, entregando pão e peixe aos seus. Também essa narrativa remonta a uma tradição pré-joanina sobre uma aparição, agora combinada com uma refeição ma-

em segundo plano. Foi sobretudo João quem aprofundou a narrativa: o povo vê em Jesus o "milagreiro divino", que atende milagrosamente às necessidades físicas; querem proclamá-lo rei. Não entenderam "o sinal": para Jesus, tratava-se do pão da vida eterna, que é a fé em Jesus como o enviado por Deus. O que importa é aquele que dá, e não apenas a dádiva. Mas Jesus, também aqui, não aprova uma referência ao milagre do maná. O próprio Jesus é a dádiva definitiva para o povo. É por isso que a partir de Jo 6,51c-58 também aparece claramente uma perspectiva eucarística.

[148] Roloff, *Das Kerygma*, 259,

ravilhosa. Portanto, todas as narrativas que falam sobre Jesus como anfitrião apontam para tradições provenientes da Galiléia, perto do lago; em todas as variantes desse dado da tradição (Jo 6,1; Mc 6,45; 8,10) aparece uma referência ao Lago da Galiléia, de sorte que deve haver aí lembranças históricas da sua origem. Depois da Páscoa, Jesus retoma o mesmo contato que antes da morte mantinha com seus discípulos.

Nessa tradição (Lc 24,28-31; Jo 21,12-13) não se reconhece nenhuma relação com a tradição sobre a Última Ceia, ao passo que são inegáveis as referências às narrativas sobre o milagre da alimentação. Esse fato nos ajuda a compreender melhor estas últimas narrativas. J. Roloff, creio eu, mostrou claramente que não se trata aí de textos secundários, montados a partir de um contexto pós-pascal sobretudo eucarístico, e retroprojetados para os dias da vida terrena de Jesus (como pensam muitos exegetas). Nas alimentações milagrosas ainda paira certo véu sobre o sentido do evento, ao passo que o comer juntamente com Jesus depois da Páscoa é descrito à luz do claro reconhecimento do Cristo, sendo que "os olhos dos discípulos se abriram" (Lc 24,31; cf. Jo 21,12). Estas últimas formas de comensalidade revelam o *sentido* da comensalidade durante os dias da vida terrena de Jesus, dias a que essas formas também aludem. Exatamente essa alusão é tematizada nas narrativas-modelo da alimentação miraculosa operada por Jesus. A base desta última, portanto, é a comensalidade histórica do Jesus terreno com seus discípulos. É um dado que no decurso deste livro terá também papel importante na explicação ulterior das assim chamadas aparições de Jesus que, depois do pânico da pouca fé dos discípulos, restauraram a interrompida comunhão, e somente assim esclarecem *o sentido* da comunhão com o Jesus terreno.

Nos evangelhos, afinal, ainda se realça o caso especial em que Jesus, na véspera de sua paixão, tomou o pão, o abençoou, o partiu e o entregou a seus discípulos; em outras palavras: mais uma comensalidade em que o próprio Jesus agiu como anfitrião e, prevendo a sua morte próxima, ofereceu comunhão a seus discípulos. Tudo isso *à luz* da vinda do *abundante dom* escatológico. Porém, essa lembrança histórica somente será analisada em capítulo ulterior deste livro, em relação com o pressentimento e a certeza que Jesus teve de sua morte já próxima, pois é em tal contexto que essa narrativa tem seu lugar, segundo a história das tradições.

A conclusão pode ser breve: a comensalidade, seja com "publicanos e pecadores" notórios, seja com os seus, em grupos menores ou maiores, é uma característica essencial do Jesus histórico. Aí Jesus se revela como o mensageiro escatológico de Deus transmitindo o convite de Deus que se destina a todos, inclusive e sobretudo aos então oficialmente considerados como *excluídos*, convite para o banquete de reconciliação do reinado de Deus. A própria comensalidade, sendo um *comer juntamente com Jesus*, é no presente oferta de salvação escatológica. Os casos em que o próprio Jesus atua como anfitrião frisam ainda mais claramente que o próprio Jesus toma a iniciativa dessa mensagem escatológica; comensalidade com ele que, por assim dizer, se torna uma profecia-em-ação. Com isso demonstra-se mais uma vez que a praxe da vida de Jesus outra coisa não é senão a praxe do reino de Deus que ele anuncia. Somente os efeitos posteriores dessa maneira como Jesus historicamente agiu tornam compreensível o significado da comensalidade dos cristãos na Igreja primitiva. Os cristãos reassumiram essa praxe de Jesus. At 2,42-47 dizem: "Eles eram assíduos à fração do pão", isto é, a *oferecerem* refeições. O cuidado por viúvas e órfãos (no tempo de Lucas) foi disso a conseqüência. Os cristãos herdaram essa praxe de Jesus: "Juntos tomavam o alimento com alegria" (At 2,46). Conversões também eram comemoradas com uma refeição (At 16,34). Daí também, finalmente, a decisão de comer juntamente com os cristãos incircuncisos, depois de alguns conflitos a respeito da circuncisão (At 11,3; Gl 2,11-14). O pronunciado interesse pela comensalidade na Igreja antiga estava evidentemente baseado na praxe de Jesus nos dias de sua vida terrena.

C. A convivência pré-pascal dos discípulos com Jesus

Bibliografia: Kl. Berger, *Gesetzesauslegung;* H. D. Betz, *Nachfolge und Nachahmung Jesu Christi im Neuen Testament* (Beih. EvTh, 37; Tubinga 1967); L. Grollenberg, *Mensen "vangen" (Lc 5,10): hen redden van de dood:* TvT 5 (1965) 330-336; F. Hahn, *Die Nachfolge Jesu in vorösterlicher Zeit,* em F. Hahn, A. Strobel, E. Schweizer, *Die Anfänge der Kirche im Neuen Testament* (Gotinga 1967) 7-36; M. Hengel, *Charisma und Nachfolge* (Berlim 1968); J. Kahmann, *Het volgen van Christus door zelfverloochening en kruisdragen, volgens Mc 8,34-38 parr.:* TvT 1(1961) 205-226; J. Mánek, *Fishers of men:* NovT 2 (1958) 138-141; K. H. Rengstorf, *manthanô*, em ThWNT IV, 392-417, e *mathètès*, ibid., IV, 417-465; G. Schille, *Die urchristliche Kollegialmission* (Zurich-Stuttgart 1967); R. Schnackenburg, *Die sittliche Botschaft des Neuen Testaments* (Munich 1954); C. Smith, *Fishers of men:* HThR 52 (1959) 187-203; A. Schulz, *Nachfolgen und Nachahmen* (Munich 1962); S. Schulz, *Jesusnachfolge und Gemeinde,* em Q-*Quelle* 404-480.

Com o que se disse neste capítulo sobre a praxe da vida de Jesus, foram analisadas diversas situações que mostraram como a permanência de Jesus com os outros, cuidando deles, dedicando-se a eles, foi experienciada como "salvação vinda de Deus", salvação que o próprio Jesus, nesses encontros, conscientemente oferecia como mensageiro escatológico do reino de Deus. Ora, dentro desse conjunto variado de encontros com Jesus, muitas vezes passageiros, o fato de um círculo muito íntimo de seguidores, e de outro um pouco mais aberto, terem acompanhado Jesus *continuamente*, ocupa lugar de destaque, a tal ponto que exatamente essa comunidade é que fez com que a experiência de uma salvação-em-Jesus, vinda de Deus, se transformasse, crescendo, de um reconhecer *soteriológico* de Jesus numa conversão *cristológica* para Jesus Cristo. Acima ficou claro que a noção de "pouca fé" (*oligopistía*), embora indicando uma insuficiência ocasional, supõe no entanto uma situação permanente de fé e confiança em Jesus.

Embora muitas vezes se tenha afirmado o contrário, os exegetas estão chegando agora à conclusão de que o Jesus terreno, antes da morte, admitiu discípulos como colaboradores seus, *e* que os enviou para anunciarem como ele a mensagem da vinda do reino de Deus, e para que também curassem enfermos e expulsassem demônios. Tanto em Mc 6,7-13 como na tradução Q (Lc 10,2-12), e em Lc 9,1-6 e Mt 9,37-38 com 10,7-16 se narra esse envio de discípulos que o próprio Jesus faz. Mas, todas essas narrativas procedem somente de duas formas independentes: primeira, a tradição Q (recolhida sobretudo em Lc 10,2-12, enquanto Mt 9,37-38 e 10,7-16 combinam essa tradição com o material de Marcos); e segunda, a tradição Marcos (Mc 6,7-13, que Lucas adota em 9,1-6); por diversos motivos (que não podem ser explicados aqui), a tradição Q deve ser a mais antiga.[149] O núcleo historicamente rigoroso dessa narrativa remonta aos dias da vida terrena de Jesus, embora certos detalhes tenham sido certamente modificados algumas vezes por causa de sucessivas necessidades da situação da Igreja após a Páscoa. Contudo, a primeira missão, a pré-pascal, continuou a ter seus efeitos como norma e critério. É o que se torna claro sobretudo pelo fato de a narrativa sobre esse envio não ter conteúdo cristológico, e sim uma terminologia pré-pascal da mensagem e praxe de Jesus: a proximidade do reino de Deus, a cura de enfermos e a expulsão de demônios. Portanto, Jesus deixa os discípulos participarem efetivamente de sua própria missão. É o que supõe a sua vocação de "segui-lo", de imitar Jesus; e já que Jesus era pregador ambulante sem permanência fixa, também a vocação de acompanhá-lo por onde ele fosse (mais tarde ficará claro: é a missão de segui-lo até no caminho do sofrimento).

Na tradição Q, o envio encontra-se substancialmente também em Lc 10,2-12, Mt 9,37-38; 10,7-16. (Lucas é mais fiel à tradição Q.) A narrativa se encontra aí em esquema claro: *a)* o envio; *b)* o equipamento; *c)* a orientação que os mensageiros deverão seguir nas casas e lugares que visitarem durante a peregrinação.[150] Pela sua origem, é um

---

[149] Ver F. Hahn, *Das Verständnis der Mission im Neuen Testament* (WMANT, 13), Neukirchen-Vluyn 1963, 33-36; J. Roloff, *Apostolat. Verkündigung. Kirche*. Gütersloh 1965, 150ss; M. Hengel, *Nachfolge*, 82-85; F. W. Beare, *Mission of the disciples and the mission charge: Mt 10 and parellels*, em JBL 89 (1970) 1-13; Schulz, *Q-Quelle* (404-419) 408; Hoffmann, *Q-Studien*, 229-270; Lührmann, *Q-Redaktion*, 59-60.

[150] Hahn, *Mission, 34*; Lührmann, *Q-Redaktion*, 59; Hoffmann, *Q-Studien*, 264; Schulz, *Q-Quelle*, 408.

apophtegma, isto é, um fato da vida de Jesus, fato transmitido com intenções querigmáticas.[151] Esse *lógion*, pois, funciona como "instrução para a missão" e como "regra comunitária". Segundo a história das tradições, Lc 10,2-12 parece, desde o começo, uma unidade, embora o trecho (segundo S. Schulz) pertença à fase mais recente, isto é, da tradição Q, a judeu-cristã grega.[152] O certo é que se trata de um envio dos discípulos a *Israel* (não aos gentios). Mas, de fato, a rejeição da mensagem e da pessoa de Jesus caracteriza a narrativa toda (ovelhas em meio a lobos, Lc 10,3; sacudir a poeira dos pés, Lc 10,11; a cidade que rejeita os enviados de Jesus terá sorte pior que Sodoma, Lc 10,12). Destaca-se que o equipamento dos missionários de Jesus consiste em "não possuir radicalmente nada" (Lc 10,4); são recusadas as coisas mais elementares, necessárias até para uma viagem de pobre! No seu radicalismo, isso é simplesmente não-judaico, e torna-se apenas compreensível na base da proximidade urgente do reino de Deus, pois a pregação dos discípulos e suas curas e exorcismos tornam atualidade efetiva o "reino de Deus que vem" (Lc 10,11).

No entanto, ser discípulo de Jesus se baseia na *vocação* que provém de Jesus; e é instrutivo ver como os discípulos mais tarde dizem ter sentido a força compulsiva dessa vocação. Na sua narrativa abrangente, esquematizada, da vocação dos Doze, Marcos diz: "Ele constituiu doze *para estarem com ele e para os enviar a pregar, com poder para expulsar os demônios*" (Mc 3,13-15). Antes disso já se fala em "Jesus e seus discípulos" (2,15; 3,7); também por ocasião da vocação dos primeiros quatro discípulos (1,16-20) e, finalmente, na hora da vocação de Levi, o publicano (2,14). Aí se distingue claramente entre a vocação de discípulos e a constituição dos Doze, escolhidos no meio deles. Importante é sobretudo o chamamento e a maneira como o Novo Testamento apresenta o fato. Jesus passa enquanto estão ocupados no trabalho do dia-a-dia, e diz a cada um: "Vem, segue-me" (Mc 1,17; 1,20; 2,14). Um por um, abandonam imediatamente a ocupação "e o

---

[151] Até agora tenho evitado este termo técnico, exegético. Bultmann encontrou-o na história da literatura grega (Bultmann, *Tradition*, 8-72, sobretudo 8-9). "Apophtegmata" são anedotas breves, na tradição sinótica, que têm como centro um *lógion* de Jesus; a narrativa, então, não tem outra finalidade senão dar um quadro para tal *lógion* (muitas vezes transmitido separadamente). Bultmann distingue entre: *a)* discussões e *b)* anedotas biográficas. B. van Iersel dá a seguinte definição: "Na sua forma mais pura os apophtegmata são perícopes reduzidas a uma extensão mínima no decurso da transmissão oral" (*La vocation de Lévi*, 217).

[152] Nisso vale como critério a autoridade que se atribui à palavra de Jesus, não apenas como glorificado, mas também ao Jesus terreno (Schulz, *Q-Quelle*, 409). Se por isso a missão dos discípulos é uma criação da Igreja, projetando a sua própria missão na vida terrena de Jesus (como assevera Schulz, *Q-Quelle*, 510), é outra questão; e essa crítica vale para todo o seu livro, que conta pouco com a integração de tradições de outras comunidades na tradição da comunidade Q. Por isso, o que é "segunda fase" na comunidade Q, nem por isso é uma tradição "recente" dentro do conjunto do cristianismo primitivo (ver: Parte I, "Critérios").

seguem" (1,18; 1,20; 2,14). É notável a analogia com a vocação de Eliseu, chamado pelo profeta Elias. Com seus bois, Eliseu estava lavrando uma área, quando passou o grande profeta Elias, que o chamou para substituí-lo na tarefa de profeta. Elias lançou sobre Eliseu o manto (de profeta). Eliseu abandona os bois, segue Elias, e diz: "Deixa-me que me despeça de meu pai e minha mãe; depois te seguirei". Elias responde: "Podes ir, porque eu não te obriguei". Eliseu volta para os bois, toma a junta, mata os bois e cozinha a carne na madeira do arado, e dá a carne a seus ajudantes. Depois parte, segue Elias e se põe a serviço dele (1Rs 19,19-21).Também Amós, que era vaqueiro, diz: "Javé tirou-me de junto do rebanho, e me disse: Vai, profetiza a meu povo Israel" (Am 7,15). Desculpa nenhuma vale para não seguir prontamente tal vocação; quem é chamado abandona tudo e segue a quem o chamou. Quem pede um tempo é mandado embora. "Um escriba se aproximou e lhe disse: Mestre, eu te seguirei aonde quer que fores... Outro discípulo disse a Jesus: Senhor, deixa-me ir primeiro enterrar meu pai. Jesus lhe respondeu: Segue-me. Deixa os mortos sepultarem os seus mortos" (Mt 8,19.21-22; cf. Lc 9,57-60). "Mortos que enterram seus mortos" são os que não obedecem prontamente à convocação do Reino de Deus.[153] Tal chamamento é questão de vida ou morte. Retira-se a exigência de uma obra de caridade (enterrar mortos); é obrigação quase superior ao quarto mandamento (Torá). O enterro dos mortos, na opinião dos fariseus, dispensava praticamente de todas as demais obrigações legais.[154] No Antigo Testamento se fala apenas uma vez de ação profética onde, "como sinal", o profeta omite o ritual dos falecidos, para que o povo compreenda que sepultar os mortos já não tem sentido (Ez 24,15-24). Jeremias, por sua vez, nem se casa (Jr 16,1-4) e proíbe até a participação nas "lamentações por causa de um morto" (16,5-7), como sinal do juízo de Deus que se aproxima.[155] Também a vocação dos discípulos é uma ação profética, até o ponto que sua exigência inerente exime de uma das obrigações mais severas no judaísmo. Quando Jesus chama discípulos para "o seguir", talvez esteja aí a prova mais clara de que ele age como profeta escatológico do iminente reinado de Deus. Esse chamamento rompe com qualquer relação mestre-aluno, porque é ação do profeta escatológico para o fim dos tempos; sua conclamação na metanóia se condensa aí na metanóia escatológica para alguém se tornar discípulo de Jesus, vocação essa que exige "queimar todos os navios", a fim de estar totalmente a serviço do reino que está chegando. Ser assim seguidor de Jesus é colocar-se incondicionalmente a serviço do reino de Deus. A situação é soteriológica, mas contém sem dúvida uma questão cristológica: será que a relação para com o

---

[153] M. Hengel, *Nachfolge*, 3-16, sobretudo 8.
[154] Strack-Billerbeck, I, 487ss; IV, 560.
[155] Hengel, *l.c.*, 13.

vindouro reinado de Deus *depende* da relação para com Jesus? Devido ao teor do evangelho de Marcos (até a profissão cristológica aos pés da cruz), Mc 8,38 e Mc 8,34 são até menos cristologicamente explícitos do que a fonte Q (Mt 10,33 par. Lc 12,9; Mt 10,38; Lc 14,27). Trata-se de uma vocação para simplesmente abandonar tudo e acompanhar o pregador Jesus que não tem nem onde reclinar a cabeça, contraste com as raposas e os passarinhos, que têm as suas tocas ou seus ninhos (Mt 8,20, no contexto de alguém que se sente chamado).

Essa idéia da vocação para imitar Jesus é repetidas vezes tematizada no Novo Testamento (Mc 8,34-38; Lc 14,16-33 e 9,23-26; Mt 10,38 e 16,24-27). Estando com seus discípulos, Jesus, no evangelho de Marcos, diz o seguinte para a multidão: "Se alguém quiser me seguir, renuncie a si mesmo, tome a sua cruz e me siga. Pois, quem quiser salvar a própria vida há de perdê-la, mas quem perder a vida por amor de mim e pela causa do evangelho, há de salvá-la. De fato, qual será a vantagem para o homem ganhar o mundo inteiro, se perder a vida?... Se alguém se envergonhar de mim e de minhas palavras diante desta geração adúltera e pecadora, também o Filho do homem se envergonhará dele quando chegar acompanhado dos santos anjos, na glória de seu Pai" (Mc 8,34-38; Mt 16,24-27; Lc 9,23-26). Outro texto diz: "Quem ama o pai ou a mãe mais do que a mim, não é digno de mim. E quem ama o filho ou a filha mais do que a mim, não é digno de mim. E quem não toma a sua cruz e não me segue, não é digno de mim. Quem procurar salvar a sua vida, há de perdê-la; e quem perder a vida por minha causa, vai achá-la" (Mt 10,38-39; Lc 14,25-27; cf. Lc 17,33). Os textos duplicados em Mateus e Lucas se explicam pelo fato de relatarem duas tradições, a tradição Marcos, e em seguida a tradição Q (Mt 10,37-39 e Lc 14,27; 17,33). São três *logía* diferentes: o "imitar, carregando a cruz", o "perder a vida e ganhá-la", e o "ser odiado por causa de Jesus". É claro que essas perícopes foram cristologicamente explicitadas depois da Páscoa. Pré-pascal é a vocação de alguns discípulos para o serviço da pregação histórica de Jesus sobre o reino de Deus (como veremos mais adiante).

Nos evangelhos, a vocação que vem de Jesus é sempre narrada segundo o mesmo esquema: *a)* Jesus passa (Mc 1,16.19; 2,14); *b)* vê alguém (Mc 1,16.19; Jo 1,47); *c)* conta-se qual é a profissão da pessoa (Mc 1,16.19; 2,14, Lc 5,2); *d)* a vocação em si (Mc 1,17.20; 2,14; Jo 1,37; *e)* o chamado abandona tudo (Mc 1,18.20; menos em Mc 2,14, mas sim em Lc 5,11.28); *f)* o chamado segue Jesus (Mc 1,18.20; 2,14; Lc 5,11).[156] Portanto, trata-se evidentemente de uma construção literária, e não de um relato direto, imediato e histórico do acontecimento de uma vocação. Temos aí umas unidades de tradição, originariamente independentes, que começam assim: "passando aí,

[156] Van Iersel, *La vocation de Lévi*, 216; Schille, *Kollegialmission*, 28-30.

Jesus viu alguém...", e terminam: "levantou-se e o seguiu". No centro dessa unidade literária está o versículo do meio: Jesus *chama* alguém. Essa vocação inclui o abandono da própria profissão, da própria casa, família e propriedade. Em contraste com a missão dos discípulos para ensinarem a outros, essa primeira vocação fundamental é um convite para serem "alunos de Jesus". Diferente de Marcos, (Mt 9,13) tem aí o curioso acréscimo: "ide e aprendei...", quer dizer, "aprendei comigo" (cf. Mt 11,29, onde eles devem ensinar outros a serem alunos). As palavras de Jesus são uma *didaqué*, uma instrução para a comunidade cristã:[157] Jesus é quem ensina a comunidade.

E ainda tem mais nessas narrativas sobre vocações. *Converter-se* para o Deus de Israel – um pagão que se torna judeu – era no judaísmo posterior uma decisão que tinha praticamente a conseqüência de uma ruptura social com a propriedade, o lar e a família; e entre os judeus da diáspora isso se tornara assunto tradicional em torno da conversão. *Converter-se* significava praticamente privar-se de todas as posses, ser odiado, ser obrigado a abandonar pai e mãe, marido ou esposa, irmãos e irmãs e tudo o que possuía. Na base disso, formou-se o *tópos* da conversão (mesmo quando tal ruptura social não acontecia). Consideravam-se condições para uma conversão e como fenômenos que a acompanhavam: entregar tudo, abandonar a família e o lar para seguir Javé, o Deus de Israel. Na catequese entre os judeus de língua grega, isso tudo se relacionava com a ordem de Deus a Abraão para abandonar tudo, partindo para uma terra desconhecida, a terra prometida (Gn 12,1-9). No judaísmo tardio, essa ordem divina muitas vezes se denominou de "visão da conversão".[158] A decisão dos discípulos que abandonam tudo e "odeiam" a própria família (Lc 14,26), a fim de seguir a Jesus, é apresentada nos ambientes judeus-helenistas do cristianismo primitivo, segundo o modelo de uma *conversão*,[159] uma *metanóia*, necessária por causa do reino de Deus que estava chegando. Quer dizer: no judaísmo helenista, o tradicional esquema da conversão se usa no Novo Testamento para indicar a mudança de judeu (ou pagão) para seguidor de Jesus. Em outras palavras, confessar Jesus é a metanóia exigida pela vinda do reino de Deus (cf. Mc 8,38; Mt 16,27; Lc 9,26), pois segundo esse critério é que Jesus, o Filho do homem que vem, julgará as pessoas. Segundo o tardio judaísmo *sapiencial* judeu-helenista, quem abandona tudo já receberá nesta terra

---

[157] *L.c.*, 227.

[158] Berger, *Gesetzesauslegung*, 425. O modelo greco-judaico da conversão está claro sobretudo na conversão da pagã Asenath para o judaísmo, no romance religioso "José e Asenath"; também em 4Esd 13,54-56. Aí aparecem todos os elementos: deixar tudo; ser odiado; perder a família, o lar, a propriedade etc.

[159] É digno de nota que Schulz, por motivos convincentes, situa os *logía* sobre a imitação dentro da fase greco-judaica da comunidade Q; S. Schulz, *Q-Quelle*, 430-433; 444-446; 446-449.

"o cêntuplo" (também Mc 10,30), ao passo que para a linha apocalíptica (Mt 19,29) essa recompensa será puramente escatológica.

Aí se usa o modelo da conversão para dizer que converter-se para Jesus, a fim de segui-lo, é a metanóia (uma reviravolta) exigida pela vinda do reino de Deus. Isso torna-se claro por diversos dados. Já se disse: mesmo quando a conversão de um pagão para o Deus de Israel não levava, de fato, a uma ruptura social, a conversão não deixava de ser interpretada segundo esse modelo: o convertido tinha que entregar as suas posses aos pobres e, como prova de sua prontidão para a conversão, dedicar-se à caridade.[160] Característica para o fato de que os cristãos adotaram esse esquema pré-cristão de conversão é a narrativa de uma vocação (que no entanto não deu certo): a do jovem rico (Mc 10,17-31), que observava com perfeição os dez mandamentos, portanto, a Torá. O que lhe faltava ainda? A conversão para Jesus, aqui sugerida exatamente como conversão e *metanóia*, pela exigência de vender tudo o que possuía e "dá-lo aos pobres", condição para "seguir a Jesus" (Mc 10,21); quer dizer, falta-lhe a disposição para se *converter* para Jesus, o que se torna evidente pelo fato de não querer assumir os "atos de conversão": abandonar o que possui e dedicar-se aos pobres. Não quer dizer que esse abandono das posses seja simples metáfora da conversão real para Jesus; pelo contrário, o sacrifício *real* da propriedade material é sinal e condição de uma verdadeira conversão. E radicalmente novo aí não é a ligação entre "conversão" e "abandonar tudo" (modelo que já existia); o "seguir Jesus" é qualificado como metanóia escatológica, uma verdadeira *conversão*. O resto – abandonar tudo etc. – não é especificamente cristão, mas é a própria expressão do ato de *se converter* (para *Jesus*). Também a conversão do prosélito pagão Cornélio para Jesus Cristo é descrita segundo o mesmo modelo (At 10,2.30-32).

Além disso, Marcos coloca o episódio da malograda vocação do jovem rico depois da perícope sobre a necessidade de "ser como criança para receber o reino de Deus (Mc 10,13-16). Tornar-se como criança é também fórmula tradicionalmente judaica para "converterse" para o verdadeiro Deus, o Deus de Israel; é andar com Deus, o Pai, e tornar-se seu filho.[161] Destaca-se: as crianças que os discípulos

---

[160] Não se trata, portanto, de um "ideal de pobreza": abandonar tudo era um ato único, decisivo, conseqüência da conversão, que de fato implicava o rompimento com as relações sociais anteriores. Mais tarde, isto sim, combinou-se com esse modelo da conversão um desprezo geral das posses terrestres (Test. Jó 15,8; 4,6; José e Asenath, p. 55,14; Sb 5,8; Mc 10,25. Em Lucas, a pobreza é um ideal. O ideal grego humanístico da amizade perfeita com a comunhão de bens (ver Berger, *Gesetzesauslegung*, 456) pode ter sido um ideal, mas cristãos o realizavam; é essa a visão de Lucas – Ver: M. Philonenko, *Joseph et Asenath*, Leiden 1968, com edição do texto (edição antiga: P. Battifol [Studia Patrist. 1] Berlim 1889). Admite-se agora, cada vez mais, o caráter não-cristão desta obra (contra as dúvidas anteriores) (G. Kilpatrick; Ch. Burchard; J. Jeremias; M. Philonenko etc.).

[161] Berger, *l.c.*, 428, e em *Amen-worte*, 41-46.

queriam mandar embora são abençoadas por Jesus, que lhes impõe as mãos (Mc 10,16), rito este especial para a admissão dos convertidos (cf. At 3,26 e a literatura intertestamentária). "Tornar-se humilde como criança" é a expressão que indica a metanóia escatológica enquanto *conversão* para Jesus. Metanóia que para a comunidade cristã depois da Páscoa era a condição para alguém se tornar membro da comunidade escatológica.

Portanto, o próprio do seguir Jesus não é *abandonar tudo* para realizar uma relação de "mestre-aluno", no sentido de A. Schulz,[162] nem simplesmente, como julga M. Hengel,[163] para confessar Jesus (embora seja isso também); e sim o fato de que "confessar Jesus" é qualificado como *conversão religiosa*. Com isso a lei judaica é declarada insuficiente como caminho de salvação. A metanóia exigida pela vinda do reino de Deus é um converter-se para Jesus. Aí está a relevância teológica da vocação para "seguir Jesus". Nessa conversão, o reino de Deus, que ainda é futuro, já se torna realidade presente.

Marcos vê a renúncia radical a toda posse e o seguir a Jesus como condições para qualquer conversão para o cristianismo. Por sua vez, Mateus limita aos Doze tais exigências, e nisso ele rejeita toda remuneração terrestre; a recompensa é puramente escatológica, idêntica para os Doze e para todos os que têm fé em Jesus. Além disso, toda essa perícope serve, em Mateus, para fundamentar a autoridade dos Doze (Mt 19,28). Com isso, Mateus não ensina um "caminho duplo" para a vida eterna, um pela observância dos mandamentos (Mt 19,17), e o outro para "os perfeitos" que vendem tudo e seguem a Jesus (Mt 19,21); pois em Mt 19,29 tudo vale igualmente para todos os cristãos. Está claro que Mt 19,29 usa a narrativa da conversão como valendo para *qualquer um* que se torne cristão (Lc 9,23 insiste nesse valer para todos), ao passo que em Mt 19,17 se coloca a exigência que vale para os *não-cristãos* como condição para entrarem na vida eterna. Podemos dizer: o Antigo Testamento encontra-se aí em contraste com o Novo Testamento, e não um caminho cristão privilegiado em contraste com um caminho cristão "comum" (ver Lc 10,25-37; e uma exposição, mais adiante, sobre os "dois mandamentos principais" que resumem a Lei). O que falta nessa simples obediência ao duplo mandamento principal – amor a Deus e ao próximo – é a "conversão para Jesus"; nela está a perfeição do Novo Testamento em comparação com o Antigo; ela é a condição para alguém ser membro da comunidade escatológica.

No Novo Testamento, a idéia do "seguir Jesus" explicita o seguinte: para a salvação, não é suficiente cumprir a Lei (ainda que

---

162 A. Schulz, *Nachfolgen*, 63.131.

163 M. Hengel. *Nachfolge* (tese de todo este estudo).

necessário, por ser mandamento de Deus). Agora, a salvação passa pela relação com Jesus. Mas, como mensageiro escatológico, Jesus conhece apenas os mandamentos de Deus, e não traz mandamentos novos. A validade da *conversão*, porém, condição e conseqüência da vinda do reino de Deus, está ligada à exigência de se voltar para Jesus. Antes da Páscoa, isso significa reconhecê-lo como o profeta escatológico que vem de Deus, que traz a alegre mensagem: "Deus vai reinar" (Is 61,1-2; 52,7).

Isso torna possível distinguir um pouco entre o caráter próprio pré-pascal da vocação-de-discípulos feita por Jesus, e a cristologia explícita em que ela, no Novo Testamento, já está assumida. Pois na Escritura o verbo "seguir" (na Setenta: *akolouthein*)[164] é usado em frases como "ir atrás de outros deuses", ou "seguir a Deus", observando os seus mandamentos (Dt; 2Mac 8,36). Achamos de novo esse conceito em 1Pd 1,15-16: "Assim como é santo aquele que vos chamou, assim também vós tornai-vos santos em toda a vossa conduta, porque está escrito: Sede santos, porque eu sou santo". Jesus é o mensageiro escatológico de Deus: "sobre ele foi colocado o nome de Deus" (cf. Parte III). Por isso, Jesus é quem transmite a mensagem de Deus e convoca Israel para a *fé em Deus*. Foi essa a sua missão antes de sua morte (ver acima: "Fé e milagre"). Seguir o chamamento de Jesus, reconhecendo sua missão profética, era pois chegar a ter fé em Deus, fé no reino vindouro de Deus, e efetuar para isso a necessária metanóia, a convite portanto de Jesus. Em outras palavras, o seguimento pré-pascal tinha sentido *soteriológico*, ainda não reconhecidamente cristológico. Com isso, a questão cristológica está clara: converter-se *para Deus* pela autoridade da pregação de Jesus. Em outras palavras: antes da Páscoa, ainda não se trata da *conversão para Jesus*; tal noção supõe uma cristologia explícita. Por isso, fazendo-se neste contexto abstração da noção de "Doze" a narrativa da vocação dos Doze em Marcos é a que está mais perto da realidade pré-pascal da vocação dirigida por Jesus aos discípulos: "Ele os constituiu para *estarem com ele*, e para *serem enviados a pregar, com poder para expulsar os demônios*" (Mc 3,14-15). Jesus chama-os para que o "acompanharem" e para o ajudarem no anúncio do reino vindouro de Deus, reino que já se torna visível na cura de enfermos e na expulsão de demônios – o que mais tarde se narrará, quando realmente serão enviados (na tradição Marcos: Mc 6,7-13; na tradição Q: Lc 10,2-12 par. Mt 9,37-38; 10,16.9-10a.11-13.10b.7-8.14-15). Aliás, é exatamente o que esta idéia exprime: "Vinde em meu seguimento, e farei de vós *pescadores de homens*" (Mc 1,17; Lc 5,10). Isso faz pensar num *lógion* aramaico, em que a palavra aramaica então usada

[164] Ver, p. ex., Os 2,5(7); Ez 29,16; 13,3; Sl 16,4.

poderia significar tanto um pescador como um caçador, que "pega o bicho vivo" (*zôgrein*) (Lc 5,10), sugerindo aqui o seguinte: são esses que se salvam do juízo que vem e dos poderes demoníacos.[165] Estar a serviço do reino de Deus é estar a serviço da redenção e salvação de seus semelhantes. Os discípulos participam do que R. Pesch, com razão, costuma chamar de "movimento acolhedor de Jesus".[166] Portanto, os discípulos seguem a Jesus, fazendo o que ele faz: anunciar a mensagem do reino de Deus, curar enfermos e expulsar demônios. Tudo isso, naturalmente, os discípulos devem fazer numa atitude que reflete, na própria vida, a praxe do reino de Deus, como Jesus o mostrava em palavras, parábolas e ações. Depois da Páscoa, essa praxe seria continuamente especificada de acordo com as necessidades e convicções das primeiras comunidades cristãs, em regras apropriadas (ou mais tarde, na "ordem eclesiástica"), como também de acordo com a teologia própria das comunidades ou dos evangelistas. Marcos viu também que, imitando Jesus, os missionários, com sua incumbência de mensageiros itinerantes, estavam prontos para o martírio (Mc 8,34-36). Mt 16,24-28 e Lc 9,23-27 vêem nisso principalmente o cumprimento da vontade de Deus, como Jesus havia ensinado a conhecê-la. Em todo caso, Jesus era para todos o "líder do grupo": é a lembrança histórica que em tudo se deixa reconhecer.

Historicamente, acompanhar Jesus e estar assim à disposição do reino de Deus exigia prontidão para *sofrer* a serviço desse reino e por sua causa. "Se alguém quer me seguir deve renunciar a si mesmo, tomar a sua cruz e seguir-me (Mc 8,34; cf. na tradição Q: Mt 10,38; Lc 14,27; cf. Mt 16,24). Assim formulada na primeira pessoa gramatical, a sentença é sem dúvida pós-pascal e cristológica. No seu sentido pré-pascal soteriológico significa: esse acompanhar Jesus, na sua peregrinação para anunciar o reino de Deus, encontrará resistência e levará ao sofrimento. Atrás desse *lógion* está, portanto, a velha lembrança: "Quem está no serviço do reino de Deus tem que renunciar a si mesmo e carregar a sua cruz". A expressão "carregar a *sua* cruz" encontra-se também na tradição Q; esta não conhece uma teologia da cruz como outras comunidades. O texto não diz: "carregar a *minha* cruz", o que seria paulino, e sim: "carregar a sua cruz", fazendo necessariamente referência pós-pascal à morte de Jesus na cruz. Também no grego profano se usa a expressão "carregar a sua cruz",[167] mas não é semítica. De outro lado, M. Hengel acha que a expressão "carregar a sua cruz", pode ter sido comum entre os zelotes, porque a crucificação era a pena de morte usada contra

[165] Ver M. Hengel, *Nachfolge*, 85-87; comparar com L. Grollenberg, *Mensen vangen* (como "salvar da morte"), 330-336).
[166] M. Pesch, *Jesu Ureigene Taten?*, 154.
[167] Schulz, *Q-Quelle*, 432; ver H. Braun, *Radikalismus*, II, 104-105.

esses revolucionários, e muitos palestinos lembravam-se nitidamente dos crucificados que já tinham visto.[168] Em todo caso, na tradição Q, "carregar a sua cruz" foi entendido em sentido metafórico. É uma exortação para estar pronto a sacrificar a vida, aceitando o martírio (em ambientes que já tinham desenvolvido uma teologia do sofrimento, este *lógion* de Jesus ganha então naturalmente sentido concreto a partir da morte de Jesus na cruz). Portanto, também nas perseguições é preciso estar incondicionalmente a serviço do reino de Deus. Por isso, sobretudo Marcos interpretará a fuga em pânico dos discípulos quando Jesus foi preso, como ruptura do seguir Jesus (ver mais adiante). Esse caráter incondicional tem base escatológica, como a própria vocação, "por causa do reino de Deus", ou como Marcos explicita depois da Páscoa: "Por causa de mim e por causa do evangelho" (Mc 8,35; 10,29).[169] Para Marcos, o "perder a própria vida" e "carregar a sua cruz" se realiza exatamente na pregação do evangelho, que provoca resistências; e é exatamente nisso que os discípulos seguem a Jesus. Lembrando-se de Jesus, os discípulos "atualizam" também o que se realizou na vida do próprio Jesus. Exatamente porque segundo Marcos os acontecimentos da Páscoa fazem parte do anúncio evangélico de Jesus Cristo, esse mesmo anúncio dos discípulos de Jesus após a Páscoa será também um seguir Jesus "no caminho do sofrimento dele". Por isso, "seguir Jesus" rompe com os quadros anteriores do "seguir o mestre" de modelos judaicos, greco-judaicos e gregos. Por isso, seguir Jesus é sobretudo participar do seu *destino*, como dirá 1Pd: "Sede santos, porque eu (Javé) sou santo" (1,15-16); "é a vossa vocação também, porque o Cristo sofreu por vós, deixando-vos o exemplo, a fim de que sigais suas pegadas" (2,21-22).[170] Assim, torna-se claro por que, na história das tradições, a "imitação de Cristo" ficou ligada à "imitação de Deus". Antes da Páscoa já se percebe que é uma oferta de salvação de Deus a comunhão com Jesus, em comensalidade, ou procurando-o para encontrar ajuda e cura, e finalmente sobretudo acompanhando-o sempre, a serviço de sua mensagem. Essa comunhão tem sentido fundamentalmente *soteriológico*, mas essas implicações cristológicas só foram explicitadas após a morte de Jesus. Nos contatos pessoais e passageiros com Jesus, da parte de quem visava alguma cura, já havia ao mesmo tempo um reconhecimento de Jesus como profeta vindo de Deus. Mas apenas a convivência habitual de seus discípulos íntimos,

---

[168] Hengel, *Nachfolge,* 64.

[169] R. Schnackenburg, *Das "Evangelium" im Verständnis des ältesten Evangelisten,* em: *Orientierung an Jesus*, Friburgo 1973 (309-323) 316-318.

[170] Após a cura do cego Bartimeu, Mc 10,52 diz: "Logo recuperou a vista, e foi seguindo Jesus *pelo seu caminho* (*akolouthei*)". Para Marcos, isso significa: seguir Jesus no seu caminho para a paixão (sua subida para Jerusalém).

que "o acompanhavam" (embora às vezes ainda com pouca fé), é o modelo pré-pascal do que a "vida cristã" deverá ser *depois da Páscoa*. Daí certa ambigüidade nos textos do Novo Testamento sobre "seguir" ou "imitar" Jesus, que às vezes fazem surgir a pergunta: trata-se de todos os cristãos ou de um grupo especial de discípulos? Parece-me que isso é conseqüência do fato de que exatamente dentro da situação querigmática do cristianismo primitivo houve clara influência de lembranças históricas da convivência especial de Jesus com seus discípulos íntimos, à diferença dos muitos que simpatizavam com Jesus ou tinham sido doentes e foram curados por ele (lembremo-nos dos dez curados, dentre os quais apenas um voltou para Jesus). Antes da Páscoa, a própria fé em Jesus da parte dos discípulos íntimos ainda estava se formando, e somente depois da Páscoa se chamaria "fé cristã". É exatamente por essa fé pré-pascal que os seguidores de Jesus se tornaram os portadores da assim chamada "tradição sobre Jesus". A partir dos seguidores de Jesus a serviço do reino de Deus, que estava chegando, foi essa *fé em Jesus,* como o arauto da mensagem do reino de Deus, que constituiu a continuidade entre a experiência de salvação antes da Páscoa e a *conversão* para Jesus como o crucificado ressuscitado. As lembranças da longa convivência dos discípulos que "andavam com ele" são sem dúvida as mais densas de todas as lembranças relativas a ofertas de salvação feitas por Jesus nos dias de sua vida terrena; é sobretudo essa forma de oferta de salvação que, após a morte de Jesus, os colocaria explicitamente diante da questão *cristológica*.

§ 2. A CAUSA DO SER HUMANO COMO CAUSA DE DEUS: O "DEUS DE JESUS"

A. Jesus, aquele que livra o ser humano de uma imagem angustiante de Deus: Jesus e a Lei

Bibliografia: Kl. Berger, *Die Gesetzesauslegung Jesu* I (Neukirchen 1972); J. Blank, *Zum Problem "ethischer Normen" im Neuen Testament,* em *Schriftauslegung in Theorie und Praxis* (Munich 1969) 129-157; id., *Jesús de Nazaret* (Madrid, Ed. Cristiandad, 1974) 114-118; 53-70; H. Braun, *Spätjüdisch-häretischer und frühchristlicher Radikalismus:* I. *Das Spätjudentum;* II. *Die Synoptiker* (Tubinga 1957); F. Gils, *Le sabbat a été fait pour l'homme et non l'homme pour le sabbat:* RB 69 (1962) 506-523; E. Jüngel, *Paulus und Jesus* (Tubinga ²1964); M. Limbeck, *Die Ordnung des Heils. Untersuchungen zum Gesetzesverständnis des Frühjudentums* (Düsseldorf 1971); id., *Von der Ohnmacht des Rechts. Zur Gesetzeskritik des Neuen Testaments* (Düsseldorf 1972); J. Roloff, *Das Kerygma,* 51-110; P. Stuhlmacher, *Die Gerechtigkeit Gottes* (FRLANT 87; Gotinga 1965); S. Schulz, *Die charismatischeschatologische Toraverschärfung,* em S. Schulz, *Q-Quelle,* 94-141.

a) *Dificuldades do exame exegético*

Pelo que o Novo Testamento relata, parece-nos muito complicada a atitude de Jesus diante da Torá, a Lei judaica, de sorte que alguns consideram Jesus como o grande revolucionário contra o *establishment* jurídico, enquanto outros vêem nele um radical ou mesmo rigorista. Mas, não podemos perder de vista que Jesus e a geração mais antiga do cristianismo primitivo se consideravam parte do judaísmo. Nessas condições, comparações na base da história das religiões tornam-se inaceitáveis. De outro lado, Jesus foi executado. E isso mostra que, na sua pregação e no seu modo de viver, pelo menos alguns aspectos contradiziam o que o judaísmo ou parte do judaísmo ensinava oficialmente no tempo de Jesus. A própria "doutrina judaica" do tempo de Jesus não era tão uniforme quanto se possa pensar.

Para o judaísmo palestinense, a Torá era em primeiro lugar o Pentateuco, os cinco livros de Moisés; os profetas e demais livros da Escritura eram comentário do Pentateuco. Pelo menos na tradição farisaica, que também nisso divergia da tradição dos saduceus, esse comentário formava como que a "cerca em redor da Lei", isto é, as tradições orais dos antepassados, ou seja, a tradição da ética casuística judaica. Praticamente tudo isso, em conjunto, era chamado de Torá (a Lei). Atrás disso estava de fato a idéia de que essa Torá era a *Lei de Deus*, revelação e prova do amor divino, expressão da ação salvífica de Deus, que zela pela felicidade do ser humano. Portanto, quem ataca a Torá, ataca Deus.

Quanto a isso, muitas vezes se esquece que a maneira como os judeus da diáspora de língua grega interpretavam a Lei era bem diferente da interpretação palestinense aramaica. Os judeus de língua grega distinguiam nitidamente: de um lado, a Torá como Decálogo, como autênticos decretos de Deus desde a criação; e de outro lado, toda espécie de "leis mosaicas", dadas ao povo por causa da "dureza de seu coração". Desde a apostasia diante de Javé, com a veneração do bezerro de ouro, as leis mosaicas pós-sinaíticas eram para eles, por assim dizer, leis de compromisso; eram apenas regulamentos humanos. No mesmo sentido, valiam-se também de Ez 20,25-26: "Eu mesmo lhes dei leis que não eram boas e costumes que não fazem viver. Contaminei-os através das oferendas que faziam de seus primogênitos. Foi para horrorizá-los, a fim de que reconhecessem que eu sou Javé". Daí o ideal greco-judaico da *restitutio principii*, quer dizer, "no princípio não era assim". Daí a tendência para a restituição da ordem original da criação, livrando-a das "leis feitas por mãos humanas", que mais tarde deturparam essa ordem. Traço notável da literatura sapiencial é essa idéia da "restauração da origem".[171]

---

171 *Ap'archés*, "ab initio", ver: Sb 6,22; 9,8; 14,12; 24,14; Eclo 15,14; 16,26; 24,9; 39,25; Pr 8,23; Ecl 3,11.

Enquanto o judaísmo aramaico identifica toda a Torá como a expressão da ordem da Criação, o judaísmo grego distingue mais nitidamente entre a ordem da criação (a Torá propriamente dita) e as "leis feitas pelos homens" na Torá mosaica (p. ex. a respeito do divórcio). O Decálogo é a expressão direta da vontade de Deus, enquanto muitas leis feitas pelos homens de um lado impõem a todos um peso insuportável, e de outro lado esvaziam muitas vezes a vontade de Deus e a intenção das "leis divinas". O judaísmo helenista, portanto, influenciado pela literatura sapiencial, acentua: 1) a criação de Deus como fundamento de todos os verdadeiros mandamentos, como mandamentos de Deus; 2) primordialmente também os mandamentos éticos e ético-sociais (para a convivência humana); 3) a impureza, não no sentido externo, mas no sentido espiritual, isto é, o culto dos ídolos. Entre esses judeus da diáspora, geralmente inspirados pelos livros dos profetas, havia evidentemente certa mentalidade antilevítica. Muitos deles, por motivos profundamente religiosos judaicos, tinham saído da diáspora para morar em Jerusalém: aí então sentiram-se decepcionados pela apatia religiosa da sinagoga e do templo: era uma religião "estabelecida". De fato, havia em Jerusalém uma tensão interna (pré-cristã) entre esses judeus de língua grega e os "judeus levíticos". Os helenistas davam às leis levíticas uma interpretação alegórica-ética, e não se sentiam amarrados por prescrições sobre pureza externa.[172]

Além disso, em tais círculos greco-judaicos o profeta dos últimos dias é visto como o "verdadeiro doutor da Lei", que chama o povo de volta para a "verdadeira Lei de Deus", da qual esse povo apostatou por causa de leis humanas. É exatamente essa substituição da Lei de Deus por leis humanas que se interpreta como a grande infidelidade de Israel e seu afastamento da Lei. O *anticristo* aparece aí como oposto ao "Cristo". É o grande apóstata da Lei, que leva o povo à apostasia, enquanto o "ungido", o profeta escatológico, o chama de volta para a verdadeira Lei de Deus, o Decálogo.

O fundo histórico dessa dúplice interpretação da Lei remonta ao tempo de Antíoco IV Epífanes, que deixou os judeus ficarem com o seu Decálogo (universal), mas suprimiu as demais leis mosaicas. Pelos rigorosos legalistas de Israel, a atuação de Antíoco foi considerada como antidivina, como "contra a Lei".[173] Ele aboliu o sábado, o culto sacrifical e as festas religiosas. Sua atuação dirigiu-se "contra a Lei e contra o templo, o lugar sagrado". Os judeus de língua grega, de orientação mais universal, aceitaram essa situação concreta, dando-lhe depois uma fundamentação teórica. Assim, a idéia greco-judaica a respeito das "leis secundárias" (por causa do "coração en-

[172] Berger, *Gesetzesauslegung*, 15, e 474-477.
[173] Ver 1Mc 1,44-49; Dn 7,20; 7,25; ver 2Mc 7,30.

durecido") veio afinal, por diversos caminhos históricos, da tradição deuteronomista; é bem judaica, embora não universalmente judaica. O conflito em torno da Lei, portanto, é uma polêmica pré-cristã, intrajudaica, tradicional. Exatamente por causa de sua semelhança com as leis pagãs de Antíoco IV, essa interpretação greco-judaica da Lei foi combatida com veemência pelo judaísmo palestinense, sobretudo pelo levítico ortodoxo.

O que agora chama a atenção é o fato de que a atitude crítica de Jesus perante a Lei, como é expressa no Novo Testamento, tem muita coisa em comum, quanto ao conteúdo, com essa interpretação greco-judaica da Lei. Em outras palavras, Jesus nisso é totalmente *judeu* e não transcende em nada as possibilidades judaicas de sua época. Mas, há um "porém". Difícil de defender seria a tese de que o galileu Jesus foi educado numa interpretação *greco*-judaica da Lei. Em parte, a Galiléia, sobretudo nas cidades em redor do lago e à beira-mar, era uma região muito heterogênea, até bilíngüe, e aí as leis de pureza não eram observadas, nem de longe, como na ortodoxia de Jerusalém. Porém as suas sinagogas eram supervisionadas pelos "escribas entre os fariseus", isto sim (cf. Mc 2,16).

Ora, não podemos supor em Jesus tal influência de uma interpretação greco-judaica da Lei, mas é de supor que o Novo Testamento, ao esboçar a atitude de Jesus perante a Lei, foi retocado após a Páscoa pelos ambientes cristãos de judeus de língua grega. No decurso deste estudo, chama a nossa atenção até que ponto o cristianismo primitivo foi influenciado por judeus-cristãos muito ativos de língua grega, que praticamente desde o início pertenceram à Igreja-mãe de Jerusalém. Isso nos coloca diante de um problema: o que é lembrança histórica da praxe e do ensinamento de Jesus em relação à Lei, e o que é uma participação da comunidade cristã primitiva (os judeus helenistas) na interpretação greco-judaica da Lei. O que nos pode orientar nessa questão é o fato de que já conseguimos chegar a compreender, com bastante clareza, algo a respeito da pregação e da praxe de Jesus quanto ao "reino de Deus". E isso agora pode funcionar como critério auxiliar (cf. Parte 1).

Conforme foi constatado repetidamente em torno de temas anteriores, deveremos levar em conta, com base no que acabamos de dizer, que debaixo das narrativas dos evangelhos, como que escondidas, há lembranças históricas sobre Jesus, de sorte que se formaram, por assim dizer, dois estratos: a polêmica intrajudaica (p. ex. Mc 7,1.5.15) e, depois da separação entre a comunidade cristã e a sinagoga judaica, a polêmica "Igreja versus Israel" (p. ex. Mc 7,2.3-4.6-13.14.17-19.20-22).[174] Mesmo sem entrar muito em detalhes, uma avaliação

[174] Berger, *Gesetzesauslegung*, 477.

dos resultados da exegese nos será muito útil, enquanto também o resultado do que verificamos até aqui me servirá, teologicamente, de orientação.

b) *"Jesus e a Lei" nas tradições Q e nas tradições de Marcos*

Cada vez que o Novo Testamento conta que Jesus ou algum de seus discípulos transgrediu a Lei, interpreta-se claramente como um dos fatores que tornavam inevitável o caminho de Jesus para a cruz. Tais transgressões, portanto, são narradas como resposta à pergunta: Como foi possível Jesus chegar a ser crucificado? Portanto, foi por motivos querigmáticos, e não por motivos históricos, que se tratou desse tema. De outro lado, seria errado afirmar que a situação da qual nasceram essas perícopes foi apenas a praxe concreta da Igreja com relação ao sábado judaico, querendo-se legitimar tal praxe pelo exemplo de Jesus. Não se pode negar que os evangelhos foram escritos numa época em que a Igreja já estava separada do judaísmo, do templo, da Lei e do sábado: foram influenciados por essa situação; mas, a análise não permite dizer que essas perícopes sobre a atitude de Jesus diante do sábado foram apenas uma retroprojeção da fase eclesial para a vida de Jesus. A consciência da distância histórica, entre a liberdade de Jesus diante do sábado e a praxe do culto eclesial, deixou seus vestígios no próprio texto. As comunidades cristãs da Palestina ainda observavam o sábado e a Lei (Mt 24,20; cf. At 13,3; 14,23); consideravam-se uma confraria judaica. Nas Igrejas paulinas, porém, não havia interesse na observância do sábado. Todavia, nas regiões das missões de Paulo (Ásia Menor), a Lei judaica e o sábado tinham muita influência (Cl 2,16-17; Gl 4,8-11).

Os dados em que podemos apoiar-nos vêm de duas tradições: a pré-marcana e a fonte Q. Lucas ainda encaixou material de uma tradição diferente (Lc 13,10-17; 14,1-6), mas esse material já tinha passado por elaboração secundária muito forte. Deveremos, pois, partir de Marcos e da tradição Q.

O complexo pré-marcano Mc 2,7-3,6 é muito antigo; mas alguns dados da (provavelmente) primeira fase da tradição Q (portanto no seu tempo aramaico) são talvez mais antigos ainda, ou pelo menos suspeitos de influência da interpretação greco-judaica da Lei.[175] Isso me parece o melhor ponto de partida (embora com clareza menor do que a testemunhada por L. Schulz com relação às perícopes exclusivamente aramaicas na sua totalidade).

---

[175] Lc 11,39.42-44.46-48.52 = Mt 23,25.23.6-7a.27.4.29-31.13 ; Mt 5,18 = Lc 16,17; Mt 5,32 = Lc 16,18; Mt 5,39-42 = Lc 6,29-30; Mt 5,44-48 = Lc 6,27-28.32-36; Mt 7,12 = Lc 6,31. Ver Schulz, *Q-Quelle*, 94-141.

Nesses textos não encontramos nenhuma crítica a Israel como tal, mas sim contra a hermenêutica e a prática da Lei entre os fariseus. "Vós, fariseus, purificais o interior da taça e do prato, mas por dentro estais cheios de rapina e intemperança... Ai de vós, fariseus, que pagais o dízimo da hortelã, do funcho e do cominho, enquanto descuidais da justiça e do amor de Deus. Isso que era preciso fazer, sem omitir aquilo. Ai de vós, que gostais de ocupar os primeiros assentos em sinagogas, e de ser saudados em praça pública. Ai de vós, que sois semelhantes a sepulcros invisíveis: as pessoas andam por cima sem o saberem... Ai de vós também, escribas, doutores da Lei, que amarrais pesados fardos, impondo-os nos ombros de outros, e não os moveis com um dedo sequer. Ai de vós, que edificais os sepulcros dos profetas, mas foram os vossos pais que os mataram. Assim, dais testemunho contra vós mesmos, concordando com as obras de vossos antepassados; eles os mataram e vós construís seus sepulcros... Ai de vós, doutores da Lei, que escondestes a chave do conhecimento: vós mesmos não entrastes e impedistes os que queriam entrar". Assim rezam os "ai" da comunidade Q (Mt 23,13-16.23.25.27.29 par. Lc 11,42-44.46-52). Assim, pronuncia-se a maldição apocalíptica contra a atitude concreta dos fariseus. O que em Marcos se apresenta em forma de discussões, aqui é realçado na forma de "maldições apocalípticas" (isto é, definitivas). Em contraste com Mt (23,26) e Lc (11,39-41) (dois textos redacionais), a comunidade Q ainda aceita as prescrições sobre a pureza ritual ("fazer isso, sem omitir aquilo"). A crítica não se dirige contra isso, mas contra a atitude e a mentalidade com que isso era observado. A ação cerimonial e a atitude ética devem corresponder uma à outra. Podemos afirmar: aqui se mostra até uma interpretação mais exigente da Lei! A observância apenas exterior das prescrições de pureza escondia uma impureza interior. Essa crítica contra os fariseus também é intrajudaica; nem precisa ser greco-judaica; encontra-se também em meio aos essênios (nos escritos de Qumra). Coloca-se claramente que a solidariedade ou justiça e o amor de Deus (Lc 11,42) são o cerne da Lei; e quando esses mandamentos são desprezados, toda a observância das demais prescrições legais é hipocrisia; quem vive assim é um "sepulcro invisível" (andar por cima de um sepulcro causava impureza). Quer dizer, os fariseus causavam impureza nos outros.[176] Eles impõem fardos pesados no ombro dos outros (Lc 11,46); mas não tocam nesses fardos nem mesmo com um dedo para ajudar. A essência dessa crítica não atinge a própria Lei e suas prescrições, mas a ruptura entre a doutrina e a vida, e nisso se oculta a falta de caridade para com os

[176] "Sepulcro invisível", "sepulcro caiado de branco": essas imagens ficam compreensíveis pelas prescrições de pureza, no judaísmo. Antes da Páscoa, os sepulcros, sendo impuros, eram caiados de branco, para que ninguém passasse por cima "sem saber", tornando-se assim "impuro" (Nm 19,16).

outros. Finalmente, os fariseus se lembram respeitosamente dos profetas do passado, mas não aceitam a autoridade de profetas que vivem agora. Assim, fecham para os outros o acesso ao reino de Deus (Q em Mateus). Esses cristãos palestinenses ainda reconhecem o poder das chaves que está em mãos dos doutores da Lei, dentre os fariseus, isto é, que eles têm a competência de abrir as portas do reino de Deus dando boa explicação da Lei. Pois, observar a Lei era para os fariseus "entrar no reino dos céus" (aqui se usa até o conceito judaico-farisaico de reino de Deus). Os fariseus não entram nesse reino, e pelas suas atitudes impedem os outros de entrar. Finalmente, a comunidade Q critica os privilégios dos fariseus; no reino de Deus todos são iguais (de fato, na comunidade Q havia uma ordem eclesial diferente da que existia em Jerusalém. Naquela comunidade, quem orientava eram os profetas carismáticos, não os presbíteros).

Nessas condenações com "ai..." o próprio Jesus é visto como o verdadeiro mestre da Lei, em oposição aos fariseus que não observam o sentido mais profundo da Lei: o amor ao Deus e ao próximo. Continua judaica essa crítica contra a maneira como os fariseus cumprem a Lei.

Todavia, o reino de Deus que se aproxima estabelece o limite da Lei mosaica, que está sob restrição escatológica (Mt 5,18; Lc 16,17). Com a chegada do Reino de Deus, a Lei deixará de existir (Mt 5,18). Mais tarde se dirá, na mesma linha: "A Lei e os profetas valem até João Batista". Com Jesus iniciou-se a era escatológica; Jesus substitui a Lei (Lc 16,16). Mas, na visão puramente escatológica do estrato mais antigo da tradição Q, tal "escatologia presente" é impossível.

Omitindo-se em Lucas a cláusula de Mateus a respeito de uma exceção, a rigorosa proibição do divórcio na comunidade Q (Mt 5,32 = Lc 16,18) permanece quanto à motivação, na linha das idéias sobre pureza na tradição levítica (não casar-se com mulher divorciada), ao passo que em Mc 10,11, em estilo greco-judaico, acentua-se que não se pode mandar embora a esposa. Essa proibição é claramente uma exigência fora da Lei judaica.

Finalmente, essa camada Q mais antiga contém três prescrições que deixam bem claro como é que ela interpreta a Lei: a exigência de renunciar ao princípio "olho por olho, dente por dente" (Lc 6,29-30; Mt 5,39-42), amor ao inimigo (Mt 5,44-48; Lc 6,27-28.35b.32-35a.36), e finalmente "a regra áurea" (Mt 7,12; Lc 6,31), isto é: "tudo o que quereis que os outros vos façam, fazei o mesmo a eles". O mandamento do "amor ao inimigo"[177] aparece surpreendente, levan-

[177] Ver sobretudo: D. Lührmann, *Liebet eure Feinde*, em ZThK 69 (1972) 412-438, e Ch. Burchard, *Das doppelte Liebesgebot in der frühen christlichen Überlieferung*, em: *Der Ruf Jesu und die Antwort der Gemeinde* (Hom. J. Jeremias), Göttingen-Zurique 1970, 39-62, e: W. Bauer, *Das Gebot der Feindesliebe und die alten Christen*, em: *Aufsätze und kleine Schriften*, Tubinga 1967, 235-252; G. Bornkamm, *Das Doppelgebot*

do em conta a tendência do judaísmo das "comunidades restantes", grupos palestinos que se isolavam, considerando os demais como "não-irmãos". Também isso se pode considerar como mandamento que exige mais do que a Lei (Lv 19,18), já que a noção de "próximo" é estendida até abranger o inimigo. Importante é que o mandamento do amor ao próximo na comunidade Q está ligado à promessa de "ser filho de Deus" (Mt 5,45; Lc 6,35b). Essa idéia, segundo a história das tradições, está ligada ao teologúmeno sapiencial de que o justo, isto é, aquele que tem boas relações com o próximo é "filho de Deus".[178] "Inimigo", aos olhos de quem o considera como tal, é quem não é justo e, portanto, quem está errado. Com esse mandamento do amor se questiona a convicção de ser justo; a renúncia à idéia de ter razão é posta aqui como exigência de Jesus, exigência que "vem de Deus". É a exigência que leva a duvidar, não da justiça de Deus, mas da nossa própria justiça: Deus deixa o sol iluminar bons e maus (novamente o apelo sapiencial às decisões de Deus como Criador) (Mt 5,45); além disso, também "publicanos e pecadores" amam a quem os ama. Sem amor ao inimigo, seríamos como "publicanos e pecadores" (Mt 5,46-47). Conclusão: "Sede misericordiosos (*perfeitos*, segundo Mateus), como vosso Pai é misericordioso (Lc 6,36; cf. Eclo 4,9-10). Assim como Deus não conhece limites, quem quer seguir a Jesus também não pode traçar limites: para Jesus não existe inimigo que ele não ame. Essa palavra é garantida pela própria conduta de Jesus, pelo seu contato e comensalidade com publicanos e pecadores: essa é a praxe do reino de Deus. Se Jesus formulou explicitamente esse *lógion* sobre o "amor aos inimigos", é secundário; primário é que *essa* foi realmente a praxe de sua vida e a conseqüência de seu anúncio (também nas parábolas) do reino de Deus que se aproximava. Considerado assim, tal *lógion* é sem mais nem menos autenticamente *de Jesus*. No entanto, pode ser que aí a comunidade, atualizando a praxe e a norma de Jesus, reage contra a falta de paz e contra as tensões na Palestina antes da Guerra Judaica: talvez haja uma sutil condenaçao contra os zelotes. Essa exigência de amor radical ao próximo é "ilustrada" por uma antiga "regra áurea", que era greco-judaica, mas também universalmente greco-romana: "nunca faças a outros o que não gostarias que os outros fizessem a ti" (Mt 7,12; Lc 6,31). As exigências ideais que colocamos para os outros devem ser a medida do nosso próprio agir para com eles. "Nisso consiste toda a Torá", já dizia o judaísmo grego tardio.[179]

Com isso encontramos um princípio básico "autenticamente de Jesus". Princípio que nos põe em contato com a atitude de Jesus pe-

der Liebe, em *Neutestamentliche Studien* (Hom. R. Bultmann), Berlim 1957, 85-93. Ver também: D. Nestle, *Eleutheria*, I, Tubinga 1967.

[178] Lührmann, *Liebet eure Feinde*, 432; S. Schulz, *Q-Quelle*, 135.

[179] Strack-Billerbeck, I, 460

rante a Lei: é a radicalidade da sua exigência de amar a Deus e de amar todo ser humano, também o "inimigo", inclusive publicanos e pecadores; em suma, é a mensagem de Jesus sobre o reino de Deus, reino que visa à humanidade toda. A comunidade Q sabe que a essa mensagem ela deve a sua inspiração; assim, essas perícopes Q refletem e revelam realmente a impressão que a atuação de Jesus deixou nos seus seguidores.

Talvez possa ser de maior proveito para nós a outra tradição que o complexo pré-marcano (Mc 2,1-3,6) nos apresenta, e na qual aparecem cinco casos paradigmáticos em torno da atuação de Jesus.

As primeiras três narrativas (Mc 2,1-12; 2,13-17; 2,18-22) já foram comentadas com relação ao perdão dos pecados concedido por Jesus, enquanto comia juntamente com um grupo de publicanos, e quando se referia ao não-jejuar dos discípulos. A atitude de Jesus com relação à Lei ficará mais clara ainda com as duas narrativas seguintes: nelas se fala das espigas arrancadas pelos discípulos de Jesus em dia de sábado (Mc 2,23-28) e principalmente sobre uma cura que Jesus realizou no sábado (Mc 3,1-5).

As duas perícopes foram redigidas na forma que os exegetas chamam de "discussão", na qual a relação pós-pascal sobre "Israel" e "a Igreja" sem dúvida teve alguma influência. Pois bem, a questão é esta: Será que a Igreja cristã, na sua liberdade com relação ao sábado, sabia que estava apoiada no comportamento pessoal e histórico de Jesus? Ou, como afirmam muitos exegetas, foi ela que retroprojetou para Jesus a praxe de fato já existente (talvez sem encontrar motivos e bases suficientes para isso no Jesus terreno)? Em outras palavras, temos aí uma atualização eclesial de autênticas tendências do próprio Jesus; ou, pelo contrário, terá sido mera retroprojeção da Igreja, sem conexão com Jesus?

Era sábado, Jesus caminhava com seus discípulos por plantações de trigo; não ele, mas seus discípulos andando arrancam umas espigas de trigo, como se costumava fazer (não porém no sábado). Aí os fariseus responsabilizam Jesus pelo comportamento "dos que o seguem", seus discípulos. Essa distinção entre Jesus, que não está violando o sábado, e os discípulos que o violam, dificilmente pode estar inspirada apenas numa apologética da Igreja, que exatamente nisso perderia seu sentido. O que aí se discute é a relação judaica entre o mestre e os seus seguidores: pelo comportamento dos discípulos, sobretudo por estarem na presença de Jesus, pode-se concluir, com razão, o que o mestre ensinou. O ponto central é este: de onde Jesus tirou autoridade para dispensar seus discípulos de obrigações legais? Admite-se que Jesus (como outrora Davi, 1Sm 21,6) permitiu de fato uma transgressão da Lei. Aí o problema não está na norma geral de que leis positivas têm que ceder diante de uma situação de necessidade (escribas e fariseus daquela época podiam muito bem em concordar com isso).[180] De fato, aí não se trata de uma situação de necessidade (como no caso de Davi com os pães consagrados); trata-se do paralelo entre "Davi com os seus" e "Jesus com os seus". Davi, em vista da sua posição excepcional como "servo de Deus", podia fazer alguma coisa em favor dos seus que materialmente era contra a Lei. Assim também Jesus, por causa e dentro do seu serviço ao reino de Deus, tem plenos poderes para "dispensar" de uma lei feita por homens. Estamos aqui diante de um mensageiro de Deus que tem poder e liberdade para pessoalmente "dispensar" da lei. Em última análise, trata-se do poder e do status de Jesus como profeta escatológico "vindo de Deus". A tendência está fielmente formulada em Mc 2,27-28: "O sábado foi feito para o homem, e não o homem para o sábado". Tem-se discutido muito sobre esse texto. Alguns exegetas, sobretudo H. Braun,[181] opinam que devia ser: "o *homem* é senhor do sábado"; os judeus-cristãos porém se assustaram com esse radicalismo, e por isso limitaram esses plenos poderes, cristologicamente, a Jesus, o "Filho do homem". Até para a atitude de Jesus, os judeus-cristãos procuraram uma base bíblica, alegando 1Sm 21,1-7 (em Mc 2,25-26), Nm 28,9-10 (em Mt 12,5) ou Os 6,6 (em Mt 12,7). Ou então, omitiram simplesmente este *lógion* (Mateus e Lucas). Somente Marcos tem este *lógion* radical (o sábado foi feito para o homem); mesmo assim, há nos manuscritos diversas variantes, que mostram uma hesitação judeu-cristã. H. Braun reconhece que entre os judeus também havia escribas que admitiam: "O sábado existe para vós; não vós para o sábado". Mas Braun os chama de "aves raras" no judaísmo que não têm com isso intenção de criticar o sábado.[182] Braun chama simplesmente de não-judaica a atitude de Jesus quanto ao sábado. Outros exegetas, porém, sobretudo J. Roloff, que fez sobre essa questão estudo particularmente aprofundado, chegaram a uma interpretação oposta.[183] O sentido do *lógion* seria este: *porque* o sábado existe para o *homem*, exatamente por isso o *Filho do homem* é senhor do sábado. O raciocínio do *lógion* supõe então, como base aceita para discussão, a afirmação judaica do princípio de que o sábado existe para o homem; então, tal raciocínio pretende tirar conclusões com relação a Jesus, o "Filho do homem". Desde o tempo dos macabeus (cf. Mckiltha Ex 31,13-14), existiria o provérbio popular: "o sábado existe para o homem". Seria a base para compreender Mc 2,27-28. Deus quis o sábado, e Jesus não quer de forma alguma atacar a base do sábado. Mas, a intenção de Deus foi dar o sábado como presente para o homem (Dt 5,12-15;

---

180 E. Lohse, s.v. *sabbaton*, em: ThWNT VII, 14-15.

181 H. Braun, *Jesus*, Stuttgart-Berlim 1969, 72-85 e 86-95. Ver também Tödt, *Der Menschensohn*, 121-123.

182 *L.c.*, 81.

183 Roloff, *Das Kerygma*, 58-62.

Gn 2,2-3; Ex 20,8-11). De fato, em Israel o sábado foi introduzido por motivações sociais (para dar descanso a "escravos e animais"), o que mais tarde se fundamentou teologicamente na narrativa da criação. A casuística judaica esteve originariamente a serviço da segurança dessa dádiva divina contra a arbitrariedade humana. Mas, foram exatamente os sofismas jurídicos que com o tempo traíram o próprio sentido do sábado. Por essa casuística, a lei do sábado, que devia ser descanso e alento para o ser humano, degenerou-se e tornou-se peso insuportável. Contra isso é que Jesus, o arauto do reino de Deus visando à humanidade, tinha de protestar, com base na essência de sua mensagem. Mc 2,28 opõe os plenos poderes do Filho do homem às codificações sabáticas de antepassados e de escribas.

Creio que essa interpretação (de J. Roloff) aponta na direção certa; porém, com uma ressalva essencial: Jesus opõe sua autoridade à dos escribas, mas isso me parece uma interpretação pós-pascal (evidente pelo uso do termo "Filho do homem", enquanto aplicado ao Jesus terreno). Na medida em que lembranças históricas ainda prevaleciam, sabia-se que Jesus não tinha agido na base de plenos poderes, como alguém que tivesse condição para "dispensar" da Lei (embora em Marcos e na sua tradição tais "poderes" tenham evidentemente seu papel). Antes da Páscoa, não é nisso que se situa a autoridade de Jesus. O texto, enquanto se refere ao Jesus histórico, a meu ver mostra a consciência de Jesus como "profeta escatológico", considerado que era como "o verdadeiro doutor da Lei". Jesus reconduz a Lei do sábado à sua intenção divina: um presente de Deus ao ser humano, e não um fardo imposto a seres humanos por outros seres humanos que, além disso, não realizam o sentido do sábado. A crítica de Jesus não se dirige contra a Lei como revelação da vontade de Deus, mas contra a prática jurídica que perdeu toda a sua relevância religiosa e impôs ao povo fardos que o próprio Deus não quis impor. A "autoridade" com que Jesus fala é a autoridade do profeta vindo de Deus que anuncia o *reinado* de Deus (daí o respeito pela Lei *de Deus),* profeta que *visa ao bem da humanidade* (daí a crítica de Jesus contra essas leis). A crítica de Jesus contra as leis humanas e o seu respeito pela Lei de Deus estão essencialmente unidos e totalmente em harmonia com a sua pregação sobre Deus que reina e sobre a praxe do reino de Deus. Na sua origem, o texto é soteriológico; em Marcos, ele ganha dimensão cristológica (depois da Páscoa, com toda a razão; mas então é uma explicitação da soteriologia da mensagem e da praxe de Jesus. Aliás, Jesus era muito reservado em testemunhos sobre si mesmo, pois sua causa era a causa de Deus. Por isso, não consigo imaginar que Jesus pudesse dizer: "Eu, o Filho do homem, sou o Senhor do sábado"). A identificação pessoal de Jesus com a causa de Deus como causa do ser humano (disso nasceu sua crítica contra o sábado) inclui sem dúvida uma *pergunta* cristológica; mas é somente depois da Páscoa que essa pergunta será explicitada.

Na perícope seguinte (Mc 3,1-5), Jesus em pessoa cura, no sábado, um homem que tinha a mão "seca", paralisada. No texto de Marcos, o caso se apresenta como desafio mútuo entre os fariseus e Jesus. Aqueles ficavam de olho para ver se ele iria curar um doente em dia de sábado (Mc 3,2). Jesus por sua vez desafia: "Será permitido no sábado fazer o bem ou fazer o mal? Salvar ou tirar uma vida?" (3,4). Ficaram calados, pois como bons fariseus deviam concordar. Jesus, então, "irado e triste, pelo endurecimento de seus corações", cura a mão do homem (3,5). No centro não está o milagre, mas a questão do sábado. O ato de Jesus, trazendo vida, está claramente em contraste, nesta perícope, com "a decisão de matá-lo" (3,6); esta, segundo o fio da narrativa, é a resposta deles à pergunta de Jesus (3,4). Em Marcos, trata-se claramente de um problema *cristológico*. Mas, a realidade original, pré-pascal, é *soteriológica*. Teoricamente, os fariseus deverão concordar que no sábado pode-se "fazer o bem", mas a praxe da "cerca em redor da Lei" na realidade os impede de fazer esse bem. Os fariseus permitiam que se salvasse uma vida no sábado, apesar do teor *literal* da Lei. Mas, trata-se agora de uma mão seca, doença de longa data que podia ter sido curada por Jesus no dia seguinte, que não seria sábado. A crítica de Jesus a respeito do descanso judaico no sábado vai mais longe do que a casuística judaica a respeito de toda espécie de casos urgentes. Aqui as próprias leis do sábado são radicalmente relativizadas; o descanso sabático é interpretado como tempo de "fazer o bem", e não de "proibições". Afinal, ajudar um homem infeliz é obra sabática por excelência; assim se realiza a vontade salvífica de Deus, da qual nasceu a "lei do sábado". Também aqui Jesus age como o profeta de Deus, como "verdadeiro doutor da Lei". Pela sua praxe, que liberta o ser humano e que é uma denúncia contra as condições e atitudes existentes, Jesus causa para si uma situação realmente explosiva.

Nesses dois casos, dentro do conjunto de Mc 2,1-3,6, predomina claramente uma tendência cristológica. Onde aparece Jesus, o Filho do homem, acontece algo excepcional, que supera a lei comum; aí não se jejua e a lei do sábado pode ser transgredida; aí existe mais do que a Lei. Assim sendo, essa narrativa de Marcos não tem em vista a questao como se deve *interpretar* a Lei, a narrativa está a serviço de uma concepção cristológica. Mas, exatamente esta última também se baseia em lembranças históricas sobre Jesus de Nazaré, que em palavras e obras era o verdadeiro "mestre da Lei", interpretando-a segundo seu sentido autêntico: *a liberdade para* "fazer o bem" (cf. Mc 3,4). Aí aparece praticamente outra imagem de Deus: o reinado de Deus quer ser *humano*. Por ser um reinar, a Lei, como vontade de Deus, é *radicalizada*, mas ao mesmo tempo é relacionada com o que é bom para o ser humano (e, portanto, relativizada como lei concreta). A crítica de Jesus contra a maneira como o sábado e a Lei eram de fato praticados coincide com a sua visão sobre o Deus vivo: o Deus que só visa o humano. A praxe de Jesus ia dar cada vez mais conteúdo histórico a essa realidade. A mesma coisa encontramos como cerne de textos paralelos aos de Marcos, dentro da visão teológica de cada um, a saber: Mt 12,1-8 e 9-14; Lc 6,1-5 e 6-11, bem como na tradição própria de Lucas, em Lc 13,10-17 e 14,1-6. Contudo, nessas perícopes a cristologia já é mais explícita do que em Marcos, que apenas *sugere*, sendo que a confissão cristológica propriamente dita só será dada aos pés da cruz. A narrativa dos evangelhos tem caráter "temático": é em dia de sábado, e além disso dentro da sinagoga, que Jesus cura a mão seca de um homem (Mc 3,1-5); no sábado ele cura a mulher encurvada (Lc 13,10-17); e também no sábado cura um hidrópico (Lc 14,1-6). Em tudo isso, falam lembranças da vida terrena de Jesus, que não se deixava intimidar por legalismos formalistas sem conteúdo real, sem verdadeiro amor a Deus e ao próximo. Tal legalismo prático, Lc 13,14 o caracteriza muito acertadamente: "Há seis dias para trabalhar. É pois nesses dias que deveis vir para receber a cura, e não em dia de sábado". Contra isso é que se diz: "Não há nada exterior ao homem que entrando nele possa torná-lo impuro. O que sai do homem, isso é o que torna impuro o homem" (Mc 7,15; cf. Mt 23,23-24.25-28). Isso porém já era tradição greco-judaica: não é por fora, mas por dentro que o homem se torna impuro; as prescrições externas de pureza não têm sentido, a não ser como função de uma pureza interna ética. Daí o *slogan* entre judeus gregos: "Tudo é puro". Jesus não estava contra a Lei; ele a radicaliza, explicitando as suas mais profundas e saudáveis intenções: liberdade para "fazer o bem". Com isso, todas as "leis humanas" são sem dúvida radicalmente relativizadas quanto a seu conteúdo concreto. Significa também que a praxe do reino de Deus não pode ser imobilizada em leis jurídicas (por mais que a vida, concretamente, possa às vezes pedir isso). Às vezes, a lei pode exigir que se faça mais do que juridicamente foi estabelecido; mas ela pode também pedir que o fixado juridicamente seja transgredido. Com isso, coloca-se ao mesmo tempo a sublime exigência de investigar, nas circunstâncias concretas da vida, qual é o *kairós* de Deus, ou seja, o momento adequado. Em todo caso, essa é a atitude de Jesus diante da vida. Avaliado no seu conteúdo real, significa: "tornar mais exigente a Torá", a partir de uma reta visão do Deus vivo e do reino vindouro de Deus; o contrário exatamente do que se poderia chamar liberdade sem lei. Aí se manifesta o verdadeiro humanismo, na base porém de uma visão especial a respeito de quem é o Deus vivo. Jesus é o exegeta, não da Lei, mas de Deus, e nisso ele desmascara o ser humano e fornece uma nova perspectiva de salvação. Quando, depois da Páscoa, esse reinado de Deus apareceu finalmente com o rosto concreto de Jesus Cristo, era natural atualizar as lembranças de outrora sobre Jesus, e ao invés de uma crítica de Jesus contra as práticas da Lei (com base no reino de Deus), ver nelas uma declaração histórica dos plenos poderes de Jesus. Em outras palavras, a perspectiva histórica soteriológica a respeito de Jesus, nos seus dias terrenos, se transformou em debate cristológico. Uma coisa evoca outra (mas nisso se esconde o perigo de alguém considerar a crítica de Jesus contra a Lei como privilégio do Cristo, e não como direito de todo cristão!). É por isso que no evangelho joanino a temática do sábado é tratada ainda mais amplamente do que nos sinóticos. Das três curas narradas por João, duas aconteceram no sábado (Jo 5,1-47; 9,1-39; cf. 5,9b e 9,14). A transgressão do descanso sabático praticada por Jesus se baseia em argumentos explicitamente cristológicos. E a violação do descanso sabático se descreve de maneira ainda mais provocativa: Jesus não apenas cura o paralítico no sábado, mas também manda (pura provocação!) carregar a própria maca: uma violação "desnecessária" do sábado. Aí Jesus é de fato o legislador soberanamente livre. A atuação escatológica de Jesus não se deixa inibir por nenhuma lei deste mundo, pois ele é o Filho do Pai. Com isso de fato se cumpre a lei em suas profundas e básicas intenções; Lei que ao mesmo tempo é abolida: "Cristo é o fim da Lei" (Rm 10,4). Durou até João Batista o tempo em que Deus revelava sua vontade "pela Lei e pelos profetas". Agora isso acontece pela pregação do evangelho e pelo reinado de Deus (ver Lc 16,16).

c) *A purificação do templo*

Finalmente, ainda há um dado central com que se pode definir a atitude de Jesus com relação à Lei: é a purificação do templo (Mc 11, 15-18; Mt 21,12-17; Lc 19,45-48 e Jo 2,13-22). Trata-se de uma perícope extremamente difícil dos evangelhos, que por isso recebeu também interpretações muito divergentes, a tal ponto que S. Brandon (depois de R. Eisler) viu na purificação do templo uma espécie de expedição zelótica de Jesus com os seus em Jerusalém.[184] Uma análise exegeticamente confiável do texto foi feita por J. Roloff, mais tarde matizada, em minha opinião, por Trocmé. A mais antiga forma da narrativa estaria em Mc 11,15-16.18a.28-33.[185] Aí aparece mais claramente por que o cristianismo primitivo transmitiu essa tradição: o fato

---

[184] *Bibliografia*. – H. W. Bartsch, Jesus, *Prophet und Messias aus Galiläa*, Frankfurt 1970, e: *Theologie und Geschichte in der Überlieferung vom Leben Jesu*, em: EvTh 32 (1972) 128-142; M. Hengel, *Die Zeloten*, 346-347; S. Brandon, *Jesus and the zealots*, 238-246 (passim); V. Eppstein, *The historicity of the Gospel account on the cleansing of the temple*, em: ZNW 55 (1964) 42-58; Roloff, *Das Kerygma*, *l.c.*, 89-110; C. Roth, *The cleansing of the temple and Zechariah* 14, 21, em: NovT 4 (1960) 174-181; E. Trocmé, *L'expulsion des marchands du temple*, em: NTS 15 (1968-69) 1-22, e *Vie de Jésus de Nazareth vu par ses témoins*, Neuchâtel 1971, 127-136.

[185] Roloff, *l.c.*, 93.

é narrado por causa das suas conseqüências, a saber, o conflito de Jesus com os representantes do Sinédrio. Na forma original da narrativa, há uma ligação estrita e sem falha entre Mc 11,18a e 11,28; é a pergunta: "Com que autoridade fazes isso?" (pergunta que no texto atual parece suspensa no ar). Referia-se à purificação do templo: membros do Sinédrio perguntam a Jesus com que autoridade fizera isso, quer dizer, a purificação do templo. Portanto, segundo a história das tradições, a purificação do templo não estava relacionada com a entrada triunfal em Jerusalém. O contexto sugere um gesto profético de Jesus. Pois o *lógion* de Mc 11,30 relaciona o gesto de Jesus com a atuação profética do Batista: Jesus supõe que tanto o batismo de João como sua própria atuação (a purificação do templo) implicam autoridade profética. O raciocínio do *lógion* supõe uma semelhança objetiva entre a atuação de João e a de Jesus; ambas estão marcadas pela mensagem da conversão escatológica e da renovação do povo de Deus. Isso nos abre uma perspectiva sobre o sentido histórico da purificação do templo: foi um gesto profético, com o qual Jesus quis provocar o arrependimento e a conversão de Israel nesses dias "antes do fim deste mundo". Portanto, não foi absolutamente uma crítica radical contra o templo e o culto; menos ainda uma proclamação solene e diretamente "messiânica" de que o culto judaico seria abolido em prol do universalismo escatológico, pois o templo era então aberto para todos os povos. Nem se trata de uma purificação *do templo*, pois a cena se desenrola na praça do templo, no "átrio dos gentios", o grande pátio que os comerciantes atravessavam com suas mercadorias, para abreviar o caminho (Mc 11,16). Nem se fala sobre o local do culto, somente sobre a santidade do complexo do templo como um todo. Aliás, esse conceito do caráter sagrado do templo é rigorosamente judaico. Mas, aí está o ponto essencial do gesto de Jesus: denuncia a ruptura entre teoria e prática no judaísmo, a mesma censura que Jesus fez com relação à praxe do sábado. O conflito se refere sempre à ruptura entre "ortodoxia" e "ortopráxis". Para Jesus, o sábado e o templo são sinais da benevolência divina para com Israel; mas, pela praxe real ambos ficaram alienados de sua verdadeira finalidade. Aí não há uma crítica contra o templo, mas contra a praxe no templo. Era a mesma linha dos grandes profetas, para os quais a "espiritualidade do templo" consiste na exigência de obediência absoluta a Deus nos atos da vida (Am 5,21-25; Jr 7,3ss). Aliás, também Zacarias diz que nos últimos dias Jerusalém toda e todo o complexo do templo serão "santificados" (Zc 14,21): "Em Jerusalém e em Judá, toda panela será consagrada a Javé Todo-poderoso. Todos os que vierem apresentar um sacrifício se servirão delas para cozinhar sua oferenda. Naquele dia, já não haverá mercadores na casa do Senhor.[186]

[186] Hahn, *Hoheitstitel*, 172; Roloff, *l.c.*, 96.

Na atuação de Jesus, nada faz pensar num gesto messiânico, ultrapassando o ato profético. Na cena não há nada que vá além de uma conclamação profética, escatológica, para a metanóia. Somente depois da Páscoa, na base de uma visão abrangente de toda a vida de Jesus, é que a purificação do templo feita por Jesus poderá ser interpretada como "proclamação velada dos plenos poderes específicos de Jesus" (J. Schniewind).[187] A esperança de uma renovação escatológica do templo era idéia espalhada em todo o judaísmo tardio,[188] mas em lugar nenhum se relaciona com a tradição messiânica.[189] Tudo isso confirma uma das idéias básicas deste livro: nos dias de sua vida terrena, Jesus não agiu como messias, mas como *profeta escatológico vindo de Deus*; aliás, segundo determinada tradição judaica, essa era também tarefa do messias.

Além de exigir a santificação absoluta do templo, Jesus, em outras ocasiões, falou também sobre a destruição que os judeus fariam do templo, e sobre sua reconstrução escatológica (Mc 14,58). No cerne, isso é um *lógion* autêntico de Jesus. Relacionado com a purificação do templo feita por Jesus, tal *lógion* confere à purificação um sentido que transcende seu conteúdo e significado históricos: não o templo, mas o próprio Jesus é o lugar do encontro com Deus. Jesus substitui o templo como intermediário para a relação com Deus. Na mesma linha, Mateus dirá depois: "Onde dois ou três estiverem reunidos em meu nome, eu estou no meio deles" (Mt 18,20). O que pelo menos como pergunta já estava implícito em toda a atuação soteriológica de Jesus, é cristologicamente e até eclesiologicamente explicitado após a Páscoa. Assim como o templo era a presença de Deus na terra, Jesus Cristo se torna agora a presença de Deus entre nós. Porém, na camada mais antiga da narrativa sobre a purificação do templo trata-se apenas da conclamação de Jesus para uma praxe escatológica, na qual seja abolida a ruptura entre teoria e praxe; trata-se também do conflito que essa crítica causou entre Jesus e os chefes de Israel. De fato, uma dentre as causas da prisão de Jesus tem evidentemente algo a ver com essa purificação do templo.[190] Nesse conflito geral, que causou o caminho de Jesus para a cruz, está realmente a intenção original dessa tradição, isto é, foi o motivo de se transmitir essa história na Igreja primitiva.

Na tradição sinótica, a narrativa original (onde a lembrança histórica ressoa ainda mais fortemente) acabou sendo relacionada com

---

[187] J. Schniewind, *Das Evangelium nach Markus*, Göttingen 1949, 150; Roloff, *Das Kerygma*, 97.

[188] Ez 40-48; Ag 2,9; Zc 14,8; Henoc et. 90,28-38; 91,13; Jub 1,17.27.29.

[189] Com exceção de *Oracula Sibyllina* 5,420ss; Strack-Billerbeck, I, 1005; ver Roloff, *l.c.*, 96, n. 154.

[190] H. W. Bartsch, *Jesus, l.c.*, 43-59.

textos bíblicos (Is 56,7 e Jr 7,11) (Mc 11,17). Exatamente com esse acréscimo agora de palavras da Escritura, manifesta-se a finalidade original do templo, em contraste com o que dele se fez praticamente, isto é, mostra-se a ruptura entre ortodoxia e ortopráxis. Trata-se do julgamento de Javé contra o que de fato se faz no templo (Jr 7,11); pois, segundo a intenção de Deus, o templo é uma "casa de oração" (para todos os povos) (cf. Is 56,7). O que mais se destaca não é que o templo é "para todos os povos", mas que é "casa de oração", em oposição ao que fizeram dele, um "covil de ladrões". O teor (em Marcos) não é escatológico, mas fala do julgamento de Deus contra a praxe errada (somente Jo 2,13-22 interpretará a discussão sobre o templo em sentido escatológico). O conjunto da perícope em Marcos deve, portanto, estar bem perto do sentido original dessa narrativa (ver também Mt 21,12-17), onde se riscou "para todos os povos" (porque esse elemento só podia ser entendido a partir do texto de Isaías, e não podia ser aplicado diretamente a este caso, nem sequer em Marcos). Não se trata de razões alegadas por Jesus em favor do "universalismo da salvação", mas de acusações de Jesus contra a prática concreta de Israel. Mateus, porém, há de acentuar o caráter messiânico da purificação do templo feita por Jesus, pelo fato de ele o ligar logo com a "entrada messiânica" em Jerusalém (Mt 21,10; ver também Mt 21,14 e 21,5; e pelo fato de Jesus, em 21,16, lembrar o Sl 8,3). De sua parte, Lc 19,45-46 relata toda a cena da purificação do templo com muita sobriedade; apenas esboça *um* elemento do caminho de Jesus para a cruz, sem lhe atribuir grande importância.

O que chama a atenção, porém, é que Jo 2,13-22 coloca a purificação do templo no início do seu evangelho. Está excluído que João dependa literariamente da tradição sinótica: a encenação e o vocabulário são bem diferentes. Mas também na tradição pré-joanina a purificação do templo certamente esteve muito ligada à questão da autoridade de Jesus (Jo 2,18), e até mais claramente do que na tradição sinótica. Além disso, em João a purificação do templo se relaciona expressamente com este *lógion*: "em três dias destruirei e reconstruirei o templo". João também relaciona isso com a decisão das autoridades para matar Jesus.

Nos quatro evangelhos, pois, vê-se algum nexo entre a purificação do templo e a prisão de Jesus. Na base da mensagem e da praxe de Jesus, e também à luz de toda a narrativa dos evangelhos, é impossível destilar do acontecimento no templo a ficção zelótica de S. Brandon. De outro lado, porém, não se pode minimizar as *conseqüências* e *implicações* políticas dessa atuação de Jesus. Na época, o templo era também uma fortaleza da polícia, e o que aí acontecia era também "notícia quente" em toda a Palestina, ainda mais nas grandes festas judaicas, quando judeus de todo o país aí se reuniam. É bem possível que essa purificação do templo não aconteceu, nem no início da vida pública de Jesus (João), nem no final (sinóticos), mas em algum momento no meio.[191] Esse gesto simples de Jesus purificando o templo (ao qual nem se alude ao relatar o processo contra Jesus e sua paixão) ganhou enorme importância "política", devido à situação, inclusive por causa da pouca popularidade dos comerciantes pró-romanos no átrio do templo. Historicamente é bem possível que foi exatamente a purificação do templo que fez de Jesus um herói em meio ao povo que há muito tempo se sentia frustrado e rancoroso, em contraste com os senhores do templo (que controlavam o dinheiro e a economia de Israel) e os romanos. Isso tornaria compreensíveis os rumores "messiânicos" em torno de Jesus (difíceis de negar, com relação aos últimos dias da vida de Jesus), e daria motivo para não colocarmos a purificação do templo somente nos ultimíssimos dias (última semana) da vida de Jesus, nem para interpretá-la como sendo o motivo imediato de sua prisão. Os exegetas sempre consideraram o evangelho joanino como texto à parte, pelo menos ao se tratar de lembranças históricas sobre os últimos dias de Jesus. Esse evangelho, porém, mostra ter fontes próprias de informação histórica (por mais que sejam teologicamente elaboradas), a saber, "os boatos entre o povo" a respeito de Jesus de Nazaré. João coloca a purificação do templo no início da vida pública de Jesus. Isso evidentemente não tem base histórica. João porém não deixa de corrigir assim a visão sinótica. Nos quatro evangelhos pode-se ainda verificar que de repente quase todo mundo ficou sabendo do "fenômeno Jesus"; isso pode muito bem ter sido por causa da atuação de Jesus no templo de Jerusalém. Essa popularidade de alguém que criticava o templo deve ter sido a primeira e decisiva causa da inquietação política entre os chefes de Israel, e o início de um desfecho fatal da vida de Jesus. Uma determinação histórica mais precisa parece impossível. Mas em tal atmosfera de popularidade de Jesus e desconfiança das autoridades, várias declarações de Jesus (p.ex. sobre a destruição e reconstrução do templo) ganharam proporções surpreendentes e imprevistas (ver Mc 14,56.59; Mt 26,60-61, que sugerem claramente que circulavam boatos sobre pronunciamentos de Jesus; ver também Mc 13,1-2 e Mt 24,1-2). Na base de uma determinada tradição, o evangelho joanino parece testemunha desses boatos que circulavam entre o povo, quando relaciona explicitamente a purificação do templo com palavras de Jesus sobre a destruição do templo que seria efetivada pelos judeus, e que ele em tempo brevíssimo o reconstruiria (Jo 2,19). Entre as palavras de Jesus e a sua prisão, houve evidentemente o filtro intermediário dos "boatos populares" sobre alguém que de repente se tornara "notícia nacional". Para um grupo, a partir daí, Jesus se tornou uma esperança messiânica; para

[191] E. Trocmé, *l.c.*, 1-2, e *Vie de Jésus de Nazareth*, 129.

outro, uma pessoa perigosa. Tudo parece realmente provar que houve um período de grande popularidade de Jesus. Vários dados do Novo Testamento o testemunham. Aí vem o filho de Davi, esperado há tanto tempo! A "profissão de fé" proclamada por Pedro seria, então, apenas o eco de uma expectativa que se ia avolumando em muitos ambientes. Essa chama de messianismo, embora de pouca duração, surgiu na Palestina com relação a Jesus e parece ter sido a causa da inquietação mortal das autoridades de Israel, que a partir daí começaram realmente a vigiar Jesus, conforme os evangelhos freqüentemente sugerem. A partir daí podemos datar também o pressentimento de Jesus a respeito do desfecho fatal de sua vida. E a partir do período dessa popularidade duvidosa vemos em Jesus, ainda perceptível nos evangelhos, certa reserva diante do povo, e uma dedicação à formação especial de seus discípulos (ver também em capítulo adiante).

Afinal, os evangelhos têm razão quando constatam (provavelmente de modo por demais direto) uma relação entre a prisão de Jesus e a purificação do templo. Esse gesto combinava perfeitamente com a mensagem de Jesus sobre a praxe do reino de Deus e sobre a convocação de Israel para a volta ao Deus vivo e verdadeiro. Mas devido à situação concreta e aos olhos de um povo cansado de ser humilhado, esse jeito se tornou uma atuação ousada e provocadora, que de fato despertou no povo expectativas messiânicas e nas autoridades séria desconfiança e hostilidade. Em consonância com toda a vida de Jesus, foi um ato profético do mensageiro de Deus nos últimos tempos, querendo suscitar em Israel a fé em Deus, como aliás toda a atuação de Jesus em relação à Lei, ao sábado e ao templo. Até que se tornou (inclusive sob o prisma da opinião popular) ameaça mortal para a estrutura oficial. Malograva assim a inquietante denúncia *espiritual* (o próprio Jesus) que deveria levar à metanóia.

No início deste parágrafo, colocou-se esta pergunta: Até que ponto a atitude de Jesus diante da Lei coincide concretamente com a opinião dos judeus de língua grega a respeito da Lei? Podemos agora responder: Nos ambientes helenistas-judaicos da primeira geração cristã, a opinião desses judeus influenciou claramente a formulação da questão. Marcos opõe a *entolé*, mandamento de Deus, à *parádosis*, tradição e leis humanas (7,3.5 e 7,7 em oposição a 7,8). Exatamente essa é a distinção que faziam os judeus helenistas. Na mesma perspectiva está também a idéia da "dureza de coração" frente à lei póssinaítica sobre a certidão de repúdio (Mc 10,5). Isso explica também as opiniões discordantes, no cristianismo primitivo, de um lado entre os judeus-cristãos de orientação levítica (Mt 5,32) e de outro lado os judeus-cristãos helenistas (Mc 10,11 e 1Cor 7,10) a respeito da motivação da fidelidade conjugal.[192] Aí não podemos esquecer que a pró-

---

[192] K. Berger, *Gesetzesauslegung*, 557-569.

pria inspiração de Jesus nasceu de sua visão sobre a vinda do reino de Deus, que o fez decidir em favor da parte mais fraca e discriminada, que neste caso era a mulher.[193] O próprio Jesus nunca faz a distinção (judeu-helenista) entre leis primárias e leis secundárias; ele julgava todas as leis conforme a sua relevância diante do ser humano; além disso, insistia na atitude interna, ética, na observancia da Lei. Quanto ao conteúdo, a mesma atitude estava concretamente mais de acordo com as idéias dos judeus de língua grega do que com a ortodoxia levítica. Mas não se pode demonstrar a influência dos judeus gregos na própria atitude de Jesus, nem se pode dizer que foi só nos ambientes do judaísmo helenista que nasceu essa atitude de crítica diante da Lei no cristianismo primitivo. Todavia, os cristãos judeus-helenistas deram considerável contribuição para a formulação cristã da atitude de Jesus com relação à Torá. É o que se vai esclarecer na problemática seguinte.

d) *O que diz a Lei sobre o amor a Deus e ao próximo*

A questão do amor a Deus e ao próximo como síntese da Lei, nós a encontramos em Mc 12,28-34 (textos paralelos: Mt 22,35-40; Lc 10,25-28) e também no assim chamado "mandamento novo" de Jesus, de acordo com Jo 13,34-35. Esses mandamentos fundamentais, um por um, são autenticamente judaicos: "Escuta, Israel! Javé é o nosso Deus, somente Javé! Amarás a Javé, teu Deus, com todo o teu coração, com toda a tua alma, com todas as tuas forças" (Dt 6,4-5; cf. 26,16). Ainda: "Não te vingues e não sejas rancoroso com relação aos filhos do teu povo. Ama o teu próximo como a ti mesmo. Eu sou Javé" (Lv 19,18). Pelo menos aqui, esse amor do próximo se limita aos israelitas membros do povo de Deus. Mais tarde (Lv 19,34), o "imigrante" é contado entre os próximos. Além disso, é claro que "amar a Javé" originariamente era sinônimo de "obedecer a seus mandamentos" (Dt 6,4-5; 6,6; 5,10; 7,9; 10,12; 11,1.13.22; 13,4; 19,9; 30,6; sobretudo: Dt 6,4-5 e 26,16; 2Rs 23,25). Somente mais tarde, sobretudo no judaísmo grego, é que essa relação sinônima se tornou problemática. Daí nasceu a pergunta judaica a respeito: *Qual é o principal, o primeiro dos mandamentos*? (como se encontra também em Mc 12,28). O helenismo, e depois também os judeus de língua grega, conheciam dois mandamentos principais: a *eusébeia*, o mandamento principal da veneração de Deus, e a *dikaiosyné*, a reta relação para com os semelhantes; era o resumo de todos os mandamentos especiais.[194] Por isso, o judeu grego coloca

---

[193] Ver B. van Iersel, *Heeft Jezus in Mc 10,2-12 de onontbindbaarheid van het huwelijk uitgesproken?*, em: *(On)ontbindbaarheid van het huwelijk* (Annalen van het Thijmgenootschap 58,1970, n. 1), Hilversum 1970 (11-22), sobretudo 18.

[194] K. Berger, *Gesetzesauslegung*, 165-166.

lado a lado esses dois mandamentos; aqui, o amor ao próximo não é um segundo mandamento principal, mas o resumo de todos os mandamentos, ao passo que anteriormente o amor a Deus era a base e a fonte de todas as demais obrigações, inclusive do amor ao próximo: amar a Deus significava observar todos os mandamentos. Assim surgiu a pergunta acerca de "*dois* mandamentos principais"; por isso, a relação intrínseca entre amor a Deus e ética (observar os mandamentos)[195] se tornou problemática, devido à influência do duplo conceito grego: *eusébeia* (piedade) e *dikaiosyné* (ethos). No judaísmo posterior falava-se muito em "Deus e a Lei", mais na linha do Deuteronômio; isso tornou possível falar depois em "amor a Deus" e "amor ao próximo".

O conceito de "próximo" no Antigo Testamento passou por diversas nuanças de sentido. Nos textos mais antigos é o membro do mesmo povo ou da mesma classe; mais tarde, o compatriota pobre ou mais humilde, o socialmente mais fraco, o menor que precisava de proteção, finalmente todos os compatriotas: todos esses eram para cada israelita como um "fraco", que precisava de ajuda; enfim, todos eram irmãos. Segundo a redação final do Deuteronômio, a obrigação para com os pobres deve estender-se a todos os membros do povo; acima de qualquer direito, o amor ao próximo é atitude fraternal de proteção e carinho para com todos e cada um dos membros do povo de Deus. Finalmente, exige-se ao mesmo tempo também uma mentalidade interior de benevolência.[196] Na literatura profética e sapiencial, "próximo" é sobretudo o socialmente pobre. Enfim, Lv 19,18 reza: "Amar a todos os compatriotas como a si mesmo; desejar para o próximo o que se deseja para si mesmo; é somente assim que pode haver paz universal em Israel". Embora muito antigo, esse modo de ver já é de inspiração helenista. Na tradução Setenta, a noção de "próximo" (*ho plésion*) passa por diversas matizações. No grego profano é o vizinho, as pessoas mais próximas, e finalmente o semelhante com quem a gente se encontra. Nessa base, os judeus da diáspora estenderam o amor ao próximo, universalmente, a todo ser humano. Próximo é qualquer pessoa com quem me encontro (conseqüência da adaptação dos judeus ao ambiente pagão, e também da fé mais intensificada no Deus criador de todos e de tudo). O amor para com seres humanos de uma comunidade sociologicamente circunscrita, por sua vez, chama-se amor fraterno; é o amor que prevalece em subgrupos. Também nos escritos mais tardios do Novo Testamento, o amor ao próximo é paulatinamente substituído pelo amor fraterno, o amor dos cristãos entre si. Finalmente o judaísmo grego (que os gentios taxavam de

---

195 *L.c.*, 63-208.
196 *L.c.*, 81-91.

"misantropo")[197] substituiu a *dikaiosyné* (de *eusébeia* com *dikaiosynè*) por *philanthropia*: todas as obrigações sociais para com o ser humano *concreto* (não simples "ideal humanitário").

Na chamada literatura intertestamentária, os dois "mandamentos principais" (Dt 6,4-5 e Lv 19,18) já aparecem juntos, não tanto com base na própria Escritura, mas em força da noção dupla dos gregos: "Amai o Senhor e o próximo". Ou: "Ama o Senhor e todo o ser humano com todo o teu coração".[198] É que aí o amor ao próximo se entende em sentido universalista: insiste-se no *pas ánthropos* (todo homem).[199] Nos Testamentos dos Doze Patriarcas rompeu-se, pois, com o ponto de vista particularista judaico; aliás, aí o "profeta escatológico" é uma luz também para o mundo inteiro (embora a partir de Israel). Israel torna-se aquele que ensina o mundo.

Portanto, a conexão dos dois mandamentos principais foi obra dos judeus de língua grega, o que não se encontra entre os judeus aramaicos. Quer dizer que a problemática formulada em Mc 12,28 *como tal* só podia surgir em ambiente muito antigo do cristianismo de língua grega primitivo; simplesmente põe-se uma problemática intrajudaica em relação com a fé em Jesus Cristo.

Também a chamada "regra de ouro" (Mt 7,12) não é de origem judaica, mas foi assimilada pelo judaísmo através do helenismo.[200] No texto hebraico de Eclo 34,15 lemos (como comentário sobre Lv 19,18): "Sê gentil com teu amigo, como és contigo mesmo". No texto grego, a "regra de ouro" se insere aqui: ver a situação alheia com os olhos *do outro*; colocar-se no lugar dele. Essa regra é considerada como resumo de todas as prescrições éticas (como em Mt 7,12).

Portanto, a problemática de Mc 12,28-34, onde Dt 6,4-5 se combina com Lv 19,18, não é especificamente cristã ou exclusiva de Jesus, como o escriba reconhece (Mc 12,32). E o helenista Lucas não coloca a resposta na boca de Jesus, mas do escriba; Jesus apenas o aprova (Lc 10,26-28). Em Mc 12,32-33, a problemática é greco-judaica. De fato, o escriba recebe a resposta: "Não estás longe do reino de Deus" (12,34). Então, o que é que ainda lhe faltava? "Ninguém mais ousava interrogá-lo" (12,34b). Implicitamente, Marcos quer dizer: o que lhe faltava era a fé em Jesus.[201] A discussão em Mc 12,34, portanto, não remonta a Jesus, nem ao Antigo Testamento, nem ao judaísmo hebraico (hebraicos mais parecem os três conceitos de Mt

---

[197] K. Berger, *Gesetzesauslegung*, 153.

[198] Testamentum Issachar, 5,2 e 7,6; Test. Gad, 5,3; Test. Benjamin 3,3; 3,4; 4,4; K. Berger, *l.c.*, 126-127.

[199] Test. Zabulon 7,8; 8,1; 5,1; 6,4; Test. Benjamin 4,2; Test. Issachar 7,5; 7,6.

[200] A. Dihle, *Die Goldene Regel*, Göttingen 1962, 117-125.

[201] Cf. Psalmi Sal. (Salmos de Salomão) 6,17-20; também aí a proximidade de Deus e a entrada na *basiléia* estão em relação com a observância da Lei.

23,23: *krísis, éleos, pístis*, isto é, "justiça, misericórdia e fidelidade", mencionados aí como "o mais importante da Lei, o amor ao próximo"). Ao contrário, a discussão situa-se dentro de uma tradição helenista-judaica, melhor, na catequese aos prosélitos. A observância dos dois mandamentos – ter boas relações com Deus (*eusébeia*) e com os outros (*dikaiosyné*) – caracteriza um ser humano como *hágios* e *díkaios* (aplicado a Jesus em At 3,14; a João Batista, em Mc 6,20; no *Benedictus*, em Lc 1,75, onde *hosiotés* é sinônimo de *eusébeia*; Lc 2,25 aplicado; ao catecúmeno Cornélio em At 10,22, e também At 10,35; e ainda em 1Ts 2,10; 1Tm 6,11; Tt 2,12; 1Jo 4,20-21; ou em sentido negativo de *asébeia* e *adikía*: Rm 1,18). Nesses dois conceitos se resumem o amor a Deus e o amor ao próximo. Segundo a história das tradições todos os textos com esse teor vêm do judaísmo grego. Isso implica também que "a Lei" como obrigação já estava limitada ao Decálogo (sempre citado sem nenhuma crítica, e até como norma para uma vida ética em Mc 7,10; 10,11-12.19). Os cristãos nem se sentiam obrigados a dar interpretação alegórica às prescrições de pureza. O amor a Deus obriga a cumprir os éticos "dez mandamentos de Deus". Foi assim que eles, na base de conceitos greco-judaicos, interpretaram a atitude crítica de Jesus perante a Lei.

Mc 12,29-31 estabelece uma hierarquia entre os dois mandamentos principais (*próton-déuteron*); também isso no conceito greco-judaico. Mt 22,39, e também Lc 10,25-28 (este abrangendo os dois "objetos" de amor num só "amarás"), ambos afirmam que os dois mandamentos têm valor igual. Mas, no resto do Novo Testamento encontramos pouco interesse por essa problemática, e fala-se quase exclusivamente sobre o amor ao próximo, no final apenas sobre o amor fraterno; isso aliás é mais hebreu-judaico (as duas obrigações não se consideram mandamentos principais resumindo juntos a Lei).

Tais dados sugerem que no cristianismo primitivo o princípio greco-judaico do "mandamento duplo" não estava universalmente divulgado (também a tradição Q não o conhece).[202]

Com relação à ortodoxia judaica quanto à Torá, a fórmula dos "dois mandamentos principais" teve para os cristãos função de *crítica*; o mandamento duplo se tornou a medida e critério para avaliar criticamente qualquer mandamento (Mc 12,28-34; ver mais adiante).

---

[202] Dentro do texto Q dos "ai" escatológicos, Lc 11,42 diz claramente: "a justiça (a atitude certa para com o próximo) e o amor de Deus". Lucas, portanto, usa o conceito duplo greco-judaico; mas isso é redação de Lucas. O lugar paralelo em Mt 23,23b enumera, como sendo "o mais importante da Lei": "Krísis, éleos, pístis", isto é: "justiça, misericórdia e fidelidade", termos hebraico-judaicos como única atitude certa para com o próximo (amor do próximo), que também em Mt 7,12 é o resumo da Lei. O próprio texto Q parece ser reflexo disso; Lucas não entendeu essa tríade hebraica, e a substituiu pelo conceito duplo greco-judaico (amor de Deus e atitude certa para com os outros).

Por isso, as idéias greco-judaicas já existentes ajudaram os cristãos a formular, com essas categorias greco-judaicas, a impressão que tinham da atitude de Jesus perante a Lei, o que se tornou mais fácil ainda, quando depois do ano 70 a ortodoxia hebraica acabou predominando claramente, e o conflito com o cristianismo se tornou mais agudo. A essência da narrativa em Marcos consiste nisto: Jesus estabeleceu com autoridade o princípio (greco-judaico) dos dois mandamentos principais; a intenção é cristológica. Uma determinada tradição (greco-judaica) é colocada na boca de Jesus, porque a "proximidade do reino de Deus" tem algo a ver também com a "doutrina certa" (cf. Mc 12,34), isto é, com a doutrina da comunidade cristã.

Será que nessa perícope se tematiza apenas uma lembrança *geral* da atitude de Jesus, na linha do reinado de Deus (amar a Deus) em vista do bem da humanidade (amor ao próximo)? Os mandamentos principais greco-judaicos resumem de fato toda a praxe do reino de Deus. Mas isso prova que o núcleo desse *lógion* remonta a Jesus? A citação de Dt 6,4-5 em Mc 12 não condiz com o texto grego nem com o texto hebraico do Deuteronômio. Por isso, é plausível pensar que temos aí uma referência à oração judaica do *Shemá Ysrael* (Escuta, Israel). Mas, aí não se estabelece nenhum nexo entre o amor a Deus e o amor ao próximo. Além disso, em Mc 12,33b destaca-se o que se diz após os dois mandamentos principais: "Vale mais do que todos os holocaustos e sacrifícios". Que quer dizer isso nesse contexto? É evidente crítica ao culto: o amor de Deus e a ética estão acima de todas as prescrições cultuais da Torá. É exatamente a tese da literatura intertestamentária greco-judaica,[203] ligada também à crítica do profetismo antigo (1Sm 15,22; Os 6,6; mas é também sapiencial em Pr 16,7; e apocalíptica em Dn 3,38ss). "Eu quero misericórdia e não o sacrifício" (Os 6,6 LXX) já é programa cristão (Mt 9,13; 12,7). Fica claro, pois, que Marcos usa a doutrina greco-judaica dos "dois mandamentos principais"; de um lado, para resumir a atitude crítica de Jesus perante a Lei; de outro lado, para fundamentar a praxe da Igreja primitiva em contraste com Israel. Em Mc 12,29-33, portanto, mostra-se o nexo entre o amor a Deus e o amor ao próximo, mas também a distância com relação às leis cultuais (culto do templo). Isso lembra também as teses dos helenistas "de Estêvão" na Igreja-Mãe (cf. At 6,11.13.14). E se afirma implicitamente o seguinte: quem aceita esses dois mandamentos principais e o seu valor de crítica contra o culto, encontra-se diante do núcleo da mensagem de Jesus sobre o reinado de Deus (Mc 12,34).

Uma comparação entre Marcos e os textos paralelos em Mateus e Lucas realça bem a diferença de intenção desta perícope nos três evangelistas. Em Lucas e Mateus falta Mc 12,32-34, isto é, a

[203] K. Berger, *Gesetzesauslegung*, 192-202.

insistência no significado desses dois mandamentos principais como crítica contra o culto. Além disso, há uma diferença notável entre essa perícope em Mateus e Lucas e a de Marcos.[204] Aí parece também que Marcos lança mão de uma tradição que menciona o primeiro mandamento – o do amor a Deus – apenas no sentido de ser a primeira questão da catequese na diáspora, onde se trata da conversão dos pagãos para o único Deus verdadeiro. No evangelho de Marcos, esse fato está ligado com a convicção universalmente judaica do amor ao próximo como síntese da Lei, e assim está introduzida também a noção dupla, greco-judaica, do amor a Deus e ao próximo. É assim que Marcos (12,28-31) pretende enumerar os principais mandamentos em meio a tudo o que Deus prescreve para o bem da humanidade. É visando isso que Marcos localiza também escrituristicamente o duplo mandamento greco-judaico (*eusébeia* e *dikaiosyné*). Tudo põe-se na boca de Jesus, como testemunho de sua autoridade normativa (sem disfarçar que esses dois mandamentos, enquanto mandamentos gêmeos, vêm de outros lugares). Mc 12,32-34 é um comentário escriturístico sobre Mc 12,28-31. Ou seja, com base nesses dois mandamentos, as prescrições cultuais e rituais da Torá são fundamentalmente relativizadas (a respeito, existe concordância com a citação de Os 6,6 em Mateus). Aí aparece no judaísmo posterior uma interpretação grega da Lei, tudo o que na Torá não está incluído entre os mandamentos do Decálogo nem no mandamento do amor; são leis humanas que podem ser radicalmente criticadas (cf. Mc 7,10). Depois da separação entre Igreja e Sinagoga, uma noção intrajudaica (embora exclusivamente greco-judaica) da Lei é utilizada contra o próprio judaísmo.[205] Mas, a tradição e a redação de Mateus propõem, desde o início, a questão baseada no conceito de *nómos* (Lei) no judaísmo tardio: "Mestre, qual é o principal *mandamento na Lei*?" (Mt 22,36). "A Lei" é aqui o Decálogo, não toda a Torá. Para Mateus os dois mandamentos principais são os princípios básicos que sustentam todo o Decálogo e lhe dão sentido (aí se omite a crítica contra o culto, porque este culto não cabia no conceito que o judaísmo tardio tem a respeito do *nómos*): "Desses dois mandamentos dependem toda a Lei e os Profetas".[206]

---

[204] Certas palavras inusitadas para Mateus ("nomikós") mostram que houve uma tradição comum a Mateus e Lucas, que não é a tradição Q, mas é paralela à tradição pré-marcana, em que o mandamento duplo já se encontra. Não há nisso nenhuma referência à Escritura, em contraste com Marcos. Tudo isso mostra que Mc 12,32-34 é antes *secundário*, em comparação com uma fase anterior da tradição, em que Lucas e Mateus parecem basear-se.

[205] K. Berger, *Gesetzesauslegung*, 506-507.

[206] "Kremasthai" (pendurar em; ser dependente de) significa aqui uma "dependência existencial", assim como conclusões dependem de premissas: são os princípios fundamentais da vida ética-religiosa: "A Lei e os Profetas" podem ser deduzidos desses princípios, mas não tornam supérfluas as demais obrigações.

Em Mateus, o escriba realmente indaga se existem critérios para discernirmos quais são os mandamentos importantes. Nessa questão Jesus não quer entrar: a relação com Deus e com o ser humano é decisiva em qualquer lei; é disso que toda a Lei depende. Alhures, Mateus diz a mesma coisa a respeito somente do amor ao próximo (regra de ouro) (Mt 7,12), na linha sapiencial que o livro da Sabedoria foi o primeiro a formular (6,18). Todos os demais mandamentos encontram no amor ao próximo o fundamento que lhes dá sentido. Também o evangelho joanino, mais nessa linha sapiencial, vê o amor ao próximo como síntese da vida cristã, embora aí o amor ao próximo já esteja concentrado no amor fraterno entre os cristãos: "Um novo mandamento eu vos dou: que vos ameis uns aos outros. Como eu vos amei, amai-vos também vós uns aos outros. Nisto todos reconhecerão que sois meus discípulos: se tiverdes amor uns aos outros" (Jo 13,34-35). Aí o amor mútuo já se tornou conceito eclesiológico.

Em Lucas (como em João) nesse contexto já desapareceu toda a problemática em torno da Lei; os dois princípios fundamentais são vistos, na mensagem do evangelho, como "caminho para a vida" (Lc 10,25). Além disso, não se insiste nesse mandamento duplo, porque se acrescenta a parábola do bom samaritano. Lucas quer explicar o que significa esta noção de "próximo", inspirada em Jesus (Lc 10,25-29). Os dois mandamentos principais também não são colocados na boca de Jesus. Ele apenas confirma o que espontaneamente diz o escriba. O que Lucas quer, afinal, é contar essa parábola; somente aí Jesus dá resposta à pergunta: "Que devo fazer para alcançar a vida eterna?" (Lc 10,25). Nessa parábola, próprio de Jesus não é a doutrina dos "dois mandamentos principais". Lucas nos faz entender que, mesmo sem Jesus, o único mandamento principal e duplo pode ser lido na Bíblia, mas agora se acrescenta a doutrina *de Jesus* sobre "o bom samaritano", como concretização desse mandamento principal. Lucas inverte a noção de *próximo* (de Lv 19,18 LXX): o próximo não é tanto o objeto da ação; para o outro, o ser humano próximo e auxiliador é o próprio sujeito que age. A relação entre "próximos" nasce apenas quando alguém ajuda e auxilia outro alguém, quando se aproxima do outro. Caridade cristã é isto: realiza-se aproximando-se de alguém, fazendo-lhe o bem, estabelecendo contato, comunicação benfazeja, criando amizade.

Em Marcos e em Mt 22, o próximo é simplesmente "o outro" (como na Setenta). Em Lc 10,36-37 (e Mt 5,43-44), o próximo é entendido como "o amigo" na linha sapiencial, porém no sentido cristão: aquele com quem se faz amizade (tradição Q). Além disso, Lv 18,22-30 mostra que "o amor ao próximo" se concretiza no cuidar dos pobres e assistir a quem precisa de ajuda. Dar esmola não é mandamento do Decálogo, mas "preceito de caridade" (Lv 19,18). Aqui, o mandamento fundamental é converter-se para Deus e ajudar os necessitados. Além disso, agora o próximo é um semipagão, um samaritano.

A perícope dos dois mandamentos principais não nos relata palavras históricas e autênticas de Jesus, apenas uma problemática greco-judaica em determinados ambientes do cristianismo primitivo. Todavia, tal problemática ficou incluída dentro da autêntica mensagem de Jesus sobre o reinado de Deus que visa o bem do ser humano, e principalmente dentro da praxe de Jesus no respeito à Lei, combinado com uma crítica contra a ideologia legalista. Isso parece justificar a seguinte conclusão: Jesus liberta o ser humano de uma opressiva e angustiante imagem de Deus, pois é Deus quem desmascara a ideologia legalista como se esta fosse ortodoxia que estava em relação deturpada com a ortopráxis. Além disso, uma ortodoxia que fizera da ética um biombo de separação entre Deus e o ser humano; por isso, as obrigações legais foram perdendo sua relevância soteriológica. A repercussão da mensagem de Jesus sobre o Deus que reina sobre a ética humana se caracteriza assim como um fator de verdadeira libertação humana, graças à sua nova e original experiência de Deus.

B. Experiência de Deus, fonte do mistério de Jesus, de sua vida, mensagem e atuação

Bibliografia: R. Beauvery, *Mon Père et votre Père*, em *Refus du père et paternité de Dieu:* LVie 104 (1971) 75-88; A. George, *Le Père et le Fils dans les Evangiles synoptiques:* LVie 29 (1956) 27-40; id., *Jésus, Fils de Dieu dans l'Evangile selon saint Luc:* RB 72 (1965) 185-209; J. Giblet, *Jésus et "le Père" dans le IVe Evangile,* em *L'Evangile de Jean. Etudes et problèmes* (RechBibl 3; Lovaina 1958) 111-131; W. Grundmann, *Sohn Gottes:* ZNW 47 (1956) 113-133; id., *Zur Rede Jesu vom Vater im Joh.:* ZNW 52 (1961) 214-230; F. Hahn, *Hoheitstitel,* 280-346; B. van Iersel, *"Der Sohn";* cf. também NovTSuppl 3 (1964); J. Jeremias, *Abba. Studien zur neutestamentlichen Theologie und Zeitgeschicte* (Gotinga 1966); id., *Das Gebetsleben Jesu:* ZNW 25 (1926) 123-140; T. de Kruyff, *Der Sohn des lebendigen Gottes* (Analecta Bíblica 16; Roma 1962); W. Marchel, *Dieu Père, dans le Nouveau Testament* (Paris 1966); id., *Abba, Père. La prière du Christ et des chrétiens* (Analecta Biblica 19; Roma 1963); A. Mitscherlich, *Auf dem Weg zur vaterlosen Gesellschaft* (Munich 1970); A. W. Montefiore, *God as Father in the Synoptic Gospels:* NTS 3 (1956-57) 31-46; C. Orrieux, *La paternité de Dieu dans l'Ancien Testament:* LVie 104 (1971) 59-75; J. Pohier, *Au nom du Père* (Paris 1972); P. Pokorný, *Der Gottessohn* (Theol. Stud. 109; Zurich 1971); H. Ringgren, *ab,* em ThWAT (Stuttgart 1970) I, 1-19; G. Schrenk, *Patèr,* em ThWNT V, 946-975, 996-1004; R. Schäfer, *Jesus und der Gottesglaube. Ein christologischer Entwurf* (Tubinga 1970); S. Schulz, *Das Vaterunser,* em *Q-Quelle,* 84-93, espec. 87-88; A. Vergote, *Le Nom du Père et l'écart de la topographie symbolique,* em *Le Nom de Dieu* (ed. Castelli) (Paris-Roma 1969); P. Wülfing von Martitz, G. Fohrer, E. Schweizer, E. Lohse, W. Schneemelcher, *Hyios,* em ThWNT VIII, 334-400.

Não podemos arriscar-nos a uma tentativa de analisar a psicologia de Jesus; malograria, pois para isso nos faltam dados. A mensagem de Jesus, porém, e a praxe de sua vida nos revelaram muita coisa sobre a maneira como Jesus se entendia a si mesmo. Sua atuação se inspirava numa consciência particularmente pronunciada de ser profeta. Por isso, proclamava a mensagem da proximidade do reino de Deus, vendo, na sua própria atuação milagrosa, que esse reino estava chegando. Acima de tudo, chama a atenção a *espiritualidade judaica* de Jesus. Exegetas muitas vezes exaltam o Antigo Testamento, e ao mesmo tempo apresentam de forma distorcida o judaísmo tardio, sobretudo dos tempos de Jesus. Isso desfigura a relação entre Jesus e o judaísmo; ainda por cima esquece que o Antigo Testamento não funcionava "independentemente", mas "dentro" da piedade, já desenvolvida do judaísmo tardio. Não se pode saltar impunemente por cima da distância temporal entre os grandes profetas e Jesus. A "exegese" da época, tanto judaica como cristã, mostra suficientemente como a Bíblia era lida e alimentava espiritualmente, dentro do horizonte já bem modificado da interpretação e sobretudo da vida nos tempos de Jesus. Vivia-se, não tanto na base de "um livro", mas principalmente na base de tradições, como a isaiana (Isaías, Dêutero-Isaías e Trito-Isaías), a espiritualidade deuteronomista, a piedade sapiencial e apocalíptica, a espiritualidade levítica-sacerdotal etc. Tanto o veredicto do "puro legalismo" como a qualificação de "fanatismo apocalíptico" deturpam a imagem do judaísmo em que Jesus viveu. Não precisamos absolutamente negar a crítica de Jesus contra aspectos reais da piedade judaica (embora tenhamos chegado à conclusão de que essa crítica era muito matizada e supunha a aceitação das instituições e da Lei de Israel). O que Jesus censura, nos que com ele participam da mesma fé, não é tanto uma falta de "ortodoxia", mas principalmente uma atitude ideológica em que a prática não coincidia com a teoria, e se perdera sobretudo o cuidado pelo povo simples. Mas, nao se pode primeiro pintar bem escuro o fundo do quadro, para que depois a figura de Jesus, na frente, possa aparecer mais brilhante. O fundo da vida de Jesus foi a paixão judaica de procurar em tudo a vontade de Deus. O seu Deus era o Deus de Israel, dos patriarcas e dos profetas, o Deus de Israel que continuava presente na apocalíptica e na piedade de fariseus e essênios. A verdade é que aí também havia sérias distorções da imagem divina, pois o judaísmo tardio, na sua tendência religiosa de separatismo e elitismo, negava praticamente o amor universal de Deus.

A própria relação de Jesus com Deus se expressava nas comunidades do cristianismo primitivo, sobretudo no sublime título de "Filho de Deus" e "o Filho". São identificações *cristãs* de Jesus de Nazaré, empregadas depois de sua morte. O próprio Jesus nunca fala sobre si mesmo como "o Filho" ou "Filho de Deus". Nenhum texto sinótico o sugere. O que consta, isto sim, é que ele chamava Deus de "Abba", de maneira toda especial. Para descobrirmos (até certo ponto) qual foi a relação pessoal de Jesus com Deus, dependemos da mensagem de Jesus e de seu modo de viver, mas também do modo com que ele se entendia como profeta: também isso pode considerar-se como historicamente certo. Em outras palavras, dependemos de indícios que, à primeira vista, podem chamar-se de "indiretos". Aliás, está de acordo com a tese antropológica de que somente *pelos atos* é que o ser humano se torna compreensível, tanto para si mesmo como para os outros.[207] De fato, Jesus nunca se colocou a si mesmo como assunto de sua pregação (ao lado da soberania de Deus). No entanto, ele se revela na causa à qual se dedica e com a qual se identifica. É na praxe da vida de Jesus que se concretiza sua mensagem sobre o reino de Deus. Nisso podemos ver uma relação (a ser mais bem definida a seguir) entre a própria *pessoa* de Jesus e a sua mensagem e praxe. Então sim, a sua pessoa nunca estará totalmente desligada da sua mensagem e atuação. Quem fala sobre Jesus depois da Páscoa, já crendo nele, pode pressupor que Deus quis operar em Jesus sua grande obra de salvação neste mundo; pode então, a partir daí, interpretar tudo o que Jesus falou e fez ou deixou de fazer. O falar sobre Jesus com base numa identificação, já deixa compreender a totalidade de sua vida. Mas, o que queremos agora, por assim dizer, é seguir juntamente com seus discípulos o caminho de Jesus de Nazaré desde a sua origem até a sua morte, a fim de acompanharmos (também "por assim dizer") a "origem" da interpretação, pela fé, sobre Jesus como o Cristo. Mais uma vez, procuramos na vida de Jesus *vestígios* que possam tornar-se para nós, como para os discípulos, um convite a concordarmos, pela fé, que Deus operou em Jesus de Nazaré sua grande obra de salvação. Só com isso a nossa fé não se legitima. No entanto, assim acompanharemos criticamente o legítimo nascer da fé cristã (e o perseverar nela).

Sobretudo, é tarefa muito delicada a busca do que é próprio e original na experiência religiosa de uma pessoa. É o caso:

a) quando alguém formula diretamente suas próprias experiências (o que Jesus nunca fez, de acordo com as fontes de informação que possuímos a respeito); pois então se coloca o problema da relação entre o elemento autêntico de experiência e a sua interpretação, já que experiência e interpretação estão indissoluvelmente entrelaçadas, mas não coincidem numa identidade evidente ou transparente;

b) quando alguém não formula diretamente essas experiências, mas fala de tal maneira sobre Deus e sua causa, que manifesta, exata-

[207] Ver, p. ex., G. Gusdorf, *La connaissance de soi*, Paris 1948: "Antes do mundo, fora do mundo, meu próprio ser pessoal continua um vazio incompreensível, uma forma sem matéria. Não sou acessível a mim mesmo, a não ser por este mundo, que me faz passar do nada a ser alguma coisa" (513); P. Ricoeur, *Existence et herméneutique*, em: *Le conflict des interprétations*, Paris, 1969, 7-30; F. J. Buytendijk, *Het kennen van de innerlijkheid*, Utrecht 1947.

mente nisso, também sua relação religiosa pessoal com Deus. É tarefa difícil, justamente neste caso, porque tentamos penetrar no próprio mistério de uma pessoa; perguntamos pela realidade com a qual ela mesma identifica seu coração, intelecto e vida, toda a sua existência humana, e pela realidade que afinal sintetiza a sua vida; em outras palavras, perguntamos por aquilo que a faz ser exatamente esta pessoa, aquilo que é a base do ser-pessoa. Ora, o mistério de cada pessoa só nos é acessível através do seu agir; por outro lado, este agir é apenas um sinal inadequado da pessoa. Esta se manifesta e ao mesmo tempo se esconde nesses atos, e esse mistério é mais do que os atos isolados, e mesmo assim se revela apenas *nesse* agir.[208] Isso não impede que exatamente através desses atos obtenhamos uma perspectiva sobre o mistério da pessoa de um semelhante, dentro da insuperável ambivalência da nossa história.

Por todas essas razões já seria difícil, a priori, querer deduzir o caráter próprio da consciência de Jesus de ser "filho de Deus", e toda sua experiência religiosa, do seu costume deveras surpreendente, e historicamente indiscutível, de chamar Deus de *abba*. Verdade é que num ponto historiadores e exegetas concordam entre si: na literatura rabínica, ou na literatura de orações oficiais do judaísmo tardio, não se encontra o uso absoluto de *abba* nas orações dirigidas a Deus.[209] No tempo de Jesus, *abba* era apenas um termo comum para indicar qualquer pai de família; inicialmente tinha sido uma exclamação infantil, mas desde muito tempo já era usado por adultos.[210] No tempo

---

[208] Gusdorf formulou, em termos gerais, mas com precisão, a dialética no nosso conhecimento sobre o próximo: "O elemento decisivo do ser humano aparece (...) na recusa de toda identificação, de toda equação. Uma fórmula encontrada carrega dentro de si mesma a consistência, a realidade da coisa. Encontramo-nos condenados a desejar sempre a determinação definitiva, e a recusá-la cada vez que ela se apresenta... Objetos entregam-se totalmente na exterioridade. Mas, o "lado de fora" do homem só vale pelo seu interior. Ele não basta a si mesmo. Refere-se a uma *super realidade pessoal*, da qual é sinal sempre incompleto. Toda fórmula dada aí vale apenas como referência..." (*l.c.*, 293).

[209] J. Jeremias, *Abba*, 163; Kittel, em ThWNT I,4-5; Marchel, *Abba, Père*, 115; Schulz, *Q-Quelle*, 87, etc.

[210] De fato, "ab" (como todas as palavras para pai e mãe) é originariamente uma palavrinha infantil. Depois de Köhler, em ZAW 55 (1937) 169ss, também H. Ringgren, no Dicionário Teológico do Antigo Testamento, mantém essa definição (*l.c.*, col. 1). O aramaico "abi" estava em desuso, sendo substituído por "abba", com o sentido de "o pai", "pai", "meu pai". Que "abba" significava "paizinho", no sentido diminutivo e afetivo ("pappie", "daddy", "vati") foi afirmado sobretudo por J. Jeremias (*Abba*, 59-60 e 163) e aceito, depois, por muitos outros: Conzelmann, *Grundriss*, 122; Kittel, em ThWNT I 4-5; Schrenk, em ThWNT V, 985; Marchel, *Abba, Père*, 115; mas depois foi retratado pelo próprio J. Jeremias (*The central message of the New Testament*, Londres 1965, 21); estudos mais exatos da história da língua aramaica o levaram à conclusão de que (como em muitas outras línguas) o caráter "infantil" de "abba-paizinho" já tinha desaparecido havia muito tempo, e que "abba" no tempo de Jesus era a maneira comum, confidencial, de também adultos se dirigirem ao pai.

de Jesus, usava-se nas orações um estilo solene, pesado, que distanciava de Deus o ser humano,[211] mas quando Jesus chama Deus de *abba*, isso não fazia diferença essencial. Em 3Mc 6,3.8, encontra-se a palavra *pater* simplesmente no seu sentido absoluto, que na época ainda era excepcional, evidentemente uma tendência nova no judaísmo grego por volta do século primeiro. O judaísmo palestinense, porém, era nisso muito reservado, sobretudo porque a "paternidade" sugeria o termo correlato "filho". Deus, isto sim, era chamado de pai do rei, seu filho, no sentido de que a legitimação do rei se baseava inteiramente na autoridade de Deus, e por isso (sob influência democratizante) também Israel era chamado de filho com relação a Deus, o Pai; mas, no judaísmo palestinense havia exatamente contra isso uma pesada reserva, por causa das idéias pagãs a respeito de relações religiosas entre pais e filhos.[212] Foi por isso que no judaísmo tardio se aceitou apenas com hesitação a idéia do Antigo Testamento sobre o "messias" como "filho de Deus". Mas, a paternidade de Deus ficou cada vez mais aceita de modo geral, embora fosse idéia muito rara nas camadas mais antigas do Antigo Testamento (em contraste com as religiões vizinhas). Exceto alguns casos isolados (que no entanto mostram uma tendência nova), a palavra *abba* (afinal uma palavra comum da vida familiar) não se encontra no tempo de Jesus como palavra dirigida em oração a Deus. A história das religiões não pode falar da convivência transcendente de Jesus, tão-somente por causa da palavra *abba* com que se dirigia a Deus.[213] O caráter próprio de sua relação com Deus está sem dúvida na sua simplicidade e naturalidade, sendo que vestígios, embora não ausentes, eram excepcionais no judaísmo tardio. Mas, não é base suficiente para construir, por causa disso uma consciência "transcendente" de filiação, da parte de Jesus, e menos ainda uma doutrina trinitária, como freqüentemente tem acontecido na literatura exegética e teológica, ou com base nestas. Isso exigiria *mais*. Encontrado esse *mais*, o contato sem constrangimento de Jesus com Deus como *abba* poderia ser visto como evidente conseqüência, mas não o contrário.

Nos evangelhos (gregos) a palavra aramaica *abba* apenas uma vez é dita por Jesus, a saber, em Mc 14,36. Depois ocorre duas vezes em orações eclesiais de cristãos, em Gl 4,6 e Rm 8,15. No entanto, parece constar exegética e cientificamente que Jesus tinha realmente o *costume* constante de chamar Deus de *abba*, e que devemos supor esta mesma palavra aramaica atrás do termo grego para "o Pai", "Pai" ou "meu Pai" em Mt 11,25-26; 26,39.42; Lc 10,21; 11,2; 22,42; 23,34-46 (além da referência explícita a "*abba*, Pai" em Mc

[211] Ver Strack-Billerbeck, IV-1; 208-249.
[212] E. Schweizer, *Hyios*, em ThWNT VIII, 357, e: P. Pokorný, *Gottessohn*, 22-25.
[213] Conzelmann, *Grundriss*, 122; S. Schulz, *Q-Quelle*, 88.

14,36).[214] J. Jeremias e B. van Iersel mostraram de maneira convincente – à medida do possível em semelhante matéria – que "Abba" é uma das palavras autênticas historicamente mais certas de Jesus.[215] Aliás, em doze lugares dos evangelhos (sem contar os textos paralelos) se diz que Jesus, orando, se dirigia "ao Pai".[216] Visto o caráter excepcional, no seu tempo, de uma oração dirigida a "abba", esses textos correspondem evidentemente à lembrança que se tinha da atitude de Jesus ao se dirigir a Deus, exatamente como "abba". Isso *caracteriza* Jesus bem nitidamente, mas para a história das religiões não prova por si uma transcendência. Um estudo crítico não pode alegar nenhum texto do Novo Testamento onde Jesus aplique *a si mesmo* o termo correspondente "o filho". O claro distanciamento em "meu Pai que é vosso Pai" (Jo 20,17) é inegavelmente teologia cristã pós-pascal. No entanto, a distinção joanina entre "meu Pai" e "vosso Pai" baseia-se na distinção, feita pelo próprio Jesus, entre *abba* (meu Pai) e "o Pai no céu", expressão que ele usa quando fala com outros sobre (o) Deus (deles).[217] Menos ainda tem-se o direito de relacionar esse "abba" com a expressão "em verdade, eu vos digo",[218] e com isso reforçar (ainda mais) a transcendência da autoconsciência e das prerrogativas de Jesus.

O que é que nos ensina essa certeza histórica a respeito da oração de Jesus a Deus como "abba"? Em primeiro lugar, que Jesus mantinha contato com Deus não de maneira convencional, e sim, com simplicidade natural e espontânea, que ficou gravada no coração dos discípulos; pois esse orar ao Pai, "abba", tornou-se logo costumeiro no cristianismo primitivo. Tanto a tradição pré-marcana (Mc 14,36) como a fase mais antiga, aramaica, da tradição Q sobre o "pai-nosso" (Lc 11,1-4; Mt 6,9-13, sendo que o "Pai" em Lucas deve ser um texto Q, e o "Pai nosso que estais no céu" é de Marcos) falam sobre "abba", embora se encontrem em complexos totalmente diferentes

[214] B. van Iersel, *Der Sohn*, 100-103; W. Marchel, *Abba, Père*, 130-138.

[215] J. Jeremias, *Abba*, 59 e 163; B. van Iersel, *Der Sohn*, 103.

[216] *a*) Na ação de graças pela revelação de Deus a "os pequenos" (Mt 11,25-26; Lc 10,21; cf. Jo 11,41); *b*) em Getsêmani (Mc 14,36; Mt 26,39; 26,42; Lc 22,42; *c*) na cruz (Lc 23,34; 23,46); *d*) Na oração de Jesus na Última Ceia (Jo 17,1.5.11.21.24.25). Ver W. Marchel, *Abba*, 132-138.

[217] Ver G. Schrenk, em: ThWNT V, 987; B. van Iersel, *Der Sohn*, 108.

[218] Como depois de J. Jeremias, *Abba*, 148-150, fazem Käsemann, em *Besinnungen*, I 209 e M. Hengel, *Nachfolge und Charisma*, 77. Tanto V. Hasler, *Amen. Redaktionsgeschichtliche Untersuchung der Einleitungsformel der Herrenworte "Wahrlich, ich sage euch"*, Zurique 1969, como Berger, *Amen-Worte*, mostraram que "em verdade, em verdade (amém, amém) eu vos digo" era, em círculos apocalípticos, uma expressão típica de pessoas (videntes) que não falavam por autoridade própria, mas precisavam legitimar a sua autoridade. Ora, exatamente isso não é característico de Jesus! À medida que as expressões "em verdade eu vos digo" se tornam mais freqüentes nos sinóticos, elas são secundárias. Devem ser provenientes de ambiente apocalíptico, de cristãos *greco*-judaicos, ficando praticamente limitadas a tal ambiente.

de tradições (Marcos: "abba, Pai", *abba ho patér*; em Lucas simplesmente *pater*, no vocativo, e em sentido absoluto sem artigo). Que a comunidade cristã ousou dirigir-se a Deus como *abba*, à maneira de Jesus, significa que ela não deduziu, diretamente da experiência de Jesus com o "abba", o caráter próprio da filiação de Jesus (deduziu-o de outros dados sobre Jesus). Ao contrário, o evangelho joanino, depois de uma consciência cristã mais longa sobre a particularidade exclusiva da filiação de Jesus (João quase sempre chama Jesus simplesmente "o Filho") sentiu-se obrigado a fazer uma distinção entre "*meu* Pai" e "*vosso* Pai", a fim de sublinhar a diferença de filiação nos dois casos. Em textos antigos como Rm 8,15 e Gl 4,6 (além de Mc 14,36) encontramos a inusitada expressão bilíngüe "Abba Pater", sugerindo uma tradição pré-paulina (provavelmente relacionada também com a tradição guardada em Mc 14,36, do nordeste bilíngüe da Palestina, e por conseguinte também da Síria ocidental, Damasco). Essa dupla "Abba Pater", até exatamente como fórmula de oração dos *cristãos*, sugere que os primeiros cristãos estavam tão impressionados com essa maneira de Jesus orar a Deus, que a assumiram também para si; por outro lado, nessa fase de sua confissão de Cristo, não basearam a filiação exclusiva de Jesus na sua notável experiência com o "abba". A identificação (no entanto já existente) de Jesus como "o Filho" ou "Filho de Deus", eles a devem ter haurido de outras fontes. Em resumo, a maneira como Jesus vivia sua relação com "abba" não foi o motivo direto para chamá-lo de "o Filho", *a partir daí*. Tal motivo, em última análise (veja mais adiante) está na ressurreição, pelo menos enquanto interpretada como glorificação e como "ser constituído em poder", na base dos salmos 110,2 e 89. Entretanto, não podia ter acontecido senão *também* com base na lembrança do contato confidencial de Jesus com Deus como *abba*, e na lembrança de sua missão profética – escatológica provinda de Deus.

Na Parte I ("Critérios") se afirmou o seguinte: por mais que a palavra *abba* seja historicamente palavra autêntica de Jesus, não se pode daí concluir imediatamente que o resto do *lógion* em que Jesus ora ao Pai também seja *historicamente* autêntico. Mas, continua importante verificar, conforme o Novo Testamento, como Jesus ora a Deus, chamando-o de Pai, isto é, sob que aspecto, conforme o Novo Testamento, Jesus se dirige a Deus como Pai.

Abba, como termo "profano", usado para indicar o pai de cada família, lembrava aos judeus sobretudo a autoridade paterna: o pai é quem manda, quem tem *exousia*, plena autoridade, e os filhos lhe devem respeito e obediência. O pai é também aquele que, cuidando e protegendo, está com os seus, com a sua família, para os defender em tudo; é ele quem dá os conselhos. É o centro de toda a família (a "casa paterna"); tudo gira em redor dele e forma por ele uma comunidade. No judaísmo, a autoridade paterna era indiscutível. Os filhos deviam dar "alegria" ao pai (Pr 15,20; 23,22.25).[219] Conseqüência era também esta: tudo o que era do pai também era do filho, e vice-versa (fato que criou até fórmulas técnicas familiares: "o que é meu é teu, e o que é teu é meu", cf. a parábola do irmão mais velho do filho pródigo, Lc 15,11-32). E o filho é "instruído" pelo pai; sobretudo a literatura sapiencial insiste nisso (Pr 1,8; 6,20; 10,1); o filho aceita "a orientação do pai" (Pr 2,1; 3,1; 4,1; 5,1; 7,1). "Ouvi, ó filhos, a lição de vosso pai... Sim, uma boa doutrina vos tenho transmitido; não repudieis o meu ensinamento" (Pr 4,1-2). Por isso, o termo "pai" é aplicado também aos mestres e sacerdotes de Israel. O quarto mandamento do Decálogo era sobretudo interpretado como obrigação de seguir os ensinamentos paternos. A relação filho-pai estava estabelecida na Lei. Depois da maioridade (13 anos), o respeito pelo pai continuava sendo obrigação até a morte, e mesmo além. De fato, durante um ano após a morte do pai, o filho tinha que oferecer sacrifícios por ele. Em resumo, podemos dizer: no tempo de Jesus, o *abba* significava para seu filho *autoridade* e *instrução*; o pai é quem manda, e é também quem ensina. Ser filho significa "pertencer a", e o filho mostra ser filho quando obedece àquilo que o pai ordenou. O filho, pois, recebe tudo do pai. Já que não seguir a vontade do pai equivale a rejeitar a Torá, a Lei, havia um nexo entre obedecer ao pai e obedecer a Deus (Eclo 3,2.6; 7,27; Pr 1,7.8). O filho podia também receber do pai "missões", incumbências, das quais devia cuidar em nome de seu pai.

Em contraste com o costume normal de seu tempo, Jesus usava o termo familial *abba* ao dirigir-se a Deus. Era compreensível, pois, que se expressasse o núcleo da vida religiosa de Jesus exatamente como os cristãos o fizeram após a morte dele: "Não a minha vontade, Pai, mas a tua" (Lc 22,42; Mt 26,42); pois essa *era* a noção judaica de *abba*. Não foi sem razão que, lembrando-se da vida de Jesus, lhe puseram na boca: "O meu alimento é fazer a vontade daquele que me enviou" (Jo 4,34). "Eis que vim para fazer a tua vontade" (Hb 10,9). "Não procuro a minha vontade, mas a vontade daquele que me enviou" (Jo 5,30). "Eu vim... não para fazer a minha vontade, mas a vontade daquele que me enviou" (Jo 6,38). Assim se aplicou (embora no quadro sapiencial do evangelho joanino) simplesmente o conceito familiar da relação pai-filho à relação de Jesus com Deus, sentido como "abba". Essas explicitações se justificam por aquilo que os discípulos perceberam na vida religiosa de Jesus: uma experiência característica dele com relação a Deus como Pai, o que para eles expressava tão claramente o núcleo da religiosidade de Jesus que a comunidade primitiva bilíngüe se dirigia liturgicamente ao Deus de Jesus, que era o Deus dela, com o termo *Abba, Pater*.

---

[219] J. Pedersen, *Israel. Its life and culture*, Londres, 1926-1940.

"Cumprir a vontade de Deus" era também o cerne da espiritualidade judaica. Mas não se pensava explicitamente na "vontade de nosso Pai", e sim no nome do Altíssimo, nome não apenas inefável, mas que no tempo de Jesus nem podia ser mencionado. Quando Deus era chamado de *Pai*, acrescentava-se logo a seguir: "O Mestre e Senhor do universo", ou algo semelhante, p.ex.: "o Pai que está no céu", como Mateus muitas vezes o faz secundariamente.[220] A expressão familiar de Jesus para Deus, a saber, *abba*, sem acréscimos de qualificações para indicar "transcendência" ("Senhor", "Rei", "no céu", "criador do céu e da terra"), indica inegavelmente uma experiência religiosa de profunda intimidade com Deus. Com isso, ao que tudo indica, Jesus tinha consciência de que sua experiência com Deus era diferente da que os discípulos sentiam. A expressão "Pai nosso", nos evangelhos, nunca se encontra nos lábios de Jesus; o único texto (Mt 6,9) é claramente de Mateus, e aí se fala de Jesus, ensinando os discípulos a orarem. Expressões como "o Pai deles" (Mt 13,43), e sobretudo "vosso Pai"[221] ocorrem freqüentemente; mas o próprio Jesus, nos evangelhos, diz "meu Pai" (17 vezes em Mateus; 4 vezes em Lucas; 25 vezes em João). Esse modo uniforme de falar dos evangelhos não apresenta, em nenhum desses casos, palavras historicamente autênticas de Jesus, mas é o resultado literário de um modo de falar e agir de Jesus durante a sua vida nesta terra.

No *lógion* dos evangelhos sinóticos (por muitos, sem razão, denominado "joanino"), a noção familiar e sapiencial de "pai" sobressai de maneira mais forte: "Eu te louvo, Pai, Senhor do céu e da terra, por teres ocultado essas coisas a sábios e entendidos, e tê-las revelado aos pequeninos. Sim, Pai, foi assim que dispuseste na tua benevolência. Tudo me foi entregue por meu Pai. Ninguém conhece o Filho, a não ser o Pai, e ninguém conhece o Pai, a não ser o Filho e a quem o Filho o quiser revelar" (Mt 11,25-27; Lc 10,21-22). Sobressai a distinção entre a fórmula (que é judaica) "Pai, Senhor do céu e da terra" (em Mateus e Lucas) e o uso absoluto da palavra "Pai" (sem dúvida, *abba*). Mas não podemos atribuir sentido especial à primeira fórmula, também judaica. Muitos denominam tal perícope de joanina, alegando que não se enquadra na imagem sinótica de Jesus, porque apresenta a cristologia altamente sapiencial do evangelho de João. A questão ainda será comentada em relação com a "cristologia sapiencial", sobretudo com a "noção de mensageiro" e com a de "profeta escatológico" (Parte III). Mas, o núcleo central é muito antigo; encontra-se desde a fase greco-judaica da tradição Q.[222]

---

[220] B. van Iersel, *Der Sohn, l.c.*, 96-103. 106-109; Strack-Billerbeck, 49-50.
[221] Mt 6,8.15; 10,20.29; 23,9; 5,16.45.48; 6,1.14.18.32; 7,11; Lc 6,36; 11,13;12,30.32; Mc 11,25.
[222] S. Schulz, *Q-Quelle*, 213-228.

Na Parte III se explicará que na cristologia sapiencial se distingue entre cristologia sapiencial inferior e superior, conforme o mensageiro de Deus seja enviado pela Sabedoria ou se identifique com ela. Essa tradição sapiencial mostra também que a relação pai-filho é um elemento que faz parte das noções tradicionais a respeito de "revelação" e de "missão do mensageiro". É essa tradição de cristologia sapiencial inferior que encontramos no *lógion* Q de Mt 11,25-27, ao passo que o evangelho joanino é de uma cristologia sapiencial superior. Em Mt 11,25-27, o conceito sapiencial familial pai-filho está assumido simplesmente dentro da noção sapiencial de "mensageiro". Dois *logía* estariam entrelaçados: uma fórmula de oração e o *lógion* sobre a revelação. Nesse último se diz primeiro que Jesus recebeu do Pai a *exousia*, isto é, plenos poderes. Portanto, Jesus é o único mediador da revelação de Deus, e "os pequenos", a comunidade cristã (Q), são os que recebem com exclusividade essa revelação. O agradecimento de Jesus ao Pai por essa revelação aos eleitos fundamenta-se cristologicamente no segundo *lógion*; em outras palavras, Mt 11,27 esclarece cristologicamente Mt 11,25-26. Antigamente, os textos eram examinados sobretudo do ponto de vista da história das religiões, e descuidava-se das questões da história das tradições; é a razão pela qual houve muita discussão em torno dessa perícope; mas, somente a história das tradições pode situar a questão e abrir o caminho para uma compreensão melhor. Mt 11,25-27 vem do *judeu*-cristianismo helenista, e se enquadra perfeitamente na herança hassídica, veterotestamentária, do judaísmo tardio;[223] aí se diz que a revelação é dada exatamente aos pobres e humildes, aqueles que também Jesus denomina de "bem-aventurados"; e não aos chefes de Israel que rejeitaram a mensagem de Jesus (a segunda tese é de comunidade Q). Para estes, a mensagem escatológica de Jesus não se tornou acessível, porque se excluíram por si mesmos. Mas isso estava dentro do desígnio divino. Mt 11,25-26 o explica cristologicamente. Também na fonte Q o uso das palavras "o Pai" e "o Filho" em sentido absoluto constitui exceção, mas não é "joanino";[224] situa-se na linha sapiencial inferior do mensageiro como "enviado pela Sabedoria", embora a tradição a respeito da *exousia*, entregue por Deus ao "Filho do homem" (tese central da teologia Q) desempenhe certamente seu papel em Mt 11,27a. Portanto, na teologia

[223] S. Schulz, *Q-Quelle*, 217, n. 280, n. 284. Ver também: S. Légasse, *La révélation aux nèpioi*, em: RB 67 (1950) 321-348.

[224] Desde B. van Iersel, *Der Sohn*, 151; agora também: S. Schulz, *Q-Quelle*, 220-222, e sobretudo Kl. Berger, *Zum traditionsgeschichtlichen Hintergrund christologischer Hoheitstitel*, em: NTS 17 (1970-1971) (391-425) 422-424. Ver também Hoffmann, *Q-Studien*, 88-90. J. Jeremias, *Abba*, 47-54, vê no texto simplesmente o conceito cotidiano de "abba", de um contexto em que o pai ensina o filho. Em todo caso, é esse o conteúdo do conceito; mas, conforme o complexo de tradições em que foi usado, pode oferecer diversas perspectivas.

Q, "Filho" significa: Jesus é *o* "Filho", porque recebeu do Pai a *exousia* para transmitir a "doutrina do Pai" *a quem o mesmo* (Filho) *escolher*, quer dizer, o Filho é "totalmente dependente" e ao mesmo tempo "totalmente livre". Além disso, o Filho é o único revelador. "O Filho", em sentido absoluto, não é expressão palestinense do judaísmo tardio; é termo judeu-grego e apresenta claramente paralelismos com "a sabedoria" do Livro da Sabedoria (6,12-9,18; 10,10; 12,1). Segundo a "história das tradições", o *lógion* de Mt 11 faz parte da própria cristologia sapiencial da comunidade Q greco-judaica, e por isso apresenta traços de parentesco com o ambiente pré-joanino (sabedoria e apocalíptica aí confluíram). Como mensageiro escatológico da Sabedoria, com plenos poderes, Jesus sabe o que o Pai sabe e o que ele mesmo tem para transmitir aos humanos: nele mora a Sabedoria, e por isso ele conhece os segredos escatológicos, o "mistério do reinado de Deus" (cf. Lc 8,10). Assim, a comunidade Q combinou a sua tradição mais antiga sobre o Filho do homem com a tradição (para ela mais recente) da sabedoria (*hokma*) judaica; no entanto, ainda é sapiencial-inferior, ou seja, nesta teologia Q ainda não se trata de uma identificação de Jesus com a Sabedoria; ainda não se trata, pois, de uma preexistência.

Como tal, tudo isso é cristologia pós-pascal, mas com lembranças dos dias da vida de Jesus antes da Páscoa. Em Mc 6,2-3, depois de uma palestra de Jesus na sinagoga, coloca-se a pergunta: "Donde lhe vem isso? E que *sabedoria* é essa que *lhe foi dada*? Que obras de poder são essas que suas mãos realizam? Não é ele o carpinteiro, filho de Maria, irmão de Tiago, José, Judas e Simão?" E se *escandalizaram*. (Ver também Mt 13,54-56; Jo 6,42 e 7,27). A essas perguntas o *lógion* quer dar resposta: o Pai de Jesus é desconhecido; por isso é que não conseguem identificar realmente quem é Jesus. Pois o seu verdadeiro Pai é Deus, que lhe ensinou essa sabedoria. Mt 11,27 talvez tenha formado uma unidade com Mt 13,54-56, como também a perícope de João 7,27-29 o pode sugerir.[225] Atrás dessas perícopes está um problema dos dias de Jesus na terra: "Quem é ele?" De onde lhe vem esse poder? de onde lhe vem essa autoridade para falar?" Daí porque Mt 11,27 pode considerar-se, quanto ao cerne, como palavra autêntica de Jesus (a formulação greco-judaica é clara demais para ser atribuída tal e qual ao próprio Jesus). Aqui Jesus faz seu o conceito judeu de "mensageiro", porém "dentro" e a partir de sua experiência com o *abba*; experiência essa evidentemente mais profunda do que a consciência meramente profética. Em outras palavras, aqui já se vê que não é o fato de Jesus ter sentido Deus como seu *abba* que, por si só, permita tirar conclusões, mas sim essa experiência como a alma, a fonte

[225] B. van Iersel, *Der Sohn*, 154-161; de fato, ele considera Mt 11,27 como "autenticamente de Jesus".

e o fundo da sua mensagem, da sua praxe e de toda a sua atuação; de fato, só por isso é que aparece em plena luz o caráter excepcional dessa "experiência com o abba" (que em si mesma, como dizíamos, já era espantosa exceção no judaísmo tardio). Com que autoridade, com base em quê, pôde Jesus *falar sobre Deus* dessa maneira? Foi a pergunta dos seus conterrâneos (Mc 6,2-3). Que Jesus, orando, sentia Deus como seu Pai, revela-se também na sua maneira de falar sobre Deus, causando estranheza aos ouvintes, a tal ponto que alguns até se escandalizaram. Não é pelo uso da palavra *abba* que Jesus se afastou demonstrativamente do judaísmo tardio; mas o fato de ele se dirigir assim a Deus (o que por si manifesta uma experiência religiosa muito peculiar), em relação com o conteúdo de sua mensagem e com toda a sua atuação e praxe, começou a provocar questões teológicas. A sua experiência com seu Pai se revelou como a *fonte* da própria natureza de sua mensagem e praxe, as quais, sem essa experiência religiosa ou fora dela, perderiam sua autenticidade, sentido e conteúdo.

Pelo que acima se disse ficou já claro que um dos dados historicamente mais certos da vida de Jesus é o fato de ele ter falado sobre Deus na sua mensagem, e por ela sobre a vinda do reino de Deus; esse conteúdo ficou esclarecido sobretudo pelas autênticas parábolas de Jesus, que falam sobre a metanóia e sobre a praxe do reino de Deus. Além disso, o conteúdo dessa mensagem completou-se também pela vida de Jesus; suas obras milagrosas, sua convivência com publicanos e pecadores, sua oferta de felicidade proveniente de Deus, na comensalidade com os seus, e na sua atitude perante a Lei, o sábado e o templo; e finalmente, na sua convivência com um grupo mais íntimo de discípulos. O núcleo de tudo isso era evidente: Deus cuidando da felicidade do ser humano. Desse reinado de Deus, toda a vida de Jesus era uma "celebração" e uma "ortopráxis", isto é, uma praxe de acordo com esse reino de Deus. A ligação entre esses dois aspectos, o reino de Deus e a ortopráxis é tão íntima que Jesus reconhece em sua própria praxe os *sinais* da vinda do reino de Deus. O Deus vivo é o foco desta sua vida.

Do ponto de vista da história das religiões, é difícil situar a mensagem e a praxe de Jesus no contexto das idéias apocalípticas, farisaicas, essênias e zelóticas, típicas de movimentos que se isolavam em comunidades, que se consideravam *o* "resto" de Israel. Pois a mensagem e a praxe de Jesus falavam de felicidade para todo o Israel, sem exceção de quem quer que fosse, incluindo especialmente o que estava perdido. Por isso, precisamos verificar se a mensagem e a praxe de Jesus não se tornam compreensíveis apenas com a suposição de uma experiência religiosa especial e original com Deus. Pois esta é a pergunta: onde Jesus foi buscar a certeza incondicional de salvação com que ele testemunha categoricamente sua mensagem sobre a vinda do Reino de Deus como salvação para a humanidade?

Na história de calamidades e sofrimentos em que Jesus se encontrava, não poderíamos descobrir nenhum argumento nem suposição que nos ajudasse a compreender e explicar a certeza incondicional de salvação que caracteriza a mensagem de Jesus. Mas agora já descobrimos: a vida religiosa de Jesus consiste no seu excepcional contato com Deus como seu *abba,* e tornou-se evidente para nós que sua esperança, ao anunciar a vinda já próxima do reino de Deus para a humanidade, deve ter tido a sua base na experiência do contraste: *de um lado*, a incorrigível história do sofrimento humano, de calamidades, conflitos e injustiças, e de uma escravização que ofende; *de outro lado,* a excepcional experiência de Jesus com Deus, seu Pai, e seu contato com Deus, que em sua benevolência cuidadosa é contrário ao mal, não quer reconhecer a supremacia do mal e se recusa a ceder a lhe dar o braço a torcer. Foi a experiência religiosa desse contraste que acabou dando figura à sua convicção e pregação sobre o reino de Deus, reino que liberta, que já deve e pode começar a valer na história, conforme Jesus experienciava em sua própria vida e através dela. A experiência de Jesus com seu Pai não é, pois, uma experiência religiosa isolada, embora significativa por si, mas nisso também uma experiência de Deus como Pai que, cuidando de seus filhos, lhes dá um futuro; um Deus Pai que dá um futuro a quem não recebe deste mundo nenhuma chance de futuro. A partir de sua experiência de Deus como Pai, Jesus pôde levar à humanidade a mensagem da esperança que não se podia deduzir da história do nosso mundo, de experiências individuais ou sociopolíticas, mas que nelas se deverá realizar. O que levou Jesus a tomar consciência explícita de tal possibilidade e esperançosa certeza foi a base do caráter original de sua experiência de Deus, preparada durante séculos na vida religiosa dos fiéis de Javé, mas que em Jesus se concentrou na sua vivência característica com o Pai. O cerne do que nos melhores momentos da experiência de Israel com Deus se verbalizara, recebeu de forma original e pessoal uma condensação essencial em Jesus; quer dizer, Javé é aquele que vem, que por enquanto não quer mostrar suas credenciais, mas que precede Israel em vista de um futuro: "Eu sou quem sou" (Ex 3,14). Crer neste Deus é confiar em alguém que toma a sério sua identidade (daí a Torá como revelação da vontade de Deus); e ao mesmo tempo crer em Deus que se recusa a revelar antecipadamente sua identidade. Educado também nessa tradição e aparecendo em Israel como personalidade nova, Jesus experienciava esse Deus como um poder que abre o futuro, que só quer o bem e é contra o mal, alguém que renega tudo o que é perverso e doloroso para os humanos (para Israel, "criar" significava: fazer o bem, tão bom que todos pudessem ver "que era bom, muito bom"); por isso, ele quer a salvação para a humanidade acostumada a sofrer. A experiência do Pai foi em Jesus uma experiência de um poder que liberta e ama a humanidade. Contra o fundo da realidade histórica, o *abba*, o "Deus de Jesus", é o criador do céu e da terra, o guia de Israel, o Deus para quem "tudo é possível" (cf. Mc 10,27). Foi para a fé nesse Deus que Jesus conclamou em palavras e obras, nos dias de sua vida terrena; foi esse o sentido de toda a sua atuação.

Por isso, uma tentativa para cortar da vida de Jesus a sua especial relação com Deus seria ao mesmo tempo acabar com a sua mensagem e com o sentido da praxe de sua vida; seria negar a realidade histórica "Jesus de Nazaré"; seria fazer dele um ser não-histórico, mítico ou simbólico, um "não-Jesus". De fato, na medida em que Jesus, assim arbitrariamente reduzido, ainda continuasse a ter força fascinante, sobraria apenas uma apocalíptica utopia. Com efeito, também o ambiente apocalíptico de Jesus estava convencido de que *de* nossa história, a *era antiga*, salvação nenhuma se pode ainda esperar. A sua esperança residia na "reviravolta de todos os tempos" (cf. Parte II, Seção 1), na repentina intervenção de Deus que acabaria radicalmente com esta nossa história, deixando escapar da catástrofe apenas alguns privilegiados. O sentido da apocalíptica consistia em animar pareneticamente. A sua bem-aventurança era: "Felizes os que perseverarem até o fim" (Dn 12,12). Apocalíptica supõe ameaça com o juízo devorador sobre a nossa história negativa; continua dentro da dialética da história de sofrimento e injustiça, que "clama por vingança", a vingança que de fato virá. "O resto", porém, "os piedosos" vivem da utopia segundo a qual escaparão dessa vingança. Mesmo o Batista, que não era propriamente apocalíptico, não prometeu esperança certa, e sim a certeza do juízo vindouro. Tudo isso difere essencial e fundamentalmente de tudo o que Jesus fez: *na base de sua experiência com o abba,* ele promete e oferece a todos uma esperança segura.

Conclusão e colocação do problema: realidade ou ilusão?

Neste capítulo, a mensagem de Jesus e a praxe de sua vida foram analisadas quanto a seus elementos fundamentais e constitutivos. Jesus anunciou a salvação proveniente de Deus, já próxima, para o bem da humanidade. Jesus atuou como profeta escatológico, trazendo "a boa nova de Deus para os pobres", uma notícia de felicidade para Israel todo, alegrando especialmente os pobres, os destituídos de felicidade e de boas notícias. Pregou que Deus ia reinar, para o bem da humanidade, e isso exigia vida correspondente, da qual ele dava o exemplo e expressava em parábolas e ensinamentos. Pessoalmente, Jesus se identificava com a causa de Deus como a causa da humanidade (o reino de Deus, que os humanos devem procurar primeiro, antes de mais nada), e com a causa da humanidade como a causa de Deus (o reino de Deus como o reino de paz e felicidade entre os seres humanos). Era disso que Jesus vivia, disso ele estava repleto, sobre isso ele falava: os humanos são "seres com quem Deus se preocupa". Por isso, a esperança era segura para todos e cada um sem exceção; e muitos contemporâneos acharam de fato felicidade e cura no contato, passageiro e sobretudo permanente, com Jesus. Foi para muitos o começo de uma "vida nova"; conseguiram de novo ter esperança e renovar a própria vida. Enfim, Jesus não exigiu condições; os aflitos e necessitados o procuravam, experimentavam felicidade, sempre "de graça". Felicidade e futuro eram prometidos a quem já não tinha futuro.

A fonte dessa mensagem e dessa praxe de vida, que desfazem uma imagem angustiante de Deus, era a experiência de Jesus com Deus seu *abba*, e sem essa experiência a imagem histórica de Jesus ficaria totalmente desfigurada, sua mensagem esvaziada, e seu modo concreto de viver (embora continuasse significativo e inspirador) seria privado do sentido que ele mesmo lhe dava.

Alguém poderia objetar que exatamente essa experiência com o *abba* foi a grande ilusão de Jesus. Tal atitude nossa é realmente possível. Mas, então se deve tirar daí a inevitável conclusão de que é também ilusão a *esperança* da qual Jesus falava. Quem, pois, vive da fé em Jesus, mas deixa de lado a sua experiência com o *abba*, de fato vive de uma *utopia*, e na realidade não fará outra coisa senão depositar suas próprias expectativas mais profundas num homem que 2000 anos atrás viveu e morreu por uma ilusão e utopia. Com isso não nego a força e o estímulo históricos das utopias, sobretudo quando incentivam o cuidado e engajamento em favor do próximo (como realmente aconteceu com Jesus). No entanto, só quero dizer que não teríamos razão nenhuma para acreditar num mundo melhor e numa salvação definitiva, e que todas as nossas expectativas de um reino universal de paz são apenas o reverso utópico da nossa história negativa de discórdia, injustiça e sofrimento. Sem dúvida, existe aí uma força crítica. Mas, nenhuma *promessa* real que possa fundamentar uma esperança positiva.

Encontrar uma base para a própria vida na confiabilidade de Jesus (em última análise, na sua experiência com o *abba*, pela qual Jesus achava a base de sua própria vida em Deus) é evidentemente um ato de fé em Jesus e ao mesmo tempo uma *profissão de fé em Deus*. Para isso, não existe base puramente *histórica*, pois essa experiência com o *abba* pode desqualificar-se como ilusão. Por outro lado, quem reconhecer e confessar com fé a confiabilidade de Jesus, como fundada na verdade e na realidade, essa confiabilidade ganha contornos visíveis na própria vida de Jesus de Nazaré; então sua fé vê a confiabilidade de Jesus nos dados da vida de Jesus que o historiador pode apresentar-lhe. E para todos esse material põe pelo menos a *pergunta*: Será que este homem poderia tem razão?

Na base de profunda *convivência com Deus* como criador do céu e da terra e como preocupado com o bem da humanidade, será que alguém pode realmente dizer algo sobre o *ser humano*, talvez até o mais importante que se possa dizer sobre seres humanos? Foi de fato isso que Jesus pretendia: com base num propósito *religioso* – e não de outra forma – dizer algo sobre o ser humano e sobre sua salvação definitiva.

Até aqui, trata-se apenas de uma pergunta. Pois a narração sobre a vida de Jesus ainda não chegou ao fim. Sua mensagem e ao mesmo tempo sua pessoa foram rejeitadas: Jesus foi executado, juridicamente liquidado. E isso coloca de maneira ainda mais desconcertante e mais urgente a pergunta: Sua vida não terá sido uma ilusão e utopia, e até a prova mais triste de que não é possível esperar a melhora do mundo e do ser humano? É o que se deve examinar na seção seguinte. E assim precisamos adiar, por enquanto, a identidade última de Jesus.

Seção II

REINO DE DEUS. REJEIÇÃO E MORTE DE JESUS

Bibliografia: H. W. Bartsch, *Die Passions- und Ostergeschichten bei Matthäus,* em *Entmythologisierende Auslegung* (Hamburgo 1962) 80-92; J. Blinzler, *Passionsgeschehen und Passionsbericht des Lukas-Evangeliums:* BuK 14 (1969) 1-4; P. Borgen, *John and the Synoptics in the passion narrative:* NTS 5 (1958-1959) 246-259; H. Conzelmann, *Historie und Theologie in den synoptischen Passionsberichten,* em *Zur Bedeutung des Todes Jesu* (Gütersloh ³1968) 35-54; id., *Die Mitte der Zeit,* 186ss; N. A. Dahl, *Die Passionsgeschichte bei Matthäus:* NTS 2 (1955-1956) 17-32; A. Dauer, *Die Passionsgeschichte im Johannesevangelium* (Munich 1972); G. Delling, *Der Kreuzestod Jesu in der urchristlichen Verkündigung* (Berlim 1971); E. Flesseman-van Leer, *Die Interpretation der Passionsgeschichten vom Alten Testament aus,* em *Die Bedeutung des Todes Jesu,* 79-96; A. George, *Comment Jésus a-t-il perçu sa propre mort?:* LVie 20 (1971) 34-59; K. Fischer, *Der Tod Jesu heute. Warum muste Jesus sterben?: "Orientierung an Jesus"* 35 (1971) 196-199; F. Hahn, *Hoheitstitel,* 193-217; id., *Der Prozess Jesu nach dem Johannes-Evangelium,* em *Evangelisch-Katholischer Kommentare zum NT* II (Zurich-Neukirchen 1970) 23-96; M. Horstmann, *Studien zur markinischen Christologie* (Neut. Abh. 6; Münster 1969); J. Jeremias, *Der Opfertod Jesu Christi* (Calwer Hefte 62; Stuttgart 1963); E. Jüngel, *Tod* (Stuttgart-Berlim 1971); B. Klappert, *Diskussion um Kreuz und Auferstehung* (Wuppertal ²1967); H. Kessler, *Die theologische Bedeutung des Todes Jesu* (Düsseldorf 1970); X. Léon-Dufour, *Passion,* em DBS 6 (1960) 1419-1492; id., *Mt. et Mc. dans le reit de la passion:* Bibl 40 (1959) 648 696; E. Linnemann, *Studien zur Passionsgeschichte* (FRLANT 102; Gotinga 1970); G. Mainberger, *Jesus starb umsonst* (Friburgo ²1970); N. Perrin, *Rediscovering the teaching of Jesus* (Londres 1967); W. Popkes, *Christus Traditus. Eine Untersuchung zum Begriff der Dahingabe im NT* (Zurich-Stuttgart 1967); J. Riedl, *Die evangelische Leidensgeschichte und ihre theologische Aussage.* BLit 41 (1968) 70-111; J. Roloff, *Anfänge der soteriologischen Deutung des Todes Jesu (Mk 10,45 und Lk 22,27):* NTS 19 (1972-1973) 38-64; L. Schenke, *Studien zur Passionsgeschichte des Markus. Traditionen und Redaktion in Mk 14,1-42* (Würzburgo 1971); G. Schneider, *Die Passion Jesu nach den drei älteren Evangelien* (Munich 1973); id., *Das Ploblem einer vorkanonischen Passionserzählung:* BZ 16 (1972) 222-244; J. Schreiber, *Die Markuspassion* (Hamburgo 1969); E. Schweizer, *Erniedrigung und Erhöhung bei Jesus und seinen Nachfolgern* (AThANT 28; Zurich ²1962); G. Strecker, *Die Leidens- und Auferstehungsvoraussagen im Markusevangelium:* ZThK 64 (1967) 16-39; H. Schürmann, *Wie hat Jesus seinen Tod bestanden und verstanden?,* em *Orientierung an Jesus* (Friburgo 1973)

325-363; V. Taylor, *The passion narrative of Saint Luke* (Cambridge 1972); W. Thüsing, *Die Erhöhung und Verherrlichung Jesu im Johannes-Evangelium* (Münster 1970); A. Vanhoye, *Structure et théologie des récits de la passion dans les évangiles synoptiques:* NRTh 99 (1967) 135-163; F. Viering, *Der Kreuzestod Jesu* (Gütersloh 1969); A. Vögtle, *Jesus,* em E. Kottje e B. Möhler (eds.), *Ökumenische Kirchengeschichte* (Mogúncia-Munich 1970), 3-24; B. A. Willems, *Erlösung in Kirche und Welt* (Quaest. disp. 35; Friburgo 1968); F. Viering (ed.), *Das Kreuz Jesu Christi als Grund des Heils* (Gütersloh 1967), com artigos de E. Biser, W. Fürst, J. Göters, W. Kreck, W. Schrage); *Zur theologischen Bedeutung des Todes Jesu:* “Herder-Korrespondenz” 26 (1972) 149-154.

Rejeição e morte de Jesus

Introdução: o problema

Podemos refletir sobre a morte de Jesus a partir da sua vida precedente; e podemos perguntar também como Deus se relacionou com essa morte. Os primeiros cristãos o fizeram de diversas maneiras; e eles tinham ainda as suas lembranças sobre a vida de Jesus apenas concluída. Tudo isso influiu nos escritos canônicos do Novo Testamento. O primeiro ponto de vista corresponde a uma questão histórica, e precisa ser tratado criticamente com métodos históricos. O segundo ponto de vista supõe uma atitude de fé e, assim mesmo, só poderemos entender essa interpretação-com-fé, ou seja, o modo como o cristianismo primitivo interpretou a morte de Jesus, com base também num estudo histórico-exegético. Neste capítulo queremos satisfazer às exigências tanto da reconstrução histórica como da interpretação-com-fé.[1]

Os estudos exegéticos e históricos já levaram a um resultado bem fundado: chegou-se a um consenso cada vez maior a respeito de três tendências que surgiram na Igreja primitiva para começar a compreender e avaliar o sentido da morte de Jesus. Essas três tradições são distinguíveis no Novo Testamento, e a partir delas podemos reconstruir ainda as tradições cristãs de interpretação no início independentes. Mas não será possível chegar a uma cronologia detalhada e bem fundada dessas três maneiras de ver a morte de Jesus.

§ 1. A morte de Jesus na interpretação do cristianismo primitivo

Todos os evangelhos insistem: Jesus aceitou a morte voluntariamente. Essa insistência no caráter voluntário de sua morte foi crescen-

[1] Primeiro, portanto, serão analisadas as reflexões do Novo Testamento sobre a rejeição e a morte de Jesus; somente depois disso, a perspectiva pré-pascal sobre essa rejeição e morte. A reflexão teológica sobre tudo isso – nossa interpretação aqui do acontecimento Jesus – segue apenas nas Partes III e IV.

do paulatinamente. "Levantai-vos, vamos. Já se aproxima quem vai me entregar" (Mc 14,42). Jesus proíbe seus discípulos que resistam, e se entrega "para que se cumpram as Escrituras" (Mt 26,52-56). Em Jo 18,4-11, Jesus vai ao encontro dos guardas, e já não se menciona o beijo de Judas, o traidor. Jesus faz sentir seu poder e declara expressamente que aceita o cálice do sofrimento.

Tentou-se entender por que Jesus aceitou voluntariamente a paixão e morte. No Novo Testamento encontramos três respostas: a morte de Jesus é de um profeta-mártir; a morte de Jesus faz parte, historicamente, do plano salvífico de Deus; e finalmente, sua morte realiza salvação, reconciliando Deus com a humanidade; em poucas palavras: é um sacrifício.

A. O profeta-mártir escatológico. O esquema do contraste

Nessa visão (provavelmente a mais antiga) verifica-se um contraste entre o ato dos chefes dos correligionários de Jesus que o mataram, e o ato de Deus que o exaltou. A essa interpretação se presta sobretudo At 4,10; e também, mas já misturados com outros temas, At 2,22-24; 5,30-31 e 10,40. A cristologia da comunidade Q não fala sobre a morte de Jesus, mas, aludindo a ela, a situa na linha da tradição dos profetas de Israel que foram assassinados.[2] E por fim, provavelmente também na tradição própria de Lucas, temos Lc 13,31-33; 11,47-48.49ss. Esse esquema do contraste encontra-se sobretudo em Lucas (Evangelho e Atos), mas é pré-lucano e encontra-se em conjuntos de tradições independentes. É indubitável aí uma interpretação judaica, de grande relevância na polêmica entre judeus e judeus-cristãos (na sua missão entre os judeus). O acento está exclusivamente na ação de Deus, manifestada na glorificação de Jesus. Deus toma o partido do profeta rejeitado. À própria morte de Jesus não se atribui, nessa corrente da tradição, nenhum significado salvífico.

Todavia, essa interpretação da morte de Jesus está dentro de uma tradição muito ampla, que abre perspectivas mais profundas: é a tradição sobre o martírio do profeta enviado por Deus e sobre a rejeição de sua mensagem. "Israel mata os seus profetas"; é o que encontramos em numerosas passagens do Novo Testamento.[3] Essa visão remonta a uma tradição judaica pré-cristã, continuada nos escritos rabínicos posteriores. O problema, no entanto, é que essa afirmação generalizada sobre o assassinato de profetas não é verificável historicamente. Muitos profetas sofreram perseguição, isto sim, mas poucos foram mortos. O texto do Antigo Testamento que fala pela primeira

---

[2] S. Schulz, *Q-Quelle*, 265-267; 343; 433; 486; ver F. Hahn, *Hoheitstitel*, 382.
[3] Mt 5,11-12 par. Lc 6,22-23; Mt 23,29-36 par. Lc 11,47-51; Lc 13,31-33 e 13,34-35 par. Mt 23,37-39; Lc 11,49ss.

vez sobre o assassinato geral de profetas é Ne 9,26,[4] onde se narra a morte violenta de profetas no tempo dos reis de Israel. O texto se refere a todos os profetas pré-exílicos, cuja conclamação para a conversão foi rejeitada. A desobediência de todo o povo de Deus levou a essa afirmação; foi uma resistência contra a mensagem dos profetas, um massacre de profetas. A essa rejeição seguiu-se o julgamento punitivo de Deus, pois aí teve fim a paciência de Deus, paciência manifestada no sempre repetido surgimento de novos profetas, que conclamavam para a conversão.[5] Nessa visão se esconde uma interpretação soteriológica da história pré-exílica de Israel. As catástrofes do ano 722 (fim do Reino do Norte) e de 587 a.C. (queda de Jerusalém) são interpretadas como castigo divino pela desobediência de Israel à mensagem dos profetas. O tema do assassinato dos profetas ficou assim equivalente à convicção da permanente desobediência de todo o Israel (pré-exílico).

Além de Ne 9,26, o mesmo tema se repete expressamente na obra do Cronista, bem como numa oração de penitência em Esd 9, 10-11.[6] Mas, o tema é mais antigo do que a atividade dos cronistas, e remonta à interpretação deuteronomista da história.[7] O ponto de partida dessa evolução foi 2Rs 17,7-20, onde se apresenta uma reflexão teológica sobre a ruína dos Reinos do Norte e do Sul: Israel foi desobediente, não escutou a voz dos profetas que admoestavam. O tema deuteronomista da generalizada desobediência de Israel à mensagem dos profetas se elaborou mais tarde, através dos cronistas, na declaração generalizada sobre o assassinato dos profetas.

Importante para a nossa compreensão sobre a morte do profeta Jesus, como mártir, é que – nessa tradição – profetas são definidos como pregadores da metanóia, conversão, e da obediência à Lei de Deus; em caso de desobediência, virá o julgamento de Deus. É o próprio cerne da pregação do Batista, que Jesus reassumiu, embora em outra perspectiva. Tal visão se generalizou sobretudo na literatura intertestamentária, embora provavelmente com menos vigor no tempo de Jesus. Na apocalíptica, o mesmo tema se ligava exclusivamente à conclamação escatológica do profeta dos últimos tempos: a derradeira conclamação.

A tradição do cristianismo primitivo, que interpretava a morte de Jesus como o destino de um profeta da metanóia (o que se enquadra perfeitamente na história das calamidades de Israel) confirma esta

---

[4] O, Steck, *Gewaltsames Geschick*, 60-80.

[5] *Ibid.* 62-63.

[6] A mesma idéia influiu também Jr 25,4a.5-6; 26,5; 29,19; 35,15; 44,4; todos esses textos se encontram num complexo de tradições deuteronômicas. Também Zc 1,4-6; 7,7.12; 2Cr 36,14-16.

[7] O. Steck, *ib.*, 64-67.

conclusão: ainda antes da Páscoa, Jesus de fato já era considerado pelos discípulos como grande profeta. Além disso, profeta significa, nessa tradição do judaísmo tardio, alguém que convoca para a observância da "verdadeira lei" de Deus. Ora, a idéia de uma lei de Deus, no sentido de leis feitas pelos próprios homens, "por causa da obstinação de Israel", já era em algumas camadas do judaísmo o sinal da apostasia de Israel nos tempos do fim.[8] Jesus é o profeta escatológico que atua contra a apostasia escatológica de Israel. Pois ele convoca Israel, decisivamente, para a conversão definitiva.

Em contraste com a idéia do "Cristo" como enviado de Deus nos últimos dias, é característico também que começou a se desenvolver a partir do tempo dos Macabeus, sobretudo nos círculos apocalípticos, a idéia de uma figura contrária à salvação, a figura do "anticristo". Esse contestador traz desgraça para Israel, opõe-se à Lei de Deus (Dn 7,20; 7,25). Sobretudo em 1Mc 1,44-49, sua atuação é descrita como algo "contra a Lei". A abolição da Lei e do sábado, do culto sacrifical e dos dias festivos, desempenha papel importante, exatamente também na literatura do cristianismo primitivo.[9] Estêvão foi lapidado porque tinha falado palavras caluniosas contra a Lei mosaica e contra Deus (At 6,11), e contra o lugar santo, isto é, contra Jerusalém e contra o templo com seu culto sacrifical (At 6,13). Essa acusação corresponde à acusação de Dn 7,20 contra o "grande adversário". Essas "palavras contra o lugar santo" podem ter a sua origem na (efetiva) ameaça profética contra a cidade que não queria crer em Jesus (cf. Mt 26,61 e Jo 2,19). A combinação entre "desastre sobre Jerusalém" e "falar contra a Lei de Moisés" corresponde aqui a uma combinação igual à de Dn 7,25. Os mesmos elementos encontramos também na acusação contra Paulo (At 21,28).

Isso tudo já nos sugere por que a confrontação perante a atuação de Jesus evocava para os judeus esta pergunta: Será que este Jesus de Nazaré é o profeta dos últimos tempos? ou é ele o falso profeta dos últimos tempos? (cf. Mt 12,24ss) Também de Jesus a literatura do cristianismo afirma que ele aboliu a lei e o templo (sobretudo o sábado e os dias de festa judaicos),[10] inegavelmente características do falso profeta dos últimos dias. No (judaico) *Livro das Antiguidades*[11] fala-se de um "templo feito por mãos humanas", em relação com a apostasia de Israel no Sinai. At 17,24-26 mostra que essas palavras não se dirigiam primariamente contra o judaísmo; elas vêm de uma tradição judaica apologética-missionária, em que se esclarecia a transcendência do Deus dos judeus acima dos deuses pagãos, "feitos por

---

[8] K. Berger, *Gesetzesauslegung*, 15.
[9] *Ibid.* 18.
[10] Acta Philippi 15, p. 8. Também Justino, *Dial.* 18,2.
[11] Pseudo-Philo, *Liber antiquitatum*, 22,5.

mãos humanas". Mas, a novidade consiste em que as tradições judaicas sobre a Lei, o sábado, o templo e os dias festivos já eram desqualificadas por judeus da diáspora de língua grega; estes viam em tais leis judaicas um compromisso com a idolatria pagã.[12] A idéia de que as "leis secundárias" foram dadas por Moisés, por causa da "dureza de coração" dos judeus, veio da espiritualidade deuteronomista (Ez 20,25), por diversos caminhos de tradição. Conforme a interpretação helenista-judaica, Moisés tinha dado a Israel essas leis no Sinai, "por causa da cerviz dura de Israel": as leis do templo, do sábado, das festas, do culto sacrifical, da certidão de repúdio. Ora, tais leis de compromisso coincidem com aquela parte da Lei que Antíoco IV aboliu, atitude essa que os judeus helenistas, mais liberais, tinham aprovado, em contraste com os demais judeus, sobretudo os de língua aramaica. Historicamente isso deve ter sido o resultado de uma adaptação ao regime persa, que afinal de contas não era tão mal-intencionado do ponto de vista da religião. Esses judeus da diáspora já haviam falado de uma apostasia geral de Israel, por ter acrescentado leis humanas ao Decálogo divino, impondo sobre o povo uma carga que fazia esquecer a expressão da vontade de Deus, que eram os Dez Mandamentos. Esses judeus, portanto, julgavam que era preciso voltar para a "verdadeira lei" de Deus.[13] O acréscimo das leis secundárias era atribuído, em alguns círculos apocalípticos, à obra do "grande adversário", o *dragão*, que primeiro levara os anjos à apostasia, depois Adão, e finalmente todo o povo de Deus. Por isso, eram perseguidos os profetas que queriam chamar de volta para a "verdadeira lei", como era "desde o princípio". Era o "adversário" que endurecia o coração do povo, a ponto de erguer o bezerro de ouro, ficando desobediente às próprias leis de Deus, não feitas por mãos humanas.[14]

No Novo Testamento, portanto, constatamos que cristãos do judaísmo helenista retomam uma tradição pré-cristã greco-judaica, como se torna claro sobretudo em Mc 10.[15] Aí, essa mentalidade abrangente se aplica à "certidão de repúdio". Devemos, pois, levar em consideração que na Palestina dos tempos de Jesus existiam duas interpretações da Lei fundamentalmente diferentes. Já que essa interpretação da Lei, divergente da que o judaísmo oficial lhe dava, era defendida sobretudo pelos judeus de língua grega, a discussão sinótica dos cristãos contra a Lei é indubitavelmente determinada também por essa mentalidade judaica-helenista, que como tal não estava fora do judaísmo na sua totalidade. Verdade é que a interpretação desses ju-

---

[12] K. Berger, *Gesetzesauslegung*, 19.
[13] K. Berger, *Gesetzesauslegung*, 21.
[14] *Ibid*. 21.
[15] Sobretudo Mc 10,5. Ver também H. Braun, *Spätjüdisch-herätischer und frühchristlicher Radikalismus*, II, 108-114; Berger, Gesetzesauslegung , 508-575.

deus da diáspora era energicamente rejeitada pelos demais judeus, por causa de sua semelhança com as leis de Antíoco IV. Com base na tradição apocalíptica, inspirada em Dn 7, esse grupo helenista-judaico, com suas próprias sinagogas, podia até relacionar-se com o "grande adversário" que seduz o povo e o leva à apostasia da Lei.

Ora, as polêmicas do Novo Testamento mostram que Jesus foi condenado pelos seus oponentes como o"grande adversário", o falso profeta e falso mestre dos últimos dias, que levava o povo à apostasia. Jesus é um "falso mestre", ouve-se dizer (Mt 27,62-64; Jo 7,12; cf. Test. Levi 16,3; Test. Benjamin 3,3); ele "blasfema" (cf. Mc 14,64; Lc 5,21; 22,65). E Mt 27,62-64 mostra que a identificação de Jesus com o grande contraditor é refutada por uma referência à sua ressurreição; além disso, os cristãos devolvem aos opositores de Jesus os argumentos alegados; esses opositores é que são falsos mestres: seduzem o povo e caluniam os santos (Mc 3,28); desvirtuaram a lei de Deus em prol de uma legislação humana (cf. Mc 7,8; 10,1-2); querem seduzir o próprio Jesus, como o contraditor tenta seduzir os justos.[16] Também aí certos dados judaicos pré-cristãos são elaborados em contexto cristão, a saber: de um lado, a oposição entre lei de Deus e leis humanas (Mc 7; cf. 2Mc 7,30); de outro lado, como sinal do fim dos tempos a apostasia geral ante a "verdadeira lei".[17] Por causa da lei do "maligno" (ou adversário), começou-se a ver a "nova lei", e portanto a mensagem de Jesus, como a falsa profecia de um falso profeta, e até do "grande adversário".

Segundo esse complexo de tradições neotestamentárias, Jesus foi condenado exatamente como o falso profeta dos últimos tempos, o contraditor que seduz o povo e o faz apostatar. Por isso, os cristãos vêem a morte de Jesus como o martírio do profeta escatológico enviado por Deus, ao passo que seus verdugos são desqualificados como grandes contraditores e sedutores do povo. Nos quatro evangelhos, se pode ver claro qual foi, nos dias da vida de Jesus, a grande questão: quem é o verdadeiro enviado de Deus; quem tem a verdadeira *exousia*, os plenos poderes: Jesus ou os chefes de Israel, seus opositores?[18] Essa luta é decidida alegando-se as palavras e milagres de Jesus, numa perspectiva que podemos reconhecer como helenístico-judaica. A linha básica (p. ex. Mc 7,1-2.5.15) leva a concluir que a tendência era descrever Jesus como a verdadeira autoridade, em contraste com seus opositores, enquanto os acréscimos secundários querem desmascarar os opositores de Jesus como os contraditores da verdadeira lei de Deus.

---

[16] Mc 8,11; 10,2; 12,15; Mt 16,1; 19,3; 22,18.35; Jo 6,6; 8,6; ver Sb 2,24.

[17] Sobretudo o texto cóptico "Apocalipse de Pedro", c. 1; "Acta Philippi" 141 (p. 82, 24-26), em que tradições mais antigas foram assumidas.

[18] Acima foi constatado que a questão a respeito da autoridade se relaciona com a purificação do templo; ver Roloff, *Das Kerygma*, 91-98.

Nos evangelhos, esse desmascarar os opositores de Jesus está diretamente ligado à idéia tradicional sobre o martírio do profeta. Esse martírio prova que os poderes antidivinos não se apóiam em Jesus, e sim em seus adversários.[19] É claro que esses complexos de tradições neotestamentárias foram concebidos na base da convicção de que Deus confirmou e ratificou a autoridade de Jesus, através do seu destino como mártir. Por outro lado, numa fase secundária da mesma tradição, os mestres judeus foram julgados como cúmplices do "grande adversário". Por isso, as discussões sinóticas em torno da Lei de Deus afinal de contas não são apenas discussões doutrinárias, e sim manifestações da luta entre o profeta escatológico e o poder antidivino.[20] Paulo há de transpor essa tradição para o tema mais abrangente da luta de Jesus contra os "poderes deste mundo", contra o mundo superior dos espíritos maus, em última análise, contra satanás.[21]

À luz do martírio de Jesus, a comunidade cristã pós-pascal entendeu a real troca de poder sobre Israel, não como "discussão doutrinária", mas como a luta predita pelos profetas entre os poderes antidivinos e o profeta dos últimos tempos. À luz de tradições judaicas anteriores, os plenos poderes de Jesus e sua efetiva autoridade foram confirmados, nessa visão cristã, pela sua ressurreição e exaltação e pelos milagres que a precederam. Na linha da tradição deuteronomista sobre a sorte do grande profeta, interpretada como conseqüência intrínseca da desobediência de Israel à verdadeira lei de Deus, os cristãos viram a autoridade de Jesus legitimada. Jesus é *a* autoridade, e quem nega Jesus se opõe a Deus.

Entre as duas formas judaicas de interpretar a Lei, as tradições de algumas comunidades do cristianismo primitivo optaram claramente em favor da chamada interpretação "liberal". Essas tradições foram assumidas no Novo Testamento. De um lado, interpretaram rigorosamente a revelação da vontade de Deus no Decálogo; de outro lado, adotaram uma interpretação mais livre, mais indulgente para com o povo, no que se refere à legislação mosaica, à medida que esta era o resultado de um compromisso histórico: "por causa da dureza do vosso coração". Os cristãos relacionaram essas tradições com o martírio de Jesus, declarando que os judeus ortodoxos eram culpados dessa morte. At 7,51-53 diz: "Homens de cerviz dura, incircuncisos de coração e de ouvidos, vós sempre resistis ao Espírito Santo; nisso sois bem semelhantes aos vossos pais! Qual dos profetas vossos pais não perseguiram? Eles chegaram a matar os que anunciavam de antemão a vinda do Justo"...

---

[19] K. Berger, *Gesetzesauslegung*, 24.

[20] Cf. "Apocalipse de Elias", p. 163 (Berger, *l.c.*, 24-25).

[21] Origem da interpretação da doutrina sobre a redenção como vitória contra os espíritos maus. Ver: G. Aulèn, *Christus Victor* (Les religions, 4) Paris, 1949.

Uma interpretação que desde cedo surgiu entre os cristãos, lançando mão de categorias judaicas já existentes sobre o martírio dos profetas e o "retorno" do profeta Elias, levou-os a considerar os judeus opositores de Jesus como adversários de Deus: "Vós o matastes, mas Deus o protegeu, o fez ressurgir e o exaltou!"

Os círculos de judeus ortodoxos acusavam os judeus da diáspora de terem apostatado da Lei; uma tradição do cristianismo primitivo, porém, inverteu apologeticamente essa acusação: agora são os *cristãos* que acusam de apostasia essa tradição oficial judaica, que até alegava a autoridade de Moisés. A eles aplica-se agora o *topos* apocalíptico sobre a apostasia da Lei nos últimos tempos. A morte de Jesus, atribuída a essa "ortodoxia", é de fato a manifestação, dizia-se, da perdição judaica, manifestando-se numa falsa interpretação da "verdadeira Lei" de Deus, interpretação que na verdade levou à desobediência a Deus.

Essa interpretação da morte de Jesus no cristianismo primitivo supõe que os dias da vida de Jesus na terra, pelo menos aos olhos dos judeus fiéis à Lei, haviam sido historicamente ambivalentes, e que somente a sua ressurreição provava que ele tinha razão. Somente pelo seu martírio é que sua pessoa e atuação receberam sentido decisivo, de acordo com a visão tradicional deuteronomista sobre o profeta. É por isso que, nessa tradição sobre Jesus, era decisiva para a salvação a profissão da fé nele, como o Filho do homem que devia vir. Tal opção levava (não por si e em si, mas pela obstinação dos opositores) a uma ruptura social entre o judaísmo cristão e a sinagoga judaica.[22] As amargas polêmicas, que constatamos claramente nos quatro evangelhos, só se tornam compreensíveis, e só foram possíveis, na base da interpretação cristã de Jesus como o profeta escatológico da salvação que foi morto, mas logo reabilitado pelo próprio Deus através da ressurreição: Jesus, reconhecido como *o Senhor*. As marcas das tradições judeu-cristãs da Igreja primitiva, conservadas no Novo Testamento, são sintomas de um cristianismo que estava se separando do judaísmo.

Historicamente o que levou à pergunta *cristã* em torno do sentido da Lei para a salvação (centro da teologia paulina), só se torna compreensível se partirmos de uma interpretação judaica (no cristianismo primitivo) sobre o destino de Jesus, baseada numa visão deuteronomista, segundo a qual Jesus foi o profeta rejeitado por Israel. Sem dúvida, é uma interpretação pós-pascal: à luz dessa visão deuteronomista, Jesus de Nazaré é o profeta dos últimos tempos, o "Mestre da Lei" escatológico, que ao mesmo tempo, sendo o último profeta, foi vítima da apostasia de Israel, segundo a tradição clássica sobre o "as-

[22] K. Berger, *Gesetzesauslegung*, 26.

sassinato de profetas": o *autêntico* mensageiro, por causa de seu caráter contestador e crítico, é executado como falso profeta e sedutor do povo. De fato, para condenar Jesus, se recorre ao sentido dúplice e sempre ambivalente sobre todo e qualquer acontecimento humano histórico. Esse motivo, o "esquema do contraste", não é interpretação neutra da morte de Jesus; é talvez a interpretação de sua morte que, à luz de uma longa tradição profética judaica, está mais perto dos fatos concretos.[23]

Tudo isso esclarece por que, em certas tradições do cristianismo primitivo, Jesus é apresentado como o defensor da "verdadeira lei", enquanto em Paulo o valor salvífico, que até então competia à Lei, agora é atribuído ao próprio Jesus Cristo; nisso não há nenhuma contradição essencial (apenas umas diferenças de acento) entre a tradição sobre Jesus e a teologia paulina. Pois o profeta dos últimos tempos, o mestre da verdadeira lei, já era tradicionalmente chamado de "luz do mundo".[24] Essa função do profeta escatológico, reconhecido em alguns círculos tradicionais judaicos como "a luz do mundo" (em primeiríssimo lugar para Israel, mas também para os gentios), é de fato a origem da pergunta crítica do cristianismo primitivo sobre o significado atual da Lei. Essa questão em torno da Lei recebeu no cristianismo primitivo duas respostas diferentes:

a) As narrativas do Novo Testamento sobre aparições de Jesus são apresentadas como conversões de judeus para Jesus aceito como o Cristo, seguindo o gênero literário do judaísmo tardio quanto às conversões de gentios para o judaísmo (visões de conversão).

b) Igualmente segundo a convicção judaica, o profeta escatológico é interpretado (assim também a Lei) como *lumen gentium*, luz para todos os povos. A partir do momento em que Jesus é reconhecido pelos cristãos como o profeta dos últimos tempos, judeus que se tornaram cristãos se deparam com a "questão da Lei"; a resposta a essa questão é o núcleo da tradição dos evangelhos. Segundo algumas tradições do cristianismo primitivo (sobretudo a tradição da comunidade Q), o profeta escatológico irradia "a luz da verdadeira *Lei*" e a interpreta fielmente, criticando "leis humanas". Segundo Paulo, porém, Jesus Cristo ressuscitado entrou como "luz do mundo" no lugar da Lei. Na visão paulina, portanto, Jesus assumiu a função salvífica que era da Lei (Gl 2,16; 3,2-5; também Mc 10,17-31). A iluminação

[23] Uma prefiguração típica dessa interpretação da morte de Jesus, em relação com a infidelidade de Israel à verdadeira Lei de Deus, encontra-se numa interpolação *cristã* do (mais antigo) *Testamentum Levi*, 16, 2-4; ver K. Berger, *Gesetzesauslegung*, 26.

[24] Ver Is 42,6-7.16; 49,6.8-9; 50,10; 51,4-6; 62,1 com 49,6; Eclo 48,10b; Paralip. Jr 6,9.12; textos esses que, em parte, são lidos *juntos* em Joseph e Asenath, p. 46, 18-19; em Pseudo-Fílon Philo, *Liber Antiquitatum* 51,4-6; *Test. Levi* 14,3-4; *Test. Zabulon* 9,8; – no Novo Testamento: At 1,8b; Lc 2,32; Jo 1,9; 3,19-21; 8,12, e – aplicado aos apóstolos de Jesus – em At 13,47; Mt 5,14.

agora provém de Jesus ressuscitado que substitui a circuncisão, iluminação pela Lei. O conflito, que cedo ou tarde tinha de nascer do confronto entre a Lei e Jesus, já estava incluído, em princípio, no conceito de *lumen gentium*, o grande e sublime título que o judaísmo aplicava tanto à Lei como ao profeta dos últimos tempos.

Como profeta dos últimos tempos e verdadeiro Mestre da Lei, Jesus é "a luz do mundo". Portanto, a interpretação de sua morte como assassinato do profeta de Deus mostra que a morte de Jesus era vista não isoladamente, mas na perspectiva de toda a sua vida profética anterior. Pode-se dizer que não se atribuiu importância à morte de Jesus "em si", mas que essa morte manifesta a verdade de que a sua própria pessoa e atuação profética são a "luz do mundo".

B. O plano salvífico de Deus. Esquema soteriológico

Sobretudo na sua catequese é que a comunidade cristã continuou refletindo sobre o significado da morte de Jesus. A interpretação do lugar dessa morte dentro da história da salvação parece ter sua base sobretudo na tradição de Marcos, a saber no seu material sinótico sobre a história da paixão de Jesus. Nesse complexo de tradições, a paixão e morte de Jesus são interpretadas, com base na Escritura, como "plano salvífico" de Deus. Característica dessa tradição é a palavra grega *dei* (deve, é preciso): da parte de Deus "devia" acontecer assim; é pela Escritura que se aprende a conhecer a vontade de Deus a respeito do destino do salvador escatológico. Com alguma razão, J. Roloff (seguindo Tödt, Popkes e Hahn) distingue, nesse esquema da história da salvação, duas subtradições: *a)* Mc 8,31a; 9,12b; e Lc 17,25. Forma original dessa tradição: "O Filho do homem tinha de sofrer muito, e assim ser glorificado". Constitutivo dessa tradição é o "sofrer muito" e a "glorificação". Nessa subtradição Jesus está, por assim dizer, passivo entre dois sujeitos que agem: de um lado os judeus; de outro lado, Deus. *b)* Mc 9,31a; 14,41c; e Lc 24,7 (material próprio de Lucas): "O Filho do homem é entregue em mãos dos filhos dos homens". O que constitui esse grupo de tradições é o jogo de palavras, no aramaico, entre "Filho do homem" e "filhos dos homens", e a palavra-chave querigmática: "ser entregue" (*paradidonai*). Nesse subgrupo, a palavra "Filho do homem" é essencial (diferente, por isso, do primeiro subgrupo). Aí Jesus não está entre dois sujeitos que agem; a ação parte exclusivamente de Deus: o próprio Deus entrega Jesus à morte, o que já supõe uma reflexão teológica mais profunda (mas nem por isso cronologicamente posterior).

Na forma dupla desse quadro interpretativo a menção explícita da glorificação ou ressurreição não é essencial (no esquema do contraste, sim). Aliás, aí não aparece tal menção, apenas uma inserção posterior (embora já pré-marcana) em Mc 8,31. Também essa interpretação da morte de Jesus dentro da história da salvação provém de comunidades primitivas da Palestina; porém, seu contexto não é a polêmica contra os judeus (como no esquema do contraste) e sim a catequese intra-eclesial, embora deva ter-se inspirado originariamente numa tentativa para resolver e tornar compreensível a aporia da crucificação. A narrativa de Emaús reflete exatamente o teor desse complexo tradicional do cristianismo primitivo.

A comunidade, que depois da experiência pascal confessava Jesus como o Messias, precisava justificar-se, não apenas diante dos judeus; mas, como confraria judaica-cristã, devia também explicar um texto da Escritura como Dt 21,23: ser crucificado era uma maldição divina. Paulo se refere explicitamente a esse texto do Antigo Testamento (Gl 3,13). Dentro desse esquema de interpretação estão também Mc 2,1-3,6 e 12,13-27, onde Marcos quer tornar historicamente compreensível, por cinco atos de Jesus, como foi possível chegar à sua execução. Também a redação mais antiga da narrativa da Paixão nos sinóticos, ainda reconhecível em Mc 14 e 15, quer esclarecer este problema: como é que se pôde chegar a isso? Dessa forma, interpreta-se a paixão e morte de Jesus como fato que o próprio Deus pôs em movimento, e no qual realmente o agir de Deus pode ser reconhecido.

Nesse esquema interpretativo, entrou também um tema *apocalíptico*, não no sentido de uma "necessidade" apocalíptica (uma inevitável catástrofe, como em Dn 2,28, Setenta), mas para caracterizar a morte de Jesus como acontecimento *escatológico*. De fato, as dores e a perseguição dos justos faziam parte dos sinais do fim dos tempos, e obedeciam a disposições divinas: Mc 9,31; 14,21; 15,33.38. O texto bíblico, então, torna perceptível essa divina "necessidade" da morte de Jesus. E o tema apocalíptico serve apenas para formular a relevância escatológica, para o fim dos tempos, desse "deve acontecer" dentro da história da salvação. Em nenhuma fase da tradição, o sofrimento e a morte de Jesus são narrados unicamente como acontecimento horroroso e absurdo, enigmático e quase negando Deus. O motivo para a transmissão em narrativas é o próprio fato (a execução de Jesus) que pede explicação. A própria compreensão cristã dessa necessidade, dentro da história da salvação, levou à narrativa da paixão e a fórmulas como Mc 8,31a e 9,31a.

Na forma original da história da paixão nos sinóticos não há, pois, nenhum traço de uma motivação soteriológica da paixão e morte de Jesus; não lhe é atribuído nenhum sentido salvífico, para a expiação dos pecados. Os seres humanos não aparecem, nesse contexto da tradição, como aqueles para quem ou em favor de quem Jesus é entregue, mas como aqueles em cujas mãos Jesus é entregue. No entanto, sem terem consciência (Mc 14,21), seus atos malvados estão envolvidos na ação salvadora de Deus. O ser entregue "nas mãos dos homens" (Mc 9,31) mudou-se em Mc 14,41 e Lc 24,7 para "nas mãos de *pecadores*". Isso deve ser uma generalização teológica secundária, e não o início de uma interpretação soteriológica.

Esclarecer as causas da morte de Jesus, dentro da história da salvação, ainda não é uma explicação soteriológica (como p. ex. em Rm 4,25). Dentro desse esquema de interpretação, quando se atribui algum efeito à morte de Jesus, é apenas o fato de que este sofrimento e morte colocam os discípulos diante de uma decisão: será que reconhecem o caminho da paixão de Jesus como "acontecimento que provém de Deus?" Será que estão prontos para seguir o caminho de Jesus? (Mc 14,27.38.66-72)

Chama a atenção também o seguinte: todas as alusões à Escritura, dentro dessa camada da tradição, se limitam aos salmos sobre o justo que sofre e é perseguido, mas sabe que está nas mãos de Deus.[25] Portanto, a mais antiga (pré-marcana) narrativa sobre a paixão não entende a paixão e morte de Jesus a partir da ressurreição (Mc 14,28 é redação de Marcos), nem a partir de Is 53, pelo menos enquanto interpretado como sofrimento por causa dos pecados de *outrem* (Mc 14,24 e as palavras da instituição da eucaristia, Mc 14,22-25, vêm de outra fonte: a tradição sobre a ceia.) O que chama a atenção é que também a cristologia do Filho do homem se encontra num contexto que fala de perseguição, martírio ou sofrimento do justo (cf. Lc 12,8-9; Mc 14,62; At 7,56). Sobretudo o primeiro subgrupo deste segundo esquema de interpretação parece estreitamente ligado à tradição veterotestamentária e intertestamentária sobre o justo sofredor.

Esse tema do justo sofredor teve uma história complicada.[26] No início aplica-se exclusivamente ao rei de Israel, insidiado por inimigos. Mas o rei sabe que é um *saddik*, um justo, pois é salvo por Javé das hostilidades que lhe ameaçam a vida;[27] por isso o rei agradece a Deus.[28] Nessa fase, o sinal de justiça não é o sofrimento ou o ser ameaçado por inimigos, mas o ser libertado por Deus desses perigos.

---

[25] Sl 22,2: Mc 15,34; Mt 27,46; Sl 22,8: Mc 15,29; Mt 27,39; Sl 22,9: Mt 27,43; Sl 22,19: Mc 15,24; Mt 27,35; Lc 23,34; Jo 19,24; Sl 41: Mc 14,18; Sl 42: Mc 14,34; Sl 69: Mc 15,23.26. Ver também J. Delorme, em: *Lectio Divina*, n. 72, 137; A. George, em: LVie101 (1971) 34-39; E. Schweizer, *Erniedrigung*, 59-62; L. Ruppert, *Jesus als der leidende Gerechte?* (SBS,59), Stuttgart 1972, 48-52.

[26] H. Dechent, *Der "Gerechte" – eine Bezeichnung für den Messias*, em ThStKr 100 (1927-1928) 439-443; L. Ruppert, *Jesus als der leidende Gerechte?*; id., *Der leidende Gerechte. Eine motivgeschichtliche Untersuchung zum Alten Testament und zwischentestamentlichen Judentum* (Forschung zur Bibel, 5), Würzburg 1972, e: *Der leidende Gerechte und seine Feinde*, Würzburg 1973; H. J. Kraus, *Klagelieder*, Neukirchen 1960; E. Flesseman-van Leer, em H. Conzelmann, entre outros, *Zur Bedeutung des Todes Jesu*, 79-96; G. Nickelsburg, *Resurrection, Immortality and eternal Life in intertestamental Judaism*, Cambridge Harvard 1972, 49-143.

[27] Sl 18 (21) 25 (o versículo 21 parece ser uma inserção depois dos versículos 22-24, que são de orientação deuteronômica; o v. 25 retoma o assunto do v. 21).

[28] Sl 18 = 2Sm 22.

É exatamente a justiça divina ou a justificação do sofredor (o ser libertado do sofrimento) que *revela* a justiça do justo (do rei).[29] Em salmos mais recentes (lamentações individuais), que falam de piedosos sendo acusados e expostos à execução, esses pedem a Deus para manifestar que são justos ou fiéis, ou para que sejam assumidos na própria justiça de Deus.[30] O auxílio da justiça divina, implorado diante dos inimigos, manifesta-se no castigo aos inimigos,[31] e ao mesmo tempo na confirmação divina da justiça do piedoso orante.[32] Sobretudo depois do cativeiro, nos salmos mais recentes fala-se que o piedoso angustiado é salvo por Deus.

Esse tema ganha significado especial na situação de angústia e incompreensão sofrida pelos *profetas*. No quarto cântico do *Servo*, no Dêutero-Isaías, não se trata formalmente do "justo" sofredor, mas do "profeta" que sofre[33] por causa da mensagem que traz.[34] Is 53 parece conhecer o tema (que já existia) do "justo que sofre"; o "servo sofredor" é insistentemente chamado de "o justo".[35] "Servo", "criado" e "justo" são usados como sinônimos. Podemos concluir: aplica-se de modo especial ao *profeta* sofredor e rejeitado o tema mais abrangente do justo sofredor em Is 53.

Todavia, somente nos salmos influenciados pela literatura sapiencial é que o "justo sofredor", depois "exaltado", se torna uma fórmula fixa.[36] Tornou-se corriqueira a expressão "muitas são as aflições do justo" (Sl 34,20a); como também esta certeza: "de todas elas Javé o liberta" (Sl 34,20b).

A tradução dos Setenta parece apreciar particularmente a idéia de que "o justo terá de sofrer".[37] Com isso, realça-se também a idéia de que os justos, angustiados pelos ímpios – poderosos e ricos – são ao mesmo tempo os *anawim*, os "pobres";[38] provavelmente trata-se de judeus da diáspora que, pela sua fidelidade à Lei, experimentam contrariedades no ambiente onde vivem. Tudo isso ainda não tem nada a ver com uma "teologia do martírio", que parece ter surgido apenas mais tarde. Claramente semelhante às lendas sobre mártires em Daniel e à "teologia do martírio" é a "lenda de Suzana". A inocente Suzana, condenada à morte, miraculosamente salva por Daniel, é uma "justa sofredora".

[29] Cf. Sl 143,1.11; 5,9; 31,2; 71,2; 119,40, onde seres humanos pedem a ajuda de Deus como Juiz.
[30] Sl 5; Sl 7; Sl 17; Sl 31; Sl 25; Sl 71; Sl 119; Sl 143.
[31] Sl 7,7-9ª.10b; 17,13-14; 35,24-26.
[32] Sl 7,4-10; 35,23-28.
[33] Is 52,13-53,12; ver L. Ruppert, *Jesus* (SBS, 59), 19.
[34] Ver Is 50,4-9 (terceiro cântico do Ebed). Ver Também Hab 1,4.13 e 2,4.
[35] Is 53,11.
[36] Sl 34 e 37.
[37] L. Ruppert, *Jesus*, *l.c.* 21. Ver sobretudo Sl 9,29 LXX: "meta plousión".
[38] Pr 19,22; 28,28.

Contudo, somente na apocalíptica é que a glorificação aparece claramente como noção correlativa do "justo sofredor".[39] Nessa época, porém, também a fé na ressurreição já crescera bastante. O livro da Sabedoria (Sb 2,12-20 e 5,1-7) teve importância central na história do "justo sofredor", pelo que se torna inevitável a conclusão de que somente nos primeiros 25 anos do último século antes de Cristo é que se tornou comum o tema "sofrer muito" e depois "ser glorificado", e isso dentro da Palestina. Segundo um estudo de Lothar Ruppert, na sua origem essas duas partes (Sb 2,12-20 e 5,1-7) devem ter formado uma unidade, uma espécie de díptico.[40] Supõe-se que "o justo", do qual o texto fala e que foi morto violentamente (o que já se pode ver como atualização de Is 52,13-53,12), se referia originariamente a um mártir fiel à Lei (da escola farisaica, ou pelo menos da linha hassídica). Os inimigos que o assediam devem ser saduceus com idéias liberais que se opõem à sua piedade e "justiça" (Sb 2,13.16), e acabam por assassiná-lo (Sb 2,20). Mas esse justo, provavelmente após uma inserção sobre sua ressurreição (da mão do redator final), é assumido na glória celeste, onde atua como testemunha de acusação contra seus opressores; não é ele quem os julga, mas à luz da glorificação deste justo eles mesmos é que hão de se condenar (Sb 5,1-7). O redator final colocou essa visão em novo contexto (da "teologia dos pobres", que também nasceu em Alexandria como a tradição dos Setenta). Nota-se, em tudo isso, que esse díptico sapiencial é uma reinterpretação *atualizante* do "Servo sofredor" (Is 52,13 – 53,12).

Portanto, os temas do "justo sofredor" e do "martírio" (originariamente duas tradições distintas) com o andar do tempo se uniram, fato esse testemunhado pelo apêndice do quarto livro dos Macabeus (4Mc 18,6b-19) (fim do século I d.C.). Aí, o martírio dos sete irmãos macabeus é visto como "sofrimento de justos".[41] O caminho do justo, através do sofrimento, para a glória ou para a ressurreição, é visto como disposição salutar de Deus: uma "necessidade" divina, e portanto "segundo as Escrituras", como se diz expressamente.[42] Essa idéia já se encontra no Henoc etíope (pré-cristão).[43] Aí se ressalta uma queixa de um "justo sofredor" (atendida por Deus).[44] A angústia e sofrimento de um justo são vistos como sua forma natural de existir segundo os critérios do mundo; para os piedosos, exatamente por causa de sua fidelidade à Lei, a vida "neste mundo" não é nada fácil. Mas, a visão apocalíptica lembra o último juízo (Henoc 104,3): o sofrimento do

[39] L. Ruppert, *Jesus*, 23.
[40] *Ibid.*
[41] *Ibid.*, 24.
[42] 4Mc 18,15 cita Sl 34,20a.
[43] Ruppert, *Jesus*, 24-25. Acima se disse que, no Livro de Henoc, "o justo", em fase posterior, foi identificado como o "Filho do homem" (ver Parte III).
[44] Henoch (etíope) 103, 5c . 6. 9b.c.-15; 104, 3.

justo é interpretado, então, como promessa de glória eterna (Henoc 104,1-2.4-6). No tempo em que se redigia a maior parte dos escritos do Novo Testamento, era praticamente "dogma judaico" que os piedosos ou justos devem sofrer muito.[45]

No tema judaico do "justo sofredor" uniram-se as linhas de três tradições originalmente independentes; em sumário bastante reduzido: a) a linha da evolução *sapiencial*; b) a linha da evolução *escatológica*; c) a tradição *apocalíptica*. Parafraseando, podemos citar as seguintes fases:

a) O sofrimento mortal do Servo de Deus no Dêutero-Isaías (Ebed: Is 52,13-53,12) é interpretado como martírio, ou como "sofrimento do justo".

b) Inspirando-se nisso, a linha da evolução apocalíptica (inicialmente como reflexo da perseguição dos hassideus na luta religiosa síria: Dn 11,33-35; 12,1-3) levou a textos que são eco da perseguição contra os fariseus sob Alexandre Janeu; assim, formou-se uma tradição apocalíptica, fonte do (atual) Livro da Sabedoria (Sb 2,12-20; 5,1-7).

c) Foi o que inspirou os livros moralizantes de Henoc etíope, e levou à convicção (através de 4Mc 18,6b-19) de que "o sofrimento do justo" é "segundo as Escrituras". Assim, chegou-se às grandes apocalipses de Esdras e Baruc: à luz da malograda revolta judaica (66-72/73 d.C.) que tanto sofrimento trouxe para Israel, as duas interpretam esse sofrimento como *passio iusti*, como sofrimento do justo.[46]

No espaço de um século mais ou menos, o que antes era sentido como aporia ou como escândalo para o piedoso em extrema angústia desenvolveu-se, pela doutrina da fidelidade à Lei (Sl 119) e também pela teologia da pobreza, na Setenta, até se tornar um dogma da piedade judaica: os justos e piedosos *têm de* sofrer, mas Deus os há de exaltar! Assim, o "sofrimento do justo" desemboca num padrão de esperança e certeza de salvação: o justo acusado, sofrido e destinado a perecer será, no fim, reabilitado por Deus.

Parece-me impossível negar a existência dessas convicções judaicas, conquistadas no decurso de séculos (independentemente de Jesus de Nazaré). Essas convicções, já adquiridas, até ajudaram os judeus que se tornaram cristãos a situarem e compreenderem o que acontecera com o seu já venerado e adorado Mestre; mas não de forma alguma *levaram* a essa veneração.

Evidentemente, a avaliação da história do sofrimento humano passou, no Antigo Testamento e na literatura intertestamentária, por um crescimento e desenvolvimento. Inicialmente os piedosos pedi-

---

[45] Apocalipse de Esdras 7,79.89.96; 8,27.56.58 e o Apocalipse (siríaco) de Baruc 15,7-8; 52,6-7; ver Ruppert, *Jesus*, 25-26 e Nickelsburg, *Resurrection*, 109-143.

[46] Ruppert, *Jesus*, 25-26; Nickelsburg, *Resurrection*, 84-85 e 138-140.

ram a Deus que os libertasse do sofrimento e fracasso, que aos olhos dos ortodoxos eram prova de que estavam errados: "Até quando, Senhor?" (Sl 13,2-3). Nos salmos posteriores, o sofredor não se cansa de contar e descrever detalhadamente seus fiascos e contrariedades (Sl 22,7-22). Para este salmo, todos os sofrimentos imagináveis pesam sobre os "piedosos" que clamam a Deus; eles são o "paradigma" do "sofrer", apesar de sua piedade e justiça. O sofrimento "básico" de "ser abandonado por Deus" oprime esses justos.[47] "Sofrer" torna-se assim paradigma, figura fundamental, para qualquer pessoa piedosa fiel à Lei, fiel a Javé. Somente na situação dos judeus da diáspora é que isso chegou à sua plena relevância. Mas, apesar desse sofrimento, cresceu esta convicção: Javé é o meu rochedo (o que lembra provavelmente Jerusalém, a rochosa montanha sagrada de Sião; Javé é o Deus de Jerusalém, do monte Sião). A imagem fundamental do "sofredor" tornou-se assim o protótipo de quem é salvo por Deus! Sl 18 (= 2Sm 22) é sem dúvida o testemunho mais antigo do laço estreito entre essa imagem fundamental do "sofrimento mais profundo" e da "mais sublime exaltação" por Javé (Sl 18,8-20).[48]

Portanto, para os judeus "sofrimento" e "exaltação" estavam intimamente interligados; mas em salmos relativamente tardios, recentes, essa esperança de salvação é posta em dúvida (Sl 39; Sl 88). No entanto, a esperança continuou vitoriosa. O Sl 119 é de um lado o grito mais alto do sofredor abandonado por Deus, mas tornou-se de outro lado o paradigma de toda justiça reconhecida e aprovada por Deus. "Angústia e tribulação me assaltaram, mas teus mandamentos são minhas delícias... Aproximam-se traiçoeiros perseguidores, que se afastaram de tua lei. Mas tu, Javé, estás perto, e todos os teus mandamentos são fiéis" (Sl 119,143.150s). Sendo piedoso, ele é "o sofredor"; nem precisa de uma confirmação de Deus. A razão dessa visão nova é que os inimigos de Deus são entendidos de maneira diferente. O piedoso é insidiado *por causa de* sua piedade, fiel à Lei. Nesse sentido, o Sl 119 é um elo essencial na evolução. O que antes, por causa do sofrimento dos justos, era às vezes uma aporia difícil de entender, torna-se agora um sinal de eleição, um selo da confirmação divina.

Sobretudo quando o tema do justo que sofre se relaciona com a teologia apocalíptica do martírio (Dn 11,33-35; Sb 2,12-20), o sofrimento é acentuadamente considerado como condição para a salvação ou para a exaltação. Assim, a teologia do sofrimento do justo, que na literatura apocalíptica chegou a seu pleno desenvolvimento, lançou raízes profundas na espiritualidade judaica. Na visão do judaísmo tardio, a novidade está na convicção de que o justo não apenas so-

---

[47] Assim uma formulação exata de Ruppert, *Jesus*, 31 e 41.

[48] Ver também Sl 30; 31; 40,2-12; Is 38,10-20; Eclo 2,3-10; Sr 51,1-12. Finalmente, em salmo muito recente: Sl 34,20.

fre *de fato*, mas até sofre *por causa de* sua justiça e fidelidade à Lei (Sl 119). O justo tem de sofrer, por causa de sua justiça (4Esd; Baruc sir.) Mas, somente na literatura apocalíptica mais recente é que a referida glorificação se relaciona definitivamente com o sofrimento do justo.[49]

Será que essas idéias judaicas sobre o sofrimento têm algo a ver com a interpretação da paixão e morte de Jesus no cristianismo primitivo?

Na forma original da história da paixão pré-marcana não se encontra vestígio nenhum de uma glorificação martirológica de Jesus como *mártir*.[50] Pelo contrário, Lc 23,46 mostra que este evangelista ficou chocado pelo fato de Jesus se sentir abandonado por Deus, conforme se afirma em Mc 15,34 par. Nessa antiga história da paixão, a atitude de Jesus não se apresenta, em lugar nenhum, como heróica, em contraste com a teologia judaica do martírio. Jesus é antes "o objeto" das ações de outros. A glorificação de que se fala acontece somente depois da morte de Jesus; morte que nada tem de acontecimento heróico, por si mesmo glorioso. De outro lado, as características típicas do tema puro do "sofrimento de um justo" estão presentes nessa antiga narrativa da paixão, a saber: o "sofrer muito" (Mc 8,31) e o termo "paschein" (isto é: sofrer até morrer) (nos textos mais recentes).[51] Jesus é visto como "justo"; portanto como alguém que tinha de sofrer por ser justo (Mt 27,19; Lc 23,47; também At 3,14; 7,52; 22,14). Segundo alguns exegetas, os dois conceitos, "o santo" e o "justo" de At 3,14, provavelmente não foram "títulos", na sua tradição pré-lucana, mas expressões de um julgamento ético-religioso sobre a vida de Jesus.[52] Todavia, em Lucas, "o santo" é um título messiânico (Lc 1,35), e vale notar que em Lucas a expressão "Jesus, o justo" (At 22,14) se usa exclusivamente quando se fala sobre o *sofrimento* de Jesus. Portanto, Lucas usa a antiga idéia judaica do "justo sofredor", mas em sentido messiânico (também em Henoc 38,2 e 53,6 o "justo" é interpretado em sentido messiânico). Uma camada antiga da tradição cristã interpretou a morte de Jesus, evidentemente, segundo o modelo do "sofrimento de um justo". São claras as alusões a salmos, onde se fala do sofrimento do justo.[53] Mas, onde o sofrimento de Jesus é *predito*,

---

[49] Assim Ruppert, *Jesus*, 43-44, polemizando contra E. Schweizer, *Erniedrigung*, 21-33. Ver também: Balz, *Methodische Probleme*, 44-45.

[50] Lucas, porém, pinta a história da paixão em cores claramente martirológicas, e além disso como sofrimento do *profeta* (Lc 11,49-51; 13,33; 24,19). Jesus não morre com um grito alto, mas numa oração quase triunfante de entrega à vontade de Deus (Lc 23,46); o centurião louva a Deus (23,47), e os presentes batem no peito (23,48).

[51] Lc 22,15; 24,26.46; At 1,3; 3,18; 17,3; Hb 2,18; 9,26; 13,12; 1Pd 2,21-23; 4,1.

[52] U. Wilckens, *Missionsreden*, 170; L. Ruppert, *Jesus*, 47-48.

[53] Cf. nota 25. J. Gnilka, *Die Verhandlungen vor dem Synhedrion und vor Pilatus nach Mk 14,53-15,5*, em: *Evangelisch-Katholischer Kommentar zum NT.*, H. 2, Neu-

não há referência a esses salmos, e sim a outros lugares do Antigo Testamento.[54] Na narrativa da paixão, as vagas alusões aos "salmos do sofredor" dão a entender, de maneira espontânea e evidente, que o sofrimento de Jesus foi "segundo as Escrituras"; portanto, faz parte, historicamente, do plano salvífico de Deus. Tudo o que aconteceu no Gólgota é interpretado, ou melhor, é visto através do Sl 22. Também os salmos 31 e 69 ajudaram a entender o verdadeiro valor do sofrimento de Jesus, interpretando-o. Lucas substituiu a citação de Sl 22,2, que o chocava, por Sl 31,6; por seu lado Mc 15,23.26 (o "vinagre") chamou a atenção de Mateus (27,34) sobre Sl 69,22. Assim, ouve-se também o espírito dos salmos na antiga narrativa da paixão.[55] Deus de fato deu razão ao justo sofredor: "justificou-o".[56] Além disso, esses salmos sobre o sofrimento se encontram ao mesmo tempo em contextos de ação de graças por uma salvação obtida, de sorte que em toda a narrativa da paixão se percebe também e claramente a perspectiva da definitiva salvação e glorificação de Jesus depois de sua morte.[57] O evangelho de Marcos entende evidentemente o caminho de Jesus nesta vida com base no tema desses salmos: "o justo sofredor, porém salvo". Somente depois que essa camada da história mais antiga da paixão ficou encoberta por outras explicações do sofrimento de Jesus, o evangelho joanino (na sua predileção por citações de reflexão) começou a tornar explícita a expressão "segundo as Escrituras", mediante as fórmulas de introdução: "para que se cumprissem as Escrituras" (Jo 13,18; 19,24.28).

Além disso, também o material pré-marcano já apresenta alusões ao terceiro cântico do Servo (Is 50,4-9),[58] e finalmente também Sb 2 (como nova interpretação do "Servo sofredor" de Is 53) teve influência na narrativa sobre o interrogatório em Mc 14,55-65.[59] A

kirchen-Zurique 1970 (5-21) 11-12, vê também as próprias cenas do processo contra Jesus como cheias de alusões aos salmos do "justo sofredor": Sl 37,14.16; Sl 38,9-10 (Jesus fica calado); Sl 108,2-3 (os inimigos acusam); exame da motivação da execução: Sl 36,22; 53,5; ver também 37,13; 62,10; 69,2-3; 85,14; falsas testemunhas: Sl 26,12; 34,11 (cada vez segundo a Setenta).

[54] Mc 14,27 par.: Zc 13,7; Mt 27,10: Zc 11,12-13; Lc 22,37: Is 53,12.

[55] Sl 22,23ss; Sl 31,20-25; Sl 69,31-35; Sl 41.

[56] F. Flesseman-van Leer, em H. Conzelmann e.o., *Zur Bedeutung des Todes Jesu,* 93.

[57] *L. Ruppert,* Jesus, 51.

[58] Is 50,6: Mc 14,65 e 15,19.

[59] O *pais Theou* (Sb 2,18; Is 52,13 LXX) é interpretado como *huios Theou* em Sb 2,13. Mc 14,61-62 fala em "o Filho do Altíssimo". De fato, Jesus é apresentado aqui como o Servo de Deus que sofre, segundo o Dêutero-Isaías. Ver a discussão: J. Jeremias, *pais theou*, em ThWNT V, 709-713; Cullmann, *Christologie*, 59-68; H. W. Wolff, *Jesaja 53 im Urchristentum*, Berlim 1950, 55-71; B. van Iersel, Der Sohn, 60ss; U.Wilckens, Die *Missionsreden der Apostelgeschichte, l.c.*, 163-168. Desde antes de Lucas, o "filho" de Sl 2,7 é identificado com o "servidor" de Is 42,1 (cf. Mc 1,11 parr. e Mc 9,7 par.). Lucas, em At 4,27, mistura os dois títulos. Foi sobretudo na liturgia que penetrou o "per Jesum *Puerum* tuum" (At 4,30; Didaquê 9,2-3; 10,2-3; 1Clem 59,2-4). No

intenção de Marcos é mostrar que Jesus sofreu, não como "justo", mas como "Filho do homem" (ver Mc 8,31; 9,31; 10,33) e como "Filho de Deus" (15,39). Mas, o que deu origem a essa evolução foi exatamente o fato de que a cena do interrogatório (Mc 14,55-64) depende do díptico do Livro da Sabedoria (Sb 2).[60]

Podemos dizer que a forma original da história da paixão foi esboçada segundo o tema do "justo sofredor".[61] Mas, a partir da redação de Marcos, e ainda mais claramente em Mateus e Lucas, esse tema ficou em segundo plano.[62] Ao que tudo indica, somente orando e meditando sobre o Antigo Testamento na Sagrada Escritura, os cristãos das primeiras comunidades conseguiram superar o constrangimento que a execução de Jesus continuava a lhes causar. Daí as numerosas alusões implícitas às Escrituras na narrativa (litúrgica) da paixão, que muitos exegetas consideram como uma das mais antigas, ou mesmo a mais antiga, dos documentos cristãos. Somente as Escrituras lhes podiam esclarecer a "necessidade" divina desse sofrimento (Lc 24,26; 24,44-46). Na mais antiga narrativa da paixão, essas citações bíblicas são implícitas e alusivas, o que mostra que inicialmente não se tratava de temas *apologéticos*, mas apenas de uma reflexão, em oração, a fim de superar as suas próprias dificuldades diante desse acontecimento. Com base na meditação orante sobre a Escritura, quer dizer, sobre o sofrimento de Jesus visto como o "sofrimento do justo", com base na Escritura, essa interpretação da paixão e morte de Jesus pode ser considerada como a base do esquema soteriológico de interpretação, ou seja, do divino "era preciso" (grego: *dei*). Um sofrimento humilhante "tinha de" preceder na glória pascal. O fato de faltar quase alusão a Is

Novo Testamento, com exceção de Mt 12,18, a cristologia do "puer" é característica de Lucas. Que o próprio Jesus se tivesse considerado como o Servo sofredor segundo o Dêutero-Isaías, é negado por exegetas críticos; W. Popkes, *Christus traditus*, Zurique 1967, 172-173; F. Hahn, *Hoheitstitel*, 64-66. Mc 14,62: "Vereis (*opsesthe*) o Filho do homem sentado..."; também em Sb 5,2a ver o justo glorificado, aquele que sofreu, já será uma condenação para os seus assassinos. Ver o glorificado é testemunho silencioso de acusação, pelo qual, indiretamente, eles já se reconhecem condenados (Sb 5,3-7). Ver Nickelsburg, *Resurrection*, 49-92 (ver Parte III).

[60] Ruppert, *Jesus*, 53ss. Não quero discutir aqui a contestada hipótese de Ruppert, de que esse díptico teria existido originariamente em hebraico. Em todo caso, se estiver provada a influência de Is 53 no material de Marcos (através de uma reinterpretação de Sb 2,12-20 e 5,1-7, o que é possível), então esse material deve ter sido formado por judeus-cristãos de língua grega; pois nestas alusões o Livro da Sabedoria já é suposto ser "Escritura" (como os Salmos).

[61] O que chama a atenção é que "ho dikaios" ("o justo" – acrescentando-se: "ao qual Deus deu razão") ocorre sete vezes, sendo seis vezes num contexto de sofrimento: Lc 23,47; At 3,14; 7,52; Mt 27,19; 1Pd 3,18; 1Jo 2,1.

[62] Isso está relacionado com a tese (cada vez mais aceita) de G. Schille, segundo a qual as comunidades primitivas celebravam todo ano um culto em comemoração da paixão e morte de Jesus, refletindo sobre esses fatos em oração, à luz da Escritura (ver acima); cf. ZThK 52 (1955) 161-205. A ordem cronológica da história da paixão (Marcos) dependeria então da liturgia, não de uma historiografia.

53 na primeira fase da história da paixão,[63] é argumento para julgarmos que essa "meditação sobre a paixão" inicialmente ainda não descobrira o sentido soteriológico da paixão e morte de Jesus.

C. Morte redentora expiatória. Esquema soteriológico.

A expressão "esquema soteriológico" refere-se a complexos de tradições em que a morte de Jesus é vista como expiação em favor da humanidade, como sacrifício vicário de expiação para a redenção do gênero humano. O tema se reconhece nas fórmulas com *hyper* = *por* nós; *por causa de* nossos pecados.

No entanto, chama a atenção o fato de ser muito escasso tanto o material pré-sinótico como o pré-paulino, nos quais se encontram essas fórmulas com *hyper*. Fórmulas soteriológicas-cristológicas fixas (que já mostram uma tradição estabelecida) só podem ser reconhecidas em Gl 1,4; Rm 4,25; 5,8; 8,32; Ef 5,2; também no querigma antigo de 1Cor 15,3b-5; na palavra sobre o cálice na tradição marcana da última ceia (Mc 14,24); e como única prova autenticamente sinótica, a palavra sobre o "resgate de muitos", em Mc 10,45; finalmente: 1Pd 2,21-24, o único hino antigo sobre o Cristo, onde se reconhece o tema da salvação ou redenção. Foi apenas em fase posterior da evolução que essa interpretação soteriológica da morte de Jesus se tornaria a força decisiva da cristologia de Paulo, da carta aos Hebreus e das cartas dêutero-paulinas, bem como do Apocalipse e do evangelho de João. Nesse sentido, o tema da redenção está bem amplamente representado no Novo Testamento, mas exatamente por isso a sua base estreita, logo nas camadas mais antigas, é que chama tanto a atenção.[64] Problema maior ainda é que exatamente as provas bíblicas mais tardias que alegam Is 53 não conhecem a idéia da reconciliação vicária.[65]

A conseqüência dessa situação exegética é que a interpretação soteriológica da morte de Jesus tenha sido considerada (muito precipitadamente) como evolução secundária, comparada com outra interpretação mais original; esta sim teria consistido no "esquema do contraste", ou na interpretação causal dentro da história da salvação. A evolução secundária se explicaria, então, seja na base da citação de Is 53, seja pela idéia judaica, já espalhada por toda parte, da reconciliação vicária através do martírio.

Muitos exegetas, de fato, acabaram vendo a interpretação soteriológica da morte de Jesus como resultado da prova bíblica: Is 53

---

[63] Roloff, *Soteriologische Deutung des Todes Jesu*, *l.c.*, 42-43; também Ruppert, *Jesus*, 59-60; E, Schweizer, *Erniedrigung*, 72-73.

[64] Roloff, *Soteriologische Deutung*, 43.

[65] Mc 14,61a; Mt 8,17; At 8,32-33. Há uma exceção: o *hyper hèmôn* de 1Pd 2,21-24; mas aí trata-se de um hino, escrito com temas do Dêutero-Isaías, não de uma prova bíblica.

("o Servo de Deus"). Mas, será difícil provar que esse tema, quanto às suas bases mais antigas, dependia de Is 53. E tem mais: precisamente essas correntes tradicionais, que procuravam expressamente provas bíblicas, evitavam referências claras a Is 53 (ver acima). Conseqüentemente, hoje em dia há entre os exegetas consenso mais forte quanto ao fato de que no tempo de Jesus o judaísmo geralmente não aplicava Is 53 a um "messias sofredor". Por outro lado, é inegável reconhecer que alguns elementos de fórmulas soteriológicas – "por muitos" (Mc 10,45b), "ele morreu por nossos pecados" (1Cor 15,3b) e "ele foi entregue por nossas faltas" (Rm 4,25) – quanto a seu conteúdo são claramente ecos de Is 53. Segundo J. Roloff, em fase precoce do cristianismo palestinense fazia-se uso um tanto vago de Is 53, uso que ainda não estava dentro da larga tendência em evolução de elaborar provas bíblicas (a respeito da morte de Jesus), e ainda nada se sabia do uso teológico sistemático, dos cânticos do Servo, no seu conjunto.[66] Nas fórmulas soteriológicas, alusões a Is 53 não se mostram como "provas bíblicas": falta a idéia da "necessidade divina". Contudo, nesse meio tempo, o tema (Is 53) já se tornara "patrimônio comum" do judaísmo.

1Cor 15,3b diz: "Cristo morreu pelos nossos pecados, *conforme as Escrituras*"; isso absolutamente não prova o contrário.[67] Também no segundo membro, a ressurreição "conforme a Escritura" se encontra sem ligação ao lado do elemento mais amplo de interpretação ("o terceiro dia"). O caráter próprio dessa fórmula de profissão de fé consiste exatamente nisto que ligou duas linhas de tradição, originalmente independentes: o esquema de uma interpretação dentro da história da salvação aparece neste "conforme as Escrituras", enquanto o esquema soteriológico de interpretação, que é dêutero-isaiana, se manifesta na expressão "por nossos pecados". Os elementos tradicionais em 1Cor 15,3b-5, por mais antigos que sejam, não são o primeiríssimo impulso para as demais interpretações da morte de Jesus, mas, por si, já são resultado de um processo mais longo de reflexões e de uma aglomeração de tradições. O fato, por si, não é nenhum argumento contra a antiguidade das tradições independentes, nem contra uma interpretação soteriológica. Mas deixa duvidoso, isto sim, se foi Is 53 que levou à interpretação soteriológica da morte de Jesus. Além disso, parece-me relevante indagar se os judeus da época já liam nesses cânticos do Servo o que mais tarde foi encontrado neles.[69]

---

[66] *L.c.*, 44.

[67] Assim Hahn, *Hoheitstitel*, 197-211, e Roloff, *l.c.*, 45.

[68] Assim Roloff, *l.c.*, 45-46.

[69] G. Fohrer, *Das Alte Testament und das Thema "Christologie"*, em: EvTh 30 (1970) (281-298) 286-291, mostrou que nesses cânticos do Servo não se trata de um sofrimento para expiar os pecados dos outros, mas de uma penitência pelas suas próprias faltas desconhecidas.

Por causa das dificuldades em estabelecer uma ligação demonstrável entre Is 53 e a interpretação soteriológica da morte de Jesus, outros foram procurar uma ligação com idéias do judaísmo tardio sobre o martírio como reconciliação vicária.[70] Em 2Mc 7,37-38 aparece ligeiramente o tema da substituição; no entanto, de um sofrimento vicário de mártires só se fala em escritos judaicos tardios, após 70 d.C., sobretudo em 4Mc 6,28-29; 1,11; 17,21; 18,5. Em textos rabínicos posteriores, nos *midrashim* e *targumim*, tem grande importância o sacrifício de Isaac, e será difícil sustentar que esses documentos, por mais longe que já estejam do cristianismo primitivo, de repente tenham caído do céu.[71] Todavia, nem a teologia do judaísmo tardio sobre o martírio, nem as lendas rabínicas martirológicas nada têm a ver com a interpretação soteriológica da morte de Jesus, pois esse tema do martírio como tal representa uma tradição muito diferente daquela que se manifesta no tema do "justo sofredor".[72]

Assim está claro, creio eu, que as fórmulas soteriológicas formam um complexo muito antigo, fechado dentro de si mesmo, de tradições cuja origem não se pode explicar, nem como dedução secundária de outras interpretações da morte de Jesus, nem por sua redução a teologias judaicas sobre o sofrimento vicário de algum mártir.[73] Todas essas interpretações esbarram em dificuldades dentro da história das tradições; e no estrato mais antigo das fórmulas com *hyper* esbarram também na ausência de referenciais a Is 53, apesar das semelhanças de conteúdo.

Portanto, para uma interpretação soteriológica da morte de Jesus, a pré-história judaica foi em primeiro lugar negativa. Isso faz surgir uma pergunta: Será que esse tema tem fundamento em alguma lembrança dos últimos dias de Jesus a respeito de como ele mesmo tentou dar sentido à morte violenta que se aproximava? Em outras palavras, deveremos meditar seriamente: a referência em Marcos ao "sangue derramado em favor de muitos" (Mc 14,24), – com seu contexto claro na celebração eclesial da eucaristia, será que tem sua *base histórica* numa palavra ou gesto de Jesus, já interpretando, ele mesmo, a sua morte que se aproximava? Depois de termos considerado as interpretações do cristianismo primitivo sobre a morte de Jesus, devemos agora lembrar novamente os próprios dias da vida terrena

---

[70] Assim H. Kessler, *Die theologische Bedeutung des Todes Jesu*, Düsseldorf 1971, 232-235.

[71] Ver mais adiante na Parte III: "Ressuscitado no terceiro dia".

[72] Ruppert, *Jesus*, 40-41. Um martir nem sempre é um "santo" (cf. 2Mc 7,32); pelo seu martírio ele pode expiar seus próprios pecados e os de outros; ver E. Lohse, *Martyrer uns Gottesknecht*, Göttingen 1963, 29-32; Ruppert, Jesus, 74, n. 6.

[73] Roloff, *l.c.*, 50.

do "Jesus histórico". Até agora só se constatou que houve, no cristianismo primitivo, três complexos de tradições, um ao lado do outro, em que se interpretava de maneiras diferentes a morte de Jesus. São três conjuntos de tradições, todas elas muito antigas, mas nenhuma sucessão cronológica se pode provar peremptoriamente.[74]

§ 2. A MORTE DE JESUS, VISTA A PARTIR DE SEUS ÚLTIMOS DIAS DE VIDA NA TERRA

A. Rejeição da mensagem e da praxe de Jesus

A meu ver, na discussão atual sobre a continuidade ou descontinuidade entre o Jesus terreno e o Cristo anunciado pela Igreja é preciso assinalar um mal-entendido fundamental, a saber: coloca-se unilateralmente como ponto de ruptura a morte de Jesus, e em seguida a pregação eclesial sobre a ressurreição. Por isso, uns grupos julgam que se deve insistir em tal ruptura; outros acham que é preciso relativizá-la. O que se perde de vista com isso é que existe realmente uma ruptura; mas deve ser posta dentro da atividade do Jesus histórico: na resistência contra ele e na rejeição à sua mensagem. Daí surge uma pergunta: como fato global durante a vida de Jesus na terra, essa rejeição já não lhe deu ocasião de interpretar de alguma forma a sua morte que se aproximava?

Vários exegetas propuseram também esta pergunta: a pregação de Jesus na Galiléia terminou em fracasso, pelo menos no sentido de que sua mensagem não foi aceita?[75]

"*Porém*, feliz aquele que não se escandalizar por causa de mim" (Lc 7,18-23=Mt 11,6).[76] Evidentemente, nessa passagem ainda não se trata de uma revisão de *toda* a atividade de Jesus (após o final de sua vida terrena), mas de uma lembrança histórica de determinados fatos de sua vida e da reação que provocaram: é a pergunta se Jesus traz salvação ou se ele "tem demônio".[77] Acima vimos que Jesus rejeitou a interpretação aramaica-farisaica da Lei e também a autoritária piedade cultual dos saduceus. Tanto sua pregação como sua praxe feriam o núcleo do princípio judaico da justificação pelas obras. E sobretudo a

---

[74] H. Schürmann, em: *Orientierung an Jesus, 357.*

[75] Ver entre outros: C. H. Dodd, *The Founder of Christianity*, Londres 1971, 119-136; Fr. Mussner, *Gab es eine "Galiläische Krise"* em: *Orientierung an Jesus, l.c.*, 238-252. Cf. com S. Schulz, *Q-Quelle*, 364, n. 275, em relação com o texto (que no cerne é um texto Q) de Mt 11,21-24 = Lc 10,13-15.

[76] "Kai" (= e) tem aqui sentido de contraste, isto é: "mas".

[77] Lc 11,14-23; Mt 12,22-23; cf. a tradição de Marcos: Mc 3,2; Jo 7,11; 8,48 e 10,20. Ver A. Polag, *Zu den Stufen der Christologie em Q* (Studia Evangelica, IV-1), Berlim 1968, 72-74 (não consegui seu manuscrito sobre o tema, mais elaborado).

sua solidariedade com "impuros", com "publicanos e pecadores", era insuportável para a religiosidade oficial; era "contra a Lei".

Se alguém quiser reconstruir uma teologia de Jesus de Nazaré, baseando-se sobretudo na sua vida, sua mensagem e sua atuação, então a ruptura que o contato com Jesus causou dentro da comunidade judaica da época deveria, em tal teologia, ocupar lugar fundamental. Pois, a partir da Páscoa a fé e confiança em Jesus tiveram de tomar posição diante desse desafio. A pergunta se a presença de Jesus constituía graça ou desgraça já era problema ainda antes da Páscoa. Sua paixão e morte são, de fato, conseqüência do conflito que se criou durante sua vida. O problema não surgiu apenas da morte de Jesus. Ele não morreu na cama; foi executado.

O evangelho de Marcos fala claramente de um sucesso inicial de Jesus na Galiléia.[78] Mas, a partir do capítulo 7 diminuem claramente as alusões a "multidões que iam ter com ele", como também as reações positivas.[79] Deus vai reinar: foi a boa nova que Jesus trouxe para a Galiléia; tratava-se realmente de uma boa notícia. No entanto, a camada aramaica mais antiga da tradição Q mostra que existia a consciência de uma possível rejeição do "fenômeno Jesus". Essa possibilidade de alguns "se escandalizarem" deve ter existido desde antes dessa Páscoa; textos como Lc 7,18-23 o lembram. A possibilidade de Jesus ser rejeitado pertence, pois, ao mais antigo conjunto de dados "cristológicos"; remonta com certeza a lembranças de fiascos nos dias da vida de Jesus na terra. Marcos é quem vai elaborar o caráter meio velado e ambíguo da *aparição histórica* de Jesus, participando da ambigüidade de tudo o que se diz como "histórico". Mas, na redação de Marcos, torna-se apenas mais claro o que na tradição pré-marcana já fora conscientemente mencionado: existe uma opacidade histórica na vida de Jesus. O que nele é "divino", ou "vindo de Deus", não é apodítico, peremptoriamente unívoco; exige um voto de confiança. Desde o início de seu evangelho, Marcos já afirma uma rejeição à mensagem de Jesus e à sua atuação (Mc 2,1-3,5), e conclui suas primeiras narrativas com a sugestiva interpretação: "Os fariseus... imediatamente se puseram a conspirar com os herodianos para acabar com Jesus" (Mc 3,6). Evidentemente Marcos quer esclarecer como foi possível que se chegasse a executar o venerado Mestre. Em outro texto de Marcos, não são os "fariseus e herodianos", mas sobretudo os "sumos sacerdotes e os escribas" que pensam em destruí-lo. Mas a tradição Q mostra que a rejeição da mensagem de Jesus abrangia mais do que essas categorias esquemáticas. Os "ai de ti..." pronunciados sobre

[78] Mc 1,33-34.38; 2,1b.12b; 2,13; 3,7-11.20; 4,1; 5,21.24; 6,6b.12b; 6,33-34.44.55-56.
[79] Encontra-se também em Mc 7,37; 8,1.4;9,14.15; 10,1b; 10,46 e 11.8-10.18b.

as *cidades* de Corozaim, Betsaida e Cafarnaum (Lc 10,13-15 = Mt 11, 20-24) mostram que a mensagem de Jesus foi rejeitada também por cidades inteiras. Também observações incidentais, dizendo que "nenhum profeta é honrado na sua própria terra" (Mc 6,4; Mt 13,57; Lc 4,24: Jo 4,44), como também a frase tipicamente joanina "também vós quereis ir embora?" (Jo 6,67), sugerem o mesmo sentido de experiências de fiasco concretamente históricas. Tudo indica que Jesus angariava popularidade enquanto nenhum perigo ameaçava, mas no final teve pouco sucesso a sua pregação sobre a grande mudança, como manifestação da vinda do reino de Deus. Há sinais indicando que essa experiência de malogro da pregação e da oferta de salvação oferecida por Jesus foi o motivo pelo qual ele tomou a decisão de "ir até Jerusalém".

Apesar de ainda haver acaloradas discussões entre os exegetas, pode-se constatar crescente consenso a respeito de um núcleo historicamente sólido na narrativa do Novo Testamento, segundo a qual Jesus *enviou* seus discípulos "para toda cidade e lugarejo" (Lc 10,1), a fim de anunciarem aí a mensagem dele sobre a vinda do reino de Deus (Lc 10,1.11; Mt 10,5b-7; ao lado de Mc 6,7-13).[80] O fato de se encontrar essa tradição tanto na comunidade Q como na tradição de Marcos, é argumento em favor da sua autenticidade. Essa missão dos discípulos parece mostrar que Jesus contava firmemente com a proximidade iminente do reino de Deus, e por outro lado com a possibilidade de uma rejeição definitiva de sua mensagem (ver Lc 10,10-12). Pelo menos devemos dizer que esse anúncio do juízo, caso a mensagem de Jesus não fosse aceita, dificilmente pode ser criação *exclusiva* da comunidade Q, e também não pode ter seu fundamento na última fase da pregação de Jesus, após suas experiências de rejeição. Hoje é cada vez menos contestado que o próprio Jesus limitou sua pregação exclusivamente a Israel (cf. Mt 15,24). A respeito dessa missão relativamente grandiosa de discípulos para todo o Israel, alguns exegetas falam, muito provavelmente com razão, de "uma última gran de oferta a Israel, da parte de Jesus".[81] Aos discípulos Jesus confia nessa ocasião a tarefa de fazer exatamente o que ele mesmo fazia: pregar a vinda do reino de Deus, curar enfermos e expulsar demônios (Mt 10,6b-8; Lc 10,1.8-11; Mc 6,7-13).

Quando os discípulos voltam da missão entusiasmados com o que tinham feito, Jesus se concentra provavelmente na formação de um grupo mais reduzido de discípulos, que depois serão "os Doze"

---

[80] Ver sobretudo H. Schürmann, *Traditionsgeschichtliche Untersuchungen zu den synoptischen Evangelien*, Düsseldorf 1968, 137-149; J. Roloff, *Apostolat, Verkündigung, Kirche*, Gütersloh 1965,151; M. Hengel, *Die Ursprünge der christlichen Mission*, em: NTS 18 (1971-1972) 15-38.

[81] Mussner, em: *Orientierung an Jesus*, 243 e 249-250.

(ou foram os Doze que ele mesmo já tinha selecionado?).[82] Essa mudança de estratégia apostólica já deve ter sido conseqüência da crescente experiência do fracasso de sua pregação na Galiléia.

Os evangelhos parecem sugerir que o próprio Jesus não tinha tanta certeza quanto ao sucesso que os discípulos enviados, dois a dois, puderam relatar ao Mestre sobre suas representativas missões. Depois do retorno deles, os evangelhos dão a perceber que Jesus insistiu, primeiro suavemente, depois com mais clareza, que os discípulos "repousassem" (Mc 6,30-31), afastados da multidão (Mt 14,22; Mc 6,45). De fato, eles atravessam de barco o lago, mas se encontram com uma grande multidão: "um rebanho sem pastores", refletem os evangelhos (Mc 6,30-44; 8,1-10; Mt 14,13-21; 15,32-39; e Lc 9,10-17; Jo 6,1-15). O que chama a atenção é que não apenas os quatro evangelhos conhecem essa história, mas que dois evangelhos têm até duas versões sobre o que em seguida deve ter acontecido: Jesus deu de comer à multidão, de maneira miraculosa. É porém significativa principalmente a observação do evangelista: "Eles não o entenderam" (Mc 6,52; 8,17-18.21). Por um lado, Jesus ofereceu a pecadores comunicação e comensalidade; por outro lado, eles querem proclamar Jesus como rei. A reação de Jesus, segundo a narrativa do evangelho, não tem nenhuma ambigüidade: o texto diz que ele *força* seus discípulos a descansarem longe da multidão. Manifesta-se nesses textos do Novo Testamento certa tendência para o isolamento, isto é, a vontade de Jesus em manter seus discípulos mais próximos afastados do entusiasmo do povo aglomerado. Em todo caso, a tradição marcana é significativa: Jesus precisa forçar seus discípulos, ao que parece contra a vontade deles, a abandonarem (provisoriamente) o cenário, e atravessarem novamente de barco o lago, embora a noite esteja caindo e a tempestade ameaçando. O próprio Jesus se retira "para a montanha, na solidão".[83]

Em seguida, os acontecimentos com Jesus mudam da Galiléia para Jerusalém, mas é difícil reconstruir historicamente esse contexto. Está claro, porém, segundo os evangelhos, que Jesus, a partir daí, considerou fracassada a sua mensagem na Galiléia, e decidiu subir para Jerusalém. A partir desse momento, os evangelhos começam a aludir claramente ao futuro caminho de sofrimento para Jesus, isto é, à sua rejeição *definitiva*. Esse caminho de sofrimento é narrado, curiosamente, como "êxodo", uma viagem para Jerusalém.[84] Na primeira fase de sua atividade pública, Jesus dava voltas pelo país, anunciando a vinda do reino de Deus; agora, segundo a narrativa dos evangelhos,

[82] Dodd, *The Founder*, 130ss; Mussner, em: *Orientierung an Jesus*, 247ss.
[83] Dodd, *The Founder*, 134, inspirando-se sobretudo no evangelho de João.
[84] H. Conzelmann, *Die Mitte der Zeit*, Tubinga 1960, 57; G. Friedrich, *Lk 9,51 und die Entrückungschristologie*, em: *Orientierung an Jesus*, sobretudo 70-74.

ele parece estar fazendo "uma viagem para o sofrimento", uma caminhada para a morte. Sem dúvida, o fato se caracteriza assim devido ao resultado histórico de tais acontecimentos; mas talvez, e não menos, devido à lembrança histórica do já conhecido fiasco da mensagem de Jesus na Galiléia.

As predições da paixão nos evangelhos certamente não são citações históricas de palavras do próprio Jesus; mas pode-se perguntar se são *apenas* "vaticinia ex eventu", isto é, apenas retrojeções a partir do que já tinha acontecido na cruz e na Páscoa. Depois do fracasso na Galiléia, deveremos examinar se a decisão de subir a Jerusalém não transformou a morte violenta em probabilidade concreta. Em todo caso, ao dizer *apó tóte*, isto é, "a partir daí" (Mt 16,21), Mateus quer identificar um determinado momento, indicando evidentemente uma ruptura em relação ao período anterior. Para nós é difícil avaliar até que ponto isso é cronologicamente exato; os evangelhos podem ser "relato esquemático" de um processo historicamente gradual, que deve ter levado Jesus, com o tempo, à conclusão de que sua missão na Galiléia globalmente tinha fracassado, e de que ele, convencido do acerto e da urgência de sua missão, devia procurar outra saída, ante a possível perspectiva de um fracasso total.

Embora mostrando claramente uma reflexão pós-pascal, tudo isso deve no entanto ter tido suas raízes no tempo pré-pascal: desde antes da Sexta-feira Santa, Jesus já era o "rejeitado"; aliás, ele mesmo sentiu-se rejeitado com base no "passado", historicamente breve, de sua atuação pública. Creio que F. Mussner acertou quando escreveu (sobre a decisão que Jesus tomou de deixar a Galiléia para ir a Jerusalém): "Primeiro Jesus caminhava como quem oferecia o escatológico reinado de Deus; agora, depois da rejeição dessa oferta por Israel, ele mesmo sente-se rejeitado ao ver rejeitada sua oferta".[85] Insistindo mais na crítica histórica, o mínimo que se deve dizer historicamente é que Jesus de Nazaré, apesar da clara ameaça de morte da parte da Jerusalém oficial, mesmo assim caminhou consciente e decididamente para a cidade de Sião. Qual foi nisso a sua intenção, ainda deveremos examinar mais detidamente.

B. Jesus diante de sua própria morte iminente

Uma teologia querigmática, supondo que a fonte dos quatro evangelhos se encontra na própria vida da Igreja, não se interessaria por antigas lembranças históricas dos próprios dias da vida de Jesus. Mas, em tal base seria realmente problemático dizer algo sensato e responsável sobre a autocompreensão de Jesus diante da morte que

---

[85] *L.c.*, 249-250.

se aproximava. Anteriormente, temos chamado a atenção para *suposições* implícitas, não argumentadas, de tal interpretação formal histórica. Nos evangelhos há suficiente número de sinais lingüísticos que mostram a consciência (nos evangelistas) da distância histórica entre os dias de Jesus na terra e a vida das comunidades cristãs; assim, juntamente com o anúncio do querigma pascal da Igreja, também a lembrança dos dias da vida terrena de Jesus contribuiu para se formar o conteúdo dos quatro evangelhos, como estão agora concretamente diante de nós.

a) *Paulatina certeza de morte violenta*

Chamaria Jesus de ingênuo quem afirmasse que ele simplesmente subiu da Galiléia para Jerusalém sem ter idéia da perigosa resistência que aí deveria encontrar. Todos os judeus da época sabiam que os romanos tinham o direito de crucificar. Herodes tinha o "ius gladii", o direito de decapitar – e naturalmente Jesus guardava viva lembrança da decapitação de João Batista.[86] Afinal, o sinédrio tinha o direito de apedrejar (ver: o martírio de Estêvão). Em si mesmo, saber tudo isso não era relevante, mas será se insistirmos nesta pergunta: Será que Jesus estava fazendo coisas, empreendendo ações ou anunciando mensagens que cedo ou tarde levariam a um conflito inevitável com algumas ou muitas dessas instâncias de poder? Em se tratando de alguém sensato, e não de um homem fanático fora da realidade, apocalíptico (aliás, esses não eram nada fanáticos no judaísmo tardio), a consciência de estar fazendo ou dizendo algo que podia e devia provocar um conflito fundamental com uma dessas instâncias poderosas, seria ao mesmo tempo assumir conscientemente a responsabilidade pelas conseqüências jurídicas de tal atitude. Consideremos, pois, a atuação de Jesus com relação às três instâncias que eventualmente poderiam feri-lo de morte.

Todo o mundo sabia que Jesus havia sido batizado por João, e até se comentava que ele era João ressuscitado (Mc 6,14). Dizia-se que Jesus, mais radical do que o Batista, pregava a mensagem de uma reviravolta total, por causa da proximidade do reino de Deus, e de tal maneira que exigia até uma tomada de posição a favor ou contra a sua pessoa. Seria ingênuo supor que Jesus, sabendo que Herodes Antipas usara o "direito da espada" contra João Batista, não teria relacionado a sua própria atuação com a de João. Pelo exemplo do Batista, Jesus *sabia* que o ameaçava a mesma espada de Herodes.

---

[86] Alguns historiadores opinam que esse "ius gladii" da autoridade judaica não era reconhecido pelo ocupador romano: assim J. Blinzler, *Der Prozesz Jesu. Das jüdische und das römische Gerichtsverfahren gegen Jesus Christus*, Regensburg 1960, 163-174; ver mais adiante sob nota 107.

Marcos menciona os "herodianos" apenas em Mc 3,6, notando com isso uma lembrança histórica. Em resumo: alguém sensato como Jesus de Nazaré sem dúvida considerava bem possível terminar decapitado como João Batista.

O sinédrio, com seu direito de apedrejar, seria ameaça para Jesus? Além de Mt 16,1.6.11.12 e do evangelho de João, os saduceus (o partido mais forte no sinédrio) são mencionados, apenas na história da paixão, como adversários de Jesus. Por outro lado, sabemos que somente após a guerra judaica de 70 d.C. é que os fariseus, também com voz no sinédrio, chegaram à posição de liderança que os evangelhos lhes atribuem. A oposição que o Novo Testamento afirma haver entre Jesus e os fariseus parece refletir, até certo ponto, a situação posterior da Igreja. E podemos supor que a tensão entre Jesus e os saduceus data de tempo anterior ao que a história da paixão parece sugerir. Por outro lado, além de Mt 27,62, os fariseus não são mencionados na história da paixão. Isso faz supor que a oposição contra Jesus não veio somente de um grupo determinado, mas dos dois grupos mais importantes da época: fariseus e, sobretudo no fim, os saduceus.[87] Será difícil atribuir a Jesus a ingenuidade de não ter entendido que suas palavas e ações criavam situação extremamente perigosa para ele mesmo, da parte dos chefes da sociedade judaica da época.

Afinal, tinha Jesus algo a temer dos romanos? O certo é que foram os romanos que o executaram, conforme prova o modo como ele morreu, por crucificação, devido a possíveis ou supostas reações zelóticas do povo. Com essa possibilidade, Jesus não precisava contar tanto, já que sua pregação não mostrava interesse pelos problemas da ocupação romana. Havia, isto sim, determinada interpretação (política) do messianismo, que sem dúvida admiradores lhe atribuíram, dentro do alcance das possibilidades da situação. Entre os discípulos de Jesus deve ter havido ex-zelotes ("Simão o Zelote", Lc 6,15 par.; At 1,13). Segundo alguns, que relacionam o nome Iscariotes com "sicários", também Judas teria pertencido a esses círculos. Até o apelido "Boanerges" (filho do trovão) poderia ser reminiscência zelótica.[88] A chegada de Jesus a Jerusalém com tais seguidores e um acontecimento (provavelmente anterior) como a purificação do templo (Mc 11,15-16 par.), bem como a palavra evidentemente autêntica sobre a "destruição do templo" (Mc 14,58 par. Mt; cf. Jo 2,19; Mc 15,29 par. Mt 12,6; At 6,14 e Mc 13,2) vinda de alguém que pregava a realeza de Deus sobre Israel, podia parecer provocação (direta ou indireta, supondo a queixa de judeus a respeito junto à autoridade romana); em todo caso, podia levar o poder dominador, sempre temendo uma

[87] H. Schürmann, em: *Orientierung an Jesus*, 335-336.
[88] O. Cullmann, *Jesus und die Revolutionären seiner Zeit*, Tubinga 1970.

revolta popular, a uma atitude crítica diante de qualquer um que agitasse o povo.

É historicamente claro, isto sim, que a morte de Jesus ficou na linha de sua atividade pública, sobretudo se nos lembrarmos de João Batista, que foi eliminado "por medo dos romanos". Como efeito final, a execução de Jesus se explica historicamente "pela coincidência de diversos fatores, cada um por si só já bastante perigoso".[89] Se Jesus não era um fanático, o que aliás é certo pelos dados históricos, então ele deve ter contado, a partir de certo momento de sua atuação, com a possibilidade e finalmente com a certeza de um resultado fatal. No momento, isso é aceito por quase todos os exegetas e historiadores. Somente alguns teólogos ainda se impressionam com a palavra de Bultmann, segundo o qual não podemos saber o que Jesus pensou a respeito de sua própria morte, e que ele provavelmente ficou abalado, completamente desesperado com essa surpreendente reviravolta que atrapalhou todos os seus planos. O que Bultmann cuidadosamente formulou tornou-se para certos teólogos elemento essencial de sua tematização teológica (e a partir daí "popularizado" em certos ambientes). Isso mostra mais ideologia e fantasia modernas do que exatidão histórica.

b) *Pergunta inevitável: "Qual foi para Jesus o sentido de sua morte?"*

Supondo-se a atitude fundamental de Jesus diante da vontade de Deus seu Pai, é óbvia a pergunta sobre a atitude existencial de Jesus diante da ameaçadora possibilidade e probabilidade, e finalmente certeza, de rejeição mediante a execução, seja pela espada, em base aos direitos do rei Herodes (como antes acontecera a João Batista), seja por lapidação (como Estêvão mais tarde), seja por crucifixão, como condenação romana por criminalidade pesada ou por revolta, como se deu com muitos na época. *A priori* podemos excluir a hipótese de alguém como Jesus, que anunciava a urgente proximidade do reino de Deus, não ter refletido sobre o que lhe poderia acontecer no tempo que ainda lhe restava desta vida. Então, o fim de sua vida estaria em flagrante contradição com o que ele mesmo tinha pregado sobre a confiança radical em Deus, apesar de todas as circunstâncias empíricas-históricas. Foi esse o núcleo, tanto da mensagem como da conseqüente conduta de Jesus, que ao cumpri-lo ainda lembra: "todos somos servos insignificantes" (Lc 17,7-10). Uma ausência ou simples abster-se de tomar posição ética-religiosa diante da morte que se aproximava deveria, nesse caso, qualificar-se como incompreensível cisão de personalidade.

---

[89] H. Schürmann, *l.c.*, 337.

A morte que se aproximava era, pois, um dado que Jesus precisava integrar na total entrega de si mesmo a Deus, mas reconciliando-a também com a convicção da urgência de sua mensagem. "Aconteça não o que eu quero, mas o que tu queres" (Mc 14,36c par.): podem não ser *ipsissima verba Jesu*, palavras históricas de Jesus, mas traduzem inegavelmente a conseqüência interior da própria pregação de Jesus e de toda a sua atitude diante da vida. Porém, aceitar a vontade de Deus ainda não é o mesmo que avaliar concretamente o sentido do que vai acontecer.

Da vida de Jesus conhecemos suficiente número de palavras autênticas que sugerem indubitavelmente uma atitude de fidelidade até a morte. Jesus apela para a sabedoria sapiencial de Israel, quando diz: "Quem perde a própria vida, a salvará" (Mc 8,35 par.; cf. Lc 17,33 par.; 14,26). Das palavras e ações de Jesus podemos deduzir, *a priori*, que ele, tão logo a morte apareceu na sua perspectiva, não apenas refletiu sobre tal possibilidade, mas a deve ter vivido existencialmente: as circunstâncias o forçaram a dar à morte que se aproximava um lugar na sua radical confiança em Deus. Que lugar?

Humanamente falando, é difícil supor que Jesus tenha vivido a rejeição de sua mensagem e a perspectiva de sua rejeição pessoal como acontecimento de sentido positivo (o fato desastroso e o caráter incompreensível da morte de Jesus tiveram profunda influência nas reações do Novo Testamento [sobretudo dentro do esquema do contraste]). O próprio Jesus esteve diante da tarefa concreta de reconciliar a eventualidade histórica de sua morte violenta com a certeza de sua mensagem sobre a chegada do reino de Deus. Será que Jesus se submeteu simplesmente à certeza de sua morte, sem nada compreender, mas com radical confiança em Deus, ou será que ele, nessa situação histórica, viu algo como um projeto divino de salvação, no sentido de que sua mensagem se realizaria, devido à soberana liberdade de Deus, não *apesar de*, mas talvez exatamente *pelo fato* desse fracasso histórico? Toda a problemática teológica está nesta pergunta: foi "apesar de" ou "graças a"?

Todos os evangelhos e profissões de fé do cristianismo primitivo mostram a convicção de que Jesus seguiu consciente e livremente o seu caminho para a cruz. O que nisso se manifesta é a reflexão teológica pós-pascal, mas talvez igualmente certas lembranças históricas. Explicitá-las historicamente não é nada fácil. No entanto, existem indícios sugestivos.

c) *O lógion de estar incondicionalmente a serviço*

Acima se disse que a interpretação soteriológica da morte de Jesus tem aparentemente base muito fraca nas camadas mais antigas da tradição pré-evangélica. Todavia, uma análise da tradição a respeito de alguns textos sobre *diakonia*, onde se menciona um *lógion* de Jesus sobre "serviço" e "estar a serviço", concluiu que esses textos devem ter relação essencial com um acontecimento na ceia de despedida, às vésperas da morte de Jesus. Trata-se de Mc 10,45 e Lc 22,27, e também de Lc 12,37b e Jo 13,1-20; são textos que pertencem à tradição sobre a última ceia.

1. Em Mc 10,45, o *diakonein*, isto é, o serviço de Jesus, tem clara relação com a morte expiatória: "O Filho do homem não veio para ser servido, mas para servir e para dar a sua vida como resgate por muitos". No entanto, aí se coloca este servir como exemplo ético para os discípulos de Jesus. Conforme J. Roloff,[90] nesse contexto a menção da morte expiatória de Jesus não é redação de Marcos, porém já pertencia à tradição que Marcos utiliza. Por causa da sua utilidade parenética (como exortação ética) é que Marcos colocou todo esse texto neste lugar de seu evangelho (o v. 45 a e b). Considerando Lc 22,24-27 (= tradição própria de Jesus, e não uma versão lucana da redação de Marcos), os dois temas evidentemente não estiveram sempre juntos. A combinação realizou-se de fato na tradição sobre a ceia, pois tanto v. 45b como 45a provêm dessa tradição: é impossível uma evolução secundária de 45b para 45a ou vice-versa.[91] *Diakonein* no grego profano significava originariamente "servir à mesa"; mas no judaísmo helenista o sentido generalizou-se, indicando qualquer forma de "prestar serviço". Nas comunidades judias cristãs helenistas e nas cristãs gentias paulinas, *diakonein* tornou-se conceito especificamente eclesial cristão.[92] A própria fonte de Marcos ainda conhece o sentido da palavra no grego comum (Mc 1,13.31; 15,41), provavelmente com alguns sentidos de transição em outros lugares. Claramente eclesial é apenas Lc 22,26-27, como variante lucana de Mc 10,43.45. Quer dizer, as camadas mais antigas da tradição sinótica usam o termo *diakonia* em seu sentido profano, ao passo que apenas em determinado grupo de textos muito ligados entre si dentro da história das tradições, e somente aí, aparece o significado especificamente cristão. Daí por que Roloff conclui: Mc 10,45 (inserindo essa noção claramente dentro da tradição sobre a ceia) é o texto decisivo dentro do complexo de tradições, e a partir daí começou a evolução do sentido grego comum para a terminologia do serviço especificamente eclesial. Em outras palavras: O fator teológico que causou essa mudança de sentido deve ser procurado na compreensão da "Ceia do Senhor" como ato de *serviço* prestado por Jesus, como significativo resumo do sentido de sua

---

[90] J. Roloff, *Soteriologische Deutung des Todes Jesu*, 51.

[91] Roloff, *l.c.*, 50-55. Cf. W. Popkes, *Christus traditus*, 169-174; Hahn, *Hoheitstitel*, 57-59.

[92] Rm 11,13; 12,7; 15,31; 2Cor 3,7ss; 4,1; 5,18; também: At 1,17-25; 6,1-4; 11,29; 12,25; 19,22; 20,24; 21,19.

missão.[93] O conceito de *diakonia* (serviço, estar a serviço de) exprime uma interpretação muito antiga a respeito da morte de Jesus, ancorada na tradição sobre a última ceia.

O mesmo pode verificar-se em Lc 22,27: "Quem é o maior: quem está sentado à mesa ou quem serve? Não é quem está sentado à mesa? Ora, *eu estou em vosso meio como quem serve*". No contexto de Lc 22,24-27, o material pré-lucano é retocado com uma exortação (parênese) ética eclesiológica: o serviço de Jesus é modelo para as autoridades eclesiásticas, "os discípulos", e indício de como os chefes das comunidades devem comportar-se na celebração da ceia do Senhor. Aí, o sentido eclesial de "servir" e "serviço" está completo e acabado. Discordando de H. Schürmann, J. Roloff não considera Lc 22,24-27 como adaptação lucana da tradição de Marcos, mas como tradição separada e independente própria de Lucas. O sentido de Jesus se comportar na hora da refeição como quem está servindo, só o compreenderá quem tomar consciência dos costumes da época, que exigiam estrita observância da hierarquia das pessoas que estavam à mesa. A expressão aramaica "estou em vosso meio", no tempo presente, em contraste com o retrospecto global sobre toda a vida de Jesus, portanto já terminada (Mc 10,45), indica uma situação muito concreta, a saber, a de "tomar refeição", quando Jesus oferece comunhão com seus discípulos. Aí, na própria refeição, Jesus é o servo. Isso fica bem mais convincente se o v. 27 ou 27c pertence originariamente à mais antiga narrativa pré-lucana sobre a ceia, onde os vv. 24-26 faltavam, de sorte que v. 27 seguia logo depois das palavras da instituição nos vv. 15-20. O ato de Jesus se entregar, o derramar seu sangue "por vós" ou "em vosso lugar", então se interpreta como serviço que fará bem aos comensais. A ceia é vista como *diakonia* em favor dos discípulos. Pela sua relação com a ceia, "servir" torna-se termo técnico-eclesial para uma praxe da Igreja.[94] O que se sugeriu em Lc 22, pelo nexo original entre v. 27 e vv. 15-20, se exprime em Mc 10,45 por 45b: o dom que Jesus faz de si mesmo, "em favor de muitos", é fórmula breve que parece referir-se à palavra pronunciada eucaristicamente sobre o pão e o vinho. Em ambos os casos, no conceito de *serviço prestado por Jesus*, ouvimos o tema soteriológico de sua morte.

2. A partir desses dois textos, também Lc 12,37b e Jo 13,1-20 (o lava-pés), onde se encontra igualmente o tema do serviço, se deixam interpretar em perspectiva soteriológica, e ao mesmo tempo em relação também com a ceia de despedida.

---

[93] A fórmula com *élthon* ("eu vim para...") não precisa significar uma avaliação retrospectiva de toda a atuação de Jesus, em contraste com a fórmula *élthen* ("ele veio...) (ver a nota 138 da seção anterior).

[94] Roloff, *l.c.*, 58-59.

"Felizes os servos que o patrão achar vigiando. Em verdade vos digo: ele cingirá o avental, os fará sentar-se à mesa e passará entre eles para os servir" (Lc 12,37b). Esse conjunto serve claramente para completar uma parábola eclesial sobre a parusia (Lc 12,36.37a). O Senhor se cinge sem dúvida para lhes lavar os pés, o que acontecia antes da refeição e antes de convidar para se assentarem à mesa. Nesse texto, o banquete celestial escatológico na parusia de Jesus é apresentado em termos que lembram um ato do Jesus terreno; isso mostra a identidade entre o Jesus terreno e o Jesus que virá no fim dos tempos. Esse ato é o serviço de Jesus como servo, na hora da refeição. Servir, prestar o serviço caridoso, torna-se dessa maneira o sinal distintivo da vida de Jesus; o acontecimento *histórico* do serviço se transfere para o Senhor que virá. Lc 12,37b quer supor a tradição sobre o lava-pés. Também o lava-pés de Jo 13,1-20 como serviço caridoso aos discípulos está no contexto da refeição de despedida de Jesus.

Desses quatro textos significativos sobre o caráter serviçal de Jesus podemos concluir, com razão, que o tema sobre Jesus como "aquele que está a serviço" tem raízes sólidas na "tradição sobre a ceia", embora na tradição pré-joanina da narrativa sobre o lava-pés esse tema do serviço seja bem independente e narrado como modelo ético (Jo 13,15: um *hypodeigma* = exemplo para os discípulos). Mesmo assim (como mostra o v. 1: a Páscoa que se aproxima e o fato de Jesus saber que chegou sua hora), o tema do serviço continua na perspectiva da interpretação cristã da morte de Jesus. Essa morte foi um serviço de amor de Jesus pelos seus: serviço pelo qual eles são constituídos como "nova comunhão", "nova aliança". Assim considerou uma tradição muito antiga, aliás bem reconhecível em 1Cor 15,3b, com fórmula já estereotipada: "Morreu pelos nossos pecados". Com razão se considera confirmado por esses textos aquilo que acima se disse sobre o esquema soteriológico de interpretação: a tradição sobre o sentido da morte de Jesus como salvação, como redenção, não é fase secundária da evolução, mas desde muito cedo teve sua base no sentido que as primitivas comunidades cristãs reconheceram na ceia de despedida de Jesus com seus discípulos. Numa camada muito antiga da tradição sobre a ceia, a auto-entrega de Jesus na morte é interpretada como *serviço de amor*. Assim, a tradição sobre a ceia é o mais antigo ponto de partida para a interpretação cristã da morte de Jesus como dom salvífico de si mesmo.

Além disso, historicamente é muito provável que Jesus se entendeu como profeta dos últimos tempos. Na sua própria vida, portanto, e pela morte que se aproximava, ele enfrentou o fato de Israel rejeitar a última oferta salvadora de Deus. Foi essa a verdadeira aporia para a autocompreensão de Jesus. Por isso, é legítimo e até urgente perguntarmos: O próprio Jesus terreno entendeu a sua morte como serviço de amor, e nos últimos dias de vida manifestou ele algo sobre esse sentido de sua morte? E se assim não foi, como explicar a origem do tema soteriológico nas diversas tradições do cristianismo primitivo sobre a útima ceia?

d) *A ceia de despedida: inabalável certeza de salvação, na hora de encarar a morte*

Será difícil defender a tese de Jesus ter *desejado* a sua própria morte e de a ter *provocado* como a única maneira de realizar o reino de Deus. O seu engajamento em favor de sua mensagem sobre a metanóia e sobre o reino de Deus teria sido uma "simulação", se ele tivesse pensado, e se tivesse sabido de antemão, que a salvação ia depender somente de sua morte. Essa morte aparece somente na perspectiva da rejeição de sua pregação e da praxe de sua vida, que eram uma oferta de salvação. Oferta que não é anulada pela sua morte. Uma interpretação oposta negaria que Jesus realmente "aprendeu alguma coisa" com o decurso concreto da história de sua vida; em outras palavras, negaria que Jesus foi "verdadeiro homem", de maneira histórica. Além disso, reduziria a mera formalidade o significado salvífico da morte de Jesus.

Em todo caso, os dados reais obrigam a constatar, isto sim, que Jesus nada fez para escapar a uma morte violenta. Pelo contrário, apesar da crescente certeza de que sua mensagem estava sendo globalmente rejeitada, ele subiu conscientemente a Jerusalém. Mas, dificilmente se poderá dizer, pela autocompreensão de Jesus, que a sua mensagem de salvação provinha exclusivamente de sua morte. Aqui vale reconhecer: Jesus morreu como viveu, e viveu como morreu.

O próprio Jesus teve de determinar a sua atitude diante da morte que o ameaçava: é o que se conclui de toda a sua atitude vital diante dessa nova situação. Coloca-se a pergunta: Jesus guardou só para si mesmo esse acontecimento definitivo e o sentido que ele mesmo lhe dava, permanecendo calado? ou (de alguma forma) falou sobre isso nos últimos dias de sua vida, pelo menos no círculo íntimo de seus discípulos? Só assim poderia ficar claro em que sentido Jesus pôde experienciar a sua morte como serviço de amor.

Exegeticamente demonstrou-se que todas as denominadas predições claras e explícitas sobre a paixão são secundárias, isto é, foram redigidas, pelo menos em parte, com base no que de fato já acontecera na Páscoa. Porém, com isso, nem tudo está dito. Que Jesus tenha ficado totalmente calado diante de seus discípulos, mesmo nos últimos dias de sua vida, quanto à morte violenta que se aproximava, é difícil imaginar, quando nos recordamos como ele se preocupava com os seus. Será que ele não preparou seus discípulos, de alguma forma, para o choque de sua morte, enquanto ele mesmo se via diante deste grave problema: como reconciliar essa morte com a sua mensagem e como entender esse enigma? Historicamente, portanto, devemos contar com esta probabilidade: Jesus, durante a última refeição com os seus, falou alguma coisa para que seus discípulos mais próximos não ficassem, pela sua morte, definitivamente entregues à perplexidade e desilusão. Por outro lado, falar sobre isso muito aberta e claramente seria contrário ao teor fundamental da pregação de Jesus, que nunca se apresenta, ao lado de Deus e do reino de Deus, como mais um assunto de sua mensagem. De fato, Jesus não se anuncia a si mesmo, mas anuncia a vinda do reino de Deus.

Dentro desses limites máximos e mínimos, as narrativas evangélicas a respeito da bênção de Jesus sobre o pão e o vinho durante a ceia apresentam, no cerne, inegavelmente lembranças históricas (apesar dos fortes retoques pós-pascais já em uso na celebração eclesial da eucaristia).

Em capítulo anterior já se disse que a comensalidade de Jesus, sobretudo com pecadores e marginais, foi uma característica autêntica da atuação terrena de Jesus. Além disso, as narrativas sobre "alimentações milagrosas"[95] ocupam lugar tão importante nos evangelhos que também por isso "o comer e o beber com Jesus" é característica central da sua oferta de salvação e união, sobretudo quando ele mesmo age como anfitrião, como na última ceia. Por isso, tradição à parte, embora sendo a refeição de despedida, não pode ser considerada sem relação com os muitos casos em que durante os dias de sua vida terrena Jesus oferece a salvação através da comensalidade.[96] Ou seja: a própria refeição de despedida já está por si dentro de um contexto amplo da vida de Jesus, que oferece a salvação de Deus no símbolo da comensalidade. Mas, a comunidade de mesa "na iminência da morte" tem sentido fortemente denso dentro de um contexto global.

Por vários motivos, é historicamente discutivel que a ceia de despedida tenha sido uma ceia pascal judaica. Por isso, deixamos aqui fora de consideração esse aspecto. Indiscutível é que se trata de uma refeição de despedida, oferecida por Jesus a seus discípulos, consciente que ele estava de sua morte iminente. Nos evangelhos encontramos com relação a esse problema dois extratos: um mais antigo e outro mais recente.

---

[95] Mc 6,34-44 par Mt 14,14-21; Lc 9,11b-17; Mc 8,1-9 par. Mt 15,32-38; Jo 6,1-15.

[96] Roloff, *Das Kerygma*, 237-269; ver também: *Heil als Gemeinschaft*, em: *Gottesdienst und Oeffentlichkeit* (ed. P. Cornehl-H. Bahr), Hamburgo 1970, 88-117; e *Soteriologische Deutung des Todes Jesu*, 62.

[97] Ver H. Schürmann, *Der Einsetzungsbericht Lk 22,19-20*, Münster 1970; *Wie hat Jesus seinen Tod bestanden und verstanden?* Em: *Orientierung an Jesus*, *l.c.*,354-358; *Jesu Abendmahlshandlung als Zeichen für die Welt*, Leipzig 1970, e: *Das Weiterleben der Sache Jesu im nachösterlichen Herrenmahl*, em: BZ 16 (1972) 1-23; H. Kessler, *Die theologische Bedeutung des Todes Jesu*, 277.

Os textos recentes são fórmulas eclesiais litúrgicas, que recordam o que Jesus fez durante essa refeição de despedida. Aí se pode reconhecer uma tradição paulina-lucana (Lc 22,20a par. 1Cor 11,25) e uma tradição marcana (Mc 14,24 par. Mt 26,26-28).[97] A tradição paulina-lucana pode resumir-se da seguinte maneira: "Este cálice que é entregue faz participar da Nova Aliança prometida pelos profetas, e que será estabelecida pelo meu martírio".[98] Nesse contexto, "sangue" significa tradicionalmente "sangue de mártir".[99] Na tradição marcana, porém, a renovação da aliança é realizada na base da morte de Jesus, que à luz de Ex 24,8 é interpretada como sacrifício cultual: "este é o meu sangue da aliança".

É claro o caráter eclesial-litúrgico, portanto pós-pascal, desses textos. Porém, tanto em Lc (22,18) como em Mc (14,25) podemos reconhecer um trecho mais antigo que, segundo F. Hahn, pertence "ao material mais original desta tradição",[100] opinião hoje compartilhada pela maioria dos especialistas: "Em verdade, eu vos digo: nunca mais beberei do fruto da videira até o dia em que o beberei de novo no reino de Deus" (Mc 14,25). "Doravante não beberei mais do fruto da vinha, até que venha o reino de Deus" (Lc 22,15-18; cf. 1Cor 11,26). Há dois elementos nesse texto: 1) De um lado, esta refeição está marcada pelas palavras, quaisquer que sejam, com que Jesus anuncia a sua morte iminente. Esta refeição é a despedida da comensalidade terrena (é realmente o *ultimíssimo* cálice que Jesus bebe juntamente com os seus). 2) De outro lado, Jesus oferece ao mesmo tempo a previsão de uma renovada comensalidade no reino de Deus. Dessas expressões um tanto vagas, as "palavras da instituição", acima comentadas, parecem dar uma precisão e explicação eclesial-litúrgica. Todavia, também no texto mais antigo houve uma intervenção pós-pascal da Igreja, que ligou entre si os dois elementos que estavam separados na tradição de Jesus. O cerne historicamente firme é a convicção, formulada por Jesus, de que este é o ultimíssimo cálice que ele bebe na sua vida terrena, juntamente com seus discípulos; é secundário o segundo elemento: "até o dia em que..."[101] O acento não está na refeição futura, mas neste: "já não beberei" (*ouketi ou mé*). Historicamente esse é o anúncio mais reconhecível da morte de Jesus. O segundo membro "até que..." tem outra origem: também noutras passagens se fala do banquete escatológico; é claramente secundária a *combinação* do

---

[98] Schürmann, em: *Orientierung an Jesus*, 344.
[99] Schürmann, *Jesu Abendmahlshandlung*, 89.
[100] Em: EvTh 27 (1967) 340-341
[101] Ver Berger, *Amen-Worte*, 54-58. Mateus mantém no seu evangelho o "amém, amém" de Marcos; aí, portanto, o "amém" é secundário, visto que Mateus e Lucas já conheciam o texto de Marcos sem o "amém, amém". Marcos acrescenta "amém" em todos os textos onde se insere uma referência explícita à futura glória ou à era vindoura.

pronunciamento sobre a paixão e morte de Jesus com a glória futura. Uma predição sobre o destino do Filho do homem se torna assim ao mesmo tempo promessa de salvação, com relação à futura comunhão dos discípulos com Jesus.

Se o segundo membro desse texto antigo é secundário, qual será então o teor soteriológico do primeiro membro? Apesar da rejeição, por Israel, da última oferta profética de salvação divina, Jesus, já prestes a enfrentar a morte, continua oferecendo a seus discípulos o (último) cálice. Isso denota a inabalável certeza de Jesus: *a salvação virá*. Assim, o acréscimo da frase "até que..." em Marcos e Lucas, embora secundário, é apenas uma explicitação da situação concreta. A renovada comensaliade ou oferta de salvação, da parte de Jesus aos discípulos, embora na proximidade da morte, continua cheia de sentido para ele. A morte não o perturba, já que ele, evidentemente, não a sente como fracasso absurdo de sua missão. Essa inabalável certeza de salvação nos leva a refletir. Jesus está convencido de que sua morte na cruz não será capaz de deter a vinda, por ele anunciada, do reinado de Deus: o que isso quer dizer?

Abstraindo as várias interpretações do caráter escatológico da mensagem de Jesus, uma coisa é certa na sua pregação e em toda a sua atitude: que Jesus está aberto para o futuro que Deus dispõe para a humanidade, e que toda a vida de Jesus é um serviço de amor: "Se alguém quiser ser o primeiro, seja o último de todos, o servo de todos" (Mc9,35).Essaeoutrasdeclaraçõessemelhantes(Mt7,12apar.;Mc12,33; Lc 6,27-28), cujo contexto, segundo a história das tradições, está situado na lembrança da ceia de despedida (apesar de retoques), refletem claramente a própria atitude fundamental de Jesus diante da vida. A "pro-existência", o "existir para os outros", e a incondicional obediência à vontade de Deus, revelando-se no decálogo e nas situações da vida humana, perseverando até a morte, mostram de fato como Jesus foi fiel à sua própria mensagem, *mantendo aberto* o futuro de Deus, deixando a Deus a última palava, e perseverando no serviço de amor pelo ser humano, como manifestação da própria benevolência de Deus para com os humanos. Também onde no Novo Testamento não se atribui à morte de Jesus um sentido soteriológico, essa morte em todo caso é vista como o destino do *profeta* como mártir. Isso porém mostra que também na atitude geral da vida de Jesus dificilmente a própria natureza de sua morte na cruz pode ser definida, *a priori*, como serviço-por-amor. Aí existe também o perigo de projetarmos na atitude de Jesus diante da vida as nossas próprias idéias a respeito do sentido que a morte de Jesus nos coloca. Considerando-se a certeza de Jesus a respeito da vinda do reino salvífico de Deus, mesmo diante da morte, o assassínio deste inocente não pode ser considerado simplesmente como um caso a mais na lista de inocentes assassinados. Do contrário, sua morte seria motivo para resignação ou desespero, mais do que razão para nova esperança, da qual nasceu a Igreja cristã. Pois, do ponto de vista *puramente histórico,* essa morte na cruz significou a rejeição de Jesus e de sua mensagem, e portanto o fiasco de sua atuação como profeta. Mas, se Jesus "se sujeitou" pela sua morte na cruz, tratou-se – historicamente! – de uma "sujeição diante de Deus". "Meu Deus, tu és Deus. Eu te louvo" (Sl 118,28). Uma experiência de fracasso histórico, e ao mesmo tempo uma fé apaixonada no *futuro* de Deus para a humanidade, não é nenhuma contradição para uma pessoa religiosa; é, isto sim, um mistério que transcende qualquer tentativa de conciliação *teórica* ou racional.

Parece legítimo tirar esta conclusão: Jesus aceitou a sua morte como *relacionada* (de alguma forma) *com* a salvação vinda de Deus e como conseqüência histórica do seu serviço de amor e solidariedade para com a humanidade. Este é o núcleo histórico do relato da instituição da eucaristia e da história da paixão; pelo menos é o que sobra como certo. Naturalmente não se pode explicar o estrato mais antigo, na perícope acima analisada, a partir do estrato litúrgico que é mais recente; este último é que deve submeter-se à crítica do texto mais antigo. Em todo caso, é importante observar que também no estrato mais antigo Jesus, durante a ceia de despedida, passa aos seus o cálice – o último – continuando assim a oferecer comunhão salvífica com ele mesmo, "apesar da" morte que se aproxima. O laço aqui sugerido (explicitado por Marcos) é antes um laço entre a comunhão *atual* com Jesus e a salutar comunhão escatológica com ele. Em outras palavras, a vinda do reino de Deus continua ligada à comunhão com Jesus de Nazaré. Dificilmente poderá ser extraída desses relatos neotestamentários a alusão de que a comunhão-com-Jesus é mais forte do que a morte, como afirmação histórica de Jesus. É preciso reconhecer, no entanto, que realmente não se encontra nenhum *lógion* certo de Jesus, no qual ele mesmo atribua eficiência salvífica à sua morte. As predições da paixão não contêm nenhuma alusão à sua morte como salvífica ou expiatória (nem as veladas, como Mt 12,39 par.; Lc 12,50; 13,32-33; Mc 10,38-39; nem as expressas: Mc 8,31 par.; 9,30-32 par.; 10,32-34 par.). Mas, não podemos deixar de confirmar, como fato histórico, que Jesus, perante a morte, entregou o cálice de comunhão a seus discípulos; isso é um sinal de que ele não aceitava apenas passivamente a chegada da morte, mas que ele a integrou na totalidade da sua missão, isto é, que ele entendeu e viveu a sua morte como último e extremo *serviço* à causa de Deus como causa da humanidade, e que ele comunicou essa autocompreensão a seus discípulos íntimos no sinal velado da oferta de comensalidade aos seus. O "por vós" (a fórmula *hyper*) no sentido da pró-existência total de Jesus, foi a *intenção histórica* de toda a sua atuação, e verifica-se até na sua morte. O argumento principal – contra o fundo de toda a atitude de Jesus durante a sua vida, em fidelidade ao Pai e a serviço da humanidade –, a meu ver, consiste em que toda a atuação de Jesus durante a sua vida pública não foi apenas promessa de salvação, mas oferta concreta e atual de *salvação*. Ele não apenas *fala* sobre Deus e seu reino; por onde anda, ele traz salvação, e o reino de Deus se realiza. A aceitação ativa de sua própria morte e rejeição só pode ser entendida como atitude ativa de Jesus que assume sua morte, dentro de sua *missão-de-oferecer-salvação*, e não somente como um "apesar de". Tudo isso é ainda mais convincente porque, também durante a sua vida, a comensalidade de Jesus com os pecadores foi um *sinal* de oferta *atual* de salvação. Considerando tudo isso, é irrelevante a impossibilidade de se encontrar (além da primeira parte de Mc 14,25a e Lc 22,18a) algum "ipsissimum verbum", uma palavra autêntica de Jesus, com relação à sua própria visão e avaliação de sua morte. Toda a vida de Jesus é uma hermenêutica de sua morte. Nela, há um conteúdo salutar suficientemente denso para mais tarde ser verbalizado pela fé na sua pessoa, como de fato aconteceu. Aí o método da crítica histórica não pode chegar a argumentos apodíticos, e menos ainda pode tal crítica afirmar atrevidamente que não sabemos, historicamente, como Jesus entendeu a sua própria morte.[102] Que Jesus entendeu a sua morte como pertencendo historicamente à sua missão total de oferta de salvação, parece-me de fato demonstrável, e de forma responsável, como dado pré-pascal, pelo menos para o modo como Jesus se entendeu a si mesmo nos últimos dias de sua vida (isso será confirmado mais adiante na temática do "terceiro dia").

Isso é uma conclusão muito importante, pois significa: desde antes da Páscoa Jesus afirmou, pelo menos *quanto ao conteúdo*, que a "causa de Jesus" continuaria. E não é apenas uma convicção de fé, baseada exclusivamente na experiência pascal dos discípulos; o que criou a possibilidade e colocou a base para a interpretação posterior dos cristãos foi o modo como Jesus se entendeu a si mesmo. Entre essa autocompreensão de Jesus e o Cristo anunciado pela Igreja, não há ruptura nenhuma. À questão se os próprios discípulos desde antes do acontecimento pascal entenderam essa intenção vital de Jesus, de preferência responderíamos negativamente. Mas, depois do primeiro choque do acontecimento da morte, a lembrança da vida de Jesus, sobretudo da ceia de despedida, havia de desempenhar papel essencial no processo de sua conversão para a fé em Jesus como o Cristo repleto do Espírito de Deus. Que Jesus tinha razão quando se entendeu dessa maneira, e que ele estava na verdade quando incluiu a sua morte na sua missão de oferecer a salvação, naturalmente não se pode legitimar *historicamente;* só se pode negar, ou afirmar a partir da fé. Mas, que ele o fez é difícil negar historicamente.

---

[102] Assim, entre outros, W. Marxsen, *Erwägungen*, 165; essa me parece ser também a tendência básica minimalista (exegeticamente não justificada) de H. Kessler, *Die theologische Bedeutung des Todes Jesu*, 232-235.

§ 3. Exame histórico da base jurídica para a execução de Jesus

Antes de examinarmos qual foi a impressão que os seguidores de Jesus tinham a respeito dele, será útil verificar qual foi a "imagem de Jesus" na mente daqueles que o levaram à morte. Ou seja: Como é que os opositores de Jesus o viam, e por quais motivos jurídicos mandaram executá-lo?

"Vós o matastes, mas Deus o ressuscitou". (Isso vai ficar mais claro ainda na Parte III). Na análise desse "esquema do contraste" vimos que tanto os conceitos de "mestre da verdade" e "profeta de Deus", como também de "falso mestre" e "falso profeta", tiveram função fundamental, sobretudo no judaísmo. Para o julgamento de falsos mestres e sedutores do povo, que atacavam a essência da religiosidade judaica, o judaísmo tardio encontrou uma norma em Dt 17,12: "Quem tiver agido com presunção, desobedecendo ao (sumo) sacerdote, que estiver oficiando em honra de Javé, teu Deus, ou ao juiz, esse tal *deve morrer.* Em outros termos, em Israel é punido com a morte quem resistir ao sumo sacerdote no exercício de sua função de juiz, na base da qual ele tem que julgar também sobre a "ortodoxia judaica". Desprezar a autoridade de Israel, sobretudo na sua função de examinar a ortodoxia judaica dos "mestres de Israel", era base jurídica para uma execução legal.

Na literatura rabínica posterior ao Novo Testamento,[103] esse texto do Deuteronômio foi concretizado com precisão, ligando a claros critérios a execução de um "falso mestre" judeu que seduzisse o povo. Pois a partir de 70 a doutrina da fé judaica, anteriormente ainda pluralista, evoluiu-se até formar uma "ortodoxia uniforme", vigiada por fariseus e rabinos. Também no tempo de Jesus, o texto do Deuteronômio já desempenhava papel decisivo, mas a sua jurisprudência ainda não estava fixada como na rabínica posterior, e o julgamento era de fato difícil por causa das divergentes interpretações da Lei. O que "do ponto de vista judaico" era possível, válido e legítimo, ainda não estava tão bem estabelecido como na "ortodoxia rabínica" que surgiu depois de 70. No tempo de Jesus existia tanta diferenciação entre os "partidos judeus", que no sinédrio (o qual, sob a chefia do sumo sacerdote, era a instância que, entre outras coisas, julgava sobre desvios da doutrina e da ortopráxis judaicas), era difícil chegar a um consenso para condenar à morte um mestre judeu "apóstata". Foi por isso que nesse tempo muitos "falsos mestres", reais ou supostos, foram exilados ou afastaram-se de Jerusalém (como os essênios de Qumrã),

---

[103] Do significado de Dt 17,12 foi feita (historicamente) uma penetrante análise por J. Bowker, *Jesus and the Pharisees,* Cambridge 1973, 46-52; ver: id., *The Targums and Rabbinic Literature*, Cambridge 1969.

mas raramente alguém era condenado à morte por ser falso mestre ou falso profeta.[104] Para isso, eram muito grandes as diferenças entre os partidos representados no sinédrio (no tempo de Jesus).

Que o próprio Jesus foi condenado na base de Dt 17,12, como falso mestre (enganando o povo), supõe que os partidos mais fortes no sinédrio souberam chegar a um consenso a respeito de Jesus, mas provavelmente por motivos muito diferentes entre si. Na sua narrativa sobre testemunhos divergentes, o evangelho de Marcos fala indiretamente sobre o fato de que não houve unanimidade no sinédrio a respeito da resposta à questão se a lei de Dt 17,12 estava valendo no caso. Os herodianos, pró-romanos, provavelmente não se preocupavam muito com "princípios". Nos demais partidos do sinédrio, porém, embora com idéias divergentes sobre a doutrina da fé judaica, não podemos supor facilmente atitudes que não estivessem seriamente fundadas. Historicamente seria errado considerar o exame do sinédrio sobre a doutrina e atuação de Jesus como processo apenas aparente, em que o julgamento final já estivesse decidido de antemão. O certo é que todos os partidos do sinédrio tinham objeções fundamentais contra a doutrina e atuação de Jesus, mas o ponto essencial era se a lei de Dt 17,12 se aplicava a ele. E nessas coisas um judeu ortodoxo não era leviano. Mas quanto a isso, evidentemente, não havia unanimidade nessa Suprema Corte. Até aí, a situação fala em favor da retidão do sinédrio. A Suprema Corte não cedeu logo à pressão de determinado grupo. Para a maioria dos sinedritas, que no entanto tinham objeções fundamentais, ou talvez rancores contra Jesus, a Lei continuava sendo norma e regra como revelação da vontade de Deus, e não como apreciações obstinadas e subjetivas. Essa atitude fundamental se manifestaria também mais tarde, quando, após a morte de Jesus, o fariseu Gamaliel, doutor da Lei, admoestou o sinédrio: "Israelitas, tomai muito cuidado com o que ides fazer no caso desses homens (os apóstolos)... Se isso é de Deus, não podereis eliminá-los. Não vos arrisqueis a pôr-vos em contenda contra Deus!" (At 5,34-39). Em seguida, Gamaliel ganhou votação unânime. Essa mesma mentalidade judaica deveremos, em primeira instância, supor também no sinédrio, o qual, mesmo assim, acabou entregando Jesus aos romanos.

Acima já se observou como "os fariseus", que nos evangelhos durante a vida terrena de Jesus têm o papel principal entre os opositores dele, desaparecem completamente no relato evangélico sobre o processo e a condenação de Jesus. E isso historicamente não aconteceu por acaso. Tem algo a ver com uma cisão interna dentro do movimento farisaico, que só depois do ano 70 se completou, mas da qual no tempo de Jesus já se manifestavam os primeiros sinais. A ortodoxia

---

[104] J. Bowker, *Jesus*, 42.

farisaica *uniforme* é um fenômeno judaico posterior ao ano 70. Por isso, os fariseus nos parecem, a nós, como *ambíguos*. Nos evangelhos, eles se mostram benevolentes para com Jesus; mas, de outro lado, são malévolos (e este último aspecto tornou-se como *clichê* nos escritos do Novo Testamento, todos posteriores a 70). Talvez inconscientemente, o evangelho de Marcos é testemunha historicamente fiel de uma cisão que começou a realizar-se, exatamente no tempo de Jesus, dentro do movimento "hakamítico" dos intérpretes da Lei, entre uma fração aberta, "liberal" (na linha de Hillel), e outra ala mais rigorosa, daqueles que somente depois de 70 foram chamados simplesmente de "fariseus" (*perushim*).[105] Do ponto de vista judaico, a doutrina e atuação de Jesus ficaram mais na linha do movimento de Hillel, de sorte que muitos fariseus puderam mostrar claramente sua simpatia para com o movimento de Jesus. Todavia, mesmo segundo a opinião liberalizante desses fariseus de Hillel, Jesus ia essencialmente longe demais, a ponto de provocar até o ódio dessa ala farisaica, que no entanto antes lhe fora simpática. Juntamente com os fariseus de Hillel, Jesus via na Torá a manifestação das boas relações para com Deus e o próximo: mas, para Jesus, tratava-se de uma *expressão* da relação com Deus, a qual tudo preside, e que se revela *diretamente* em todas as circunstâncias. Ao contrário para a ala aberta dos fariseus, a Lei – e somente a Lei – continuava sendo a única mediação necessária para com Deus e para com o próximo.[106] O que para Jesus era "ilustração", significava mediação *insubstituível* para os fariseus simpáticos a ele. E estes tinham até objeções fundamentais contra Jesus de Nazaré.

Cabia às autoridades judaicas a decisão no processo contra Jesus; na sua maioria, tinham sólida "consciência jurídica", e não eram pessoas que de qualquer maneira queriam "acabar com Jesus", a não ser que esse Jesus de Nazaré atacasse o cerne da fé judaica em Javé. Todos os partidos do sinédrio tinham objeções fundamentais contra Jesus, mas evidentemente não havia unanimidade sobre esta questão: se a mensagem ou atuação de Jesus eram atingidas pela condenação de Dt 17,12.

---

[105] No seu estudo (citado na nota 103), Bowker analisou, com base em textos fora do Novo Testamento, o sentido ambíguo da palavra "fariseu", e mostrou de maneira convincente que é exatamente o evangelho de Marcos que transmite (talvez inconscientemente, mas historicamente fiel) o sentido incerto, no tempo de Jesus ainda em transição, do conceito de "fariseu"; cf. *Jesus and the Pharisees*, *l.c.*, 1-46.

[106] "Enquanto Jesus, evidentemente, via na Torá uma exemplificação da intenção de Deus de estar com o ser humano numa relação real e de aliança, os *hakamim* viam na exemplificação da Torá nos detalhes da vida humana o único caminho possível para essa relação ser real" (J. Bowker, *l.c.*, 52). "Hakamim" (sábios) era o nome dado pelos rabinos posteriores aos seus predecessores na "interpretação da Lei"; somente uma ramificação desse grupo, os "perushim", seriam mais tarde os "verdadeiros fariseus", tão severamente criticados pelos rabinos, como o foram pelos evangelhos cristãos.

Mesmo assim, Jesus foi "condenado" pela maioria do sinédrio (fato que mais adiante teremos de esclarecer). Historicamente, é preciso dizer que Jesus foi desaprovado pelo sinédrio porque *ficou calado* diante do sinédrio (Mc 14,60-61) – e não foram as palavras que a Igreja pós-pascal mais tarde lhe atribuiu (Mc 14,62); foi esse silêncio que se tornou para o sinédrio a base jurídica para condenar Jesus. O silêncio de Jesus (garantido historicamente por diversas tradições do cristianismo primitivo) foi uma atitude crítica diante do foro que, na base da Lei, tinha a competência para julgar sua doutrina e sua praxe, quanto à ortodoxia e ortopráxis judaicas de Jesus. Ele, porém, *se recusa* a submeter sua doutrina e sua praxe a essa instância judaica. Permanece calado. Inegavelmente, essa atitude é objeto do julgamento de Dt 17,12: "Se alguém se atrever a não obedecer ao sumo sacerdote ou ao juiz em função, tal homem tem de morrer". Como diante de Herodes e Pilatos, o silêncio de Jesus diante do sinédrio (mais tarde, após a Páscoa, retocado por um *falar arrasador* de Jesus), foi esse silêncio que manifestou a autocompreensão de Jesus, isto é, que ele sabia ter sido enviado diretamente *por Deus*, a fim de converter Israel para a fé no mesmo Deus. Jesus *recusa* submeter à autoridade doutrinária judaica a sua "missão recebida diretamente de Deus". O silêncio de Jesus (aliás, uma forma de "resistência delicada") diante do sinédrio me parece a manifestação mais clara da autocompreensão de Jesus: assim como não quis fazer milagres para se legitimar, também se recusa a prestar contas a qualquer instituição humana-religiosa a respeito da sua mensagem e da sua atuação. Somente Deus que o mandou é que pode lhe pedir contas. Jesus sabe que é responsável somente *diante de Deus*, que o mandou a Israel. Isso ficou na linha do profetismo antigo, mas sacudiu na base o judaísmo do tempo de Jesus. O *silêncio* de Jesus, diante da autoridade institucionalmente legítima de Israel, tornou-se assim a base juridicamente válida, segundo a interpretação judaica de Dt 17,12, para condená-lo à morte com a consciência juridicamente tranqüila. *Contemptus auctoritatis*, o desprezo perante a suprema autoridade de Israel, parece-me a base jurídica judaica da condenação de Jesus.

Todavia, uma dúvida continua de pé. Entre os membros do sinédrio, embora tendo cada um objeções fundamentais contra Jesus, deve ter havido facções que não queriam condená-lo na base de Dt 17,12, se isso não fosse juridicamente convincente. Parece que alguns membros do sinédrio duvidavam disso seriamente. Jesus de Nazaré era mesmo um falso mestre, como estava definido em Dt 17,12? Para muitos membros do sinédrio, tratava-se de questão religiosa de consciência, apesar das objeções que tinham contra Jesus, em base a seus conceitos religiosos judaicos. (O Novo Testamento lembra, entre outros, um membro do sinédrio chamado José de Arimatéia, para quem era no mínimo problemática a aplicação de Dt 17,12 a Jesus).

E tem mais. Segundo uma tradição pré-marcana (Mc 14,64), o sinédrio tenha pronunciado a "sentença de que ele merecia a morte", mas um capítulo posterior (Mc 15,1) afirma: "De manhã cedo, os sumos sacerdotes, deliberando com os anciãos, os escribas e todo o sinédrio, *chegaram a uma decisão*": Jesus seria entregue ao procurador romano Pilatos (Mc 15,1b). Isso me parece prova de que o sinédrio se viu num "beco sem saída": todos estavam contra Jesus, mas não havia unanimidade sobre a base jurídica para a sua condenação. Aí o sinédrio começou a ter culpa: chegaram à decisão unânime de entregar Jesus aos romanos.

De fato, nessa segunda fase da sessão do sinédrio chegou-se a um consenso: Jesus seria entregue a Pilatos (Mc 15,1b; ver 15,1a). Muitas vezes, essa decisão do sinédrio tem sido interpretada com base na suposição de que somente o dominador romano tinha o direito de executar uma condenação à morte, decretada pelos judeus. Mas historicamente isso é questão muito discutida.[107] Poucos anos antes (talvez recentemente), Herodes pôde mandar que João Batista fosse decapitado, sem nenhuma aprovação romana (embora não em Jerusalém). Tudo indica (por causa da composição concreta do sinédrio) que as dúvidas dentro desse grêmio eram tão sérias, que não se chegou a uma unanimidade a respeito da questão se Dt 17,12 podia ser aplicado ao "caso Jesus", embora *todos* o acusassem de alguma coisa. Isso é um argumento em favor dessa suprema corte como um todo.

No entanto, há diante de nós também o fato histórico de que o sinédrio, numa segunda sessão (Mc 15,1b), decide, e agora por unanimidade, "entregar Jesus aos romanos". Aí também, do ponto de vista judaico, está o erro e a evidente culpa do sinédrio com relação à condenação de Jesus. Na base de diversas interpretações legais, todos os membros do sinédrio tinham objeções contra Jesus de Nazaré, mas muitos deles não achavam na doutrina e nas ações de Jesus motivo suficiente para aplicar-lhe o veredicto de Dt 17,12. Contudo, devido às objeções fundamentais que todos os membros do sinédrio tinham contra Jesus sob diversos pontos de vista, encontrou-se, numa segunda sessão, uma saída jurídica: por causa das implicações políticas da atuação dele, vamos entregar aos romanos esse "problema Jesus". Deixem os romanos decidir! Na base de motivos muito variados, tanto herodianos como saduceus, e também fariseus das mais diversas tendências, todos puderam chegar a um consenso, cada grupo pelas suas *próprias* objeções fundamentais contra o "fenômeno Jesus". Todos os partidos do sinédrio concordaram, por causa de boatos entre o povo, de que o "fenômeno Jesus" era potencialmente perigoso

[107] Ver a discussão sobre isso em E. Bammel (ed.), *The trial of Jesus*, Londres 1970, e o estudo de D. Catchpole, *The problem of the historicity of the Sanhedrin trial*, 47-65.

para os romanos. E o era de fato, considerando-se a situação concreta (todos se lembrando ainda vivamente da execução de João Batista). O grito não-histórico do povo judeu "crucifica-o" (Mc 15,14) é aumentado em Jo 19,15b para a resposta (historicamente impensável): "Não temos outro rei, senão o imperador (romano)". Esse grito traduz, não de forma histórica, mas, afinal de contas, *verdadeiramente* uma realidade histórica, a saber: que o sinédrio judaico não achou fundamentos suficientemente jurídicos para condenar Jesus à morte, não podendo chegar sobre isso à unanimidade (provavelmente, apesar da pressão, sobretudo dos saduceus e herodianos). Mesmo assim, conseguiram chegar a uma decisão de maioria, isto é, a de entregar, (alegando motivos políticos) um compatriota, Jesus de Nazaré, aos romanos, a quem a maioria desses membros do sinédrio odiava!

Nesse sentido, Jesus foi de fato condenado, porque continuou fiel à sua missão profética "recebida de Deus", sobre a qual não quis prestar contas a ninguém, senão a Deus. Em tudo, Jesus continuou a confiar no Pai que o tinha enviado.

Mas o Pai não interveio. Em lugar nenhum, Jesus viu alguma ajuda vinda daquele cuja causa ele defendia. Historicamente será difícil negar a luta interior de Jesus entre a sua consciência de ter sido enviado, e o silêncio externo daquele que ele costumava chamar de "meu Pai".

Será historicamente difícil fazer abstração da agonia no Getsêmani, quanto ao cerne desse acontecimento. Quanto às "palavras de Jesus na cruz", só é historicamente garantido o fato de ele ter gritado em voz alta. Sofreu pesada provação a mensagem de Jesus sobre a iminente vinda de um "reinado de Deus" em favor da felicidade humana, e de uma relação com Deus não vinculada à Lei. A questão é a seguinte: Será que uma presença visível de Deus, provada por fatos empiricamente constatáveis, é a *última* palavra? Ou será que Deus realmente quis dar-nos a sua mensagem definitiva pelo fato de que Jesus, finalmente, se reconciliou com esse destino?

Capítulo 2

O último sinal profético de Jesus: sua morte a ser interpretada

No capítulo precedente tentamos fazer uma reconstrução histórica da autocompreensão de Jesus em relação à crescente consciência da inevitabilidade da morte que se aproximava. Por outro lado, muita coisa depende das suposições (sobretudo implícitas) que estão na base de semelhante estudo crítico. Está claro, p. ex., que H. Schürmann, tentando descobrir como Jesus avaliava sua própria morte, partiu implicitamente do querigma cristão soteriológico pós-pascal; ele procura mostrar que esse dogma de alguma forma já deve ser considerado como autocompreensão de Jesus. Nessa tentativa sinto falta de uma atitude crítica diante do querigma e do dogma. Não estou absolutamente me referindo à crítica de um não-crente ou eclético diante do dogma, mas do cristão que, partindo do "Jesus terreno", deseja refletir sobre as idéias cristãs e eclesiais a respeito do sentido salvífico da morte de Jesus, a fim de verificar se nós, numa soteriologia cristã, somos obrigados a recorrer a idéias como *resgate*, *sacrifício expiatório*, *substituição*, *satisfação* etc.

Na Parte I deste livro, chamou-se constantemente a atenção para o fato de que a Igreja primitiva, no seu Novo Testamento, é um reflexo ou representação do que aconteceu com Jesus, quanto a seu efeito sobre um grupo de pessoas. Vimos que sempre aparecia uma tensão entre a oferta da realidade que Jesus efetivamente foi e, por outro lado, as expectativas religiosas, as aspirações, idéias e ideologias usadas por outros para verbalizarem o que se manifestou em Jesus, e para colocarem finalmente tudo por escrito no Novo Testamento. Como crente, tenho a obrigação de aceitar o que se manifestou em Jesus, e não diretamente as representações que o verbalizaram. Quem, pois, com atitude de fé crítica, perguntar pelo que aconteceu com Jesus e pela sua autocompreensão, pode talvez enxergar, no resultado exegeticamente vago e "pobre", algo mais do que a conclusão de que o próprio Jesus provavelmente ainda não tinha alcançado as claras formulações das antigas comunidades cristãs. Como fizeram os primeiros cristãos na base do que sabiam, o crente pode então refletir também, e cristãmente, na base do que ele sabe, sobre os dados daquela reconstrução histórica. A pró-existência, ou seja, o serviço amoroso que foi toda a vida de Jesus, e que (na base de uma análise histórica-exegética) chegou evidentemente a um clímax na sua morte, pode talvez ser verbalizada por nós numa formulação com nuanças diferentes das interpretações do Novo Testamento, condicionadas pelos conceitos culturais-religiosos que existiam na época. Sobretudo torna-se então urgente a pergunta se uma exagerada exatidão não seria mais prejudicial do que proveitosa. A formulação exata de um acontecimento misterioso sempre o empobrece e se encontra, por isso, na beira do abismo da deformação herética. Isso vale tanto mais, porque se trata aqui de morte violenta. Não se pode afastar aí por raciocínio o aspecto fundamental de negatividade, sobretudo porque essa morte significou de fato uma rejeição da mensagem da vida de Jesus. Essa situação pede necessariamente que se lhe dê um sentido religioso – ou então, que seja julgada como absurdo total. Aquilo que aconteceria podia ser reconciliado com a mensagem de Jesus sobre o reino de Deus, e com sua vida de acordo com essa mensagem? "Os meus caminhos não são os teus" (Is 55,8). Essa palavra de Deus vale também para ele? O reino de Deus será uma alternativa divina, que corrige todos os acontecimentos de nossa história, inclusive Jesus? A morte de Jesus é para nós, afinal, uma pergunta a Deus, ao Deus que Jesus anunciava. Que Jesus era solidário com todos os oprimidos e excluídos, ficou claro pela análise de sua mensagem, sua pregação, suas bem-aventuranças, e pela praxe de sua vida. Pode-se afirmar agora que Deus o colocou, também a ele, pela sua execução, entre os oprimidos e excluídos, para fazer de sua solidariedade com os oprimidos uma verdadeira identificação? Ou será que tal visão não é antes uma blasfêmia – atribuindo a Deus o que de fato foi feito com Jesus pela história humana de injustiças?

Porém, com sua morte, a narrativa sobre Jesus ainda não chegou a seu fim. Por isso, primeiro deve ser analisada essa continuação.

Seção III

A HISTÓRIA CRISTÃ APÓS A MORTE DE JESUS.
O REINO DE DEUS TOMA O ROSTO DE JESUS CRISTO.

Capítulo 1

Os discípulos ficam escandalizados com a prisão e execução de Jesus

Bibliografia: Sch. Brown, *Apostasy and perseverance in the theology of Luke* (Roma, 1969); H. Conzelmann, *Geschichte des Urchristentums* (NTD-Ergänzungsreihe 5; Gotinga 1971); A. Dauer, *Passionsgeschichte im Johannes-evangelium* (Munich 1972); M. Hengel, *Die Ursprünge der christlichen Mission:* NTS 18 (1971-72) 15-38; H. Kasting, *Die Anfänge der urchristlichen Mission* (Beih. EvTh 55; Munich 1969); G. Klein, *Die Verleugnung des Petrus:* ZThK (1961) 285-328; id., *Die Berufung des Petrus:* ZNW 58 (1967) 1-44; E. Linnemann, *Studien zur Passionsgeschichte* (Gotinga 1970) 70-108; Ch. Masson, *Le reniement de Pierre:* RHPR 37 (1957) 24-35; G. Schneider, *Verleugnung, Verspottung und Verhör Jesu nach Lk 22,54-71* (Munich 1969); id., *Die Passion Jesu* (Munich 1973) 73-82; G. Schille, *Anfänge der Kirche* (Beih. EvTH 43; Munich 1966); id., *Anfänge der christlichen Mission:* KuD 15 (1969) 320-339; Th. J. Weeden, *The Mark-traditions,* 26-51; M. Wilcox, *The denial-sequence in Mk. 14,26-31.66-72:* NTS 17 (1970-1971) 426-436.

§ 1. Historicidade e retoques evangélicos

Na pregação cristã, não é problemático o tema da negação de Pedro, e também o outro, um pouco menos acentuado, que foi o desânimo de todos os discípulos. Geralmente, tudo isso também é comentado apenas em sentido moralizante. Estou convencido, porém, de que o desânimo dos discípulos não nos coloca simplesmente diante de uma narrativa episódica e marginal de fraqueza humana, mas que esse acontecimento, levando à "conversao" dos discípulos após a morte de Jesus, teve também papel decisivo na origem da tradição a respeito das aparições de Jesus, as quais apresentam ainda os vestígios de narrativas judaicas forjadas, segundo o modelo de visões que levam a conversões.

Do ponto de vista histórico, porém, aparece uma série de dificuldades.[1] Nessa base, alguns exegetas até opinam que sobretudo a

[1] Ver a bibliografia citada, sobretudo a discussão entre E. Linnemann e G. Klein.

negação de Pedro não é histórica; seria um "theologoumenon" cristão pós-pascal.[2] Mas então vem a pergunta: qual podia ter sido para a Igreja iniciante o motivo para inventar esse fato a respeito de suas colunas, seus primeiros grandes líderes espirituais, para em seguida abrandá-lo de novo? Pois vê-se que nos quatro evangelhos esse acontecimento, que eles não querem esconder como tal, paulatinamente está sendo amenizado. Em Marcos, Jesus se dirige a Pedro, censurando-o porque nem podia ficar acordado enquanto Jesus enfrenta a morte orando e lutando (Mc 14,37-38). Em 14,40, porém, já segue uma meia-desculpa: "seus olhos estavam pesados". Mt 26,36-46 não traz nisso nenhuma mudança, mas Lucas nem fala sobre a censura de Jesus a Pedro; censura que fica em termos gerais (Lc 22,46), e sobre o sono é dito que era "de tristeza" (22,45). Lucas não diz nada sobre a fuga dos discípulos. Finalmente, Jo 18,8 narra como o próprio Jesus pede que os soldados deixem os discípulos ir embora; e não menciona que os discípulos dormiram durante a agonia de Jesus, nem tampouco cita essa agonia. A tendência para desculpar parece antes um sinal da autenticidade dessa tradição sobre o desânimo dos discípulos. Por outro lado, a assim chamada "tendência para desculpar" pode talvez ser apenas um engano sinótico. Já que Marcos nesse ponto exagera, temática e propositadamente (ver mais adiante), os outros evangelhos (talvez não entendendo mais a tese *teológica* de Marcos, ou em reação contra esse exagero não-histórico) podem ter reduzido às suas proporções verdadeiras a narrativa transmitida. E por causa da situação dos textos, devemos fazer uma distinção entre o fato de Jesus ter sido abandonado por todos os discípulos e a narrativa de uma destacada negação especial de Pedro.

As narrativas dos sinóticos sobre o desânimo dos discípulos e a negação de Pedro dependem em grande parte da tradição ou redação de Marcos; porém, tanto Lucas como Mateus usaram também fontes próprias;[3] além disso, diferem de Marcos na sua opinião sobre os discípulos. Ora, uma análise da maneira como Marcos caracteriza as pessoas que figuram na sua narrativa mostra claramente que Marcos defende uma tese *teológica* a respeito da atitude dos discípulos antes da morte de Jesus: os discípulos não entendem nada de Jesus; não são capazes de ver quem é Jesus; há falta de compreensão, há mal-enten-

---

[2] Assim, entre outros R. Bultmann, *Tradition*, 301; sobretudo G. Klein, *Verleugnung* (tese de todo o artigo). Além disso, este problema: se os discípulos fugiram ou não para a Galiléia. "Fugiram, sim, para a Galiléia", dizem Bultmann, Käsemann, Grass, Finegan, Vögtle, Seidensticker etc. "Não fugiram para a Galiléia", dizem Marxsen, Weiss, Holzmann, Michaelis, Lohmeyer, Bertram, Taylor, Thüsing, Schenke, Weeden etc. A primeira hipótese me parece a mais provável, por causa de tradições muito antigas que apontam para a Galiléia, e somente a partir daí foram parar também nas tradições hierosolimitanas.

[3] P. ex. Mt 13,13; 13,16-17; 13,51; 10,40-41; 12,49-50; Lc 5,1-11; 6,20.

didos, e finalmente uma negação completa e apostasia.[4] No evangelho de Marcos,[5] a falta de entendimento da parte dos discípulos não vai diminuindo; vai antes aumentando, ao passo que a massa do povo mostra compreensão. Até não-judeus reconhecem o poder milagroso de Jesus (Mc 7,25-30); os discípulos, não (Mc 4,40; 8,4 e 8,14-21). Em Mateus e Lucas, todos esses textos são reduzidos a proporções mais justas.[6] Também a falta de compreensão a respeito de Jesus, da parte de Pedro e dos discípulos, acentua-se pesadamente em Marcos. Até a chamada "profissão de fé" que Pedro faz em Cesaréia de Filipe (Mc 8, 27-33: "Tu és o messias!") não é aos olhos de Marcos uma profissão de fé, mas um mal-entendido total sobre o messianismo, como mostram os versículos seguintes, citando como Pedro rejeita a perspectiva do sofrimento, levando Jesus a chamá-lo de "satanás" (8,32-33). É sobre *tal* messianismo que Jesus proíbe falar (8,30); mas para Marcos é uma cristologia herética, a do *theiós anèr*.[7] Depois dessa confissão, até se generaliza o conflito entre Jesus e os discípulos (9,15-18.19-23.23-27). João e outros discípulos proíbem alguém de expulsar demônios. Ao que parece, pura e simplesmente porque o homem não pertence ao grupo dos seguidores de Jesus (9,38 e 9,34-40). Também não permitem que as crianças se aproximem de Jesus (10,13-16). É sobretudo Judas quem não entende o sentido da unção em Betânia (como unção antecipada de um morto): a sua traição consiste em não aceitar um Filho do homem *sofredor*. Também nesta

[4] Segundo Weeden, *Mark-traditions*, 138-168, o evangelho de Marcos seria um ataque frontal contra "os Doze"; em contexto muito diferente, L. Schenke também diz o mesmo: *Auferstehungsverkündigung*, 21-22 e 51; ver também J. Schreiber: *Die Christologie des Markusevangeliums*, em ZThK 58 (1961) (154-183), 178-179; Marcos deixa transparecer tendências de crítica aos Doze, que continuaram em Jerusalém, ao invés de obedecerem à palavra de Jesus – como diz o evangelho de Marcos – e irem para a Galiléia, o lugar da mensagem, dos exorcismos e das curas de Jesus. A crítica de Marcos parece dirigir-se contra a "Igreja de Jerusalém", que parece ter contrariado a missão "helenista" (no sentido de "galiléia"). Mc 16,8 mostra claramente uma crítica "aos Doze". É inegável essa crítica em Marcos. A questão é como deve ser interpretada. A tese de Weeden (de uma "vingança" de Marcos contra os Doze) me parece ir longe demais. Sua tese é extremamente interessante, mas parece-me esbarrar em problemas não resolvidos dentro do texto. Como Weeden explica o fato, lembrado pelo próprio Marcos, de que Pedro, depois de ter renegado Jesus, "rompeu em soluços"? (Mc 14,72d) Além disso, como é que ele explica que os discípulos – apesar do silêncio das mulheres (Mc 16,8) e segundo a própria narrativa de Marcos – já sabiam (tinham ouvido de Jesus) que ele os "precederia na Galiléia" (Mc 14,28)? Weeden infelizmente não assumiu uma análise estrutural do evangelho de Marcos.

[5] Mc 1,37; 4,10.13.38-41; 5,31; 6,37.51-52; 7,17; 8,4.14-21.

[6] Mc 1,37-38; 4,13 e 6,37 são omitidos por Mateus. Cf. Mc 4,38-41: em Mt 8,25, sim, os discípulos mostram compreensão; e compare-se Mc 6,51-52 com Mt 14,33. Todas as insinuações a respeito da incompreensão dos discípulos (em Mc 6,51-52; 7,17-18; 8,4.14.21) foram eliminadas por Lucas, que além disso omite Mc 6,45-8,26 na sua totalidade.

[7] Ver também: Mc 9,31-33.35; 10,35-45; 10,23-31 e 8,34-35 e 10,21-22.

segunda série de textos, Mateus e Lucas omitem o que o evangelho de Marcos tem como mais desfavorável a respeito dos discípulos; mesmo assim, o aspecto desfavorável às vezes é mantido, mas sem a aspereza de Marcos.[8] Numa terceira fase e série de textos, em seguida Marcos fala da negação de Pedro, da apostasia de todos os discípulos e da decisão de Judas para trair Jesus (Mc 14,10ss). A partir desse momento (Mc 14,10), Marcos quase sugere que os discípulos não são lá muito melhores do que Judas. Exatamente as três futuras colunas da Igreja de Jerusalém – Pedro, Tiago e João – apesar de sua bravura são os que dormem (14,31), quando Jesus se encontra em angústia (14,32-42). A seguir, vêm a traição de Judas (14,43-52), a fuga de todos os discípulos (14,50) e a negação de Pedro diante de Jesus sofredor (14,66-72). Nisso, Mateus (26,14-16; 26,36-46.47-56; 26,66-75) segue Marcos fielmente. Lucas, ao invés, ameniza completamente a narrativa de Marcos; diz que a traição de Judas e também a negação de Pedro, são "obra de satanás" (22,3.31); Judas e Pedro não foram totalmente responsáveis pelo que fizeram. Os discípulos até acompanham a agonia de Jesus; é de tristeza que eles acabam cochilando (Lc 22,40-45). Sobretudo, Lucas não menciona nenhuma fuga dos discípulos, que no fundo continuam fiéis a Jesus (ver Lc 22,28ss).

Muito do que Marcos diz sobre a fraqueza dos discípulos encontramos também no evangelho de João, que literariamente não depende dos sinóticos. Mas, em João a falta de entendimento dos discípulos não diz respeito à maneira como identificam Jesus (Jo 1,35-51; 2,11; 6,66-67.68-69; 16,30): é contínua a sua fé em Jesus;[9] incrédulos são os judeus (Jo 12,37-40). João menciona também que os discípulos abandonaram Jesus, e que Pedro o negou (Jo 18,2ss.15-27; 16,32); mas eles fogem com permissão explícita de Jesus (Jo 16,32). Disso podemos concluir que não é pura fantasia o relato de Marcos, embora exagerando talvez e acentuando intencionalmente a atitude dos discípulos. Marcos aproveita um material tradicional já existente, mas por algum motivo quer dar à conduta dos apóstolos uma imagem sombria. A maneira como descreve o caráter dos Doze manifesta sem

[8] P. ex., Mc 8,32-33 e Mt 16,22ss e Mt 16,17; Mateus também conserva Mc 10,23-31, porém amenizando: Mt 19,28. Mt 17,15ss mantém Mc 9,17ss; Mt 26,8 e Mc 14,4; Lucas muitas vezes ameniza (Mc 10,14 com Lc 18,16; Mc 10,23-31 com Lc 18,24-30), mas aqui ele mantém muita coisa de Marcos, e coloca todo esse acontecimento dentro do plano da divina providência. Lucas mostra que dispõe, no mesmo sentido desfavorável, de certos dados novos da tradição sobre a falta de compreensão da parte de João e Tiago (Lc 9,51-55; ver: 10,23-24 e 19,39-40).

[9] Há falta de compreensão a respeito do ensinamento de Jesus: Jo 11,7-16; 12,16; 13,6-8; 14,4-9; 16,16-18; mas antes da morte de Jesus também não precisavam entender tudo (Jo 16,12-13.25). A ressurreição acabará com toda incompreensão (Jo 2,22; 12,16; 13,7) em virtude do "Paráclito" (14,16-17; 16,7, comparado com 14,25-26): então os discípulos, juntamente com Jesus, estarão unidos com o Pai (17,6-26).

dúvida a idéia peculiar que ele tinha desses discípulos de Jesus. Paulo desconhece semelhante imagem dos discípulos; e, se a imagem pintada por Marcos fosse histórica, Paulo não teria deixado de se referir a isso quando tinha dificuldades com os chefes cristãos em Jerusalém (Gl 2,11-14). Aliás, e sobretudo, as tradições pré-marcanas contradizem a visão de Marcos.[10] Na fonte própria de Mateus e Lucas, na qual, segundo o consenso de exegetas, se recolhe uma tradição muito antiga, "os Doze" com Pedro são um grupo muito estimado no cristianismo primitivo, com claros indícios até de idealização.[11] Nisso se realça também que, depois da prisão de Jesus, Pedro *tenta* "segui-lo" (Lc 22,32b, completando Lc 22,31-32a, a fim de harmonizar as duas tradições: 22,33-34 e 22,54.55-67). Isso não significa, absolutamente, que a tradição utilizada por Marcos também não seja antiga; significa, isto sim, que Marcos "manobra" seu material. Por outro lado, também na tradição da comunidade Q, "os Doze" formam colégio muito respeitável.[12] Sobretudo em Lc fica evidente que ele cita uma fonte não-marcana, onde – como em Marcos – Jesus chama a atenção de João e Tiago (Lc 9,51-56), o que deixa claro que Lucas (embora criticando a temática de Marcos sobre os discípulos de Jesus), não faz nada para eliminar ou amenizar os ecos negativos, vindos da fonte Q, a respeito deles. Porém, enquanto na fonte Q Jesus chama os discípulos de "bem-aventurados", porque vêem o que a outros escapa (sobretudo Lc 10,23-24 = Mt 13,16-17), segundo Marcos os discípulos não enxergam praticamente nada (Mc 4,13; 7,18; 8,13.17.21; 9,32).[13]

Essas imagens tão variadas que se encontram nos evangelhos a respeito dos discípulos, sobretudo sobre Pedro, nos levam a concluir que não existia uma tradição uniforme a respeito das reações desses discípulos quando Jesus foi preso. A respeito da conduta dos "apóstolos" as demais tradições têm, antes da experiência da Páscoa, uma avaliação melhor do que Marcos. Na base de alguma intenção teológica (ainda não esclarecida, creio eu, apesar da tese de Weeden), o evangelho de Marcos tem a tendência de apresentar do modo mais desfavorável possível a conduta dos discípulos antes da Páscoa. O que realmente preocupa é que o evangelho de Marcos (fazendo-se abstração do final pseudomarcano do evangelho, em Mc 16,9-20), depois de ter pintado uma imagem tão sombria dos discípulos de Jesus, de fato não diz mais nada sobre esses Doze, a não ser na aparição de um *anjo* a Maria Madalena e Salomé, as quais devem dizer aos dis-

[10] Ver Weeden, *Mark-traditions* , 42.

[11] Mt 16,17-19 e Lc 22,31-32.

[12] Mt 5,1-12 = Lc 6,20-23; Mt 13,16-17 = Lc 10,23-24; Mt 19,28 = Lc 22,30. Ver Schulz, *Q-Quelle*, 335.

[13] Mas é claro que Marcos, embora às vezes exagere, quer mesmo ser moderado: 4,11 (ou será ironia?).

cípulos: "Ele vos precede na Galiléia; aí o vereis, como ele vos disse" (Mc 16,7; redação de Marcos). No entanto, o final do próprio evangelho de Marcos faz suspeitar que foi exatamente isso o que eles não fizeram (não ficar em Jerusalém, mas ir para a Galiléia).[14] Em lugar nenhum do Marcos autêntico encontramos, como nos outros evangelhos, uma solene investidura do apostolado dos discípulos.[15]

Quanto à conduta dos discípulos, portanto, a tradição sobre Jesus não dá clareza. Conforme Lucas, (na hora da crucificação) "todos os seus conhecidos, também as mulheres que o tinham seguido desde a Galiléia, estavam a distância observando" (Lc 23,49). Ao contrário, Marcos não sabe nada sobre "os discípulos", mas somente sobre as discípulas perto da cruz (Mc 15,40-41). De fato, depois que Jesus foi preso, "todos" (isto é, os discípulos masculinos de Jesus) o abandonaram e fugiram (Mc 14,50). Mc 14,27 afirma que todos os discípulos de Jesus "cairão". Também a tradição joanina fala que os discípulos de Jesus "fugiram para casa" para a Galiléia (Jo 16,32). Há diferença, isto sim, entre Mc 14,27-31, onde não se fala de uma fuga, e sim de um "estarem decepcionados" e "escandalizados" (isto é: "tropeçaram", por não terem firmeza), e Mc 14, 43-52, onde se fala claramente de uma "fuga". Parece não haver relação literária entre esses dois trechos da tradição, mas sim entre Mc 14,27-31 e 14,54.66-72, onde Pedro, segundo esta tradição, *segue* de longe a Jesus que é levado preso, mas, apesar dessa *tentativa* de segui-lo, o nega três vezes.

"Escandalizar-se de alguém" ou "ser levado a cair", segundo o teor fundamental dessa palavra nos sinóticos, é o oposto de "crer em alguém" (Mc 6,3 par. Mt 13,57; Mt 26,31 par. Mc 14,27; Mt 26,35 par. Mc 14,31 e Lc 22,34). Citando Zc 13,7, Mc 14,27b dá a entender que a ruptura com Jesus dissolve também por completo a união entre seus seguidores: os discípulos se dispersam. Em Mateus, porém, a citação de Zacarias refere-se apenas à prisão de Jesus, não à sua conseqüência: a dispersão dos discípulos (Mt 26,56). A "*tríplice* negação" de Pedro é um gênero literário para dizer que ele o renegou com-

---

[14] Isso me parece "o ponto forte" na solução final de Weeden (a qual, no entanto, ainda é duvidosa); ver: *Mark-traditions*, 44. Os discípulos de Jesus não são mais mencionados, nem na crucificação (Mc 15,22-41), nem no enterro de Jesus (15,42-47), nem no "santo sepulcro" (16,1-8), a não ser – nesse último caso – para realçar que eles não fizeram o que foi a vontade de Jesus. Para essa "constatação" de Weeden não encontrei, em lugar nenhum, solução satisfatória na literatura exegética. E não deixa de ser importante, creio eu.

[15] Assim: Mt 28,16-20; Lc 24,36-49; Jo 20,19-23; At 1,8. A respeito de tudo isso, Marcos não diz nada. Assim, na minha opinião, o consenso (que tem crescido nestes últimos anos) de que Mc 16,8 é realmente, na "intenção" de Marcos, o fim de seu evangelho tem pressupostos *teológicos* na maneira como Marcos vê "os Doze", embora a solução de Weeden para esse problema me pareça radical demais, considerando-se o estado do próprio texto do evangelho de Marcos. Mas o certo é que Marcos não quer saber de uma tradição de "aparições de Jesus" aos Doze.

pletamente. Por isso, é difícil afirmar que todos os discípulos fugiram, enquanto somente Pedro tentava ficar.[16] O núcleo sólido da tradição é o seguinte: todos os discípulos, de alguma forma, abandonaram Jesus. A negação *individual* de Pedro parece uma posterior concretização literária da falha de *todos* os discípulos, concretização essa inspirada também pela posição de Pedro no cristianismo primitivo. Depois da palavra robusta de Pedro, de que "pelo menos ele" não há de cair, Mc 14,31 insiste mais uma vez: "E todos diziam o mesmo". A fuga de todos os discípulos parece interessar a Marcos.[17] Inegavelmente Mc 14,50.51-52 está ligado ao tema da "incompreensão dos discípulos". Ele quer deixar claro que Jesus seguiu o caminho de sua paixão "totalmente sozinho", abandonado por todos. É essa a sua convicção de fé: os discípulos *tiveram* de abandoná-lo. Mas, segundo Marcos, também essa fuga está debaixo dos desígnios salvíficos de Deus: é exatamente Mc 14,27 quem cita o divino "é preciso", remetendo a Zc 13,7 (ver Mc 14,49b e 14,21a.41b). Também a narrativa sobre a fuga está redigida, segundo os biblistas, no estilo de Marcos (Mc 1,18.20; 4,36; 8,13; 12,1 e 14,50; além de Marcos e independentemente dele, só em Mt 22,22 e 26,44). A noção oposta à de "seguir Jesus" ou "ir atrás dele" é, para Marcos, "abandonar e negar Jesus". A fuga dos discípulos é a *ruptura* do "seguir Jesus": nenhum deles o seguiu até o fim (Mc 14,51-52). Segundo Marcos, verdadeiros discípulos são apenas os que o seguem no sofrimento da cruz (Mc 8,31-35). É a partir disso que seu evangelho deve ser lido; foi essa a sua intenção.

Embora essencialmente diferente de Marcos, Lucas confirma esse modo de ver, porém teve mais fontes à sua disposição (sobretudo SL, a fonte "própria de Lucas"),[18] e utiliza também de maneira pessoal a fonte de Marcos,[19] reinterpretando-a de novo, porque não entende nem a negação de Pedro, nem mesmo a negação dos discípulos de Jesus em geral.[20] Pois, segundo Lucas, não houve desespero geral de todos os discípulos; Lucas não assume esse dado do evangelho de Marcos: os discípulos não fogem (Lucas corta Mc 14,50); eles até defendem o mestre com algumas espadas (Lc 22,50; cf. 22,38), e todos (fiéis a ele, mas não podendo fazer nada) estão presentes perto da cruz (Lc 23,49). Lucas simplesmente risca a apostasia de todos os discípulos (predita em Marcos), pelo menos enfraquece esse assunto

---

[16] A argumentação de Etta Linnemann me parece acertada (*Passionsgeschichte*, *l.c.*, 92-93).

[17] G. Schneider, *Die Passion Jesu*, 46-47, que admite o cerne histórico de uma renegação da parte de Pedro (74).

[18] Tese de Bultmann, Grundmann, Rengstorf e outros exegetas.

[19] Assim Schürmann, Blinzler, Dupont, Linnemann, e sobretudo Schneider, que analisou este detalhe com precisão, e julga muito provável que Lucas depende de Marcos quanto à perícope da negação (mas houve redação lucana).

[20] E. Linnemann, *Passionsgeschichte*, 93-95.

e o combina com um *lógion*, proveniente de uma fonte própria de Lucas, sobre uma ajuda especial de Jesus a Pedro, promessa essa que por sua vez é enfraquecida pela inserção "tu, uma vez *convertido*" (Lc 22,32). É evidente que Lucas quer falar bem de Pedro. Segundo ele, a bem dizer, Pedro não renegou Jesus; falou uma mentirinha, por esperteza: "como é que é?... que é que eu tenho com isso?" Porém, levando-se em consideração a perspectiva de cada um, a diferença entre Marcos e Lucas não é tão grande quanto uma primeira leitura faz suspeitar.

Sobre a fuga dos discípulos, o Novo Testamento fala sobretudo sob um ponto de vista *teológico*: como "escandalizar-se" e "cair" (Mc 14,27a), e ao mesmo tempo como fato providencial "segundo as Escrituras" (14,27b). Com isso, Marcos modificou seriamente o material existente: não havia tradição escrita, nem sobre a fuga generalizada, nem sobre a sua predição nas Escrituras.[21] A tradição sabia que os discípulos não estiveram presentes durante o sofrimento de Jesus, e que não "ficaram com Jesus", o que deviam fazer como "discípulos" que eram. Com o seu exagero, Marcos pretende inculcar a noção de "seguir e imitar Jesus no seu *sofrimento*". Enquanto em Lucas a negação de Pedro aconteceu antes do interrogatório de Jesus e de sua solene profissão, Marcos coloca essa negação depois do interrogatório e da profissão de Jesus que o levaria à morte. A profissão de Jesus está em contraste com a negação de Pedro, que assim foge do sofrimento. Marcos relacionou indubitavelmente a fuga dos discípulos com a sua reunificação após a páscoa. Todos caíram (Mc 14,27a), e Jesus precede a todos, inclusive a Pedro (Mc 16,7), na Galiléia.

Depois de ter mencionado o desânimo dos discípulos, Mc 14,29-31 acrescenta uma predição da negação de Pedro. Além disso, os exegetas admitem geralmente que a perícope da negação de Pedro (Mc 14,66-72) foi originalmente uma tradição independente, antes de ser inserida na história da Paixão. Marcos é a única fonte de todas as variantes da tradição; conforme a análise segura de G. Schneider, Lc 22,54b-61 não supõe uma fonte à parte; é uma redação lucana de um material de Marcos.[22] A inserção da negação de Pedro pode significar que Marcos, na sua tradição, não achou a fuga de Pedro. Pelo contrário, na sua fonte, Marcos encontrou que Pedro *seguiu* o Senhor no átrio do sumo pontífice, mas o próprio Marcos já corrige isso com uma limitação: "de longe" (Mc 14,54 é marcano; cf. 5,6; 8,3; 11,13; 15,40). Pedro cai, apesar de sua boa vontade e desse tímido "seguir Jesus". E assim Marcos pode falar da falha de todos os discípulos, inclusive de Pedro (cf. Mc 14,29: "todos, mas *eu* não", diz Pedro). Aí

[21] G. Schneider, *Die Passion Jesu*, 75.
[22] G. Schneider, *Verleugnung*, *l.c.*, 73-95.

Jesus prediz a negação (Mc 14,30-31). Lucas, porém, acentua sobretudo que Pedro *tenta* seguir Jesus (*akolouthein*, Lc 22,54b, no imperfeito): Pedro mente, sim, mas não renega a Jesus. Em Lucas, a negação de Pedro não é um caso diferente do desânimo geral dos discípulos (Lucas omite Mc 14,27-28): Pedro não deixará de crer em Jesus (Lc 22,31-32). Segundo Lucas, não houve apostasia entre os discípulos: a paixão e morte de Jesus não marcam, na fé dos discípulos, uma ruptura entre antes e depois da Páscoa. Um olhar de Jesus bastará para mudar a atitude de Pedro (Lc 22,32 e 22,61).[23] Marcos, porém, insiste no fato de que Pedro não perseverou até o fim na sua tentativa; quer apenas frisar que Pedro não seguiu o mestre no sofrimento. Marcos não é contra Pedro, mas pensa nos cristãos, ameaçados e perseguidos pelos compatriotas judeus: agora importa seguir a Jesus, e não deixá-lo sozinho. Pedro, portanto, é um exemplo que admoesta: até a mais alta autoridade está exposta a fraquezas. Pelo fato de que Marcos põe a predição de Jesus em consonância com a negação de Pedro, o "lembrar-se de uma palavra de Jesus" (Mc 14,72b) ganha seu pleno significado teológico.[24]

O tema da tradição cristã a respeito do desânimo dos discípulos se resume, pois, na experiência de uma fraqueza concreta, supondo-se porém que persiste a fé em Jesus.[25] Os discípulos experienciaram mais tarde a sua falha como causada pela fraqueza de sua fé (*oligopistia*). Nisso está também a base para a possibilidade de uma conversão, seguindo novamente a Jesus. Apesar de seu desânimo, eles – após a morte de Jesus – sentem-se nas mãos misericordiosas de Deus. É o que eles entenderam pelas palavras e ações de Jesus

§ 2. O PROBLEMA DA DISPERSÃO E DA REUNIFICAÇÃO DOS DISCÍPULOS

Na sua tradição, Marcos não achou nada sobre uma renegação de Jesus da parte de Pedro; achou, isto sim, algo sobre a tentativa de Pedro, e só dele, para ir atrás de Jesus. O próprio Marcos, porém, relacionou Pedro com o desânimo geral dos discípulos, sem dúvida por causa da tradição de que, durante o sofrimento de Jesus na cruz, não apenas os discípulos, mas também Pedro, estavam ausentes; somente algumas mulheres lá estavam lá. Pedro, portanto, teria em dado momento desistido de sua tentativa de "seguir a Jesus". A esse fato real Marcos (ou uma tradição anterior) deu forma concreta, que é composição literária, mais do que relação histórica de um fato. Já observa-

---

[23] S. Brown, *Apostasy*, 70-71; G. Schneider, *Passion Jesu*, 81-82.

[24] Cf. 1Cor 7,10; 9,14; 1Ts 4,15-16; At 20,35, etc. Sobretudo M. Wilcox, *Denial-sequence*, 426-436

[25] E. Linnemann, *Passionsgeschichte*, 103.

mos que essa atenção especial pela atitude de Pedro, durante a história da paixão, tem algo a ver com a posição de liderança que Pedro ocupava na Igreja primitiva. Mas, o próprio fato de que Pedro tinha essa posição de liderança se relaciona com a sua tentativa de seguir a Jesus, lembrada pela comunidade, e com o fato de ele ter parado com essas tentativas, e também com a tradição, freqüentemente repetida, de que Pedro foi o primeiro entre os discípulos (masculinos) que se converteu para Jesus como o Senhor vivente. (Ver em capítulo ulterior.)

M. Dibelius já tinha visto uma relação entre a negação de Pedro e as aparições pascais (entre Mc 14,28 e 14,29-31).[26] Nisso a maioria dos exegetas não o seguiu. Mas, em todo caso, é clara a intenção de Marcos em relacionar positivamente esses dois acontecimentos: a dispersão dos discípulos é por ele posta em relação com a palavra da Escritura: "Ferirei o pastor, e as ovelhas se dispersarão" (Zc 13,7, em Mc 14,27). A dispersão dos discípulos, portanto, está assumida como providência divina. A isso corresponde a reunificação dos discípulos em torno de Jesus: "Mas (depois de minha ressurreição) *eu vos precederei* na Galiléia" (Mc 14,27-28). Essa tradição, pois, parece estabelecer uma ligação intrínseca entre o desânimo dos discípulos, com sua dispersão como grupo, e o seu reagrupamento pós-pascal. Também em Jo 21,15-17 há uma ligação, embora indireta, entre a negação de Pedro e uma aparição pós-pascal de Jesus. Por isso, é na relação original entre negação e aparição, vista por Marcos, que pode estar o motivo (apesar dos argumentos-contra de E. Linnemann)[27] pelo qual a tradição cristã assumiu o fato da negação dentro de sua pregação, embora em tempos posteriores essa relação talvez tenha empalidecido na memória das comunidades eclesiais consolidadas.[28] A dificuldade dessa tese é que, segundo a história das tradições, tem base muito estreita a ligação entre a negação e a aparição de Jesus: concretamente, só a maneira como Marcos viu as coisas (Mc 14,28; 14,29-31 e 16,7; cf. uma alusão mais vaga em Jo 21,15-17). A pergunta, porém, é a seguinte: essa base realmente será tão estreita quanto parece à primeira vista? Se for verdade que as aparições de Jesus nos evangelhos estão construídas segundo o modelo das judaicas "aparições-de-conversão", então a tradição largamente espalhada na Igreja primitiva sobre

---

[26] *Die Formgeschichte des Evangeliums*, Tubinga 1961, 216.

[27] *Passionsgeschichte*, 82.

[28] Na sua *Geschichte des Urchristentums*, Göttingen 1971 (que não pretende ser mais do que uma introdução geral), H. Conzelmann afirma simplesmente (sem nenhuma prova ou referência, infelizmente): "Que o primeiro a quem Jesus apareceu foi Simão Pedro (Kéfas), é confirmado por Lc 24,34. Nessa aparição baseia-se o lugar preeminente de Pedro nos primeiros anos da Igreja. Esse fato se destaca diante do fundo do seu renegar o Mestre, antes da morte de Jesus" (27). Em outras palavras, também ele vê um nexo entre aparição e negação. Ver também J. Jeremias, *Der Opfertod Jesu Christi* (Calwer-Hefte, 62) Stuttgart 1963.

as aparições de Jesus ajuda a confirmar essa convicção sobre uma relação essencial entre a negação e o reagrupamento (ver em capítulo posterior). Então Marcos, que nada sabe sobre aparições, mas que relaciona expressamente a dispersão dos discípulos com a renovada liderança de Jesus sobre seus discípulos na Galiléia (reagrupamento escatológico dos discípulos), não precisa ser uma contra-indicação (por causa de suas idéias "isoladas"); trata-se antes de *outra* expressão para aquilo que em outras tradições se chama de "aparições". As narrativas lucanas sobre as aparições indicam que a Igreja primitiva era mais diferenciada do que Lucas apresenta nos Atos. Essa questão será tratada novamente após uma análise das narrativas sobre as aparições.

"POR QUE PROCURAIS ENTRE OS MORTOS AQUELE QUE ESTÁ VIVO?" (LC 24,5)

Introdução: Tradições locais e oficiais do cristianismo primitivo

Bibliografia geral (bibliografia sobre detalhes nos respectivos lugares e mais tarde na Parte III): M. Albertz, *Zur Formgeschichte der Auferstehungsberichte:* ZAW 21 (1922) 259-269; H. W. Bartsch, *Das Auferstehungszeugnis. Sein historisches und sein theologisches Problem* (Hamburgo 1965); P. Bénoit, *Passion et résurrection du Seigneur* (Paris 1966); I. Broer, *Die Urgemeinde und das Grab Jesu* (Munique 1972); H. Cazelles e otros, *Le langage de la foi dans l'Écriture et dans le monde actuel* (Lectio Divina 72; Paris 1972), cit.: Lectio Divina 72; H. von Campenhausen, *Der Ablauf der Osterereignisse und das leere Grab* (Heidelberg 1966); H. Conzelmann, *Die Mitte der Zeit* (Tubinga [5]1964) 85-86 e 188-192; C. H. Dodd, *The appearances of the risen Lord,* em *Studies in the Gospel* (Hom. R. M. Lightfoot) Oxford 1955) 9-35; J. Delorme, *Résurrection et tombeau de Jésus: Mc. 16,1-8 dans la tradition évangélique,* em *La résurrection du Christ et l'exégèse moderne* (Lectio Divina 50; Paris 1969) 105-151 (cit.: Lectio Divina, 50), id., *La résurrection de Jésus dans le langage du Nouveau Testament* (Lectio Divina 72; Paris 1972) 101-182 (cit.: Lectio Divina 72); E. Fascher, *Anastasis, resurrectio, Aufersteleung:* ZNW 40 (1941) 166-229; R. Fulhr, *The formation of the resurrection narratives* (New York-Londres 1971); A. George, Leis *récits d'apparitions aux onze à partir de Luc 24,36-53,* en *La résurrection du Christ et l'exegèse moderne* (Lectio Divina 50; Paris 1969) 75-104 (cit.: Lectio Divina 50); P. Grelot, *La résurrection de Jésus et son arrière-plan biblique et juif,* em Lectio Divina 50; 17-54; id., *histoire devant la résurrection du Christ:* RHS e RAM 48 (1972) 221-250; H. Grass, *Ostergeschehen und Osterberichte* (Gotinga [3]1964) (1956); B. van tersel, *La resurrección de Jesús, ¿información o interprztación?:* Conc 60 (1970) 52-65; J. Kremer, *Das älteste Zeugnis von der Auferstchung Christi* (SBS 17; Stuttgart [2]1967); X. León-Dufour, *Resurrección de Jesús y mensaje pascual* (Salamanca 1973); E. Lohse, *Die Auferstehung Jesu Christi in Zeugnis des Lukasevangeliums* (Neukirchen 1961); cf. también RSR 57 (1969) 599-602; L. Marin, *Les femmes au tombeau,* em Lectio Divina 50, 39-50, e em C. Chabrol y L. Marin, *Semiotique narrative: récits bibliques:* "Langages" 6 (1971) 39-50; id., *Du corps au texte:* "Esprit" (abril 1973) 913-928; W. Marxsen, *Anjangsprobleme der Christo-*

logie (Gütersloh 1960); id., *Die Auferstehung Jesu als historisches und als theologisches Problem* (Gütersloh [2]1965); id., *Die Auferstehung von Jesus von Nazareth* (Gütersloh 1968); W. Marxsen, U. Wilckens, G. Delling e H. Geyer, *Die Bedeutung der Auferstehungsbotschaft für den Glauben an Jesus Christus* (Gütersloh [6]1968); F. Mussner, *La resurrección de Jesús* (Santander 1971); F. Neyrinck, *Les femmes au tombeau. Étude de la rédaction matthéenne:* NTS 15 (1968-69) 168-190; A. Pelletier, *Les apparitions du Ressuscité en termes de la Septante:* Bibl 51 (1970) 76-79; E. Pousset, *Résurrection de Jésus et message pascal:* NRTh 104 (1972) 95-107; B. Rigaux, *Dieu l'a ressuscité* (Gembloux 1973); L. Schenke, *Auferstehungsverkündigung uni leeres Grab* (SBS 33; Stuttgart [2]1969); H. Schlier, *La resurrección de Jesucristo* (Bilbao 1970); J. Schmitt, *Prédication apostolique,* en DBS 8 (1967-1968) 251-267; R. Schnackenburg, *Zur Aussage 'Jesus ist (von den Toten) auferstandem:* BZ 13 (1969) 1-17; Ph. Seidensticker, *Die Auferstehung in der Botschaft der Evangelisten* (Stüttgart 1967); G. W. Trompf, *The first resurrection appearance and the ending of Mark's Gospel:* NTS 18 (1971-1972) 308-378; A. Vögtle, *Ekkesiologische Auftragsworte des Auferstandenen,* em *S. Pagina II* (Paris-Gembloux 1959) 280-294; id., *Das christologische und ekklesiologische Anliegen von Mt 28,18-20,* em *Studia Evangelica* II (TU 87; Berlim 1964) 266-294; A. Vögtle-R. Pesch, *Wie kam es zum Osterglau-ben?* (Düsseldorf 1975); U. Wilckens, *Der Ursprung der Überlieferung der Er-scheinungen des Auferstandenen,* em *Dogma und Denkstrukturen.* Hom. E. Schlink (Gotinga 1963) 53-95; id., *Auferstehung* (Stuttgart-Berlim 1970); Th. J. Weeden, *Mark-traditions,* 101-117; *Lire l'écriture; dire la resurrection:* "Esprit" 41 (1973), número 4, 831-935.

A morte de Jesus foi o fim da convivência do Jesus terreno com seus discípulos, fim esse reforçado ainda pelo fato de eles o terem abandonado. Então, o que aconteceu para levar esses mesmos discípulos a afirmarem, depois de algum tempo, que estavam novamente aceitos dentro de uma convivência atual com Jesus, que eles anunciavam como o Vivente, o "Filho do homem", ressuscitado dos mortos, ou como aquele que atualmente agia nos pregadores cristãos, ou como aquele que voltaria em breve? O que aconteceu entre a morte de Jesus e essa pregação eclesial?

Em lugar nenhum do Novo Testamento se diz que tal acontecimento foi a ressurreição. Em contraste com os apócrifos, sobretudo o *Evangelho de Pedro* 35-45, o acontecimento da ressurreição não é narrado em lugar nenhum. O que levou os discípulos à sua pregação cheia de fé não foi a ressurreição, e sim o fato de que Jesus, que tinha morrido, de alguma maneira se manifestava benignamente: Jesus voltará! Ele está vivo. Ou: Ele ressuscitou! Como é que as próprias comunidades do cristianismo primitivo apresentavam a origem de sua fé no Crucificado que estava vivo e que voltaria? Ou seja: o que aconteceu com elas?

Foi somente a literatura exegética recente que trouxe maior clareza para essa complicada matéria. O certo agora é que a tradição sobre as aparições de Jesus[29] aos Doze foi independente, na sua origem, da tradição claramente local de Jerusalém: aí os cristãos – na linha do culto existente em outros cemitérios antigos de Jerusalém – tinham piedoso interesse pelo "sepulcro" de Jesus e por outros lugares de sua paixão e morte.[30] Desde que os estudos de G. Schille e B. van Iersel deram essa interpretação da tradição a respeito do "santo sepulcro", outros exegetas chegaram a uma explicação igual.[31] Numa visita a Jerusalém, os cristãos veneravam uma série de lugares que lembravam a via-sacra de Jesus. Concluindo essa piedosa peregrinação, visitavam também o santo sepulcro. Por causa da fé que já tinham no Crucificado ressuscitado é que foram a esse sepulcro. A sua religiosa reverência deve ter chegado ao ponto mais alto, quando ouviam o acompanhante dizer: "Aqui é o lugar onde o deitaram" (Mc 16,6c).[32]

---

[29] Os evangelhos conhecem as seguintes tradições: a) *Mateus*: uma aparição de Jesus a mulheres que voltam do sepulcro (28,9-10) e uma aparição aos Onze "numa montanha" da Galiléia (28,16-20); b) *Lucas*: uma aparição aos discípulos de Emaús (24,13-35) e uma aparição aos Onze, com outras pessoas presentes (24,36-53); c) *João*: uma aparição a Maria Madalena (20,14-18), uma aparição aos discípulos na ausência de Tomé (20,19-23), uma aparição a Tomé em companhia dos discípulos (20,24-29), e finalmente no capítulo final, posterior: a aparição na Galiléia a sete discípulos, após uma pesca (Jo 21); d) *o final posterior de Marcos*: resume três aparições de outros evangelhos: a Maria Madalena (João), aos discípulos de Emaús (Lucas) e aos Onze (Mateus; Lucas) (Mc 16,9-20). A aparição aos Onze (ou "Doze": 1Cor 15,3-5) se encontra, portanto, constantemente em todas as tradições.

[30] B. van Iersel, *l.c.*, em *Conc* 6 (1971), n. 10, 53-65, baseia a sua argumentação sobretudo na expressão típica "hic est locus ubi", mais tarde (a partir do sec. IV) uma expressão técnica na literatura das peregrinações cristãs. Mas continua apenas uma hipótese que tal expressão já tinha esse sentido em Marcos (segundo o próprio van Iersel, ela falta na literatura grega clássica e na rabínica). Ver também J. Delorme, em *Lectio Divina*, n. 50, 123-125.

[31] Além disso, em lugar nenhum do Novo Testamento se encontra a expressão "o sepulcro vazio". Ver B. van Iersel, em *Conc*, *l.c.*, 57-60; G. Schille, *Das Leiden des Herrn*, em: ZThK 52 (1955) 161-205; J. Delorme, em *Lectio divina*, n. 50, sobretudo 123-128; L. Schenke, *Auferstehungsverkündigung*, 93-103; e 63-83.

[32] Esta fórmula é (ao menos em época posterior) um termo técnico nas visitas a lugares onde mártires eram venerados (Van Iersel, *l.c.*, nota 2; Delorme, em: *Lectio Divina*, n. 50, 123-129). Além disso, as minuciosas indicações cronológicas ("no primeiro dia da semana, bem cedo, ao nascer do sol", Marcos, num texto sem pretensões historiográficas, sugerem igualmente um contexto cultual-litúrgico; ver sobretudo G. Schille, *Das Leiden des Herrn*, *l.c.* (aprovado por J. Delorme e L. Schenke). Segundo Schille, a origem da história da paixão está numa celebração (anual) em Jerusalém, com três grandes momentos: *a)* uma comemoração da noite da despedida; *b)* uma liturgia da paixão e morte de Jesus, nas horas da oração judaica (ver Mc 15,2-41); *c)* uma liturgia no dia da Páscoa, de manhã cedo, com uma visita (mais tarde com uma grandiosa procissão) ao santo sepulcro (ver Mc 15,42 e 16,1-8) (Schille, *l.c.*, 182-183). Disso nasceu mais tarde a festa da Páscoa. Todavia, exegetas importantes admitem que a tradição do "sepulcro" remonta a uma antiquíssima tradição, segundo a qual foi de fato constatado que o sepulcro estava vazio (assim, entre outros: L. Cerfaux, J. Jeremias, E. Lohse, J. Héring, J. Weiss, J. Dupont, K. Rengstorf, J. Blank). Mas, esses exegetas defendem a antiguidade da tradição do sepulcro contra algumas opiniões segundo as quais tal tradição seria muito recente. Hoje aceita-se mais comumente a antiguidade dessa tradição. O novo problema é se se trata de uma tradição sobre um "sepulcro vazio", ou de uma tradição sobre o "santo sepulcro" (isto é, uma tradição cultual).

Mateus e Lucas mostram claramente seu interesse em combinar as duas tradições independentes: o santo sepulcro e as aparições de Jesus aos Doze. É sobretudo João quem dá claramente a entender que um "sepulcro vazio" nunca pode ser prova de uma ressurreição (Jo 20,8-9); quando muito, será *sinal* de uma prévia fé na ressurreição.

Marcos desconhece aparições de *Jesus*, mesmo às mulheres, em contraste com Mateus, Lucas, João e com o final de Marcos, este com data muito posterior (Mc 16,9-20). Aparece apenas um "jovem vestido de branco", isto é, um anjo (ver 2Mc 3,26.33; também Mc 9,3; Ap 7,9.13), que lembra às mulheres perto do "santo sepulcro" o "querigma apostólico": "Ele ressuscitou" (Mc 16,6b). Nos demais evangelhos fala-se depois também de aparições de Jesus às mulheres (os nomes mudam, porém Maria Madalena é sempre mencionada). Portanto, deve ter existido uma tradição sobre uma aparição de Jesus às mulheres. Diferentes de Marcos, outros evangelistas mencionam também discípulos masculinos, sobretudo Pedro, dentro da tradição hierosolimitana sobre o "sepulcro" (Lc 24,12; Jo 20,3-9). Tudo indica que Mc 16,1-8 deve ser considerado como ponto de partida para toda a interpretação. J. Delorme observa, com razão, que o silêncio do querigma e da catequese apostólica sobre a tradição do santo sepulcro não precisa excluir uma tradição *local* hierosolimitana (com outras preocupações, como a tradição narrada em Mc 16,1-8), que nem por isso precisaria ser secundária, mas que de fato deve ser muito antiga, embora nos outros evangelhos "secundariamente" combinada com as tradições sobre aparições. Todavia, a tradição hierosolimitana sobre o "sepulcro de Jesus" deve ser mais recente do que a *tradição* sobre as aparições, embora mais antiga do que as *narrativas* sobre as aparições. Pois o conteúdo da palavra do anjo (Mc 16,6-7) *supõe* a fé viva na pregação apostólica em Jerusalém, enquanto esta própria narrativa evangélica já supõe o costume cristão de uma peregrinação a Jerusalém para ver o sepulcro de Jesus. Combinando as duas tradições, originariamente independentes, Mateus, Lucas e João parecem supor que há dois fundamentos para a fé na ressurreição: "o sepulcro" e as "aparições", ao passo que originariamente nunca se fala de um sepulcro *vazio*, e a narrativa sobre o "santo sepulcro" já supõe a fé no Crucificado ressuscitado, com base no próprio testemunho apostólico.

No seu evangelho Marcos já tinha mencionado explicitamente que Jesus viera da Galiléia, juntamente com os seus. Na sua companhia havia também mulheres, relacionadas com os "irmãos de Jesus" (Mc 16,1 e 15,47; cf. 6,3), que tinham prestígio, posteriormente, nas comunidades cristãs (cf. At 1,14). A narrativa de Marcos não mostra nenhum vestígio de apologética. (Aliás, um anjo não seria para isso o meio mais indicado! Além disso, o próprio anjo diz: "Jesus não está aqui". Nunca se diz em Marcos que as próprias mulheres encontraram o sepulcro vazio. Afinal, naquele tempo *mulheres* dificilmente serviriam para fins apologéticos!) Há sinais, isto sim, de um interesse *teológico*. Um anjo tem que trazer uma mensagem; ora, a mensagem desse anjo de Deus não é que "o sepulcro está vazio", mas que "ele ressuscitou"! Em conjunto, o texto mostra que algumas mulheres, também "discípulas de Jesus", desempenharam algum papel na comunidade dos que tinham fé em Jesus.[33] Com J. Delorme e U.Wilckens,[34] podemos afirmar que uma determinada tradição marginal ganhou importância teológica à luz da fé apostólica na aparição oficial de Jesus a Pedro e aos Onze. O sentido mais profundo das narrativas em torno do "santo sepulcro" está no inegável interesse cristão pela absoluta identidade entre o Jesus de Nazaré crucificado e o Cristo ressuscitado. Na narrativa de Marcos, o desconcertante é *o mistério de Jesus*. Afinal, o Novo Testamento viu no sepulcro (em nosso mundo) o "sinal negativo" da nova criação, constituída pela realidade escatológica salutar da ressurreição de Jesus dentre os mortos: "Já não haverá morte" (Ap 21,4-5). Como imagem negativa, o sepulcro é disso antiquíssimo símbolo profundamente humano. Com boa vontade, os outros evangelistas incluíram uma tradição local, hierosolimitana, de peregrinos, na sua fé apostólica a respeito dessa novidade escatológica. Essa, afinal, e não as tradições sobre o sepulcro, é que realmente se acentua. Porém, nas narrativas concretas dos evangelhos, "o santo sepulcro" e "a aparição de Cristo" chegaram a formar uma unidade literária, e a *narrativa* da segunda supõe a da primeira; por isso, sinto-me praticamente obrigado a começar com a análise das tradições em torno do sepulcro em Jerusalém, continuando consciente, porém, de que são mais recentes do que a tradição das aparições, as quais estavam ligadas a uma só tradição comunitária. E tem mais: a história das tradições mostra que o querigma da ressurreição já existia *antes* da origem das *tradições sobre* o sepulcro e das *narrativas sobre* as aparições, embora absolutamentemente não independentemente daquilo que se queria dizer com "aparições" (a saber, a experiência pascal de uma vida renovada por Jesus).

---

[33] Ver: At 1,14; Mc 15,40-41; Jo 21,24; Lc 1.1-4; 2,19; 2,51; 8,1-3; 10,38-42; 24,10. Th. Boman, *Die Jesusüberlieferung*, 123-137, julga até que é preciso reconhecer uma "tradição feminina" explícita, em muitos trechos do evangelho de Lucas (e identificando-a até com a própria fonte de Lucas). O que chama a atenção, sem dúvida, é que no evangelho pró-feminista de Lucas (isso exclusivamente helenístico?) é muito destacado o ponto de vista feminino (sobretudo no evangelho da infância, em comparação com o de Mateus).

[34] U. Wilckens, em W. Marxsen e outros, *Die Bedeutung der Auferstehungsbotschaft*, 48 e 61; Delorme, em: *Lectio Divina*, n. 50, 123-145.

§ 1. Tradições sobre o santo sepulcro de Jerusalém

1. Mc 16,1-8: o querigma apostólico da ressurreição no contexto do "santo sepulcro"

Esta perícope, que terminava o evangelho original de Marcos, tem como base uma tradição pré-marcana. Exegetas críticos opinam que essa tradição era originariamente independente do final da história da paixão (15,42-47); tal tradição original consistiria em 16,2; 16,5-6 e 16,8.[35] A questão, porém, consiste em que esse trecho da tradição não levou à tradição pré-marcana de Mc 15,42-47; esta evidentemente, partindo do seu teor, já foi concebida em base a uma fé na ressurreição (portanto, já *visando* 16,2; 16,5.6.8a). Com essa correção, porém, os outros argumentos de L. Schenke é que parecem convincentes: (a) 16,1 foi redigido por Marcos. (b) Mc 16,7 e por conseguinte 16,8b foram redigidos por Marcos, de sorte que a ordem no trecho original deve ter sido esta: "Procurais Jesus Nazareno, o crucificado. Ele ressuscitou. Não está aqui. Olhai, este é o lugar onde o tinham deitado. As mulheres saíram e fugiram do sepulcro, pois estavam perplexas e cheias de medo". O acréscimo de Marcos: "E não disseram nada a ninguém, pois estavam apavoradas" (16,8b), refere-se conseqüentemente às outras palavras inseridas por Marcos: "Ide dizer aos discípulos e a Pedro: Ele vos precede na Galiléia; aí o vereis, como vos disse" (Mc 16,7; cf. Marcos 14-28, que é também redação de Marcos).[36]

A narrativa está dominada pela "palavra do anjo" (não se fala de uma "aparição": o anjo não vem nem vai; ele "está aí"). Por isso, o leitor fica sabendo, pelo modelo de uma "angelofania", que a fé apostólica no Crucificado ressuscitado é uma *revelação divina* à comunidade eclesial. A narrativa supõe claramente a fé cristã na ressurreição. A particularidade dessa perícope consiste no seguinte: na Igreja primitiva, essa fé apostólica na ressurreição estava ligada, em Jerusalém, a uma visita de cristãos ao santo sepulcro, onde então se celebrava um culto religioso, e os peregrinos, por ocasião dessa visita,

---

[35] L. Schenke, *Auferstehungsverkündigung*, 20-29; Weeden, *Mark-traditions*, 101-117 (citando Schenke).

[36] Segundo Marcos, parece até que os discípulos não foram para a Galiléia, e que Marcos critica tal fato (Schenke, *Auferstehungsverkündigung*, 49-52, nota 71). Segundo Delorme, pelo contrário (em: *Lectio Divina*, n. 50, 131), Mc 16,7 foi acrescentado para ligar a tradição local hierosolimitana com as aparições aos Doze (em Mateus e Lucas, em todo caso, isso é claro). Mas, na Parte III (segunda tendência da cristologia do *maranatha*), ficará claro que não é nada certo que Marcos se tenha referido a aparições, e não à parusia. Marcos, isto sim, vê a fuga das mulheres (16,8) em paralelismo com a fuga dos discípulos (14,50; ver 14,41), isto é, a incapacidade de todos para compreenderem o mistério de Jesus (ver 8,22; 9,10.32). A ressurreição não é nenhuma invenção humana; é a surpreendente ação de Deus.

eram lembrados da fé apostólica na ressurreição. A perícope supõe uma veneração do sepulcro de Jesus em Jerusalém. Se esse uso tinha a sua base histórica na visita de algumas mulheres ao sepulcro depois da morte de Jesus, já não se pode verificar historicamente. No entanto, houve inegavelmente uma tradição que lembrava a relação entre o sepulcro de Jesus e algumas mulheres, em particular com Maria Madalena. Marcos insiste em que algumas mulheres foram testemunhas, não tanto do sepultamento de Jesus, com todos os detalhes, mas sim do *lugar do sepulcro* (Mc 15,47; isto é: a comunidade de Jerusalém conhecia o lugar onde o haviam colocado). Em lugar nenhum, o sepulcro vazio é alegado como argumento para a ressurreição. É exatamente o contrário: "Ele ressuscitou. Não está aqui" (Mc 16,6b).

A tradição que narra a veneração do sepulcro em Jerusalém se relaciona com a fé apostólica na ressurreição. Mas, a escuta da pregação cristã sobre a ressurreição, por ocasião de uma visita ao sepulcro de Jesus em Jerusalém, ocorre numa atmosfera bem peculiar. Nota-se que aí se fala explicitamente do *Crucificado* ressuscitado; é o que mais uma vez se acentua com o acréscimo de "Nazareno". Esse termo, usado para indicar Jesus, muitas vezes tem conotação dolorosa:[37] "o Nazareno" significa praticamente "o executado".[38] Tanto em At 4,10 como em Mc 16,6, fala-se do "Nazareno" num contexto que opõe a cruz à ressurreição.[39] A palavra do anjo, portanto, refere-se claramente à ressurreição do *Crucificado*. Proclamado em Jerusalém, sobretudo junto ao santo sepulcro, o querigma da ressurreição devia aparecer como fé na reabilitação do Nazareno crucificado operada por Deus.[40] A mensagem pascal "provém de Deus"; é uma revelação divina: no relato, aí está a razão da presença de um anjo, isto é, de um mensageiro de Deus. "Ele foi ressuscitado (o "passivo divino" é sem dúvida intencional): a ressurreição é a ação salvífica de Deus para com Jesus. O crucificado é o ressuscitado, o ressuscitado é o crucificado: eis a revelação divina, que nenhum ser humano poderia inventar. Para um cristão judeu, o lugar onde Deus fala e revela é a Sagrada Escritura. Por isso, o "símbolo apostólico" reza: "ele foi ressuscitado segundo as Escrituras" (1Cor 15,4). O anjo não diz palavra nenhuma além do que a comunidade cristã já sabia. A própria comunidade, em virtude da reveladora graça divina, pronuncia sua fé no crucificado ressuscitado, e o faz em Jerusalém dentro de um contexto muito especial:

---

[37] Mc 1,24 par. Lucas; Mc 14,67 par. Mateus; At 6,14, ver também At 22,8; 26,9; 24,5 e Mt 2,23.

[38] Conforme Jo 19,19, a inscrição na cruz é "Jesus Nazareno". Sobretudo para os judeus, Jesus era "o Nazareno" (At 2,23-24.26).

[39] Também nos assim chamados sermões de Pedro: At 2,23-24; 3,15; 4,10; 5,30; 10,40.

[40] J. Delorme, *Lectio Divina*, n. 50, 120-121; Schenke, *l.c.*, 75.

"no lugar onde o haviam deitado". Esse sepulcro de Jesus tornou-se o grande símbolo, o "memorial" do Crucificado ressuscitado. Aos fiéis mostra-se o caminho do sepulcro, para a escuta do querigma da ressurreição. Nisso os primeiros cristãos eram autenticamente judeus: em todo o Antigo Testamento e no judaísmo, revelações divinas eram localizadas em santuários, lugares sagrados.[41] A ressurreição – assim sugere Mc 16,1-8 – é um mistério da fé, do qual esse lugar santo é o símbolo negativo. Em Jerusalém – em outro lugar isso não é possível – o santo sepulcro é de fato um sinal religioso da fé cristã na ressurreição; não é nenhuma apologética. O sepulcro é o lugar onde cristãos vêm confessar sua fé na ressurreição. Fora de Jerusalém, e por conseguinte na pregação cristã oficial, a narrativa do santo sepulcro não tem função nenhuma, razão pela qual o símbolo e o querigma não falam de um "sepulcro vazio". Mc 16,7 é o primeiro sinal de uma dupla tradição, querendo combinar entre si tanto a fé cristã no Filho do homem ressuscitado que voltará, como a tradição hierosolimitana do sepulcro de Jesus.[42]

Tem base profundamente humana o fato de que o contexto vivo da narrativa da ressurreição em Marcos é uma tumba sepulcral, onde se celebra um culto litúrgico. O relato original da visita das mulheres ao túmulo de Jesus na manhã da Páscoa é uma lenda cultual etiológica, isto é, esse relato esclarece a visita da comunidade de Jerusalém ao sepulcro de Jesus a cada ano (pelo menos), a fim de celebrar o Ressuscitado e escutar a narrativa da tradição pré-marcana, que podemos reconhecer ainda em Mc 16,1-8. A festa cultual num santuário de peregrinação sempre precede a etiologia; muitas vezes, a história já nem sabe por que os romeiros vão rezar, por exemplo, em Kevelaer ou Scherpenheuvel. A análise estrutural e a semiótica contribuíram muito para tornar compreensível, num contexto já preexistente sobre "ressurreição", o sentido de um "sepulcro vazio", que à primeira vista costuma hoje deixar perplexas as pessoas. A própria análise mostra que o querigma da ressurreição é um *pressuposto* para a mensagem sobre o sepulcro; também não se trata diretamente de uma idéia judaica-antropológica, supondo que "ressurreição" seria a "reanimação de um cadáver" (como p. ex. na narrativa sobre Lázaro). Isso, aliás, é algo que nada tem a ver com o caráter escatológico da ressurreição corporal de Jesus. Trata-se antes do simbolismo humano da tumba sepulcral, sinal vivo da morte, o

---

[41] J. Jeremias, *Heiligengräber in Jesu Umwelt*, Göttingen 1958; sobre peregrinações populares: 138-143.

[42] Que em Mc 16,8 as mulheres *se calam* sobre o acontecido, interpreta-se de duas maneiras diferentes pelos exegetas, de acordo com a sua interpretação total de Marcos, e sobretudo conforme a sua interpretação de Mc 16,7b, isto é, se isso se refere à parusia ou às aparições na Galiléia.

lugar onde se sente mais nitidamente a ausência de alguém, porque é "o lugar da morte". O sepulcro não é lugar onde um vivente possa morar! No relato de Jerusalém, esse espaço agora é *preenchido* pela mensagem de Deus: "Ele está vivo! Foi ressuscitado". O túmulo está cheio do branco (brilhante) do jovem que chama toda a atenção para si e não para aquilo que possa, para além dele, estar presente ou ausente neste sepulcro: o lugar da morte torna-se o lugar da revelação divina. A aparição branca anula, por assim dizer, a presença daquilo que as mulheres vieram buscar: um cadáver a ser embalsamado.[43] O anjo aí está para ser ouvido. Já que Jesus está vivo, não se deve procurá-lo num sepulcro, que é o lugar da morte! Em lugar nenhum de todo esse relato se trata de um cadáver (presente ou ausente, a não ser na opinião das mulheres, que não estão procurando um vivo, mas um morto). Foi esse o seu engano fundamental, como dirá Lc 24,5: "Não se procura um vivente entre os mortos". Ao chegarem as mulheres, o espaço sagrado da morte – o sepulcro – já está aberto: a pedra está posta de lado. A sacralidade da morte está desconsagrada, e isso no momento em que o tempo sacral do sábado judaico está chegando ao fim, e o sol já começa a clarear o começo do primeiro dia da semana, dia profano, dia de trabalho (Mc 16,1-2). A escuridão se transforma em luz. Antes de as mulheres entrarem, o próprio relato já introduziu o leitor no mistério: iniciou-se um tempo novo. Quando Marcos narra esse fato de Jerusalém, o "primeiro dia depois do sábado" já é, há muito tempo, o domingo cristão. A virada do antigo para o novo perpassa toda a narrativa, que está tensamente voltada para a parusia, que em breve há de chegar. Ao espaço sacral "aberto" da tumba corresponde o vazio do sepulcro. O caráter fechado da morte foi substituído pela abertura da ressurreição; em contraste com a morte, a ressurreição é um espaço aberto, e não uma sacralidade sombria. O espaço sacral fechado foi, por assim dizer, profanado quando se afastou a pedra; o espaço vazio é o inverso da nova plenitude: "Ele ressuscitou!" Exatamente porque isso é difícil de verbalizar positivamente, o vazio da tumba sepulcral é tão eloqüente. É essa a intenção profundamente antropológica dessa tradição marcana. Assim, o indizível – um Crucificado que está vivo – torna-se verbalizável e acessível para todos, não é preciso ser filósofo ou teólogo para só assim ser possivel crer na ressurreição (ou para rejeitá-la!). Os evangelhos se recusam a narrar a própria ressurreição; assim ficou possível falar sobre essa experiência numa *narrativa*, que pode ser ouvida como mensagem.

---

[43] L. Marin, *Les femmes au tombeau*, em: C. Chabrol – L. Marin, *Sémiotique narrative: récits bibliques*, em: "Langages" 6 (1971) (39-50) 44, e: *Du corps au texte*, em: "Esprit", avril 1973, 913-928; J. Delorme, em: *Lectio Divina*, n. 50, 105-151.

2. Mt 28,1-10: a narrativa de Marcos transferida para um contexto polêmico

Mateus não tem tradições novas para acrescentar ao relato de Jerusalém ou à narrativa de Marcos, conhecida por Mateus. Mas transforma a sóbria presença de um anjo (relato de Marcos) em grandiosa angelofania apocalíptica; e o sepulcro torna-se para Mateus o assunto de uma polêmica entre judeus e cristãos. Assim nasceu outro relato bem diferente.

Para começar, o sepulcro de Jesus é vigiado por soldados (Mt 27,62-66), os quais, por um triz, não presenciaram o acontecimento da ressurreição; recebem da autoridade judaica bom dinheiro para espalharem o boato de que os discípulos de Jesus roubaram o corpo (28,11-15). Mateus construiu a sua narrativa dessa maneira, porque os seus leitores já sabem que Jesus predissera: "Depois de três dias ressurgirei" (Mt 26,32 e 28,6); por isso, a guarda oficial do sepulcro é encomendada para três dias bem calculados (27,63-64), e o sepulcro é cuidadosamente selado (27,65-66). Considerada assim, a narrativa de Mateus não pretende dar informações históricas; é o eco da polêmica surgida entre judeus e cristãos a respeito do "sepulcro vazio", discussão que de ambos os lados partiu de um *fato*: o sepulcro estava vazio (28,15; ver Jo 20,15).[44] Polemizavam apenas sobre a interpretação desse dado. Para Mateus, trata-se de refutar os que negavam a mensagem cristã, dentro de uma polêmica não muito interessante, que naturalmente surgiu em torno de um sepulcro vazio, polêmica essa na suposição antropológica judaica de que, havendo ressurreição, o cadáver devia ter desaparecido.[45]

Diferentemente de Marcos, Mateus acentua pesadamente os aspectos sacrais de uma grandiosa aparição angélica. Marcos diz apenas indiretamente que o moço sentado no sepulcro é um anjo. Mateus, por sua vez, fala mais diretamente de um "anjo do Senhor" (28,2), "igual a um relâmpago" (28,3), enquanto "os guardas começam a tremer de medo" e ficam como paralisados (28,4). O anjo *aparece* mesmo, acompanhado de estrondoso terremoto, e ele mesmo rola a pedra. Quanto ao resto do conteúdo, não há diferença, exceto algumas pequenas mudanças de detalhes, mostrando que a tumba sepulcral ganhou aqui outro sentido: um sepulcro vazio, com função apologética. Um fato chama a atenção: agora se diz "ele não está aqui" *antes* de "ele ressuscitou" (28,6), embora não se diga que o *cadáver*

---

[44] H. van Campenhausen, *Der Ablauf der Österereignisse und das leere Grab*, 50-51; J. Kremer, *Die Osterbotschaft der vier Evangelien*, Stuttgart 1968, 28-31; F. Mussner, *Die Auferstehung Jesu*, Munique 1969, 128-133; H. Grass, *Ostergeschehen und Osterberichte*, 23-32.

[45] A ressurreição corporal escatológica, porém, não tem nada a ver, teologicamente, com um cadáver.

não está (o que provavelmente se supõe). E o anjo não transmite uma revelação divina; lembra o que Jesus havia predito antes de sua morte: que ressurgiria (28,6a com 26,32). As mulheres recebem a incumbência de irem dizer aos discípulos: "Ele ressurgiu dos mortos, e agora vos precede na Galiléia; é lá que o vereis" (28,7). (Mateus já o afirma na versão em que as mulheres o dirão aos discípulos.)

O elemento novo em Mateus, em comparação com Marcos, é que em seguida *o próprio Jesus* aparece às mulheres que estão voltando para os discípulos. A aparição do anjo, portanto, foi apenas uma preparação para essa aparição de Jesus, a qual, por sua vez, está em função da aparição "oficial" de Jesus aos Onze. Em outras palavras, o que se acentua é o querigma *apostólico*. O conteúdo da aparição às mulheres tem aspecto de *benevolência* (Jesus toma a iniciativa, indo-lhes ao encontro) e um aspecto de *reconhecimento*: "aproximaram-se e abraçaram-lhe os pés, *prostrando-se* diante dele (28,9), isto é, reconheceram Jesus como o Cristo, o Senhor. A mensagem para ir à Galiléia é aqui atribuída ao próprio Jesus que aparece (28,10). O evangelho joanino, literariamente independente (Jo 20,11-18), conhece também uma aparição de Jesus a Maria Madalena; por isso, não se pode supor que Mt 28,9-10 seja pura redação, sem base em tradição nenhuma. Deve ter havido tradições em Jerusalém, não apenas com relação ao santo sepulcro, mas também sobre uma aparição de Jesus às mulheres.[46] Mateus quer ainda deixar claro que são as aparições e a qualidade das testemunhas – os Onze – que fundamentam a fé cristã, e não um sepulcro vazio, o qual entretanto neste contexto já cumpre função apologética. O evangelho de Mateus parece uma tentativa sustentada para combinar as tradições locais de Jerusalém com o querigma apostólico, baseado na tradição das "aparições de Jesus" aos Onze, as quais, como evangelho canônico, são as únicas importantes para a Igreja (é esse sem dúvida o ponto de vista decisivo dos próprios evangelhos). *Dentro disso*, porém, as tradições de Jerusalém ganham seu lugar adequado. A ressurreição de Jesus, por ele mesmo predita segundo Mateus, é oficialmente testemunhada para a Igreja na base de sua aparição aos Onze. A isso João não acrescenta novas informações (no que diz respeito às aparições não-oficiais): a tradição local de Jerusalém combina com a tradição oficial das aparições "aos irmãos".

3. Lc 24,1-12: a narrativa de Marcos no contexto do modelo (judeu-grego) do "arrebatamento"

Entre Lucas e João não há dependência literária direta; mesmo assim, constatam-se semelhanças entre as suas narrativas sobre as

[46] F. Neyrink, *Les femmes au tombeau. Étude de la rédaction matthéenne*, em NTS 15, (1968-69) 168-190.

aparições de Jesus, que mostram uma *tradição* comum de um ambiente (helenista-)judaico.[47] Sobretudo em Lucas, esse "helenismo" chama a atenção.

Que o tema lucano do sepulcro de Jesus ganhou contexto inteiramente novo, em comparação com Marcos e Mateus, parece-me totalmente certo depois de estudos exegéticos recentes.[48] O caráter próprio do tema do sepulcro vazio em Lucas já fica claro pelo fato de que, em oposição a Mc 16,6 e Mt 28,6, é em Lucas, pela primeira vez, que as próprias mulheres constatam que o sepulcro está vazio (Lc 24,3). Além disso, dentro dessa tese da constatação de que o sepulcro está vazio Lucas deixa Pedro verificá-lo "oficialmente" (Lc 24,12 e 24,3).[49] Isso não tem aí nenhuma função apologética (como muitas vezes se afirma), mas segue essencialmente o modelo do arrebatamento, usado por Lucas. Pois é característico desse modelo do arrebatamento o fato de alguém não ser encontrado ou, depois de sua morte, seu cadáver não ser encontrado. Quando não se encontra mais nada de alguém (trata-se sempre de alguém que havia sido pessoa piedosa, milagrosa ou sábia), então "ele (ela) foi elevado(a) para junto de Deus". Na literatura antiga, existem a respeito numerosos exemplos.[50]

Nesse modelo, o "sepulcro vazio" e o "ser elevado para junto de Deus" são idênticos, mas isso não supõe que, ao constatar-se um sepulcro vazio, logo se possa concluir que ele (ela) foi arrebatado(a), está com Deus. Pelo contrário: primeiro há o temor e o espanto; e logo se começa a supor algo "sagrado". Também Pedro, que constata oficialmene o sepulcro "vazio", sai daí "admirado, refletindo sobre o ocorrido" (Lc 24,12). O sepulcro vazio, juntamente com toda a atuação anterior da pessoa, determina o fato de seu arrebatamento. Disso ficam convencidos somente os discípulos ou amigos íntimos, que viveram na companhia do arrebatado (antes de sua morte, antes de seu arrebatamento); geralmente recebem também aparições do arrebatado.

---

[47] A. George, em: *Lectio Divina*, n. 50, 75-104.

[48] Sobretudo: G. Friedrich, *Lukas 9,51 und die Entrückungs-Christologie des Lukas*, em *Orientierung an Jesus*, *l.c.*, 48-77, e: *Die Auferweckung Jesu, eine Tat Gottes oder ein Interpretament der Jünger*, em KuD 17 (1971) 170-179; G. Lohfink, *Die Himmelfahrt Jesu*, Munique 1971; G. Strecker, *Entrückung*, em: RAC V, 461-476.

[49] Isso é da redação de Lucas: G. Schneider, *Die Passion Jesu nach den drei älteren Evangelien*, Munique 1973, 151-153.

[50] O "arrebatamento" difere da "viagem da alma" em esferas celestes, da qual se fala na antiguidade, sobretudo na grega clássica (Lohfink, *Himmelfahrt*, 34ss): era conhecido no Egito, na Babilônia, no mundo grego e romano, no judaísmo antigo e no mais recente. No próprio Antigo Testamento, há dois casos clássicos: de Henoc e de Elias. Ver: Gn 5,24; 2Rs 2,9-11; 1Mc 2,58; Sl 49,16. Também Dt 34,5-6, onde se afirma que ninguém conhece o "sepulcro de Moisés". Ver Hb 11,5; Ap 11,12; até 1Ts 1,9-10. Os termos técnicos para o "arrebatamento" são: *aphanismos; harpagé; metástasis*; no hebraico: *laqach*; na tradução dos LXX: *metatithêmi* (Gn 5,24) ou *analambánein* (2Rs 2,9-10).

Lucas recebeu simplesmente o tema-do-sepulcro da tradição hierosolimitana (a narrativa de Marcos), mas, a serviço de leitores gregos, atribui a esse tema função bem diferente. O modelo do "arrebatamento" não é para ele outra coisa senão um meio apropriado para anunciar, de modo compreensível *para gregos*, a ressurreição-dos-mortos no sentido cristão; é isso o que ele quer (ver Lc 24,6-7, onde aparecem os dois termos bem unidos). Tanto no evangelho lucano como nos Atos, Lucas emprega essa idéia greco-romana e helenista-judaica umas dez vezes. Paulo, inicialmente, também concebe dessa forma o "arrebatamento" dos cristãos que ainda estiverem vivos na parusia de Cristo (1Ts 4,17).[51]

Um "arrebatamento" pode, pois, ser "constatado" pelo fato de um sepulcro vazio, e sobretudo por aparições do arrebatado (ou de alguém em seu nome). Na teoria do "arrebatamento", o "sepulcro vazio" e as "aparições" se completam: os arrebatados foram retirados "do mundo humano" (*ex anthrópon*)[52] e "elevados para Deus (ou deuses)"; foram divinizados (o arrebatado é um "divus", e é adorado); mas daí eles podem aparecer aos companheiros ou discípulos que tiveram.[53] Quando Hairéas, no dia após o enterro de sua mulher Callirhoé, visita o sepulcro dela para lhe prestar honras fúnebres, depositando coroas junto ao túmulo, já encontra a pedra afastada. Vendo o sepulcro vazio, ele se assustou, mas não teve a coragem de entrar. Quando depois o sepulcro foi examinado, nada encontraram.[54] Também a narrativa tipicamente lucana dos discípulos de Emaús está redigida na terminologia do arrebatamento: "aphántos egéneto" (Lc 24,31). Faltam todos os detalhes de uma ressurreição; tudo lembra o modelo do arrebatamento.[55]

Verdade é que existem narrativas de "arrebatamento" que são mais antigas do que os evangelhos. Outras, referindo-se a casos detalhadamente análogos, são mais recentes do que a narrativa de Lucas. Mas, será difícil defender a tese de que essas narrativas pagãs um pouco posteriores dependam do evangelho de Lucas. Ou seja: não se trata

---

51 O "arrebatamento" pode acontecer tanto antes como depois da morte. Por isso, não é pertinente o raciocínio de Br. O. McDermott (*The personal unity of Jesus and God according to W. Pannenberg*, St. Ottilien 1973, 259).

52 Na terminologia do Novo Testamento, observe-se a diferença essencial entre a expressão "ek tôn nekrôn" (dentre os mortos) e o "ek tôn anthropôn", isto é: tirado radicalmente do nosso *mundo humano*, de sorte que não sobra nem mesmo o cadáver; pertence, pois, totalmente à esfera celeste (a teoria do "theiós anèr"; ver Parte III).

53 Ver sobretudo Philostratus, *Vita Apollonii* VIII, 5.10.11.

54 Chariton, *De Chaerea et Callirhoë*, III, antigo romance muito espalhado, citado por Friedrich, em: KuD, 177; Lohfink, *Himmelfahrt*, 47.

55 O fato de que os discípulos de Emaús reconheceram Jesus quando ele partiu o pão significa: embora *hóspede* de dois anfitriões, Jesus age como anfitrião: é ele quem parte o pão na casa de estranhos! Isto é: ele oferece novamente a esses discípulos a comunhão com ele (ver Parte II, Seção 1).

de dependências literárias, mas do fato de que tanto Lucas como p. ex. Filóstrato trazem do mesmo arsenal idéias muito espalhadas de uma piedade popular mítica-lendária; cada um o fez com suas próprias intenções, radicalmente diferentes. Por isso, o *sentido* da narrativa própria de Lucas não pode ser explicado por uma justaposição diacrônica de semelhantes narrativas (que apresentam claramente um modelo),[56] mas somente uma análise estrutural sincrônica, que deverá mostrar como o sepulcro vazio e as aparições funcionam no relato de Lucas.

Além disso, conforme o modelo clássico do arrebatamento, o arrebatado aparece, e ao se despedir dá uma bênção ou algum presente.[57] Assim Lc 24,50-53. Também a "adoração" (de joelhos) é um elemento da teoria do arrebatamento (Lc 24,52).[58]

O sentido definitivo de Jesus como Filho de Deus já estava presente na tradição cristã havia muito tempo. Mas, para tornar a sua mensagem cristã acessível para os gregos, Lucas reveste a narrativa cristã com esses conceitos, acessíveis e compreensíveis para eles. Evidentemente esse modelo, que já existia, não foi a base para a interpretação cristã de Jesus, mas a interpretação da fé cristã, historicamente já existente, é verbalizada na pregação, em estilo missionário, com termos que de fato vêm da teoria do "theiós anèr". Em Lucas, esse modelo evidentemente serviu apenas para tornar acessível o assunto. Assim como os discípulos, depois desse acontecimento, "voltaram para a cidade com grande alegria" (Lc 24,52), também os dois discípulos romanos, depois do arrebatamento de Rômulo, voltam "com grande alegria para a cidade", escreve Plutarco.[59] Que esse modelo de arrebatamento domina os escritos lucanos é confirmado de maneira especial pelo raciocínio de At 2,25-26, que sem esse modelo seria incompreensível. É pensando nos seus leitores gregos que Lucas menciona com insistência três fatos, e nessa perícope insiste em que o sepulcro de Davi continuava conhecido em Jerusalém: "Posso lhes dizer com toda a franqueza, a respeito do patriarca Davi, que ele *morreu e foi sepultado*, pois *temos o seu sepulcro entre nós* até hoje" (At 2,29); quer dizer, Davi não foi arrebatado. A palavra citada do salmo, portanto, não pode referir-se a Davi: foi dita visando Jesus, o Cristo. É

---

[56] Cícero, Lívio e Plutarco usam esse modelo, mas deixam perceber que não acreditam mais no que a crença popular ainda considerava realidade. Quer dizer: neles já aconteceu uma ruptura, uma desmitologização; eles têm consciência da distinção entre o que significa propriamente (Rômulo ser venerado como um deus de Roma), e o modelo (sepulcro vazio; aparições). Ver Lohfink, *Himmelfahrt*, 49-50.

[57] Henoc Eslav. 64,4; 57,2; Gn 27,4; Tb 10,11; Jub 22,10ss; 2Rs 2,9 (Elias).

[58] Em contraste com Marcos e Mateus, Lucas evita o termo *proskynesis* (adorar caindo de joelhos), como veneração do Jesus terreno; ele reserva esse termo para o Jesus ressuscitado, elevado para junto de Deus, e agora (depois de uma série de aparições) definitivamente desaparecido (Lc 24,52).

[59] Friedrich, em: *Orientierung an Jesus, l.c.*, 61.

esse o teor da argumentação de Lucas. A ressurreição de Jesus e seu estar sentado à direita de Deus está aqui claramente em contraste com o monumento sepulcral de Davi. Também At 3,19-21, embora retomando uma tradição muito antiga, é tipicamente recente, quer dizer, é lucana; uma tradição muito antiga é aí combinada com o modelo do arrebatamento: "o céu tinha de recebê-lo, até chegarem os tempos da restauração de todas as coisas". O arrebatado "estar guardado junto a Deus", aguardando sua atuação escatológica, é tipicamente tema do arrebatamento.[60] Com o mesmo modelo, At 1,1-11 narra a denominada ascensão de Jesus ao céu, com todos os elementos da temática do arrebatamento, conhecidos entre gregos e judeus helenistas (nuvem, instrução e exortação, promessa); nisso, um modelo concreto é também Elias (At 1,8 e 2Rs 2,7-10). De fato, At 1,1-11 não é repetição de Lc 24,51. O final do evangelho de Lucas e o início dos Atos querem que At 1,2 seja continuação de Lc 24,51; ao mesmo tempo, porém, as duas obras ficam claramente distintas. O evangelho de Lucas narra a vida de Jesus, do nascimento até a despedida; os Atos narram a missão da Igreja entre a ressurreição e a parusia, pois a proximidade do fim é negada (At 1,6). Jesus se despede, mas o Espírito continua a sua obra (At 1,7 e 1,11). Assim, os discípulos de Jesus não ficam órfãos; são batizados "com o Espírito Santo" (At 1,5; cf.1,8). Exatamente para marcar essa ruptura entre a comunhão terrena com Jesus e a comunhão com o Cristo exaltado é que Lucas insere a narrativa da ascensão (At 1) (que os evangelhos desconhecem nesses termos). E o faz com os mesmos temas do arrebatamento que usou no seu evangelho para a cena da despedida (Lc 24). Lc 24 encerra a atividade terrena de Jesus; At 1 é o começo de sua atividade celeste mediante o Espírito.

Assim também, somente Lucas conhece o tema das aparições durante 40 dias (At 1,3). Esse espaço pertence aos elementos mais recentes do esquema do arrebatamento.[61] Nos apócrifos, esse tempo intermediário varia. O paralelo mais curioso (aproximadamente do tempo de Lucas) é um apocalipse judaico, em que Esdras, depois de ter ensinado seu povo (como fizera Moisés) (Ex 24,18), apareceu durante quarenta dias para pôr novamente por escrito a Lei que se havia perdido (4Esd 12[14],23.36.42.49). Também Baruc, depois da morte, ensina o seu povo durante quarenta dias; em seguida, é definitivamene arrebatado

[60] Eclo 48,9; 4Esd 6,26.27; Apoc. Sir. Baruc 13,3; 25,1; 76,2; "tu (Esdras) serás arrebatado dentre os humanos e permanecerás doravante com meu filho e seus companheiros, até o fim dos tempos" (4Esd 14,9). Ver: F. Hahn, *Hoheitstitel*, 184-186; Lohfink, *Himmelfahrt*, 224; também: *Christologie und Geschichtsbild in Apg 3,19-21*, em: BZ 13 (1969) (223-241) 231-239; G. Haufe, *Entrückung und eschatologische Funktion im Spätjudentum*, em ZRGG 13 (1961) 105-113; U. Müller, *Messias und Menschensohn in jüdischen Apokalypsen und in der Offenbarung des Johannes*, Gütersloh 1972, 150-154. Ver mais adiante Parte III, Seção II, nota 41.

[61] Apoc. Sir. Baruc 76, 4; 4Esd 12(14), 23.36.42.44.45.

(Syr. Ap. Baruch 76,2-4). Portanto, os "quarenta dias depois da Páscoa" têm como base um modelo já existente. O arrebatamento inclui sempre uma mensagem de missão. O imperador, o César, é o *kyrios* deste mundo, dizem os romanos na narrativa do arrebatamento de Rômulo, o qual transmite essa mensagem a Proclo. Cristãos lucanos, usando o mesmo modelo, dizem: "Não! É Jesus de Nazaré, o Cristo, arrebatado para junto de Deus". Ao invés de nos assustarem, esses paralelos são de molde a nos animarem; Jesus não é interpretado mitologicamente na base desses modelos, mas com modelos já universalmente conhecidos. Lucas contrapõe Jesus, já conhecido como realidade salvadora ao imperador. É o mesmo procedimento como quando cristãos modernos, com base em modelos existenciais ou de crítica social, falam sobre Jesus como o "homem-a-serviço-dos-outros", ou como o "contestador" etc. A questão é apenas esta: se a gente mantém, na base do conteúdo da própria fé, uma atitude crítica diante das categorias culturais usadas. Que Lucas está consciente de estar usando um *modelo* fica claro pelo fato de que ele, ao resumir o conteúdo da fé em At 10,40ss e 13,30ss, já não fala em arrebatamento, mas somente da morte e ressurreição de Jesus. Lucas tem uma atitude crítica diante do modelo.

Portanto, Lucas utiliza o tema do sepulcro numa perspectiva totalmente diferente da empregada por Marcos e Mateus; também em Lucas se pressupõe a ressurreição. O tema do arrebatamento ajuda o espírito grego a entender a ressurreição cristã. Mais ainda que os outros evangelhos, Lucas insiste nas aparições oficiais aos Doze.

4. A experiência da fé e a linguagem escatológica da fé

Diferente de Marcos, Mateus (28,9-10) e João (20,11-18) narram também aparições do próprio Jesus a mulheres. A fé apostólica (1Cor 15,3-8) não refere aparições de Jesus a mulheres. No entanto, em algumas tradições não convergentes, afirma-se que a primeiríssima aparição de Jesus se dirigiu a Maria Madalena. Aí a única coisa que podemos fazer é constatar uma tradição muito antiga, enquanto nos foge a experiência que esteve na base dessa tradição.

Do ponto de vista bíblico-antropológico, existe íntima relação entre o estatuto da mulher e a morte: a lamentação, o choro, a unção do falecido, o cuidar do local onde o falecido foi sepultado, tudo isso era confiado a mulheres. Historicamente, foram certamente mulheres que espalharam a primeira notícia de que Jesus estava vivo, ressuscitado. Os evangelhos mostram que Jesus tinha seguidoras, que naturalmente, devido ao estatuto sociocultural da mulher na época, tinham funções e preocupações que não cabiam aos seguidores homens. A partir da Galiléia, elas tinham acompanhado Jesus e os outros até Jerusalém. Elas se encontram perto da cruz em que Jesus está morrendo (Lc 23,49); entre elas Maria de Magdala, cidadezinha na beira ocidental do lago da Galiléia, bem próxima da leviana capital Tiberíades, onde residia Herodes Antipas. Está claro que Jesus libertou essa moça e a devolveu a si mesma, pois ela rompeu com o próprio passado. Mas, a morte de Jesus inicialmente parecia tornar problemática também a vida reconquistada, até que ela chegou a uma amorosa convicção: esta vida reconquistada é mais forte do que a morte. Este Jesus está vivo.

Por causa de 1Cor 15,3ss é historicamente indefensável a afirmação de que a fé apostólica omitiu propositadamente o que aconteceu com Maria Madalena. Esse acontecimento remonta a outra tradição, inicialmente não conhecida em todas as comunidades, tradição que os evangelhos (de Mateus e João) respeitaram e integraram no relato das aparições "oficiais". Verdade é que as narrativas dos evangelhos sobre aparições já supõem uma Igreja hierárquica: somente os Doze, os líderes das primeiras comunidades cristãs, têm aparições juridicamente válidas. Não se acredita nem nas *mulheres* nem nos discípulos de Emaús (*homens)*, enquanto não é dado o testemunho oficial *apostólico*. Além disso, todos recebem a ordem subordinada de informar os Doze sobre o acontecido. Essa atitude antifeminista, como supõe P. Schutz,[62] não aparece em lugar nenhum; o que aparece, isto sim, é que a Igreja se entende como fundada no testemunho *apostólico* (que na época, de fato, era exclusivamente masculino). Mas, outras experiências, digamos de "leigos" na comunidade eclesial, recebem dentro da narrativa evangélica seu devido lugar, que de forma alguma se silencia no Novo Testamento. Pelo contrário, foi também devido às experiências dessas mulheres, ao que tudo indica, que a causa de Jesus se pôs em movimento. A maneira como sobretudo o evangelho joanino narra esse fato esclarece por si a estrutura das experiências que o Novo Testamento indica com o termo "aparição de Jesus". Maria pensa primeiro que o corpo de seu Jesus foi roubado (Jo 20,11-15). O reconhecimento do "jardineiro" como sendo Jesus não é visual; é auditivo. Jesus diz: "Maria". Ela responde: "Raboni". Os estruturalistas falam aqui de "código fático", como quando alguém, atendendo o telefone, diz "alô"; no caso, tem apenas função de aceitar o contato pedido. Além disso, o termo "raboni" se reserva, nos evangelhos, a seguidores muito próximos. Isto é: o contato espiritual com Jesus, rompido pela morte, se restabelece: já são novamente, um para o outro, um "tu" ou "você", apesar da morte. Esta não prejudicou a comunicação vital com Jesus. Em outras palavras, depois da morte, Jesus continua a oferecer aos seus uma comunhão vital. *Dentro* dessa comunhão, os fiéis experienciam Jesus como retirado do reino da morte, isto é, como o Vivente ou Ressuscitado. Depois de sua morte, o colóquio com Jesus continua muito pessoalmente. É possível que Maria Madalena tenha desempenhado o

---

[62] P. Schutz, *Jesus liebte auch die Frauen*, em: *Die Zeit*, n. 17, 20 abril 1973.

papel, para nós desconhecido, de ajudar a convencer os discípulos de que a nova orientação da vida, causada por Jesus na vida deles, não perdeu sentido com a morte de Jesus; muito pelo contrário. Nesses relatos das assim chamadas aparições privadas, narrando experiências religiosas muito íntimas, pessoais, a comunidade reconhece a sua própria experiência.[63] Em dado momento, a vida dessas pessoas levou um choque, e uma intuição que lhes orientou definitivamente a vida. Na reviravolta dessa vida, experienciada como definitiva, eles percebem Jesus como "o Vivente". Aí, uma determinada *experiência vital* é verbalizada em liguagem *escatológica*.[64] Sem essa experiência como fonte ("abertura"), a linguagem escatológica ficaria suspensa no vazio; deixaria de ser experiência muito concreta e "objetiva" de uma realidade, e se tornaria objetivante e abstrata, e perderia sua eficácia e valor como verdade. A fé na ressurreição nunca pode estar exclusivamente baseada na autoridade; supõe uma experiência crente de uma renovação total, dentro da qual se afirma uma *realidade* (e não apenas uma convicção subjetiva), uma experiência, na qual a comunidade eclesial como um todo, povo e líderes, reconhece o seu próprio querigma e que por sua vez recebe confirmação através da fé da Igreja. Em si mesmo, o anúncio eclesial da fé sobre a ressurreição é um convite, cheio de graça, e um apelo soberano, para cada pessoa realizar essa *experiência* na própria vida, cada uma de sua maneira: os discípulos de Emaús, Maria Madalena ou Pedro e os Doze, sempre de maneira diferente. E não há muita diferença entre a maneira como *nós*, depois da morte de Jesus, podemos chegar à fé no Crucificado ressuscitado, e a maneira como os discípulos de Jesus chegaram à mesma fé. Nós porém somos vítimas do realismo míope e ingênuo com que a tradição posterior apresentou as "aparições de Jesus", desconhecendo o caráter próprio da linguagem bíblica-judaica. Sobre isso falaremos mais adiante.

§ 2. A TRADIÇÃO APOSTÓLICA OFICIAL: "NÓS CREMOS QUE DEUS O RESSUSCITOU" (1TS 1,10)

1. "Jesus apareceu" (1Cor 15,3-8)

a) *"Fórmula de unificação"*

Os mais antigos testemunhos sobre a morte e ressurreição de Jesus encontram-se na primeira carta de Paulo aos tessalonicenses:

[63] J. Schmitt, *La résurrection de Jésus: des formules kérygmatiques aux récits évangéliques*, em: *Parole de Dieu et Sacerdoce* (Hom. Mgr. Weber), Paris 1962, 93-105; E. Pousset, *La résurrection*, em: NRTh 91(1969) (1009-1044) 1020-1021.
[64] G. Wagner, *La résurrection, signe du monde nouveau*, Paris 1970, 79-86; J. Delorme, em: *Lectio Divina*, n. 72, 158.

"Nós cremos: Jesus morreu e ressuscitou" (1Ts 4,14); e: "(Nós esperamos seu Filho) a quem Deus ressuscitou dos mortos, Jesus..." (1Ts 1,10). Aí Paulo cita entre aspas o querigma eclesial já tradicional (o grego "hóti": eu creio *que*): a ressurreição de Jesus dentre os mortos é uma ação salvífica de Deus, um acontecimento que há de trazer "salvação"; "seu Filho, a quem ressuscitou dos mortos, nos livra da ira futura" (1Ts 1,10). Aí não se fala em aparições de Jesus; tudo está orientado para a parusia de Jesus, que virá em breve ("esperamos seu Filho, que nos salva do vindouro juízo final").

Dentro de outro contexto, onde Paulo toma a identidade da fé das comunidades cristãs como base para o raciocínio teológico, a tradição da fé cristã na ressurreição está ligada à tradição sobre as aparições de Jesus. Aí Paulo enumera em blocos quatro elementos principais: *a)* ele morreu (*apéthanen*); *b)* foi sepultado (*etaphé*); *c)* foi ressuscitado (*egégertai*); *d)* e foi visto (*ophthé*) (1Cor 15,3-5). Embora as aparições não sejam professadas em conjunto, no querigma e no credo cristãos, Paulo (ou já antes dele a profissão de fé ou o texto catequético que ele *cita*) já une a iniciativa do que se entende por "aparições" com o acontecimento salvífico fundamental do próprio Jesus.

"Ele morreu e foi sepultado". Isso não apenas sublinha a *realidade* da morte de Jesus, mas com toda a probabilidade também a rejeição definitiva de Jesus.[65] Um membro do sinédrio, José de Arimatéia, teria assumido a tarefa de sepultar Jesus com toda a honra, segundo os costumes judaicos: esse fato é difícil de pensar como histórico; pode ser uma lenda (como também houve em Qumrã), inventada por piedosos cristãos que não conseguiam imaginar um enterro desonroso para Jesus.[66] Lucas é testemunha de outra tradição: os mesmos homens que causaram a morte de Jesus "o desceram do madeiro e o depositaram num túmulo" (At 13,27-29).[67] Assim o enterro de Jesus ainda confirma a sua rejeição. Em contraste com essa rejeição final perpetrada pelos homens, Deus age salvando: Deus o fez erguer-se, e o ressuscitado se manifestou como tal. Isso condiz com o antigo "esquema do contraste" (ver *supra*). Jesus "mostrou-se", apareceu. *Ophthé* é o termo técnico para esse "acontecimento pascal", tanto nesta tradição pré-paulina como em Lucas: At 9,17; 13,30-31; Lc 24,34 (três vezes); 1Tm 3,16 e uma vez em 1Cor 15,3-9 (porém

---

[65] Ver U. Wilckens, *Missionreden*, 135.

[66] J. Delorme, em *Lectio Divina*, n. 50, 118, n. 40.

[67] Isso não contradiz a outra tradição; afinal, José de Arimatéia era membro do sinédrio. As informações dos evangelhos sobre ele diferem entre si, mas não se contradizem: para Marcos, ele é um ilustre membro do sinédrio e esperava o reino de Deus (15, 43); em Mateus, já é "discípulo de Jesus" (27,57); em Lucas é um homem nobre, de bem, helenizado (Lc 23,50); em João, é em segredo um discípulo de Jesus (Jo 19,38), muito semelhante à figura de Nicodemos (Jo 3,2).

repetido quatro vezes no mesmo contexto).[68] Os quatro acontecimentos mencionados em 1Cor 15 referem-se a Jesus; portanto, o "aparecer" é claramente qualificado como acontecimento não proveniente meramente da psicologia humana; pelo contrário, é descrito como iniciativa do próprio Jesus, como graça concedida por Jesus Cristo: em Cristo, é Deus quem age.

Em seguida, Paulo apresenta uma lista de pessoas que anunciam o mesmo querigma da ressurreição. Jesus mostrou-se: 1) primeiro a Pedro e aos Doze; 2) depois, a quinhentos irmãos; 3) a Tiago e a todos os apóstolos; 4) como ao último desses apóstolos, a Paulo (1Cor 15,3-8).

Para entender corretamente esse texto, é preciso descobrir primeiro a intenção de Paulo ao escrevê-lo. Em lugar nenhum o contexto prova que Paulo queira legitimar seu apostolado, como muitas vezes se tem afirmado. O contexto mostra que Paulo reage contra uma idéia errada, entre os coríntios, a respeito da ressurreição. Antes de começar a discussão com seus opositores, Paulo recorda a fundamental *identidade da fé* em todas as Igrejas cristãs: "Lembro-vos o evangelho que vos anunciei, que recebestes, no qual estais firmes" (1Cor 15,1). É o querigma pascal do "Crucificado que ressuscitou". "Seja eu, sejam eles, eis o que nós proclamamos, eis o que vós crestes" (1Cor 15,11). Pedro e os Doze, os quinhentos irmãos, Tiago, todos os apóstolos, e também Paulo como o menos digno entre eles, *todos* anunciam o Crucificado ressuscitado (1Cor 15,5-8). Isso é evidentemente o que Paulo quer dizer com o *ophthé*: Deus fez com que Jesus fosse *visto*

[68] Lc 24,34; At 13,31; 9,17; 26,16; 1Tm 3,16 e quatro vezes em 1Cor 15,5-8. Chama a atenção também o seguinte: somente neste texto pré-paulino Paulo usa a palavra que indica "aparições". O termo vem do hebraico (forma *niphal* de *ra'ah*) e significa tanto "ele se mostrou" como "ele foi visto". Ver L. Köhler-W. Baumgartner, *Lexicon in V. T. libros*, Leiden 1958, 865; H. Grass, *Ostergeschehen und Osterberichte*, 186-189 (só a palavra "óphté" ainda não decide nada; sublinha, isto sim, a própria iniciativa de Jesus). Ver sobretudo: A. Pelletier, *Les apparitions du Ressuscité*, *l.c.*, 76-79; "Ele se mostrou" ou "Deus o tornou visível" tem a preferência, como mostra também a Setenta: *óphthé ho Theós tói Abram* (Gn 12,7). Veja outras teofanias do Antigo Testamento (Gn 18,1-2; Nm 12,5; Js 5,13) ou angelofanias (Jz 13; Ex 3,2; 6,3; Gn 12,7). "Óphté" se usa também muitas vezes no Gênesis para revelações, mesmo quando não se trata de nenhum elemento visual (Gn 12,7; 17,1; 22,14; 26,2.24; 35,9; 48,3 com 35,11), ou quando os elementos visuais são mínimos (Jz 13,3; 2Cr 3,1; 1Cr 21,16; Jz 6,11-12.21). Em "óphté" com dativo expressa-se a iniciativa de Deus; é diferente de "ephanè" e "phainesthai", que sugerem de preferência uma visão no sonho (Mt 1,20; 2,13.19). A terminologia vem evidentemente através da Setenta, das teofanias do Antigo Testamento (auto-revelação de Deus). O uso de alguma outra palavra poderia evocar a idéia da reanimação de um cadáver. Esse perigo já existe em At 1,3 ("Jesous... parestésen heauton dzónta), mas em lugar nenhum lemos o que mais tarde Josefo diria: "Jesous... ephané autois palin dzón" (Antiquitates, 20,64). Cf. J. Delorme, em: *Lectio Divina*, n. 72,143-144; Léon-Dufour, em *Lectio Divina*, n. 50, 167; R. Fuller, *Resurrection narratives*, 30; G. Delling, em W. Marxsen e outros, *Die Bedeutung der Auferstehungsbotschaft*, 72; H. Braun, em ThLZ 77(1952) 533-536.

por todos os mencionados; para todos esses apóstolos Jesus se tornou "aparecido", isto é: todos anunciam que o Crucificado ressuscitou. Todos os que têm "autoridade apostólica" na Igreja antiga pregam um só e mesmo credo fundamental: "O Crucificado ressuscitou". Foi isso que os coríntios aceitaram com fé. Mas eles tiram disso conclusões erradas, entusiastas, contra as quais Paulo vai argumentar mais tarde (1Cor 15,12ss). Portanto, no contexto, o sentido da palavra "aparição" (*ophthé*) serve à identidade da fé. Paulo começa com uma "fórmula de unificação". Assim no contexto "ophthé" indica uma *fórmula de legitimação*: o Jesus celeste opera ativamente nos seus mensageiros ou missionários. Os apóstolos foram enviados por ele para anunciarem essa fé, e não outra.

"Mataram e sepultaram" Jesus. Deus o fez "ressurgir e aparecer". Esse parece o esquema do contraste, que se percebe evidente em 1Cor 15,3-8: a respeito dão testemunho todos os que na "grande Igreja" têm mandato missionário. Tal parece ser o teor de 1Cor 15,3-11. As "aparições", e portanto a terminologia com "ophthé" (que não tem nenhum papel nos demais escritos de Paulo, nem no restante do contexto de 1Cor 15), inegavelmente expressam aqui o querigma da fé apostólica "universalmente eclesial". Paulo não apresenta uma lista de *testemunhas* da ressurreição; isso lhe é estranho. Mostra uma lista de pessoas com autoridade, todas anunciando *a mesma coisa*, a saber: que o Crucificado está vivo, e isso se tornou para eles uma "epifania"; uma só e mesma *evidência da fé* inspira a todos eles. Foi partindo dessa evidência da fé que os cristãos começaram a "missionar", primeiro em Israel, depois entre os outros povos. Essa expansão histórica do cristianismo, a partir de uma "fórmula de união", é o que Paulo apresenta em 1Cor 15,3-11 (da maneira como vê as coisas, porém na base de tradições que conhece).

Paulo fala primeiro sobre a fé e atividade missionária de "Pedro e os Doze". Os "quinhentos irmãos" devem ser o núcleo mais antigo da "comunidade escatológica de Cristo", o novo reino das Doze Tribos de Israel, conquistado por "Pedro e os Doze". Aí Paulo parece estar pensando no que segundo ele (ou sua fonte) foi o núcleo da Igreja-mãe de Jerusalém. Depois, fala sobre a fé e atividade missionária de Tiago e de todos os apóstolos. "Todos os apóstolos" agora já não são os Doze; são "missionários" que, fora de Jerusalém mas dentro da Palestina e na vizinhança, espalharam a Igreja de Cristo, entre judeus de língua aramaica e também de língua grega. Aí Lucas pensou sobretudo nos "Sete", os chamados diáconos que anunciaram o Crucificado ressuscitado aos judeus da diáspora e da Samaria.[69] Esta segunda

[69] Em Rm 16,7 Paulo menciona Andrônico e Júnias – dois nomes gregos –, denominando-os "apóstolos", isto é, missionários que anunciavam Cristo a *judeus* (de língua

expansão – fazendo o Jesus celeste tornar-se "evidente" – refere-se claramente a acontecimentos da missão fora da Judéia, acontecimentos esses que inauguraram a missão apostólica a todo o Israel, até na diáspora. Dessa grandiosa missão eclesial para Israel, Tiago (segundo Paulo ou sua tradição) deve ter sido o líder responsável, assim como Pedro, com os seus, liderou o primeiríssimo anúncio da fé.[70] A essa visão talvez tradicional da expansão da fé no Crucificado ressuscitado, Paulo agora acrescenta também a sua legítima pregação aos gentios (entre outros, os coríntios, que receberam dele a *mesma* fé). Entre todos esses arautos da fé, Paulo é "o último", isto é, o menor (porque antes tinha combatido a mesma fé). A partir dos dados da tradição, como provavelmente também de idéias pessoais a respeito do passado da jovem Igreja, Paulo esboça a expansão da fé única no Crucificado ressuscitado, partilhada por todas as autoridades apostólicas da Igreja: a Igreja primitiva, a Igreja em todo o Israel, e por fim a Igreja entre os gentios. Lc 24 (historicamente também não muito correto) apresenta a mesma visão: começando com a cristianização de Jerusalém, a Igreja do Crucificado ressuscitado se expandiu em todo o Israel, e também fora entre os gentios. Aliás, segundo a história das tradições, há uma relação entre 1Cor 15,3-8 e Lc 24,34, sendo este o núcleo mais antigo: "O Senhor ressuscitou e apareceu a Simão". Esse núcleo já é uma conglomeração de duas tradições: "Ele ressuscitou" e "Ele apareceu a Simão". Em At 10,41 e 13,31 fala-se de aparições "em geral" (10,41), o que é mais especificado em 13,31. O que chama a atenção é que também Jo 21 conhece uma tradição (embora em ordem inversa) sobre um "grupo de discípulos", mencionando Pedro explicitamente.

Ao que parece, o novo dado das "aparições de Jesus" não era inicialmente localizado. Paulo, em todo caso, não o faz. Alguma localização implícita refere-se ao "território da missão", no qual a mensagem da ressurreição se espalhava. A missão de fato, na qual os apóstolos anunciavam o Crucificado ressuscitado, é por assim dizer *legitimada* a partir de dado momento, por aquilo que, nesse meio tempo, em círculos de "epifania", era chamado de "aparição de Jesus": a visibilização concreta de sua fé na operosidade atualmente presente do Crucificado, através da atividade missionária dos "mensageiros de Jesus". Vê-se em todos os evangelhos que a aparição a "Pedro e os Onze" já é uma tradição.[71]

grega) "até na Fenícia, em Chipre e Antioquia" (ver At 11,19b). Ver H. van Campenhausen, *Der urchristliche Apostelbegriff*, em "Studia Theologica" 1 (1948) 96ss; G. Klein, *Die zwölf Apostel* (FRLANT, 59), Göttingen 1961, 39-43.

[70] Ver Gl 1,19; 2,9.12; também Mt 10,23; Rm 10,21. Depois da conversão, Paulo visita Pedro e também Tiago (Gl 1,19); além disso, nos melhores manuscritos, também em Gl 2,9 Tiago vem antes de Pedro. Conforme Gl 2,12, é Tiago quem manda mensageiros para inspecionar a missão na região de Antioquia.

[71] Além de 1Cor 15,3-5; Lc 24,34 (ver 24,12); Jo 21,15-17. Mc 16,7 refere-se muito provavelmente à parusia (ver mais adiante), mas o final posterior de Marcos (16,9-20)

Sobre a idade da tradição citada por Paulo (1Cor 15,4-5; o restante – 15,6-9 – é talvez em grande parte dele mesmo), há entre os exegetas uma discussão sem fim: para alguns, é uma fórmula dos primeiros anos após a morte de Jesus; segundo outros, foi o próprio Paulo quem praticamente redigiu isso tudo assim. As opiniões variam: "uma fórmula hierosolimitana", "uma fórmula antioquena", uma fórmula dos anos quarenta, outra dos anos trinta, ou uma fórmula antioquena baseada numa lembrança hierosolimitana etc.[72] A perícope caracteriza-se por semitismos (ou melhor "septuagintismos", a língua dos judeus bilíngües), mas também por paulinismos. Contudo (ver Parte I: "Critérios inválidos"), semitismos não dizem nada sobre a idade de uma tradição, pois eram muito usados por judeus de língua grega, como Paulo; e "antioqueno" não diz muita coisa, pois sabemos que também o próprio Paulo teve papel ativo na Igreja antioquena; termos como "paulino" ou "pré-paulino" ficam, então, muito ambíguos. Está claro, pois, que 1Cor 15,4-9 é uma mistura inextrincável de tradições e de visão paulina. A lista de autoridades apostólicas, enumerada por Paulo, já supõe todo um desenvolvimento no cristianismo primitivo, uma teologia já crescida e até uma eclesiologia.

Paulo talvez esteja se referindo sobretudo ao *início* da missão apostólica (em Jerusalém, em todo o Israel e na diáspora, finalmente entre os pagãos). Os evangelhos, porém, supõem uma "grande Igreja" já fundada: neles, as aparições são a legitimação da missão apostólica para anunciar o Crucificado ressuscitado "a todos os povos", judeus e gentios. Em outras palavras: os evangelhos omitem a divisão em fases da missão apostólica (e por isso das "aparições de Cristo"), divisão na qual Paulo ainda parece pensar. Nos evangelhos, as "aparições" refletem a missão como de fato era praticada nas comunidades de Mateus, Lucas e João, cada uma com a sua teologia própria. O reconhecimento original da presença e epifania escatológicas de Deus em

relaciona isso com as aparições. Mateus é o único que parece não conhecer a menção separada de Pedro neste contexto; mas, em outro lugar, realçou a função do "kéfa".

72 B. van Iersel, *St. Paul et la prédication de l'église primitive* (An. Bibl. 17-18), Roma 1963, I, 433-441; K. Lehmann, *Am dritten Tag*, 87-115; Ph. Seidensticker, *Das Antiochenische Glaubensbekenntnis 1 Kor 15,3-7 im Lichte seiner Traditionsgeschichte*, em: ThGl 57 (1967) 286-323; Hahn, *Hoheitstitel*, 197-198; H. Conzelmann, *Grundriss*, 84-85, e: *Zur Analyse der Bekenntnisformel 1Kor 15,3-5*, em EvTh 25 (1965) 1-11; J. Jeremias, *Zur Ursprache von 1Kor 15,3b-5*, em: ZNW 57 (1966) 211-215; H. Grass, *Ostergeschehen und Osterberichte*, 94-106; U. Wilckens, *Die Missionsreden der Apostelgeschichte*, Neukirchen 1963, 73-81; B. Klappert, *Zur Frage des semitischen oder griechischen Urtextes von 1Kor 15,3-5*, em NTS 13 (1966-67) 168-173; Käsemann, em: *Besinnungen I*, 225; E. Lohse, *Die Auferstehung Jesu Christi*, 10; G. Schille, *Die urchristliche Kollegialmission*, Zurique 1967, e: *Die Anfänge der Kirche*, Munique 1966; H. W. Bartsch, *Die Argumentation des Paulus in 1Kor 15,3-11*, em: ZNW 55 (1964) 261-274; J. Kremer, *Das älteste Zeugnis*, *l.c.*

Jesus Cristo e, a partir de Jesus, nos mensageiros cristãos, é por isso a base imediata da pregação apostólica "ao mundo inteiro" sobre o Crucificado ressuscitado.

b) *Aparição, pregação e ato de fé*

Paulo menciona quatro momentos: ele morreu, foi sepultado, Deus o ressuscitou, e o tornou "visível". Teologicamente, vale a pena ler esses momentos no próprio contexto paulino, sem isolá-los nem objetivá-los. Pois aí aparece algo importante.

Na sua carta, Paulo conversa com os cristãos de Corinto. Conversa no tempo presente ("eu vos lembro, irmãos, 1Cor 15,1). Alguns verbos são usados na forma de passado, mas o tom continua muito pessoal: "o evangelho que *vos anunciei* (15,1.2.3); um fato do passado, comum a Paulo e aos coríntios, é colocado dentro da narrativa. Nessa conversa, que emprega "eu" e "vós", de repente fala-se de um "ele"; é outra história, de sorte que três níveis agora se misturam. Paulo está conversando com os coríntios – insere-se aí uma narrativa biográfica: Paulo *anunciou* e os coríntios *aceitaram* com fé; e termina-se com uma narrativa sobre uma "terceira pessoa": Jesus de Nazaré.[73] Três biografias intimamente ligadas entre si: o anúncio feito por Paulo, a conversão dos coríntios e a narrativa sobre Jesus que morreu, porém, ressuscitado por Deus, se revelou a testemunhas oficiais do Cristo. Portanto, o tempo presente de quem fala é o da vida renovada em Cristo, tanto a vida dos coríntios como de Paulo. E a esse "presente" corresponde também um "futuro".[74] O que Paulo diz sobre Cristo e sua ressurreição não se pode desligar do que Paulo pessoalmente diz sobre si mesmo; e nisso os coríntios estão envolvidos. "Morto pelos nossos pecados": é um parêntese que relaciona a morte de Jesus com o hoje dos coríntios. Paulo diz ainda: "Jesus mostrou-se também a mim". As aparições, por um lado, são parte da narrativa básica (Jesus morreu, mas foi ressuscitado); e, por outro lado, são ao mesmo tempo objeto da narrativa autobiográfica de Paulo.[75] Gramaticalmente, a narrativa básica é objeto de verbos como evangelizar, proclamar, receber e passar para frente, e crer (1Cor 15,1-3.11). Com isso, o próprio texto explica como a narrativa básica deve ser entendida: trata-se do anunciar como *boa nova* a morte de Jesus, sua ressurreição e aparição: O anúncio da boa nova, juntamente com a fé que a aceita, formam o contexto em que a narrativa básica na terceira pessoa recebe afinal seu pleno sentido: "Ele morreu e ressurgiu". Tanto o anunciar (1Cor

---

[73] J. Delorme, em: *Lectio Divina*, n. 72, 107-113.
[74] 1Cor 15,23-28; 15,19.30-32.58; 15,20-22.42-53.
[75] Delorme, em: *Lectio Divina*, n. 72, 110-111.

15,1) como a fé que aceita (15,11) são o efeito ativo que é realizado pela narrativa básica. Em outras palavras: a narrativa básica não pode desligar-se do anunciar e do crer; esta narrativa sobre Jesus é a razão de ser, tanto de Paulo como dos coríntios cristãos: a narrativa básica não pode ser constatada de modo "objetivante". Afirmar com fé a ressurreição põe dentro da narrativa aceita a própria pessoa que crê: falar de Jesus ressuscitado *implica uma experiência pessoal*, interpretada exatamente como *iniciativa* do outro, do próprio Jesus.[76]

Baseando-se na *experiência* coletiva – eclesial –, fala-se de Jesus como o Ressuscitado. A fonte desse falar sobre Jesus como "o Ressuscitado" é, pois, a *experiência de uma nova existência*. O *pleno* sentido do que "Pedro e os Onze" experimentaram manifesta-se somente na sua missão, no que fazem e anunciam, na praxe de sua vida. A "origem" de sua fé cristã é a própria *essência* permanente da fé cristã. As narrativas dos evangelhos ainda vão esclarecer melhor esse fato.

2. "Jesus mostrou-se a Pedro e aos Onze"

As mais antigas referências à fé em Jesus falam de sua morte e ressurreição, não de aparições. Nem a comunidade Q nem o evangelho original de Marcos falam em aparições de Jesus. Em 1Cor 15,3-8 não se trata de narrativas sobre aparições; é apenas uma lista de testemunhas oficiais da fé cristã. Nem Mateus acrescenta verdadeiro *relato* sobre uma aparição, mas completa Mc 16,7 com teologúmenos ou convicções teológicas a respeito da autocompreensão da Igreja mateiana. Mesmo assim, Mateus já mostra uma transição; podemos dizer: Mateus faz um relato sobre a *missão* relacionada com o "mostrar-se" de Jesus; não *narra* uma aparição, nada se diz sobre como foi o aparecer. Somente em Lucas e João, em sentido estrito, se apresentam *narrativas* sobre aparições: aí a tradição sobre o próprio *aparecer* torna-se, pela primeira vez, *objeto de reflexão*. Começa-se a falar sobre a forma e o modo de um aparecer totalmente inédito, inclusive na tradição evangélica.

Direta ou indiretamente, todos os evangelhos mencionam a aparição aos Onze: Mt 28,16-20; Lc 24,36-53; Jo 20,19-23; e o novo final de Marcos, posteriormente acrescentado: Mc 16,14. Além disso, em 1Cor 15,3-4 e em Lc 24,34, a aparição a Pedro é mencionada à parte; mas sobre o conteúdo nada se comunica. Pelo fato de que todas as demais aparições se apresentam como não acreditadas pelos Doze, a intenção dos evangelhos é clara ao apresentarem a aparição a Pedro e aos Onze como base do querigma cristológico. O núcleo

---

[76] Embora em forma complicada, é possível uma análise estrutural igual em At 2,22-23; 3,13-15; 4,10; 5,30, e em todos os textos do Novo Testamento onde se fala da morte de Jesus "pelos nossos pecados", e que foi ressuscitado por Deus.

do resultado exegético é a aparição oficial a Simão Pedro e aos Onze (na presença de outros, ou não; cf. Lc 24,33b); é uma aparição "oficial", que segundo Mt 28,16-20 aconteceu na Galiléia, mas segundo Lc 24,36-53 em Jerusalém, enquanto João combina as duas tradições: fala de aparições em Jerusalém aos Onze (sem e com Tomé) (Jo 20,19-23; 20,24-29), e em capítulo posteriormente acrescentado são mencionadas também aparições na Galiléia (Jo 21,1-15). Portanto, a aparição "a Pedro com os Onze" pode chamar-se aparição *apostólica* de Cristo, à qual se liga nos evangelhos a missão apostólica: Mt 28,19; Lc 24,48.49; Jo 20,22-23 (ver também: Mt 28,10; Jo 20,17; e Mc 16,15-18).[77]

Ao analisarmos essa "aparição apostólica de Cristo", aí podemos constatar três momentos: (a) A *iniciativa* partiu do próprio Jesus ressuscitado; a "aparição" é ato salvífico de Jesus na vida de Pedro e dos Onze; *ophthé*: Jesus "tornou-se visível"; o que normalmente é invisível, deixou-se ver: que o invisível se deixa ver, exprime-se em esquemas de um ver humano, que ao mesmo tempo se nega ou se corrige (cf. Ex 33,20-23; Ex 3,6; Jz 13,23). (b) Um *momento de reconhecimento,* cujo conteúdo consiste no "querigma apostólico"; o morto ressuscitou (no terceiro dia) (em Lc 24,46, igual ao querigma em At 2,23-32; 3,15-16; 4,10-11; 5,30-31; 10,39-40; 13,38-41); Jesus é reconhecido e proclamado como o Cristo, o Senhor, como Jesus de Nazaré que está *vivo*, após superar a morte. O reconhecimento se manifesta numa *proskynesis*, um "cair de joelhos", adorando: "ao vê-lo, prostraram-se diante dele em adoração" Mt 28,17; implicitamente também em Jo 20,17; igualmente: Mt 28,9-10; cf. Lc 24,52. (c) O *momento do testemunho* ou *da missão;* aí que está o fundamento da função dos Doze, sempre preenchida pela teologia de cada comunidade. O princípio da "autoridade apostólica" – o caráter *apostólico* da Igreja – afirma-se claramente na decisiva aparição de Cristo "a Pedro e aos Onze" (ver: Mt 28,10; Jo 20,17; em Lc 24,8 e 24,10, as mulheres comunicam espontaneamente aos Onze que Cristo lhes apareceu, o princípio da autoridade apostólica já está em ação). Em tudo isso, é bom observar que originalmente as aparições não são contadas com intuito apologético, como espécie de prova da *ressurreição* de Jesus. Trata-se apenas de legitimar a missão apostólica, não de garantir a ressurreição! Por isso, o símbolo da fé apostólica não fala das aparições de Jesus. Já havia fé na ressurreição antes de se mencionar uma *narrativa* sobre aparições.

Nas narrativas sobre o momento do reconhecimento, guarda-se a lembrança das primeiras e originais experiências dos discípulos: de-

---

[77] A distinção entre aparições oficiais e aparições particulares tornou-se clássica desde o estudo de M. Albertz, *Zur Formgeschichte der Auferstehungsberichte,* em ZAW 21 (1922) 259-269.

las apenas se afirma que Jesus "se mostrou" depois de sua morte. Falando sobre o momento da missão, não se mencionam as experiências originais dos Doze, mas indica-se o *sentido* do acontecimento pascal, como é entendido pela já crescida Igreja, à luz de sua praxe concreta e de suas reflexões teológicas. Em outros termos, são apenas "aparições"; em lugar nenhum do Novo Testamento se transmitem palavras que *o próprio Jesus*, aparecendo, teria falado. O objeto do interesse não é a primeiríssima origem da comunidade de Cristo, mas "a essência" da Igreja como fundada no querigma do Crucificado ressuscitado. As diferenças entre os relatos evangélicos mostram a estrutura e a intenção do que se queria dizer com "aparições de Cristo".

1) Mt 28,16-20 – Aí está claro: *a)* A solene proclamação de Jesus como "cosmocrátor", Senhor do mundo, revestido de plenos poderes no céu e na terra (28,18b). *b)* A missão dos Onze recebida do Ressuscitado, para todos os povos (28,19); conteúdo dessa missão: "fazer de todos os povos *discípulos* de Jesus", o que inclui: batizá-los e ensinar-lhes o que Jesus falou (28,19). Trata-se da instrução cristã através do batismo; isso inclui toda a tradição sobre Jesus; segundo Mateus, portanto, discípulo é alguém que foi batizado e obedece às palavras de Jesus. *c)* Finalmente, a promessa da ininterrupta presença, ajuda e assistência de Jesus para essa tarefa apostólica (28,20b).

Essa estrutura nos leva a descobrir dois dados: por um lado, as palavras do Jesus terreno, depois de uma atualização eclesial, são atribuídas ao Cristo ressuscitado que aparece. Por outro lado, o que a comunidade eclesial de fato já está fazendo se apresenta como fundado nas palavras de Jesus ao aparecer. A solene autoproclamação consiste em *logía* pré-mateianos de Jesus (ver Mt 11,27, da fonte Q, tendo como fundo Dn 7,14); também para as palavras da missão, a grande missão dos discípulos dada pelo Jesus terreno forneceu o modelo (cf. Mt 28,19 com 10,5); e a promessa da permanente presença de Jesus na Igreja retoma igualmente *logía* de Jesus: "Onde dois ou três estiverem unidos em meu nome, aí estou eu no meio deles" (Mt 18,20; ver 1,23). Portanto, depois da Páscoa, três *logía* (anteriores) de Jesus combinam-se, dando o *conteúdo* do que se chama "aparição de Cristo". Em Mt 10,5 6 e 15,24 (cf. 13,38), a missão ainda estava limitada a Israel; na narrativa da aparição, trata-se da missão para o mundo inteiro. A aparição, portanto, não se apresenta como origem e fundação da comunidade escatológica, mas como a missão da Igreja (aqui sob o ponto de vista do múnus apostólico). Além da afirmação de que Jesus se revelou por sua bondosa iniciativa após a morte, o conteúdo da aparição, como Mateus a narra, é um teologúmeno mateiano, isto é, uma afirmação teológica do poder universal de Cristo, tornado como a base da missão universal da Igreja para o mundo inteiro. A ressurreição é o início e a base permanente da vida da Igreja. A Igreja se fundamenta no ato salutar do Jesus ressuscitado, mas não sem relação com o que Jesus falou e fez nos dias de sua vida na terra. Além de contar o fato de uma bondosa iniciativa de Jesus após a sua morte, nada se diz sobre a sua assim chamada "aparição"!

2) Lc 24,36-49. – Também aqui o núcleo é o querigma apostólico, como formulado por Lucas (na base de tradições pré-lucanas) em At 2,32; 3,15; 5,32; 10,41; 13,31. A perícope (embora sem interdependência literária) tem parentesco com Jo 20,19-23, provavelmente com base num dado tradicional, tendo como conteúdo a missão e o dom do Espírito Santo. Tipicamente lucano é 24,44-49, onde a *missão* é substituída pela nomeação de Pedro e dos Onze, da parte do Ressuscitado, como *testemunhas* e *garantes* da fé apostólica na ressurreição, e onde no lugar do dom do Espírito está a *promessa* do Espírito a ser dado. Realmente, a missão dos Doze e o dom do Espírito são ligados por Lucas ao acontecimento de Pentecostes, enquanto a ressurreição e a ascensão ao céu estão separadas por um tempo intermediário de quarenta dias. Não é de admirar, então, que essa teologia lucana altere um pouco o conteúdo das aparições: a aparição na Páscoa é a ponte entre o final da missão terrena de Jesus e, através da ascensão, o início da tarefa pneumática da missão da Igreja. A estrutura da aparição de Cristo, em Lucas, é pois a seguinte: *a)* Primeiro se apresenta o querigma apostólico (24,44-46): a morte e a ressurreição, *mas* enquanto prevista pela Sagrada Escritura, isto é, como parte do plano salvífico de Deus. Na base dessa morte e ressurreição, decisivas na história da salvação, a Igreja prega, pela força do nome de Jesus, a *metanóia* ou conversão e o perdão dos pecados para todos os povos (isso evidentemente se refere, como em Mateus, ao batismo cristão de conversão; ver também Jo 20,23). Dos Doze se afirma: "Vós sois de tudo isso as *testemunhas*" (24,46-47a). *b)* A isso não se acrescenta o "ide" (como em Mateus), mas "permanecei em Jerusalém"; de fato, missão é dom pentecostal ("até que venha o Espírito", 24,49). Segundo a comunidade lucana, Jesus ressuscitado declara definitivamente qual é o plano salvífico que Deus tem sobre ele; Jesus forma um grupo que, durante a sua ausência desta terra, possa testemunhar "a respeito de tudo isso", quer dizer: sobre o lugar de Jesus nos projetos salvíficos de Deus.[78] Pelo Ressuscitado que aparece, os Doze (os Onze, depois completados por Matias: At 1,16-26) são constituídos, em Lucas, como colunas da fé (a missão apostólica somente virá no Pentecostes). Em At 1,8, como em Lc 24,48, a narrativa sobre a ressurreição mostra o que Lucas entende por "apóstolo". *c)* "Mas *recebereis* a força do Espírito Santo... para serdes minhas testemunhas em Jerusalém, em toda a Judéia e Samaria, e até as extremidades da terra" (At 1,8). O teste-

[78] Chr. Burchard, *Der dreizehnte Zeuge*, Göttingen 1970, 130-135; U. Wilckens, *Die Missionsreden der Apostelgeschichte*, Neukirchen 1963, 148.

munho divinamente inspirado é o sinal do tempo da Igreja, entre a ascensão e a parusia, pela força do Espírito do Pentecostes. De fato, At 1,21-22 mostra que ter sido testemunha ocular da vida terrena de Jesus não basta para ser "apóstolo de Jesus Cristo"; é necessário também ser constituído oficialmente como testemunha da ressurreição de Jesus.[79] "Ser testemunha da ressurreição" não é ter presenciado o fato da ressurreição (do qual Lucas nem fala), mas ser testemunha da ressurreição como acontecimento salvífico dentro do projeto divino de salvação; quer dizer: os Doze são constituídos como testemunhas das intenções salvadoras de Deus em Jesus Cristo.[80] Então, a missão dos Doze na Igreja é vista como realização do que prometiam as Escrituras.

Segundo Lucas, o núcleo da "aparição de Cristo" é pois o seguinte: *a)* identificação de Jesus de Nazaré com o Cristo, isto é, o querigma apostólico; *b)* legitimação divina dos apóstolos e sua constituição como garantes da fé apostólica; *c)* promessa do Espírito que virá.

3) Jo 20,19-23 – Aqui se encontram, dentro do contexto da teologia propriamente joanina, os mesmos elementos estruturais: *a)* Depois do reconhecimento (20,19-20), segue também aqui *b)* a missão dos "discípulos";[81] em base à missão confiada pelo Pai a Jesus (no sentido joanino), este confia a missão aos discípulos; *c)* Jesus lhe dá para isso o Espírito (20,21-22); com isso o múnus do perdão dos pecados (20,23) se menciona explicitamente. Aqui, diferente de Mt 18, 18 e 16,19, "ligar e desligar" se refere de preferência ao batismo cristão (cf. Lc 24,47). Aí a metanóia é a aceitação do querigma cristão: converter-se para Deus em Jesus e por Jesus como o Cristo (ver Jo 1,11-12), pois o grande pecado do mundo é o "não crer" (Jo 8,21. 24.26; 15,22). Aí, o dom do Espírito se relaciona com o serviço da reconciliaçao (ver também 2Cor 5,18). Esse dom já fora prometido antes (Jo 14,26 e 14,17; 15,26-27; 16,7-15). Também em Joao, portanto, o conteúdo da aparição de Cristo mostra uma cristologia e eclesiologia joaninas.

O capítulo acrescentado, Jo 21, traz dados da tradição galiléia sobre "aparições de Cristo", elaboradas no espírito do evangelho joanino, com interesse especial pelo "discípulo amado" de Jesus (Jo 21,7; cf. Jo 20,8; 21,20-23).

4) O final acrescentado de Marcos (16,9-20) – (Como acima se disse, o evangelho original de Marcos não conhece narrativas sobre

---

[79] Aparentemente, At 10,39 seria uma exceção: parece suficiente, aí, toda a vida de Jesus, a partir batismo; assim também no discurso que segue então (10,34-43); essa vida, porém, é vista aí como prelúdio de sua morte e ressurreição.

[80] "Está escrito" (Lc 24,46) equivale a: "necessidade, na história da salvação" (Lc 24,26).

[81] João não usa o conceito "os Onze", e raramente "os Doze" (somente em Jo 6,67-71 e aqui: Jo 20,24); João costuma dizer: "os discípulos".

aparições.) Mc 16,9-11 foi acrescentado na base de Jo 20,1-11.18; Mc 16,12-13 veio de Lc 24,13-35; Mc 16,14-18 veio de Mt 28,16-20, Jo 20,19-23 e sobretudo de Lc 24,36-49. Mas, essa combinação se fez baseada na concepção marcana a respeito do caminho que leva da incredulidade para a fé.[82] A Marcos deve-se também que o envio feito pelo Ressuscitado tem por finalidade a pregação do "evangelho": divulgar a fé e batizar (Mc 16,16), e fazer o que Jesus fazia: curar enfermos e expulsar demônios. "E o Senhor colaborava com eles e dava força à palavra deles por meio dos sinais que a acompanhavam" (Mc 16,20). Também aí: ininterrupta ajuda do Senhor. Embora composto com informes dos outros três evangelhos, esse final forma um só conjunto coerente com o espírito do evangelho de Marcos.

O conjunto da narrativa quádrupla da apostólica "aparição" oficial de Cristo aos Onze deixa clara a função do que se denomina "aparição do Ressuscitado": reconhecer Jesus como o Cristo ressuscitado é o que constitui a Igreja; isso legitima a missão apostólica para o mundo: fazer com que todos se tornem discípulos de Cristo (Mateus); como serviço de reconciliação (Mateus e João); como pregação do evangelho (final posterior de Marcos); ou então: a aparição é a base da fé apostólica (Lucas). Em tudo isso, o próprio Jesus (Mateus; o final posterior de Marcos) ou o Espírito Santo (Lucas e João) ajudarão os Doze. O conteúdo mesmo da aparição oficial está inspirado pelo querigma apostólico, nas suas diversas variantes eclesiológicas nas comunidades da Igreja primitiva. A experiência pascal "Jesus é o Senhor", ou a experiência do dom do Espírito Santo, é o fundamento da Igreja e de sua missão. Os evangelhos e Paulo (1Cor 15,3-8) acentuam claramente a *colegialidade* do testemunho *apostólico* sobre Cristo, evidentemente sob a liderança[83] de Simão Pedro (1Cor 15,3-5; Lc 24,34; cf. Mt 28,16; Jo 20,19ss).

Portanto, o conteúdo da aparição é, por assim dizer, "vazio"; mas a aparição do Ressuscitado é preenchida com o "querigma apostólico", o qual, em conseqüência, aparece como pura revelação divina; e assim os Doze se reconhecem autorizados para continuarem a causa de Jesus. O cerne da aparição é o que ela significa: uma determinada ação salvífica de Deus em Cristo, pela qual os discípulos identificam Jesus como o Cristo, o Senhor, o Filho de Deus, e se reconhecem responsavelmente enviados para anunciar ao mundo inteiro esse Cristo como o Crucificado ressuscitado. O momento da "aparição" indica "verticalmente" o caráter de "graça e revelação", próprio do querigma

[82] Ver B. van Iersel, *Een begin*, 96-97; R. Fuller, *Resurrection narratives*, 156.

[83] Ver A. Vögtle, *Ekklesiologische Aufträge*, *l.c.*, ("Sacra Pagina" II, 280-294), agora também em: *Das Evangelium und die Evangelien*, Düsseldorf 1971, 243-252; ver lá também 137-170.

apostólico e da praxe da Igreja. Na verticalidade da aparição, como antiga expressão indicando uma "epifania" ou "revelação divina", concentra-se a graça de Deus que opera na história da salvação, e que nas comunidades mateianas, lucanas e joaninas já estava acontecendo durante muitos anos (horizontalmente): a pregação do evangelho a judeus e gentios, o batismo cristão e o serviço da reconciliação, com a certeza, pela fé, de que nisso tudo Jesus estava agindo. A presença ativa do Jesus celeste na comunidade se verbaliza em termos de epifania. O "conteúdo" da aparição provém da vida concreta da Igreja como "comunidade de Cristo". A adoração é a resposta adequada à experiência de uma *graça*: *eles vêem Jesus e o adoram*. Estruturalmente, a "aparição" é, no relato, a extrapolação da presença da graça divina: a ação salvífica de Deus *nas* comunidades, desde a sua origem até agora na segunda e terceira geração de cristãos, pode assim ser verbalizada no relato, em termos de fé. Após a aparição de Jesus a Pedro, os outros discípulos dizem (aos de Emaús), em estilo bem lucano: "Sim, ele apareceu *realmente* a Pedro" (Lc 24,34). Contudo, Jesus aparecendo, eles mesmos duvidam; também eles precisavam experienciar como pura graça aquilo que a fé cristológica confessava.

Portanto, é exatamente nas narrativas sobre as aparições que a dúvida tem função muito especial: Mt 28,17; Lc 24,11.37-41; Jo 20,9.25.27; até no final posterior, canônico, de Marcos (16,11.13-14) tal dúvida não é esquecida; sem razão alguns a chamam de "elemento secundário". Mateus, que não menciona a aparição pessoal de Jesus a Pedro, colocou em outro lugar a palavra sobre Pedro, a rocha.[84] Daí o caráter irregular de Mt 28,16: "Os onze discípulos foram para a Galiléia, a uma montanha para onde Jesus lhes ordenara ir. Quando o avistaram, se prostraram, mas *alguns tiveram dúvida*". Essa dúvida (depois de o terem adorado!) é talvez um resíduo da dúvida dos apóstolos após a primeira aparição a Pedro (Lc 24,34 e 24,38). De uma dúvida após a aparição aos Doze não se fala em nenhum outro lugar. A própria dúvida é mencionada em tantas tradições, que não pode ser chamada de secundária. Há diferenças teológicas, isto sim. Em João, os discípulos não duvidam, mas ele "tematiza" a dúvida na sua narrativa à parte sobre a aparição a Tomé (Jo 20,24-29).[85] Aliás, também a natureza da dúvida em Mateus é diferente da referida nos *relatos* das aparições propriamente ditas em

[84] Segundo A. Vögtle, esconde-se em Mt 16,17-19 uma lembrança histórica da primeira aparição de Jesus a Pedro; cf. *Zum Problem der Herkunft von Mt 16,17-19*, em *Orientierung an Jesus* (372-393), sobretudo 377-383.

[85] Não me parece nenhum acaso que no evangelho joanino é Tomé quem duvida do Ressuscitado, pois a Igreja do leste da Síria (Edessa) considerava-se, tradicionalmente, fundada por Tomé, e foi no leste da Síria que se desenvolveu uma cristologia sem o querigma da ressurreição; aí formou-se o *Evangelium Thomae*, e mais tarde os *Acta Thomae*.

Lucas e Jo 20 e 21. Em Mateus, trata-se de uma conversão duvidosa; quer dizer: será que os discípulos, verificando que é Jesus, hão de reconhecer nele o Cristo ressuscitado? Aí a dúvida refere-se ao "ver Jesus cristologicamente". Em Lucas e João, porém (onde, pelo menos na maneira de se expressarem, há certos elementos da teoria do "arrebatamento", do modelo "theiós anèr"), trata-se do padrão da dúvida por ocasião das aparições de um arrebatado. Aí, pois, não se duvida se ele é realmente "o Cristo", mas se o homem que aparece é realmente Jesus de Nazaré! Eles pensam primeiro que estão vendo "um espírito", "um fantasma", ou "uma sombra", não o próprio Jesus de Nazaré. No mesmo "modelo do arrebatamento" se enquadra perfeitamente o detalhe: "Olhai – ou apalpai minhas mãos, meus pés (como para Tomé, em João). Sou eu mesmo" (Lc 24,38-39). Para os helenistas, era preciso constatar primeiro a presença do verdadeiro Jesus (nesse modelo, "sou eu" não tem sentido intencionalmente cristológico). Isso ainda se acentua, helenisticamente, pelo "comer peixe" (Lc 24,40-43). Exatamente dessa dúvida sobre a natureza do que está sendo visto é que nasceu a *narrativa* sobre a aparição (nem Paulo nem Mateus têm narrativas, a bem dizer, sobre a própria aparição). Somente depois que Jesus foi identificado como *Jesus*, pode-se falar de um "ver cristologicamente", um reconhecimento de Jesus como o *Cristo* vivo. Embora com ajuda do modelo das aparições helenistas, aí se chama a atenção particularmente para a absoluta identidade entre Jesus de Nazaré e o Crucificado ressuscitado, o Cristo do querigma.

Além disso, a insistência sobre a dúvida dos discípulos acentua uma vez mais que o credo cristológico se baseia na graça divina. A respeito das aparições às mulheres e aos discípulos de Emaús, os apóstolos se comportam primeiro como "opositores": não acreditam. Apresentando como fuga o fato de a prisão e morte de Jesus terem chocado os discípulos (Mc 14,50; cf. 14,40), Marcos narra também que as mulheres fogem do sepulcro, sem contar nada a ninguém sobre o que aconteceu (Mc 16,8b). Em todo o seu evangelho, Marcos insiste na impotência humana para entender o mistério de Jesus. Segundo ele, o primeiro junto da cruz a reconhecer Jesus como "filho de Deus" é... um pagão (15,39); quer dizer: o evangelho aí está para todos os povos (Mc 13,10; 14,9), porque Jesus não é o Messias somente dos judeus. Com o "silêncio das mulheres", Marcos talvez queira acentuar a *independência* da "tradição apostólica" com relação às tradições de Jerusalém sobre o sepulcro.

O momento de reconhecer – ou "ver Jesus cristologicamente" – se manifesta de maneira mais forte em Jo 20,24-31: depois de sua dúvida, Tomé tem uma intuição e diz: "Meu Senhor e meu Deus!" (20,28) Como "aparição de reconhecimento", uma aparição de Cristo consiste em *ver* ou reconhecer Jesus como Filho de Deus;

é o reconhecimento de Jesus como a presença escatológica de "Deus conosco".[86]

Parece válida a seguinte conclusão: Dentro da ciência das literaturas, uma análise das narrativas sobre como Jesus "se torna visível" depois de sua morte mostra que aí se verbaliza a identificação *cristológica* de Jesus de Nazaré, experienciada como pura graça de Deus, e como base e fonte da missão eclesial. Isso seja suficiente como primeira análise.

§ 3. "No caminho, Paulo viu o Senhor" (At 9,27); A narrativa sobre Damasco (At 9; 22 e 26)

Bibliografia. Além da literatura já mencionada, J. Blank, *Paulus und Jesus* (Münster 1968); Chr. Burchard, *Der dreizehnte Zeuge* (Gotinga 1970); H. Conzelmann, *Zur Analyse der Bekeuntnisformel l Kor. 15,3-5*: EvTh 25 (1965) 1-11; R. Fuller, *The formation of the resurrection narratives* (Nova York 1971); B. Gerhardson, *Memory and manuscript* (ASNT 22; Lund 1961); L. Goppelt, *Tradition bei Paulus: KuD 4* (1958) 213-233; E. Hirsch, *Die drei Berichte der Apostelgeschichte und die Bekehrung des Paulus:* ZNW 28 (1929) 305-312; H. Kasting, *Die Anfänge der urchristlichen Mission* (Beih. EvTh 55; Munich 1969); G. Lohfink, *La conversion de saint Paul* (Paris 1967); id., *Eine alttestamentliche Darstellungsform für Gotteserscheinungen in den Damaskusberichten* (Apg 9; 22; 26): BZ 9 (1965) 246-257; D. Lührmann, *Das Offenbarungsverständnis bei Paulus und in paulinischen Gemeinden* (Neukirchen-Vluyn 1965); D. M. Stanley, Paul's Conversion in Acta. *Why the three accounts?:* CBQ 15 (1953) 315-338; H. Windisch, *Die Christusepiphanie vor Damaskus (Act. 9; 22 und 26) und ihre religionsgeschichtlichen Parallelen:* ZNW 31 (1932) 1-23.

Com freqüência se afirma que Paulo baseia o seu apostolado no fato de que Jesus, o Crucificado ressuscitado, se mostrou também a ele. Para isso costuma-se alegar 1Cor 9,1; 15,8-11; Gl 1,15-17: "Em último lugar, ele apareceu também a mim, como *ektroma*.[87] Portanto, antes de analisarmos a visão de Lucas sobre o que aconteceu perto de Damasco, convém destacar primeiro a visão do próprio Paulo. Acima se esclareceu 1Cor 15,3-11, onde se mostrou que esse texto encontra-se num contexto de legitimação apostólica na base das aparições de Jesus. O mesmo vale para 1Cor 9,1: "Porventura não sou livre? Não sou apóstolo? Acaso não vi Jesus nosso Senhor? Não sois vós realização minha no Senhor?" São evidentemente qua-

---

[86] Isso, portanto, não significa necessariamente: Jesus é Deus. Ver: Jo 5,18; 8,58; 10,30; 10,33; 12,45; 14,9; 17,11. Ver R. Fuller, *Resurrection narratives*, 143-144.

[87] "Ektróma" é termo médico; significa: alguém que por intervenção cirúrgica nasceu de mãe agonizante; portanto, não chegou a conhecer a mãe. Mesmo assim, Paulo se diz "testemunha ocular" (aí está a intenção da frase).

tro perguntas mais ou menos independentes entre si, geralmente a segunda vista como base da terceira. Mas, qual a razão de se ler esse texto a partir de Paulo, e não a partir dos evangelhos? Falta aí o termo típico da epifania – "ophthé" – (que aliás não é paulino); (o texto diz "héoraka": "eu vi". Finalmente, não é certo que se refira diretamente ao acontecido com Paulo no caminho de Damasco o que se diz em Gl 1,15-17: "Quando houve por bem... revelarme seu Filho" (o texto diz: revelar *em* mim o seu Filho). Em outras palavras: os próprios escritos de Paulo nunca provam que ele *baseie* seu apostolado na experiência de Damasco como um "ver Jesus". Ele é "apóstolo por vocação" (Rm 1,1), "posto à parte e chamado desde o seio de sua mãe" (Gl 1,5), e finalmente enviado pelos chefes da comunidade de Antioquia, legítima e eclesialmente, depois da imposição das mãos. Indubitavelmente Paulo vê sua conversão para Jesus Cristo como missão diretamente divina para todos os povos (Gl 1,13-16), mas esse contexto não fala em nenhuma "aparição". Embora não tenha pedido o conselho dos que antes dele já eram apóstolos (Gl 1,16-17), Paulo foi iniciado no cristianismo por cristãos de Antioquia. Ele viveu isso como "graça do Senhor", e nisso ele vê sua independência com relação aos demais apóstolos de Jerusalém; não foram eles que lhe impuseram as mãos, embora ele confesse a mesma fé no Crucificado ressuscitado (1Cor 15,11). "Ter visto Jesus Cristo" (1Cor 9,1) significa ter a mesma fé que todos os apóstolos anunciam; mas será difícil afirmar que, pelo menos para Paulo (diferente de Lucas), a "aparição de Jesus" tenha sido propriamente a missão para o apostolado. "Ter visto Jesus Cristo" significa a *identidade da fé* entre todos os apóstolos.

Mas, como é que Lucas interpreta a tradição sobre o que aconteceu com Paulo em Damasco? Nos Atos, Lucas narra o fato até três vezes: em At 9, At 22 e 26. Segundo os princípios da "semiótica da narrativa",[88] uma análise estrutural desses textos nos permite hoje, mais do que no passado, precisar o sentido do que para Lucas é uma "aparição de Cristo". Pois, segundo os princípios da ciência das literaturas, há num texto sinais lingüísticos que nos mostram como o próprio texto quer ser entendido. Além disso, as três narrativas sobre Damasco são mais importantes porque as diferenças, transformações e deslocamentos entre uma e outra mostram como

---

[88] Ver: R. Barthes, *Introduction à l'analyse structurale des récits*, em: "Communications" 8 (1966) 1-28; *L'écriture de l'évènement*, em: *l.c.* 12 (1968) 108-113, e: *Analyse structurale et exégèse biblique*, Neuchâtel 1971; T. van Dijk, *Moderne literatuurtheorie*, Amsterdam 1971; F. Maatje, *Literatuurwetenschap*, Utrecht 1971; R. Barthes e outros, *Exégèse et herméneutique*, Paris 1971. C. Chabrol – L. Marin, *Sémiotique narrative: récits bibliques*, em: "Langages" 6 (1971), n. 22 (todo); H. Weinrich, *Literatur für Leser*, Stuttgart 1971.

é "manipulável" aquilo que se chama "aparição de Jesus". Tanto a segunda como a terceira, a bem dizer, são interpretações da primeira *narrativa* (quer dizer, são "metalinguagem"). Assim, o texto bíblico se interpreta a si mesmo. É exatamente isso que a "matriz" da visão deixa perceber. At 22 e 26, a bem dizer, não se referem ao próprio acontecimento de Damasco, mas, dentro do contexto dos Atos, referem-se à narrativa sobre Damasco já conhecida por At 9.

A narrativa sobre Paulo nos Atos refere-se à grande missão entre os gentios, cumprida por Paulo, mas deve ser interpretada como grandiosa manifestação da bondade e total iniciativa de Deus. Interessante é o seguinte: graças à visão de Ananias (que em At 9,15 não é comunicada a Paulo) o leitor já sabe, desde o começo, que a primeira narrativa (a conversão de Paulo ao cristianismo, At 9) já contém o germe do que é revelado plenamente no cap. 26: aí a visão da conversão é substituída por uma visão da missão. Entre as três narrativas sobre Damasco, o texto se completa cada vez com os contínuos deslocamentos de Paulo: ele está viajando, está sempre a caminho. Assim se vê, topograficamente, como o conteúdo da visão de Ananias se preenche dinâmica e localmente. Essas viagens são determinadas também pelos judeus opositores de Paulo, que fazem do antigo perseguidor Saulo um Paulo perseguido, e querem matá-lo. As viagens de Paulo são ainda repetidas fugas de uma cidade para outra, mas é exatamente assim que "o seu evangelho" é levado por toda parte. Nisso, o conflito tem papel essencial; Ananias (na narrativa) não conta nada disso para Paulo, que só o entenderá em sua carreira concreta. Viagens apostólicas (fugas) com perseguição e prisão formam, na estrutura da narrativa, o esquema dentro do qual se insere a tríplice narrativa da visão de Damasco. É característico também que cada uma das três narrativas sobre Damasco tem novos ouvintes. Assim, a própria narrativa se torna o "evangelho paulino em ação", passando a mensagem cada vez para outras pessoas. A própria narrativa, por assim dizer, é uma diagramação do caráter ilimitado da graça da "missão aos gentios".[89]

A fim de tornar mais compreensível a intenção da análise seguinte, parece-me útil explicitar desde já que a tríplice narrativa da aparição, pela sua própria estrutura, quer explicitar que é dom da *graça divina* tudo o que acontece historicamente na vida de Paulo. Antes da biografia de Paulo (At 9), no seu decurso (At 22) e pelo fim (At 26), a ação salvífica de Deus *nas* atividades de Paulo apresenta-se num esquema puramente "vertical" (uma visão). Mas, colocado assim

[89] R. Barthes, *L'analyse structurale du récit à propos d'Actes X-XI,* em: "Exégèse et herméneutique", Paris 1971, 202-203.

numa dimensão vertical ("a graça em si"), o conteúdo da aparição é notavelmente "vazio", ou pelo menos extremamente magro; deverá ser preenchido pela narrativa ulterior dos acontecimentos históricos concretos (horizontais) da própria vida de Paulo. A primeira narrativa da aparição (At 9) e suas transformações, omissões e condensações em At 22 e 26 deixam claro que a narrativa como um todo procura mostrar que o leitor deve ler "a visão" como forma de expressar o "*deve*" da história da salvação, o "*deve*" divino do plano salvífico de Deus. Trata-se da bondade intencional de Deus que se manifesta *exatamente dentro* da vida apostólica concreta de Paulo, e não "fora ou à margem dela". A vida real de Paulo, suas viagens e seus conflitos devem ser entendidos, *dentro* do seu histórico acontecer, como epifania divina por intermédio de Jesus Cristo, como revelação do plano salvífico de Deus, experimentada e verbalizada com fé, "formalizada" numa visão ou aparição: "verticalmente", apocalipticamente. No relato da visão ou aparição, a graça, a iniciativa divina, é por assim dizer extrapolada, apresentada dentro do modelo de um acontecimento isoladamente vertical. Que se trata de uma extrapolação, vê-se pelo caráter "vazio" da aparição, se não for "preenchida" por outro fato (pela própria vida de Paulo). (O mesmo se pode dizer do preenchimento das aparições do Cristo nos evangelhos de Mateus, Lucas e João.)

Antes de mais nada, apresentamos nas páginas 374-377 as três narrativas num só esquema, para que apareçam claramente os deslocamentos, omissões e concentrações.

a) *Atos 9: visão da conversão*

Nesta primeira narrativa três aspectos chamam a atenção: 1) O sentido da visão não é comunicado a Paulo. Como tema helenista-judaico já tradicional, a visão de "experiência luminosa que leva a uma conversão" ainda é "vazia" para Paulo. Saulo tem que ir a Damasco sem saber por quê; aí *se encontrará com alguém*. É só (9,6). Mas, também Ananias tem uma visão relativa a Paulo. De início Ananias reage, na narrativa, como adversário do perseguidor Saulo (9,13-14), o que dá mais realce à graça da conversão e vocação de Paulo. Deus interrompe secamente a resistência de Ananias com uma ordem: "Vai! Pois este homem é um instrumento escolhido por mim para dar testemunho do meu nome perante pagãos, reis e israelitas. Eu mostrarei a ele quanto terá de sofrer por meu nome" (9,15-16). Isso Ananias não comunica a Paulo; foi dito para o leitor. Nesse momento da narrativa, Paulo ainda não tem consciência da importância de sua futura carreira como cristão. O fato, porém, de que Paulo deixa todo esse acontecimento se realizar sem se opor a nada, significa que ele o aceita. Até jejua três dias e se converte.

2) Nesta narrativa é típico também que as visões de Ananias e de Paulo são *simultâneas* (9,10-11 e 9,12): dando a Ananias a ordem de ir à Rua Direita em Damasco para ver Paulo, o Senhor diz: "Ele está em oração" (9,11b). No mesmo momento Paulo, rezando, já vê "numa visão um homem (Ananias) entrar e impor-lhe as mãos, para tornar a ver" (9,12). É o que logo depois acontece (9,17-18). O que de fato vai suceder é de antemão extrapolado numa "visão", por se tratar de uma graça divina. Pelo sincronismo das duas visões (um modelo greco-judaico tradicional), arranjado pelo Senhor, ficamos sabendo que o acontecimento (provavelmente histórico) de um encontro entre Paulo e Ananias[90] é importante na história da salvação. A própria estrutura, pois, da narração desse encontro humano, por ocasião da conversão de Paulo, mostra a sua importância. 3) Na visão, Jesus se dirige pessoalmente a Paulo: "Saulo, por que me persegues?" (9,4). Da mesma forma Jesus dissera "Maria", e ela respondeu: "Raboni". Mas, o relacionamento aqui é outro: Jesus se apresenta como alguém que Paulo conhece; é o mesmo Jesus a quem Paulo persegue! No entanto, Paulo não conhece o verdadeiro Jesus, como sugere a pergunta: "Quem és tu, Senhor?" (9,5). Paulo ainda não conhece Jesus como o Cristo. Foi Cristo Jesus quem tomou a iniciativa na conversão de Paulo; em outras palavras, para que Paulo reconheça Jesus como o Filho de Deus e o Cristo, conforme o próprio Paulo logo depois irá pregar (9,20 e 9,22).

O núcleo da visão da conversão é "precário", mas ao mesmo tempo cheio de símbolos de luz: um fulgor deslumbrante. A luz que ofusca, envolvendo totalmente Paulo, já lhe diz que essa perseguição é uma *cegueira*. Ele precisa mudar, "jejuar três dias" (9,9). No Antigo e no Novo Testamento, "o terceiro dia" (ver mais adiante) é sempre o dia decisivo da mudança, do acontecimento que resolve.[91] Para Paulo, no terceiro dia a decisão de se converter é definitiva. A tarefa de Ananias, nesse processo de conversão, consiste em curar a cegueira de Paulo. Ele busca Paulo para fazê-lo enxergar, e para lhe comunicar o Espírito (9,18-19). Quando a cegueira acabou, Paulo viu Jesus como o Cristo (confissão cristológica), e aí não há mais nenhum impedimento para ser batizado (ver At 8,35-36). Paulo se converte para Jesus como o Cristo, e isso é pura graça de Deus. At 9 é uma visão de conversão, não de missão. "*Carregar* meu nome no mundo" (*bastadzein*) não significa "levar para", mas comportar-se como quem confessa o Cristo, também no sofrimento.[92] Paulo deverá confessar

---

[90] Nas cartas, Paulo nunca alude a esse Ananias.

[91] 2Rs 2,17; 2Cr 20,25; Ex 15,22; 2Mc 13,12; Lc 2,46; 24,21; Mc 8,2; Mt 15,32.

[92] Em Lucas "bastadzein" costuma ter até o sentido secundário de "carregar arrastando" (Lc 7,14; 10,4; 11,27; 14,27; 22,10; At 3,2; 15,10; 21,35; faz parte da terminologia do martírio. Ver Burchard, *Der dreizehnte Zeuge*, 100-101.

Jesus diante de pagãos, reis (At 4,27) e judeus (At 21). Segundo a visão de Ananias, não comunicada a Paulo, este é um "privilegiado", escolhido, chamado *para sofrer.* Segundo Lucas, sofrer é uma graça (At 5,41; cf. Lc 8,13; At 14,22); isto é: Paulo, o perseguidor, se torna agora o perseguido, por confessar Jesus.

At 9, como narrativa de conversão, baseia-se numa tradição local de Damasco; tal tradição, que constitui a primeira parte da narrativa sobre Damasco, continuou praticamente inalterada nas três narrativas, por fidelidade à fonte. Essa primeira narrativa, contando a aparição, não tem nada a ver, como tal, com "aparições pascais", como a Pedro e aos Onze. Paulo, que antes rejeitava (perseguia) Jesus, agora o aceita. Em Jerusalém, Barnabé defende Paulo: "Contou-lhes como ele (Paulo) no caminho *tinha visto o Senhor*, que lhe falou" (9,27). Com isso, Lucas dá a entender que a visão de Damasco foi realmente um "ver o Senhor", embora Paulo não tivesse visto Jesus; somente ouvira a sua voz. Portanto, numa "aparição de Cristo", não é preciso ter encontro visual com Jesus.

b) *Atos 22*

Depois de At 9, Paulo por breve tempo desaparece da narrativa de Lucas, mas a partir do cap.13 é a figura principal dos Atos. Na história do que aconteceu nesse meio tempo, Lucas fornece o conteúdo da visão (não conhecida por Paulo) de Ananias, que já via Paulo como o perseguido arauto de Cristo, arauto que haveria de sofrer muito (9,16). Depois de sua primeira atuação (9,20-31), quando Paulo "fala de Jesus" (ver At 17,3; 18,5.28) e o anuncia como o Cristo (9,22) na sua função escatológica, como "Filho de Deus" (9,20) e como o ressuscitado assentado à mão direita de Deus (cf. Lc 22,69), os judeus já planejam matar Paulo (At 9,23). É evidente a transformação. Saulo o perseguidor, agora é Paulo o perseguido. Chegando a Jerusalém como convertido, nem os judeus-cristãos confiam nele (9,26). Principalmente os "helenistas" querem matá-lo (9,29).

Entre a primeira narrativa sobre Damasco e a segunda, Paulo já percorre a região, pregando (At 13-21). O grupo que lidera a Igreja de Antioquia (13,1) resolve, depois de orações e jejum, impor as mãos em Barnabé e Paulo, e confiar-lhes a missão (13,3). Essa missão eclesiasticamente válida de Barnabé e Paulo como "apóstolos", aqui no sentido de "missionários", é também uma especial intervenção salvadora de Deus; assim, o projeto divino começa a realizar-se, pois Lucas lembra aí novamente a "dimensão vertical": a atuação do Espírito Santo. "Reservai-me Barnabé e Saulo, em vista da obra para a qual eu os destinei" (13,2). Esse aspecto "vertical" já estava garantido pela missão eclesial, sob a litúrgica imposição das mãos; porém o sentido salvífico é novamente explicitado por Lucas em outra visão. Com isso, começou a via-sacra de Paulo como testemunha de Cristo, não ainda na sua missão para os gentios. Pelo contrário, em toda parte Paulo vai anunciar a salvação "nas sinagogas dos judeus" (13,5; 13,14; 17,1-2; 17,10). Ele mesmo diz: "Filhos de Abraão e tementes a Deus (prosélitos do judaísmo, cf. 10,2). A nós foi enviada essa palavra de salvação" (13,26), "pois os habitantes de *Jerusalém* e seus *chefes* não o reconheceram" (13,27). Por outro lado, cresce também de modo mais acentuado a oposição contra Paulo (13,45; 13,50; 14,2-5; 14,19; 17,13; 18,6ss.21.22). Foi exatamente essa oposição que historicamente empurrou Paulo para os gentios (na interpretação de Lucas). Esse processo gradual é mostrado por três elementos na narrativa de Lucas: 1) Conforme 13,46 (segundo Lucas) Paulo diz aos judeus: "É a vós por primeiro que devia ser dirigida a palavra de Deus. Mas, visto que a rejeitais... nós nos voltaremos doravante para os pagãos". Esse "primeiro aos judeus" está de acordo com a própria teologia de Paulo (Rm 1,16-17; Rm 9-11; cf. Rm 11,26). A partir desse momento, as alusões à "conversão dos gentios" tornam-se mais freqüentes (13,47.48), e no seu relatório sobre a primeira viagem missionária para a sua comunidade antioquena, em 14,27, Paulo já comenta com entusiasmo com "Deus tinha aberto aos pagãos a porta da fé". 2) Já bem mais tarde, pregando em Corinto, Paulo sente outra vez a resistência dos judeus: segue novamente a resposta: "Disso eu estou livre. *Doravante* é aos pagãos que irei" (18,6). 3) Pela terceira vez, ouvimos esse esquema em 28,23-28, no final dos Atos: "Os pagãos, estes sim, escutarão". A repetição mostra, pois, um esquema que serve de modelo: Paulo, segundo Lucas, começou sempre levando a sua mensagem aos judeus, mas, por causa da resistência deles, é obrigado a procurar os pagãos. Em 21,19, porém, seu apostolado se denomina "serviço de Paulo entre os pagãos". Portanto, desde o começo, Lucas vê o evangelho paulino como dirigido à *humanidade* (17,30), a *todos* os povos, isto é: a judeus e pagãos, não exclusivamente aos pagãos. Já que os judeus, neste caso os da diáspora, não o aceitam, infelizmente sobram apenas os pagãos. Segundo Lucas, Paulo se tornou "apóstolo dos gentios" somente por causa da *auto-exclusão* dos judeus (ao passo que Paulo desde o começo vê sua missão como tarefa *específica* entre os pagãos, sem contudo prender-se plenamente aos fatos históricos. Ver mais adiante). Já que Paulo, por incumbência da Igreja antioquena, trabalhou durante cerca de quatorze anos na província romana da Síria e da Cilícia (com Chipre e regiões limítrofes da Ásia Menor), é historicamente mais provável que Paulo não tenha tido desde o princípio a idéia de uma missão apostólica mundial. A decisão do Concílio de Jerusalém e o litígio antioqueno (separação de Barnabé) levaram a esta decisão: "Nós iremos aos pagãos, eles irão aos circuncisos" (Gl 2,9).

No meio dessa história segue então o cap. 22, em que o próprio Paulo conta a sua experiência de Damasco; isso conforme o relato de Lucas.

Paulo foi preso em Jerusalém (21,27-38), quando o comandante do quartel se viu envolvido. Na escadaria do templo, acusado de propaganda contra o povo, contra a lei e o templo (21,28), Paulo se dirige aos habitantes de Jerusalém, numa espécie de apologia, na qual insiste em ser partidário *judeu* (defendendo Deus e a Lei). Nascido em Tarso, mas desde cedo educado "aqui em Jerusalém". Segundo Lucas, Paulo faz seu discurso em hebraico (21,40 e 22,2). Agora Lucas, embora redigindo ele mesmo também essa segunda narrativa, deixa Paulo contar a própria visão de Damasco, agora já "preenchida" pelos próprios acontecimentos da vida de Paulo. Por causa das próprias experiências de Paulo, agora já não é necessária mais a visão de Ananias. Pelas experiências de sua própria vida, Paulo já está sabendo agora das intenções de Deus a seu respeito como confessor perseguido e sofredor de Cristo. Por isso agora se dispensa essa parte da visão (de At 9).

A primeira parte da visão continua quase inalterada. Jesus é chamado agora "o Nazareno", isto é: o sofredor, o crucificado. A cura acontece sem se mencionar a imposição das mãos; Ananias age agora por própria iniciativa; explica o que está acontecendo (22,14). O próprio Paulo agora se torna mais espontâneo: "Senhor, que devo fazer?" (22,10). Estava a caminho para Damasco, perseguindo os notórios judeus-cristãos de língua grega; e o fazia por causa de sua rigorosa interpretação da Lei, abrangendo tanto o decálogo como as "leis dos antepassados" de acordo com a interpretação dos fariseus (22,3-5). Convertido, Paulo encontrou a oposição sobretudo dos judeus de língua hebraica; por isso é que Paulo se dirige ao povo em hebraico. É intencional a oposição entre *judeus* (hebreus) e *pagãos* (gregos). Em lugar da visão de Ananias (cap. 9), aqui omitida, Paulo ouve agora de Ananias não que este veio em nome de Jesus para curar Paulo da cegueira, mas que Paulo foi eleito para *ver* Jesus, o Justo, e para lhe ouvir a voz; Paulo deverá *testemunhar* sobre o que viu e ouviu (22,14-15). "O Justo" é o Senhor (At 22,13-14 com 9,17), o glorificado, "o justo sofredor e crucificado". Tê-lo visto e ouvido é a base para Paulo testemunhar validamente sobre Jesus diante de todo ser humano, judeus e pagãos. O "ter visto" refere-se à própria visão de Damasco de 22,6-8; e o "ouvir uma voz de sua boca" (22,14) refere-se à voz de 22,17: trata-se aqui de uma interpretação da própria vivência de Damasco (não de um "ver Jesus", que acontecerá mais tarde numa visão). Essa interpretação supera tanto 22,6-11 quanto 9,3-9. Nos termos do apostolado que são tipicamente lucanos (ver At 1,21-22), sugere-se agora a definição de um *apóstolo* em sentido estrito. O sentido da visão da aparição já vai ser adaptado. Paulo age *de fato* como apóstolo, quanto ao conteúdo, no sentido mesmo do apostolado dos

Doze (modificando-se a função da primeira narrativa da visão); isso é o que se vê agora como dom, tarefa e projeto salvífico de Deus; não é empreendimento "por conta própria". A visão de Damasco torna-se aqui a legitimação e a base, concedidas gratuitamente por Deus, do apostolado próprio de Paulo para todos os seres humanos, judeus e gentios. Assim, a realidade factual e histórica se considera segundo o seu caráter de disposição e iniciativa salvífica de Deus, pelo fato de que se insere dentro da narrativa a "dimensão de visão", vertical, mas transformada. Ananias usa o termo técnico (lucano) para a "eleição apostólica": *pro-echeirísato se* = Deus "te predestinou para..." No entanto, a narrativa ainda termina com o *batismo* de Paulo. Estruturalmente o fato é importante. Nessa segunda narrativa, o elemento de luminosidade é reforçado: "uma luz fulgente do céu" (22,6); também é "ao meio-dia" (22,6); os companheiros não escutam a voz, mas também eles agora vêem a luz (22,9). Além disso, não se diz que Paulo ficou cego por três dias; somente: "não via mais nada, pelo esplendor da luz" (22,11). O sentido pronunciadamente espiritual de sua cegueira na primeira narrativa (visão de conversão) – obcecação com relação a Jesus – torna-se agora um incômodo físico, enquanto, por outro lado, o sentido espiritual de luz e iluminação está sendo aprofundado. Portanto, é ainda uma visão de conversão, mas visão empregada para fundamentar a missão apostólica de Paulo para todos os povos; é a narrativa da visão de alguém que aprendeu a experienciar Jesus como a "luz dos gentios". "Luz de Israel e dos gentios" é um termo técnico das narrativas helenistas-judaicas sobre a conversão de pagãos para o judaísmo. Pois a Lei é "luz do mundo".[93] Vendo a Lei ser substituída por Cristo, Paulo sente agora Jesus, o Cristo, como luz de Israel e dos povos. No tempo de Lucas (ver Lc 2,32; At 13,47; cf. também Jo 1,9; 3,19-21; 8,12; Mt 4,14ss), Jesus (como também os apóstolos) é denominado "a luz dos gentios" (com relação a Is 49,6).[94] "Por isso, nós nos dirigimos doravante aos gentios", assim diz Lucas a partir de At 13,46-47. Fato que agora tem suas conseqüências para a segunda apresentação da visão de Damasco. Pelo fato de que o sentido do elemento "luz" já estava em mudança, At 22 liga a "visão de conversão" (At 9) com a "visão de missão" ou vocação para o apostolado (At 26); At 22 é uma transição entre as duas visões.

---

[93] Como profeta dos últimos dias e mestre da Lei, Jesus é "luz do mundo". Ver: Is 42, 6-7.16; 49,6.8-9; 50,10; 51,4-6; 62,1 com 49,6; Eclo 48,10b; At 1,8b; Lc 2,32; Jo 1,8.9; 3,19-21; 8,12. Também: Paralip. Jr 6,9.12; Joseph e Asenath, p. 46; sobretudo Pseudo-Fílon, *Liber Antiquitatum* 51, 4-6; Test.Levi 14,3-4; Test. Zabulon 9,8. Test. Benjamin 10,2. Para os apóstolos: At 13,47; Mt 5,14; ver também Kl. Berger, *Gesetzesauslegung*, 27.

[94] Nas liturgias mais antigas, a idéia de "luz dos gentios" se relaciona com o batismo cristão, que é chamado de "iluminação".

c) *Atos 26*

Antes de passar para a terceira narrativa sobre o que aconteceu em Damasco, Lucas relata duas aparições de Jesus a Paulo, mas aí se trata de um "aparecer" em sentido muito diferente, a saber, de um "arrebatamento", o que é algo muito diferente do "ophthé" dos evangelhos (= Jesus foi visto). No mesmo discurso para o povo de Jerusalém, Paulo diz: "De volta a Jerusalém, estando eu a orar um dia no templo, aconteceu-me cair em êxtase, e *eu vi o Senhor* que me dizia: Depressa, deixa Jerusalém sem tardar, porque eles não acolherão o testemunho que tu darás de mim" (22,17-18). Aí, porém, Paulo responde rebatendo, porque acha muito compreensível que desconfiem dele, o antigo perseguidor (22,19-20). Lucas quer afirmar que a decisão que Paulo toma de se afastar de Jerusalém não foi decisão sua autoritária ou antijudaica, mas decisão legitimada por Deus; estavam em jogo as disposições salvadoras de Deus (daí a "visão"); pois logo a seguir vem a ordem de Cristo: "Vai! É para longe, para as nações pagãs que eu vou te enviar" (22,21). Paulo terá de ir aos não-judeus. Eis um elemento novo; até então Paulo pregava entre judeus e não-judeus, entre todos os seres humanos. Essa visão introduz as grandes viagens missionárias de Paulo; os pagãos até então convertidos eram prosélitos do judaísmo, conforme tudo indica. Em At 22,17-21 há sem dúvida uma tradição, pois uma aparição tão decisiva não deve ser pura fantasia de Lucas.[95]

Em 23,11, narra-se outra vez uma "visão de Jesus". Paulo, preso em Jerusalém, ganhou a causa no sinédrio, provocando uma discussão entre fariseus e saduceus em torno da ressurreição; mas, na prisão do quartel, recebe de noite uma visão: "O Senhor estava diante dele e falou: "Coragem! Acabas de dar testemunho de minha causa em Jerusalém; é preciso que *em Roma também* testemunhes igualmente (23,11)". Paulo, estando preso, mas sendo cidadão romano, apelará para o imperador. Se Paulo não tivesse feito isso, diz Lucas em sua narrativa, teria sido solto: "Este homem poderia estar solto, se não tivesse apelado para o imperador", diz o rei Agripa ao procurador Festo (26,32). Lucas quer deixar claro que Paulo não foi presumido ao tomar tal decisão, mas que ele, segundo o plano salvador de Deus, tinha que pregar o evangelho em Roma também. (Os Atos terminam de fato com um sermão de Paulo em Roma.) A tradição a respeito

[95] Segundo H. Conzelmann, trata-se de uma variante da narrativa sobre o que aconteceu perto de Damasco (*Die Apostelgeschichte*, Tubinga 1963, 126. Segundo Chr. Burchard, *Der dreizehnte Zeuge*, 161-168, trata-se de outro acontecimento, localizado em Jerusalém; é aí que Paulo é chamado para ser apóstolo dos gentios. Mas, em todo caso, isso não é paulino; o próprio Paulo sabe desde o começo que foi chamado para os gentios. Nessa tradição se reconhece, em todo caso, que Paulo de fato é apóstolo dos gentios.

dessa visão de Paulo, análoga a uma prova bíblica, quer sublinhar novamente a importância desse fato histórico dentro do plano salvífico de Deus.

Depois segue, pela terceira vez, a narrativa de Damasco (At 26). Paulo está preso em Cesaréia. O rei Agripa e o procônsul Festo se intrometem no seu caso. Assim Paulo recebe a oportunidade de realizar historicamente a visão de Ananias (9,15): levar o evangelho a "reis". A terceira narrativa está redigida em forma de "discurso de Paulo diante do rei Agripa". A narrativa de Damasco tem agora como conteúdo toda a vida de Paulo (At 13-26). A visão da conversão fica completamente em segundo plano; além disso, nem se menciona o batismo de Paulo. A conversão se reduz ao que nas três narrativas continua constante: "Saulo, por que me persegues?" Acrescenta-se um provérbio: "É duro teimar contra o aguilhão" (26,14-15). Nessa narrativa, Paulo, o perseguidor de Jesus, é chamado, pela visão do Cristo, para ser o "apóstolo do Cristo entre *os gentios*". Ananias desaparece completamente da narrativa. Afinal, não se trata mais da conversão de Paulo. Seu batismo também sumiu da narrativa; em seu lugar entrou "o batismo dos gentios", embora este seja apenas sugerido por uma intensidade ainda maior do elemento luminoso: "uma luz do céu, mais resplandecente do que o sol"; foi "por volta do meio-dia" (26,13); envolve não apenas Paulo, mas todos os seus companheiros. Agora todos caem por terra (26,14); apenas Paulo ouve a voz que a ele se dirige "em língua hebraica" (26,14). Estruturalmente importante é agora o que diz a voz hebraica, pois não é nada menos do que o "evangelho de Paulo aos não-hebreus", os pagãos. O próprio Jesus declara agora por que "se deixa ver"; aí aparece finalmente o termo pascal: *ophthé*. Nessa terceira narrativa, também já não se diz que Paulo ficou cego ou obcecado, como em 9,17.27 e 22,14. Jesus aparece a Paulo "para te constituir como *servo* e como *testemunha* que me *viste;* e ainda hei de te aparecer" (26,16). "Ainda hei de aparecer": refere-se a visões de Jesus em 22,17-18 e 23,11 (o próprio Paulo não diz nada a respeito em suas cartas). Ser constituído como *hypéretés* (servo) e *mártyr* (testemunha) não sugere uma visão de conversão, e sim de vocação. Usando esses termos técnicos, Lucas sugere a noção característica de "apóstolo", que compete aos Doze (ver Lc 1,2: testemunhas oculares e servos da palavra); no entanto, Paulo não pertence a este grupo. At 26,16 traduz o núcleo do conceito lucano de "apóstolo": em virtude de sua eleição pelo próprio Ressuscitado, Paulo recebe uma missão pessoal, como os Doze (Lc 24,48; At 1,8.22; 2,32; 3,15; 5,32; 10,39.41; 13,31; 22,15; 26,16). Não bastaria ter acompanhado Jesus desde o batismo até sua ascensão (At 1,21-22); para o autêntico apostolado é necessária uma eleição especial recebida do Ressuscitado (uma visão de vocação e missão):

ser testemunha do Ressuscitado é o elemento constitutivo da noção lucana de "apóstolo". Paulo, portanto, possui o que é essencial para o apóstolo, sem no entanto pertencer ao grêmio dos Doze.

Cristo "tirou" Paulo, isto é, salvou-o de perigos vindos de judeus e gentios (26,17);[96] trata-se da assistência de Cristo em todas as atividades da vida de Paulo. Segundo essa terceira narrativa de "Damasco", Paulo é enviado "para abrir os olhos dos pagãos"; a cegueira ou obcecação que precisa ser curada não é mais a de Paulo, mas a dos pagãos: *a)* "para que passem das trevas para a luz, e do império de satanás para Deus"; *b)* "e recebam o perdão dos pecados e uma parte da herança, juntamente com os santificados" (26,17-18). *Pregação* (abrir os olhos) (cf. Lc 9,23), *fé* (converter-se) e *batismo* (perdão dos pecados e incorporação na "comunhão dos santos") são os três termos técnicos da conversão, agora já não de Paulo, mas dos pagãos. "Passar das trevas para a luz e do império de satanás para Deus" era um *tópos* helenista-judaico sobre a conversão de pagãos para o judaísmo;[97] refere-se à conversão para o monoteísmo do Deus de Israel. Também a expressão "herança dos santificados" é helenista-judaica; foi assumida pela segunda geração dos cristãos para indicar a incorporação na Igreja como comunidade de Deus.[98]

O conteúdo da visão se caracteriza agora pela confissão cristológica de que Jesus de Nazaré é "a luz do povo e dos gentios" (26,23); ao mesmo tempo se esclarece o sentido cristão do batismo: é um ato de mudança ética-religiosa da vida, e também uma "visão de luz", que transmite o conhecimento de Deus e do seu mensageiro, Jesus Cristo, e incorpora o convertido na *ecclesía* composta de judeus e gentios. A visão de Damasco é preenchida, finalmente, com a teologia batismal da comunidade lucana.

Na primeira narrativa, ficou claro para Ananias que Paulo estava sendo escolhido "para sofrer muito"; a terceira narrativa traz mudança magistral, e Lucas atribui a Paulo estas palavras: "Eu não disse nada além disto: *que Cristo tinha de sofrer*, e que, sendo o primeiro a ressuscitar dentre os mortos, devia anunciar a luz ao povo (Israel) e às nações pagãs" (26,23). Toda a vida de Paulo constituiu um *seguimento* de Jesus *sofredor*, como argumenta Lucas. Foi também pela sua própria vida e pelo seu sofrimento que Paulo pregou o Crucificado ressuscitado como a luz de todos os povos.

Pelo conjunto das três narrativas se esclarece a tese de Lucas: a missão de Paulo aos gentios, real e cronologicamente, é distinta da

---

[96] Ver At 7,10-34; 12,11; 23,27; 26,17; Gl 1,4.
[97] Ver 1Ts 1,9; Cl 1,13; 1Pd 2,9.
[98] Ver também At 20,32; cf. Ef 1,18; Cl 1,12.

sua conversão e primeira vocação. Lucas insiste numa Igreja de judeus e gentios, não numa Igreja "formada por gentios". Mas, essa vocação se frustrou pelo fato de que os judeus da diáspora rejeitaram essa pregação; daí as saídas realmente forçadas de Paulo para os gentios (13,44-48; 18,5-7; 28,23-28). A missão aos gentios é, segundo Lucas, uma decisão pessoal de Paulo;[99] assim se formou uma Igreja de gentios *sem* judeus.

Portanto, a estrutura de At 26,12-18 é totalmente diferente de At 9 e 22; agora se narra de fato deveras uma "aparição pascal" de Cristo, no mesmo sentido das solenes aparições oficiais de Cristo a Pedro e aos Onze. At 9 baseava-se numa tradição local de Damasco, com retoques redacionais de Lucas; aí não se tratava de uma "aparição pascal"; apenas de uma *optasía*, uma visão; At 26, porém, elabora nova tradição, na qual provavelmente Lucas pôde dispor de uma tradição anterior, verdadeiramente de Paulo, na qual a aparição perto de Damasco é uma "aparição pascal", que fundamenta e legitima teologicamente a missão de Paulo como apóstolo dos gentios; é a visão eclesial de uma vocação, como a de Pedro e dos Onze. Foi assim que também o próprio Paulo a experienciou, segundo os testemunhos de suas cartas (1Cor 15,3-5); assim, para Lucas, Paulo foi chamado para ser apóstolo de *todos,* judeus e gentios; o fato de se tornar "apóstolo dos gentios" foi uma reviravolta na vida de Paulo, por conta dos judeus. Um pouco contra seu próprio modo de ver as coisas, Lucas (por estar ligado a uma tradição anterior) dá em At 26 a imagem do autêntico apóstolo Paulo.[100] Aí Lucas se baseia numa tradição que entendia o acontecido em Damasco de maneira diferente da tradição à qual At 9 deveu seu material.[101] Paulo é um convertido, sim, mas o próprio Paulo não vê o que lhe aconteceu em Damasco como o acontecimento de sua conversão, mas sim (embora muitos anos depois) como sua constituição em *apóstolo dos gentios* por ação do Ressuscitado (ver 1Cor 15,3-5). A tradição em que se apóia At 9 é mais recente do que a de At 26; aquela supõe um interesse hagiográfico pela pessoa do grande apóstolo, uma comunidade fascinada por Paulo como apóstolo sofredor e que agora faz uma revisão da carreira dele já concluída.[102] Em 1Tm 1,12ss, a conversão de Paulo torna-se paradigma da transformação de um pecador, operada pela graça de Deus.[103] Lucas, portanto, assumiu essas duas tradições diferentes, e

[99] Chr. Burchard, *Der dreizehnte Zeuge*, 166-167.

[100] Cf. At 26,10-11 com Gl 1,12-13; At 26,5 com Gl 1,14; At 26,7 com Gl 1,16; At 26,18 com Gl 1,16.

[101] Além disso, At 26 figura entre as seções "nós" dos Atos.

[102] Ver Burchard, *l.c.*, 126-127.

[103] A imagem do apóstolo que sofre (At 9,15-16) é pós-paulina (Cl 1,24; Ef 3,1.13; 2Tm 3,11-12.

as elaborou nos Atos de maneira magistral, tanto do ponto de vista literário como teológico.

Finalmente, tendo chegado a Roma, Paulo anuncia também aí o evangelho: "Sabei que é *aos pagãos* que esta salvação de Deus foi enviada; eles sim a escutarão" (At 28,28). Foi para chegar a *esse* versículo que o cristão helenista Lucas escreveu toda a sua narrativa. No decurso dessa história, avalizada pela confirmação, vocação e desígnio de Deus através de visões, desenhou-se a topografia da divulgação, através da mensagem do reino de Deus, reino que ganhou seu rosto concreto em Jesus, o Crucificado ressuscitado.

O próprio Paulo vê com evidente clareza o caminho de sua vida, em Gl 1,15-16, como projeto da graça divina: "Quando aquele que me pôs à parte desde o seio de minha mãe e me chamou por sua graça houve por bem *revelar* em mim *o seu Filho,* a fim de que eu o anuncie entre os pagãos..." Portanto, de acordo com sua própria formulação, Paulo sentiu a sua vocação para o apostolado da confissão cristológica como graça ou revelação de Deus. Ora, Paulo distingue claramente entre esse "ver cristologicamente Jesus" e toda espécie de "visões" e revelações em "arrebatamento": cf. 2Cor 12,1-4. Então, será que essa autocompreensão de Paulo em Gl 1,15-16 não é exatamente o núcleo da narrativa de Lucas? De fato, aí a dimensão de "graça divina" se exprime numa visão. Pois em todas as variantes, nas três narrativas, há um elemento fundamental constante, que muitas vezes é esquecido: o sentido do acontecimento continua escondido para os companheiros de Paulo.[104] A aparição de Jesus não é objeto de observação neutra; é experiência de fé, que responde a uma revelação escatológica e se expressa em confissão cristológica de Jesus como o Ressuscitado; é uma revelação de Jesus e fé nele em sentido escatológico, cristológico. Foi esse também o único cerne de todas as demais aparições de Cristo, que acabaram sendo preenchidas, seja com a teologia das comunidades de Mateus, Lucas e João, seja com a própria vida concreta do apóstolo Paulo. Em Jerusalém, Barnabé diz que perto de Damasco Paulo "viu Jesus" (At 9,27), embora Paulo não tenha visto Jesus visualmente; esse "ver", o próprio Paulo equipara às aparições oficiais de Cristo a Pedro e aos Doze (1Cor 15,3-5). O "ver Jesus" é um ver *cristológico*, um entender Jesus como o Cristo, possível somente por graça divina, numa experiência pessoal que vai determinar toda a orientação da vida de quem teve essa experiência de fé; essa experiência, porém, só se chama aparição "oficial" de Cristo, quando é a base da missão apostólica.

O que chama a atenção, nos Atos, é que brotou uma *visão* "pascal" *de missão* de uma *visão de conversão* (At 9 e 22). Começar a ver

[104] Com razão R. Fuller insiste nisso, em *Resurrection narratives,* 46.

em Jesus o Cristo exige de fato conversão e iluminação. A questão agora é se a tradição sobre a aparição de Cristo a Pedro e aos Onze não passou, durante as primeiras gerações cristãs, por uma evolução, maturação e estruturação, semelhantes às que vemos nos Atos, ao compararmos At 9 e 22 com At 26.

Esquema das narrativas

	Narrativa I Atos 9		Narrativa II Atos 22		Narrativa III Atos 26
			Discurso de Paulo em Jerusalém em língua hebraica		*Discurso de Paulo diante do rei Agripa*
1-2	Paulo, perseguidor dos discípulos do "Caminho"	1-5	Eu, judeu de linha rigorosa, perseguia "o Caminho"	9-11	Eu, fariseu rigoroso, perseguia o nome de Jesus de Nazaré
3-8	*Visão de Paulo*				
	No caminho para Damasco	6-10	Perto de Damasco	12-18	Indo a Damasco
			– ao meio-dia	13	– por volta do meio-dia
3	– luz do céu sobre Paulo	6	– grande luz do céu sobre mim		– luz do céu, mais clara do que o sol
4	– Paulo cai no chão	7	– Caio; ouço uma voz: "Saulo, por que me persegues?		– por sobre mim e meus companheiros
	– Uma voz: Saulo, por que me persegues?				
5	– Respondeu: "Quem és, Senhor?"	8	– Quem és tu, Senhor?	14	– caímos por terra
			– Jesus de Nazaré, a quem tu persegues		– uma voz me disse em língua hebraica: "Saulo, por que me persegues? É duro para ti teimar contra o aguilhão!
				15	– "Quem és tu, Senhor?"
					– "Jesus, a quem tu persegues"
7	– Companheiros: escutam a voz, não vêem ninguém	9	– Companheiros: não escutam a voz mas vêem a luz		
		10	Paulo: "Que devo fazer, Senhor?"		

6	“Levanta-te: vai para a cidade; aí alguém te dirá o que deves fazer”		– “Levanta-te; vai a Damasco; aí te dirão qual será tua tarefa”	16	– Mas levanta-te... Eu te apareci, para...
8	Paulo está cego; os outros têm que levá-lo para a cidade	11	O fulgor daquela luz me cegara; os outros me levaram à cidade		
9	Durante três dias Paulo não come nem bebe				
10-16	*Visão de Ananias*				
10	Jesus aparece a um discípulo chamado Ananias. “Ananias!” – “Aqui estou, Senhor”				
11	– “Vai à Rua Direita e, na casa de Judas, pergunta por Saulo de Tarso que lá está rezando”.				
	Visão de Paulo:				
12	(No mesmo momento em vv. 10-16) Em oração, Paulo tem uma visão: vê entrar um homem que lhe impõe a mão para que veja.	12	Um certo Ananias, um homem fiel à Lei, de boa reputação,		
13-14	Ananias rebate: aquele é perseguidor dos cristãos!				
15	O Senhor manda: ”Vai! Pois esse homem é meu instrumento, escolhido para dar testemunho de meu nome perante os pagãos, os reis e os israelitas. Eu lhe mostrarei quanto deverá sofrer por meu Nome”.				

	Narrativa I Atos 9		Narrativa II Atos 22		Narrativa III Atos 26
17	Ananias entrou na casa, impôs as mãos em Paulo, dizendo: "Saulo, meu irmão, o Senhor Jesus me enviou. Ele te apareceu no caminho... a fim de que recuperes a vista e fiques repleto do Espírito Santo".	12	me procurou e disse: "Saulo, irmão, recupera a vista!"		
18	No mesmo momento, membranas lhe caíram dos olhos e recuperou a vista		No mesmo instante eu o vi. Ananias diz a Paulo:		
		14	"O Deus dos nossos pais te destinou a conheceres a sua vontade, a veres o Justo e a ouvires a sua voz.		
		15	Deverás diante de todos ser testemunha do que viste e ouviste"		
	E logo recebeu o batismo	16	"Por que ainda hesitas? Recebe o batismo e a purificação de teus pecados, invocando o seu Nome".		(Conteúdo da palavra de Jesus na visão de Damasco)
19	Comeu			16	...seres meu servo e para testemunhares sobre o fato de que me viste... e ainda te aparecerei.
				17	Eu te tirei do teu povo e dos pagãos, e a eles eu te envio para que lhes abras os olhos

		18 e os desvies das trevas para a luz, do império de satanás para Deus, e pela fé em mim recebam o perdão dos pecados e a herança com os santificados
		(Noutro sermão):
No primeiro sermão de Paulo em Damasco:		23 "O Cristo teve de sofrer a fim de ser o primeiro ressuscitado dentre os mortos, anunciar a luz ao povo e aos pagãos.
20 "Jesus é o Filho de Deus"		
22 "Jesus é o Cristo"		
Relatório de Barnabé em Jerusalém:		
27 "No caminho, Paulo viu o Senhor"		
	(Paulo em Jerusalém) orando no templo; em êxtase:	
	18 "Eu vi o Senhor; ele disse: "Depressa, sai de Jerusalém, pois não acolherão o testemunho que darás de mim".	
	19-20 Paulo explica por que não o acolherão	
	21 Jesus diz: "Vai! Eu te enviarei para longe, para os pagãos".	

Entre cap. 22 e 26

23,11 Na noite seguinte, o Senhor esteve diante dele e disse: "Coragem! Assim como deste testemunho de mim em Jerusalém, deverás fazê-lo também em Roma".

A EXPERIÊNCIA PASCAL: POR INICIATIVA DE JESUS, CONVERTER-SE PARA JESUS COMO O CRISTO, E ENCONTRAR NELE A SALVAÇÃO DECISIVA

Bibliografia: Além da Bibliografia já citada (Parte II, Seção III, cap. 1: "A prisão e a morte de Jesus como escândalo para os discípulos") conferir: J. Blank, *Tipologia y ministério de Pedro en el Nuevo Testamento:* Conc 83 (1973) 348-361; K. Carrol, *"Thou art Peter":* NovT 6 (1963) 268-276; H. Conzelmann, *Zur Analyse der Bekenntnisformel 1 Kor. 15,3-5:* EvTh 25 (1965) 1-11; O. Cullmann, *Petrus, Jünger, Apostel, Martyrer* (Zurich-Stuttgart [2]1960); J. Dupont, *Le nom d'apôtres a-t-il été donné aux Douze par Jesus?:* OrSyr l (1956) 278-280; id., *La révélation du fils de Dieu en faveur de Pierre (Mt 16,17) et de Paul (Gal 1,16):* RSR 52 (1964) 411-420; R. Fuller, *"Thou art Peter" pericope and the Eastern Appearances:* "McCormick Quarterly" 20 (1967) 309-315; F. Gils, *Pierre et la foi au Christ ressuscité:* ETL 38 (1962) 5-43; G. Klein, *Die Berufung des Petrus:* ZNK 58 (1967) 1-44; R. Pesch, *Lugar y significación de Pedro en la Iglesia del Nuevo Testamento:* Conc 64 (1971) 19-30; J. Roloff, *Apostolat, Verkündigung, Kirche* (Gütersloh 1965); W. Trilling, *Zum Petrusamt im Neuen Testament:* ThQ 151 (1971) 110-133; A. Vögtle, *Messiasbekenntnis und Petrusverheissung:* BZ 1 (1957) 252-272; 2 (1958) 85-103, publicado também em *Das Evangelium und die Evangelien* (Düsseldorf 1971) 137-170.

§ 1. UMA NARRATIVA DE CONVERTIDOS. UM MODELO JUDEU DE CONVERSÃO?

Acima colocamos uma pergunta (deixando-a ainda sem resposta): que foi que *reuniu novamente* os discípulos que tinham abandonado Jesus quando foi preso e crucificado? o que foi que os uniu em nome deste Jesus, agora confessado como o Cristo, o Filho de Deus, o Senhor? Como hipótese já se colocou o seguinte: Será que houve um nexo entre a dispersão dos discípulos e a sua assim chamada "experiência pascal", como base para o seu reagrupamento? Ou seja: a aparição pascal de Cristo não se reduz a um acontecimento que poderíamos chamar de "visão cristã de conversão"?

Aí, tanto o ponto de chegada como o ponto de partida são importantes. Por um lado, o grupo dos discípulos mais íntimos se desfez, porque abandonaram o fator de sua união que era Jesus de Nazaré. Por outro lado, unidos novamente em nome de Jesus, eles anunciam, algum tempo depois de sua morte, que este mesmo Jesus ressuscitou. O que aconteceu nesse intervalo entre a paixão e morte de seu Mestre, com pânico e desespero dos discípulos, e por outro lado o momento em que esses discípulos, corajosos e convictos, anunciam que Jesus é o juiz do mundo que um dia há de voltar, ou que ressuscitou dos mortos? De fato, mesmo para o historiador é válido pôr este problema: *alguma coisa* deve ter acontecido para tornar essa mudança pelo menos psicologicamente compreensível.

A resposta primeira e imediata não pode ser a própria realidade da ressurreição! Pois a ressurreição, sendo "acontecimento" escatológico, não é narrada em lugar nenhum do Novo Testamento, e naturalmente não podia ser narrada, porque não pertence mais à nossa história humana terrena; como realidade, é metaempírica e meta-histórica: é "escatológica". Por outro lado, a ressurreição não mencionada é um acontecimento do qual ninguém sabe nada, e para nós naturalmente nem existiria. Falar sobre ressurreição meta-histórica, assim como de fato acontece no Novo Testamento, supõe naturalmente *acontecimentos experienciados*, interpretados como ação divina salvífica no Cristo. Supõe determinada experiência com sua interpretação. Portanto, a questão é esta: quais foram, depois da morte de Jesus, os acontecimentos concretamente experienciados que levaram os discípulos a anunciarem, chamando a atenção e testemunhando que Jesus de Nazaré estava realmente vivo, que ele devia vir e que tinha ressuscitado? Não pode ter sido o próprio ato de ressurgir, nem o sepulcro vazio (o qual, mesmo se fosse um dado histórico, não poderia fornecer, teologicamente, uma prova a respeito de uma ressurreição... um "cadáver desaparecido" ainda não é uma ressurreição, e uma ressurreição realmente corporal não precisa ter como conseqüência um *cadáver* desaparecido). Não podem ter sido tampouco as *narrativas sobre* aparições, as quais, enquanto narrativas, já supõem a fé na ressurreição. Então, o que pode ter sido?

Quem primeiro se escandalizou em Jesus, e depois de algum tempo o anuncia como o único que traz salvação, passou inegavelmente por um "processo de conversão". Então, "o que de fato aconteceu entre os dois momentos históricos, a morte de Jesus e a pregação apostólica?" Como primeira resposta a essa pergunta já acima colocada, deveremos dizer: a *conversão* dos discípulos. Eles, apesar da escandalosa morte de Jesus e até em nome dele, se reagruparam, tomando consciência de que tinham tido "pouca fé". Houve um *pro-*

cesso de conversão entre esses dois momentos historicamente acessíveis. Só depois podemos perguntar pelas condições que tornaram possível tal conversão, e sobretudo pelas condições essencialmente necessárias para isso. Dar logo uma exegese do "sepulcro vazio" e das "narrativas sobre as aparições" me parece deixar sem resposta essa primeira e fundamental pergunta a respeito da *conversão* ou do reagrupamento dos discípulos. Por isso, colocamos como "primeiro parágrafo" deste capítulo o problema do escandalizar-se dos discípulos e a questão do seu reagrupamento. De fato, nas narrativas bíblicas sobre as aparições de Cristo, o núcleo do acontecimento se esconde, retocado por experiências posteriores de uma Igreja, afinal já fundada, cuja existência os quatro evangelhos e o livro dos Atos já supõem. Na tríplice narrativa sobre Damasco se descreve a "aparição de Cristo" a Paulo, partindo de uma "visão de conversão" até chegar a uma "visão de missão". Será que essa narrativa pode servir de modelo para se compreender de uma evolução semelhante na tradição sobre as aparições oficiais de Cristo aos Doze? Sem dúvida existe uma diferença fundamental: os discípulos não foram perseguidores de Jesus; bem ao contrário; no entanto, falharam no seu "seguir Jesus"; ora, no Novo Testamento é exatamente o seguimento que se exige essencialmente de *cristãos*. Portanto, eles precisam de uma conversão: uma retomada do "ser discípulo" e do "seguir Jesus". Mas, a primeira condição para isso é a *experiência* de ter obtido o perdão de Jesus, uma "experiência da graça", sem dúvida muito especial, cujo resultado foi de serem assumidos novamente na comunhão atual com Jesus, confessando Jesus como sua salvação *definitiva*, que não terminou com a morte dele, e pela qual estavam unidos novamente, formando uma comunidade.

Em algumas tentativas modernas para tornar compreensível a experiência da aparição, as aparições do Cristo são interpretadas como uma espécie de condensação de toda sorte de experiências pneumáticas das primeiras comunidades. Isso, porém, implica um erro fundamental: já se supõe o que deve ser demonstrado. De fato, supõe-se a "comunidade reunida" (na qual ocorrem experiências pneumáticas), enquanto a realidade a que se referem as tradições dos evangelhos sobre aparições marca exatamente o ponto de partida do reagrupamento dos discípulos dispersos, isto é, o primeiríssimo acontecimento fundacional da comunidade (embora inicialmente ainda como confraria dentro da religião judaica). É exatamente o reagrupar-se dos discípulos que deve ser esclarecido. *Narrativas* sobre aparições e narrativas sobre o santo sepulcro já supõem a comunidade novamente unida, como supõem seu querigma cristológico. Por isso, a solução deve estar no "processo de conversão" dos discípulos. "Conversão" supõe essencialmente um relacionamento: *a)* com aquele diante do qual os discípulos haviam falhado: Jesus de Nazaré, e *b)* com aquele para quem retornam: Jesus como o Cristo.

Os discípulos (talvez por medo) falharam como discípulos, e falharam quanto ao "seguir Jesus". No momento mais difícil para ele, o abandonaram, e foi sobretudo nesse momento que tiveram falta de fé, e foi contra essa falta que Jesus freqüentemente os tinha avisado. Mas a relação deles com Jesus de Nazaré, a quem abandonaram, continha também lembranças de toda a atuação de Jesus, de sua mensagem sobre a vinda do reinado de Deus, sobre um Deus que é bondoso e quer a felicidade, não a ruína do ser humano; eram lembranças de suas exortações contra a "falta de fé". Tinham aprendido a ver o "Deus de Jesus" como o Deus de misericórdia, e de perdão incondicional. Quantas pessoas Jesus tinha ajudado, somente porque o procuravam nas necessidades! Lembraram-se da comensalidade de Jesus com os pecadores. Enfim, havia também a lembrança do clima todo especial da refeição de despedida. Lembranças, embora vagas, de tudo o que Jesus então havia falado. Esses momentos de lembrança de toda a atuação de Jesus foram elementos essenciais no processo de conversão desses homens, que tinham falhado, sim, mas não abandonaram a sua fé em Jesus. Haviam ficado desolados mais do que conscientemente infiéis.

Mas a relação deles com aquele a quem voltavam foi totalmente nova. Tinham abandonado um Jesus que estava destinado a morrer; voltaram para a comunhão atual com o mesmo Jesus, confessando-o agora como o juiz que há de voltar, ou como o Crucificado ressuscitado. É exatamente essa segunda relação que tem a ver com o que está na origem das tradições evangélicas sobre aparições. Qual é o *acontecimento histórico* que os discípulos experienciaram como pura graça divina e que os levou à confissão cristológica sobre o Crucificado ressuscitado ou vindouro?

Na Parte III, com base em Is 42,6-7.16; 49,6.8-9; 50,10; 51,4-6; 62,1 com 49,6, ficará claro que no judaísmo o profeta dos últimos tempos era qualificado como "a luz do mundo", assim como a própria Lei era "luz de todos os povos". Além disso, a Parte III tornará claro que a identificação de Jesus com o mensageiro escatológico vindo de Deus foi a ponte entre "Jesus de Nazaré" e o Cristo anunciado pela Igreja. Ora, esse conceito do profeta escatológico (com todo o conjunto de significados que evocava no judaísmo) teve também o seu papel na origem das tradições sobre as aparições. Nas narrativas judaicas sobre conversões, a conversão de um pagão para a lei judaica era freqüentemente apresentada segundo o modelo já clássico de uma "visão de conversão"; a pessoa é de repente surpreendida por uma luz resplandecente e escuta uma voz (At 9; a visão de Paulo perto de Damasco foi evidentemente composta segundo esse modelo). De Is 29, 9-10.18; 35,5; 42,18-21; 43,8 nasceu no judaísmo este tema: o "não ver" ou a cegueira se tornou imagem do fechar-se culposamente para a revelação divina; "ver", pelo contrário, tornou-se imagem da abertura do ser humano para a salvação oferecida por Deus (ver também Dt 29,1-3; Is 6,9; 42,6-7; 56,10; 59,10; Jr 5,21). Mc 4,12 refere-se a Is 6,9-10, quando diz: "Assim, por mais que olhem, não vejam; e por muito que ouçam, não compreendam, a fim de que não se convertam e não sejam perdoados". Sobretudo no judaísmo helenista com base em Is 42,6-7, formou-se o tema generalizado que apresentava a conversão de um pagão para o judaísmo como um "ver" ou uma "iluminação", para quem até então tinha sido cego.[105] Em muitos lugares do Novo Testamento, o simbolismo da luz, e portanto do ver, se relaciona com a conversão (Rm 13,12; Ef 5,8-14; 1Pd 2,9-12; Hb 6,4; 10,32). Em At 26,17-18 percebe-se claramente a influência de Isaías (Is 42,7). A conversão de Paulo se apresenta segundo o modelo luminoso de uma visão de conversão. Embora o batismo cristão e a conversão ou iluminação muitas vezes coincidam, os dois termos não coincidem necessariamente (mais tarde o batismo será chamado também de "photismós" ou iluminação). "Tu és a luz do mundo" (Mt 5,14; Lc 8,16) aplicava-se inicialmente ao profeta escatológico (Is 42,6-7.16; 49,6.8-9; 50,10; 51,4-6; 62,1 com 49,6; também Eclo 48,10b); no judaísmo aplicava-se à Torá.[106] Encontra-se repetidas vezes o termo "luz dos gentios" ou "luz do mundo" (primeiro para os judeus, depois também para todos os gentios).[107] Além disso, aplica-se tanto ao próprio Jesus (Jo 1,9; 3,19-21; 8,12) como aos apóstolos do Cristo (At 13,47; 26,23; Mt 5,14; Lc 8,16). Esse modo de ver influenciou claramente também outros textos sobre a luz, como 1Ts 5,1-6 e 1Pd 2,9-12 (isto é, a catequese cristã). Graças a essa anterior tradição judaica de conversão através de uma iluminação, podemos supor ou julgar possível que o maravilhoso acontecimento de uma conversão, não mais para a revelação de Deus na Lei, mas para a revelação de Deus em Jesus, podia ser apresentado no modelo de uma visão de conversão, que na sua essência significa "revelação divina", epifania, e portanto "iluminação". A narrativa da conversão de Paulo segundo Lucas (At 9) é o exemplo mais claro. Até a "visão do batismo", nas tradições que interpretam o batismo de Jesus no Jordão, encontra-se, quanto ao modelo usado, em tal complexo de tradições. Aí Jesus aparece como "a luz do mundo", o profeta dos últimos tempos: é a epifania de Jesus como Filho de Deus.

---

[105] Sb 18,4 ("a imperecível luz da Lei, que seria dada ao mundo"); Testamentum Levi 18,3.9; 1QH 4,27.

[106] Test. Levi 14,3; 4,3; 18,3.9; Test. Benjamin 10,2; 1QH 4,27. Cf. Jo 1,8; Mt 5,3.

[107] Paral. Jr 6,9.12; Joseph e Asenath, p. 46,18-19; 47,1-2; Pseudo-Fílon, *Liber Antiquitatum biblicarum*, 51,4-6; Test. Zabulon, 51,4-6. No Novo Testamento: At 1,8b; Lc 2,32; Jo 1,9; 3,19-21; 8,12. Ver: W. Nauck, *Die Tradition und der Charakter des ersten Johannesbrief*, Tubinga 1957; Roloff, *Das Kerygma*, 119-121; Kl. Berger, *Gesetzesauslegung*, 27-28.

Nas visões cristãs sobre a ressurreição (as aparições pascais) acontece uma conversão para Jesus como o Cristo, que agora veio como a luz do mundo.[108] Assim como a iluminação pela Lei "justificava" a pessoa (cf. Gl 1,14; 3,2ss), os discípulos são justificados pela iluminação do Ressuscitado. Na "aparição" ou "visão", a graça da *conversão* para Jesus como o Cristo se realiza (graças a uma revelação divina que ilumina), e depois se verbaliza como tal. É o próprio Jesus quem *ilumina*, quem se revela como o Cristo ressuscitado, na graça da conversão, e por meio dela. Ele é *o Cristo que ilumina*; ele "se mostra visivelmente".

Entretanto, o que chama a atenção é que nas narrativas do Novo Testamento sobre aparições (fora dos Atos) nunca se fala em "luz", o que seria contra-indicação para a interpretação aqui apresentada. No entanto, algo chama igualmente a atenção: as narrativas dos quatro evangelhos sobre as aparições mostram claramente o seguinte: *a)* incluem tema da missão ao mundo (portanto: "luz do mundo"); *b)* remetem expressa ou indiretamene para o batismo cristão (perdão dos pecados); e nisto se reconhece claramente o modelo judaico da conversão. Outrossim, é preciso reconhecer que nas aparições segundo os evangelhos (onde não se vê nenhum fenômeno de "iluminação") a única coisa que sobrou do caráter original de "epifania" é a *identificação*: Jesus é o Vivente (na Parte III voltarei ao assunto).

§ 2. Reagrupamento dos discípulos de Jesus por iniciativa histórica de Pedro

Na Igreja primitiva, tornar-se seguidor de Jesus era visto como uma "conversão".[109] Essa conversão para Jesus muitas vezes se apresenta segundo o modelo da judaica "visão de conversão", que na jovem Igreja se tornou paulatinamente uma aparição de missão. Através das "aparições de missão" nos evangelhos, será que ainda podemos aprender algo sobre a sua primeiríssima origem, a chamada "visão de conversão" de Simão e dos Doze?

Os acontecimentos na origem dos mais antigos testemunhos de fé, tanto de Pedro como dos seus, foram evidentemente retocados no decurso das tradições do cristianismo primitivo, por interpretações

---

[108] Com razão Kl. Berger, em *Gesetzesauslegung*, 27, afirma que a função do profeta escatológico como "lumen gentium" é chave, no judaísmo, para uma série de questões centrais, ainda não esclarecidas, a respeito do cristianismo primitivo. Seu estudo sobre o assunto, já repetidamente anunciado, infelizmente ainda não está disponível.

[109] Todos os tópicos *judaicos* da conversão de um pagão para a Lei judaica foram assumidos no cristianismo primitivo. Quem se converte, dá logo esmolas, entrega até todas as suas posses; mas depois receberá o cêntuplo; Berger, *Gesetzesauslegung*, 29-30.

atualizantes a partir da teologia mateiana (Mt 28,9-10 e 16,20), da lucana (Lc 24,13-35.44-53) e da joanina (sobretudo Jo 20,17-18; 20,21b e mesmo 20,24-31), e pelas experiências da vida de Paulo. Aí já aparece um núcleo de eclesiologia reflexiva. Uma tentativa de distinguir entre tradição e redação não consegue mais reconstruir a matriz da narrativa das aparições. Nas narrativas dos evangelhos sobre as aparições já não se trata de relatar a primeiríssima conversão para Jesus como o Ressuscitado, e sim da base e fonte da fé única da Igreja de Cristo já fundada. Na narrativa dos evangelhos os apóstolos já estão reunidos antes das aparições, ao que tudo indica já aguardando coisas que devem acontecer. João parece ter percebido o problema, pois afirma que os discípulos já estavam reunidos, de portas trancadas "por medo dos judeus" (Jo 20,19). Mesmo a aparição a Simão, sem dúvida importante no Novo Testamento, é mencionada apenas de passagem (Lc 24,34), ao passo que a narrativa deve a sua dinâmica e a sua tensão à aparição ao grupo dos Onze: todos reunidos. Isso deixa claro que a única norma válida da fé apostólica é a confissão cristológica comunitária, eclesial, a respeito do Crucificado ressuscitado.

Portanto, essa idéia neotestamentária das aparições do Cristo não nos dá diretamente nenhuma informação histórica sobre como os discípulos, primeiro espalhados,[110] se reuniram novamente depois da morte de Jesus, em nome de seu Mestre morto, e isso de tal maneira que esse reagrupamento deu origem ao movimento do Cristo. É evidente, isto sim, que essas narrativas de aparições tratam da fundamentação e legitimação da missão eclesial para o mundo inteiro. Nos evangelhos as narrativas das aparições refletem a autocompreensão *eclesial*: as comunidades de Cristo vêem a sua fé no Jesus vivente, ressuscitado, como o seu próprio fundamento e a força de sua missão ao mundo.

Embora sendo manifestação de Igrejas já fundadas, essas narrativas evangélicas atestam também a lembrança de um acontecimento histórico, na base do qual os discípulos, após a morte de Jesus, se reuniram novamente em nome do mesmo Jesus como o Cristo, a salvação definitiva. Tentarei redescobrir as lembranças que ainda transparecem através das narrativas evangélicas, embora o resultado dessa pesquisa (pela dificuldade em se distinguir, até na sua primeira origem, entre o

[110] Que os discípulos tenham fugido para a Galiléia, voltando depois para Jesusalém, sobre isso as fontes não dizem nada com precisão. Historicamente, pois, continua discutível se as "aparições galiléias" são as mais antigas; porém as tradições sobre as aparições mostram origem galiléia, isto sim. Outra coisa, porém, seria imaginar "os Doze" reunidos (como que aguardando notícias sobre "aparições") antes de sua experiência daquilo que o Novo Testamento chama de "aparições de Cristo". Ver a polêmica a esse respeito: F. Hahn, *Hoheitstitel*, 205-206; H. Grass, *Ostergeschehen*, 128-129; H. Conzelmann, *Zur Analyse der Bekenntnisformel*, *l.c.* 8, n. 49; K. Lehmann, *Am dritten Tag*, 162.

que é tradição e o que é redação) permita apenas hipóteses prováveis e razoáveis, ainda que fundadas em sinais reconhecíveis nos textos evangélicos.

De que maneira e na base de quais experiências e lembranças os discípulos, após a morte de Jesus, se reagruparam em torno dele (embora morto), é pois uma pergunta que quer voltar para este momento: quando foi que os discípulos, ainda não formando "comunidade de Cristo", se constituíram como comunidade cristã (embora por enquanto dentro do judaísmo).[111]

Nessa pesquisa mais incisiva, supomos o fato extremamente provável de que os discípulos mais íntimos de Jesus o abandonaram, de alguma forma, na hora da prisão e morte dele. Além disso, devemos levar em conta um fato: antes do fim da vida de Jesus, era absolutamente impossível ligar a sua *pessoa* – portanto não apenas algum ou alguns de seus *feitos* – essencial e constitutivamente com a vinda do reino de Deus. Enquanto Jesus vivia dentro da história humana que de fato é contingente, a revelação salvífica de Deus através de sua pessoa era naturalmente "inacabada" ainda estava acontecendo. Portanto, "cristologia" ainda era impossível nesse estágio, pois uma "confissão cristológica" seria um pronunciamento (de fé) sobre a *totalidade* da vida de Jesus, não sobre uma força salvífica própria a determinadas palavras ou ações suas; antes de sua morte, isso sem dúvida também era "evidente" para os seus discípulos. Se aceitarmos a verdadeira historicidade da revelação de Deus em Jesus, e se considerarmos como a fé dos seguidores de Jesus conviveu com esses acontecimentos de seu tempo em toda a atuação de Jesus, então tomaremos consciência de que os discípulos tinham incrível entusiasmo por seu Mestre, e isso dentro de sua relação essencial com Deus, mas não chegaram a perceber que a pessoa de Jesus era de importância *constitutiva,* absolutamente decisiva para a chegada do reino de Deus. Ora, o sentido de uma confissão cristológica – se é que palavras ainda têm sentido próprio – está no reconhecimento desse sentido constitutivo. A razão pela qual antes da morte de Jesus era impossível uma implícita "confissão cristológica" (em sentido cristológico supremo) – também aqui não cabe nenhum docetismo – no meu modo de ver é a verdadeira historicidade da autocompreensão de Jesus, de si mesmo e de sua mensagem, que o fez paulatinamente aproximar-se da inevitabilidade histórica de uma morte violenta. A experiência cristã de abertura, que é base, fonte e revelação de uma confissão verdadeiramente *cristológica* de Jesus,

[111] Diversas circunstâncias fortuitas facilitaram o rompimento entre o cristianismo e o judaísmo, mas o cerne do rompimento com o judaísmo judaico, e por isso da fundação da "ecclesia Christi" como igreja de judeus e pagãos, foi a identificação, no cristianismo primitivo, de Jesus como "lumen gentium" no lugar da Lei como "luz do mundo".

supõe a *totalidade* da vida de Jesus, incluída, portanto, sua morte violenta. Também do ponto de vista teológico, somente essa vida assim *completada* é a revelação de Deus em Jesus de Nazaré. Somente com a morte de Jesus, no que diz respeito a ele "pessoalmente", a história de sua vida terminou; e somente depois disso é que pode começar nossa narrativa sobre Jesus.

Os discípulos sentiram o fim da vida de seu Mestre naturalmente como acontecimento chocante; ficaram em pânico, mas a sua fé não naufragou. Por motivos para mim ainda não satisfatoriamente esclarecidos, Marcos mostra uma atitude severamente crítica perante a conduta dos Doze antes da morte de Jesus. Esse fato de assustados abandonarem a Jesus, outros evangelhos não o qualificam como *ruptura* no sentido de apostasia. Foi sim *oligopistía* ("falta de fé"; ver acima). Contudo, após um processo de conversão (que já não pode ser reconstruído historicamente), esses discípulos passaram por uma experiência surpreendente de abertura: "reconheceram" e "proclamaram" o significado da *totalidade da vida de Jesus*. É isso o que chamo de "experiência pascal", que podia ser formulada de diversas maneiras: o Crucificado é o juiz que virá (cristologia do *maranatha*); o Crucificado taumaturgo está presente e age nos seus discípulos; o Crucificado ressuscitou. E aí se pode dizer realmente: nesse momento nasce a sensação de que só agora eles realmente *vêem Jesus*; é o fundamento do que se exprime nas "aparições" pascais: Jesus "ficou visível" (*ophthé*); só depois de sua morte é que ele se torna "epífano", isto é, transparente; pela fé o crente compreende quem ele é. Esse "reconhecer", da parte dos discípulos, é ver o próprio Jesus de Nazaré, e não outra pessoa, nem tampouco a um mito; mas é também vê-lo de maneira *nova*. Jesus, com o qual tinham convivido, continua sendo o critério único, tanto para suas lembranças como para suas novas experiências após a morte dele.

Fazendo-se abstração das aparições de Cristo a mulheres, as quais na cultura antiga, sobretudo judaica, não podiam dar testemunho "juridicamente válido", é historicamente provável (e atualmente aceito por quase todos os exegetas) que Simão Pedro teve a primeira aparição de Jesus (*protofania*) (1Cor 15,5; Lc 24,34; e indiretamente Mc 16,7).[112] Em outras palavras, foi primeiro a Pedro que sucedeu o que no Novo Testamento se diz "ver Jesus" após a morte deste. O fato corresponde à tradição marcana (ou, mais provavelmente, redação), que, dentro do "escandalizar-se em Jesus" dos discípulos em geral, atribui exatamente a Pedro uma negação especial – dado esse que na redação de Marcos se interpreta teologicamente, isto é, como algo

[112] H. Conzelmann, *Geschichte des Urchristentums*, 27-28; Delorme, em: *Lectio Divina*, n . 72, 114; Fuller, *Resurrection narratives*, 57-58.

que “tinha de acontecer” na história da salvação, pois Marcos cita aí um texto bíblico, atribuindo-o, como tal, a Jesus (Mc 14,27s; cf. a relação sugerida por Marcos entre Mc 14,27 e 14,28 com Mc 16,7).

Além disso, há fortes indícios (reconhecidos como tais por muitos exegetas) de que o nome “Képha(s)”, Pedro ou rocha, dado a Simão, tem algo a ver com o fato de ele ter recebido a primeira aparição de Cristo. É exatamente depois dessa primeira aparição “oficial-hierárquica” que Lucas chama Pedro de “Simão”: “Ele apareceu a Simão” (Lc 24,34); exceto nesse lugar, Lucas costuma chamá-lo de “Pedro”. Além disso, B. Gerhardson mostrou[113] (com aprovação de muitos exegetas) que é “extremamente provável” que Mt 16,17-19 provém de uma tradição (que se perdeu) onde se menciona a primeira aparição de Jesus, a saber, a Pedro. Embora com correções fundamentais, também para A. Vögtle[114] o trecho Mt 16,18-19 originariamente fez parte do relato sobre uma “protofania” a Pedro (embora A. Vögtle negue que uma confissão cristológica de Pedro tenha feito parte de tal narrativa sobre a “primeira aparição” oficial a Pedro). Importante também é que A. Vögtle reconhece, no *lógion* de Jesus em Mateus: “Tu és Pedro (rocha)”, a origem da aplicação do nome *Pedro* a Simão; e que esse nome certamente não foi dado a Simão pelo Jesus terreno.[115] A relação entre a denominação de “rocha” e a “protofania” de Pedro é considerada por muitos exegetas, conseqüentemente, a melhor hipótese.[116] O uso pré-paulino de “Pedro” em vez de Simão, dentro de tão pouco tempo após a morte de Jesus, sugere uma tradição *já estabelecida.*

O lugar central de Pedro, portanto, teria algo a ver com o fato de que Jesus apareceu primeiro a Pedro; mesmo assim, os evangelhos se referem a essa “protofania” petrina apenas em *íntima relação* com a aparição de Cristo aos Onze (Lc 24,34 com 24,36; 1Cor 15,3-5).

Além disso, encontra-se ainda nos Atos um detalhe que chama a atenção; e nesse contexto pode ser importante. At 1,4 diz: *synalidzómenos*, o que por muitos é traduzido por “enquanto tomava uma refeição com eles” (após a ressurreição). Na mesma época, porém, o escritor judeu Josefo usa a mesma palavra, uma vez no sentido de “reunir-se”, e uma vez no sentido (ativo) de “reunir”.[117] Lucas, por-

---

[113] *Memory and manuscript*, Upsala 1961, 266-271.

[114] *Zum Problem der Herkunft von Mt 16,17-19*, em: *Orientierung an Jesus*, *l.c.*, 372-393.

[115] *L.c.*, 382.

[116] Ver a bibliografia acima.

[117] Josefo, *De bello Judaico*, 3, 162; e: *Antiquitates*, 8, 105. Esta nota de rodapé chamou a minha atenção em J. Roloff, *Das Kerygma*, 255, n. 191, em relação com uma exposição sobre comensalidade pós-pascal.

tanto, estaria aqui transmitindo uma tradição segundo a qual Jesus, o Senhor, depois de sua morte, reuniu novamente os seus discípulos e lhes ordenou que "não saíssem de Jerusalém, mas aguardassem a promessa do Pai (o Espírito)... João batizava com água; vós, porém, dentro de poucos dias, sereis batizados com o Espírito Santo" (At 1,4-5). Trata-se claramente de uma teologia lucana, mas se percebe também uma tradição que atribuía a *iniciativa* do reagrupamento ao próprio Jesus ressuscitado, mostrando que foi pela graça divina que isso aconteceu *historicamente*.

Todos esses dados permitem supor responsavelmente que, após a morte de Jesus, Pedro foi o primeiro discípulo (masculino) a "se converter" e a reassumir o "seguir Jesus". Também outros discípulos o fizeram depois; a iniciativa porém foi de Pedro. Portanto, foi Pedro o primeiro cristão que chegou a uma confissão cristológica; na base de *sua* conversão, é *ele* quem toma a iniciativa para convocar um (ou o) "círculo dos Doze" (talvez assim chamado a partir daí. Ver mais adiante). Assim, Pedro se tornou a rocha do núcleo original da comunidade cristã, "os Doze", que depois confessaram sua fé no Crucificado ressuscitado que deveria voltar; em outras palavras, da comunidade dos últimos tempos, o novo reino das Doze Tribos, a reunida "comunidade de Cristo" (Rm 16,16), ou a "comunidade de Deus" (1Cor 1,2; 10,32 etc.). É esse provavelmente o núcleo historicamente firme da origem do reagrupamento dos discípulos de Jesus, formando a "comunidade de Cristo". É sumamente provável que Pedro não foi ele mesmo o fundador dos "Doze", e que o grupo dos Doze já existia antes da Páscoa (senão, como é que Judas Iscariotes poderia ser chamado "um dos Doze"; e sobretudo, como se poderia explicar o termo técnico "os Onze"?). A missão dos discípulos dada por Jesus antes da Páscoa é que parece ter constituído o grupo dos Doze. A "protofania" de Jesus depois da Páscoa, então, teve por conseqüência que coube a Pedro o mérito de unir novamente os Doze.[118] Um eco ou lembrança desse acontecimento histórico foi o encontro em Lc 22,32: "Simão, Simão... *quando tiveres voltado* ("epistrepsas": convertido), *confirma os teus irmãos*". (Nesse contexto de Lc 22,31-33, o que chama a atenção é que se fala de "Simão".) Também aí, portanto, se explicita uma relação entre a negação de Pedro e sua conversão e iniciativa para reunir novamente os discípulos como seguidores do Cristo. E o ato da conversão de Pedro não está desligado da conversão dos Doze: a fé na ressurreição supõe um *processo de comunicação* entre os Doze. Daí este dado bíblico: "primeiro duvidaram".

---

[118] Acertadamente assim afirmava M. Hengel, *Die Ursprünge der christlichen Mission*, *l.c.*, 33-34; J. Roloff, *Apostolat, Verkündigung, Kirche*, Gütersloh 1965, 138ss.

§ 3. Experiência da graça do perdão

Uma análise da estrutura dos relatos sobre as aparições deixou claro que elas se referem a um acontecimento da história da salvação, e que o modelo "visão" (bem como a citação de palavras da Bíblia) é um meio para explicitar que se trata de algo que acontece pela graça de Deus; trata-se de uma iniciativa divina, uma graça de Deus manifestando-se em acontecimentos históricos e experiências humanas. Em outras palavras: o fato de que o acontecido foi narrado na forma de aparições mostra que a mudança de Pedro e dos seus, desde a dispersão até o reagrupamento, foi sentida como pura graça de Deus. A mesma coisa, em outro contexto, se diz nos evangelhos: "Feliz és tu, Simão, filho de Jonas, pois não foram a carne e o sangue que te revelaram isso, mas foi o meu Pai que está nos céus" (Mt 16,17). Além disso, o fato de que essa conversão se apresenta como visão de uma aparição sublinha ao mesmo tempo a legitimação divina da confissão cristológica. O cristianismo nasceu da mensagem e de toda a atuação de Jesus, inclusive de sua morte, e *ao mesmo tempo* de uma *renovada* oferta de salvação, que, após a morte de Jesus, Deus realiza por meio do Jesus celeste, tendo como conseqüência que o retorno dos discípulos para Jesus se converte em retorno para o Crucificado vivente.[119]

Quais foram os acontecimentos concretos e históricos, em que se manifestou essa graça ou renovada oferta de salvação, o Novo Testamento não o diz expressamente em lugar nenhum; somente quer explicitar que foi um acontecimento gratuito surpreendente. A iniciativa objetiva e soberanamente livre de Jesus, a qual, independentemente da fé que Pedro e os seus tiveram, os levou à fé cristológica, foi uma graça do Cristo, uma "iluminação", e por conseguinte uma revelação – não invenção humana; foi uma revelação em experiência de abertura, que mais tarde se verbalizou no modelo das aparições. O *que* aí

---

[119] Não se pode ver aí nenhum "racionalismo", desmitologizando as aparições de Cristo. Não por racionalismo, mas na base das próprias intenções bíblicas, manifestadas na estrutura das aparições, é que se tornou claro que a graça divina sempre se realiza através de mediações históricas. As aparições não são uma exceção dentro desse sistema da graça divina. Aliás, uma aparição concreta do corpo vivo de Jesus provaria o quê? Somente os que *crêem* vêem Jesus que aparece; a interpretação, pela fé, está no cerne do que acontece. Aparições de Cristo não são "aparições de Papai Noel". A fé se desvirtuaria, se quiséssemos baseá-la num pseudo-empirismo, colocando-se, então, toda sorte de falsos problemas: se este "ver cristológico" foi um ver sensitivo, se foi um ver "objetivo" ou "subjetivo", se foi uma "aparição" ou uma "visão", e coisas semelhantes. Todas essas perguntas são estranhas ao Novo Testamento. Não entendo a longa exposição de Pannenberg sobre o assunto (*Grundzüge,* 93-103), nem as reações de críticos que nem chegam a ser medíocres (Br. O. McDermott, *The personal unity of Jesus and God according to W. Pannenberg*, St. Ottilien, 262-269). Creio que a minha hipótese é responsável, embora eu saiba que ela rompe com uma hermenêutica secular. Por isso, apresento-a aqui "salvo melhor juízo" (com argumentos contrários que convençam). Aliás, as aparições "como tais" não são objeto da fé cristã.

se fala não é nenhum modelo; foi a realidade viva. Portanto, a base da fé cristã é evidentemente Jesus de Nazaré na sua oferta de salvação durante sua vida *terrena*, oferta *renovada* depois de sua morte, oferta vivida e comunicada por Pedro e pelos Doze. Com isso, se afirma também que Deus se pronuncia em favor deste Jesus: executado pelos homens, ele, apelando para Deus, foi declarado justo. É isso o que se expressa sobretudo nas fórmulas onde se afirma que foi Deus quem fez Jesus levantar-se dentre os mortos.[120] Supondo tal prioridade absoluta da graça divina, como é que os discípulos chegaram à convicção de que Jesus é o Ressuscitado?

Na teologia do Novo Testamento, percebe-se uma ligação entre "ressurreição" e "perdão dos pecados". É exatamente no "dia da Páscoa" que o evangelho joanino termina uma aparição com estas palavras de Jesus: "A quem perdoardes os pecados, ser-lhes-ão perdoados" (Jo 20,22-23). O "ministério da reconciliação" (2Cor 5,18) é mencionado em relação com o batismo cristão, em todas as narrativas de aparições oficiais (Lc 24,47; Mt 28,19; Jo 20,23). O perdão dos pecados é uma graça pascal. Depois de suas experiências pascais, os discípulos pregam "o perdão dos pecados" (Lc 24,47; At 26). Paulo afirma: "Se Jesus não ressuscitou, ainda estais em pecado" (1Cor 15,17-18). E noutro lugar: "Jesus foi ressuscitado para nossa justificação" (Rm 4,25b). O perdão dos pecados está ligado ao nome de "Jesus" (At 5,31; 10,43; 26,18).[121]

Aí surge a questão: Será que não podemos também inverter esses pronunciamentos querigmáticos, no caso do processo de conversão dos discípulos? Depois da morte de Jesus, a *experiência* concreta *do perdão* foi sentida por Pedro e pelos Doze como graça de Deus. Após terem discutido isso entre si, ao se lembrarem das palavras de Jesus especialmente sobre a misericórdia de Deus, tal experiência deve tê-los levado a esta evidência de fé: "O Senhor está vivo". Pela *experiência* de sua própria conversão, eles sabem: "Jesus nos oferece novamente a salvação. Portanto, ele só pode estar vivo". Na sua experiência atual de "conversão para Jesus", *pela* renovação de sua própria vida, eles sentem a graça atual do perdão de Jesus; é *nisso* que experimentam Jesus como o Vivente. Um *morto* não tem condições de perdoar. Assim se restabeleceu a comunhão atual com Jesus.

A *experiência do perdão* de sua covardia e "falta de fé", experiência esclarecida também pela lembrança do conteúdo dos dias de Jesus na terra, tornou-se assim a matriz da qual nasceu a fé em Jesus como o Ressuscitado. De repente eles "viram". Esse "ver" pode ter

---

[120] 1Ts 1,10; Rm 10,9; At 3,15; 4,10; 5,30; 10,40; 13,30.37; Rm 4,24; 2Cor 4,14; Cl 2,12; 1Pd 1,21 etc. Ver mais adiante.

[121] Outra tradição relaciona o perdão dos pecados com a morte de Jesus (1Cor15,3).

sido o resultado de um processo mais demorado de maturação, do qual o primeiro momento importante foi suficiente para Pedro tomar a iniciativa de tornar a reunir os discípulos. Sobre esse primeiro momento, eles naturalmente trocaram idéias em conjunto ("tiveram dúvidas"), até que se formou um consenso de fé. Mesmo as mais antigas fórmulas pré-paulinas da profissão da fé são o resultado de prolongada reflexão teológica; não são uma articulação imediata da experiência original. A ousadia da fé está na experiência da graça do perdão – a comunhão salutar sendo oferecida novamente pelo Crucificado. Essa fé não é uma conclusão lógica e definitiva de uma série de premissas. A *experiência de uma nova existência pessoal* implica também a certeza desta fé: que Jesus está vivo, e que ele é o futuro juiz do mundo.

§ 4. Pergunta crítica: ambigüidade da expressão "experiência pascal"

A questão é esta: Em todas as tradições do cristianismo primitivo, a experiência pascal pode identificar-se com a tradição do querigma da ressurreição? Pois existem dificuldades, na história das tradições. Em primeiríssimo lugar, é preciso fazer uma distinção – embora não total – entre a "experiência pascal" e o momento da formulação desse "experienciar": a verbalização, que é também interpretação, dentro de um determinado horizonte de entendimento. É de propósito que falo em "experienciar": para excluir uma sensação puramente "subjetiva"; isto é, depois de sua morte, o próprio Jesus está na origem do que se chama "experiência pascal" dos discípulos. Em todo caso, trata-se da percepção de uma graça recebida. Mas, por ser uma experiência humana, ela se percebe a si mesma, e é espontaneamente acompanhada de alguma expressão de si mesma. Essa expressão (não reflexiva) é um fator interno dessa própria experiência; por isso, a distinção a que me referi não se realiza plenamente, e portanto não é adequada. Não existe experiência pura; por menor que seja, sempre há alguma formulação e, por conseguinte, alguma interpretação. Por isso, a experiência nunca pode ser abstraída de seu contexto lingüístico,[122] nem de seu horizonte conjuntural de entendimento. (Ver sobre isso a Parte IV.) Experiências são verbalizadas, não apenas através de um "filtro lingüístico", mas também dentro de preestabelecidos modelos de entendimento. E tem mais: numa fase mais adiantada se reflete também sobre a experiência original, com seu momento de "inter-

---

[122] Ver, entre outros, a discussão entre N. Schreurs, *Naar de basis van ons spreken over God: de weg van L. Gilkey*, em TvT 11 (1971) (275-292), sobretudo 289, e L. Gilkey, *Ervaring en interpretatie van de religieuze dimensie: en reactie*, *ibid.*, 293-302. E. P. Ricoeur, *De l'interprétation*, Paris 1965, que trata da mesma problemática.

pretação anterior à reflexão". Essa reflexão não é elemento estranho, vindo de fora, mas "prolonga" a experiência com sua interpretação, ainda que aí possa haver toda espécie de afastamentos da experiência original. Essa experiência original, porém, se esclarece e se completa com uma reflexão acertada.

Então, ao se falar, de uma "experiência pascal", tal experiência não pode isolar-se pré-lingüisticamente do momento da interpretação (p. ex. "ressurreição"). Mas, a questão é a seguinte: se "ressurreição" foi o momento original da formulação, ou se houve outros fatores de interpretação, possivelmente mais antigos do que a idéia cristã de ressurreição.[123] Portanto, aí se trata de uma questão muito diferente daquela de W. Marxsen,[124] que distingue também entre "experiência" e "interpretação", mas reduz a "experiência pascal" a uma determinada experiência do Jesus histórico, terreno; em outras palavras: aí se corre imediatamente o perigo de o próprio termo "experiência pascal" se tornar fator de interpretação, com fé, da vida terrena de Jesus. Aliás, em certo sentido, isso me parece certo: após a morte de Jesus, tem início a *interpretação cristológica*. Por isso, a experiência pascal, com o seu fator interpretativo, já pertence à "cristologia", enquanto esta é interpretação do Jesus de Nazaré *histórico* ou *terreno*. Exegetas ou teólogos, que partem da *morte* de Jesus como *ruptura* (e, portanto, não da rejeição de Jesus pelos outros como a verdadeira ruptura), se quiserem disso me convencer, primeiro terão de me mostrar por que, depois da decapitação de João Batista, o movimento do Batista pôde simplesmente continuar no mundo judaico, como se essa morte não significasse ruptura nenhuma. Será que em poucos anos (a saber, por ocasião da morte de Jesus) o pensamento judaico mudou tão fundamentalmente, que de repente já se pensava que pela morte de Jesus toda a sua atuação na terra se tornou um grande ponto de interrogação? Toda a literatura judaica entre os dois Testamentos, e o movimento do Batista (após a execução de João), contradizem radicalmente esse modo de ver. No ardor da polêmica entre judeus e cristãos judeus, Paulo (ou alguém antes de Paulo) apelou a Dt 21,23: "Maldito aquele que é suspenso no madeiro!" (Gl 3,13). Mas, até que ponto esse argumento polêmico foi representativo para o cristianismo primitivo? Isso vale ainda mais porque, desde as crucificações em massa pelo ocupador romano, a "crucificação" acabou sendo, para os rabinos, um sinal de fidelidade judaica a Javé! Entretanto, com isso não se nega o fracasso *histórico* de Jesus.

---

[123] Assim, p. ex., Ph. Seidensticker, *Die Auferstehung Jesu in der Botschaft der Evangelisten*, Stuttgart 1967. Conforme este autor, a convicção de que Jesus é o Servo de Deus, humilhado mas glorificado, é a mais antiga expressão da fé pascal.

[124] W. Marxsen, *Die Auferstehung Jesu als historisches und theologisches Problem*, Gütersloh 1964, com ligeiras correções em: *Die Auferstehung Jesu von Nazareth*, Gütersloh 1968.

Pois bem, se não podemos considerar a morte de Jesus na cruz, *em si mesma*, como ruptura em sentido judaico, será que somos mesmo obrigados a ver a própria "experiência pascal" como tentativa cristã de *interpretar* o Jesus terreno, isto é, pré-pascal? A resposta é esta: parcialmente *sim*, parcialmente (porém decididamente) *não*. Pois a pergunta consiste nisto: se a interpretação cristã depois da morte de Jesus se baseia exclusivamente em experiências com o Jesus terreno, ou se não é sustentada também por *novas experiências* após a morte de Jesus. Esse me parece o ponto decisivo. E não estou me referindo a experiências com "sepulcro vazio" ou com "aparições" (estas por si já são uma interpretação da fé na ressurreição); refiro-me a experiências como as que já mencionei, ou seja: o "processo de conversão" dos discípulos, e sua experiência da "graça divina" após a morte de Jesus. Que o Novo Testamento parte de *experiências* especiais depois da morte de Jesus (qualquer que seja a sua interpretação certa), parece-me inegável, depois da análise dada acima. Por isso, discordando de W. Marxsen, tomo como ponto de partida a "experiência pascal" como *realidade*: realidade de experiência, ou uma experiência de uma realidade, o que implica em si o momento de formulação. E agora se trata para mim desse último ponto: supondo-se a "experiência pascal", será que a idéia de "ressurreição" foi nela o fator mais antigo e mais original de interpretação? Ou aconteceram outras interpretações?

Ph. Seidensticker pode ter-se apoiado unilateralmente demais na obra de E. Schweizer,[125] que não encontrou o apoio dos exegetas. Mesmo assim, Schweizer deve ter tido boa intuição. L. Ruppert e G. Nickelsburg, após retomarem o problema, sobretudo na base da história das tradições, souberam dar uma visão mais nuançada.[126] Embora independente do problema "ressurreição", também K. Berger apontou na mesma direção, em estudo recente.[127] É inegavelmente dos judeus greco-palestinenses o ambiente em que estava espalhada a idéia judaica-sapiencial do "profeta humilhado, que depois de seu martírio é exaltado". Contudo, isso não é argumento nem a favor nem contra a antiguidade dessa idéia dentro da Igreja primitiva (ver Parte III).

Outra distinção ainda se impõe. Antes que no Antigo Testamento se falasse sobre ressurreição, já existia uma vaga fé em Deus

---

[125] *Erniedrigung und Erhöhung bei Jesus und seinen Nachfolgern* (AThANT, 28), Zurique 1962 (1955).

[126] L. Ruppert, *Der leidende Gerechte. Eine motivgeschichtliche Untersuchung zum Alten Testament und zwischentestamentlichen Judentum*, Würzburg 1972, e o breve resumo: *Jesus, als der leidende Gerechte?* (SBS, 59) Stuttgart 1972; também G. Nickelsburg, *Resurrection*, *l.c.*

[127] Kl. Berger, *Die königlichen Messiastraditionen des Neuen Testaments*, em: NTS 20 (1973-74) 1-45.

como o Senhor da vida e da morte: Javé é o "Deus de viventes".[128] Mais tarde seria: Deus tem poder para devolver a vida aos mortos. Esta fé no Deus vivo com relação aos mortos podia expressar-se de diversas maneiras: seja pela ressurreição, seja (mais grego) pelo fato de chamar para si "as almas" que se encontram no *hades*, o reino dos mortos. Pois, na opinião dos gregos as almas não se encontravam "junto a Deus". Também para os gregos o ser humano morria mesmo, e a alma ficava no *reino dos mortos* (o *hades*, equivalente grego do *sheól* judaico), mas também aí se reconhecia o poder divino de buscar as almas *de volta* do reino dos mortos.[129] Para o judeu de língua aramaica, o homem inteiro (corporalmente) está no reino dos mortos, mas reduzido a um espectro; por isso, ser libertado por Deus do reino dos mortos denominava-se "ressurreição" (isso porém apenas uns poucos séculos antes de Cristo, depois que as idéias semíticas a respeito do *sheól* tinham passado por muita diferenciação). Apesar da diferença em antropologia, para judeus tanto de língua grega como de língua aramaica tratava-se do mesmo assunto: o poder de Deus para devolver a vida a um morto, embora um judeu de língua grega se sentisse mais preso ao conceito de "ressurreição". Sobretudo em círculos judaicos apocalípticos, havia a respeito uma idéia muito "materialista": uma volta para a vida terrena, com o *mesmo* corpo, e até com as *mesmas* roupas, como diziam os rabinos.[130] Na apocalíptica posterior aparece até o curioso conceito de uma "ressurreição progressiva".[131] Por isso, o cerne da fé judaica numa ressurreição supera a forma apocalíptica; e se reduz à *fé em Deus* que tem o poder de tirar os mortos do *sheól*, devolvendo-lhes portanto a vida. *Como tal*, esse conceito não é especificamente apocalíptico. A idéia encontra-se também nos "Salmos de Salomão" (3,12), que não são apocalípticos (provavelmente farisaicos); e na literatura judaica tardia era muito freqüente a idéia de uma "assunção ao céu", sem nenhuma "ressurreição", (ver Parte III).

O poder de Deus para tirar mortos do *sheól*: é indubitável esse conceito judaico sobre o horizonte de compreensão dentro do qual os cristãos depois da morte de Jesus falam sobre o Jesus vivente. Mas os cristãos imaginavam de maneira não-apocalíptica esse novo estado de Jesus. Em primeiro lugar: a idéia judaica sobre a ressurreição era escatológica e (para os fiéis) coletiva; que uma pessoa já chegasse sozinha à ressurreição escatológica *antes* do fim dos tempos, disso não se encontra nenhum precedente judaico; está mesmo fora do quadro

[128] Ver a bibliografia na Parte III, Seção II, nota 1.

[129] P. ex. Platão, *Symposion*, 179c: "ex Haidou aneinai palin tèn psychèn".

[130] Strack-Billerbeck, III, 475; também com os mesmos defeitos físicos que cada um tinha; *l.c.*, IV, 1175-1176.

[131] Baruc Sir, 51.

apocalíptico. A literatura judaica conhece, isto sim, ressurreições *não-escatológicas* de indivíduos que voltam do reino dos mortos (*sheól*) para *este* mundo (mas com missão específica em vista do fim *iminente* deste mundo). Também no Novo Testamento encontramos algo dessa idéia judaica, pois alguns pensavam que o Jesus terreno não era outra pessoa senão João Batista ressuscitado, que se ergueu dentre os mortos (Mc 6,14; Lc 9,7-9). Todo o Novo Testamento, pois, mostra claramente que a noção cristã de ressurreição é radicalmente diferente daquela idéia de "voltar vivo ao nosso mundo" (ver mais adiante). Trata-se da ressurreição escatológica, mas (diferente dos apocalipses) realizada numa só pessoa. Para os cristãos, significava que já havia começado o tempo escatológico do fim do mundo. Jesus é "o primeiro (acordado) dentre os adormecidos"; em breve viria "o novo céu e a nova terra".

Ora, o Credo mais antigo expressa a fé em Jesus como juiz do mundo, e como *aquele que voltará* trazendo salvação (para a comunidade), mas sem falar explicitamente sobre sua *ressurreição*. Estamos por isso inclinados, a *supor* a fé na ressurreição como implícita; assim, p. ex., também na comunidade Q.[132] Mas, a questão é se isso se justifica por si. Ao analisarmos, em seguida, quatro antigas profissões de fé, diferentes entre si, esperamos mostrar que apenas as diversas cristologias pascais apresentam explicitamente a ressurreição de Jesus como objeto da *pregação* cristã. Nos outros três credos do cristianismo primitivo, a ressurreição não é *objeto* do querigma. Muitos exegetas concordam com isso de modo geral; mas aí se acrescenta: "A ressurreição sem dúvida é *suposta*". Nunca, porém, se alega um argumento sequer em favor dessa tese: é simplesmente afirmada (sem dúvida por causa da presença do querigma da ressurreição em todo o Novo Testamento, que de fato foi o fator que unificou o Novo Testamento canônico). Outra questão: se a ressurreição não foi para alguns cristãos judeus uma "segunda reflexão", capaz de explicitar de maneira muito boa uma experiência anterior, espontânea, sem que eles a tivessem explicitado assim inicialmente. Tal explicitação foi o pressuposto para poder fazer da ressurreição *objeto* do querigma.[133]

Pode-se dizer, no entanto, que todas as comunidades do cristianismo primitivo tiveram uma experiência pascal, isto é, conheceram a

---

[132] Depois de Hahn, Tödt, Fuller e outros, assim também S. Schulz no seu grande estudo sobre Q, *Q-Quelle*, p. ex. 74.

[133] Embora relacionado com ele, esse problema não é o mesmo de F. Hahn (*Hoheitstitel*, 112-132), segundo o qual as fórmulas de "exaltação" pertencem a uma data mais recente no cristianismo primitivo, e são condicionadas pela demora da parusia. Contra isso protestou Ph. Vielhauer, em: *Aufsätze*, 164 e 173-175, mas também W. Thüsing, *Erhöhungsvorstellung und Parusieerwartung in der ältesten nachösterlichen Christologie*, em: BZ 11 (1967), em especial 216-219 e 12 (1968), sobretudo 226-228; e G. Lohfink, *Die Himmelfahrt Jesu*, Munique 1971, 80-98; ver 96, n. 42 (ver Parte III).

realidade que outras comunidades chamavam explicitamente de "ressurreição". Para a comunidade Q, por exemplo, o Crucificado é o salvador e o juiz do mundo que em breve voltará, mas já está presente e já opera na pregação dos profetas cristãos; isto é, para ela é evidente que "Jesus foi exaltado para junto de Deus". Como? Nisso nunca se reflete. A experiência pascal, então, é a entusiástica experiência da presença do Senhor Jesus, que opera na sua comunidade e que em breve virá: uma experiência de "maranatha". Se Jesus ressuscitou, ou se foi "arrebatado", ou se Deus o tirou do mundo dos mortos, sobre isso não se reflete. Em todo caso, ele está "com Deus". Coisa semelhante vale para outras comunidades. É exatamente por isso que precisamos analisar o querigma delas – que não tem explicitamente como objeto a ressurreição – a fim de verificarmos se a "cristologia pascal" não se tornou o querigma dominante e canônico, porque verbalizou de maneira feliz aquela realidade que no projeto querigmático de outras comunidades se encontrava apenas implicitamente no querigma delas. O núcleo da experiência pascal é sobretudo a crescente convicção de Pedro (sua conversão!) depois da morte de Jesus: "O *Deus de Jesus é um Deus que se identifica com os excluídos*". Isso deu à comunidade cristã minoritária seu caráter explosivo. E é também por causa disso que não deixa de ser claro o seguinte: a realidade a que se refere o termo "experiência pascal" é independente tanto de tradições em torno do sepulcro em Jerusalém como das tradições sobre aparições (as quais, creio eu, já supõem a fé pascal). Mas de outro lado se vê, assim, que a ressurreição de Jesus, o envio do Espírito, a fundação da Igreja e a experiência pascal (expressando-se em "aparições") são aspectos reais de um grande acontecimento salvífico: pela sua ressurreição, Jesus está *conosco* de maneira nova. É isso o que as "aparições" querem dizer.

Parte III

A interpretação cristã do crucificado ressuscitado

Seção 1

OS EVANGELHOS COMO HERMENÊUTICA GERAL DE JESUS RESSUSCITADO

Introdução

A interpretação neotestamentária da ressurreição de Jesus não se deve procurar somente, nem talvez em primeira instância, naquilo que o Novo Testamento diz sobre "ressurgir dentre os mortos", "ressuscitado ao terceiro dia", "exaltação" etc., e sim nas suas narrativas sobre a mensagem de Jesus, sua atuação, seus feitos poderosos, sua convivência com todos, inclusive pecadores, sua maneira de viver e morrer. O que sugeriu aos cristãos a idéia da ressurreição de Jesus não foi diretamente a apocalíptica, mas a sua atuação neste mundo, inspirada pela sua identificação com a causa de Deus. Nisso o conceito apocalíptico de "ressurreição" foi apenas um dos recursos mais óbvios; além disso (conforme espero mostrar mais adiante), em conseqüência da importância histórica de Jesus de Nazaré, o conteúdo de tal conceito acabou sendo transformado em conceito especificamente cristão.

Assim, acabamos entrando em curioso círculo hermenêutico: a vida e morte de Jesus neste mundo faziam os cristãos, na base do que viveram após a morte de Jesus, pensar numa ressurreição e numa parusia vindoura de Jesus. Enquanto isso, contavam a narrativa evangélica sobre Jesus na base da fé que eles tinham no Crucificado ressuscitado ou vindouro. Em outras palavras, tais narrativas evangélicas sobre Jesus são por si uma hermenêutica da parusia e ressurreição de Jesus, enquanto a fé na parusia ou na ressurreição nascia da lembrança do Jesus histórico. Em última análise: Jesus de Nazaré é interpretado pela fé, através da afirmação de sua ressurreição (parusia), enquanto essa ressurreição ou parusia, por sua vez, é o *interpretandum* que é interpretado pelas narrativas evangélicas como lembranças da vida terrena de Jesus, porém à luz de sua ressurreição e parusia vindoura. O conjunto da vida de Jesus esclarece os detalhes, e esses evocam a imagem total, tudo dentro das tradições das experiências judaicas, com as suas próprias idéias, expectativas e imaginações. Por isso, é realmente difícil distinguir detalhadamente nos evangelhos entre as exatas lembranças históricas sobre o Jesus terreno e, por outro lado, a sua "relembrança" pós-pascal, à luz da experiência pascal. E isso, a bem dizer, também não precisa chegar a tanta exatidão: a narrativa sobre a vida dos seguidores penetrou na história sobre Jesus. Eles realmente "seguiram Jesus", e pelos vestígios que assim deixaram historicamente, sobretudo no Novo Testamento, podemos seguir exatamente os vestígios da passagem do próprio Jesus por esta vida. Ele mesmo não nos deixou uma coleção de sermões ou escritos, menos ainda um diário. Não conheceu a convulsão dos que correm em busca da própria identidade. Jesus era um homem totalmente livre, vivendo em união com o Deus soberanamente livre, a quem ele chamava de *Abba*. Isso lembra a frase de A. Loisy: "Jesus pregou a vinda do reino de Deus, mas o que veio foi a Igreja". No entanto, seria mais exato dizer: "Sem egoísmo, somente preocupado com os outros, Jesus pregou a vinda do reino de Deus, e veio este reino que se chama "o Crucificado ressuscitado". Jesus, sempre pensando no Pai, pode ter-se esquecido de si mesmo; Deus, porém, "lembra-se" do Jesus histórico, e dessa lembrança divina a ressurreição e a parusia são o resultado final: o próprio Deus *identifica* o reino de Deus com Jesus de Nazaré, o Crucificado. Não importa o que Jesus concretamente *imaginou* ao anunciar o reino de Deus como já muito próximo; ele não se enganou, pregando isso! O reino anunciado efetivamente chegou: no Crucificado vivente. O abnegado anunciador tornou-se assim o anunciado, centro da profissão da fé cristã. Que o próprio Jesus Cristo é o primeiro membro e o predecessor do reino de Deus, foi vivido intensamente pelos primeiros cristãos: eles inicialmente pensaram que, na forma presente, a nossa história terrena estava se acabando, e o reinado de Cristo seria logo inaugurado. Esse entusiasmo tinha de entrar em consonância com a realidade comum da nossa história humana em evolução. Daí nasceria este problema: qual seria a relação entre os acontecimentos escatológicos e a nossa história terrena? É a pergunta que o Novo Testamento quase não trata, mas que com o tempo inevitavelmente havia de se impor. Isso apenas sugere que a profissão da fé cristã não é um "sistema": é uma experiência vital com Jesus de Nazaré, experiência cujo sentido e relevância deveriam mostrar-se numa fidelidade extremamente criativa, porém obediente ao que foi realizado em Jesus pela ação salvífica de Deus.

O MOVIMENTO DO CRISTIANISMO PRIMITIVO EM TORNO DE JESUS: DIFERENTES ECOS DO ÚNICO JESUS DE NAZARÉ

§ 1. INVENTÁRIO DAS DIVERSAS TENDÊNCIAS DOS CREDOS NO CRISTIANISMO PRIMITIVO

Introdução: Importância histórica e teológica desses modelos originais de credo

Tradições comunitárias pré-paulinas, pré-marcanas e pré-joaninas, bem como a tradição da comunidade Q – reinterpretadas ou interligadas, e assim corrigidas na sua unilateralidade querigmática e por isso também histórica – confluíram nos quatro evangelhos, sob a visão canônica, aí presente e dominando tudo, a respeito do Crucificado ressuscitado. Por essas tradições podemos descobrir, ainda hoje, que circulavam interpretações cristológicas de todo tipo sobre Jesus, independentes entre si, cada uma com seus evidentes pontos de apoio em determinados aspectos da vida terrena de Jesus, embora de maneira seletiva para cada comunidade. O que chama a atenção, em cada um desses "credos" do cristianismo primitivo, é a continuidade histórica entre cada querigma próprio e determinados aspectos do Jesus terreno. Contudo, o que igualmente chama a atenção é que sempre vêem Jesus numa determinada perspectiva, isto é, numa tendência *unilateral* dessas interpretações pré-canônicas de Jesus. Apesar dessa unilateralidade, porém, é claro que para cada uma o próprio Jesus de Nazaré era o critério e a norma, dentro desse determinado querigma e dentro do ambiente religioso que lhes fornecia determinada linguagem para falar sobre ele. Portanto, a confluência dessas diferentes tradições nos quatro evangelhos, através da orientação essencial nos diversos projetos cristológicos, sobre determinados aspectos da vida terrena de Jesus, proporciona ao mesmo tempo um acréscimo de informações históricas sobre Jesus. Não há elemento nenhum nos credos sem determinada lembrança do Jesus terreno; e não há nenhuma referência a um dado histórico de Jesus de Nazaré sem algum querigma. A fé e a história andam de mãos dadas, pois o ser humano vive a história interpretando-a, e dar-lhe sentido definitivo é sempre uma questão de confiança e fé.

§ 2. Os credos do cristianismo primitivo e seu fundamento histórico em Jesus

A pergunta sobre Deus só tem sentido para nós, seres humanos, na medida em que isso, como pergunta humana, atinge a nós mesmos, como humanos, sobretudo se depois chegamos a compreender que a causa do ser humano é precisamente a causa do próprio Deus. O humano e o religioso, embora não sejam idênticos, estão intimamente juntos. O *homem* Jesus, ao qual podemos chegar historicamente, torna-se para nós uma questão nova e mais profunda, enquanto é ele que tem a dizer algo decisivo e definitivo sobre Deus. Em Jesus coloca-se esta pergunta: Quem é, e o que é Deus. Sem dúvida, a tradição cristã omitiu, com relação a Jesus, quase tudo o que não se relacionava diretamente com a "causa de Jesus",[1] isto é, a causa do ser humano como causa de Deus; numa fórmula neotestamentária: o reinado de Deus e o reino de Deus.

Baseando-nos no estudo dos exegetas modernos, reconhecemos diversas tendências nos credos do cristianismo primitivo; cada uma delas continua um aspecto da vida terrena de Jesus. Citando essas "formas iniciais de credo", não pretendo analisar os títulos sublimes dados ao Cristo dentro das comunidades do cristianismo primitivo. Cada título pode ter sido originalmente característico, para uma determinada tendência de credos, mas afinal são todos encontrados em qualquer uma dessas tendências; e só a partir daí cada titulo tem o seu conteúdo particular. Também não é nossa intenção estabelecer uma cronologia entre esses credos da fé na Igreja antiga (a não ser, de passagem, onde há probabilidade histórica). Mas essa pesquisa é uma fase obrigatória, isto sim, para chegarmos ao apelo que Jesus de Nazaré dirigiu a Israel, e dirige também a nós. Essas tendências também não podem ser consideradas como desvios do "evangelho único"; elas existiam antes dos evangelhos e ainda podem ser destiladas deles. O cânon do credo da fé chegou muito depois, e ele mesmo obedece à norma que é o histórico Jesus de Nazaré.[2]

---

[1] J. Blank, *Jesus von Nazareth*, Friburgo 1972, 13-14.

[2] O problema do cânon não é tratado aqui. Ver: D. K. Aland, *Das Problem des neutestamentlichen Kanons*, em: NZSTh 4 (1962) 220-242; E. Käsemann, em: *Besinnungen*, I, 214-223, e: (ed.), *Das Neue Testament als Kanon*, Göttingen 1970; J. Frank, *Der Sinn der Kanonbildung*, Friburgo 1971; K. H. Ohlig, *Die theologische Begründung des neutestamentlichen Kanons in der Alten Kirche*, Düsseldorf 1972.

A. "Maranatha" - a cristologia da parusia: Jesus, portador da salvação vindoura, Senhor do futuro e juiz do mundo

Bibliografia: H. R. Balz, *Methodische Probleme der neutestamentliche Christologie* (Neukirchen 1967); Kl. Berger, *Zum traditionsgeschichtlichen Hintergrund christologischer Hoheitstitel:* NTS 17 (1970-1971) 391-425; M. Black, *The christological use of the Old Testament in the New Testament:* NTS 18 (1971-1972) 1-14; J. Blinzler e outros, *Jesus in den Evangelien* (SBS 45; Stuttgart 1970); R. Casey, *The earliest Christologies:* JTS 9 (1958) 253-277; H. Conzelmann, *Grundriss;* id., *Randbemerkungen zum 'Lage' im Neuen Testament:* EvTh 22 (1962) 225-233; O. Cullmann, *Christologie,* 200-244; J. Daniélou, *Théologie du Judéo-Christianisme* (Tournai 1958); id., *Études d'exégèse judéo-chrétienne* (Paris 1966); R. Edwards, *An approach to a christology of Q:* JRel 51 (1971) 247-269; J. Ernst, *Anfänge der Christologie* (SBS 57; Stuttgart 1972); W. Foerster, *Kyrios:* ThWNT III, 1081-1095; R. Fuller, *Critical introduction to the New Testament* (Londres 1966); id., *Fundamentos de la cristología neotestamentaria* (Madrid, Ed. Cristiandad, 1978); J. Gnilka, *Jesus Christus nach frühen Zeugnissen des Glaubens* (Munich 1970); F. Hahn, *Hoheitstitel,* 67-125; E. Haenchen, *Die frühe Christologie:* ZThK 63 (1966) 145-159; P. Hoffmann, *Q-Studien;* id., *Die Anfänge der Theologie in Logienquelle,* em *Gestalt und Anspruch des Neuen Testaments* (Würzburgo 1969) 134-152; J. Jeremias, *Die älteste Schicht der Menschensohn-Logien:* ZNW 58 (1967) 159-172; E. Käsemann, *Besinnungen* I, 135-157; II, 82-104; II, 105-130; L. E. Keck, *Mark 3,7-12 and Mark's Christology:* JBL 84 (1965) 341-358; H. Koester, em Robinson-Koester, *Trajectories,* 158-204 e 205-231; W. Kramer, *Christos, Kyrios, Gottessohn* (Zurich-Stuttgart 1963); D. Lührmann, *Q-Redaktion;* id., *Erwägungen zur Geschichte des Urchristentums:* EvTh 32 (1972) 452-467; W. Marxsen, *Der Evangelist Markus* (Gotinga ²1959); E. Meyer, *Ursprünge und Anfänge des Christentums,* 3 vols. (Stuttgart-Berlim 1921-1923); N. Perrin, *The Christology of Mark:* JRel 51 (1971) 173-187; J. A. Robinson, *The most primitive Christology of all?:* JTS 7 (1956) 177-189; G. Schille, *Das vorsynoptische Judenchristentum* (Berlim 1970); J. Schneider, *Der Beitrag der Urgemeinde zur Jesusüberlieferung im Lichte der neuesten Forschung:* TLZ 87 (1962) 401-412; S. Schulz, *Maranatha und Kyrios Jèsous:* ZNW 53 (1962) 125-144; id., *Q-Quelle*; H.-E. Tödt, *Der Menschensohn;* W. Thüsing, *Erhöhungsvorstellung und Parusieerwartung in der ältesten nachösterlichen Christologie*: BZ (1967) 95-108, 205-222; 12 (1968) 54-80, 223-240; foi publicado também em livro (Stuttgart 1969); Ph. Vielhauer, em Aufsätze 55-91 e 147-167; Th. I. Weeden, Mark-traditions; *Aux origines de l'Église* (RechBibl 7; Brugge 1965).

a) *Tendência fundamental deste credo*

É muito provável que a cristologia do *Maranatha* (na base da primeira identificação de Jesus com o profeta escatológico) é o credo mais antigo da fé cristã, embora seja difícil reconstruí-la exatamente na sua *forma* mais antiga. Não é no Antigo Testamento, mas sim na chamada literatura intertestamentária (portanto no tempo de Jesus) que o Messias era considerado como o portador da salvação escatológica.[3] Para H. Koester, a situação sociológica desse credo se encontrava nos ambientes apocalípticos de Jerusalém, lugar para onde se pensava que o messias viria.[4] S. Schulz, porém, vê essa mentalidade apocalíptica igualmente nas comunidades Q da Palestina: estas tinham expectativas semelhantes às do querigma de Jerusalém, que todavia eram diferentes.[5] Além disso, Th. J. Weeden (fazendo-se abstração de alguns pontos a meu ver fundamentalmente criticáveis no seu livro) deixou claro, em estudo notável, que também o evangelho de Marcos apresenta fundamentalmente os traços desse mesmo credo, embora dentro da cristologia particularmente marcana do "Filho do homem sofredor".[6] Vou agora sintetizar primeiramente as linhas básicas desse querigma da parusia, comuns às comunidades Q e de Marcos, para em seguida analisar as diferenças essenciais entre a tradição da comunidade Q, e de outro lado a tradição pré-marcana e a redação de Marcos.

Esse credo escatológico, em primeira instância, se baseia numa tradição de *logía* proféticos e apocalípticos existentes na Igreja primitiva,[7] embora não seja certo qual título eminente (dado a Jesus) deve ser considerado como usado por essa tendência da fé escatológica. Quanto a isso, F. Hahn e Ph. Vielhauer se contradizem radicalmente.[8] Porém, os títulos honrosos atribuídos ao Cristo não são adequados para nos ensinar a discernir as chamadas tendências do primitivo credo cristão, pois, devido aos contatos entre as comunidades, tais títulos se encontram praticamente em todas as tradições, tornando-se expressão do credo próprio de cada uma.

Esse primeiro padrão do credo na Igreja primitiva expressou-se em *logía* apocalípticos e proféticos. Essas comunidades basearam-se na fé judaica-apocalíptica já existente, para interpretar Jesus, depois de sua morte, como a figura decisiva do futuro, isto é, do final dos tempos, considerado como iminente. A fé cristã em Jesus, segundo

---

[3] Entre 400 a.C. e 70/71 d.C., aproximadamente, surgiram expectativas a respeito de toda espécie de "profetas dos últimos tempos" e salvadores escatológicos. Ora independentemente, ora em clara conexão com isso, houve a expectativa de um profeta e um messias dos últimos tempos; também se esperou um "profeta como Moisés", inicialmente sem relação com qualquer messianismo. Em conseqüência, há no Novo Testamento grande número de ecos das expectativas populares sobre "aquele que devia vir": Jo 6,14-15; 1,15.21; Mt 3,11; 11,3; Lc 3,16; 7,19.20b (ver as análises de detalhes, mais adiante).

[4] *Trajectories,* 215.

[5] Schulz, *Q-Quelle,* 166-167.

[6] Th. J. Weeden, *Mark-traditions*; ver mais adiante.

[7] Käsemann, em: *Besinnungen* , II, 105-130; II, 31-68; II, 82-104; I, 187-213.

[8] Hahn, *Hoheitstitel,* 13-53; Vielhauer, em: *Aufsätze,* 145-146, e 92-140.

esse credo, significa: crer que esse Jesus de Nazaré é o Senhor que vem no fim dos tempos para salvação (graça) e juízo. (No Novo Testamento, como também no nosso clássico "símbolo da fé", essa confissão originariamente única tornou-se parte de um credo de várias partes mais largamente desenvolvido: "de onde há de vir a julgar os vivos e os mortos".) Esse credo escatológico já olha para a frente, para as coisas que virão, e para o que já existe como realidade celeste: o juiz do mundo, já glorificado, mas que ainda deve voltar, Jesus. No culto, essa realidade é antecipada ("maranatha" – o Senhor está vindo – na liturgia; cf. 1Cor 16,22; Ap 22,20; Didaqué 10,6). Desse credo escatológico-apocalíptico encontramos um eco em Paulo; este, aliás, assim reflete uma tradição pré-paulina: "Pois o Senhor (*Marán*) em pessoa, ao sinal dado, à voz do arcanjo e ao toque da trombeta de Deus, descerá do céu: então os mortos em Cristo ressuscitarão primeiro; em seguida nós, os vivos que tiverem ficado, seremos arrebatados com eles por sobre as nuvens, ao encontro do Senhor, nos ares" (1Ts 4,16-17); o motivo para a ressurreição dos mortos e o "arrebatamento" dos que ainda estiverem vivos, é aqui a iminente vinda próxima de Jesus como "o Senhor", isto é, como juiz da graça e do julgamento (em Paulo esse credo já está incluído no *anúncio* da ressurreição de Jesus; ou seja: "nós esperamos dos céus o seu Filho, a quem ressuscitou dos mortos, Jesus, que nos livra da ira que está vindo" (1Ts 1,10).

A história das religiões observa que dois títulos de Jesus estão originalmente no mesmo contexto apocalíptico: *Mar* ou *Marán* (o Senhor, ou *Kyrios* das comunidades hierosolimitanas e palestinas) e "Filho do homem". Quanto à sua origem, o termo "Senhor, *Mar* ou *Marán*" deve estar ligado a este credo escatológico. Além disso, tal título está ligado ao Henoc aramaico (1,1,9), texto esse que é citado, até com referência explícita a Henoc, em Jd 14: "*Eis que vem o Senhor* com suas santas miríades, para exercer um juízo sobre todos e para punir todos os ímpios...;[9] "O Senhor está vindo": em aramaico se diz: "Marán atha"; originalmente foi, com toda a probabilidade, uma espécie de maldição: "O Senhor virá para julgar (condenar)".[10] Essa antiga cristologia sobre "o Senhor" está ligada também (embora não primariamente) com o Sl 110,1, que também é citado, independentemente, sobretudo em Mc 12,36; nos Atos (muitas vezes); Fl 2,7-10 (uma tradição muito antiga, pré-paulina; segundo alguns, a menção mais antiga de uma cristologia do *Marán*), Rm 10,5-10; e 14,9ss.[11]

---

[9] Ver M. Black, *The christological use*, 6-11.

[10] M. Black, *ib.*, 11; C. F. Moule, *A reconsideration of the context of Maranatha*, em: NTS 6 (1960) 307-308; cf. S. Schulz, *Maranatha, l.c.*, 125-144.

[11] C. H. Dodd, *According to the Scriptures: the sub-structure of New Testament Theology*, Londres 1950, 35.

Também o título "Filho do homem" remete aos mesmos ambientes apocalípticos e, portanto, ao futuro salvador. É claramente numa perspectiva apocalíptica que esse termo aparece em Mc 13,26; todavia, parece-me ainda possível que "Filho do homem" no sentido apocalíptico só começa a fazer parte dessa tradição quando Dn 7,13 é citado com exatidão.[12] Na fase mais antiga, aramaica, da comunidade Q, o termo "Filho do homem" encontra-se no sentido da futura função do "Filho do homem" como juiz (Lc 12,8-9),[13] ao passo que a futura *parusia* (o aparecer) do "Filho do homem" é citada somente na fase ulterior de Q (Lc 17,23-24).[14] A intenção, na fase mais antiga de Q, é identificar Jesus, elevado aos céus, com o "Filho do homem" (ainda não é a identificação do Jesus *terreno* com *o* "Filho do homem"), e em Q essa identificação não se baseia em aparições de Jesus, nem tampouco no próprio anúncio de Jesus a respeito de um "Filho do homem" que viria, e sim no entusiasmo da experiência do *pneuma* escatológico nas originais comunidades proféticas e apocalípticas.[15] É um querigma sobre a parusia, mas sem ressurreição (ver mais adiante).

O sentido *próprio* dos termos Senhor (*Marán*) e "Filho do homem" está muito ligado a esse primeiro credo. No entanto, esses títulos não são característicos desse credo. "Filho do homem", embora distintivo desta cristologia escatológica-apocalíptica, não é termo de algum credo, nem sequer nessa tradição. Nunca o foi, e de fato falta em todas as fórmulas antigas do credo.

A estrutura desse credo (conforme aconteceu em todas as tendências do credo no cristianismo primitivo) mostra uma correlação entre esse querigma cristão e um aspecto característico de Jesus. Qual foi o aspecto do Jesus de Nazaré terreno que essas comunidades escolheram como ponto de partida *histórico* de seu querigma? Ou seja: qual foi o tema da tradição que elas adotaram? O que é que elas *viram* no Jesus terreno? A resposta é evidente: foi a pregação, a mensagem do próprio Jesus sobre a chegada do reino de Deus.[16] Segundo esse credo, a comunidade, "seguindo Jesus", quis fazer o que ele tinha feito: anunciar a proximidade do reino de Deus. Mas ela o faz, consciente da distância histórica entre os dias da vida terrena de Jesus e a sua pregação, pois o anúncio do iminente reino de Deus é atualizado

---

[12] Ver mais adiante no cap. sobre o "Filho do homem".
[13] S. Schulz, *Q-Quelle*, 71.
[14] *Ibid.*, 71, contra F. Hahn, *Hoheitstitel*, 32-33.
[15] Assim Schulz, *Q-Quelle*, 73. Mesmo assim, continuam as dúvidas, por causa dos argumentos de H. M. Teeple, *The origin of the Son of Man Christology*, em: JBL 84 (1965) 213-250 (ver mais adiante).
[16] H. Koester, em: Robinson-Koester, *Trajectories*, 215.

por ela num anúncio da vinda já próxima da parusia de Jesus no fim dos tempos. Assim, a "vinda do reino de Deus" e a vinda do "Filho do homem", o juiz do mundo, estão ainda independentes uma da outra, mas evidentemente com alguma ligação entre si, embora tal ligação não seja tematizada.

Essa linha do credo supõe a identificação de Jesus com o "Filho do homem", seja primeiramente do Jesus *terreno* com o Jesus que voltará no fim do mundo como "o Filho do homem" (assim na tradição e na redação de Marcos), seja do Jesus *celeste* com o "Filho do homem" que virá como juiz do mundo (assim a fase mais antiga da comunidade Q; ver mais adiante). Com isso, houve uma descontinuidade entre a pregação "eclesial" e a do próprio Jesus terreno; ele mesmo como juiz escatológico do mundo, isto é, sua parusia tornou-se objeto da pregação. A mensagem histórica de Jesus é recebida e transmitida pela comunidade, mas sabendo-se que a pessoa de Jesus tornou-se o objeto de sua própria mensagem, pois Jesus não se pregava a si mesmo, e sim o vindouro reinado de Deus; mas ele assumiu isso como causa sua, para o bem da humanidade. Aquelas comunidades compreenderam isso. O abnegado anúncio de Jesus sobre a proximidade do reino de Deus foi "personalizado" por essas comunidades. Dentro dessa linha do credo, a experiência pascal não é tematizada: tradições sobre aparições são aí desconhecidas. A ressurreição aí já não é assunto de pregação; mais ainda, na tradição Q nem sequer é mencionada.

Portanto, em algumas comunidades do cristianismo primitivo Jesus é identificado com a figura do "salvador escatológico", como era corrente na apocalíptica pós-veterotestamentária, não-cristã, judaica. Essas comunidades esperavam salvação da parte de Jesus como o juiz do mundo, que em breve viria, trazendo graça e julgamento. Nessa identificação vemos, de um lado, uma continuidade com o dado histórico do reino de Deus; do outro lado, a formulação dessa "identificação" de Jesus com uma noção-chave já existente na religiosidade judaica daqueles dias: o salvador escatológico.

Mas, ainda há outro fator importante de continuidade histórica e de conteúdo, entre a mensagem de Jesus sobre a proximidade do reino de Deus e essa pregação eclesial sobre a parusia de Jesus, a saber: a *missão* dos discípulos confiada pelo Jesus pré-pascal para todo o Israel, missão essa que, segundo os critérios do que é autêntico de Jesus, remonta essencialmente ao Jesus terreno, sobretudo porque essa missão, na tradição Q, não tem conteúdo reconhecivelmente cristológico, já que os discípulos recebem até a tarefa de transmitir a própria mensagem de Jesus, e a tarefa de curar doentes e de expulsar demônios.[17] Aí o "seguir Jesus" consiste em passar para frente a sua

[17] Mc 6,6b-13 e, substancialmente da fonte Q: Mt 9,37-38; 10,16.9-10a.11-13.10b.7-8.14-15 = Lc 10,2-12. Ver M. Hengel, *Nachfolge und Charisma*, Berlim 1968, 82-89;

mensagem sobre a proximidade do reino de Deus para o bem do ser humano. Aí se verifica o princípio geral: pelo reflexo de Jesus na comunidade, chegamos a conhecer de fato o Jesus histórico. É através dos discípulos que se vem a conhecer o Mestre!

Depois desse breve esboço da formação de um primeiro credo no início do cristianismo primitivo – o querigma da fé na já próxima vinda de Jesus como escatológico redentor, salvador e juiz do mundo – analisaremos as duas tendências desse primeiro passo.

b) *O credo da tradição da comunidade Q*

O projeto querigmático, ou seja, a pregação eclesial dessa comunidade, não consistiu originalmente (isto é, na sua primeira e antiquíssima fase aramaica)[18] no interesse formal por toda a atuação terrena de Jesus, e sim na sua mensagem sobre o reino de Deus que estava próximo: já estava chegando.

O "Pai nosso" desta fase mais antiga da tradição Q é em todos os seus detalhes indubitavelmente pura cristologia do "Maranatha": "*Abba,* santificado seja teu nome, venha o teu reino, dá-nos o pão necessário para hoje, perdoa-nos o que estamos devendo, assim como nós também perdoamos o que alguém nos deve. E não nos introduzas na provação".[19] É uma oração desconhecida no material de Marcos e nas tradições paulina e joanina. Essa comunidade Q reza pela vinda do reino de Deus e suplica para ser preservada ou libertada do *peirasmós*, as provações do fim do mundo. Aí ainda não há sinal de alguma "demora" da parusia. Nisso a camada Q mais antiga é uma exceção; todas as demais tradições pré-canônicas alcançáveis, bem como os sinóticos, mostram sintomas de que a parusia estava demorando. Para si mesmo, cada um pedia somente o que ainda era necessário antes de acontecer a parusia: o que se precisava para um só dia, enquanto a parusia não chegava (o próprio Lucas já prefere dizer: "a cada dia"). Também os pagamentos que alguém podia exigir dos outros são perdoados, pois já não têm sentido na perspectiva da parusia que logo há de chegar. Finalmente, essa comunidade ora para não apostatar nas calamidades finais, escatológicas; é uma oração (não desconhecida na tradição judaica),[20] na qual se pede também que os eleitos (aqui os cristãos) sejam admitidos diretamente no reino de Deus, sem provações.

F. Hahn, *Das Verständnis der Mission im Neuen Testament*, Neukirchen-Vluyn 1963; J. Roloff, *Apostolat, Verkündigung, Kirche*, Gütersloh 1965; F. Beare, *The mission of the disciples and the mission charge: Mt 10 and parallels*, em JBL 89 (1970) 1-13; Schulz, *Q-Quelle* 404-410.

[18] Ver Schulz, *Q-Quelle*, 55-176.

[19] Lc 11,1-4 = Mt 6,9-13; ver Schulz, *Q-Quelle*, 84-93.

[20] Ver Dn 12,10; Ap 3,10.

O material Q mais antigo conhece tanto a idéia da proximidade do reino de Deus (Lc 6,20b), como a da vinda (em breve) do Filho do Homem nos últimos dias (Lc 12,8-9). No pensamento judaico, as noções de "basiléia" (realeza e reino de Deus) e "Filho do homem" pertenciam a diferentes complexos de tradições, mas em Q estão combinados entre si: é o "Filho do homem" que traz a basiléia.[21]

Na tradição Q mais antiga, o Jesus terreno é o profeta escatológico; o "Filho do homem" que virá é identificado somente com o Jesus celeste. Supõe-se que Jesus está com Deus, mas isso não é diretamente objeto do *querigma*. O Jesus celeste, que opera atualmente nos profetas cristãos, é anunciado como o salvador escatológico que virá, mas ele é também o juiz daqueles que não aceitam a mensagem desta comunidade a respeito do "Filho do homem" que vem. Decisivos são aí os textos Q de Lc 12,8-9 = Mt 10,32-33: "Eu vos digo: Todo aquele que se declarar por mim diante dos homens, o Filho do homem também há de se declarar por ele diante dos anjos de Deus" (Lc 12,8-9). Em primeiro lugar, aqui há uma identidade entre "mim" e "o Filho do homem": trata-se de função diferente da mesma pessoa. Mas, trata-se do Jesus celeste, identificado com o "Filho do homem".[22] O que se tenciona dizer, portanto, é que a posição tomada diante do "Filho do homem" anunciado pela comunidade, o elevado, aquele que virá, é decisiva para a salvação ou a desgraça escatológicas, no "último juízo". O Jesus celeste é o salvador escatológico, mas, para quem não aceita a mensagem da Igreja sobre Jesus, ele é o juiz.[23] De fato, é uma "cristologia implícita"; porém, nesta fase mais antiga de Q, não se refere ao Jesus nos dias de sua vida terrena (Jesus de Nazaré é o profeta escatológico), mas ao Jesus *celeste,* que age estando presente na sua comunidade escatológica, isto é, a partir de agora Jesus, à mão direita de Deus, exerce o seu domínio. Mas, essa elevação ainda não é a mesma coisa que a exaltação como "Kyrios" na teologia pré-paulina e paulina, e mesmo nos sinóticos;[24] vê-se como um prazo de tempo muito curto, até a chegada, em breve, do reino de Deus. De fato, a antiga tradição Q não tem nenhum querigma sobre Jesus sentado no seu trono, no céu;[25] mas somente sobre a sua parusia que vem. A atuação celeste de Jesus, desde já, realiza a efusão do Espírito e a

---

[21] Ver J. Becker, *Johannes der Täufer und Jesus von Nazareth,* Neukirchen-Vluyn 1972, 100ss; Schulz, *Q-Quelle*, 71; Vielhauer, em: *Aufsätze*, 80-87.

[22] Isso difere essencialmente de Mc 8,38 (ver Mt 16,27 e Lc 9,26), embora também Mc 8,38 pareça ter sua base em material Q. Ver Schulz, *Q-Quelle,* 66-76. D. Lührmann, *Q-Redaktion*, 51; Hahn. *Hoheitstitel*, 33.

[23] Assim a tese fundamental do livro de D. Lührmann, *Q-Redaktion*; também Schulz, *Q-Quelle*, 66-76.

[24] Schulz, *Q-Quelle*, 74; Tödt, *Menschensohn*, 259-260.

[25] Assim H. R. Balz, *Methodische Probleme der neutestamentlichen Christologie*, Neukirchen 1967, 186.

atividade profética da comunidade; atuação que é a fonte da certeza da sua vinda (em breve). É a "experiência pascal" dessa comunidade. O anúncio cristão-profético, "eclesial", da futura parusia de Jesus já *é* a chegada do reino de Deus. Em outras palavras: na base do Jesus celeste, a própria comunidade escatológica já é a chegada do reino definitivo.

Dentro dessa linha do credo, a paixão e a morte de Jesus não têm significado teológico ou querigmático: é a sorte de qualquer profeta, sobretudo do profeta escatológico.[26] Na sua fase mais antiga, essa "comunidade do fim dos tempos" ainda é um movimento religioso dentro do judaísmo, dentro da sinagoga. Não há, em lugar nenhum, sinais de uma polêmica antijudaica; somente uma crítica religiosa contra os fariseus, mas também dentro do judaísmo isso era possível; uma atitude antifarisaica reinava até mesmo nos círculos de Qumrã e nos movimentos batistas.[27]

A mais antiga tradição Q mostra uma comunidade que, pela entusiástica esperança da parusia vindoura, renunciava radicalmente às posses; uma comunidade em que pobres, famintos e tristes são chamados de "bem-aventurados", porque em breve hão de rir, por causa da reviravolta apocalíptica de todas as relações; uma comunidade que não quer saber de preocupações terrenas ao contrário, esquecendo toda preocupação, confia incondicionalmente na presença providente de Deus; uma comunidade que obedece à Lei com todo o rigor do Decálogo, e não permite o divórcio; uma comunidade que manda amar o inimigo, abandonando o princípio do "olho por olho, dente por dente", e onde vale a regra de ouro: "Tudo o que quereis que os outros façam a vós, fazei-o vós mesmos a eles" (Mt 7,11 = Lc 6,31). Por causa de sua orientação apocalíptica-escatológica, ela era apolítica; mas toda ação anti-social era reprovada (Lc 11,42 = Mt 23,23; Mt 23,27 = Lc 11,44; Mt 23,13 = Lc 11,52; são textos antifarisaicos). A comunidade Q é um grupo socialmente retirado, aguardando da parte de Deus a vinda de Jesus já próxima.[28] O único título messiâni-

---

[26] A comunidade Q adotou "uma cristologia sem paixão": R. Edwards, *An approach to a Christology of Q*, em: JRel 51 (1971) (247-269), 253-259; também Tödt, *Menschensohn*, 238-257; Fr. Mussner, *Jesus in den Evangelien* (SBS, 45), Stuttgart 1970, 38-49; Lührmann, *Q-Redaktion*, 94-95 e 103; Schulz, *Q-Quelle*, 486, e *passim*; tudo isso contra W. Kümmel, *Einleitung in das Neue Testament*, Heidelberg 1963, 39.

[27] Schulz, *Q-Quelle*, 94 e 99.

[28] Assim Schulz, *Q-Quelle*, 55-176, depois de uma análise das passagens que são consideradas como o estrato mais antigo aramaico-judaico de Q: Mt 10,32-33 = Lc 12,8-9; Mt 5,3-4.6 = Lc 6,20b-21; Mt 6,9-13 = Lc 11,1-4; Mt 23,25.23.6-7a.27.4.29-31.13 = Lc 11,39.42-44.46-48.52; Mt 5,18 = Lc 16,17; Mt 5,32 = Lc 16,18; Mt 5,39-42 = Lc 6,29-30; Mt 5,44-48 = Lc 6,27-28.35b.32-35a.36; Mt 7,12 = Lc 6,31; Mt 6,19-22 = Lc 12,33-34; Mt 7,1-5 = Lc 6,37-38.41-42; Mt 6,25-33 = Lc 12,22-31; Mt 10,28-31 = Lc 12,4-7; Mt 7,7-11 = Lc 11,9-13. Tendência semelhante, po-

co que ocorre nesta primeira fase Q é este: "o Filho do homem" (Lc 12,8-9), no sentido de juiz que virá no fim deste mundo, o Jesus *celeste*. Em toda a tradição Q, não se encontra nenhuma vez o título (messiânico) "*Cristo*".

Somente numa fase posterior dessa comunidade (mas ainda antes da redação do Novo Testamento), quando cristãos judeus de língua grega chegaram a liderar a comunidade Q, foi que elementos essencialmente novos (mas conservando-se todo o anterior) se acrescentaram a essa cristologia escatológica, graças à própria contribuição de judeus de língua grega, bem como pela consciência de que a parusia demorava a chegar, e também pelos contatos mútuos entre material marcano e material Q. Como novidade o que mais chama a atenção é o interesse dogmático que surge agora por todos os aspectos do Jesus terreno, o ampliar-se da crítica antifarisaica, tornando-se um julgamento geral sobre Israel como um todo (a comunidade Q livrou-se da limitação sinagogal e tornou-se "Igreja"), e a admissão de publicanos e pecadores na Igreja.

O crescente interesse pelo Jesus terreno não está apenas sob influência do material de Marcos, mas sim em função de um tema cristológico: é uma polêmica contra uma cristologia do "theiós anèr" (ver mais adiante), pelo menos no sentido de uma atitude teológica que exige milagres brilhantes para seu próprio proveito e legitimação. Na tradição Q, a manifestação mais clara dessa teologia é a narrativa sobre as tentações (Mt 4,1-11 = Lc 4,1-13; cf. Mc 1,12-13). Nessa narrativa, trata-se de uma interpretação polêmica, judaicamente bíblica, daquilo que o título "Filho de Deus" significa para a comunidade Q. Narra-se como uma discussão entre "o Jesus" (*ho Jésous*) e "o diabo" (Mt 4,1). Aí, pela primeira vez na comunidade Q, a idéia de "Filho de Deus" aplica-se ao Jesus *terreno*. As tentações não têm o sentido de seduções especificamente messiânicas. A primeira e a segunda tentações (segundo a ordem mais certa, em Mt) reagem contra a idéia judeu-helenista, galiléia, segundo a qual milagres provam que alguém é filho de Deus; a terceira (no alto da montanha mitológica) é antes de natureza apocalíptica: nesta fase, a narrativa é uma reação cristológica contra a idéia de um império mundial do rei messiânico, em sentido político. Em outras palavras: a cristologia Q rejeita tanto a cristologia do *theiós anèr* como o movimento messiânico dos zelotes

rém menos elaborada, em H. Koester; ver: Robinson-Koester, *Trajectories*, 211-216, ver 168-175; Hahn, *Hoheitstitel*, 32-39; R. Fuller, *Critical introduction*, 102-103, e *Foundations*, 130-131; D. E. Nineham, *The New Testament Gospels*, Harmondsworth 1965,34-37; Tödt, *Menschensohn*, 265-267, 212-245; A. Vögtle, *Jesus*, em: E. Kottje-B.Möhler (ed.), *Oekumenische Kirchengeschichte*, Mainz-Munique, 1970, 3-24. Sem dúvida é respeitável a série de especialistas (apesar de haver entre eles diferenças de detalhes).

sobre uma libertação visando o domínio de Israel sobre o mundo.[29] Nessas narrativas sobre as tentações, sugere-se que o Jesus terreno é "Filho de Deus", não por milagres ou ostentação de poder mundano, mas pela sua confiança em Deus e pela sua obediência à vontade de Deus, revelada na Lei (a comunidade Q, fiel à Lei, não conhece discussões sobre a Lei). Segundo Q, qualquer outra interpretação desse título cristológico é "do demônio". A própria Lei legitima o "ser filho de Deus". O obediente, o fiel à Lei, é Filho de Deus. Tanto o título "Filho de Deus" como a cristologia do "taumaturgo divino" ou da epifania de um "Deus praesens", um Deus revestido de figura humana, provém da tradição pré-marcana, com a qual esta comunidade Q acaba de entrar em contato, e contra a qual ela reage. A ausência total do título messiânico "Cristo", na comunidade Q, é evidentemente uma reação contra uma cristologia do "poder", que quer milagres, sem utilidade e sem salvação para o próximo.

Na pergunta dos discípulos de João a Jesus, se ele era "aquele que devia vir" (isto é, o juiz pelo fogo; portanto, o "Filho do homem"), sugere-se claramente que o Jesus terreno já estava sendo identificado com o "Filho do homem" (Mt 11,2-6 = Lc 7,18-23). Não somente o Jesus celeste, mas também o Jesus terreno é o "Filho do homem", o que vem para o juízo; ele não é apenas um profeta escatológico, como se dissera antes.[30] É desde já que a própria atuação de Jesus se torna acontecimento escatológico, e não é a comunidade escatológica que inicia o reino. Refletindo-se sobre as experiências pneumáticas da comunidade, chega-se a uma compreensão mais exata do caráter realmente escatológico do Jesus terreno. Agora não somente o Jesus celeste, mas (sob o impulso da tradição de Marcos) também o Jesus terreno é que vai reforçar a esperança na parusia que vem. Afinal, Jesus responde aos discípulos de João com estas palavras: "Olhai o que estou fazendo". Assim, ele aponta para a chegada do reino de Deus na sua própria atuação, sobretudo na sua "boa nova para os pobres" (Is 29,18-19; 35,5; 61,1). Em Q, a resposta de Jesus é totalmente "não messiânica", se "messiânico" se entende na linha de determinada tradição judaica, a da dinastia davídica; mas é judaica e messiânica no sentido que mais adiante ainda será analisado. Nesses textos, Jesus apela para as funções do profeta dos últimos dias (os textos de Isaías na interpretação do judaísmo tardio): o reinado de Deus já está pre-

---

[29] S. Schulz, *Q-Quelle*, 177-189. Cf. P. Hoffmann, *Die Versuchungsgeschichte in der Logienquelle*, em: BZ 13 (1969) 207-223; ver: J. Dupont, *L'origine du récit des tentations de Jésus au désert*, em: RB 73 (1966) 30-76; B. van Iersel, *Jezus, duivel en demonen. Notities bij Mt 4,1-11 e Mc 5,1-20*, em: *Engelen en duivels* (Annalen van het Thijmgenootschap 55, afl. 3), Hilversum 1968, 5-22: A. Feuillet, *Le récit lucanien de la tentation*, em Bibl 40 (1959) 613-631.

[30] *Ibid.*, 195; Hoffmann, *Q-Studien*, 198-215; Tödt, *Menschensohn*, 234.

sente para todos os que aceitam a sua mensagem e nela não se escandalizam. Desde agora, a atitude diante do Jesus *terreno* decide sobre salvação ou desgraça escatológicas (Mt 11,6 = Lc 7,23). Por isso, a comunidade Q declara culpados os judeus que rejeitaram Jesus.

No entanto, ao refletir sobre a morte de Jesus, essa tendência mais recente na comunidade Q vê nessa morte a sorte de todos os profetas de Israel: são rejeitados pelo povo de Deus (Mt 23,34-36 = Lc 11,49-51; e Mt 23,37-39 = Lc 13,34). Por isso, as palavras e ações do Jesus terreno, e não a sua morte, é que serão e são decisivas para a salvação. Para quem entende as palavras e ações de Jesus, somente o "Filho do homem" *que virá* será o Salvador. Mas, isso depende da atitude agora diante de Jesus.

A segunda fase Q conhece dois milagres de Jesus (Mt 12,22-30 = Lc 11,14-23; Mt 8,5-13 = Lc 7,1-10). A fonte Q conta esses milagres, de um lado para rejeitar uma cristologia errada, e de outro lado para se opor a judeus que acusam Jesus de pacto com o diabo. Não são milagres de epifania: falta o título "Filho de Deus"; são sinais da chegada da salvação e do reino de Deus. A basiléia *vem* e *já chegou*, não somente na mensagem profética da comunidade, mas antes ainda, já no Jesus terreno; por Jesus ela já alcançou as pessoas (*ephtasèn eph èmas hè basileia tou theou*, Mt 12,28b); adota-se uma "escatologia que se realiza a si mesma". Para Q, pois, Jesus de Nazaré é um "fenômeno escatológico".[31] Diante desse Jesus, uma atitude neutra não é possível (Mt 12,30 = Lc 11,23) (embora a perspectiva de Q se limite absolutamente a Israel. Curioso é também que mesmo na tradição sinótica os milagres de Jesus, feitos a distância [Mt 8,5-13 = Lc 7,1-10; e Mc 7,24ss] se referem a *pagãos;* não se trata do caráter sensacional de tal milagre, mas do fundo judaico dessas tradições; o centurião pagão sabe que um judeu não entra na casa de um pagão; por isso pede um milagre a distância; a obra escatológica de Jesus se dirige exclusivamente a Israel).

O problema da demora da sempre aguardada parusia é tratado (em Q) sobretudo em parábolas (Mt 24,43-44 = Lc 12,39-40; Mt 24,45-51 = Lc 12,42b-46; Mt 25,14-30 = Lc 19,12-27; Mt 13, 31-32 = Lc 13,18-19; Mt 13,33 = Lc 13,20 21), como também no apocalipse Q (Mt 24,26-28.37-41 = Lc 17,23-24.26-27.30.34-35.37). Por causa da "demora" da parusia, insiste-se principalmente na vi gilância, e avisa-se contra identificações prematuras. A parusia será clara para todos, e pública; mas não será reconhecível em presságios: acontecerá "de repente".

Nessa fase Q, o próprio Jesus terreno já é identificado com o "Filho do homem" (que virá), em chave completamente não-apoca-

[31] O termo é de S. Schulz, *Q-Quelle*, 212.

líptica (parábola das crianças que brincam na praça: Mt 11,16-19 = Lc 7,31-35): o "Filho do homem", Jesus de Nazaré, é um amigo de publicanos e pecadores; o reino da paz universal já está irrompendo; rejeitar ou aceitar Jesus tem relevância escatológica.

Além disso, o Jesus terreno agora é chamado também de "o Filho" (Mt 11,27 = Lc 10,22) (Mt 11,25-27 = Lc 10,21-22 é um texto Q, embora como tal muito discutido) [a meu ver, sem razão]).[32] O Filho é aqui o mediador da revelação dos mistérios escatológicos de Deus aos "pequenos", isto é, aos membros da comunidade (de acordo com a tradição sapiencial que aqui vem à tona e caracteriza sobretudo a fase mais recente da comunidade Q). Os sábios, os escribas e os chefes de Israel se fecham para a revelação de Jesus, perdendo assim a última chance de salvação. Jesus é "o Filho", porque o Pai lhe deu o poder escatológico (*exousia*), sendo ele, pois, desde os seus dias na terra, o Filho do homem, com investidura de plenos poderes. Também aqui a "exousia" ainda deve vir, mas ao mesmo tempo está presente. Já dá para perceber também a primeira influência de outra linha do credo, a saber, a cristologia da sabedoria (ver mais adiante). Além de "Filho do homem", "Filho de Deus" e "o Filho", aparece agora, na tradição Q, também "o Senhor" (*Kyrios*) (Mt 24,42.45-46.48.50 e 7,21.22 par.), sempre em contexto apocalíptico. Ao Jesus terreno esse título (Senhor) aplica-se apenas na perícope do centurião de Cafarnaum, um pagão (Mt 8,5-13 = Lc 7,1-10). Poderia ser traduzido no sentido de "senhor Fulano", mas a intenção é mais profunda. Quem aí chama Jesus de "Kyrie" o vê como "aquele que salva por um milagre"[33] e, pelo teor de toda a perícope, como alguém com autoridade e poderes, da mesma forma como este centurião ou oficial também tem autoridade no seu próprio setor. Na parábola do servo fiel e do servo infiel (Mt 24,45-51 = Lc 12,42b.46), fala-se também do "Senhor" (Mt 24,50); mas dentro da própria narrativa da parábola, "o Senhor" pode significar simplesmente o dono dos escravos, sem significado cristológico direto. Outro sentido ainda de "Senhor" temos em Mt 25,20.22.24.26, na parábola dos talentos (Mt 25,14-30 = Lc 19,12-27), onde Q é claramente uma parábola sobre a parusia: Jesus foi embora, deixou o país; os discípulos ficaram. Isso refere-se, veladamente, à morte na cruz, mas sem intenções querigmáticas. "Depois de muito tempo" (a parusia demora a chegar!), o Senhor volta. Nesses textos, "o Senhor", *Kyrios*, significa evidentemente Jesus como o "Filho do homem" do fim dos tempos. Ele é o "Kyrios-Filho do homem" que no fim dos tempos há de nos pedir contas do nosso esforço com os talentos recebidos. Portanto, a existência escatológica dessa comuni-

[32] S. Schulz, *Q-Quelle*, 215ss; Hoffmann, *Q-Studien*, 77-78; B. van Iersel, *Der Sohn*, 151ss.
[33] Tödt, *Menschensohn*, 83 e 241; Schulz, *Q-Quelle*, 242.

dade Q é, na sua espera pela chegada do Senhor, uma existência ativa, trabalhosa, em sentido ético-religioso, de muita dureza, como na vida comercial. Finalmente, o termo "Kyrios" é usado também no sentido crítico (Lc 6,46 = Mt 7,21): "Por que me chamais 'Senhor, Senhor', e não fazeis o que eu digo?" *Kyrios* tem aí, no contexto Q, sentido escatológico, sendo expressão da cristologia do "maranatha", que convoca para agir, não para a não-atividade. Nesse estrato do Q, o fazer, a ortopráxis é tão importante que talvez seja responsável (na linha do judaísmo grego) pela "doutrina dos dois caminhos": de um lado, o caminho da revelação apocalíptica de outro lado, o caminho do código ético (o Decálogo), explicitamente mencionado na Didaqué.[34]

Conclusão: A versão Q é uma das formas de um querigma muito espalhado no cristianismo primitivo. Ela não tem um querigma explícito sobre "ressurreição", mas podemos dizer que, na sua idéia sobre o Jesus celeste que está ativamente presente nos profetas cristãos, ela possui um equivalente daquilo que outras tradições do cristianismo primitivo chamam de "ressurreição". Em contato com essa tradição, ela pôde de fato reconhecer a si mesma aí dentro, e integrar esse querigma da ressurreição na sua própria pregação da parusia. Paralelamente, e com o tempo também influenciando-se mutuamente, encontramos outra versão desse padrão do credo, sendo talvez da mesma idade, a saber, a tradição de Marcos.

c) *O Senhor do futuro, na cristologia de Marcos*

O evangelho de Marcos prega o "Filho do homem" sofredor, terreno, mas também o "Filho do homem" que somente na parusia virá com poder e glória. No evangelho de Marcos (e é chave hermenêutica para a compreensão deste evangelho), Jesus manda calar-se aquelas confissões que sugerem um Cristo "poderoso", mas nunca quando se trata de confissões do Jesus verdadeiro, o de Marcos: a saber, o Jesus-"Filho do homem": *a)* que sofre na sua vida terrena; *b)* que está ausente no breve período da comunidade escatológica; *c)* mas que voltará em breve.[35] O termo "Filho do homem" não é proibido (aliás, usado por Jesus apenas no evangelho de Marcos),[36] mas sim todas as confissões cristológicas que sugerem uma cristologia do "poder": Mc 3,11-12; 5,7; 1,25; 1,34; além disso, também curas

---

[34] J. B. Audet, *La Didaché*, Paris 1958, 252-257; P. Stuhlmacher, em: EvTh 28 (1968) 178-179; Berger, *Gesetzesauslegung*, p. ex. 458-460 e *passim*.

[35] Alguns detalhes das afirmações de Weeden são difíceis de aceitar, mas parece-me exegeticamente muitíssimo provável sua visão básica (em *Mark-traditions*), a saber: a tese de Marcos sobre a "ausência" de Jesus entre a sua morte e a parusia.

[36] Mc 8,31-32.38; 9,12.31; 10,33; 13,26; 14,62.

de doentes que, na mesma perspectiva, poderiam ser mal-entendidas: 1,44; 5,43; 7,36 e 8,26; em outros termos toda cristologia herética é proibida. É o assim chamado "segredo messiânico" em Marcos, o qual, portanto, não é propriamente um segredo, mas um veto contra uma cristologia que segundo Marcos é errada. O título "Filho de Deus", muitas vezes usado ao se falar em termos de "theiós anèr", ainda é aceitável, segundo Marcos, contanto que se entenda com isso o "Filho do homem" *sofredor,*[37] e não, portanto, uma cristologia "do poder". Com isso, Marcos respeita também a tendência de sua tradição mais antiga, que ainda chama o Jesus terreno de "Filho oculto de Deus", que somente por sua paixão e morte, e pela subseqüente legitimação, pode ser reconhecido como o verdadeiro Filho de Deus. Só a partir dessa perspectiva é que se manifesta o próprio projeto escatologicamente cristológico de Marcos.

Contudo, em contraste com a tradição da comunidade Q, o evangelho de Marcos não reconhece, no tempo (também para ele muito breve) entre a morte e a parusia de Jesus, nenhuma presença ativa do Jesus celeste que vive junto a Deus; por isso, a sua cristologia depende exclusivamente da lembrança dos dias da vida terrena de Jesus e, por outro lado, da esperançosa expectativa da vinda do "Filho do homem". Nesse último ponto, Marcos concorda com a tradição Q, pois, quanto ao primeiro ponto, o material de Marcos influenciou a cristologia da segunda fase helenista-judaica da comunidade Q (segundo S. Schulz e D. Lührmann). Portanto, a distinção dogmática (com as suas conseqüências) entre o evangelho de Marcos e a tradição Q está no fato seguinte: enquanto para Q a ressurreição se identifica com a exaltação, Marcos transfere a exaltação para a poderosa parusia do Senhor (e com esta a identifica), sendo que essa parusia deveria acontecer ainda durante a vida de muitos contemporâneos (Mc 9,1). Mas, é justamente quanto a isso que podemos constatar desânimo na comunidade de Marcos: Jesus ainda não veio! Na ausência de Jesus, isto sim, está o dom presente do Espírito (cf. Mc 13,11), mas "o Espírito" e "Jesus" não são idênticos (cf. 3,28-29). Embora já ressuscitado, Jesus deverá, mais tarde, como "Filho do homem", julgar o mundo por ter aceitado ou rejeitado Jesus de Nazaré. Mas, por enquanto, Jesus é mantido oculto no céu, aguardando a manifestação de sua glória e a sua vinda com poder.

O Senhor estará ausente: "Dias virão em que o esposo lhes será *tirado;* então, *nesse tempo,* hão de jejuar" (Mc 2,20) (isto é: os dis-

---

[37] Ver N. Perrin, *The christology of Mark. A study in methodology*, em: JRel 51 (1971) 173-187; *The Son of Man in the Synoptic tradition*, BRes 13 (1968) 1-23; *The creative use of the Son of Man traditions by Mark*, em: UnSQR 23 (1967-68) 357-365; finalmente: *Mark 14,62: Endproduct of a christian pesher-tradition*, em: NTS 12 (1965-66) 150-155; e L. E. Keck, *Mark 3,7-12 and Mark's christology*, em: JBL 84 (1965) 341-358.

cípulos estarão tristes pela sua ausência, mas serão fortalecidos pelo Espírito escatológico de Deus e pela esperança da vinda iminente de Jesus, o "Filho do homem"). Essa ausência, de um lado, é simbolizada em Mc 16,1-8 pelo "sepulcro"; de outro lado, é afirmada polemicamente pela estranha ausência de narrativas de aparições no Marcos autêntico (Mc 16,9-20 é pós-marcano; mas, embora canônico, é evidentemente uma tentativa posterior para sintetizar as tradições de diversas comunidades, e para integrar, dentro da visão unificada da grande Igreja, aquela cristologia "arcaica" de Marcos, que já não era compreendida). Se é certo afirmar que, por causa da ligação entre exaltação e parusia (e não entre exaltação e ressurreição), Marcos desconhece a atuação celeste atual de Jesus, mas confessa a total ausência de Jesus na sua Igreja lutuosa e sofredora, então fica compreensível que ele mesmo não aceita a tradição das aparições de Jesus: quanto ao "aparecer", Jesus somente aparecerá na parusia, e não antes.

Justifica-se a tese de que Marcos quis pôr novamente no centro o querigma central da vinda escatológica de Jesus, o "Filho do homem", a parusia: acontecimento que já era esperado durante mais de uma geração inteira. Pois havia uma tendência para centrar a pregação não na parúsia mas na ressurreição que, para Marcos é base, fundamento e pressuposto da expectativa da parusia. Marcos, quis fundamentar a fé dos cristãos em Jesus de Nazaré, Filho de Deus e "Filho do homem", que veio em sofrimento e rejeição, mas em breve virá com poder. Nesse tempo, quando a Igreja jejua, Jesus está ausente; não bebe mais o vinho com seus discípulos, até "aquele dia" em que novamente estarão unidos (14,25). O "sepulcro" está entre estas duas manifestações do mesmo Jesus de Nazaré: de um lado, sua aparição terrena em pregação e práxis, em sofrimento e rejeição; de outro lado, sua aparição escatológica "em poder e glória". Esta comunidade, aguardando sua vinda com poder depende inteiramente das palavras e obras e de toda a atuação terrena de Jesus. O crucificado é, *ele mesmo*, o "Filho do homem" que virá. Marcos, portanto, tem algo do conceito cristológico paulino e algo do querigma escatológico da comunidade Q, mas seu próprio querigma está na ligação interna entre o Jesus *terreno* (sobretudo no seu sofrimento) e *a parusia* (8,27-9,8; 10,32-40). A vinda do reino de Deus e a vinda de Jesus, "Filho do homem" com poder (parusia), para ele coincidem (9,1 com 13,26-27; cf. 14,25); e assim a Igreja, enquanto isso, está "órfã", porém consolada pelo dom do Espírito de Deus.

Portanto, a ressurreição que Marcos supõe para o seu querigma sobre a parusia (16,6; 8,31; 9,31; 10,34) ainda não é uma exaltação na glória, nem o ser revestido de poder, mas a base para a expectativa da parusia. Em Marcos, "exaltação" está sempre em relação com a parusia. Esta virá em breve, mas é imprevisível (8,38; 9,2-8; 10,37; 13,26; 14,62). Para reforçar essa interpretação, muito importantes são as passagens-chave 2,18-20; 14,61-62; 13,24-27, e o nexo entre 14,28 e 16,7; mas é preciso lê-las, não à luz do que mais tarde Mateus, Lucas ou João disseram sobre o assunto, mas *como* se acham em Marcos, e *como* eram lidas pelos membros da comunidade de Marcos, que evidentemente não se encontravam numa tradição que conhecesse as aparições de Jesus, mas que somente aguardavam ansiosamente a sua parusia. Com esses pressupostos, que são realistas, 14,28 e 16,7 podem por si só aludir tanto à parusia como às aparições. Quase sempre esses textos são entendidos como falando de "aparições", por causa de outras tradições (Mateus, Lucas e João e o final de Marcos, posteriormente acrescentado), porém dentro de uma análise estrutural do evangelho de Marcos será melhor interpretá-los diretamente sobre a parusia escatológica de Jesus-"Filho do homem".[38] Essa interpretação depende também de como se explica 13,24-27 e 14,62.

Em Dn 7,13 (Setenta) fala-se de um "ascensus", um "subir" do "Filho do homem", não de um "descer". Assim também em Mc 13,26. Em Mc 13,14-27 descreve-se uma "cena celestial", a entronização de Jesus como "Filho do homem" com poder, um acontecimento escatológico. Como em outros credos mais antigos, que encontramos ainda no Novo Testamento (Fl 2,10-11; 1Pd 3,19.22; Cl 1,15-20), fala-se aí da glorificação de Jesus *depois* que os exércitos celestes ou poderes espirituais foram derrotados e submetidos a Jesus. Em Mc 13,26, Marcos descreve em estilo apocalíptico a vitória de Jesus contra esses poderes, os quais então *vêem*, eles mesmos, a plena entronização do "Filho do homem".[39] Toda essa cena (diferente, p. ex. de Mt 24,30, onde quem vê são os habitantes da terra) se desenrola nas esferas celestes entre Jesus e poderes celestes; a cena terrena se encerrou em Mc 13,24a, e somente em 13,27 fala-se novamente em seres humanos; depois disso, os discípulos de Jesus são *reunidos* por anjos. É só então que se restabelece a união entre Jesus e seus discípulos. Mateus e Lucas fizeram da exaltação do "Filho do homem" (em Marcos) uma "descida" do "Filho do homem" já exaltado desde a ressurreição (Mt 24,29-31; Lc 21,25-28). O próprio Marcos, não!

Então, de acordo com isso deve ser interpretado também Mc 14, 62. É curioso que 14,62 ("Sou eu, e vereis o Filho do homem *assentado* à direita do Todo-poderoso e vindo com as nuvens do céu") combine o "Filho do homem" de Daniel 7,13, que "está em pé", com o "Senhor sentado" do Sl 110,1 (cf. também At 7,55-56). Essa citação complexa é típica de uma tendência, no credo, de ligar a exaltação de

[38] Assim, já anteriormente, W. Marxsen, *Der Evangelist Markus*, Göttingen 1959, também Weeden, *Mark-traditions*, 111-117, e 45-51.
[39] Weeden, *ibid.*, 129-130.

Jesus, não à ressurreição, mas à parusia.[40] (Também em At 7,55-56 há uma ligação implícita, pela combinação do "estar em pé" com "à minha direita"). No Novo Testamento, Sl 110,1 se relaciona geralmente com a ressurreição de Jesus, que ao mesmo tempo é vista como exaltação (Rm 8,34; Cl 3,1; Ef 1,20; 1Pd 3,22; Hb 1,3; 8,1; 10,12; 12,2), ao passo que Dn 7,13 costuma ser relacionado com a parusia. Segundo H. E. Tödt os dois textos não podem servir simultaneamente para indicar a exaltação:[41] o "estar sentado à direita" só pode acontecer (no sentido do Antigo Testamento) depois da exaltação e da inauguração; a ressurreição, então, é um subir para a "mão direita de Deus". De fato, o Sl 110 (na versão grega Sl 109) apresenta uma tensão: o filho de Davi *está sentado* à mão direita de Deus *até que* todos os inimigos lhe estejam submissos. Ora, somente para o julgamento é que alguém (sendo judeu) *se levanta* (o Jesus-"Filho do homem", juiz do mundo, "levanta-se"). Vê-se por isso em todo o Novo Testamento uma "tensão": de um lado, a ressurreição como "assentar-se à mão direita de Deus" (Mc 14,62 par.; 16,19 [pseudo-Marcos]; At 2,34-35; Ef 1,20; Cl 3,1; Hb 1,3.13; 8,1; 12,2) e, de outro lado, a "submissão de todos os poderes" (somente na parusia) (1Cor 15,24-28; Hb 10,13). O próprio Paulo mostra que neste ponto havia idéias divergentes nas tradições do cristianismo primitivo; nos seus próprios textos, às vezes há um contraste entre a tradição e a redação (paulina) (cf. 1Cor 15,25 "no futuro", com 15,27 "já aconteceu").

Uma interpretação do cristianismo primitivo (posterior) usa Dn 7,13 como expressão da parusia, transformando-a numa "descida", invertendo o movimento.[42] Em Mc 13,26 e 14,62b, a combinação "ressurreição-exaltação" é mudada para "exaltação-parusia"; mas, 14,62b não é acréscimo posterior, interpretando 14,62a; as duas partes foram redigidas desde o começo como um só versículo (14,62).[43] Em 14,62b, Marcos quer descrever uma exaltação (não uma descida) do "Filho do homem", mas a qualifica como acontecimento do *fim dos tempos*.[44] A redenção é acontecimento *escatológico* (13,13), mas não há de demorar.

Quem ligava a exaltação à ressurreição afirmava conseqüentemente uma atuação celeste do Cristo, presente na Igreja. Quem ligava a exaltação com a parusia, como fez Marcos, desconhecia essa presença celeste ativa de Jesus na Igreja.[45] E na Igreja primitiva, Marcos

[40] Hahn, *Hoheitstitel*, 128-129, 181-183, 288-289; ver também 177 e 282; e Weeden, *ibid.*, 126-129.
[41] Tödt, *Menschensohn*, 33-37.
[42] Weeden, *ibid.*, 126-131.
[43] R. Fuller, *Foundations*, 145-146; 152 e 175; Hahn, *Hoheitstitel*, 181-183 e 39.
[44] Weeden, *ibid.*, 128-129.
[45] W. Thüsing, *Erhöhungsvorstellung und Parusieerwartung in der ältesten nachösterlichen Christologie*, em: BZ 11 (1967) 95-108 e 205-222; 12 (1968) 54-80, e 223-240

evidentemente não foi o único a pensar assim, como é sugerido em At 3,20.21a, e também na parábola sobre as jovens na festa de casamento, em Mt 25,1-13; Fl 2,10-11; Cl 1,15-20 e 1Pd 3,19.22.[46] Para esses cristãos, o Senhor foi realmente "tirado" de seu meio (Mc 2,20). Isso explica a impaciência e o desânimo na comunidade de Marcos.

É claro que Marcos polemiza contra uma teologia (precoce) sobre o Cristo como "poderoso", com relação tanto ao Jesus terreno como ao Jesus celeste ressuscitado, mas ainda não exaltado e constituído em poder. Segundo Marcos, Jesus reage até energicamente contra a chamada "confissão de Pedro", porque Pedro entende essa confissão messiânica evidentemente no sentido de um Cristo constituído em poder, pelo que a "epifania" de Jesus seria revelada de modo precoce e sujeita a mal-entendidos; isso torna-se claro pelas reações, logo em seguida, à primeira predição da paixão (Mc 8,27-28.31-33): Pedro é um satanás! Para Marcos, Jesus de Nazaré, tendo sofrido nos seus dias nesta terra, agora está ausente, mas há de vir mais tarde, na hora da parusia, com poder, sendo então o "Filho do homem", o Cristo, o Filho. Em contraste com a confissão de Pedro sobre o "poder" de Jesus, é característico que Marcos faz o centurião pagão – que como comandante da execução acompanhou tudo de perto ("ele *viu* e creu") – confessar que este Jesus *sofredor* é verdadeiramente "filho de Deus" (15,39). De fato, depois da ignominiosa paixão e morte de Jesus, já não existe o perigo de alguém interpretar Jesus, o "filho de Deus", no sentido errado de uma cristologia do poder. Marcos não conhece nenhuma mística cristológica, a não ser a mística da imitação do Jesus terreno, sofredor, que coloca toda a sua esperança na vinda do reino de Deus. Em contraste com Paulo, cuja "theologia crucis" ele partilha até certo ponto, Marcos está cético diante de experiências espirituais com o Senhor ressuscitado. Marcos é o evangelho da "ausência de Jesus" e, por excelência, o evangelho da lembrança do *Jesus terreno,* bem como do "aguardar esperançosamente o Filho do homem celeste, o qual virá", na expectativa de sua exaltação que há de inaugurar o definitivo reino escatológico, o reinado de Deus. Sua cristologia é antitriunfalista, e

(agora também na forma de livro: SBS 42, Stuttgart 1969), nega-o, porque (na opinião dele) a presença do Espírito na comunidade é um dom do Jesus celeste. Mas é muito questionável se esse dom do Espírito, de fato afirmado por Marcos, já está, no evangelho de Marcos, em relação direta e intrínseca com o próprio Jesus ressuscitado; na há nada que aponte nessa direção; muito pelo contrário (p. ex. Mc 3,28-29; cf. Mc 13,11 com Lc 21,15). Também a Didaqué ainda diz: "Não julgarás um profeta que fale no Espírito" (17,27). Aqui fala uma teologia que afirma a primazia do Espírito acima do "Filho do homem". Ver R. Scroggs, *The exaltation of the Spirit by some early christians*, em JBL (1965) 359-373.

[46] Ver R. Fuller, *Foundations, l.c.*, 145ss e 185-186; Hahn, Hoheitstitel, 126-132 e 184-185.

coloca no centro o Jesus de Nazaré rejeitado. Desde que Jesus partiu, nós vivemos um período interino, um tanto cinzento, mas necessário (13,9-13), em que a fé cristã sofre uma pesada provação. Mas, quem aceitar essa cristologia será salvo (13,10-13). Eis a "teologia negativa" de Marcos!

Em torno dessa interpretação de Marcos, no entanto, *alguma* dúvida ainda permanece. O conceito de "exaltação" não deixa de ser ambíguo e vago no Novo Testamento. "Estar sentado à mão direita de Deus" pode significar um domínio atual (e de fato é esse o sentido em muitos textos do Novo Testamento); porém, numa cristologia pronunciadamente do tipo "maranatha", apenas o "estar em pé" indica o início da atividade do vencedor escatológico: é *somente então* que serão derrotados todos os inimigos (inclusive a morte). É a esse último fato que Marcos se refere, e no entanto *não se pronuncia* sobre alguma atuação do Cristo celeste neste meio tempo (é assim que eu gostaria de nuançar a tese de Weeden).

O Marcos original (mais tarde corrigido, e assim integrado na Igreja oficial pelo final canônico, Mc 16,9-20) pode ser de proveito para nós, cristãos do século XX, se refletirmos tanto sobre o projeto cristológico dele, como sobre a integração do seu evangelho no cânon bíblico.

No conjunto do Novo Testamento, Marcos é um fenômeno isolado até certo ponto. Podemos questionar se não escutamos aqui (até dentro do Novo Testamento) um eco da antiga cristologia palestinense, provavelmente a mais antiga (que soa diferente da cristologia das aparições e do "entusiasmo" profético-carismático de algumas comunidades cristãs primitivas, como, entre outras, a tradição Q). Em Marcos, quem tem a palavra são as tradições cristãs da Palestina, de um lado interessadas em todas as atuações de Jesus na terra, e de outro lado na sua função de salvador e juiz escatológico. A teologia paulina sobre a Igreja como "Corpo do Senhor", lugar da atuação celestial do Jesus glorioso, influenciou fortemente a imagem canônica de Jesus, embora não se deva buscar com facilidade nos evangelhos sinóticos a imagem paulina da Igreja como "Corpo de Cristo"; em todo caso, o evangelho de Marcos parece até desconhecer qualquer avanço nesse sentido.

As duas comunidades escatológicas – da tradição Q e do evangelho de Marcos – em pontos fundamentais divergem essencialmente, mas concordam no seu credo fundamental, ou seja, que Jesus, como "Filho do homem" que virá, é o *Senhor do futuro*. Ambas representam uma cristologia de "Maranatha": Jesus é quem traz a *futura* salvação escatológica. O perdão dos pecados é algo do futuro. Além disso, o evangelho de Marcos e a segunda fase da comunidade Q (aliás, sob influência de algum material de Marcos) concordam também fundamentalmente na sua atenção pelo Jesus *terreno* (e toda a sua atuação, sob todos os pontos de vista). No entanto, a intenção com que o material de Marcos foi transmitido era diferente da intenção da comunidade Q, a qual vivia da presença do Senhor já atuando na Igreja,[47] ao passo que a tradição de Marcos e o evangelho de Marcos estavam voltados para o "Jesus terreno".

Esse credo puramente escatológico ainda influenciou, p. ex., o Apocalipse da Ásia Menor (o Apocalipse canônico) e posteriormente os movimentos montanistas.

Concluindo, quero repetir: Este credo (das comunidades Marcos e Q) via a sua continuidade com o Jesus terreno, Jesus de Nazaré, na mensagem dele sobre a proximidade do reino de Deus, o reinado de Deus que em breve começaria. A morte de Jesus, então, não trouxe uma ruptura; foi a primeira fase, o início dos "ais" escatológicos. As comunidades Q e Marcos transmitem fielmente a mensagem do Jesus histórico, combinando-a somente com o seu querigma cristão a respeito de Jesus, o "Filho do homem" que em breve virá, credo esse que (na tradição de Marcos) surgiu com base na ressurreição de Jesus (a qual, porém, não é, como tal, o cerne nem o objeto dessa linha do credo). Na comunidade Q, o querigma da parusia se baseia antes nas experiências carismáticas-proféticas desses cristãos, que vêem nisso a mão do "Filho do homem", o juiz que vem, e que para isso está junto a Deus. A diferença entre as duas comunidades consiste nisto: a comunidade Marcos (com grande probabilidade histórica) não parece confessar uma atividade salvífica atual do Cristo ressuscitado antes da parusia, por isso, precisava basear-se em toda a atuação do Jesus terreno, e não apenas na sua mensagem escatológica sobre a proximidade do juízo e da graça, como na fase mais antiga da tradição Q; por isso, esta se interessa quase unicamente na pregação (*logía*) de Jesus, e *quase nada* nos seus atos milagrosos. O interesse histórico por todos os aspectos da vida de Jesus de Nazaré é uma conseqüência *essencial* do querigma marcano (ou já pré-marcano), assim como o interesse pela *mensagem* histórica do Jesus terreno (o reinado de Deus) se deve ao querigma Q (o qual, numa fase posterior, sob influência do material Marcos, alargou seu interesse pelo Jesus terreno).

---

[47] Ainda acho discutível se a Carta de Tiago é texto recente, rejudaizante, ou então texto muito antigo (talvez o mais antigo do Novo Testamento), seguindo a linha da tendência muito antiga, talvez a mais antiga do credo. Há argumentos em favor de uma datação antiga (ver: Elliot-Binns, *Galilean Christianity*, *l.c.*, 45-48 e Th. Boman, *Die Jesus-Ueberlieferung*, *l.c.*, 197), mas também alguns textos em Tiago que parecem contradizer. Sabemos pouca coisa sobre a história destes textos (houve talvez correções ou interpolações posteriores).

B. A cristologia (?) do "theiós anèr". Jesus, o taumaturgo divino. Cristologia do salomônico filho de Davi

Bibliografia: F. C. Baur, *Apollonius von Tyana und Christus,* em E. Zeller (ed.), *Drei Abhandlungen zur Geschichte der alten Philosophie und ihres Verhältnisses zum Christentum* (Hildesheim [2]1966); H. D. Betz, *Lukiam von Samosata und das Neue Testament. Religionsgeschichtliche und paränetische Parallelen* (TU 76; Berlim 1961); L. Bieler, *Theios anèr. Das Bild des "göttlichen Menschen" in Spätantike und Frühchristentum* (Viena [2]1967); G. Friedrich, *Lk 9,51 und die Entrükckungs-Christologie des Lukas,* em *Orientierung an Jesus* (Friburgo 1973) 48-77; H. Koester, em *Trajectories,* 187-193 e 216-219; G. Lohfink, *Die Himmelfahrt Jesu* (Munich 1971); G. Petzke, *Die Tradition über Apollonius von Tyana und das Neue Testament* (Leiden 1970); J. Roloff, *Das Kerygma,* espec. 182-202.

Existe ampla literatura profana greco-romana sobre pessoas em quem se tornou visível uma "força divina" (força = "virtus" ou "areté", isto é, virtude, solidez e força; por isso tal literatura denomina-se "aretologia"), gênero que em círculos cristãos da Igreja primitiva se apoderou também da "Vida de Jesus", e mais tarde continuou a existir nos "acta martyrum" e "acta sanctorum".

Essa doutrina sobre o *theiós anèr*, proveniente do helenismo, influenciou fortemente os judeus da diáspora, de língua grega, inclusive os judeus helenistas depois que se tornaram cristãos. Apolônio de Tyana e grandes soberanos como Alexandre Magno e o imperador Augusto eram considerados como "homens milagrosos" e apelidados de "filhos de Deus", "divus Augustus", o "imperador divino". A bem dizer, eram seres celestiais revestidos de figura terrestre; apareceram em nosso mundo, vivendo tão virtuosamente (muitas vezes renunciando a todo prazer, à carne, ao vinho e à sexualidade), e com tanta força (*areté*; são exorcistas e curam doentes, às vezes ressuscitam mortos), que eram evidentemente "epifanias" de Deus; o divino tornava-se visível no seu miraculoso aparecimento terreno. Nasceram também miraculosamente do próprio Deus, muitas vezes virginalmente (isto é, são divinos). Depois da morte são "arrebatados", tirados "dentre os humanos" e "assumidos" junto aos seres divinos, e não raramente aparecem depois a seus íntimos e admiradores. Tais biografias heróicas eram escritas com finalidades propagandísticas, a fim de conquistar outros para a imitação do herói descrito; é uma literatura edificante. Eis um breve resumo da esfera greco-romana e helenista-oriental do "theiós anèr".

Judeus de língua grega, educados com tais idéias, ao ouvirem a mensagem sobre Jesus e ao se tornarem cristãos, sentiam-se plenamente motivados para interpretarem Jesus no quadro do padrão helenista do "taumaturgo divino". (Todavia, estou usando a expressão "cristologia do taumaturgo divino" apenas provisoriamente; mais adiante, ao falarmos sobre "messianismo sapiencial", deverá ficar claro que essa última terminologia é mais adequada, mais de acordo com a "história das tradições". Por isso, o título de tal "linha do credo" foi qualificado com ponto de interrogação. Mesmo assim, creio que as idéias do "theiós anèr" exerceram influência sobre esse credo. É por isso que, depois de alguma hesitação, se manteve o título.)

No Novo Testamento encontramos avisos contra pessoas que rejeitam o casamento e o uso de certos alimentos (1Tm 4,3); além disso, encontramos em Paulo[48] e nos evangelhos[49] polêmicas claras contra uma mentalidade de *theiós anèr* entre os cristãos. Marcos e João provavelmente usaram, como fontes para seu próprio evangelho (uma fonte diferente para cada um), tais "cristologias do *theiós anèr*", isto é, "tradições sobre milagres".[50] Nessa interpretação aretológica de Jesus, ele é visto como "taumaturgo divino", que prova seu caráter divino com atos de poder. Jo 20,30-31 é provavelmente o final da "fonte de sinais" usada por João: "Jesus realizou ante os olhos de seus discípulos muitos sinais que não estão consignados neste livro. Estes foram escritos *para que creiais* que Jesus é o Cristo, o Filho de Deus, e para que, crendo, tenhais vida em seu nome". É mais ou menos assim que reza o final das "vitae" de todos os miraculosos homens de Deus; p. ex., de Judas Macabeu: "O restante das ações de Judas, de seus combates, das proezas que realizou, de seus títulos de glória, não foi escrito, pois era demais" (1Mc 9,22; ver também Sr 43,27). Aretologias e biografias de heróis se escreviam com finalidades de propaganda. Por isso, as narrativas sobre os acontecimentos extraordinários do herói venerado são, por assim dizer, o próprio credo dessa interpretação de Jesus, quaisquer que sejam os títulos sublimes então usados; na literatura profana, "Filho de Deus" já era o título mais apropriado para o taumaturgo divino, virtuoso e poderoso, cuja vida se descrevia. Mas, nem Paulo, que não quer conhecer Cristo "segundo a carne", isto é, da maneira como esse modelo aretalógico julgava as pessoas (2Cor 5,16 e 11,4), nem Marcos, João e Lucas aceitam a cristologia do *theiós anèr,* pelo menos não sem corrigi-lo querigmaticamente. Para Paulo, seria a pregação de um "outro Jesus" (2Cor 11,4). Também a cristologia de Lucas (Evangelho e Atos) é essencialmente diferente de uma cristologia do *theiós anèr*,[51]

---

[48] H. D. Betz, *Eine Christus-Aretologie bei Paulus (2Kor 12,7-10)*, em: ZThK 66 (1969) 288-305; H. W. Kuhn, *Der irdische Jesus bei Paulus als traditionsgeschichtliches und theologisches Problem*, ibid., 67 (1970) 308-318; cf. Th. Boman, *Die Jesus-Ueberlieferung, l.c.* 184-207.

[49] Th. Weeden, *Mark-traditions*, 138-158; Hahn, *Hoheitstitel*, 292-297. Roloff, *Das Kerygma*, sobretudo 182, n. 265, em reação contra G. Georgi, *Die Gegner des Paulus im 2. Korintherbrief*, Neukirchen 1964.

[50] Ver Weeden para o evangelho de Marcos, e Robinson, em Robinson-Koester, *Trajectories*, sobre a fonte dos "sémeia" de João (*The Johannine Trajectory*), 232-268.

[51] Roloff, *Das Kerygma*, 188-205.

e em Marcos os assim chamados milagres de Jesus, que manifestam Deus, sempre são seguidos por uma surpreendente não-compreensão dos discípulos. Além disso, de acordo com Marcos, os discípulos falham na sua tentativa de curar doentes (Mc 9,14-29):[52] é um veto cristão contra uma teologia do Cristo como o divino taumaturgo.

Embora sem chegar a ser canônica, é claro que viveu uma cristologia dos *theiós anèr* nas camadas mais antigas do cristianismo primitivo, em certos ambientes de cristãos judeus de língua grega. Muitos dados apontam na direção de uma cristologia galiléia, na base de uma "tradição sobre milagres" e tradições sobre vocações (Mt 28,16ss; cf. Mc 3,13ss; 9,2ss; Jo 21,2-13; também Mc 14,28 e 16,7-8). Houve uma aretologia cristológica pré-paulina, pré-marcana e pré-joanina; há inúmeros dados no Novo Testamento que apontam nessa direção, a tal ponto que não se pode negar esse fato histórico. Tal aretologia proclamava que uma força divina operava em Jesus e, conseqüentemente, nos seus seguidores: acreditando nele, também seus admiradores recebem o mesmo poder para exorcismos, curas etc. Embora destituído de uma *cristologia* de *theiós anèr*, Lucas usa freqüentemente idéias de *theiós anèr*, a fim de tornar seu evangelho "acessível" para gregos.[53] Assim, depois do evangelho de Lucas como narrativa sobre os grandes feitos de Jesus, os Atos são de fato a narrativa sobre os "grandes feitos" de seus seguidores, os apóstolos. At 2,22, embora de redação tipicamente lucana, apresenta traços característicos de uma cristologia aretológica: "Jesus Nazareno foi um homem que Deus tinha acreditado junto de vós, realizando por meio dele milagres, prodígios e sinais no meio de vós, como sabeis". Também seu evangelho da infância de Jesus é *apresentado* como uma aretologia, embora com a intenção de mostrar *teologicamente* que não foi somente pela ressurreição ou pelo batismo no Jordão, mas desde seu nascimento, que Jesus de Nazaré é verdadeiramente Filho de Deus. A maneira como Lucas entende o nascimento virginal ("*por isso* aquele que vai nascer será santo e será chamado Filho de Deus", Lc 1,35) só é compreensível dentro de uma cristologia que desconhecia (ou negava) a velha tradição do Cristo como a Sabedoria preexistente, e de outro lado chama Jesus de "Filho de Deus" desde o começo (e não apenas a partir do batismo ou da ressurreição).

O que chama a atenção, no entanto, é que essa linha de fé, a aretologia (nunca canonicamente sancionada), afirma uma continuidade histórica e também teológica entre Jesus e a Igreja. Na base de critérios históricos consta que Jesus fez alguns milagres, mas como

[52] Ver também R. Pesch, *Jesu ureigene Taten*, Freiburg 1970.
[53] Ver mais adiante "o santo sepulcro" segundo a versão de Lucas.

sinais do reino de Deus que estava chegando (Mt 11,5; Lc 11,20), e não como prova de seu poder divino; milagres são sinais de um acontecimento escatológico, ilustrações da proclamação escatológica de Jesus.[54] Quem é confrontado com eles, está sendo chamado para entrar no reino de Deus. Milagres são uma práxis do reino de Deus. Embora interpretada unilateralmente, a linha do credo representada pela aretologia cristológica está todavia fundada num dado histórico na vida de Jesus de Nazaré. Mesmo sem ser canônico, esse credo prova o interesse dos primeiros cristãos em saber que seu querigma funda-se em fatos reais do Jesus histórico. Também aqui continua em vigor o princípio geral de correlação: pelos discípulos (aqui taumaturgos) pode-se conhecer o Mestre (Jesus como taumaturgo); a imitação de Jesus manifesta um aspecto do Jesus histórico.

No Novo Testamento, a freqüente crítica (explícita e implícita) contra esse credo aretológico mostra que tal interpretação sobre Jesus foi muito forte em comunidades do cristianismo primitivo, sobretudo porque sua propaganda missionária pertence à essência da aretologia. Constata-se que as narrativas sobre milagres, bem como sobre vocações e missões, são interdependentes dentro de um determinado complexo de material tradicional, que aponta para a Galiléia. Aí não há nenhuma cristologia do "maranatha"; pelo contrário, os discípulos desde já recebem a salvação das mãos de Jesus. E também o querigma da ressurreição deve ter sido desconhecido nessa região. Trata-se de uma cristologia (muito antiga) que se limita inteiramente ao Jesus terreno, em quem a salvação é dada efetivamente; e o interesse volta-se para a epifania do agir divino na atuação histórica de Jesus. Em vez de falar de uma cristologia do "theiós anèr", provavelmente seria melhor chamar isso de "messianismo" profético-sapiencial, com traços do taumaturgo divino (ver mais adiante). Também aí a morte de Jesus não é uma ruptura. Nos discípulos que operam milagres, o poder divino de Jesus continua agindo.

A tradição a respeito das "aparições" de Jesus deve ter nascido também nessa linha do credo. O termo "ophté" (= ele foi visto; tornou-se visível) já é uma palavra da tradição das "epifanias". Esse termo não é paulino; nos escritos de Paulo aparece somente uma vez, num texto por ele citado (1Cor 15,3-8). A cristologia da epifania está essencialmente ligada à tradição galiléia, que transmite os milagres e exorcismos de Jesus: Deus agiu visivelmente neste homem. De outro lado, após a morte esse taumaturgo divino (o profeta salomônico dos últimos dias) mostra-se ativo através de seus confidentes (cf. Lc 10,16; Mt 10,40; 28,20b). A combinação da tradição sobre o taumaturgo divino (messiânico) com a tradição a respeito da ressurreição de Je-

[54] Ver mais adiante, no capítulo sobre os milagres de Jesus.

sus resultou no tema das "aparições", isto é, um teologúmeno, no qual cristãos, vivendo numa tradição sobre "aparições" (epifanias), assimilaram o querigma da ressurreição, proveniente de outras comunidades cristãs, e o inseriram na sua própria teologia da epifania, e o verbalizaram, afirmando aparições do Crucificado ressuscitado, pois também depois de sua morte ele está presente, operando agora nos seus seguidores. Essa presença atual é tematizada em "aparições", com termos que falam de uma epifania. Isso explica o fato de que a fé na ressurreição já estava presente antes que se falasse em aparições. Explica também por que as "aparições" estão essencialmente combinadas com as "missões", e por que sugerem sempre uma origem na Galiléia, para onde remetem também as tradições sobre milagres, vocações e missões. Isso sem dúvida torna compreensível por que o Novo Testamento tem a tendência de falar em "aparições apostólicas" "a Pedro e aos Onze".

Em 2Cor 3,1, Paulo fala sobre missionários que têm cartas de recomendação no bolso. Ao que parece, são cartas onde alguma comunidade atestava neles obras miraculosas, imitando as de Jesus. Esses missionários imitam os grandes milagres de Jesus. Em resposta, Paulo declara que segue a Jesus, mas "sem poderes" nos sofrimentos deles. Com ironia e sarcasmo, Paulo diz aos opositores: "Vocês são fortes; eu sou fraco" (1Cor 4,10; 2Cor 4,7). E pedindo desculpas pela presunção, enumera seus próprios atos de heroísmo: uma vida de privações, de sofrimento e perseguição (2Cor 6,4-10; 12,12; 1Cor 4,11-13). Esses missionários não pregam o Cristo, mas a si mesmos, diz Paulo (2Cor 4,5), que percebe muito bem o caráter unilateral de tal projeto cristológico (2Cor 4,7-12; 6,4-10; 11,23-33). A ausência de ortopráxis nos opositores de Paulo torna-se uma contra-indicação para a ortodoxia de sua cristologia. Sendo mais tarde "cristianizado" e assumido dentro do credo canônico, tal credo perdeu sua existência independente, embora tenha continuado a exercer pressão através dos evangelhos de Marcos e João.[55] A comparação da teologia Q (apenas dois milagres de Jesus) com os quatro evangelhos, e desses evangelhos entre si, mostra a tendência de aumentar o aspecto miraculoso na vida de Jesus, ou para projetar sobre Jesus (em quem realmente havia aparecido uma libertação surpreendente) narrativas de milagres conhecidas por outras fontes (profanas). Os evangelhos apócrifos e numerosos *Acta Apostolorum* mostram até que ponto uma literatura propagandística e edificante do *theiós anèr* se afasta de Jesus de Nazaré como norma e critério, quando ultrapassa os limites do Novo Testamento canônico.

Mas, até hoje essa cristologia, pela sua aberração, bem como a reação canônica contra ela, tem algo para nos ensinar: o Novo Tes-

[55] Koester, em: Robinson-Koester, *Trajectories*, 190-191.

tamento se opõe a uma divinização irreal do homem histórico, e não quer perder o contato com o critério real: Jesus de Nazaré. Aliás, na atuação de Jesus houve inegavelmente fenômenos surpreendentes.

C. "Cristologias sapienciais": Jesus, o mensageiro e o mestre da sabedoria; Jesus, a Sabedoria pré-existente, encarnada, humilhada, mas exaltada

Bibliografia: Kl. Berger, *Zum traditionsgeschichtlichen Hintergrund der chistologischen Hoheitstitel:* NTS 17 (1970-1971) 391-425; F. Christ, *Jesus Sophia. Die Sophia-Christologie bei den Synoptikern* (Zurich 1970); M. Hengel, *Judentum und Hellenismus* (Tubinga[2] 1973); A. Feuillet, *Le Christ la esagesse de Dieu d'après les épitres pauliniennes* (Paris 1967); íd., *Jésus et la sagesse divine d'après les Évangiles synoptiques:* RB 62 (1955) 161-196; H. Koester, em *Trajectories,* 193-198 e 219-223; C. Larcher, *Études sur le livre de la Sagesse* (Paris 1969); R. Martin, *Carmen Christi* (New York 1967); J. T. Sanders, *The New Testament christological hymns* (Cambridge 1971); S. Schulz, *Q-Quelle* (passim); J. Suggs, *Wisdom, christology and law in Matthew Gospel* (New York 1970); Kl. Wengst, *Christologische Formeln und Lieder des Urchristentums* (Gütersloh 1972); U. Wilckens, *Weisheit und Torheit* (BHTh 26; Tubinga 1959).

Fórmulas e hinos já fixos, citados no Novo Testamento, como também diversos textos da tradição Q adotados nos evangelhos, mostram uma estreita relação entre Jesus e a Sabedoria.

No início do período helenista, constata-se na coleção mais recente de Provérbios certa personificação, tanto da sabedoria como da tolice. A sabedoria é um ser celestial, "mítico", preexistente (Pr 8,22-31), comparada com uma criança bem-amada, brincando diante de Deus (também Jó 28). Segundo Jó 28, essa sabedoria está escondida junto a Deus, inatingível para os humanos, a não ser que Deus a revele. Numa combinação histórica entre Apocalíptica e Sabedoria, a sabedoria vem para a terra, onde é uma estranha, que não é reconhecida; rejeitada, ela volta para o céu. Todavia, ela ensina os humanos (Pr 9,1ss) como medianeira da revelação divina. Aí antigas idéias sapienciais de gregos e orientais começam a confluir com a apocalíptica. Nesta época vê-se em todo o Oriente, mas também na Grécia, um surto de especulações sobre "intermediários" celestes entre Deus e a humanidade. A relação com Deus passa por seres de natureza mítica, que intermedeiam. Essa sabedoria hipostasiada se relacionava sobretudo com a doutrina sobre a criação do mundo (Pr 3,19; Jó 38-42; Sl 104,24; 136,5 etc.).

Será difícil negar que isso esteve em relação com a aretologia grega (ver acima) (cf. Eclo 24,3-7; 1,1-20, com inegáveis alusões à religiosidade oriental). Lógos, Sabedoria e Lei são identificados como a força que compenetra e unifica toda a criação. Embora universal, é apenas por alguns eleitos que essa sabedoria pode ser alcançada.

Ao lado disso, a partir do tempo dos Macabeus surgiu outro conceito de sabedoria nos ambientes pietistas dos "hassidim", que depois deram origem tanto ao partido dos fariseus como ao movimento dos essênios. É essa também a origem do livro de Daniel. Os "hassidim" ou "piedosos" constituíam um movimento ascético com visão apocalíptica, muito peculiar da história humana. "Sábios" são para eles os justos (Dn 11,33.35; 12,3.10). A sabedoria dos "hassidim" baseia-se numa revelação direta de Deus: sabedoria e compreensão do fim do mundo é o resultado de uma revelação celeste (sobretudo Dn 2,20-23; 1Henoc). Profecia, sabedoria e apocalíptica estão nisso interligadas. Em resumo: na noção hassídica de "sabedoria" podemos distinguir três camadas: *a)* Somente o justo é sábio (Dn 12,10); sábio é quem ensina bem a Lei e a pratica. *b)* Esses sábios, fiéis à Lei, recebem nas provações do fim deste mundo revelações divinas, que os levam a compreender os acontecimentos escatológicos. *c)* A plena sabedoria é um dom escatológico da era da salvação. Essa sabedoria estava em conflito com as especulações helenistas, hipostasiantes, sobre a sabedoria (a "sabedoria grega"). Eis um breve resumo de noções fundamentais, de cunho cultural-religioso, usadas nesta linha (a terceira) do credo do cristianismo primitivo para interpretar cristologicamente Jesus de Nazaré.

Na fase mais recente da comunidade Q, Jesus é relacionado com a sabedoria preexistente; esta envia os seus mensageiros, os profetas, mas também o profeta escatológico; Jesus, porém, nunca é identificado com a sabedoria preexistente; essa cristologia sapiencial é cautelosa.[56] Jesus, o Filho do homem terreno, é o Filho, conhecido somente pelo Pai, porque o Pai lhe deu todo o poder, de sorte que a Sabedoria celeste habitou nele; ele atua como o mensageiro escatológico da Sabedoria preexistente. "Fórmulas de missão" são características dessa cristologia da sabedoria. O evangelho de Mateus vai mais longe, e identifica Jesus com a Sabedoria; mais tarde, no apócrifo *Evangelho de Tomé*, o próprio Jesus se identifica com a Sabedoria.

Fora desses *logía*, o mito sapiencial da sabedoria preexistente aplica-se a Jesus, sobretudo em hinos muito antigos, que encontramos no Novo Testamento na forma poética de um "drômenon", um "drama cósmico" em vários atos: preexistência, humilhação (vir à terra), volta e exaltação da Sabedoria. Os mais antigos desses hinos são Fl 2,6-11 (que Paulo até certo ponto até privou de seu caráter mítico, inserindo a menção da morte de Jesus) e, mais forte ainda, o prólogo

[56] Mt 11,25-27 = Lc 10,21-22 (ver Sb 6-10). Também: Mt 23,34-36 = Lc 11,49-51; Mt 9,37-38. 10,7-16 = Lc 10,2-12.

do evangelho joanino; também Hb 1,3-4 e Cl 1,15-20. (1Tm 3,16 e 1Pd 3,18-22 estão sem dúvida numa outra perspectiva.) Assim (sobretudo na base de Fl 2,6-11) aplicou-se a Jesus Cristo, desde muito cedo, nas comunidades do cristianismo primitivo, o *modelo* de preexistência, encarnação, humilhação e exaltação, isto é, o modelo "descensus – ascensus" (*katábasis* e *anábasis*).[57] Não seria correto dizer que se trate de "dependência" de idéias não-cristãs. No entanto, a verdade é que na segunda metade do século primeiro três movimentos – o judaísmo, o cristianismo e a "pré-gnose" – criaram literaturas, quase simultaneamente; e nisso foram usados conceitos culturais-religiosos quase idênticos. Todos participaram de uma só mentalidade, universalmente espalhada, e do mesmo padrão de pensamentos. A questão é somente esta: como e até que ponto os cristãos, ao assimilarem modelos socioculturais de pensamento, se distanciaram deles também, na base da norma e do critério único que era Jesus de Nazaré, e qual foi, portanto, a variante cristã nessa adaptação ao espírito do tempo.

É evidente a proximidade da cristologia do "theiós anèr" (a qual, aliás, nasceu da mesma fonte múltipla), embora o aspecto de humilhação aí se acentue na encarnação do "Deus praesens". Por isso, essas cristologias foram tratadas separadamente. Debaixo, porém, da outra palavra-chave, a saber, do messianismo davídico-salomônico, deverão ser consideradas como um só movimento do cristianismo primitivo, na linha de uma tradição judaica, em que o "taumaturgo divino" já estava identificado com o messianismo sapiencial do justo e do sábio sofredores (ver mais adiante). A cristologia sapiencial havia de encalhar mais tarde em especulações gnósticas; de outro lado, porém, na patrística, inspirou a cristologia universalista do Lógos. Parece estar representada em diversas tradições do cristianismo primitivo, e até em diversas formas literárias, sendo porém, o hino, a forma mais privilegiada. De outro lado, deve ter sido sobretudo uma cristologia de ambientes "sofisticados" do judaísmo helenista.

A questão é esta: Na história de Jesus, qual é o acontecimento que corresponde a esse credo? Qual é a continuidade entre história e conteúdo, como a encontramos para as outras linhas do credo cristão? Jesus usou indubitavelmente certos provérbios de experiência sapiencial. Nesse sentido, é historicamente legítimo considerar Jesus como mestre da sabedoria. A continuidade mostra-se na imitação de Jesus pelos discípulos: assim como Jesus é um mistagogo, alguém que introduz nos mistérios de Deus, os apóstolos também são mistagogos.

---

[57] Ver também S. van Tilborg, *"Neerdaling" en incarnatie*, em: TvT 13 (1973) 20-33, mas, parece-me que não há argumentos joaninos suficientes para a sua sugestão de que com a partida de Jesus a encarnação chegou "ao fim".

No cerne trata-se de crer que Jesus está unido com Deus e fala sobre Deus: ele nos conta algo sobre o Pai; isso sem dúvida é um dado importante, até central, da vida do Jesus terreno! O modelo da "katábasis", afinal de contas, insiste nisto: a salvação de Deus em Jesus. A continuidade entre Jesus de Nazaré e essa cristologia da sabedoria é realmente bem grande, para quem não pára no modelo mítico; mas também não deixa de ser verdade que se trata de um modelo estranho para nós. Nos escritos canônicos encontramos antes uma atitude reservada; de um lado, o Novo Testamento cita esses hinos; de outro lado, são retocados e colocados dentro do credo evangélico canônico. Além do mais, sobretudo em Paulo, vê-se uma certa polêmica contra as conseqüências práticas desse modelo, que corre o perigo de se tornar uma doutrina "escolástica" sobre mistérios, destinada exclusivamente a iniciados que "não se preocupam com o povão" (cf. 1Cor 1-4, onde Paulo polemiza contra a "sabedoria grega").

D. Cristologias "pascais": Jesus, o Crucificado ressuscitado

Bibliografia: Ver Parte II, nos capítulos sobre morte e ressurreição.

É sem razão que esse modelo do credo se chama "paulino". Para Paulo, o credo do Crucificado ressuscitado é "o evangelho" (1Cor 15,1ss); morte e ressurreição de Jesus não são um pressuposto para a pregação sobre a parusia; para Paulo, são o próprio objeto de sua pregação, mas dentro da expectativa da parusia, que ele supunha próxima. Paulo representa apenas uma determinada linha dentro da cristologia pascal. A distinção se torna clara ao compararmos as idéias de Paulo sobre o batismo com aquelas das cartas deuteropaulinas. Na tradição paulina, a ressurreição e o batismo se relacionam entre si. Mas, segundo Paulo, o batismo nos faz participar da morte de Jesus, e não diretamente da sua ressurreição: "Pelo batismo fomos sepultados com ele na morte, para que, assim como Cristo ressuscitou dos mortos pelo poder de seu Pai, assim também nós andemos em novidade de vida... Se morremos com Cristo, cremos que também *viveremos* com ele (Rm 6,4-11). Paulo fala em "morrer com" (pelo batismo); no entanto, o "ressuscitar com" é um acontecimento estritamente *escatológico*. Nas cartas deuteropaulinas, porém, os cristãos, pelo seu batismo, já ressuscitaram: "Jesus nos ressuscitou com ele, e nos fez sentar nos céus em Cristo Jesus" (Ef 2,4-7). Aí aparece claramente outra opinião a respeito da relação entre a ressurreição de Jesus e o batismo cristão; é uma opinião contra a qual o próprio Paulo, em 1Cor 15, claramente reage. Tanto antes como depois de Paulo, portanto, existiu uma entusiasmada interpretação do batismo, baseada na ressurreição e nas aparições de Jesus. Os coríntios não negam a ressurreição de Jesus (1Cor 15,12); receberam a fé, que é a base de sua vida (1Cor 15,1-7; 15,11). Cristo ressuscitou, sim. Porém, na opinião dos coríntios, pelo batismo, os cristãos não apenas morreram com Cristo, mas também já ressuscitaram com ele: já estão no trono celeste. Os coríntios confessam uma escatologia já realizada: pelo batismo já ressuscitaram, e por isso não existe mais uma ressurreição *futura* (15,12): já passaram por ela. Aí temos uma verdadeira cristologia da ressurreição, à qual Paulo opõe uma cristologia de páscoa e parusia (1Cor 15,23), mas com base na ressurreição de Jesus. Existia uma tradição pré-paulina, em que não havia mais lugar para a parusia, porque pela própria ressurreição de Jesus tudo estava realizado e completado, e de tudo participava o cristão, pelo seu batismo: um querigma da ressurreição sem parusia (uma escatologia já realizada e totalmente presente). Ef 2,6 – "Ele nos ressuscitou, e nos fez sentar nos céus juntamente com ele" – são palavras de uma antiga canção batismal, em que o próprio batismo é interpretado como ressurreição. Por isso, a canção diz: "Desperta, tu que dormes, levanta-te dentre os mortos, e Cristo te iluminará" (Ef 5,14). "Livrou-nos do poder das trevas e transportou-nos para o reino de seu Filho amado" (Cl 1,13). O próprio Paulo não conhece *esse* querigma da ressurreição (ver Rm 6 e 1Cor 15), que deve ser pré-paulino, por causa dos fragmentos de antigas canções batismais e pela reação de Paulo contra certas idéias existentes em Corinto. Como já vimos, também Marcos reage contra essa tradição autônoma sobre uma ressurreição e aparições que incluem a parusia. Uma "escatologia já presente" não é o ponto final de uma longa evolução; é *uma* das muitas escatologias do cristianismo primitivo; é até pré-paulina. "A ressurreição já se realizou" (2Tm 2,18) no batismo cristão, e por isso não há uma ressurreição futura: "...ressuscitou-o dos mortos, fazendo-o sentar à sua direita nos céus, acima de todo principado, potestade, forças e dominações, e de todo nome que é mencionado não só neste mundo, mas também no futuro. E sujeitou a seus pés todas as coisas e o constituiu cabeça suprema de toda a Igreja, que é o seu corpo, a plenitude daquele que preenche tudo em todos" (Ef 1,20-23). Também esse texto parece fragmento de um hino da mesma tradição, que já vê como realizada a submissão de todos os poderes a Jesus, em contraste com o evangelho de Marcos (Mc 13) e com Paulo, para quem a morte é "o último inimigo" (cf. 1Cor 15,26, onde, no entanto, aparece alguma tensão entre tradição e redação).

Contra isso, Paulo apresenta outra forma de cristologia pascal, que mantém o *futuro* da parusia e da ressurreição final que virá, colocando sobretudo a morte expiatória de Jesus como querigma central. A própria cristologia de Paulo aparece na sua mais nítida forma em 1Cor 15, porque é aí que ele apresenta diversos dados da tradição dentro de uma perspectiva propriamente paulina. Ele quer frisar a identidade e a continuidade da pregação apostólica: todos anunciam o Crucificado ressuscitado: "Pois tanto eu como eles, *é assim que pregamos* e é assim que vós o crestes" (1Cor 15,11). Em 1Cor 15, Paulo combina o querigma da parusia, ou a cristologia do "maranatha", com uma cristologia pascal explícita, acabando com o querigma pascal pré-paulino do "estar ressuscitado junto com Cristo". Assim, duas tradições pré-paulinas recebem traço propriamente paulino: da cristologia da parusia aqui se manifesta o fundamento, que é a ressurreição (ainda não explicitada na tradição Q, mas sim na tradição pré-marcana), e o querigma entusiasmado da ressurreição é integrado na cristologia da parusia, recebendo assim novamente uma tensão "escatológica" (do "já" para o "ainda não"). A tese de que o Novo Testamento, cronologicamente, teria desmitizado aos poucos uma orientação mítica-escatológica, transformando-a numa escatologia simplesmente já presente, não corresponde às tradições do cristianismo primitivo, que inicialmente foram pluriformes. De fato, o entusiasmo próprio de uma "escatologia atual" é "antiquíssimo" em determinados ambientes cristãos, e é exatamente contra isso que outras comunidades cristãs reagem, partindo de outros projetos cristológicos.

Por um lado, o credo *pascal* insiste no valor salvífico e no caráter expiatório da morte de Jesus "para a nossa salvação". Por outro lado, insiste no sentido soteriológico da ressurreição como expressão da vitória de Deus contra todos os poderes da injustiça, e sobretudo contra "o último inimigo", a morte; no entanto, para o cristão, isso ainda pertence ao futuro. As duas verbalizações mais antigas podem ser reconstruídas na base de 1Ts 4,14; Rm 4,17; 1Pd 3,18 e Rm 14,9 (e outras fórmulas pré-paulinas). Por um lado, "Deus fez Jesus levantar-se (dentre os mortos"; por outro lado, "Jesus, que morreu, foi ressuscitado" (cf. Rm 4,25; 8,34; 1Cor 15,4; Gl 1,1; 1Ts 1,10; At 2,24).[58] Como o sentido da morte e da ressurreição de Jesus já foi amplamente analisado, seja aqui suficiente essa breve citação.

Interessante é que o termo Cristo, ou Messias, raramente usado nas outras linhas do credo, é o título mais usado em relação com o credo da Páscoa. A tendência desse fato é clara: "este homem, o Crucificado, é o Messias".[59] Nesse contexto se formou também, entre os judeus cristãos de língua grega, o nome "Jesus Cristo" ou "Cristo Jesus", para indicar insistentemente o significado da paixão, morte e ressurreição. A essa tradição do credo pertence também o título

---

[58] Ver G. Kegel, *Auferstehung Jesu. Auferstehung der Toten*, Gütersloh 1970, 12-20; também Koester, em: Robinson-Koester, *Trajectories*, 198-204 e 223-229. Ver mais literatura nos capítulos posteriores sobre morte e ressurreição.

[59] H. Schlier, *Die Anfänge des christologischen Credo*, em: *Zur Frühgeschichte des Christologie*, Friburgo 1970, 13-58.

"Filho de Davi" (Rm 1,3; 2Tm 2,8).[60] Essa relação entre "Cristo" e "Filho de Davi" e a paixão e morte não se explica na base da dinastia davídica; mas, por outro lado, também não é especificamente cristã; dentro de uma determinada tradição profética-sapiencial, é um pressuposto judaico (ver mais adiante).

Também aqui, há uma continuidade histórica e de conteúdo entre Jesus de Nazaré e o querigma pascal. Consta historicamente que Jesus (por volta do ano 30) foi executado pelo dominador romano. Os fatos históricos da paixão e morte de Jesus são o aspecto de sua vida terrena que, segundo esse credo, se tornou norma e critério da fé cristã. O que mais profundamente humano existe no homem – a história de seu sofrimento e de sua morte – tornou-se aqui o ponto de partida de um projeto cristológico. Assim, graças ao credo pascal é que se garante exatamente a verdadeira humanidade de Jesus (melhor do que na segunda e na terceira linhas do credo); e é exatamente Paulo quem se opôs apaixonadamente contra uma interpretação aretológica e sapiencial do Jesus terreno como um disfarçado "Deus praesens".

Segundo esse credo, a citação de outras obras e palavras de Jesus só é válida porque assim é descrito o contexto do sofrimento e da morte de Jesus. Verdade é que o perigo desse credo consiste em que pode levar a ignorar todos os demais aspectos, isto é, o que há de legítimo nos demais padrões de credo, e também o especial interesse histórico pela pessoa de Jesus com outra orientação De fato, essa linha do credo, a da cristologia pascal, não pode, como tal, ser chamada de canônica. Por outro lado, é verdade que esse querigma pascal é essencial para uma cristologia canônica. Mas, nos escritos que de fato são canônicos, as quatro linhas do credo são assumidas, confluindo numa espécie de *síntese*, tanto de suas tendências querigmáticas, como implicitamente do interesse especial histórico por determinados aspectos de Jesus de Nazaré. Como conjunto, são canônicas, ao passo que uma cristologia pascal isolada de fato é não-canônica, bem como uma teologia de Jesus de Nazaré sem o querigma pascal. Por isso, é tão importante uma análise dessas quatro linhas do credo, em que procuramos também, e sobretudo, a histórica e subjacente "memoria Jesu" (partindo da hipótese de trabalho de que a comunidade cristã é um *reflexo* do Jesus terreno). Pareceu-me o único caminho de acesso.

Além disso: o credo pascal não é uniforme, e não pode ser identificado com a teologia paulina. Para Paulo (e já nas comunidades pré-paulinas), esse credo estava ligado ao anúncio dos poderes atuais

[60] Ver: C. Burger, *Jesus als Davidssohn. Eine traditionsgeschichtliche Untersuchung*, Göttingen 1970; J. Ernst, *Anfänge der Christologie* (SBS, 57), Stuttgart 1972, 39-42. O título "Filho de Davi", aplicado a Jesus, é um teologúmeno sem significado histórico controlável (ver mais adiante, nesta parte).

do Cristo como "o Senhor" (*Kyrios*); portanto, a um culto do Senhor ressuscitado, cujo "corpo" é a Igreja. Acima ficamos sabendo que o querigma do Crucificado é tão essencial para o evangelho de Marcos quanto o é para Paulo, mas em Marcos a ressurreição recebe ressalva teológica diferente, e além disso Marcos resistiria a um conceito eclesiológico em que a Igreja é chamada de "Corpo de Cristo"; para ele a Igreja é a comunidade dos últimos tempos, sob a direção escatológica de Espírito de Deus, na ausência do Cristo que virá. Além do mais, há diferenças sensíveis entre as cristologias pascais e os quatro evangelistas.

Na época após o Novo Testamento, o "querigma pascal" dos evangelhos foi se desenvolvendo e compôs paulatinamente um "símbolo da fé" que, como "regra de fé", com o tempo se tornou a *norma*. Os evangelhos acabaram sendo considerados como expressões válidas, não tendo mais como critério "Jesus de Nazaré", mas o credo da fé eclesial. Mais tarde, no concílio de Nicéia, se produz uma ruptura com o pluralismo cristológico pré-niceno: determinada tendência neotestamentária, a joanina, tornou-se o critério pelo qual se julgava a ortodoxia cristológica do cristão, ao passo que anteriormente esse joaneísmo era apenas uma das muitas possibilidades cristológicas.

Conclusão. Podemos concluir que não houve no cristianismo primitivo nenhum credo ou querigma que não tomasse determinado aspecto da vida terrena de Jesus como base, ponto de partida e critério de sua interpretação da fé. Cada um desses credos tem como base um aspecto historicamente garantido da vida de Jesus. Por isso, nos evangelhos canônicos, a confluência desses diversos movimentos do credo, cada um com seu próprio interesse histórico por Jesus de Nazaré, não é apenas uma confluência de diversas interpretações de Jesus; é ao mesmo tempo uma convergência de muitas informações sobre a vida terrena de Jesus, provenientes de diversas tradições comunitárias. Isso naturalmente não garante por si a historicidade de tal informação (portanto, os critérios acima mencionados continuam valendo); no entanto demonstra, isto sim, que diversas comunidades cristãs cultivavam, cada uma a seu modo, uma determinada "memoria Jesu", e se tornaram portadoras de tradições verdadeiras sobre Jesus. A tradição marcana, por causa de seu querigma, que pelo menos deixava completamente na sombra a importância do Jesus ressuscitado vivente no céu, enxergava apenas o Jesus *histórico,* aguardando esperançosamente sua próxima vinda em glória: exatamente por isso essa tradição tem interesse mais amplo pela vida terrena de Jesus, toda a sua atuação, o que fazia e deixava de fazer, suas palavras, sua paixão e morte. Além disso, há muitos motivos para admitirmos (dentro do complexo problema da questão sinótica) que Mateus e Lucas não apenas usaram fartamente o evangelho de Marcos, mas também o material das comunidades Q, e ambos usaram também tradições ou fontes próprias e independentes. Encontrando-se numa tradição bem diferente (cujo valor para a histórica "memoria Jesu" é difícil de verificar com os critérios históricos de que dispomos), João tem a sua visão teológica sobre a relação entre "Pneuma" e "anamnese" (Jo 14,26; 15,26; 16,13-14); ele pode por isso conter lembranças detalhadas sobre a história de Jesus, sem que nos seja possível verificá-lo cientificamente.

Tudo considerado, isso nos leva à convicção de que o Novo Testamento, *graças a* seus diversos projetos *querigmáticos,* e não apesar deles, nos dá informação substancial sobre Jesus de Nazaré, pelo menos tão confiável como qualquer livro profano sério da mesma época. Contudo, seria intelectualmente irresponsável supor isso simplesmente de antemão. Uma vez posto o problema, a gente não pode contorná-lo com resposta autoritária de fé. No conjunto das tradições que acima já esboçamos esquematicamente, e que podem ser interpretadas de muitas maneiras, já podemos confrontar-nos com a pergunta vital que o Jesus terreno nos apresenta.

As linhas básicas das cristologias do cristianismo primitivo deixam claro que todas elas aceitam com fé a importância atual, permanente e definitiva de Jesus. Embora Jesus de Nazaré constitua o ponto de partida, é sempre diverso o motivo imediato para a afirmação cristã da importância permanente e atual de Jesus: em todas as linhas do credo, trata-se da importância atual e definitiva da *própria pessoa de Jesus,* não somente de sua mensagem e de sua ressurreição. Pois a pessoa de Jesus é o futuro juiz do mundo, trazendo salvação ou condenação; porque Jesus em pessoa é um homem divino, taumaturgo, a ser imitado, estando presente e agindo em seus seguidores; porque ele mesmo é uma "história de Deus" para nós; porque somente ele pode fazer-nos participar de sua ressurreição. A mensagem histórica sobre a vinda do reino de Deus tem valor permanente, mas nenhuma continuação dessa tarefa, seja pré-canônica, seja pelo Novo Testamento, aconteceu sem contato essencial com a pessoa de Jesus. No cristianismo, não se trata apenas da permanente mensagem de Jesus e da relevância definitiva dessa mensagem, mas no fundo trata-se da relevância permanente, escatológica, de sua própria pessoa. É essa, na verdade, a unidade cristológica que une os quatro modelos do credo.

As quatro linhas do credo mostraram também concretamente o que foi colocado, mais abstratamente, na metódica e hermenêutica Parte I deste livro. Uma vez encontrado em alguém um sentido definitivo ou uma salvação definitiva, tal fato, experienciado e formulado, se exprime inevitavelmente nas noções-chave, nas idéias e expectativas antropológicas que animam as pessoas que vivem nessa época; assim, a impressão causada pelo Jesus terreno deu origem aos quatro modelos do credo acima mencionados.

CAPÍTULO 2

PRIMEIRA IDENTIFICAÇÃO DA PESSOA DE JESUS, ELO ENTRE O JESUS TERRENO E OS CREDOS DO CRISTIANISMO PRIMITIVO

COLOCAÇÃO DO PROBLEMA

Teria sido deveras grande acaso se o cristianismo primitivo, na base de alguns aspectos da vida terrena de Jesus, tivesse podido chegar a quatro modelos fundamentais do credo, que mais tarde, embora com algumas correções recíprocas, se tivessem fundido automaticamente na imagem de Jesus segundo os evangelhos e todo o Novo Testamento. Então, de trechos sem nexo, os evangelhos teriam composto, afinal, como em quebra-cabeça bem-sucedido, uma figura coerente e conveniente. Mas, o que na realidade aconteceu foi algo bem diferente. Na base de certos dados da vida de Jesus, essas comunidades, antes de chegarem a formular seu credo, chegaram primeiro a uma *identificação da pessoa* de Jesus. Só mesmo esse reconhecimento da pessoa de Jesus como indivíduo bem definido (embora sempre caracterizado em base a determinado aspecto de sua vida), isto é, a identificação de sua pessoa, pôde então tornar-se a fonte das diferentes direções do credo. Além disso, o que aconteceu é que tal identificação da pessoa de Jesus foi originalmente igual em todas as comunidades, de sorte que ela está na origem das quatro linhas do credo, e que elas, coerentes entre si, puderam confluir nos evangelhos reconhecidos pela Igreja. "Jesus", o nome reconhecido por todos, foi portanto a ligação entre o Jesus terreno e o credo das Igrejas, entre o Jesus anunciante e o Cristo anunciado. Realmente, o fato de que os quatro modelos do credo puderam confluir nos evangelhos canônicos supõe (a não ser para quem, ideologicamente, vê o cristianismo primitivo como um sincretismo de muitas tendências) não apenas uma referência, comum a todos os credos, ao mesmo Jesus de Nazaré como norma e critério, mas além disso supõe que a mesma inspiração fundamental, a mesma identificação da pessoa precedeu as quatro perspectivas fundamentais da fé. Senão, teria sido impossível as comunidades (embora às vezes não sem polêmica) se reconhecerem no credo de outras comunidades cristãs primitivas. Pois bem, a única inspiração fundamental comum a todos os modelos de credo é o reconhecimento da salvação na própria *pessoa* de Jesus: identificaram Jesus como o *profeta dos últimos dias,* credo fundamental de todo o cristianismo. Se além disso pode ser demonstrado (inclusive com base nos mencionados "critérios históricos") que a identificação da pessoa de Jesus com o profeta escatológico do "ano da graça" de Deus foi com toda a probabilidade – embora talvez somente como pergunta ("será que ele é "aquele que devia vir?") – continuamente considerada, e às vezes também pronunciada pelos seus contemporâneos, como é um dado pré-pascal; então uma "cristologia implícita" é de fato um dado pré-pascal. Em todo caso, a cristologia explícita pós-pascal do cristianismo primitivo ainda não poderia ser entendida como tão altamente cristológica como, p. ex., a tradição de Nicéia iria fazer, numa linha válida sim, mas não necessária. O problema moderno, levantado por F. Baur, M. Kähler e R. Bultmann, a respeito do Jesus histórico e do Cristo querigmático, deverá, então, ser invertido: a identificação da pessoa de Jesus de Nazaré, que já se iniciou antes da Páscoa, pode nos esclarecer, então sim, o que o cristianismo primitivo entendeu exatamente com a confissão: ele é o Cristo, o Filho do homem, o Filho de Deus, o Senhor. Agora procedemos muitas vezes como se conhecêssemos muito bem o conteúdo dessas palavras no Novo Testamento e no cristianismo primitivo, devendo depois verificar se esses títulos combinam com um Jesus terreno, a ser de antemão reconstruído com "objetividade histórica". A nossa hipótese de trabalho, porém, é que para os primeiros cristãos o Jesus histórico foi norma e critério de toda a confissão, homologia, catequese e parênese. E isso nos obriga a pôr de lado o que precipitadamente julgávamos como ciência exata sobre o conteúdo desses conceitos confessionais, e a examinar como é exatamente a identificação da pessoa de Jesus como profeta escatológico que nos faz compreender o que as comunidades cristãs entenderam ou mesmo puderam entender com essas profissões de fé. Com isso não negamos a validade de evoluções posteriores do dogma dentro de novas questões e dentro de outro entendimento filosófico da realidade, mas atribui-se grande peso à primeiríssima identificação da pessoa de Jesus, reconhecimento esse que se deixou orientar *diretamente* pelo fenômeno concreto do Jesus histórico, ao passo que problemas posteriores podem ser também puramente problemas da "história das idéias", aporias provenientes de um material de conceitos já estabelecido por algum motivo.

A. O profeta dos últimos dias, "cheio do Espírito de Deus", que anuncia a boa nova para a salvação dos oprimidos: "Deus vai reinar"

Bibliografia: J. Becker, *Johannes der Täufer und Jesus von Nazareth* (Neukirchen-Vluyn 1972) 44-53; Kl. Berger, *Zum traditionsgeschichitlichen Hintergrund der christologischen Hoheitstitel:* NTS 17 (1970-1971) 391-425; id., *Die königlichen Messiastraditionen des Neuen Testaments:* NTS 20 (1973-1974) 1-45; J. Coppens, *Les origines du messianisme,* em *L'atente du Messie* (RechBibl; Brugge 1954) 31-38; id., *La relève du messianisme royal:* ETL 47 (1971) 117-143; id., *Le messianisme israélite. La relève prophétique;* ETL 47 (1971) 321-339; id., *Le Serviteur de Yahwé, figure prophétique de l'avenir,* 329-335; id., *La mission du serviteur de Yahwé et son statut eschatologique:* ETL 48 (1972) 343-371; id., *Le prophète eschatologique. L'annonce de sa venue. Les relectures:* ETL 49 (1973) 5-35; O. Cullmann, *Christologie,* 11-49; R. Fuller, *Fundamentos de la cristología neotestamentaria,* 57-61, 63-66, 73; F. Gils, *Jésus prophète d'après les évangiles synoptiques* (Lovaina 1957); J. Giblet, *Prophétisme et attente d'un messie prophète dans l'Ancien Testament,* em *L'attente du Messie* (RechBibl; Brugge 1954) 85-130; F. Hahn, *Hoheitstitel,* "Anhang: Der eschatologische Prophet", 351-404; E. Haenchen, *Die frühe Christologie:* ZThK 63 (1966) 145-159; M. Hengel, *Die Zeloten* (Leiden-Colônia 1961); W. de Jong, *Studies in the Jewish background of the New Testament* (Assen 1969); Kl. Koch, *Ratlos vor der Apokalyptik* (Gütersloh 1970); R. Meyer, *Prophètes,* em ThWNT VI, 813-828; A. Néher, *L'essence du prophétisme* (Paris 1955); O. Plöger, *Theokratie und Eschatologie* (Neukirchen ²1962); J. Scharbert, *Heilsmittler im Alten Testament und im Alten Orient* (Quaest. Disp. 23-24; Friburgo de Br. 1963); O. H. Steck, *Gewaltsames Geschick;* G. M. Styler, *Stages in christology in the synoptic gospels:* NTS 10 (1963-64) 398-409; H. M. Teeple, *The Mosaic eschatological prophet* (JBL-Monogr. Ser. 10; Filadélfia 1957); S. van der Woude, *Die messianischen Vorstellungen der Gemeinde von Qumrân* (Assen 1957). Por último, Strack-Billerbeck II, 479ss e IV-2, 764-798.

Em Israel, inicialmente apenas o rei era ungido; por isso ele era: *mashiah,* messias, o "ungido de Javé".[61] Por ter sido ungido, ele era "o homem segundo o coração de Deus" (1Sm 13,14), ao qual Deus dava força (1Sm 2,10; Sl 21,2). Essas idéias foram mais tarde assumidas na grande tradição religiosa sobre Israel como lugar da morada de Deus como Salvador (2Sm 7,4-17). Nessa camada de tradições, o rei de Israel, como ungido, é chamado "filho de Deus". Na coroação do rei usava-se a fórmula: "Eu serei teu Pai, e tu serás meu filho" (Sl 89; 2Sm 7,4-17). *Christós* (ungido) e Filho de Deus são os nomes oficiais

[61] 1Sm 10,1; 16,13; 2Sm 19,11; 1Rs 1,39; 2Rs 11,12; 23,30.

dos reis de Israel. Mais tarde, essa tradição do "rei ungido" é selada por uma aliança de Deus com a dinastia davídica (2Sm 23,1-7; Sl 2 e 110). Já que o messias ou rei é representante de Javé, o dominador do mundo, também a tradição do "cristo", o messias davídico, ganhou traços universais (Sl 2,7-12). Além disso aos poucos o rei tornou-se uma figura tão dominante que atraiu para si todas as características de outras funções: o rei davídico, o "cristo", ficou também com traços sacerdotais e proféticos.

Conseqüência disso, após a queda do reino e no início do cativeiro, foi que também os sumos sacerdotes,[62] e mais tarde todos os sacerdotes,[63] e finalmente também os profetas[64] foram instituídos na sua função por uma unção (pois, segundo o sentido *original* de Dt 18, 15-19, também o profetismo tornou-se função e instituição em Israel). Por sua vez, sobretudo o sumo sacerdote ungido foi assumindo procedimento régio: ele é o "príncipe ungido" (Dn 9,25). Sua função como "cristo" é velar pelos direitos de Javé,[65] ser mestre em Israel, dedicando-se inteiramente à causa de Deus. Por sua vez, o profeta ungido é por excelência "o homem do Espírito";[66] "ungir", então, significa passar para alguém o espírito profético.

Através do conceito "cristológico" da unção, as funções de rei, sacerdote e profeta – originalmente bem distintas – mostraram a tendência de se misturar. Já que em Israel a unção originariamente régia e a instituição dos reis sucederam aos Juízes, a realeza atraiu para si o aspecto carismático dos Juízes, que eram impulsionados pelo Espírito. "Javé estava com eles, e o Espírito de Deus repousava sobre eles".[67] Ao ungir o rei, Samuel disse que Deus estava com o rei, e que o rei devia estar voltado para Deus, "a fim de salvar Israel".[68] Por isso, "cristo" acabou significando "Deus conosco", e também "o homem junto a Deus", isto é, o protótipo do piedoso adorador de Deus: o coração do ungido pertence "integralmente a Javé" (1Rs 11,4), andando de coração puro e sincero na presença de Javé (1Rs 9,4). Por isso, o cristo, o rei, é "redentor", intermediário entre Deus e o povo. Assim, o rei devia ser ungido, dizem os historiadores deuteronomistas, que estavam decepcionados diante do efetivo comportamento dos reis ungidos. Por isso, mostram a tendência de harmonizar o cristo davídico com traços mosaicos, na imagem ideal do cristo régio. Descrevem Moisés como o "servo sofredor", "o mais humilde de todos os seres

[62] Por isso, esta unção é retroprojetada no passado, ou antedatada: Ex 29,7.29; 28,41; Lv 2,7-8.
[63] Ex 30,30; 28,41; 40,15; Lv 7,36; 10,7; Nm 3,3.
[64] 1Rs 19,16; Sl 105,15.
[65] 2Rs 17,26; Jr 5,4; 8,7.
[66] Os 9,7; Is 48,16; Ez 2,2; 11,5.
[67] Jz 6,16; 3,10; 6,34; 11,29; 13,25; 14,19; 15,14; 1Sm 11,6; 1Sm 10; 1Sm 16,13.
[68] 1Sm 10,1.6.9.

humanos".[69] O ponto final dessa evolução foi a figura do cristo ou messias como "cheio do Espírito de Deus",[70] uma noção de "cristo" que podia ser aplicada tanto a figuras régias como a sacerdotais ou proféticas. Duas tendências "messiânicas" haviam de se desenvolver a partir daí: de um lado, o messianismo dinástico-davídico (o cristo davídico); de outro lado, o messianismo profético (numa tradição ainda mais tardia, combinada com traços não-dinásticos do "filho de Davi"): o cristo profético. Sobretudo neste último caso, "messias" significa simplesmente o profeta, cheio do Espírito de Deus (Zc 7,12; Ne 9,30); ser "cristo" é sinônimo de "possuir o pneuma".

Todavia, foi somente no judaísmo posterior que essa figura de cristo ganhou sentido escatológico. Ao invés de ficar olhando para o passado idealizado, que como realidade concreta decepcionava, já se passara por uma reviravolta: agora se olhava para um futuro melhor, um futuro esperado. Logo antes, como durante e depois do cativeiro, constatamos os primeiros sinais de esperança na figura de um salvador que viria. Elaboraram-se as mais diversas modalidades, algumas na linha de um messianismo davídico (Is 11,1-2), outras na linha do profetismo; mais tarde, daí nasceria a expectativa da vinda de um "profeta escatológico". Para essa última linha, sobretudo alguns textos do deutero- e do trito-Isaías são importantes; caracterizaram fundamentalmente o judaísmo dos dias de Jesus, bem como o Novo Testamento. Os principais são os seguintes:

> "Eis o meu *servo*, o meu *eleito*,
> a quem apoio, ao qual quero bem.
> *Ponho nele o meu Espírito.*
> Levará justiça aos povos.
> ...Não quebra o caniço rachado,
> não apaga a mecha que está fumegando.
> Anuncia a *verdadeira justiça*.
> ...Eu, Javé, te chamei...
> *para seres uma luz para as nações"* (Is 42,1-6).

> "Escutai-me, ilhas;
> prestai-me atenção, povos distantes:
> Javé me chamou desde o seio materno,
> *desde antes do meu nascimento*
> *ele pronunciou o meu nome.*
> De minha boca ele fez uma espada afiada.
> À sombra de sua mão me escondeu.

[69] Dt 1,36-37; 4,21-22; 34,5; Nm 12,1-2.

[70] Ver sobretudo a obra já citada de M. Chevallier, com nuanças a partir de W. van Unnik.

Preparou-me como flecha cortante.
Guardou-me na sua aljava.
Ele me disse: *Tu és o meu servo,*
Israel, em ti mostrarei minha glória (Is 49,1-3).

Como são belos por sobre os montes
os passos do mensageiro da *boa nova!*
Ele nos faz ouvir a paz,
a mensagem da salvação!
Ele diz a Sião: *Teu Deus já reina!* (Is 52,7).

Eis a minha aliança com eles, diz Javé:
O meu Espírito está sobre ti
e minhas palavras eu coloquei em tua boca.
Nunca mais se afastarão de ti,
nem de teus filhos e netos,
desde agora e para sempre, diz Javé (Is 59,21).

O Espírito do meu Senhor, Javé,
repousa sobre mim:
Javé *me ungiu* e me enviou
para levar a alegre *mensagem aos pobres,*
para ajudar os infelizes,
proclamando a liberdade aos cativos,
aos presos a abertura do cárcere,
proclamando o ano da graça de Javé,
o dia da vindita do nosso Deus,
para confortar todos os enlutados... (Is 61,1-2).

No judaísmo do tempo de Jesus e no Novo Testamento, os textos acima citados se encontram, por assim dizer, num florilégio. Tornaram-se a base para o que na literatura judaica-apocalíptica se chama "o cristo", como figura escatológica. Pois ele foi "ungido" (Is 61,1-2), isto é, o Espírito de Deus repousa sobre ele (ib. e Is 59,21). Em Is 42, mais tarde interpretado na mesma perspectiva, viam-se traços mosaicos desse cristo profético: ele é o grande mestre da justiça; ou, na concepção dos judeus, o verdadeiro intérprete da Lei como revelação da vontade de Deus. Com isso se relacionava Dt 18,9-22: viria um "profeta como Moisés". Esse cristo não tem traços messiânicos no sentido da dinastia davídica; ele foi ungido, constituído por Deus e enviado como profeta, para anunciar uma boa nova (Is 52,7 e 61,1-2): isso, de um lado, se refere ao reinado de Deus (Is 52,7), mas significa também a salvação de Sião, salvação e libertação para infelizes e tristes, e um julgamento sobre todos os injustos (Is 61,1-2), julgamento esse que é pronunciado por "uma língua igual a uma espada afiada" (Is 49,1-3). Onde esse cristo profético aparece, chegam a paz, a justiça e a libertação. É uma figura profética de um cristo também com traços sacerdotais (cf. Is 61,6), não um messias dominador. Nesse complexo de tradições, o judaísmo posterior vê destacar-se a figura de um cristo que traz um evangelho, uma boa nova do reinado de Deus e da salvação e libertação dos humanos. Até não é impossível que no tempo de Jesus tenham existido florilégios, "testimonia", em que semelhantes textos estavam unidos, como também na gruta 4 de Qumrã foram encontrados florilégios de textos bíblicos (do Antigo Testamento), pelos quais se provava que haveria, além de um profeta escatológico, também dois messias: um sacerdotal e um da realeza davídica (ver mais adiante).

Entre esses textos, porém, e a exegese apocalíptica do judaísmo posterior, transcorreu longo período que trouxe uma reviravolta na espiritualidade judaica. Depois do cativeiro ainda há notícias, inicialmente, de alguma atividade profética (Esd 5,1-2); de outro lado, houve freqüentemente queixas sobre a ausência de profetas em Israel.[71] Mais tarde, o rabinismo havia de considerar Ageu, Zacarias e o anônimo Malaquias como os últimos profetas.[72] Mas, esse desaparecimento dos profetas manifesta algo diferente: a mudança das idéias sobre o profetismo. No judaísmo, Israel se transformou de um movimento profético a uma religião do livro sagrado. Escribas assumem o lugar que anteriormente cabia aos profetas: interpretar a vontade de Deus, com base nos sinais dos tempos. Agora começa o período da hermenêutica de textos bíblicos (*haggadá* e *hallakhá*). "Esdras leu no livro da Torá de Deus, traduzindo e interpretando, e todos entendiam o que era lido" (Ne 8,8).[73] A vontade de Deus e suas mensagens chegam a ser conhecidas, agora não por profetas vivos, mas pela hermenêutica de textos sagrados, considerados como vindos do céu. O que anteriormente tinha sido o profetismo, encontra-se agora como guardado em textos divinamente inspirados, que os judeus de língua grega consideram como "ditados por Deus". Por isso, 1Mac 9,27 já fala: "Desde os dias em que não houve mais profetas". Outra conseqüência dessa mudança de espiritualidade é que também os grandes profetas ficaram subordinados aos "livros de Moisés"; apenas lembram a Torá de Deus.[74] Após a queda de Jerusalém (ano 70 d.C.), rabinos dirão até: "A partir da destruição do templo, o dom do profetismo foi dado a débeis mentais".[75] Num mundo dominado por escribas e teólogos, não há mais lugar

[71] Esta queixa já aparece numa fonte mais antiga: 1Sm 3,1.
[72] J. Bonsirven, *Le judaisme palestinien*, vol. I, XXVI-XXX.
[73] R. Le Déaut, *Les études targumiques*, em: ETL 44 (1968) (5-34) 5.
[74] Strack-Billerbeck, I, 601.
[75] J. Giblet, *Messie Prophète*, 98.

para profetas. Tampouco para um messianismo profético. Imaginar um profeta superior a Moisés seria blasfêmia, como se sugere em Dt 34,10 (uma tradição posteriormente inserida): "Em Israel, profeta nenhum se levantou igual a Moisés". Foi somente depois do cativeiro e na ausência de profetas que Moisés se tornou a grande autoridade no judaísmo. É então que ele torna-se a figura ideal: rei, legislador, sacerdote e profeta ao mesmo tempo; e os judeus da diáspora, de língua grega, conhecendo o modelo do *theiós anèr*, apresentam Moisés como o divino homem milagroso: "ele foi assumido no divino, de sorte que se tornou aparentado com Deus, e verdadeiramente divino", diz Fílon,[76] comentando uma tradição sobre o êxodo, que fala de como Moisés foi arrebatado para junto de Deus.

Isso torna compreensível o seguinte: que uma atuação que não partia dos escribas e que era carismática e realmente profética, como a de João Batista e Jesus de Nazaré, retomando os mais profundos impulsos dos grandes profetas,[77] era por si só uma ameaça, aos olhos dos representantes do sistema oficial, e por isso considerada como provocação.

Contudo, além da exegese legalista da Bíblia, existia também uma interpretação carismática, principalmente dos livros proféticos.[78] E foi por aí que o profetismo continuou em vigor, embora numa perspectiva apocalíptica, de acordo com a mentalidade da época. Isso é testemunhado por Daniel e muita literatura judaica não-canônica. Que o espírito de Deus é um dom dos últimos tempos, já fora dito antes.[79] Joel, porém, o formula energicamente: "Naqueles dias, todo o Israel será um povo de profetas" (3,1-5). Sobretudo em ambientes onde começou a vigorar a convicção da proximidade do fim do mundo, a posse do pneuma era vista como o início do fim. Assim surgiram, ao lado do judaísmo oficial, diversos movimentos populares, alimentados por textos dos profetas antigos, através da exegese apocalíptica. Foi exatamente dentro dessas tendências que começou a se tornar viva a idéia da vinda de figuras escatológicas de salvação, nem sempre de contornos claros. Pois, sob a dinastia dos hasmoneus, as funções de rei e de sumo sacerdote uniram-se numa só pessoa (mesmo não descendente de Davi), embora "provisoriamente" (aguardando-se uma decisão melhor, profética) (1Mac 14,25-49). Assim, tornou-se bem vaga a noção do ungido como "o cristo".

---

[76] Transmutatur in divinum, ita ut fiat Deo cognatus, vereque divinus" *(Quaest. in Exodum*, II, 29). Ver Josefo, *Antiquitates*, 2,201-204.233.331; 4,326, o qual, explicitamente, chama Moisés de "theiós anèr". Ver J. Giblet, *Messie prophète*, 101, e J. Jeremias, *Moyses*, em: ThWNT 4, 852-853.

[77] Ver G. von Rad, *Die Botschaft der Propheten*, Munique 1967.

[78] M. Hengel, *Die Zeloten*, Leiden-Colônia 1961, 240-242; J. Giblet, *Messie prophète*, 122.

[79] Is 32,15; 44,3; Ez 11,19; 36,26-27.

A dinastia dos hasmoneus tornou-se poderosa, mas se descuidou do povo. A decepção suscitou, exatamente em movimentos populares, o desejo de uma grandiosa intervenção de Deus. Debaixo da ocupação romana, esse desejo cresceu e tornou-se uma certeza universal. Para isso ajudou a mentalidade apocalíptica da época. Deus havia de mandar um grande profeta.

Desenvolveram-se expectativas messiânicas-davídicas de um salvador próximo-futuro (ver mais adiante); havia também expectativas a respeito de um cristo-profeta dos últimos dias. Nisso, a exegese carismática ajudou. De fato, segundo esses círculos, a era da salvação só poderia ser reconhecida e o messias, rei ou profeta, só poderia ser identificado na base de textos da Escritura profeticamente interpretados. A exegese profética e a figura do salvador escatológico estavam interrelacionadas: a exegese profética lia os acontecimentos da época à luz dos livros sagrados, identificando assim o Cristo que devia vir. (Assim fizeram também os primeiros judeus cristãos.) Segundo o historiador judeu (Flávio) Josefo, durante a guerra judaica um profeta predisse exatamente, com base em textos de Daniel, a semana em que Deus havia de intervir para salvar. Realmente, diz Josefo, ao assaltarem o templo em 70, os romanos encontraram aí 6000 judeus aguardando a vinda de Deus.[80] At 5,35-39 alude a semelhantes identificações do cristo, e os evangelhos estão cheios de lembranças dessas expectativas proféticas ou davídicas do cristo, daquele que "devia vir".[81]

Essas expectativas populares receberam também expressão literária elitista, em várias formas da literatura judaica apocalíptica, anteriores e posteriores a Jesus Cristo. Tal literatura floresceu por volta dos anos 50 antes de Cristo e na segunda parte do primeiro século depois; a partir do ano 70 (queda de Jerusalém), houve novo florescimento apocalíptico (portanto na época em que, muito provavelmente, os evangelhos e muitos outros textos do Novo Testamento foram escritos, exceto Marcos).[82] Nessa apocalíptica literária, não são os mediadores escatológicos de salvação que estão no centro (às vezes até faltam), mas a mudança radical do velho mundo para o novo. Nisso, figuras intermediárias muitas vezes são secundárias. Quem explica os profetas antigos é o próprio autor do apocalipse; ele é um "revelador", que desvela para iniciados os segredos do futuro que Deus lhe comunicou. Ele é um intérprete carismático da Bíblia; não tem

[80] *De bello judaico* 6, 285-286, citado em M. Hengel, *Die Zeloten*, 249. Ap 11,1-2 pode muito bem ser alusão a essa profecia.

[81] Mt 3,11; 11,3.9.14; Lc 3,16; 7,19.20b; Jo 1,15.21; sobretudo 6,14-15.

[82] Em contraste com esses dois pontos altos, um com mais de meio século antes de Jesus, o outro de um pouco menos de meio século após, o próprio tempo de Jesus é antes uma época de silêncio na literatura apocalíptica. A apocalíptica teve florescimento febril depois da queda de Jerusalém (com evidente influência sobre grande parte do Novo Testamento), mas não podemos transferir isso para os próprios dias da vida de Jesus.

autoridade própria, e por isso atribui suas visões e profecias e suas interpretações da Bíblia (exegese escatológica) aos grandes do passado: Moisés, Daniel, Esdras, Henoc, Elias etc. Realmente, a respeito do que está escrito nos livros sagrados sobre esses grandes do passado, eles fazem uma "exegese", que portanto não é dada como interpretação *deles*; é apenas uma hexegese escatológica do que está naqueles livros antigos. Por isso, essa exegese apocalíptica é essencialmente pseudônima. Prefere falar sobre personagens bíblicos, dos quais se diz que foram "arrebatados", isto é, antes ou depois de sua morte elevados para junto de Deus (principalmente Henoc e Elias; também Moisés). Malaquias (uma coleção anônima) já tinha escrito: "Eis que vou enviar o meu mensageiro... Eis que ele vem, diz Javé... Eis que vou enviar-vos Elias, o profeta, antes que chegue o grande e terrível dia de Javé", (3,1.23.24; também Eclo 48,10-11). Aí o "Elias redivivo" é anunciado, num texto do Antigo Testamento, como profeta do fim do mundo. Segundo uma explicação carismática de Dt 18,15-18, aparecerá também um escatológico "profeta como Moisés" (é por isso que Elias e Moisés acompanham Jesus na narrativa da transfiguração). Assim é que surgem nessa literatura toda espécie de figuras salvíficas escatológicas, sendo que no povo vivia sobretudo a idéia da vinda de Elias, ou, mais vagamente, "daquele que devia vir".

No judaísmo, profetas escatológicos são pessoas que nos últimos dias recebem de Deus uma tarefa especial, seja como precursor da figura principal da salvação escatológica, seja como a grande figura única que no fim do mundo estará em primeiro plano. Cinco variantes podem ser citadas:

a) O profeta-taumaturgo escatológico. Neste contexto, o milagre é a legitimação da missão profética, e sinal da chegada do tempo da salvação. Entre esses "profetas", havia sobretudo propagandistas zelóticos anti-romanos. A repetição dos milagres do Êxodo é típica desses profetas escatológicos: repete-se o milagre do maná, também a divisão das águas do Jordão,[83] e os milagres de Isaías, da tradição sobre o Êxodo (Is 40,4-5). Um profeta escatológico desse tipo foi Têudas, sob o procurador romano Cuspius Fadus (44-46 d.C.) (cf. At 5,36), que prometeu repetir o milagre do Jordão.[84] Houve também, sob o procurador Félix, um profeta milagreiro escatológico, judeu egípcio, que anunciou o derrubamento dos muros de Jerusalém,[85] como outrora Jericó fora conquistada (Josué 6); também sob o procurador Festus, um profeta escatológico conduziu os seguidores para o deserto, prometendo milagres e libertação de toda miséria.[86]

---

[83] Ap. Sir. Baruc 29,4-8; 4Esd 13,43-44.
[84] Josefo, *Antiquitatum Judaicarum Libri* (= Antiquitates) 20,97-98.
[85] Josefo, *De bello judaico*, 2,26ss; *Antiquitates*, 20,169-170.
[86] *Antiquitates*, 20,188.

b) O *Elias redivivo*, figura de salvador escatológico, já anunciada por Malaquias (3,1 com 3,23-24). Sua tarefa seria restaurar o reino das doze tribos (Eclo 48,10; cf.Is 49,6). Não seria o precursor do messias escatológico, mas aquele que prepararia diretamente o caminho de Deus. Mesmo assim, o Elias escatológico já foi relacionado também, antes da era cristã, com as grandes expectativas nacionais-políticas, e considerado como precursor do messias. Portanto, a identificação cristã de João Batista com o precursor de Jesus como o Cristo lançou mão de um modelo que já existia (p. ex. em Qumrã).

c) O profeta *messiânico* dos últimos tempos. É uma mistura de dois complexos que, segundo a história das tradições, têm origens diferentes, a saber, o messianismo davídico e o "profeta escatológico": este, na sua origem, nada tem a ver com o messianismo dinástico. Posteriormente, essas duas tradições se uniram.[87] Nessa categoria, houve diversos pretendentes a messias querendo combinar o profetismo escatológico com o domínio político.

d) Houve também o escatológico "profeta como Moisés", sobretudo em Qumrã,[88] citando até explicitamente Dt 18,15-18. Na sua origem, também aí se trata de uma figura profética independente, não messiânica; mas acabou sendo relacionado, como precursor, também com o(s) messias escatológico(s). O "profeta igual a Moisés" haveria de completar a legislação e de interpretá-la validamente. Tanto samaritanos como essênios, independentemente uns dos outros, pensaram nesse escatológico profeta-igual-a-Moisés, mas todos eles devem ter sido inspirados por tradições mais antigas. Importante aí é a relação entre a Lei e o profeta escatológico, que seria o mestre e hermeneuta exato da Lei.

e) Finalmente, depois de Cristo, temos o *Moisés redivivo escatológico*. Não se trata aí de uma interpretação escatológica de Dt 18,15-18, mas do próprio "arrebatado", que vivia junto a Deus e voltaria no fim dos tempos. Mas, essa idéia não é pré-cristã (também os textos do Novo Testamento – Mc 9,23s; Ap 11,3ss – não podem ser interpretados no sentido de um *Moisés redivivo* escatológico); a idéia é de natureza rabínica, posterior.

Conclusão. Como precursor do messias-salvador, ou da vinda do reino de Deus no fim deste mundo, o judaísmo tinha, portanto, dois tipos de profeta escatológico: o anunciador do "dia de Deus", isto é, do juízo (Ml 3,1), logo identificado com o "Elias redivivo" (Ml 3,23.24), e "um profeta como Moisés" (exegese judaica de Dt 18,15-

[87] F. Hahn, *Hoheitstitel*, 353-354; Kl. Berger, *Die königlichen Messiastraditionen*, 1-45.
[88] *Ibid.*, 366ss.

18), de tal maneira, porém, que a diferença de conteúdo entre os dois tipos é às vezes muito vaga. Na narrativa da transfiguração, Jesus aparece entre as figuras escatológicas de Elias e Moisés, o que nos sugere que no judaísmo a função e o significado dos dois não coincidiam completamente. Moisés é o verdadeiro legislador, enquanto um profeta (no judaísmo) é de preferência quem ensina e interpreta a Lei. Uma distinção nítida, porém, continuava mantida entre o profeta escatológico e o messias da dinastia davídica, embora tal profeta também possa ser chamado de "messiânico" em sentido religioso: é um cristo, ungido com o espírito de Deus e, afinal, até "filho de Davi".

B. O messiânico filho de Davi dos últimos dias

Bibliografia: Além das obras citadas sobre o profeta escatológico, cf. Kl. Berger, *Die königlichen Messiastraditionen des Neuen Testaments:* NTS 20 (1973-1974) 1-45; J. Blank, *Paulus und Jesus* (Munich 1968) 250-255; M. Chevalier, *L'Esprit et le Messie dans le bas Judäisme et le Nouveau Testament* (Paris 1958); H. Conzelmann, *Grundriss,* 91-94 e 149-150; J. Coppens, *Le messianisme. Ses origines, son développement, son accomplissement* (Lectio Divina 54; Paris 1969); O. Cullmann, *Christologie,* 111-137; D. Dulling, *The promises to David and their entrance into christianity:* NTS 20 (1973-1974) 55-77; J. Fitzmyer, *La tradición sobre el Hijo de David en Mt 22,41-46 (e paralelos):* Conc 20 (1966) 434-448; P. Grelot, *Le Messie dans les apocryphes de l'Ancien Testament* (RechBibl; Lovaina 1962) 24-28; F. Hahn, *Hoheitstitel,* 242-279; R. Koch, *Der Gottesgeist und der Messias:* Bibl 27 (1946) 241-268 e 376-403; K. Kuhn, *Die beiden Messias Aaron und Israel:* NTS 1 (1954-55) 168-179; U. B. Müller, *Messias und Mensckensohn in jüdischen Apokalypsen und in der Offenbarung des Johannes* (Gütersloh 1972); G. Schneider, *Die Davidssohnfrage (Mk 12,35-37):* Bibl 53 (1972) 65-90; id, *Zur Vorgeschichte des christologischen Prädikats "Sohn Davids":* TrThZ 80 (1971) 247-253; D. Scholem, *The messianic idea in Judaism* (Nova York 1971); K. Schubert, *Vom Messias zum Christum* (Viena 1964); J. Stracky, *Les quattre étapes de messianisme à Qumrân:* RB 70 (1963) 481-505; W. C. van Unnik, *Jesus the Christ:* NTS 8 (1961-1962) 101-116; id., *Dominus vobiscum,* em A. Higgins (ed.), *New Testament Essays* (Hom. T. W. Manson; Manchester 1959) 270-288; *L'attente du Messie* (Paris-Brugge 1954); G. Voss, *Die Christologie der lukanischen Schriften in Grundzügen* (Studia Neotestamentica, Studia 2; Paris-Brugge 1965).

a) *"Messianismo davídico" de tipo nacionalista-dinástico*

Sobretudo pelo dêutero-Isaías é que se aprofundaram as idéias sobre a criação do mundo: "Javé abriu o mundo inteiro para Israel, e revelou seu poder sobre os povos".[89] Assim, tornou-se viva a fé em que "o próprio Deus ia reinar" (Sl 47; 93; 95-99; 22,29; Ml 1,14). Esse império universal, Javé o exerceria através de Israel (Is 43,15;

[89] Th. C. Vriezen, *Hoofdlijnen der theologie van het Oude Testament,* Wageningen, 1966.

44,6). No seu lugar, porém, reinaria seu representante na terra, naturalmente o próprio rei de Israel. Tal reino, finalmente, foi qualificado como escatológico: "para o fim deste mundo" (Is 24,23; 33,22; Zc 14,9.16; Ab 21). Assim, (em textos já tardios) desenvolveu-se a expectativa de um imperador mundial, escatológico, davídico. Essa esperança nasceu depois do cativeiro em Judá, onde durante a dominação persa se formara uma comunidade nova. A esperança num rei futuro, no tempo do fim, que exerceria na terra o domínio de Deus, nasceu pois no tempo em que se pensava escatologicamente, e em ambientes que aderiam à realeza davídica, aguardando portanto o messias vindouro da destronada dinastia davídica. Textos do Antigo Testamento em que essa esperança messiânica é formulada são os seguintes: Is 9,1-6; 11,1-10 (um broto de Jessé, ou seja, da dinastia davídica); 16,5; - Jr 23,5-6 [33,15-16] (um rebento da casa de Davi); Ez 17,22-24 (um broto da ponta dos ramos); Mq 5,1-3 (Belém como cidade dos descendentes de Davi); Ag 2,20-23 (Zorobabel é o messias esperado), assim em Zc 6,9-15 também: Zorobabel tornando-se rei e Josué sumo sacerdote, cresceu a perspectiva de uma dignidade messiânica davídica, um messias-rei e outro messias-sacerdote: Zc 4; finalmente Zc 9,9-10 (entrada triunfal do rei-messias em Jerusalém). São essas as promessas estritamente messiânicas do Antigo Testamento sobre o filho de Davi que viria. (Em Qumrã e no Novo Testamento, também o "Emanuel" de Is 7,14 é interpretado nessa perspectiva, mas aí se trata historicamente de uma ameaça de calamidades.)

Tudo isso mostra que a esperança messiânica davídica não esteve no centro da fé do Antigo Testamento, e vivia somente em determinados círculos. Os textos acima citados são quase todos do tempo pós-exílico, do quinto e quarto séculos antes de Cristo. Nunca essa figura do salvador davídico é chamado de "messias"; como rei, ele naturalmente fora ungido; "o ungido" é sinônimo de "o rei" (reinante); assim também o rei persa, Ciro, é chamado de "ungido" (isto é: o rei) (Is 45,1). Em outras palavras: no Antigo Testamento, não se conheceu o messias como figura de um salvador do fim dos tempos, da dinastia davídica. Mais tarde (veja acima), quando também sacerdotes e profetas eram ungidos, o termo "ungido" expressava uma íntima relação entre o homem (ungido) e Deus. Quando esse título vai ser usado para indicar a figura do futuro salvador davídico, escatológico, isso significará também que se trata de uma pessoa que salva por estar numa relação muito especial com Javé, devido à noção de "unção" no Antigo Testamento ("Cristo").

Os profetas Ageu e Zacarias pensavam que o rei Zorobabel, o tio do rei Joaquim (morando em Jerusalém) seria o tal rei-messias. Mas, quando essa expectativa não se realizou, começou-se a falar mais cautelosamente de *um* rebento do tronco de Jessé, de *um* descendente da antiga linha da velha dinastia davídica.

O messias do tempo escatológico tornou-se em Israel uma esperança bem determinada para o futuro; mas isso somente no judaísmo tardio, depois da revolta dos macabeus. No tempo do helenismo, a maioria não sentia falta nenhuma de um rei davídico, e muitos agrupamentos em Israel nem tinham orientação escatológica: a religião estava sedentária, "estabelececida". Apenas em grupos escatológicos havia uma fervorosa esperança do futuro, mas sem expectativas messiânicas. Mesmo os essênios, embora orientados para o futuro, inicialmente não conheceram esperanças messiânicas. Entre os fariseus nasceu o messianismo régio, como se vê pelos "Salmos de Salomão" (SlSal 17-18); entre eles tornou-se viva a esperança no messias, um salvador escatológico da casa de Davi, que traria felicidade para Israel. Essa convicção só podia nascer em círculos que por um lado continuavam a se interessar pela restauração da casa real judaica, davídica, conforme mostram as alusões ao Antigo Testamento nos Salmos de Salomão,[90] e por outro lado tinham orientação escatológica. Situação concreta reanimava velhas expectativas (quando a Palestina estava sendo governada por reis ilegítimos, os hasmoneus). A continuação da tradição messiânica era essencialmente uma causa de escribas, mas em momentos críticos da história podia nascer daí a tendência para alguma realização atual. De fato, a primeira prova de uma expectativa de *o messias* encontra-se nos Salmos de Salomão. Nasceu do conflito entre os sumos sacerdotes hasmoneus e os fariseus. Os fariseus, seguindo a antiga orientação dos hassideus, não podiam aceitar Jónatan, constituído ilegitimamente como sumo sacerdote. Sob João Hircano (134-104), o conflito com os fariseus agravou-se. Ele ia unir na sua pessoa os três grandes poderes de Israel: de profeta, sumo sacerdote e rei. Quando Aristóbulo I aceitou também o diadema real, e o sumo sacerdote Alexandre Jannai (103-76) mandou colocar nas moedas de Israel o título de "rei", isso foi demais para os fariseus. Era uma blasfêmia: não era permitido o sumo sacerdote ser rei! Somente a tribo de Judá, não a de Levi, tinha direito à realeza. SlSal 17,5-6 protesta com veemência contra esse fato. SlSal 17,7-8 descreve, então, a ameaça do julgamento divino, ligando a isso a esperançosa expectativa do "messias". Este sim, como rei de Israel, traria a salvação definitiva. Assim, o movimento messiânico nasceu da resistência contra um abuso de poder e um atentado contra a lei judaica, no tempo dos hasmoneus.[91] Explica também porque os primeiros vestígios de messianismo entre essênios de Qumrã (que também se opunham ao sumo sacerdote hasmoneu,

---

[90] 2Sm 7,12-16, cf. SlSal 17,4. – Sl 2,9, cf. SlSal 17,22-24. – Sl 110,5-6, cf. SlSal 17,22. – Is 11,1-9, cf. SlSal 17,23-28. – Mq 5,4, cf. SlSal 17,40, etc.
[91] U. B. Müller, *Messias*, 72-83.

mas se retiraram para o deserto), como também o Testamento de Levi 17 e 18 mostram um messianismo escatológico *sacerdotal,* em reação contra o sacerdote-rei hasmoneu. Portanto, o messianismo escatológico davídico era uma expectativa: de um lado, foi uma reação contra a deturpação do sumo sacerdócio, e por isso em favor do messianismo sacerdotal; de outro lado, era uma reação contra a deturpação da realeza, e assim esperava por um messias definitivo da realeza davídica. A primeira tendência mostra um caráter apocalíptico voltado para o futuro; a segunda foi antes um movimento de restauração. Essas duas tendências messiânicas, portanto, têm cada uma a sua escatologia, diferente uma da outra.[92] Os dois messianismos são contemporâneos, e nasceram na mesma época (os Salmos de Salomão e o Testamento de Levi supõem ambos Jerusalém conquistada por Pompeu, e portanto os acontecimentos do ano 63 a.C.). Os essênios de Qumrã insistem no messianismo do sumo sacerdócio; os fariseus, no messianismo régio. Nesse tempo em que surge o messianismo, além da insistência na convicção dos hassideus quanto à proximidade do reino de Deus (Dn 3,45; 4,31; 5,27 etc.), irrompia também a idéia da ressurreição.

A dupla tendência dentro do messianismo teve evolução própria entre os essênios de Qumrã. Novos membros de Qumrã devem ter trazido idéias farisaicas para a comunidade essênia, e entre os fariseus se tornara viva a espera de um messias davídico. Em *4 Qtestimonia* de Qumrã se menciona nesse tempo a vinda de um profeta, e também de dois messias, o messias sumo sacerdote e o messias régio de Israel, na base de uma exegese de Dt 18,15-18 (profeta), Nm 24,15-17 (estrela de Jacó: messias de Israel) e Dt 33,8-11 (bênção de Levi: o messias aaronítico),[93] mas não se emprega o nome "messias". Num texto semelhante de 1QS 9,11, porém, fala-se expressamente de dois messias e de um profeta escatológico. O messias sacerdotal definitivo estaria acima do messias-rei (devido à atitude anti hasmonéia desses essênios e à origem levítica de seu grão-mestre). Sem resposta fica a pergunta se essas duas funções poderiam ser exercidas pela mesma pessoa. Também no "Testamentum XII Patriarcharum" (fim do governo de João Hircano) fala-se da dupla figura messiânica: de Levi e de Judá.[94] Surgiu claramente uma tendência para deixar que o farisaico messianismo davídico fosse assumido pelo messianismo sacerdotal, tendência essa que prevaleceu completamente em Qumrã, no início da

---

[92] *Ibid.*, 79-80.

[93] P. Grelot, *Le Messie dans les apocryphes, l.c.*, 24-28.

[94] Conforme J. Starcky, *Quatres étapes*, 490-491, a dupla figura de messias é um compromisso entre a situação-de-fato (um rei hasmoneu, não-davídico) e o princípio "de iure" (as promessas proféticas a Judá). Também no livro Jubileus, 31,9-20 (de círculos de hassidim) fala-se de um messias de Levi e um de Judá.

ocupação romana. Desaparece a duplicidade da figura messiânica: o único messias que virá é o salvador de Aarão e de Israel, além de ser o profeta escatológico fiel à Lei, provavelmente identificado com o Mestre da Justiça que voltaria.[95] Pouco mais tarde, em 4QarP, o profeta escatológico é identificado com Elias, que voltaria segundo Ml 3,23, tornando-se o precursor do único messias. Após 63 a.C., portanto, a situação é esta: os essênios (também sob influência dos fariseus) aguardam um só messias, tendo como precursor o profeta escatológico fiel à Lei.

Durante certo tempo, em conseqüência de um terremoto, e também porque Herodes Magno não os perseguia, os essênios estiveram fora de Qumrã, mas depois da morte de Herodes retornaram durante os anos difíceis da revolta sob Arquelau e sob os procuradores romanos. Junto com esses essênios, também elementos anti-romanos, mais ou menos zelóticos, foram a Qumrã. Foi nesse tempo que se escreveu o *Rolo da Guerra*, em que o messianismo militar davídico chegou a seu ponto mais alto. Em *4 Q Florilegium*[96] menciona-se a futura vinda do messiânico filho de Davi, juntamente com o profeta-do-fim, fiel à Lei, sendo que as funções do messias régio agora prevalecem sobre as do sumo sacerdote messiânico (mas continua sendo um rei-sacerdote).

Foram essas as expectativas de Qumrã, nas quais não se menciona um "Filho do homem" que viria. O livro das parábolas de Henoc 37-71, o grande testemunho da expectativa do "Filho do homem", é desconhecido em Qumrã, e na literatura de Qumrã não se encontra, em lugar nenhum, alusão clara ao "Filho do homem" (segundo a opinião dos peritos). O ponto mais alto – caracterizando a situação da esperança messiânica dos essênios nos dias de Jesus – foi a esperançosa espera pelo messias davídico, rei(-sacerdote), "gerado por Deus", com alusões a Sl 2 e Sl 110. Além disso, citações de Dn 7,13-14 (uma "figura celeste"), Is 9,5 e 7,14 (o Emanuel, nascido de uma virgem segundo o texto grego) fazem supor que finalmente um nascimento virginal e um messias vindo do céu já era talvez uma idéia judaica pré-cristã sobre o messias davídico.[97] As tradições sobre o Messias e sobre o "Filho do homem" se influenciaram reciprocamente. Em Qumrã, porém, faltam tanto o "Filho do homem" como o "Servo sofredor de Javé".

No tempo de Jesus, o messianismo régio do "filho de Davi" reavivou-se e chegou a uma posição quase central; foi por obra dos fariseus (que influenciaram Qumrã), e ainda mais dos rebeldes na-

---

[95] QD 19, 10-11; 20,1; 12,23; 14,19; também 7,18-21; 19,35-20,1; ver Starcky, *Quatre étapes*, *l.c.*, 495.497.
[96] Ed. em JBL 77 (1958) 350-354.
[97] 4Q Messar: ver J. Starcky, *ibid.*, 502-504.

cionalistas, os sicários e os zelotes.[98] Para os zelotes, somente Deus era o líder de Israel, e Israel era propriedade de Deus. Uma ocupação estrangeira era, pois, contra o próprio Deus. Por isso, o cerne da rebeldia judaica estava na convicção religiosa de que somente Deus era senhor de Israel; a rebeldia nascia do coração da fé judaica. Pagar imposto a um imperador romano era sentido como blasfêmia. Tal era de modo geral a convicção dos judeus; a questão pragmática era esta: o que fazer em tais circunstâncias? Os chefes oficiais do povo, e todos aqueles que os cercavam, herodianos e aristocráticos saduceus, optaram por uma colaboração indulgente; os democráticos fariseus optaram antes por uma resistência moral dentro de uma obediência externa, tentando salvar o essencial: a Lei judaica. Os "homens do deserto" recusavam qualquer colaboração, mesmo que fosse apenas externa; fugiram para o deserto, a fim de fundar aí a ordem ideal, numa comunidade própria, e aí viver "uma vida de anjos", aguardando o reino vindouro;[99] eles tinham a consciência de que assim, com sua oração e estudo da Bíblia (exegese escatológica), aguardando do alto a intervenção de Deus, estavam provocando a ação divina. Por isso, escolheram o deserto (também por motivos práticos-táticos), a terra do Êxodo, o tempo da felicidade de Israel sem rei, caminhando para a terra prometida, sob a exclusiva direção de Deus. Foi essa a posição dos essênios, aos quais pertencia o grupo de Qumrã, que foi exterminado completamente em 70 e 72/73 d.C. (os restantes se suicidaram).[100] Outros radicais escolheram o caminho da resistência militar subversiva (mas na base da mesma inspiração religiosa judaica): eram os sicários e os zelotes; os primeiros também por causa da desordem socioeconômica, os segundos zelando pelo templo de Deus, controlado agora por um sacerdócio ilegítimo. Foram reforçados na luta pela sua fé na ressurreição. No meio de todos esses partidos vivia a massa do povo, sob toda espécie de influências, passivamente, mas assim mesmo animada por esperanças nebulosas. O povo aplaudia os sucessos dos ativistas, mas renegava esses rebeldes quando fracas-

[98] M. Hengel, *Die Zeloten, l.c.*; S. Brandon, Jesus and the Zealots, Manchester 1967, com: *Jesus and the zealots? A correction*, em: NTS 17 (1970) 453. Anotações mais precisas: G. Baumbach, *Zeloten und Sikarier*, em: ThLZ 90 (1965) 727-740, e *Die Zeloten*, em: BuL 41 (1968) 2-19; C. Daniel, *Esséniens, zélotes et sicaires et leur mention par paronymie dans le Nouveau Testament*, em: "Numen" 13 (1966) 88-105; M. Maccoby, *Jesus and Barabbas*, em: NTS 16 (1969) 55-60; M. Smith, *Zealots and Sicarii. Their origins and relation*, em: HThR 1 (1971)1-20; H. P. Kingdom, *The origins of the zealots*, em NTS 19(1972-73) 74-81.

[99] S. van der Woude, *Qumrân, l.c.*, 218.

[100] Ver: Y. Yadin, *Masada. Der letzte Kampf um die Festung des Herodes*, Hamburg, 1967. Alguns dentre os essênios de Qumrã que escaparam tornaram-se mais tarde cristãos. Em alguns círculos cristãos, na terminologia talvez proveniente de Qumrã, também os cristãos eram chamados de "seguidores do Caminho" (Ver: At 9,2; 18,25-26; 19,9.23; 22,4; 24,14 e 22).

savam. Os impulsos básicos de zelotes e sicários eram também os do povo: restauração de Israel como reino, independente de estranhos, próprio dos judeus e fiel à Lei. Dessas esperanças populares encontram-se vestígios também no Novo Testamento (Mt 19,28; Lc 22,28; 24,21; Ap 1,6 etc.).[101]

As esperanças, davídicas-messiânicas dos zelotes chegaram ao auge na guerra judaica (66-70 d.C.), e mais tarde na revolta de Bar Kokba (135 d.C.). Um dos fundamentos da guerra judaica foi a exegese carismática da Bíblia, segundo diversas fontes profanas, que citam um oráculo, mencionando "um futuro soberano judaico, dominador do mundo".[102] Exegese que sugere como geral a expectativa judaica de um judeu dominador do mundo, que viria em breve. O próprio Josefo cita "uma estrela de Jacó" (Nm 24,17ss), realmente conhecida nesses círculos zelóticos. M. Hengel, porém,[103] acha mais provável Nm 24,15-19: "Oráculo de Balaão... do homem que pôde ver segredos... Eu o vejo, mas não é para agora; contemplo, mas não de perto; eis que de Jacó sobe uma estrela, surge um cetro de Israel (...) Israel desenvolve poder. De Jacó surge um dominador" (Nm 24,17.19.21). Juntamente com Dn 7,13-14, Nm 24 inspirou a convicção dos zelotes de que os dias se tinham cumprido, e já podia ser identificado o messias.

b) *"Messianismo davídico", de caráter profético-sapiencial*

A literatura de Qumrã já mostrou que em tempos posteriores a luta inicial em torno do rei-sacerdote hasmoneu já não era o problema central; agora se tratava de "teologúmenos" e de expectativas messiânicas escatológicas próprias. Nas tradições que viviam e eram transmitidas em círculos históricos confluíam correntes proféticas e correntes sapienciais recentes; assim nasceu o messianismo totalmente novo, do "filho de Davi". No Antigo Testamento, filho de Davi (além

[101] Todavia, é preciso avisar aqui contra mal-entendidos modernos sobre a escatologia, não apenas em termos gerais (Ver J. Carmignac, *Les dangers de l'eschatologie*, em: NTS 17 [1970-1971] 365-390), mas em particular também. Que os judeus e os cristãos naquele tempo viviam na expectativa de serem a última geração, não significava "o fim do mundo" no sentido moderno dessa expressão. "Escatológico", sobretudo em relação com messianidade, significava sem dúvida algo transcendente, porém dentro deste mundo, embora numa ordem totalmente nova. Também no Novo Testamento há toda uma espécie de sinais de idéias bem diferentes das idéias modernas dentro do cristianismo. Característico é que muitos cristãos do cristianismo primitivo esperavam o reino de Deus, prometido por Jesus Cristo, para os que estavam vivos ("esta geração" é expressão que significava um período de cinqüenta anos): Mt 10,23; Mc 9,1; At 1,6; 1Ts 4,15-17; e receavam que os já falecidos não participassem disso (1Ts 4,13-18).

[102] Josefo, *De bello judaico*, 6, 212-213; Tácito, *Historiae*, 5, 13; Suetônio, *Vespasianus*, 4, 5; ver Hengel, Die Zeloten, *l.c.*, 245.

[103] *Antiquitates*, 10, 210; 4, 114 e 4, 116-117.

de Absalão) é sobretudo e por excelência Salomão. Nos círculos farisaicos que produziram os assim chamados Salmos de Salomão, o filho de Davi escatológico era pintado com os traços do sábio Salomão, cujos aspectos menos favoráveis 2Cr 1,1-9,31 já tinha eliminado. O que também chama a atenção é que toda a literatura sapiencial foi transmitida sob o nome de Salomão. "Sabedoria" identifica-se com Salomão, o filho de Davi! Segundo 1Rs 5,9-14, Salomão recebera de Deus "sabedoria em profusão, grande inteligência e uma abertura de espírito tão larga como a areia à beira do mar". Não apenas tinha enorme conhecimento da natureza (5,13), mas, segundo o livro da Sabedoria (7,20b), conhecia a força dos espíritos e os pensamentos dos homens; possuía a distinção dos espíritos, e no *Testamentum Salomonis* é atribuído ao filho de Davi o domínio sobre os demônios (3,4; 15,3). A expulsão de demônios (exorcismo) é qualificada pelo historiador judeu Josefo[104] como atividade própria de Salomão, o filho de Davi. Nos círculos do judaísmo helenista, o filho de Davi era visto, portanto, como o grande taumaturgo e exorcista, o grande rei sábio, iniciado nos conhecimentos divinos. Todos os demônios conheciam, pois, o nome de Salomão, o filho de Davi. Nesses ambientes, era corrente a expressão: "Rei Salomão, filho de Davi, tende piedade de mim".[105] Salomão é o filho de Davi, o profeta, o taumaturgo, e isso é frisado dentro de um contexto que fala de seu poder sobre os demônios. No Salmo 72 do Antigo Testamento, a figura do rei ideal se funde claramente com essa imagem de Salomão: um rei pacífico, que traz *shalóm*, e ao qual todos os poderes da terra estão submissos. Uma larga corrente judaica combina o título de filho de Davi com curas e exorcismos: ele é o rei ideal, um exorcista, um profeta; numa palavra: filho de Deus. O segredo de sua pessoa por enquanto está oculto para os outros.

Esse "estar oculto ainda" faz perguntar: "De onde vem isso?" O filho de Davi tem o espírito de Deus ou o espírito de Beelzebu? Os apocalípticos – e outros mais – vêem a história como luta entre poderes bons e poderes maus. Ambos fazem milagres: tanto o ungido de Deus quanto o seu adversário, o seu "opositor". Dentro desse conjunto um tanto quanto fechado de tradições, a questão da legitimação é essencial. E o critério para a distinção dos espíritos é este: "os milagres são feitos por sabedoria, ou para tirar proveito?" Sabedoria vem junto com autoridade ou *exousia*. Qual foi a *exousia* que enviou o sábio: o *pneuma* puro ou o impuro? Nisso a tradição profética está claramente ligada à do filho de Davi. Por isso, o messias-taumaturgo passa por uma "provação": se o justo é "filho de Deus" (Sb 2,18), então Deus

---

[104] *Antiquitates,* 8, 44-49; Test. Salomonis, 16, 3. Ver Kl. Berger, *Die königlichen Messiastraditionen*, 7, n. 29.
[105] Test. Salomonis, 20, 1.

o ajudará e o salvará das mãos de seus inimigos. Filho de Deus e "rei dos judeus" é aquele que participa da realeza de Deus, e isso se torna claro pelo seu poder sobre demônios e todos os elementos.[106] Isso vinha já preparado pela imagem de Moisés no judaísmo tardio: Moisés é rei do povo inteiro, porque tem o poder de fazer milagres, enquanto os elementos demoníacos do mundo lhe obedecem; sim, ele é o "Deus e rei de todos os povos".[107] Pois o "sábio", segundo a literatura sapiencial, possui "o mundo inteiro". Tudo isso ocorreu dentro de uma tradição que foi nivelando o messias sacerdotal e o régio, enquanto foi acentuando o profeta ungido, aquele do dêutero-Isaías.[108] No messianismo nacional da dinastia davídica, acentua-se o julgamento que há de aniquilar os inimigos de Israel. A esse profeta-messias compete também a função de juiz; o último julgamento condenará os que se tiverem oposto ao seu poder; o martírio do profeta messiânico levará à acusação testemunhada e ao julgamento de seus opositores.[109] O próprio profeta messiânico é, portanto, o juiz que virá; ele mesmo irá exercer essa função régia de juiz. Além disso, como profeta de sabedoria, ele é chamado "filho de Deus", "doulos" = servo de Deus e "pais Theou" = filhinho de Deus: nessa tradição profética-sapiencial, esses três títulos são sinônimos (cf. Sb 2,13.16d.18 e 9,4b.5a). Por ter recebido a sabedoria de Deus, o profeta da sabedoria, que irá cumprir escatologicamente a função de juiz, é chamado "o Bem-amado (*agapétos*)" de Deus, pois sobre ele os céus se abriram: ele recebeu a sabedoria e a revelação de Deus, o Espírito de Deus.

É somente em Jerusalém que esse messias se manifestará:[110] da mesma forma que Simão Macabeu, após a conquista da cidade (Gezer), se mostrou clemente, fundando um reino de mansidão, purificando as casas onde havia ídolos, e fez sua entrada na cidade ao canto de hinos e bênçãos, em meio de aclamações e palmas (1Mac 13,46-48a e 13,50-51).

Sb 2,19 diz expressamente que só mediante o sofrimento é que o sábio entra na sua basiléia (realeza). Somente depois de ser salvo por Deus, ele poderá ser aclamado: "Este é verdadeiramente filho de Deus!" (Sb 2,18). Em outras palavras, somente no fim é que o justo ou sábio será reconhecido como tal (Sb 2,16c; 5,1ss; 18,13).[111] No livro da Sabedoria, muitas tradições originariamente independentes se misturam e sintetizam sob o mesmo conceito: Deus comunica sua sabedoria a seu mensageiro, o messias, o filho de Deus. É evidente

---

[106] Berger, *l.c.*, 22.

[107] *Vita Moysis*, 1, 158; Berger, *l.c.*, 23, n. 89.

[108] *Jubileus* 31, 15; *Josef e Asenath*, 22; *Test. Levi*, 18,1.3. Ver Ap 11,3ss.

[109] L. Ruppert, *Jesus, als der leidende Gerechte?* (SBS, 59), Stuttgart 1972, 54-56.

[110] 4Esd 13,55; 5Esd 2,40.42.47. Cf. Lc 19,11; Rm 11,26-27. Berger, *l.c.*, 31.

[111] Também em Fílon, *Prob. liber*, 117; Test. Dan., 5, 13.

que idéias helenistas de judeus de língua grega modificaram profundamente o messianismo régio de Israel, mas partindo das próprias tradições proféticas e sapienciais judaicas.

Dentro desses complexos de tradições sapienciais podemos ainda, com Kl. Berger, reconhecer uma dupla noção de basiléia:[112] *a)* o reino de Deus se realiza por conhecimento de Deus e conversão (ver Lc 17,20-21); *b)* o justo recebe uma realeza após a morte; o sábio é rei e possui o universo;[113] por outro lado, o mártir é um filho de Deus, que depois da morte adquire uma realeza celeste.[114]

Nessa tradição *judaica* aparece um conceito segundo o qual o messias é uma figura escatológica não-política, de sorte que não é certo afirmar que somente o messias político-nacional é tipicamente judaico.[115] O messianismo régio de Israel, que é mais antigo, recebeu uma reinterpretação *judaica* nessa corrente profética-sapiencial judaica, inclusive na base do "cristo, messias ou ungido do fim dos tempos", do dêutero-Isaías (título dado ao "filho de Davi" com termo que não é de Isaías).

Conclusão. – No "messianismo davídico" da época judaica em que viveu Jesus, há claramente duas correntes: *a)* um messianismo político nacionalista da dinastia davídica, que no entanto entre os fariseus apresenta traços espirituais dominantes, e que entre eles tem orientação diferente da seguida pelos zelotes e mesmo em Qumrã; *b)* um messianismo davídico não-político, que se funde com o escatológico profeta ungido do dêutero-Isaías, e também com a elaboração sapiencial da noção deuteronomista mais antiga de "mensageiro". *Esse* "messianismo davídico" tinha traços universais. Nos dois casos, o messias davídico era chamado "filho de Deus", mas na segunda corrente, a profética sapiencial, destacava-se mais claramente a idéia do filho, ou do servo, iniciado pelo Pai em sabedoria e conhecimento de Deus.

C. O Filho do homem

Bibliografia: a) Resumos abrangentes da discussão exegética: G. Haufe, *Das Menschensohn-Ploblem in der gegenwärtigen wissenschaftlichen Diskussion:* EvTh 26 (1966) 130-141; I. H. Marshall, *The synoptic Son of Man Sayings in recent discussion:* NTS 12 (1965-1966) 327-351; id., *The Son of Man in contemporary debate:* EvQ 42 (1970) 67-87; R. Maddox, *Methodenfrage in der Menschensohnforschung:* EvTh 32 (1972) 143-160. *b)* Monografias: H. R. Balz, *Methodische Probleme der neutestamentlichen Christo-*

---

[112] Kl. Berger, *l.c.*, 36-37.
[113] Pr 8,15; 4,8-9; Test. Levi, 13,9.
[114] 2Mc 7,34. Ver Ap 21,7; Rm 8,17; 2Tm 2,11.
[115] Assim F. Hahn, *Hoheitstitel*, 264, n. 6.

logie (Neukirchen 1967) 61-112; F. H. Borsch, *The Son of Man in myth and history* (Londres 1967); id., *The christian and gnostic Son of Man* (Londres 1970); R. Bultmann, *Tradition;* C. Colpe, *Huios tou anthrôpou,* em ThWNT VIII (1967) 403-481; J. Coppens e L. Dequeker, *le fils de l'homme et les saints du Très-Haut en Daniel, dans les Apocryphes et dans le Nouveau Testament* (Anal. Lov. Bibl. Orient. III, 23, Brugge 1961); H. Conzelmann, *Grundriss,* 151-166; O. Cullmann, *Christologie,* 138-198; F. Hahn, *Hoheitstitel,* 13-53; M. D. Hooker, *The Son of Man in Mark* (Londres 1967); R. Leivestad, *Exit the apocalyptic Son of Man?:* NTS 18 (1971-1972) 243-267; W. Marxsen, *Anfangsprobleme,* 20-34; U. Müller, *Messias und Menschensohn in jüdischen Apokalypsen und in der Offenbarung des Johannes* (Studien zun NT; Gütersloh 1972); N. Perrin, *The christology of Mark. A study in methodology:* JRel 51 (1971) 173-187 e os respectivos estudos preparatórios: *The Son of Man in ancient Judaism and primitive Christianity:* BRes 11 (1968) 1-12; *The Son of Man in the Synoptic Tradition:* BRes 13 (1968) 1-23; *The creative use of the Son of Man traditions by Mark:* UnSQR 23 (1967-1968) 357-365; *Mark 14,62: Endproduct of a christian peshertradition:* NTS 12 (1965-1966) 150-155; L. E. Keck, *Mark 3,7-12 and Mark's christology:* JBL 84 (1965) 341-358; Th. Preiss, *Le Fils de l'homme:* "Etudes théologiques et religieuses" 26 (1951) 3-76; E. Schweizer, *Der Menschensohn:* ZNW 50 (1959) 185-209; E. Sjöberg, *Der verborgene Menschensohn in den Evangelien* (Lund 1955); H. M. Teeple, *The origin of the Son of man:* JBL 84 (1965) 213-250; H. E. Tödt, *Der Menschensohn;* Ph. Vielhauer, em *Aufsätze,* 55-91 e 92-140.

1) Provavelmente, não há nenhum conceito do Novo Testamento tão discutido (e que não chega a um consenso), como o de "Filho do homem". Discute-se, na história das religiões, não apenas a origem do conceito pré-cristão de "Filho do homem", mas também a pergunta se o próprio Jesus falou sobre o "Filho do homem", e se ele no caso se referia a si mesmo ou a outra pessoa.

Em primeiro lugar, originariamente, "Filho do homem" nada tem a ver com messianismo; é proveniente de outro complexo de tradições totalmente diferente. O messias, sendo o rei definitivo de Israel, um homem *deste mundo*, da dinastia davídica, há de aniquilar todos os inimigos de Israel, inaugurando assim o tempo da salvação para Israel. Nessa tradição messiânica, o tempo da salvação não é o fim do mundo, mas simplesmente a própria história da paz que não terá fim dentro da história humana. O "Filho do homem", porém, é uma figura *celeste,* que num simples ato de julgamento há de condenar os ímpios. Esse modo de ver supõe que a nossa história terá mesmo um fim. A garantia para alguém pertencer à comunidade da salvação escatológica não está em pertencer ao povo nacional de Israel, mas é somente o julgamento final do juiz, cujo critério de julgamento avalia exclusivamente o indivíduo na base da sua fidelidade à Lei. A idéia do "Filho do homem", portanto, se encontra num complexo de tradições não-messiânicas, que só mais tarde entrou em contato com tradições messiânicas, de sorte que se chegou a falar de um "Filho do homem messiânico". Portanto, duas noções contraditórias (uma figura terrena e outra celeste) acabaram se conciliando e se unindo.

Embora em Dn 7,13-14 ainda não se fale de um "filho de homem" (= ser humano) (a não ser na tradução grega da Setenta), esse texto é fundamental para a pré-história do conceito. No caos das interpretações, o novo estudo de Ulrich Müller[116] não deixou de introduzir alguma clareza. Dn 7 deve ser lido na perspectiva apocalíptica da história dupla: a terrena e a celeste. Essa história celeste é o fundo da nossa história terrestre (veja Parte II). Cada povo tem um "anjo da guarda", um arconte celeste, um anjo que por assim dizer representa a nação, e que é também o celestial anjo da guarda e "líder" de um povo. Todos juntos, esses arcontes formam o "conselho do trono" de Deus (ver Jó 1,6ss; 2,1; 1Rs 22,19); estão *em pé* diante do trono de Deus, prontos para qualquer serviço (cf. também Sl 103,19ss). Em Dt 32,7-8, Deus já determina as fronteiras das nações, em correlação com o número de *elohim*, filhos de Deus ou anjos. Assim também Israel tem o seu anjo da guarda nacional (tanto em Daniel como na literatura de Qumrã, é sobretudo Miguel; ver também o apocalipse cristão). Ora, a história terrena acompanha paralelamente a história celeste, que é exemplar. Quando, pois, no fim dos tempos, Deus entregar o poder aos santos de Israel, isto é, aos piedosos do povo de Deus, então corresponde a isso (anteriormente) a entrega celestial do poder sobre todos os anjos dos povos ao "anjo de Israel", o qual (conforme a maneira como anjos muitas vezes são imaginados), em linguagem figurada, apocalíptica, tem aspecto "como de um (filho de) homem" (Dn 7,13). A visão apocalíptica da exaltação do anjo de Israel no céu interpreta, pois, os futuros acontecimentos na terra, em que será aniquilada a quarta besta-fera, a mais feroz (o reino de Antíoco IV Epífanes no tempo dos Macabeus), e os piedosos de Israel assumirão o domínio sobre o mundo. Também em Dn 10,20-21, o anjo Gabriel luta contra o arconte da Pérsia e o da Grécia; depois de ter derrotado a Pérsia com ajuda de Miguel, Gabriel tem de partir para a luta contra a Grécia (Dn 10,20.21b): são visões celestes que predizem os acontecimentos terrenos, narrados em Dn 11. Em 7,13-14 Daniel, numa visão, já pôde ter uma idéia da história celestial (entrega de todo o po-

---

[116] Para um teólogo é difícil fazer opção diante deste caos de opiniões. Depois de hesitações, a minha preferência está na direção do estudo de Ulrich Müller (1972). Continuo hesitando um pouco, por causa dos argumentos realmente fortes de H. M. Teeple, que vê na idéia neotestamentária de "Filho do homem" uma contribuição antes cristã-judaica-helenística (possivelmente partindo da Síria, de onde veio também o Livro de Henoc). O único uso da expressão "Filho do homem", sem ser atribuída a Jesus, exceto o Apocalipse, é curiosamente atribuído ao helenista hierosolimitano, o diácono Estêvão, cujos seguidores fugiram sobretudo para a Síria: At 7,56. Por outro lado, continuo hesitando por causa dos argumentos críticos de Bultmann, Hahn, Tödt e Colpe, os quais tornaram aceitável que o próprio Jesus tenha usado a expressão "Filho do homem".

der permanente ao anjo do povo de Israel), e com isso ficou sabendo o que vai acontecer no fim dos tempos na história terreno: a exaltação dos santos do Altíssimo, isto é, dos piedosos que sobraram de Israel, a comunidade escatológica. Nesse sentido, o "Filho do homem" (= figura humana; ser humano; homem) é uma figura simbólica celestial do (piedoso) Israel.

Nessa hipótese (que é bem plausível), não precisamos mais buscar outras mitologias de origem irânica, babilônica ou egípcia – o "homem arcaico" (F. H. Borsch) – nem mitos da própria terra palestinense, da antiga Ugarit (C. Colpe) (embora não se possa negar que a própria idéia corrente dos arcontes celestiais das nações tem antigas raízes míticas, o que Müller parece negar). Também no livro apocalíptico *Assunção de Moisés* 10,1 fala-se de um domínio de Deus sobre o universo e do "encher as mãos do anjo maior". Aí está claramente a pré-história do conceito posterior de "Filho do homem".

Em 1Henoc (isto é, o livro etíope sobre Henoc substancialmente de 50 a.C. mais ou menos), a figura celeste "igual a um filho de homem = ser humano" (Daniel) já cresceu e tornou-se o "Filho do homem" apocalíptico, mas ainda em fase inacabada, pois os conceitos são incertos e oscilantes, enquanto o conceito de "Filho do homem" é continuamente trocado por "o eleito", "o justo" e "o santo";[117] estes últimos conceitos estão até mais no centro do que o "Filho do homem". Parece que foi em fase posterior que o conceito de "Filho de homem" (= ser humano) foi inserido no texto.[118] Podemos supor que somente sob influência de Dn 7,13-14 é que a expressão "o justo, eleito de Deus" se mudou para "Filho do homem". Inicialmente, a figura escatológica de 1Henoc era chamada de "o eleito" (Hen 40,5; 45,3), "o eleito da justiça" e "o fiel" (39,6), sendo a eleição o aspecto mais frisado. Aí, então, aparece novamente aquele complexo de tradições que já constatamos mais vezes. Henoc 48,3-4 fala em "a luz dos povos" (Is 42,6), enquanto Is 42,1 fala em "meu eleito" (ver também Is 49,1-3). Desde o seio materno, Deus pronunciou o nome deste eleito, e até desde o início da criação (Hen 48,3). Aí, "o eleito" deve pois ser relacionado com o complexo de tradições do dêutero-Isaías (Is 42 e 49). Na literatura apocalíptica, esse eleito é relacionado com o fim dos tempos: é a figura do salvador escatológico.

Em Henoc 46, entra em cena o "Filho do homem". Assim como uma exegese apocalíptica relaciona o eleito com o dêutero-Isaías, também o "Filho do homem", por semelhante exegese especulativa, é relacionado com Dn 7. Nisso é fundamental a visão de

---

[117] 1Henoc 39-62, enquanto a expressão "Filho do homem" continua limitada a apenas três seções: Hen 64-68; 60-63; 69-71; ver Maddox, *Methodenfrage*, 149; Müller, 38 e 42.
[118] H. Conzelmann, *Grundriss*, 152-153; Müller, *Messias*, 38-47; L. Ruppert, *Jesus, als der leidende Gerechte?* (SBS,59), Stuttgart 1972, 70-71.

Henoc 46, à qual sempre se refere a expressão "*este* Filho do homem = este ser humano, este homem"; ao mesmo tempo, nunca se fala sobre *este* eleito ou *este* justo; em outras palavras, está claro que a expressão "este Filho do homem" deve ser atribuída ao apocalíptico anônimo. Ao se introduzir no capítulo 46 a figura do "Filho do homem", é introduzido ao mesmo tempo um novo nome para Deus: "o ancião", "o idoso" ("o ancião dos [muitos] dias") (ver também Dn 7,9) (Hen 47,3; 48,2; 71,10). Juntamente com "o idoso", aparece "outro, cuja figura tem a aparência de um ser humano" (Hen 46,1). Mas o livro de Henoc quer identificar a misteriosa figura celeste de que fala Daniel (na verdade, em outro sentido do que Daniel o fez): uma figura como de um ser humano, com rosto de graça angelical. Daí a pergunta: Quem é este Filho do homem (= ser humano)? de onde veio, e por que ele acompanha o "ancião"? (Hen 46,2)? Evidentemente, é isso que o livro de Henoc quer esclarecer. A resposta liga a visão de Hen 46 com Hen 39,6-7, onde se fala do "eleito da justiça e da fidelidade", e "nos dias do eleito reinarão justiça e fidelidade". Daí Hen 46,3: "Este é o Filho do homem que possui justiça e no qual habita justiça". Com isso, este "Filho do homem" é identificado com o eleito da justiça; e assim fica claro também que "Filho do homem" significa o mesmo que "o eleito" já conhecido. Em seguida, a visão vai determinar a função desse "Filho do homem" (Hen 46,4): ele tem significado escatológico diante de reis, poderosos e fortes. Antes, já se falara da função de juiz que cabe ao eleito diante dos *ímpios* (Hen 45,3.6). Hen 46,3.6 acrescenta, pois, numa única imagem, o que já fora dito em vários lugares sobre o eleito que viverá no meio de sua comunidade escatológica. O "Filho do homem" é um juiz para os ímpios, mas uma figura salvífica para os justos. Somente mais tarde, no apêndice (Hen 71), é que "Filho do homem" se torna o *único* título do juiz escatológico, pois o título "o eleito" desapareceu em seguida desses círculos apocalípticos. Em Henoc, porém, ainda não se fala de um "reinar sobre todos os povos", porque tudo o que é ímpio será condenado e aniquilado. O que sobra é apenas a comunidade santa, escatológica: a melhor prova de que essa noção de "Filho do homem" em Henoc ainda não foi influenciada por nenhum messianismo. Portanto, uma tradição anterior a respeito do eleito (do dêutero-Isaías) é relacionada pelo apocalíptico autor do livro de Henoc com a figura descrita em Daniel, e com ela o eleito é identificado. Por essa identificação, o "Filho do homem", em vez de ser a figura celeste simbolizando Israel, ficou individualizado, tornando-se uma pessoa bem determinada, escatológica, eleita.

Nisso coube papel essencial à antiga idéia oriental de uma preexistência, idéia que a apocalíptica elaborou melhor. Segundo o esquema apocalíptico de correlação, tudo o que é terreno teve no céu uma preexistência em alguma figura primordial. No céu tudo já estava "preparado" desde a criação do mundo (Hen 9,6); em especial todos os valores da salvação escatológica já estão guardados no céu; de fato, a Nova Jerusalém desce do céu para a terra (Ap 21,2; 4Esd 7,26; Baruc siríaco 4). A diferença com as antigas idéias orientais consiste em que desapareceu a idéia da coexistência. O Israel empírico não corresponde mais ao Israel celeste. No fim do mundo, portanto, a própria imagem original preexistente desce do céu sobre a terra (cf. Ap 21,10ss). Por isso também o "Filho do homem" escatológico é preexistente (Hen 48,3ss; 62,7), pois ele é sem dúvida um dos componentes mais importantes dos valores da salvação escatológica, um segredo já preparado no céu, mas ainda oculto. Portanto, o apocalíptico já vê os futuros acontecimentos terrenos, porque lhe é permitido dar uma olhada na história celeste. O vidente observa a comunidade escatológica aí já preparada, com o "Filho do homem" no seu meio (Hen 39,3ss). Mas, a partir de Hen 48, dentro dessa visão, o Filho do homem é "dogmatizado": ele foi criado antes de todas as demais criaturas. Somente agora, nesta hora escatológica (48,2), é que este "Filho do homem" preexistente é revelado aos santos.

Em fase posterior, um comentador inseriu um trecho de tradição diferente, *messiânica*, no livro de Henoc (Hen 48,10 e 52,4); aí se fala "do império de seu messias (ungido), a fim de que este seja poderoso e forte *na terra*" (52,4). Aí o "Filho do homem" é identificado com o nacional e messiânico filho de Davi. A reinterpretação messiânica chama ainda mais a atenção em Hen 56,5-8 e 57 (também na segunda parte do livro de Henoc o messias de Hen 90,37-39 é, segundo os peritos, uma interpolação posterior); é evidentemente uma tradição do messianismo davídico, e isso mostra que houve contaminações entre a tradição de um messianismo nacional davídico e a tradição a respeito do "Filho do homem", juiz universal escatológico do mundo. É um messianismo davídico, sem dúvida proveniente do livro fariseu *Salmos de Salomão* (17,22-25.26-31), que no apocalipse posterior de 4Esd (13,5-11.12-13) forma unidade muito mais sólida com a tradição sobre o "Filho do homem", enquanto no livro de Henoc se trata de uma combinação ainda não harmonizada de duas tradições originariamente independentes.

Finalmente, houve mais uma evolução do conceito de "Filho do homem" (nem por isso em estágio muito posterior), a saber, em Hen 71, onde o próprio Henoc é identificado com o "Filho do homem". Henoc, arrebatado para junto de Deus (Hen 70,1-4 e 71,1-4), recebe o título de "Filho do homem". Até então (Hen 37-69) havia sido "o vidente" apocalíptico; agora (Hen 71,5-17) ele mesmo é constituído como "Filho do homem". Aí se apresenta a dificuldade de ser acréscimo posterior, na forma de um comentário apocalíptico sobre a tradição já existente a respeito do livro de Henoc. O problema, portanto, é o seguinte: Como pode este comentário, de um lado, aceitar o "Filho do homem" como preexistente (que já encontrava na sua fonte), e de outro lado falar ao mesmo tempo da constituição do Henoc terreno como "Filho do homem"? O que no "Filho do homem" chamou a atenção do autor foi a figura do juiz apocalíptico (não sua preexistência), e a esse Henoc atribui-se a função de juiz escatológico; para isso foi preciso excluir a idéia da preexistência. A descrição da entronização do "Filho do homem" lembra Sl 2,7 e 110,4 (Hen 71,14), onde em seguida é dada a promessa (Sl 2,8; 88,29-30) de uma nova aliança com Deus, uma aliança de paz (Hen 71,15). Essa aliança de paz vale para o "Filho do homem" e para todos os futuros justos (71,16), pensando-se no mundo vindouro. Assim, o "Filho do homem" é intermediário da paz escatológica, isto é, somente para os justos. Essa aliança de Deus com o "Filho do homem" é a base da esperançosa expectativa dos piedosos. Dessa forma, Hen 71 é uma reinterpretação da tradição em torno de Henoc. O próprio Henoc é o juiz escatológico dos maus e o salvador escatológico dos justos. Para isso renuncia-se à idéia da preexistência.[119]

O que chama a atenção é o seguinte: nos apocalipses mais antigos falta o messianismo em sentido estrito (fazendo-se abstração, portanto, das interpolações posteriores do livro de Henoc), mas na tradição sobre o "Filho do homem" o messianismo davídico ganha função espetacular nos apocalipses mais recentes (sobretudo 4 Esd e Baruc sir). A ausência de messianismo na apocalíptica mais antiga explica-se pela figura que, segundo Daniel, aparece "nas nuvens"; essa figura, "como de um ser humano" (= um "filho de homem"), é vista como um ser celestial. Daniel aguarda somente da parte de Deus a reviravolta dos tempos (Dn 2,34; 8,25; 11,33-35). Nessa visão, não há lugar para um messias mediador, que ao mesmo tempo é de origem terrena. A mesma coisa vale para a *Assunção de Moisés* 10. Aí só há lugar para um "Filho do homem", isto é, uma figura celeste de juiz. O "Filho do homem" apocalíptico original é o contrário da expectativa dos fariseus a respeito do messias davídico. O primeiro faz pensar num futuro inteiramente novo; o último promete uma restauração do tempo idealizado de Davi. Um está voltado para o futuro, o outro lembra o passado. Uma novidade está em contraste com um movimento de restauração.[120] Os primeiros (os apocalípticos) falam de um "resto sagrado" de Israel (Dn 12,1-3); os fariseus, porém, crêem na misericórdia de Deus e pensam numa restauração total e numa purificação de todo o Israel; para isso Deus mandará o messias: "E ele purificará Jesusalém, em santidade, como no princípio" (SlSal 17,30; cf.

[119] U. B. Müller, *Messias*, *l.c.*, 47-60.

[120] A ausência de qualquer forma de messianismo nos inícios da apocalíptica relaciona-se com o nascimento do movimento hassideu, da luta dos Macabeus, com base no princípio da "guerra santa"; este último tema veio de um complexo totalmente não-messiânico de tradições; ver U. B. Müller, *Messias*, 61-72.

17,21-30 e 18,5). Por isso, a figura do juiz que virá deve ser diferente, de acordo com a avaliação radicalmente negativa do passado e do presente (entre os apocalípticos), ou com a apreciação mais positiva do passado e do presente, apesar das fraquezas de Israel (da parte dos fariseus). Para os fariseus, portanto, a figura escatológica é um redentor e salvador; para os apocalípticos, porém, é sobretudo um juiz para os ímpios e para o Israel decadente.

Somente nos apocalipses mais recentes (pós-cristãos), a expectativa dos fariseus sobre um ser humano como messias-rei do fim dos tempos se conciliou com a expectativa do "Filho do homem" (4Esd; Baruc sir). Mas, também aí, o caráter messiânico do "Filho do homem" nunca se tornou central. A bem dizer, a figura do messias é na apocalíptica um "corpo estranho", um elemento alheio. Além disso, esses "apocalipses mais recentes" já não são autenticamente apocalípticos; neles já começa a revelar-se a ortodoxia do rabinato.[121] Esses livros querem infundir consolação e encorajamento depois da amarga provação da queda de Jerusalém e da destruição do templo (ano 70 d.C.). Neles, a idéia do "Filho do homem" é antes reprimida. A "aparição celeste" é substituída pela terrena manifestação humana, da figura do juiz escatológico. Aí o messias torna-se o destruidor de todos os povos e o salvador de Israel (4Esd 13,26). O "messias" influenciou a tradição sobre o "Filho do homem", e essa tradição do "Filho do homem" matizou também as idéias sobre o messias, p. ex., a idéia do "messias preexistente" em 4Esd.[122] A tarefa do messias-"Filho do homem" do fim dos tempos é interpretada em sentido puramente judaico-nacionalista: ele há de reunir todos os israelitas dispersos. É por isso que, nos últimos dias de todas as regiões do mundo inteiro, os povos marcharão para Jerusalém, a fim de levar de volta para a Terra Santa, como "oferenda", os judeus que viviam nos seus países, para que todo o Israel esteja de novo unido (4Esd 13, claramente influenciado por idéias sobre o messias nos *Salmos de Salomão* 17,26-31). A ida dos povos a Jerusalém não é, portanto, universalismo escatológico, mas é vista em função da reunião final de todo o Israel. De fato, o messianismo judaico nunca se tornou verdadeiro universalismo, em nenhuma de suas fases. Libertação final não é a redenção mundial da servidão do pecado, mas a libertação de Israel do meio dos povos pecadores. Os apocalipses mais recentes não conhecem uma "salvação da humanidade". O mundo foi criado e continua sendo criado *por causa de Israel.* A pergunta existencial dessa apocalíptica mais recente (já em decadência) era esta: "Se o mundo foi criado por nossa causa, então por que não somos donos deste nosso mundo?" (4Esd 6,59). Portanto, redenção significa: Israel será

[121] Müller, *Messias*, 84-85.
[122] *Ibid.*, 147-153.

libertado de seus inimigos que o impedem de ser dono do mundo. Por isso, o aniquilamento messiânico de todos os inimigos de Israel é condição escatológica para a redenção final de Israel. Somente depois que isso acontecer (4Esd 13,26), o messias pode dedicar-se inteiramente a seu "resto sagrado", a comunidade escatológica. Tal acontecimento, porém, é visto positivamente como a restauração da ordem original da criação: restauração do paraíso original. O *reino de Deus* (o "novo céu e a nova terra") seguirá somente depois desse reino messiânico de paz (4Esd 7,30-31).

Nesses apocalipses posteriores, aparece a tendência para tornar ainda mais claramente judaicos e para submeter explicitamente a Deus (o escatológico, o único que age: ver sobretudo 4Esd 6,6b.10b: "ut et finis sit per Me et non per alium") todos os "intermediários" entre Deus e os humanos (nos tempos precedentes isso era em todo o Oriente um modo de pensar quase inevitável). Somente Deus sabe levantar de novo. A contaminação da tradição do "Filho do homem" com a tradição do messias já começa a ser superada em 4Esd 13: aí a noção de messias começa a se afastar da tradição sobre o "Filho do homem". Os apocalípticos, portadores da tradição sobre o "Filho do homem", acabam rejeitando o "Filho do homem" celestial, em favor de um messianismo terreno, humano, messiânico. (Alguns já vêem nisso uma tendência anticristã; outros, uma polêmica intrajudaica.) Na sua fase final, a "apocalíptica" voltou para a figura do messias dos *Salmos de Salomão* (que não é de origem apocalíptica, mas farisaica). É com razão que a apocalíptica mais recente foi chamada de "início da ortodoxia rabínica". Mas, a evidente reação perceptível nesses apocalipses mais recentes (de após 70 d.C.) dá também a entender que a idéia do "Filho do homem" era mais espalhada na época do que podemos verificar agora nos restos literários que ainda existem. No Novo Testamento, o eco de uma expectativa popular geral a respeito "daquele que devia vir" pode, conforme os grupos em que ocorria, ser entendido seja no sentido de um messianismo davídico, seja na perspectiva apocalíptica do "Filho do homem". Com base nesses dois complexos de tradições, historicamente de origem independente, mas depois convergentes, o "povão" deve ter entendido somente, e sobretudo, que em Israel "alguém estava para vir". Essa figura concentra as expectativas do povo, numa época, como a de Jesus, quando para o povo a vida era muito difícil, tanto do ponto de vista religioso como socioeconômico; vivia-se mesmo uma crise.

2) Esse conceito de "Filho do homem", aparentemente fortuito, determinado por muitas formas de história anterior, o que tem ele a ver com Jesus de Nazaré? Segundo o Novo Testamento, sobretudo nos quatro evangelhos, o certo é que Jesus de Nazaré (a quem muitos

nomes se referem) fala de si mesmo como o "Filho do homem". Desde R. Bultmann, está claro que esse nome corresponde a três categorias de temas: a) *logía* em que Jesus, o "Filho do homem", é um juiz escatológico que há de vir; b) *logía* em que Jesus é chamado o "Filho do homem" que sofrerá, morrerá, mas ressuscitará; c) *logía* em que toda a atuação terrena de Jesus é atribuída a uma pessoa que age sob o nome de "Jesus, o Filho do homem". Entre os exegetas, discute-se apenas uma questão: se o uso do termo "Filho do homem" se deve exclusivamente à comunidade cristã (sobretudo N. Perrin, H. Teeple, H. Conzelmann, Ph. Vielhauer), ou se o próprio Jesus usou esse termo. Entre aqueles que atribuem ao próprio Jesus o uso da expressão "Filho do homem", vários (sobretudo Bultmann, Hahn e Tödt) opinam que Jesus fala do juiz escatológico (cf. a primeira categoria de temas), não o identificando, porém, consigo mesmo. Para outro grupo, as palavras sobre o "Filho do homem" sofredor são autênticas, são de Jesus falando sobre si mesmo (E. Schweizer, embora com nuanças, também M. D. Hooker); para outros ainda (cf. a terceira categoria de temas), "Filho do homem" não é título escatológico, mas um equivalente hebraico (aramaico) de "Eu". Assim, embora com nuanças, R. Leivestad, C. Colpe, J. Jeremias. Finalmente, F. Borsch atribui substancialmente a Jesus todas as categorias de temas em que se fala do "Filho do homem" (é uma tendência anglo-saxônica, que está se tornando mais comum nas publicações mais recentes de M. Hooker, F. Borsch e I. Marshall; a mesma tendência vê-se em alguns exegetas de orientação alemã; ente outros, R. Maddox). Toda essa questão parece tecnicamente tão complicada que até alguns exegetas profissionais declararam supérfluo querer pesquisar ainda mais esse assunto. O teólogo que se preocupe! Não sendo exegeta profissional, ele não pode esclarecer esse problema; pode apenas chamar a atenção para os pressupostos desse estonteante caos entre as opiniões exegéticas. Aliás, os últimos cinco anos parecem estar obrigando a um certo consenso no que diz respeito à essência do conceito de "Filho do homem". E aí começa a parecer que a divergência entre os pressupostos pode em parte esclarecer a diversidade na exegese bíblica. Além disso, vê-se que se descuidou simplesmente de uma rigorosa leitura sincrônica do conceito de "Filho do homem" como está diante de nós, concretamente nos quatro evangelhos, e que se fixa a atenção num quebra-cabeça de peças soltas, perguntando como essas peças podem novamente ser colocadas num conjunto convincente. O primeiro requisito parece-me este: analisar o *resultado final* do quebra-cabeça (que naturalmente existe atrás disso), olhando a sua própria figura (sincrônica), *antes* de examinar as peças isoladamente. Possuindo um quebra-cabeça, a criança primeiro olha bem para a imagem total e a guarda na memória; depois, desfaz a imagem, baralhando as peças, podendo assim chegar depois facilmente a uma reconstrução. Separar as peças de fato é válido; para o pesquisador, em algum sentido, é a fase mais cativante, mas a alegria somente se completa ao se ver a imagem total do conjunto.

Pelo que acima se disse, vimos que entre Daniel e o Novo Testamento, por uma mistura da tradição sobre o "messias" com a do "Filho do homem", o "Filho do homem" foi realmente interpretado em sentido messiânico, e assim *tornou-se um título*. Por isso, é difícil aceitar a opinião radical de Leivestad.[123] Também nos círculos de Qumrã, onde o conceito de "Filho do homem" não deve ter sido usado, a expectativa messiânica aí presente se apoiava numa citação, não apenas dos salmos 2 e 110, mas também de Dn 7,13-14, e isso mostra que a "figura celeste" de Daniel também influiu na noção de messias. Assim, o messias se tornou em Daniel o "enviado do Altíssimo". A noção de um "Filho do homem (ser humano)" messiânico é, portanto, pré-cristã.[124]

Poucos exegetas põem em dúvida que no Novo Testamento a expressão "Filho do homem" usa-se como título,[125] e que além disso identifica-se com Jesus Cristo, isto é, Jesus de Nazaré, o Jesus-Filho do homem que foi exaltado e "virá" para julgar os vivos e os mortos. No entanto, isso precisa ser matizado, pois os sinóticos atribuem exclusivamente ao próprio Jesus as palavras sobre o "Filho do homem" (além dos evangelhos, em At 7,56 Estêvão, antes de seu martírio, diz que vê o "Filho do homem" em pé, perto do trono de Deus; em Ap 1,13 e 14,14 o termo é usado em sentido apocalíptico geral). Além dos Atos, nenhuma outra pessoa chama Jesus de "Filho do homem" ou fala sobre ele como o "Filho do homem". Em lugar nenhum dos sinóticos encontra-se uma *confissão* (da maneira como J. Ernst afirma que o Novo Testamento fala): "Jesus é o Filho do homem".[126] Em outras palavras: que Jesus é o "Filho do homem" *supõe-se* em todo o cristianismo, mas em lugar nenhum se tornou querigma eclesial ou pregação. Além do mais, esse título nunca foi parar em nenhuma confissão cristológica. Também desapareceu paulatinamente do uso nas comunidades cristãs, o mesmo acontecendo também com o termo "reino de Deus", que ficou em segundo plano e depois praticamente desapareceu. "reino de Deus" e "Filho do homem" ganharam para os cristãos o rosto concreto de Jesus Cristo: o "Filho do homem" sofredor, porém exaltado. Além disso, era um termo que dificilmente podia

---

[123] Leivestad, *Apocalyptic Son?* (tese de todo o artigo).

[124] Assim Tödt, *Menschensohn*, 52-53; Colpe, em: ThWNT VIII, 443; P. Hoffmann, *Q-Studien*, 143-144; Hahn, *Hoheitstitel*, 16-19; Cullmann, *Christologie*, 157-158; Müller, *Messias*, 107-156.

[125] A não ser sobretudo R. Leivestad.

[126] J. Ernst, *Anfänge*, 49.

significar alguma coisa para os gentios-cristãos. Afinal, é curioso que depois de 70, também no judaísmo, em sua apocalíptica posterior, o termo "Filho do homem" caiu para segundo plano (vide *supra*). Pergunto se não houve causas, ainda não examinadas, na situação geral, que contribuíram para esses dados paralelos.

Entre os exegetas críticos, pequena minoria radical atribui todo o uso da palavra "Filho do homem" no Novo Testamento exclusivamente às comunidades cristãs, e nenhum ao próprio Jesus;[127] outros exegetas, porém, também críticos, como Bultmann, Tödt e Hahn,[128] admitem que em determinado sentido (a primeira categoria de temas) o conceito foi usado pelo próprio Jesus histórico, não como referente a si mesmo, mas à figura escatológica do juiz do mundo; o próprio Jesus não se teria identificado com esse juiz vindouro do mundo. Que tal identificação pelo próprio Jesus seja psicologicamente difícil de imaginar, foi analisada sobretudo por H. M. Teeple (que nega qualquer uso do termo "Filho do homem" por Jesus) e por E. Grässer.[129]

É preciso concordar com H. Conzelmann, isto sim, que o uso do termo "Filho do homem" no Novo Testamento muitas vezes é realmente secundário,[130] e que o termo é usado no contexto de uma identificação de Jesus com o "Filho do homem", identificação essa que se deve à comunidade. Pode-se perguntar, porém, com alguns exegetas, principalmente anglo-saxônicos: se todos esses textos sobre o "Filho do homem", em que se percebe um retoque feito pela Igreja, não po-

---

[127] Vielhauer, em: *Aufsätze*, 118ss; Conzelmann, *Grundriss*, 151-156; Teeple, *Son of Man*, 237-250.

[128] Bultmann,*Theologie*, 35-39, e: *Tradition*, 145-146; Tödt, *Menschensohn*, 131ss e 250ss; Hahn, *Hoheitstitel*, 23-32 e 32-42.

[129] Teeple, *Son of Man*, 220-222; E. Grässer, Naherwartung, 122-124.

[130] Segundo Conzelmann, sobram três grupos de textos (cf. Bultmann, *Theologie*, 31-33) que têm possibilidade de serem autenticamente de Jesus: *a)* O "Filho do homem" terá de sofrer muito (tradição característica de Marcos: Mc 8,31; 9,31; 10,33-34; 14,21; ver 14,41); Conzelmann considera esse grupo (juntamente com o texto redacional de Mc 9,9.12) uma reflexão cristã pós-pascal, não "autêntica" de Jesus. *b)* Referindo-se a coisas que o Jesus terreno fez: procurar o que estava perdido; o Filho do homem, diferentemente dos animais, não tem uma pedra para reclinar a cabeça etc. (em Marcos, em Q e em Lucas: Mc 2,28; Mt 8,20 par. Lc 9,58; Lc 7,33-34 par. Mt 11,18-19; Lc 11,30 Q, Mt 12,40; Mc 10,45 par. Mt 20,28; Mt 12,32 par Lc 12,10; Lc 19,10); entre esses textos, segundo Conzelmann, alguns podem ser mesmo de Jesus: Mt 11,18-19 par. Lc 7,33-34; também Lc 11,30 Q; geralmente se julga tratar-se de reflexão pós-pascal da comunidade. *c)* Finalmente: o "Filho do homem" que vem (em Marcos, em Q; e na fonte própria de Marcos; e sempre na terceira pessoa: Mc 13,26 par; Mc 14,62; Mt 10,23; 16,27; Mt 17,22; enfim, o trecho central: Mc 8,38 e em Q: Lc 12,8-9 = Mt 10, 32-33); todos esses textos (segundo Conzelmann) supõem situações da comunidade cristã, também no último texto Q, em que não se faz uma distinção entre "Jesus" e o "Filho do homem", mas entre dois períodos de atividade da mesma pessoa: também este *lógion* já identifica Jesus com o "Filho do homem"; aliás, o texto da "*homologia* eclesial" (Lc 12,8) o confirma (assim Conzelmann, *Grundriss*, 152-155; ver também em: RGG, III, 630-632).

dem também ter como base o próprio contexto vital de palavras de Jesus de Nazaré, e se as três categorias de temas não têm, com muita probabilidade, algo em comum: a relação com a graça escatológica, o reino e o julgamento de Deus. Dessa relação Jesus mostra ter consciência, em e por seu modo de agir; ela é o cerne de sua autocompreensão, desvelada pela sua mensagem e pela sua atitude diante de Deus (a lei, a revelação da vontade de Deus), bem como diante dos outros. Assim, o próprio Jesus colocou também a base para tornar possível a interpretação que vê o juízo do "Filho do homem", que viria no fim dos tempos, como já se realizando na atuação profética de Jesus, mas também na sua paixão e morte.

Diante dessa interpretação básica, aqueles exegetas anglo-saxônicos mostram ceticismo com relação a colegas, sobretudo alemães, que querem considerar como "autenticamente de Jesus" apenas a primeira das acima mencionadas categorias de temas: o "Filho do homem" como escatológico juiz mundial.[131] Eles frisam que nos evangelhos o que se pode perceber é um movimento contrário, pois não se vê aí nenhuma tendência para intensificar o título "Filho do homem"; pelo contrário, há uma tendência para reduzi-lo e para lhe dar "nova" interpretação. Embora o "Filho do homem" seja freqüentemente mencionado, nenhum dos quatro evangelistas defende expressamente uma "cristologia do Filho do homem"; pelo contrário, uma tradição que era pouco apropriada para um projeto cristológico próprio, mas que era resistente (parecendo mesmo ser proveniente de Jesus), obrigava todos os evangelistas a não omitir o termo "Filho do homem". O fato de que o próprio Jesus, nos dias de sua vida na terra, deve ter falado com bastante clareza sobre o "Filho do homem", exatamente com relação à sua própria tarefa e ao destino de sua vida, parece por demais ancorado na tradição sobre Jesus, para alguém poder eliminar, por própria conta, tais palavras sobre o "Filho do homem". O próprio Jesus aguardava um futuro "Filho do homem" como juiz. Aí o critério do "múltiplo atestado" parece mais convincente do que nunca. Por isso, há na literatura exegética de língua inglesa uma clara tendência a considerar as "três categorias de temas" em que se fala do "Filho do homem" como "retocadas pela Igreja", sim, mas *ao mesmo tempo* como essencialmente autênticas "de Jesus";[132] porém, como tendo no fundo, e claramente, o mesmo sentido fundamental comum que leva a esta tese: "Filho do homem" é o juiz escatológico e "Senhor do mundo", constituído por Deus.

Mas, aí é preciso contar ainda com outra tradição: a do justo e/ou profeta que havia de sofrer. Exatamente por ser uma noção vaga,

---

[131] R. Maddox, *Methodenfrage*, 154.

[132] M. Hooker, *Son of Man*, 7; F. Borsch, *The Son of Man*, 314; M. Marshall, *Son of Man Debate*, 66-87; Maddox, *Methodenfragen*, 155.

nebulosa, a expressão "Filho do homem" se misturava facilmente com outros conteúdos tradicionais. Antes de Cristo, a tradição do justo que sofre, com sua perspectiva final de exaltação, possivelmente ainda não se tinha combinado com a tradição sobre o "Filho do homem", mas a própria história de Jesus levou a combinar essas tradições com a do "Filho do homem". Se Jesus fala sobre o "Filho do homem" – e do ponto de vista da crítica isso é difícil de negar, porque é sumamente provável que sim –, então se coloca a pergunta como os ouvintes deviam entender isso, seja por uma explicação do próprio Jesus (mas isso não consta em lugar nenhum), seja porque o conteúdo dessa noção se supunha conhecido; e tal conteúdo é inegavelmente este: "a figura messiânica do salvador apocalíptico", ou: "juiz do mundo, em nome de Deus", com uma nuança (proveniente de outra tradição): "como exaltação depois de um sofrimento". No tempo de Jesus, esse último aspecto, pela mistura com tradições de origem completamente independente, já não era estranho ao conceito originariamente também "celeste" de "Filho do homem".[133]

Que o próprio Jesus usou a expressão "Filho do homem" se confirma por um *lógion* sobre João Batista: este, como arauto da ira vindoura de Deus – segundo Mc 1,7; Mt 3,11; Lc 3,16; At 13,25 – fala sobre "aquele que vem" ("o *mais forte* que vem" pode ser retoque cristão); aquele que virá julgar pelo fogo: notoriamente a imagem do escatológico "juiz do mundo", o "Filho do homem". Também em Dn 7 encontra-se o contexto do "julgamento" e da "corrente de fogo", pela qual o quarto animal é condenado (Dn 7,11). Nesse contexto, o "Filho do homem" é um ser enviado pelo céu, sobre o qual (em contraste com Deus) o judaísmo fala em termos antropomórficos ("não sou digno de lhe desatar as sandálias [a este vindouro])". "O mais forte", esperado por João, é o "Filho do homem" apocalíptico (identificado, entre os que praticavam o batismo, com o Elias que viria) – e que foi identificado com Jesus, não por João, mas pelas comunidades cristãs –, pelo que (para os cristãos) o Batista se tornou o precursor de Jesus.[134]

A pregação do Batista sobre a conversão, prevendo o futuro juízo, esteve ligada às suas palavras sobre "aquele que havia de vir" e o "Filho do homem" apocalíptico, já conhecido entre os judeus. Há muita coisa em favor dessa conclusão, e nada contra; portanto, não se

---

[133] L. Ruppert, *Jesus als der leidende Gerechte? l.c.*, 64-71. Além disso, o texto de Daniel que fala de alguém "como um ser humano" – o arconte celestial de Israel (cf. U. Müller, *Messias, l.c.*, 19-30) – está no contexto sobre Israel que agora sofre, mas em seguida será exaltado. Isto é, desde o começo, o conceito de "Filho do homem" (= ser humano) está também no contexto do tema da exaltação do justo que sofre; ver G. Nickelsburg, *Resurrection, immortality and eternal life in intertestamental Judaism*, Cambridge (Harvard) 1972, 76-78.

[134] J. Becker, *Joh.der Täufer, l.c.*, 27-38.

deve ver nisso uma invenção da Igreja depois da Páscoa. Tendo sido batizado por João, Jesus conhecia essa pregação sobre o "Filho do homem" que havia de vir; ele mesmo completou essa pregação, na linha de sua própria mensagem. Como João, também Jesus esperava a iminente vinda do "Filho do homem":[135] "Não acabareis de percorrer as cidades de Israel antes que chegue o "Filho do homem" (Mt 10,23). Ora, Jesus via a sua própria atuação claramente relacionada com esse "Filho do homem" que viria (Mc 8,38; Lc 12,8).

Contudo, a identificação de Jesus com o "Filho do homem" supõe a experiência pascal. E somente essa experiência tornou possível a síntese cristológica, em que Jesus de Nazaré, na sua atuação e na sua paixão, morte, ressurreição/exaltação e futura parusia, é visto como "o Filho do homem" – embora essa tríplice identificação não possa ter acontecido de uma só vez, nem da mesma maneira em todas as comunidades primitivas.

§ 2. A primeira opção cristã entre os modelos judaicos já existentes de figuras salvíficas escatológicas

A. *O cristianismo primitivo como interpretação judaica de Jesus*

Não quero dizer, absolutamente, que os seguidores de Jesus tenham encontrado, no judaísmo de seu tempo, o que se poderia denominar "protótipo" de tudo o que tinham experienciado na sua convivência com Jesus, como se Jesus fosse apenas uma encarnação histórica de uma "idéia completa" já existente na história do judaísmo pós-exílico. Desde cedo se tornou evidente que todos os modelos anteriores falhavam ao serem aplicados a Jesus.

Por outro lado, a identificação de uma pessoa não se realiza num piscar de olhos; é uma história de amadurecimento, expectativas, suposições, de primeiros intentos de identificação e correções de contornos cada vez mais precisos, até que Jesus "apareceu" de fato na sua verdadeira estatura. O intento da exposição seguinte é mostrar que o "profeta escatológico" foi uma fase essencial no processo pelo qual o cristianismo primitivo chegou a reconhecer a verdadeira identidade de Jesus de Nazaré; foi a fase que deu origem a uma primeira identificação da pessoa, já tornando compreensíveis os mais antigos modelos pré-canônicos do credo. Exceto a purificação do templo e a "entrada triunfal em Jerusalém" (retocada pela Igreja), a atuação de Jesus não

[135] E. Grässer, *Näherwartung*, *l.c.*, 92, e seu estudo mais amplo: *Das Problem der Parusieverzögerung in den synoptischen Evangelien und in der Apostelgeschichte* (BZNW, 22) Berlim (1957) 1960 (cf. a respeito a crítica de O. Cullmann, *Parusieverzögerung und Urchristentum*, em: *Vorträge und Aufsätze* 1925-1962 [ed. K. Fröhlich], Tubinga-Zurique 1966, 427-444).

teve o estilo de uma atividade régia davídica-messiânica. Por isso, não havia nenhuma base real (fazendo-se abstração da ressurreição) para identificar Jesus com ajuda da figura do salvador davídico. Somente depois de realizada a experiência que levou à interpretação de que Jesus havia ressuscitado, os salmos 2 e 110 (judaicamente já interpretados como messiânicos) podiam ser alegados para interpretar a ressurreição como exaltação e como "ser constituído em poder", e podia Jesus ser interpretado como messias davídico em sentido escatológico. Tal fato, porém, já foi uma reflexão *secundária*, tornada possível por uma reflexão em que a pessoa de Jesus já tinha sido identificada em primeira instância. Também o termo "Filho do homem" não se prestava para tal primeira identificação como pessoa, pois esse termo sugeria um ser que vinha do céu; e tal ser celeste dificilmente podia ser identificado com o Jesus terreno, cujos pais eram conhecidos. Além do "profeta escatológico" ou do "servo de Deus"[136] (o qual, como "Israel coletivo", não se prestava diretamente), não havia outros modelos intermediários de salvação escatológica, disponíveis para os seguidores de Jesus.

Portanto, sem querermos negar alguma influência das outras duas tradições a respeito da figura de salvador escatológico, a análise nos obriga a dizer que os quatro modelos do credo partem, na sua primeiríssima origem, da interpretação fundamental da vida de Jesus, conforme o modelo do "profeta (religioso) dos últimos tempos", quer dizer, do profeta "messiânico" *cheio do Espírito de Deus*. Na base de suas experiências na convivência com Jesus nos dias de sua vida terrena, os primeiros discípulos de Jesus, que depois seriam "cristãos", optaram pelo conhecido modelo do profeta escatológico. Nesse modelo, eles reconheceram Jesus, assim como ele realmente foi, da maneira como o tinham visto na convivência do dia-a-dia. Pode-se até dizer: Se tal modelo ainda não existisse, eles mesmos o deviam ter inventado, na base da impressão que tiveram em toda a atuação de Jesus.

Isso significa que inicialmente não se tratava de uma oposição entre o messianismo judaico e o cristão, mas de uma opção consciente (por causa do peso e natureza próprias da atuação terrena de Jesus, como de fato havia acontecido), opção essa entre dois modelos *judaicos* que existiam; entre esses dois optou-se pelo messianismo do profeta escatológico, o ungido profeta final, da boa nova vinda de Deus, embora em algumas comunidades do cristianismo primitivo, e assim também nos evangelhos, a tradição messiânica davídica tenha inegavelmente desempenhado algum papel, sobretudo por causa da

---

[136] Ver os artigos de J. Coppens, *Le messianisme israélite. La relève prophétique*, *l.c.*, e: *La mission du Serviteur de Yahwé*, *l.c.* Também: J. Coppens, *Nieuw licht over de Ebed-Jahweh-liederen* (Analecta Lovaniensia Biblica et Orientalia, Ser. 2, fasc.15), Lovaina-Paris 1950, 3-16.

ressurreição; isso aconteceu, inclusive, porque já existia certa mistura entre o messianismo profético e o davídico. Contudo, mesmo assim, o messias davídico é transformado, devido à opção fundamental pelo profeta messiânico, aquele que, cheio do Espírito Santo, traz a boa nova da graça divina que se está oferecendo. Os primeiríssimos cristãos, que deram o impulso inicial para as tradições do cristianismo primitivo, e que por isso determinaram o rumo da tendência fundamental, não eram gregos; eram *judeus* de língua aramaica e grega; e isso não podemos esquecer. Na noção cristã de messias, há uma reação *judaica* e *cristã* contra uma determinada interpretação judaica do messias, que se expressava sobretudo no messianismo zelótico dos guerrilheiros de Israel. Alguns judeus e todos os cristãos se opunham a uma interpretação do "reino de Deus" que evidentemente não estava na linha do javismo e da antiga idéia de Israel sobre o domínio de Deus. Os primeiros cristãos, de fato, sentiam-se nisso como judeus, sem mais nem menos, que freqüentavam o templo como todos os judeus piedosos.

A identificação de Jesus com o profeta "messiânico" dos últimos dias teve grandes conseqüências. De fato, no judaísmo da época esse conceito evocava todo um conjunto de sentidos: cristo (= o ungido), mas também *Marán* (= Senhor, *Kyrios*), sabedoria e intermediário de revelação divina, filho de Deus, mestre da Lei etc. Esse "modelo cristológico" – isto é, todo esse conjunto de idéias em torno do "cristo" como profeta ungido – já existia todo pronto no judaísmo da época; aí estava também personalizado: Henoc, Moisés, Elias e Samuel já tinham sido interpretados "cristologicamente" no judaísmo; igualmente em 4Esd (embora escrito depois de Jesus Cristo) também Esdras é interpretado "cristologicamente"; igualmente no Henoc aramaico (substancialmente escrito meio século antes de Cristo) temos a mesma "cristologia" sobre Henoc. No judaísmo, todos eles são chamados de "cristo", *kyrios*, filho de Deus (assunto a ser estudado na história das religiões). Mas, que diferença essencial entre eles e Jesus! O que lá era um processo literário da história das tradições (toda essa literatura apocalíptica é essencialmente pseudônima; aqueles modelos eram *apenas aplicados* a figuras de um passado longínquo) tornou-se um meio para os primeiros cristãos articularem sua avaliação e apreciação sobre uma pessoa histórica recém-falecida: tudo aquilo estava sendo dito de Jesus de Nazaré, num momento em que muitos de seus contemporâneos ainda estavam vivos. Portanto, isso nada tem a ver com o teor próprio de toda aquela literatura judaica-apocalíptica; rompe com todos os quadros já existentes e, em comparação com a literatura paralela daqueles dias, era simplesmente desconhecido entre os judeus, e não era apocalíptico. Aliás, nem precisamos pensar em dependência *literária*; trata-se apenas e simplesmente de uma participação no mesmo espírito e padrão de pensamentos daquela época. Na base da mesma exegese "carismática" de textos dos livros sagrados, a mentalidade da época fornecia o horizonte dentro do qual também os cristãos podiam interpretar Jesus de Nazaré "segundo as Escrituras". O uso do que para os cristãos ia ter o nome de "Antigo Testamento" foi *essencial* para a sua interpretação sobre Jesus de Nazaré, mas sob o peso do critério e norma da atuação histórica de Jesus. Quais são para isso os dados fundamentais?

B. *Será que Jesus é "o profeta dos últimos dias"?*

O Novo Testamento deixa ainda perceber claramente que, durante a vida de Jesus de Nazaré, muitos tiveram a impressão de que ele era "um profeta", era fenômeno raro naquele tempo (fazendo-se agora abstração de João Batista). Para o povo, Jesus era "um dos profetas", semitismo para dizer: "é um profeta" (Mc 6,15; 8,27-28). Essa tradição de Marcos é confirmada (o critério do múltiplo atestado!) pela tradição própria de Lucas (Lc 7,39) e por trechos (acrescentados ao material de Marcos) em Mt 21,11.46; ver também Lc 9,7-9; Jo 6,14-15 e 1,21. Em Lc 24,19, os assim chamados "discípulos de Emaús" mostram também que durante a vida de Jesus eles o haviam reconhecido como profeta. Uma apreciação de Jesus como profeta, no meio do povo, e sobretudo entre os seus próprios seguidores, é indubitavelmente um dado pré-pascal. Outro dado deve ser igualmente uma lembrança da vida terrena de Jesus. A pergunta a respeito da relação entre Jesus e o Espírito de Deus – que caracteriza o profeta – foi um dos primeiros problemas postos pela atuação de Jesus. Desde o começo, era evidente que estava acontecendo com Jesus algo muito especial. Dizia-se: "Ele está fora de si" (Mc 3,21). Isso dividiu as opiniões a respeito de Jesus: ou ele estava "possuído por Belzebu" (Mc 3,22; Mt 12,24; Lc 11,15; Jo 7,20; 8,48; 9,16), ou ele estava "possuído pelo Espírito de Deus": era um profeta (Lc 7,18-23 par.; 11,14-23 par.; ver também Jo 8,48-50.52 e 10,20-21). Para os que nele confiavam, Jesus estava cheio do Espírito (Lc 11,14-23 = Mt 12,22-30, da fonte Q; também Mt 11,13-20; cf. Jo 6,14; 8,48-40.52 e 10, 20-21). Essa pergunta acerca do espírito do demônio ou do espírito de Deus, isto é, se Jesus tinha mesmo o espírito do profetismo, mostra com toda a clareza, devido a essas tradições literariamente independentes entre si, que se trata de uma lembrança dos dias da vida terrena de Jesus.[137]

Além disso, há textos que, embora retocados pela Igreja, sugerem ter havido uma *expectativa* pré-pascal de que Jesus seria o profe-

---

[137] Ver A. Polag, *Zu den Stufen der Christologie in Q* (Studia Evang., IV-1), Berlim 1968, 72-74, que vê nisso influências pré-pascais. Conforme S. Schulz, Q-Quelle, 203-212, porém, elas só aparecem na segunda fase Q, mas sob influência da tradição de Marcos, que é independente (de fato, mais antiga) (Mc 3,22).

ta escatológico: um "profeta redivivo", que podia ser Elias, ou talvez João Batista, já morto, mas ressuscitado, ou ainda Jeremias (como acrescenta Mateus) (Lc 9,8 comparado com Mc 6,15; Lc 9,19 comparado com Mc 8,28; Mt 16,14; Jo 6,14-15). Em outras palavras, em Lucas a expressão "um profeta" (de Marcos) é mais claramente "um dos profetas *antigos*" (Lc 9,19), ou o profeta dos últimos tempos, um "profeta *redivivo*", isto é, "um grande profeta" (Lc 7,16). Lucas conta que os discípulos de Emaús não apenas reconhecem Jesus como profeta, mas claramente como o profeta escatológico "que salvaria Israel" (também Mt 16,14, comparado com Mc 8,28). Significativo é sobretudo que em Lc 4,16-21 a atuação pública de Jesus começa com um sermão na sinagoga, onde Jesus explica Is 61,1-2 como se realizando "aqui e agora". (No tempo de Jesus, esse trecho de Isaías era interpretado como o grande anúncio do cristo-profeta escatológico.) Segundo Lucas, pois, o próprio Jesus se apresenta como o profeta dos últimos dias que inaugura a hora da graça de Deus. É uma evidente reflexão pós-pascal. Mas também Marcos sabe que Jesus era considerado como profeta escatológico: será que ele é João Batista que voltou à vida, ou Elias? (Mc 6,14-15; 8,28) Será difícil defender a tese de que isso é apenas uma apreciação pós-pascal, pois na mesma tradição do cristianismo primitivo o próprio João Batista já era interpretado como "Elias redivivo" (Mc 9,13). Também Lucas, que alhures descreve Jesus como profeta do fim, identifica em 7,25-27 João Batista com Elias, o profeta do fim, transmitindo depois uma polêmica pós-pascal entre discípulos de João e discípulos de Jesus, quando estes últimos declaram Jesus maior do que João, e por isso "mais que um profeta" (Lc 7,26b). Portanto, do ponto de vista da história das tradições, Mc 6,14 e 8,28 contém reminiscências autênticas da imagem que discípulos, já antes da Páscoa, tinham formado a respeito de Jesus: pelo menos a expectativa de ser Jesus o profeta escatológico (o que não quer dizer que isso implique já uma "cristologia", a não ser que – veja mais adiante – a aplicação do conceito de "profeta escatológico" já deva ser uma 'identificação cristológica" de Jesus). Interessante talvez para uma interpretação "messiânica" de Jesus como profeta escatológico é Jo 6,14: "Este é verdadeiramente o profeta, aquele que deve vir ao mundo" (este versículo parece conter lembranças históricas, menos a expressão joanina "neste mundo"). Jesus vê algo de messianismo davídico nessa reação do povo (Jo 6,15); por isso, "ele se retirou".

Em Mc 6,4 par. e Lc 13,13, o próprio Jesus *compara* o seu destino com o de um profeta (na linha da tradição Q: Lc 11,49-52); implicitamente sugere-se que Jesus avalia a sua própria vida em categorias proféticas; estas no caso incluem rejeição e martírio. O próprio Bultmann reconhece a hostoricidade da autocompreensão profética de Jesus (sobretudo por causa de Lc 12,49; Mc 2,17;

Mt 15,24),[138] principalmente pela defesa profética, e até mais que profética, que ele faz dos humildes e dos social e religiosamente discriminados. Também aí aparecem claramente os traços do grande profeta, que seria o último, na base de Is 11,4.6; 42,1-4 e 61,1-2). Também para O. Cullmann,[139] Jesus, embora não se identifique com o profeta escatológico, interpreta a sua própria missão e conduta *em* termos do profeta do fim dos tempos. A teologia pós-pascal sobre o fato histórico do batismo de Jesus no Jordão (Mc 1,10-11; Mt 3,16-17; Lc 3,21-22 e Jo 1,32) refere-se, como ainda será analisado, ao reconhecimento de Jesus como profeta escatológico; mas (por causa da mistura de toda sorte de tradições veterotestamentárias, originalmente independentes), em Jesus confluem também o messianismo régio e o sacerdotal; Jesus é o "repleto do Espírito Santo", o cumpridor das grandes promessas do Antigo Testamento: tanto Is 11,2 como 42,1-2; tanto Is 61,1 (ver At 10 e Lc 4) como Sl 2,7. São essas as interpretações sinóticas e joaninas do batismo de Jesus. At 3,11-26 e 7,37 dizem explicitamente que Jesus cumpriu as expectativas a respeito do profeta dos últimos tempos, que seria "como Moisés" (Dt 18,15). (Foi assim que profetas cristãos interpretaram a vida de Jesus, à luz de textos do Antigo Testamento.) 2Pd 1,16-21 alude a essa interpretação profética, judaica-carismática, do Antigo Testamento, já praticada também por cristãos (na mesma linha que a exegese intertestamentária). Por isso, Paulo pôde dizer: Jesus é "o ungido no qual as promessas de Deus se tornaram 'sim e amém'" (2Cor 1,21-22): o profeta dos últimos tempos, cheio do Espírito Santo, anunciado em Is 61, apareceu em Jesus de Nazaré. Podemos afirmar que, segundo essa interpretação das origens do cristianismo, a função do messiânico "profeta escatológico" foi proclamada solenemente em Jesus na hora do batismo no Jordão, *em contraste* com o Antigo Testamento (encerrado, naquela hora, por João Batista). A comunidade Q guardou *logía* nos quais Jesus vê sua missão na linha dos profetas (Mt 23,29-30 e 23,34-36.37 par.), e muitas vezes em relação com o juízo escatológico; por isso, o Jesus terreno, para a comunidade Q, é inegavelmente o profeta escatológico, mas sem nenhum messianismo dinástico-davídico; o título "cristo" falta em toda essa tradição Q, e isso não é por acaso, considerando-se as três narrativas sobre as tentações de Jesus (cf. *supra*). É uma rejeição do messianismo dinástico-davídico com a sua figura de dominador.

Segundo Lucas e Mateus, esse "estar cheio do Espírito" já começou a partir do nascimento de Jesus (evangelhos da infância). Pois, quem é profeta já o é "desde o seio materno" (Jr 1,5; Is 49,1-3;

---

[138] R. Bultmann, *Theologie*, 35-39.

[139] O. Cullmann, *Christologie*, 37; também R. Fuller, *Foundations*, *l.c.*, 46-49.

Sl 110). Também Paulo está na mesma tradição quando, ao falar sobre a sua eleição para ser apóstolo, afirma que isso foi "desde o seio materno", apesar de sua conversão, perto de Damasco, ter acontecido bem mais tarde (Gl 1,15). (Essa idéia faz parte de um só complexo de tradições.) O profeta, segundo essa linha de tradições, é "Deus-conosco": por isso, Mateus começa o seu evangelho identificando Jesus com esse "conosco" profético de Deus (Mt 1,23). Diversas tradições independentes da Igreja primitiva chamam Jesus de "o profeta", sem mais nem menos, sugerindo claramente que se trata do "profeta escatológico".

O que chama também a atenção é que o evangelho joanino foi construído, por assim dizer, segundo o modelo de Moisés como profeta: Jesus é o novo Moisés, o escatológico "profeta como Moisés", sendo até maior do que ele (Jo 1,17). Quem redigiu Jo 1,16-18 lembrava-se da narrativa sobre a Aliança no Sinai (Ex 33-34): Moisés tinha de conduzir o povo para a terra prometida (Ex 33,1-12; 34,34); para isso pede a contínua presença de Deus (33,15.16; 34,9 e 40,34): Jo 1,14 (*eskénosen*). Depois, Moisés pede: "Mostra-me a tua glória" (Ex 33,18); Jo 1,14b ("E nós contemplamos a sua glória"). Em seguida: "Ninguém pode ver a Deus e continuar em vida" (Ex 33,20); Jo 1,18 ("Ninguém jamais viu a Deus..."). Javé, porém, revelou seu nome a Moisés: "Javé... cheio de bondade e fidelidade" (Ex 34,6); Jo 1,17 ("A Lei foi dada através de Moisés; a bondade e a fidelidade vieram por Jesus Cristo"). Em seguida, Deus promete acompanhar seu povo (Ex 34,9-10) e dá a Moisés as tábuas de pedra com a Lei (34,28); Jo 1,17 ("A Lei foi dada através de Moisés..."). Esse paralelismo com Moisés é mantido através de todo o evangelho joanino: cf. a vocação de Moisés (Ex 3) e a vocação de Jesus depois do batismo no Jordão (Jo 1,29-34). Seguem os feitos do poder milagroso de Moisés, que faz a água do Nilo ficar vermelha igual a sangue; e o milagre de Caná (Jo 2,1-11). Moisés celebra a primeira festa pascal (Ex 11-12); Jesus vai a Jerusalém e executa (já então, segundo João) a purificação do templo (Jo 2,13-16). Em seguida, Moisés atravessa com seu povo o mar Vermelho (Ex 14); em Jo 3,1-5, Jesus fala com Nicodemos sobre a necessidade de "nascer da água e do Espírito". Quando o povo já não tinha nem pão nem água, e além disso era atormentado por cobras venenosas, Moisés fez uma serpente de bronze, fixou-a numa haste, e todo aquele que foi mordido, se olhasse a serpente de bronze, tinha a vida salva (Nm 21,4-9): "Este 'Filho do Homem' deve ser levantado, assim como Moisés levantou a serpente no deserto" (Jo 3,14). Depois de terem atravessado o mar Vermelho, Moisés e o povo descobriram uma fonte d'água (Ex 15,22-25); em Jo 4, ouvimos, junto à "fonte de água viva", a conversa de Jesus com a samaritana. Em Ex 16 fala-se do milagre do maná; Jo 6 conta a multiplicação milagrosa dos pães e (cf. Ex 17,1-7) as palavras de Jesus sobre o maná celeste. Em Jo 10 e

11 acham-se além disso diversas alusões a Josué, o sucessor de Moisés, que introduziu o povo de Deus realmente na terra prometida. O evangelho joanino foi construído na base de uma interpretação que via Jesus como o profeta escatológico, o novo Moisés que conduz para dentro do reino de Deus. Podemos concluir que o evangelho joanino, dentro de um esquema altamente sapiencial (o terceiro modelo do credo), dá uma teologia sobre Jesus como o profeta-Moisés escatológico que introduz o povo para dentro da terra prometida: "no seio do Pai" (Jo 1,18), o reino de Deus.

Todos os evangelhos guardam a lembrança da primeira identificação da pessoa de Jesus, sugerida pela sua própria vida: Jesus é o profeta do reino definitivo de Deus, reino que se aproxima, e já se manifesta pela atuação de Jesus. Não me parece certo, pois, que em muitas exposições exegéticas sobre os sublimes títulos de Jesus, o título "Jesus-profeta" muitas vezes aparece em último lugar, sendo-lhe dedicado espaço exíguo,[140] e sendo além disso considerado como não satisfatório.[141] Aí cabe a pergunta: Será que se desconhece assim a autocompreensão de Jesus como profeta, sobretudo por causa de sua atitude de recusa com relação ao messianismo dinástico-davídico, e porque ele fala sobre o "Filho do homem" como o futuro juiz do mundo? Será que não se priva assim de seu verdadeiro conteúdo a auto-compreensão de Jesus, ou se introduz nela idéias cristológicas posteriores? Descuida-se, então, da matriz de todos os demais títulos sublimes e das tendências que há no credo.

Que o elo entre o Jesus terreno e o Cristo querigmático é o reconhecimento, comum em todas as tendências do credo, do Jesus terreno como profeta escatológico (superando todas as expectativas, isto sim), e que essa identificação (*pelo menos* como pergunta e conjectura) com grande probabilidade já foi pré-pascal, isso tem enormes conseqüências. Sugere notável continuidade entre a impressão que Jesus causou durante os dias de sua vida terrena e os querigmas e profissões de fé, aparentemente de "alta cristologia", da Igreja depois de sua morte. Pois a história das tradições ainda consegue verificar que todos aqueles querigmas, no judaísmo da época, já estavam incluídos no título de "profeta escatológico". Em outras palavras: quem reconhece Jesus como o profeta escatológico do iminente reino de Deus já descobriu todo um campo de noções (do ponto de vista

[140] Assim, também no opúsculo recente de J. Ernst, *Anfänge der Christologie*, Stuttgart 1972, 53-54.

[141] O. Cullmann, *Christologie*, 46; J. Blank, *Jesus von Nazareth*, dedica poucas linhas apenas (79-80) a Jesus como profeta escatológico. (É compreensível, levando em conta sua intenção de dar uma coleção de artigos separados.) Cullmann diz: "Jesus impressionou como profeta escatológico" (80); H. W. Bartsch, *Jesus, Prophet und Messias aus Galiläa*, Frankfurt 1970, procura apenas o verdadeiro motivo para a prisão e execução de Jesus.

da *história das tradições*), noções onde logo aparecem títulos como o Cristo, o Kyrios, o Filho de Deus, quase como sinônimos, ou pelo menos como idéias associadas. Isso deverá agora ser precisado mais detidamente.

C. *Jesus, o mensageiro escatológico de Deus – fonte das mais antigas tendências do credo, e fonte principal do mais antigo uso cristão dos títulos Cristo, Senhor, Filho*

a) Será que no tempo de Jesus já se usavam *testimonia* ou florilégios de textos bíblicos (do Antigo Testamento) nos quais, no estilo da "exegese escatológica" da época, argumentos da Escritura tinham sido reunidos, e nestes a interpretação judaica-apocalíptica teria visto "profecias" sobre acontecimentos dos últimos dias e sobre figuras de salvadores que nisso eventualmente atuariam? Muitas vezes tal suposição já foi feita, e mais vezes ainda foi criticada.[142] Coleções sumárias de tal hermenêutica, dos séculos II, III e IV, são conhecidas há muito tempo, e os peritos têm reconhecido que eram apenas codificações de tradições mais antigas, até muito antigas, assim como existiam também escritos rabínicos desde o século II d.C. Porém, documentos achados nas grutas de Qumrã provaram que tais *testimonia* exegéticos-escatológicos são realmente de data muito mais antiga ainda.[143] Acharam-se até rolos (embora não em bom estado), redigidos num aramaico mais ou menos como deve ter sido falado no tempo de Jesus. Sobretudo em Qumrã (pelo menos antes de 70 ou 72/73 d.C., quando nos dias da queda de Jerusalém a comunidade de Qumrã foi exterminada, depois que a biblioteca fora levada para lugar seguro), tais "florilégios" eram assiduamente usados para a teologia da própria comunidade de Qumrã. No Novo Testamento, há o mesmo tipo de referências ao Antigo Testamento, e os mesmos textos, para interpretar (embora de outra maneira) os acontecimentos da época como sendo "o fim dos tempos"; os textos de Qumrã devem, pois, ter sido conhecidos e utilizados amplamente. E mesmo fazendo abstração da

---

[142] J. B. Audet, *L'hypothèse des Testemonia*, em: RB 70 (1963) 381-405.

[143] G. R. Driver, *The Judean Scolls*, Oxford 1965; J. Fitzmyer, *The use of explicit Old Testament quotations in Qumran literature and in the New Testament*, em: NTS 7 (1960-1961) 297-333, e: *4Q Test and the New Testament*, em: ThSt 18 (1967) 513-522; J. de Waard, *A comparative study of the Old Testament text in the Dead Sea Scrolls and the New Testament*, Leiden 1965; sobretudo R. Le Déaut, *La présentation targumique du sacrifice d'Isaac et la sotériologie paulinienne* (Analecta Biblica, 17-18), Roma 1963, vol. 2. 563-574; Les études targumiques, em: ETL 44 (1968) 5-34; *Introduction à la litterature targumique*, Roma 1966, e: *Tradition juive ancienne et exègese chrétienne*, em: RHPR 51(1971) 31-51. Ver: G. Vermès, *The Dead Sea Scrolls in English*, Harmondsworth 1962.

questão se autores do Novo Testamento conheceram e utilizaram semelhantes "florilégios", estes provam um costume, então bastante comum, de interpretar na base da Escritura os acontecimentos da época (que comumente era julgada ser "o fim do mundo").[144] O costume neotestamentário de usar a Escritura como documento para interpretar o que acontecera com Jesus não é simplesmente "polêmica antijudaica", nem exegese especificamente cristã; era na época um costume judaico bem comum.

A tese fundamental de tal exegese, como a encontramos naqueles *testimonia*, era que a Escritura tinha um sentido oculto, a saber, sentido escatológico. A exegese carismática sabia revelar tal sentido, bem como algo a respeito do fim do mundo e, por conseguinte, sobre os acontecimentos contemporâneos. Tal exegese era praticada pela combinação de textos bíblicos de diferentes tradições, freqüentemente via textos da bíblia hebraica "atualizados" pela tradução grega dos Setenta, na base também de palavras parecidas, chegando-se eventualmente, por certa mudança na ordem das letras, a uma combinação totalmente diferente do teor do texto original etc. O "sentido escriturístico" que disso resultava podia então ser aplicado a acontecimentos contemporâneos, nos quais se via uma realização de tal sentido bíblico (as cartas de Paulo são disso exemplo claro, embora já tradicionalmente judaico).[145] Era na época um método exegético muito comum, aplicado pelos rabinos com certa sobriedade, e com muito mais liberdade em Qumrã e outros grupos (apocalípticos) da Palestina; foi o método da própria tradução da Setenta, e sobretudo de Fílon e dos targumim posteriores que conhecemos: estes últimos, no entanto, apenas continuavam uma tradição já antiga. (A patrística e toda a história da exegese cristã posterior encontrou nisso o que foi chamado de "sensus plenior" da Escritura, aplicando-se esse método também aos escritos do Novo Testamento.)

Diante desse pano de fundo devemos colocar a tradição judaica sobre o "cristo", tradição aliás sobre o esperado profeta escatológico, identificado, pelos primeiros cristãos, com Jesus de Nazaré. Não foi com base nesse modelo já existente, mas com base naquilo que em

---

[144] Nesse tempo, a expectativa do fim do mundo recrudescia periodicamente (de maneira comparável ao medo, em nosso tempo, de um fim deste mundo por bombas de hidrogênio e poluição do meio ambiente). Grandes acontecimentos contribuíram para isso: a tirania de Nero; a luta em torno de Galba, Óton, Vitélio e Vespasiano; a revolta na Gália (ano 68), na Germânia (ano 69), na Judéia (66-70), terremotos em Laodicéia (60), em Pompéia (63), a erupção do Vesúvio (79) etc. Também já antes: desde o tempo dos Macabeus (no tempo da primeira florescência da apocalíptica) cresceu a espectativa do fim deste mundo, tanto entre os essênios (1QpHab 2,5 e 9,6 e CD 4,4 e 6,11, como entre os fariseus (SlSal; Josefo, *Antiquitates*, 17,43ss). Sobretudo o culto ao imperador, que fazia dele um deus, era insuportável para os judeus; era "o começo do fim".

[145] Ver M. Hengel, *Die Zeloten*, 240-242; J. Giblet, *Messie prophète*, 122.

Jesus lhes aparecera real e historicamente, que esses cristãos lançaram mão daquele modelo, como o melhor reflexo da impressão que Jesus fizera neles. Aquele modelo descrevia completamente o Jesus concreto: aquele Cristo era ele.

Na "Quarta" gruta de Qumrã foram encontrados *testimonia* e *florilégios* de textos bíblicos assim colecionados e escatologicamente interpretados. Nesses florilégios (4Qtest e 4Qflor) acha-se um inventário de figuras de salvadores escatológicos: de um lado, o escatológico "profeta igual a Moisés", referindo-se a Dt 18,15-19 (não na interpretação exegética moderna de Dt 18, a qual vê neste texto a institucionalização do profetismo em Israel, mas no sentido de uma profecia sobre o profeta do *fim dos tempos*). Essa exegese de Qumrã resultou de uma combinação entre Dt 18,15-19; 5,28-29; 33,8-11 e Nm 24,15-17. Além disso, também por uma combinação de diversos textos bíblicos, destaca-se aí um oráculo messiânico a respeito de dois messias: um "davídico", e um "sacerdotal" que interpreta a Lei de Deus (inclusive por causa da luta provocada pelo domínio dos hasmoneus, em torno da questão se em Israel essas duas funções podiam estar unidas numa só pessoa).[146] Sobretudo Zc 4,3.11-14 fez prevalecer a convicção a respeito de "dois messias" (além do profeta escatológico). Na convicção de Qumrã, esses dois messias, o régio e o sacerdotal, são o messias de Israel e o messias de Aarão. No *Testamento de Levi*, porém, são o messias de Judá e o messias de Levi. Os modelos são Moisés e Aarão, os grandes líderes de Israel; mas estes dois, em diversas tradições, são facilmente trocados por outras figuras de salvadores do passado, sobretudo Elias e Henoc; esse fato mostra que se trata de um método literário. Em ambientes onde se fala de uma só figura de salvador escatológico, é sempre Elias, isto é, o profeta dos últimos dias (a própria Bíblia – Ml 3,1 com 3,23-24 – forçava nesse sentido). De todas essas engenhosas interpretações foi finalmente apenas a última (a figura escatológica de Elias) que penetrou mais na massa do povo (o próprio Malaquias já pode ser testemunha e eco de uma expectativa popular em formação).

Em todo caso, isso nos dá uma idéia de como nessa época judaica-apocalíptica os livros sagrados de Israel eram usados para dar um sentido aos acontecimentos atuais e vindouros. Essa exegese judaica acabou sendo também a exegese dos primeiros cristãos (e poderia ser de outra maneira entre judeus-cristãos?).

Em muitas passagens de suas cartas (para nós as mais difíceis), Paulo é claro exemplo dessa "exegese carismática"; também os Atos e os evangelhos estão cheios disso, de maneira menos espetacular, mas nem por isso menos real (embora possa enganar). Quem chegou a

---

[146] G. Vermès, *l.c.*, 244; Fitzmyer, em ThSt 513ss.

compreender esse método, fica convencido de que o Antigo Testamento não foi realmente a fonte da interpretação de acontecimentos da época, mas que a compreensão que se tinha dos fatos contemporâneos (pelo próprio peso desses fatos), e que não se conseguia expressar direito, chegou somente a ser articulada e formulada graças ao material dos conceitos dos livros sagrados. Além disso, segundo a maneira judaica de pensar, uma interpretação pessoal (p.ex. "este Jesus é o Cristo") somente era válida quando se podia demonstrar "exegeticamente" que a prometida (no Antigo Testamento) "figura de cristo" se tinha "cumprido" em Jesus. Em outras palavras, essa hermenêutica judaica interpretava acontecimentos contemporâneos à luz da Bíblia, a qual lhe fornecia os meios para articular e verbalizar validamente a "interpretação da realidade" (a compreensão de um acontecimento atual ou futuro), formulando-a em conceitos imediatamente compreensíveis para os que viviam naquela mesma tradição (embora naquele tempo se tratasse muitas vezes de uma tradição apenas literária, mas mesmo assim verdadeiramente vivida nos próprios círculos daquela piedosa espiritualidade). Depois de tantos séculos, esse procedimento nos estranha muito, porque nós, com o nosso passado de filosofia ocidental, entendemos isso em sentido bem diferente do que aquela hermenêutica judaica-bíblica sobre Jesus de Nazaré realmente queria dizer, ou podia querer dizer. Do ponto de vista sociopsicológico, porém, tal procedimento pode ser perfeitamente compreensível para nós! Por isso, mesmo se houve talvez dependência literária, não há nada de inquietante no fato de que tal hermenêutica se tornou a base de toda a cristologia cristã, enquanto os mesmos conceitos-chave eram aplicados com a mesma ingenuidade, p.ex. a Moisés, a Elias, e sobretudo a Henoc "Filho do homem". (Não é à toa que a interpretação "trinitária" do Deus vivo é a conseqüência ou a implicação da recusa dos cristãos a identificar Jesus de forma *absoluta*, sem distinções, com o Deus vivo.) Aqueles modelos antigos não nos fazem medo. Pelo contrário, Moisés, Elias, Henoc ou "Esdras, o Filho do homem que há de vir" funcionavam na literatura da época como figuras *literárias*, pseudônimos para pessoas reais de um passado longínquo, isto sim, mas concretamente pessoas fictícias para expressar uma experiência contemporânea da realidade. Eram "categorias literárias", aliás limitadas a uma elite de intelectuais religiosos. A única idéia que chegava até o povo a respeito de tudo isso, era que alguém "havia de vir"; e, devido à situação social da época, o povo tinha toda a razão para desejar um libertador e salvador! É isso o que eles aguardavam espontânea e pessoalmente, conforme o Novo Testamento ainda o testemunha com clareza ao falar sobre o povo.

Na tradição do cristianismo primitivo, porém, e nos seus modelos de credo, todos esses temas literariamente conhecidos são aplicados para expressar de maneira compreensível a figura humana e contemporânea de um homem que pouco tempo atrás havia morrido. Quem quisesse, ainda podia indagar tudo criticamente. Exatamente tal identificação é desconhecida em toda aquela literatura judaica não-cristã. Era apenas literatura; não era um movimento. Uma divinização de Moisés, Henoc ou Esdras, figuras de tempos idos, todos a entenderiam como procedimento literário ou até antropologicamente exemplar e edificante; e isso era assim compreendido por todo mundo. Um "cristo Henoc" ungido não geraria um "movimento henoquiano", e um "cristo-Esdras" não geraria um esdrassismo, embora se lhes tivesse atribuído tal nome messiânico. Em outras palavas: um modelo literário como tal não origina um movimento. De Jesus, porém, nasceu o movimento cristão! Aí está uma diferença essencial. E a esse Jesus, em quem muitos haviam encontrado uma salvação concretamente histórica, podiam-se aplicar tranqüilamente (para serem entendidos naquele tempo) os conhecidos modelos literários, com a condição de Jesus se ter manifestado de fato, em mensagens, palavras e ações, como o "verdadeiro profeta dos últimos dias". Pois, reais pretendentes a serem messias, líderes de movimentos de resistência contra Roma, houve muitos naquele tempo, antes e depois de Jesus. Um estudo das formas literárias do Novo Testamento nos obriga a reconhecer o seguinte: Jesus não causou no seu ambiente a impressão de ser um guerrilheiro "messiânico", e sim o mensageiro e profeta de uma libertação mais profunda (que deixaria toda ocupação militar simplesmente sem sentido). Não se perceberam logo todas as conseqüências dessa impressão, mas foi uma experiência pré-pascal, pelo menos como *pergunta* e como expectativa vagamente expressa. Depois de sua morte, tendo-se uma idéia geral de sua vida, começou-se a tirar conseqüências da aparição deste profeta do fim deste mundo. Isso foi realmente uma interpretação cristológica de Jesus, já implicitamente presente na conjectura pré-pascal de que o profeta escatológico de Deus havia aparecido. Isso nos convida, não a procurarmos na vida de Jesus de Nazaré elementos de alta cristologia; pelo contrário, a partir da experiência histórica a respeito de Jesus como profeta do reino de Deus que estava chegando. (Quase queria dizer, mas sem razão: para entendermos os significados da cristologia pós-pascal sobre Jesus... Sem razão!... Mesmo assim, foi bom colocar isso assim de passagem.) Portanto, para compreendermos melhor o teor teológico do querigma eclesial e das primeiras tendências do credo, com base na impressão que os seus fiéis seguidores tiveram do Jesus terreno. Afinal, Jesus de Nazaré é norma e critério da fé cristã. Calcedônia o é também, para mim como cristão: mas *debaixo* da norma obrigatória que é aquele mesmo Jesus Cristo, o qual, para esse Concílio foi igualmente norma e critério de sua definição dogmática, dentro de uma problemática especificamente típica da filosofia *grega* (que nos é estranha), pois também os cristãos que lá tiveram a palavra estavam no seu tempo diante desta pergunta: Como vamos formular a nossa experiência de que a salvação de Deus, decisiva e definitiva, vem somente de Jesus de Nazaré, "verdadeiramente homem", sem abandonarmos a herança judaico-cristã do estrito monoteísmo que nos é cara, e sem reconhecermos ao lado do Deus vivo um "segundo Deus"?

b) A partir da identificação de Jesus de Nazaré como o profeta escatológico, torna-se compreensível, o início da cristologia do Novo Testamento e dos seus quatro modelos de credo, bem como o uso, desde cedo (*antes* de qualquer influência de Igrejas gentio-cristãs), da confissão de que Jesus de Nazaré é "o Cristo, o Filho unigênito, nosso Senhor". Com isso não quero negar, de forma alguma, que houve também influência de padrões helenistas de pensamento na versão posterior do Novo Testamento, em que também cristãos que não tinham sido judeus, mas pagãos, tiveram a palavra (sírios helenistas ou quaisquer outros). Quero afirmar, porém, isto sim, que durante decênios o cristianismo primitivo foi carregado *somente por judeus*, judeus de língua aramaica e judeus da diáspora, de língua grega, e que as linhas fundamentais da interpretação cristológica de Jesus já estavam traçadas antes de qualquer gentio-cristão ter dado alguma contribuição própria.

Para compreendermos os modelos do credo do cristianismo primitivo, bem como as conseqüências da mais antiga identificação (pré e pós-pascal) de Jesus com o profeta escatológico do reino de Deus para o bem da humanidade, devemos primeiramente verificar o amplo campo de significados que naquele tempo o "profeta escatológico da graça e do julgamento" devia evocar espontaneamente para um judeu, tanto em Jerusalém como talvez ainda mais na diáspora. Outros conceitos, judaicos e não-judaicos, ampliaram ainda mais o espaço desse campo original de significados, e o aprofundaram; e talvez o torceram unilateralmente; mas, exatamente por causa disso, o estudo do impulso fundamental da origem do cristianismo, embora não sendo o único que salva, é extremamente importante, porque nos permite testar essa interpretação que é a mais antiga, bem como a posterior, pelo único critério: Jesus de Nazaré. Pois é um fato sociológico que, uma vez que se deu uma interpretação, essa pode começar a levar uma vida independente; e então a história ulterior dessa interpretação pode tornar-se mera história de "idéias", sem contato com a realidade da qual realmente se trata: o Nazareno. Não podemos perder de vista esse processo vital tão humano, exatamente por sermos *cristãos*.

Para a interpretação, que o cristianismo primitivo faz de Jesus como o "mensageiro de Deus", é fundamental um texto deuteronomista do Livro do Êxodo (cf. Dt 18,15), texto que teve papel importante na exegese judaica, dentro da qual os cristãos se encontravam. "Eis! Enviarei meu mensageiro ("ángelos", anjo) adiante de ti, para te proteger no caminho e *te fazer entrar no lugar que eu preparei. Presta-lhe atenção e ouve a sua voz. Não deves contrariá-lo; ele não suportará a tua revolta, pois nele o Meu Nome está presente. Se obedeceres à sua palavra e fizeres o que eu digo, eu serei o inimigo dos teus inimigos e o opressor de teus opressores. Enviarei meu anjo diante de ti*" (Ex 23,20-23; cf. 33,2).[147] Não se trata agora de exegese moderna; trata-se da tradição judaica daí resultante, aliás muito viva no tempo de Jesus, tradição que assim forneceu à interpretação cristã de Jesus, como o mensageiro escatológico, o material de conceitos do qual nasceu essa cristologia cristã. Costuma-se dizer que a intenção do Novo Testamento é interpretar Jesus "segundo a Escritura" (para nós, o Antigo Testamento), e não segundo a literatura judaica intertestamentária. Isso está formalmente certo; porém, segundo os princípios e a prática real da exegese da época (exegese "carismática" e profética), essa distinção é pouco relevante, pois na época não tinha muito sentido distinguir entre "Escritura" e "interpretação da Escritura".[148] (Também os teólogos medievais ainda chamam tanto a Bíblia como a exegese teológica, patrística, simplesmente de "sacra pagina".) O que funcionava no Novo Testamento não era objetivamente a Bíblia, mas a Escritura do jeito como era interpretada na época, isto é, na linha da literatura intertestamentária, a qual, por isso, é sem dúvida uma ajuda para entender o Novo Testamento. Por isso, todo o conjunto de sentidos, que o conceito de "profeta dos últimos tempos" possuía no tempo de Jesus, é importante para a sua correta compreensão. Portanto, encontrando-se no Novo Testamento conceitos como poder, cristo, Senhor, Filho de Deus etc., o princípio condutor da interpretação deve, de fato, ser este: a qual complexo de tradições pertence realmente o uso desses termos, neste ou naquele contexto? Depois, pode-se verificar até que ponto aí confluíram outras tradições, do Novo Testamento ou da tradição judaica mais tardia.

O conceito deuteronomista de "mensageiro", acima citado como parte de textos do dêutero-Isaías e do trito-Isaías, vê no profeta o mensageiro de Deus, "algo de Deus" que o enviou: é o mensageiro levando em si o nome de Deus. Nos círculos sinagogais da diáspora (na tradução da Setenta), o nome de Deus, "Adonái", é traduzido por *Kyrios*. O nome *Kyrios*, portanto, foi dado ao mensageiro de Deus. Por isso, Jesus é chamado de "o Senhor", *Kyrios* ou, em aramaico, *Marán* (a base para a primeira tendência do credo, tanto na comunidade Q como em Marcos). A fórmula antiga nos evangelhos gregos: "marán atha" (assumida na liturgia) prova que a interpretação de

---

[147] Eram sublinhados todos esses textos que nos evangelhos são aplicados a Jesus como o "mensageiro de Deus", e que assim chegaram a ter as suas primeiras conseqüências cristológicas.

[148] Giblet, *Messie prophète*, 122-123.

"marán" por "kyrios" não vem de religiões helenistas, mas do ambiente palestinense.[149] A história das tradições mostra que a origem de "Kyrios" como nome de Jesus deve ser procurada no conceito judaico-deuteronomista do "mensageiro". O nome de Deus – "Kyrios ho Theós" – foi *aplicado* ao mensageiro profético de Deus. Por isso, quem adere a esse mensageiro, adere a Deus; quem o rejeita, peca; e esse pecado é imperdoável, diz Mc 3,28-29:[150] ("pois ele não esquecerá a tua revolta", Ex 23,21). Essa idéia é inegavelmente continuada em Mateus e Lucas: "Todo aquele que se declarar por mim, também eu me declararei por ele diante do meu Pai que está nos céus. Mas todo aquele que me renegar diante dos homens, também eu o renegarei diante do meu Pai que está nos céus" (é essa a versão de Mt 10,32-33 = Lc 12,8-9). Por isso: "Feliz de quem não se escandalizar de mim" (Mt 11,6 = Lc 7,23). Essas duas séries de textos vêm da tradição da fonte Q sobre o mensageiro. Mas não apenas Marcos e a comunidade Q (em textos literariamente independentes, Lc 12,8-9 par.), mas também João, à sua maneira, diz exatamente a mesma coisa: "Pois quem me rejeita e não recebe as minhas palavras, já tem quem o julgue: a palavra que falei. É essa que o julgará no último dia" (Jo 12,48).[151]

Na consciência de um profeta, e ainda mais de alguém que sabe ser o profeta do reino de Deus que se aproxima (e exegeta nenhum duvida que Jesus tivesse essa consciência), esses pronunciamentos, autênticos ou não, já estavam explicitados, por assim dizer, no corrente conceito deuteronomista-judaico do "mensageiro de Deus". Isso implica uma identificação *profética* com a causa de Deus, com o próprio Deus: o nome de Deus, "o Senhor", está sobre ele. Mc 3,28 identifica o nome de Deus, imposto ao Cristo-mensageiro, ao profeta ungido com o Pneuma, o Espírito (embora seja exatamente Marcos quem faça nítida distinção entre Jesus e o Espírito). Em Mc 3,28-29 (em contraste com Mt 12,32 e Lc 12,10), a rejeição do Jesus terreno já é, por isso, um pecado imperdoável. Isso é compreensível, se Jesus é visto como o profeta do fim do mundo, isto é, o mensageiro da ultima

---

[149] Segundo F. Hahn, *Hoheitstitel*, 349, ajuntaram-se no título *Kyrios* a cristologia aramaica de "Mar=Senhor", o culto helenista do *Kyrios* e o "Kyrios ho Theós" da sinagoga judaica, sendo este último título naturalmente um termo usado na sinagoga grega (W. Kramer, *Christos, Kyrios, Gottessohn* [AthANT, 44], Zurique 1963, 157). Não sabemos, porém, o que levou a assimilações ulteriores.

[150] K. Berger, *Amen-Worte*, 36-40.

[151] Não é esse exatamente o mesmo "*lógion* de Jesus" como nos sinóticos? A maioria dos autores limita erroneamente seus estudos sobre Jesus aos sinóticos. Por que isso, se todos os evangelhos são ao mesmo tempo "teológicos" e lembranças da vida terrena de Jesus? Todo o evangelho de João pode ser chamado, sim, de "altamente sapiencial" (o que ainda não é o que mais tarde foi chamado de "cristologia alta", contraposta à "baixa cristologia" dos sinóticos). Na realidade, é apenas uma elaboração do tema do "mensageiro de sabedoria", identificado com a sabedoria de Deus, que o enviou como mensageiro.

chance de receber a graça de Deus. Por isso, a atitude para com esse mensageiro tem relevância escatológica: torna-se decisão definitiva em favor ou contra Deus que o enviou. Reconhecer Jesus ou rejeitar Jesus decide definitivamente sobre salvação ou perdição. A noção neotestamentária da "exousia" ou "plenos poderes" de Jesus (sobre a qual os exegetas discutem se é pré- ou pós-pascal) encontra seu sentido original na tradição deuteronomista sobre o mensageiro (escatológico) de Deus. Essa noção foi sem dúvida aprofundada pelo acontecimento da ressurreição, pelo qual essa "exousia" de Jesus se prolonga para uma "exousia" no último juízo (primeira tendência do credo, nas suas duas subtendências, em Marcos e na comunidade Q). Na base de sua ressurreição, Jesus é também "o Senhor do futuro". E esse último conceito foi ulteriormente elaborado, alegando-se outras tradições: Sl 2; Sl 110,1; Dn 7,13-14, pelo que a ressurreição/glorificação dá uma profundeza de "fim deste mundo" ao conceito escatológico de "Senhor", que no entanto já competia a Jesus na base de sua missão como mensageiro de Deus para os últimos dias. Na comunidade cristã, essa noção de mensageiro será aplicada também aos "mensageiros de Jesus Cristo": "Eu vos digo: quem acolhe aquele que eu envio, é a mim que acolhe. E quem me acolhe, acolhe o Pai que me enviou" (Jo 13,20). Essa declaração combina com o conceito de apóstolo em 2Cor. A pessoa do mensageiro deve ficar em segundo plano, a fim de possibilitar sua identificação com a causa de Deus que lhe foi confiada; para os apóstolos, é a causa de Cristo (2Cor 4,5). Também todo o evangelho joanino torna-se compreensível na base de uma interpretação (altamente sapiencial) do profeta escatológico enviado por Deus. De fato, no tempo de Jesus (e já antes) a noção deuteronomista de mensageiro já combinara com a literatura sapiencial mais recente. O mensageiro de Deus é um "mensageiro da sabedoria", sendo enviado por ela ou, em círculos altamente sapienciais, identificado com a sabedoria; e esta já tinha sido hipostasiada, e "antes da criação" já existia, estando com Deus. É por isso que nessa tradição sapiencial profetas são identificados com arcanjos, com o "Lógos junto a Deus", com a "Sabedoria junto a Deus", ou com patriarcas como Moisés e Abraão que permanecem junto a Deus. Henoc é identificado tanto com a sabedoria junto a Deus como com o ser celestial que é chamado de "Filho do homem".[152] Como acima se disse (terceiro modelo do credo), a sabedoria é intermediária de Deus na criação. As fórmulas joaninas da missão, e sua idéia de Jesus como a Palavra de Deus, o Lógos, intermediário da criação, torna-se compreensível pela confluência da tradição sobre o profeta escatológico com a tradição judaica

---

[152] Henoc 41,9; 42,1-3; 48,7; 51,3; ver K. Berger, *Zum Traditionsgeschichtlichen Hintergrund*, *l.c.*, 411.

mais recente sobre a sabedoria, assim como a noção de mensageiro já foi elaborada também na fase greco-judaica da comunidade Q, embora em termos sapienciais mais simples. Aliás, na exegese judaica, o texto que deu origem à tradição sobre o mensageiro (o "ángelos", anjo ou mensageiro de Ex 23,20) já foi aplicado ao profeta Elias, o qual havia de voltar como profeta escatológico. A sabedoria que arma a sua tenda entre os seres humanos (cf. Jo 1,14: *eskénosen*), na literatura da época, sobretudo na Torá, é Jacó, ou simplesmente "o profeta escatológico".[153] Isto é, a relação com Deus depende da relação com uma figura terrena, da qual a sabedoria tomou posse; é uma visão que domina claramente também a qualificação dada a Jesus pelos sinóticos. Deus colocou seu próprio nome no mensageiro, e por isso a identificação de Jesus com a sabedoria exprime a validade de sua mensagem e de sua atuação como profeta escatológico: "Para nós há um só Deus, o Pai, de quem tudo procede e para quem nós existimos, e um só Senhor, Jesus Cristo, por quem existem todas as coisas, especialmente nós" (1Cor 8,6). Este texto paulino não precisa significar, nessa perspectiva, o que significará em sentido filosófico pós-bíblico, mas indica, isto sim (carregado de realidade, de maneira própria), o enviado de Deus em sentido sapiencial (ver também Jo 1,3-10). O que aí acontece é uma revelação inédita, com validade divina, e por isso com plena autoridade profética.

Com base nessa noção de "mensageiro", o profeta é tratado como "mestre" e "guia" (Mc 10,17-18; em Jo 3,2: "Mestre que vem de Deus"; Mc 7,28; 11,3; 14,14; Jo 13,13.16; Lc 9,54 e 10,1), mas também como "Senhor". É o que muitas vezes foi interpretado, seja no sentido em que a gente se dirige a "Senhor Fulano", seja no sentido do que é chamado de "título altamente cristológico", a saber, "Kyrios" (como na teologia paulina, onde já tem o peso da ressurreição). Mas, essa forma de se dirigir a alguém com "kyrie" já se encontra na fonte Q, em contextos sobre o mensageiro, p. ex., onde se trata de Jesus como profeta-taumaturgo (Lc 10,17; cf. 1Cor 12,1-3; Tg 2,1 com 2,7). Mesmo quando Paulo excepcionalmente refere um *lógion* de Jesus de Nazaré ("aos casados ordeno... não eu, mas o *Senhor*": 1Cor 7,10; e: "Acerca das virgens não tenho nenhum preceito *do Senhor*": 1Cor 7,25), esse conceito e título de "Senhor" sem dúvida já tem "peso" pela sua convicção a respeito da ressurreição e exaltação de Jesus; por outro lado, na linha da tradição sobre o mensageiro, continua fazendo claramente a distinção entre "um só Deus, o Pai" e "um só Senhor, Jesus Cristo" (1Cor 8,6); são declarações sobre um "mensageiro do povo de Deus". Quando o centurião pede o auxílio de Jesus, dirigindo-se a ele como "Senhor", a comunidade Q,

[153] Ap. Sir. Baruc, 3,38-4,1; cit. em K. Berger, *ib.* 412, nota 2.

ainda sem pensar na ressurreição, lhe atribui o título apropriado para alguém se dirigir a um "mensageiro de Deus o Senhor", o mensageiro no qual foi posto o nome divino "Senhor", e que por isso pode receber o título de "Senhor". Caso marcante da interpretação do título "kyrios" para o mestre profético como mensageiro de Deus são as palavras (difícil de entender fora desse contexto): "Bom Mestre, que devo fazer?" Jesus respondeu: "Por que me chamas de bom? Ninguém é bom, a não ser Deus" (Mc 10,17-18). Embora sem usar o "Kyrie", esse texto reflete exatamente a reação da tradição judaica-deuteronomista sobre o mensageiro. A autoridade do mensageiro, sua doutrina e bondade têm origem em Deus que o enviou; não no mensageiro mesmo! João relata a mesma reação de Jesus, quando diz com palavra altamente sapiencial, porém real: "O Pai é maior do que eu" (Jo 14,28). E quando alguns entusiastas, já sabendo das idéias sobre o "theiós anèr", depois do sucesso de Barnabé num sermão e num milagre, exclamam: "Deuses em forma humana desceram até nós" (At 14,11; também 28,6), Paulo e Barnabé, mensageiros de Jesus, o Senhor, fazem então a mesma coisa que Jesus faz, ao recusar essa identificação *não-profética* com Deus, e dizendo que "são apenas seres humanos", embora com uma missão vinda de Deus, como mensageiros (At 14,14-15). Há diferenças, porém nos dois casos, recusando ser chamado de "bom" (Jesus), ou de "taumaturgo divino" (Paulo, Barnabé), define-se o que é exatamente um mensageiro; são rejeitadas também todas as tendências de pensar em "theiós anèr" (para judeus monoteístas, um horror antijavista).[154]

Na perspectiva da tradição sobre o mensageiro, é Deus o Senhor quem aparece de fato no mensageiro. Isso é praticamente uma opinião comum na literatura apocalíptica.[155] Essa judaica "epifania de Deus" tem fundamentos que diferem totalmente daqueles da *epiphaneia* de Deus em seres humanos segundo o helenismo. A relação entre o escatológico "mensageiro de Deus" e seu nome de "Kyrios" ainda aparece claramente no hino cristológico de Fl 2,9-11, onde a tradição judaica deuteronomista sobre o mensageiro se expressa com exatidão, embora sendo aí ligada com e colocada dentro do padrão cognitivo da tradição sapiencial (no qual a antiga noção de mensageiro encontrou contexto adequado, conforme é testemunhado pelo "mensageiro da sabedoria" na comunidade Q e nos sinóticos): "Por isso, Deus o

---

[154] Isso mostra também que o "critério de irredutibilidade", usado para este texto, falha na constatação de que é palavra autêntica de Jesus a pergunta: "Por que me chamais de bom?" A frase se enquadra perfeitamente nas reações do "mensageiro de Deus", neste complexo de tradições, e é mais provável o próprio mensageiro (aqui: Jesus) ter dito isso, do que a comunidade o ter "atribuído" assim tão explicitamente a Jesus.

[155] Dn 5,11-12.14; Testamentum Levi 2,11; Test. Zabulon 9, 8; *Oráculos sibilinos*, 8, 318; ver K. Berger, *Zum traditionsgeschichtlichen Hintergrund*, 419.

exaltou sobremaneira e lhe deu o Nome que está acima de todo nome, para que ao nome de Jesus se dobre todo joelho de quantos há no céu, na terra e nos abismos, e toda língua proclame, para glória de Deus Pai: Jesus Cristo é o Senhor". O nome de Deus, "o Senhor", isto é (como transcrição greco-judaica do tetragrama), "o nome acima de todo nome", é colocado em Jesus; é atribuído a ele como mensageiro enviado por Deus, que veio no que lhe era estranho, e depois devolve aos pés de Deus a tarefa cumprida. Na literatura apocalíptica, também Henoc e Moisés, os mensageiros de Deus, são elevados até junto de Deus, recebem o nome do próprio Deus: são chamados de "o Senhor". Henoc recebe até todos os setenta nomes de Deus,[156] e lhe é dado o império, o poder sobre todas as criaturas. (O nome dado, na literatura apocalíptica, a Moisés como "Senhor de todos os profetas", no sentido de que todos os profetas receberam dele a sua doutrina, tem um reflexo em Ap 11,8b, com relação a Jesus Cristo.) Para os judeus, portanto, a idéia de atribuir ao profeta de Deus o próprio nome divino era aceitável; remonta a uma tradição no Antigo Testamento, que pelos judeus de língua grega do tempo de Jesus foi posta dentro de um contexto sapiencial recente. Não contradizia, absolutamente, o pensamento estritamente monoteísta dos judeus. Foi exatamente nesses ambientes das jovens comunidades do cristianismo judaico que Jesus foi chamado pela primeira vez de *Mara* (ou *Marán*), *Kyrios*; e isso não veio de religiões helenistas.

Essa identificação profética do mensageiro escatológico com o nome do próprio Deus, "o Senhor", está na origem das quatro tendências do credo (claramente para as primeiras três; se isso vale também para a cristologia pascal será mostrado, espero, mais adiante).

Mais importante ainda é que o título de "cristo" (não no sentido davídico) também pertence essencialmente à tradição sobre o profeta escatológico. Pois esse é (Is 61,1-2) o ungido com o Espírito de Deus, messias no sentido não régio-davídico (não-messiânico, nesse sentido; mas, falar assim significaria não reconhecer uma determinada tradição messiânica judaica, e depois opor, sem razão, o messianismo cristão à multiformidade do messianismo judaico). Já que tanto o sacerdote como o profeta tinham a função de ensinar, o messianismo não-davídico do último profeta já abrange as noções de "profético" e de "sacerdotal". Por isso, em Jesus, esse messias-profeta é ao mesmo tempo o verdadeiro intérprete da Torá de Deus, o verdadeiro "Servo de Javé" e até o novo legislador, o novo Moisés.

No cristianismo primitivo, a atuação concreta e histórica de Jesus de Nazaré ainda era controlável, em grande parte,[157] e a profissão

---

[156] K. Berger: para Henoc, *l.c.*, 414-415; para Moisés: 416.
[157] Th. Boman, *Die Jesus-Ueberlieferung*, 62-67.

da fé, no Novo Testamento, é disso um eco globalmente fiel. Isso deixa claro que o nome de "Cristo", o Messias, dado a Jesus, nada tinha a ver com a esperança messiânica de uma restauração e libertação sobretudo nacional-política de Israel. O único elemento na vida de Jesus que poderia apontar nessa direção é a "purificação do templo" feita por Jesus (cujo sentido exato até hoje não foi esclarecido com precisão; cf. *supra*). Uma interpretação no sentido do messianismo davídico não valia diante da maneira como Jesus de fato se apresentara (terá papel considerável, porém, na interpretação da ressurreição de Jesus no sentido de *exaltação*; isso porém já supõe uma interpretação anterior de Jesus como profeta escatológico). Optando inicialmente contra o messianismo dinástico-davídico, os primeiros cristãos (que eram judeus) não foram de maneira nenhuma antijudaicos; contudo, lançaram mão de outros modelos messiânicos igualmente judaicos. No evangelho de João transparece, ainda mais claramente que na tradição do cristianismo primitivo: não se trata de oposição entre uma noção *cristã* de messias e uma noção *judaica* de messias; mas, impressionados pela figura histórica de Jesus, os cristãos escolheram (entre os muitos modelos de cristo disponíveis no judaísmo) o modelo do profeta escatológico: o profeta messiânico (Jo 1,25.41, o ungido (*mashiah*) e o arauto da Boa Nova de Is 61 e 52 (com complexos tradicionais afins).[158]

Que esse título de "Cristo" é central no Novo Testamento está claro não apenas pela estatística da palavra "Cristo" (que é fácil de verificar na obra de R. Morgenthaler),[159] mas sobretudo, e teologicamente mais seguro, pelo duplo nome de Jesus: este profeta se chama "Jesus Christus". Digna de nota é a expressão de Mateus: "Jesus, a quem chamam de Cristo" (*Jesous ho legómenos Christós*) (Mt 1,16; 27,17); e "Simão, a quem chamam de Pedro" (*Simon ho legómenos Petros*) (Mt 4,18; 10,2). Em outros textos lemos: "Jesus Christus" e "Simon Petrus", ao lado simplesmente de "Christus" e "Petrus". Assim como Pedro para Simão, Cristo é um apelido *teológico* para Jesus: aos nomes próprios de "Jesus" e "Simão" acrescenta-se a função escatológica que eles exercem. Não significa um enfraquecimento de "Cristo", nome que perderia então sua força ao lado do nome mais impressionante "o Senhor". "Cristo" é o nome da *funçao*,[160] acrescentado ao nome próprio (costume da época). As três colunas da Igreja primitiva (são também as testemunhas na narrativa da transfiguração, com seu evidente teor escatológico) – João, Tiago e Pedro – são os únicos, no relato sinótico da vocação dos Doze, que recebem

---

[158] Ver P. Stuhlmacher, *Das paulinische Evangelium*, 148-151.

[159] R. Morgenthaler, *Statistik des neutestamentlichen Wortschatzes*, Zurique 1958, e: *Statistische Synopse*, Zurique 1971.

[160] K. Berger, *Zum traditionsgeschichtlichen Hintergrund*, 391-392.

um nome escatológico acrescentado a seu próprio nome, Simão Pedro, Tiago Boanerges e João Boanerges. Tiago e João, pelo apelido de "filhos do trovão", são constituídos assim como mensageiros do julgamento escatológico (querigma fundamental da comunidade de Jerusalém, da qual os dois com Pedro são as colunas). Tais nomenclaturas têm como base a vocação e a nomeação. Falando do nome de Cristo dado a Jesus, At 2,36, pensa numa constituição divina: "Que toda a casa de Israel o saiba, com plena certeza: este Jesus, que vós crucificastes, Deus *o constituiu* Senhor e Cristo". Segundo a tradição assim lembrada, Jesus recebeu esse nome na ressurreição e pela ressurreição, vista como unção (crisma) (cf. At 4,27). Em At 10,38, porém, essa unção pelo Espírito se relaciona com o batismo de Jesus no Jordão (como nos sinóticos). Essa "unção para ser o Cristo" sempre se inspira em Is 61,1-2. Lc 4,18 se refere explicitamente a esse texto. Em Lc 2,26, essa mesma unção do "Cristo" já se relaciona com o nascimento de Jesus, bem na linha do complexo de tradições sobre o mensageiro profético cheio do Espírito Santo, que recebeu a sua vocação "desde o seio materno" (Is 49,1-3).

Esses textos lucanos mostram que o nome de "messias" ou "cristo" (em muitos complexos inter-relacionados da tradição do cristianismo primitivo) não está ligado à tradição do messianismo nacional-político, e sim com a tradição judaica sobre a "figura de Cristo": a do profeta escatológico, o ungido com o Espírito de Deus, servo de Javé, estando em íntima relação com Deus.

Com esse "ungido com o Espírito Santo", interpretado no judaísmo como profeta escatológico (Is 61,1; cf.52,7), identificado com Jesus pelos cristãos, relacionam-se diversas noções importantes para o cristianismo primitivo: evangelho, reino de Deus, apóstolo, o "Espírito de Deus que repousa sobre..." e aliança; também luz para os gentios; e afinal: "paz" (Is 61,1-3; 42,1ss; 49,1-2; 51,16; 52,7; 59,21). No Novo Testamento, sobretudo a relação entre *Cristo* e *Evangelho* é que se baseia nessa tradição sobre o profeta escatológico.[161] Nesse complexo de tradições proféticas, o profeta escatológico que traz o evangelho, a "boa nova" (Is 61,1-2), é chamado também "a luz do mundo" (Is 42,6-7.16; 49,6; 50,10; 51,4-6). Profeta do fim, evangelho, orientação universalista (luz do mundo): já antes de Cristo estavam ligados entre si nessa tradição judaica. O cristianismo primitivo identificou Jesus com "o Cristo", o profeta escatológico "cheio do Espírito". Assim, a bem dizer, o problema da missão entre os gentios já estava colocado em princípio; também a questão paulina em torno do fim da Lei. De fato, no judaísmo, a própria Lei era chamada de "a luz dos gentios",[162] enquanto sobretudo os próprios judeus-cristãos

[161] P. Stuhlmacher, ib., 148-151; Berger, *ib.*, 393.
[162] K. Berger, *Gesetzesauslegung*, 27-28.

de língua grega chamavam o próprio Jesus, o Cristo, de "luz dos gentios" (embora sendo judeus, já estavam abertos para os pagãos).

Na tradição judaica tardia, o ungido de Is 61,1-2 também foi muitas vezes estreitamente relacionado com a imagem de Samuel, que na tradição levítica ficou com os traços de um modelo *sacerdotal*. Samuel era chamado o "cristo" e "lumen gentium".[163] Seu aparecimento no povo de Deus é descrito quase como teofania, mais ou menos da mesma forma como Lucas (aliás, inspirado nisso) descreve o nascimento de Jesus como o Cristo.[164] O título de "Cristo", em Lucas (tanto no seu evangelho como nos Atos), está claramente nessa linha da tradição sobre o "cristo Samuel" (embora misturada com tradições messiânicas davídicas); tudo isso a partir de Lc 2,11: "Anuncio-vos uma boa nova, uma grande alegria... Nasceu-vos hoje (na cidade de Davi) um salvado: *Cristo, o Senhor*". Além disso, nessa tradição judaica sobre o "cristo", a figura de Samuel, por sua vez, era amalgamada com a do Elias que voltaria.[165] Disso O. Steck e Kl. Berger com razão concluem: o ambiente que guardava e transmitia essa tradição sacerdotal-profética foi um grupo de mestres sinagogais da Lei, representantes da herança da tradição profética e levítica,[166] fiéis portadores da tradição do conceito deuteronomista de "mensageiro".

Portanto, em determinados ambientes, o antigo messianismo régio foi cedendo em favor do "messianismo" profético-messiânico e sacerdotal-profético da tradição judaica sobre o cristo, adotando uma das duas linhas messiânicas já esboçadas em Zc 4,3.11-14. O sacerdote e o profeta-mestre se tornam, então, uma só figura, de sorte que coincidem também o profeta escatológico e o sumo sacerdote escatológico. Nesse complexo de tradições, a noção de "cristo" surge de uma interpretação *sacerdotal* do profeta dos últimos dias (elaborada sobretudo pela Carta aos Hebreus). A unção sacerdotal-profética (o "cristo") de que aí se fala é vista como unção pelo Espírito, relacionada com revelação, doutrina e abençoada compreensão do revelado através da fé. Na visão joanina (1Jo 2,20.22.27; Jo 14,26),[167] mas também na paulina (2Cor 1,21-23; Ef 1,13), essa idéia aplica-se à unção do cristão para a compreensão da fé; foi sem dúvida por influência dessa tradição judaica sobre os cristãos que nasceu a idéia de que o cristão ao se converter (ou no batismo) é "iluminado". Seguindo o modelo da conversão de um pagão para a Torá judaica, a conver-

[163] K. Berger, *Zum traditionsgeschichtlichen Hintergrund*, 394.
[164] R. Laurentin, *Structure et théologie de Luc.I-II*, Paris 1957.
[165] A figura de Samuel como cristo, em: Pseudo-Fílon, *Liber Antiquitatum*, 59.
[166] O. Steck, *Gewaltsames Geschick*, 196-212; Berger, *Zum traditionsgeschichtlichen Hintergrund*, 394.
[167] Ver I. de la Potterie, *L'onction du chrétien par la foi*, em: Bibl 40 (1959) 12-69; J. Ysebaert, *Greek Baptismal Terminology*, Nimega 1962; Berger, *Zum traditionsgeschichtlichen Hintergrund*, *l.c.*, 395-396.

são para o cristianismo apresenta-se como unção; é a transmissão e a aceitação de uma tradição doutrinal. Tal "unção" é chamada de "iluminação espiritual", e muitas vezes se apresenta na imagem de uma visão, em analogia com as visões de vocação.[168] Na tradição judaica sobre "cristo", e na interpretação sacerdotal do profeta escatológico, "ser ungido" é ser instruído nos mistérios e na vontade de Deus, "na doutrina".

Portanto, quando Jesus é chamado de "o Cristo", na linha dessa tradição, ele é evidentemente interpretado como o profeta escatológico, dono da "verdadeira doutrina", o ungido pelo Espírito e que soube falar sobre Deus de maneira certa e definitiva, sendo por isso também o verdadeiro intérprete da Lei de Deus e, conseqüentemente, intérprete do que deve significar "ser humano".[169] A unção pelo Espírito de Deus, isto é, o "ser cristo", indica a origem divina da sabedoria que este profeta anuncia. Não precisamos, portanto, pensar em nenhuma espécie de influências esotéricas, gnósticas, quando João atribui a Jesus estas palavras: "A mensagem que eu lhes dei é a mensagem que tu me deste. Eles a receberam, e reconheceram verdadeiramente que eu saí de ti, e creram que tu me enviaste" (Jo 17,8). Ou: "As palavras que eu vos digo, não as digo por mim mesmo. É o Pai que, permanecendo em mim, realiza a sua obra" (Jo 14,10), "pois eu não falo por mim mesmo. O Pai que me enviou é quem me prescreve o que tenho a dizer e anunciar" (12,49). Todos esses conceitos vêm da antiga tradição judaica sobre "o mensageiro", embora dentro do quadro altamente sapiencial de um judaísmo mais recente. Também o uso paulino do título "Cristo", em contextos sobre o evangelho, permanece na linha tradicional do "mensageiro" deuteronomista, interpretado no sentido dos textos do trito-Isaías, explicados no judaísmo da época como a "chegada" do profeta escatológico que traz o evangelho (Is 61,1-2; 52,7) do reino de Deus (52,7), e sobre o qual repousa o Espírito de Deus, que coloca na boca do profeta as suas palavras, garantidas para sempre por uma aliança com Deus (Is 59,21). O profeta sacerdotal dos últimos dias, o Cristo, traz a doutrina certa e ótima a respeito do único Deus verdadeiro, e com isso sabe falar também de maneira certa sobre o ser humano. É isso que os cristãos constataram realizado em Jesus de Nazaré.

Característico nesse sentido é Mt 11,2: "Na prisão, João ouviu falar sobre as obras de Cristo (*ta erga tou Christou*). Mandou então seus discípulos fazer-lhe esta pergunta: "És tu 'aquele que vem', ou devemos esperar outro?" As obras do Ungido, das quais falava a tradição judaica, são de fato enumeradas na resposta de Jesus, citando

[168] K. Berger, *Gesetzesauslegung*, 27-28.
[169] K. Berger, *Zum traditionsgeschichtlichen Hintergrund*, 396.

Is 61,1-2 e 35,5-6, no judaísmo já relacionadas com o profeta dos últimos dias; com os dois textos, Jesus "anuncia a boa nova aos pobres; e faz os cegos verem e os coxos andarem". Todas as linhas do profeta dos últimos dias convergem neste "cristo" Jesus de Nazaré. No texto de Mateus acima, o título "cristo" está inegavelmente na tradição sobre o profeta escatológico sacerdotal-profético (ver também Mt 26, 68; Col 2,8.20-21; 1Cor 4,15).

E tem mais. O título "cristo" falta nos pronunciamentos sobre a parusia, mas ocorre, de maneira destacada, exatamente em textos sobre a morte e ressurreição de Jesus.[170] Isso concorda com o conjunto de tradições deuteronomistas, pré-cronistas,[171] da noção de "mensageiro", que mais tarde (cf. Ne 9,26; Sb 2,19 e todo o complexo de Sb 2 a 7; Esd 9,10-11; Zc 1,4-6; 7,7.12) se ligou à idéia da rejeição ao "mensageiro de Deus", e a seu destino de profeta-mártir: "profetas são assassinados", diz essa tradição judaica. No Apocalipse – clara lembrança de uma tradição sobre dois profetas escatológicos – seu destino tem fim dramático, "pois esses dois profetas os tinham incomodado" (aos habitantes da terra) (Ap 11,3-10). O Novo Testamento alude freqüentemente a essa tradição.[172] Profetas são mortos porque inculcam a Lei de Deus, pregadores que são da penitência e que exigem conversão. O martírio, como destino dos profetas, era lugar comum no tempo de Jesus – um teologúmeno aceito em círculos religiosos.

No Novo Testamento, exatamente em textos que falam de sua morte, Jesus é chamado de *Cristo*; esse fato confirma a opinião de que seus discípulos viram nele um *profeta*, e até o profeta escatológico, que chamava para a metanóia e conversão o povo de Deus, povo apóstata da Lei; foi essa missão profética que o levou à morte. O motivo para a execução de Jesus esteve realmente no fato de que os chefes de Israel viram nele o *anticristo*, o falso profeta dos últimos dias, o contraditor que engana o povo e o leva à apostasia.[173] Isso torna compreensível a insistência do cristianismo primitivo no título "Cristo" com relação à morte de Jesus: este homem, Jesus de Nazaré, o crucificado, somente ele é o verdadeiro *Cristo*, o ungido dos últimos dias: o verdadeiro mensageiro de Deus, com plenos poderes recebidos de Deus, com a verdadeira autoridade doutrinária. Nesse contexto, o martírio é confirmação da mensagem e da autoridade profética de Jesus: confirma a identificação da pessoa de Jesus com o Cristo, pro-

[170] W. Kramer, *Christos, l.c.*, 139.
[171] O. Steck, *Gewaltsames Geschick*, 64-77.
[172] Mt 5,11-12 par. Lc 6,22-23; Mt 23,29-36 par. Lc 11,47-51; Lc 13,31-33.34-35 par. Mt 23,37-39. Ver, mais adiante, sobre a morte de Jesus.
[173] Ver mais adiante (significado da morte de Jesus). Também o escatológico falso profeta ou "anticristo" era lugar-comum no judaísmo do tempo de Jesus (sobretudo Apocalipse de Elias).

feta escatológico rejeitado, porém autêntico. "Homens de dura cerviz, ainda resistis ao Espirito Santo? Nisso sois bem semelhantes aos vossos pais. Qual dos profetas vossos pais não perseguiram? Mataram os que anunciavam a vinda do Justo" (At 7,51-53) (cf. 1Pd 1,10-11; Lc 24,25-26; At 26,22-23). Também aí vale: a morte da figura messiânica, do Cristo, é uma concepção judaica pré-cristã do messianismo, e claramente não cristã-antijudaica. Nessa tradição judaica e cristã, Jesus é chamado o *Cristo*, porque, como profeta escatológico, falava sobre Deus e interpretava a ética humana como obediência à vontade de Deus, dando assim ao humano um sentido puro e autêntico, e por causa disso é que ele foi eliminado. Portanto, até a cristologia pascal (a quarta tendência do credo) se deixa explicar, na sua origem, pela identificação cristã de Jesus como o profeta escatológico.

Por suas experiências salutares com o Jesus terreno, judeus chegaram assim à convicção de que suas expectativas a respeito do Cristo se realizaram exatamente *em Jesus*. A atuação de Jesus – partindo de qualquer um dos aspectos de sua vida – era de tal natureza que, para judeus que estivessem abertos para o que ele mostrava ser, tinha de evocar espontaneamente a idéia do profeta escatológico. Foi *Jesus* quem falou sobre Deus e sobre o ser humano de maneira certa, e foi ele quem agiu concretamente de acordo com isso. Somente por meio dele é possível a conversão para o Deus vivo, e é descrita a atitude certa para com os outros. Paulo assim o viu muito bem: "Jesus é o intermediário do 'bom conhecimento' de Deus" (2Cor 2,14), pelo fato de estar cheio do Espírito de Deus (cf. Rm 8,9; Fl 1,19; também 1Pd 1,11). Embora com dúvidas e perguntas, é esse o fundamento da confiança *pré-pascal* dos discípulos em Jesus de Nazaré. O reconhecimento explícito de Jesus, como profeta definitivo do reino e do reinado de Deus, tornou-se mais tarde o solo fértil para uma *cristologia* mais elaborada durante as primeiras gerações de cristãos.

Para terminar, ainda o seguinte: Acima foi dito que na tradição da comunidade Q (com a sua assim chamada "cristologia baixa") já ocorreu o título "o Filho", num complexo de tradições indubitavelmente relacionado com o "mensageiro da sabedoria" (Mt 11,27 = Lc 10,22; no contexto de Mt 11,25-27 = Lc 10,21-22). Aí Jesus é "o Filho", o mediador da revelação dos mistérios escatológicos de Deus "aos pequenos". Isso ao mesmo tempo se relaciona com a autoridade de Jesus como mensageiro de Deus. Tal situação, também historicamente confirmada, nos coloca esta pergunta: se também a relação pai-filho, no Novo Testamento, tem algo a ver com essa noção de mensageiro, pelo menos na sua versão sapiencial. Ora, isso deve realmente ser o caso. É digno de nota, por um lado, que em lugares onde Deus é chamado de *Pai*, Jesus é chamado de *Kyrios*, o que já pode sugerir a idéia de que o profeta é "Senhor"; por outro lado, onde Jesus é chamado de "o Cristo", é antes o próprio Deus que é chamado de "Senhor".[174] Isso não aconteceu por acaso; mostra a coerência de complexos de tradições. A mesma terminologia se encontra em declarações pré-cristãs sobre Henoc e em declarações pós-cristãs sobre Esdras.[175] Na literatura do judaísmo tardio, sobretudo naquela influenciada pela tradição sapiencial a respeito da noção de mensageiro, Deus, como aquele que envia o mensageiro, é chamado de *Pai*, como origem da mensagem e da doutrina que o mensageiro, seu filho, traz para os humanos (veja o texto Q, acima mencionado). Nessa tradição sapiencial, a relação pai-filho (o enviado na sua relação com Deus) ganha até aspecto de familiaridade.[176] Principalmente em Sb 2,13.16d e 18, e também 9,4b.5a, é claro que as palavras gregas "pais" (*puer*, menino), "doulos" (servo) e "huiós" (filho) são sinônimos: Deus é o Pai do sábio, e este participa do ensinamento paterno; o iniciado é o "bem-amado". A palavra "abba", dirigida a Deus, tem seu lugar nessa tradição sapiencial; é expressão do verdadeiro conhecimento de Deus, do bom relacionamento com Deus. O profeta do fim é filho de Deus, porque, iniciado na sabedoria de Deus, fala com os humanos sobre Deus, e assim pode agir porque foi ungido pelo Espírito, o "Espírito de filiação" (Rm 8,15; Gl 3,26; 4,6-7). "A Lei foi dada através de Moisés, a bondade e a fidelidade vieram por Jesus *Cristo*. Ninguém jamais viu a Deus. O Filho unigênito, que está no seio do Pai, foi quem nos deu a conhecer o Pai" (Jo 1,18).[177] Numa palavra altamente sapiencial, João transmite aí a tradição profética da relação pai-filho, aplicada cristologicamente a Jesus, o Cristo, acolhido no seio do Pai:[178] ele é o verdadeiro "exegeta de Deus" (*ekeinos exegésato*). Ele é o último mensageiro de Deus, o Filho por excelência. Sua íntima comunhão com Deus que o enviou ("não estou sozinho, pois o Pai está comigo": Jo 16,32) é a fonte e a base, e também a garantia de sua mensagem, de sua interpretação da Lei de Deus, de todas as suas palavras e ações. Em conseqüência é que se diz: "Não chameis *Pai* a ninguém na terra, porque um só é o vosso Pai, aquele que está nos céus" (Mt 23,9). É uma "reação de mensageiro", como no *lógion* "por que me chamas de bom?" A noção de mensageiro, em Ex 23,20, "escutai

---

[174] 1Ts 1,1.3; Gl 1,1.3; Rm 1,4; 15,6; Fl 1,2; 2,11; 1Cor 1,9; 8,6; Cl 1,3, Ef 1,3; 1Pd 1,3; 1Ts 1,1-2; 1Tm 1,2; 2Tm 1,2; Fm 3.

[175] K. Berger, *Zum traditionsgeschichtlichen Hintergrund*, 422.

[176] Segundo Test. Levi 17,2-3, o sumo sacerdote tinha o privilégio de "falar a Deus como Pai" (*lalèsei Theôi hôs Patri*); cf. também o conhecido romance greco-judaico de conversão: Joseph e Asenath 12-13, citado em K. Berger, *Zum traditionsgeschichtlichen Hintergrund*, 423, n. 3.

[177] No seio do pai ou dos ancestrais (p.ex. "no seio de Abraão", Lc 16,22) são *recebidos* os que obedeceram aos mandamentos e ensinamentos dos antepassados e os transmitiram fielmente. O texto grego diz aqui: *eis ton kolpon:* depois de sua morte, Jesus é (re)assumido no seio do Pai, como sabedoria-e-mensageiro preexistente. A variante "o Filho unigênito" é preferível a "Deus unigênito".

[178] M. E. Boismard, *"Dans le sein du Père" (Jo 1,18)*, em RB 59 (1952) 23-39.

a palavra *dele*" e "obedecei à palavra *dele*, e fazei o que *Eu* vos digo", está claramente valendo em todo o Novo Testamento: "Este é meu Filho bem-amado. Escutai-o!" (Mc 9,7, num contexto em que até as figuras escatológicas de Moisés e Elias entram em cena). Na tradição judaica sobre o mensageiro, o título "Filho de Deus" não é usado no sentido do messianismo davídico, mas do messianismo profético. Por isso, há quem julga Jesus "apenas um ser humano" como todos os demais: "Não é este o carpinteiro, filho de Maria, irmão de Tiago, José, Judas e Simão?" (Mc 6,3). "Não é ele Jesus, o filho de José? Acaso não conhecemos seu pai e sua mãe?" (Jo 6,42) Quem fala assim, diz o Novo Testamento, não entendeu Jesus; ainda precisa converter-se, pois Jesus é o emissário escatológico que provém de Deus: rejeitá-lo é rejeitar o enviado de Deus, o Filho; é uma blasfêmia contra Deus (Mc 3,28-29). Nesses textos ("não é ele o carpinteiro?") ainda ouvimos as perguntas que Jesus evocou durante os dias de sua vida na terra: será que ele é, talvez, o profeta dos últimos dias, que enxerga mais profundamente, além das constatações puramente humanas? "Eu lhes transmiti as palavras que tu me confiaste. Eles as receberam, e reconheceram que tu me enviaste" (Jo 17,8). "Tudo o que o Pai possui é meu" (Jo 16,15b). Essas e muitas outras formulações joaninas são expressões da identificação de Jesus com o Cristo, o Filho da tradição sobre o mensageiro, combinadas com as últimas tradições sapienciais: Jesus é o profeta escatológico do "ano da graça" de Deus.

D. A interpretação cristã profética-sapiencial de Jesus como o "filho de Davi" messiânico, e a rejeição do messianismo davídico-dinástico

É inegável que ao Salmo 110,1 coube função central na interpretação de Jesus, depois de sua morte. Este salmo verbalizou o fato de que Jesus já estava "glorificado" e junto a Deus; mas, por outro lado, que a "submissão de todos os poderes" *ainda não* se havia realizado (segundo a versão grega do Salmo 109,1): "Senta-te à minha direita, *até que* (*heós an thó...*) eu faça de teus inimigos o escabelo de teus pés!" Sobretudo em ambientes greco-judaicos, esse texto era usado para verbalizar o "já" e o "ainda não" da salvação (Mc 12,36 cita claramente o Salmo e o grego). Ainda antes da separação litúrgica, na Igreja-mãe de Jerusalém, entre os judeus-cristãos de língua aramaica e os de língua grega (por ocasião dos problemas em torno do "grupo de Estêvão", ou seja, dos judeus greco-palestinenses), Jesus já era reconhecido por ambos os partidos como "Jesus nosso Senhor". Por isso, a expressão "maranatha", usada no círculo bilíngüe dos greco-judaicos de Jerusalém, foi levada por eles aos lugares para onde fugiram, quando perseguidos pelas autoridades de Jerusalém. Três ou quatro anos depois da morte de Jesus, antes da conversão de Saulo para o cristianismo, Jesus já era venerado como "o Senhor". Isso, portanto, não tem nada a ver com uma influência especificamente greco-pagã. Foram exatamente esses cristãos judeus greco-palestinenses que deram importante contribuição para elaborar uma interpretação cristológica de Jesus. Decisivas para o futuro do cristianismo não foram, pois, as comunidades helenistas de Paulo, como muitas vezes se disse, mas os judeus de língua grega que tinham fugido de Jerusalém (com a sua herança cristã hierosolimitana) para a Síria (Damasco e Antioquia). Esses cristãos *judeus* foram os portadores de uma interpretação de Jesus, na base da qual foi proclamado um cristianismo livre da Torá, sobretudo pela teologia de Paulo, e provavelmente com intervenção de Simão Pedro, que defendia uma posição intermediária com relação aos judeus-cristãos de língua aramaica e de língua grega (ver o Concílio de Jerusalém). Sem dúvida, porém, está claro que desde antes do cristianismo os títulos "Messias" e "Filho do homem" já eram usados como equivalentes, sobretudo em ambientes judaicos de língua grega.[179] Com isso, os cristãos insistiam no fato de que Jesus, aquele que foi entregue aos romanos e *crucificado*, era o verdadeiro messias. Para eles, "cristologia" e "argumento bíblico" (referindo-se ao Jesus terreno) era uma só e a mesma coisa. Por isso, tanto 2Sm 2,7 e Sl 2, bem como Sl 8 e Sl 110, desempenharam entre eles papel fundamental na interpretação de Jesus; e diante de objeções judaicas, os judeus-cristãos usavam sobretudo Sl 22 e trechos de Is 53. Tudo isso pode, sem mais nem menos, ser chamado de *pré-paulino,* não apenas no sentido da atividade literária pré-paulina, mas também para indicar o que substancialmente já foi uma conquista judeu-cristã, já antes da conversão de Paulo.[180]

Na análise da autocompreensão de Jesus, expressando-se na sua mensagem profética sobre a proximidade do reino de Deus, não se encontrou nenhum elemento apontando na direção de um messianismo davídico-dinástico. Todos os dados sugerem Jesus como profeta escatológico, portanto, como messias *profético*, o mensageiro ou emissário escatológico de Deus, cheio do Espírito Santo (Is 52,7; 61,1).

Todavia, Sl 110,1 tornou-se no cristianismo primitivo o "lugar clássico", a "prova bíblica" da ressurreição e/ou da exaltação de Jesus.[181] Esse uso da Escritura faz parte, originariamente, de uma inter-

---

[179] Ver Henoc etíope 48,10; 52,4; 4Esd 13,1-13.25; Strack-Billerbeck, I, 485-486 e 956-957, onde aparece uma interpretação messiânica de Dn 7,13. Ver Ph. Vielhauer, em: *Aufsätze*, 175ss; Balz, *Methodische Probleme*, 48ss; sobretudo: U. Müller, *Messias und Menschensohn in jüdischen Apokalypsen*, 107-153.

[180] M. Hengel, *Christologie und neutestamentliche Chronologie*, em: *Neues Testament und Geschichte*, Zurique-Tubinga 1972 (43-68) 46 e 62.

[181] Entre outros: 1Cor 15,25; Rm 8,34 (cf. Cl 3,1 e 1Pd 3,22); Ef 1,20; Hb 1,13; 1,3; 8,1; 10,12-13; 12,3; Mc 16,19 (no final acrescentado). Na tradição sinótica, o Sl 110 é

pretação cristã, segundo a qual Jesus, pela sua ressurreição e/ou exaltação, foi constituído ou reconhecido como "Cristo" ou Messias.

Na tradição pré-marcana (que pode ser reconstruída com base em Mc 12,35-37, isto é, 12,35b – 37a), o Sl 110 é até utilizado para refutar que o futuro messias tinha de ser de *origem* davídica. "(Ensinando no templo, um dia Jesus levantou a questão:) Como é que os escribas podem dizer que o Messias é filho de Davi? O próprio Davi, movido pelo Espírito Santo, disse: 'O Senhor falou ao meu Senhor: Senta-te à minha direita, até que eu tenha posto os teus inimigos debaixo de teus pés' (Sl 110,1). Se o próprio Davi o chama de Senhor, como pode ele ser seu filho?" (Mc 12,35-37). Verdade é que os exegetas discutem sobre a interpretação desse texto.[182] Mas uma tese, antigamente defendida por muitos exegetas, agora é aceita novamente tanto por Chr. Burger como por G. Schneider.[183] Segundo eles, a *origem* davídica não é vista como condição indispensável para alguém ser messias. O Sl 110, portanto, deu inicialmente aos cristãos argumento para negar a origem davídica de Jesus, e no entanto poder chamá-lo de "Messias" (e até "filho de Davi").

Mc 12,35b–37a originariamente deve ter sido uma discussão sobre o messias que viria. Alguns, principalmente os fariseus (ver *Salmos de Salomão* 17,21-25) estavam sobretudo interessados na origem dinástica-davídica do messias; outros aderiam a um messianismo davídico, mas sem interesse genealógico. Se alguém, então, fizesse aos cristãos a objeção de que o filho de Davi devia ser de Judá (Belém), e não podia ser galileu, um nazareno, eles (seguindo determinada tradição judaica) podiam refutar isso com toda a razão. E havia mais. O Salmo 110 não era interpretado pelos judeus em sentido messiânico,[184] e fornecia até aos cristãos um argumento contra uma origem genealógica do filho de Davi. O próprio Davi, numa profecia, teria chamado

citado, de um lado, na questão a respeito de filho de Davi (Mc 12,35-37 par.: Mt 21,41-45; Lc 20,41-44) e, de outro lado, na história da paixão (tradição sobre o "Filho do homem") (Mc 14,62 par.: Mt 26,64; Lc 22,69). Finalmente, At 2,34 e (implicitamente) 5,31 e Ap 3,21.

[182] Existem duas interpretações: *a)* O próprio Jesus sabia ser o messias davídico; *b)* foi a teologia da comunidade que aplicou a Jesus a idéia do "messias davídico" (Bultmann, *Tradition*, 146; Hahn, *Hoheitstitel*, 114). Quanto ao sentido de Mc 12,35-37, há na exegese três tendências diferentes: *a)* com essa pergunta Jesus quer obrigar seus opositores a ficar calados; *b)* a pergunta visa a uma resposta positiva: Jesus é de fato o messiânico Filho de Davi (assim J. Jeremias e muitos outros); *c)* Mc 12,27 é pergunta retórica, para a qual se espera uma resposta negativa: se o próprio Davi chama o messias de "meu Senhor", então o messias não pode ser um filho de Davi (W. Wrede; R. Gagg; M. Goguel; E. Haenchen, e muitos outros). Bom resumo da situação exegética encontra-se em G. Schneider, *Die Davidssohnfrage (Mk 12,35-37)*, em Bibl 53 (1972) (65-90) 65-87.

[183] Chr. Burger, *Jesus als Davidssohn*, Göttingen 1970, 52-59; G. Schneider, *Die Davidssohnfrage*, *l.c.*, 83 e 89, n. 1.

[184] Ver Strack-Billerbeck, IV, 452-465. Ver também Hahn, *Hoheitstitel*, 127, n. 1.

o futuro messias de "o Senhor", *Kyrios* (sobretudo segundo a Setenta, Sl 109,1), isto é, a profecia de Davi confirma a confissão cristã de que Jesus é "o Senhor" (também At 2,32-36 prova que Jesus é "o Senhor", alegando Sl 110). Com muita razão, portanto, podemos supor que a tradição pré-marcana entendia a perícope de Mc 12,35b-37a em sentido negativo: Jesus não é descendente da família dinástica-davídica (por isso, Marcos também não conhece uma tradição cristã que narre o nascimento de Jesus em Belém de Judá, por ser o messias da dinastia de Davi; isso seria provavelmente resposta positiva à mesma pergunta). A finalidade da resposta negativa não é *diretamente* uma rejeição cristã do messias nacional-político, mas uma reação ao fato de que se conhecia a origem de Jesus e que se sabia que ele não era da casa de Davi. Também o evangelho joanino não sabe nada sobre o nascimento de Jesus em Belém. Aí o nascimento do descendente davídico em Belém alega-se até como argumento contra a messianidade de Jesus (Jo 7,41-42: esses versículos são realmente significativos!). Mais tarde, na *Carta de Barnabé* (12,10-12), Sl 110,1 alega-se para negar, na base da Bíblia, que o messias (Jesus) tinha que ser de *origem* dinástico-davídica; esse fato mostra que existia uma tradição na qual cristãos estavam convencidos de que Jesus não tinha "sangue real" davídico. "Filho de Davi", nessa tradição, não tem sentido histórico, mas teológico (um teologúmeno). A tradição pré-sinótica, portanto, dá uma resposta até negativa à questão da *origem* davídica de Jesus (o que historicamente parece corresponder aos fatos).

O próprio Marcos, porém, coloca a tradição anterior em contexto totalmente novo; parece até que ele nem sabia mais (em contraste com a tradição por ele conhecida) que, segundo a tradição farisaica, o termo "filho de Davi" significava uma origem régia, dinástica. Para Marcos, em todo caso, Jesus é o "filho de Davi messiânico", como teologúmeno da tradição judaica (cf. Mc 10,47.48). Jesus, porém, é mais do que isso. Ele é "o Senhor" e o "filho de Deus". Então, a questão é esta: o que significa isso para Marcos, quando diz que Jesus é verdadeiramente o "filho de Davi"? Em outras palavras: Qual é a tradição seguida por Marcos? Pelo que acima se disse, está claro que, aplicando o título de "filho de Davi" a Jesus, tal título não se baseia em lembranças históricas de sua família ou em genealogias, nem de José, nem de Maria.

Em círculos judeus-cristãos de língua grega, onde "messianismo" tinha outro sentido, seguiu-se caminho diferente. Partia-se do messianismo davídico, mas com interpretação sapiencial profética-levítica, onde o próprio termo "filho de Davi" já se tornara um teologúmeno. Nesses círculos, então, era fácil falar tanto sobre Jesus, o "filho de Davi", quanto falar sobre "o profeta ungido com o Espírito". Marcos, p.ex., sem pensar numa descendência genealógica, interpreta antes positivamente a sua fonte, que era quanto a isso negativa. Para ele, Jesus é o filho de Davi messiânico. Nas suas fontes, diferentes das fontes de Marcos, também Mateus e Lucas não encontraram nada sobre Jesus como o messias da dinastia de Davi; dependem inteiramente de Marcos, que eles – redacionalmente – elaboram em sentido ainda mais davidicamente messiânico. Em Marcos, então, o Jesus terreno, embora chamado "filho de Davi", é interpretado como "o taumaturgo" (Mc 10,46-52). Também a entrada triunfal de Jesus em Jerusalém (Mc 11,1-11) é interpretada por Marcos como a ida do filho de Davi messiânico para Jerusalém. Em Marcos (10,47-48), o filho de Davi já é relacionado com o "taumaturgo", fato este que ainda fica mais acentuado em Mateus, onde Jesus, como "filho de Davi messiânico", é simplesmente "taumaturgo": é exatamente nas situações de curas e exorcismos que Jesus é tratado assim: "filho de Davi, tem piedade de mim!" (Mt 9,27; 15,22; 20,30.31; 21,9; 21,15; 12,23; Lc 18,38-39). Outro aspecto chama a atenção: aparece depois que Pedro declara Jesus como o messias, no evangelho de Marcos (8,29). Pedro reage contra a perspectiva de que o "Filho do homem" terá de sofrer. Aí Jesus o chama de satanás! Muitos exegetas chamam de "especificamente cristãos" esses dois aspectos do messianismo, e julgam que assim se rompeu com o messianismo judaico.[185] Porém, são exatamente duas características da noção de Messias no Novo Testamento: "o filho de Davi é taumaturgo-exorcista" e "deverá sofrer"; noções que apontam (segundo a história das tradições) para o conceito judaico profético-sapiencial de filho de Davi messiânico (vide *supra*). Em outras palavras: ao escolher entre duas tendências judaicas de "messianismo davídico", o cristianismo primitivo, provavelmente sobretudo da Galiléia, com base na lembrança dos dias de Jesus nesta terra, não conseguiu optar por uma interpretação de Jesus a partir do conceito de um messias nacional-político da dinastia de Davi; também não elaborou um conceito especificamente cristão de "messias", mas apelou para a interpretação profética-sapiencial do filho de Davi messiânico (vide *supra*). Creio que diversos dados hão de deixar isso bem claro.

O filho de Davi como taumaturgo e exorcista é simplesmente desconhecido no messianismo davídico-dinástico. Segundo a tradição sinótica, o povo chamou Jesus de filho de Davi exatamente por ser taumaturgo e exorcista ("filho de Davi, tem piedade de mim!"); por isso, é claro que o Novo Testamento está na linha do messianismo sapiencial "salomônico". E, sobretudo, o Novo Testamento insiste no fato de que é exatamente o Crucificado que é o Cristo, o Messias. Uma virada, a partir da noção judaica de um messias nacional da dinastia de Davi para a noção cristã de "Messias sofredor", é simples-

---

[185] Assim, entre outros, F. Hahn, *Hoheitstitel*, 262; Ph. Vielhauer, em: *Aufsätze*, 185; Chr. Burger, *Davidssohn*, 44.

mente impensável, dentro do tempo breve do primeiríssimo cristianismo; para essa última noção deve ter havido pessupostos *judaicos*. Inspirados sobretudo por uma comparação dos estudos de L. Ruppert, G. Nickelsburg Jr. e Kl. Berger, que não citam um ao outro, já vimos que a idéia de um messias sábio, porém "sofredor", e até de um sofredor filho de Davi (embora não dinástico), era uma idéia conhecida nos ambientes de judeus greco-palestinenses. Na base do início ainda modesto em Marcos, o evangelho de Mateus já deixa bem claro que o conteúdo do "messias davídico", aplicado a Jesus pelo cristianismo primitivo, aponta na direção da tradição sobre o "cristo" do dêutero-Isaías, combinada com o "filho de Davi" salomônico, taumaturgo e exorcista. "Aqui está quem é mais do que Salomão" (Mt 12,42). Mateus caracteriza "*ta erga tou Christou*" (Mt 11,2), isto é, a atividade messiânica de Jesus, alegando expulsões de demônios, e o fato de "cegos verem e coxos andarem". O povo questiona: "Não é este o filho de Davi?" Alguns dizem: "Jesus é de Belzebu". As "obras do Messias" aí enumeradas não têm nada a ver, segundo a história das tradições, com a atuação que se esperava do filho de Davi dinástico. Jesus é o Messias, *porque* cura cegos e coxos etc.; e não apesar de... (esse "apesar de..." valeria somente para uma só determinada tradição judaica.) Para interpretar Jesus, o cristianismo adotou evidentemente a tradição judaica, em que a tradição profética e sapiencial do mensageiro combinava com a tradição sobre o filho de Davi messiânico. O título de "servo" ("*pais*"= servo, criado, filho) em Mateus 12,18-21 evidentemente provém dessa tradição profética-sapiencial, partindo de Is 42,1-4; em contexto semelhante, Mc 3,11 fala do "Filho de Deus". Essa corrente da tradição judaica não é gratuitamente assumida no Novo Testamento: "Aqui está quem é mais do que Jonas": um profeta escatológico. "Mais do que Salomão": o rei escatológico da tradição régio-sapiencial (Mt 12,41-42). A relação entre curas, exorcismos e o "anúncio do evangelho" não seria compreensível, de forma alguma, com base no messianismo mais antigo dinástico-davídico, e sim na base do cristo-profeta escatológico do dêutero-Isaías, que ficou parecido com o filho salomônico de Davi.

O conceito evangélico dos sinóticos só fica completamente compreensível a partir do profeta messiânico do dêutero-Isaías, dentro da tradição deuteronomista do conceito de mensageiro. Jesus, que faz milagres, curando enfermos e expulsando demônios, se recusa a fazer milagres para se legitimar (ver Parte II). Segundo os evangelhos, somente a ressurreição é a legitimação vinda de Deus. Anteriormente, Jesus recusa qualquer legitimação: – *a)* Nas narrativas sobre a tentação ele não quer fazer milagres "inúteis", sem proveito para ninguém; mas, com isso a sua atuação torna-se ambígua para muitos, pois milagres eram feitos por homens cheios de "pneumata" ou espíritos puros, mas também por outros, cheios de "espíritos impuros". Jesus não quer fazer milagres em seu próprio proveito, nem mesmo para legitimar o fato de que o "seu espírito" é o Pneuma de Deus! As tentações no deserto indicam isso de maneira bem plástica. "Se tu és o Filho de Deus" (Lc 4,9; Mt 4,3.6) lembra claramente Sb 2,18. *b)* Também na sua crucificação Jesus se recusa a fazer milagres que devam legitimá-lo: "Ele salvou a outros, e não pode salvar a si mesmo" (Mt 27,40; Lc 23,35.37.39). Aí voltam, por assim dizer, as tentações de satanás no deserto; Jesus, porém, se recusa a responder-lhes. É este o "mistério do Messias". Somente depois da morte de Jesus é que Deus lhe dará razão, na ressurreição. Agora é a hora do "peirasmós", da provação: recusar-se a usar poderes divinos em seu próprio proveito. *c)* Jesus rejeita a Pedro, como se fosse a satanás, porque Pedro professa o Messias, mas esperando ver provas espetaculares de legitimação. O profeta de Deus "dá testemunho"; é preciso acreditar nele por causa de suas ações e sabedoria e pelo conteúdo de sua mensagem. Jesus faz milagres e exorcismos quando *outros*, em suas necessidades, lhe pedem; não para legitimar a sua própria missão. Isso implica: provação, sofrimento, até o martírio. Somente Deus que o enviou fornecerá a prova de legitimação: pela sua ressurreição da morte, ou já pela sua própria morte (que é uma exaltação, a primeira fase dos acontecimentos finais escatológicos). Ser "Messias", portanto, implica sofrimento e martírio, porque o profeta se recusa a legitimar-se em seu próprio proveito (Mc 15,29-30.31-32). De fato, Jesus foi condenado por ser o "contraditor", o falso profeta, que não é capaz de se defender (Mt 26,68). *d)* Antes da crucificação, durante o interrogatório diante do sinédrio, Jesus recusa uma resposta (Lc 22,67d; 20,18; Jo 10,24-25; ver o texto grego de Jr 38,14-15; 38,45; 41,28). A comunidade cristã entendeu muito bem esse complexo de tradições sobre o profeta sofredor legitimado por Deus: depois desse silêncio de Jesus, ela coloca a ameaça dele com o juízo vindouro (Mc 14,62b). Para quem não reconhece o verdadeiro mensageiro de Deus, essa rejeição será a testemunha escatológica, como prova de acusação; o rejeitado será então o juiz. A questão é realmente esta: Quem é que calunia a Deus: Jesus, ou seus juízes atuais? (Mc 14,63-64) Com quem está o Espírito de Deus? Jesus, que não quer se legitimar, agora é condenado; mas o Condenado, por causa de seu martírio, será no último dia a testemunha, o acusador e o juiz (Mc 14,62); em Mt 26,64 as palavras "doravante vereis" mostram que os cristãos já identificaram o próprio Jesus com o Filho-do-homem-juiz.

Tudo isso aponta para um só complexo de tradições: a noção de "mensageiro", profeta; profeta escatológico com os traços do Filho do homem profético-sapiencial: Jesus de Nazaré, do qual todos se lembravam que andou por toda parte fazendo o bem *aos outros*, curando enfermos, expulsando demônios, mas recusando-se a fazer qualquer coisa em seu próprio proveito para se legitimar (como se a "liberdade para fazer o bem" não bastasse para sua legitimação!).

O que chama a atenção também é que o Salomão dos últimos dias, o "filho de Davi", derrubaria o templo. Esse *lógion* foi transmitido também isoladamente, sem referência à reconstrução do templo. O que nesta tradição se explicita é o "poder potencialmente destrutivo" (da ameaça proferida pelo profeta), enquanto a reconstrução também fazia parte da tradição sobrlomão;[186] nesta tradição, portanto, o poder do profeta já se relaciona com a capacidade do filho de Davi, Salomão, para "em pouco tempo"[187] construir um templo totalmente novo. Isso é um "messianismo régio" neotestamentário, baseado em modelos judaicos.

Também o sentido da "entrada triunfal" de Jesus em Jerusalém (Mc 11,1-10 par.) (exegeticamente discutido) torna-se compreensível na base dessa tradição. Parece historicamente plausível que essa "entrada triunfal" foi a chegada de Jesus com os seus, entrando como romeiros pelo portão de Jerusalém, rezando e cantando, na esperança da vinda do reino de Deus.[188] Mas, não foi provado que na sua origem a narrativa *cristã* desse fato tenha sido não-messiânica. Podemos perguntar, no entanto: Em que tipo de messianismo os cristãos pensaram, ouvindo essa narrativa? Sabemos, pelo historiador judeu Josefo,[189] que um messias zelote quis entrar em Jerusalém, do lado do Monte das Oliveiras, com uma força armada, para aí fundar o reino de Deus. Cristãos narraram a entrada *messiânica* de Jesus em Jerusalém, montado no jumentinho: era como o "messias manso e humilde", isto é, como o filho de Davi profético-sapiencial. A jubilação foi para "aquele que estava chegando" (*ho erchómenos*),[190] isto é, não um reino de Deus a ser fundado mais tarde, mas a aparição de Jesus em Jerusalém (sobretudo no templo, pois isso era o importante) já foi a chegada, aqui e agora, do sábio rei-messias Jesus, a fim de fundar o "reino de Davi, nosso pai" (Mc 11,10).[191] Nessa tradição judaica o rei-messias é "o manso" (a Sabedoria) que recusa antecipar a ira de Deus (cf. Lc 9, 54): ele se limita a comunicar sabedoria-da-parte-de-Deus, e a pregar a *metanóia*. A idéia do "messias manso" não foi uma revolução cristã contra as convicções judaicas a respeito do Messias, mas, sob a impressão da realidade histórica de Jesus, foi a opção por *outra* con-

---

[186] K. Berger, *Die königlichen Messiastraditionen*, 9.
[187] *L.c.*, 21.
[188] Neste ponto, F. Hahn, *Hoheitstitel*, 87-88 e 264 e Chr. Burger, *Davidssohn*, 46-52 têm razão, creio eu.
[189] *De bello judaico*, 2, 261-268 (ver *supra*).
[190] G. Schneider, *Die Davidssohnsfrage, l.c.*, 65-90; Kl. Berger, *l.c.*, 31.
[191] Isso não é de forma alguma "não-judaico", como asseveram Chr. Burger, *Davidssohn*, 50 e F. Hahn, *Hoheitstitel*, 264, mas profeticamente sapiencial, greco-judaico; Kl. Berger, *l.c.*, 31, n. 118, e G. Schneider, *Die Davidssohnsfrage, l.c.*, 88.

cepção, igualmente judaica, de messianismo. O ensinamento de Jesus, como mensageiro da sabedoria, significou para os ouvintes: "aprender com ele a mansidão" (Mt 11,29-30).

Kl. Berger chegou a considerar Sb 2 e Sb 5 como a base ou modelo do "gênero literário" dos *evangelhos*.[192] Sem depender de Kl. Berger, e sem usar termos "messiânicos", L. Ruppert diz mais ou menos a mesma coisa. No Novo Testamento, os "evangelhos" foram construídos na base da luta profética-sapiencial para legitimar a "filiação divina" daquele que se apresentou como o profeta (escatológico) em tudo o que fez ou deixou de fazer: isso se manifesta no relato sobre a tentação, nos prodígios de Jesus, na sua convivência com publicanos e pecadores, no seu ato de purificar o templo, no seu processo, na cruz. A resposta dos evangelhos é esta: Jesus recusou legitimar-se em seu próprio proveito; foi condenado como "falso profeta" e entregue aos romanos na base de um jogo político com o termo "rei dos judeus". Foi somente pela ressurreição que Deus legitimou o seu mensageiro *depois* de sua paixão e morte. A ligação entre esse "profeta de Deus", o "ungido" do dêutero-Isaías, interpretado em sentido sapiencial, e o messianismo davídico, foi feita graças à tradição sobre Salomão como "filho de Davi", iniciado na sabedoria de Deus (Sb 7). Só *posteriormente*, e secundariamente, os salmos 2 e 110 foram utilizados como provas bíblicas. Assim, essa tradição sobre o profeta davídico-messiânico confirma o que já foi formulado: a noção de "profeta messiânico" escatológico (nesse sentido, o filho de Davi) é o elo entre "Jesus de Nazaré" e o "Cristo querigmático". Jesus é a *revelação de Deus*, pela sua "unção", isto é, como Messias.

Tudo isso é confirmado por Rm 1,3-4b, onde Paulo, dentro de sua própria teologia sobre a preexistência de Cristo, assume uma catequese ou profissão de fé mais antiga. Nessa carta aos cristãos de Roma, Paulo *cita* uma profissão de fé mais antiga,[193] proveniente de cristãos gregos-judeus. Tem sido quase opinião comum entre os exegetas (mas sem razão) que se trata de uma "cristologia" de dois degraus: o "messias davídico" e o messias escatológico. A exegese admite geralmente que o trecho entre o início "evangelho do Filho de Deus" e o final "Jesus Cristo nosso Senhor" (ambos redigidos por Paulo) é uma fórmula pré-paulina, que antes de Paulo já passou por uma história. Pelo menos três fases dessa pré-história são quase certas. *a)* Na fase

---

[192] K. Berger, *l.c.*, 33, n. 128.

[193] *Bibliografia*. – H. Schlier, *Zu Rom. 1,3-4*, em: *Neues Testament und Geschichte* (Hom. O. Cullmann), Zurique-Tubinga 1972, 207-218; Van Iersel, *Der Sohn*, 71-75; H. Flender, *Die Botschaft Jesu*, 19-22; H. W. Bartsch, *Zur vorpaulinischen Bekenntnisformel im Eingang des Römerbriefes*, em: ThZ 23 (1967) 329-339; E. Linnemann, *Tradition und Interpretation in Rom.* 1,3-4, em: EvTh 31 (1971) 264-275); Chr. Burger, *Jesus als Davidssohn*, 25-35; Hahn, *Hoheitstitel*, 251-258; Kl. Berger, *Die königlichen Messiastraditionen*, *l.c.*, 17.

mais antiga dessa tradição, a profissão de fé rezava mais ou menos assim: "que nasceu da estirpe de Davi, e com base na ressurreição-dentre-os-mortos se mostrou Filho de Deus". *b)* Em fase mais recente, essa profissão de fé foi adaptada da seguinte maneira: nos dias de sua vida na terra, Jesus "era oriundo da estirpe de Davi *segundo a carne*, mas foi constituído Filho de Deus, segundo o espírito de santidade (*kata pneuma hagiosynés*), em virtude (e a partir) de sua ressurreição dentre os mortos". Também isso ainda deve ter sido pré-paulino. *c)* Finalmente, a versão paulina que lemos em Rm 1,3-4b, dentro de uma cristologia da preexistência: pela sua ressurreição, Jesus, o Filho de Deus que se tornou "filho de Davi", foi exaltado como "Filho de Deus com poder".

Na sua fase mais antiga, esse texto está claramente na tradição profética-sapiencial; em outras palavras: Jesus é "da estirpe de Davi", era um judeu, pertencia a Israel, o povo da promessa.[194] Em outro lugar se diz: "segundo a carne, Jesus era descendente *dos patriarcas*" (Rm 9,5), ou seja, ele é verdadeiramente um israelita; mas, pela ressurreição, ficou claro que ele é verdadeiramente "Filho de Deus".[195] Nos dias de sua vida terrena como israelita, já era o Filho de Deus, mas ele recusara qualquer legitimação de sua missão em seu próprio proveito; por isso, sua vida terrena continuou ambígua: somente pela ressurreição é que Deus provou que este "filho de Israel" era e é realmente "Filho de Deus". A dualidade aí presente não significa uma cristologia de "dois degraus", mas algo diferente, que na segunda fase dessa profissão de fé se esclarece de forma "sapiencial". As opiniões dos exegetas divergem quanto à questão se é paulina ou pré-paulina a distinção "segundo a carne" e "segundo o espírito".[196] Paulo usa em suas cartas a oposição entre "carne" (*sarx*) e "espírito" (*pneuma*) (Gl 4,29; Rm 8,4ss). Mas, segundo H. Schlier,[197] a expressão "pneuma hagiosynés" é evidentemente não-paulina (portanto, pré-paulina). Esse termo deve ser a tradução grega da expressão hebraica para "alteza", "caráter sagrado" e sobretudo "poder e glória". "O espírito do sagrado" (Rm 1,4) significa, pois, a sublimidade sagrada e o poder de Javé como traço essencial de sua "doxa" (glória). "Segundo a carne",

[194] "Da descendência de Davi" não tem necessariamente um sentido messiânico; aliás, o texto não diz (como se costuma supor) "filho de Davi". O termo significa simplesmente: um israelita. Assim, p.ex.: "Quem observa a Lei, é "*da descendência de Davi*" (Apoc. Esd; Kl. Berger, *l.c.*, 17, n. 62). Ver Gl 3,16.

[195] "Horidzein" não tem somente o sentido de "ser constituído" (conforme costuma traduzir), mas também de "ser legitimado", e de "mostrar-se como": foi então (na ressurreição) que se esclareceu o que Jesus é. Exatamente nesse sentido é que o termo se usa em contextos como Rm 1,3-4. Cf. K. Berger, *l.c.*, 17.

[196] Conforme Bultmann, *Theologie*, 52-53, esta antítese é da redação paulina; para muitos outros exegetas, já é pré-paulina.

[197] H. Schlier, *l.c.*, em: *Neues Testament und Geschichte*, 211-212.

quanto à maneira humana de avaliar, é claro que Jesus apareceu como israelita; mas, segundo a visão "pneumática" da parte da revelação, está claro que, acima disso, é o "Filho de Deus" (o que foi mostrado pela sua ressurreição). Assim, Jesus tem importância universal, que o faz ser o Cristo também para os pagãos. As expressões "segundo a carne" e "segundo o Espírito" não pretendem expressar aqui duas maneiras diferentes de ser, em Jesus, mas referem-se aos domínios "fora da sabedoria" e "dentro da sabedoria"; trata-se, portanto, de uma oposição judaica sapiencial. Nessa profissão, cristãos expressam a fé segundo o esquema de o Filho de Deus "estar escondido" e "estar conhecido"; esquema este que há de estruturar todo o evangelho de Marcos (o assim chamado "segredo messiânico"): na sua vida terrena, Jesus já *é* o Filho de Deus, mas isso somente será manifesto, depois de seu sofrimento e morte, pela ressurreição que o legitima. Essa legitimação e seu anúncio público não podiam ser antecipados. Parece-me difícil ver, nesse texto antigo, uma reação contra uma "escatologia de adoção" pelo batismo, no sentido de que Jesus se teria tornado "Filho de Deus" pelo seu batismo no Jordão. A camada mais antiga dessa fórmula de profissão de fé consideraria, então, que foi somente *a partir de* sua ressurreição (e em virtude dela) que ele foi "constituído" como filho de Deus.[198] Isso parece não combinar com o complexo de tradições que aí se esconde, nem com a opinião de Marcos (Mc 12, 35-37), com relação a Mc 1,11; 9,7 e 15,39. Embora filho de Davi (redação de Mc 12,35-37), Jesus já foi "*adotado*" como "filho de Deus" no seu batismo (Mc 1,11), *proclamado* como tal na transfiguração (Mc 9,7) e *aclamado* por todos depois de sua morte (Mc 15,39). Então, se Marcos se lembrou do ritual de entronização de um rei, não faz muita diferença; mas é impossível não reconhecer no seu evangelho essas três fases marcantes. Também para Marcos, portanto, Jesus, em sua vida terrena, é de fato filho de Davi; porém é mais do que isso: com base na sua paixão e morte, *manifesta-se* (plenamente), pela ressurreição, que ele era e é "Senhor de Davi", por ser "Filho de Deus".

Assim, uma cristologia muito antiga está baseada na idéia da legitimação do (escatológico) mensageiro de Deus, cuja vida terrena continuou ambígua para quem exigisse provas brilhantes de legitimação; no entanto, ela revelou seu segredo na base de uma *determinada* convicção judaica a respeito do Filho de Deus, que clareia principalmente no Livro da Sabedoria caps. 2-7 (é um tema fundamental que se encontra em diversas variações, p. ex., em Is 52-53; 1Henoc 62-63 e 46; 2Mc 9; 1Mc 6; Assunção de Moisés 10; 3Baruc 49-51, etc.): é

[198] A fórmula judaica "anástasis nekrón", com o "ek" neotestamentário (ver mais adiante) sugere uma tradição muito antiga.

somente pelo sofrimento e morte, pelo martírio destinado ao *profeta*, que alguém pode entrar na basiléia (Sb 2,19); a ressurreição, portanto, é a inauguração pública de Jesus como rei verdadeiro. A vida de Jesus na terra foi o período de humilhação e provação. Mesmo "filho de Davi" sendo um predicado de alteza, aqui denota sem dúvida a sua humilde situação na terra. A felicidade só chega à plenitude quando o rei, antes oculto, é publicamente legitimado. Que a identidade de Jesus esteve inicialmente escondida não é apenas procedimento (literário) de Marcos, mas um dado bastante generalizado do cristianismo primitivo, presente tanto nessa tradição pré-paulina, como também na tradição pré-marcana e na comunidade Q; é a perspectiva por excelência para se entender toda a cristologia do Novo Testamento. A meu ver, é com razão que H. Flender[199] reconhece em Rm 1,3-4 um resumo de toda a estrutura do evangelho de Marcos; no entanto, essa estrutura tem que ser interpretada de outra maneira; em todo caso, não no sentido de uma cristologia "de dois degraus". As sugestões de L. Ruppert, que atribui a Sb 2-5 uma função central nos evangelhos (considerando Sb 2 e 5, o sofredor e o glorificado, como "atualização" do Servo de Javé da tradição "isaiana"), bem como a visão profética-sapiencial da realeza segundo a interpretação de Kl. Berger, e afinal a recente análise de textos intertestamentários por G. Nickelsburg[200] levam à conclusão de que as idéias (de uma tradição mais longa) concentradas em Sb 2-5 serviram de modelo para o "gênero literário" dos evangelhos, que se formou em ambiente grego-judeu (não por acaso, ver Parte II). De fato, nos evangelhos trata-se de uma luta em torno da legitimação do "ser Filho de Deus": nos milagres de Jesus, nas suas "tentações no deserto", nas suas palavras de discussão e ensinamento. E tudo isso culmina em sofrimento e morte. Somente depois da salvação – pela ressurreição dentre os mortos – pode-se dizer que ele é realmente "Filho de Deus" (Sb 2,18). Na sua ressurreição, Jesus não foi *constituído* como Filho de Deus, mas foi só então que isso *se patenteou* (ou, segundo o evangelho de Marcos, a partir desse momento temos a *firme certeza* de que isso se há de patentear na parusia). Por isso, o julgamento sobre os opositores de Jesus já se realizou pela ressurreição (para Marcos, entretanto, esse juízo há de coincidir com a parusia).

Lucas, por sua vez, combina entre si as duas tradições sobre o messias davídico. No entanto, antes de mais nada, o que Lucas quer é colocar essas duas tradições no conjunto do plano salvífico de Deus. Isso se torna claro em At 13,16-41, onde Lucas apresenta

---

199 H. Flender, *Die Botschaft Jesu*, *l.c.*, 19-20.

200 Kl. Berger, *Die königlichen Messiastraditionen*, 33, n.128; L. Ruppert, *Jesus als der leidende Gerechte?* (tese deste livro); G. Nickelsburg, *Resurrection, Immortality and eternal life in intertestamental Judaism*, Cambridge Harvard 1972, sobretudo 49-143.

um "sermão apostólico", numa sinagoga da diáspora, em Antioquia, colocando-o naturalmente na boca de Paulo (embora seja na sua totalidade uma composição de Lucas, com base no seu próprio projeto cristológico). O que aconteceu com e por Jesus de Nazaré, Lucas quer relacioná-lo ao plano de Deus com Israel através dos séculos; de fato, o que aconteceu com Jesus é o cumprimento escatológico de tudo isso. O sermão se dirige a judeus e "tementes a Deus", isto é, gentios judaizantes (At 13,16.26). Trata-se do "Deus de Israel" (13,17), desde a época dos patriarcas: Abraão, Isaac e Jacó. Três grandes feitos salvadores de Deus são lembrados: a eleição, como Deus fez Israel tornar-se grande, e finalmente o Êxodo (13,17). Seguiram-se a viagem pelo deserto e a conquista da terra prometida (13,18-20). O caminho até o Cristo se descreve como longa preparação da parte do Deus de Israel. Segue-se uma breve lembrança do tempo dos Juízes, e sobretudo do rei Davi (13,20-22). Deus tem na mão toda a história de Israel: Jesus é o messiânico Filho de Davi (13,23). Deus *prestou testemunho* (13,22: "martyresas") do rei Davi "suscitando-o (*egeiró:* 13,22, não no sentido de "ressurreição", mas no sentido vétero-testamentário de "chamar" e fazer agir como profeta). Assim, Deus agora prestou testemunho de Jesus: este é "o homem segundo o coração de Deus, que cumprirá todas as vontades de Deus" (cf. 13,22b). Jesus é o "salvador de Israel" (13,23), o "Messias". Mais uma vez, a história de Jesus se liga assim a toda a história da salvação de Israel: o Deus de Israel cumpre em Jesus, o Cristo, as antigas promessas feitas a Israel (13,32-33), ou seja, o Deus que agiu em Jesus é o mesmo Deus de Abraão, Isaac e Jacó. Israel e Jesus estão ligados entre si. Todavia, houve um rompimento: Jesus foi rejeitado pelos "habitantes de Jerusalém e seus chefes" (13,27). Deus, porém, continuou prestando testemunho de Jesus, ressuscitando-o dentre os mortos (13,30-31). Assim, a *ressurreição* tornou-se o cumprimento das promessas antigas (13,32-33).

Com base nos assim chamados "sermões da missão apostólica" (At 2,14-39; 3,12-26; 4,9-12; 5,30-32; 10,34-43; 13,16-38), e especialmente na base de 2,22-36, de modo geral pensava-se antigamente (e até hoje) que Lucas aí relata uma cristologia muito antiga, que somente a partir da ressurreição, e em virtude dela, vê Jesus constituído como "Cristo, o Senhor" (At 2,36). Via-se nesses textos um esquema muito antigo de sermões do cristianismo primitivo, com estrutura bipartida, cujas duas partes teriam sido originariamente duas tradições independentes, depois unidas: de um lado, uma interpretação em que Jesus era visto como o filho de Davi messiânico, enviado a Israel, e de outro lado, o Crucificado ressuscitado, como o "redentor do mundo".[201] U. Wilckens, porém, com argumentos convincentes, mostrou

[201] Ver: U. Wilckens, *Die Missionsreden der Apostelgeschichte*, Neukirchen 1963; J. Dupont, *Études sur les Actes des Apôtres*, Paris 1962; D. Delling, *Israels Geschichte*

que o próprio Lucas compôs numa unidade esses "sermões apostólicos", utilizando o que, dentro da própria cristologia lucana, já tradicionalmente se dissera sobre Jesus. Portanto, o que se dizia "muito antigo" deve ter sido uma cristologia tardia do próprio Lucas. Achava-se tal cristologia "antiga" (que sem dúvida é formulada em outros lugares do Novo Testamento) sobretudo em At 2,36: "Portanto, toda a casa de Israel o saiba com plena certeza: esse Jesus que vós crucificastes, Deus o fez Senhor e Cristo". Mas, esse "portanto" (dirigido ao leitor) é claramente a conclusão de todo o discurso (2,14-35): Deus o destinou para ser Senhor e Cristo. Isso, Deus realizou em toda a história deste Jesus: nos seus poderosos prodígios, milagres e sinais (2,22); pelo fato de Jesus ter sido rejeitado e morto, segundo os desígnios de Deus (2,23); e de Deus o ter ressuscitado dentre os mortos (2,24), ficando à sua direita (2,25) pela ressurreição (2,32) e pela sua exaltação (2,33), e enviando o Espírito (2,33) depois de sua exaltação (2,33-34). Através de tudo isso, Deus o constituiu "Senhor e Cristo", conclui Lucas (2,36). Aí Lucas não dá trechos de duas interpretações originariamente divergentes, mas uma visão única e coerente, soteriológica e pessoal, a respeito de Jesus, predestinado para ser Senhor e Cristo, e a respeito do plano salvífico elaborado pelo próprio Deus e realizado na história concreta de Jesus. Lucas quer deixar claro que Deus sempre esteve com "este ungido" (At 10,37-39). "Deus esteve com Jesus" desde o começo (2,22; 10,38); sim, desde o seu nascimento, Jesus é o "Filho de Deus" (Lc 1,32.35; 3,22; 4,3; 8,28; 9,35; 22,70).

É digno de nota que, em outros textos dos Atos, Jesus não é chamado "o Messias", mas de preferência "Jesus Messias", Jesus Cristo. Tais textos encontram-se em contextos *litúrgicos* (em sentido amplo) (pregação; batismo; exorcismo): 2,38; 3,6; 4,10; 10,36.48; 15,26; 16,18). Todos os demais textos em que "messias" ou "cristo" é entendido explicitamente como "o ungido com o Espírito de Deus" (a assim chamada "pregação apostólica aos judeus") foram compostos pelo próprio Lucas e por ele colocados no contexto da missão aos judeus (também aos de língua grega). Teor desses textos: Messias é este Jesus de Nazaré, o Crucificado (2,36; 3,18.20; 4,26; 5,42; 8,5; 9,22; 18,5.28).

Lucas, então, insiste sempre na relação entre Jesus e o Espírito Santo; entre o Jesus glorificado e o Espírito prometido que ele derramou (At 2,33). Jesus vive porque outro, o Espírito Santo, "habita" nele. É por isso que Jesus, nos dias de sua vida terrena, mostra poder e bondade (2,22 e 10,38), sinal de que Deus está "com ele"

und Jesusgeschehen nach Acta, em: *Neues Testament und Geschichte*, Tubinga 1972, 189-198; H. Flender, *Die Botschaft Jesu*, *l.c.*, 19-22; Chr. Burger, *Jesus als Davidssohn*, *l.c.*, 137-145; F. Hahn, *Hoheitstitel*, 242-279.

(2,22; 3,14; 10,38): Deus age em Jesus. Na segunda fase, da morte e da ressurreição, essa união entre Jesus e Deus se mostra mais expressamente ainda: Jesus é *propriedade* de Deus: "*teu* santo", "*teu* servo (ou criado, ou filho)", "*seu* messias", "*meu* filho" (cf. 2,27; 3,14; 4,27; 13,35; 3,13; 3,26; 4,27; 4,30; 3,18; 13,33). Em outros textos, fala-se geralmente de "o Cristo"; mas Lucas diz: "o Cristo de Deus" (At 3,18; Lc 9,20; 23,35; cf. At 4,26-27). Dessa forma se acentua que é em Jesus e por Jesus que Deus salva. Jesus é "o Cristo do Senhor" (Lc 2,26). O ser rejeitado pelos homens é contrabalançado pelo fato de que Jesus pertence a Deus, e isso nem a morte perturba. Afinal, em seu estado glorioso, Jesus é dotado de novos dons transcendentes que o colocam em relação com todos, judeus e gentios: ele é "o Senhor de todos" (At 2,36; 10,39); "juiz sobre vivos e mortos" (10,42), "Salvador" (5,31; 13,23), dado por Deus ao mundo, como salvador definitivo (3,20; 4,12; 10,43; 13,38).

De outro lado, Lucas conhece também o messianismo davídico-dinástico. Essa tradição se expressa sobretudo em Lc 1, onde se diz que Jesus é "da casa de Davi", evidentemente em sentido historiante. Como é que Lucas pôde combinar isso com o destino *real* da vida de Jesus de Nazaré? Exatamente por intermédio do "filho de Davi" não-dinástico, profético-sapiencial: um profeta rejeitado terá *ipso facto*, escatologicamente, o papel de testemunha de acusação (ou de juiz); terá, pois, função régia de juiz. Além disso, segundo convicções sapienciais greco-judaicas, o martírio de um profeta conduz finalmente a um domínio régio (vide *supra*). A síntese encontra-se claramente em Lc 22,29-30: "Assim como meu Pai me entregou a realeza, eu vos dou um lugar no meu reino, e comereis e bebereis na minha mesa em meu reino, e vos assentareis sobre tronos para julgar as doze tribos de Israel". Aí o "domínio universal sobre o mundo", da tradição sapiencial do martírio, é combinado com o domínio nacional-davídico sobre as doze tribos de Israel. Que o messianismo davídico já estava fundido com o profético, Lucas o mostra claramente em At 2,29-30: aí o próprio *Davi* é rei e *profeta* ao mesmo tempo. Lucas nem diz que Jesus é posto no trono de Davi (At 13,32-37); ele usa Sl 2,7 somente para mostrar que Jesus é "Filho de Deus". Jesus é "Filho de Deus" porque o Pneuma do Pai está nele (At 2,33). Que Jesus, como rei, está sentado à direita de Deus, isso Lucas não relaciona com Israel. A exaltação de Jesus também não é, segundo Lucas, a realização da promessa do trono de Davi em Lc 1,32-33. Em Lucas, o messianismo dinástico-davídico nunca combina bem com o messianismo profético-sapiencial do Filho de Deus, que se encontra em todo o Novo Testamento, e que domina também a cristologia de Lucas: "Filho de Deus", "filho" (no grego: *pais* = criança, filho) e "messias" (cristo) são sinônimos em Lucas, como sempre neste conjunto de tradições sapienciais (cf. At 4,26-27 e Lc 3,22; Lc 4,9; 22,69-71).

Conclusão. O "messianismo" do Novo Testamento nos lembra três correntes pré-canônicas: inicialmente, Jesus não foi interpretado como o messias dinástico-davídico; tal interpretação foi até rejeitada; em algumas comunidades, especialmente judeu-cristãs de língua grega (onde a noção de "messias" ficou incluída em outras noções de salvação, de caráter profético-sapiencial, escatológico), Jesus foi considerado como salvador escatológico davídico-messiânico, mas não em sentido nacional, e sim universal. Por isso, a cristologia davídica *dinástica* pouco nos ajudará para compreendermos melhor a interpretação cristã da exaltação de Jesus. Na linha do Antigo Testamento, se Jesus age como judeu, na qualidade *teológica* de filho de Davi, é somente em favor das expectativas de salvação escatológica de Israel, no horizonte das expectativas veterotestamentárias de salvação. Sua atuação na terra é um acontecimento "dentro do judaísmo", mas no plano das expectativas judaicas *escatológicas*: Jesus é o profeta escatológico, com qualidades de messias davídico (sapiencial), e no "escatón" todos os povos serão conduzidos por Deus para Sião. Foi para isso que Jesus foi batizado e ungido com o Espírito Santo. Somente pela sua ressurreição e exaltação, Jesus recebe todo o poder: nisso ficou claro que ele é "o Senhor de todos" (At 10): e essa é "a mensagem a respeito do Filho de Deus" (Rm 1,1-3a), "a boa nova sobre Jesus Messias, Filho de Deus" (Mc 1,1). Jesus como "filho de Davi" deve ter sido um teologúmeno em certos ambientes do cristianismo primitivo, sem significado posterior para uma cristologia atualizante. O messianismo davídico-dinástico, com sua tradição própria sobre "o Senhor", o "Filho" e o "Cristo", sem dúvida influenciou profundamente a primeira identificação de Jesus com o decisivo profeta "messiânico" dos últimos dias (até por causa de combinações pré-cristãs dessas tradições originariamente díspares). O messianismo davídico-dinástico, porém, com traços até triunfalistas, só foi aplicado ao Jesus ressuscitado para interpretar a ressurreição como exaltação. A tradição sobre o "Cristo" davídico-dinástico, como tal, não podia fornecer um horizonte experiencial para, apesar de tudo, anunciar o Jesus *morto* como o Ressuscitado. Se não tivesse havido modelos judaicos, teria sido impossível transformar um conceito judaico de um messias triunfal num conceito de messias sofredor. Além disso, a atuação de Jesus na terra contradizia totalmente o conceito de "cristo" do messianismo davídico-*dinástico*. No entanto, dentro do próprio judaísmo existia também o modelo do "messias sofredor". Somente esse "messianismo profético" (o escatológico profeta sábio, cheio do Espírito de Deus), tendo-se fundido com o "justo sofredor" sapiencial e o "sábio que passou por provações" (devido ao conteúdo real da vida de Jesus), podia oferecer uma base e possibilidade e condições de considerar Jesus, depois de sua morte, efetivamente, como o messias ressuscitado. "Ele proclama venturosa a sorte final dos justos" ("*makarizei escata dikaión*": Sb 2,16c): a glorificação, o justo se tornando rei, é um "acontecimento escatológico". Foi somente então (secundariamente) que a experiência pascal pôde ser mais elaborada, com textos como 2Sm 7; Sl 2,7 e 110,1, e também com a tradição sobre o Filho do homem, como tinha crescido no judaísmo a partir de Dn 7,13-14. A meu ver, no entanto, ainda é questão não resolvida se o primeiro passo foi dado com base no reconhecimento de Jesus como cristo-profeta escatológico, segundo a cristologia da exaltação ou do *Kyrios*, de 2Sm 7, Sl 2 e 110; ou então, se houve primeiro, cronologicamente, uma cristologia do "Filho do homem" (Dn 7,13-14), que nesse caso teria sido a transição para a cristologia régia, acima mencionada. Essa dúvida se explica pela total ausência de uma opinião comum entre os exegetas a respeito do "Filho do homem" no Novo Testamento. Talvez não seja possível reconstruir uma cronologia, porque as duas elaborações ulteriores da identificação de Jesus com o cristo profético podem ter surgido paralelamente em diferentes comunidades primitivas, tendo-se encontrado mais tarde, em fase ainda pré-canônica, confluindo então juntas no Novo Testamento. Aliás, para o que pretendo com este "esboço de cristologia", tal problema me parece secundário. Para isso foi fundamental, isto sim, a pesquisa sobre a identificação da pessoa de Jesus com o profeta messiânico do evangelho escatológico sobre a chegada do reino de Deus, como elo entre o Jesus histórico e o Cristo querigmático. Isso mostra que na raiz das diversas tradições que confluíram no Novo Testamento, e como matriz de suas diversas cristologias, houve uma visão fundamentalmente única, em correntes paralelas. Apesar de grandes nuanças, foi em toda parte uma só a "impressão" que se teve de Jesus nas diversas tradições do cristianismo primitivo. A unidade mostra-se mais universal e mais profunda do que o pluralismo. Isso, a meu ver, é de importância decisiva e confirma a hipótese inicial: o Novo Testamento é globalmente, com fé, reflexo da *atuação histórica* de Jesus de Nazaré.

Seção II

HERMENÊUTICA DOS TEXTOS DO NOVO TESTAMENTO SOBRE A RESSURREIÇÃO

Bibliografia: Além da bibliografia já citada na Parte II com relação às aparições de Jesus, ver sobretudo: L. Bakker, *Geloven in de verrijzenis:* "Bijdragen" 28 (1967) 294-320; H. R. Balz, *Methodische Probleme der neutestamentlichen Christologie* (Neukirchen-Vluyn 1967); I. Berten, *Histoire, révélation et foi* (Bruxelas-Paris 1969); C. Bussmann, *Themen der paulinischen Missionspredigt au den Hintergrund der spätjudisch-hellenistischen Missionsliteratur* (Europäische Hochschulschriften 33-3; Berna 1971) 84-108; H. Conzelmann e P. Althaus, *Auferstehung:* en RGG ^{3}I, 694-701; O. Cullmann, *Chistologie;* id., *Heil als Geschichte* (Tubinga 1965); Chr. Duquoc, *Christologie* II, *Le Messie* (Paris 1972); H. Elert, *Die Krise des Osterglaubens:* "Hochland" 60 (1967-1968) 305-318; A. Grabner-Haider, *Auferstehungsleiblichkeit. Biblische Bemerkungen:* StdZ 93 (1968) 217-222, *id., Leibliche Auferstehung:* "Diakonia" 3 (1968) 121-122; H. Grass, *Ostergeschehen und Osterbericht* (Gotinga ^{3}1964); W. Grossouw, *La glorification du Christ dans le quatrième évangile* (RechBibl; Brugge 131-145); E. Jüngel, *Unterwegs zur Sache* (Munich 1972); G. Kegel, *Auferstehung Jesu, Auferstehung der Toten* (Gütersloh 1970); W. Kramer, *Christos, Kyrios, Gottessohn* (AThANT 44; Zurich-Stuttgart 1963); J. Kremer, *Das älteste Zeugnis von der Auferstehung Christi* (Stuttgart 1966); G. W. Lampe e D. M. McKinnon, *The resurrection: a dialogue* (Londres 1966); X. Léon-Dufour, *Resurrección de Jesús y mensaje pascual* (Salamanca 1973); G. Lohfink, *Die Auferstehung Jesu und die historische Kritik:* BuL 9 (1968) 37-57; W. Marxsen, *Die Auferstehung Jesu als historisches und theologisches Problem* (Gütersloh ^{5}1967); id., *La resurrección de Jesús* (Barcelona 1974); Br. O. McDermott, *The personal unity of Jesus and God according to W. Pannenberg* (St. Ottilien 1973); A. Moore, *The parousia in the New Testament* (NovTSupl 13; Leiden 1966); Fr. Mussner, *La resurrección de Jesus* (Santander 1971); W. Pannenberg, *Fundamentos de Cristología* (Salamanca 1974); id., *Die Offenbarung Gottes in Jesus von Nazareth,* em *Neuland in der Theologie* III, *Theologie als Geschichte* (Zurich-Stuttgart 1957) 135-169 e 285-351; id., *Dogmatische Erwägungen zur Auferstehung Jesu:* KuD 14 (1968) 105-118; R. Pesch, *Heilszukunft und Zukunft des Heils,* em G. Schreiner (ed.), *Gestalt und Anspruch des Neuen Testaments* (Würzburge 1969) 313-329; N. Pittinger, *Christology reconsidered* (Londres 1970); K. Rahner e W. Thüsing, *Cristología. Estudio sistemático e exegético* (Madrid, Ed. Cristiandad, 1975); K. H. Rengstorf, *Die Auferstehung Jesu* (Witten ^{4}1960); B. Rigaux, *Dieu l'a ressuscité* (Gembloux 1973); J. M. Robinson, *Kerygma und historischer Jesus* (Stuttgart ^{2}1967); J. Rohde, *Die Redaktionsgeschichtliche Methode* (Hamburgo 1966), espec. 44-194; H.

Schlier, *Über die Auferstehung Jesu Christi* (Einsiedeln 1968); H. R. Schlette, *Epiphanie als Geschichte* (Munich 1966); J. Sint, *Die Auferstehung Jesu in der Verkündigung der Urgemeinde:* ZThK 84 (1962) 129-151; H. Schwantes, *Schöpfung der Endzeit. Ein Beitrag zum Verständnis der Auferweckung bei Paulus* (Stuttgart 1963); W. Thüsing, *Erhöhungsvorstellung und Parusieerwartung in der ältesten nachösterlichen Christologie:* BZ 11 (1967) 95-108 e 205-222; 12 (1968) 54-80 e 223-240 (publicado também como livro: SBS 42; Stuttgart 1969); Rob. C. Ware, *De interpretatie van de verrijzenis: een zaak van leven en dood:* TvT 9 (1969) 55-78; H. Weber, *Die Lehre von der Auferstehung in den Haupttraktaten der scholastischen Theologie* (Freib. Theol. Stud., 91; Friburgo 1973); U. Wilckens, *Auferstehung. Das biblische Auferstehungszeugnis historisch untersucht und erklärt* (Berlim-Stuttgart 1970); J. H. Wilson, *The Corinthians who say There is no resurrection of the dead:* ZNW 59 (1968) 90-107. Obras coletivas: W. Marxsen, U. Wilckens, G. Delling, H. Geyer, *Die Bedeutung der Auferstehungsbotschaft für den Glauben an Jesus Christus* (Gütersloh 1966) (citado: *Auferstehungsbotschaft); Christ, faith, history;* B. Klappert (ed.), *Diskussion um Kreuz und Auferstehung* (Wuppertal ^{2}1967).

"RESSUSCITADO DENTRE OS MORTOS"

Em contraste com alguns apócrifos, os evangelhos não descrevem o próprio acontecimento da ressurreição; sobre Jesus morto eles só falam com base nas experiências de sua própria fé; nela eles sentem o poder do Senhor Vivente. Nas suas tentativas de verbalizar isso, os discípulos lançaram mão de conceitos que conheciam: exaltação, assunção do justo para o céu, ressurreição etc.

§ 1. IDÉIAS DO JUDAÍSMO TARDIO SOBRE VIDA-APÓS-A-MORTE

Nos dias de Jesus, a fé judaica quanto à vida-após-a-morte não era nada uniforme. Além disso, o contraste entre a ressurreição judaica e a imortalidade greco-judaica (algo quase unanimemente admitido desde O. Cullmann) não se mostrou estar de acordo, nem de longe, com os dados historicamente documentados.[1] Também não tem base histórica considerar a ressurreição como se fosse convicção pronunciadamente apocalíptica.

[1] O. Cullmann, *Immortalité de l'âme ou résurrection des morts?* Neuchâtel-Paris 1956. Sobre as idéias do judaísmo tardio a respeito da vida após a morte, ver sobretudo: H. Bardtke, *Der Erweckungsgedanke in der exilisch-nachexilischen Literatur des Alten Testaments*, em: *Von Ugarit nach Qumran* (Hom. O. Eisfeldt), Berlim 1961, 9-24; G. Friedrich, *Die Auferweckung Jesu, eine Tat Gottes oder ein Interpretament der Jünger*, em: KuD 17 (1971) 170-179; M. Hengel, *Judentum und Hellenismus*, Tubinga 1973, sobretudo 357-369; P. Hoffmann, *Die Toten in Christus*, Münster 1966; R. Martin-Achard, *De la mort à la résurrection d'après l'Ancien Testament*, Neuchâtel-Paris 1956; G. Nickelsburg, *Resurrection, immortality and eternal life*, Cambridge Harvard 1972; J. Nelis, *Het geloof in de verrijzenis in het Oude Testament*, em: TvT 10 (1970) 362-381; J. van der Ploeg, *The belief in immortality in the writings of Qumran*, em: "Bibliotheca Orientalis" 18 (1961) 118-124; K. Schubert, *Die Entwicklung der Auferstehungslehre von der nachexilischen bis zur frührabbinischen Zeit*, em: BZ 6 (1962) 177-214; Strack-Billerbeck IV, 1166-1198; e II, 265-269; Kr. Stendahl (ed.), *Immortality and resurrection*, New York 1965; P. Volz, *Die Eschatologie der jüdischen Gemeinde im neutestamentlichen Zeitalter*, Tubinga 1934.

Conforme o Livro da Sabedoria (Sb 1-6), o justo ou sábio, a bem dizer, não morre (Sb 5,15; 1,15; 1,4-14). O injusto ou pecador morre; sua morte é "mortal" (1,12; 5,9-14), ao passo que a morte do justo é "para a vida" (1,15; 5,15). Essa visão fica compreensível pela convicção a respeito da retribuição divina aos justos, perseguidos por motivos religiosos (2,12-20; 4,28c até 5,14). O sábio ou justo, elevado para junto de Deus, torna-se então o juiz ou acusador de seus perseguidores, que antecipam a própria condenação (4,18c-5,14).[2] Citam-se, então, antigas "narrativas de sabedoria", em que justos perseguidos acabam recebendo lugar elevado na corte dos reis, sendo constituídos como juízes de seus perseguidores de outrora (exemplo típico: José no Egito). Depois, é considerado "sábio" aquele que obedece à lei de Deus, e por causa disso é perseguido. Deus, então, age como o vingador, e o perseguido é recebido na corte celestial, onde lhe é entregue *ad hoc* (isto é, contra os seus perseguidores) uma função de juiz; segue a aclamação; é preciso confessar: "Deveras, este foi um homem justo" (um "filho de Deus"). Sobretudo em Sb 2,12-20 e 5,1-7 é este o contexto: o justo sofredor é "elevado até o céu", e na corte celestial é proclamado justo; ver o "justo exaltado" já é uma condenação para os criminosos (Sb 5,1-2 e 5,3-8). O fato de verem o exaltado nas fileiras dos "filhos de Deus" (2,13.16.18), que é a corte celestial dos anjos, faz os inimigos de outrora aclamarem o exaltado por causa da dignidade régia que recebeu. Nessa literatura salomônica-sapiencial, portanto, o exaltado do justo sofredor é uma recepção na dignidade régia; o justo, que sofreu e foi perseguido, há de julgar povos e nações (3,7-8; 4,16). O sentido, sem dúvida, é que o justo exaltado profere um julgamento *ad hoc*; não se trata do "juízo universal", mas do julgamento do justo sobre os seus perseguidores.

Quanto a isso, Sb 1-6 foi influenciada por Is 52-53 (o sofrimento do Servo de Javé). Nos dois textos, o justo que sofre é chamado "pais Kyriou" (filho do Senhor).[3] A estrutura paralela chama a atenção (Sb 5,1a e Is 52,13; Sb 5,1bc e Is 52,15; Sb 5,3-8 e Is 53,1-6). Também o Servo espera, pois Deus lhe dará razão (Is 50,7-9), e o fará de forma jurídica, legal, porque seu sofrimento e morte foram também conseqüência de um processo jurídico (Is 53,8). A exaltação do profeta-Servo (Is 52,13 e 53,12), embora menos pronunciadamente, é uma nomeação vinda do rei para (uma espécie de) grão-vizir. Também aqui essa dignificação implica a condenação dos perseguidores de ou-

---

[2] L. Ruppert, *Jesus als der leidende Gerechte?*, 54-55 e 69; Kl. Berger, *Die königlichen Messiastraditionen des Neuen Testaments*, em: NTS 20 (1973-74) 1-45; G. Nickelsburg, *Resurrection*, *l.c.*, 48-70.

[3] Conforme Ruppert, Sabedoria é uma reatualização de Is 52-53; ver também Nickelsburg, *l,c.*, 62-66. Essas duas obras (de Ruppert e de Nickelsburg) foram escritas sem nenhuma dependência entre si.

trora (Is 53,1-6), os quais reconhecem que fizeram julgamento errado. Também aqui a dignificação e aclamação encerram toda a cena.

Nessas duas narrativas não se trata de *ressurreição*, e sim de uma "assunção para o céu". O pecado leva à morte (Sb 1,12); o justo é "imortal" (1,15). Vida e morte são vistas pelos ímpios como questão desta vida terrena (ver a discussão em Sb 2,1-5): depois da morte não existem remuneração nem punição; tudo se passa nesta terra (2,6-11). Depois, porém, eles hão de mudar de opinião (à luz do sábio ou do servo de Deus exaltado, 4,20-5,14; sobretudo 5,9-14): existe vida depois da morte, mas pecadores não participam dela. Portanto, segundo o Livro da Sabedoria, "imortalidade" é um status dos justos: sua remuneração, a proclamação de sua justiça, sua exaltação. Ao contrário, seus perseguidores, apesar do sucesso terreno de seu complô contra eles, são punidos depois da morte.[4]

O estudo das formas literárias constata em Henoc 62-63 a mesma temática, o mesmo esquema de Is 52-53 e Sb 4,20ss: a dignificação do justo como juiz celeste (*ad hoc*);[5] ai esse justo é chamado de "Filho do homem". Tanto Sb como Henoc são *interpretações* sobre o servo de Javé do dêutero-Isaías. Em Henoc, o justo ou "Filho do homem" não é uma pessoa sofredora ou perseguida; afinal, a semelhança está no fato de que nos três casos trata-se de uma "figura celeste" que atua como juiz. No entanto, também o "Filho do homem" de Dn 7 (conforme foi dito acima) é arconte ou anjo protetor de Israel, que agora está sofrendo, de sorte que a discrepância entre "sofrer" e "Filho do homem" não é tão grande como geralmente se supõe. Além disso, a instalação celeste desse arconte é a prefiguração celeste da exaltação de Israel: os inimigos de Israel serão punidos. Em outras palavras, o estudo das formas literárias constata em Dn 7 o mesmo tema de Sb, de Henoc e dos cânticos do Servo de Javé. Houve uma fusão entre a tradição da exaltação no dêutero-Isaías e a tradição da figura celeste do "Filho do homem".

Portanto, entre o "Servo de Javé" e a época da perseguição sob Antíoco IV, a perseguição dos líderes religiosos de Israel levou a uma interpretação de Is 52-53, onde são tematizadas a exaltação-após-a-morte dos perseguidos e a punição dos perseguidores. Isso levou a uma tradição com um tema recorrente, tendo como base o cântico do Servo (e também um material de Is 13 e 14).[6] Sempre se trata de assunção para o céu; não de ressurreição.

Isso tornou-se tema generalizado (isto é, sem se pensar mais em perseguição) na Assunção de Moisés 10 e em Henoc 104: todos os justos são elevados para o céu, onde brilham como estrelas no fir-

---

[4] G. Nickelsburg, *Resurrection*, 68.
[5] Nickelsburg, *l.c.*, 70-78.
[6] Nickelsburg, *l.c.*, 81-82.

mamento,[7] sem que se fale, então, de investidura numa determinada função de autoridade. Depois da morte, os justos estão no céu.

Em Dn 12,1-3 se apresenta o mesmo tema com o conceito de "ressurreição": para alguns judeus será para a vida eterna, para outros será para a ignomínia eterna. É o testemunho mais antigo, em Israel, de fé na ressurreição. No fim dos tempos, Miguel, o arconte ou protetor de Israel, há de "se levantar", ao que tudo indica, no meio de uma corte jurídica celestial de anjos: é uma sessão judicial com um acusador ("satã") e um defensor. Miguel é o advogado dos justos de Israel na luta contra o rei selêucida (Dn 10,13-21). Trata-se da luta definitiva entre Miguel e Lúcifer (o arconte celeste atrás de Antíoco, o inimigo de Israel), na forma de um julgamento divino. É para isso que mortos são levantados: para poderem ser julgados. Os injustamente mortos são reconduzidos para a vida, porque a vida lhes foi tirada injustamente: a ressurreição deles é um ato da justiça divina. Dn 12,2a lembra claramente Is 26,19: o contexto é a restauração nacional de Israel, que em Isaías foi descrita como "ressurreição dos mortos". De fato, os muitos piedosos, ou hassidim, que caíram durante a perseguição, significavam um problema teológico nesses ambientes: haviam morrido por causa de sua obediência à Torá (1Mc 1,50.60-63; 2Mc 6-7). Sua piedade foi a causa de sua morte, enquanto os judeus helenizantes, que foram desobedientes, continuaram com vida. Segundo os conceitos judaicos de retribuição, isso era um problema. Ressurreição e punição eram então a única resposta possível a esse problema vital, e a resposta foi dada em termos derivados de Is 26. Para Daniel, porém, em contraste com Isaías, a própria ressurreição não era um acontecimento salutar; era apenas o meio para os mortos, bons e maus, poderem estar vivos, presentes na hora do julgamento divino: remuneração ou punição de judeus, de acordo com a sua conduta durante a perseguição. Nisso, a ressurreição está totalmente em função do julgamento; em si, ela não é um acontecimento salvífico; além disso, não se trata de uma ressurreição geral; apenas de uma ressurreição "ad hoc"; o próprio julgamento é a restauração de Israel, da qual hão de participar os que ressuscitaram para a vida. Dn 12,3 identifica os "sábios" com "servos" (*Ebed* no plural) (cf. Is 52,13 com Dn 12,3). A "ressureição" é uma assunção; é o recebimento no céu (Dn 12,3).

O livro dos Jubileus (23,27-31) reflete sobre os mesmos acontecimentos de Daniel, que é um pouco posterior, mas não trata de ressurreição: enquanto os ossos dos justos repousam na terra, suas *almas* são recebidas no céu. Trata-se apenas de um "ressurgir" da *alma*. Também Henoc 102-104 fala de uma "ressurreição" das al-

[7] Ver sobretudo M. Hengel, *Judentum und Hellenismus*, Tubinga 1973, 358-359; Nickelsburg, *l.c.*, 82-87.

mas dos justos, mas em contexto amplo; todo *sofrimento* injusto (não somente a morte como tal), mesmo sem se tratar da causa de Deus, exige uma recompensa, a saber, a assunção das almas dos justos para o céu. Quando os justos morrem, suas almas vão para o *sheól* (Henoc 102,5) e na hora do julgamento essas almas são recebidas no céu; os injustos, porém, continuam no *sheól*. Em 4Mc a morte dos justos é apenas uma passagem para a "imortalidade" (4Mc 7,3; 9,22; 14,5-6; 16,13; 17,12), a "vida eterna" (15,3) ou uma assunção imediata para o céu (9,22; 13,17; 16,25; 17,18-19). Também em Qumrã, ao que parece, não se conhecia uma ressurreição; fala-se de vida eterna, mas essa já é uma realidade atual aqui na terra.[8] Quando se fala em "imortalidade", não se trata de imortalidade natural, como propriedade do espírito humano (nem no Livro da Sabedoria): trata-se de uma remuneração de Deus aos justos. Somente quando o Espírito de Deus mora numa pessoa, tal pessoa é "imortal" (Sb 1,4-7). Não há ligação intrínseca entre "alma" e "imortalidade", mas entre "comunhão com Deus" e "imortalidade" ou assunção para o céu. Portanto, esses judeus de língua grega introduziram completamente na perspectiva judaica a noção grega de imortalidade: trata-se de "vida" ou "morte" em sentido *judaico*, não de imortalidade "filosófica".

Além disso, na literatura judaica tardia, fala-se às vezes de uma fase interina (Henoc 22; 4Esd 7): os justos já estão no paraíso antes do fim dos tempos; naquela época a idéia antiga dos "manes", permanecendo no *sheól*, sem dúvida já era um esquema "antiquado".

De uma ressurreição corporal fala-se em 2Mc 7, como recompensa divina pela morte de um mártir (mais na linha da tradição sobre o Servo do que naquela de Dn 12,1-3). Conforme 3Baruc 49-51, os mortos ressuscitarão na condição de seu corpo anterior, de sorte que os vivos poderão ver que ressuscitou quem morreu. Somente depois do reconhecimento haverá julgamento (50,4); os justos hão de brilhar como estrelas no firmamento. Também no *Testamento de Judas* 25 fala-se em ressurreição corporal. Nos *Salmos de Salomão*, com toda a probabilidade provenientes de ambientes fariseus (meados do séc. I d.C), o julgamento divino é o tema central: recompensa e punição (SlSal 2,3-18; 8,7-26; 2,22-31; 3,13-15), isto é: "vida" ou "perdição" (*apóleia*). SlSal 3 fala claramente sobre a recompensa depois da morte: vida eterna ou morte eterna. Aí a vida eterna não está ligada ao problema de sofrimento injusto e morte injusta; trata-se da recompensa divina por uma vida piedosa. A morte dos pecadores é definitiva, sem nova confirmação posterior, escatológica. Nesses salmos não se fala explicitamente de uma ressurreição do corpo, nem da alma: são usadas as categorias de "vida eterna", enquanto a morte de pecado-

---

[8] Sobretudo G. Nickelsburg, *l.c.*, 144-169.

res significa morte definitiva. Assim, já acabamos de analisar quatro categorias usadas no judaísmo para falar sobre a vida após esta vida terrestre: assunção no céu sem ulterior especificação; ressurreição do corpo; libertação (da alma) do *sheól*; vida eterna.

Também segundo 4Esd 7,32 (séc. I d.C.) o *sheól* soltará todos os mortos (ressurreição universal), para todos serem julgados: recompensados com o paraíso ou punidos com a geena (7,33-37). Em *Oráculos Sibilinos 4* fala-se de um incêndio mundial: tudo será destruído, seres humanos e objetos; depois disso, Deus fará todos os seres humanos se levantarem da morte, voltando para o seu estado anterior; segue o juízo universal; os pecadores voltam para "debaixo da terra" (geena); os bons viverão felizes "na terra" (a mesma ressurreição universal encontra-se em *Testamentum Benjamin* 10). Portanto, os dois testemunhos judaicos datáveis sobre uma ressurreição *geral* são do fim do sec. I d.C.[9]

Podemos encerrar este resumo da seguinte maneira: no tempo de Jesus não existiam idéias uniformes sobre a vida após a morte, problema que somente alguns séculos antes de Cristo começou a ocupar Israel. No último século, houve cada vez mais uma tendência para formular com a categoria de "ressurreição corporal" a assunção de perseguidos para o céu e, mais tarde, de todos os judeus piedosos e justos. Todavia, existiam também toda sorte de outras idéias: seja de uma assunção da alma dos justos para o céu, seja de uma "vida eterna" (que podia ser explicitada como ressurreição corporal, ou então, como assunção da alma, seja diretamente depois da morte, seja depois de ter passado pelo *sheól*). Inicialmente a ressurreição, vista como exceção, relacionava-se com a remuneração de judeus fiéis à Lei, mortos durante a perseguição de Antíoco; em seguida, para quem sofreu injustamente, de modo geral, e finalmente para qualquer vida piedosa e justa como tal. Nessa última forma, abriu-se finalmente uma perspectiva para a ressureição *universal*, não como acontecimento intrinsecamente salvífico, mas como condição *sine qua non* para aparecer vivo na hora do julgamento.[10] Nos tempos do Novo Testamento, a ressurreição universal deve ter sido sobretudo um dogma dos fariseus, os quais, porém, antes de 70 não foram, nem de longe, tão representativos como depois da guerra judaica. Portanto, podemos supor que sobretudo depois de 70 a idéia da ressurreição corporal estava bastante espalhada na fé do povo judaico. Antes disso, houve a expectativa da ressurreição de determinadas pessoas, voltando *para a terra* (cf. Mc 6,14), a fim de cumprir determinada tarefa salutar; mas aí não se trata de ressurreições "escatológicas".

---

[9] G. Nickelsburg, *l.c.*, 143.

[10] Dn 12,2; Eth. Henoc etíope 50,1; 62,15; 22 e 37-71; 4Esd 7,29ss; Baruc-Siríaco 30,1-5; 50,2–51,3.

§ 2. Deus o fez levantar-se "dentre os mortos"

A diferença entre o conceito de ressurreição no Novo Testamento e no judaísmo chama logo a atenção. A ressurreição de Jesus é intrinsecamente um acontecimento salutar, não uma condição para alguém poder aparecer diante do trono de Deus, a fim de ser então julgado. Sua ressurreição é logo interpretada como o "amém" de Deus sobre o homem Jesus. Também nos livros mais antigos, não apocalípticos, do Antigo Testamento, fala-se de uma ressurreição como acontecimento salutar, mas em sentido espiritual (a "ressurreição do povo de Israel", Is 26,19; 25,8). Com isso, a noção da ressurreição corporal de Jesus é mais parecida com esta última concepção do que com o conceito neutro, apocalíptico, de ressurreição. A "ressurreição" é o ato salutar divino, escatológico, realizado em Jesus.

Além disso, há uma diferença de terminologia que chama a atenção. O termo técnico do judaísmo tardio para a ressurreição geral é este: "ressurreição dos mortos" (*anástasis nekrón*); a ressurreição de Jesus, porém, é chamada, quase sem exceção, de ressurreição "dentre os mortos" (*ek nekrón*).[11] Todavia, há nisso alguns problemas. Com exceção de Ap, Tg, Jd e 2Pd (ver também Rm 1,4), a ressurreição de Jesus chamava-se, no Novo Testamento, de "ressurreição dentre os mortos", enquanto essa fórmula é quase desconhecida fora dos escritos do Novo Testamento.[12] Na Setenta, fala-se geralmente de um levantar-se "de dentro da morte" (*ek thanatou*).[13] Mas, também no Antigo Testamento a fórmula "dentre os mortos" não é desconhecida.[14] No Novo Testamento, a expressão "levantar-se dentre os mortos" (com o verbo) usa-se quase exclusivamente ao se falar da ressurreição de Jesus, enquanto a ressurreição universal costuma ser chamada de "anástasis nekrón", ressurreição dos mortos.[15] Curioso,

---

[11] B. van Iersel, em: Conc 6 (1970), n. 10, 53-65; P. Hoffmann, *Die Toten in Christus*, 180-185.

[12] Todavia, na nova edição do Dicionário de Bauer se mencionam alguns exemplos, 138-139.

[13] Eclo 48,5; Est 4,8; Jó 5,20; Pr 10,2; 23,14 etc.

[14] Jz 16,14.20; Gn 28,16; Dt 18,5; cf. Hahn, *Hoheitstitel*, 204; Delorme, em: *Lectio Divina*, n. 72, 114-119.124-125; C. Perrot, *La descente du Christ aux enfers dans le Nouveau Testament*, em: LVie 87 (1968) 5-29; E. Fascher, *Anastasis, resurrectio, Auferstehung*, em ZNW 40 (1941) 166-229; H. Oepke, em: ThWNT, I, 368-372; II, 332-337; R. Schnackenburg, *Zur Aussageweise "Jesus (von den Toten) auferstanden"*, em: BZ 13 (1969) 10-11; U. Wilckens, *Die Missionsreden*, *l.c.*, 137-145; H. Braun, *Zur Terminologie der Acta von der Auferstehung*, em: ThLZ 77 (1952) 533-536.

[15] *Egeirein ek nekrôn*: só se diz de Jesus, no Novo Testamento (Rm 4,24; 8,11; 10,9; Gl 1,1; 1Ts 1,10; ver Ef 1,20; Cl 2,12); *Egeiresthai ek nekrôn*: igualmente, só sobre Jesus (Rm 6,4.9; 7,4; 8,34; 1Cor 15,12.20; (*Anagein ek nekrôn* já era fórmula antiga, da Setenta: Tb 13,2; Sb 16,13; Sl 29,3); *anastasis nekrôn*, usada no Novo Testamento para a ressurreição universal, aplica-se uma vez a Jesus (Rm 1,4), enquanto a ressur-

porém, é que segundo o Dicionário de Bauer a expressão "anastásis nekrón" (ressurreição dos mortos), como substantivo, foi derivada da expressão com o verbo ("anasténai ek nekrón") levantar-se *dentre* os mortos. Segundo G. Kegel,[16] as fórmulas que usam somente o verbo – "ele ressuscitou" e semelhantes – são, por isso, mais antigas do que a fórmula "ressuscitado dentre os mortos"; esta última teria surgido na polêmica com os judeus, que insistiam na morte de Jesus. É evidente também que termos como "levantar-se" ou "levantar", palavras conhecidas do vocabulário cotidiano, têm muitos sentidos, de sorte que se precisava de acréscimos para tornar claro do que se tratava: "levantado dentre os mortos", "morto e ressuscitado", morto, porém ressuscitado.

Todavia, o verbo (levantar-se, ressurgir) com "*dentre* os mortos" e o substantivo "ressurreição *dos* mortos" são característicos do Novo Testamento, pois o substantivo "a ressurreição" usa-se raramente, pelo menos ao se falar de Jesus.[17] Por isso, o uso freqüente, no Novo Testamento, de "ek nekrón" – *dentre* os mortos – não me parece algo próprio do Novo Testamento, mas *conseqüência* do uso do verbo ao se falar da ressurreição de Jesus, o que indica mais a ação, a dinâmica. Curioso então é que, com relação à ressurreição de Jesus, o substantivo é evidentemente evitado. A ação salvífica de Deus, portanto, fazendo Jesus levantar-se dentre os mortos, não se presta bem para substantificação. Isso denota o caráter da fé cristã como professando, não tanto a "ressurreição" de Jesus, mas o fato de que Jesus ressuscitou ou, mais exatamente, que Deus o fez levantar-se dentre os mortos. O freqüente falar em "dentre os mortos" é, então, a conseqüência (antes gramatical).

Mais importante, porém, do que essa análise gramatical é a constatação de que em todos os textos antigos se diz: "foi Deus quem fez Jesus levantar-se da morte".[18] O que se acentua é o agir salvífico de Deus em Jesus de Nazaré.

reição universal dos mortos chama-se também duas vezes de *anastasis hè ek nekrôn* (Lc 20,35 e At 4,2). Ver Hoffmann, *l.c.*, 182; Delorme, em: *Lectio Divina*, n. 72, 114, n. 10; Wilckens, *Die Missionsreden*, 137-145. Segundo a tese, sem dúvida plausível, de G. Kegel, *Auferstehung Jesu. Auferstehung der Toten*, Gütersloh 1970, o Novo Testamento falou sobre a ressurreição de Jesus, inicialmente, dentro do horizonte das expectativas judaicas da ressurreição universal, sendo que mais tarde (o evangelho de Lucas e os Atos marcam a mudança) as relações se inverteram: trata-se de tornar a ressurreição universal compreensível para os gregos, com base na ressurreição de Jesus. Parece-me que será difícil negar, para o Novo Testamento, o cerne dessa mudança essencial.

[16] G. Kegel, *Auferstehung Jesu*, 24.

[17] *Anastasis nekrôn* (Rm 1,4); *anastasis* (Fl 3,10), *exanastasis* (Fl 3,11) e *egersis* (Mt 27,53).

[18] O "egeirein" encontra-se em Rm 10,9 (uma confissão pré-paulina); At 3,15; 4,10; 5,30; 10,40; 13,30.37 (os lugares em que se pode reconhecer um querigma transmi-

Há textos, sim, em que se diz que "o próprio Jesus se levantou dentre os mortos".[19] Muitas vezes, então, o sentido ainda é este: Jesus se levantou (dentre os mortos) pela força daquele que o ergueu. Em parte, tal fórmula é simplesmente a conseqüência de uma construção gramatical: "Jesus morreu, foi sepultado, ressurgiu". Pois, quando a morte e a ressurreição têm o mesmo sujeito, é gramaticalmente óbvio que não se muda o sujeito (a não ser no contraste: "vós o matastes, mas "Deus o ressuscitou"). Provavelmente a profissão separada, somente da ressurreição, é mais antiga (1Ts 1,10), e reza, então, sempre assim: "Deus o ressuscitou" (ou: "ele foi ressuscitado"). De outro lado, porém, é preciso anotar que exatamente na tradição sobre o "Filho do homem" se afirma que o próprio Jesus se levantou, pela sua própria força (Mc 8,31: "anasténai"; 9,31 e 10,34: "anastésetai"; aí se usa claramente a terminologia do "levantar-se", não do "ser levantado"). Parece, pois, ter existido no cristianismo primitivo a tradição sobre o "Filho do homem", em que se fala claramente que Jesus "ressurgiu". É apenas em Jo 10,17-18 que essa tradição se expressa nitidamente: aí o próprio Jesus, pelo seu próprio poder, retoma a vida; um pouco mais tarde, isso foi formulado mais pronunciadamente por Inácio de Antioquia,[20] e a partir do séc. II essa formulação se tornou clássica no cristianismo. Mas, no cristianismo primitivo, até no Novo Testamento, o que globalmente se acentua é a ação salvífica de Deus, que faz Jesus levantar-se dentre os mortos. "Ho egeiras" = "Deus, que desperta para a vida", tornou-se para os cristãos, por assim dizer, um atributo divino,[21] isto é, um louvor a Deus.

tido); 1Ts 1,10; Rm 4,24; 1Cor 6,14; 15,15; 1Pd 1,21; com "anistanai". At 2,24.32; 13,34. Também 1Ts 4,14 deve ser traduzido assim (não: "ressurgiu", mas "foi ressuscitado"). O agir de Deus, portanto, pode se expressar também na forma passiva. "Jesus foi ressuscitado" (por Deus): Mc 14,28 par. Mt 28,7; Mc 16,6.14; Mt 16,21 e Lc 9,22; Mt 17,23; 20,19; 27,63-64; Lc 24,34; Jo 2,22; 21,14; Rm 4,25; 6,4.9; 7,4; 8,34; 1Cor 15,4; 15,12-13.14.16.17.20; 2Cor 5,15; 2Tm 2,8. A forma passiva não se encontra nos Atos, que mostram clara preferência pela forma ativa: Deus o fez levantar-se (*egeiren*), a tal ponto que "anistanai", referindo-se a Jesus (e proveniente da tradição) é entendido por Lucas como "ressuscitação", e não como "ressurreição" (cf. Lc 24,7 com 24,34; At 10,41 com 10,40; At 17,3 com 17,1; sobretudo At 13,23 e 13,34 com 13,30 e 13,37).

[19] Mc 16,6; Mt 27,64; 28,6.7; Lc 24,6.34; Rm 4,25; 6,4; 1Cor 15,3-5; Rm 6,9; 7,4; 8,34; Jo 21,14.

[20] *Anesthèsen heauton* (Inácio, *Ad Smyrn.* 2).

[21] Rm 4,24; 8,11; 2Cor 4,14; Gl 1,1; Ef 1,20; Cl 2,12; 1Pd 1,21. – Também na segunda bênção da oração judaica *Shemoné Esré* há um louvor "a Deus que dá vida aos mortos" (*mehaie hammotim*). Era uma oração que desde Gamaliel II os judeus eram obrigados a rezar três vezes por dia; baseada em tradições mais antigas, essa segunda bênção foi formulada assim por volta de 100 d.C., e provavelmente não se refere explicitamente à ressurreição dos mortos, mas a esta confissão veterotestamentária: "para Deus tudo é possível".

§ 3. "Ao terceiro dia ressurgiu dos mortos segundo as Escrituras". A ressurreição de Jesus como acontecimento decisivo, escatológico

Bibliografia: J. Blank, *Paulus und Jesus,* 133-197; J. Dupont, *Ressuscité 'le troisième jour':* Bibl 40 (1959) 742-761; F. Hahn, *Hoheitstitel,* 197-211; K. Lehmann, *Auferweckt am dritten Tag nach der Schrift* (Friburgo 1968); id., *Jesus Christus ist auferstanden* (Friburgo 1975); F. Mildenberger, *Auferstanden am dritten Tag nach den Schriften:* EvTh 23 (1963) 265-280; F. Nötscher, *Zur Auferstehung nach drei Tagen:* Bibl 35 (1954) 313-319; H. Tödt, *Der Menschensohn,* 167-172; N. Walker, *After three Days:* NovT 4 (1960) 261-262; J. Wijngaards, *Death and Resurrection in covenantal context:* VT 17 (1967) 226-239.

A expressão "argumento bíblico"[22] não traduz com precisão o que os primeiros cristãos sentiam e experienciavam quando diziam que as suas salutares experiências com Jesus foram "segundo as Escrituras". A Escritura era mesmo para eles o livro dos grandiosos feitos e promessas de Deus, expressão da vontade de Deus e de seus planos salvíficos. Inicialmente essa Escritura não era o que acabou sendo depois – o "Antigo Testamento". Era a viva Escritura *deles*, à luz da qual os primeiros cristãos "liam" e interpretavam novos acontecimentos e experiências históricas. Os fiéis comuns, no judaísmo, não eram doutos escribas, nem de longe, mas a vida deles se alimentava, isto sim, dos salmos e dos escritos que regularmente eram lidos e explicados em suas celebrações sinagogais. Na comemoração mais antiga do sofrimento de seu Mestre, que ainda é reconhecível na história da paixão segundo Marcos, reconhecemos a identificação dos primeiros cristãos com a oração meditativa dos salmistas, que nas mais extremas humilhações continuavam a pôr sua confiança em Deus. Inicialmente, esses cristãos não conseguiram entender os sofrimentos e a morte de Jesus; sua fé em Deus era grande, sim, e sua confiança superava os fatos dolorosos e gritantes que eles haviam presenciado. Não entenderam logo o acontecido, mas sabiam: este justo, rejeitado por autoridades oficiais, não podia ter sido abandonado por Deus. Era essa a espiritualidade de suas Escrituras. Diante do horizonte dessa espiritualidade, na qual o próprio Jesus havia vivido, eles tentaram situar o que havia acontecido com ele. Jesus era um israelita, e também seus confidentes e seguidores

[22] Ver, entre outros: C. H. Dodd, *According to the Scriptures*, Londres 1961; E. Flesseman-van Leer, em: *Zur Bedeutung des Todes Jesu, l.c.*, 79-96; E. Fuchs, *Hermeneutik*, Bad Cannstadt 1958, 21-210; P. Grelot, *Sens chrétien de l'Ancien Testament*, Paris 1962; A. Suhl, *Die Funktion der alttestamentlichen Zitate und Anspielungen im Mk.-Evangelium*, Gütersloh 1965; C. Westermann, *Die Prophetenzitate in den neutestamentlichen Reden von der Zukunft*, em: EvTh 27 (1967) 307-317.

pensavam como israelitas crentes. Iriam interpretar Jesus de maneira israelita. As suas experiências extraordinárias com Jesus, bem como o horizonte de suas experiências religiosas como israelitas, dentro do qual verbalizavam as suas experiências, constituíam para eles uma só história, dentro da qual o seu "hoje" era iluminado pelo passado de Israel, e seu passado era iluminado pelo israelita Jesus; e tudo isso constituía para eles uma só realidade. O novo que havia acontecido com Jesus, eles o podiam compreender e verbalizar nas categorias do Antigo Testamento e da fé judaica, resultado de séculos de experiência de Israel com a vontade de Deus, formulada nos seus livros sagrados.

"Ele ressuscitou". Nessa profissão de fé são decisivas a lembrança dos dias da vida terrena de Jesus e a experiência da graça da conversão; mas, quase da mesma importância para verbalizar essa realidade era a tradição das experiências religiosas de seu povo. A novidade de Jesus era impossível de situar-se; mas, apesar disso e graças a isso, a novidade de Jesus de Nazaré só podia tornar-se acessível para eles nos modelos de uma experiência comprovada através da religião milenar de Israel.

O caráter soteriológico da ressurreição, não em sentido apocalíptico, mas neotestamentário, é ainda reforçado pelo acréscimo "(ressuscitado) *no terceiro dia*", e até: "no terceiro dia segundo as Escrituras". A combinação do terceiro dia com as Escrituras (1Cor 15,4b) está presente também, numa reflexão clara, em Mt 12,40 (os três dias de Jonas: Jn 2,1), mais vagamente em Lc 24,46 e, em relação com o *lógion* do templo, também em 2,19; sem referência à Escritura (mas, como em 1Cor 15,4b, no contexto de uma profissão de fé) também em At 10,40. Além dessas duas profissões da "ressurreição no terceiro dia" (1Cor 15,4b e At 10,40), ainda há dezesseis lugares onde o esquema dos três dias está combinado com três conjuntos de tradições: o *lógion* sobre o templo, as predições da paixão e as predições da consumação: ressurgirei no terceiro dia; no terceiro dia reconstruirei o templo; a consumação chegará no terceiro dia.[23]

A história das tradições deixa claro que houve relação entre os "três dias" das "predições da paixão" e o "terceiro dia" da tradição sobre a ressurreição, pois Lucas e Mateus mudam o "depois de três dias" em "no terceiro dia" (Mt 16,21; 17,23; 20,19; Lc 9,22; 18,33; cf. Lc 24,7.46). Portanto, a expressão "no terceiro dia" prevaleceu.

Um fato chama a atenção: fora das fórmulas da profissão de fé e fora dessas narrativas de predições, o tema do terceiro dia está totalmente ausente nas narrativas dos evangelhos sobre a páscoa e as apa-

[23] Mc 8,31; 9,31; 10,34; 14,58; 15,29; Mt 16,21; 17,23; 20,19; 12,38-42; 26,61; 27,40; Lc 9,22; 18,33; 11,29-32; 13,31-33; 24,7.21.46; Jo 2,19.20.

rições. Sempre se diz: "no primeiro dia da semana".[24] Essa expressão não faz pensar no "terceiro dia depois do da sexta-feira", mas em "o dia depois do sábado",[25] portanto, nada tem a ver com o "tema dos três dias". Em Lucas e João, isto sim, existe a tendência de mostrar que historicamente Cristo manifesta a sua presença sobretudo nesse dia, o primeiro da semana judaica. Mas, também em Lucas (e Marcos) o ressuscitar no terceiro dia não se relaciona diretamente com os acontecimentos cronológicos da narrativa da páscoa; a expressão se encontra somente na citação das predições anteriores de Jesus (Lc 24,7 e 24,46) (Lc 24,11 pode ter sentido mais comum; ver adiante). Portanto, dentro dos diversos complexos de tradições há clara distinção entre o "primeiro dia da semana" (narrativas sobre a páscoa e as aparições) e o "terceiro dia" (profissão de fé e predições).

A fórmula "o terceiro dia" já é pré-paulina. Paulo cita: "Ele foi ressuscitado no terceiro dia segundo as Escrituras" (1Cor 15,4b). F. Hahn, vendo nisso ainda uma datação histórica,[26] opinou que essa fórmula foi composta de duas fórmulas parciais, originariamente independentes: "ele foi ressuscitado segundo as Escrituras" e "ele foi ressuscitado no terceiro dia". Por essa fusão, também "o terceiro dia" foi parar no argumento bíblico; e assim surgiu a obrigação de procurar um texto bíblico do Antigo Testamento que falasse do terceiro dia. E isso deu problemas.[27] Alguns dados, porém, já apontam para comunidades palestinenses, quanto à formulação completa (embora originariamente bipartida); ou então, se a fórmula nasceu em Antioquia, o foi numa fase muito antiga da tradição antioquena. Acima já se disse que na fórmula de 1Cor 15,4b podem ser detectados tanto elementos pré-paulinos como paulinos.[28]

Uma primeira interpretação razoável nos é sugerida pela convicção judaica de que somente "três dias depois" é que um falecido está realmente morto. "Ressuscitado no terceiro dia" poderia significar, então, que não foi morte apenas aparente, mas que ele tinha realmente morrido; "o terceiro dia", então, teria o mesmo sentido de "morreu e foi sepultado".[29] Mas, aí se esquece de perguntar: por que exatamente

---

[24] Mc 16,2; Mt 28,1ss; Lc 24,1; Jo 20,1.19. Ou também: "oito dias mais tarde", o próximo primeiro dia da semana (Jo 20,26).

[25] Strack-Billerbeck, I, 1052-1054.

[26] *Hoheitstitel*, 197-211, 210.

[27] Além disso, os evangelhos discordam bastante entre si: "depois de três dias", "dentro de três dias", depois de três dias e três noites", o "terceiro dia". Cronologicamente falando, essas expressões referem-se a diferentes números de dias! Ver: Mt 16,21; 17,23; 20,19; Lc 9,22; 18,33; Mc 8,31; 9,31; 10,34; 14,58; 15,29; Lc 9,22; 18,33; 24,7.(21).46; Mt 12,40; ver Lc 11,29-32; Mt 12,38-41; Mc 14,58; Mt 26,61; Mc 15,29; Mt 27,40; Lc 13,32; Jo 2,13-22. Essas oscilações, ao que parece, têm algo a ver com os problemas da tradução do texto hebraico pela Setenta (cf. Gn 42,17ss; Ex 19,11-16; Est 4,16; 5,1; Os 6,2 LXX).

[28] Ver Parte II, Seção III, nota 71.

[29] Assim G. Kegel, *Auferstehung Jesu*, 27.

só no terceiro dia é que se chega à certeza? Esse fato já sugere que "o terceiro dia" ou "depois de três dias" tem na mentalidade judaica sentido muito especial, mesmo na vida do dia-a-dia. De fato, o "terceiro dia" significa "o dia decisivo", o dia crítico em que algo fica definitivamente encerrado, ou quando começa algo inteiramente novo. Assim quanto à morte: depois de três dias está decidido que não há mais esperança nenhuma; ou então, que ainda pode acontecer uma nova e decisiva reviravolta (cf. Jo 11,17.39). Durante três dias, os pais ainda procuram o menino Jesus perdido; o terceiro dia traz a alegre solução (Lc 2,46). Paulo jejua três dias; aí a metanóia, sua conversão, já é definitiva, e ele se deixa batizar (At 9,9).[30] O terceiro dia, pois, é o dia decisivo, a reviravolta decisiva, ou o definitivo fracasso de uma coisa.[31] E tem mais. Em não menos de trinta lugares do Antigo Testamento, o terceiro dia como o dia crítico, decisivo, é usado simplesmente para indicar o dia de importantes acontecimentos, ou de surpreendentes fatos de desgraça.[32] É "no terceiro dia" que José liberta seus irmãos da prisão (Gn 42,18); depois de três dias de espera ativa, é no terceiro dia que Deus faz uma aliança com seu povo (Ex 19,11.16); no terceiro dia, Davi recebe a notícia da morte de Saul e Jônatas (2Sm 1,2); no terceiro dia é que se decide a divisão do reino em Israel e Judá (1Rs 12,12); no terceiro dia, o rei Exequias vai agradecer a Deus depois de uma doença julgada mortal (2Rs 20,5.8); Ester começa no terceiro dia, a sua grandiosa obra de salvação de Israel (Est 5,1); no terceiro dia, Javé dá vida nova a seu povo e o faz levantar-se (Os 6,2-3).

Após três dias de experiências difíceis, pesadas e mortais, o "terceiro dia" traz a salvação: esse é sem dúvida o sentido básico do tema dos três dias. Trata-se, afinal, da certeza do decisivo Dia D ("Dia da Vitória", expressão usada na Europa para lembrar o dia da vitória contra Hitler, em 1945 [Nota do tradutor]). "O terceiro dia", portanto, significa uma indicação não cronológica, mas soteriológica. Que Jesus foi ressuscitado dentre os mortos no terceiro dia significa pois o seguinte: Deus deixou o seu justo apenas três dias em extrema necessidade; depois do doloroso choque de sua morte, vem a notícia decisiva: "O Senhor está vivo". Não é a morte, é Deus quem tem a última palavra; quer dizer: "o terceiro dia pertence a Deus". De fato, a ressurreição de Cristo traz a mudança radicalmente nova na situação temporal dos discípulos; inaugurou a era da salvação. "O terceiro dia" foi em termos cronológicos a expressão mais adequada para su-

[30] Ver também: Mc 8,2; Mt 15,32; Lc 24,21; Ex 15,22; 2Rs 2,17; 2Cr 20,25; Jn 3,3 etc.

[31] Fazendo abstração de outros sentidos de "após três dias", a saber: para indicar que aconteceu em pouco tempo, algo que costuma gastar espaço de tempo incomparavelmente maior. O templo, construído em 46 anos, Jesus em três dias o derrubará e reconstruirá (Jo 2,13-22). Ver também Js 1,11; 2Mc 5,14; Os 6,2.

[32] Ver: *Biblisch-Historisches Handwörterbuch* (ed. B. Reicke e L. Rost), Göttingen 1962, I (W. Schmauch).

gerir tudo isso. Pela ação salvífica de Deus em determinado momento da nossa história – "o terceiro dia" – iniciou-se de fato, na *renovação da existência* dos discípulos, a redenção escatológica;[33] porém, "depois de três dias", isto é, depois do supremo sacrifício de Jesus: sua paixão e morte. Diante do "Dia D", a expressão "três dias" indica uma breve dureza. Apesar da desesperada situação de Abraão diante da ordem de sacrificar Isaac; apesar da situação desgraçada e perdida de Jonas (na barriga da baleia), apesar da situação de derrota e humilhação total do povo de Israel... Deus traz cada vez "no terceiro dia" a salvação e o alívio na situação de desespero. Isaac não foi sacrificado, Jonas não pereceu, e o povo foi salvo na hora certa. Porém... Jesus "não foi poupado" (Rm 8,32). A sua salvação chegou também, mas depois de sua morte: foi "no terceiro dia" que ressuscitou.

Oséias 6,2-3 é de fato uma boa referência bíblica (não a única): "Ao fim de dois dias nos fará reviver; no terceiro dia nos reerguerá, e viveremos em sua presença"; na manhã do "terceiro dia" a aliança é celebrada e renovada (Os 6,2-3). Contra essa citação da Bíblia pode-se objetar que em lugar nenhum do Novo Testamento se encontra uma reflexão mostrando que o terceiro dia era entendido no sentido do texto de Oséias (que nunca é citado).

Mas tudo isso recebe uma confirmação pelos targuns e midrashes, onde se fala de uma universal "ressurreição no terceiro dia", com referência a Oséias 6,2-3. A verdade é que esses comentários judaicos da Bíblia são de data muito recente (sécs. II e III d.C.), mas, como os *escritos rabínicos*, eles se baseiam em tradições muito mais antigas.[34] Em contraste com o uso do Antigo Testamento no Novo Testamento, esses comentários judaicos não argumentam na base do que já se realizou em Jesus Cristo, mas interpretam acontecimentos do passado (narrados pela Bíblia) à luz da futura "ressurreição universal no terceiro dia".[35] Isso nos mostra que não podemos considerar a interpretação da Bíblia no Novo Testamento como argumento bíblico

[33] Portanto, o "terceiro dia" nada tem a ver com "três dias a partir da Sexta-feira Santa", em que se baseia o "tríduo pascal". Na liturgia, essa historização tem razão e sentido, mas não deve fazer-nos esquecer o significado mais profundo, soteriológico, da reviravolta decisiva.

[34] Na gruta XI de Qumrã achou-se um targum de Jó em aramaico palestinense, "mais ou menos a língua que Jesus falava" (A. S. van der Woude, *Das Hiobtargum aus Qumrân, Höhle XI*, em: VTS 1963 [322-331] 329). Daí nasceu entre os exegetas a tendência de aceitar mais amplamente a presença de targuns já escritos no tempo de Jesus. Ora, nesses targuns e midrashes encontra-se uma "teologia do terceiro dia", sobretudo com relação ao sacrifício de Abraão. Ver sobretudo R. Le Déaut, *La nuit pascale. Essai sur la signification de la pâque juive à partir du Targum d'Exode XII, 42* (Anal. Bibl., 22), Roma 1963; e: *La présentation targumique du sacrifice d'Isaac et la sotériologie paulienne* (Anal. Bibl., 17-18), Roma 1963, II, 563-574. Tem-se constatado cada vez mais semelhanças entre algumas idéias de Paulo e dos sinóticos e as dos targuns judaicos, e isso exatamente em relação com idéias sobre a redenção.

"surgido de um oportunismo". Pelas suas próprias experiências, interpretadas à luz de seus livros sagrados, Israel soube chegar à idéia soteriológica de uma futura "ressurreição no terceiro dia". Assim os primeiros cristãos, também na base de suas próprias experiências específicas, relacionadas com o que acontecera com Jesus, chegaram também à convicção de uma ressurreição no terceiro dia, mas então como *já realizada* pessoalmente em Jesus de Nazaré. Embora o conceito de "ressurreição no terceiro dia" seja também um conceito judaico, provavelmente já conhecido no tempo de Jesus, a sua novidade cristã consiste no seguinte: esse "terceiro dia" não se realiza "três dias depois do fim do mundo" (como nos targuns), mas *já se realizou* em Jesus, o Cristo. Além disso, a ligação do terceiro dia com a expressão "segundo as Escrituras" significa que a ressurreição de Jesus não é apenas um acontecimento fundamental e único, mas é anunciada expressamente como acontecimento soteriológico *definitivo* e *escatológico.* Se a noção judaica da "ressurreição no terceiro dia" já era conhecida no tempo de Jesus, a confissão cristã "ressurgiu no terceiro dia" significa que este terceiro dia, o Dia D, já se realizou em Jesus Cristo, como base para a nossa ressurreição escatológica. A ressurreição de Jesus, então, é professada como a grande reviravolta dos tempos, segundo os planos salvíficos de Deus ("segundo as Escrituras").

Conclusão. Quando os cristãos confessam que Jesus foi ressuscitado dentre os mortos no terceiro dia, estão confessando que o reino de Deus adquiriu o rosto do Crucificado ressuscitado, Jesus de Nazaré.

Mais ainda. Em alguns lugares, cujo cerne muitos exegetas críticos reconhecem como autêntico, o próprio Jesus falou sobre o "terceiro dia", ou Dia D, sem relacionar isso com sua morte ou possível ressurreição. Em outras palavras, ele falou sobre algum grave problema ("três dias"), ao mesmo tempo expressando, porém, que, de alguma forma, "o terceiro dia" *estava nas mãos de Deus.* Falou sobre isso no contexto sobre Herodes, esse "raposo astuto" (Lc 13,31-33), e quando falou sobre a destruição e reconstrução do templo (Mc 14,58; Mt 26,61). Muitos exegetas, desde Bultmann,[36] consideram sobretudo Mc 14,58 como palavra autêntica de Jesus. Em todos os contratempos, segundo esses *logía*, Jesus tinha consciência de poder confiar no "terceiro dia" de Deus. A autenticidade desse *lógion* explicaria também, creio eu, por que o tema do "terceiro dia" falta nas tradições evangélicas sobre a páscoa, o sepulcro e as aparições, e se encontra somente nos complexos de tradições em que se fala das

[35] No midrash Rabbah sobre Gn 22,4, todos os acontecimentos que ocorrem "no terceiro dia" estão colecionados (H. Freedman – M. Simon, *Midrash Rabba*, I, Londres 1939, 491); entre eles, a ressurreição escatológica, com referência a Os 6,2 (LXX).

[36] *Tradition*, 19; W. Popkes, *Christus Traditus*, 232; C. Colpe, em: ThWNT VIII, 447-448.

predições de Jesus, como também nas profissões de fé. Digna de nota é também a reflexão de João sobre o *lógion* do templo: "Quando Jesus ressurgiu dentre os mortos, seus discípulos *se lembraram* que ele tinha dito isso, e creram *na Escritura e na palavra que Jesus havia dito*" (Jo 2,22). "O terceiro dia" é uma palavra bíblica e uma palavra de Jesus. Se a expressão "o terceiro dia" (sem ser especificada por morte ou ressurreição) foi usada por Jesus, trata-se de uma manifestação de como Jesus se entendia a si mesmo: a consciência de que teria de passar pelo extremo sofrimento, mas na firme convicção de estar, *de alguma forma*, protegido pela mão forte de Deus. Pois, aconteça o que acontecer, o "terceiro dia" está no poder de Deus. Jesus, então, sabia ser o profeta que havia de sofrer, mas que Deus, de alguma forma, lhe daria razão. Jesus contava com a renovação de sua vida – antes de sua morte, na sua morte, ou depois dela:[37] contou com a "consumação no terceiro dia" (Lc 13,32). Deus não deixa os seus em sofrimento por mais de "três dias"; isto é, o sofrimento dos justos e seu fracasso podem ser pesados, mas o Deus da salvação tem a última palavra. Em comparação, o sofrimento é breve: "três dias" apenas; portanto, é transitório. O tema dos três dias, pois, se enquadra muito bem no complexo de tradições sobre o "justo sofredor". Mc 8,31 fala em "muito sofrimento" e em "ressuscitar três dias depois"; aí Marcos apresenta uma fórmula *querigmática,* pois "três dias depois" não combina com sua cronologia da história da paixão. Aí Marcos segue o modelo de Sl 33,20 (LXX): "*Pollai hai thlipseis tón dikaión:* grande é o sofimento dos justos" (cf. também 4Mc 18,15), mas o Deus vivo os salva de tudo isso (Sl 33,21; cf. Sb 2,13-20 e 5,1-7). A consciência de seu sofrimento e morte violenta deve ter sido um catalisador da sua auto-compreensão.[38]

"No terceiro dia (ressuscitou)". Essa expressão aparentemente banal tem, portanto, densidade soteriológica. Não diz nada sobre uma datação cronológica do acontecimento da ressurreição (p. ex. três dias depois da sexta-feira santa), nem sobre as "aparições pascais"; porém sugere tudo sobre a ação salvadora escatológica, definitiva, de Deus com o Jesus crucificado: sua ressurreição é uma realidade escatológica, que rompe o conceito apocalíptico da ressurreição. O terceiro dia, o dia da salvação, já é realidade viva, e abre dentro da nossa história, que simplesmente continua (sem a apocalíptica "reviravolta dos tempos"), uma novidade radical e um futuro esperançoso.

---

[37] L. Ruppert, *Jesus, als der leidende Gerechte,* 63-64 e 75; K. Lehmann, *Am dritten Tag,* 236.

[38] Segundo Ruppert, essa perspectiva do sofrimento teria sido a matriz da autocompreensão de Jesus como "*Filho do homem* sofredor". Isso não me convenceu; determina antes o que Jesus deixa em aberto, confiando no agir de Deus no futuro, e convencido de que Deus terá a última palavra.

RESSURREIÇÃO, EXALTAÇÃO, VINDA DO ESPÍRITO. A PARUSIA

Ressurreição e exaltação (ou investidura) de Jesus são conceitos centrais do Novo Testamento. Mas, qual é a relação entre *ressurreição e exaltação?*

Com isso estamos retomando uma questão da Parte II (Seção III, cap. 3, § 4): "Ambigüidade da expressão *experiência pascal*". Um resumo, dado acima, das idéias do judaísmo tardio sobre a vida após a morte mostrou que no tempo de Jesus não existiam a respeito expectativas uniformes. Era comum a crença numa recompensa divina para os justos, numa vida após a morte; mas, por outro lado, a morte prematura e sobretudo violenta muitas vezes era interpretada como punição divina. Além disso, "vida eterna" podia ser traduzida em diversas categorias; a ressurreição era apenas uma possibilidade entre outras.

Em muitas tradições do cristianismo primitivo, a ressurreição de Jesus está diretamente ligada à sua exaltação e investidura junto a Deus. A exaltação de Jesus tem por função interpretar a sua ressurreição, distinguindo-a essencialmente, p. ex., da ressurreição como ocorre nas narrativas sobre Jairo, Elias etc. Em muitas tradições do cristianismo primitivo, a ressurreição é a investidura de Jesus como Senhor e Cristo, como "Filho de Deus com poder" (Rm 1,4). Essa idéia combina com "estar sentado à direita de Deus" (Rm 8,34; Cl 3,1) ou "receber autoridade", o que mais tarde se esclarece na base de Sl 110,1 e 2,7. A ressurreição é a solene entronização de Jesus como o "Filho do homem" que virá como Senhor (*Kyrios*), Messias, Filho de Deus (embora *isso* não seja dito explicitamente em lugar nenhum): assim rezava uma convicção muito antiga do cristianismo primitivo. Isso fica bem claro em muitos complexos de tradições: em Mt 28,18b-20 está claro que o Ressuscitado que aparece já é o Exaltado, a quem foi dado todo o poder. Em outros textos se fala sobre ressurreição, mas a exaltação está sempre subentendida (1Ts 1,9-10; Rm 14,9; 1Cor 15,3-8). Às vezes, fala-se apenas da exaltação, mas então se inclui também a ressurreição (Mt 28,18b; Ef 4,8-10; Fl 2,6-11; 1Tm 3,16; Hb 1,3.5; 2,9; 5,5; 12,2); "estar sentado à direita de Deus" e o domínio universal são ambos resultado intrínseco da ressurreição de Jesus (Rm 8,34; Cl 3,1). Há também textos onde ressurreição e exaltação se mencionam em conjunto, mas como dois aspectos da mesma realidade.[39] Em termos globais – fazendo abstração, por enquanto, de outras posições no Novo Testamento – podemos dizer que ressurreição, exaltação e investidura, nas profissões de fé do Novo Testamento, são uma só e mesma realidade indivisível; nisso a ressurreição é o *terminus a quo*, e exaltação o *terminus ad quem* de um só e o mesmo acontecimento.[40]

No entanto, o que chama a atenção é o seguinte: enquanto a terminologia sobre a ressurreição é bastante fixa no Novo Testamento, as declarações sobre a exaltação oscilam, não são firmes. Não apenas Lucas, mas também Marcos tem a respeito as suas próprias idéias; além disso, encontramos diversas fórmulas padronizadas que não seguem o modelo clássico neotestamentário.

Acima já se observou que a visão de Lucas caracteriza-se pela sua distinção entre Páscoa e Ascensão, isto é, entre ressurreição e subida ao céu. Distinção que se torna importante, pois Lucas não une a missão do Espírito a Jesus ressuscitado, mas apenas à sua exaltação, e bem explicitamente (At 1,2.9-10; cf. Lc 24,50-53). Aí a ressurreição é ilustrada primeiro pelo Sl 16,10 (levantar-se do mundo dos mortos), enquanto Sl 110,1 passa a ser como argumento bíblico para o ser exaltado "à direita de Deus" (At 2,31 e 2,33-35). Por isso, segundo Lucas, só com a exaltação de Jesus é que pode começar, com a Igreja, a pregação sobre conversão e salvação (At 5,31b), pois isso supõe o dom do Espírito, que somente a exaltação pode comunicar (At 2,33). Para Lucas, a exaltação é o fim do período da vida terrena de Jesus e o início da Igreja, graças ao envio do Espírito (cf. At 2,33; 5,31; 3,20). O "pouco tempo" entre a exaltação (ascensão ao céu) e a efusão do Espírito (Pentecostes) é preenchido com a expectativa do Espírito (Lc 24,49; At 1,8; 1,4). Mesmo quando Lucas menciona juntas a ressurreição e a ascensão (At 2,32-33; 5,30-31), existe para ele clara distinção entre uma e outra; e da mesma forma como ele sempre

---

[39] 1Pd 1,21; Rm 8,34; Ef 1,19-21; 1Pd 3,21-22; e Rm 1,4, onde o "ek" significa tanto "na base de" como "a partir da ressurreição". "Ressurreição" e "ser o Senhor", portanto, são idênticos (Rm 10,9). O próprio Paulo liga o título "Kyrios" à ressurreição (2Cor 4,14; Rm 1,4; 4,24 etc.). A ressurreição *é* a elevação.

[40] G. Lohfink, *Himmelfahrt*, 81-98. Em 1Pd 1,20-21; 3,18-19.21-22, ressurreição e elevação (na perspectiva de uma nascente "cristologia cósmica") estão juntos, sem que sua identificação se torne clara: "thanatóteis, dzóopoiétheis, poreutheis"; isso tem a ver, não com o modelo do arrebatamento, mas com o modelo antigo da "viagem celeste"; o ressuscitado faz uma viagem celeste, atravessando todas as esferas celestes (o modelo: *katábasis – anábasis*).

insiste que foi Deus quem fez Jesus ressurgir, assim acentua a atuação de Deus também na exaltação de Jesus (Lc 9,51; At 1,2.11.22).[41] Jesus ressuscitado *promete* o Espírito (Lc 24,49; At 1,5), mas somente o Jesus exaltado pode comunicá-lo efetivamente (At 2,33). Em Lucas, pode-se dizer que Jesus e Deus estão intrinsecamente unidos entre si pelo Espírito. A cristologia de Lucas é cristologia do Pneuma, não no sentido do adocionismo mas do "subordinacionismo": repleto do Espírito de Deus, Jesus é o Filho de Deus, desde o nascimento (Lc 1,32.35), no batismo (3,22) e na sua exaltação (At 2,33). Em Jesus Cristo não nos encontramos diretamente com o Pai, mas com o dom do Espírito, que o Pai dá a Jesus.

João, porém, vê a relação Pai-Filho como direta, e relaciona o dom do Espírito, o Paráclito, com a exaltação de Jesus: "o Auxiliador, o Espírito Santo que o Pai enviará em meu nome" (Jo 14,26); eu rogarei ao Pai, e ele vos dará outro Auxiliador que permanecerá convosco para sempre, o Espírito..." (Jo 14,16-17). Também na tradição do judaísmo tardio o Messias pode pedir o Espírito, mas ele mesmo não pode dá-lo.[42] O Espírito somente poderá vir depois que Jesus for glorificado (Jo 7,39): "É bom para vós que eu vá; com efeito, se eu não partir, o Auxiliador não virá para vós. Ao contrário, se eu partir, eu vo-lo enviarei" (16,7). Aí, como em Lucas, o envio do Espírito e a exaltação de Jesus se relacionam entre si. Apresentando às vezes tradições semelhantes às de Lucas, João emprega aqui um esquema temporal, embora muito reduzido: é breve o prazo entre a "ressurreição" e o "ir para o Pai" (Jo 20,17: Jesus já ressuscitou, mas ainda está a caminho para o Pai); mas quando ele, "naquele mesmo dia", aparece aos discípulos, ele já está exaltado, porque já comunica o Espírito (Jo 20,19-23. Aí se mostra claramente o esquema da viagem para o céu.)

Alguns hinos cristológicos antigos (Fl 2,6-11 e 1Tm 3,16) parecem ignorar a ressurreição, mencionando apenas a exaltação. "Ele que existia (*hyparchón* = sendo e permanecendo) em majestade divi-

[41] "O céu devia acolhê-lo até o tempo do restabelecimento (*apokatástasis*) de todas as coisas" (At 3,21). Esse texto precisa ser avaliado em particular. Jesus foi exaltado para junto de Deus, e fica guardado no céu na expectativa dos acontecimentos finais. Não se trata de uma alusão à assim chamada "talvez mais antiga cristologia". Com outros, U. Wilckens, *Die Missionsreden*, *l.c.*, 153-156, mostrou, com bons argumentos, que Lucas adotou aí um elemento tradicional de uma especulação do judaísmo tardio sobre Elias (usado nos ambientes dos seguidores de João Batista), e o cristianizou (como faz também alhures, p. ex. no "Benedictus" de Zacarias, no evangelho da infância). A terminologia é das especulações sobre Elias; ver Ml 3,23-24 (ver também Mc 12,12). Cf. Cullmann, *Christologie*, 22-28; Strack-Billerbeck, IV, 764ss; 792ss; 787-789; Eclo 48,10 LXX. Ver acima: Parte II, Seção III, nota 60 (obras de G. Haufe e U. Müller).

[42] Também segundo o judaísmo posterior, o Messias pode pedir a Deus que mande seu Espírito, mas não é ele quem pode dá-lo (E. Schweizer, em: ThWNT VI, 382; ver também Strack-Billerbeck, I, 495).

na, não quis agarrar-se ao ser igual a Deus. Despojou-se, assumindo a condição de servo, tornando-se igual aos humanos. E aparecendo como homem, humilhou-se, tornando-se obediente até a morte, até a morte na cruz. Por isso, Deus o exaltou soberanamente, e lhe conferiu o nome que está acima de todo nome, a fim de que ao nome de Jesus todo joelho se dobre nos céus, na terra e abaixo da terra, e toda língua confesse, para a glória de Deus Pai: Jesus Cristo é o Senhor" (Fl 2,6-11). Aí temos claramente o esquema *katábasis-anábasis*: descida do Cristo preexistente, situação terrena de humilhação, e por fim a existência posterior.[43] Nessa perícope, um hino litúrgico sobre o Cristo, não se menciona a ressurreição. Trata-se do modelo de rebaixamento (Fl 2,6-8) e exaltação (2,9-11). Com a idéia da preexistência, a morte já se relativiza de antemão; a morte sem dúvida é o ponto mais baixo da descida, mas esse ponto morto já está superado pela preexistência: passando pela morte, Jesus volta, por assim dizer, "de dentro para fora" à sua situação anterior de alteza. Nesse modelo, nem há necessidade de uma ressurreição. Assim lemos também em 1Tm 3,16: "Sublime, sem dúvida, é o mistério da nossa religião: Ele foi manifestado na carne, justificado no Espírito, contemplado pelos anjos, anunciado aos povos, acreditado no mundo inteiro e exaltado com glória" (1Tm 3, 16). O que mais chama a atenção nesse hino são os contrastes: carne/espírito; anjos/povos; mundo/glória, e todo o conjunto está mais uma vez contido no contraste: carne/glória. O esquema baixo-e-alto estrutura internamente e de modo abrangente esse versículo, que em sua totalidade é abrangido pela tensão entre "mistério" e "revelação". O mistério, desde séculos escondido em Deus, foi revelado na carne do homem Jesus, que morreu, mas, no litígio celeste entre Deus e o mundo, Jesus é declarado o justo, é "justificado", de sorte que o acusado sai gloriosamente desse processo ("dikaioun", ver também Lc 7,29; Rm 3,4, que cita Sl 50,6 da tradução da Setenta: *nikán*, isto é, saiu da luta como glorioso vencedor).[44]

O fato de aqui ser mencionada uma preexistência não parece, à primeira vista, ser argumento em favor de uma elevada antiguidade desses textos. Todavia, não podem ser qualificados como expressões secundárias da fé, com o sentido de *derivados* do modelo da ressurreição. Pois, fazendo-se abstração da preexistência, o modelo alto-baixo-alto é muito antigo e independente; e o próprio modelo sapiencial da preexistência é antigo. Exatamente este esquema "humilhação/exaltação" é clássico na literatura do Antigo Testamento e do judaísmo.[45]

---

[43] Ver Parte III, acima: "cristologias sapienciais".

[44] Ver: G. Schrenk, em: ThWNT II, 218; E. Schweizer, *Erniedrigung*, 164, n. 273; Delorme, em: *Lectio Divina*, n. 72, 135.

[45] É pelo menos *neste ponto* que E. Schweizer, *Erniedrigung*, 21-52, está inegavelmente certo, conforme mostrou L. Ruppert, em *Jesus, der leidende Gerechte?*, 26-28. Ver

Nesse cântico sobre Cristo há claras alusões às tradições do dêutero-Isaías: "Que todo joelho se dobre e toda língua confesse" lembra Is 45,23; além disso, na tradução de Áquila de Is 52,13, encontra-se não "pais" ("puer", menino) mas "doulos" (na Setenta: "douleuonta") no mesmo contexto: Is 53,11. "Despojou-se" é vaga alusão ao texto grego de Is 49,4.[46] "Humilhou-se" (Fl 2,8) lembra Is 53,8, enquanto "tornando-se como ser humano" remete a Is 53,3; finalmente, "até a morte" repete Is 53,8 e 53,12. Além disso, Is 49,7 fala em "Senhor" (*Kyrios*) e "meu Nome" (Is 45,4). L. Cerfaux já viu estreito parentesco entre esse hino sobre o Cristo (Fl 2,6-11) e o "Isaías grego"; além disso, J. Sanders soube tornar mais significantes ainda as semelhanças com o texto hebraico, sobretudo com Is 53.[47] "Ele se despojou" (Fl 2,7), o que não se encontra no Isaías grego, é a tradução exata do hebraico (Is 53,12), de sorte que o hino sobre o Cristo se inspirou em Is 52,13 – 53,12 (cf. o termo "Ebed"= Servo, em Is 52,13).

Não podemos esquecer, porém, que essas idéias veterotestamentárias passaram por mudanças no pensamento do judaísmo tardio, que forneceu o fundo imediato para a reflexão do primeiro cristianismo. No hino cristológico de Fl 2,6-8, a idéia do Antigo Testamento e do cristianismo primitivo sobre o justo exemplarmente sofredor, e depois exaltado, se aplica somente ao Cristo preexistente. Além disso, parece provável que o justo sofredor, porém exaltado, do dêutero-Isaías já estava identificado no judaísmo pré-cristão com o "Filho do homem" apocalíptico.[48] Em todo caso, o "justo que sofre", quando exaltado, recebe a função de juiz que cabe ao "Filho do homem".[49]

Mas, qualquer que tenha sido a contribuição das idéias apocalípticas judaicas, decisiva foi a lembrança dos dias da vida terrena de Jesus: "Quem se exalta, será humilhado"; no reino de Deus, os pequenos se tornarão os maiores.[50] O justo que sofre, sabe que pode contar com Deus, mesmo quando não vê solução concreta (Mc 14,25 par.). Esse esquema de humilhação e exaltação não precisa incluir logo a ressurreição (nem negá-la).[51] Nas camadas mais antigas da tradição

também Delorme, em: *Lectio Divina*, n. 72, 136-139. Cf. 1Sm 2,4-9; Sl 27,2.5; 75,8-11; Jó 5,11-16; Is 52,13-53, onde de fato não se trata do Servo de Deus sofredor, mas do elevado (52,13); Sb 2,12-20 e 5,1-7.

[46] L. Cerfaux. *L'hymne au Christ-Serviteur de Dieu*, em: *Miscellanea historica* (Hom. de A. de Meyer), Lovaina 1946, vol.1,117-130; J. T. Sanders, *The New Testament christological hymns*, Cambridge 1971, 59.

[47] J. Sanders, *Christological hymns*, 60.

[48] Ver acima: Parte III, Seção 1, sobre "o Filho do homem", e Parte III, Seção 2, § 1. Também E. Schweizer, *Erniedrigung*, 30; L. Ruppert, *Jesus, der leidende Gerechte?*, 70; e recentemente: G. Nickelsburg, *Resurrection*, 77-78.

[49] J. Sanders, *Christological hymns*, 62. Ver sobretudo Sb 2,12-20 com 5,1-7.

[50] Mt 23,12; Lc 14,11; 18,14; Tg 1,9; 4,10; 1Pd 4,13-14; 5,6-10.

[51] K. Berger, *Amen-Worte*, 56. É com razão que F. Hahn, *Hoheitstitel*, 130, e G. Lohfink, Himmelfahrt, 96, n. 42, e: *Die Auferstehung und die historische Kritik*, em:

do cristianismo primitivo sobre o "Filho do homem", não se fala expressamente da ressurreição, mas da exaltação de Jesus junto a Deus, e de sua futura parusia. É tema judaico que se encontra em diversas variantes, seja com a categoria da ressurreição, seja da assunção da alma para o céu: e isso, ou depois de uma permanência no *sheól*, ou na categoria de "vida eterna" com Deus. Quando, então, ouvimos sobre a permanência exaltada de Jesus junto a Deus, sem menção alguma da ressurreição (como na tradição Q), não há motivo para *supormos* simplesmente a ressurreição; pois, a mesma realidade pode ser pensada em outras categorias. Extensa tradição do judaísmo tardio conseguiu facilmente imaginar a exaltação do justo sofredor junto a Deus sem a idéia da ressurreição, e tanto Q como os hinos cristológicos acima mencionados estão evidentemente na linha dessa larga tradição do judaísmo tardio. Em outras palavras, a partir do momento quando em Israel a reflexão sobre a vida-após-a-morte chegou a ter forma concreta, a ressurreição (Dn 12,1-3) foi uma das possíveis soluções, não a única, nem de longe (cf. *supra*). O fato de não falar sobre ressurreição ainda não é prova de que realmente não se pensou em ressurreição, mas também não se pode automaticamente pressupor a idéia da ressurreição. Aliás, é digno de nota que os Salmos 2 e 110 (exaltação sem idéia de ressurreição) foram aplicados ao Cristo mais cedo do que o Sl 16 (em que se fala de "libertação" do reino dos mortos, como em Lucas: At 2,25-28; 13,33-37). Nas quatro tendências do credo acima analisadas, a cristologia do *maranatha*, a cristologia da exaltação do filho de Davi salomônico profético-sapiencial (a cristologia do "theiós anèr" nem tanto), bem como as cristologias da Sabedoria, tornam-se compreensíveis dentro de uma tradição que pensa na exaltação-sem-ressurreição. Além disso, nessas tradições não há nenhuma necessidade de um sepulcro vazio ou de aparições para poderem confessar o Crucificado como o Senhor, o *Kyrios*-Rei exaltado junto a Deus. Pode-se dizer, isto sim, que tanto no judaísmo como entre os judeus cristãos a crença comum na vida-após-a-morte (para os justos) foi tomando cada vez mais a figura de uma fé na ressurreição corporal (essa

BuL 9 (1968) 37-53, negam que o tema da elevação seja mais antigo do que o tema da ressurreição. Mas, seria erro tirar disso a conclusão de que o tema da elevação foi deduzido do tema da ressureição. Ambos são muito antigos (cf. W. Marxsen, *Die Auferstehung von Jesus von Nazareth*, 147ss). Que o tema da elevação seja secundário, isto é, deduzido da ressurreição (como pensam S. Schulz, *Q-Quelle*, 74; Vielhauer, em *Aufsätze*, 173-175), nunca foi provado. Ver também: U. Wilckens, *Auferstehung*, 132-144 e G. Bertram, *Erhöhung*, em: RAC VI, 22-43; W. Thüsing, *Erhöhungsvorstellung*, *l.c.* (1967) 216-219 e (1968) 226-228; e Tödt, *Menschensohn*, 228-257). Vielhauer tem razão ao afirmar que as tradições que conhecem as aparições identificam ressurreição e elevação. Weeden mostra, além disso, que a forma original do evangelho de Marcos, que não relata aparições de Jesus, liga a elevação à parusia, não à ressurreição. Mas, a idéia da elevação não supõe (como afirma Hahn: *Hoheitstitel*, 113-115 e 126-132) a demora da parusia (o que é negado, com razão, por Vielhauer, em *Aufsätze*, 164).

tendência fica evidente na literatura do judaísmo tardio). Ora, esse paulatino prevalecer da idéia da ressurreição sobre outras opiniões a respeito da forma concreta de uma "assunção" deu-se nos ambientes cristãos, igualmente nas gerações do cristianismo primitivo. Todavia, com ou sem ressurreição, a afirmação, com fé, da assunção de Jesus ao céu, em todo caso não *se apóia* num sepulcro eventualmente vazio, ou em aparições; as duas coisas *pressupõem* a fé na assunção de Jesus para o céu depois de sua morte, seja depois de uma permanência no mundo dos mortos, seja "a partir da cruz". Todos esses modelos já existiam prontos no judaísmo, e cada um desses modelos incluía em todo caso a realidade da vida de Jesus com Deus. Depois que se chegou a entender que a redenção de Jesus foi também uma vitória sobre a própria morte, e depois que em todas as comunidades cristãs se começou a refletir sobre o valor salvífico da morte de Jesus, somente então é que a idéia da ressurreição se impôs universalmente a todas as comunidades do cristianismo primitivo, como a melhor maneira para verbalizar que Jesus estava vivo e com Deus.

Essa evolução esclarece também as oscilações havidas no modo de precisar a relação entre ressurreição e exaltação. Somente depois que a idéia da ressurreição se tornou, por assim dizer, canônica para todas as comunidades cristãs, é que podiam aparecer variantes nas concepções a respeito da relação entre ressurreição e exaltação, que originariamente expressavam ambas a mesma convicção ("ele está vivo e junto a Deus"). A introdução expressa da idéia da ressurreição em comunidades que originariamente tinham falado somente em exaltação como assunção ao céu (ou vice-versa) podia, de fato, causar problemas: as duas coisas são idênticas ou distintas? Nisso o argumento bíblico tinha algum papel, a partir do Sl 110 (exaltação) ou Sl 16,10 (ser salvo do *sheól*).

Além disso, supondo que o estudo de Th. J. Weeden esteja certo, pelo menos neste ponto (e seus argumentos me parecem convincentes),[52] nem mesmo Marcos ligou a exaltação à ressurreição, mas à parusia (Mc 8,38; 9,2-8; 10,37; 13,26 e 14,62, a ser interpretado na base de 13,14-27; 14,62 e 13,26) (cf. *supra*, sobre a "cristologia do *maranatha*"). Em Marcos, a ressurreição é a base da expectativa da parusia, da constituição de Jesus como "Filho do homem" que virá (em breve). Mas, a inauguração da soberania eficaz de Jesus não coincide com a ressurreição (nem com a ascensão ao céu, como em Lucas), mas com a parusia (Mc 13,26 e 14,62b).[53] De fato, nessa antiga cristologia a ressurreição não é vista primariamente como correção divina

[52] Ver acima, nesta Parte: primeiro modelo do Credo. Weeden, *Mark-traditions*, 126ss.
[53] Ecos da mesma idéia encontram-se em At 3,20.21a; Mt 25,1-13; Fl 2,10-11; Cl 1,15-20 e 1Pd 3,19.22. Ver também R. Fuller, *Foundations*, 145ss e 185-186; G. Schille, *Anfänge*, 125ss.

do escândalo da cruz, mas como *base* para a parusia que se aproxima, como inauguração da ressuscitação escatologicamente universal dos mortos, e como acontecimento que confirma a *mensagem* de Jesus sobre o vindouro reinado de Deus:[54] o presente (Jesus ressuscitado) já *é* a vinda do futuro (a parusia, o reinado de Deus). A vinda do reinado de Deus é assim reinterpretada como tendo regressivamente mais sentido cristológico. O Ressuscitado ou, (para outros), o Exaltado, é aquele que em beve virá: o *escatón* já está quase acontecendo! Foi essa a original experiência pascal. Ressurreição e parusia, embora distintas, estavam muito perto uma da outra. Por isso, os Doze não formavam na comunidade Q a base para a comunidade eclesiástica, mas juntamente com Jesus os Doze são juízes escatológicos do tempo final que já está chegando (Mt 19,28 = Lc 22,28-30).[55] A experiência pascal foi, originariamente, a experiência de que Jesus era aquele que viria em breve; a certeza da proximidade da parusia, a confirmação da vinda do reino de Deus, era o conteúdo da pregação de Jesus. Ressurreição e parusia, portanto, originariamente não foram antitéticas: na origem, a chegada do reino de Deus estava ligada à *parusia.*[56] Em tempos posteriores, o evangelho de Marcos ainda é testemunha dessa convicção antiga do cristianismo primitivo. Que a própria ressurreição, como exaltação, se tornou *central* (solução que eu proponho para a conhecida polêmica entre F. Hahn e Ph. Vielhauer) é sinal de uma fase posterior (embora ainda muito antiga), em que a "quase-identidade" entre ressurreição e parusia se tornou mais fraca, e se juntaram ressurreição e exaltação com base em Sl 110,1 (isso, em ambientes onde a ascensão de Jesus ao céu desde o começo tinha sido interpretada como *ressurreição*).[57] Originariamente, porém, a ressurreição foi vista como o início de uma série de acontecimentos escatológicos que culminariam na parusia. Nessa visão, não é na ressurreição, mas na parusia que Deus presta conta de sua providência, pois a parusia mostrará que Jesus e seus seguidores tinham razão.

Em grande parte dos ambientes cristãos do cristianismo antigo, a ascensão, ou a ressurreição, era considerada como condição para a futura salvação dos fiéis, graças à atuação salvadora do Cristo *que devia vir.*[58] A redenção era vivida como acontecimento escatológico em

---

[54] W. Thüsing, *Erhöhungsvorstellung* (artigo), 228.

[55] Lembranças dessa "quase-identidade" entre ressurreição e parusia encontram-se em alguns textos curiosos: "Dentre os que aqui estão, alguns não morrerão antes de verem o reino de Deus vindo com poder" (Mc 9,1; Lc 9,27). Assim também: Jo 21,18-23; 1Ts 4,15.

[56] S. Schulz, *Q-Quelle*, 75.

[57] Parece-me, pois, que não se pode provar que o tema mais antigo não tenha sido "aquele que vem no fim do mundo", mas "o Filho do homem desde já sentado no seu trono no céu", como Balz afirma em *Methodische Probleme*, 106.

[58] Entre outros: 1Ts 1,10; 5,9; Rm 5,9-10; 10,9.13; 1Cor 3,15; 5,5; 1Pd 1,5; Mc 13,1.3.20 par. Mt 10,22; Mc 16,16.

favor de quem confessa sua fé em Jesus como o Cristo que vive junto a Deus, ou que ressuscitou, mas em breve virá. Nisso havia ainda duas tendências: a comunidade Q, aguardando iminente a vinda do Cristo, sentia-se sustentada pela atuação pneumática do Senhor ressuscitado. Marcos, porém, afirma que a comunidade cristã, nesse meio tempo, vive dos dons escatológicos pneumáticos de Deus, mas na ausência do Senhor ressuscitado e ainda não exaltado. Para Lucas, finalmente, os "quarenta dias" do Senhor ressuscitado, mas ainda não exaltado, é o período que encerra a vida terrena de Jesus. Quase imediatamente, após a exaltação de Jesus, realiza-se o envio do Espírito, por ação do Glorificado: é o início da vida da Igreja. Lucas, pois, reage contra a interpretação que vê a ressurreição e a exaltação apenas como base para uma próxima futura parusia,[59] embora esta não seja negada (At 1,11). Não excluindo uma escatologia do futuro, Lucas insiste na escatologia do presente, na vida remida dos cristãos na Igreja. O futuro escatológico de Mc 10,26 é mudado por Lucas para o tempo presente (Lc 18,26); em Lc 9,24, Mc 13,20 é simplesmente riscado. Para Lucas, a salvação consiste em ser membro da Igreja.

A visão de Paulo, por sua vez, tem orientação diferente. Em sua idéia de salvação cristã, existe uma tensão essencial entre o hoje e o futuro, por mais que estejam ligados entre si. Em Corinto, Paulo foi confrontado com cristãos convictos de que já estavam ressuscitados graças à sua união mística com Cristo.[60] A tensão entre o hoje e o futuro, esses cristãos a tinham resolvido, "entusiasticamente", em favor do hoje, o que faz Paulo concluir que eles negam sua futura ressurreição corporal (1Cor 15,12). Para ele, a própria salvação está assim em jogo: se se nega o futuro da salvação (dissolvendo-o numa experiência do presente), nega-se a salvação mesma. Esses cristãos de Corinto, portanto, não negam a ressurreição de Jesus, mas já equiparam, por assim dizer, a sua própria situação atual à de Jesus, de sorte que para eles a salvação pela sua futura ressurreição fica totalmente supérflua. Como é que Paulo aí raciocina? Cita em primeiro lugar o credo com sua "memória de Jesus", isto é, com as lembranças sobre Jesus, que eram transmitidas nas comunidades, e que não eram somente "lembranças", mas recordavam a real oferta de Jesus, determinando e formando a comunidade. Mas o teor de seu raciocínio vai mais longe: "Se o Cristo não ressuscitou, vossa fé não tem valor, e ainda estais

[59] Lc 1,69.71.77; 19,9, e At 13,26; 16,17; Lc 8,12.36-50; 19,10, e At 2,47; 11,14; 14,9; 15,1.41; 16,30-31.

[60] J. H. Wilson, *The Corinthians who say There is no resurrection of the dead*, em: ZNW 59 (1968) 90-107; R. Pesch, *Heilszukunft und Zukunft des Heils*, em: *Gestalt und Anspruch des Neuen Testaments* (ed. G. Schreiner), Würzburg 1969, 313-329; H. A. Wilcke, *Das Problem eines messianischen Zwischenreiches bei Paulus*, Zurique 1967, 60-62; G. Kegel, Auferstehung Jesu, 38-47.

em vossos pecados" (1Cor 15,17). O raciocínio é este: se não há para os cristãos uma ressurreição corporal no futuro, então Jesus também não se levantou dentre os mortos (o que é justamente o credo básico de Paulo); mas então nesses cristãos a fé não tem fundamento, e por isso eles, em vez de "já ressuscitados", ainda estão em pecado, e para os fiéis já falecidos não há mais esperança nenhuma (1Cor 15,18). Portanto, se a ressurreição já se realizou nos fiéis, então tudo foi em vão. Paulo reage contra uma "escatologia já presente", que a bem dizer transformaria a salvação numa entusiástica ilusão de pouca duração. Para Paulo, a ressurreição de Jesus é a base da ressurreição *escatológica* dos fiéis (nisso, Paulo ainda desconhece uma ressurreição universal); entre as duas há um "tagma", um *antes* e um *depois* (1Cor 15,23). Segundo Paulo (em contraste com as cartas dêutero-paulinas), a ressurreição dos fiéis não pode ser antecipada de forma alguma: a morte é o "último inimigo" (1Cor 15,26; ver 15,24-28). Há uma distinção, portanto, entre a ressurreição de Jesus e o envio que ele fará do Espírito Santo, e por outro lado o futuro salutar dos fiéis, que consiste na ressurreição escatológica. Diferente das tradições de Q e de Marcos, as cartas do próprio Paulo tematizam explicitamente a ressurreição de Jesus; todavia, estão na mesma perspectiva puramente escatológica daquelas tradições. "Fomos salvos, mas o fomos em esperança (Rm 8,24). Pode-se dizer, portanto, que também Paulo não fala de um "reino interino". No entanto, Jesus, sendo "o Senhor", possui o poder salvífico definitivo, o Pneuma, que há de renovar-nos corporalmente (1Cor 15,29-34). Assim Paulo causa uma reviravolta nas expectativas apocalípticas do fim: a escatologia é fundamentada cristologicamente, e não a cristologia escatologicamente (como diz p. ex. G. Fohrer).[61] E inicialmente Paulo contou com a realização *em breve* da parusia e da ressurreição corporal (1Cor 15,51).[62] Como no evangelho de Marcos, a conclusão disso, para os cristãos, é esta: "sede constantes" (1Cor 15,58). A tensão entre a ressurreição de Jesus e sua parusia (a ressurreição corporal dos fiéis) é preenchida, na visão de Paulo, pela missão mundial entre os gentios, pois somente quando estiver "completo" o número dos gentios, determinado por Deus, virá com a parusia a definitiva salvação de Israel (Rm 11,25-27; cf.13,11 em contraste com 1Ts 5,2). Nisso Paulo inverte a opinião tradicionalmente judaica; pois, segundo tal tradição, a massa de todos os povos correria para Sião, quando da salvação escatológica e do im-

---

[61] G. Fohrer, *Das Alte Testament und das Thema "Christologie"*, em: EvTh 30 (1970) 281-298.

[62] Para os que ainda estão vivos, Paulo não fala mais, em 1Cor 15,51, de um arrebatamento ao encontro de Jesus (como em 1Ts 4,17), mas de uma "transformação" do corpo. A ressurreição não é apocalíptica, mas já é em si mesma um acontecimento salvífico: uma ressurreição-em-glória.

pério mundial de Israel; só então a salvação de Israel ganharia sentido universal. Segundo Paulo, porém, Israel só será salvo quando todos os povos reconhecerem o Cristo; para Paulo, a missão entre os judeus parece por enquanto tarefa frustrante. É por isso que Paulo, por causa de Israel, dá prioridade urgente à missão entre os gentios, a "missão mundial" cristã, como o grande acontecimento entre a ressurreição e a parusia.

Finalmente, urge agora responder à pergunta formulada há muito tempo: Jesus enganou-se ao anunciar a vinda bem próxima do reino de Deus? Muitas vezes tentou-se driblar o problema, afirmando que Jesus não falou de uma proximidade cronológica da salvação definitiva da parte de Deus, mas de uma proximidade ontológica do Deus da salvação. Mas, essa distinção não se lê em lugar nenhum do Novo Testamento. Jesus fala mesmo da próxima futura parusia de Deus, às vezes em termos da vinda do "Filho do homem". O aspecto cronologicamente linear não pode ser riscado de sua mensagem, e seria hermenêutica falsa declarar que o aspecto temporal é uma "roupagem" historicamente variável, enquanto a "proximidade ontológica" teria sido a mensagem central propriamente visada. Além disso, neutraliza-se dessa maneira um dos dados que levaram os primeiros cristãos a anunciarem Jesus como o ressuscitado. Vimos que Jesus anunciou a salvação que em breve viria de Deus, e vimos que essa certeza de salvação não enfraqueceu, nem quando ele já estava encarando a morte. Vimos também que ele – talvez não compreendendo, mas de todo o coração – integrou essa morte na sua oferta de salvação, no sentido de toda a sua vida. Uma vez morto Jesus, os discípulos se viram confrontados com a pergunta: "Esse homem se enganou – o reino de Deus não veio". Ou então: "Ele tinha razão!" Mas, então, a parusia de Deus, anunciada por Jesus, realizou-se de fato, a saber, na ressurreição de Jesus, e assim essa ressurreição torna-se a base da vindoura parusia de Jesus, o "Filho do homem". A convicção cristã de que Jesus não se tinha enganado, na sua experiência com o "Abba", foi portanto um dos elementos que levaram os cristãos a identificarem o reino de Deus, cuja vinda Jesus proclamara, com o próprio Crucificado ressuscitado: nele o reino de Deus chegou. Foi essa a intuição fundamental da fé que os primeiros cristãos verbalizaram ao anunciarem que Jesus se tinha levantado dentre os mortos. O reino de Deus anunciado por Jesus veio da maneira como ele havia dito: no Crucificado ressuscitado (na Parte IV, o assunto será mais elaborado). É preciso reconhecer, isto sim, que os cristãos interpretaram inicialmente a ressurreição de Jesus como o começo de sua parusia que logo viria: aquela geração viveria esse grande acontecimento; pensavam que estavam vivendo "no fim dos dias" (1Pd 1,20; 2Pd 3,3; Jd 18; também 2Tm 3,1; Mc 9,1). A fase mais antiga da comunidade Q é a única testemunha de um período quando ainda não se percebia nada de uma eventual "demora mais longa" da parusia de Jesus. Todas as demais tradições que conhecemos já foram confrontadas com a nova situação: a demora da aparição gloriosa de Jesus (Mc 13,32; Mt 24,36; Mt 25,1-13; Lc 12,38; Mt 24, 25-41; Lc 12,42-46). Essa "demora" causou certa crise, mas na ressurreição de Jesus tinha-se a irrevogável base para a parusia vindoura, de sorte que com a demora da parusia nada de essencial mudou para os cristãos; mas via-se cada vez mais clara e nitidamente a tensão entre o "já" e o "ainda não", entre uma escatologia do presente e a do futuro.

Conclusão. – A interpretação da ressurreição de Jesus no Novo Testamento acabou com a noção apocalíptica de ressurreição. O que aconteceu com Jesus, e o que depois de sua morte seus discípulos experienciaram, deu esse resultado. A história continuou, simplesmente, mas a ação salvífica definitiva da parte de Deus realizara-se em Jesus de Nazaré, o Crucificado ressuscitado. Jesus, que anunciava o reinado de Deus a realizar-se em breve, não se enganara, apesar da contradição havida em sua rejeição e morte. Durante a vida, Jesus se identificara com a causa de Deus, com a vinda do reino de Deus; assim, com ele se identificou o próprio Deus, fazendo-o levantar-se dentre os mortos; o próprio Jesus é esse reino de Deus. Assim, Jesus não anunciou a sua própria pessoa, e sim o reino de Deus. Jesus se proclamou, por assim dizer, sem querer, a si mesmo: o Anunciante *é* o Anunciado.

Com isso, os tempos escatológicos estavam inaugurados. Pois o que os caracteriza é a experiência do dom escatológico: o Espírito de Deus, que (com exceção, muito provavelmente, do evangelho de Marcos) é chamado de "Espírito de Jesus" (At 2,33; 10,44ss; 19,5-6; Rm 8,9; Fl 1,19; Gl 4,6). O Espírito de Jesus é o próprio Espírito de Deus (1Cor 2,12; cf. 1Cor 3,16; 6,11; 7,40; 12,3). A era escatológica começaria com a missão do Espírito (Jl 3,1ss; Ez 36-37) e estaria acompanhada pelo perdão dos pecados e pela nova lei, escrita no coração dos fiéis (Jr 31,31ss). Ora, "onde está o Espírito do Senhor, aí está a liberdade" (2Cor 3,17). Essa liberdade, todos a tinham sentido na própria vida do Jesus terreno; era uma liberdade humana, fundada no estar em função da dedicação à liberdade absoluta de Deus. A "liberdade dos filhos de Deus" (Rm 8,21) era mesmo característica do cristianismo primitivo, que se tinha libertado da Lei. O credo fundamental do cristianismo primitivo foi este: Jesus de Nazaré é o Cristo, aquele que está totalmente cheio do escatológico Espírito de Deus. Jesus é a divina revelação definitiva, a revelação dos últimos dias, e assim é ao mesmo tempo o paradigma da humanidade escatológica.

Seção III

PARTINDO DA "TEOLOGIA DE JESUS", PARA CHEGAR A UMA CRISTOLOGIA

Capítulo I

Teologia "na segunda potência"

Os evangelhos contam como Jesus, na base de sua experiência com o "Abba", e em contraste com a nossa história humana de sofrimentos, prometeu e ofereceu a todos, em palavras e ações, uma "salvação vinda de Deus" e um futuro real. Confrontados com a rejeição histórica da mensagem de Jesus, e finalmente de sua própria pessoa, os primeiros cristãos sentiram, após a morte do seu Mestre, sua própria vida renovada; e lembrando-se de sua comunhão com ele durante os dias de sua vida na terra, confessaram este Jesus como o Crucificado ressuscitado, no qual experienciavam uma salvação definitiva e decisiva. Foi nele que Deus trouxe redenção, salvação e libertação. Na base de conceitos-chave religiosos e culturais já existentes, os cristãos chamaram Jesus, por causa dessa função salutar, de Cristo, Filho de Deus e Senhor deles.

Com tudo isso, estamos ainda dentro da "teologia de Jesus de Nazaré", isto é, dentro do espaço de uma reflexão sobre as palavras do próprio Jesus a respeito do reino vindouro de Deus como salvação, libertação e redenção do ser humano. Em outras palavras, estamos dentro daquilo que Jesus falou sobre Deus e que se concretizou na sua atuação, no seu modo de agir e na sua morte: "Afinal, o reino de Deus não consiste em palavras, mas em ação" (1Cor 4,20). O contato vivo com este arauto do reino de Deus era sentido como salvação vinda de Deus. Isso levou a uma profissão de fé (resultado de uma primeira reflexão teológica, com fé): "Em Jesus o próprio Deus agiu, de modo decisivo, para a salvação do gênero humano". "Foi Deus que em Cristo nos reconciliou consigo" (2Cor 5,18). Nesse sentido, todos os chamados "títulos sublimes" de Jesus, inclusive o título de "Filho de Deus", são soteriológicos, ou seja, são funcionais, mesmo no altamente sapiencial evangelho joanino, com seu pensamento sobre a preexistência. De fato, na linha das tradições onde se encontra o evangelho joanino, também a Torá era preexistente, com Deus, antes de toda a criação, mas judeu nenhum teria considerado a Torá sapiencialmente preexistente como uma espécie de "segunda pessoa divina", nem sequer João, com relação a seu "lógos preexistente", que ele identifica com Jesus de Nazaré, e que ele prefere chamar de "Filho", em vez de "Lógos".

Contudo, Lógos, Torá e mesmo "Pneuma", como entidades hipostasiadas, a bem dizer, eram, conceitos abstratos, "teologúmenos". São, isto sim, uma realidade viva, concreta, como manifestação, p. ex., da vontade de Deus (a Torá): pois o próprio Deus é "Torá". Mas a lei de Moisés, que era viva entre o povo judaico, e que os judeus, por assim dizer, possuíam nos seus livros sagrados; em outras palavras, a Lei que armara a sua tenda entre os judeus, não era porém o "Deus transcendente". Na época de Jesus, havia numerosos "seres intermediários" entre Deus e o ser humano, exatamente porque se imaginava um Deus elevado e transcendente-inacessível, e sobre sua imanência só se conseguia pensar por intermédio de toda espécie de seres celestiais, anjos, e até seres mais elevados, como "a Lei", "o Lógos", "a Sabedoria". É assim que se verbalizava a convicção de que o Deus transcendente se voltava para o mundo (humano), enquanto se continuava a tremer diante de sua transcendência inacessível, "trancada" dentro de si mesma. De nenhuma outra maneira o Oriente todo da época, sobretudo nos ambientes mais "sofisticados", conseguia imaginar a real imanência do Deus transcendente. Conseqüência disso era, logicamente, que a relação com Deus se decidia substancialmente pela atitude que alguém assumia, p. ex., diante da Torá preexistente, o sábado preexistente, o profeta escatológico preexistente, em outras palavras, essa relação com Deus dependia da atitude perante as entidades terrenas, visíveis – "habitadas" por esses homônimos preexistentes, exemplares, ou identificadas com eles.

No judaísmo, figuras proféticas foram de fato identificadas com a sabedoria e o lógos, ou com arcanjos. Moisés e Jacó, p. ex., foram confundidos com o intermediário preexistente da criação. Henoc e o "Filho do homem" são identificados com a sabedoria preexistente (1Henoc 41,9; 42,1-3; 48,7; 51,3). Acima já se disse que isso é uma continuação sapiencial da tradição deuteronomista sobre o "anjo" e o "mensageiro": "Não o contrarieis; ele não vos perdoaria a vossa revolta. Pois 'Meu Nome' está presente nele" (Ex 23,21). A sabedoria, que arma a sua tenda entre os humanos, identifica-se, então, ora com a lei ou o sábado, ora com Jacó, ora com o profeta dos últimos tempos: a atitude diante desses medianeiros de salvação é decisiva para a salvação que vem de Deus (cf. Mc 8,38 e Lc 10,5-6). Essas identificações estão a serviço da *legitimação* de sua mensagem, como prerrogativa da "transcendência única", a saber, como intermediários do Deus transcendente. Em virtude dessa identificação com seres preexistentes se garante a autoridade deles como medianeiros entre Deus e o ser humano. Isso vale tanto numa visão sapiencial-baixa como numa sapiencial-alta.

Então, o que chama a nossa atenção é que se aplicou a uma pessoa histórica muito concreta, Jesus de Nazaré, esse esquema de pensamento (onde, portanto, se garante no judaísmo posterior a autoridade divina de um ser terreno). Isso é radicalmente novo, desconhecido nas religiões, fazendo-se abstração da divinização dos imperadores romanos (ligada à "razão de Estado", e não a um interesse religioso). Na literatura intertestamentária, antes e depois de Jesus, falou-se sobre Henoc ou Esdras como preexistentes, que depois de sua vida terrena foram assumidos para junto de Deus; são chamados de "Filho do homem", "Filho de Deus" e "Senhor do universo", e recebem todos os nomes próprios de Deus. Mas esses, embora tendo sido outrora seres históricos em passado longínquo, de fato eram agora "teologúmenos" abstratos. Isso somente confirma, de um lado, que os títulos sublimes de Jesus no Novo Testamento em primeira instância têm sentido funcional, soteriológico; mas, de outro lado, significam também que na vida histórica de Jesus, haviam aparecido fenômenos, uma evidente autoridade da parte de Deus, que sugeriam uma aplicação daquele modelo já existente de entendimento e interpretação, o qual, enquanto modelo, não queria dizer outra coisa senão que as pessoas se sentiam confrontadas com uma aparição terrena, pela qual e na qual se decidia a relação pessoal com Deus.

Com esses modelos já existentes de interpretação se pretendia esclarecer uma *função* de Jesus, a saber, sua função decisiva para a salvação (salvação-em-Jesus, da parte de Deus). Por isso, não podia deixar de surgir um dia esta pergunta: "Então, quem é este Jesus, se tudo isso podia acontecer nele e por ele "da parte de Deus"? Sobretudo entre cristãos greco-judeus, e mais ainda entre cristãos provenientes do helenismo pagão (que não apenas perguntava *o que tinha acontecido* com alguém, mas afinal o que e quem *era* essa pessoa), não podia deixar de surgir a pergunta pela "ousia", a essência, visando-se a "identificação da pessoa" em sentido ontológico. Aliás, também os cristãos aramaicos e greco-judeus, dentro de sua própria ontologia, não podiam mesmo evitar essa questão. Para eles, tal pergunta mais profunda seria: "O homem Jesus, que fala assim sobre Deus, seu *Abba*, o que Jesus significa para o próprio Deus?" Uma primeira compreensão de quem era, afinal, este Deus, este "Abba" de Jesus, fez colocar a pergunta: "O que significa este Jesus para Deus, que o chama de "*meu* filho", "*meu* servo", "*meu* santo"? Essa relação de "pertença" (entre Deus e Jesus) – confirmada em toda parte no Novo Testamento – obrigaria cedo ou tarde a fazer uma pergunta mais forte, uma segunda reflexão: Quem é este Jesus, que de tal maneira é "propriedade exclusiva" de Deus? Sobretudo a sua fé no Crucificado ressuscitado tornara evidente para os cristãos que Jesus era propriedade de Deus, que ele pertencia a Deus; essa fé devia obrigar a fazer uma segunda reflexão. Afinal, Jesus não era um "instrumento de salvação" no sentido em que Moisés com a sua vara tinha tirado água da rocha seca. Que a salvação definitiva-vinda-de-Deus era experienciada no homem Jesus, e não em algum ser celestial, era sem dúvida para os judeus um sinal de eleição "gratuita" da parte de Deus. De sua parte, Jesus correspondera dignamente a essa eleição, e isto se tornara bem claro e explícito; mas, na fidelidade e amor para com Javé, Jesus tinha vivido entre os humanos, cuidando deles, até que isso o quebrantou. Do ponto de vista religioso, de fato, isso já diz tudo, em virtude e dentro de um determinado padrão de pensar. Dentro do Novo Testamento, porém, nas suas tentativas para determinar o momento em que a eleição divina se efetuou concretamente *no* homem Jesus, constatamos deslocamentos muito notáveis, mostrando uma contínua reflexão, purificando, corrigindo e aprofundando a primeira impressão. Aí fica claro que a identificação de uma pessoa pode intensificar-se, e nunca chega a uma "delimitação" conclusiva. Nessa segunda reflexão, a bem dizer, não aparecem intuições inteiramente *novas*. Porém, ela também não quer ser apenas uma "metalinguagem", um "*falar sobre o falar com fé* sobre Jesus", no sentido de uma análise lingüística. Por mais que isso também precise ser analisado, não se trata de um falar sobre o próprio ato de identificação (o ato de fé, como tal), mas trata-se do próprio identificado: um aprofundamento, com fé, da intuição a respeito do Jesus já interpretado e identificado. E aí tudo o que já se disse sobre Jesus pode ser reformulado de outro ponto de vista, a saber: do ponto de vista da iniciativa salvífica de Deus. Naturalmente, não há nisso novos e outros caminhos de revelação – uma espécie de acesso secreto – pelos quais possamos ficar sabendo como é que Deus vê Jesus. É somente através da teologia de Jesus de Nazaré, nas suas palavas e ações, que podemos ficar sabendo o que o próprio Deus revela a respeito deste Jesus. Mas este segundo interesse tem orientação diferente do primeiro. Com uma palavra da análise lingüística atual, poderíamos chamar esse segundo interesse de "afirmações de segunda ordem", sem com isso querermos dizer que se trata de afirmações da fé que sejam "de segunda categoria". Essa distinção é importante, e mais fundamental do que aquilo que se costuma chamar "hierarquia das verdades de fé", ou melhor, dá-nos um critério objetivo para estabelecermos uma hierarquia real no conjunto da revelação de Deus em Jesus Cristo (à margem de preferências pessoais, subjetivas, teológicas). Se afirmamos, com fé, que Deus salva em Jesus o ser humano ("afirmação de primeira ordem"), como deveremos então entender o próprio Jesus, em quem a definitiva ação salvífica de Deus se tornou realidade? ("afirmação de segunda ordem"). Já sou cristão, quando tenho a primeira convicção, mas no plano das afirmações de "segunda ordem" poderá haver uma série de formulações mais precisas. A ortodoxia cristã primária e fundamental se mede sobretudo pelas afirmações de "primeira ordem". A história dos dogmas cristológicos encontra-se, pois, no nível das afirmações de "segunda ordem", embora com a intenção e por causa da preocupação de assegurar as afirmações de "primeira ordem". Numa segunda reflexão queremos procurar uma resposta adequada a esta pergunta: Como é possível que o encontro com Jesus nos confronta com a definitiva ação salvífica de Deus? Na resposta a essa questão, a reflexão humana tem papel muito importante. Quer dizer: "Cristologia" é algo mais relativo do que uma "teologia de Jesus", embora não sem importância, exatamente para a boa compreensão dessa teologia. Na sua mensagem, Jesus não se preocupava com a sua própria identidade. Sua identidade era identificar-se com a causa de Deus como a causa do ser humano, e com a felicidade do ser humano como a causa de Deus. Mas, a cristologia inverte, centrando a atenção exatamente para a própria identidade de Jesus. Isso acontece, em primeira instância, no Novo Testamento, onde o reino de Deus adquire o rosto de Jesus, e se identifica no fato de Jesus o Cristo ser "o Senhor". A cristologia explícita quer aprofundar exatamente essa primeira interpretação de Jesus pela fé. Jesus, implícito na fé como sujeito e pessoa, é "tematizado" como tal na sua mensagem e na praxe de sua vida. Se a pessoa de Jesus e a sua mensagem estão essencialmente interligadas, conforme a análise o mostrou, que significa isso, então, quanto à própria pessoa de Jesus? É uma pergunta legítima.

Desse questionamento, já iniciado no Novo Testamento, nasceria com o tempo, na Igreja antiga, o dogma de Nicéia sobre a "consubstancialidade" de Jesus com o Pai, recebendo mais tarde contrapeso em Calcedônia, pela consubstancialidade de Jesus com a humanidade de todos nós: "um e o mesmo" – Jesus Cristo – é "verdadeiramente Deus" e "verdadeiramente homem", não mistura híbrida, mas "asynchitós" e "atreptós", isto é, sem mistura e sem perda de seu próprio conteúdo e significância, e ao mesmo tempo "adiairetós" e "achoristós", isto é, indissoluvelmente um. Essa história do dogma é suficientemente conhecida (e pode ser consultada em muitos outros lugares). Dentro do projeto deste livro, tenciono agora esclarecer apenas como e por que se queria chegar a uma identificação mais exata da pessoa de Jesus, e que essa problemática era inevitável, mostrando ao mesmo tempo os limites e os riscos de qualquer resposta teórica. Quero mostrar também as dificuldades que aquelas definições antigas trazem para pessoas de outra orientação cultural, e que tarefa nova isso nos dá. Para não deixarmos muito abstrata a reflexão que agora segue, resumiremos primeiro, e com brevidade, alguns dados fundamentais dessa história de interpretações, que levou ao dogma cristológico de Calcedônia, a fim de esclarecermos sobretudo o *caráter inevitável* da problemática, e ao mesmo tempo o caráter *não-necessário* do horizonte de compreensão, dentro do qual se procurou uma resposta.

DENTRO DAS TRADIÇÕES DO NOVO TESTAMENTO: CADA VEZ MAIS REFLEXÃO

Nesta crescente reflexão dentro do cristianismo primitivo, não é possível estabelecer uma linha cronológica. Neste nosso estudo, já chamamos mais de uma vez a atenção sobre o fato de que um elemento "secundário" numa determinada comunidade do cristianismo primitivo não é necessariamente uma criação tardia dessa comunidade; pode ter sido um elemento antiquíssimo de outra comunidade, tendo sido integrado na tradição posterior sobre Jesus em outras comunidades, depois de um contato mútuo, reconhecendo-se na tradição alheia o mesmo Jesus que já se conhecia (nisso, algumas conclusões cronológicas às vezes podem ser tiradas). Depois da ampla análise dada nas partes II e III, o resumo a seguir pode ser breve.

Em lugar nenhum a análise do Novo Testamento nos levou à conclusão de que Jesus se tivesse chamado a si mesmo de Filho de Deus. Chamamos a atenção, isto sim, para o fato excepcional, único na história das religiões, de que Jesus chamava Deus de "Abba", e sobretudo que essa sua convivência com Deus, como seu Pai, era a fonte e a inspiração de sua mensagem e da praxe de sua vida. O centro disso, porém, não estava no próprio Jesus; estava no "Pai". Então é óbvio, isto sim, perguntarmos quem era o próprio Jesus dentro dessa íntima relação com Deus, o Pai. Evitar essa pergunta não seria nem sério, nem lógico; seria bancar avestruz, e só se explicaria pelo fato de alguém já se ter desviado anteriormente de todos os elementos históricos preparatórios.

No Novo Testamento podemos descobrir ainda o rasto de diversas soluções dadas para essa questão no cristianismo primitivo.

a) Numa tradição muito antiga, Jesus é chamado "o Filho", na linha do conceito deuteronomista de mensageiro: ele é aquele que observa com perfeição as prescrições do Pai e transmite fielmente aos seus os ensinamentos paternos. Ele é "o Filho" por ser o mensageiro escatológico de Deus.

b) Na mais antiga tradição sobre Jesus se desconhece o título "Jesus, o filho de Davi". A tradição Q, onde o título de "messias" não ocorre, parece até combater o valor messiânico-davídico de Jesus. Também na tradição pré-marcana (subjacente em Mc 12,35-37), o messianismo davídico-dinástico é rejeitado para Jesus, alegando-se o Sl 110. Nas comunidades judeu-cristãs de língua grega, porém, o título messiânico de "filho de Davi" é atribuído a Jesus, no sentido judaico sapiencial-profético de taumaturgo e exorcista, como se vê em Marcos. Na tradição pré-paulina, adotada por Paulo, o Jesus terreno é um filho de Davi, um israelita, mas isso indica antes a humilhação do Filho de Deus preexistente, que somente pela sua ressurreição se torna Filho de Deus *com poder*, e "Senhor". Para Lucas, porém (Evangelho e Atos), o filho de Davi é Filho de Deus. Disso nasceu a convicção de que Jesus, nos dias de sua vida terrena, era enviado exclusivamente a Israel: como filho de Davi messiânico, cumprindo as promessas feitas a Israel,[1] ele foi enviado para reunificar Israel. Na literatura de Qumrã, o título de "Filho de Deus", na base de 2Sm 7,14 e Sl 2, já fora aplicado ao filho de Davi messiânico.[2] Mas, esse título é superado na ressurreição, pela qual Jesus se torna simplesmente "o Filho de Deus" para toda a humanidade.

c) A análise da cristologia do "Maranatha" nos mostrou que o Jesus ressuscitado foi identificado com aquele que no fim dos tempos viria julgar o mundo. Aí, Jesus é o Senhor universal do futuro escatológico. Com toda a probabilidade, ainda podemos distinguir nisso duas tendências. Algumas comunidades já se consideravam "escatológicas" (julgando que o tempo do fim já estava iniciado). Mas Jesus, para elas, embora ressuscitado e destinado a ser o juiz do mundo, ainda não era o "Filho do homem" solenemente empossado; para outras, porém, o Jesus ressuscitado já era ao mesmo tempo o "Filho do homem" exaltado, atualmente já operando na sua comunidade escatológica (Q). Nos dois casos, porém, não apenas o Jesus ressuscitado, mas também o terreno, é chamado de "filho de Deus" (por diversos motivos).

d) Nas denominadas "pregações missionárias" de Pedro e Paulo (Atos), as duas interpretações de Jesus acima mencionadas se combinam dentro de uma só visão: durante sua vida terrena, Jesus era o Filho messiânico de Davi, enviado a Israel, mas pela sua ressurreição tornou-se publicamente claro que Deus o predestinou para ser o Cristo universal, o Senhor, o Filho de Deus (sobretudo At 2,36; 5,30-31; e as

---

[1] Ver acima nesta Parte III.

[2] Entre outros: W. Grundmann, *Die Frage nach der Gottessohnschaft des Messias im Lichte von Qumrân*, em: *Bibel und Qumrân* (Hom. H. Bardtke), Berlim 1968, 86-111; P. Pokorný, *Der Gottessohn*, Zurique 1971, 23.

fases pré-paulinas de Rm 1,3-4).[3] Aí, a *revelação* da "filiação" de Jesus se liga à sua ressurreição, à qual se aplicam as palavras dos salmos régios: "Tu és meu filho" (Sl 2; e 2Sm 7,14) (cf. At 4,25-26; 13,33). Aí, "Ressuscitado" tem o sentido pleno e rico de "ressuscitado dentre os mortos, exaltado junto a Deus, repleto do Espírito Santo, aquele que manda o Espírito e em breve virá com glória". Portanto, a partir da ressurreição, o messianismo davídico ganha sentido totalmente novo: o Crucificado ressuscitado é o "Cristo" (messias). E por isso, a filiação messiânica de Jesus está unida à sua morte e ressurreição.

e) Nas tradições sobre o batismo de Jesus, que nos evangelhos se encontram dentro da cristologia de cada um dos quatro evangelistas, a proclamação feita por Deus sobre a filiação de Jesus aparece combinada, de maneira marcante, com o seu batismo por João (Mc 1,10-11; Mt 3,16-17; Lc 3,21-22; Jo 1,32): "Tu és o meu filho, o bem-amado, aquele que me aprouve escolher". A voz divina vinda do céu, que assim fala, vem concretamente da Bíblia, como palavra de Deus, sobretudo de Sl 2,7 e Is 42,1. O Espírito dado a Jesus é o dom escatológico. Citado em At 13,33 para indicar a exaltação de Jesus na sua ressurreição, Sl 2,7 é empregado aqui para esclarecer que desde o seu batismo Jesus é "o Filho", o cheio do Espírito de Deus (Deus está com ele, e ele com Deus). Desde o seu batismo, Jesus já é o Filho, o Messias, Servo de Deus, o profeta escatológico, a quem é preciso escutar (Dt 18,15). Em outras palavras, esta é a verdade de Deus a respeito de Jesus: Deus o vê assim, e assim o quer. O ser constituído como profeta escatológico é que ressoa aqui mais fortemente, mas escuta-se também a unção messiânica e régia. Portanto, a partir do seu batismo, Jesus é aquele de quem o Espírito de Deus tomou posse escatologicamente: Deus está com ele, assim como em Is 63-64 a vinda de Deus, após a travessia do Mar Vermelho, é descrita como um abrir-se do céu, de onde desce o Espírito de Deus. Isso cumpre-se agora em Jesus, depois que ele sai da água do Jordão. O fato de Jesus ficar cheio do Espírito realiza o que disseram Isaías (11,2; 42,1-2; 61,1) e o Sl 2,7: Jesus é quem cumpre todas as promessas feitas a Israel. É por isso que nenhuma citação da Bíblia pode situar-se com precisão nessas tradições sobre o batismo: são alusões a promessas fundamentais do Antigo Testamento, onde trechos de textos reconhecíveis são "adaptados" e sintetizados na base do que se havia experienciado na história de Jesus. São respostas a perguntas da comunidade: Como é que Jesus pôde deixar-se batizar? Então, ele era pecador? Então, é inferior a João Batista? Uma cristologia do "Filho de Deus" está no fundo dessa visão explicativa. Toda a atuação do Jesus terreno explica-se, nessas tradições sobre o batismo, com base na sua posse plena do dom escatológico do Espírito. Nisso essas tradições sobre o batismo

---

[3] Ver acima.

não sugerem, de forma alguma, que o batismo de Jesus deva ser considerado como a vocação de Jesus; pelo contrário, os modelos usados e o estilo apontam antes para uma "visão de interpretação":[4] nela, o batismo de Jesus é interpretado como início da ação salvífica de Deus no seu "Filho bem amado", o qual, cheio do Espírito, é enviado a Israel. Deixando-se batizar, Jesus aceita a ação salvífica de Deus em João Batista, e ao mesmo tempo faz disso seu primeiro ato profético (segundo a interpretação dada acima). Assim, a visão funciona como elemento de interpretação, pela fé, sobre o acontecido; na narrativa e na citação se afirma o que havia sido transmitido na tradição viva sobre o efeito *histórico* do que aconteceu no Jordão. Quem entrava em contato com este Jesus batizado estava diante de sua salvação ou diante de sua rejeição. O Novo Testamento não mostra nenhum interesse pelo que se passou então psicologicamente dentro de Jesus: interpreta a história posterior de Jesus a partir desse acontecimento inicial. Também aqui "Filho de Deus" é um nome com sentido soteriológico, funcional: trata-se da *missão* de Jesus para o bem do povo de Deus; quer dizer: ele é "Filho de Deus" para Israel.

f) Sl 2,7: "Tu és meu filho; eu hoje te gerei". Este "hoje" já tinha sido aplicado à ressurreição; posteriormente, ao batismo de Jesus por João; e finalmente foi aplicado ao "hoje" da conceição ou do nascimento de Jesus. À primeira vista, não parece muito claro que Sl 2,7 tenha algo a ver com a narrativa evangélica de Mateus e Lucas sobre o nascimento virginal; mesmo assim, esse versículo do salmo, embora na base de sua aplicação anterior ao que aconteceu no Jordão, é o fundo da tradição sobre o nascimento virginal como o "hoje" da constituição de Jesus, da parte de Deus, como "seu filho" para Israel.

Em primeiro lugar, Mt 1,18-20 e Lc 1,26-38 são os únicos lugares do Novo Testamento onde se fala de um "nascimento virginal". Estudos exegéticos recentes deixaram claro que isso é um dado desconhecido (ou até negado) em outras comunidades do cristianismo primitivo, e que não se trata de uma "informação histórica", obtida p. ex. através de uma tradição secreta da família de Maria, como muitas vezes se disse. Trata-se de uma reflexão teológica, não de um acréscimo de informações; isso o próprio texto do Novo Testamento deixa bem claro.[5] Além disso, todas as raízes da tradição anterior a Mateus e Lucas apontam para um ambiente *greco*-judaico como lugar de origem dessa tradição; é uma tradição antiga, mas relativamente recente, no cristianismo primitivo, tradição essa que além disso ficou

---

[4] Fr. Lentzen-Deis, *Die Taufe Jesu nach den Synoptikern*, Frankfurt 1970, 288.

[5] Bibliografia: *Jungfrauengeburt. Gestern und heute* (eds. H. Borsch e J. Hasenfuss), Essen 1969; R. E. Brown, *The problem of the virginal conception of Jesus*, em: ThS 33 (1972) 3-34; G. Delling, *Parthenos*, em: ThWNT V, 824-835; A. George, *Jésus Fils de Dieu dans l'évangile selon saint Luc*, em: RB 72 (1965) 185-209, e: *Le parallèle entre Jean-Baptiste et Jésus en Lc. 1-2, em: Mélanges Bibliques* (Hom. R. P. B. Rigaux),

limitada a determinadas comunidades. Tornou-se claro também que originariamente a tradição da qual Lucas e Mateus hauriram não dizia direta e explicitamente que o nascimento de Jesus havia sido "sem pai", mas acentuava o fato soteriológico de que a existência humana de Jesus, como salvador, foi totalmente obra do Espírito de Deus, não apenas a partir da ressurreição ou desde o batismo de João: também a conceição e o nascimento de Jesus devem ser entendidos *a partir de Deus*, como um estar cheio do Espírito. Aos poucos, e cada vez mais, esse dado foi sendo elaborado em sentido biológico-material. No apócrifo Proto-evangelho de Tiago (séc. II)[6] aparece uma parteira, constatando empiricamente, manualmente, que Maria continuara virgem (é por isso, entre outros motivos, que tal texto é "apócrifo"). O evangelho da infância segundo Mateus não traz uma história tão concreta, mas indica a atuação do Espírito no nascimento de Jesus por uma analogia, com uma expressão gramatical (*gennao ek*), que no grego significa inegavelmente a causalidade do elemento masculino na geração (considerado, na antiguidade, como o único princípio gerador). Lucas, porém, evita toda analogia com esse elemento masculino; não fala em "gerar", como Mateus (que usa o passivo do aoristo: "gerado por"), mas fala em "o nascido" (o passivo do presente), isto é, a criança. Lucas, portanto, descreve tudo do ponto de vista da mãe; o papel masculino não é lembrado. Mateus, portanto, já se encontra em estágio mais adiantado de uma tradição, inicialmente bem reservada, que nos apócrifos levaria a uma *constatação empírica* da virgindade biológica, ou de um nascimento sem pai. A tradição original, portanto, é a mais reservada, e o fato de que tanto Mateus como Lucas falam de um anjo que anuncia o nascimento virginal mostra com bastante clareza (considerando-se este recurso do estilo bíblico, confira-se a aparição do anjo no sepulcro de Jerusalém) que essa tradição não pretende mesmo dar nenhuma informação sobre algum fato empiricamente verificável, ou um segredo da história familiar; quer comunicar uma verdade revelada. Trata-se de uma interpretação *cristológica*, da parte de Deus,

Gembloux 1970, 147-171; F. Neyrink, *Maria bewaarde al de woorden in haar hart (Lc 2,19.51)*, em: CollBrugGand 5 (1959) 433-466; W. Pannenberg, *Das Glaubensbekenntnis*, Hamburgo 1972,78-85; R. Pesch, *Eine alttestamentliche Ausführungsformel im Mt.-Evangelium*, em: BZ 10 (1966) 220-245 e 11 (1967) 79-97, e: *Der Gottessohn im matthäischen Evangelienprolog (Mt 1-2)*, em: Bibl 48 (1967)345-420; J. Riedl, *Die Vorgeschichte Jesu*, Stuttgart 1968; G. Schneider, *Jesu geistgewirkte Empfängnis (Lk. 1,34-35)*, em: ThPQ 119 (1971) 105-116; H. Schürmann, *Aufbau, Eigenart und Geschichtswert der Vorgeschichte von Lk. 1-2*, em: BuK 21 (1966) 106-111; A. Vögtle, *Das Schicksal des Messiaskindes. Zur Auslegung und Theologie von Mt 2*, em: BuL[6] (1965) 249-267; *Messias und Gottessohn*, Düsseldorf 1971, e: *Offene Fragen zur Lukanischen Geburts- und Kindheitsgeschichte*, em: BuL 11 (1970); agora em: *Das Evangelium und die Evangelien*, Düsseldorf 1971,43-56; ver também: 57-102.

[6] Sobretudo 19,1-3 (Hennecke, I, 277-290).

a respeito de Jesus, a partir de Deus; este Jesus é sagrado, é Filho de Deus, desde o primeiro momento de sua existência humana: *porque* nasceu verdadeiramente de Maria pela força do Espírito de Deus, *por isso* ("dio kai") ele é chamado santo, Filho de Deus (Lc 1,35). Mas isso não quer dizer que Lucas necessite do *postulado* grego de um nascimento virginal, para provar que Jesus era Filho de Deus "desde a conceição";[7] a "forma literária" sugere que a crença no nascimento virginal existia em algumas comunidades *antes* de Lucas e Mateus. Mas, de onde veio tal tradição cristã? Mateus mostra que a alegação (na tradução grega) de Is 7,14 (que, diferente do texto hebraico, pode se referir a "uma virgem", em relação com a profecia do Emanuel) é uma "citação reflexiva", isto é, uma prova bíblica, aplicada *a posteriori* a uma tradição cristã já existente a respeito de um nascimento virginal de Jesus. Em Lc 1,26-33, porém, o texto de Isaías está totalmente absorvido pela narrativa, e de tal maneira que a narrativa foi redigida na base de Is 7,14 (claramente em Lc 1,26-31).

O problema, porém, é que o "nascimento virginal" em Is 7,14 (LXX) não se relaciona em lugar nenhum com o "Espírito de Deus", enquanto é nisso que está exatamente o aspecto essencial da interpretação nos evangelhos de Mateus e Lucas. Mas, se a relação entre o nascimento de Jesus e o Espírito Santo é uma revelação divina (a palavra de um anjo!), então é lógico que o "hoje" de Sl 2,7, relacionado em primeiro lugar com o "ser filho" de Jesus em virtude da ressurreição e do estar cheio do Espírito Santo (At 13,33), se relaciona depois com o batismo de Jesus por João, por causa da mesma relação entre o "ser filho" e a "força do Espírito Santo"; e finalmente, numa reflexão de fé, aplicado também à conceição de Jesus e a seu nascimento como ser humano (Mateus e Lucas).[8] Na base da experiência pascal, o que primeiro está unido com a ressurreição de Jesus – ele ser Filho, e totalmente cheio do Espírito – transfere-se, numa segunda reflexão, para o batismo de Jesus por João e, em reflexão ulterior, já foi afirmado como sendo a realidade da própria origem e constituição de sua humanidade. Isto é, Jesus deve toda a sua existência humana, seu "ser homem", ao Espírito Santo (Lc 1,35): é esse o teor cristológico de todo o evangelho da infância. Mas, em Lucas, e mais ainda em Mateus, isso recebe uma figura histórica, não empiricamente constatável, e somente acessível pela fé, num nascimento realmente virginal. A relação anteriormente já percebida entre Jesus Cristo e seu ser repleto do Espírito (ressurreição, batismo no Jordão), sempre em relação com Sl 2,7, aplica-se finalmente a uma tradição limitada do cristianismo

[7] O raciocínio de Pannenberg, *l.c.*, 78-85, ignora completamente o resultado da crítica da forma literária da *tradição anterior a Lucas* a respeito do nascimento virginal; sua conclusão é biblicamente certa; não o raciocínio.

[8] G. Schneider, *Jesu Empfängnis*, *l.c.*, 113-114.

primitivo que, partindo da interpretação tardia de Is 7,14 no judaísmo grego, já falava do nascimento virginal do messias-Jesus.[9]

Mesmo assim, trata-se ainda de uma filiação funcional ou soteriológica, não de uma cristologia ontológica no sentido grego. É antes uma cristologia "essencial" em sentido judaico: o destino da totalidade da vida de Jesus é, desde seu começo, oferecer a salvação vinda de Deus; isso é realmente a base para a "proskynesis", a adoração ou o culto de Jesus (Mt 2,11).[10]

g) Em seguida, a filiação de Jesus ainda está ligada à sua preexistência celeste, se entendermos esta no sentido do sapiencialismo alto, o que – em comparação com o dogma de Nicéia – ainda deve de preferência ser chamado, também no evangelho joanino, de sapiencialismo baixo,[11] no sentido de uma hipostasiação no sentido do judaísmo tardio. O que aí se acentua é o Filho "habitar entre nós" (Jo 1, 14; 1Jo 4,2-3; 2Jo 7). Essa preexistência indica a resolução divina, ou "sabedoria transcendente, e desde sempre", em virtude da qual Jesus seria historicamente o mediador entre Deus e o ser humano. Por isso, essa cristologia-da-sabedoria, de caráter sapiencial-alto, já pode ser encontrada em hinos pré-paulinos muito antigos. Ela não representa absolutamente uma fase posterior na reflexão teológica do Novo Testamento; é mais um motivo para reconhecermos nela o modelo da interpretação sapiencial do judaísmo tardio. O que em João se acentua, apesar de toda a união de vida entre o Filho e o Pai (que é maior do que o enviado: Jo 14,28; 17), é que o Filho é submisso e obediente ao Pai: Jesus recebeu tudo do Pai, para a salvação de muitos (Jo 3,35; 5,12-23; ver: 6,40; 10,38; 14,10.12; cf. 1Jo 2,22-25; 5,12; 2Jo 9). Paulo, de sua parte, opondo-se contra uma cristologia de "theiós anèr", de um "Deus presente", revestido de figura humana, bem como contra cristologias sapienciais de caráter especulativo, adota, mesmo assim, uma preexistência que, a meu ver, ainda mais claramente do que o evangelho joanino, significa uma explícita "cristologia da encarnação" (Gl 4,4; Rm 8,3; 1Cor 2,7 e 8,6; Fl 2,6ss; o que absolutamente não é negado pela submissão do Filho ao Pai, 1Cor 15,23-28).

Portanto, no Novo Testamento, unem-se três grandes interpretações de Jesus que, antes de entrarem no cânon, até competiam entre si. Na sua integração feita pelos evangelhos, então, o sentido original dessas três reflexões teológicas até se modificaram internamente:

---

[9] Sobretudo Fílon, *De Cherubim*, 40-52. Ver também acima (Parte III, filho messiânico de Davi), onde se disse que no judaísmo tardio provavelmente também já vivia, entre judeus de língua grega, a idéia de um nascimento virginal do messias.

[10] R. Pesch, *Der Gottessohn*, *l.c.*, 414.

[11] Ver acima nesta Parte III. Não pude mais consultar o estudo de R. G. Hamerton-Kelly, *Pre-existence. Wisdom and the Son of Man.* Cambridge 1973, que parece defender a dimensão ontológica da preexistência judaica.

1) Jesus é "Filho de Deus" como "messias filho de Davi" (missão a Israel), e como "filho de Abraão" (missão a todos os povos) (genealogia de Mateus). 2) Jesus é de modo especial Filho de Deus em virtude da ressurreição; em virtude do Espírito que lhe foi enviado na hora do batismo de João; em virtude do dom do Espírito, por ocasião de sua conceição e nascimento. 3) Jesus é Filho de Deus de modo preexistente. Todas essas declarações cristológicas são funcionais, em sentido cristológico; mas, do ponto de vista judaico-cristão, é de fato uma definição essencial de Jesus, sobretudo porque cada vez os nomes de "Filho", "Cristo", "Senhor" são dados por Deus (sua voz na Escritura, sobretudo Sl 2,7) (ou por seu anjo ou mensageiro). Portanto, é uma interpretação de Jesus, na perspectiva de Deus; é uma interpretação de Jesus pela fé em Deus: é assim que Jesus deve ser visto, dentro do plano salvífico de Deus. O decisivo nisso é a visão judaica: o nome dado por Deus define a essência da pessoa. Dentro dessa ontologia, não tem sentido a pergunta alternativa: se Jesus é o Filho *porque* foi enviado por Deus para a salvação do povo, ou se ele foi enviado porque *é o Filho*. Pode-se, pois, dizer tranqüilamente: "Deus enviou seu Filho *para...*" (Gl 4,4-5; Rm 8,3-4; Jo 3,17; 1Jo 4, 9). Tanto uma cristologia altamente sapiencial como uma cristologia que, no Novo Testamento, explicita a encarnação, supõem uma ontologia soteriológica, não uma ontologia da essência em sentido *grego*, mas em sentido *judaico*. Por isso, Paulo pôde supor a filiação divina de Jesus, e mesmo assim chamar Jesus de "Filho de Deus com poder" apenas a partir da ressurreição (Rm 1,3-4): uma ontologia judaica da essência permite isso, por definição; é uma noção de "Filho" que é dinâmica, ciente da história, da história da salvação. Partindo da experiência pascal dos apóstolos, e passando por muita reflexão, toda a obra da vida de Jesus, e finalmente até sua existência como ser humano, é entendida como um existir e um operar "que saiu de Deus". *Da parte de Deus*, Jesus existe para *todos os demais humanos*; ele é o dom de Deus a todos os seres humanos: é essa a visão definitiva do Novo Testamento e, por assim dizer, a definição de Jesus de Nazaré. Insisto: "*Salvação em Jesus, da parte de Deus*" (é o título que eu inicialmente queria dar a este livro, mas que talvez só tenha sentido depois de o livro ter sido estudado). Pró-existência humana (ou simplesmente pró-"humanidade"), mas a partir de Deus e em louvor a Deus. Para isso, Jesus é o homem "cheio do Espírito de Deus", e para isso até a sua existência como ser humano é inteiramente obra do Espírito de Deus. *Qualquer que seja o nome novo (ou os nomes novos) que nos seja possível ou permitido imaginar para Jesus, esses dois aspectos deverão estar presentes, se é que queremos falar ainda do Jesus dos evangelhos* e, portanto (vista a evidente fidelidade dos evangelhos à norma e ao critério do Jesus terreno), do *autêntico Jesus histórico de Nazaré.*

Seção IV

REFLEXÃO, NA IGREJA PRIMITIVA, DEPOIS DO NOVO TESTAMENTO: O DOGMA CRISTOLÓGICO

Os cristãos sentiram-se cada dia mais obrigados a esclarecer e defender a sua confissão e a própria identidade diante de outros que lhes atacavam as convicções: primeiramente os judeus de língua aramaica ou grega; depois, os pagãos; finalmente, alguns cristãos que divergiam daquilo que dentro do cristianismo já estava sendo reconhecido como "fé apostólica". Assim se viam obrigados a definir tudo melhor e com precisão cada vez maior; isso é uma lei inevitável em toda convicção a respeito do sentido da vida! Mas, além desse motivo apologético, obrigando a uma reflexão sempre renovada, houve ainda (embora em conexão com o primeiro) outro motivo: a própria fé os levava a refletir. Isso, no entanto, jamais acontecia sem relação com as ações e reações do ambiente em que viviam; e tal ambiente foi desde cedo o paganismo com suas próprias filosofias e religião.

Durante algum tempo, os cristãos tiveram que demarcar-se, isto é, tiveram que formular mais nitidamente a sua fé no Cristo contra objeções de seus correligionários, os judeus. No Novo Testamento se realça sobretudo a definição da confissão da fé no Cristo, perante o fundo da religião judaica em geral, sendo que neste meio tempo formara-se uma "Igreja", a Igreja da "irmandade escatológica" que se separou da sinagoga. No período após a formação do Novo Testamento, isso levou a uma acerba polêmica com os judeus, e finalmente sobretudo com os pagãos. Judeus atacaram tanto a cristologia quanto a eclesiologia dos cristãos: de um lado, a confissão cristã da divindade de um homem, para eles uma agressão contra o monoteísmo judaico; de outro lado, a afirmação cristã de que a Igreja era "o verdadeiro Israel".

Mesmo sendo judeus, inicialmente os cristãos não queriam, de forma alguma, defender com seu credo um "diteísmo", uma espécie de religião com dois deuses: Javé e o Senhor Jesus. E assim esses cristãos judeus estavam diante desta questão: como podia o seu rigoroso monoteísmo judaico combinar com a sua "proskynésis" cristã, isto é, com sua veneração de Jesus como Senhor, o Cristo, o Filho, veneração essa que nesse meio tempo já se podia inegavelmente chamar de "latria", isto é, uma celebração reconhecendo a divindade de Jesus. Essa fé cristã, e sobretudo essa crescente praxe cristã os obrigava a refletir, pois eram judeus autênticos, de raça e sobretudo de religião. Aliás, as objeções de judeus não-cristãos os forçavam a tanto. As objeções dos pagãos, porém (tendo atrás de si toda a tradição filosófica da elite grega), eram mais agudas e mais penetrantes ainda, e sobretudo para cristãos provenientes do "paganismo" grego, eram perigosamente sedutoras. Orígenes formulou mais tarde, com brilhante lucidez, como um grego chamado Celso argumentava contra os cristãos: "Se esta gente (os cristãos) não reconhecem outro Deus senão o único, eles têm provavelmente um argumento válido... Mas eles prestam culto (venerando-o como Deus) a este homem que há pouco tempo apareceu por aí; e isso não combina com seu próprio monoteísmo".[1] O culto ao Cristo, portanto, é visto em contradição com a confissão cristã do único verdadeiro Deus; e isso é censurado como autocontradição. Os cristãos, ou são culpados de culto divino prestado a um ser humano, do qual todo mundo sabe que viveu entre nós há pouco tempo, e com isso abandonam o monoteísmo transcendente, a única coisa que também para os gregos da época tinha sentido; ou então, a teoria e a prática entre os cristãos se contradizem totalmente. Esses gregos, havia muito tempo, já tinham abandonado a teologia do "theiós anèr" como mito, e insistiam na transcendência e inacessível majestade de Deus; por isso, viam na confissão cristã uma ofensa contra a inalcançável alteza de Deus. Essas penetrantes objeções[2] obrigaram os cristãos inicialmente a toda espécie de complicadas construções defensivas. Uns começaram a enfraquecer na sua teoria a divindade de Jesus – confessada nas orações comunitárias – e isso deu início ao historicamente chamado "monarquianismo dinâmico" (isto é, existe somente uma "arqué", uma *causa* universal, a saber, Deus; é o monoteísmo, usando o conceito de "arqué"). Jesus, então, é o ser humano enriquecido com a "dynamis", a força especial deste Deus (Theódoto de Bizâncio e Paulo de Samósata; este último reagiu pessoalmente contra o fato de os cristãos orarem *a* Jesus, ao invés de orarem a Deus, o Pai, "per Jesum Christum"). Outros viam se obrigados a negar a distinção entre Jesus e o Pai, e isso levou ao assim chamado "monarquianismo

---

[1] Orígenes, *Contra Celsum*, 1,26 e 8,12; 4,3.

[2] Sobre a importância do pensamento grego na patrística, cf.: P. de Labriolle, *La réaction païenne. Étude sur la polemique anti-chrétienne du I au VIe siècle*, Paris, 1942; M. Wiles, *The making of christian doctrine*, Cambridge 1967; G. L. Prestige, *God in patristic thought*, Londres 1956, e: *Fathers and heretics*, Londres 1968; J. Lebreton, *Histoire du dogme de la trinité*, 2 vol., Paris 1927; Ph. Merlan, *Greek philosophy from Plato to Plotinos*, Cambridge 1967; J. E. Pollard, *Johannine christology and the early church*, Cambridge1970; J. Daniélou, *Théologie du judéo-christianisme*, Paris 1958, e: *Message évangélique et culture hellénistique aux IIe et IIIe siècles*, Tournai 1961; W. Pannenberg, *Die Aufnahme des philosophischen Gottesbegriffes als dogmatisches Problem der frühchristlichen Theologie*, em: *Grundfragen systematischer Theologie*, Göttingen 1967, 296-346; W. Bauer, *Rechtgläubigkeit und Ketzerei im ältesten Christentum*, Tubinga 1963.

modalista", isto é, Jesus, como Filho de Deus, é um modo alternativo do ser do próprio Pai (Noéto). Este último modo de ver teve mais repercussão entre os cristãos, que viam nisso uma confirmação teológica de sua devoção ao Cristo. Essas duas tendências cristológicas foram, pois, conseqüências do conflito entre a fé cristã e o pensamento grego, conflito esse que passava igualmente pela cabeça de gregos que ao mesmo tempo eram cristãos. A objeção de Celso levou Orígenes à aceitação de duas existências distintas em Deus, Pai e Filho; os dois, no entanto, estavam unidos pela unidade unânime de vontade. Contra a objeção de que tal idéia sobre Deus seria indigna, diante da majestade divina, o próprio Orígenes, que era grego e sentia visceralmente aquelas objeções, tenta salvaguardar a transcendência divina, dizendo que o "Deus imutável" (grego) naturalmente não é atingido pelas experiências psicológicas na humanidade de Jesus, na alma ou no corpo.[3] Como tal, isso é argumento puramente apologético, compreensível apenas a partir de dentro do horizonte de tal questão, e das questões de fato colocadas. Depois, porém, a questão dentro da qual funcionava aquela resposta foi sendo abandonada na evolução posterior, e a resposta de Orígenes tornou-se uma "afirmação cristológica" isolada, que acabou tendo existência própria, e tornando-se a base para ulteriores conclusões.

E tem mais. É compreensível que esses cristãos gregos, sendo intelectuais, queriam tornar o credo cristão acessível para inteligências gregas. Julgavam que poderiam achar uma base comum para o diálogo entre cristãos e gregos, na fé num único Deus verdadeiro. Como a fé em Javé, o Deus de Israel, foi a base comum para uma polêmica entre judeus e judeus-cristãos, assim o *conceito filosófico grego de Deus* foi considerado como base para o diálogo entre cristãos e pagãos helenistas. Os pitagóricos, como também Platão, Aristóteles e o estoicismo, tornaram-se aliados do cristianismo, isto é, do monoteísmo que também os cristãos confessavam. Essa tentativa patrística para verbalizar a inspiração cristã original dentro do "horizonte grego de entendimento" já foi severamente criticada, sobretudo em nosso tempo. Ora, o cristianismo precisou criticar o "horizonte grego de entendimento", mas aquela crítica contra a patrística grega é mal fundada e não realmente científica. Em certos ambientes é moda, quase "obrigação", opor o pensamento bíblico ao pensamento grego; mas análises profundas, estruturalistas, da língua hebraica e da língua grega desmascararam muitas das assim chamadas diferenças básicas, típicas, como ideologia ou "preconceito", sem argumentação responsável. Ninguém irá negar que seria difícil equiparar a noção *profética* de Deus no Antigo Testamento com o "Deus imutável" dos gregos,

[3] Orígenes, *Contra Celsum*, 4,5; 4,14-15.

que criou o mundo sem se voltar para o mundo, sem interesse nenhum e sem amor pessoal pelo ser humano: o "alfa e ômega" de tudo o que existe, mas voltado para dentro de si mesmo, auto-suficiente (Deus como *noesis noéseos*). Com isso, reduziu-se a visão grega da vida a pura abstração, totalmente alheia à realidade da vida no helenismo.

O ideal da *paideia,* ou educação grega, era alcançar verdadeira humanidade e liberdade. *Paideia* significa uma doutrina de salvação.[4] Para os gregos não era o sucesso, mas a verdade que era decisiva para um humanismo autêntico. Por isso, era preciso procurar critérios, uma norma ou paradigma para se avaliar a humanidade e a liberdade. Nessa busca, o helenismo apresenta dois acentos: o dionisíaco e o apolínio. A religiosidade (e a poesia) grega mais antiga pelejava para construir uma ponte sobre o abismo entre "Deus" e o ser humano: "Não procures tornar-te um Zeus" (Píndaro), "pois o ser humano é de raça diferente de Deus". Isso estava em contraste com aquilo que Ásquilos, no seu mito de Prometeu, chamaria de "syngeneia", o parentesco entre Deus e o ser humano, o que no estoicismo se tornaria: "nós somos do gênero de Deus" (Aratos; ver At 17,28). Em outras palavras o helenismo oscilava entre dois ideais: "o ser humano é a medida de tudo" (Protágoras), e "Deus é a medida de tudo" (Platão). De um lado, reconhecer os limites do humano, não lhe fazer exageradas exigências; de outro lado, não atribuir inveja a Deus; o ser humano pode superar a si mesmo. Essas duas tendências na vida e no pensamento dos gregos acabaram confluindo: o ser humano pode tornar-se *semelhante* a Deus; essa semelhança é exatamente a verdadeira humanidade, libertação e liberdade. Buscando, para começar, uma imagem normativa para a educação humana, era naturalmente difícil, para o grego, achar a imagem original, mostrando o caminho, *dentro do* mundo da nossa experiência terrena como tal; esse mundo era o domínio do acontecer que flui (*panta rhei*). A "physis" (a natureza) ou a "ousia" (essência) das coisas devia estar em outro lugar. O pensamento grego (sobretudo platônico) encontrou esse modelo no "mundo do divino", uma realidade transcendente, que tinha servido de modelo, segundo o qual tudo o que é terreno havia sido criado na sua mais profunda essência. Por isso, a finalidade e o sentido da educação ou redenção da humanidade era "mimésis": imitação desse paradigma normativo divino. Assim, o ser humano torna-se participante do divino e livra-se de tudo o que é indigno: liberdade libertada, eis a

---

[4] Ver sobretudo: W. Jäger, *Paideia*, 3 vol. Berlim 1934, 1944 e 1947; M. Pohlenz, *Der hellenistische Mensch*, Göttingen (1947) e: *Die Stoa*, Göttingen 1964; D. Nestle, *Eleutheria* I, Tubinga 1967; A. Festugière, *L'id'al religieux des Grecs et l'évangile*, Paris 1932; *L'Enfant d'Agrigente*, Paris 1950, e sua obra clássica: *La révélation d'Hermès Trismégiste*, 4 vol., Paris 1944-1954; ver também: H. Marrou, *Histoire del' éducation dans l'antiquité*, Paris 1948, e: U. von Wilamowitz-Moellendorf, *Der Glaube der Hellenen*, 3 vol., Darmstadt 1959.

finalidade de toda *paideia*. Tornar-se semelhante a Deus é humanização, é tornar-se verdadeiramente humano. A deslustrada "imago Dei" é restaurada pelo fato de o ser humano se orientar pelo exemplo do paradigma divino. Portanto, a "imitação de Deus" ("divinização", dirão mais tarde) é a tarefa ética de realizar o bom relacionamento entre os seres humanos ("dikaiosyné", ou justiça) e com Deus ("eusébeia", ou piedade). A divinização do ser humano é, portanto, tarefa humanizante: o ser humano livre, numa "pólis" ou comunidade estatal com leis justas, é espelho do mundo divino.

Essa libertação da humanidade exige luta árdua, já que o ser humano não é capaz de autolibertar-se. Está preso numa gruta. Precisa de "filósofos", enviados por Deus, isto é, "sábios educadores" ou "libertadores políticos", que, privilegiados pelo seu conhecimento da imagem primordial, podem mostrar aos outros o caminho certo para a verdadeira humanidade, para o "ser semelhante a Deus". Redenção, portanto, é seguir os indícios e estímulos que se podem encontrar na natureza, na história ou no exemplo dos sábios. Redenção obtida pela "revelação" do verdadeiro conhecimento. É por isso que o helenismo muitas vezes foi criticado como unilateralmente intelectualista, em certo sentido não sem razão. Todavia, aí muitas vezes nós interpretamos mal, pois o termo grego "nous" ou "força cognitiva" abrange inteligência e vontade; por isso, o romano Cícero sempre traduz "nous" por "ratio et voluntas".[5] "Conhecimento", para os gregos, era "areté", virtude, teoria e praxe em conjunto. Não se trata de conhecimento neutro, mas de conhecimento *dentro* do processo progressivo da libertação pela *paideia*; o verdadeiro conhecimento ajuda a descobrir *valores*, que o ser humano deseja e procura como "imago Dei" no mais profundo de seu ser. Por isso, o conhecimento é uma força que gera vida. Para o grego, ser agraciado não é tanto receber uma "graça interna", mas algo que lhe mostra o caminho, na natureza e na história; é por estímulos externos que a "imago Dei" interna, adormecida por ignorância e pecado, é acordada e reanimada, de sorte que se torna de novo ela mesma, e sabe fazer valer sua energia interna.

Essa grandiosa idéia da *paideia* foi adotada depois pelo estoicismo e por toda a "filosofia popular" do helenismo; ao mesmo tempo, porém, foi radicalmente modificada. Pois nesse meio tempo Aristóteles já tinha criticado profundamente o dualismo platônico, e tinha posto as "idéias" *dentro* do mundo de nossas experiências. É por isso que, segundo o estoicismo, o paradigma da verdadeira humanidade se encontra *dentro do* mundo, no Lógos divino que por dentro compenetra todo o mundo humano e material, e que mora em cada um

[5] P. Stockmeier, *Glaube und Religion in der frühen Kirche*, Friburgo 1972, 137, n. 17. Também Festugière, *L'idéal religieux*, 56.

de nós. Por isso, o reino de Deus se realiza quando vivemos "segundo a natureza", segundo a razão, segundo o Lógos. A natureza e a história são uma só grande "epifania" do Lógos, que quer educar o ser humano para a verdadeira humanidade. É em "pessoas sábias" e nos "salvadores políticos" que se intensifica e culmina essa grandiosa pedagogia de salvação pelo Lógos. "Naturalização", humanização e divinização completamente idênticas; com isso a "imago Dei" no ser humano fica livre, e o ser humano torna-se realmente *humano*. "Apesar do" seu ideal de "imitação de Deus", o grego nunca esqueceu a sua antiquíssima tradição, vinda de Homero e Píndaro: a "condição humana". É digno de nota que os estóicos romanos resolveram traduzir o ideal grego da *paideia* pela palavra "humanitas" (educação, por divinização).

Os Padres da Igreja Grega viveram como cristãos dentro desse sistema cultural grego. Antes deles, os judeus que haviam encontrado a salvação decisiva em Jesus, já haviam expressado essa salvação dentro do horizonte da sua compreensão cultural-religiosa da ação salvífica de Deus na sua própria história judaica, na perspectiva que tal ação abria sobre figuras escatológicas de salvadores (profeta dos últimos dias, filho de Davi messiânico, "Filho do homem"). De modo semelhante, os cristãos gregos da era patrística (desde os Padres Apostólicos e os Apologetas) foram expressando a salvação, encontrada por eles em Jesus, na terminologia das idéias gregas sobre a *paideia*: *paideia Christou* (1Clem 21,8). A pedagogia salvífica de Deus, na natureza e na história, chegou à sua suprema concentração em Jesus Cristo: ele é ao mesmo tempo paradigma e imitação; ele é a "imagem original"; nele a "imago Dei" deslustrada foi restaurada (o ser humano).[6] O processo pedagógico e progressivo da libertação humana, iniciado com o que acontece na natureza e na história chegou a seu ponto mais alto em Jesus Cristo: Jesus é o educador e o mestre que traz o "verdadeiro conhecimento, a fim de que nós, imitando o que ele fez e obedecendo às suas palavras, tivéssemos comunhão com ele", diz Irineu (*Adv. Haer.* V, 1, 1). É assim que o ser humano é libertado da morte, da fragilidade e do poder do pecado, e assumido

---

[6] Bibliografia fundamental. W. Jäger, *Das frühe Christentum und die griechische Bildung*, Berlim 1963; H. Niederstrasser, *Kerygma und Paideia*, Stuttgart 1967; S. Otto, *"Natura" und "dispositio"*, Munique 1960; G. Greshake, *Gnade als konkrete Freiheit. Eine Untersuchung zur Gnadenlehre des Pelagius*, Mainz 1972; P. Stockmeier, *Glaube und Paideia*, em: ThQ 147 (1967) 432-452, em: *Glaube und Religion in der frühen Kirche*, Friburgo 1973; A. Heitmann, *Imitatio Dei*, Roma 1940; P. Schwanz, *Imago Dei*, Halle 1970; M. Lot-Borodine, *La déification de l'homme selon les doctrines des Pères grecs*, Paris 1970. J. Meyendorff, *Le Christ dans la théologie byzantine*, Paris 1969. Finalmente o livro antiquado, mas ainda instrutivo, de J. Gross, *La divinisation du chrétien d'après les Pères Grecs*, Paris 1938.

em comunhão de vida com Deus. Assim se formou (sobretudo entre os alexandrinos e os capadócios) esta expressão: se Cristo não fosse Deus, não poderia, em troca pela natureza humana que ele recebe de nós, transformar a nossa natureza decaída em divindade; ou então: Deus se fez homem, para que o homem fosse divinizado.[7] Assim, a patrística retomou a idéia helenista da *paideia*, e a reformulou na base do cristianismo, e cristianizou-a graças à interpretação *personalista* de Deus e, em conseqüência, à sua insistência na liberdade de Deus.

Partindo da *salvação* trazida por Jesus, a patrística tentou definir melhor a própria *pessoa* do Salvador. Dentro desse horizonte conjuntural de questões (para essa noção, ver a Parte IV), os Concílios de Nicéia, Éfeso, Constantinopla e Calcedônia sem dúvida pretenderam assegurar, no plano da segunda reflexão (as afirmações de "segunda ordem"), a confissão básica de "primeira ordem" (salvação decisiva de Deus em Jesus). Dentro da problemática grega em termos de "ousia" e "physis", quiseram salvaguardar a pedagogia salvífica de Deus em Cristo: de um lado Deus, e somente ele, é a única *fonte* de salvação total do ser humano, de redenção e libertação; de outro lado, o lugar onde essa redenção e salvação se tornam realidade é o homem histórico dentro do acontecer do cosmo. Por isso, Jesus deve ser ao mesmo tempo "idéia-paradigma" e "eikón-miméma": "imagem original" e suprema realização de "imitação" pela vivência concreta da "imago Dei", sendo ao mesmo tempo "Deus" e "ser humano". Em resumo: "um e o mesmo" (Calcedônia) deve estar totalmente "do lado de Deus" (senão, Jesus não seria "paradigma"); em termos gregos de "ousia", Jesus deve ser consubstancial com o Pai, isto é, "verdadeiramente Deus"; ao mesmo tempo, deve estar totalmente "do lado dos humanos" (como *eikón* sumamente bem-sucedido de humanidade, sendo assim paradigma *para nós*), isto é, "verdadeira-

---

[7] Entre outros: Cirilo de Alexandria, *Thesaurus*, Ass. 1; Ireneu, *Adv. Haer.* 5, pref.; Atanásio, *De incarnatione*, 54, etc. Este princípio patrístico se baseia em dois pressupostos gregos: *a)* a graça divina é entendida como "theopoièsis", no sentido de "homoiôsis Theou", e *b)* "quod non est assumptum, non est sanatum", o que não é assumido na natureza humana de Jesus, também não é remido. Sobretudo este último princípio baseia-se no realismo grego dos "universalia": na "natureza humana" de Jesus todos os seres humanos estao quase fisicamente-realmente abrangidos (o que nós, agora, dificilmente "acompanhamos"). Por isso, todos os seres humanos já estão remidos, fundamentalmente, pelo contato da natureza humana com a natureza divina em Cristo. Trata-se mais da "natureza humana" do que do ser humano concreto. Mesmo assim, os Padres Gregos, embora aproveitando-se desse modelo grego, querem verbalizar a idéia bíblica da ação "vicária" de Jesus. A divinização na base da humanidade de Jesus continua grega, isto é, chegar ao Pai invisível por conhecimento, da maneira como Atanásio explicita o famoso adágio (*De incarnatione*, 54): no homem Jesus, o "paradigma divino" fica visível numa figura humana, que pode ser imitada. Em outras palavras, Cristo foi "um exemplo": a sua vida foi um viver aquilo que nós devemos "imitar". Assim, a "divinização" fica de fato antropologicamente "desmitologizada". Ela é, de fato, uma "humanização" segundo um modelo divino: é "santidade".

mente humano". A identidade helenista entre "divinização" e "humanização" concretizou-se na pessoa única de Jesus Cristo. Assim, a inspiração fundamental de todo o Novo Testamento encontra-se transposta nos termos da "ousia": é "salvação em Jesus", mas "da parte de Deus". Nisso, a mensagem do evangelho se transmite, com toda a pureza, dentro do horizonte da idéia grega de *paideia*, que não era necessária, mas era um dado histórico já existente. A confissão neotestamentária de "primeira ordem" (salvação em Jesus, da parte de Deus), que sempre dirigiu e acompanhou a reflexão cristológica através dos séculos da formação do dogma cristológico, só podia ser salvaguardada, na sua exatidão e significância evangélica, por uma confissão de "segunda ordem", uma vez que se colocou o inevitável problema da "ousia": "afinal, o que *é* este Jesus?" E isso só podia ser feito da maneira como afinal Calcedônia o fez, a saber: consertando a versão unilateral de Nicéia (que foi unilateral, por não definir o que se dava como pressuposto).

Tentando-se verificar o que foi realmente decisivo para se chegar à decisão final do Concílio, em meio às sutilezas altamente filosóficas daqueles espíritos gregos, que eram também cristãos, descobre-se: não foi a sua filosofia, mas a tradição eclesial da "devoção ao Cristo". Na realidade, as alternativas heréticas partiam do mesmo princípio: salvação de Deus no homem Jesus, também os hereges eram cristãos com fé. Como os "ortodoxos", assim também eles, sendo gregos da escola platônica média, partilhavam a convicção de que a transcendência de Deus é tão sublime e "totalmente diferente", que seu aproximar-se do mundo humano – tanto na criação como na redenção – só podia ser feita por um "ser intermediário", o demiurgo ou Lógos de tudo o que acontece fora de Deus. Os "ortodoxos" romperam finalmente com essa filosofia, sob a pressão de seu credo cristão, e abandonaram o platonismo médio,[8] a cujas conseqüências lógicas seus adversários continuaram fiéis. Esse distanciar-se do platonismo médio, essa des-helenização da Igreja, aconteceu sob pressão da fé cristã, e isso pode demonstrar-se com precisão histórica. Não significa que nisso argumentos bíblicos tenham sido decisivos; ambos os partidos encontravam seus argumentos prediletos em diversos lugares da Escritura, que serviram para interpretações diversas. Suas provas bíblicas são apenas ilustrativas.[9] O argumento principal não foi a piedade litúrgica oficial (que mais tarde foi decisiva na definição do dogma sobre o Espírito Santo). No tempo pré-niceno, a liturgia orientava suas ora-

---

[8] Fr. Ricken, *Das Homoousios von Nikaia als Krisis des altchristlichen Platonismus*, em H. Schlier e outros, *Zur Frühgeschichte der Christologie* (Quaest. Disp., 51), Friburgo 1970, 74-99; ver também: H. J. Vogt, *Politische Erfahrung als Quelle des Gottesbildes bei Kaiser Konstantin d. Gr.*, em: *Dogma und Politik*, Mainz 1973, 35-61.
[9] M. Wiles, *The making, l.c.*, 41-61.

ções somente ao Pai (embora "por Cristo nosso Senhor"). Decisiva foi a prática da piedade de muitos fiéis, que se acostumaram a rezar *ao* Cristo, *a* Jesus, e não somente ao Pai "em e por Jesus", como fazia a liturgia oficial. Nessa base, os bispos de Nicéia mostraram-se dispostos a abandonar a suposta lógica de seu platonismo médio; e chegaram assim à convicção de que as idéias do platonismo médio são filosoficamente insustentáveis, e por isso eles não puderam, como Ário, dar a última palavra à lógica imanente desse sistema filosófico. Rejeitaram tal filosofia, que tinha sido deles mesmos. A praxe dos fiéis de rezar *a* Jesus foi interpretada por eles no sentido de que "salvação de Deus em Jesus" significava realmente a divindade de Jesus. A praxe da piedade cristã pesou mais para os Padres do Concílio do que o pensamento filosófico, e foi exatamente por meio disso que a Igreja conseguiu romper com o platonismo médio, que durante dois séculos havia ocupado a reflexão teológica.[10] Por mais que a filosofia da "ousia" tenha sido o horizonte intelectual, dentro do qual a definição do dogma cristológico pôde realizar-se, não se deve subestimar o fator decisivo da mística da oração ao Cristo, que era viva entre os cristãos (embora sendo praxe de data recente antes do dogma niceno).[11] *Em Jesus*, é Deus quem na vida está pessoalmente do nosso lado; esse, afinal, é o teor do dogma niceno, o qual afirma a consubstancialidade do *homem Jesus* com o Pai. O Concílio de Calcedônia quer insistir na verdadeira humanidade de Jesus, mas afirma ao mesmo tempo que este homem está totalmente do lado de Deus. Nicéia insiste em que "a salvação vem de Deus" (mas explicita que é em Jesus); Calcedônia insiste que somos salvos em Jesus (mas, da parte de Deus). O foco das duas asserções, portanto, está no único "Jesus Cristo" não dividido. A idéia greco-cristã de Deus se manifesta portanto na conhecida noção *patrística* de Deus, que rompe com a noção *helenística* de Deus, e a enxerta na antiga tradição judeu-cristã: "Theós pros hemás", isto é: Ele é "Deus dos humanos", voltado para nós em Jesus Cristo. Considerado dentro do horizonte do modo grego de entender e indagar nessa época, tudo isso não me causa nenhum problema: é puramente

[10] F. Ricken, *Das Homoousios*, *l.c.*, me parece ter razão no seu resultado final, mas não onde atribui unicamente a um "pensar teológico" esse "rompimento" do médio platonismo. Esse modo de pensar que rompeu com o passado foi também uma reflexão sobre uma vivência concreta de piedade; ver Wiles, *The making*, *l.c.*, 62-93; J. Lebreton, *Le désaccord de la foi populaire et de la théologie savante dans l'église chrétienne do IIIe siècle*, em: RHE 19 (1923) 481-506 e 20 (1924) 5-37. As divergências entre a doutrina da Igreja e a fé de seus membros são tão antigas como a própria Igreja.

[11] Caso semelhante houve quando a Igreja católica definiu o dogma da imaculada conceição de Maria. Contra toda a resistência dos teólogos, a piedade popular se manteve, até que Scotus, pressionado por essa piedade, encontrou um conceito teológico que podia conciliá-la com a afirmação teológica da pecaminosidade *universal* (a saber: redenção "por prevenção" ou preservação do pecado). Foi só então que também a teologia acadêmica se rendeu.

evangélico, mas dentro de uma problemática de entendimento filosófico, que de fato já não é a nossa totalmente e sob todos os pontos de vista. Por isso é que nos traz agora dificuldades.

Embora inicialmente inspirada na patrística grega, a patrística latina elaborou as idéias da cristologia grega (redenção é a restauração da "imagem de Deus" mediante a *paideia*) dentro de um horizonte africano-romano de experiência e entendimento, que em muitos aspectos diferia fundamentalmente da experiência dos gregos e da sua concepção da história. Os latinos preocupavam-se menos com uma grandiosa visão da história, e mais com a praxe da vida individual e sociopolítica. Orientada para a ortopráxis segundo a norma da "Natureza" ou do "Lógos", a visão grega da vida servia de modelo para o projeto de vida dos romanos. Os estóicos romanos (Cícero e Sêneca) encontraram no estoicismo grego uma tematização de seu próprio senso de justiça especificamente latino púnico-romano. O que para os gregos era a noção de *paideia*, era para esses estóicos latinos a ordem do direito, integrada no "cosmo bem ordenado", expressão do "direito divino".[12] O "direito divino" substitui a *paideia* grega, a divina pedagogia salvífica. Por isso, a reflexão dos latinos se concentra antropologicamente. O "paradigma" grego, com suas imagens, é substituído por categorias de ordem jurídica, de sua violação e restauração; isto é, em lugar de uma ontologia da relação cosmológica-pedagógica entre "realidade original" e "imagem", vem a relação *ontológica* entre uma ordem jurídica pura e sua violação histórica. Toda ruptura nesta ordem jurídica exige uma sanção e satisfação para restabelecer as relações violadas. Por isso, a patrística latina insistirá, ainda mais do que o cristianismo grego, na contribuição da liberdade humana para a realização da redenção. Do ponto de vista latino, está em jogo a honra do sujeito humano. Uma redenção que acontecesse ao ser humano como vinda de fora, assim como um pobre ganha uma esmola que alguém lhe atira, contradiz o senso jurídico romano: o pobre mesmo é que deverá erguer-se. Mais tarde, Anselmo formularia com precisão esse senso jurídico, atribuindo ao Filho estas palavras dirigidas ao pecador: "Toma-me, e redime-te a ti mesmo".[13] Exata-

---

[12] Ver A. Schindler, *Gnade und Freiheit. Zum Vergleich zwischen den griechischen und lateinischen Kirchenvätern*, em ZThK 62 (1965) 178-195; N. Brox, *Soteria und Salus*, em EvTh 33 (1973) 253-279; J. Plagnieux, *Heil und Heiland. Dogmengeschichtliche Texte und Studien*, Paris 1969; R. Haubst, *Anselms Satisfaktionslehre einst und heute*, em: TrThZ 80 (1971) 88-109; G. Greshake, *Gnade als konkrete Freiheit*, 193-274.

[13] *Cur Deus homo?* II, 20. Em outro lugar: "Oportet ut, si idem genus (humanum) resurgit post casum, per se resurgat" (*l.c.*, II. 8). A visão latina da redenção como restauração da ordem jurídica violada teve dupla conseqüência: *a)* de um lado, a distinção entre "justificação" e "santificação" ficou assim mais pronunciada do que no conceito mais dinâmico de redenção na patrística grega, que se baseia num processo progressivo

mente essa exigência de uma ordem justa, na qual o valor próprio da liberdade humana não é violado pela onipotência divina, é que Anselmo considera como suprema manifestação da *misericórdia* de Deus, que por bondade não apenas redime e perdoa o ser humano, mas neste e por este dom livre não quer ferir e humilhar a liberdade e dignidade humanas: o homem *poderá* salvar-se a si mesmo; essa é a visão própria, latina, da redenção "da parte de Deus". Para isso, Jesus nos é dado como nosso "semelhante". Em avaliações modernas, essa doutrina ocidental da "satisfação", *sistematizada* por Anselmo (que no seu cerne é mais antiga), muitas vezes tem sido caricaturizada, desconhecendo-se as mais profundas intenções de Anselmo e da sensibilidade ocidental. O cristão Anselmo visa, essencialmente, a honra de Deus; mas, na sua doutrina sobre a satisfação trata-se sobretudo da honra do ser humano, a "dignitas humanitatis" (lema do nascente humanismo da época de Anselmo):[14] o ser humano honra a Deus quando chega a viver em paz com sua própria consciência. "Oferecer satisfação" significa restabelecer a ordem onde foi perturbada, isto é, dentro de si mesmo. Assim, Anselmo pôde apresentar a redenção como processo jurídico, no qual tanto Deus como o ser humano estão envolvidos. Em contraste com a patrística grega e sua pedagogia divina, metafísica, cosmológica e universal de salvação (onde afinal "tudo é graça"), o que para os latinos está no centro é a subjetividade humana. Redenção, portanto, deve ser acontecimento autenticamente digno do ser humano, e não um "ser invadido" pela onipotência divina. Nessa doutrina sobre a redenção, já aparece algo que, ao nosso atual modo de ver, é chamado de "questão em torno de *redenção* e *emancipação*", problema este que somente na cultura ocidental podia surgir.

Na patrística grega, Jesus é identificado a partir dos dois elementos de redenção: "paradigma" e "mimema", imagem original e imitação. Assim também a patrística latina identifica a pessoa de Jesus a partir da salvação que ele trouxe: "totus in suis, totus in nostris" (Leão Magno, *Tomus ad Flavianum*): só Deus pode trazer salvação, e só ele pode fazê-lo sem violar a liberdade humana. A redenção divina pode realizar-se na e pela liberdade humana. Os dois aspectos

de libertação; *b)* a distinção entre "redenção objetiva" e "subjetiva" ficou assim mais nítida: em e por Jesus Cristo, a ordem jurídica foi restabelecida, mas a liberdade individual de cada ser humano deve agora, em virtude dos méritos de Jesus, apaziguar e pôr em ordem o próprio "eu" concreto de cada um. Sua liberdade individual não pode ser atropelada pela obra salvífica de Cristo: cada ser humano terá de erguer-se pessoalmente e "inserir-se" na ordem jurídica, em virtude dos méritos de Jesus.

[14] Ver M. Chenu, *La théologie au douzième siècle,* Paris 1957. Na patrística grega, a humanidade de Jesus foi antes um "organon" ou "instrumentum Deitatis"; era Deus quem agia. Sem negar isso, a soteriologia ocidental insiste no ser humano como centro de ação no processo de redenção.

se realizaram em Jesus como "Deus e homem". Por isso, dentro do seu horizonte jurídico de entender a realidade, os latinos não tiveram problema nenhum com o dogma de Calcedônia: neste, a liberdade e a dignidade humanas continuavam preservadas. Pois, segundo a convicção romana, nunca poderiam contradizer-se a honra de Deus e a honra do ser humano. A doutrina de Anselmo sobre a satisfação é uma doutrina sobre a *infinita misericórdia* de Deus para com os humanos, e não significa absolutamente "dar a Deus uma satisfação até o último centavo". Segundo Anselmo, Deus só se compraz no ser humano que se ergue livremente de sua queda; as condições e a força para tanto, Deus as concede em Jesus Cristo. Por isso, a doutrina da satisfação trouxe sem dúvida novo elemento ao conjunto da história da libertação humana: a "dignitas humana" e a sua liberdade, que a patrística grega não negou de forma alguma, porém nunca foram tão acentuadas como aconteceu na ênfase sobre a liberdade, aspecto bem próprio do Ocidente. A redenção, embora dádiva gratuita de Deus, deve acontecer dentro da grandiosa história da autolibertação humana. Foi esta, dentro de seu próprio horizonte de experiência e entendimento, a contribuição ocidental latina para a formulação da salvação decisiva e definitiva em Jesus de Nazaré, o Cristo.

Fazendo-se abstração de uma interpretação irresponsável, tanto da cristologia grega como da ocidental, a cristologia patrística fica para nós realmente problemática, quando a tradição neocalcedônica (aliás, não-dogmática) começou a falar de uma "an-hypóstasis", isto é, que Jesus *não é* uma pessoa humana (isso o dogma de Calcedônia nunca afirmou; esse dogma fala apenas de "*uma* pessoa"), mas exclusivamente uma pessoa divina, com uma "natureza humana" e uma "natureza divina".[15] Com isso, pelo menos se sugeria que faltava alguma coisa em Jesus para ser homem completo e autêntico. Assim, a "consubstancialidade" de Jesus com o Pai parecia supervalorizada (quase no sentido do monofisismo), e inferiorizada a sua verdadeira humanidade. Com isso, Jesus era, por assim dizer, exaltado para fora e acima da nossa humanidade, e a sua "co-humanidade" – sendo humano como nós, mas sem pecado – sem dúvida era com isso ontologicamente restringida. Isso tinha de provocar uma reação.

A Idade Média, que só dispunha de fragmentos desses documentos patrísticos-conciliares, de fato precisou repetir, à sua maneira,

[15] Ver o conhecido resumo em: A. Grillmeier – H. Bacht, *Das Konzil von Chalkedon*, 3 vol. S., Würzburg 1951-1954 (1959; 1962); também: J. Liébaert, *Handbuch der Dogmengescichte*, III-1a, Friburgo 1965; P. Smulders, *Dogmengeschichtliche und lehramtliche Entfaltung der Christologie*, em: *Mysterium Salutis* (eds. J. Feiner e M. Löhrer), Einsiedeln, vol. III-1, 1970, 389-476.

toda a luta da evolução da cristologia patrística, e teve praticamente o mesmo resultado duplo: de um lado, na direção da "unio secundum hypostasim" (união hipostática: uma só pessoa, que é Lógos, Deus, e também homem); de outro lado, na direção da doutrina do "homo assumptus". Em comparação com as teses do neocalcedonismo, houve esta vantagem – pelo menos na linha de Boaventura e Tomás – que na sua doutrina (de maneira extremamente abstrata, é verdade) o "ser pessoa" levou à afirmação da totalidade da pessoa única, ou seja, que ninguém pode ser duas pessoas *ao mesmo tempo*. Por isso, Tomás de Aquino pôde dizer que Jesus Cristo, exatamente por causa de sua filiação divina, intratrinitária, é tanto "pessoalmente Deus (o Filho)" como "*pessoalmente* homem".[16] Segundo conceitos medievais (para nós, porém, problemáticos), está nisso a recusa de Tomás para negar em Cristo qualquer coisa que contribua para a definição do nosso "ser homem". Caetano, seu discípulo sutil, haveria de expressar a mesma coisa de tal maneira que, na época, era ainda mais ousada: "*este homem* – também no caso de Jesus – significa simplesmente: esta *pessoa humana*".[17] Para o objetivo deste livro, porém, parece-me desnecessário, embora instrutivo, continuar analisando as discussões cristológicas medievais, e todas as interpretações "escotistas" e "tomistas" de Jesus, que mais tarde (até na cristologia moderna, entre as duas guerras mundiais) foram conseqüência disso; pois essa história ulterior só procura resolver, de alguma forma, as novas aporias dentro dos caminhos anteriormente iniciados; nenhum modelo novo tem aparecido.

Conclusão da Parte III e formulação do problema

As Partes II e III podem ter causado a impressão (e com razão) de que o Novo Testamento apresenta uma "cristologia de baixo para cima", isto é, que o próprio Novo Testamento partiu do encontro e

---

[16] "Verbum caro factum est, i.e. homo, quasi (= ita ut) ipsum Verbum *personaliter* sit homo" (*Q. D. de unione Verbi Incarnati*, a. 1.). Santo Agostinho disse: "Nec sic assumptus est ut prius creatus post assumeretur, sed ut ipsa assumptione crearetur" (*Contra sermonem Arianorum 8,6*: "ipsa assumptione creatur").

[17] "Hypostasis enim Verbi Dei in quantum est hic homo, per naturam humanam hanc constituitur... Quod est dicere personam Verbi constitui in hoc quod est esse personam humanam; hic enim homo personam humanam significat" (Caetanus, *In III partem Summae Theologiae*, q. 2, a. 5, n. II, ed. Leonina, p. 35 A-B). Com muita sutileza, de um lado, quer negar que haja "duas pessoas" em Jesus e, de outro lado, afirmar também a realidade do personalismo humano de Jesus: em virtude da pessoa divina, mas também *com base* na sua humanidade (natureza humana). A bem dizer: nem Caetano nem Scotus querem admitir alguma perda do "ser humano" em Jesus; ambos admitem o personalismo humano de Jesus; diferem quanto à definição do que exatamente constitui uma pessoa como pessoa. Santo Tomás já disse: "non minuit sed auget" (*Summa Theologiae*, III, q. 2, a. 5, ad 1).

da lembrança de Jesus de Nazaré, o profeta da chegada e da praxe do reino de Deus, que inverte o nosso modo humano de viver, podendo assim evocar situações explosivas. Trata-se desse Jesus, que somente se opõe a pessoas que contrariam essa praxe do reino de Deus com suas próprias idéias ou comportamento. O Novo Testamento reconheceu em Jesus o mensageiro da alegria escatológica; depois de sua morte, Deus lhe deu razão.

Ao mesmo tempo, chegamos a entender que as maneiras como Jesus foi interpretado no Novo Testamento, e a seguir, estavam sempre dentro de um horizonte bem determinado de experiências e entendimentos que, como tais, são historicamente contingentes, e não constituem horizonte *necessário,* dentro do qual a fé cristológica em Jesus deva ser pensada.

Mais ainda. A partir do Concílio de Nicéia, elaborou-se como norma determinado modelo cristológico – o joanino – numa determinada direção. De fato, somente essa tradição fez história nas Igrejas cristãs. Com isso, as possibilidades do modelo sinótico não se fizeram valer historicamente; a dinâmica própria desse modelo se viu freada, e esse modelo acabou pertencendo às "verdades esquecidas" do cristianismo. O nosso tempo não está ligado a determinadas cristologias pré-nicenas através de uma contínua tradição intermediária mas, em nossa experiência cultural e social da vida, há fatores que colocam perguntas pertinentes à história dominante da cristologia nicena, abrindo assim perspectivas que fazem entrever possibilidades pré-nicenas.

Voltar à antiga encruzilhada, para enveredar por outro caminho, alternativo na época, é hermenêutica e historicamente impossível, fazendo-se ainda abstração dos questionamentos dogmáticos evocados por essa tentativa de restauração. A história desde então realizada já não pode ser desfeita. Podemos examinar, isto sim, por que, nessa bifurcação, nas vésperas de Nicéia, esse Concílio escolheu tal caminho, e considerando-se a situação, não seguiu o alternativo, e não podia fazê-lo. Aí se explica como – não intencional, mas realmente – perspectivas cristológicas ficaram no segundo plano pelo fato de se acentuar a joanina. A opção unilateral, com o tempo, levou a aporias difíceis de resolver no caminho então escolhido. Exatamente por isso se exige uma recordação crítica de tendências pré-nicenas, desfazendo não a opção antiga, mas seu acento unilateral e sua obliteração de aspectos complementares, porém essenciais. Assim, torna-se possível uma renovação da cristologia, dentro do novo horizonte de experiência e compreensão; porém, nesse horizonte, a definitiva e decisiva salvação de Deus em Jesus também se experimenta e se expressa.

Quanto a isso, eu nem acredito que o teólogo necessite de novos modelos, nem que ele os possa achar por si mesmo (formalmente, como teólogo). Sua tarefa consiste em reunir, de forma séria e responsável, elementos que possam levar a uma nova e autenticamente pessoal "abertura" ou "experiência da fonte". Sem essa experiência de abertura ou descoberta, o achado de um eventual *modelo* novo é, a meu ver, uma atividade cristológica não muito séria, um pouco sem compromisso, ao passo que uma *verdadeira* "experiência da fonte" (uma experiência que vê uma profundeza insondável abrir-se em dados historicamente constatáveis), por si mesma, por ser experiência, evoca modelos próprios. Aqui, a teologia pode ser uma ajuda, pode abrir um caminho possível, inclusive porque pode ajudar a ver, desde antigamente até hoje, como os cristãos chegaram a tal "experiência da fonte" com relação a Jesus de Nazaré; aliás, também o teólogo, mas formalmente por sua fé, partilhada com outros, pode chegar a uma "abertura", tornando-a talvez acessível a outros, no seu pleno sentido. Na Parte IV, terminando este livro, só poderei para tanto oferecer "prolegômenos".

Parte IV

Quem dizemos nós que ele é?

Seção I

A atual crise cristológica e seus pressupostos

Introdução

Na Parte I foi dito que também a relação com a atualidade continuamente renovada influi na formulação do conteúdo da fé em Jesus como o Cristo. Essa convicção tem conseqüências de longo alcance. Pois, se o cristianismo tem realmente importância *universal*, estamos diante de um paradoxo: de um lado, o cristianismo transcende qualquer definição histórica do que se pode chamar de "essência da fé cristã"; de outro lado, tal essência só se poderá encontrar em determinadas realizações históricas. Torna-se impossível, então, identificar a essência do cristianismo com uma só forma, na qual historicamente apareceu, ou defini-la exclusivamente com uma definição da fé cristã. É essa a inevitável conseqüência da "importância universal" de Jesus Cristo.

Segue-se daí que o cristianismo só continua vivo e verdadeiro se cada época, na base de sua relação com Jesus Cristo, se pronuncia novamente em favor de Jesus de Nazaré. Aí é impossível estabelecer "primeiro" a essência da fé cristã, para em seguida, por assim dizer "em segunda instância", interpretá-la em forma adaptada ao nosso tempo. Quem, pois, com as Igrejas cristãs, confessa a importância universal da fé em Jesus, deverá ter a humildade de assumir lealmente também as dificuldades inerentes a isso; ou então deverá renunciar à prerrogativa da universalidade da fé. Somente essas duas possibilidades são reais e conseqüentes. Aceitar a universalidade e ao mesmo tempo negar o problema hermenêutico (preconizando assim uma só definição exclusiva e imutável da essência do cristianismo), não é caminho transitável, nem autêntica possibilidade; e ao mesmo tempo é não reconhecer, e de fato esvaziar, a verdadeira universalidade da fé cristã.

Entretanto, não se pode transformar o cristianismo em outra coisa qualquer! No decurso da história, a realidade sempre muda, varia, mas sempre há de se realizar e sempre será também comentado um *cristianismo verdadeiro*, fiel à mensagem e à praxe da vida de Jesus, e fiel à sua morte. Alegar simplesmente que determinada praxe, ou "ortopráxis", é a praxe do reino de Deus, não resolve, pois o decisivo é a essência do reino de Deus que se nos apresenta em Jesus.

"Ortopráxis" cristã só é possível quando se entende o sentido disso. Verdade é que nunca poderemos verbalizar, *de maneira absoluta,* a realidade absoluta que apareceu em Jesus Cristo. Depois de nós, outros terão de assumir isso, tentando expressar o seu sentido dentro de uma experiência histórica mais evoluída, e realizá-lo dentro do que hoje ainda é futuro aberto. Agora só podemos falar a partir da nossa perspectiva de hoje, embora visando a um futuro que tentamos antecipar. Depois de nós, a narrativa há de continuar, porém como história sobre Jesus de Nazaré, cujo sentido definitivo só se manifestará no fim. Enquanto isso, porém, verificações provisórias já são possíveis.

Capítulo 1

Horizonte conjuntural de entendimento e ritmos desencontrados na mudança complexa de uma cultura

Muitas vezes ouve-se dizer: "Vivemos uma época de fundamental mudança espiritual e cultural; o nosso horizonte de entender o mundo já é outro". Convém, no entanto, situar muito bem tal mudança, e sobretudo qualificá-la, pois toda mudança cultural (mesmo quando envolve toda a nossa experiência e todo o nosso pensar) continua bastante relativa sob determinado ponto de vista. De fato, ainda conseguimos *compreender* o que nos parece antiquado em certas cosmovisões e antropologias culturais anteriores, assim como podemos entender também outras línguas e culturas da atualidade; existe, portanto, possibilidade de comunicação humana fundamental entre os reciprocamente mais estranhos sinais, vestígios e expressões de vida humana (ver mais adiante nesta Parte). Nunca nos é totalmente estranho o horizonte de outros entendimentos ou experiências. Quais são as condições para isso tornar-se possível?

Os antropólogos, sobretudo os de língua francesa,[1] chegaram à convicção de que, por ocasião de alguma mudança bastante sensível de determinada cultura, não se realiza em todos os setores de tal cultura uma evolução no mesmo ritmo de aceleração e ao mesmo tempo. Em tal mudança cultural, todos os setores da vida humana partilham idéias, vida social, economia, política, arte, moda etc; mas tal ritmo não é o mesmo em toda parte. Numa só história podemos distinguir pelo menos três níveis, que não se encontram lado a lado, mas se entrelaçam e se compenetram, formando os três juntos a única história humana. Há uma "história de *fatos*", ou "história efêmera",

[1] Ver entre outros: F. Braudel, *Écrits sur l'histoire*, Paris 1969; F. Furet, *Histoire quantitative et la construction du fait historique*, em: "Annales d'Économie, Société et Civilisation" (janeiro-fevereiro 1971); P. Chaunu, *L'histoire sérielle. Bilan et perspectives*, em: "Revue Historique" (abril-junho 1970).

que se desenrola em ritmo breve e rápido: acontecimentos cotidianos vêm e vão; há também uma "história *conjuntural*", que tem repercussão mais ampla e mais profunda, e é mais abrangente, que por conseqüência se desenvolve através de tempo bem mais longo: uma conjuntura cultural, portanto, dura bastante; e finalmente existe uma "história *estrutural*" com duração longuíssima, secular, que permanece quase no ponto morto entre o que se move e o que não se move, embora não esteja fora da história. A "história estrutural" – em torno da qual a história das conjunturas e a dos fatos giram, em círculos concêntricos, como em torno de um eixo quase imóvel – aparece no centro deles como espécie de elemento invariável, girando *no mesmo lugar*, enquanto em redor dele gira todo o resto, apressada ou vagarosamente. Outros analistas de culturas constataram que, mesmo depois de uma revolução político-social bem-sucedida, retornam de alguma forma uns 80% das estruturas antigas rejeitadas. De fato, nesse terceiro nível a evolução se move extremamente lenta e pesada; estruturas fundamentais sobrevivem mesmo após revoluções radicais. A hipótese mais antiga, portanto, de uma evolução convergente e contemporânea de todos os elementos de uma cultura, por ocasião de certa mudança no padrão espiritual ou material, mostrou-se não exata; é antes um mito.

Essa compreensão pode ajudar-nos no problema acima colocado. Pois, o que vale para a cultura na sua totalidade, vale também para âmbitos e setores parciais de uma cultura; incluindo "o pensamento humano" (e portanto para o pensamento da fé). Também aí podemos constatar os três segmentos de não-contemporalidade, intrinsecamente interligados. Na vida dos pensamentos (e da fé) do ser humano existe um fator profundo, *estrutural*, quase imóvel, em torno do qual circulam tanto a roda um pouco mais móvel do pensar conjunturalmente condicionado, como também, na margem externa desses círculos concêntricos, os pensamentos voláteis do dia-a-dia, com os seus aspectos freqüentemente "conforme a moda". Pois bem, o que se chama "horizonte das idéias da época",[2] ou o pensar dentro de "modelos de entendimento" (característicos de determinado período),[3] ou seja, o horizonte contemporâneo de experiências, eu o colocaria no segundo nível da "história"; em outras palavras, esse horizonte próprio de experiência ou entendimento, condicionado pelo espírito da época,

---

[2] Esta terminologia, freqüentemente usada por K. Rahner e J. -B. Metz, foi analisada por B. Welte, *Die Lehrformel von Nikaia und die abendländische Metaphysik*, em *Zur Frühgeschichte der Christologie* (Quaest. Disp., 51), Friburgo 1970, 100-117; ver também E. Schillebeeckx, *Het onfeilbare ambt in de kerk*, em: Conc. 9 (1973), n. 3 (86-107), sobretudo 91-98; G. Vass, *On the historical structure of christian truth*, em: "The Heythrop Journal" 9 (1968) 129-142 e 274-289.

[3] Ver sobretudo Thomas S. Kuhn, *Die Struktur wissenschaftlicher Revolutionen* (Theorie, 2), Frankfurt 1967.

pertence à "história conjuntural", que é mais profunda e mais firme do que o pensar e sentir de todo dia, com seu caráter "volátil"; um determinado horizonte de entendimento, portanto, suporta bastante tempo, mas é menos firme, mais "superficial" do que os fatores profundos, *estruturais*, do pensamento humano. Mudança cultural, no horizonte das experiências e nos modelos de entendimento, acontece *dentro* de estruturas básicas permanentes, quase imóveis, do pensamento humano. Aí não podemos esquecer que, também no setor do pensar humano, esses três níveis diferentes de ritmo não se encontram ao lado um do outro, não se encontram separados; cruzam-se e misturam-se; juntos, formam uma *única* história do pensamento. E isso também não significa que, *ao lado de* conceitos mutáveis no pensar humano, haja também conceitos de validade permanente, que sobrevivam completos a qualquer mudança, mesmo fundamental, no horizonte do mundo e da experiência. O que com isso se quer dizer, isto sim, é que a estrutura fundamental do pensar humano *se faz valer* nos conceitos estruturalmente determinados e no horizonte mutável da compreensão e da experiência. (Aristóteles *tentou* catalogar ou registrar essas "noções fundamentais do pensamento". Mas, na sua tentativa, ainda não conhecia a distinção entre o aspecto "estrutural" e o aspecto "conjuntural" no nosso pensamento; por isso a tentativa dele é antiquada para nós. Mas, houve um início.) É por isso que para nós (vivendo num horizonte de entendimento histórica ou conjunturalmente diferente) é possível entender, por exemplo, o pensamento bíblico ou o horizonte de entendimento dentro do qual Calcedônia pôde formular a sua definição do dogma. Aí se fizeram valer tanto o momento estrutural como (na época) o conjuntural do pensamento (com fé). Para quem vive dentro de outro horizonte cultural de entendimento, Calcedônia tem certamente algo a dizer com muito sentido, embora de outro lado possa provocar irritação e estranheza. Isso se deve à tensão dialética entre os aspectos conjunturais e os aspectos estruturais do pensamento; é sobretudo essa tensão que deixa toda história ficar ambivalente; por isso, a tarefa de buscar o sentido é contínua, e também ela mesma está dentro da ambigüidade da história. Com a sua ambigüidade, a história é superada, mas não abolida, pela nossa *consciência do tempo*, pela qual, sem dúvida, superamos até certo ponto a temporalidade vivida, não numa "conscience survolante", mas através de uma "abertura" para o mistério que abrange toda "história".[4]

Portanto, o horizonte conjuntural (ou "histórico") do nosso entendimento muda periodicamente, e deve ser colocado dentro do

---

[4] E. Schillebeeckx, *Geloofsverstaan: interpretatie en kritiek*, Bloemendaal 1972, 37-39. Recentemente apareceram novas análises sobre "horizonte contemporâneo de entendimento".

complicado concreto conjunto do que se chama de "história da humanidade". Isso relativiza um pouco as chamadas rupturas entre as épocas, ou pelo menos as reduz às suas proporções reais. Depois disso, porém, é preciso reconhecer também a seriedade e a profundeza de uma mudança espiritual na cultura, pois as conseqüências de tal deslocamento, no horizonte das experiências e do entendimento para a vida da fé (cristã), exigem que a fé seja resistente e saiba traduzir-se em nova linguagem.

Com mais clareza do que antigamente, o homem moderno tomou consciência de que não é apenas por um "filtro de linguagem" que ele olha para a realidade, mas que toda a suposta convivência "direta" com o mundo, com os outros e com toda a realidade sempre acontece através de modelos de pensamento e de interpretação conjunturalmente condicionados. O nosso pensamento passa por um processo igual ao das ciências naturais: à primeira vista, isso é uma comparação curiosa para a maioria de nós, que é leiga nessa matéria, e daí não espera muita ajuda para entender a vida! Mas, quero me referir a um exemplo bem conhecido por todos nós: a revolução copernicana. Antes de Copérnico (ou melhor, antes de seu tempo, pois muito antes dele já havia dúvidas) todo o mundo pensava que o universo girava ao redor da terra; portanto, todo o mundo pensava dentro do modelo antigo de interpretação (de Ptolomeu). Nem sabiam que era "um modelo", pois todo o mundo via o sol nascer e depois se pôr. Para os da Antiguidade e Idade Média, isso não parecia um "filtro", pelo qual se olhava para a realidade; era uma realidade de experiência direta. E nós, também depois de Copérnico, ainda falamos assim, e com toda a razão, dentro do mundo da nossa conversa diária. Muito diferente, porém, é o modo de falar sobre a realidade mesma, quando se parte de outro ponto de vista, que é o da ciência (mas também este não é ponto fora do qual não há salvação; nem é o único com sentido). Ao olharmos para a realidade, podemos usar diversos tipos de óculos; e é isso que fazemos de fato, muitas vezes inconscientemente. Além disso, cada período da cultura parece ter seus próprios óculos, dos quais o período anterior não dispunha; de fato, vê as coisas de outra maneira. Os "modelos de leitura", os filtros e modelos de olhar, são diferentes. Suponhamos que espontaneamente pensamos segundo o modelo ptolomaico de interpretação. Novos dados da experiência são então interpretados dentro desse modelo. Durante muito tempo o modelo satisfaz, e até a ciência da natureza, vivendo dentro desse modelo único, pode progredir sem rupturas ou crises, acrescentando também novos dados ao modelo aceito. Há, por assim dizer, uma "evolução homogênea". Em dado momento, porém (e ainda antes de Copérnico isso se observava), constata-se que alguns dados da experiência não se enquadram no modelo; sobra um resto de dados não enquadráveis. Quando tal sobra se torna grande demais, nasce uma *crise*: começa-se a duvidar do próprio modelo, e a ciência reflete sobre o caso, até encontrar um novo modelo de interpretação, capaz de interpretar também a tal sobra, ou pelo menos a maior parte dela. Quando se afirma que a terra gira em redor do sol, segundo o modelo copernicano (e não o contrário), muitos fatos que no modelo antigo eram inexplicáveis de repente se esclarecem: encontraram o seu lugar. Dentro de tal modelo novo, então, a ciência terá por muito tempo uma evolução tranqüila e homogênea; dados novos são examinados e encontram o seu lugar dentro de tal modelo, embora com o tempo fatos rebeldes (que são anotados) possam novamente ser constatados, até que mais tarde, outra vez, se compõe uma lista bem longa de fatos não colocáveis: sente-se então a obrigação, outra vez, de procurar novo modelo.

Tudo isso vale, de maneira própria e bem análoga, para todos os terrenos da cultura humana, inclusive para o "pensamento sobre a fé", ou seja, a reflexão sobre a ação salvífica de Deus, enquanto experimentada pelos humanos e expressa na linguagem da fé. Nessa expressão, que acontece em linguagem existente, o nosso modo de interpretar a vida humana e o mundo desempenha inevitavelmente o seu papel. Esse horizonte de experiência é de natureza social e histórica, isto é, conjuntural (vide *supra*), participa da historicidade de toda a vida humana. Com o acima citado Th. Kuhn (embora ele fale somente sobre "ciências positivas"), podemos constatar também no nosso pensar humano dois tipos de progresso: *a)* uma evolução homogênea, em grande parte contínua, dentro do mesmo modelo de interpretação, em que experiências sempre novas são interpretadas e enquadradas; é um progresso "evolutivo"; *b)* um progresso em conseqüência de mudança fundamental no horizonte (conjuntural) de experiência, ou no "modelo de interpretação", que obriga a "traduzir" novamente todo o sentido já alcançado; essa evolução tem algo de uma "revolução" (embora em sentido apenas relativo, pois a essa "reviravolta" sempre precedeu uma situação pré-revolucionária, na qual há muito tempo o modelo já não satisfazia. Toda mudança no horizonte de entendimento e de experiências já teve a sua pré-história!). Ao lado de longos períodos de tranqüilo progresso, homogêneo, a história passa de vez em quando por uma ruptura mais fundamental: a transição de um horizonte histórico ou conjuntural para outro. Ao ser encontrado, o novo modelo precisará de tempo para ser aceito por todos como evidência nova (todavia, alguns modelos, por causa de seu caráter especializado, continuam limitados à esfera dos peritos). O novo modelo cultural deverá, por assim dizer, conviver algum tempo com o antigo; muitas vezes haverá conflitos entre os partidários de cada modelo; às vezes nasce até uma polarização: dois grupos de pessoas vivem simultaneamente em dois mundos diferentes, estranhos entre si; não se entendem mais. Pois o resultado, principalmente da mudança cultural (atingindo modelos, experiência, interpretação e ação), é profundo e de longo alcance. Quero citar uma palavra de Wittgenstein (por ele empregada em outro contexto): "O que antes da revolução eram patos, depois são coelhos". O que, p.ex., no antigo modelo físico era uma cadeira sólida e confortável (e continua sendo), aparece no novo modelo atômico como espécie de espaço vazio, em que átomos e moléculas redemoinham e dançam. Alguém "não iniciado", ao ouvir essas coisas pela primeira vez, sacudirá a cabeça, incrédulo ou agressivo, diante de tal aberração modernista, já que a solidez da cadeira parece evidente; ou então, não terá mais coragem de ficar tranqüilamente sentado numa cadeira.

Indiretamente (mas de propósito) esboçamos assim uma imagem completa da situação de fé em que nos encontramos, em conseqüência da mudança nos modelos de experiências e interpretações, nos quais se tenta expressar a fé antiga de maneira nova, porém fiel. Cristologia e Trindade, redenção, graça e pecado original, Igreja e sacramentos, oração e fim do mundo (escatologia), tudo isso indiscutivelmente não parece mais o que antigamente era para nós. De fato, o que eram "patos", e ainda o são para muitos fiéis, agora muitos os chamam de "coelhos", e não poucos têm até a impressão de que alguém está querendo fazê-los de bobos.

Quando se modificam o nosso modo de entender a realidade, os nossos modelos e todos os nossos apetrechos espirituais, também toda a fé é repensada de outra maneira.[5] Na fé assim pensada, naturalmente não faltarão desvios: será que poderia ser de outra maneira? Mas, trata-se de fenômenos secundários, humanamente inevitáveis: uma tentativa autenticamente cristã de não deixar a fé tornar-se relíquia histórica, e de fazer dela, também agora, uma realidade viva. Em tal período de mudança, há sempre alguns entusiastas que consideram o passado apenas como período pré-histórico, e acham que só agora estamos chegando à verdade e a uma compreensão verdadeira; por isso, sentem uma libertação radical e só enxergam a novidade como tal; também isso é fenômeno secundário e muito normal em semelhantes períodos de mudança. Nunca podemos avaliar a mudança, na sua totalidade, através dos elementos acríticos que ela também contém; ao se fazer isso, semelhantes épocas são logo consideradas como a chegada da besta-fera do Apocalipse, e como o esfriar-se do amor em geral: a véspera do fim escatológico. Também esse "modelo" já o conhecemos pela história, e ele é capaz de voltar sempre de novo! Aqueles que (por qualquer motivo) não entendem o que realmente está acontecendo, hão de censurar tudo (obedecendo ao tal modelo

[5] B. Welte, *Die Krisis der dogmatischen Christusaussagen*, em: *Die Frage nach Jesu* (ed. A. Paus), Graz-Colônia 1973,151-180, e: N. Lash, *Change in focus*, Londres 1973.

apocalíptico); pois eles têm a impressão de que, indubitavelmente, a fé está se esvaziando – críticos benévolos dirão que isso se faz inconscientemente; outros dirão que é de propósito.

Não se pode negar que, em determinados setores, é possível alguém viver, agir e pensar dentro de modelos já antiquados. A navegação, p.ex., ainda pode trabalhar, e com sucesso, com o antigo modelo ptolemaico de pensar. A aviação, porém, e os vôos espaciais já não o conseguem. Decisivo é, pois, que somente novo modelo pode promover tanto a ciência como a fé, e abrir-lhes o futuro. Se tivéssemos continuado a falar sobre mesas e cadeiras segundo o antigo modelo físico, os vôos para a lua não teriam sido possíveis. Enquanto isso, porém, podemos tranqüilamente continuar a nos sentarmos numa cadeira sólida! A mesma coisa vale para a fé cristã. Não se nega a nenhum fiel o direito de expressar e viver a sua fé conforme os modelos antigos de experiência, de cultura e de pensamento. Mas, tal atitude impede o caminho da fé eclesial para o futuro, privando-a de sua força missionária de convicção diante de contemporâneos, aos quais – agora – o evangelho se destina. É evidente que também os modelos novos, por sua vez, serão substituídos por outros (como o modelo copernicano já está sendo substituído em boa parte). A questão não consiste em sabermos tudo melhor do que os fiéis de outrora. A questão é esta: Considerando os novos modelos de experiência e de pensamento, o que precisamos nós fazer, aqui e agora, para conservarmos uma fé viva que, *por ser a verdade*, tenha relevância, também no nosso tempo, para o ser humano, para as suas comunidades e para a sua sociedade. Qual é o cristão, p.ex., que ainda hoje sabe o que significa "Filho do homem", conceito que exprimia a visão fundamental de uma geração do cristianismo primitivo? Em todo caso, o problema está assim posto com clareza.

CAPÍTULO 2

A RUPTURA COM A TRADIÇÃO, DESDE O ILUMINISMO

§ 1. QUESTIONAMENTO DE LESSING, NA BASE DO ILUMINISMO.[6]

"Verdades casuais, históricas, nunca poderão provar verdades necessárias, racionais";[7] entre as duas abre-se "um abismo feio e amplo".[8] Assim falou Gotthold Ephraim Lessing. Essa frase de Lessing muitas vezes tem sido interpretada na linha da filosofia de G. W. Leibnitz e Ch. Wolff, em relação, portanto, com a distinção que eles fazem entre "verdades de fato" e "verdades necessárias". Somente estas últimas, "as verdades racionais", são relevantes no Iluminismo para uma vida verdadeiramente humana, emancipada. Para o Iluminismo, "a experiência" não tem, nem de longe, a importância que têm as "verdades racionais", inatas. No entanto, Lessing, por mais que fosse filho de seu tempo, entendia essa oposição de outra maneira. Para ele tratava-se da antítese entre "verdades do passado", sobre as quais podemos ter informações históricas, e "verdades vividas" aqui e agora, acontecimentos dos quais nós mesmos participamos. Não se trata do terreno movediço da nossa experiência, em contraste com o terreno iluminado de verdades imutáveis, racionalmente evidentes; trata-se de

[6] Ver entre outros: K. Aner, *Die Theologie der Lessingzeit*, Hildesheim 1964 (Tubinga 1929); W. Lepenies e H. Nolte, *Kritik der Anthropologie* (Reihe Hanser, 61), Munique 1971; O. Macquard, *Wie irrational kann Geschichtsphilosophie sein?*, em: PhJ 79 (1972) 241-253; W. Oelmüller, *Was ist heute Aufklärung?*, Düsseldorf 1972; W. Oelmüller (ed.) *Fortschritt wohin?*, Düsseldorf 1972; M. Riedel, *Rehabilitierung der praktischen Philosophie*, I. *Geschichte, Probleme*, Aufgaben, Friburgo 1972; D. Schellong, *Lessings Frage an die Theologie*, em: EvTh 30 (1970) 418-432; H. Scholz, *Zufällige Geschichtsund notwendige Vernunftwahrheiten*, em: *Harnack-Ehrung. Beiträge zur Kirchengeschichte*, Leipzig 1921, 377-393; R. Schwarz, *Lessings "Spinozismus"*, em: ZThK 65 (1968) 271-290; R. Slenczka, *Geschichtlichkeit und Personsein Jesu Christi*, Göttingen 1967.

[7] "Verdades históricas casuais nunca podem tornar-se a prova de verdades intelectualmente necessárias" (*Lessings Werke*, ed. por J. Pedersen e W. von Olshausen, Berlim-Leipzig 1924, vol. 23, 47).

[8] Lessing, *ibid.*, vol. 23, 49.

um contraste dentro do setor da assim chamada "experiência factual": de um lado, fatos transmitidos do passado, cuja exatidão podemos examinar historicamente (embora o resultado de tal investigação seja um tanto quanto relativo e problemático; mas não é isso que incomoda Lessing); e de outro lado, acontecimentos atuais, pessoalmente vividos, que possuem evidência interna. Aí Lessing está no terreno do Iluminismo original, notadamente antitradicional. O que "eu mesmo vivo" tem evidência interna, que nenhuma "verdade histórica" pode me dar. Jesus pode ter feito milagres – a historiografia pode até, com bons argumentos, examinar e confirmar isso; mas a questão é esta: O que significa isso para mim, se eu mesmo não experiencio mais milagres aqui e agora? Pois a época do Iluminismo não conheceu nenhuma experiência de milagres. Milagres de Jesus, historicamente estudados, não me fazem e não me dizem mais nada, aqui e agora. "Eu não vivi isso". Informações históricas sobre milagres do passado, por si só, ainda não são milagres! Para Lessing, a crítica histórica sobre a Bíblia e a hermenêutica atualizante são supérfluas, não prestam serviço à razão humana e não têm valor para experiências atuais. Aliás, verdades históricas contingentes são contingentes pelo fato de que *todas* as religiões positivas *podem* cumprir uma função de ajuda para a razão: "colocam a razão na direção certa". Porém, uma religião histórica, que por tradição chegou até nós, não tem nenhuma importância autônoma, além ou acima da função de direcionamento. Lessing insiste, portanto, na "evidência racional de experiência", ou "evidência imediata de experiência". Nesse sentido, Lessing reinterpreta a distinção do Iluminismo entre "verdades contingentes" e "verdades racionais, necessárias". O que pela vontade providencial pedagógica de Deus eram "no passado" verdades necessárias, torna-se agora uma "verdade *contingente*" para o intelecto desenvolvido, que por si mesmo experiencia a evidência interna do que é "religião". Portanto, o que Jesus, no seu tempo, anunciou e ensinou, de acordo com o seu tempo, já alcançou seu objetivo, isto é, colocou no caminho certo a razão humana. E tudo o que a própria razão humana, seguindo esse caminho, pôs em movimento, é "fruto dos milagres de Jesus; são profecias realizadas".[9] A negação do significado *atual* de verdades *históricas* corresponde, segundo Lessing, ao reconhecimento da evolução histórica, pois esta é vista como "revelação", no sentido de "educação" da humanidade por Deus, educação que tem por finalidade a "verdade interna", racionalmente compreendida. "Revelação positiva", na visão de Lessing, é um "impulso numa determinada direção", impulso esse que foi necessário na infância da humanidade e do indivíduo, e que intermediou indiretamente o conhecimento da verdade racional

[9] *L.c.*, 49ss.

evidente, à qual o ser humano – embora por muitos desvios – poderia ter chegado pela sua própria capacidade. O que a revelação divina, entendida como educação, nos oferece na história concreta de pessoas humanas está, e sempre esteve, "inserido" em nossa própria natureza humana; a pedagogia divina da revelação apenas dá ao ser humano, de maneira mais fácil e rápida, o que ele mesmo podia ter encontrado em si mesmo e por si mesmo, na base de sua razão.

O que antigamente, devido ao estado da razão humana, era *necessário*, torna-se *contingente* pela razão iluminada; torna-se não-necessário e finalmente supérfluo. Para o atual status iluminado da razão, os milagres de Jesus – e o próprio Jesus – já não são necessários. Por isso, uma interpretação atualizante da Bíblia é declarada supérflua, mas não é subestimada a relevância *histórica* (portanto passada) da Bíblia, devido à situação da razão naquela época. Para a razão iluminada, a Bíblia está "superada". Para o Novo Testamento, Lessing não teve coragem de dizer isso tão clara e abertamente como para o Antigo Testamento; era, isto sim, a sua convicção pessoal, que ele expressava "manobrando", pois sabia que seu tempo não estava maduro para uma crítica tão radical sobre a Bíblia e o dogma. "*Por enquanto,* ainda não podemos renunciar a Jesus e ao Novo Testamento". (Pessoalmente, Lessing o podia; mas ainda não o podiam os seus contemporâneos, ortodoxos ou, como se dizia na época, "neólogos". Por isso, Lessing "oscila" nos seus pronunciamentos públicos.) Lessing, filho de família cristã, sentia às vezes o medo (suas cartas o mostram) de estar impondo a ritmo acelerado demais à "pedagogia de Deus". Ele tem consciência da longanimidade de Deus para com os humanos: para conduzi-los, Deus precisa dar muitas voltas! Às vezes, Lessing se questiona, honestamente, se não está forçando a direção providente de Deus, com suas idéias "iluminadas", porém precoces. Mas, que Deus quer realmente conduzir o ser humano para esse "Iluminismo", tornando supérflua toda religião não baseada numa evidência interna, racional, experimentada, isso para ele era certeza absoluta. Lessing queria realmente uma completa emancipação da razão, livre da tradição bíblica-cristã. A "evidência da experiência interna", a razão, é o critério último. Toda religião baseada em revelação precisa estar *a serviço* do ideal humano emancipado, ético-religioso, da "verdade interna"; não pode dificultar esse ideal; ao prestar tal serviço, uma religião que alega revelação tem também sentido histórico. A tendência fundamental em tudo isso é o que Imanuel Kant formularia como ("religião dentro da mera razão").[10] Assim (não segundo Lessing, mas dentro do espírito da época) a razão humana deixa de ser histórica; torna-se independente, isolada da tradição histórica de suas expe-

[10] *Kants Werke* (ed. W. Weischedel), Darmstadt 1956-1964, vol. 7 (título).

riências. Em Hegel, essa não-temporalidade da razão há de coincidir com o momento contemporâneo da fase da cultura em que se vive: o *hoje* torna-se, por assim dizer, um "escatón", o tempo da verdade.

§ 2. Tendências "cristológicas" de hoje na linha do Iluminismo

Não quero analisar aqui o próprio "impulso crítico", louvável e positivo, que o Iluminismo trouxe para o pensamento ocidental. Quero apenas mostrar como o *caráter unilateral,* historicamente determinado, dos efeitos desse impulso crítico influenciou alguns setores do pensamento cristológico atual, às vezes inconscientemente, mas muitas vezes também numa adoção consciente dessa fase crítica do pensamento humano. Formularei uma tendência, que nunca li expressamente tematizada como tal, mas cuja perspectiva me ficou clara sobretudo na América do Norte, em muitas conversas com teólogos de diversas confissões. Algumas tendências fundamentais vi também aqui e ali na minha terra (com menor freqüência, porém, entre *teólogos* holandeses).

Segundo essa tendência, Jesus foi um inspirador, catalisador e animador de novos valores religiosos, e até de uma experiência religiosa original. Foi de fato o mediador de novos valores espirituais, inclusive de uma experiência religiosa inédita. Observa-se, porém, que não se deve dar a ela sentido universal. Verdade é que os valores inspirados por Jesus frutificaram na história posterior, e nesse sentido pode-se atribuir a ele um significado universal e até definitivo. Exatamente porque os valores religiosos lançados por Jesus continuaram a se movimentar através da história, os fiéis inspirados por Jesus haviam de criar sempre imagens novas de Jesus, usando material anterior. Isso sempre tem acontecido ao longo da história. De fato (assim eu reconstruo o raciocínio), quantas imagens de Moisés e Davi não se encontram nas diversas camadas do Antigo Testamento? A história religiosa da humanidade concreta não pára nunca. É com razão que sempre são lembradas as grandes figuras religiosas que nos precederam, sobretudo o grande inspirador religioso das tradições religiosas ligadas ao nome de Jesus de Nazaré.

Nessa visão, porém, tais imagens de Jesus não são importantes, e, a bem dizer, são até supérfluas. Na realidade, são manifestações de experiências religiosas *totalmente novas*. Mas, porque Jesus foi o grande promotor da "religiosidade", pessoas religiosas, em suas experiências novas, continuam a lembrar-se com gratidão daquele que nisso lhes foi exemplo. E é exatamente por causa disso que tais pessoas projetam em Jesus as suas próprias experiências de Deus: assim surge uma "nova imagem de Jesus". Mas isso não diz nada sobre o próprio Jesus de Nazaré; somente diz alguma coisa sobre as próprias experiências deles, da mesma forma como todas as coisas boas que mais tarde apareciam em Israel foram projetadas sobre Moisés, como "protótipo", por assim dizer. De fato, parece que nisso funciona um modelo antropológico, segundo o qual, na base de material histórico anterior, experiências novas são atribuídas ao iniciador do movimento ou de um determinado impulso tradicional. A literatura está cheia de semelhantes "atualizações" (ou "concentrações épicas"), que afinal não são atualizações (segundo esse modo de ver), mas pura novidade, dentro de uma história em que não é pela primeira vez que se fala em religiosidade; a narrativa religiosa já tinha começado muito antes.

Sobretudo numa história que ainda tem "ingenuidade narrativa", é rotina retomar narrativas antigas (para, na verdade, verbalizar uma experiência totalmente nova). Trata-se da composição de uma narrativa totalmente nova, na base de nova experiência, embora tal composição trabalhe com material antigo, em que se falava de experiências análogas.

Segundo esse modo de ver, as novas imagens de Jesus são concepções puramente míticas, cujo conteúdo real, não mítico, não é outra coisa senão a própria experiência religiosa, historicamente nova (sendo Jesus, isto sim, visto como exemplo e animador no seu tempo). A confissão de que Jesus pregou de forma original uma nova relação com Deus e com o próximo é, até certo ponto, mantida nessa concepção, mas – dizem então – nisso não se deve atribuir à pessoa de Jesus um sentido absoluto; em outras palavras, Jesus foi o mediador histórico de uma experiência religiosa excepcional, mas não se pode falar de uma mediação universal. Aquilo que foi intermediado não está portanto (neste modo de ver) exclusivamente ligado à *pessoa* de Jesus como mediador de valores e experiências religiosas.

A conseqüência de tudo isso, então, é que uma das tarefas da teologia seria analisar a relação entre as diversas formas de expressão religiosa (tanto nas religiões não-ocidentais como nas ocidentais) e o cerne da experiência religiosa. Assim, teologia *cristã* seria o estudo sobre como a mensagem cristã é *uma das* formas de expressão da experiência religiosa da humanidade. Tudo isso, de fato, é Iluminismo na sua totalidade. Juntamente com os impulsos críticos da mentalidade da época, abrange também alguns pressupostos não refletidos.

§ 3. Pressupostos expressamente assumidos e pressupostos implícitos

O que acima foi tematizado contém uma porção de pressupostos, que em parte são reconhecidos, e em parte calados. Supõe, entre outras coisas, que tudo o que foi dito antigamente é aberto e reversível, e por isso não pode oferecer nenhuma firmeza. A conseqüência é óbvia: atribuir a Jesus de Nazaré uma importância universal é considerado, a priori, como problemática pré-crítica; seria, por definição, um pronunciamento supracultural, e isso não combina com o pluralismo essencial da cultura humana. Em outras palavras, esse pressuposto já resolveu de antemão a questão de uma eventual universalidade única de Jesus de Nazaré; resolveu-a em sentido negativo, já antes de se começar o exame dessa questão. A pergunta mesma é eliminada como pseudoproblema. Mas, já que se está dentro de determinada tradição religiosa, a saber, a cristã, tenta-se então, dentro dessa solução prioristicamente negativa, dar uma explicação razoável daquilo que tal pretensão cristã de universalidade pode ter significado numa época pré-crítica. O que nessa interpretação negativa se pretende afirmar se reduz ao seguinte: já que todos nós – também Jesus – somos pessoas *históricas*, ninguém *dentro* da nossa história pode ser absolutizado. Uma pessoa histórica pode revelar algum valor absoluto, sim, mas esse caráter absoluto não pode ser transferido para o próprio mediador histórico; é esse o próprio pressuposto do Iluminismo histórico. Segue-se daí que não há uma ligação essencial entre a pessoa de Jesus e a mensagem religiosa de valor absoluto que ele trouxe. Nega-se, pois, o cerne do que é confessado no querigma cristão: a ligação essencial entre a pessoa de Jesus e a sua mensagem sobre a chegada do reino de Deus.

Considerando-se os muitos paralelos, na literatura mundial, de tendências "epônimas" (ou "concentrações épicas"), isto é, em que experiências de pessoas ou grupos historicamente situados são projetadas sobre figuras-chave do passado (p.ex. o ancestral, o patriarca: Jacó, Abraão, Caim, Adão), é preciso admitir, sem dúvida, que aí se dá uma estrutura antropológica. Reconhecer tal estrutura, porém, não resolve nada, a priori, com relação à pergunta: "o que aconteceu realmente?" Esse fenômeno muito humano mostra apenas certas estruturas da consciência humana que, como tais, não podem dar uma resposta, nem positiva nem negativa, à questão a respeito de verdade e realidade. Tal estruturação nos ensina também que, se existe verdadeiramente em Jesus uma universalidade transcendente, não se trata de uma transcendência mágica, mas de uma que se há de manifestar através das nossas estruturas de consciência, humanas, normais. Se existe em Jesus uma universalidade transcendente, isso em todo caso deverá ser confirmado ou negado em *outra* base. A tendência "cristológica" acima mencionada se encontra, pois, dentro de um horizonte de entendimento, no qual, segundo o Iluminismo, a razão humana julga que pode traçar limites para possibilidades que tenham sentido. Sem dúvida, já não podemos, no século XXI, elaborar uma cristologia pré-crítica. Mas a questão é se esse rígido princípio racional do Iluminismo não precisa ser criticado.

Além disso, há nesse tipo de "nova cristologia" ainda outra forma de racionalismo e apriorismo, a saber, com relação à asserção de que todo conhecimento histórico é *reversível*. Nenhum historiador negará que o resultado de toda pesquisa histórica continua sempre aberto para revisão, maturação e correção. Contudo, parece-me flagrante erro dizer que *por causa disso* nenhum julgamento histórico pode considerar-se fundamentado, sendo apenas, e puramente, uma "provável hipótese". Mas, toda a tendência "cristológica" acima mencionada (conforme dizem seus próprios defensores) supõe tal suposição como certa. Nessa suposição, é injustificável considerar evidente que "objetividade" se identifica com uma espécie de "onisciência"; já que esta naturalmente não existe, nega-se qualquer forma de objetividade histórica.[11] Perde-se de vista que, para o historiador, é suficiente ter a necessária garantia para aquilo que ele comunica como "pronunciamento histórico". Pode haver interpretações divergentes ou complementares do passado, mas nem por isso elas se contradizem intrinsecamente. As chamadas "vidas biográficas de Jesus de Nazaré", do século XIX, não apenas eram diferentes, mas até se contradiziam; esse fato não significa, absolutamente, que todo conhecimento histórico sobre Jesus seja incerto por princípio!

Existe aí uma suposição correta (mas dela tiram-se conclusões erradas), a saber: que sempre existe uma "possibilidade teórica" de a gente errar ao fazer afirmações sobre dados históricos. Isso é verdade, com a condição de se distinguir entre: *a)* ter *garantias suficientes* para reivindicar uma declaração histórica, isto é, que tem sentido não contar mais com a "possibilidade teórica" de poder sempre enganar-se; *b) saber* que algo aconteceu exatamente assim no passado.[12] Esta última conclusão pode estar errada, embora o historiador tenha garantia suficiente, em base racional, para fazer um julgamento histórico. Dizer (por causa da "possibilidade teórica" de alguma correção no futuro, p.ex. pela descoberta de novas fontes ou documentos) que as nossas avaliações históricas atuais são falsas, ou pelo menos não podem reivindicar nenhuma certeza própria de historicidade, mostra irresponsável racionalismo em assuntos de historiografia. Ninguém afirma ou nega um acontecimento do passado na base da "evidência", mas por causa de certos argumentos que permitem afirmação ou negação. Por exemplo, quando alguém alega argumentos para negar X, ainda não quer dizer que X realmente não aconteceu; somente, que não temos argumentos para afirmá-lo. (Por isso, é igualmente irresponsável procurar um "espaço inatingível" para a fé, isto é: *independente* da própria medida de permanente incerteza do resultado histórico.)

A possibilidade de errar em qualquer avaliação histórica (que lógica e teoricamente sempre existe) não precisa ter como conse-

[11] Ver: P. Carnley, *The poverty of historical scepticism*, em: *Christ, faith, history*, 165-190.
[12] Assim, com razão, P. Carnley, *l.c.*, 171ss.

qüência que existe também um erro *de fato*. No conjunto de uma vida não racionalisticamente entendida, o historiador pode ter argumentos históricos suficientes para não contar mais, concretamente, com essa possibilidade teórica abstrata. Há uma legião de casos em que podemos e até devemos desconsiderar essa possibilidade teórica, para que a vida humana ainda seja realizável. Por isso, parece certa a seguinte conclusão: é um erro afirmar que a fé cristã não pode achar nenhum fundamento em dados históricos, só pelo fato de que toda avaliação sobre um acontecimento do passado é histórica. E é um erro – pelo mesmo motivo – afirmar (como fazem, desde Bultmann, muitos teólogos do querigma, mas também P. Tillich) que a *avaliação pela fé* deve estar totalmente desligada de avaliações históricas.

E ainda há um terceiro apriorismo racionalista na tendência cristológica acima mencionada. Ouvimos falar sobre o cerne da experiência religiosa, que o teólogo deveria comparar com as diversas formas em que a religiosidade se expressa: no cristianismo, no budismo, no islamismo etc. Mas, quem vai determinar o que é "o cerne" de uma experiência religiosa? Qual é o critério que aí se aplica? Será que é a *própria* religião de cada um?

"Experiência religiosa", como conceito, parece-me simples abstração, que o Iluminismo tirou de diversas religiões empíricas que na época se tornaram acessíveis. Fazendo tal abstração, esses pesquisadores de religiões se tornaram, por assim dizer, "fundadores" de uma nova religião, a saber, a "religiosidade comum", que apareceu, como espécie de sedimento químico, na abstração deísta. É o resultado de certa maneira não-histórica de pensar; assim, o contexto cultural e a história de uma religião ficam velados, escondidos atrás de uma universalidade apenas abstrata-teórica, sem carne e sangue e, conforme mostra a história, sem nenhuma atratividade: de fato, essa abstração deísta não pôde ter vida longa. Com isso não se nega a significativa possibilidade de se definir o que é *religião*, "partindo-se da *configuração* da existência pessoal". Religião então seria: "um sistema de símbolos que funciona produzindo no ser humano sensações e motivações poderosas, penetrantes e duradouras, pela expressão de um projeto de ordem universal da existência, e envolvendo tal projeto numa aura de facticidade capaz de fazer que tais sensações e motivações pareçam incomparavelmente reais".[13] Tal definição de religião é algo totalmente diferente de isolar um cerne nas experiências religiosas de todas as religiões, dando-se, então, a tal cerne um sentido absoluto e reduzindo-se a historicidade dessas religiões a serem objeto de concretizações facultativas.

---

[13] C. Geertz, *Religion as a cultural system*, citado por W. Dupré, *Wat is religie?*, em: *Toekomst van de religie: religie van de toekomst?*, Brugge-Utrecht 1972,17.

§ 4. Universalidade através de mediação histórica particular

O impulso crítico do Iluminismo diante das tradições transmitidas deve ser visto como aquisição duradoura, que não poderá ser abandonado impunemente. Entretanto, não podemos deixar de chamar a atenção para a *pobreza* de uma atitude crítica aplicada em sentido racionalista. Hoje em dia critica-se cada vez mais a atitude, hostil à historicidade, da razão iluminada e iluminante.[14] Foi exatamente o estreito "princípio de racionalidade" do Iluminismo que não era crítico. Nessa base, o Iluminismo começou a falar de um ideal universal de humanidade, do *humano* sem mediação histórica, particular e real. A sua "razão sadia" ou "bom senso" era uma abstração não-histórica, supra-histórica. Tal ideal não favorece em nada o *humano*. Depois do Iluminismo, o nosso tempo, tendo passado por toda sorte de terríveis experiências, chegou a entender que a humanidade não dispõe livremente do *humano*. O que é digno do ser humano não é algo que já conheçamos e já tenhamos no nosso poder. É algo que "está longe"; é um *humano* que *procuramos*. É com razão que se começou a falar no "homo absconditus" (E. Bloch). Um conceito geral de humanidade é por si mesmo sempre ambíguo; precisa de uma instância crítica, um critério, e a nossa história humana de sofrimentos de fato no-lo dá, essa história que a partir do Iluminismo pouco se amenizou, a não ser que se identifique humanidade com o bem-estar de uma sociedade de consumo, baseada na ciência e tecnologia.

Segundo o Iluminismo, toda distinção entre os seres humanos deve-se única e exclusivamente a instituições positivas de natureza historicamente arbitrária. Em nome da natural e por assim dizer pré-cultural fraternidade, exigia-se a abolição de todas as fronteiras e ao mesmo tempo a unificação do *ethos*, que deve valer para todos os seres humanos exatamente na mesma medida. Existe algo de grandioso nessa visão, mas o preço é alto: uma fraternidade em acepção ampla demais torna-se irreal e sem sentido. O romantismo o formulara: "Eu os aperto entre meus braços, milhões" (Schiller), e a Nona Sinfonia de Beethoven canta: "Todos os homens são irmãos". Mas, com uma fraternidade universal, dirigida a todos de maneira irreal, querendo praticar o amor ao próximo de forma "não partidária", na realidade não se atinge a ninguém, e muito menos aos "excluídos". Sociólogos põem hoje esta questão: Será que não precisamos, em princípio, de pequenos núcleos, "comunidades de base", para assim, e somente assim, podermos influenciar o conjunto, para o bem de todos?

---

[14] Ver a bibliografia sob a nota 6 p. 566), sobretudo W. Oelmüller; também: N. Luhmann, *Soziologische Aufklärung*, Colônia-Opladen 1970, 85; ver também: J. Habermas, *Erkenntnis und Interesse*, Frankfurt 1968, 344.

Também para o marxismo, proveniente do Iluminismo, a distinção entre os humanos era um dado histórico, principalmente porque a *história* não foi fiel à *natureza*: foi uma auto-alienação do ser humano. Mas, o marxismo crê na vitória sobre essa alienação mediante um retorno para a natureza pura; uma luta consciente de sua finalidade: através da fraternidade *limitada* do partido socialista se chega a uma fraternidade *universal*.[15] Em contraste com o Iluminismo, já aparece aí o princípio saudável: universalidade através de uma mediação histórica particular.

Por sua vez, a cristologia dos teólogos da "morte de Deus" vê na rejeição ou na não-valorização da "transcendência divina" a condição necessária para uma comunhão fraterna universal. Segundo eles, Jesus Cristo *nos liberta* da transcendência divina que aliena o homem. Ao invés de logo censurarmos esses teólogos por estarem esvaziando a fé cristã, faríamos melhor se verificássemos que efeitos alienantes tiveram certas teorias teológicas sobre a redenção, *de fato propostas*, de tal maneira que muitos *puderam realmente sentir* a negação de uma transcendência divina como verdadeira libertação! Numa teoria pós-medieval sobre a redenção cristã como "substituição penal" (interpretação fundamentalmente errada da doutrina de Anselmo sobre a satisfação) o ser humano estava realmente fadado, pela "transcendente justiça" de Deus, a uma obediência cega e uma culpabilidade estéril: (segundo tal teoria) Deus exige o sacrifício de um inocente Jesus para livrar a humanidade da própria culpa diante de Deus. Assim fazem hoje os seqüestradores de aviões com reféns inocentes, para denunciar à opinião mundial a culpa de toda uma sociedade.

Também aí precisamos criticar o aspecto ideológico, por causa da nossa relação de *ruptura* ante o Iluminismo. Relação de ruptura, porque chegamos a compreender o significado crítico de tradições e instituições do passado que discordam da atitude do Iluminismo a esse respeito. A "lembrança *crítica* do passado" tem importância humanizante, que o Iluminismo não enxergava.

O cristianismo confessa que "o Deus de Jesus" é Deus de todos os seres humanos, e isso mostrou-se na pessoa e na mensagem de Jesus, e na praxe de sua vida. E é preciso levar em conta também que isso foi manifestado em e por um membro de um dos povos mais discriminados do mundo: o judeu Jesus de Nazaré. Exatamente pela sua vivência radical da mais profunda inspiração do javismo profético é que Jesus revolucionou o sistema judaico, identificando-se com os discriminados: os pobres, os marginalizados, os pecadores, com todo ser humano necessitado. Aí se manifesta, a serviço de uma universalidade real, um inegável *parcialismo* do amor de Jesus, visando ao reinado

[15] K. Löwith, *Weltgeschichte und Heilsgeschichte*, Stuttgart 1953, 38-54.

universal de Deus. No particularismo discriminativo e até partidário pode muito bem revelar-se um valor e uma realidade vital que são universais, unindo todos os seres humanos, embora isso possa incluir um "escândalo" para quem encarar isso com o olhar demasiadamente humano de quem, por assim dizer, sente-se dono do mundo. O contato proposital de Jesus com pecadores e excluídos, aos quais assim se oferecia salvação, escandalizava os representantes oficiais do povo; foi uma praxe explosiva.

O Novo Testamento entendeu isso muito bem; aí sente-se ainda a tensão que nasce em conseqüência de uma universalização através da particularização. *Por um lado*, "irmão" para Jesus é simplesmente "o próximo", ou seja, a pessoa com quem a gente se encontra concretamente e que vive em dificuldades: o pequeno, ou o mais desprezível.[16] Acima de todas as limitações, os que necessitam de ajuda são "irmãos de Jesus", exatamente por causa da sua situação precária. Fraternidade, pois, se funda no fato de que a história humana é história de sofrimento que precisa ser superado e conclama para a solidariedade universal. "Próximo" é quem se compadece de qualquer pessoa que se encontre sofrendo; pois esse sofredor é um irmão de Jesus. A confraternidade geral, real, já toma assim aspecto histórico-particular: lembra Jesus de Nazaré, sem nada perder de sua *própria* referência histórica concreta a estas determinadas pessoas que sofrem. *Por outro lado*, no mesmo Novo Testamento, os membros da própria e pequena "comunidade cristã", distinguindo-se dos não-cristãos, são chamados de "irmãos" de maneira especial: são os co-cristãos (já nos sinóticos, mas sobretudo em Paulo e no evangelho joanino). Quer dizer: a confraternidade limitada e bem determinada da comunidade cristã está *a serviço* da confraternidade universal. É esse o sentido profundo da linguagem eficaz do Concílio Vaticano II, quando afirma: "A Igreja é um sacramento", isto é, um sinal ativo, eficaz, medianeiro da *união da humanidade*.[17] Do ponto de vista teológico, e também do sociológico, isso parece uma linguagem eficiente e bem fundamentada, que convoca os cristãos a viverem ativamente sua fraternidade cristã como serviço ao projeto de irmandade universal entre todos os seres humanos, como exemplo, em escala menor, do que em escala abrangente deve ser a finalidade de todo anseio humano. Esse fato já deixa claro que a própria identidade de Jesus deverá encontrar-se na sua identificação com todo ser humano, e isso com base na sua identificação com a causa de Deus: o reinado de Deus como salvação para todo ser humano, e como *shalóm* universal: o reino de Deus.

---

[16] Mt 10,42; 11,11; 18,6.10. Ver: ThWNT IV, 650-661. Nos evangelhos, os menores e mais humildes já são, por si, identificados com os cristãos. Ver, entre outros, Berger, *Amen-Worte*, 41, p. 38, e 41-46.

[16] *Lumen Gentium*, n. 1.

O racionalismo supõe a priori que uma salvação universal graças a uma particularidade, além disso concretamente discriminada (do judeu Jesus) em relação a outros seria indigna, impossível e pré-crítica. Mas, será difícil sustentar que isso é uma tese *crítica*; ela é a-histórica e acrítica. A intenção do credo cristão, com sua particularidade e até partidariedade históricas, não visa o próprio interesse, mas o interesse *do outro.* Não podemos ficar abaixo do nível do Iluminismo, mas nem tampouco podemos concordar com as limitações e com certas suposições racionalistas do Iluminismo histórico, que se mostraram infundadas: o nosso relacionamento com o Iluminismo está hoje rompido. Por isso, não podemos reassumir, "atualizando-o", todo o Iluminismo (tampouco um passado mais abrangente). Ao lado da continuação atualizante de seu impulso crítico, há o veto (e por isso um não-atualizar) contra as suas suposições acríticas.

Seção II

NÃO TEORIZÁVEL "HORIZONTE UNIVERSAL DE ENTENDIMENTO"

Capítulo I

Universalidade única de um homem historicamente particular

§ 1. O conceito de "transcendência humana"

Bibliografia: Quanto à cristologia "a partir de baixo" só podemos dar uma seleção dentre a abundante bibliografia; citamos sobretudo obras que procuram a transcendência de Jesus dentro de seu próprio "ser homem", seja em sentido cristológico, seja em sentido redutivo (H. Braun; P. van Buren), e ainda algumas reações contrárias.

T. van Bavel, *God absorbeert niet: de christologie van Schoonenberg*: TvT 11 (1971) 383-411; id., *Verrifzenis: grondslag of object van het geloof in Christus*: TvT 13 (1973) 133-144; H. Berkhof, *Schoonenberg en Pannenberg: de tweesprong van de huidige christologie*: TvT 11 (1971) 413-422; H. Braun, *Jesus* (Berlim ²1969) caps. 12 e 13; P. van Buren, *The secular meaning of the Gospel* (Nova York 1963; trad. espanhola: *El significado secular del evangelio* (Barcelona 1966); id., *Theological explorations* (Nova York 1963); P. Colin, *Le caractère sacré de la personne de Jésus-Christ. Approche philosophique*: RSR 57 (1969) 519-542; Chr. Duquoc, *Christologie II. Le Messie* (Paris 1972); G. Ebeling, *Wort und Glaube* (Tubinga ³1967) 203-254; G. Galot, *Vers une nouvelle théologie* (Paris 1971; este livro baseia-se numa interpretação errônea dos autores analisados, portanto, tem pouco valor científico); N. Greinacher, K. Lang e P. Scheuermann (eds.), *In Sachen Synode* (Düsseldorf 1970) 150-169; A. Hulsbosch, *Jezus Christus, gekend als mens, beleden als Zoon Gods*: TvT 6 (1966) 250-272; id., *Christus, de scheppende wijsheid van God*: TvT 11 (1971) 66-76; H. I. Iwand, *Die Gegenwart des Kommenden* (Gotinga 1955); E. Jüngel, *Unterwegs zur Sache* (Munich 1972); Ph. Kaiser, *Die Gottmenschliche Einigung in Christus als Problem der spekulativen Théologie seit der Scholastik* (Munich 1968); W. Kasper, *Einführung in den Glauben* (Mogúncia 1972; trad. espanhola: *Introducción a la fé*, Salamanca 1976) 43-56; id., *Die Sache Jesu: Recht und Grenzen eines Interpretationsversuchs*: "Herder Korrespondenz" 26 (1972) 185-189; L. E. Keck, *A future for the historical Jesus* (Nashville-Nova York 1971); A. Kolb, *Menschwerdung und Evolution* (Graz 1970); H. Küng, *La encarnación de Dios* (Barcelona 1974); H. M. Kuitert, *Om en om. Een bundel theologie en geloofsbezinning* (Kampen 1972); R. Michiels, *Een mens om nooit te vergeten* (Amberes-Utrech 1972); J. Moltmann, *Teologia de la esperanza* (Salamanca 1977); id., *El*

Dios crucificado (Salamanca 1977); G. Muschalek, *Gott in Jesus. Dogmatiscbe Überlegungen zur heutigen Fremdheit des menschgewordenen Sohn Gottes:* ZKTh 94 (1972) 145-157; W. Pannenberg, *Fundamentos de cristología* (Salamanca 1974); id., *Questiones fundamentales de teología sistemática* (Salamanca 1976); K. Rahner, *Die zwei Grundtypen der Christologie,* em *Sckriften zur Theologie* X (Einsiedeln 1972) 227-238 (em *passim* en *Schrijten zur Theologie);* K. Rahner-W. Thüsing, *Cristología. Estúdio sistemático y exegético* (Madrid, Ed. Cristiandad, 1957); J. Ratzinger, *Einführung in das Christentum* (Munich 1968; trad. espanhola: *Introducción al cristianismo,* Salamanca 1970) 168-221; K. Reinhardt, *Die Einzigartigkeit der Person Jesu Christi:* IKZ (1973) 206-224; id., *Die menschliche Transzendenz:* TrThZ 80 (1971) 273-289; J. A. Robinson, *Need Jesus have been perfect?,* em *Christ, faith, history,* 39-52; id., *A reply to Mr. Sykes,* ibid., 73-75; E. Schillebeeckx, *Persoonlijke openbaringsgestalte van de Vader:* TvT 6 (1966) 274-288; id., *La crisis dei lenguaje religioso como problema hermeneutico:* Conc 85 (1973) 193-209; id., *Ons beil: Jezus' leben if Christus de verrezene?:* TvT 13 (1973) 145-166; T. M. Schoof, *Der Durchbruch de: neueren katholischen theologie* (Viena 1969); P. Schoonenberg, *Christus zondet tiveeheid:* TvT 6 (1966) 289-306; id., *Jezus Christus vandaag dezelfde,* en *Geloof bij kenterend getij* (Roermond, s.a.) 163-184; id., *het avontuur der christologie.* TvT 13 (1973) 261-287; id., *Un Dios de los hombres* (Barcelona 1972); H. Schürmann, *Der preexistente Christus – die Mitte des Glaubens von morgen?:* "Diakonia" 3 (1972) 147-160; id., *Jesu ureigener Toa* (Friburgo 1974); S. W. Sykes, *The theology of the humanity oi Christ?,* em *Christ, faith, history,* 53-72; D. Sölle, *Stellvertretung* (Stuttgart 1965); D. Wiederkehr, *Esbozo de cristología sistemática,* em *Mysterium Salutis* III (Madrid, Ed. Cristiandad, [2]1980) 382-504.

Na busca do foco onde se poderia encontrar uma universalidade exclusiva de Jesus Cristo, muitos teólogos, nos últimos anos, localizaram tal transcendência dentro das dimensões da humanidade de Jesus. Ele então é visto, ou como o ponto culminante na relação geral entre a criatura e o Criador, ou como "homem escatológico", o último Adão, ou como o "homem novo", a presença daquele que vem etc. Sobretudo A. Hulsbosch formulou em linguagem clara e conseqüente o seguinte princípio: No mistério da salvação, a natureza divina de Jesus só tem sentido na medida em que modifica e enaltece a natureza humana. À medida que o faz, existe nele uma nova maneira de "ser homem"... A natureza divina é irrelevante, a não ser à medida que exalta a natureza humana; e à medida que não o faz, não significa nada para nós; à medida que o faz, estamos diante de uma realidade humana. Se dizemos: Além de ser homem, Jesus é também Deus, nós não temos nada a ver com esse 'também Deus', porque não está traduzido para a realidade salvífica humana".[1] Aí se manifesta de maneira destacada uma tentativa para colocar no âmbito de sua

[1] Em TvT 6 (1966) 255-256.

humanidade toda a realidade salvífica que é Jesus. Em outras palavras: se em Jesus existe uma universalidade única, ela deve estar na própria "humanidade" de Jesus, não atrás ou acima dela. A figura em que Deus se revela é o homem Jesus. Portanto, que Deus é Deus há de se revelar *na* humanidade de Jesus. O mistério de Jesus, que a fé confessa a seu respeito, deve estar *no* próprio homem Jesus. O humano é a *medida* (não digo: norma e critério) *em que* o divino aparece. Pois Deus não é acessível fora de suas manifestações criadas. Se Jesus Cristo é Deus-Filho, nós o sabemos apenas pelo modo de seu próprio "ser humano"; isso deve brilhar na sua existência humana; então ele deve ser homem de maneira totalmente única.[2] Se assim não fosse, não haveria nenhum acesso ao Pai a partir do homem Jesus. Também P. Schoonenberg o formulou com clareza: "Aquela transcendência humana nunca pode ser totalmente objetivada... Deus realiza em Cristo exatamente o próprio "ser homem", e por isso é impossível descrever nele exatamente aquilo que nele é realidade, e não em outros seres humanos. ...Não podemos apontar em Jesus nada que seja divino, sem que seja realizado no humano e a partir do humano".[3]

Aí, porém, surge logo o problema do que pode significar "transcendência humana", dado que o próprio ser homem já significa superar-se a si mesmo continuamente. A isso a filosofia de Sartre poderia responder que a autotranscendência antropológica não é expressão de abundância, mas exatamente de algo fundamental que falta: é um vazio em nossa existência que nunca poderá ser preenchido. Isso, por si, não diz nada sobre o possível *sentido* da vida humana. A transcendência humana de Jesus deverá significar, antes de tudo, que em sua vida se manifesta que ele encontrou em Deus a base incondicional que torna compreensível toda a vida concreta do homem Jesus. E aí a pergunta é esta: *Onde* se manifesta, no homem Jesus, essa fundamentação transcendente de sua vida humana?

Ao falar sobre a "humanidade transcendente de Jesus", surge logo a pergunta: se se trata de uma transcendência relativa ou absoluta, de uma transcendência qualitativamente gradual ou de uma essencial. Hulsbosch a princípio tinha falado de uma "diferença gradual, e não absoluta",[4] mas dizendo ao mesmo tempo "que Jesus na sua consciência humana possui uma experiência de Deus *essencialmente* diferente da que têm os demais seres humanos", "o que significa também que ele na sua essência difere dos outros seres humanos".[5]

---

[2] Schoonenberg fala de "transcendência humana" e de "humanidade transcendente", em: *Geloof bij kenterend getij*, 180-181 e 177-178; ver Schillebeeckx, em TvT 6 (1966) 276-277.
[3] *L.c.*, 177-178.
[4] TvT 6 (1966) 255.
[5] *L.c.*, 270.

Isso mostra como se peleja para encontrar a terminologia adequada; quanto a isso, Schoonenberg anota: "Os termos 'relativo' e 'qualitativo' exprimem muito bem que a transcendência de Jesus Cristo está *dentro* da nossa humanidade, mas correm o perigo de fazer dele um ponto alto casual, em vez de ser a definitiva revelação de Deus. Isso se exprime quando se fala de uma diferença "absoluta" e "essencial" entre Cristo e nós, mas essas expressões correm o perigo de colocá-lo fora da nossa humanidade".[6] O próprio Schoonenberg apresenta em seguida a sua visão: "Pode-se dizer que Cristo é o ponto mais alto de santificação, não de 'ser homem'. Mas, a sua santificação *é* 'ser homem' em altitude e profundidade. Parece melhor não usar as oposições acima mencionadas, e procurar outro termo, como 'escatológico', 'definitivo', 'final'. Com isso, Cristo localiza-se na nossa história, e já se diz alguma coisa sobre o *conteúdo* da sua transcendência humana. Podemos dizer que nele a plenitude do 'ser homem' se realiza exatamente porque nele habita a plenitude da divindade".[7] Plenitude de humanidade não se entende em sentido mítico ou grego-patrístico, nem no sentido de uma abolição da própria individualidade de Jesus, mas que "nas suas relações conosco está a plenitude transcendental do seu 'ser homem': 'homem para os outros'". Mais tarde se corrigiu: a expressão "Jesus é homem-para-os-outros" é unilateral.[8]

Em tudo isso, portanto, encontra-se claramente a tendência de ver a base para se confessar a universalidade de Jesus *em* seu modo de ser homem, embora a transcendência de Jesus só possa ser objeto de fé. Isso não é nenhuma contradição. A vida humana não poderia ser vivida sem uma *fé* mútua; alguma coisa pode ser autenticamente humana, e no entanto apenas acessível para a confiança com fé.

Todavia, a noção de "transcendência humana" não é tão "sem problema" quanto parece. Pois parece supor que sabemos exatamente o que é um "ser humano", de sorte que a partir daí poderíamos entender o que é humanidade transcendente. A polêmica anglo-saxônica entre S. Sykes e J. Robinson, porém, mostrou que se trabalha assim com muitos elementos desconhecidos. Existe uma tendência para dividir o dogma de Calcedônia em duas partes, da seguinte maneira: "Jesus é verdadeiramente Deus" – é dogma de fé. "Jesus é verdadeiramente homem" – não se chama "dogma de fé", mas simplesmente declaração humana. Esse emprego de mais de um tipo de linguagem encontra-se também no Credo. P. ex.: "(creio) que ele sofreu, morreu, foi sepultado e ressuscitou"; sofrimento, morte e sepultura são acontecimentos historicamente verificáveis, e se encontram em nível distinto da ressurreição. Em si, é verdade. Porém,

---

[6] *Geloof bij kenterend getij*, 179-180.
[7] *L.c.*, 180. O mesmo assunto em TvT 12 (1972) 313-314.
[8] TvT 12 (1972) 318.

prestemos atenção ao contexto: que Jesus morreu, é uma verdade historicamente alcançável e não pode, como tal, ser objeto direto da fé; mas objeto da fé é sem dúvida o "morreu pelos nossos pecados". A fé refere-se também ao *sentido* de um fato historicamente verificável. Algo semelhante temos na afirmação: "Jesus é verdadeiramente homem". *a)* Será uma declaração puramente histórica? *b)* Não é ao mesmo tempo, embora sob outro ponto de vista, uma afirmação de fé? *c)* É uma suposição a priori, como se faz em toda historiografia humana, a não ser que se prove o contrário? Em resumo, será correto afirmar assim: "*Sabemos* que Jesus é verdadeiramente homem, mas *cremos* que ele é verdadeiramente Deus? (de certa maneira a ser cautelosamente definida).[9]

Toda historiografia supõe que se trata de seres humanos e de comportamento humano; que o historiador, fazendo a sua narrativa, se encontrou com fantasmas ou espíritos ou seres sobre-humanos, ou seja lá o que for, isso deverá ser provado. Normalmente o historiador supõe um comportamento humano, mesmo que esses homens *falem*, seja de espíritos e fantasmas, seja de Deus, de anjos e demônios. Isso implica que se tenha um conhecimento prévio do que é humano e humanamente possível. Mas, hoje em dia, vai ficando cada vez mais claro que conceitos como humanidade, liberdade, direito etc., são fórmulas vazias, em cujo nome tentaram justificar as coisas mais distintas e contraditórias, tanto na história quanto na política. É preciso, ou abster-se de usar tais conceitos (o que não parece possível), ou justificar e explicar o seu uso em cada caso.

Porém, há limites. Será que o historiador pode excluir, do seu conceito sobre o que é o "humanamente possível", aquela narrativa de pessoas humanas que afirmam que seu mestre Jesus de Nazaré ressuscitou? O que é o humanamente possível? Aí S. Sykes faz uma distinção relevante, a saber, entre "humanidade aspectiva" e "humanidade empírica".[10] De fato, o que é que serve de base para a nossa confiança de que estamos diante de um verdadeiro ser humano? Nisso alguns aspectos são claros: que nasceu de um casal dentro do gênero humano (fazendo-se abstração de casos possíveis de partenogênese, e nesse caso a criança seria do sexo feminino, segundo o atual conhecimento da genética), e que tenha o aspecto de um ser humano. Quanto a isso, sabemos historicamente que Jesus tinha o aspecto de um ser humano e se comportava como tal. Essa é a "humanidade aspectiva".

Além disso, o nosso conceito de "ser homem" resulta de toda uma série de generalidades a respeito do que seria "normal"; a totalidade é a "humanidade empírica": uma imagem do que é "ser ho-

[9] Assim a sutil formulação do problema, por S. W. Sykes, *Theology of the humanity of Christ*, em: *Christ, faith, history*, 53-72.
[10] *L.c.*, 54-55.

mem", baseada em inúmeros exemplos de seres humanos que conhecemos, em diversas fases de sua vida.

Sobre a "humanidade aspectiva" de Jesus, não existe dúvida. Mas, o que devemos pensar de sua "humanidade empírica"? Os Padres da Igreja nos dão, a respeito, uma espécie de hesitações cristãs. Custam a reconhecer que Jesus teria sentido realmente fome e sede, ou teria ignorado alguma coisa, ou cometido enganos etc. Durante séculos discutiu-se entre os cristãos a questão de Jesus ter participado de suposições erradas do saber de seu próprio tempo. Sobretudo a isenção de todo pecado pôs um problema com relação à sua natureza humana.[11] Será que Jesus não podia mesmo pecar, *porque* era Filho de Deus? ou será que ele podia pecar, mas *de fato* nunca pecou?[12] Tudo isso mostra que houve diversas opiniões a respeito da humanidade de Jesus. Trata-se de pronunciamentos *teológicos*. Além disso, a teologia pré-nicena discutiu sobre a questão se Jesus assumiu a "natureza decaída" do ser humano, ou então a "natureza intacta", aquela (dizia-se) anterior ao pecado de Adão. No seu célebre "Tomus ad Flavianum", Leão I escreveu que Jesus Cristo é "totus in suis, totus in nostris", isto é, totalmente à vontade em Deus, e totalmente à vontade entre os seres humanos. Mas, apesar disso, Leão I pensava numa "natureza íntegra" em Cristo. Por isso, S. Sykes, na base de uma teologia da encarnação, faz esta pergunta pertinente: Nessa situação, podemos definir a priori o conteúdo da humanidade de Jesus? Será que a ação salvífica de Deus pode ser observada em fenômenos históricos? E se Deus, para a salvação do gênero humano, agiu em Jesus de maneira toda especial, que não pode ser observada senão nele, o que significa tudo isso para a humanidade de Jesus?

Não se pode evitar a pergunta: "Onde localizar o foco em que a ação salvífica de Deus em Jesus se torna manifesta para os olhos do crente?" Daí por que a reflexão sobre a *humanidade* de Jesus não é somente questão puramente histórica. Tanto em círculos "ortodoxos" como "heterodoxos", sempre existiu a tendência de impor a Deus a maneira como nós queremos ver encarnada a "salvação em Jesus". O que chama a atenção é o seguinte: Quanto mais a teologia insiste na *humanidade* de Jesus, tanto mais sente necessidade de qualificar de maneira especial essa humanidade de Jesus, chamando-a de "plenitude de humanidade", "o homem novo", "o homem definitivo e escatológico", "imagem primordial de toda a humanidade" etc. Pa-

---

[11] Ver: John A. T. Robinson, em: *Christ, faith, history*, 39-52; também: Th. Lorenzmeier, *Wider das Dogma von der Sündlosigkeit Jesu*, em: EvTh 31 (1971) 452-471; H. Gollwitzer, *Zur Frage der Sündlosigkeit Jesu*, em: EvTh 11(1971) 496-506; Pannenberg, Grundzüge, 368-378; A. Durand, *La liberté du Christ dans son rapport à l'impeccabilité*, em: NRTh (1948) 811-822.

[12] Assim J. Robinson: "He was fallible, but when the sticking point came *he did not fail*", em: *Christ, faith, history*, 75.

rece difícil mostrar como a humanidade de Jesus – ser humano como nós, exceto no pecado – se distingue da nossa humanidade. É claro, isto sim, que o *nosso* conceito de "ser homem" não pode ser norma e critério para julgarmos Jesus. Provavelmente, o seu modo concreto de ser homem é norma e critério para o nosso conceito de humanidade, e são exatamente esses elementos no homem Jesus que nos dão motivo para nos aprofundarmos *cristologicamente* sobre Jesus. Por isso, não podemos dizer em caráter definitivo: Jesus é uma *pessoa humana*.

A priori, quero partir em primeira instância, isto sim, da opinião de que o homem Jesus que apareceu em nossa história é uma pessoa humana; senão, o que seria ele? Mas, durante essa pesquisa, por enquanto, tenho que deixar ainda em aberto esta questão: Em última análise, o que significa em Jesus o termo "pessoa humana"? O que Jesus foi como pessoa humana concreta, deveremos aprender através de sua vida, morte e ressurreição; e o conteúdo disso há de corrigir, talvez, o meu conceito anterior de "pessoa humana". É Jesus quem vai nos ensinar, talvez, o que afinal significa "ser pessoa humana". Então, o nosso conceito de "humanidade" não será a medida para julgarmos Jesus, mas a humanidade *dele* será a medida pela qual nós devemos julgar a nós mesmos. Talvez seja ele a revelação, da parte de Deus, do que afinal significa "ser humano", revelando também, exatamente nisso, o que significa "ser Deus". Em meio a uma história humana de sofrimentos, nós vivemos desesperadamente em busca de um sentido, de uma salvação; devemos, pois, pelo menos estar *abertos, a priori*, para escutarmos a mensagem com que as religiões nos confrontam, especialmente a mensagem de Jesus sobre o reinado de um Deus que visa o bem da humanidade: quem sabe, essa mensagem nos abra uma perspectiva, onde não há outras perspectivas que satisfaçam. A questão é se o nosso conceito de "humanidade normal" ainda pode funcionar como critério. Mas, se Jesus é "verdadeiramente homem", enquanto a fé cristã afirma que a sua figura, como pessoa, revela o Pai – o Deus vivo –, então deveremos realmente reconhecer as conseqüências da *presença salvadora de Deus* dentro da medida e da finitude da *humanidade de Jesus*. Em Jesus veremos, então, de quê o ser humano é capaz quando é inteiramente "de Deus" e inteiramente "dos outros", e quando ele sente "a causa da humanidade" como por excelência "a causa de Deus". E aí fica também claro que o ser humano só chega à sua plenitude dentro do *risco* inerente ao aparecimento de qualquer particularidade, limitação e contingência históricas. Também Chr. Duquoc parece ter chegado à mesma conclusão, embora partindo de outros dados:[13] sem levar em conta a contingência histórica concreta e a limitação, uma "idealidade absoluta" não pode

[13] Chr. Duquoc, *Christologie,* II. *Le Messie*, 350-351.

tornar-se o fundamento de uma cristologia. Portanto, não precisamos comparar Jesus com o nosso conceito de "humanidade"; devemos simplesmente tentar descobrir, através do Novo Testamento, como Jesus viveu concretamente seu "ser homem", e como ficou claro, para os que nele confiavam, que ele podia ser visto e aceito como redentor de todos os seres humanos.

A vida humana de Jesus pode ter sido ambivalente e contingente, mas na sua humanidade histórica (senão, onde?) deve ter havido uma base de interpretação, pelo menos após a sua morte como conclusão de sua vida, da maneira como isso se fez no Novo Testamento. Sem esse fundamento histórico, tal interpretação de seus confidentes, após a morte dele, teria sido uma ideologização e mistificação. Quem procura tal base histórica está aberto para a ambivalência real daquilo que em Jesus apareceu, bem como para a possibilidade de que uma pesquisa histórica sobre o homem Jesus de Nazaré mostrará esse judeu como figura complexa e problemática, de tal maneira que a interpretação da fé cristã, possivelmente ao lado de outras interpretações, aparecerá como possibilidade *racional* e *repleta de sentido*, validamente baseada na história de Jesus, embora *historicamente* não sendo a possibilidade única e forçosamente exclusiva. Para uma opção vital, que queira ser digna, razoável e eticamente responsável, isso é mais do que suficiente; nenhuma outra visão ou orientação da vida pode reivindicar maiores garantias de possibilidades responsavelmente realistas para o futuro. Sob essas condições, a interpretação cristã da história, e uma praxe de vida de acordo com isso, não é ideologia ou mistificação.

§ 2. Universalidade única:
apelo universal de tudo o que é digno do ser humano

A. Colocação do problema

Afirmar que uma realidade possui importância universal significa que ela atinge todos os seres humanos na própria determinação do sentido decisivo de sua vida; em outras palavras, o destino da sua vida humana é determinado por uma referência essencial a esse valor universal e livremente aceita (pois somos seres livres). Trata-se, pois, de uma realidade que dá sentido a tudo, universalmente; mas o indivíduo humano também deve pessoalmente sentir-se atraído por esse sentido, para que essa realidade possa de fato produzir o efeito do seu sentido. Em outras palavras, o sentido universal que eventualmente aparece numa realidade não tem consistência concreta, se não o reconhecermos pessoalmente como apelo dirigido à nossa percepção consciente. É através da motivação pessoal que o valor universal pode ter efeito fascinante; assim, a própria pessoa determina o sentido e o destino de sua vida, numa relação de dependência diante daquilo que realmente aparece como valor universal.

Este é o problema que se coloca então: Pode tal universalidade única estar presente e ser reconhecida em apenas um homem histórico, Jesus de Nazaré? Em outras palavras, este homem, Jesus de Nazaré, confessado pelos seus seguidores da época como o Cristo, o Filho de Deus, o Senhor, será que ele ainda tem sentido agora, para nós, e de tal maneira que também nós podemos encontrar nele salvação definitiva e decisiva? No fundo, o problema tem a ver com esta pergunta: Como é que um acontecimento *histórico particular* pode ter agora sentido *universal*, para todo ser humano, e portanto também para nós? Se isso é possível, então a mediação histórica parece necessária.

O sentido da nossa vida, que tenha referência constitutiva a Jesus de Nazaré, apresenta-se naturalmente como tomada de posição *religiosa*, isto é, determinando o sentido da vida inteira. Ora, a palavra "religião" diz alguma coisa sobre a relação do ser humano com a totalidade, e assim, em última análise, com o Deus vivo. Diz também alguma coisa sobre Deus na sua relação com o ser humano. Em outras palavras, uma declaração religiosa implica sempre uma linguagem antropológica e uma linguagem teológica: é falar ao mesmo tempo sobre Deus e sobre o ser humano. Conseqüência intrínseca é a seguinte: uma declaração religiosa só pode ter significado universal que se refira a todos os seres humanos, se puder ser verificada como compreensível pelo menos até certo ponto, isto é, se for possível mostrar claramente que a confissão, com fé, do amor universal de Deus (realidade não diretamente empírica) revela *simultaneamente*, pelo menos até certo ponto, a verdadeira humanidade do ser humano (dado este que é experimentável e demonstrável).

Por isso, o tema da universalidade única de Jesus tem dois pólos essencialmente interligados: de um lado, a revelação do verdadeiro rosto de Deus; de outro lado, o desvelamento da verdadeira essência do ser humano, e de tal maneira que o segundo sirva de mediação para o primeiro. O Deus único, verdadeiro e vivo, torna-se uma abstração, uma sombra não universalmente alcançável, se na realidade religiosa e respectiva linguagem não resplandecer ao mesmo tempo o verdadeiro rosto da humanidade. Somente o respeito por essa estrutura essencial da linguagem religiosa pode dar ao desejo de universalidade uma certa "evidência interna" que a distingue de uma pretensão *ideológica*.

Mas então, o melhor acesso ao que é próprio de Jesus de Nazaré, na sua importância para todos, é aproximarmo-nos dele, não a partir de uma idéia pré-estabelecida do que significa "ser Deus", nem a partir de uma concepção pré-estabelecida do que significa propriamente "ser homem" e, portanto, ser pessoa humana. De fato, não é possível encaixar um no outro, dois modelos ou dois conceitos – o "ser homem" e o "ser Deus" – para chegar assim a uma "mescla" imaginada (ou impossível de ser imaginada) de um Deus-homem; isto é, ao modelo (abstratamente talvez possível) de um "Deus feito homem", para o qual Jesus de Nazaré constituiu talvez ensejo histórico. Ir a Jesus, para nele encontrar salvação, é aproximar-se dele a partir do não-saber (ou melhor, de um conhecimento aberto) do que afinal significa "ser homem", bem como a partir do não-saber (ou conhecimento aberto) do que significa "ser Deus", para talvez receber dele o conteúdo de ambos, e isso exatamente pela inter-relação entre ambos, tal como se manifestou em Jesus. Temos naturalmente certas opiniões tanto sobre o homem como sobre Deus, como os judeus tinham quando entraram em contato com Jesus. O próprio Jesus estava enraizado dentro da tradição da própria vivência javista do judaísmo com relação a Deus. Não se nega, absolutamente, esse conhecimento prévio! Mas, pede-se a nós que estejamos abertos para a maneira pessoal como Jesus vivia e interpretava a realidade de Deus, conforme ele mesmo manifestou em sua própria humanidade.

Se Jesus é o único ser humano com significado universal, é naturalmente uma pergunta à qual somente a fé pode responder, tanto em sentido positivo, como em sentido negativo. Uma resposta positiva, pela sua própria natureza, tem relevância *teológica*; não pode ser puramente histórica. De outro lado, declarações de fé precisam de um fundamento na história de Jesus; senão, elas teriam relação apenas parcial, e por isso ideológica, com a realidade. A realidade histórica de Jesus, portanto, deve ter irradiado algo que, com razão, podia e finalmente até devia ser verbalizado com fé. Em alguma coisa deve ter sido evidente o seguinte: quem vê Jesus, de fato vê o Pai. Se a distância entre esses dois níveis tivesse sido grande demais, o cristianismo nunca teria tido possibilidade de êxito.[14] De outro lado, as afirmações com fé continuam sempre vulneráveis para as conclusões do historiador. Em outras palavras: a universalidade única de Jesus não pode ser *provada*, nem a partir de Jesus de Nazaré como tal, nem a partir de uma comparação científica entre as diversas religiões mundiais. Trata-se de uma afirmação da fé cristã, a qual, no entanto, pretende *confirmar uma realidade*; mas essa reivindicação de afirmar realidade já é por si, como tal, um ato de fé.

Mas, quando alguém (embora na linguagem da fé) confirma uma realidade, isto é, alguma coisa que não é constituída por esse alguém enquanto crente, mas pelo contrário provoca a nossa confirmação e faz dela um ato de fé, então essa própria realidade histórica deverá fornecer a *base* daquilo que se afirma em linguagem de fé, e ao mesmo tempo lhe dá *conteúdo*. Caso contrário, a pretensão é

[14] J. Robinson, em: *Christ, faith, history,* 48.

ideológica. Por isso, a meu ver, é somente de maneira dupla que se pode demonstrar a credibilidade da afirmação-cristã-com-fé: *a)* de um lado, pelo exame histórico do batismo de Jesus, de suas palavras e ações, de sua vida e morte, e pela investigação do possível sentido de tudo isso; *b)* de outro lado, mostrando como a reivindicação cristã de universalidade se confirma na verdadeira humanidade do "ser homem", conforme se nos apresenta em Jesus de Nazaré. Embora o conceito de "verdadeira humanidade" não se refira a um dado perfeitamente racionalizável, mas pelo seu conteúdo concreto já implica determinada opção e visão, podemos dizer que a reivindicação cristã de ser universal terá de provar-se pelo próprio fenômeno do "ser homem". Em última análise, trata-se da relação *interna* entre Jesus de Nazaré e o reino de Deus e a salvação e felicidade do ser humano. Em termos modernos: trata-se da forma transcendente em que aparece aquilo que sociólogos chamam de "significativamente outra".

O estudo adequado de Jesus de Nazaré implica uma crítica dos conceitos e imaginações que tínhamos sobre Deus e sobre o ser humano; isso não quer dizer que não seja necessário um conhecimento *anterior* que possa ajudar-nos. Todas as tentativas modernas – K. Rahner, W. Pannenberg, J. Moltmann, P. Tillich etc. – para chegar a uma cristologia satisfatória (isto é, para chegar a uma tematização compreensível do sentido universal de um acontecimento histórico particular) escolheram o caminho do "meio termo"; isto é, procura-se um "meio-termo" entre o Jesus *único*-histórico e seu significado *universal*, que se exprime em termos antigos como "Cristo", "Senhor" e "Filho de Deus". Mas, todas essas teologias do "meio-termo" implicam a suposição de que a razão humana poderia tematizar teoricamente um horizonte universal de entendimento e ação. Em muitos desses sistemas cristológicos, a razão humana é, por assim dizer, "extrapolada" para fora de suas estruturas históricas socioculturais e econômicas, e corre o perigo de se tornar uma razão não-histórica. Já se disse que Jesus somente se torna indispensável se o sentido e o destino propriamente decisivos da nossa existência humana dependem da aparição histórica de Jesus de Nazaré, e se as nossas expectativas e projeções a respeito do "ser homem" são corrigidas por ele. Somente dentro dessa definição e dessa norma é que haveria espaço válido também para o nosso jogo humano de expectativas.

B. À procura do "humano"

Ao perguntarmos qual o sentido vital de determinada pessoa para todos os demais seres humanos, é preciso fazer logo uma distinção: *a)* pessoas que de alguma forma entraram historicamente em contato com o movimento em torno de Jesus; e *b)* pessoas que nunca ouviram falar de Jesus, ou então já ouviram falar, mas em circunstâncias social ou pessoalmente tão condicionadas que não se pode propriamente falar de verdadeiro contato. O problema situa-se propriamente no primeiro membro dessa distinção. Havendo boa solução para o primeiro membro, estarão à disposição também todos os dados para a solução do segundo (em perspectiva missiológica).

Todo ser humano é "semelhante" aos demais: vive recebendo e dando, dentro do grande conjunto de círculos cada vez mais amplos que finalmente abrangem toda a humanidade; por isso, em última análise, cada ser humano só pode ser compreendido dentro desse conjunto, e tem aí o seu sentido pessoal, único e insubstituível. Antropologicamente falando, tudo isso é difícil de negar. O rosto humano, que a própria pessoa não vê, mas que evidentemente existe para ser visto pelos outros, e para garantir nossa abertura para os demais, é um símbolo claro de que, no fundo, dependemos dos outros e estamos voltados para os outros.

Para a cristologia, esse fato já é um dado interessante. Mas, em si mesma, tal estrutura é universalmente humana, e não propriedade exclusiva de Jesus de Nazaré. O existir-para-os-outros é, por assim dizer, *tarefa* esboçada na estrutura da nossa constituição humana, o que ainda não quer dizer que de fato a realizamos com perfeição. Portanto, relativamente a Jesus de Nazaré, continua importante esta questão: Como se realizou nele esse "existir para os outros". Mas, tal questão só se torna cristologicamente relevante, se a sua realização especial e única, na pessoa de Jesus, é de tal natureza que se torna referência para o sentido total, o sentido da determinação definitiva de cada vida humana. Por isso, em Jesus, o "ser alguém para os outros" é pressuposto importante e condição que nos torna possível qualificar mais precisa e significativamente sua particularidade cristológica.

Acertada é também a interpretação que procura uma compreensão do significado cristológico de Jesus exclusivamente em direção ao fato de que Jesus expressou e realizou "coisas da vida" tão profunda e universalmente humanas, e ao mesmo tempo tão simples e acessíveis para todos, que sempre serão um desafio e convocação para todas as pessoas de boa vontade, em busca de humanidade autêntica; o que aí se afirma é historicamente demonstrável e aceito também por não-cristãos. É também pressuposto essencial e condição para tornar repleto de sentido e compreensível o significado de Jesus, significado que o credo eclesial apresenta como cristológico ou universal. Todavia, sobre "fundadores" de religiões existe muita literatura religiosa mundial que pode, com razão, reivindicar a mesma coisa. Toda exortação a uma autêntica humanidade, inclusive qualquer boa ação tem, por sua própria natureza, significado *universal* (levando-se em conta o inevitável pluralismo e o significado social e historicamente situado com que o "autenticamente humano" tem de se realizar aqui e agora). "Tudo o que tem valor no ser humano pode ser, não apenas *distintivo* com relação aos outros, mas também *unitivo*":[15] é uma verdade que alguns já não têm coragem de expressar em voz alta, por medo de serem diferentes dos outros. A questão é esta: se tal exortação geral a sermos *humanos,* citando-se o exemplo pessoal de Jesus, reflete toda a realidade histórica de Jesus. Se a intenção consiste em definir exclusivamente o que é próprio de Jesus, coloca-se outro problema: se com isso não se negam a mais profunda originalidade e o caráter próprio de Jesus. De fato, a análise da mensagem de Jesus sobre o reino de Deus e da praxe de sua vida já nos mostrou que "a causa de Jesus" era sem dúvida a causa do ser humano, mas enquanto causa de Deus. Em outros termos: não encontraremos o que é próprio de Jesus, se deixarmos de lado aquilo em que ele mais pensava: aquele Deus que cuida do ser humano. A relação de Jesus com Deus, portanto, deve ser objeto essencial da nossa reflexão.

C. O humano e o religioso

Em termos gerais (sem pensarmos ainda em Jesus), a relação religiosa com Deus pertence às possibilidades autenticamente humanas da vida; esse fato já não conta com o consenso humano universal; no entanto, a história das culturas e a psicologia demonstram que tem muito sentido, sim, ainda que não seja preciso discriminar o humanismo ateu. Aliás, fazendo-se por enquanto abstração de seus conteúdos, *religião* se pode definir e interpretar como termo que indica uma propriedade inalienavelmente humana, e esta (quando neutralizada ou reprimida) se manifesta de maneira disfarçada, p.ex. em mitos modernos de valores "absolutos", como Progresso, Estado Ideal, Nova Era, com seus próprios santos representativos e seu próprio ritual.[16] O descuido da religião, da parte de uma cultura unilateral, p.ex. puramente racional-tecnológica, é considerado um perigo real, porque fatalmente traz consigo um inadmissível empobrecimento humano, como o demonstraram não apenas a "psicologia humanística", mas também críticos da sociedade como J. Habermas e L. Kolakowski.[17]

---

[15] Assim, com razão, P. Schoonenberg, em: *Geloof bij kenterend getij*, 178.

[16] Ver: W. Dupré, *Wat is religie?*, em: *Toekomst van de religie: Religie van de toekomst*, Brugge-Utrecht 1972 (9-27); também H. Fortmann mostrou isso em suas numerosas obras; ver: P. A. van Gennip, *Het kwetsbare midden*, Bilthoven 1973.

[17] Segundo J. Habermas o não lembrar-se das grandes tradições religiosas leva quase inevitavelmente a uma decadência "das camadas fundamentais da segurança da identidade" *(Philosophisch-politische Profile*, Frankfurt 1971, 35); na mesma linha, L. Kolakowski, *Der Anspruch auf die selbstverschuldete Unmündigkeit*, em: *Vom Sinn der Tradition*, Munique 1970, 1-18.

A psicologia e a sociologia crítica não podem pronunciar-se sobre a questão do ponto até onde convicções religiosas revelam a realidade; mas elas podem, isto sim, constatar que a negação, por qualquer motivo, dessas convicções vem acompanhada de um empobrecimento da percepção, inclusive em outros setores, além do religioso. Conseqüência desse empobrecimento é a objetivação de pessoas e coisas; tudo se torna neutro, sem conteúdo; útil sim, mas sem valor. Os sentimentos humanos deixam de ser formas de comunicação com o mundo; tornam-se "estados" internos do ser humano, trancados dentro de si mesmos. Assim, os sentimentos perdem a sua natureza e o mundo perde a sua alma.[18]

Conseqüência de tudo isso é que a vida religiosa tem a sua própria linguagem e expressão, a assim chamada "linguagem da fé". Até aqui só dissemos que a relação religiosa com a realidade transcendente, que tudo abrange, tem indubitavelmente significado universal. Mais ainda: podemos dizer que através desse valor humano a relação do próprio Deus com o ser humano é fundamento definitivo de uma universalidade, que é possível e que se dirige a todos e age em todos. A *imediata* fundamentação da universalidade do religioso está em nossa própria natureza humana, mas *em última análise*, ontologicamente em primeiro lugar, na realidade de Deus como "criador de tudo e de todos"; em outras palavras: no monoteísmo, que confessa a proximidade criadora e salvadora de Deus. Podemos dizer: O que, no fundo, justifica e fundamenta a universalidade de uma religião é a realidade do amor de Deus por todo ser humano, realidade confessada pela pessoa religiosa; em outras palavras, a convicção de que a causa do ser humano, de algum modo, coincide com a causa de Deus. Portanto, realmente universal é a religião que de fato confessa o amor do Deus único, o criador que está sempre presente, a todos os seres humanos.

No entanto, a mensagem da necessidade vital de uma relação religiosa com Deus é um postulado universal de todas as religiões (monoteístas); portanto, como tal não é específica de Jesus de Nazaré e do movimento em torno dele. Por isso, na sua generalidade, a relação religiosa com Deus (e com a verdadeira totalidade) não pode chamar-se de especificamente cristã. A religião traz o senso do que é definitivo e total, e leva a pessoa a superar a si mesma no amor; tem a ver com o reconhecimento de que tudo tem sentido, e por isso tem a ver com a confiança na realidade como *benevolente*, como *misericórdia* (assim dizem as religiões tibetanas). Temos aí, em diversas formulações, a confissão de todas as experiências religiosas, como dimensão de uma existência autenticamente humana.

---

[18] Ver também J. Weima, *Wat willen we met de toekomst doen?*, Bilthoven 1972; E. Schillebeeckx, *Naar een definitieve toekomst: belofte en menselijke bemiddeling*, em: *Toekomst van de religie: Religie van de toekomst*, *l.c.*, (37-55).

Essa dimensão, porém, foi experimentada e expressa, dentro da história concreta dos povos, por meio das mais variadas experiências de "abertura" ou descobertas, dentro da estrutura de cada cultura. Daí a existência de diversas religiões que querem, cada uma à sua maneira, situar-se diante da história do sentido e do absurdo, diante da busca de salvação, felicidade e libertação, e diante da experiência de culpa e sofrimento.

O próprio e original em Jesus de Nazaré não pode, pelo menos na intenção do credo cristão, reduzir-se a esse problema *comum* da religiosidade monoteísta, ou ao problema da existência de Deus experienciada pelo ser humano. O próprio Jesus seria, então, apenas uma "cifra" da salvífica ação universal de Deus na história de toda a humanidade, ou um dos muitos profetas da relação religiosa com Deus. Jesus trouxe inegavelmente uma mensagem religiosa aos judeus; se nele existe algo próprio e original, tal se deverá procurar no caráter próprio e único de sua mensagem religiosa e na praxe de sua vida que a isso correspondia; ou seja, no caráter próprio de sua experiência de Deus, como fonte e alma de sua mensagem e de sua maneira de viver. À luz do que até aqui se disse, nos colocamos diante de uma pergunta fundamental: se foi realmente através de uma figura humana pessoal, historicamente particular, chamada Jesus de Nazaré, que chegou até nós o amor universal de Deus pela humanidade. Em última análise, portanto, há de tratar-se da modulação cristã do tema universalmente religioso da presença salvadora de Deus.

Isso por si quer dizer que o caráter próprio da religião cristã não implica nenhum exclusivismo diante de outras religiões; porque se trata do que é próprio do cristianismo dentro da temática universalmente religiosa da presença salvadora de Deus, presença que aparece de maneira própria na maioria das religiões. Porém, somente depois que o caráter próprio e a identidade da fé cristã foram até certo ponto localizados é que se pode propor, com muito sentido, a pergunta acerca da relação do cristianismo com as religiões não cristãs. Aí se apresenta de imediato um problema hermenêutico. Não podemos definir a identidade e, portanto, o caráter próprio e original de Jesus e de seu movimento, a Igreja, como tendo essência imutável, eterna. Se Jesus tem importância universal também para nós agora, então é exatamente por isso que também a sua *relação com a nossa realidade* deverá entrar em nossa descrição da identidade original de Jesus; e então essa *nossa* descrição sobre essa identidade já é ao mesmo tempo o *ato de fé* interpretativo com que eu confesso Jesus como universalmente único. Nisso, porém, não sou eu quem o constituo como o universalmente único, mas eu me entrego, dizendo "amém" a esse Jesus que dessa forma se revela a mim. No próprio ato, portanto, de construir uma cristologia para hoje, estamos afirmando a universalidade única de Jesus; tal cristologia outra coisa não é senão a interpretação de Jesus de Nazaré como o Cristo, em quem Deus oferece salvação a todos.

Se a religiosidade, então, é a vivência e articulação da relação do ser humano com o Transcendente, e também a relação do Absoluto com o ser humano, podemos dizer que toda vivência do divino, por mais que esteja ligada a fatores sociais e históricos, tem na sua própria dinâmica uma tendência a se tornar "religião universal da humanidade". Constatamos, porém, que não é assim que muitas religiões vivem a sua própria vida, e que, sem nenhuma consciência missionária, deixam cada povo com a sua própria religião. Há realmente religiões essencialmente ligadas a um clã, ou que se entendem como vinculadas a uma determinada cultura. Roma e a Grécia nunca impuseram os seus deuses do Olimpo aos territórios ocupados, a não ser quando o próprio imperador foi venerado como deus, como divina *razão de Estado*; isso porém era uma ideologia estatal, mostrando antes um imperialismo universal do que uma religiosidade universal. Em muitas religiões não-cristãs, a cultura e a religião estão interligadas por forte vinculo intrínseco (embora não sem alguma tensão), e isso freia a dinâmica interna pela qual poderiam tornar-se uma religião de toda a humanidade. Portanto, uma religião universal, que pretenda valer para todos os seres humanos, deveria, apesar de toda adaptação a diversas culturas, manter uma *ressalva básica* – no sentido de transcendência – diante de qualquer cultura, e mesmo diante de suas próprias articulações culturais, embora deva ao mesmo tempo (mas em contingência histórica) fazer que brilhe um verdadeiro humanismo cultural.

Não podemos deixar de considerar também que uma religião pode ser universal quanto à sua natureza e seu conteúdo, mesmo quando seu fundador ou verdadeiro inspirador – p.ex. João Batista e Jesus de Nazaré – não se tenham dirigido diretamente com sua mensagem à humanidade inteira, ou não tivessem a intenção explícita de fundar uma nova religião mundial. Uma religião que confesse Deus como salvação de todos, sem discriminação nenhuma, é por sua própria natureza internamente universalista, mesmo que essa universalidade, em primeira instância, como p.ex. no caso de Jesus, tenha sido anunciada somente dentro do quadro de Israel. Isso mostra por si que, para uma religião alcançar universalidade, a *mediação histórica* é essencial. Todavia, não se pode, teologicamente, passar de maneira superficial por cima do fato historicamente certo de que Jesus limitou sua mensagem a seu próprio povo, a casa de Israel, mesmo havendo historicamente, na pregação e atuação de Jesus, elementos pelos quais ele, exatamente como judeu, rompeu com o particularismo da religião de Israel na sua concretização judaica.

Já devemos dizer, porém, isto sim, que a vida e a morte de Jesus são parte da nossa história humana concreta; portanto, o que aí aconteceu está ligado ao que aconteceu em seguida e em conseqüência disso. É com razão, pois, que tudo isso pode tornar-se objeto de estudo historicamente esclarecedor. Nesse conjunto, pode-se até atribuir ao que aconteceu com Jesus um significado único para acontecimentos posteriores, a saber, a origem do cristianismo e das Igrejas cristãs. Sem Jesus não haveria cristianismo. Mas, esse significado único continua relativo, isto é, com relação às Igrejas. Assim, também Maomé tem significado historicamente único para a origem do islamismo.[19] Contudo, um significado *historicamente* único dessa natureza tem essencialmente um significado apenas relativo. Se falarmos, porém, sobre o significado de Jesus, para a história humana como um todo, não falaremos mais "historicamente", pois ter significado para toda a história abrange também o futuro, e este, como tal, está fora de toda historiografia.

Conclusão. – Desta primeira abordagem já podemos tirar a seguinte conclusão: O distintivo especificamente cristão deverá ser de tal natureza que venha a unir todos os seres humanos. Por isso, deve unir todos os seres humanos na liberdade, e isso de tal maneira que o realmente religioso acabe mostrando certa evidência *dentro* do que é humano. Em outras palavras: *a)* A importância universal de Jesus só se torna assunto da nossa expressão, caso se verifique no e pelo fenômeno universal da nossa natureza humana. *b)* Se a profissão da fé cristã a respeito da importância universal de Jesus não é uma ideologia, mas a confirmação de uma realidade, então alguma coisa na história de Jesus deverá apontar nessa direção; a pessoa a quem se atribui essa universalidade é um ser humano da nossa história: Jesus de Nazaré. Em outras palavras: deve haver um fundamento no homem histórico Jesus, para se poder confessá-lo dessa maneira. De fato, se uma verdade *histórica* se basear exclusivamente em algum pronunciamento *dogmático* ou teológico, deixa de ser verdade histórica. *c)* Finalmente, se o significado universal de Jesus tiver de ser demonstrado através do fenômeno universal da "essência humana", está inevitavelmente posto, com isso, o problema de um *horizonte universal de entendimento* (que nem por isso precisaria ser teorizável), como condição para uma possível confissão de que Jesus é o Senhor de todos, em quem todos os seres humanos podem encontrar salvação definitiva. E com isso se coloca mais uma aporia, um novo problema, a saber: se ainda se pode descrever racionalmente um entendimento prévio universal. Pode-se objetivar racionalmente a pergunta sobre o sentido definitivo da vida humana?

---

[19] Em *Christ, faith, history*, 31-32.

A HISTÓRIA DO SOFRIMENTO HUMANO EM BUSCA DE SENTIDO E LIBERTAÇÃO

§ 1. O PROBLEMA DA "HISTÓRIA UNIVERSAL"

Muitas vezes o conceito de "história universal" é empregado como elemento essencial de mediação na síntese cristológica. Mas, desde a sua origem, esse conceito já é religioso e teológico. Uma vez, porém, que se reconhece a sua origem religiosa, é possível definir também, e com maior precisão, seu sentido racional.

Tanto o historiador como o filósofo usam a categoria de "história universal", cada um com sentido muito próprio. De fato, história universal, como tal, não é uma *realidade*; é um postulado do pensamento, "uma idéia de razão". Para o historiador, é um pressuposto, no sentido de pré-conceito, literalmente, sobre o qual como historiador não se põe a refletir. Nesse contexto, o conceito diz apenas que a tarefa do historiador é descobrir coerências de sentido. Ele não pode nem quer partir da suposição de pessoas e culturas formarem totalidades hermeticamente fechadas; ele parte da suposição implícita de que a comunicação é sempre possível, apesar de todas as dificuldades e imperfeições. Assim, o horizonte universal para a interpretação histórica – em termos muito gerais, porém reais – é o fato de pertencer à humanidade como *possibilidade de comunicação mútua*. Considerada assim, "a unidade da história humana" é o pressuposto de qualquer pesquisa histórica que tenha sentido.

Esse pressuposto do historiador, porém, necessita de exame crítico filosófico. P. Ricoeur contribuiu consideravelmente, embora de modo indireto, para o esclarecimento desse problema. Ele distinguiu, na existente filosofia da história, dois tipos extremamente opostos.[20] *a)* De um lado, o chamado "tipo hegeliano", ou *sistema da unidade* (convicção de identidade): o conjunto das diversas filosofias seria, en-

[20] P. Ricoeur, *Histoire et vérité*, Paris (1955), 3ª ed., 66-80: "Histoire de la philosophie et historicité".

tão, uma só filosofia, da qual os filósofos particulares, concretamente históricos, seriam apenas momentos. Entender, então, é "entender a totalidade" ("o verdadeiro é o todo"). Onde se realiza história, partimos *a priori* da certeza de que também este sinal de humanidade pode ser entendido, compreendido por nós; pode ser encaixado na larga escala do que é humano; esse é o pressuposto de toda historiografia, a "certeza pré-concebida" do historiador. *b)* De outro lado, o *tipo pluralista*: cada sistema filosófico deve ser entendido no seu caráter próprio, como filosofia particular, e não como momento de um "espírito universal" (portanto, nada de "-ismos").

Constatamos, porém, que cada um desses dois tipos esbarra num limite intransitável. Se o tipo hegeliano realizasse seu ideal, acabaria dissolvendo a história num só *sistema*; então não haveria mais história real. Mas nem com Hegel esse sistema unitário jamais se alcança! De outro lado, se o sistema pluralista tivesse sucesso total, a história se dissolveria numa multidão de particularidades soltas, dispersas, sem contato entre si; em outras palavras, se dissolveria num universo esquizofrênico ou num conjunto de essências "atemporais", soltas, uma ao lado da outra. Mas também esse tipo jamais consegue realizar suas próprias intenções e, quando muito, deve contentar-se com aproximações tipológicas (p. ex., Spinoza é um "panteísta"). Conclusão: tanto o sistema da unidade como a essência totalmente particular *destroem com* a história viva. Tanto a "lógica" (*lógos*) como a "pura facticidade" significam o fim de toda história real! (Por isso, é digno de nota que o sistema que toma a "história universal" como chave hermenêutica para entender o cristianismo, *postula* essencialmente também "o fim da história"; é o caso de W. Pannenberg.)[21] Todavia, essas duas leituras ou tentativas de compreensão da história correspondem a duas exigências ou expectativas; em resumo, a dois modelos da verdade.[22] Da primeira aproximação da história, em que se pretende compreendê-la por meio da totalidade, espera-se que a história mostre o seu *sentido*, pois a racionalidade estabelece coerências lógicas na história. O outro lado desse princípio de racionalidade, porém, é que sobra um bom resto que escapa às malhas do sistema racional, uma espécie de "resíduos históricos". Mas, "este resíduo é exatamente a história".[23] Pois *existe* uma história sem sentido; há muita coisa absurda em nossa história: violências, prepotência, cobiça à custa dos outros, escravatura e exploração; há Auschwitz, e tantas coisas mais, em nosso próprio ambiente e na própria vida de cada um de nós! Tudo isso está fora do "lógos" que o historiador procura na

[21] Ver a discussão entre I. Berten e W. Pannenberg, em: I. Berten, *Histoire, révélation et foi*, Bruxelas 1969, 107-108.
[22] Ricoeur, *l.c.*, 69.
[23] Ibid.

história, *tanto pior* para as experiências históricas concretas! Então, o que se esquece é o seguinte: não apenas se deixa fora de consideração o absurdo real que existe em nossa história, mas também se descuida a possibilidade real de "algum sentido diferente" da história![24] Por isso, nestes últimos anos nasceu um tipo de historiografia que poderíamos chamar de "anti-história", porque escolhe como objeto de seu próprio estudo exatamente o "resíduo histórico".[25]

Por isso, quem está aberto, tanto para o sentido como para o absurdo que a história nos revela, não pode ser "hegeliano"; as duas possibilidades – o sentido que Hegel descobriu (sacrificando muita realidade), e o "outro sentido" possível (inclusive todo o absurdo) – têm pretensão *equivalente* e não podem ser reduzidas a um sistema único. Dizer que uma filosofia particular (p. ex. a de Aristóteles, Kant ou Spinoza) é apenas um momento do "espírito universal", é uma intervenção violenta, vinda de fora, na particularidade especial de cada pensador, por mais que esteja situado social e historicamente.

Entre a Caríbdis da exigência de totalidade e a Escila do respeito pela particularidade histórica, existe apenas uma perspectiva: a *exigência de comunicação*, o diálogo em lugar da totalidade, e por isso a proibição da pretensão de reduzir "o outro" a uma parte do meu "discurso total". Portanto, a fonte em que se pode encontrar a verdade é o "ser humano como possibilidade de comunicação".[26]

Essa possibilidade de duas leituras da história, que, mantidas até o fim, levam ao absurdo, isto é, à abolição de toda verdadeira história, revela o duplo aspecto da própria história: toda história é aparecimento de sentido (ela se presta para a constatação de algumas coerências cheias de sentido), mas é também aparecimento de aspectos particulares, insondáveis, irredutíveis, inacessíveis para um pensamento identificante. Mesmo sem aderirmos ao princípio de totalidade, porém, teremos de reconhecer o seguinte: qualquer coisa que se comenta entre seres humanos deve formar um só conjunto acessível para os outros. É por isso que falamos com razão de "história". Nunca poderemos conhecer o *sistema* em sua totalidade, por ser um limite inalcançável, mas ele nos revela que a história plural é "potencialmente uma só";[27] em termos mais claros: *a pergunta pelo sentido universal* aparece inevitavelmente, como pergunta, não apenas no pensamento humano, mas a partir da própria *realidade* histórica. De

[24] "Uma forma distinta de ter sentido" (Ricoeur, *l.c.*, 70-71).

[25] Entre outros: F. Fanon, *Damnés de la terre*, Paris 1968; R. Jaulin, *La paix blanche*, Paris 1970; N. Wachtel, *La vision des vaincus: les Indiens du Pérou devant la conquête espagnole 1536-1570*, Paris 1967.

[26] E. Lévinas, *La philosophie et l'idée de l'infini*, em: RMM 62 (1957) 241-253; *Liberté de commandement*, em: RMM 58 (1953) 264-273.

[27] Ricoeur, *l.c*, 77.

outro lado, a realidade nos põe em contato com *histórias* (no plural): de pessoas, grupos, povos, culturas. Além disso, temos consciência desse pluralismo, tanto quanto da unidade potencial. Segue-se daí que a realidade em ato se revela ao mesmo tempo como unidade potencial e como pluralidade de acontecimentos. Em outras palavras, a pergunta a respeito do sentido universal da história é, como pergunta (com base na história, sob a luz da razão humana), ao mesmo tempo *inevitável* e *insolúvel*. Exatamente isso é o que nos revela a natureza própria da história como história: ela é o campo da ambigüidade, isto é, a história só é história *real*, contingente, humana, à medida que não é nem *absolutamente uma* nem *absolutamente plural*. A história real da humanidade se realiza onde o sentido e o absurdo se encontram justapostos, sobrepostos ou mesclados, onde há alegria e sofrimento, riso e choro; numa palavra: *finitude*. A história humana é ambígua, com lampejos de luz e com nuvens de impenetrável escuridão, um reino de saber e de não-saber. Não é possível racionalizar totalmente a coexistência de sentido e de absurdo nessa história; portanto, nem racionalizar a própria história; o sentido da história não é acessível para uma teoria. A história é o "reino do inexato",[28] e por isso acessível somente para métodos não-exatos. O fim da história, visto como limite e finalização, não nos revela o sentido da história, e sim que a nossa pergunta sobre o seu sentido é tão inevitável quanto racionalmente insolúvel.

Se a história se apresenta concretamente como emaranhado inextrincável de sentidos e absurdos, coloca-se esta pergunta: Qual deles finalmente há de vencer? Ou será que é uma narrativa sem limites, para sempre aberta e indefinida? Ou será que esta aporia nos propõe tal pergunta: Ou será que *nós* é que devemos mudar e fazer uma história diferente? Em todo caso, seria isso uma primeira conclusão repleta de sentido! Mas, a pergunta é esta: Seremos capazes? Podemos vencer todas as formas do mal e do sofrimento? dominar as calamidades da natureza? vencer até a morte? Assim, nova pergunta parece justificada: A história humana não nos põe talvez um problema *teológico*, o problema da criação, salvação e aliança? Não será possível ter alguma confiança, não teorizável mas absoluta, no *sentido* da história (a possibilidade de um sentido único, universal), confirmado por Deus para quem se entrega a esse mistério? Resistir a todas as formas do mal e do sofrimento, qualquer que seja a figura sob a qual aparecem entre nós, então, sem dúvida, é a condição (ou então o lado escondido) para uma fé autêntica em Deus e para uma sincera confissão do Cristo. Segundo o credo cristão, foi-nos dada concretamente a promessa de um possível sentido total, mas ao mesmo tempo a aparição histórica

---

[28] *L.c.*, 79.

de Cristo nos mostra que tal resistência fervorosa e combativa, porém não violenta, contra todas as formas do mal, provoca uma oposição violenta, porque combate também o interesse egoísta de pessoas ou grupos poderosos. Afinal, acaba sendo eliminado o pregador da alegre mensagem de bondade para todos e de paz universal! Sem dúvida isso nos diz alguma coisa sobre a impossibilidade de teorizar a redenção cristã pela paixão e morte de Jesus.

Do que acima se disse, segue-se que a fé cristã em Deus significa um veto contra todas as tentativas prematuras, teóricas ou práticas, de chegar a um sentido total, e contra qualquer sistema único e qualquer programa de ação totalitária que pretenda saber realizar o sentido da história. O sentido da história, sobre o qual fala o cristianismo a partir de Jesus de Nazaré, é *promessa* de um sentido total, na base da qual o cristão não identifica o que já foi alcançado com o prometido sentido escatológico, nem se deixa desanimar por malogros ou até fracassos mortais, mas é ao mesmo tempo também uma *instância* profética ou crítica *de avaliação* de todas as totalizações precoces (no mundo ou nas Igrejas).

Por tudo isso fica o problema da relação entre *história de sofrimento* e *história de salvação*. Não é possível que apenas uma parte da nossa história – o segmento da história preenchido pela vida e morte de Jesus – determine a história como *totalidade, a não ser* que a vida de Jesus, e inclusive a sua morte, concentre de fato em si mesma, em certo sentido, o sentido total da história, como acontecimento *escatológico*, embora a história continue.

§ 2. Impossibilidade de teorizar a questão do sentido último e do horizonte universal de entendimento

A experiência de um sentido particular, assim dizíamos, só é logicamente possível na base de uma pergunta, então inevitavelmente implícita, a respeito de um sentido total, por causa da implicação lógica de um sentido potencialmente total. É por isso que o sentido de cada acontecimento histórico somente se torna definitiva e plenamente claro a partir do sentido final, universal, da história inteira – *se é que tal sentido final realmente existe*. Experiências particulares de sentido só trazem consigo a pergunta a respeito do sentido universal. Contudo, a implicação lógica não diz, de forma alguma, que a "história universal" realmente significa ou tem de significar um sentido positivo definitivo, ou seja, a salvação. A relação entre *lógos* e facticidade é a de uma tensão sem solução; e para nós, a história continua ambígua: não podemos, na base de uma *teoria* racional, chegar de antemão a um sentido total, universal. Já que o processo dos acontecimentos históricos ainda não está concluído, também toda experiência particular de sentido está debaixo de uma dúvida fundamental, que não pode ser resolvida nem filosófica nem cientificamente.

Agora, diante do fenômeno das "religiões", surge a pergunta pelo sentido universal (implícita em todas as experiências parciais de sentido, bem como dentro da mesma história, em experiências de contraste e de protesto). Na vivência religiosa da realidade, um determinado sentido final, universal – o "escatón" da história – é clara e explicitamente tematizado e confessado com fé. Assim, o cristianismo fala sobre Jesus Cristo como o sentido último de toda a história. É uma profissão de fé. Pergunta-se, então, se a razão humana é capaz de *compreender* critica e racionalmente essa revelação divina, e se o é de tal maneira que a fé não pode entrincheirar-se numa zona inexpugnável, declarando-se imune diante do pensamento crítico.

Num ensaio realmente ainda não bem elaborado, coloquei o seguinte: aquilo que para a fé religiosa é uma convicção, uma tese, vai funcionar no pensamento teológico como "hipótese", que de alguma forma é examinada na base do material das nossas experiências humanas.[29] Isso significa, então, que a pergunta, pelo menos implícita, pelo sentido total – pergunta resultante da análise de experiências particulares de sentido em nossa história – *não se identifica* com a afirmação cristã do sentido total em Jesus Cristo. É uma pergunta aberta, porque a implicação de um "sentido total" não deixa transparecer uma figura determinada na qual esse sentido se torne *realidade*, não sendo apenas uma implicação *lógica*. Refletindo sobre isso, o teólogo *identifica*, primeiro hipoteticamente, a confissão cristã como a resposta que confirma o sentido último, logicamente implícito, como realidade determinada, como resposta definida a essa pergunta pelo sentido universal. Para a teologia como ciência, essa identificação, em primeira instância, é provisória e hipotética. O teólogo terá de confirmar (ou mostrar inválida) tal hipótese, pelos dados concretos da experiência humana histórica.[30] É somente assim que o teólogo, como "cientista", pode escapar da acusação de estar raciocinando dentro de um "círculo hermenêutico" vicioso, já supondo o que ainda tem de ser testado criticamente. Pois aí nada se supõe: trabalha-se, como em todas as ciências, com uma hipótese a ser testada. Naturalmente, tal teste será de natureza bem diferente da verificação de hipóteses e teorias nas ciências naturais. Esse teste não é *direto*, e nunca será apoditicamente imperioso; mas, um controle *real* deve ser possível,

---

[29] Ver: *Geloofsverstaan: interpretatie en kritiek* (Theol. Peilingen, n. 5), Bloemendaal 1972, 211-216, sobretudo 214.

[30] À explicitação das implicações do meu próprio ensaio fui levado sobretudo por um artigo de W. Pannenberg, *The nature of a theological statement*, em: "Zygon" 7 (1972) 6-19.

para que a teologia possa fazer *pronunciamentos* que tenham sentido e não sejam ideológicos, podendo assim chamar-se uma *ciência*. Deve existir um método para constatar se a hipótese se apóia em nossa experiência, e se ela, assim, abre para todos um futuro.

Deve ser possível verificar, *de alguma forma*, porém *realmente*, se há de fato uma ação salvífica de Deus em Jesus de Nazaré; e deve ser possível expressar isso na linguagem da fé. Porque se Deus, como confessam os cristãos, é a realidade última que tudo determina (por enquanto ainda "em termos gerais", isto é, fazendo-se abstração da definição do seu conteúdo, p.ex., como o amor todo-poderoso que se mostra na "fraqueza"), então nenhuma realidade terrena pode ser entendida *plenamente*, dentro dessa visão da realidade, sem a sua referência a Deus; então Deus abre um entendimento mais profundo de toda a realidade. Segue-se disso que deve ser possível *testar* de alguma forma (não apoditicamente, mas com muito sentido) a "hipótese" do teólogo (a tese da fé), e que essa hipótese deve encontrar apoio na própria realidade do ser humano, no seu mundo e na sociedade, isto é, em nossa experiência histórica.

Isso rompe evidentemente com a "intuição implícita" da totalidade de sentido segundo a filosofia clássica, p. ex. de D. de Petter, L. Lavelle e os "filósofos do espírito" franceses; disso tenho consciência há muito tempo. Nessa tradição (não sem base real na visão da realidade segundo Tomás de Aquino), analisou-se brilhantemente a *participação* do sentido total em todas as experiências particulares de sentido. Com razão, na sua época, Tomás podia sem preocupação afirmar a *participação implícita* do sentido total *em* cada experiência particular de sentido, pois vivia numa sociedade medieval (patrística), na qual o único destino (cristão) do ser humano – a visão beatífica de Deus – era também socialmente considerada como evidência, com adequadas estruturas de plausibilidade, sociologicamente falando. Hoje não é assim, de forma alguma, pois em nossa sociedade diversas concepções da vida fazem as suas ofertas no "mercado comum" da história do mundo! Por isso, a conhecida idéia da participação deve ser substituída pela idéia de *antecipação* de um sentido total no meio de uma história em evolução. Conseqüência disso é que todo "sentido total" (seja o do "escatón" da fé cristã, seja o da futura sociedade sem classes, seja o da antecipação ideal de uma livre comunicação numa sociedade democrática ideal, segundo Habermas) somente pode apresentar-se ao foro da *razão crítica* (em primeira instância) como "hipótese", cujo valor *cognitivo* (como realidade ou como verdade) deverá mostrar-se ao ser testado pelo material das nossas experiências humanas históricas. No foro da reflexão crítica, essas últimas experiências hão de confirmar ou negar a identificação antecipada do sentido total (o cristão, o marxista ou o da teoria social-crítica etc.); hão de fazê-lo de maneira pelo menos racionalmente satisfatória (como nas ciências *naturais*; mas essas não têm privilégio exclusivo de se dizerem "científicas"). Ao dizer isso, tenho consciência de que o ponto de vista *científico* é apenas uma das muitas possibilidades e virtualidades humanas; não é valor absoluto; é apenas relativo. Mas, é direito inalienável da razão crítica humana; e por isso nenhuma crença, sob pena de perder sua credibilidade, pode subtrair-se a tal direito, alegando o falso argumento de que Deus e a religião pertencem a um nível além ou acima do nível científico da nossa natureza humana. Sem dúvida, pertencem essencialmente a tal nível, e o cerne de uma religião não pode ser definido pelo seu significado *funcional* para o ser humano e sua sociedade. Por isso, uma verificação direta não é possível, mas uma indireta, sim; a saber, pela importância decisiva da fé em Deus para a experiência humana. A religião, então, é testada pelas suas próprias *implicações* (indireta, mas não extrinsecamente). Demonstrar a relevância pessoal, social-política, mundial, histórica da fé cristã (dentro de uma atitude crítica diante da sociedade e da cultura) torna-se, assim, um teste *indireto* dos pronunciamentos da fé religiosa.

Qual é, pois o significado universal de Jesus de Nazaré? O verdadeiro contexto para se responder a essa pergunta é o horizonte universal não teorizável de entendimento que, como implicação lógica, resulta de experiências negativas e contrastantes, mas também de experiências pessoais de sentido; fica, portanto, dentro do horizonte da pergunta, colocada pela nossa própria história, a respeito do *sentido* ou do *absurdo* da nossa história humana na sua totalidade, e a respeito da natureza desse sentido ou desse absurdo. É uma pergunta que se dirige a nós, e o processo da nossa história a evoca em nossa consciência. Pois esse processo é uma história multicor, pluralista, com uma unidade potencial (que não depende da maneira como essa temática fundamental da vida verbaliza-se concretamente; pois há muitos caminhos de acesso para o que se revela como o problema da vida humana). Nisso, parece-me sobretudo importante o dado com o qual somos constantemente confrontados: o sofrimento não reconciliado e inocente; a história do sofrimento da humanidade, exatamente nos seus aspectos lúgubres que não têm explicação teórica racional. A história do sofrimento e o problema da maldade acompanham a nossa história como "epifenômeno" parasita da nossa liberdade situada. Tanto a filosofia como a teologia estão mudas e desesperadas diante do complexo conjunto do mal e do sofrimento humano causados pela natureza, por pessoas e estruturas. Há sofrimento demais, inocente e sem sentido, para se poder racionalizá-lo ética, hermenêutica ou ontologicamente. E a história é testemunha da incapacidade humana para realizar uma sociedade humana intata e livre de sofrimentos.

Além disso, a salvação oferecida por Jesus foi rejeitada, na base da nossa milenar e sempre nova praxe humana de eliminar e afastar quem ou o que não se enquadra no que existe. A oferta da salvação religiosa é a condição – por incrível que pareça – para que essa mesma oferta possa ser rejeitada. Foi por isso que essa rejeição, no seu sentido *religioso*, apareceu e ganhou profundeza ética que já não pode ser sondada nem medida. É com razão que se fala de um traço demoníaco que, apesar de melhoramentos parciais, torna-se sempre mais visível: em nossa história humana, uma incapacidade humana fundamental acompanha as nossas mais belas intenções e realizações. A própria história real não oferece nenhuma garantia ou esperança de que finalmente *shalóm* e reconciliação serão possíveis. Nós, seres humanos, somos realmente capazes de fazer que fracasse ou deixe de fracassar a nossa história terrena. Por isso, a partir das nossas experiências negativas de contrastes, *shalóm*, sentido universal e reconciliação somente se articulam em parábolas e símbolos escatológicos, em imagens de promessas e ameaças, e na imagem de um reino de Deus, de um reinado de Deus, de perdão e de *metanóia*. A rejeição da salvação oferecida não é teorizável, porque o mal, na sua profundeza, rejeita todo entendimento e escapa a toda teoria, não se enquadra em nenhum sistema ontológico de unidade ou filosofia de identidade; e a única resposta adequada é uma *praxe* de oposição contra o mal, não alguma teoria. Por isso, a fé num sentido universal da história não se deixa tematizar numa "história universal" filosoficamente interpretada; tal fé somente se fará valer numa praxe que tenta vencer o mal e o sofrimento a partir da promessa religiosa de que tudo pode mudar. O mal e o sofrimento são a mancha escura em nossa história, mancha que nenhum ser humano é capaz de limpar e resolver, e que também não podemos reconciliar através de uma teodicéia, ou extinguir com crítica social e uma conseqüente praxe (por mais que sejam necessárias). Então, como será possível tematizar racionalmente, numa hermenêutica teórica, o "sentido universal" da história, onde o mal e o sofrimento são componentes maciços?

A experiência dos contrastes, porém, sobretudo a lembrança dos fatos na história do sofrimento humano acumulado, possui seu próprio e poderoso valor instrutivo,[31] que não se reduz ao saber eficiente característico da ciência e da tecnologia, nem às diversas formas de conhecimento "não prático": a forma contemplativa, a estética e a lúdica. O próprio valor cognitivo da experiência do contraste, no sofrimento, em conseqüência de injustiça, é crítico, diferente de todas as formas de conhecimento atemporal, contemplativo e exclusivamente científico-técnico. É crítico, em contraste com a percepção total *pura-*

[31] E. Schillebeeckx, *Naar een "definitieve toekomst"; belofte en menselijke bemiddeling*, em: *Toekomst van de religie, Religie van de toekomst?*, Brugge 1972, sobretudo 48-53; e os conhecidos artigos "in memoriam" de J. B. Metz, sobretudo: *Toekomst vanuit de herinnering aan het lijden*, em: Conc 8 (1972), n. 6, 5-21.

mente contemplativa e com todo sistema teórico de unidade, porque esses já vivem a reconciliação universal; mas é crítico também diante do conhecimento científico e tecnológico que domina o mundo, enquanto este supõe o ser humano apenas como sujeito de dominação e passa por cima da prioridade ética à qual têm direito todos os que estão sofrendo entre nós.

O valor cognitivo próprio do sofrimento não é apenas crítico diante das duas formas positivas do saber humano; pode também, dialeticamente, formar o elo entre as duas possibilidades de conhecimento que a psique possui: a contemplativa e a ativa-dominadora. Estou até convencido de que somente a experiência sofredora do contraste (com a sua exigência ética implícita) é capaz de unir as duas formas de conhecimento, porque somente ela possui características de uma e da outra. Pois, de um lado, as experiências de sofrimento sobrevêm ao ser humano (embora essa forma de experiência, que é negativa, seja totalmente diferente das experiências que também "sobrevêm", mas são contemplativas, lúdicas e estéticas). De outro lado, porém, a experiência do sofrimento, exatamente enquanto vivência de *contraste* ou negatividade crítica, constrói uma ponte para uma possível praxe, querendo acabar com o sofrimento e com suas causas. Com base nesta semelhança (embora em negatividade crítica) com o conhecimento contemplativo, aquele que domina a natureza, eu chamo a própria força cognitiva do sofrimento de "prática-crítica", isto é, uma força cognitiva crítica que incita para uma nova praxe, a qual abre e quer efetivamente realizar um futuro melhor (embora continue duvidoso se vai dar certo).

Dada a nossa "condição humana" e a nossa cultura social concreta, tudo isso significa que contemplação e ação, de maneira paradoxal porém real, só podem ligar-se a uma possível realização de sentido através da crítica ética da história acumulada do sofrimento humano. Pois, como experiência de *contraste,* a experiência humana do sofrimento supõe uma busca implícita de felicidade, um desejo de salvação, de sair são e salvo; e enquanto vítima de injustiça, essa experiência supõe pelo menos uma vaga consciência daquilo que a integridade humana deveria significar positivamente. Em outras palavras, como experiência de contraste, a experiência do sofrimento implica indiretamente uma consciência da vocação positiva *do* humano e *para* o humano. Analisando experiências de contraste, das quais nascem novas tarefas imperativas, e examinando as suas possibilidades de realização, podemos constatar que essas experiências negativas incluem uma percepção de valores que é positiva, mas ainda não se expressa como tal; todavia, abrem também tal percepção e obrigam a verbalizá-la na consciência reta que começa a protestar. Na experiência negativa *percebe-se* indiretamente que falta alguma coisa que precisaria existir, e assim se começa a adivinhar o que aqui e agora precisaria ser feito; ainda não claramente, mas inegavelmente. Nesse sentido, a ação que vence o sofrimento somente é possível com base numa antecipação pelo menos implícita ou confusa de um possível sentido universal no futuro.

Em contraste com o conhecimento da ciência e da técnica, que *visa um objetivo*, e também com o conhecimento "sem objetivo" da contemplação (tendo sentido em si mesmo, mas não apontando para mais adiante), o valor cognitivo próprio da experiência sofredora do contraste é o de um conhecimento que pede e abre um *futuro*. Ao lado dos conceitos, acima empregados, de "finalidade" e de "sem objetivo" (isto é, com sentido em e por si mesmo), a noção de "futuro" ou "vindouro" entra na nossa busca de um entendimento universal, dentro do qual a pergunta a respeito de Jesus poderá encontrar resposta compreensível. A história do sofrimento humano possui ao mesmo tempo uma potência crítica de conhecimento, que apela para uma praxe de abertura ao futuro. As experiências sofridas dos contrastes são, por isso, a tomada de consciência de um desejo e de uma exigência de sentido no futuro, e de um futuro de verdadeira liberdade, salvação e felicidade.

Dentro dessa inacabada história humana de sofrimento que busca sentido, libertação e salvação, Jesus de Nazaré se apresentou com sua mensagem e praxe de salvação, sendo ele mesmo um ser humano como os demais, que no entanto, por sua nova praxe de vida e sua inocente paixão e morte, deu nova e inovadora versão à nossa velha história. Nisso se revela como, dentro de nossa história humana, a *praxe da vida cristã* é, concretamente, a *mediação* entre o homem histórico Jesus e o seu significado atual para nós. Sem solidariedade eclesial com os que sofrem, seja quem for, o evangelho das Igrejas se tornaria incompreensível e indigno de ser acreditado. Portanto, um horizonte universal de entendimento supõe uma liberdade humana real, e por isso uma praxe de libertação de fato. Com isso ainda não se define o conteúdo do que é verdadeira liberdade e humanidade. O horizonte universal, dentro do qual perguntas e respostas a respeito de Jesus de Nazaré ficam universalmente acessíveis para todos, é a pergunta muito concreta a respeito do humano, pergunta à qual não se pode responder de antemão com nenhuma doutrina absoluta (nem mesmo com a do cristianismo), nem por antecipação. Só pode ser respondida pelo caminho de iniciativas concretas e altamente empíricas. Mas, não está garantido, em lugar nenhum da nossa história, que nisso o ser humano terá sucesso.

Qual é o lugar de Jesus de Nazaré no conjunto dessa história do sofrimento humano em busca de sentido, libertação e salvação? Pelo que acima se disse, está claro que o significado universal de Jesus não se pode afirmar em termos objetivos abstratos e diretos, sem contar a história de Jesus e seus efeitos concretos. Tais efeitos, então, situam-se especialmente na praxe da vida cristã, enquanto historicamente demonstrável como animadora e libertadora. Além disso, devemos perguntar o que pensam em geral os homens a respeito do que Jesus formulou; devemos também frisar que a Igreja, portadora da tradição sobre Jesus, deve também ela prestar atenção ao que pensa o mundo, para que sua mensagem evangélica possa ser entendida por todos. Trata-se não apenas do entendimento universal que já existe na humanidade, ajudando todos a escutarem a mensagem de Jesus que os atinge profundamente; trata-se também do respeito que as Igrejas devem ao mundo, deixando o mundo ser o que é, e escutando o que o próprio mundo tem a dizer, e o que ele mesmo já faz para a salvação e a felicidade do ser humano. Então, também "o mundo" se sentirá livre para escutar o que o evangelho cristão tem a dizer a ele. A pergunta concreta que a humanidade histórica faz *hoje* ao evangelho é esta: Qual a contribuição da mensagem e da praxe de Jesus para a tentativa geral de dar à humanidade a liberdade no sentido pleno da palavra?

Liberdade humana não é assunto puramente interno. É liberdade também externa e corporal, que apenas sente-se realizada no encontro com pessoas verdadeiramente livres, dentro de providências e estruturas sociais que tornam possível a liberdade. Por nós mesmos, somos apenas possibilidade de liberdade, dado que a liberdade é ainda apenas um vazio sem conteúdo; é pela cultura que a liberdade preenche criativamente esse vazio. Mas, nenhuma forma ou grau de cultura é capaz de preencher inteiramente esse vazio. Liberdade concretamente realizada é liberdade continuamente interiorizada; liberdade interior depende também do encontro com pessoas livres dentro de estruturas sociais que dão espaço à liberdade e a protegem. A dimensão social é componente essencial do nosso agir interiormente livre; dimensão que ajuda a constituir a nossa experiência de nós mesmos e do mundo. Assim, a liberdade libertada supera a distinção dualista entre o interior e o exterior. Há uma relação constitutiva entre identidade pessoal e consenso ou reconhecimento coletivo, entre liberdade interior e estruturas sociais libertadoras.

Libertação ou salvação, portanto, consiste em superar todas as alienações humanas pessoais e sociais; existe "salvação" quando realmente tudo está salvo: o ser humano, o seu mundo e a sua história. A pessoa e a sociedade se encontram numa tensão mútua, que é dialética e irredutível, e o "vazio" da nossa liberdade nunca é inteiramente preenchido pela cultura. Há sempre um "ainda não", uma abertura. De um lado, não podemos dizer que a sociedade seja um horizonte transcendental, que atinja a realidade total; seria negar o caráter intangível da pessoa humana, que não é totalmente o resultado do processo social. De outro lado, o interior da pessoa humana, com a sua inevitável privacidade e intimidade, também não é um horizonte transcendental e universal. Conseqüência disso na vida humana é que a alienação não pode ser completamente vencida, nem pessoal nem socialmente. Há sofrimento humano que não se pode resolver social ou politicamente; dentro das melhores estruturas de convivência, alguém pode ainda sucumbir por alienação; estruturas excelentes ainda não fazem automaticamente pessoas boas, humanamente maduras. A *natureza* pode ser humanizada, mas continua em grande parte e inelutavelmente alheia ao ser humano (basta lembrar a morte!); e por fim, a nossa inevitável finitude, que pode ser fonte de confiança em Deus, mas também de solidão e angústia. Por isso, se algum fator deste mundo pretende tornar-se dono absoluto da salvação total dos humanos, daí só pode vir o início de uma tirania.

Por isso a reconciliação definitiva da duplicidade da nossa existência só pode ser efeito de uma realidade ativa que *abranja* a pessoa e a sociedade, isto é, a realidade total, sem violentá-la.[32] Com isso, abre-se a possibilidade de relacionar entre si as duas questões: "O que pensar de salvação e libertação?", "O que pensar sobre Deus?" Esta segunda interroga sobre a "salvação que procede de Deus". Somente a liberdade absoluta, que também é amor criativo, parece capaz de realizar uma reconciliação universal. Com isso, chegamos a outra pergunta: O reconhecimento prático de que *Deus é Deus* não será ao mesmo tempo o reconhecimento da humanidade do ser humano? Isso nos leva à mensagem central de Jesus: o reino de Deus quer cuidar do humano. Apesar do fracasso *histórico* dessa mensagem, Jesus deu testemunho de sua inabalável certeza da salvação de Deus, de uma certeza que nele se baseava na excepcional vivência do "Abba". Aqui há para nós uma promessa de Deus: que a salvação, o ficarmos sãos e salvos, é possível para os humanos, e que em última análise a vida humana tem pleno sentido. A fé em Jesus nos torna possível afirmar *em conjunto* os dois aspectos inconciliáveis da nossa história humana: a salvação juntamente com o mal e o sofrimento; e, baseando-nos em Jesus, dar a última palavra à salvação e à bondade, porque o Pai é maior do que todo sofrimento, é maior do que a nossa incapacidade para finalmente podermos viver a mais profunda realidade como dádiva plenamente confiável de Deus.

[32] Assim formulado com exatidão por W. Kasper, *Einführung in den Glauben*, Mainz 1972: "uma magnitude..., que abarca e unifica a totalidade sem violentá-la" (110).

SEÇÃO III

JESUS, PARÁBOLA DE DEUS E PARADIGMA DE HUMANIDADE

CAPÍTULO I

AÇÃO SALVÍFICA DE DEUS NA HISTÓRIA

§ 1. LINGUAGEM HISTÓRICA E LINGUAGEM DA FÉ

Para muita gente, expressões como "Deus age na história" são problemáticas. Tal linguagem será "mitológica"? Ou seja: embora em linguagem mitológica, dizemos alguma coisa não sobre Deus, mas sobre o humano, de sorte que, numa época crítica, a realidade a que tal expressão se refere seria melhor e mais adequadamente verbalizada em categorias puramente humanas? Ou será que dizemos real e verdadeiramente alguma coisa sobre o próprio Deus, embora com linguagem humanamente deficiente, apenas evocativa e sugestiva (denominada "análoga" quanto ao nível conceitual?).

O nosso falar sobre Deus nunca é unívoco; quando muito é análogo, quer dizer, indireto: partindo do mundo e da nossa humanidade, dizemos alguma coisa sobre o próprio Deus, mas com conceitos e expressões que, a bem dizer, são cunhados unicamente pela realidade do nosso mundo. De fato, Deus não age na história da maneira como os humanos agem nela. Segundo as nossas experiências modernas, a nossa história, dentro da história da natureza, é feita por seres humanos, e não está entregue, como se pensava na antiguidade, ao bel-prazer de espíritos supraterrenos, bons ou maus. Dentro da natureza cósmica que em larga escala sempre lhes continua estranha, os seres humanos que sobrevivem – não digo "a humanidade" (que é sempre uma abstração, e não pode ser *sujeito que age)* –, esses humanos são os sujeitos que agem na história. Por isso, falar *historicamente* sobre história não é a mesma coisa que falar sobre essa mesma história em *linguagem de fé*. Dizendo, então, que Deus age na história, não falamos uma linguagem histórica, e sim uma linguagem de fé. Todavia, a história, da qual fala a linguagem da fé, é a mesma da qual fala o historiador. A linguagem da fé tem função distinta da linguagem histórica; tem lógica própria. Nos dois casos, falamos sobre a nossa história, *feita por seres humanos*. Quem fala sobre ela historicamente, não usa nenhuma noção de Deus. Tal noção é para ele eventualmente apenas uma expressão de convicções humanas por ele estudadas.

Daí segue que o agir de Deus na história não é agir de "intervenção", cujo resultado o historiador possa medir e testar. O agir de Deus, pela sua própria natureza, é agir divino, ou seja, um agir absolutamente transcendente, criador. Mas, esse agir de Deus não poderia chamar-se "agir *na* história", se essa iniciativa absoluta de Deus não fosse ao mesmo tempo *imanente* em nossa história; quer dizer, essa imanência não é um *elo* na totalidade dos fatores que compõem a história do mundo; mesmo assim, porém, é real. Portanto, é um agir que não pode ser somado com aquilo que a história já é enquanto ações de seres humanos livres. Porém, falando sobre Deus na linguagem da fé, nós dizemos algo sobre Deus e não simplesmente sobre a atitude humana diante de Deus, ou sobre o amor ou a obediência humana para com Deus; com isso dizemos ao mesmo tempo que Deus é quem desperta o amor e merece a veneração do ser humano. Se Deus fosse o totalmente-Outro, sem imanência reconhecível em nosso mundo, a nossa melhor veneração seria o silêncio. O fato de Deus, o totalmente-Outro, ser de fato o criador, significa que ele é ao mesmo tempo o extremamente-próximo-íntimo. Tudo isso significa que o agir transcendente e criador de Deus há de se expressar, de alguma forma, em nosso mundo; do contrário, não haveria base para se falar responsavelmente, de modo evocativo e análogo, sobre a ação de Deus em nossa história. O ato transcendente que é Deus nem seria assunto para nós – nem na linguagem da fé – se não se manifestasse naquilo que acontece dentro do nosso mundo. Por isso, o falar na linguagem da fé sobre o agir de Deus na história tem base *experimental* (embora *interpretável* somente pela fé) em nosso "estar no mundo e na história", como seres humanos. Pois o nosso falar sobre a transcendência de Deus fundamenta-se apenas em *nossa* experiência contingente enquanto "abertura", na qual se abrem perspectivas mais profundas.

Contudo, para quem crê em Deus, se o mundo e a história são realmente o campo da ação divina expressa de maneira que chama a atenção, então a fala religiosa ou linguagem da fé, e a fala científica, por mais distintas que sejam, têm realmente algo a ver uma com a outra; ambas referem-se à mesma realidade: o nosso mundo e a nossa história. Se, p.ex., as ciências naturais e a historiografia falam a verdade, então a natureza e a nossa história devem ser intrinsecamente de tal feitio, que realmente forneçam base e conteúdo para o que as ciências e a historiografia nos contam. Mas, então vale igualmente que o mundo e a própria história são de tal natureza que fornecem a base e o conteúdo para a linguagem da fé e para o que a teologia nos conta. Em outras palavras: *dentro* da história deve haver vestígios, na base dos quais seja possível e permitido falar sobre uma ação salvífica de Deus na história.[1]

[1] Ver: Peter R. Baelz, *A deliberate mistake?*, em *Christ, faith, history*, 13-34; cf. Sch. Ogden,*The reality of God and other essays*, Londres 1957, cap. 6, 164-187.

Existe uma "linguagem da fé": isso significa, além da relevância de tudo o que se diz na linguagem "profana" e na linguagem científica sobre a natureza e a história, que existe também uma relevância religiosa, pois afinal tudo é relevante para Deus e para a nossa relação com ele. A linguagem religiosa não acrescenta novidades, "novas informações" ao que a linguagem não-religiosa já disse (de onde tiraria tal nova informação?), mas ela verbaliza e tematiza, à sua maneira, a realidade que a linguagem não-religiosa verbalizou no seu caráter *não-divino* ou contingente: a linguagem religiosa vê em tudo isso, como numa sombra, a passagem do Deus criador, como outrora Moisés, que não viu Deus, mas apenas "as suas costas", quando ele já tinha passado.

§ 2. Revelação, ou ação salvífica de Deus enquanto experienciada e expressa na linguagem da fé

A. Ação criativa de Deus em nosso mundo: "ser pessoa humana" e "ser criatura de Deus"

Quem crê em Deus fala sobre o ser humano em termos de "ser criado" por Deus. Com isso, ele/ela quer expressar que o ser humano *deve* no fundo toda a sua existência e atividade ao Deus criador. Ele/ela é, por assim dizer, "primeiramente" de Deus, e somente nisso e por isso é ele/ela mesmo/a. Seu existir e viver tem seu "fundamento" em Deus, toda a sua vida é carregada pela inexaurível liberdade de Deus que, de maneira transcendente, entrega literalmente o ser humano a si mesmo. Quando, então, a linguagem "profana" mostra que o ser humano é uma pessoa quer dizer, na linguagem da fé, que ele/ela é pessoa pela imanência transcendente e ativa de Deus. Deus é imanente por transcendência, ou seja, tudo o que o ser humano possui de positivo é realmente dele/dela mesmo/a, mas enquanto recebido de Deus. Embora realmente distinta de Deus, a pessoa humana não pode, no fundo, ser oposta a Deus. Por isso, a causa da distinção entre Deus e o ser humano (criatura) não pode estar em Deus, mas somente no ser humano, e não no que ele/ela positivamente é, mas somente no fato de que não possui esse "ser" positivo *em si mesmo(a) e por si mesmo/a*. Em outras palavras, a base da distinção real entre Deus e o ser humano está na *finitude* do ser humano. É exatamente por essa finitude que todas as criaturas, também no que têm de positivo, são realmente distintas de Deus. Por isso, não podemos somar Deus e o ser humano, como dois seres separados ou concorrentes. Mesmo assim, Deus não está incluído numa descrição apropriada ou definição do que é um ser humano, ao passo que todo o seu ser humano é recebido de Deus. "Existir como ser humano", tudo o que ele é, portanto, é uma definição de uma determinada maneira de "ser de Deus". Por "ser de Deus", o ser humano é o que é.

Os dois "aspectos" – ser eu mesmo e eu ser de Deus – não são aspectos parciais mas *totais* de uma só e mesma realidade; um não acrescenta nada de novo ao que o outro já é. Por isso, não podemos aí falar de "dois componentes", nem de "duas naturezas", uma "pessoa humana" e um "pertencer a Deus". Não se pode negar que existe uma certa tensão, uma dialética de caráter "aspectual". Podemos considerar as coisas, e também a pessoa humana, em si mesmas, isto é, por assim dizer, no seu teor de realidade profana, sem levar em conta o seu constitutivo "ser de Deus"; mas todas as coisas, e também o ser humano, "são de Deus e existem por Deus", segundo a linguagem da fé, que confessa a sua constitutiva dependência de Deus naquilo que lhes é próprio e na sua existência própria (aspectos acessíveis em si mesmos). O "serem elas mesmas" e o "serem criaturas" não são dois aspectos *parciais* ou dois componentes que possam ser somados. É por isso que, para a linguagem da fé, uma criatura é até mais de Deus do que de si mesma, porque ela recebe o seu próprio ser da transcendência divina. Em outras palavras, a criatura, o ser humano, não coincide com a sua realidade mais profunda. Há nele/nela um crédito, uma realidade interna (que é ele/ela mesmo/a) que remete ao Deus transcendente, o criador que nele/nela mora por imanência. É exatamente por isso que a realidade na qual vivemos, e que nós mesmos somos, é inexaurível mistério: o mistério de Deus transbordando para as suas criaturas. Por isso, a linguagem profana e a científica nunca poderão esclarecer adequadamente a realidade da qual falam. Bebem do inexaurível, por mais exíguo que seja o objeto de seu estudo.

Por isso, é claro que teremos de falar em duas linguagens diferentes sobre os dois "aspectos" *totais* da única realidade em que estamos. Pois o caminho de acesso se bifurca (dualidade que só existe para quem a observa) onde, *dentro* dessa observação, acontece para alguns uma "abertura", e observamos, no que é próprio da natureza do ser humano, uma brecha e uma dimensão de profundidade, na qual experimentamos os vestígios do seu "ser de Deus". É na linguagem da fé que se exprime o "ser criatura" ou "ser de Deus"; porém, o fato de as coisas serem elas mesmas se exprime sob muitos pontos de vista: na linguagem psicológica e sociológica, nas ciências naturais e na historiografia etc. Significa ao mesmo tempo que o mais profundo segredo das coisas, sobretudo do ser humano, não pode ser comentado com termos das ciências positivas; escapa-lhes, embora ao mesmo tempo torne possível esse falar científico. O problema definitivo da salvação humana situa-se, portanto, somente num plano *extracientífico*, embora no plano científico, e por isso também no técnico, muita coisa se possa fazer para a libertação do ser humano, enquanto afastado de si mesmo por condicionamentos físicos, psíquicos e sociais.

Portanto, para quem crê, e confessa o Deus vivo, o criador, toda criatura, dentro de sua própria medida e definição, se refere constitutivamente a Deus. Para os seres humanos, isso significa que a própria medida de sua existência os abre para uma presença consciente e mútua entre Deus e o ser humano, embora presença de natureza bem peculiar. Porque exatamente esse "ser de Deus", que acompanha o ser humano em tudo, é base e fonte de sua própria existência humana, é também a raiz e o alimento de toda religiosidade, pelo menos como *pergunta constitutiva* acerca de tudo o que pode dar base e sentido a seu próprio problemático "estar aí"; fundamenta também o núcleo de realidade e experiência contido em tudo o que na história se apresenta como religiões.

Independentemente dessa referência interna a Deus no cerne da nossa existência, podemos refletir sobre a pessoa humana e chegar à intuição de que o ser humano, a bem dizer, somente se torna pessoa quando se entrega aos outros, no mundo que ele tem de humanizar. Para se *concluir* isso, a religiosidade não é absolutamente necessária. "Ser humano para os outros" pode de fato ser a reveladora definição de alguém que – sem pertencer ao grupo dos que crêem em Deus – se encontra na história humana. O outro precisa de mim para ser ele mesmo, e para chegar à sua identidade pessoal. A consciência de que pessoas podem ser, uma para a outra, ou "peso" ou "bênção", é de fato uma realidade cultural que o ser humano pode chegar a entender. Na linguagem da fé, quem crê em Deus pode expressar a mesma coisa, e ainda algo mais. No momento em que o outro apela para a minha generosidade, a fim de que eu cuide dele – alguém para o qual vou poder trabalhar e que para mim significa um pedido de cuidados e dedicação –, então tudo isso manifesta ao mesmo tempo a voz soberanamente livre do criador que, chamando, se torna conhecido neste nosso mundo humano. Quem crê em Deus há de traduzir isso – na base do que é *realidade* para ele/ela– como um chamamento para a *communio* também com Deus, vivida nas formas (ambivalentes) da nossa situação histórica, no meio dos outros, sentindo-nos responsáveis pela nossa história humana. Esse amor e essa preocupação estão situados no tempo e no espaço, mas assim mesmo não têm limites; têm horizontes estreitos, outros mais amplos, e afinal os ilimitados, que por assim dizer se abrem cada vez mais. Dessa maneira, o cuidado pelos demais, o abrir-se da caridade humana, torna-se, através da minha situação limitada, mas assim mesmo se expandindo ilimitadamente (sobretudo nas circunstâncias modernas), virtualmente sem fronteiras e universal. Quem crê em Deus verá nisso um clarão do amor universal criador do Deus único, querendo realizar libertação em e por seres humanos, para a salvação de todos.

Em tudo isso, porém, não podemos esquecer que a criatura, concretamente o ser humano, não apenas *revela*, mas ao mesmo tempo *esconde* Deus. Isso significa o seguinte: A transcendência de Deus por imanência e, no que diz respeito ao ser humano (como pessoa), por imanência que se apodera dele todo como pessoa, tem caráter de *referência*. Compreenda-se bem o que quero dizer: a própria transcendência de Deus não está *em oposição* à sua imanência própria no mundo (na história e nos seres humanos), o que seria de fato idéia impensável; mas será preciso dizer que a imanência de Deus nos permite apenas uma limitada visão de sua transcendência, visão que não é divina; é a visão "em perfil" (própria da criatura) da transcendência divina, que *não é constituída* por sua imanência na criatura. A afirmação dessa última idéia seria, a meu ver, a definição do panteísmo ou do pan-enteísmo. Na verdade, não será fácil dar uma definição satisfatória do que seria panteísmo, em oposição tanto à noção cristã da criação, como a toda espécie de doutrinas de religiosidade monista, acósmica ou pancósmica. Além disso, como já disse L. Lavelle, até o teísmo (cristão) corre sempre um perigo panteísta.[2] O panteísmo não se define por sua forte insistência na unidade entre Deus e as suas criaturas; expressões como "sumus aliquid Dei" ou "sumus Dei" – somos "de Deus" – podem ter tanto sentido cristão como sentido panteísta; além disso, muitas formas de panteísmo autêntico admitem tanto a atividade criadora de Deus como um termo que dela se distingue: "a criatura". O que distingue especificamente o panteísmo é a negação da *gratuidade*, ou seja, do caráter radicalmente gratuito ("de graça") do "ser criatura", de sorte que chega a afirmar (implícita ou expressamente) que Deus, interiormente, *precisa* das criaturas para completar a própria definição do seu ser divino. Tal idéia panteísta a respeito de Deus exclui em princípio a possibilidade de Deus, na sua soberana liberdade, se entregar a suas criaturas, os humanos. Pois a necessidade de se autocompletar tornaria, então, impossível toda autocomunicação livre e generosa da parte de Deus. Então ficaria sem conteúdo a expressão "Deus se dá". Além disso, priva-se a história do sentido que ela pode ter para a *liberdade* de Deus.

Portanto, Deus não recebe o que ele é, o seu "ser Deus" (quer dizer, para nós, sua transcendência), da sua abundante imanência nas criaturas, pois estas não limitam nem restringem a transcendência de Deus; apenas deixam a sua presença aparecer dentro de uma medida limitada, criada, não-divina. Mas, então, isso significa que o humano, de fato, exatamente ao revelar que é "de Deus", *esconde* ao mesmo tempo o que Deus é. E por isso o humano apenas *aponta* para o que a transcendência divina (o próprio Deus) é, *em si mesma* e *por si mesma*, exatamente porque a transcendência divina não é constituída pela sua presença imanente em nossa história; pois essa imanência é

[2] L. Lavelle, *La voie étroite*, em: TPh 13 (1951) (42-61) 54.

uma *dádiva livre*. A criatura – o mundo, a história, o ser humano – é uma presença de Deus "como dádiva"; o próprio Deus é a sua presença, *pela sua própria natureza*, pelo seu "ser Deus" absolutamente livre. Negar isso seria limitar, abreviar a transcendência de Deus. Por isso, o nosso mundo humano só deixa transparecer a presença imediata de Deus de maneira mediata. Isso não significa um conceito duplo de transcendência: a própria essência interior de Deus *e* a sua transcendência por estar interior à criatura. Significa, isto sim, que a nossa perspectiva sobre o Deus transcendente é limitada, porque o percebemos através da sua imanência e seus vestígios neste mundo, na história e no ser humano, nosso próximo. De fato, é apenas um "ver as costas de Deus", numa expressão do Antigo Testamento. Mas não porque Deus já tenha "passado", e sim porque ele está sempre[3] "na frente" do homem histórico: Ele é Deus – "na nossa frente". Para o ser humano histórico, que está fazendo o futuro, a transcendência de Deus por interioridade é, de fato, essencialmente um apontar para o futuro: Ele nos precede *para* um futuro, o futuro *dele* em nós. "Estar abrigado em Deus" significa certeza-do-futuro, esperança e confiança. Não acomodação no que já existe.

As criaturas, portanto, e somente elas, intermedeiam para nós a presença de Deus, mas elas não são Deus, nem na sua *totalidade* cósmica ou histórica. Por isso, nós temos somente uma perspectiva sobre Deus a partir do não-divino, isto é, a partir daquilo que não faz Deus ser Deus, ou seja, o mundo criado. Não poderemos perder de vista essa conclusão, quando se coloca a pergunta sobre o caráter único da revelação divina que se realizou em Jesus.

Do que acabamos de dizer segue-se que a unicidade universal própria do homem Jesus de Nazaré – confessada pelas Igrejas cristãs – deve ser conseqüência do caráter próprio e único de sua relação com o próximo, como praxe de vida, sustentada por uma relação própria e única com o Deus vivo, e isso dentro dos limites estreitos, muito contingentes e ambivalentes de uma limitada história terrena. A priori, não pode tratar-se de uma idealidade absoluta supra-histórica. Jesus é entre nós o "significativo outro".

B. Ação salvífica de Deus na história

O fundamento para todo falar sobre a ação de Deus no nosso mundo, em linguagem responsável, embora evocativa e análoga, é a sua atuação criadora, transcendente pela sua imanência: é o nosso mundo e a sua própria história. Mas, *dentro* do nosso mundo pode haver bons motivos para, *falando sobre* a ação de Deus no mundo,

[3] E. Schillebeeckx, *Stilte gevuld met parabels*, em: *Politiek of mystiek?*, Brugge-Utrecht 1973, 69-81.

adotarmos diferenciações, com base nas quais (sem aplicarmos essas diferenciações ao próprio Deus) *damos outros nomes* à realidade viva de Deus. Pois a última base e fonte deste mundo, também nas suas diferenciações, continua sendo a viva realidade de Deus.

Por exemplo: apesar de toda a continuidade, é claro que entre o animal e o ser humano apresentou-se uma inegável diferença. No ser humano revela-se uma surpreendente novidade, algo especificamente humano, certa descontinuidade com as demais criaturas. Quem crê no Deus criador, e exprime essa realidade em linguagem de fé, pode, de forma responsável, falar de um "agir *especial*" de Deus com todo ser humano, e conseqüentemente de uma imanência *especial*, total, do Deus transcendente; imanência esta que para a consciência humana pode tornar-se verdadeira "presença", um vir ao encontro, um desejo de se encontrar, uma vocação, um apresentar-se, uma "revelação". Por causa da diferença, p.ex., entre processos naturais e história humana (apesar de seus entrelaçamentos essenciais), quem crê em Deus pode, responsavelmente e com base, falar de uma ação *especial* de Deus na história humana.

Na sua história, o ser humano está em busca de salvação e felicidade, do almejado "humano". Na base disso, quem crê em Deus pode falar na "ação salvífica" de Deus na história. Também essa ação salvífica de Deus é transcendente, não é "intervenção" no andamento "normal" da história. Como todo o agir propriamente divino, é uma ação "criadora", soberanamente livre, transcendente, e por isso *imanente* em nossa história; é a mesma assim chamada "história profana", porém no seu aspecto "total" de "ser de Deus". De fato, é somente por uma experiência de "abertura" que tal aspecto poderá ser expresso nessa história, segundo as suas expressões experimentáveis e reconhecíveis. Por isso, deverá ser possível encontrar em nossa história "vestígios" da passagem salutar de Deus, para se poder falar, de forma fundamentada, sobre sua ação salvífica na história. Da mesma forma como, baseados na experiência de descontinuidade entre o ser humano e o animal, falamos de maneiras diferentes sobre a ação de Deus com o homem e com o animal, assim também uma experiência humana de descontinuidade – apesar de toda continuidade – poderá ser o único motivo para podermos falar responsavelmente de uma ação salvífica *especial* de Deus na história. A ação salvífica do Deus criador é coextensiva com toda a história da humanidade, e o crente, falando a linguagem da fé, só poderá falar de uma "ação salvífica especial" quando dentro dessa história se apresentam fenômenos "descontínuos", que de fato são obra de mãos humanas. Também aí não se trata de alguma ação salvífica não transcendente de Deus, que seria então uma intervenção. Tudo isso implica que é somente em "revelações indiretas" que Deus se manifesta e se dá a conhecer aos humanos como "alguém que age na história da salvação". Na *mediação* de ações libertadoras de pessoas em busca da salvação, Deus se revela "indiretamente" na história como salvação para os humanos. É sobretudo em acontecimentos, experiências e interpretações históricas surpreendentes, "descontínuas", que se mostra a iniciativa salvadora de Deus. Se a ação salvífica de Deus é uma verdadeira e divina realidade, então deve ser possível encontrar na nossa história "sinais" da ação libertadora de Deus em favor dos humanos, sinais esses que deverão ser percebidos, vistos e interpretados, porque em si, como todo fenômeno histórico, eles são ambíguos, ambivalentes e pedem uma interpretação. Somente na interpretação, somente depois de observados e comentados pelos humanos é que são reconhecidos como sinais da ação salvadora de Deus na história feita pelos humanos.

C. Ação salvífica definitiva de Deus na história

Se houve alguma ação salvífica definitiva e decisiva de Deus na nossa história, tal ação decisiva e definitiva deve ter-se realizado em acontecimentos históricos observáveis, interpretados e comentados na linguagem da fé. Para Jesus de Nazaré ser confessado como ação escatológica definitiva de Deus, deve ser possível ter disso uma experiência religiosa, e comentar isso numa linguagem de fé, com base na sua atuação histórica nesta terra. Dentro de toda a continuidade da nossa história humana normal, deve ter-se tornado visível em Jesus uma "descontinuidade" surpreendente, uma abundante imanência de Deus, que podia ser experienciada e expressa em linguagem de fé, como *sinal historicamente* eficaz, no qual a definitiva ação salvífica de Deus se concentrou, para o bem de todos os seres humanos. Então, deve ter aparecido em Jesus, dentro da nossa história, um sinal decisivo de salvação definitiva. Trata-se realmente de uma história humana em que se conta a própria "história de Deus".

Isso significa que, na vida humana de Jesus, o último sentido da existência humana se expressou em palavras e obras, de modo normativo e exemplar. Também nisso a manifestação divina só chega a ser "revelação" no ato de fé que a interpreta; ou seja, no ato de fé dos que compreendem e aceitam Jesus como alguém que de fato determina o modo como aqueles devem entender a si mesmos e a toda a realidade. A revelação, então, leva a uma resposta positiva da fé: "Sim, realmente! É assim que deve ser vivida uma existência verdadeiramente humana". A presença escatológica de Deus em Jesus e a decisiva compreensão humana da realidade são correlativos.

Conseqüência disso é que teremos de falar sobre Jesus Cristo, tanto em linguagem histórica como em linguagem de fé. As duas linguagens falarão da mesma realidade, mas não poderemos uni-las numa "terceira linguagem". Há dois aspectos totais na vida de Jesus: ele é um ser humano completo, e *nisso* ele é a aparição histórica da ação salvífica definitiva de Deus. Mas, esses dois aspectos não podem ser tratados ao mesmo tempo, numa só linguagem, embora a ação salvífica definitiva, na sua transcendência, somente possa ser reconhecida, pela fé, *no* homem histórico Jesus. Ambas as linguagens continuam com a sua própria lógica (com razão, Calcedônia diz: "inconfuse"), mas ambas falam do único Jesus de Nazaré. Do "único e mesmo" Jesus de Nazaré afirma-se, então, que é realmente homem histórico e, exatamente como tal, ele é a definitiva ação salvífica de Deus. Enfim, como devem ser interpretados esses dois "aspectos" totais? Eis o *problema cristológico*.

O PROBLEMA CRISTOLÓGICO

§ 1. A DEFINITIVA "SALVAÇÃO DE DEUS EM JESUS"

A. A mensagem de Deus em Jesus

Do ponto de vista histórico,não é possível responder à questão se uma pessoa humana, ligada a determinado período histórico, pode ter importância universal para todos os seres humanos. Para que não seja ideológica a afirmação da universalidade única de Jesus, será preciso que haja, dentro do nosso horizonte humano de entender as coisas, vestígios e sinais que *solicitem uma interpretação identificadora* da nossa parte. Jesus de Nazaré, então, deve pelo menos ter aparecido historicamente como *pergunta catalisante, um convite* para se verificar o que ele significa para o definitivo bem da humanidade. Os cristãos sempre interpretaram essa pergunta e convite de maneira bem determinada: encontraram em Jesus a garantia definitiva de salvação e libertação da parte de Deus, e acharam nisso motivos suficientes para recomendá-lo também a outros, e portanto testemunharem sobre Jesus Cristo. Isso tem acontecido até hoje, e assim também nós somos postos em contato com a pergunta e convite catalisante que é Jesus, mas em situação totalmente nova: para nós, Jesus fala sobre Deus numa época em que os setores da vida em sua maior parte – se não em todos – parecem não precisar de Deus. Então, a pergunta que Jesus levanta não pode ter como base a afirmação, justificada ou não, de que Jesus é a concretização histórica de uma mensagem existencial ou de crítica social. Para tal mensagem, nós do século XXI sentimos cada vez menos necessidade de voltar a um homem que viveu no primeiro século da nossa era; afinal, para quê? Jesus histórico foi um homem que continua colocando para nós esta pergunta: se a realidade divina não é o assunto mais importante da vida humana. É uma pergunta que, respondida positivamente, exige de nós uma *metanóia*: uma *reorientação* da nossa própria vida. Por isso, a pergunta que Jesus continua nos fazendo algo em primeira instância que *desorienta* profundamente.

Sobretudo numa situação moderna, convém distinguir entre Jesus de Nazaré como interrogante catalisador e como convite, e por outro lado a *resposta cristológica* das Igrejas cristãs a essa pergunta.

Isso me parece também conseqüência da nova situação pastoral em que vivemos, ou seja (além da confissão e da celebração pessoal da salvação de Deus encontrada em Jesus, que saibamos apresentar Jesus na pregação (e também na cristologia), primeiramente como questão que catalisa a problemática mais profundamente humana – pessoal e social – da nossa vida. Aliás, o Jesus terreno *foi* alguém que em circunstâncias concretas, historicamente bem situadas, evocou a questão se os outros iriam tomar posição a favor ou contra ele. O próprio Jesus nunca respondeu diretamente quem ele é. Sua identidade pessoal estava, por assim dizer, incluída na sua mensagem, na praxe de sua vida, na sua morte. Por isso, a pergunta que nos colocam sua mensagem, sua atuação e sua morte, só pode ser respondida plenamente pela nossa resposta à pessoa de Jesus. De fato, como todo acontecimento histórico, o Jesus terreno participou da ambigüidade da história, que pede interpretação e identificação.

Em Jesus, estamos frente a frente com um homem que, em plena confiança na base de sua relação pessoal com o "Abba", nos promete um "futuro da parte de Deus", e na sua atuação já o oferece. Sem a realidade dessa vivência muito original com o "Abba", a sua mensagem seria uma ilusão, um mito sem conteúdo. Confiar em Jesus é basear-se naquilo em que a própria experiência de Jesus estava explicitamente fundada: o *Pai*. Isso supõe o reconhecimento da realidade autêntica, não ilusória, dessa maneira como Jesus vivia "com o Abba". Tal reconhecimento só é possível num ato de *fé confiante*, a qual, embora não dependa de motivos racionais, pode alegar motivos suficientes para que tal confiança-com-fé não possa ser chamada de humana e eticamente irresponsável. O "Jesus histórico" *admite* a resposta cristã como interpretação que, por causa da ambigüidade de todo fenômeno histórico, nunca força, mas é racional e eticamente responsável, e pode ser avaliada na base do que historicamente aconteceu. Tal resposta cristã supera, mas não exclui, os motivos racionais.

Em nossa situação moderna, a praxe da vida de Jesus, sua mensagem e o histórico fracasso de tudo na sua morte, tem algo chocante: Jesus põe em dúvida a idéia atual de emancipação total por autolibertação. Sua morte por execução não abalou sua certeza sobre a vinda do reino de Deus, que visa a felicidade humana; mesmo vendo a morte se aproximar, ele continuou oferecendo a todos a salvação-da-parte-de-Deus. Isso significa para nós a desafiante mensagem de que fracassos históricos não são a última palavra, e de que até em malogros radicais podemos continuar a ter confiança em Deus. A intenção da mensagem de Jesus é essencialmente a de ser uma mensagem sobre Deus e da parte de Deus, mensagem essa que ele manteve tanto nos sucessos e malogros de sua vida como no fiasco histórico na cruz, até o fim, como confirmação da autenticidade da sua vida e da sua mensagem. Essa vida de Jesus é para nós uma convocação para a metanóia, que reza assim: "Aconteça o que acontecer, continuai confiando em Deus! Então a libertação e salvação escatologicamente consumada há de se realizar. – Como? "Não sei"; olhai para a cruz! –. Essa é a mensagem desafiante de Jesus, que de um lado deixa espaço para o processo humano de libertação e emancipação, e o estimula, mas, de outro lado, o supera por uma confiança inabalável numa salvação total que somente Deus pode dar, e que é uma transcendente resposta divina à própria finitude da nossa humanidade, finitude essa que inclui também qualquer emancipação e qualquer praxe crítica. Pela sua finitude (a rachadura metafísica na sua essência), o ser humano é um ser cuja salvação, plenitude e realização dependem da bondade e misericórdia do seu criador. A convicção do ser humano, pela fé, de *ser aceito* por Deus em Jesus Cristo, marca por antecipação a vitória da graça divina, mesmo na derrota histórica, incompreensível, da autonomia humana, que é finita.

Mesmo na hora de sua morte, Jesus não se preocupou ansiosamente com sua própria identidade, com sua autoconservação; pensou na causa do reino de Deus que, morrendo ele, se subtraía a seus olhos, mas viria com certeza. Por isso, a mensagem de Jesus, subscrita por sua morte, põe em crise a nossa autocompreensão, pois nos faz pensar em Deus que se revelou *tacitamente* no histórico fracasso de Jesus, crucificado e sem defesa. Deus quer o bem dos humanos, mas neste mundo que, evidentemente, nem sempre quer a mesma coisa; assim, o humanitarismo de Deus adquire, em Jesus, uma tonalidade que nós mesmos adulteramos. Mas, no seu amor pela humanidade, Deus supera todas as nossas adulterações e arrumações, sem violentar a nossa autonomia finita. Não é por acaso que foi um pensador e filósofo judeu, E. Levinas,[4] quem soube falar do poder irresistível do "outro, o indefeso", que continua confiando. Mas, isso torna claro que *ética* e *religião*, embora intimamente ligadas entre si, não podem ser idênticas, sem mais nem menos.

Alguém poderia objetar: Por quê não procurar semelhante inspiração em outras figuras da nossa história mundial? Sobre isso poderíamos discutir longamente. Mas, tal pergunta passa por cima de um dado muito concreto, a saber, que Jesus de fato apareceu na nossa história concreta, a qual não pode ser pensada sem ele, de sorte que a lembrança dessa figura continua um desafio *histórico*, que não pode ser eliminado. A resposta a esse desafio, identificando o cristão, com toda a razão será: Jesus merece toda a nossa confiança, e devemos dar testemunho dessa confiança, não apenas "verbalmente", mas sobretudo pelo testemunho da vida, tentando concretizar visivelmente

[4] E. Lévinas, *Totalité et Infini*, Haia 1961; ver também: *Het menselijk gelaat*, Utrecht 1969.

a praxe do reino de Deus pregada por Jesus. De fato, nas circunstâncias modernas, uma "mensagem", sem essa praxe da vida, não surtirá efeito! Tornar-se-ia, então, uma propaganda ideológica, não um desafio ou um testemunho convidativo. Por isso, uma cristologia teológica – mesmo "nova" – não será testemunho eficiente, se não for reflexo teológico do que se torna visível na vida das Igrejas, em oração e em cuidados pelo próximo, como praxe do reino de Deus, como "ortopráxis" cristã. Somente então, também uma reflexão mais profunda sobre a identidade de Jesus se torna realmente fecunda.

Alguém poderia pensar (e de fato não poucos de nós têm essa sensação ao mesmo tempo obscura e lúcida): A "vida humana" não é um viver de ilusões e... morrer em ilusões? Eu diria: Sim! É uma possibilidade alternativa. Porém, não a considero como a alternativa *cristã*, e creio que, diante do fracasso histórico de Jesus de Nazaré, não é a história, é Deus quem tem a *última* palavra, pois ele quer o bem e derrota o mal. É isso que os primeiros cristãos tentaram exprimir na sua confissão da ressurreição de Jesus. Tal expressão pode, com razão, ser objeto de crítica. Mas eu, como crente cristão, não renunciarei a essa certeza: o fracasso histórico de Jesus de Nazaré não pode ser a última palavra para quem crê no "Deus da criação e da aliança". E pergunto: Com isso, a "resposta cristã" não é profundamente humana? Ela está cheia de sentido real, e até racional, embora não racionalista: "para que não vos entristeçais, como os outros, que não têm esperança" (1Ts 4,13). A história humana, com seus sucessos, fracassos, ilusões e desilusões, é superada pelo Deus vivo. É esse o cerne da mensagem cristã.

B. Salvação em Jesus, ou no Crucificado ressuscitado?

A vida humana, dentro da história, encerra-se definitivamente com a morte; então se torna visível como totalidade definida, acabada. Mas não é a morte como tal que *constitui* essa totalidade. Somente após a morte pode-se avaliar definitivamente a vida de alguém, mas não é a morte que, exclusivamente, determina todo esse sentido. Enquanto Jesus vivia em nossa história contingente, inacabada, a revelação da salvação divina, que nele alguns já experimentavam, ainda estava incompleta, em andamento. Ora, "cristologia" é essencialmente uma afirmação sobre a *totalidade* da vida de Jesus. Também a experiência cristã de "abertura" supõe a vida inteira de Jesus. Somente com sua morte, encerramento de sua vida terrena, a *nossa* história de Jesus pode começar. No entanto, a nossa história de Jesus, reconhecendo-o como o Cristo, será ao mesmo tempo informação sobre Jesus de Nazaré; não um mito ou gnose.

A mensagem de Jesus, seu modo de viver e finalmente sua pessoa foram rejeitados. Do ponto de vista puramente histórico, Jesus de fato fracassou no seu projeto de vida. Por isso, sua mensagem e sua praxe, por essenciais que sejam, não podem ser a última palavra; não podem ser para nós a única base de uma esperança real. É exatamente a essa questão que o evangelho responde com a fé na ressurreição de Jesus.

Foram sobretudo os chamados sermões missionários no Livro dos Atos (ver Parte III) que mostraram a relação entre Jesus e o Espírito (At 10,34-43; 2,22-36; 4,24-31; 3,12-26; 13,16-41). Nesses sermões, Lucas esclarece para leitores gregos o sentido do "Cristo", o ungido, isto é, o repleto do Espírito de Deus: "Deus estava com ele" (At 2,22; 3,14; 10,38); o próprio Cristo é "de Deus" (1Cor 3,23). Jesus é propriedade de Deus: "*teu* santo", "*teu* servo", "*seu* messias", "*meu* filho" (At 2,27; 3,14; 4,27; 13,35; 3,13; 3,26; 4,27; 4,30; 3,18; 13,33). Jesus é rejeitado pelos humanos, mas esse fato é contrabalançado pelo fato de Jesus *pertencer a Deus*. Crer no Jesus terreno significa (nessas pregações missionárias) reconhecê-lo como profeta escatológico de Deus, profeta de Israel e para Israel, o último mensageiro "que vem de Deus", cheio do Espírito de Deus, anunciando a proximidade do reino de Deus, e trazendo-o em palavras e obras. Crer em Jesus *ressuscitado* é reconhecê-lo como salvador universal de todos os seres humanos. Essas duas fases formam uma só unidade: de um lado, pelo modo peculiar como Jesus pertencia a Deus; de outro lado, pela fidelidade de Deus a esse Jesus. A ressurreição, como ação de Deus em Jesus e com ele, não apenas *confirma* a mensagem de Jesus e a praxe de sua vida; *revela* também sua pessoa como indissoluvelmente unida com Deus e com a mensagem de Deus. Na morte e ressurreição de Jesus, a *extrema rejeição* humana da oferta divina de salvação se encontra com a *oferta contínua* dessa salvação no Jesus ressuscitado. O Crucificado ressuscitado é a vitória de Deus sobre o que da parte dos humanos foi uma rejeição à oferta de salvação definitiva feita por Deus em Jesus. Pela ressurreição, Deus até quebrou essa rejeição à salvação definitiva. Assim, Deus concede em Jesus Cristo a salvação definitiva. Deus dá futuro a quem já não tem nem merece futuro. Deus já nos amava "quando ainda éramos pecadores" (Rm 5,8). Em Jesus ressuscitado, Deus se mostra como o poder contra todo o mal, sendo ele bondade incondicional, e soberanamente não reconhecendo a prepotência do mal, e até quebrando-a. Em sua necessidade extrema, no sofrimento e na crucificação, Jesus desvela o seu próprio segredo pessoal, o mistério de sua pessoa, enquanto também o Pai manifesta o seu segredo com relação a Jesus: o seu perene reconhecimento de Jesus como seu Filho. A vida de Jesus e sua cruz e ressurreição revelam assim, pela força do Espírito, a profundeza da relação Pai-Filho, e evocam de fato o mistério divino da Trindade.

Com o envio de Jesus a Israel, Deus cumpriu a promessa do Antigo Testamento e reafirmou a criação e a aliança. Somente quando

Israel rejeita a oferta definitiva de salvação em Jesus é que Deus traz uma "nova criação", na ressurreição de Jesus e por ela. Assim, Jesus de Nazaré completou o Antigo Testamento, e ao mesmo tempo nele, o rejeitado mas ressuscitado, começou o Novo Testamento. Apesar de toda a continuidade entre a nossa real história humana e a nova criação em virtude da ressurreição de Jesus, houve também, *em força da rejeição* de Jesus, o consumador da criação e da aliança, uma descontinuidade que nenhuma atividade humana pode consertar. Contudo, essa descontinuidade está travada intrinsecamente. Mas ela ficou ligada à continuidade, graças à nova e surpreendente ação salvífica de Deus, que superou todo o fracasso do rejeitado e crucificado consumador da criação e da aliança, confirmando o rejeitado na sua função de fonte universal da salvação. Dentro da nossa história, Jesus integra sua própria rejeição e morte na oferta real de salvação (sentido de toda a sua vida): Jesus é o expoente intra-histórico dessa superação. "Foi Deus que em Jesus Cristo nos reconciliou consigo" (2Cor 5,19).

Jesus pertencia àquele a quem ele chamava de "Abba", e isso foi confirmado por Deus na ressurreição; por isso, a ressurreição é também a confirmação divina da mensagem de Jesus e de sua praxe de vida. Isso significa também que o conteúdo da libertação escatológica, formulada na linguagem da fé com o termo "ressurreição dentre os mortos", vem da atuação histórica de Jesus, isto é, de suas palavras e ações que assim são "confirmadas". Daí o dilema: "salvação em Jesus de Nazaré" ou "salvação no Crucificado ressuscitado". Trata-se de falso dilema, pois na segunda parte confessa-se a confirmação divina de "Jesus de Nazaré", enquanto a primeira parte explicita concretamente aquilo que é confirmado por Deus. Em outras palavras, um "Crucificado ressuscitado" sem a pessoa concreta de Jesus de Nazaré é mito ou mistério gnóstico; de outro lado, o "Jesus histórico", sem aquilo que os cristãos chamam de ressurreição, teria sido mais um fracasso, completando a fila de inocentes executados na nossa história de sofrimentos humanos: uma breve esperança que parece estar confirmando sempre mais a suposição de que muita gente não aceita isso, mas que ao mesmo tempo sente disso o caráter utópico, por causa da natureza e peso da nossa própria história.

Não há, pois, nenhuma ruptura entre "Jesus de Nazaré" e o "Crucificado ressuscitado". No entanto, a morte de Jesus, por causa da vida que a precedeu, nos coloca diante de fundamental questão teológica, com apenas esta alternativa: ou afirmamos que Deus, o Deus do "reino" anunciado por Jesus, foi uma ilusão do próprio Jesus (uma desilusão para os seus seguidores), ou então, que por essa rejeição e morte de Jesus nós somos obrigados a fazer profunda revisão das nossas idéias sobre Deus e a história, e a abandoná-las como inválidas, já que é somente na vida e morte deste Jesus que a própria natureza de Deus aparece de forma válida, e com isso se abre para nós outra perspectiva sobre o futuro. Ou é uma trágica farsa o Deus sobre cuja fidedignidade absoluta Jesus falava, ou então nós somos convidados a nos converter para o Deus de Jesus, como aparece tanto na pregação como no fracasso histórico de Jesus. "A fé em Jesus" só é possível *confessando* Deus dessa maneira.

Por isso, dentro dessa fé cristã, a ruptura não se situa na morte de Jesus; afinal, essa morte foi sentida por ele como *parte integrante* de sua missão salvífica, e como conseqüência histórica de seu dedicado serviço de amor universal (é o mínimo que, sem dúvida alguma, devemos guardar como cerne "historicamente firme" da tradição sobre a última ceia). A ruptura está, isto sim, na *rejeição* de sua mensagem e praxe, levando à rejeição de sua pessoa. Por isso, a ratificação de Deus mediante a ressurreição se refere à *própria pessoa* de Jesus, dentro de sua mensagem e praxe de vida. Tanto a rejeição da pessoa de Jesus como o "amém" de Deus a ele confirmam o que é específico em Jesus, pois, no que aconteceu com ele, a sua *pessoa* e o seu *projeto de vida* – portanto pessoa, mensagem e praxe de vida – formam unidade indissolúvel. Por isso, para a confissão cristã, o reino de Deus assumiu o rosto de *Jesus Cristo*; então se pode falar do "Senhor Jesus Cristo" como sinônimo concreto do reino de Deus anunciado por Jesus.

Ao falarmos do "amém" de Deus sobre a pessoa de Jesus e sobre sua mensagem e praxe de vida, não podemos esquecer que essa declaração é também uma *afirmação de fé, e* não uma confirmação ou legitimação no sentido simplesmente humano da palavra. A ressurreição confirma que Deus esteve continuamente com Jesus durante toda a sua vida, até no abandono humano de sua morte na cruz, o momento em que também Deus se manteve calado. Uma convicção de fé, a fé na ressurreição, não pode ser a legitimação de outra convicção de fé, a da ação salvífica de Deus em Jesus de Nazaré. Portanto, a verdadeira legitimação, evidente para todos, continua sendo totalmente *escatológica* (é esse o sentido da parusia). Por isso, a nossa fé na ressurreição ainda é uma profecia e uma promessa para este mundo; e por ser profecia, não tem proteção, é indefesa e vulnerável! E por isso, os fatos históricos não "dão razão", visivelmente, à vida cristã. Mas, o ser humano que crê na ressurreição de Jesus, por essa fé sente-se liberto de qualquer necessidade de autojustificação, liberto também de toda exigência de que Deus deveria desde já assumir a proteção e a confirmação pública do ser humano e do seu mundo. O servo não é mais do que o seu Senhor. Assim como Jesus fez, também o cristão se atreve a entregar a Deus a sua própria pessoa e a justificação da própria vida; o cristão está disposto a receber essa justificação onde Jesus a recebeu: além da morte; por isso, reconciliado com esse divino modo de agir, está reconciliado consigo mesmo, com os outros e com a história; nesta, porém, ele tenta realizar emancipação e justiça. Exatamente por isso é que ele pode também empenhar-se inteiramente, sem violência e sem raiva, para melhorar este mundo, a fim de que seja um mundo mais justo e mais feliz, sem alienações. Como Jesus, tampouco o cristão pode apresentar documentos que o legitimem, a não ser a sua praxe concreta do reino de Deus nesta nossa história humana.

C. O sentido salvífico intrínseco da ressurreição de Jesus

Em muitas tradições teológicas, a ressurreição de Jesus tem funcionado como o grande *milagre* que Deus operou em Jesus, mas sem nenhuma relação conosco. Apresentava-se a ressurreição de maneira, por assim dizer, empírica-objetiva, como se o sepulcro vazio e as aparições provassem claramente para crentes e não-crentes, embora sem precisão matemática, que Jesus de fato ressuscitou. Em muitas publicações recentes, porém, tanto de protestantes como, embora com menos clareza, de alguns católicos, existe hoje uma quase inegável tendência a *identificar* a ressurreição de Jesus com a renovação da vida e com a fé cristã pascal dos discípulos após a morte do seu Mestre. Em virtude dessa renovação pascal de sua vida, os discípulos teriam passado para frente a "causa de Jesus". Esses autores, porém (sobretudo R. Bultmann e W. Marxsen) nos deixam em dúvida sobre uma questão: se Jesus ressuscitou pessoalmente, e se ele, presente entre nós de maneira nova, realizou por sua própria força essa renovação da vida dos apóstolos.

Antes de criticarmos essa tendência pelo que ela omite (a meu ver, erroneamente), devemos perguntar se, no que ela afirma, existe algum aspecto de verdade (tradicionalmente omitido). De fato, esses teólogos, creio eu, perceberam realmente um aspecto que não raramente era negligenciado na doutrina tradicional sobre a ressurreição. Reagiram com razão, penso eu, contra uma espécie de objetivismo empírico, segundo o qual teria sido possível ter uma idéia da ressurreição de Jesus *fora do ato de fé*, e portanto sem experiência de fé. A pergunta crítica, porém, é esta: se eles, acentuando com razão a experiência de fé, da parte dos discípulos, não passaram por cima do que aconteceu com o próprio Jesus, e portanto por cima daquilo que deu origem à experiência pascal dos discípulos: o próprio Jesus ressuscitado. (Do ponto de vista deles, interpretações sociopsicológicas ou socioculturais também têm sentido; mas, racionalmente falando, a interpretação *cristã* exige a mesma consideração. Por que não?). Alguns teólogos-exegetas deixam pelo menos a impressão de que ressurreição e fé na ressurreição são idênticas; em outras palavras, que a ressurreição não teria atingido em nada a pessoa de Jesus, mas apenas os fiéis apóstolos. "Ressurreição", nesse caso, seria antes uma expressão simbólica, indicando a renovação da vida dos discípulos, embora a partir da inspiração que o Jesus terreno lhes causou. Não fica bem claro se é exatamente isso o que os referidos autores querem dizer. Mas, o certo é que a partir daí (talvez contra as suas intenções mais profundas) nasceu uma versão popularizada que inegavelmente afirma isso mesmo, e de vez em quando foi até formulada nos púlpitos (cf. acima, pp. 592-608). Essa interpretação, porém, me parece estranha ao Novo Testamento e às grandes tradições cristãs. Dela eu me distancio totalmente.

A análise que acima fizemos do que realmente se esconde nos relatos das aparições deixou claro que o querigma da ressurreição precedeu os *relatos elaborados* a respeito das "aparições de Jesus", mas, de outro lado, o Novo Testamento sugere um inegável nexo interno entre a ressurreição de Jesus e a experiência cristã da Páscoa, a experiência da fé, que se exprime no modelo das "aparições". Descrevi a experiência pascal como "processo de conversão", não simplesmente no sentido do arrependimento de seus discípulos por terem abandonado Jesus de alguma forma (esse "aspecto" da "conversão" deles já deve ter começado antes da morte de Jesus, ao menos se atribuímos o valor histórico a Mc 14,72c e Lc 22,62), mas também – incluindo esse aspecto – no sentido de uma *grande reviravolta,* pela qual seus seguidores, após a morte de Jesus, o reconhecem e confessam como o Cristo: um processo de conversão, pelo qual eles se tornaram "cristãos" no pleno sentido da palavra. Essa análise da experiência pascal deixa claro que se podem separar o aspecto *objetivo* e o aspecto *subjetivo* da fé apostólica na ressurreição. Não tem sentido falar sobre a ressurreição de Jesus, fazendo abstração da experiência da fé. Seria como falar sobre cores enquanto todo o mundo fosse cego de nascença. A ressurreição de Jesus, isto é, o que aconteceu com ele pessoalmente após sua morte, não se pode identificar com a experiência pascal dos discípulos pela fé; mas também a experiência dos discípulos não se pode separar dessa ressurreição: trata-se do seu processo de conversão, no qual eles viram a obra do Espírito de Cristo (cf. acima pp. 384-389). Sem a experiência da fé cristã, os discípulos não teriam nenhum meio que lhes pudesse mostrar o que é a ressurreição de Jesus. Mas, além desse aspecto subjetivo, é claro também (segundo a convicção da fé cristã) que não houve possibilidade de uma experiência pascal de vida renovada sem a ressurreição pessoal de Jesus, e isso de tal maneira que a ressurreição pessoal-corporal de Jesus "precedeu" toda experiência de fé (com prioridade *lógica* e *ontológica*; pois aí uma prioridade cronológica não tem sentido). Por isso, a ressurreição pessoal de Jesus não somente significa que o Pai o fez levantar-se dentre os mortos (aliás, o que significaria *para nós* essa ressurreição pessoal de Jesus?). Significa ao mesmo tempo, também essencialmente, que Deus deu a Jesus, na dimensão da nossa história, uma comunidade ("Igreja", como diriam depois); significa ainda que este Jesus, exaltado junto ao Pai, *está conosco* de maneira totalmente nova. Foi exatamente por essa ligação indissolúvel entre a ressurreição pessoal de Jesus e a experiência cristã, pela fé, da presença pascal de Jesus no seu meio, que para os discípulos o significado intrínseco da ressurreição de Jesus para a salvação se revelou imediatamente: esse é exatamente o significado da ressurreição de Jesus para nós também. As análises, propositadamente amplas, dadas acima para mostrar o que no Novo Testamento significam as "aparições de Jesus", mostraram que foi exatamente pela *experiência* da renovada presença de Jesus (após a sua morte) e da renovada oferta de salvação, que os discípulos puderam chegar com fé à certeza de que Jesus tinha ressuscitado. Por isso, a ressurreição de Jesus é ao mesmo tempo e intrinsecamente a *vinda do Espírito* e está portanto intrinsecamente ligada à experiência cristã (pascal) da fé, que é obra do Espírito de Cristo, e isso não por alguma obscura magia, mas por caminhos humanos, reais, históricos, acessíveis até para análise humana, sob certo ponto de vista. A análise acima dá a entender que a ressurreição de Jesus é ao mesmo tempo também a vinda do Espírito e a fundação da Igreja: a comunhão do Ressuscitado com os seus aqui na terra. Por isso, acima eu disse, com tanta insistência, que a fé na ressurreição não é "pura interpretação cristã" do Jesus terreno, mas que essa interpretação cristológica deve implicar novas experiências de fé após a morte de Jesus. A experiência pascal consiste no fato experienciado de que os discípulos se reuniram novamente, não apenas *em nome de* Cristo (embora nós subestimemos o significado judaico desse termo), mas realmente *pela força* de Cristo: "Onde dois ou três estiverem reunidos em meu nome, eu estarei no meio deles". Esse texto do Novo Testamento, creio eu, é sem dúvida a expressão mais pura e rigorosa da experiência pascal. A ressurreição de Jesus e a renovada união de seus discípulos, o nascimento real da Igreja (sem pensarmos ainda na sua separação perante o israelita "povo de Deus"), e isso na base da experiência apostólica da fé após a morte de Jesus, são dois aspectos de um só grande acontecimento de salvação: com base no seu estar "junto do Pai", Jesus está de maneira nova com seus seguidores na terra. Por isso, não é possível falar sobre a ressurreição pessoal de Jesus sem falar ao mesmo tempo sobre a sua salutar presença em nosso meio, presença *experienciada* e *expressa* pela fé na ressurreição: experiência pascal, renovação da vida e nova união, em suma, formação da Igreja. Exatamente na experiência pascal e na experiência da renovação da vida (que o Novo Testamento apresenta no modelo de "aparições") se exprime o que aconteceu ao próprio Jesus: "Ele está vivo!" Aí a experiência da *realidade* e a realidade da *experiência* são inseparáveis (como dizíamos na pág. 394). Essa afirmação, portanto, nada tem a ver com a opinião de que Jesus teria ressuscitado *apenas "no* querigma", ou "*na* experiência da nossa fé", enquanto ele mesmo ainda teria permanecido "no reino dos mortos". Essa interpretação eu a rejeito.

Por conseguinte, é preciso superar tanto o empirismo quanto o fideísmo. Nisso, pois, eu não "interiorizo" mais do que o Novo Testamento já faz nas suas narrativas sobre as aparições, as quais – em qualquer exegese – apontam para uma experiência subjetivamente interiorizada, mas relacionada com a ressurreição pessoal de Jesus. Não me esquecendo do caráter *único* da primeiríssima experiência pascal da fé dos apóstolos, que já tinham conhecido Jesus antes de sua morte (circunstância que lhes deu o privilégio único, uma "eleição", diz com razão a linguagem da fé), eu gostaria de "generalizar", de fato, pelo menos a estrutura do que se entende por "aparições de Jesus" (isto é, a íntima relação entre o Jesus ressuscitado e a experiência de fé da comunidade de Deus, a Igreja): a *origem* do cristianismo aponta também para o que lhe é permanente e *essencial* (vide *supra*, pp. 343-344). Os apóstolos do início, que conheceram Jesus antes de sua morte, têm algo próprio que nunca mais poderá ser repetido; mesmo assim, a maneira como alguém chega responsavelmente a "tornar-se cristão" não foi muito diferente de lá para cá. Para todos os cristãos, portanto, a declaração da fé no fato de que Deus ressuscitou Jesus dentre os mortos pode valer efetivamente como descrição de uma experiência imediata de uma realidade, e não como interpretação secundária ou construção ideológica, que se possa desligar da situação experiencial. Repito: é exatamente *dentro da* experiência pascal da fé que se anuncia o que aconteceu ao próprio Jesus, para a salvação de todos. Isso valia para os apóstolos, mas vale também – se a nossa fé não quer ser mero "costume" – para todos os que hoje são cristãos (graças à mediação da comunidade viva que é a Igreja). Tudo se torna claro na base do conceito de revelação, como analisamos acima. Revelação é a atuação de Deus na história, enquanto experienciada e expressa na linguagem da fé por seres humanos que crêem em Deus, apoiados nas primeiríssimas "narrativas primordiais", que para um cristão começaram com a *realidade histórica* de Jesus de Nazaré (sem excluir as narrativas primordiais religiosas de toda a humanidade).

Ao fazermos um retrospecto sistemático sobre as análises exegéticas, surge ainda outro problema. Pois, com relação a essa problemática, às vezes se afirma que a ressurreição é apenas o lado oposto da morte; ou seja, o aspecto salutar da morte de Jesus. Também disso eu me distancio. Insisti (acima) no caráter negativo da morte, também da morte de Jesus, exatamente por ser a morte de um ser humano. É claro, porém, que no caso de Jesus a negatividade da morte foi preenchida interiormente pela sua convivência com o "Abba" e, conseqüentemente, pelo seu amor universal, seu amoroso serviço profético até a morte. Contornando, por assim dizer, a natureza intrinsecamente negativa da morte, a morte de Jesus "preencheu-se" positivamente, porque ele foi movido pela disponibilidade, como servo da causa da humanidade, que é a causa de Deus. Em si mesma, a morte não tem sentido, mas Jesus soube sofrê-la de modo repleto de sentido, integrando-a na sua atual oferta de salvação. Mas, com isso a morte-sem-sentido não é anulada ou desfeita! Por isso, a ressurreição de Jesus deve ser algo mais do que simples "manifestação do que aconteceu na morte de Jesus", como afirmam alguns. Exatamente como vitória, *corrigindo* a negatividade da morte, até da morte de Jesus, a ressurreição de Jesus (por obra de Deus) é, por sua própria natureza, um acontecimento novo e diferente da paixão e morte de Jesus, inclusive em suas dimensões salvíficas. Por isso, a ressurreição de Jesus é essencialmente também uma exaltação, uma forma totalmente nova de existir, e não apenas a perpetuação eterna de sua pessoa, sua mensagem e praxe de vida. Somente de Deus o homem recebe uma identidade definitiva, própria, embora na base de sua comunhão de vida com Deus nesta terra, mas ultrapassando a morte e mediante a vitória de Deus sobre a morte e sobre o que há de negativo em nossa história humana de sofrimentos.

Por isso, quem crê no Cristo tem base para dizer – vendo a morte de Jesus na *perspectiva da ressurreição* (e de nenhuma outra maneira!) – que Jesus, morrendo, despojou a própria morte do poder de nos separar de Deus. Pois, em toda e qualquer compreensão religiosa (sobretudo na judaicamente religiosa) da *vida* (o horizonte de experiência para a interpretação cristã de Jesus), a morte (em si e por si) não é apenas um despedir-se do ambiente vital na terra, um despedir-se de entes queridos e próximos, mas o fim de tudo, e portanto no seu cerne (para quem crê em Deus), um despedir-se de Deus: fim da ligação vital com Deus e, nisso e por isso, de tudo o que nos une com a humanidade e com toda a criação. Mas, a ressurreição de Jesus, por ser uma nova e mais elevada forma de vida, demonstra que pelo menos a morte dele não pôde separá-lo de sua comunhão de vida com Deus, seu *Abba*. Assim, foi em Cristo que a morte ganhou sentido totalmente novo: na sua morte, Jesus é apoiado por Deus, e a morte é derrotada. Assim, também para nós, superando a morte, abre-se novo espaço vital: a vida em união com Deus não pode ser afetada por sofrimento ou morte para quem, como Jesus, continua confiando em Deus.

Antes de começarmos a investigar a base mais profunda desses acontecimentos surpreendentes em torno de Jesus, que mostram ser resposta satisfatória à dolorosa questão da nossa história humana de sofrimentos em busca de sentido e libertação, podemos resumir da seguinte maneira, num sistema teológico, os dados do Novo Testamento a respeito da "ressurreição" e das "aparições": a ressurreição de Jesus, reconhecida e confessada na experiência pascal da conversão dos apóstolos, *a)* é a legitimação, confirmação ou aprovação de Deus à pessoa de Jesus, à sua mensagem e à sua praxe de estar a serviço de todos até a morte; *b)* ao mesmo tempo ela é exaltação e nova criação, quer dizer: é a vitória divina que corrige a negatividade da morte e a história do sofrimento humano, na qual Jesus tomou parte; em outras palavras: existe vida após a morte; *c)* a ressurreição é ao mesmo tempo missão do Espírito e, nisso, fundação da Igreja, renovada comunhão de vida entre Jesus Cristo, pessoalmente vivo, e os seus na terra. Sobre esses três aspectos essenciais da ressurreição de Jesus, porém, um cristão só pode falar baseando-se em *experiências* de fé, experiências eclesiais (que quer dizer coletivas) e nunca fora de tais experiências de fé.

Isso nos leva a concluir que o núcleo de todo o Novo Testamento, quanto à ressurreição e às aparições de Jesus, se reduz ao seguinte: a *convicção* cristã eclesial (pois se trata de seres humanos, cristãos, que afirmam que Jesus ressuscitou, e a afirmação de que se trata de uma revelação divina não deixa de ser também afirmação *humana*, de pessoas *afirmando* que tudo isso tem como base a graça divina; não se pode minimizar a problemática de tudo isso), a *convicção* de que Jesus ressuscitou (conteúdo do querigma cristão) é uma *certeza-de-fé*, que *vem exclusivamente de Deus*. Poderá haver discussões exegéticas sem fim sobre a maneira como a origem divina dessa certeza-de-fé ganhou forma histórica (pois não é possível tratar-se de "magia" supranaturalista). Mas, quem aceita que essa convicção apostólica nasceu da graça divina (e a afirmação neotestamentária dessa origem divina foi longamente acentuada, acima, na análise das "aparições de Jesus") *encontra-se em terreno cristão*. Não pode ser chamado de "herege", e só poderá, então, por causa de sua maneira de apresentar as coisas, ser avaliado e, se preciso, criticado, com argumentos histórico-críticos e antropológicos, mas como irmão dentro da fé cristã.

§ 2. Necessidade, dificuldade e limites de uma identificação teórica cristológica da pessoa de Jesus

Quem é cristão reconhece Jesus de Nazaré como a decisiva e definitiva "salvação de Deus". Descobre, portanto, na história do homem Jesus, a "história de Deus". Não se trata de uma espécie de conclusão "exegética", resultado de profunda análise dos textos do Novo Testamento (por mais que tal exegese seja também necessária para conhecermos a verdadeira história de Jesus). Exatamente neste Jesus, na sua mediação que tanto vela quanto revela, é que a proximidade intermediada da misericórdia de Deus se condensa mais do que em qualquer outro lugar. Em nenhum outro momento a mediação velada alcançou tão grandes proporções; chegou-se até a entregar Jesus à morte em nome de uma ortodoxia religiosa. No entanto, quem se abre para Jesus e aceita a *metanóia* que ele prega, encontra palpavelmente nele, como em nenhum outro lugar, a presença imediata e gratuita de Deus; tradições eclesiais ousam chamá-lo de "verdadeiro

Deus". Não é possível entrar em contato com alguém, como pessoa, pelo caminho da análise científica teórica. Mas, quem se arrisca pode, ainda hoje, escutar a história sobre Jesus de tal maneira a reconhecer nela a parábola do próprio Deus, e com isso o paradigma da nossa humanidade: uma nova e inédita possibilidade de existir, graças ao Deus que quer ser humano. Porém, a trama do enredo da história de Jesus inclui o fato de que a sua chocante liberdade será como tropeço para quem nele se escandalizar (Lc 7,23); ao mesmo tempo, como liberdade libertadora, será salvação para quem ousar entregar-se ao fascinante mistério da história da vida de Jesus.

Por isso, surge realmente a pergunta: se uma extrema precisão teórica a respeito de quem é Jesus Cristo não pode ser mais nociva do que útil. Uma exatidão teórica sobre o acontecimento divino que se apoderou de Jesus, e que constituiu o sentido e o âmago de sua vida, empobrece tal "acontecer", e portanto se encontra à beira do abismo de uma desfiguração herética unilateral. Isso vale ainda mais neste caso, porque se trata até de morte violenta. Uma exegese criticamente responsável leva a constatar que Jesus, prevendo a morte que se aproximava, a integrou no seu "entregar-se a Deus" e na sua oferta de salvação aos humanos, o que constitui o cerne de toda a sua vida. De outro lado, porém, raciocínio nenhum desfaz a negatividade dessa morte, sobretudo quando vista como rejeição. Não existe teoria ou raciocínio que possa conciliar ou harmonizar *salvação* com uma *história de sofrimento* humano, sobretudo se é a história de um sofrimento inocente, injusto. *De um lado,* realizou-se na própria vida de Jesus uma história de salvação, fato que não é desfeito nem suspenso por sua morte; *de outro lado*, o sofrimento mortal de Jesus, como rejeição, só pode ser historicamente visto como calamidade; é impossível negar essa negatividade. Uma reconciliação *teórica*, no sentido de "racionalmente evidente", entre essas duas realidades, também não é possível. Isso combina com a análise acima, na qual se afirmou que também o horizonte universal de compreensão não se deixa racionalizar teoricamente. Por isso, é preciso dizer que existe somente uma saída: falar sobre salvação de Deus na "não-identidade" da história da paixão e morte de Jesus.[5] Esse fato coloca o sofrimento realmente *fora* de Deus, e o deixa dentro das leis mundanas, próprias da "condição humana" e da liberdade humana. Sugere, porém, isto sim, que Jesus, nessa situação não divina de sofrimento e morte, continua identificando-se com a causa de Deus, sem contaminar o próprio Deus com o seu sofrimento pessoal. Evidentemente, Deus continua soberanamente livre, em Jesus e diante de Jesus: "Os meus caminhos não são os

[5] Assim uma fórmula feliz de J. B. Metz: *Erlösung und Emanzipation*, em: StdZ (1973) (171-184) 182.

vossos caminhos" (Is 55,8); isso vale para qualquer ser humano. Mas, exatamente com essa incompreensibilidade é que Jesus se identificou, relutando, mas de coração, quando a sua morte se aproximava, tal e qual Deus, na ressurreição de Jesus identificou o reino de Deus com o próprio Jesus. Sofrimento e morte inocentes não têm nada de divino, mas foi exatamente nisso, no totalmente incompreensível, que Jesus "suportou" e sustentou a sua identificação pessoal com o reino de Deus que estava chegando. A definitiva e mais sublime revelação de Deus aconteceu, por isso, numa *silenciosa*, porém *extremamente íntima,* proximidade de Deus com Jesus que sofre e morre, e que assim participou plenamente das condições da vida humana, e ao mesmo tempo viveu o seu inviolável pertencer a Deus. É isso, exatamente, o que não pode mais ser incluído num sistema racionalmente conclusivo. Aí só é possível um testemunho de fé. Aí começa a *nossa história.*

Essa compreensão nos torna de fato mais cautelosos ao tentarmos definir com precisão *teórica* o sentido soteriológico da morte de Jesus. Aí nos encontramos frente a frente com uma "salvação" que não pode ser mais bem expressa, mas que se oferece como sentido e princípio da nossa vida. A mesma cautela se impõe a quem tenta uma definição teórica por demais precisa da identidade de Jesus como pessoa. É claro que Jesus está totalmente do lado de Deus, e ao mesmo tempo completamente do lado do ser humano: radicalmente solidário com Deus e com sua soberania, mas também completamente solidário com os humanos. Essa é de fato a própria definição do reino de Deus que visa à felicidade humana, e no entanto é vivido por Jesus *na* radical alienação de algo que não é divino: o sofrimento e a morte de um inocente. Por isso, por definição, a cruz, não é um "acontecimento entre Deus e Deus";[6] pelo contrário, é a manifestação do *antidivino,* a ser combatido em nossa história humana, e que é superado por Jesus em vista da sua pertença a Deus a partir do interior. Essa pertença a Deus, numa situação antidivina, foi que alcançou a salvação para nós. Jesus recusou qualquer concorrência entre a honra e sublimidade de Deus e a felicidade e salvação dos humanos. Mas, quem saberia precisar teoricamente tudo isso, quando nos fogem tanto uma definição exata de Deus quanto uma definição exata do que é humano? Com essa ressalva tentaremos, a seguir, uma formulação, que naturalmente ficará no plano das declarações dogmáticas de "segunda ordem", nas quais a reflexão humana desempenha papel mais importante, e cujo resultado deve e pode ser medido tanto pela sua importância e relevância para a salvação humana vinda de Deus, como pela sua importância "doxológica", isto é, na medida em que tal reflexão esteja a serviço do louvor de Deus, na oração.

---

[6] J. Moltmann, *Der gekreuzigte Gott,* Munique 1972.

§ 3. Buscando o fundamento da experiência de Jesus com o "Abba", centro da mensagem, vida e morte de Jesus, e revelação do segredo de sua vida

A análise feita na Parte II mostrou um fato: quando Jesus falava sobre Deus como salvação para o ser humano, isso brotava diretamente de sua experiência pessoal da realidade de Deus, a quem ele chamava de "Abba" (noção proveniente da vida familiar da época), e o fazia de tal forma que no seu tempo chamava a atenção. Pode-se insistir, com toda a razão, perguntando: qual era a base dessa excepcional confiança de Jesus em Deus, confiança que se mostrava na consciência de que Deus era seu "Abba", e como tal a fonte de sua pregação, confiança convicta da vinda do reino de Deus, e da força com a qual o próprio Jesus já vivia uma praxe vital, precursora do reino de Deus?

Como já se disse, a raiz do conteúdo real de uma experiência religiosa está na consciência de que o ser humano é criatura finita, sendo a própria autonomia humana limitada, intrinsecamente sustentada pela ação criadora de Deus. Eu, embora sendo "eu mesmo", sou mais "de Deus" do que "de mim mesmo"; a minha existência é um vestígio da realidade de Deus, no próprio cerne da minha existência.

A pergunta cristológica, então, reza assim: Será que essa condição fundamental da criatura, esse "ser de Deus" – comum a todos os seres humanos, mas diferenciado segundo o perfil da situação e personalidade de cada um –, será que também em Jesus isso é base *suficiente* para esclarecer sua tão excepcional vivência pessoal com Deus como seu "Abba"? Ou seja, será que essa vivência tão excepcional transcende a condição comum das criaturas? Exatamente como questão cristológica é que isso *supõe* na fé o reconhecimento da salvação definitiva de Deus em Jesus; de fato, fora disso nenhuma pergunta cristológica teria sentido. A confiança da fé na salvação definitiva, vinda de Deus, em e por Jesus, já pode ter respondido implicitamente a uma pergunta cristológica; então, é bom extrair daí essa cristologia implícita.

O "existir em Deus, de Deus e por Deus" – definição da condição da pessoa humana como criatura (ver acima) – poderia, e não sem razão, ser chamado de "enhypostasia", que é o fato de a pessoa humana ser assumida na "pessoa" (*hypóstasis*) de Deus.[7] Mas é preciso que tomemos consciência de que empregamos aí uma terminologia teológica de maneira não-histórica, e por isso criando confusão. A linguagem humana é muito elástica, mas um determinado uso histórico traz conseqüências. De outro lado, o uso estranho não histórico

[7] Assim P. Schoonenberg, em: TvT 12 (1972) 313-314.

de determinada terminologia pode chamar a nossa atenção para um aspecto que costuma escapar da atenção, porque estamos familiarizados com o assunto. De fato, a presença criadora de Deus no ser humano (ou o permanecer do ser humano em Deus, como a teologia oriental prefere dizer) é o próprio Deus, isto é, a sua "pessoa" (*hypóstasis*); então, o "ser de Deus e estar em Deus" de uma criatura é sem dúvida uma "en-hypóstasis"; não há diferença. Se Deus, na sua essência, é pura "hypóstasis" (com mais outra definição), então "ser criatura" é naturalmente uma "união hipostática". Mas isso, então, não diz nada mais nada menos do que "tudo e todos são criados por Deus"; e também "o ser humano pode tomar consciência de que Deus habita nele". Nesse contexto, porém, é melhor não usarmos a terminologia de "união hipostática", que não diz nada de novo e, devido à maneira como foi usada historicamente, só pode criar confusão, como já aconteceu freqüentemente pelo uso não-histórico de alguma terminologia bem precisa.[8]

Toda criatura, por mais que seja "de Deus" (sendo por isso exatamente ela mesma), *não é Deus*; é uma realidade do mundo; o próprio fato de ser criatura a destina a não se considerar como "Deus", e a não considerar nada fora de Deus como divino. A fé na criação é essencialmente uma crítica radical contra toda idolatria ideológica, por causa do respeito exclusivo pela transcendência de Deus. A partir daí, já se torna compreensível, em primeira instância, a reação das religiões judaica e islâmica contra o culto cristão ao homem Jesus Cristo; provém do zelo, comum a judeus, islâmicos e cristãos, pela confissão monoteísta do Deus único. Para começar, a essa reação os cristãos devem responder em primeiro lugar com simpatia; também para os cristãos o monoteísmo javista, no qual e do qual o próprio Jesus viveu, é uma afirmação fundamental do credo cristão. A experiência do "Abba", no próprio Jesus, deverá ser interpretada tendo como fundo o monoteísmo judaico.

O ser humano, embora criatura, é um "ente aberto", pela sua própria medida humana de existir, que dificilmente se pode fechar dentro de limites específicos, próprios das criaturas em geral (como é o caso para outras criaturas, apesar de haver também aí ultrapassagens de limites).[9] Por isso deveremos, exatamente no caso de Jesus, contar a priori com a essência do ser humano como liberdade situada, porém aberta, que não admite nenhuma predeterminação de sua na-

[8] Historicamente não se trata apenas de uma "unio in hypostasi", mas também, e formalmente, de uma "unio secundum hypostasin", isto é, como Tomás de Aquino formula bem essa tradição: "unio in persona secundum rationem personae" (*Quaest Disp. de unione Verbi Incarnati*, a. 1. ad 8), isto é, de tal maneira que a pessoa divina exerce propriamente a função de pessoa do homem Jesus.

[9] Tomás de Aquino chega a denominar essa abertura como "capacitas ad unionem hypostaticam" (*Summa Theologiae*, III, q. 6, a. 4, ad 3).

tureza. As possibilidades e modalidades concretas do "ser-de-Deus" em determinado ser humano não podem, pois, ser delimitadas a priori, a partir da pretensão de conhecermos os limites do "ser humano". Mesmo se pudéssemos definir aproximadamente o alcance e os limites de tudo o que a situação e os condicionamentos físicos, psíquicos e sociais da liberdade humana permitem, nunca poderemos predizer – dentro desses condicionamentos – o que a liberdade humana é capaz de fazer, ainda mais quando se sabe que ela se baseia na liberdade absoluta de Deus. P. ex., nenhuma "antropologia especulativa" será capaz de me dizer quanto um ser humano, que constrói a sua vida no Deus vivo, pode disso haurir com indelével certeza a respeito do que afinal é possível "da parte de Deus", e quantas forças históricas explosivas com isso se podem desencadear. A força histórica da consciência religiosa do "Deus intimior intimo meo", isto é, do Deus criador que, em nossa história humana e através dela, toma *iniciativas absolutas*, pela sua imanência ou pela sua transcendência intimamente próxima, não pode ser calculada nem medida por nenhuma avaliação não-religiosa. Por isso, essas possibilidades da "consciência religiosa", não limitáveis a priori, nos põem de sobreaviso, para não procurarmos apressadamente fora da situação de Jesus como criatura humana, uma base para a sua experiência original do "Abba".

Dentro desse relacionamento religioso, Jesus transfere o epicentro de sua vida para Deus, o Pai. Mas, isso não significa que ele tenha encontrado tal centro *fora de* si mesmo. Essa imaginação "espacial" engana, pois quem confia em Deus tem consciência de que esse "fora de" ("maior do que eu"; cf. Jo 14,28) na verdade é "intimior intimo meo", isto é, constitui a humanidade de Jesus na sua mais profunda autonomia. O ser humano consciente de ser criatura vive o seu próprio ser como pura dádiva de Deus. Por causa da original profundeza da experiência de Jesus, vendo-se como dádiva de Deus Pai, a fé eclesial – também a fé cristã ecumênica – identificando-se com ele, chamou Jesus de "o Filho", especificando assim a relação de Jesus, como criatura, com Deus. O que na linguagem não-religiosa é chamado – com razão – de *pessoa humana*, é chamado *Filho de Deus* na linguagem da fé cristã, por causa da relação constitutiva deste homem com o Pai.

Quanto a isso, é evidente que, quando um ser humano se baseia em Deus, reconhecendo ser criatura, isso nunca pode, em sentido nenhum, significar uma diminuição de seu valor humano. Segundo a linguagem da fé, que tenta expressar uma realidade, o "basear-se" em Deus é fonte de verdadeira e surpreendente humanidade; então, a mais sublime vivência com Deus será, para a nossa humanidade, uma inesperada "revelação do humano". Por causa das complicações da nossa finitude humana, até aquilo que é humanamente mais sublime pode ocasionar deformações aviltantes e perturbadoras, porém a mais alta união de um ser humano com Deus, baseada no sentido autêntico do que significa ser criatura, nunca pode levar a uma perda de valores humanos, pois a atividade criadora de Deus constitui o ser humano exatamente na sua finita porém própria autonomia, e na plenitude do humano. Além disso, por mais íntima que seja a união de um ser humano histórico com Deus, nunca poderemos falar de dois *componentes*: o humano *e* o divino; somente de dois "aspectos" totais: humanidade real, *na qual* se realiza o "ser de Deus", neste caso o "ser do Pai".

Por isso, se equivocaria quem dissesse que Jesus, *em si mesmo* pessoa humana, é "assumido" no Lógos, e que assim se aprofunda e se completa esse "ser pessoa humana". O erro consistiria no seguinte: que assim se confundem duas formas de linguagem, em que se pode falar sobre Jesus, como sobre qualquer ser humano. Primeiro, Jesus é apresentado – naturalmente numa só determinada linguagem – como já constituído em si mesmo como "pessoa humana", para depois – numa segunda instância, de fato na linguagem da fé – falar sobre seu "ser assumido no Lógos". Pode-se usar, isto sim, tanto o primeiro como o segundo nível de linguagem; o que confunde é a ingênua combinação dos dois, pois então Jesus parece ser suposto "primeiro" como já constituído em si mesmo como pessoa humana, para que essa pessoa "depois", segundo a linguagem da fé, seja "assumida no Lógos". Pelo que acima se disse, deve ser claro que para a linguagem religiosa (embora reconheça e confirme o sentido próprio da linguagem não-religiosa) nunca e em lugar nenhum houve este "ser pessoa" previamente, desligada do seu "ser do Pai". Mas, é um resultado legítimo da abordagem inevitavelmente bilíngüe de uma só e mesma realidade, que de fato pode ser abordada de duas maneiras, pois "consiste em si", e ao mesmo tempo "é do Pai". Não possuímos uma linguagem única, que pudesse de uma vez expressar os dois aspectos totais. Mas então, pela própria lógica da linguagem da fé, esse "ser pessoa humana" de Jesus já não pode ser *suposto* como *anterior* à sua relação com o Pai, relação esta que constitui esse "ser pessoa" no que lhe é próprio como Jesus. Dentro da linguagem humana "profana", Jesus naturalmente será chamado de "pessoa humana"; sem existir pessoalmente como ser humano, ninguém é "homem". Na linguagem da fé, dizemos que o homem Jesus, exatamente como homem, é esta pessoa graças à sua relação constitutiva com o Pai, assim como – no seu nível – todo ser humano, exatamente como ser humano, é esta pessoa graças à sua relação essencial com o Deus criador. Para Jesus, isso significa que sua relação com o Pai o faz ser *na sua humanidade* Filho de Deus. Da mesma forma análoga, chamamos todo ser humano de "pessoa", mas na linguagem da fé dizemos, sem negar essa afirmação (pelo contrário, indicando assim a base desse "ser pessoa") que exatamente esse "ser pessoa" é inteiramente "de Deus". Jesus, como ser humano, é esta pessoa pelo fato de que ele, exatamente nisso, é "Filho do Pai", e isso naturalmente sem perda nenhuma de sua humanidade;

pelo contrário: por confirmação, aprofundamento e culminação de tudo o que contém a perfeição humana positiva, e portanto, *a fortiori*, o modo humano pessoal de existir. "Anhypostasia", como perda do que faz o homem ser pessoa, deve ser naturalmente negada, no caso de Jesus; mas essa negação de qualquer perda, afinal, ainda não é definição positiva do exato conteúdo da maneira de Jesus ser pessoa humana em sua relação com o Pai.

O modelo da presença, que vale para qualquer criatura (sobretudo, e formalmente, para uma pessoa humana), vale naturalmente também para Jesus; mas em si mesmo e por si mesmo, devido a seu caráter universal e possíveis modalidades, não é capaz de definir o caráter próprio da presença de Deus Pai em Jesus, pelo menos enquanto não se diz qual é o fundamento dessa presença. Não se trata de uma presença divina num ser humano que "anteriormente", desde o ato criador de Deus, já teria sido constituído como pessoa, e então, em segunda instância, por assim dizer, "é assumido no Lógos". A pergunta, portanto, é esta: o ato divino, constitutivo de toda a criação, é a base da união mística, consciente, que une Jesus com o Pai, graças ao fato de ele ter ficado totalmente cheio do Espírito Santo; ou será que esse ato constitutivo criador, exatamente enquanto simultaneamente constituiu Jesus como Filho do Pai, foi a base do "ser pessoa" de Jesus e, conseqüentemente, de sua união mística com o Pai?

A patrística e toda a tradição cristã sempre tentaram definir a própria pessoa de Jesus a partir do conteúdo da salvação que ele trouxe. Porque a salvação "vem de Deus", o próprio Salvador foi chamado de "divino", e concluiu-se que Jesus é uma pessoa divina. O que orientou essa idéia é o princípio de que deve haver pelo menos uma relação significante, interna e real, entre a pessoa de Jesus e a salvação que ele trouxe de Deus. Isso me parece certo; é claramente sugerido pelos evangelhos, vendo Jesus como a dádiva salvífica, escatológica, de Deus. Nesse caso, é o caráter *definitivo*, ou seja, *escatológico* da salvação trazida, que afinal nos há de dizer algo sobre a própria pessoa do Salvador, e não os pressupostos gregos desse princípio patrístico.

Por tudo isso, a cristologia de fato chega, em dado momento, a uma bifurcação: a opção pelo caminho dos unitários ou pelo dos trinitários. Talvez não se tenha sempre compreendido bem a cristologia unitária (mas não me parece boa solução, absolutamente!). Já se escreveu muito sobre o Deus trino e uno, mas tudo o que se diz sobre a Trindade fica sempre oscilando entre um "modalismo" de pouco conteúdo e um "triteísmo" que afirma demais, enquanto as tentativas de evitar esta "Scylla ou Charybdis" se reduzem a distinções quase vaporosas, sem conteúdo e puramente verbais.[10] Mas isso

[10] Percebe-se que Tomás de Aquino pelejou com esse problema: segundo ele, as pessoas divinas não são formalmente distintas como pessoas, mas como "relationes", isto é,

é conseqüência de uma reflexão sobre a Trindade sem ligação com a interpretação cristológica de Jesus, enquanto a doutrina sobre a Trindade, elaborada logo depois da Bíblia, se apresenta claramente como explicitação do mistério do Cristo. Dessa última conclusão já se segue que não devemos compreender Jesus a partir da Trindade, mas vice-versa: é somente a partir de Jesus que a *plenitude* da unidade divina (não tanto "unitas trinitatis", mas "trinitas unitatis") se torna acessível para nós de alguma forma. Somente com base na vida, morte e ressurreição de Jesus sabemos que a Trindade é o modo divino da absoluta unidade da essência divina. Somente a partir de Jesus de Nazaré, de sua experiência com o "Abba" – fonte e alma de sua mensagem, atuação e morte – e de sua ressurreição, é que algo cheio de sentido pode ser dito sobre Pai, Filho e Espírito Santo. Pois, na vivência de Jesus com seu "Abba", o importante é que esse "estar voltado para o Pai" é "precedido" com absoluta prioridade, e internamente sustentado, pelo entregar-se do próprio Pai a Jesus, de forma única. Ora, a mais antiga tradição cristã chama de "Palavra/Verbo" a essa autocomunicação do Pai, base e fonte da própria experiência de Jesus com o "Abba". Isso implica que a *Palavra de Deus é a base total de tudo o que apareceu em Jesus.*

Na sua humanidade, Jesus é tão intimamente "do Pai", que é *exatamente nisso* que ele é "Filho de Deus". Isso por si sugere que o centro da humanidade de Jesus não estava dentro dele mesmo, mas em Deus Pai. Os dados históricos sobre Jesus também o mostram; o centro, o apoio, a "hypóstasis" (no sentido de algo que dá estabilidade) era o seu relacionamento com o Pai, com a causa do qual ele se identificava. Como ser humano que ele é, Jesus é constitutivamente "alocêntrico": voltado para o Pai, e para a "salvação que vem de Deus" para todos; é isso que lhe dá o seu perfil e o seu rosto. É *isso* que identifica Jesus de Nazaré. A sua autonomia como Jesus de Nazaré *é* a sua relação constitutiva total com aquele que ele chama de "Pai", o Deus voltado para o humano. É essa a sua experiência com o "Abba", alma, fonte e base do que ele faz e deixa de fazer, de sua vida e de sua morte.

Qual foi a origem dessa experiência? Toda experiência pessoal humana, por mais original que seja, encontra-se também dentro de uma tradição de experiência social; nunca é um haurir unicamente de uma plenitude interna, sem mediações. A autoconsciência humana de Jesus foi, como o é para qualquer ser humano, uma consciência dentro do mundo concreto em que ele vivia: um ambiente de piedade

relações que são antitéticas segundo sua origem (*Quaest. Disp. de potentia*, q. 9, a. 4); em outro lugar afirma: "distinctio divinarum hypostasum est minima distinctio realis quae possit esse" (*In I Sent.* d. 26, q. 2, a. 2, ad 2; *De potentia,* q. 9, a. 5, ad 2; *Contra Gentiles*, IV, 14; *Summa Theologiae*, I, q. 40, a. 2, ad 3). É claro que Tomás quer assegurar o monoteísmo contra toda forma de triteísmo.

judaica, alimentada pela sinagoga, dentro de uma família em que o pai tinha a incumbência de iniciar os meninos na Lei, revelação de Deus. A experiência do Deus criador, Senhor da história, foi alimentada em Jesus também pela tradição em que se encontrava; sentia-se a mão do Deus vivente na natureza e no mundo dos homens. Essa consciência de criatura, tendo como cerne vivo a fé em Deus o Senhor, já se pronuncia claramente na mensagem central de Jesus sobre o Deus que reina. Em contraste com João Batista e com a pregação profética tradicional, Jesus não prega o juízo escatológico (embora não o esconda), e sim a proximidade da salvação definitiva de Deus, com uma decisão que não se enfraquece pela morte fatal. Este homem, então, ou viveu numa ilusão – como alguns podem dizer, porque depois de sua morte a história continuou simplesmente o seu caminho –, ou então confia-se nele, inclusive na base de toda a sua atuação e seu modo de morrer, confiança essa que somente é possível na forma da confissão religiosa de que Deus lhe deu razão. Essa última solução, que é a dos cristãos, implica uma confissão: a salvação vindoura é mesmo este homem, Jesus, o Crucificado ressuscitado. A bem dizer, não há outro caminho: ou foi uma ilusão, ou então, se isso "veio de Deus" (At 5,35-39), a mensagem de Jesus sobre a proximidade da salvação é verdade, quer dizer, uma realidade que só se pode encontrar no próprio Jesus ressuscitado. Identificar com Jesus Cristo o reino vindouro de Deus – para quem não adere à tese da ilusão – é a única resposta adequada à decidida mensagem salvadora, trazida por Jesus. Tal identificação, porém, não tem fundamento suficiente na condição de Jesus como criatura, com a qual, isto sim, a mensagem do reino de Deus podia alimentar-se, como podia também nascer uma consciência profética, numa experiência em contraste com os acontecimentos da época, mas não uma salvação de Deus identificada com a própria humanidade de Jesus.

Isso, naturalmente, é uma identificação feita por cristãos; como tal, não parece dizer diretamente algo sobre a própria vivência de Jesus com o "Abba", a não ser que se dê crédito a essa vivência: Jesus anuncia a iminente vinda escatológica de Deus; o próprio Deus identifica essa vinda com o Crucificado ressuscitado, reconhecido pela fé dos cristãos: Jesus é a salvação *escatológica*. E. Haulotte, numa reflexão formalmente estruturalista sobre a Escritura, teve a meu ver uma intuição bem acertada quando escreveu: "É como se o próprio deste ser (Jesus) fosse *dito por outros*:[11] a essência de Jesus é de tal natureza que deve ser identificada por outros". E isso não pode ser de outra maneira, se a morte de Jesus pertence também, e essencialmente, à mensagem de Deus em Jesus e, portanto, se a ressurreição (verificável

[11] E. Haulotte, *Lisibilité des "Ecritures"*, em: Langages 6 (1971) 103.

apenas na fé identificante dos seguidores de Jesus) faz parte essencialmente da mensagem de salvação que vem de Deus. (Com razão, portanto, a tradição cristã afirma que o testemunho apostólico é parte essencial da "revelação constitutiva" em Jesus Cristo.)

Acima se disse que toda criatura, apesar de sua unidade, tem dois aspectos: é totalmente "ela mesma", e totalmente "de Deus". Essa duplicidade de aspectos totais encontra-se também em Jesus, e até de maneira toda especial. Em Jesus, o divino se revela de maneira criatural, humana, que neste caso podemos chamar de "transcendência humana" ou "humanidade transcendente": humanidade escatológica. Porém, toda manifestação reveladora de Deus, também essa na humanidade transcendente de Jesus, continua *infinitamente inadequada* à transcendência divina de Deus. Conseqüência disso é que o homem Jesus, revelação pessoal de Deus, *ao mesmo tempo* também oculta Deus. Por isso, há na humanidade de Jesus não apenas uma manifestação de Deus, mas ao mesmo tempo uma *referência* intrínseca à infinita transcendência divina, base de tudo o que se manifesta na transcendência humana de Jesus. Não podemos esquecer, portanto, que a transcendência ou eminência *humana* de Jesus revela mas também oculta o divino, e por isso *se refere* ao divino. Em outras palavras: a própria transcendência humana de Jesus, por causa de seu caráter de *referência* interna, supõe que a sua experiência com o "Abba" tem fundamento mais profundo.

Observando Jesus, constatamos que ele inegavelmente ora ao Pai; quer dizer, a relação entre ele e o Pai é "interpessoal"; ele fala de "meu Pai". *Diante do Pai*, Jesus pode inegavelmente ser chamado de "uma pessoa". Não temos dados historicamente certos, no Novo Testamento, afirmando que Jesus tenha prometido que ele mesmo ia enviar o Espírito Santo. Mas todos os evangelhos falam, em todas as suas tradições, sobre a experiência do dom escatológico do Espírito, o "*outro* Paráclito", e isso exatamente em relação com a vinda do reino de Deus anunciada por Jesus. E a fé dos evangelistas identificava Jesus com esse reino de Deus, e eles esperavam de Jesus a vinda escatológica do Espírito. Portanto, também *diante* do Espírito Santo Jesus é uma pessoa, embora de outra maneira que diante do Pai. Isso significa que na pessoa do homem Jesus, e por ele, Deus nos aparece como relação interpessoal entre o Pai, Jesus Cristo e o Espírito Santo. Portanto, partindo de Jesus como *pessoa*, temos bons motivos para chamarmos também o Pai e o Espírito Santo de "pessoas", embora apenas em sentido análogo e evocativo; e por estar assim *diante* do Pai e *diante* do Espírito Santo, Jesus nos revela "três pessoas" em Deus: o Pai, Jesus Cristo e o Pneuma. Por isso, uma distinção entre uma Trindade "soteriológica" e uma "intertrinitária" não tem sentido diante da estrutura cognitiva de uma linguagem análoga (ensinada por Jesus), consciente do caráter limitado do que diz, mas ao mesmo tempo sabendo que a intenção de dar algo a conhecer tem fundamento (no próprio Jesus). Com razão disse Santo Tomás: os conteúdos desses conceitos humanos querem referir-se a uma realidade em Deus, mas não são essencialmente aplicáveis a Deus;[12] têm *validade* para a própria realidade de Deus, mas o modo divino desse "valer" nos escapa. Em Jesus e a partir de Jesus, alguma coisa desse "valer divino" nos fica bem claro, embora de modo humano, e por isso com "distância humana". Assim, a própria humanidade de Jesus (e mais nada) nos revela Deus como Trindade.

Com isso tudo, a "pessoa" de Jesus ainda continuou um tanto indeterminada. Dizíamos: por Jesus sabemos que Deus existe em três pessoas, o Pai, Jesus Cristo e o Espírito Santo. Já que é a partir de Jesus que Deus nos é revelado assim na sua plenitude interna, que não conhecíamos a partir da criação, esses três nomes, na sua articulação, têm naturalmente forma humana; porém, essa forma humana transcende o antropomorfismo propriamente dito. A vivência de Jesus com seu "Abba", insistindo no "fazer a vontade do Pai", mostra claramente que ao "Pai" corresponde o "Filho". Assim, a plenitude ou Trindade da unidade absoluta de Deus, revelada por Jesus, é esta: Pai, *Filho* e Espírito Santo. Portanto, como *revelação* de Deus, Jesus não constitui aquilo que em Deus corresponde ao "Filho de Deus" ao Pai e ao Espírito. Jesus, porém, isto sim, é a base para podermos denominar a realidade intertrinitária com o nosso conceito humano de "pessoa", porque o homem Jesus identifica-se com essa realidade intertrinitária que, a partir do homem Jesus, chama-se de Filho de Deus; essa é a razão pela qual ele, exatamente como ser humano, pode *revelar* a unidade trinitária e, ao mesmo tempo, é o fundamento suficiente para podermos falar de três pessoas divinas a partir de Jesus, identificado com o Filho (embora a partir do homem Jesus, e portanto com um conceito humano de "pessoa").

Com isso, estamos diante de uma série de problemas. Os evangelhos não falam em "pessoas" *dentro* de Deus, e os primeiros grandes Concílios cristãos também não o fazem; e quando nós falamos de "pessoas", surge no horizonte toda a história filosófica e semântica do conceito de "pessoa". Que significa "pessoa divina", se temos de falar sobre Deus a partir de um conceito humano (análogo), sendo que exatamente esse conceito humano de "pessoa" é um dos conceitos mais discutidos de toda a reflexão filosófica da nossa história? Ou

[12] Para Tomás de Aquino, a "res significata" e a "res concepta" nunca são adequadas; mas o ato de *significar* ultrapassa o momento da representação conceitual. Ver: E. Schillebeeckx, *Het niet-begrippelijk kenmoment in onze Godskennis volgens Thomas van Aquino, em: Openbaring en Theologie* (Theologische Peilingen, n. 1), Bilthoven 1966, sobretudo 207-213 e 215-232. É preciso acrescentar que Tomás desconhece as implicações do que os modernos chamam de "símbolo paterno", e a "teoria do símbolo" em geral.

seja, que sentido *positivo* tem o negar a "an-hypostasia" humana de Jesus? Essas duas perguntas estão estreitamente interligadas.

Não é possível resolver essa questão, apelando para o conceito de pessoa segundo o sentido comum, pois exatamente aí continua no escuro toda a problemática do conceito de "pessoa". A "análise lingüística", partindo exatamente da "linguagem ordinária", dedicou-se intensamente ao conceito de "pessoa"; mas as obras de P. F. Strawson, S. Hampshire e G. Ryle, embora esclarecendo alguma coisa, não conseguiram elucidar o problema. Sem dúvida, é notável a tentativa de Strawson, que na sua "metafísica descritiva", partindo da linguagem cotidiana, quer pôr a descoberto os fundamentos e estruturas básicas do nosso sistema conceitual humano.[13] Como outrora Aristóteles, Strawson busca "categorias básicas" e "universais" de validade geral no nosso pensar humano comum a todos: "um núcleo central massivo do pensamento humano que não teve história";[14] e tal cerne maciço consiste em determinados conceitos fundamentais: "Existem categorias e conceitos que não mudam absolutamente nada em seu caráter fundamental" (*l.c.*). De acordo com o que foi acima explicado, estamos então lidando com o nível da "história estrutural", o cerne quase imóvel na história do pensamento humano. E a isso pertence o conceito de "pessoa". À estrutura desse conceito de "pessoa" pertence, segundo a análise de Strawson, que um sujeito, uma pessoa, não pode se auto-afirmar, sem ao mesmo tempo confirmar o outro, a co-pessoa. Sem confirmar o outro, não posso chegar a ter uma idéia do que eu mesmo sou como pessoa.[15] Em outras palavras: ser pessoa implica interpessoalismo. Isso evoca a suposição de que, se Deus é *pessoal* (imaginar Deus como infrapessoal não seria razoável), então ele deve ser também – de alguma forma – "interpessoal"; ou melhor (segundo a confissão cristã): então a Trindade é a *plenitude* da unidade pessoal, absoluta, da essência divina; e Deus, portanto, é sem nenhum *crescimento* (no sentido de um desenvolvimento para a sua definição). É juventude eterna e dinâmica interna, vida, e não autopensamento insensível. Essa noção fundamental de "pessoa humana" encontramos de fato (embora variando de acordo com os horizontes conjunturais de compreensão) em toda parte onde seres humanos refletiram sobre o que é "ser pessoa". Até para os teólogos medievais, que não tematizam a intersubjetividade, o "divisum ab alio", isto é, o distinguir-se de "outra pessoa", pertence às condições para que se possa definir "pessoa". Na patrística não foi diferente.[16]

---

[13] P. F. Strawson, *Individuals. An essay in descriptive metaphysics,* Londres 1959.
[14] *L.c.*, 10.
[15] Sobre a noção de "pessoa": *l.c.*, sobretudo 87-116.
[16] Ver, entre outros. Fr. Erdin, *Das Wort Hypostasis. Seine Bedeutungsgeschichtliche Entwicklung in der altchristlichen Literatur bis zum Abschlusz der trinitarischen Ausei-*

Podemos concluir: o conceito que se diz moderno de "pessoa" não difere estruturalmente do empregado pelo Concílio de Calcedônia, mas apenas "superficialmente" ou conjunturalmente. São exatamente os elementos estruturais que fornecem a abertura para um preenchimento muito *dinâmico* do conceito de pessoa, a própria definição de tudo o que é "dinâmico". Assim W. Pannenberg, no seu "Fundamentos de Cristologia", pôde evitar muitas dificuldades, porque fala apenas sobre os elementos estruturais do conceito de pessoa, e fica "prudentemente" calado sobre o aspecto conjuntural (antes, moderno), a saber: a pessoa como centro consciente de ação, com consciência e liberdade próprias, irredutíveis. Tomás de Aquino enfrentou esse problema, mas teve de tirar esta conseqüência: "as (três) pessoas divinas são formalmente distintas, não *como pessoas*, mas como relações originariamente antitéticas" (ver *supra*); parece que ele foi obrigado a falar assim, porque em Deus há apenas uma consciência e uma liberdade, a consciência *única* e a liberdade única das três pessoas divinas. Pode-se duvidar, se *essa* unidade seria uma contra-indicação, já que o amor entre pessoas humanas faz falar em "um só pensamento" e "uma só vontade"! Qual é o modo divino disso, em Deus? A liberdade absolutamente "uma" e o pensar absolutamente "um" das três pessoas (algo inimaginável para nós). *Plenitude* de unidade, não superdeterminação solitária. Em outras palavras, também Tomás de Aquino se concentra, por assim dizer, nos elementos *estruturais* da noção de pessoa: o aspecto essencialmente relacional no "ser pessoa", voltado para as co-pessoas, sendo que (em Deus) a base dessas relações é a única natureza divina ou a liberdade divina única. A noção de "pessoa" nessa visão já cumpre aquilo que a "teologia do processo" (em reação contra um rígido conceito de "pessoa") julga ser necessário (como "natureza conseqüente" em Deus) para salvaguardar a dinâmica da essência divina ou aquilo que o palamismo julga ser necessário (a saber, uma distinção entre a "natureza", *ousia*, de Deus e as "energias" de Deus), para que se possa salvar a mesma dinâmica na essência divina. São duas reações boas contra uma noção de "Deus immutabilis", que não seria cristã.

Esse aspecto relacional (por mais curioso que pareça) é, para a compreensão humana de todos nós, mais acessível do que determinar

nandersetzungen, Friburgo 1939; G. Kretschmar, *Studien zur frühchristlichen Trinitätstheologie*, Tubinga 1956; A. Malet, *Personne et amour dans la théologie trinitaire de Saint Thomas d'Aquin*, Paris 1956; J. Schneider, *Die Lehre vom Dreieinigen Gott in der Schule des Petrus Lombardus*, Munique 1961; J. Jolivet, *Godescalc d'Orbais et la Trinité. La méthode de la théologie à l'époque carolinguienne*, Paris 1958. M. Bergeron, *La structure du concept latin de personne*, Ottawa-Paris 1932; M. Marshall, *Boethius' definition of person and mediaeval understanding of the Roman theatre*, em: "Speculum" 25 (1950) 471-482; I. Backes, *Die Christologie des hl. Thomas von Aquin und die griechischen Kirchenväter*, Paderborn 1931; V. Schurr, *Die Trinitätslehre des Boethius im Lichte der skytischen Kontroversen*, Paderborn 1935, sobretudo 108-232.

o que seria aquele "eu" (voltado para outrem). A psicologia constatou que o neném descobre primeiro "o outro", e somente depois o mundo e a si mesmo. Talvez porque só se torna realmente "uma pessoa" quem não se preocupa com a sua própria identidade, mas, saindo de si, identifica-se com outrem.

Características do duplo aspecto da noção de "pessoa" são as duas definições que dominaram a teologia medieval: de um lado, a definição de Boécio;[17] e de outro lado, aquela de Ricardo de São Vitor.[18] Boécio fez conscientemente uma tentativa para abrir espaço tanto para Calcedônia como para o neo-calcedonismo; ele nos diz que tipo de natureza uma pessoa tem, a saber, uma substância ou natureza concreta, capaz de consciência e de liberdade; mas não diz *como* uma pessoa chega a ser pessoa. Ele negligencia, diz Ricardo, a relação de origem, a relação com a pessoa pela qual alguém se torna pessoa; Boécio descuida do "unde habeat esse". Conseqüência disso (como antes dele o diácono Rústico já tinha observado) é que, do jeito como Boécio define "pessoa", o homem Jesus deveria ser chamado de "pessoa humana", enquanto do outro lado a sua definição não vale para a Trindade.[19] Portanto, o conceito de "pessoa", segundo Boécio, parece *teologicamente* inaproveitável, tanto para a cristologia como para a doutrina sobre a Trindade. Em conseqüência, foi pela escolástica, desde cedo, que o conceito de totalidade entrou nas idéias ocidentais sobre "pessoa": ninguém pode ser "duas pessoas" ao mesmo tempo, porque então cada uma se tornaria parte de uma unidade indivisível, e isso contradiz a essência da noção de pessoa. Por causa de sua natureza concretamente humana, formalmente espiritual, Jesus devia ser chamado simplesmente de "pessoa humana", afirma Rústico.[20] Mas, porque ele forma uma unidade indivisível com "o Verbo", isso não pode ser dito assim, pois somente "o total único" é pessoa. Admite-se, pois, o caráter pessoal-humano da humanidade de Jesus, e com base na "en hypostasia" se atribui a ele, praticamente, uma "an-hypostasia" nominal, já que Jesus, a bem dizer, nada perdeu da humanidade real. Eram discussões extremamente delicadas e sutis – tentava-se achar um equilíbrio entre as exigências da antropologia filosófica e aquilo que lhes parecia uma exigência da fé, a partir do dogma. Curioso é que Tomás de Aquino, sobretudo na sua antropologia, usa a definição de pessoa segundo Boécio, mas na sua doutrina

[17] *Opuscula sacra,* tract. 5, *Opusculum contra Eutychen et Nestorium,* 2: "Reperta personae est igitur definitio: persona est naturae rationalis individua substantia" (PL 64, 1343).
[18] *De Trinitate,* 4: "intellectualis naturae incommunicabilis existentia" (PL 196, sobretudo 944-945).
[19] *Contra acephalos disputatio* (PL 67, 1195-1196; 1238-1241).
[20] *L.c.* (PL 67, 1239).

sobre a Trindade ele a adapta à definição de Ricardo (o conceito inter-relacional de "pessoa"), e também ao conceito de totalidade segundo Rústico.[21] São esses os três elementos da noção de "pessoa" que hoje encontramos de novo na "análise lingüística"!

A partir do Iluminismo, surgiu nova discussão em torno da noção de "pessoa". Na luta em torno do ateísmo, J. G. Fichte disse que Deus não pode ser pensado como pessoa, sem que isso leve a uma contradição intrínseca. Para Fichte, a noção de "pessoa" supõe finitude. Pois, "ser pessoa" supõe essencialmente um interlocutor, uma *confrontação* diante de algo ou alguém diferente. Ou seja, à noção de "eu" pertence essencialmente o "não eu", o "tu" e o "aquilo" (*Du und Es*). Um "eu" que fosse tudo e não encontrasse um outro "diante de si", não tem sentido nenhum. Ser pessoa, portanto, é essencialmente ser limitado e finito. Portanto, Deus não é pessoa. Hegel reagiu contra esse raciocínio de Fichte (um dos elementos do ateísmo de Feuerbach). Hegel admite que "pessoa" implica um outro "diante de", mas não necessariamente um outro "fora de si", como delimitação do próprio eu. Pelo contrário, pertence à essência da pessoa o estar de tal maneira relacionado com um "diante de", que o eu se "exterioriza" nesse outro "diante de", para assim se reencontrar a si mesmo no "outro", seja na coisa que o eu trabalha ou reconhece, seja no tu ao qual o eu está ligado em amor e amizade. Uma pessoa se reencontra no outro à medida que se rendeu e se entregou ao outro. É exatamente assim que na vida pessoal a *oposição* ao outro, e portanto a finitude, é superada e vencida. Pessoa, enquanto pessoa, isto é, a própria essência do ser-pessoa, implica infinitude. Assim Deus, a Trindade, é a mais sublime e única realização do ser-pessoa. Isso não impede que haja também pessoas finitas, mas isso, então, é naturalmente uma limitação do "ser pessoa". A pessoa humana, como pessoa, é delimitada, e separada diante de outra pessoa humana; o outro é seu *limite*. Isto é, a pessoa humana pode superar apenas *parcialmente* a oposição ao outro; nenhum ser humano pode identificar-se totalmente com o outro. O ser humano, portanto, é pessoa num sentido enfraquecido, alienado; não no sentido pleno da palavra.

Nessa noção hegeliana de "pessoa", embora em outro conjunto de idéias, há muitos elementos da tumultuada luta da patrística e dos séculos 12 e 13, como também muita inspiração proveniente da confissão cristã sobre a Trindade. A fenomenologia moderna da pessoa segue em boa parte esse conceito hegeliano. Eu ser eu mes-

---

[21] Sobretudo *Quaest. Disp. de potentia*, q. 9, a. 4. As três características do "ser pessoa": *a)* "substantia completa", *b)* "per se subsistens", *c)* "separatim ab aliis" (ver sobretudo *In III Sent.* d. 5, q.1, a. 3). Para Tomás, portanto, trata-se de tríplice incomunicabilidade (ver também: *Summa Theologiae III*, q. 2, a. 2c e ad 1, ad 2, ad 3; I, 29, a. 4).

mo, mas pelo fato de me dar a outrem, no qual me reencontro a mim mesmo, completamente ou em certa alienação: eis o conceito corrente de "pessoa" hoje. Coincide com o que podemos chamar de "elementos estruturais da noção de pessoa". Quando *não partimos* desse conceito moderno de personalidade, mas simplesmente daquilo que se manifestou concretamente na vida, na morte e na ressurreição de Jesus, é digno de nota como esses dados reais sobre Jesus ficam *muito bem compreensíveis dentro* dos elementos estruturais da noção de pessoa.

Realmente, o fato é que a salvação definitiva nos vem de Deus em Jesus de Nazaré, o Crucificado ressuscitado. "É Deus quem nos salva em Jesus Cristo" (cf. 2Cor 5,19). Deus salva, mas no e pelo homem Jesus, por sua mensagem, vida e morte. Daí esta pergunta: É possível que Jesus de Nazaré, dentro dos *limites* de uma existência de pessoa humana, tenha vivido a essência de uma "pessoa divina", de um ser "ele mesmo", na entrega radical ao outro, o que, dentro da divindade, não inclui nenhum elemento de alienação ou limitação? Essa divina entrega de si mesmo pode ser vivida na *limitação* da maneira humana de ser pessoa, quer dizer, entregando-se radicalmente, e identificando-se tanto com o Pai como com os outros, com o próximo, e mesmo com aqueles outros que o expulsam e o rejeitam? A *limitação* humana, dentro da qual se realiza em Jesus a salvação, ou seja, a auto-entrega de Deus, torna-se então o espaço em que essa auto-entrega de Deus se torna *realidade histórica*, *na* alienação da vida e da morte de um ser humano. Então o conceito, ou melhor, a realidade da maneira humana-pessoal de ser, é até necessária para tornar compreensível a profundeza da auto-entrega salvadora de Deus, sem no entanto transferir para Deus o sofrimento, a morte e a alienação, mas deixando tudo isso onde realmente é seu lugar certo: na realidade terrena da existência humana. Com isso, limitação, alienação humana e morte finalmente se superam e o finito se salva: o ser humano, com tudo o que é humano, é libertado, e assim consegue *aceitar* a sua *finitude*, e portanto seu "ser de Deus". A promessa escatológica de Deus repousa em tudo o que foi feito por amor em nosso mundo humano. Salvação-em-Jesus procede de Deus, porém chega historicamente a nós mediante a nossa história concreta: é um tornar "são e salvo", vencendo definitivamente a limitação e alienação, a fraqueza e mesmo a morte; o que é finito – pois isso é o que somos – fica remido: em Jesus, o que é humano no ser humano é libertado e chega a uma aceitação, remida e salvadora, de que é só "pela graça" que podemos realizar a *promessa essencial* que somos, uns para os outros; e que assim podemos experienciar o chamamento para o amor que nos supera a cada um e a todos juntos, pessoas e sociedade, na salvadora experiência de uma *garantia absoluta*, que nos supera a todos nós, e mesmo assim não é nada estranha ao nosso "ser humano": é o Deus vivo!

A bem dizer, nisso não há nada de novo, nada que já não sabíamos pela análise dos evangelhos; é apenas uma explicitação trinitária do mistério do Cristo, o qual, segundo a confissão cristã, é a salvadora revelação do mistério de Deus como plenitude trinitária de unidade absoluta: Deus como dom essencial na necessária essência da liberdade absoluta. Assim, na humanidade de Jesus mostra-se para nós o verdadeiro rosto de Deus. Acima se disse que o "voltar-se para o Pai", exclusivo de Jesus, foi precedido, em prioridade absoluta, pelo voltar-se do Pai para Jesus, e que essa autocomunicação do Pai se chama exatamente "a Palavra" (o Verbo), na antiga tradição cristã. Portanto, mais profunda que a experiência de Jesus com o "Abba", e sua base, é a Palavra de Deus, autocomunicação do Pai. Isso de fato significa algo como "identificação hipostática", sem *anhypostasia*: este ser humano Jesus, dentro da limitação humana de um modo psicologica e ontologicamente humano de existir, é realmente o Filho, isto é, "o segundo" da plenitude trinitária da unidade divina, "o segundo", que em Jesus chega a uma autoconsciência humana e ao consórcio humano. Uma identidade entre duas formas *finitas* de pessoa (duas pessoas numa só) é de fato uma contradição interna. Mas, uma identidade entre um modo finito de existir de uma pessoa humana, e um modo divino infinito (e portanto análogo) de ser pessoa, não é contradição, porque a base da distinção entre a criatura e Deus não está na sua perfeição como criatura, mas na sua finitude, enquanto tudo o que nela há de positivo é totalmente "derivado" de Deus. A criatura e Deus nunca podem ser somados. A relação constitutiva com Deus já está implícita no cerne de toda criatura como ente e como pessoa. Assim, graças à identificação hipostática do que em Deus se chama "Filho de Deus" (a partir de Jesus, com o seu modo de ser pessoalmente humano), o *homem* Jesus é uma relação constitutiva (de filho) para com o Pai; essa relação, no desenvolvimento dinâmico da vida humana de Jesus, cresce, tornando-se uma *enhypostasia* mútua, aprofundando-se até culminar na ressurreição. Nisso, Jesus está *diante* do Pai e do Espírito, mas não *diante* do Filho de Deus! Nele, a consciência divina única e a liberdade absoluta como é vivida de modo intradivino "de forma filial" (na perfeita unidade com o Pai), é humanizada, formando um centro humanamente consciente e uma liberdade humana (situada). Nesse sentido, é preciso dizer que o "ser pessoa" de Jesus não está fora de sua humanidade, mas também não podemos finalmente dizer (sem as devidas nuanças) que ele é uma "pessoa humana", pois então apareceria de fato uma impensável *contraposição* entre o homem Jesus e o Filho de Deus, teoria essa que de fato, nessa linha, foi conseqüentemente defendida por Léon Seiller, seguindo Deodato de Basly.[22] Poderíamos dizer, isto sim, que o próprio Verbo se tornou "pessoa

[22] L. Seiller, *L'activité humaine du Christ selon Duns Scot*, Paris 1944.

humana", sem uma *contraposição* entre o homem Jesus e o Filho de Deus. Mas isso, exatamente, não me parece possível sem o que, balbuciando, se quer dizer com "identificação hipostática" (prefiro esse termo a "união hipostática). Exatamente esse dado (acessível apenas a partir de Jesus) nos sugere que na vida humana de Jesus o Pai é "pessoa" de maneira diferente do "ser pessoa" do Filho; aí talvez esteja o motivo pelo qual sobretudo a cristologia e a doutrina sobre a Trindade chamam o Pai de "fonte da divindade". Tendo então chegado à Trindade a partir de Jesus, também poderemos finalmente compreender melhor a Jesus partindo da Trindade; mas então não podemos esquecer que se trata de uma "teologia em terceira potência".

Para mim, tudo isso inclui, isto sim, que não é pela Encarnação de Jesus Cristo que Deus *se torna* trinitário; isso é algo que nem consigo pensar. Para mim é claro, isto sim, que só a partir do homem Jesus nós chegamos a dizer que na Trindade há três *pessoas* divinas, e que só assim isso realmente tem sentido. A nossa história humana real, da qual Jesus participa, *significa* também alguma coisa para a própria vida de Deus. Ele não é "insensível": isso sem dúvida a Bíblia nos ensinou! Desse ponto de vista, a "filosofia do processo",[23] com sua distinção, em Deus, entre "não-dependência existencial" e "dependência atual", descobriu algo de real, embora aí seja infeliz a expressão "natureza conseqüente". Essa distinção, aliás, não me parece necessária para quem afirma a dinâmica da essência eternamente jovem de Deus, eternidade em que liberdade pura, absoluta, não significa contingência. Em Deus, não há nenhuma "necessidade essencial". Na sua essência, ele é liberdade pura e absoluta, que significa também fidelidade a si mesmo e à criação. Conceitos como "natureza" e "pessoa" já são, em si mesmos, inadequados para se compreender a absoluta liberdade de Deus. O que em Deus é liberdade sem contingência ou crescimento, é pura contingência se partimos da nossa maneira de ver a realidade. Por isso (considerando que a nossa história e também Jesus *de fato* existem), é melhor dizer que de um lado Deus não seria Deus sem as criaturas e sem Jesus de Nazaré, e de outro lado que nós e também Jesus (visto a partir de nós) podíamos não ter existido. Essa *tensão*

---

[23] A "filosofia do processo" está baseada em princípios de dois filósofos (da religião) americanos: Alfred N. Whitehead e Charles Hartshorne. Ver sobretudo: A. Whitehead, *Process and reality*, New York 1929; *Religion in the making*, New York 1926; Ch. Hartshorne, *The divine reality. A social conception of God*, New Haven 1964 (1948); ver também a coleção comemorativa: *Process and divinity. The Hartshorne Festschrift* (ed. por W. Reese e E. Freemann), La Salle (Illinois) 1964; e ainda: Eul. R. Baltazar, *God within process*, New York-London 1970. Teólogos que elaboraram uma "teologia do processo" são principalmente: Norman Pittinger, *Process thought and christian faith*, New York-London 1968; *Christology reconsidered*, London 1970, e: *"The last things" in a process perspective*, London 1970 (elaborando uma escatologia totalmente intramundana), e até certo ponto Sch. Ogden, *The reality of God and other essays*, London 1967 (1963).

me parece dar, sobre a essência divina de Deus e o caráter criatural de toda a nossa história, uma perspectiva mais pura do que as distinções (indiretamente influenciadas por Hegel) da "filosofia do processo"; esta aliás tenta expressar de alguma forma um *mistério*, sem ver de maneira suficiente a não-mutabilidade de Deus (o que é mais exato do que "imutabilidade"), juntamente com a dinâmica eterna da essência de liberdade absoluta, a qual – como balbuciamos humanamente – é "novidade" eterna sem crescimento, ou sem o que, em termos terrenos, se chama "mutabilidade". Colocar distinções *dentro* de Deus, exatamente *por causa* do caráter inadequado do nosso *falar sobre* Deus, parece-me atividade precária.

Jesus de Nazaré, o Crucificado ressuscitado, é o Filho de Deus em forma de um ser humano real e contingente: dentro da medida existencial de uma vida humana histórica, verdadeira e completa, ele nos trouxe – por meio de sua pessoa, pregação e praxe de vida, e por sua morte – a viva mensagem do ilimitado dom de si mesmo, que Deus é em si mesmo e quer ser também para nós, seres humanos. A nossa história, e dentro dela o que aconteceu com Jesus, é fato contingente, não necessário. Todavia, Deus não seria Deus sem esse acontecer histórico. Por isso, esta história, a nossa (que não podia ter acontecido), é todavia o único caminho realista para falarmos alguma coisa com sentido sobre a essência de Deus. Pelo dom histórico de si mesmo, aceito pelo Pai, Jesus nos mostrou quem é Deus: um "Deus humanissimus". Como o homem Jesus pode ao mesmo tempo ser para nós a figura de uma "pessoa divina", o Filho, presente por imanência total, que transcende o nosso futuro, isso é para nós um mistério, a meu ver teoricamente insondável, apesar de ter sido vivido por Jesus de Nazaré de uma forma para nós não contraditória e até cheia de sentido. "Ananké sténai": às vezes está mesmo na hora – e que hora santa! – de louvar e adorar em silêncio, e de nos lembrarmos criticamente da grande tradição da "teologia negativa". Nós, afinal, depois de tudo o que sabemos sobre ele, não sabemos *quem* Deus é.

Este livro, isto sim (já o chamei de *prolegômeno)* exige uma complementação, que eu chamaria de "reflexão sobre o que é a graça de Deus", quer dizer, uma exposição na qual, dentro de um horizonte atual de entendimento e ação, deveria ser tratado o problema da *redenção* e *emancipação* – o problema atual da nossa história de libertação. Este livro, pois, provavelmente ainda terá uma continuação.

CRISTOLOGIA TEÓRICA HISTÓRICA E PRAXE DO REINO DE DEUS

A iminente salvação vinda de Deus, que Jesus anunciava e para a qual viveu e morreu, e o reino de um Deus que quer a felicidade de todos, afinal mostrou ser a própria pessoa de Jesus Cristo, o homem escatológico Jesus de Nazaré, exaltado para junto de Deus, enviando-nos de sua plenitude o Espírito de Deus, que abre "comunicação" entre os humanos. Assim, a própria pessoa de Jesus de Nazaré é a revelação do rosto escatológico de tudo o que é realmente humano, e nisso é a revelação da plenitude trinitária da única essência divina, dando-se à humanidade pela sua própria essência, mas em liberdade absoluta. A humanidade de Jesus traduz para nós o que é Deus. Sua pró-existência humana é entre nós o sacramento da pró-existência divina, isto é, de Deus, cuja essência é bondade. Em Jesus, Deus quis ser no seu Filho um Deus humano para nós. Portanto, a universalidade única está na humanidade escatológica de Jesus, sacramento do amor universal de Deus pelos seres humanos. Jesus, esquecendo-se de si mesmo, identificou-se totalmente com a causa de Deus como a causa nossa. E o próprio Deus identificou-se, também ele, com essa identificação de Jesus. Portanto, Jesus é o primeiro membro do reino de Deus. A causa de Deus como causa do ser humano está personificada na própria pessoa de Jesus Cristo. Enfim, é Jesus o único cerne do que se denomina "cristianismo". Com isso se afirma também que Jesus é o mediador universal. Ele é o primeiro e o "guia" de uma nova humanidade, porque viveu antecipadamente a praxe do reino de Deus, e porque essa praxe foi confirmada por Deus. Portanto, Jesus não trouxe um novo sistema totalitário, no qual tudo ficasse compreensível e encontrasse lugar razoável. Mesmo depois de Jesus, como antes dele, todo sistema teórico total continua sendo ideologia; a nossa história humana continua totalmente aberta. Mas, a praxe do reino escatológico, ela sim, tornou-se possível neste mundo, em nossa história. A história está debaixo de uma *promessa*, que convoca para a praxe de oração e ação; no entanto, uma filosofia ou teologia da história continuam impossíveis, teoricamente insuficientes e abertas. Por isso, o que aconteceu a Jesus ainda pode acontecer a muitos: o assassínio da inocência. Também para os que crêem no Cristo vale a admoestação do profeta Miquéias: "É em Javé que se apóiam, dizendo: Javé está conosco. Não, desgraça alguma cairá sobre nós" (Mq 3,10-11). Como caiu sobre Jesus, a mesma coisa pode acontecer a nós também; então, a nossa confiança em Deus passará pela provação decisiva. Salvação-em-Jesus, vinda de Deus, nunca poderá ser enquadrada num sistema teoricamente conclusivo. "Bem-aventurados os que não se escandalizarem em mim".

Essa explicitação cristológica de Jesus de Nazaré (como aquele que anunciou o reino de Deus, criticou a conduta humana e deu o exemplo da praxe do reino de Deus) mostrou-se uma necessidade intrínseca (a partir da própria figura de Jesus), mas pode provocar perigosos fenômenos secundários. A cristologização de Jesus de Nazaré pode realmente desvirtuar ou neutralizar sua mensagem e praxe, pelo fato de nos esquecermos de Jesus de Nazaré, ficando somente com o culto de um mistério celeste: o grande ícone, o Cristo, tão empurrado para o lado de Deus (já também ele afastado do mundo humano), que ele, Jesus Cristo, acabou perdendo toda a sua influência decisiva sobre este mundo. Lutar pela divindade de Jesus pode ser, de antemão, uma batalha perdida num mundo que há muito tempo se despediu de Deus. Aliás, isso seria desconhecer a intenção mais profunda do plano salvífico de Deus, a saber, que Deus quis aproximar-se de nós de maneira humana, para assim realmente podermos finalmente encontrar a Deus. Se quisermos respeitar as intenções salvíficas de Deus, devemos submeter-nos à crítica do homem Jesus; só então se abre para nós a perspectiva para o Deus vivo! Isso exige paciência, também na catequese. Em palavras duras: enquanto Deus faz tudo para se mostrar numa figura humana, nós, de nossa parte, queremos ultrapassar o mais depressa possível esse aspecto humano, para admirarmos um "ícone divino", no qual os traços do profeta crítico foram disfarçados. Assim neutralizamos o vigor crítico do próprio Deus, e um perigo nos ameaça: além das muitas ideologias que a humanidade já segue, acrescentamos mais uma: a cristologia! Com os afiados pronunciamentos com que formulamos a nossa fé em Jesus, receio às vezes que estejamos embotando o corte da visão crítica de sua profecia, que tem conseqüências sociais e políticas muito reais. Uma divinização unilateral de Jesus, isto é, colocá-lo exclusivamente ao lado de Deus, é de fato eliminar da nossa história um homem incômodo, crítico importuno, e a lembrança perigosa de uma profecia viva e provocante: outra maneira para impor silêncio a Jesus como profeta! Diante de tal cristologia, vale a palavra: "Por que me chamais 'Senhor, Senhor', e não fazeis o que eu digo? Afastai-vos de mim, vós todos que cometeis injustiça" (Lc 6,46 e 13,27). Exatamente depois desta parte *cristológica,* é bom colocar explicitamente esse fato, como teologia de segunda e até terceira potência.

No entanto, a importância única e universal de Jesus, que (segundo a confissão da fé cristã) atinge todos os seres humanos na determinação do seu próprio destino, tem uma *mediação histórica:* a assembléia escatológica dos fiéis, a "Igreja de Cristo". A mediação entre o sentido *histórico* de Jesus e sua importância *universal* está na *missão histórica* da Igreja no mundo. Essa é a importância inesquecível, e também perigosa, de tudo o que comentamos ao falar sobre o que o Novo Testamento chama de "aparições de Jesus". A universalidade de Jesus Cristo, a "catolicidade" de sua Igreja e a tarefa missionária do testemunho das Igrejas cristãs (sobretudo pela praxe do reino de Deus), são outros tantos aspectos da única e mesma realidade da fé, sempre sob uma mediação histórica: o nosso serviço com fé, realizado sob a direção do Espírito de Cristo. A Igreja, pois, como mediadora pela força do Espírito de Jesus, exprime a maneira como Deus se ocupa de todos os seres humanos. Em outras palavras, a universalidade única de Jesus é concretamente uma *incumbência* cristã histórica, "para que te conheçam, o único verdadeiro Deus, e aquele que tu enviaste, Jesus Cristo" (Jo 17,3), graças à "praxe (eclesial) do reino de Deus". Tal definição da essência da Igreja é também linguagem *prática*, não simplesmente uma descrição de sua forma concreta, embora tal essência nem sempre deixe de se expressar "em algum lugar", p.ex. na atividade anônima de tantos "simples cristãos", sejam leigos ou pessoas do alto ou do baixo clero! O "cristão anônimo" encontra-se sobretudo *nas igrejas!* Aí os "cristãos" se encontram, ultrapassando as confissões cristãs. Por isso, também o reconhecimento *institucional* ecumênico do "cristianismo único" é uma primeira e urgente condição: reconhecer-se num cristianismo de outro tipo, porém real. E aí – com base no cristianismo plural, mas fundamentalmente uno do Novo Testamento – eu penso que nós cultivamos divisões insustentáveis, perante uma avaliação neotestamentária.

Mas, ainda existe outro aspecto que deve ter ficado claro a partir do homem escatológico Jesus, o Filho de Deus. O futuro não será para nós uma esperança aberta, enquanto nós mesmos não conseguirmos reconciliar-nos *com o passado*. Ser "justificado", como termo da linguagem religiosa, significa estar reconciliado com o que Deus fez, e portanto com a história e com o nosso próprio passado, e com a nossa própria vida e morte, de tal forma que novamente se torna possível confiar no futuro. Tudo isso é conseqüência do que Jesus chama de *metanóia*, como conseqüência do reino de Deus que está chegando. *Metanóia* inclui: ter chegado a um acordo com o passado e enfrentar confiante o futuro. Pois, esse futuro continua *aberto* não exclui riscos, e não pode ser salvaguardado teoricamente. As Igrejas de Cristo são espaços em que a universalidade única de Jesus se torna sensível; ou então, onde ela se obscurece, também o mundo desaparece na neblina.

Seria sempre um mistério o fato de alguém confiar em determinada pessoa. É possível alegar para isso fatores psicológicos, biográficos, sociológicos, culturais e familiares; são válidos, com razão, dentro do setor de cada um desses limitados níveis de explicação. Mas deixam intacto o mistério de cada pessoa, e nunca poderão explicar a confiança da fé. Alegar a graça de Deus, também não pretende ser uma *explicação*. Na linguagem da confissão da fé, falar sobre a obra da graça divina é falar sobre o mistério humano da confiança que se tem numa pessoa. Cada ser humano, em algum sentido, vive na base de "modelos", e ninguém pode fundamentar de maneira racional e convincente a confiança que deposita em alguém. Mas, para que se possa confiar em alguém, e para que a confiança na sua fidedignidade não seja decisão leviana, exige-se uma informação substancial sobre a sua vida, atuação e morte. Por isso, elaborei de maneira mais ampla as Partes I, II e III. Isso nos fornece também motivação para podermos sentir-nos à vontade diante da nossa fé cristã. Uma visão sobre qualquer vida cheia de sentido, *a fortiori* sobre a pessoa de Jesus de Nazaré, nos leva à *metanóia*, a uma revisão de vida, e a descobrirmos quão medíocre está sendo a nossa vida cristã, e como a praxe conseqüente do reino de Deus acontece raramente, também entre nós cristãos. A "Boa Nova de Jesus", o evangelho, coloca a nossa vida real em questão; depois de desorientar, tem efeito libertador!

Freqüentemente a cristologia torna-se uma questão de sistema e sistematização, onde serve apenas de ocasião o Jesus de Nazaré, defensor do ser humano, que andava por toda parte fazendo o bem, místico e exegeta de Deus. Falando assim, não quero incitar ninguém a ficar calado ou a frear uma reflexão contínua; bem ao contrário. Significa apenas a expressão do sagrado respeito com que deve ser tratado o mistério do amor e da solidariedade de um ser humano, semelhante nosso, repleto do Espírito de Deus. E também um convite para combinar a *teologia teórica* com *narrativas* (não cedo demais, mas tampouco tarde demais), e sobretudo com *ortopráxis*, isto é, a praxe do reino de Deus, sem a qual toda teoria e toda história perdem sua credibilidade. Só então a teoria, a história e a parábola – juntamente com a praxe do reino de Deus – se tornam para este mundo um convite eficaz para alguém, com real liberdade, dar pessoalmente sua resposta a esta pergunta: "E você, *leitor*, quem você acha que eu, Jesus de Nazaré, sou?"

No início deste livro foi citada a narrativa do Livro dos Atos (At 3,1-4,12) sobre o paralítico do bairro, que foi curado quando ouviu de Pedro a "história de Jesus". Também M. Buber conheceu a força da narrativa, pois se refere a um rabino que contou o seguinte: "Meu avô era paralítico. Um dia lhe pediram que contasse a história do seu mestre, o grande Baalschem. Começou a narrar que o santo Baalschem tinha o costume de pular e dançar enquanto orava. Meu avô nesse momento levantou-se; e a narrativa o entusiasmou de tal forma que ele mesmo teve de mostrar, pulando e dançando também, como o mestre havia feito. A partir desse momento, estava curado. É assim que a gente deve contar histórias".[24]

Se este livro "História de um Vivente" for uma "introdução responsável" para uma retomada do "crer narrando",[25] *com efeito prático e crítico, a partir de uma vida em oração, dentro do mundo do reino de Deus, com uma praxe adequada, então me sentirei feliz. Se não for o caso, então este livro, por mim, pode ir parar amanhã num elenco de antiquário moderno.*

---

[24] M. Buber, *Werke,* vol. 3, Munique 1963, 71.

[25] K. Derksen, *Vertellend geloven*, em: "Reliëf" 41 (1973) 230-244. Ver bibliografia: Parte I, Seção 1, nota 14.

Informações técnicas

EXPLICAÇÃO DE ALGUNS TERMOS TÉCNICOS POUCO CONHECIDOS

Nota: Nesta lista figuram apenas alguns termos técnicos (usados na exegese, na teologia e na ciência geral das literaturas), sobre os quais as informações dos dicionários são insuficientes, ou não existem. Aqui não se registram algumas noções (como "Filho do homem", "apocalíptica") que foram analisadas expressa e amplamente neste livro. Termos técnicos pouco conhecidos, que se explicam neste livro quando usados pela primeira vez, e que usamos depois em todo o livro, estes sim, foram colocados nesta lista para facilitar a leitura. Sobre algumas noções (que a exegese supõe conhecidas) foi preciso pôr nesta lista um relato mais longo (p.ex. história das formas, semiótica), porque sua explicação dentro do texto complicaria, sem necessidade, o fio do comentário, enquanto de outro lado não podem ser supostos como conhecidas.

Anamnese

Do grego *Anamnésis* (*lembrança*). Neste livro, essa palavra só se usa quando se trata de uma "lembrança de Jesus" (*memoria Jesu*) que não nasceu de algum interesse *puramente* histórico, mas foi assumida *como* curiosidade histórica dentro de uma experiência, confessada com fé, do Senhor ressuscitado e vivente.

Apócrifo

Apócryphon significa escondido. A Igreja oficial (da antiguidade) chamava de apócrifos os escritos que para a Igreja pública não eram "oficiais" ou "públicos"; eram por assim dizer "escondidos", ou seja, não tinham significado normativo para a fé, e por isso não tinham sido colocados na Sagrada Escritura → canônica, apesar de seu conteúdo religioso (judaico ou cristão). "Apócrifos" são chamados sobretudo alguns *evangelhos* (p.ex. Ev. de Tomé; ev. de Pedro etc.), alguns *atos dos apóstolos* (p.ex. Acta Thomae, etc.), e finalmente apocalipses judaicos e cristãos que não são → canônicos, em oposição aos nossos quatro evangelhos, aos Atos dos Apóstolos, de Lucas, e ao Apocalipse, isto é, o neotestamentário *Livro das Revelações*. Para o Antigo Testamento existe clara diferença entre católicos e protestantes quanto à apreciação oficial de determinados livros, nomeadamente o livro da Sabedoria, os dois primeiros livros dos Macabeus, o Eclesiástico, Baruc, Tobias, Judite e, finalmente, alguns fragmentos gregos de Ester e Daniel. A partir do séc. XVI, essas partes da Bíblia às vezes são chamadas pelos católicos de livros "deuterocanônicos" (canônicos de segundo tempo), porque não foram considerados como canônicos desde o começo por todas as comunidades cristãs; são sobretudo livros que eram considerados como veneráveis por judeus de língua grega, mas para os judeus de língua hebraica ou aramaica não eram judaicamente canônicos. Os católicos consideram também esses livros como canônicos, enquanto os protestantes os chamam "apócrifos". São portanto chamadas "apócrifos" (pelos protestantes) certas partes da Bíblia (chamadas de canônicas pelos católicos) que os protestantes consideram não canônicas (portanto, não *inspiradas*). As obras judaicas e cristãs que os católicos chamam de apócrifos, os protestantes as chamam de pseudo-epígrafos (veja mais adiante, o assunto *literatura intertestamentária*). Daí o sentido duvidoso da palavra "apócrifo", conforme é usada por católicos ou por protestantes, pois esses últimos consideram os livros "deutero-canônicos" dos católicos como "pseudo-epígrafos", isto é, apócrifos, que não pertencem à Bíblia canônica. Daí também uma certa diferença confessional a respeito do que é chamado a *literatura intertestamentária*, isto é, a literatura não-canônica, judaica ou já de inspiração cristã, do período, por assim dizer, entre (ou contemporânea com) a literatura "veterotestamentária" canônica mais recente e a literatura *neotestamentária*. Depois de alguma dúvida sobre a canonicidade de certa literatura cristã (Hb, 2Pd, 2Jo, 3Jo, Tg, Jd e Ap), os protestantes (juntamente com os católicos) agora em geral admitem essa literatura neotestamentária como canônica. No estudo "puramente crítico" da antiga literatura judaica e cristã não se faz distinção entre livros *canônicos* (considerados pela fé judaica e cristã como "inspirados por Deus") e a literatura não inspirada judaica ou cristã não inspirada da mesma época.

Aporia

Do grego "aporia" (*a-poros* significa: "beco sem saída"). Uma dificuldade que surgiu de determinada problemática pode às vezes ser resolvida de tal maneira que daí nasce outra dificuldade; com o tempo, então, fica-se preso dentro da problemática uma vez colocada; portanto, "dentro do sistema", então, não existe saída. Aí é preciso formular ou *articular* o problema inicial (→ articulação da fé) de maneira totalmente diferente, a fim de se livrar da aporia.

Aretologia

Esse conceito é amplamente analisado neste livro, nas páginas 425-430. Em breve resumo, a palavra grega *aretè* significa virtude, sabedoria e coragem heróica, força. A aretologia é uma espécie de equivalente pagão das hagiografias cristãs (vidas de santos) e das biografias de mártires, em que a vida admirável de pessoas sábias e corajosas é cantada com respeito e entusiasmo, geralmente em estilo superlativo. A aretologia, pois, é um gênero literário em que a vida dessas pessoas é descrita para edificação dos demais. Sua importância para nós exprime-se pelo fato de serem finalmente "exaltados" junto aos deuses (de onde tinham saído), e pelo fato de que, no gênero literário das "aparições" (depois de sua morte) eles são apresentados como contando o sentido fundamental de sua vida.

Articulação da fé

"Articulação" é o resultado de uma → tematização, isto é, a verbalização explícita, numa formulação bem refletida, de algo que inicialmente, quanto ao conteúdo, já estava presente dentro da experiência da fé, mas de maneira ainda não bem articulada ou não pronunciada. Contudo, o conceito de "articular alguma coisa" lembra também a palavra latina *artus*, isto é, juntura. Daí a expressão medieval *articulus fidei*, artigo de fé, no sentido de elemento cardeal (= principal), do latim *cardo* = eixo de juntura. Levar uma experiência de fé a uma "articulação de fé" significa: formular de tal maneira um determinado conteúdo de fé que apareça claramente sua relação com o *núcleo* da mensagem evangélica.

Atualização

É um termo da → hermenêutica (= arte de interpretar): uma determinada expressão (p.ex. bíblica), formulada dentro de um → "horizonte de experiências" do mundo judaico, grego ou antigo, é usada de maneira nova – "atualizada" dentro da experiência modificada, hodierna, da vida e do mundo, com a finalidade de perceber também hoje seu sentido outrora visado. Atualização, pois, equivale a interpretação; mas, já que a própria declaração antiga é uma interpretação, pode-se também falar em "re-interpretação" ou "interpretação atualizante". Na atualização vai aparecer o que o passado tem para nos dizer hoje. De outro lado, "atualização" significa também a operacionalização hodierna da mensagem evangélica diante de experiências totalmente novas, que como tais são estranhas à Bíblia. A atualização, portanto, exige uma interpretação *fiel a Jesus*, porém *criativa*.

Canônico

Kánon (grego) significa linha reguladora, diretriz. Por isso, "canônico" é aquilo que dá o tom; é a norma, o critério. Neste livro, a palavra é usada apenas para aquilo que é a norma, o critério, a diretriz para a autenticidade e a boa orientação da fé cristã, a saber, os escritos canônicos do Antigo e do Novo Testamento. Canônicos são os escritos cristãos antigos que foram reconhecidos pelas comunidades cristãs como expressão oficial de sua fé comum, sendo por isso confirmados, como tais, pelos líderes da Igreja, em virtude de seu cargo; como tais distinguem-se da literatura judaica e cristã antiga do mesmo tempo, e dos → apócrifos, e da literatura herética. O termo "pré-canônico" indica (com relação ao Novo Testamento) as interpretações cristãs que (oralmente e talvez por escrito) já circulavam antes que os escritos do Novo Testamento aparecessem; foi daí que os escritos canônicos tiraram o seu material, transmitindo, corrigindo e sintetizando essas tradições, sobretudo à luz da fé na morte e ressurreição de Jesus.

Cifra

Usamos esta palavra no sentido que teve na filosofia alemã e francesa. Na sua origem significava "chave de um criptograma". O filósofo alemão K. Jáspers usou esta palavra para expressar a maneira como o transcendente pode em certa medida ser vivido *dentro* da experiência metafísica, a qual, no entanto, não se deixa objetivar; o que aí aparece não pode ser descrito; pode apenas ser "referido" em linguagem evocativa. Em relação a isso a palavra cifra é usada neste livro no sentido de cifra *vazia*, quer dizer, uma espécie de papel em branco, que cada um pode preencher conforme queira; um X desconhecido, cujo conteúdo cada um pode determinar, partindo de seus próprios desejos e aspirações, sem influência determinante do dado a se nomear. "Cifra", então, tem algo a ver com *pura* projeção.

Cristológico

Neste livro, significa identificar Jesus de Nazaré como aquele que da parte de Deus traz salvação definitiva e decisiva para a humanidade. → Tematizar essa identificação, desenvolvê-la por uma análise de suas implicações é, portanto, *pensar cristologicamente*. Cristologia, pois, é uma reflexão, com base na fé; uma reflexão "na segunda potência" sobre a figura histórica de Jesus de Nazaré.

Desvelamento e experiência de abertura

A linguagem da fé, a fala religiosa, baseia-se numa experiência de natureza especial. Há nisso uma base empírica: trata-se de experiências acessíveis para todos, mas onde alguns experienciam (de repente ou paulatinamente) uma dimensão mais profunda, que como tal não pode ser objetivada; mesmo assim, torna-se perceptível através dos dados da experiência empírica (ou histórica): o fenômeno contém mais do que pode ser publicamente experimentado, empiricamente percebido e superficialmente descrito. O olhar amigável de uma pessoa pode abrir-nos de repente um mundo totalmente novo. É o que se chama desvelamento (desvelamento, *disclosure*, revelação), que não é puramente objetiva. Em fatos registráveis abre-se dessa maneira uma realidade mais profunda, pela qual quem vive tal experiência ao mesmo tempo se descobre a si mesmo. Por isso, tal experiência de "desvelamento" não é um constatar catalisador, embora se baseie num apelo objetivo; além disso, ela tem efeito catalisante, pelo qual a "revelação" toma conta da pessoa inteira que passa por essa abertura de si. O que dessa maneira se revela não se deixa fixar em linguagem objetivante; pode ser verbalizado apenas de maneira evocativa; por isso, não se usa então linguagem *descritiva*, e sim "linguagem (evocativa) de fé", para até certo ponto comunicar e tornar compreensível para os outros o conteúdo da experiência, também como convite para os outros poderem participar da mesma experiência. Com isso não se nega que pode haver também "experiências de abertura" falsas, ilusórias.

Dêutero-Isaías. Terceiro-Isaías

As partes mais antigas do livro de Isaías (Is 1-39) referem-se à atividade do grande profeta Isaías (mais ou menos 765-700). Os capítulos 40-55, porém, devem ser de um profeta desconhecido, do fim do cativeiro (é o segundo, o Dêutero-Isaías). Os cap. 56-60 são uma coleção de textos proféticos que datam, pelo menos substancialmente, do tempo depois do cativeiro (é o *Terceiro* ou *Trito-Isaías*).

Deuteronomista

"Deuteronômico" refere-se ao livro do Deuteronômio (o quinto livro do Pentateuco). "Deuteronomista", porém, é o que se refere à espiritualidade própria daquelas partes da tradição que se encontram no livro Deuteronômio (distintas das tradições javista, eloísta e sacerdotal), bem como nos livros de Josué, Juízes, Samuel e Reis, e ainda influenciaram muitas partes da mesma tradição que se encontram na literatura judaica posterior. O fim do Reino do Norte e sobretudo do Reino do Sul (587 a.C.) marca o início da concepção deuteronomística de história: Deus ama seu povo; mas, se o povo for infiel, cairá sobre ele a maldição da qual fala o Deuteronômio. Foram os portadores dessa tradição os levitas do Reino do Norte que, depois da queda desse Reino, vieram a Jerusalém (com as suas "coleções"), e viveram em conflito com os sacerdotes de Jerusalém. Tornaram-se, porém, a "força teológica" cuja inspiração se depositou na "tradição deuteronomistia". Este termo "deuteronomista" refere-se à segunda edição do livro Deuteronômio (durante a restauração de Josias). Nela se completa a visão deuteronomista da história, na base de uma intuição do que foi o cativeiro babilônico, e de idéias sapienciais. O movimento dos → hassideus inspirou-se sobretudo nessa imagem deuteronomista da história.

Epifania

Neste livro, a palavra "epifania" (do grego *epiphánein*, manifestar-se) é sempre usada para a manifestação de Deus no homem Jesus: nos seus atos (p.ex. seus milagres), na sua morte, na vida da comunidade cristã, nas assim chamadas "aparições de Jesus" etc. "Epifania" aponta para a presença visível e atual de Deus na atuação do homem Jesus. A "cristologia das epifanias" fala em "termos de revelação" sobre a salvação vinda de Deus e que apareceu em Jesus.

Era

Do latim *aera* (grego: "aión"): prazo, tempo de vida, período; daí a idade do mundo como tempo de toda a história terrena, também a eternidade. Neste livro a palavra é usada somente no contexto da apocalíptica: a *era antiga* e a *nova era*. A *era antiga* é o tempo da nossa história, vista como história de sofrimento; a *nova era* é o tempo da salvação universal, sem lágrimas e sem injustiça; essa *era* é entendida como eternidade pós-terrena, mas também como tempo indefinido de salvação nesta terra, depois de uma repentina intervenção de Deus, causando a "reviravolta dos tempos" (ver também → escatológico).

Escatológico

Segundo os dicionários, escatológico é "o que diz respeito à doutrina sobre as últimas coisas", isto é, "tudo o que se ensina sobre o destino do ser humano depois da morte". Essa definição sem dúvida é correta etimologicamente; teologicamente, porém, é insuficiente. *Escáta* significa "as coisas extremas"; tudo o que diz respeito ao sentido final, mais profundo e ultimíssimo da vida humana, é chamado de "escatológico"; portanto, não apenas o "pós-terreno", mas também tudo o que diz respeito ao sentido definitivo da vida, como também ao fim do tempo, ao tempo de salvação (deixando-se aberta a questão se aí se trata do "fim da história", ou do período de felicidade que historicamente se estenderia sem limites). O contexto deverá em cada caso determinar o matiz desejado, embora haja sempre uma insistência no aspecto do "definitivamente decisivo", o que só será revelado no fim dos tempos e depois da morte, embora já esteja em jogo na atualidade, sendo decidido a partir de agora.

Etiológico

A palavra "etiológico" vem do grego *logos* = a palavra, o falar; e *aitia* = a causa, o fundamento. Como *arké*, assim também *aitía* se refere tanto ao "começo" como ao "princípio" (no sentido de regra, lei) das coisas, sobretudo na base da idéia antiga de que o começo (*no princípio*...), por assim dizer, revela a *essência* das coisas; um princípio, pois, fornece sempre o modelo para experiências universais da humanidade. "Narrativa etiológica", portanto, não pretende dar uma reconstrução de fatos ou acontecimentos, exatamente como ocorreram historicamente no passado; quer antes entender a essência e estrutura interna de determinada experiência do presente.

Gnose, gnóstico, gnosticismo

Gnósis (grego) significa "conhecimento". A gnose ou gnosticismo foi no séc. II d.C. um movimento filosófico-religioso, do tipo eclético, mas dentro de um projeto de vida claramente religioso-filosófico. A idéia fundamental era: o ser humano tem dentro de si, na sua alma, uma faísca divina, que caiu dentro da matéria, cuja redenção consistirá numa subida, de volta para sua origem divina. Essa redenção será efetuada por intermédio de um mensageiro (de aparência humana), que há de transmitir conhecimento divino. Por isso, atribuía-se ao conhecimento um lugar central, como meio de redenção, conhecimento na forma de revelação especial, comunicada por tradição e iniciação. Conhecimento é salvação. Quando se diz neste livro que o cristianismo não é uma gnose, significa que não se pode reduzir a fé cristã a uma doutrina, ou meramente a uma "ortodoxia". Já que a gnose nasceu de uma tendência geral para interiorização e religiosidade ascética, para um "fugir do mundo", fala-se também, com razão, de uma pré-gnose. Essa pré-gnose não foi um fenômeno puramente judaico, nem puramente cristão, nem orientalização do cristianismo; foi um fenômeno geral, típico da cultura antiga tardia, no qual a cultura toda estava envolvida. Sobretudo porque existe alguma relação entre a literatura sapiencial do judaísmo tardio e o verdadeiro gnosticismo, que lhe é posterior, tem havido discussões sem fim sobre a questão se no Novo Testamento há, ou não, conceitos "gnósticos". Para alguns, o gnosticismo desenvolveu-se, a partir do judaísmo; outros o consideram como sincretismo oriental ou filosofia de vida helenista; para outros, é um movimento herético dentro do cristianismo do séc. II. Hoje os historiadores falam cada vez mais de uma "tendência gnóstica" (pré-gnose) geral de toda cultura nas origens do cristianismo. Os franceses e ingleses distinguem, por isso, entre "gnose" e "gnosticismo", porém, qualificando a ambos como "gnósticos". Outros falam de "pré-gnose" e "gnose", insistindo que a primeira não deve ser interpretada muito à luz da segunda, que atualiza um material mais antigo, fazendo dele o gnosticismo do séc. II. Muitas idéias da apocalíptica e do platonismo voltam no gnosticismo, onde chegam afinal a seu verdadeiro significado gnóstico. Conceitos, como p.ex. *pleroma*, por si, ainda não dizem nada sobre seu sentido eventualmente "gnóstico".

Hassideus (hassídico)

Neste livro, o termo não indica a escola judaica de espiritualidade medieval, mas determinada forma de espiritualidade na história do judaísmo antigo, a partir da luta dos macabeus contra a helenização da vida judaica. O movimento dos hassideus (= piedosos), no sentido técnico, formou-se por uma aglomeração de diversos grupos mais antigos não homogêneos, na época do livro do Eclesiástico; formaram um movimento de conversão escatologicamente orientado, inspirado pela interpretação → deuteronomista da história, e por idéias sapienciais. Em meados do séc. II a.C. o movimento dos hassideus se desintegrou, dando origem tanto aos fariseus como aos essênios. No tempo de Jesus, o *hassidismo* era uma tradição viva.

Hermenêutica (hermeneuse, hermenêutico)

"Hermeneuse" é *explicação*; hermenêutica é a arte de explicar, que examina as condições para a possibilidade de uma hermeneuse ou explicação (p. ex., para se entender a Bíblia). Tal exame é necessário por causa do → horizonte, sempre crescente, das nossas experiências e do nosso entendimento. Ver também → atualização.

Hipóstase (hipostasiar, an-hipostase e en-hypostase)

Hipóstasis é a palavra grega para dizer "o que apóia e sustenta"; em sentido metafórico, é "algo substancioso" (alimentação substancial; uma leitura substanciosa). Em linguagem filosófica, a palavra ficou com o sentido de "pessoa", como algo que tem existência completa, independente, consistente em si mesmo. "Hipostasiar", então, é tornar independente, no sentido de que, através da qualificação de alguma coisa ou de alguém, se faz uma entidade que subsiste em si mesma. Na cristologia fala-se também em "an-hipostasia" e "en-hipostasia". An-hipostasia (*an* = não) indica um estado de ausência do ser pessoa humana; com isso quer-se dizer que Jesus tem uma natureza humana, e (nesse sentido) é um ser humano, mas que seu "ser pessoa" é constituído pela pessoa divina. Isso dá pelo menos a impressão de que Cristo não é um ser humano de forma completa e inteira. En-hipóstase (*en* = em) significa (na hipótese da an-hipóstase) que em Cristo a natureza humana não-pessoal é personalizada pela pessoa divina. A an-hipóstase, então, seria uma conseqüência da en-hipóstase pelo Verbo divino. Na cristologia atual tenta-se explicar (de diversas maneiras) a enhipóstase sem admitir uma an-hipóstase; isto é, Jesus não sofre perda de personalidade humana, mas mesmo assim ele é *um* com o Filho de Deus.

História da redação dos evangelhos

O método exegético de estudar a história da redação dos evangelhos é um ramo mais recente da → história das formas. Distinguindo entre "tradição" e "redação" (onde a *história das formas* presta seus serviços), tenta-se encontrar a concepção global de cada redator (evangelista). Pois os evangelistas não foram apenas compiladores que colecionam e compõem o conjunto do material transmitido, mas autores criativos com sua própria visão teológica bem determinada, *dentro da qual* integraram as perícopes ou coleções de perícopes transmitidas. Por essa redação, portanto, as tradições mais antigas ganharam novas perspectivas. A visão teológica do evangelista relaciona-se (às vezes criticamente) com a teologia da comunidade cristã, à qual o evangelista pertence. Esse método de estudar a história das redações leva a uma compreensão melhor do caráter próprio das cristologias de Marcos, Mateus, Lucas e João.

História da tradição

O termo refere-se à pesquisa histórica em torno de determinados conjuntos de tradições, pesquisa essa que supõe também → a história das formas literárias e da → redação (dos evangelhos). O Antigo Testamento não é um bloco monolítico; encontram se nele diversas "espiritualidades", como p.ex. a sacerdotal-levítica, a tradição sapiencial antiga e recente, a apocalíptica, a hassídica, a deuteronomista etc. Ambientes bem determinados foram muitas vezes portadores de conjuntos de tradições com determinada orientação (embora tenha havido, com o tempo, fusões entre todas essas tradições originariamente independentes). Na história das tradições, chama-se estudo das tradições o estudo de noções bíblicas como *mensageiro*, *sabedoria*, *Cristo*, *Senhor*, *Filho* etc. (tanto sincronicamente como diacronicamente, isto é, tanto dentro de um evangelho como dentro de todo o Novo Testamento e sua pré-história pré-canônica, com suas raízes no Antigo Testamento). A localização exata de um conceito bíblico, precisamente dentro do conjunto de tradições em que surgiu, ajuda a determinar o significado do conceito bíblico, distinguindo-o de outros sentidos que o mesmo conceito teve dentro de outros conjuntos de tradições (com as quais, mais tarde, muitas vezes se fundiu), porque é assim que se descobre o rasto da própria intenção da tradição, do motivo por que determinada tradição foi transmitida. A história das tradições é importante também para a história da formação do próprio Novo Testamento: examina-se quando é que uma palavra de Jesus foi transmitida no contexto da liturgia (p.ex. na tradição sobre a última ceia), na catequese ou na → parénese, na tradição sobre os milagres etc. O estar integrado em determinado conjunto de tradições influencia também o conteúdo do sentido de um conceito bíblico. Neste livro, dá-se de fato muito valor ao estudo da história das tradições, como fundo dos modelos e palavras-chave relevantes para a cristologia, embora muitas vezes continue havendo dúvidas quanto ao resultado de tal exame, por causa da inextrincável fusão de múltiplos conjuntos de tradições, que inicialmente estiveram bem demarcados.

História das formas

"História das formas" literárias (*Formgeschichte*) é o método de exegese praticado sobretudo por exegetas alemães. Partia-se da suposição (agora já se pode falar de "fato científico") de que os evangelhos foram compostos de pequenas unidades, que já existiam separadamente (fala-se em *unidades*); globalmente falando, são as perícopes dos nossos evangelhos: a narrativa sobre um milagre, ou ensinamento de Jesus etc. Essas perícopes já foram ajuntadas, pré-canonicamente, segundo determinados gêneros literários, e catalogadas como *logía* ou palavras de Jesus, narrativas, milagres, paradigmas etc. Importante é que nos evangelhos, transmitindo e colecionando essas tradições, isso se fez na base do interesse a partir da fé em Jesus e, por conseguinte, de um interesse eclesial. Desde o começo, pois, os evangelhos manifestam a fé da Igreja em Jesus, confessado como o Cristo. Quanto a isso, os mais antigos exegetas da "história das formas" afirmavam, unilateralmente, que a própria Igreja foi o *terreno no qual* essas perícopes nasceram; isto é, que elas tiveram seu *Sitz im Leben* (= sua localização na vida) em necessidades catequéticas, litúrgicas, apocalípticas e outras, da própria Igreja; seriam pois criações da Igreja. Contra essa explicação unilateral houve, com razão, muita crítica, porque assim a ligação entre a fé cristã (→ querigma) e a realidade histórica de Jesus de Nazaré ficaria reduzida a um fio muito débil; e assim a base histórica da fé cristã em Jesus de Nazaré se tornava muito problemática. Por isso, o ramo mais novo da "história das formas", sem negar a localização na vida eclesial da tradição das perícopes, começou a insistir mais na tese de que dentro dessa → atualização eclesial o interesse histórico (antigo) pelo Jesus terreno ainda se manifesta claramente, e que, na base de sinais lingüísticos no próprio texto, é possível demonstrar a consciência dos evangelistas quanto à distância entre a *memória de Jesus* e a → *atualização eclesial*. Com ajuda da "história das formas" tenta-se agora penetrar, p.ex., até na camada mais antiga da tradição pré-canônica (ver → Canônico), a fim de abrir o caminho até Jesus de Nazaré. Já que os exegetas da "história das formas" muitas vezes chegaram a conclusões seriamente contestáveis quanto à cronologia de tradições não convergentes, outros exegetas, sobretudo ingleses, preferem falar em "crítica das formas" – e não em "história das formas". Ver também: → história da redação; e → história da tradição.

Homologia

Significa "profissão de fé"; *homologein*, confessar, quanto ao conteúdo, não se distingue da *pístis*, a fé. "Confessa-se com a boca; crê-se com o coração" (Rm 10,9-10). Uma homologia ou profissão de fé se faz, seja na forma de uma aclamação (Jesus é o Senhor!), seja numa profissão que explicita a fé com relação à ação de Deus em Jesus (p.ex. Rm 8,11; 2Cor 4,14; 1Ts 4,14).

Horizonte de experiência e horizonte de entendimento

Na linguagem comum, "horizonte" é o limite além do qual não podemos ver nada, e dentro do qual enxergamos as coisas visíveis. Em linguagem metafórica, porém muito real, falamos de um horizonte *dentro do qual experienciamos* as coisas (pessoas, objetos, acontecimentos) e as entendemos, interpretando-as, de tal maneira que além desse "horizonte" não podemos olhar, não podemos experienciar nem entender nada. Esse horizonte de experiência e entendimento abrange de fato todo acontecimento histórico dentro do qual nos encontramos, e que nos faz ser o que somos, inclusive com a nossa orientação para o futuro. O horizonte da nossa experiência, portanto, é histórico e social. Porém (segundo uma intuição filosófica e sobretudo cristã), tem na base o horizonte de uma experiência mais profunda (→ ontológica), que abrange o tempo (presente, passado e futuro). Por essa dimensão profunda, o horizonte da nossa experiência não é "fechado", e sim "aberto"; em última análise, aberto para o mistério divino; nada do que se pode chamar *realidade* cai totalmente fora dele. Em nossas experiências diárias e em nosso pensamento de cada dia, o horizonte histórico e real (e também o ontológico) não costuma ser mencionado, mas inconscientemente tem papel importante, e dá colorido especial a todas as nossas opiniões e declarações. No entanto, até certo ponto limitadamente, o horizonte pode também ser → tematizado (ver também → hermenêutica). (Para ulterior especificação, ver Parte IV, Seção I, cap. 1).

Interpretandum e interpretamentum

Interpretandum (latim) significa "aquilo que precisa ser interpretado"; aquilo, portanto, que só através de uma interpretação pode ser entendido. Tal interpretação, então, pode ser chamada também de "interpretamento". Às vezes, porém, o termo *interpretamentum* é usado no sentido de "apenas um interpretamentum", nesse caso não significa uma interpretação (p.ex., a fé na ressurreição) de um só e mesmo *interpretandum* em que todo mundo pensa (p.ex., a realidade da ressurreição de Jesus), mas de outro *interpretandum*, totalmente diferente (p.ex., a vida terrena e a morte de Jesus). No primeiro caso, a fé na ressurreição é o entendimento interpretativo de um acontecimento real, pós-pascal, que em si mesmo é inacessível; no outro caso, porém, é um entendimento interpretativo dos acontecimentos pré-pascais da vida e morte de Jesus.

Kyrial

Adjetivo de *Kyrios* (gr. = o Senhor). O termo lembra que Jesus é "o Senhor"; indica sua exaltação e seu poder salvífico.

Metanóia

Significa arrependimento e conversão, no sentido de reviravolta. Implica autocrítica radical, baseada na fé em Deus. *Metanóia* é a conseqüência e o resultado da vinda do reino de Deus.

Ontológico

Refere-se ao "discurso" (*lógos*) sobre o que uma pessoa, coisa ou acontecimento realmente é (*on-ontos* = ente). Neste livro, a palavra se emprega (esporadicamente) para dizer "o que uma coisa diz sobre sua própria realidade", que não foi constituída por mim, mas que me determina.

Ortopráxis

Literalmente: "reta ação". Neste livro, *ortopráxis* significa sempre "agir de acordo" com o critério ou as normas do reino de Deus (esses critérios e normas são analisados neste livro).

Paradigma

Do grego *para* e *deigma*, isto é, uma imagem exemplar, *em contraste com* uma imitação; portanto, uma realidade exemplar, ideal. Foi sobretudo na filosofia grega que esta palavra ganhou sentido especial: as coisas terrestres são apenas um reflexo da verdadeira realidade que está presente nas esferas celestes; essa realidade é o "paradigma", a imagem original, de acordo com a qual a nossa vida terrena deve tomar a sua figura. Se Jesus é chamado o *paradigma* do verdadeiro humano, significa que Jesus viveu de modo exemplar o que nós devemos realizar com fidelidade criativa, e em circunstâncias diferentes daquelas que ele mesmo conheceu. Ele é então norma, critério, orientação e inspiração. Isso, porém, não significa que todo o significado de Jesus para nós consista exclusivamente na sua natureza paradigmática.

Parênese (parenético)

Do grego *parainesis* (exortação). É um conceito exegético que nas perícopes bíblicas indica o gênero literário que trata de exortações, admoestações, encorajamento, consolação, ou convocação para determinada ação, de acordo com as exigências do reino de Deus. Parênese, portanto, refere-se a diretrizes éticas, em que, no Novo Testamento, se fala das conseqüências práticas da fé em Cristo para a conduta humana. Portanto, na parênese é assumida muitas vezes, e integrada *in Christo*, a ética não-bíblica, já existente no ambiente da Bíblia. Essas últimas normas, portanto, não são sempre válidas por si mesmas.

Performativa (linguagem)

É um termo da análise lingüística. Quer dizer que a "linguagem" nem sempre é um falar *descritivo*. Existem "pronunciamentos" que não pretendem descrever alguma coisa, mas, p.ex., querem provocar emoções, prescrever uma norma de conduta ou influenciar o comportamento humano. É então o *falar performativamente*. Exemplo ilustrativo é a promessa de fidelidade na hora do casamento: é um falar que opera aquilo que significa. São exemplos de linguagem performativa: promessas, a palavra sacramental, declarações como: "Com isso declaro esta reunião iniciada". Essa teoria, ainda muito vaga, recebeu depois toda sorte de distinções (necessárias), no que diz respeito à verdade da linguagem performativa, assunto esse mais complicado do que se supunha inicialmente.

Preexistência e proexistência

"Preexistência" (do latim *prae-existentia*) na cristologia clássica é, desde sempre, o termo técnico para afirmar a "existência" de Cristo como Filho de Deus: existir desde a eternidade", quanto à sua divindade, Cristo já existia, como Filho de Deus, antes de sua conceição e nascimento. A segunda pessoa da Trindade tornou-se homem no tempo (cristologia da encarnação).

"Pró-existência", porém, é um neologismo moderno, usado sobtretudo na fenomenologia. Significa "existir (como ser humano) para os outros". Pode-se traduzir por "solidariedade humana, estar a serviço do próximo".

Prolegômeno

Do grego *pro-legein* (dizer alguma coisa antes). Chama-se "prolegômeno" o que precisa ser dito antes de chegar ao assunto principal. Já que tenciono escrever, finalmente, uma soteriologia, isto é, refletir sobre o que significa afinal "salvação cristã", sobretudo com relação aos movimentos modernos de emancipação e de libertação, e outras formas de cura e saneamento humanos, todo este livro pode ser considerado como prolegômeno ou preparação. Em sentido mais amplo, chamo este livro, já acabado, de *prolegômeno*, porque nele se elaborou, não a cristologia toda, mas apenas seus fundamentos.

Querigma (querigmático)

"Querigma" (gr. *kerygma*) significa literalmente a mensagem que um arauto comunica em voz alta. Um pronunciamento querigmático sobre Jesus é um pronunciamento cristológico em que Jesus é confessado e anunciado como aquele no qual se tem uma experiência decisiva e definitiva de salvação. Na teologia, a palavra querigma (→ história das formas) ficou com a conotação positiva ou negativa, à medida que essa confissão eclesial de Cristo (querigma) se julga fundada, ou não, na realidade do Jesus terreno. Neste livro, o autor adota a tese de que o querigma sobre Cristo é uma interpretação (pela comunidade que nele crê) do que realmente aconteceu com o Jesus terreno (sua pessoa, sua mensagem, seu modo de viver), ao passo que um "querigma" que de maneira nenhuma pudesse se referir ao Jesus terrestre deveria antes ser chamada de "ideologia", ou "mistificação", ou talvez → teologúmena. Teólogos do querigma são chamados, aqui, exatamente os teólogos que partem da confissão do Cristo na Igreja, negando ou minimizando o significado *teológico* do Jesus terreno.

Sapiencial

Literalmente: "relativo à sabedoria". No presente livro, este termo é usado com relação à literatura da sabedoria judaica, que teve longa pré-história, muitas vezes ligada ao nome de "Salomão". Em Israel, a sabedoria popular e a arte de viver (não sem parentesco com a sabedoria do Oriente antigo, sobretudo do Egito e da Mesopotâmia) entraram mais tarde em contato com a sabedoria popular grega (sobretudo em Alexandria, onde moravam muitos judeus da diáspora). Combinou-se, além disso, ainda antes do tempo de Jesus, com tradições proféticas de Israel, de sorte que podemos falar de uma tradição judaica posterior, profética-sapiencial. Esta, por sua vez, misturou-se com a apocalíptica. A tradição sapiencial do judaísmo posterior, apesar de influências helenísticas, muitas vezes reflete mais fielmente a piedade javista de Israel do que a religiosidade estabelecida em Jerusalém no tempo de Jesus.

Semiótica (e análise estrutural de textos)

A semiótica é um determinado ramo novo entre os métodos da ciência das literaturas, praticado sobretudo com relação à interpretação de "narrativas míticas" e da narrativa neotestamentária. De um lado, está em contato com o estruturalismo de Lévi-Strauss, que é mais abrangente, e nomeadamente antropológico, e de outro lado com renovado interesse em "culturas narrativas" e na "história narrativa" (ver neste livro, parte I, pp. 69-72). A semiótica é também uma ciência que vai se formando, em grande parte na fase de hipóteses, sem unidade clara (há diversas "semióticas"), e em busca de uma teoria própria. Seus defensores julgam o fato de não existir uma semiótica uniforme necessário para a "semiótica da narrativa". *Sémeion* é "sinal"; a semiótica, portanto, pode chamar-se: "ciência do sinal", mas com sentido muito especial; é uma espécie de "psicanálise" de *textos*, no sentido de que a semiótica se recusa a considerar como verdadeiro o sentido superficial, diretamente óbvio de um texto. Apesar de ainda estar se formando, a semiótica da narrativa bíblica já deu bastante resultado (sobretudo na França), de sorte que o exegeta não pode ignorá-la. A semiótica parte do texto como está concretamente diante de nós, na sua totalidade; seu método é de preferência imanente e "sincrônico", mantendo-se dentro do único texto, sem "diacronia" ou interesse histórico, pelo menos em primeira instância; não se interessa, pois, pela história de um texto (o que era exatamente o interesse principal da → *história das formas*). A semiótica parte do princípio de que antes de outras abordagens do texto bíblico, possíveis e talvez ainda válidas, é preciso examinar primeiro os elementos *intratextuais*. Este termo significa, em primeiro lugar, dentro do próprio texto, p.ex., o evangelho de Marcos, mas também entre diversos textos, p. ex. comparando Marcos com Mateus, ou o Novo Testamento com a literatura apócrifa. O modelo semiótico presta sobretudo atenção ao "plano semântico" (isto é, o conteúdo da narrativa) e à sua "estrutura narrativa" (a estrutura formal do conteúdo na narrativa). É exatamente por causa disso que se fala também de "análise estrutural" (a semiótica sendo uma determinada forma do "estruturalismo", que é um pouco mais abrangente). Da estrutura narrativa examinam-se sobretudo as "regras condutoras", códigos que nos dão condições para "decodificar" o texto. Um dos princípios fundamentais dessa semiótica é que não se pode reduzir o texto ao plano do "significado", isto é, da realidade econômica, histórica ou mesmo → querigmática que se encontrariam nele *subentendido*. A semiótica não quer descobrir alguma coisa debaixo ou atrás dos textos, mas entender o sentido dos próprios textos. O "sentido", na análise estrutural da "semiótica da narrativa", são todos os tipos de *correlação* dentro e fora desse texto; portanto, cada traço de uma narrativa que remete a outro momento da narrativa é revelador de sentido (na semiótica, quando praticada de fato, não se trata do plano dos significados, mas do *plano dos significantes*. Tal sentido não se descobre conferindo no dicionário o significado da palavra usada, mas investigando a correlação dentro da qual a palavra funciona dentro da narrativa. Aí é essencial o chamado "código anagógico", ou seja, o próprio texto, e nada fora dele há de fornecer o seu sentido; e nisso as oposições, sobretudo os "eixos semânticos", como alto-baixo, luz-trevas, morte-vida, pesado-leve, pai-filho, têm função muito específica. Começa-se então a análise delimitando arbitrariamente uma "unidade narrativa" (isotopia) (p.ex. a história da Paixão), analisando depois sua estrutura narrativa. "Dedução" desempenha nisso o papel principal, na base do que se chama "competência narrativa" da humanidade; grande número de textos da literatura narrativa destila um "modelo geral" desse talento humano para a narração. Em geral, pelo menos alguns semiólogos distinguem quatro elementos numa narrativa: o poético, o emotivo, o conativo e o referencial. Acontece, porém, que a maioria dos semiólogos analisa sobretudo os elementos poéticos (chegando realmente a sugestivas intuições), descuidando completamente os elementos referenciais. Ora, não se pode negar que numa narrativa bíblica podem ser encontrados → sinais lingüísticos (portanto dentro do texto como texto) com um código indubitavelmente referencial, isto é, referindo-se a algo fora do texto (o qual, então, exige interpretação → hermenêutica, e não apenas estrutural, da narrativa). O entendimento estrutural e dedutivo da Bíblia leva assim a uma "transformação" do texto bíblico (isto é, dizer mais uma vez alguma coisa que já foi dita ou narrada), pois a semiótica não conhece nenhuma narrativa "original"; toda narração por si já é uma "tradução" (transformação). ("O objeto não é descrito pela leitura, mas re-escrito graças à leitura", diz C. Chabrol, conhecido semiólogo francês.) A meu ver, vale pelo menos a tese de que uma "análise semiótica do texto deve *preceder* qualquer outro esclarecimento ou entendimento do texto, seja pela → história das formas, seja pela → história da redação ou pela → hermenêutica.

Sinais lingüísticos

Termo usado na análise → semiótica, estrutural, de textos. Significa que no próprio texto há sinais e indícios que dizem ao leitor como é que o texto quer ser entendido. Assim fica claro que determinado texto quer ser entendido, p.ex., como poético, não histórico, ou como romance, lição moral didática, relato histórico ou interpretação religiosa de experiências humanas etc.

Sinóticos

Significa "que podem ser lidos juntos". Os evangelhos de Marcos, Mateus e Lucas devem, por assim dizer, ser lidos *juntos*, comparando-os entre si, porque, cada um à sua maneira, apresentam em grande parte o mesmo material transmitido a respeito de Jesus (ver neste livro a tradição Q). Quanto ao evangelho joanino, a situação é um pouco diferente, de sorte que é posto em oposição aos evangelhos sinóticos; entretanto, existe agora uma ligeira tendência para romper a noção de "evangelhos sinóticos", relacionando com eles, embora de maneira própria, também o evangelho joanino. Neste livro a palavra *sinóticos* é usada no sentido clássico (os três primeiros evangelhos).

Soteriologia

Sotéria (gr.) significa salvação ou redenção. Soteriologia é a doutrina sobre a redenção: a visão que se tem quanto à salvação, redenção ou libertação do ser humano.

Tematizar

Tematizar é explicitar, quer dizer, revelar, tornar objeto de reflexão e discussão explícita assuntos que de fato, em nossa experiência, são normalmente silenciados, ficando implícitos. Em outras palavras, fazer de tais assuntos um tema de pesquisa e formulação teórica chama-se "tematizar". (O termo deve a sua origem ao método "fenomenológico" de Heidegger e sobretudo Husserl.)

Teologúmeno

Em termos gerais, *teologúmeno* é uma interpretação que tem (apenas) valor teológico. Mas essa palavra estranha só se usa para dizer que se trata de uma interpretação teológica que não é interpretação de um assunto de fé, reconhecido pela comunidade, nem afirmação que possa verificar-se historicamente. Assim, a localização do nascimento de Jesus "em Belém" não é um dado da fé, nem fato historicamente verificado. Não foram lembranças históricas, e sim uma exegese *teológica* de textos do Antigo Testamento (originariamente com teor totalmente diferente) que levou a falar em "Belém" com relação ao nascimento de Jesus. Se Jesus nasceu em Belém ou em Nazaré, não atinge a fé cristã. É um "teologúmeno". Muitas vezes, porém, teologúmeno costuma tematizar determinado assunto de fé.

Tópicos, topos

Na "retórica", fala-se em *tópicos* quando se trata de achar e ordenar assuntos para um discurso ou um tratado sobre temas gerais ou abstratos, ou "lugares-comuns". Neste livro, os termos *topos* e *tópicos* são usados no sentido de "lugares-comuns", ou modelos, em que determinadas características sempre voltam.

Zelotes e sicários ou "ladrões"

Sendo mais antiga do que os "partidos" dos fariseus e dos essênios, existiu em Israel uma *tradição* de "zelotes", principalmente em círculos sacerdotais. Como Javé, o "Deus ciumento" (Ex 20,5; 34,14), também eles eram zelosos, com ciúmes de Israel, a exclusiva propriedade de Javé; toda ocupação de seu próprio país por poderes estranhos era uma "abominação" para Javé, e por isso eles *zelavam* pela libertação de Israel e estavam até dispostos à resistência armada. O motivo religioso, portanto, tinha nisso ao mesmo tempo um sentido essencialmente político. Um exemplo (que incitava à imitação) foi Finéias, filho do sacerdote Eleazar, filho do sacerdote Aarão (textos da tradição sacerdotal: Nm 25,10-11; 31,6-54). Também durante a revolta dos Macabeus repetidamente Matatias chama a si mesmo e a outros companheiros de luta de *zelotes*, os zelosos de Deus e da Lei (cf. 1Mc 2,23-68; 2Mc 4,2). O livro da Sabedoria assim descreve essa espiritualidade: "Tomará como armadura seu zelo vingador, e armará a criação para desforrar-se dos inimigos" (Sb 5,17). Durante a Guerra Judaica (66-70/73 d.C.), o historiador Josefo menciona como "zelotes", p.ex. os que tinham sido chefiados por alguém que atribuiu a si um segundo nome: Finéias (clara alusão à espiritualidade do revoltoso sacerdote de outrora). Portanto, nos tempos do Novo Testamento devemos procurar os zelotes no ambiente dos *sacerdotes do templo*, que de um lado se revoltaram contra Roma por causa da profanação do templo, e de outro lado contra os sumos sacerdotes judaicos de Jerusalém, juridicamente ilegais, recentemente sadoquitas, que colaboravam com os romanos. Esses zelotes *zelavam* durante a revolta judaica pela santidade do templo e pelo sacerdócio, opondo-se aos romanos. Distintos desses sacerdotes-zelotes, havia também diversos grupos que Josefo chama de "bandidos", ou, com palavra romana, "sicários" (que carregavam a sica ou punhal). Josefo, porém, não considerava esses sicários simplesmente como bandos de ladrões que pilhavam (havia desses também no deserto), mas revoltosos (não sacerdotais) com o mesmo zelo (religioso) por Javé e contra os romanos, como os zelotes (provavelmente sobretudo na Galiléia, também por motivos sociais). Nesses grupos, vivia além disso uma expectativa fortemente messiânica (haverá novamente um verdadeiro judeu como rei, em nome de Javé). Alguns desses "chefes de bando" apresentaram-se até com pretensões messiânicas (e foram crucificados como revoltosos; outros foram mortos na luta armada). Durante a Guerra

Judaica, ao que parece, esses revoltosos se uniram aos zelotes sacerdotais, de sorte que operavam juntamente. Mas, conflitos de toda espécie levaram a divisões transversais, de sorte que no calor da guerra deixou de ser clara a nítida distinção entre "zelotes" e "sicários". Os dois agrupamentos inspiravam-se em ideologias arcaicas paralelas, mas não chegaram a formar propriamente um só movimento. Tanto Judas o Galileu, que no ano 6 se recusou a pagar o imposto romano decretado por Quirino, e queria, usando ações subversivas, acabar com essa "abominação diante de Javé"; p.ex. os revolucionários de Massada durante a Guerra Judaica são chamados por Josefo de "ladrões" e "sicários". O fato de que segundo os evangelhos Jesus foi crucificado "entre dois ladrões" é muito provavelmente indício de que aí não se trata de bandidos comuns, mas de dois revolucionários (inclusive por causa da notícia, historicamente duvidosa, de que o revolucionário "Jesus Barrabás" teria sido libertado).

A. APÓCRIFOS

J. Becker, *Untersuchungen zur Entstehungsgeschichte der zwölf Patriarchen* (AGSU 8; Leiden-Colônia 1970).

P. Bogaert, *L'apocalypse syriaque de Baruch* I-II (Sources chrétiennes 144; Paris 1969).

R. H. Charles (ed.), *The Greek versions of the Testaments of the Twelve Patriarchs* (Oxford 1908 = Darmstadt 1960).

R. H. Charles, *The Apocrypha and Pseudepigrapha of the Old Testament, 2* vols. (Oxford 1963).

R. H. Charles, *The Book of Enoch* (Oxford 1912).

C. Clemen (ed.), *Assumptio Moysis* (Kleine Texte 10; Berlim 1904).

J. Flemming e L. Radermacher, *Das Buch Henoch* (GCS 5; Leipzig 1901).

O. von Gebhardt (ed.), *Psalmi Salomonis* (TU XIII-2; Leipzig 1895).

J. Geffcken (ed.), *Die Oracula Sibyllina* (GCS 8; Leipzig 1902).

M. Hadas, *The third and fourth books of Maccabees* (JAL 12; Nova York 1953).

E. Hennecke e W. Schneemelcher, *Neutestamentliche Apokryphen, 2* vols. (Tubinga [3]1964).

E. Kautzsch (ed.), *Die Apokryphen und Pseudepigraphen des Alten Testaments, 2* vols. (Tubinga 1900, Darmstadt 1962).

G. Kisch (ed.), *Ps.-Philo, Liber Antiquitatum Biblicarum* (Notre-Dame 1949).

K. Kuhn, *Konkordanz zu den Qumran-Texten* (Gotinga 1960).

G. Vermès, *The Dead Sea Scrolls in English* (Harmondsworth 1962).

B. Violet, *Esra-Apokalypse,* 2 vols. (GCS 18/32; Leipzig 1910, 1924).

B. SIGLAS

AGSU	"Archiven zur Geschichte des Spätjudentums und Urchristentums" (Leiden-Colônia).
ASNT	Acta Seminariorum Novi Testamenti (de Upsala) (Lund)
AThANT	Abhandlungen zur Theologie des Alten und Neuen Testaments (Basiléia-Zurich)
BHTh	Beiträge zur historischen Theologie (Tubinga)
Bibl	"Bíblica" (Roma)
BLit	"Bibel und Liturgie" (Viena)
BRes	"Biblical Research" (Chicago)
BuK	"Bibel und Kirche" (Stuttgart)

BuL	"Bibel und Leben" (Düsseldorf)
BZ	"Biblische Zeitschrift" (Friburgo)
BZNW	Beiheft zur "Zeitschrift für die neutestamentliche Wissenschaft", cf. ZNW
CBQ	"The catholic biblical Quarterly" (Washington)
CollBrugGand	"Collationes Brugenses et Gandavenses" (Gante, Brugge)
Conc	"Concilium. Revista Internacional de Teologia"
DBS	*Dictionnaire de la Bible. Supplément* (Paris)
EvQ	"The Evangelical Quarterly" (Londres)
EvTh	"Evangelische Theologie" (Munich)
ETL	"Ephemerides Theologicae Lovanienses (Lovaina; Gembloux)
FRLANT	Forschungen zur Religion und Literatur des Alten und Neuen Testaments (Gotinga)
GCS	Die Griechischen Christlichen Schriftsteller der ersten drei Jahrhunderte (Leipzig)
GuL	"Geist und Leben" (Graz-Würzburgo)
HThR	"The Harvard theological Review" (Cambridge, Mass.)
IKZ	"Internationale katholische Zeitschrift" (Frankfurt)
Interpretation	"Interpretation" (Richmond, EUA)
JAL	Jewish Apocryphal Literature (Nova Iorque)
JBL	"Journal of biblical literature" (Boston)
JRel	"The Journal of Religion" (Chicago)
JTS	"The Journal of Theological Studies" (Londres)
KuD	"Kerygma und Dogma" (Gotinga)
LThK	*Lexikon für Theologie und Kirche* (Friburgo, 2ª ed.)
LVie	"Lumière et Vie" (Lyon)
Neut.Abh.	Neutestamentliche Abhandlungen (Münster)
NovT	"Novum Testamentum" (Leiden)
NovTSuppl	Supplements to NovT
NRTh	"Nouvelle Revue Théologique" (Lovaina-Tournai)
NTD	*Das Neue Testament Deutsch* (Gotinga)
NTS	"New Testament Studies" (Cambridge e Washington)
NZSTh	"Neue Zeitschrift für systematische Theologie und Religionsphilosophie" (Berlím)
OrSyr	"L'Orient Syrien" (Paris)
PhJ	"Philosophisches Jahrbuch der Görres-Gesellschaft" (Fulda)
RAC	*Reallexikon fur Antike und Christentum* (Stuttgart)
RB	"Revue Biblique" (Paris-Jerusalém)
RechBibl	Recherches Bibliques (Brugg)
RGG^3	*Die Religion in Geschichte und Gegenwart* (Tubinga, 3ª ed.)
RHE	"Revue d'histoire ecclésiastique" (Lovaina)
RHPR	"Revue d'Histoire et de Philosophie religieuse" (Estrasburgo)
RMM	"Revue de Métaphysique et de Morale" (Paris)
RHS e RAM	"Revue d'Histoire de la Spiritualité" ("Revue d'Ascétique et de Mystique") (Paris)
RQumran	"Revue de Qumran" (Paris)
RSPT	"Revue des Sciences philosophiques et théologiques" (Paris)
RSR	"Recherches de Science Religieuse" (Paris)
SBS	Stuttgarter Bibel-Studien (Stuttgart)
ScotJTh	"The Scottish Journal of Theology" (Edimburgo)

StdZ “Stimmen der Zeit” (Friburgo)
TCR “The Clergy Review”
ThGl “Theologie und Glaube” (Paderborn)
ThLZ “Theologische Literaturzeitung” (Leipzig)
ThPQ “Theologisch-praktische Quartalschrift” (Linz)
ThPh “Theologie und Philosophie” (Friburgo)
ThQ “Theologische Quartalschrift” (Tubinga-Stuttgart)
ThR “Theologische Rundschau” (Tubinga)
ThS Theological Studies (Woodstock)
ThSt Theologische Studiën (Utrecht)
ThStKr Theologische Studiën und Kritiken (Hamburgo)
ThWAT *Theologisches Wörterbuch zum Alten Testament* (Stuttgart)
ThWNT *Theologisches Wörterbuch zum Neuen Testament* (Stuttgart)
ThZ “Theologische Zeitschrift” (Basiléia)
TPh “Tijdschrift voor Filosofie” (Lovaina)
TrThZ “Trierer Theologische Zeitschrift” (Tréveris)
TvT “Tijdschrift voor Theologie” (Nimega-Brugge)
TU Texte und Untersuchungen zur Geschichte der altchristlichen Literatur (Leipzig-Berlim)
UnSQR “Union Seminary Quarterly Review” (Nova York)
VT “Vetus Testamentum” (Leiden)
VTS Supplements to VT
WMANT Wissenschaftliche Monographien zum Alten und Neuen Testament (Neukirchen-Vluyn)
WUNT Wissenschaftliche Untersuchungen zum Neuen Testament (Tubinga)
ZAW “Zeitschrift für die alttestamentliche Wissenschaft” (Berlim)
ZKTh “Zeitschrift für katholische Theologie” (Innsbruck)
ZNW “Zeitschrift für die neutestamentliche Wissenschaft und die Kunde der älteren Kirche” (Giesen)
ZRGG “Zeitschrift für Religions - und Geistesgeschichte” (Marburgo)
ZThK “Zeitschrift für Theologie und Kirche” (Tubinga)
Zygon “Zygon. Journal of Religion and Science (Chicago)

C. ABREVIATURAS

Berger, *Gesetzesauslegung* = Kl. Berger, *Die Gesetzesauslegung Jesu. Ihr historischer Hintergrund im Judentum und im Alten Testament* I: *Markus und Parallelen* (WMANT 40; Neukirchen-Vluyn 1972).

Berger, *Amen-Worte* = Kl. Berger, *Die Amen-Worte Jesu. Eine Untersuchung zum Problem der Legitimation in apokalyptischer Rede* (BZNW 39; Berlim 1970).

Bultmann, *Tradition* = R. Bultmann, *Die Geschichte der synoptischen Tradition* (FRLANT, N.F. 12; Gotinga [8]1970).

Bultmann, *Theologie* = R. Bultmann, *Theologie des Neuen Testaments* (Tubinga [6]1965) (cita-se pela edição de 1958).

Conzelmann, *Grundriss* = H. Conzelmann, *Grundriss der Theologie des Neuen Testaments* (Munich [2]1968).

Christ, faith, history = *Christ, fait and history,* ed. por S. Sykes e J. P. Clayton (Cambridge Studies in Christology; Cambridge 1972).

Cullmann, *Christologie* = O. Cullmann, *Die Christologie des Neuen Testaments* (Tubinga [3]1965).

Hahn, *Hoheitstitel* = F. Hahn, *Christologische Hoheitstitel. Ihre Geschichte im frühen Christentum* (FRLANT 83; Gotinga 1963).

Hoffmann, *Q-Studien* = P. Hoffmann, *Studien zur Theologie der Logienquelle* (Neut. Abh. N.F. 8; Münster 1972).

Van Iersel, *Der Sohn* = B. van Iersel, *"Der Sohn" in den synoptischen Jesusworten* (Leiden 1961).

Käsemann, *Besinnungen* = E. Käsemann, *Exegetische Versuche und Besinnungen,* 2 vols. (Gotinga [4]1965) (1960).

Lührmann, *Q-Redaktion* = D. Lührmann, *Die Redaktion der Logienquelle* (WMANT 33; Neukirchen-Vluyn 1969).

Robinson-Koester, *Trajectories* = J. M. Robinson e H. Koester, *Trajectories through early christianity* (Filadélfia 1971).

Roloff, *Das Kerygma* = J. Roloff, *Das Kerygma und der irdische Jesus* (Gotinga 1970).

Schulz, *Q-Quelle* = S. Schulz, *Q. Die Spruch-Quelle der Evangelisten* (Zurich 1972).

Steck, *Gewaltsames Geschick* = O. H. Steck, *Israel und das gewaltsame Geschick der Propheten* (WMANT 23; Neukirchen-Vluyn 1967).

Strack-Billerbeck = P. Billerbeck e H. L. Strack, *Kommentar zum Neuen Testament aus Talmud und Midrasch,* 4 vols. e 2 vols. complementares, ed. por J. Jeremias e K. Adolph (Munich 1956-1961).

Tödt, *Der Menschensohn* = H.-E. Tödt, *Der Menschensohn in der synoptischen Überlieferung* (Gütersloh [2]1963) (1959).

Vielhauer, *Aufsätze* = Ph. Vielhauer, *Aufsä tze zum Neuen Testament* (Theologische Bücherei 31; Munich 1965).

Weeden, *Mark-traditions* = Th. J. Weeden, *The Mark-traditions in conflict* (Filadélfia 1971).

Complemento bibliográfico

Como em seu tempo as obras de W. Pannenberg (cristologia a partir "de baixo") e de K. Rahner (cristologia "transcendental", o *Jesus* de Schillebeeckx supôs um marco no extraordinário avanço que os estudos cristológicos experimentaram a partir da Segunda Guerra Mundial, antes, e do Vaticano II, depois. Por seu amplo conhecimento dos estudos exegéticos e pelo uso não fundamentalista deles (o que explica o mal-estar, e talvez a surpresa, de alguns exegetas) constitui ponto culminante da etapa qualificada como *New Quest*, a "nova procura" do Jesus histórico.

Com rigor histórico e com honestidade intelectual irrenunciável leva a aproximação ao mistério de Jesus até aquela fronteira na qual a inteligência, ainda que sentindo ultrapassar as bordas, não renuncia a manter as mínimas indispensáveis de sentido e coerência. Para além não nega, porém também não se atreve a falar. O resultado é a proposta aberta, na qual o respeito à tradição está muito conscientemente unido à busca de sintonia com a cultura e a decidida abertura ao futuro.

Felizmente, porém, a reflexão cristológica não se deteve. Não só continuaram os intentos de síntese, mas abriram-se novas perspectivas e postos novos acentos que enriquecem nossa, sempre tateante, aproximação ao mistério. Pense-se, por exemplo, no impacto da teologia da libertação, no aporte do diálogo das religiões, na nova sensibilidade feminista e nos enfoques tendentes à elaboração de uma cristologia filosófica.

Como quer que seja, a ampliação principal veio, sem dúvida alguma, da que se chamou a *Third Quest*, a "terceira procura" do Jesus histórico. De certo modo, o centro da gravidade já pressentido pelo autor – deslocou-se do mundo germânico ao anglo-saxão. A nova etapa, aproveitando a enorme riqueza acumulada pelos estudos exegéticos anteriores, amplia-os em duas direções principais: por um lado, a atenção à literatura *extracanônica* (não só, como fazia E. Schillebeeckx, à pré-canônica), e sobretudo o estudo dos condicionamentos sociológicos e étnico culturais. Em tudo isso faz-se necessário incluir o aporte dos estudos feitos a partir do mundo judaico; o que, ademais introduz uma novidade importante: em lugar de insistir na diferença de Jesus com sua tradição, agora acentua-se a continuidade (-na diferença).

Não se trata, claro, de oferecer aqui uma bibliografia exaustiva dos novos esforços, e sim de algumas indicações fundamentais que orientem o leitor da língua portuguesa neste território tão decisivo quão apaixonado. As três partes não constituem divisões estanques; são meramente uma ajuda para a claridade, ademais os próprios títulos são quase sempre suficientemente orientativos.

1. A NOVA FRONTERA (THIRD QUEST)

Aguirre, R., *Ensayos sobre los orígenes del cristianismo. De la religión política de Jesús a la religión doméstica de Pablo,* Verbo Divino, Estella, 2001.

Borg, M. J. (ed.), *Jesus at 2000,* Westview Press, Boulder, CO, 1998.

Borg, M. J., *Jesus in Contemporary Scholarship,* Valley Forge, PENN, 1994.

Charlesworth, J. H., *Jesus within Judaism. New Light from Existing Archaeological Discoveries,* Doubleday, New York, 1988.

Crossan, J. D., *Jesus: uma biografia revolucionária,* Imago, 1995.

Crossan, J. D., *Jesús: vida de un campesino judío,* Crítica, Barcelona, 1994.

Crossan, J. D., *The Birth of Christianity. Discovering what happened in the Years Immediately After the Execution of Jesus,* Harper-Collins, New York, 1999.

Hedirck, C. W. (ed.), *The Historical Jesus and the Rejected Gospels,* Scholars Press, Atlanta, 1988.

Heyer, C. J. den, *Der Mann aus Nazaret. Bilanz der Jesusforschung,* Patmos, Düsseldorf, 1998.

Malina, J. B., *El mundo del Nuevo Testamento. Perspectivas desde la antropología cultural,* Verbo Divino, Estella, 1995.

Meier, J. P., *Um judeu marginal.* Imago, 1993 (4 vols.).

Neill, S.-Wright, T., *The Interpretation of the New Testament 1861-1986,* Oxford University Press, Oxford, 1988.

Sanders, E. P., *Jesus and Judaism,* SCM Press, Londres, 1985.

Sanders, E. P., *La figura histórica de Jesús,* Verbo Divino, Estella, 2000.

Stegemann, E. W.-Stegemann, W., *Historia social del cristianismo primitivo. Los inicios en el judaísmo y las comunidades cristianas en el mundo mediterráneo,* Verbo Divino, Estella, 2001.

Theissen, G.-Merz, A., *El Jesús histórico,* Sígueme, Salamanca, 2000.

Theissen, G., *Colorido local y contexto histórico en los evangelios. Una contribución a la historia de la tradición sinóptica,* Sígueme, Salamanca, 1997.

Theissen, G., *Die Religion der ersten Christen. Eine Theorie des Urchristentums,* Gütersloher Verlagshaus, Gütersloh, 2000.

Vermes, G., *La religión de Jesús el judío,* Anaya & Mario Muchnik, Madrid, 1995.

Vermes, G., *The Changing Faces of Jesus,* Viking, New York-London, 2000.

Witherington, B., *The Jesus Quest. The Third Quest of the Jew of Nazareth,* InterVarsity, Carlisle, 1995.

Wright, N. T., *Christian Origins and the Question of God. 2 Jesus and the Victory of God,* Fortress Press, Minneapolis, 1996.

Wright, N. T., *Christian Origins and the Question of God.* 1 *The New Testament and the Victory of the People of God,* Fortress, Minneapolis, 1992.

Wright, N. T. *The Original Jesus. The Life and Vision of a Revolutionary,* Grand Rapids, Michigan, 1986.

2. NOVAS MONOGRAFIAS

Bordoni, M., *Gesù di Nazaret. Signore e Cristo. Saggio di Cristologia sistematica,* 3 vols., Herder-Università Lateranense, Roma, 1982-1986.

Dunn, J. D. G., *The Christ and the Spirit. I Christology,* T & T Clark, Edinburgh 1998.

Forte, B., *Jesús de Nazaret. Historia de Dios, Dios de la historia,* San Pablo, Madrid, 1989.
Gnilka, J., *Jesús de Nazaret. Mensaje e historia,* Herder, Barcelona, 1993.
González de Cardedal, O., *Cristología,* Biblioteca de Autores Cristianos, Madrid, 2001.
González de Cardedal, O., *Jesús de Nazaret. Aproximación a la Cristología,* Biblioteca de Autores Cristianos, Madrid, 1975.
González Faus, J. I., *La Humanidad Nueva. Ensayo de Cristologia,* Sal Terrae, Santander, 1994.
Hünermann, P., *Cristología,* Herder, Barcelona, 1997.
Jonge, M. de, *Christology in Context. The Earliest Christian Response to Jesus,* The Westminster Press, Philadelphia, 1988.
Kuschel, Karl Josef, *Geboren vor aller Zeit? Der Streit um Christi Ursprung,* Paulus, München-Zürich, 1990.
Moingt, J., *El hombre que venía de Dios* I-II, Desclée de Brouwer, Bilbao, 1995.
Moltmann, J., *El camino de Jesucristo. Crlstología en dimensiones liberadoras,* Sígueme, Salamanca, 1993.
Ohlig, K., *Fundamentalchristologie,* Paulus, München, 1986.
Penna, R., *I ritratti originali di Gesù il Cristo* I-II, San Paolo, Milano, 1996-1999.
Pikaza, *Este es el hombre. Manual de cristología,* Secretariado Trinitario, Salamanca, 1997.
Schoonenberg, P., *El espíritu, la palabra y el hijo: reflexiones teológicas sobre una cristología del Espíritu,* Sígueme, Salamanca, 1998.
Schweitzer, E., *Jesús, parábola de Dios. Qué sabemos realmente sobre la vida de Jesús?,* Sígueme, Salamanca, 1998.
Segundo, J. L., *A história perdida e recuperada de Jesus de Nazaré.* Paulus, São Paulo, 1997.
Torres Queiruga, A., *Repensar la Cristología. Ensayos hacia un nuevo paradigma,* Estella 2001 (o cap. 4, pp. 61-156, é uma ampla exposição da cristologia de E. Schillebeeckx).

3. Novos enfoques

Aletti, J. N., *El arte de contar a Jesucristo. Lectura narrativa del evangelio de Lucas,* Sígueme, Salamanca, 1992.
Brito, E., *La christologie de Hegel. Verbum crucis,* Beauchesne, Paris 1983.
Dalferth, I. D., *Der auferweckte Gekreuzigte. Zur Grammatik der Christologie,* Mohr-Siebeck, Tübingen, 1994.
Dalferth, I. D., *Jenseits von Mythos und Logos. Die christologische Transformation der Theologie,* Freiburg, Herder, 1993.
Dupuis, J., *Jesucristo al encuentro de las religiones,* San Pablo, Madrid, 1991.
Gómez-Acebo, I.-Navarro, M., *Y vosotros, quien decís que soy yo?,* Desclée de Brouwer, Bilbao, 2000.
Henry, M., *Encarnación. Una filosofía de la carne,* Sígueme, Salamanca, 2001.
Henry, M., *Yo soy la verdad. Para una filosofía del cristianismo,* Sígueme, Salamanca, 2001.

Lois, J., *Jesús de Nazaret, el Cristo liberador,* HOAC, Madrid, 1995.
Macquarrie, J., *Jesus Christ in Modern Thought,* SCM Press, London-Philadephia 1992.
Nolan, A., *El rostro asiático de Cristo,* Sígueme, Salamanca, 1991.
Panikkar, R., *La plenitud del hombre. Una cristofanía,* Siruela, Madrid, 1999.
Parrinder, G., *Avatara y encarnación,* Paidós, Barcelona, 1992.
Schüssler Fiorenza, E., *Cristología feminista crítica. Jesús, Hijo de Miriam, profeta de la Sabiduría,* Trotta, Madrid, 2000.
Sobrino, J., *Jesucristo liberador,* Trotta, Madrid, 2001.
Sobrino, J., *La fe en Jesucristo: Ensayo desde las víctimas,* Trotta, Madrid, 1999.
Thangaraj, M. T., *The Crucified Guru. An Experiment in Cross-Cultural Christology,* Abingdon Press, Nashville, 1994.
Tilliette, X., *El Cristo de la filosofía,* Desclée de Brouwer, Bilbao, 1994.
Tilliette, X., *Filosofi davanti a Cristo,* Queriniana, Brescia, 1989.

ANDRÉS TORRES QUEIRUGA

Citações Bíblicas

I. Antigo Testamento

II. Novo Testamento

Gálatas

Efésios

Filipenses

Colossenses

1 Tessalonicenses

2 Tessalonicenses

1 Timóteo

2 Timóteo

Tito

Hebreus

III. Apócrifos

Índice Onomástico

SUMÁRIO